Die Alchemie

das ist die Lehre von den großen
Geheim-Mitteln der Alchemisten
und den Spekulationen,
welche man an sie knüpfte.

Ein Buch, welches zunächst für Ärzte
geschrieben ist, zugleich aber auch
jedem gebildeten Denker geboten wird

von

Dr. Gottlieb Latz

fourier

Die auf dem Schutzumschlag wiedergegebene Abbildung
ist eine symbolische Darstellung des alchemistischen Prozesses
aus Andreas Libavius' »Alchymia« (1606).

Die Originalausgabe dieses Werkes erschien 1869 in Bonn

Layout: Bernd Heun – Lektorat: Christian Gerritzen

Lizenzausgabe für Fourier Verlag GmbH, Wiesbaden
ISBN 3-925037-52-7
Gesamtherstellung: May + Co., Darmstadt
Printed in Germany

Vorrede

VERGLEICHEN WIR DEN STANDPUNKT der heutigen *Pathologie* mit dem Standpunkte, welchen diese Disziplin sonst einnahm, so haben wir eine Überlegenheit des heutigen Standpunktes in dem Maße, daß der frühere Standpunkt geradezu mit Wucht niedergedrückt wird. Denn wie kann sich die vage Spekulation mit der exakten Forschung messen?

Vergleichen wir dagegen den Standpunkt der heutigen *Therapie* mit dem Standpunkte, welchen diese Disziplin sonst einnahm, so haben wir eine Überlegenheit des sonstigen Standpunktes in dem Maße, daß der heutige Standpunkt mit Wucht niedergedrückt wird. Denn bereits vor Tausenden vor Jahren kannten die Ärzte die Arkana, heute ist die Kenntnis derselben verloren gegangen; bis auf meine Wenigkeit, der sie wieder entdecken mußte, hat kein Arzt Kenntnis von ihnen.

Daß die Kenntnis der Arkana verloren ging, hängt damit zusammen, daß diese Mittel, die Tragweite ihrer Wirkung, nur einem kleinen Häuflein von Ärzten bekannt waren, den alchemistischen Ärzten. Diese hielten die großen Mittel geheim. Das Häuflein der Wissenden schmolz immer mehr, und verlosch endlich.

Man sagt: *Qui bene dignoscit, bene medebitur*. Das Perverse dieses Spruches liegt auf der Hand. Die heutige Zeit hat es in dem *bene dignoscere* sehr weit gebracht, im *bene mederi* steht sie sehr weit hinter den Alchemisten zurück.

Heilen!! Kann man alles heilen?

Ach nein, wenn man alles heilen könnte, so würde kein Mensch mehr sterben.

Was kann man denn heilen?

Ja, davon läßt sich keine Musterkarte entwerfen. Das aber sage ich Euch, eine Reihe von Krankheiten, welche die Schule nicht zu heilen vermag, kann man wohl heilen.

Und auf welche Weise?

Durch die Anwendung der Arkana, jener großen Mittel, welche, wie gesagt, den Alchemisten bekannt waren, in ihrer Tragweite am Krankenbette bekannt waren, welche verloren gingen, und die ich nach vielen Mühen und Anstrengungen wieder entdeckt und seit einer Reihe von Jahren am Krankenbette erprobt habe.

Wer kann alles glauben, was überhaupt, und namentlich auf dem Felde des Heilens geredet worden und geredet wird? Bei derartigen Dingen ist der Selbsttäuschung Tür und Tor geöffnet.

Ganz recht. Aber Ihr sollt nicht *glauben*. Ihr sollt die großen Mittel anwenden, die ich Euch lehre, dann werdet Ihr mit *Händen greifen*, was ich mit Händen gegriffen habe. Ich lege die großen Mittel offen vor Euch hin, benutzt sie! Ihr riskiert ja nichts dabei. Das höchste, was auf dem Spiel steht, ist das, daß Euer Patient, den Ihr doch nicht heilen könnt, ungeheilt bleibt. Und was die Selbsttäuschung betrifft: Gibt es Krankheiten, bei denen in Bezug auf Heilen und Nichtheilen jede Selbsttäuschung von vorn herein von selbst aufhört?

Ja!

Welche?

Die hervorragenden epidemischen Krankheiten. Wenn in einer Gegend die Pocken, der Scharlach, die bösartigen Masern, der Typhus, die Cholera, die Ruhr u.s.w. herrschen, und die Menschen sterben, sterben mitunter wie die Fliegen, die schulgerecht behandelten ebensowohl, wie die nicht behandelten, ist da Selbsttäuschung möglich, wenn die Patienten, die man mit den Arkanis behandelt, nicht sterben? Ist das Selbsttäuschung, wenn die Leichenträger in die Häuser links und rechts eintreten, nur in die Häuser nicht, wo die Patienten mittelst der Arkana behandelt worden?

Wie, in den Arkanis hat man Mittel gegen Pocken, Scharlach, bösartige Masern, Typhus, Cholera, Ruhr u.s.w.?

Ja!

Das wäre doch kolossal, und ist ja kaum zu glauben!

Ja, es ist kolossal, und ist kaum zu glauben. Und wie ich bereits oben gesagt, Ihr sollt auch gar nicht *glauben*. Der Glaube ist gut in der Religion, die Erfahrung am Krankenbette hat nichts mit dem Glauben zu tun. Glaubt mir nicht, aber wendet die Arkana am Krankenbette an, und Ihr werdet sehen, was ich gesehen, heilen, was ich geheilt.

Aber Du stehst so isoliert da!

Ach nein. Es ist gerade mit der Hauptzweck dieses Buches, Euch zu zeigen, daß ich nicht isoliert dastehe, daß die größten Männer auf meiner Seite stehen, daß sie die Arkana kannten, die ich wieder aufgefunden. Ihr werdet sehen, wie sie diese Arkana für würdig hielten, als das Substrat der Entwicklung ihrer oft Staunen erregenden geistigen Tätigkeit zu dienen. Glaubt nur nicht, daß jene großen Männer ihre geistreichen Arbeiten auf die Arkana basiert, an die Arkana geknüpft haben würden, wenn diese nicht etwas absolut Großartiges wären, wenn sie keine *Remedia divina* wären!

Helfen die Arkana bloß bei den hervorragenden epidemischen Krankheiten?

Nein. Ich habe die hervorragenden epidemischen Krankheiten bloß deswegen genannt, um Euch auf ein Terrain zu führen, wo gar keine Selbsttäuschung in Euerem Sinne bei der Beobachtung möglich ist. Man heilt mittels ihrer Pneumonie, Pleuritis, Croup, Phlebitis (keine Eiterung), Meningitis, Mastitis, Angina (keine Eiterung), Rheumatismus acutus, Icterus, Parulis, Karbunkel, Pseudoerysipelas, Morbus Brightii acutus, Ophtaolmien u.s.w. u.s.w.

Wie steht's mit den chronischen Krankheiten?

Durch jede chronische Krankheit läuft eine Linie. Stehen wir diesseits dieser Linie, so ist Heilung möglich, sie erfolgt an der Hand der Arkana; stehen wir jenseits derselben, so ist's mit der radikalen Heilung vorbei. Übrigens heilt man: Dermatosen, Syphilis, Hydrops, u.s.w.

Wie heißen jene großartigen Mittel denn?

Sie heißen: Acidum sulphuricum, Ferrum, Natron carbonicum, Natron nitricum, Liquor hepatis, Pulvis solaris ruber, Pulvis solaris niger. (Vergl. den Abschnitt: Die Arkana und ihre Darstellung.)

Wie, darunter sind ja Mittel, die sehr bekannt sind, und in jeder Materia medica stehen!

Ja, gewiß. Aber es geht mit manchen Arkanis, wie mit dem Äther. Der Äther stand in allen Materiis, medicis, fand sich in jeder Apotheke vor, war jedem bekannt. Aber niemand ahnte, bevor es der Amerikaner *Jackson* lehrte, daß man mittels Äther den zu Operierenden gegen den Schmerz unempfindlich machen könne. Ganz so mit den Arkanis. Es befinden sich unter ihnen solche Mittel, welche in allen Materiis medicis stehen, sich in jeder Apotheke vorfinden, jedem bekannt sind, aber niemand hat bisher geahnt, daß sie Arkana sind, und als solche eine immense Tragweite am Krankenbett haben.

Im Allgemeinen kam ich derartig auf die Sache, daß ich einmal — was passiert einem nicht alles am Krankenbette? — in die Lage kam, einem Patienten Natron nitricum zu verschreiben. Wie ich auf dem Heimwege war, war es mir bereits contre coeur, daß ich es verschrieben. Indessen ce qui était fait, était fait. Den anderen Tag besuchte ich meinen Patienten schon in aller Herrgottsfrühe — die Sache war mir die Nacht über im Kopf umhergegangen. Was sah ich? Einen Erfolg, der mich in Erstaunen setzte, der mir sagte, hier hat dir der Zufall ein großes Mittel in die Hand gegeben. Sofort sagte ich mir aber auch weiter, es ist unmöglich, daß die gütige Natur nur *ein* so großes Mittel hervorgebracht haben sollte. Wie es in dieser Krankheit in Bezug auf das Natrum liegt, so wird es in anderen Krankheiten in Bezug auf andere Mittel liegen, und wenn du diese Mittel kennen würdest, so hättest du am Krankenbett einen Schatz, von dem die Lehrer, die dich Medizin gelehrt, nie eine Ahnung gehabt haben, einen Schatz, der dir mehr bieten würde, als alle Schulgelehrsamkeit. So forschte ich denn weiter, und entdeckte sukzessiv die übrigen Arkana. Zuerst nach dem Natron nitricum entdeckte ich das Ferrum, dann den Pulv. solaris niger und Pulv. solaris ruber, dann den Liquor hepatis. Zuletzt entdeckte ich das Acidum sulphuricum und das Natron carbonicum, womit der Leser den Beweis dafür hat, daß es bei den Arkanis wenig in die Waagschale fällt, worauf wir oben hingewiesen, daß es sich bei ihnen auch um Mittel handelt, welche in jeder Materia medica stehen, sich in jeder Apotheke befinden, jedem bekannt sind. Beim Acidum sulphuricum und Natron handelte es sich um Mittel, welche ich bereits im fünften Semester meiner Universitätsjahre kannte, und doch ging ich, den Arkanis nachforschend, jahrelang an ihnen vorbei, ohne zu ahnen, daß sie Arkana seien. Es hat mir viele Mühen, viele Anstrengungen gekostet, jene großen Mittel zu entdecken. Wozu diese Mühen, viele Anstrengungen schildern? Der Fremde hat für derartige Dinge ja doch nur ein halbes Ohr. Kurz und gut, ich kam zum Ziele, in der Tat ein glänzendes Ziel!

Daß ich nun, indem ich den betreffenden Weg verfolgte, nicht mehr und nicht weniger tat, als den Arkanis der Alchemisten nachforschen, das kam mir nur halb in den Sinn. Ich ahnte es von vorn herein, aber es handelte sich eben nur um eine vage Ahnung. Offen gestanden, ich mochte der Sache nicht gerade in's Gesicht schauen. Ich begriff, daß, um hier Licht, um absolute Überzeugung zu gewinnen, ein eingehendes Studium der Alchemisten nötig sei. Nun denke man sich aber meine Wenigkeit bei Tag und Nacht, bei Hitze und Kälte, bei Staub, Regen, Hagel, Schnee einer umfangreichen ärztlichen, wundärztlichen und geburtshelferischen Praxis zu Fuße und zu Pferde nachkommend, und dabei sollte ich nun noch einem eingehenden Studium der Schriften der Alchemisten und was mit ihnen zusammenhängt obliegen! Wahrlich, mir fehlte die Lust dazu. Diese sollte erst allmählich in mir erwachen. Und sie erwachte allmählich, gewann immer größere Dimensionen, und so gab ich mich denn jenem Studium hin.

Welche Arbeit! — einzig und allein der zu vergleichen, die Arkana am Krankenbette aufzufinden. Erst das Zehnte und Hundertste durchstöbern, ob es eine Relation zur Alchemie habe, und war das richtige säsiert, dann seinen Sinn herauskalkulieren! Die Vorarbeiten anderer auf diesem Felde sind sozusagen gleich null. Ich bin der erste, der die Geheimnisse der Alchemisten offen darlegt, vor mir hat es nie jemand getan, denn niemand kannte sie vor mir, als die Alchemisten selbst, die aber schrieben sehr dunkel, taten alles mögliche, um die Leute in Bezug auf ihr Wissen auf die falsche Spur zu leiten. In der Tat, einladende Verhältnisse bei solchem Verhalten der Dinge in Bezug auf die Quellen!

Was ich Dir, geehrter Leser, im vorliegenden Buche darlege, liesest Du so glatt hin, Du kannst nicht ermessen, wie oft meine Hand ermüdet hinsank. Nun, ich bin auch hier zum Ziele gekommen, ich habe meine Aufgabe gelöst, und das vorliegende Buch gibt den Beweis dafür. Du wirst Dinge in demselben finden, von denen Du von vorn herein nicht ahnest, daß sie mit der Alchemie im Zusammenhange stehen, durch die Alchemie ihre Aufklärung bekommen.

Das Hauptinteresse wird dieses Buch wohl für den Arzt haben. Er lernt aus ihm die Arkana, und bekommt von den verschiedensten Gesichtspunkten aus, an der Hand der verschiedensten Autoritäten, den Beleg für deren Existenz.

Nicht aber bloß für den Arzt dürfte das Buch fesselndes haben, sondern auch für den gebildeten Denker überhaupt. Wenn ihn auch vielleicht die Arkana und das, was sich unmittelbar an sie knüpft, minder interessieren, so dürfte er doch nicht teilnahmslos an dem vorübergehen, was eine Relation hat: zur Bibel und Dogmengeschichte (Schöpfungsgeschichte, erstes Kapitel des Evangelium Johannis, der λογος, die Symbola etc.), zum ersten Buche der Oracula Sibyllina; zu den Platonischen Schriften, namentlich dem Timaeus und dem Kritias, deren Inhalt sich die Neuzeit so circa reinweg heraussträumte; zur Griechischen Mythologie; zur Geschichte der Chemie; zur Magie, Astrologie, Goldmacherkunst, Edelsteinmacherkunst, zur Kabbala (Buch Jeziarah); zum Pythagoräischen Lehrsatz, zur Quadratur des Zirkels; zum Stein der Weisen, zum Perpetuum mobile u.s.w.; kurz, er dürfte nicht teilnahmslos vorübergehen an dem wunderbaren Mancherlei, welches die Alchemie außer den Arkanis als solchen bietet, für welches die Alchemie und nur die Alchemie Aufklärung bietet.

Und so widme ich denn dieses Buch nicht nur den Ärzten, sondern allen gebildeten Denkern.

Bonn, 1. Januar 1869.

Dr. G. Latz

Alchemie

Die Alchemie ist die Lehre von den Arkanis und den Spekulationen, welche man an sie knüpfte. Diese Spekulationen bilden ein buntes Mancherlei, welches wir im Verlaufe dieses Buches sukzessiv kennenlernen werden. Der Leser wird dabei mannigfach Gelegenheit haben, die wunderbare Geistestiefe derer, von denen diese Spekulationen herrühren, das ist der Alchemisten, kennenzulernen. Er wird Gelegenheit haben, in geistige Relation zu Männern zu treten, welche als tiefe Denker in der Geschichte der gebildeten Menschheit die ersten Plätze einnehmen.

Die Kenntnis der Arkana ist alt, uralt, verliert sich in's graueste Altertum. Bereits die vedischen Gottheiten lehnen an die Arkana. In der vedischen Kosmologie, welche sich an diese Götter lehnt, haben wir schon ein alchemistisches System, abgerundete Spekulationen, welche sich an die Arkana knüpfen. Von der Kenntnis der Arkana bis zur abgerundeten Spekulation, welche sich an sie reiht, ist aber immerhin ein großer Schritt. Wie lange Zeit mögen also die Arkana den Veden vorangehen!

Wie soeben angedeutet, treten bei den Indern die Arkana zur Gottheit in Relation. Die Relation der Gottheit zu den Arkanis zieht sich durch die ganze Alchemie. Und mit Recht. Mag sich auch das göttliche Wirken allenthalben in der Natur offenbaren, bei den Arkanen tritt es doppelt, dreifach, hundertfach in den Vordergrund. Es ist gar zu wunderbar, wie diese einfachen Dinge die Gesundheit geben, das Leben erhalten.

Die Alchemisten hielten ihre Arkana geheim: — eine eigentümliche Sache! Eine Reihe alchemistischer Vorspiegelungen haben keinen anderen Zweck, als dem Publikum, dem Laien, Dinge vorzuführen, die ihn vom Wege ableiten sollten, den Arkanis auf die Spur zu kommen. Mit dem Geheimhalten der Arkana Hand in Hand geht die dunkle, mysteriöse, versteckte Schreibweise der Alchemisten. Einige haben es darin zu einer wahren Virtuosität gebracht. In ihrem Geheimhalten der Alchemie überhaupt und der Arkana im Besonderen gingen die Alchemisten so weit, daß sie, wie wir im Verlaufe dieses Buches sehen werden, den zum Sünder stempelten, mit Höllenstrafen bedrohten u.s.w., der sich beikommen lassen möchte, das Geheimnis zu enthüllen. Im Sinne dieser Leute handeln wir also nicht, wenn wir das Geheimnis der Alchemie im allgemeinen offen darlegen, und im besonderen die Arkana aus dem Dunkel herausführen, mit denen sie stets umgeben waren. Hierbei wollen wir nun nicht weiter den Allgemeinstandpunkt zeichnen, den wir bei unserem Tun der Menschheit gegenüber einnehmen, und die Alchemisten einnahmen.

Einen besonderen Standpunkt indes in's Auge fassend, wollen wir die Frage aufwerfen: Handeln wir für unsere Person nicht den Alchemisten gegenüber unpietätisch, indem wir das, was sie Jahrtausende verborgen, offen darlegen? Wir glauben diese Frage mit »nein« beantworten zu müssen. Ganz abgesehen davon, daß das Interesse der Menschheit im großen und ganzen den Sonderinteressen der Alchemisten vorgeht, ganz abgesehen davon nehmen wir den Alchemisten gegenüber einen, unsere Individualität betreffenden, eigenen Standpunkt ein.

Die Alchemisten lehrten einer den andern die Arkana, weihten einer den andern in das Verständnis ihrer Schriften ein. Und indem so ein Alchemist der Lehrer des andern wurde, verpflichtete der Lehrer den Schüler, im allgemeinen die Sache geheim zu halten, und nur im besonderen dem mitzuteilen, den er für würdig hielte, des Geheimnisses teilhaftig zu werden, und diesem alsdann wieder dieselbe Verpflichtung des Geheimhaltens aufzulegen. Mit derartigen Situationen haben wir aber nichts zu tun. Uns hat keiner die Arkana gelehrt, und also noch viel weniger unter Verpflichtung des Geheimhaltens gelehrt. Wir haben sie durch eigenes Studium, ohne die Lehre, und also noch viel weniger aufgrund einer an Geheimhaltungsverpflichtungen erfolgten Lehre, Beihilfe eines anderen, herausbekommen, herausbekommen durch das Studium jener Schriften und Schriftstücke, die zwar der Feder von Alchemisten entflossen, die aber, nachdem sie einmal dem Publikum geboten worden, Allgemeingut geworden sind. Die Alchemisten hielten das *ihrige* geheim, ich veröffentliche das *meinige*. Wo kann denn bei so bewandten Verhältnissen meinerseits auch nur ein Schatten von Impietät gegen die Alchemisten obwalten?

Die Arkana und ihre Darstellung

Die Arkana sind:
1. Acid. sulphuricum.
2. Ferrum.
3. Natron carbonicum.
4. Natron nitricum.
5. Liquor Ammoniaci hydrosulphurati s. hydrothionici. Wir nennen denselben kurzweg Liquor hepatis, da es sich um Ammoniak-Schwefelleber (hepar) handelt.
6. Die Verbindung von Hydrargyrum oxydatum rubrum mit Sulphur auratum. Wir nennen diese Arkanum: Pulvis solaris ruber.
7. Die Verbindung von Hydrargyrum oxydatum rubrum mit Stibium sulphuratum nigrum laevigatum. Wir nennen dies Arkanum: Pulvis solaris niger.

Was die beiden letzten Arkana betrifft, so nennen wir sie Pulvis, Pulver, von der Pulverform, in welcher sie gegeben werden. Das Adjektiv solaris fügen wir dem Pulvis bei auf Grund des, an der Hand der metaphysischen Interpretation der Tabula smaragdina (s. später) als Sol gefaßten Hydrargyrum oxyd. rubrum. Dem einen Pulvis solaris geben wir den Beinamen ruber, rot, auf Grund seiner roten Farbe, Pomeranzenfarbe überhaupt, und auf Grund der roten Farbe, der Pomeranzenfarbe des Sulphur auratum im Besonderen. Dem andern Pulvis solaris geben wir den Beinamen niger, schwarz, auf Grund seiner schwarzen Farbe überhaupt, und auf Grund der schwarzen Farbe des Stibium sulphuratum nigrum im Besonderen.

Acidum sulphuricum

Heutzutage wird das Acidum sulphuricum, die Schwefelsäure, fabrikmäßig dargestellt, und kommt unter 2 Formen im Handel vor, als Nordhäuser Vitriolöl und als Englische Schwefelsäure.

Die Alchemisten stellten sich durchschnittlich die Schwefelsäure aus dem grünen Vitriol, Eisenvitriol, dar. Dieser kommt natürlich vor, indem er sich durch Verwittern des Schwefelkieses bildet. Um Schwefelsäure aus dem grünen Vitriol zu gewinnen, erhitzt man denselben an der Luft. Dadurch wird er, der gleich schwefelsaurem Eisen-Oxydul, teilweise in schwefelsaures Eisenoxyd verwandelt und verliert einen Teil seines Kristallwassers. Dieser also umgewandelte Vitriol wird alsdann destilliert. Auf Grund der Destillation geht die Schwefelsäure über; Eisenoxyd bleibt in der Retorte zurück.

Die auf diese Weise gewonnene Schwefelsäure ist *braun* und *raucht* an der Luft. Sie stellt das Acidum sulphuricum fumans dar. Um aus ihr das zum medizinischen Gebrauche zu verwendende Präparat zu gewinnen, wird sie abermals destilliert, rektifiziert, und ergibt dann das Acid. sulphuricum depuratum, s. rectificatum, s. medicinale.

Das Acidum sulphur. fumans der Alten läuft dem heutigen Nordhäuser Vitriolöl parallel.

Eine ganz besondere Weise, die Schwefelsäure zu bereiten, kommt erst bei den abendländischen Alchemisten vor. Ihr zufolge schmilzt man Schwefelblumen, zündet sie an, und setzt eine gläserne Glocke darüber. Dann sammelt sich ein Dunst an den Wänden der Glocke, derselbe wird flüssig, und die so erzielte Flüssigkeit ist eben Schwefelsäure. *Beguin* in seinem Tyrocinium chymicum schildert die Sache mit folgenden Worten: »Man setze unter eine Glasglocke ein irdenes Gefäß mit Schwefel, und zündet diesen an. Man muß indes dem untergesetzten Gefäß der Glocke gegenüber eine solche Stellung geben, daß der sich entwickelnde Dampf die Flamme nicht erstickt, sondern frei in die Glocke aufsteigen kann, wo er sich dann zu einer Flüssigkeit kondensiert, die in eine herangesetzte Schale herabtröpfelt.« — Der Prozeß beruht darauf, daß beim Verbrennen des Schwefels in der Luft sich schwefelige Säure bildet. Diese geht bei Luftzutritt, durch den Sauerstoff der Luft, in Schwefelsäure über. Es geht nur langsam vor sich, daß sich auf Grund des Luftzutrittes die schwefelige Säure höher oxydiert, das bedeutet, daß aus schwefeliger Säure Schwefelsäure wird. Daher wird im Großen die Sache so angegriffen, daß man mit der beim Verbrennen des Schwefels sich bildenden schwefeligen Säure salpetrige Säure in Berührung bringt. Hier gibt dann die salpetrige Säure einen Teil ihres Sauerstoffes der schwefeligen Säure. Auf die Weise stellt man heute die Englische Schwefelsäure dar, welche dem zuletzt aufgeführten alchemistischen Präparate (Spiritus Sulphuris Beguini, Spiritus Sulphuris per campanam etc.) zur Seite steht, wie das zuerst aufgeführte Präparat dem Nordhäuser Vitriolöl zur Seite steht. Zum medizinischen Gebrauche ist auch das durch Verbrennen des Schwefels gewonnene Präparat zu rektifizieren.

Ferrum

Vom Ferrum, Eisen, gebrauchten die Alchemisten verschiedene Präparate. Man mag das Eisen pharmakologisch zubereiten, wie man will, seine Heilkraft behält es immer, das ist eben ein Grundcharakter des Eisens. Man gebe es dem Patienten da, wo es paßt, dann wird die Natur sich schon fügen, in Bezug auf das Präparat ist sie nicht weiter sehr wählerisch. Alchemistisch, das ist weniger therapeutisch-alchemistisch als chemisch-alchemistisch, spekulativ-alchemistisch drängt sich unter den Eisenpräparaten das Ferrum sulphuricum in den Vordergrund, und zwar deshalb, weil wir in ihm den Vitriol haben, und an diesen sich, auf Grund der Bereitung, die Schwefelsäure knüpft.

Natron carbonicum

Das Natron carbonicum, das kohlensaure Natron, wittert an Felsen und aus der Erde aus.

Auch kann das kohlensaure Natron durch Verbrennen verschiedener Pflanzen, welche am Meeresstrande wachsen, gewonnen werden.

Dann kommt es in natronhaltigen Quellen und Seen vor (Natronseen Ägyptens, Kolumbiens).

Endlich gewinnt man das Natron carbonicum aus dem Kochsalz. Dieses wird mittels Schwefelsäure in schwefelsaures Natron verwandelt. Das schwefelsaure Natron wird mit kohlensaurem Kalk und Kohlenpulver gemengt und geglüht und so in kohlensaures Natron übergeführt, welches aus der Masse durch Auslaugen und Kristallisieren erhalten wird.

Die Alchemisten bedienten sich hauptsächlich des zuerst erwähnten, natürlich vorkommenden kohlensauren Natrons, welches sie dann zum medizinischen Gebrauche zu reinigen hatten, und des aus dem Kochsalz gewonnenen kohlensauren Natrons.

Natron nitricum

Schwerlich fällt es jemandem heutzutage ein, sich das Natron nitricum, das salpetersaure Natron, den kubischen Salpeter, künstlich darzustellen, wird es doch in großer Menge aus

Südamerika eingeführt. Dieser aus Südamerika eingeführte sogenannte Chili-Salpeter braucht, um medizinisch gebraucht zu werden, bloß gereinigt zu werden.

Die Alchemisten stellten sich das salpetersaure Natron künstlich dar, und zwar entweder aus dem Kochsalz oder aus dem Natron carbonicum.

Um es aus dem Kochsalz darzustellen, wird Kochsalz mit Salpetersäure übergossen, und die Salzsäure abdestilliert. Das in der Retorte zurückbleibende unreine salpetersaure Natron laugt man aus, und läßt es kristallisieren.

Um das salpetersaure Natron aus dem kohlensauren Natron zu erhalten, bringt man direkt kohlensaures Natron mit Salpetersäure zusammen. Dann entsteht unter Entweichen von Kohlensäure salpetersaures Natron.

Als in der späteren Zeit der abendländischen Alchemie die Chemikalien unter den Schulärzten eine weitere Verbreitung erhielten, warfen sich die Alchemisten dem Manöver in die Arme, daß sie den Schulärzten statt der Arkana solche Chemikalien boten, welche eine nähere oder fernere Ähnlichkeit mit den Arkanis, eine nähere oder fernere, direkte oder indirekte Relation zu den Arkanis hatten. Derartigen Chemikalien suchten sie die Aufmerksamkeit der Schulärzte zuzuwenden, um sie von den Arkanis abzuwenden. So geschah es denn nicht selten, daß ein Schularzt meinte, er habe ein Arkanum in Händen, wo er nichts anderes hatte, als ein mystifiziertes Arkanum.

Auf die Weise nun wurden den Schulärzten statt des Natron carbonicum und Natron nitricum eine Reihe von Mittel- und Neutralsalzen an die Hand gegeben und anempfohlen.

Liquor hepatis

Das einfachste, um sich dies Arkanum darzustellen, ist, daß man Schwefelwasserstoff in Spiritus salis Ammoniaci leitet. Diese Methode der Darstellung ist den späteren Abendländern bekannt. Die älteren Alchemisten dagegen schlugen einen viel komplizierteren Weg ein; sie gewannen den Liquor hepatis durch Destillation von Schwefel, Salmiak und Kalk.

Die abendländischen Alchemisten nannten den Liquor hepatis nicht sowohl per euphemismum, als vielmehr scherzweise: Balsamum; statt des »Übelriechenden« nannten sie ihn den »Wohlriechenden.« Balsamum ist nämlich, wie das griechische βαλσαμον, ein wohlriechender Stoff. Dieser Name gab die Basis ab, den Schulärzten statt des Liquor hepatis mystifikationsweise andere Mittel zu präsentieren. Auch ist er die Basis für die pharmakologische Bezeichnung »Balsam.«

Der pharmakologische Begriff Balsamum wird in den neueren pharmakologischen Handbüchern nicht genau bestimmt. Ein Balsam in pharmakologischer Beziehung enthält ein *ätherisches Öl*. Das ätherische Öl für sich macht noch nicht den Balsam aus, es muß vielmehr noch etwas hinzukommen, und das ist das *Corpus pro balsamo*. Also: ätherisches Öl + Corpus pro balsamo = Balsamum. Corpora pro balsamo sind: Fett, fette Öle, Harze, Wachs und derartige Stoffe, wie selbst Honig u.s.w.; nicht aber, wie das einige Pharmakologen wollen, Spiritus vini. Es ist also beispielsweise das Balsamum vitae Hoffmanni kein Balsam, es ist vielmehr eine einfache Lösung ätherischer Öle, zu denen Balsamum Peruvianum hinzukommt, in Weingeist. Ist die Verbindung des ätherischen Öles mit dem Corpore pro balsamo eine natürliche, so ist der Balsam ein *natürlicher*, ist sie eine künstliche, so ist der Balsam ein *künstlicher*. So ist Balsamum Peruvianum ein natürlicher Balsam, weil die Verbindung des ätherischen Öles mit dem Harze hier eine natürliche ist. Die Verbindung von Oleum Bergamottae mit Oleum Amygdalarum dulcium ist dagegen ein künstlicher Balsam, weil hier Oleum Bergamottae mit dem Corpore pro balsamo: Ol. Amygdal. künstlich zusammengebracht ist. Das 17. und 18. Jahrhundert hatte eine Menge künstlicher Balsame zum inneren Gebrauch, und die damaligen Schulärzte hatten eine besondere Vorliebe für derartige Kompositionen. Das hängt damit zusammen, daß sie meinten, indem sie in derartigen Mitteln »Balsam« hätten, hätten sie nun den Balsam der Alchemisten, den Liquor hepatis. Schwerlich gebraucht heute noch ein Arzt derartige künstliche Balsame pro usu interno. Pro usu externo dagegen sind die künstlichen Balsame noch heutzutage in Gebrauch, z.B. das Unguentum Rosmarini compositum, die Lösung verschiedener ätherischer Öle in Ol. Amygdalarum dulcium, Oleum provinciale (namentlich als Haaröl) u.s.w.

Zu diesem Begriffe eines pharmakologischen Balsams gaben nun die Alchemisten den Impuls. Die abendländische Darstellung des Liquor hepatis vor Augen habend, sagten sie nämlich, es handelt sich beim Liquor hepatis um eine Lösung von

Schwefel in einem flüssigen Alkali. Nun nannten sie aber ein flüssiges Alkali: Oleum, Öl, und so kommt heraus: Liquor hepatis ist die Lösung von Schwefel in *Öl*. Damit war die Sache aber nicht absolviert. *Jegliches* flüssige Alkali ist ein Öl. Wenn man also sagt, Liquor hepatis ist die Lösung von Schwefel in Öl, so kann es sich auch um die Lösung von Schwefel in Kali, in Natron handeln. Um sich hier präziser auszudrücken, sagte man daher, nicht nur um Öl handelt es sich, sondern es handelt sich um ein bestimmtes Öl, um das Ammoniaköl. Und sich nun an das Ammoniak näher haltend, sagten sie, es handelt sich in ihm um etwas *fragrant Riechendes*. Und so kommt statt: Liquor hepatis ist die Lösung von Schwefel in Öl, das Erweiterte: Liquor hepatis ist die Lösung des Schwefels in *Öl* unter Hinzutritt von etwas *fragrant Riechendem*.

Diese Bezeichnung, diese Definition von Liquor hepatis bot nun die Handhabe dar, die Schulärzte zu mystifizieren. Aus dem Öl als Alkali-Lösung wurde ein fettes Öl, aus dem fragrant Riechenden wurde ein ätherisches Öl. Und so kam denn als mystifizierter Liquor hepatis heraus: die Lösung von Schwefel in fettem Öl mit Zusatz von Oleum Juniperi, Terebinthinae u.s.w.

Derartige Kompositionen werden von einzelnen Ärzten noch heute geliebt, und es gibt Gegenden, wo die Leute noch heute mit Gier über die göttliche Panacee, »Harlemer Öl« herfallen, welche aus Schwefel, Leinöl und Terpentinöl besteht.

Hierbei blieben die Alchemisten nicht stehen. Indem sie befürchteten, daß die Schulärzte dem wahren Sachverhalt mit dem Öl auf die Spur kommen möchten, dachten sie daran, den Schwefel fortzuschaffen. Haben die Schulärzte den Schwefel nicht mehr in derartigen Mischungen, dachten sie, so können sie auch weiter nicht mehr auf die Idee kommen, ihn in mineralischem Öl statt in fettem Öl zu lösen. Nun sagte man, Balsam müßt ihr haben, aber was ist denn Balsam? Doch wohl ein wohlriechender Stoff. Ist aber an einer Mischung von Schwefel, fettem Öl und ätherischem Öl ein Schatten von Wohlgeruch? Wir denken doch, gerade das Gegenteil hat statt. Was ist aber der Grund des schlechten Geruches? Der Schwefel. Also dieser muß fort, bloß das fette Öl mit dem ätherischen Öle müssen bleiben. Und da haben wir denn den pharmakologischen, wohlriechenden Balsam, dessen Begriff sich auf Grund dessen extendierte, daß das einfache, fette Öl sich zu dem erweiterte, was wir als Corpus pro balsamo kennengelernt haben.

Aber nicht nur nach dieser Richtung mystifizierten die Alchemisten die Schulärzte in Bezug auf den Liquor hepatis, sie führten sie auch nach andern Richtungen auf den verkehrten Weg, indem sie ihnen namentlich einerseits andere Schwefellebern, als gerade die Ammoniakschwefelleber, und auf der andern Seite, da wo es sich um das *Schwefel*arkanum handelte, den einfachen Schwefel boten. Mit der ersten Mystifikation hängt es zusammen, daß Christ. Ludw. *Hoffmann* in der Calcaria sulphurato-stibiata ein Arkanum gefunden zu haben glaubte, und sie als solches verkaufte.

Pulvis solaris ruber et niger

Wir haben in Bezug auf diese beiden Arkana ins Auge zu fassen:
1. Hydrargyrum oxydatum rubrum,
2. Sulphur auratum,
3. Stibium sulphuratum nigrum.

1. *Hydrargyrum oxydatum rubrum.* Dasselbe wird auf 2 Weisen dargestellt.

Erste Darstellungsweise. Darstellung mittels Salpetersäure. Man digeriert laufendes Quecksilber mit Salpetersäure, und erhält so eine Lösung von salpetersaurem Quecksilberoxyd. Diese dampft man ab, und erhält so trockenes salpetersaures Quecksilberoxyd. Dies läßt beim weiterem Erhitzen die Salpetersäure fahren und präsentiert sich als Quecksilberoxyd, das ist Hydrargyr. oxydat. rubrum. Damit wäre dann die Sache erledigt. Es ist aber ein praktischer Kunstgriff, den bereits die Alexandriner kannten, daß man das aus der Lösung gewonnene trockne salpetersaure Quecksilberoxyd nicht *für sich* weiter erhitzt, sondern zuvor mit laufendem Quecksilber zusammenreibt, und diese Mengung dann erhitzt. Dann ist das Produkt, indem sich das Quecksilber auf Kosten des Sauerstoffes der Salpetersäure oxydiert, auch Hydrargyr. oxyd. rubrum.

Das auf die eine oder die andere Weise gewonnene Hydrarg. oxyd. rubr. wird zum medizinischen Gebrauche mit destilliertem Wasser sehr fein gerieben und gewaschen, und wird als solches auch wohl Hydrarg. oxyd. rubrum laevigatum genannt.

Nun reflektiere man auf die folgenden, für die Alchemie höchst wichtigen Data.

Die Salpetersäure besteht aus Stickstoff und Sauerstoff. Indem nun bei der Gewinnung des Quecksilberoxyds die Salpetersäure in diese ihre Teile zerlegt wird, oxydiert der Stickstoff zu Stickoxydgas, und entweicht. Dies Stickoxyd verbindet sich, sobald es frei wird, mit dem Sauerstoff der Luft zu Untersalpetersäure, und diese präsentiert sich unter der Gestalt *roter Dämpfe.*

Und ferner: Da man das Quecksilberoxyd, das Hydrarg. oxyd. rubr., aus einer Lösung des Quecksilbers in Salpetersäure gewinnt, so nahmen die Alten an, das Quecksilberoxyd sei ein *Präzipitat.* Daher stammt auch der Name: Mercurius praecipitatus ruber, rotes Präzipitat des Quecksilbers, präzipitiertes rotes Quecksilber. Sie nahmen also an, wenn man die Lösung von salpetersaurem Quecksilberoxyd hat, und dampft dann ab, so daß man trocknes salpetersaures Quecksilberoxyd, und in weiterer Folge Quecksilberoxyd erhält, so heiße das nichts anderes, als man erhalte das Präzipitat Quecksilberoxyd aus der salpetersauren Quecksilberlösung.

Zweite Darstellungsweise. Sie ist zwar einfacher, nimmt aber längere Zeit in Anspruch, und besteht einfach darin, daß man Quecksilber in einen langhalsigen Kolben gießt, und nun erhitzt. Dann erfolgt auch die Oxydation des Quecksilbers, und man erhält auch so Hydrarg. oxyd. rubrum. Dies Präparat nannte man auch wohl im Anschluß daran, daß das vorige Präparat Mercurius praecipitatus genannt wurde: Mercur. praecipitatus per se. Bei den Arabern tritt diese Darstellungsweise des Hydrargyr. oxyd. rubr. in den Vordergrund.

2. *Sulphur auratum.* Zu seiner Darstellung nimmt man Stibium nigrum, Schwefelblumen, Natron carbonicum in Wasser gelöst, Kalkmilch, und kocht das Ganze. Auf die Weise erhält man die Lösung des heutzutage sogenannten Schlippeschen Salzes (Schwefelantimon.-Schwefelnatrium). Zu dieser wird verdünnte Schwefelsäure gegeben, dann fällt unter *Entwicklung von Hydrothiongas* Sulphur auratum nieder.

Man kann die Lösung des Schlippeschen Salzes auch auf trocknem Wege darstellen. Dann nimmt man Stibium nigrum, Schwefel, Natron carbon., Kohle, und schmilzt sie in einem Schmelztiegel.

Es ist wohl korrekter, wenn man sich zur Darstellung des Sulphur aurat. zuvor ein ganz reines Schlippesches Salz darstellt, dieses dann in Wasser löst, und aus dieser Lösung das Sulphur aurat. mittels verdünnter Schwefelsäure fällt.

Wir machen nun vorweg – der Punkt wird später mannigfach zur Sprache kommen – auf folgendes aufmerksam: Im Sinne einer patriarchalischen Chemie laufen in gewisser Beziehung die Darstellung des Hydrarg. oxyd. rubrum und des Sulphur aurat. parallel. Auf beiden Seiten nämlich haben wir das *Aufsteigen eines Dampfes*. Dieser Dampf ist beim Hydrarg. oxyd. rubr. der rote Dampf, die Untersalpetersäure, beim Sulphur aurat. ist dieser Dampf das Hydrothiongas. Und ebenso haben wir auf beiden Seiten die *Bildung eines Präzipitates*, denn wie wir oben gesehen, wird ja das Hydrarg. oxyd. rubr. als Präzipitat aufgefaßt, und das Sulphur aurat. ist eo ipso ein Präzipitat.

3. *Stibium sulphuratum nigrum*. Antimonium crudum kommt als Grauspießglaserz in der Natur vor. Dies wird geschmolzen und ergibt das offizinelle Stibium sulphuratum nigrum. Dies wird fein präpariert, und stellt so das Stibium sulphuratum nigrum laevigatum dar.

Auch wird das Stibium sulphuratum nigrum derartig dargestellt, daß man Antimonmetall (Regulus Antimonii) mit Schwefelblumen zusammenschmilzt. Hierbei bedeckt man auch wohl die Masse mit einer Lage von verknistertem Kochsalz.

Die abendländischen Alchemisten nannten den Pulvis solaris Bezoardicum, Bezoardicum minerale, Bezoardicum solare, und was für Epitheta das Bezoardicum sonst bekam. Dem Bezoardicum minerale steht das Bezoardicum animale gegenüber, welches aus Schlangen gemacht werden soll. Diese Schlangen sind nichts anderes als ein mystifiziertes Hydrarg. oxyd. rubr. Das erwähnte Bezoardicum animale wird auch das Bezoardicum animale simplex genannt, entgegen dem Bezoardicum animale compositum, welches bestand aus: Pulv. serpentum, Rad. Valerianae, Rad. Angelicae, Rad. Pimpinellae, Herb. Rutae. Hier übernahmen dann mystifikationsweise Rad. Valerianae u.s.w. die Rolle des Antimonteiles des P. solaris. Der Name Bezoardicum lehnt an den, sonst bei den Schulärzten so beliebten, Bezoar. Das Bezoardicum animale hat uns bereits in die Mystifikationsmittel eingeführt, mit welchen die abendländischen Alchemisten den Schulärzten aufwarteten.

Die Mystifikationen in Bezug auf den Pulv. solaris sind sehr reichhaltig. Man bot den Schulärzten, statt der Verbindung von Hydrargyr. oxyd. rubr. einerseits und Sulphur aurat. und Stibium sulphurat. nigr. andrerseits, die Verbindung anderer Quecksilber- und anderer Antimonpräparate. Um die mehr Schwergläubigen bei dieser Taktik sicherer zu machen, die sich die rote Farbe des Pulvis solaris ruber nicht nehmen lassen wollten, schob man bei der Darbietung eines anderen Quecksilberpräparates an die Stelle des Sulphur aurat. den Kermes, oder hielt auch wohl das Sulphur aurat. bei. Auf letzterer Basis beruht der Pulvis alterans Plummeri, welcher aus Calomel und Sulphur aurat. besteht, und nichts anderes ist als ein mystifizierter Pulv. solar. ruber.

Man riet den Schulärzten an, Quecksilber mit Antimon zu destillieren. Man bot ihnen irgend ein Quecksilberpräparat ohne Antimon, irgend ein Antimonpräparat ohne Quecksilber als Pulv. solaris. Man ließ das Quecksilber unter der Form irgend eines Quecksilberpräparates, und setzte an die Stelle des Antimon irgendeine andere mineralische Substanz, z.B. Salmiak, Kalk u.s.w. Man ließ das Antimon unter der Form irgendeines Antimonpräparates, und setzte an die Stelle des Quecksilbers irgendeine andere mineralische Substanz, namentlich ein Metall, z.B. Eisen, Zinn, Blei. In letzterer Beziehung erwähnen wir das Anthecticum Poterii, bestehend aus Stannum und Antimonium, das Sudoriferum magnum Faberi, eine Verbindung von Stannum, Plumbum und Antimonium. Die Ersetzung des Hydrargyr. oxyd. ruber. durch Schlangen und des Antimon durch Pflanzen haben wir bereits vorhin kennengelernt. Wie gesagt, die Mystifikationen in Bezug auf den Pulv. solaris sind sehr reichhaltig.

Zahl der Arkana. Zahlenphilosophie

Wie wir gesehen, gibt es 7 Arkana: Acidum sulphuricum, Ferrum, Natron carbonicum, Natron nitricum, Liquor hepatis, Pulvis solaris ruber und Pulvis solaris niger.

Dieser Zahl der Arkana bemächtigte sich schon sehr früh die Spekulation, indem man sagte, man braucht die Arkana ja gerade nicht aus dem Gesichtspunkt der Sieben aufzufassen, auch andere Zahlen können hier an die Reihe kommen. So faßte man denn die Arkana auch auf aus dem Gesichtspunkt der Zahlen 1 bis 6.

Gesichtspunkt der Eins. Einarkanum.

Die Arkana haben *einen* Zweck, das ist, kranke Menschen gesund zu machen. Dieser eine Zweck gibt den Eingesichtspunkt, um den sich alle Arkana gruppieren; daher das Einarkanum. Mit dem Einarkanum hängt die ziemlich verbreitete Ansicht des Laien zusammen, die Alchemisten hätten ein Mittel gehabt, mit dem sie alles kurieren zu können vorgegeben hätten. Dieses mysteriöses Mittel wird dann die Lebenstinktur, die das Leben verjüngende Tinktur u.s.w. genannt.

Gesichtspunkt der Zwei. Zweiarkanum.

Das Zweiarkanum kommt ursprünglich daher, daß man die Arkana derartig in 2 Gruppen teilte, daß man auf die eine Seite die festen Arkana stellte, und auf die andere Seite die flüssigen. Es wurde also die zwiefache Eigenschaft der Arkana, einerseits fest, und andererseits flüssig zu sein, für die Arkanenzwei ausgebeutet. Das gibt wenigstens ursprünglich den Halt für den Gesichtspunkt der Zwei. Im weiteren Verlauf der Alchemie ging man weiter. Man sagte, nicht nur das Fest- und Flüssigsein auf der einen und der anderen Seite gibt einen Anhalt für die Zwei, sondern auch diese und jene sich entgegenstehende Eigenschaft auf der einen und der anderen Seite der Arkana.

Gesichtspunkt der Vier. Vierarkanum.

Zur Vier kommt man auf ff. Weise. Natron carbonicum und Natron nitricum sind beide Natron, oder, was am Ende bei den Alten ebenso schwer in die Waagschale fällt, beide werden aus dem Kochsalz dargestellt (s. d. vorigen Abschnitt). Es ist also bei ihnen der Gesichtspunkt gegeben, sie als *ein* Arkanum aufzufassen. Ferner bestehen die beiden Pulv. solares aus Hydrarg. oxyd. rubr. einerseits und aus einem Antimonpräparate andererseits. Das ergibt auch für sie den Anhaltspunkt, sie als *ein* Arkanum aufzufassen. Endlich wird (s. d. vorigen Abschnitt) Acidum sulphuricum aus dem Eisenvitriol gewonnen. Das faßten die Alten derartig auf, als wäre Acid. sulphur. im Grunde nichts anderes, als ein transmutiertes Eisen. Und damit ist denn der Gesichtspunkt gegeben, auch Acidum sulphuricum und Ferrum als ein Arkanum aufzufassen. Wir haben also auf diese Weise statt der 2 Arkana: Natron carbon und Natron nitricum, 1 Arkanum: Natron; statt der 2 Arkana: Pulv. solaris ruber und Pulvis solaris niger, 1 Arkanum: Pulv. solaris; statt der 2 Arkana: Acid. sulphur. und Ferrum, 1 Arkanum: Vitriol, und hierzu kommt der restierende Liquor hepatis, wodurch sich als Vierarkanum herausstellt: 1) Natron, 2) Pulvis solaris, 3) Vitriol, 4) Liquor hepatis.

Indem nun 4 Arkana aufgestellt werden, und sich an diese weitere Spekulationen knüpfen, werden Natron, Pulv. solaris und Vitriol derartig aufgefaßt, wie die betreffende Spekulation sie eben am besten verwerten kann. Natron wird als Natron carbonicum gefaßt, wo die Spekulation darauf ausgeht, Natron carbonicum zu verwerten; als Natron nitricum, wo die Spekulation darauf ausgeht, Natron nitricum zu verwerten. Pulv. solaris wird als Pulvis solaris ruber aufgefaßt, wo die Spekulation darauf ausgeht, den Pulv. solaris ruber zu verwerten; als Pulv. solaris niger, wo die Spekulation darauf ausgeht, den Pulv. solaris niger zu verwerten. Vitriol wird als Acid. sulphur. aufgefaßt, wo die Spekulation darauf ausgeht, das Acid. sulphur. zu verwerten; es wird als Eisen aufgefaßt, wo die Spekulation darauf ausgeht, das Eisen zu verwerten. Doch ist in Bezug hierauf zu bemerken, daß es viel häufiger statt hat, daß der Pulv. solaris als Pulv. solaris ruber aufgefaßt wird, denn als Pulvis solaris niger. Das kommt deswegen, weil der erstere auf Grund seiner komplizierten Darstellungsweise der Spekulation weit zugängiger ist, als der letztere. Und namentlich ist in Bezug auf den Eingesichtspunkt von Acid. sulphur-Ferrum zu bemerken, daß es absolut häufiger statt hat, daß man das Acid. sulphur. ins Auge faßt, als das Ferrum. Das kommt daher, daß Eisen zwar in flüssiger Form gedacht werden kann, aber nicht gedacht zu werden braucht. Acid. sulphur. dagegen ist unter allen Umständen flüssig. Und da das letztere statt hat, so bekommt man, indem man die Vier-Aufstellung macht: 1) Natron, 2) Pulvis solaris, 3) Liquor hepatis, 4) Acidum sulphur. — zwei feste und zwei flüssige Arkana heraus. Damit ist auf beiden Seiten ein *gleiches* Verhältnis gegeben, welches für die Spekulation besser zu verwerten ist, als ein *ungleiches* Verhältnis auf beiden Seiten, welches herauskommt, wenn man aufstellt: 1) Natron,

2) Pulv. solaris, 3) Ferrum (fest), 4) Liquor hepat. Denn im letzteren Falle haben wir auf der einen Seite *drei* feste Arkana, und auf der anderen Seite bloß *ein* flüssiges Arkanum.

Gesichtspunkt der Drei. Dreiarkanum.

Wenn man so weit ist, daß man die Arkanenvier hat, so kann man sagen, von der Konzentrierung auf die Vier können wir einen Schritt weiter gehen. Von den vier Arkanis haben zwei eine ganz besondere Relation zueinander. *Diese* wollen wir des Ferneren zu einem Arkanum konzentrieren; und so ist denn das Dreiarkanum da. Als Drei-Arkanum figuriert namentlich die Aufstellung: 1.) Acid. sulphur-Natron, 2.) Pulv. solaris, 3.) Liquor hepatis. Diese Aufstellung finden wir bereits bei den Indern. Es hat aber auch die Aufstellung statt: 1.) Pulvis solaris-Liquor hepatis, 2.) Acidum sulphur., 3.) Natron.

Gesichtspunkt der Fünf. Fünfarkanum.

Das Fünfarkanum entwickelt sich aus dem Vierarkanum derartig, daß man *ein* Arkanum, welches beim Vierarkanum vom Eingesichtspunkt aufgefaßt wird, in seine ursprünglichen Teile zersplittert, und die anderen Arkana läßt, wie sie beim Viergesichtspunkt eben sind. Dies bedingt denn die Aufstellung für das Fünfarkanum:

A) Man zersplittert das Natron. Dann erhält man: 1.) Natron carbon., 2.) Natron nitricum, 3.) Pulvis solaris, 4.) Vitriol, 5.) Liquor hepatis.

B) Man zersplittert den Pulvis solaris. Dann erhält man: 1.) Natron, 2.) Pulv. solaris ruber, 3.) Pulv. solaris niger, 4.) Vitriol, 5.) Liquor hepatis.

C) Man zersplittert den Vitriol. Dann erhält man: 1.) Natron, 2.) Pulvis solaris, 3.) Acid. sulphur., 4.) Eisen, 5.) Liquor hepatis.

Gesichtspunkt der Sechs. Sechsarkanum.

Das Sechsarkanum entwickelt sich aus dem Siebenarkanum derartig, daß unter den 7 Arkanis 5 bleiben, wie sie sind, daß aber unter denen, welche sich dazu qualifizieren, vom Eingesichtspunkt aufgefaßt zu werden, zwei vom Eingesichtspunkt aufgefaßt werden. Hierzu qualifizieren sich aber entweder Natron carbon. — Natron niticum, oder Acid. sulphur. — Ferrum, oder Pulvis solaris ruber — Pulvis solaris niger. Der in der Geschichte der Alchemie zumeist hervorstechende Gesichtspunkt ist der, daß Natron carbon. — Natron nitricum vom Eingesichtspunkt aufgefaßt werden, so daß wir also als Sechs-Arkanum erhielten: 1.) Natron, 2.) Acidum sulphuricum, 3.) Ferrum, 4.) Pulvis solaris ruber, 5.) Pulvis solaris niger, 6.) Liquor hepatis. Es steht aber nichts im Wege, daß, indem Acid. sulphur. — Ferrum vom Eingesichtspunkt aufgefaßt werden, man so erhält: 1.) Natron carbon., 2.) Natron nitricum, 3.) Vitriol, 4.) Pulv. solar. ruber, 5.) Pulv. solar. niger, 6.) Liquor hepatis; oder daß man, indem Pulv. solar. ruber — Pulv. solar. niger vom Eingesichtspunkt aufgefaßt werden, erhält: 1.) Natron carbon,. 2.) Natron nitricum, 3.) Acid. sulphur., 4.) Ferrum, 5.) Pulv. solaris, 6.) Liquor hepatis.

Daß man nun die Arkana aus dem Gesichtspunkt verschiedener Zahlen auffaßt, das ist *Zahlenphilosophie,* und die Zahlen selbst, welche man bei dieser Gelegenheit in's Auge faßt, sind *philosophische Zahlen.*

Man muß nun aber *direkte* und *indirekte* Zahlenphilosophie, *direkte* und *indirekte* philosophische Zahlen unterscheiden. Die Zahlenphilosophie, die philosophischen Zahlen, die wir soeben in's Auge gefaßt, sind *direkte* Zahlenphilosophie, *direkte* philosophische Zahlen. Ihr Charakteristikum liegt darin, daß sie direkt an die Arkana lehnen, wohingegen das Charakteristikum der *indirekten* Zahlenphilosophie, der *indirekten* philosophischen Zahlen darin liegt, daß sie nur indirekt an die Arkana lehnen. Bei der indirekten Zahlenphilosophie, den indirekten philosophischen Zahlen handelt es sich um eine in den Bereich der Alchemie gezogene Spekulation, die mit der Zahl bemessen wird, und die Zahlen, die man dann auf diese Weise erhält, werden zu den Arkanen-Zahlen in Relation gesetzt. Z.B. zieht die Welt in den Bereich der Alchemie, und sagt dann, sich an die Zahl machend, es gibt *eine* Welt. Da hat man die indirekte philosophische Zahl 1. Man sagt ferner, die Welt zerfällt in 4 Teile: Firmament, leuchtende Himmelskörper, Land, Meer. Auf diese Weise erhält man die indirekte philosophische Zahl 4, u.s.w. Die so erhaltenen Zahlen werden alsdann mit den Arkanis in Verbindung gesetzt, indem man sagt, wie es *eine* Welt gibt, so gibt es auch *ein* Einarkanum, wie es eine *vierfach* geteilte Welt gibt, so gibt es auch eine Arkanum-Vier u.s.w. Hierbei ist nun aber zu bemerken, daß es zwar statt hat, daß die direkten philosophischen Zahlen zugleich *arkanologische* Zahlen sind — nun, das versteht sich von selbst, das ist ja gerade das Charakteristikum der direkten philosophischen Zahl, daß sie eine arkanologische ist. Dagegen hat es aber nicht statt, daß die indirekte philosophische Zahl immer eine arkanologische ist. Sie *kann* es zwar sein und *ist* es auch durchschnittlich, denn was sollen wir im Allgemeinen mit philosophischen Zahlen, welche keine Relation zu den Arkanis haben. Dagegen *braucht* sie es nicht zu sein und ist es auch nicht unter allen Umständen. Das kommt einfach daher, daß, wenn man sich einmal auf das Terrain der indirekten philosophischen Zahl begeben hat, daß sich dann die Spekulation nicht immer so genau abzirkeln läßt, daß man nur solche Zahlen erhält, welche von den Arkanis gedeckt werden. So werden wir z.B. in der indischen Zahlenphilosophie der indirekten philosophischen Zahl 12 begegnen. Sie ist natürlich keine arkanologische Zahl, denn es gibt keine 12 Arkana.

Eine eigentümlich situierte Zahlenphilosophie ist die *kabbalistische*. In ihr wird die Zahl in mystischer Weise ausgebeutet. Gott, die Engel, die Propheten, die Patriarchen, ihre Frauen, die Apostel, der Mensch, das Tier, die Pflanze u.s.w. werden der Zahl, den Zahlen gegenübergesetzt. Die kabbalistische Zahlenphilosophie erhält namentlich durch das Buch *Jezirah* (s. den Besonderabschnitt über dieses) eine Folie. Doch liegt der Anfang derselben weit vor dem Buch Jezirah. Bereits bei *Philo* finden wir die Zahl in einer Weise ausgebeutet, welche zwar im späteren Sinne keine eigentliche kabbalistische Zahlenphilosophie genannt werden kann, die aber zum wenigsten ihren Stempel trägt. Bei den Abendländern bringen wir zwei Tafeln, welche an der Hand einer kabbalistischen Zahlenphilosophie entworfen sind (s. den Abschnitt: Das Hervortreten der Zahl Zwölf).

Endlich müssen wir noch einer Art der Zahlenphilosophie Erwähnung tun, die zwar zu abgerissen dasteht, um auf den eigentlichen Namen einer Zahlenphilosophie Ansprüche machen zu können, die aber immerhin eine entferntere Beziehung zur eigentlichen Zahlenphilosophie hat. Wir haben es nämlich darauf abgesehen, daß man gewisse Dinge nach einer hervorstehend dastehenden philosophischen Zahl bemißt. So spricht man z.B. von sieben Wunderwerken der Welt. Wir würden dieser Wunderwerke nicht gerade *sieben* haben, wenn die Sieben keine hervorstechende arkanologische Zahl wäre. So sagt man: Aller guten Dinge sind drei. Wir würden dieser guten Dinge nicht gerade *drei* haben, wenn die Drei keine hervorstechende arkanologische Zahl wäre, u.s.w.

Von den Farben der Arkana.

Es liegt nicht in unserem Plane, die verschiedenen Gesichtspunkte, von denen die Alchemisten die Arkana auffaßten, in Allgemein-Kapiteln dem Leser vorzuführen. Vielmehr werden wir sie in den besonderen Abschnitten, in denen wir sukzessiv die Alchemie abwickeln, an den betreffenden Orten mit zur Sprache bringen. Mit diesem unseren Plane scheint es nun auf den ersten Blick zu kollidieren, daß wir hier den Gesichtspunkt der Farben, aus dem die Arkana aufgefaßt werden, in einem Allgemein-Kapitel besprechen.

Die Sache liegt aber ff. Wir können selbstredend nicht umhin, in den vordersten Reihen dieses Buches die Arkana zu bringen. Sobald dies aber geschieht, drängt sich die *Zahl* der Arkana an uns heran, denn es wirft sich die Frage auf: Sind denn das nun alle Arkana, keines zu viel und keines zu wenig? In Bezug auf eine solche Frage war es denn nötig, zu zeigen, wie zwar auch bei den Alchemisten von anderen Arkanen-Zahlen als gerade der Arkanen-Sieben die Rede ist, daß diese anderen Arkanen-Zahlen aber spekulativer Natur sind, und auf die Arkanen-Sieben hinauslaufen. Damit konnten wir aber einem Allgemein-Kapitel über die Zahlenphilosophie nicht ausweichen, es wäre zum wenigsten gezwungen gewesen, wenn wir solches getan. Sobald wir nun aber bei der Zahlenphilosophie sind, reiht sich ihr sehr naheliegend der Farben-Gesichtspunkt an, denn der Farben-Gesichtspunkt der Arkana variiert, je nachdem man sich auf den Standpunkt der einen oder anderen arkanologischen Zahl stellt.

1.) Stellt man sich auf den Standpunkt des *Ein-Arkanum*, so ist die arkanologische Farbe: *Weiß*.

Acid. sulphuricum ist weiß als Acid. sulphur. rectificatum.

Die beiden Natron sind eo ipso weiß.

Eisen ist weiß wie polierter Stahl.

Was den Liquor hepatis betrifft, so passiert es bei seiner Darstellung wohl, daß er entweder zu viel oder zu wenig Schwefel aufnimmt. Nimmt er zu viel Schwefel auf, so scheidet sich der Schwefel bei der Verdünnung des Präparates mit Wasser leicht aus, und man findet dann in der betreffenden Flasche eine weiße Masse, gleichsam wie weißen Schimmel, auf dem Wasser schwimmen. Nimmt er zu wenig Schwefel auf, so wird das schwach gelbe Präparat mit der Zeit ganz weiß. So der Standpunkt des Weißen für den Liquor hepatis.

Pulvis solaris ruber und Pulvis solaris niger werden aus dem Eingesichtspunkt betrachtet, und bei diesem der P. solaris niger in's Auge gefaßt. Nun ist im Pulv. solaris niger das Stibium sulphur. nigrum hervorstechend vertreten, in quantitativer Beziehung geht das Hydrarg. oxyd. rubrum in demselben auf. Nun ist zwar das Stibium sulphur. nigrum *schwarz*, aber aus ihm glitzern glänzende silberweiße Splitterchen hervor. Und gerade diese sind es, die dazu verwertet werden, dem Stibium sulphur. nigrum eine *weiße* Farbe anzudemonstrieren. Und so kommt denn die weiße Farbe des Pulvis solaris heraus.

2.) Stellt man sich auf den Standpunkt des *Zwei-Arkanum*, so sind die arkanologischen Farben: *Weiß* und *Schwarz*.

Acid. sulphuric. ist entweder weiß als Acid. sulphur. rectif., oder schwarz als Acid. sulphur. crudum. Das letztere stellt nämlich eine dunkle Flüssigkeit dar, und dunkel und schwarz sind leicht zu parallelisieren.

Die beiden Natron sind weiß.

Liquor hepatis ist weiß, wie beim Gesichtspunkt des Ein-Arkanum.

Die beiden Pulveres solares werden vom Eingesichtspunkt aufgefaßt, bei diesen der Pulvis solaris niger in's Auge gefaßt, und dieser als schwarz genommen.

Eisen ist entweder weiß als polierter Stahl, oder schwarz als ein schwarzes Eisenpräparat, z.B. Ferrum limatum.

Zwischen Weiß und Schwarz wird am besten das Arrangement getroffen, daß eine Zahlengleichheit zwischen Farben und Arkanis statt hat. Und das ergibt die Aufstellung:

Natron carbonicum		Acidum sulphur	
Natron nitricum	Weiß	Pulvis solaris	Schwarz
Liquor hepatis		Eisen	

3.) Stellt man sich auf den Standpunkt des *Drei-Arkanum*, so sind die arkanologischen Farben: *Weiß, Schwarz, Gelb*.

Für die gelbe Farbe tritt zuvörderst der Liquor hepatis ein, denn derselbe ist gelb. Nimmt man den Pulvis solaris vom Eingesichtspunkt, und faßt bei diesem den Pulv. solaris ruber in's Auge, so kann auch der Pulvis solaris als gelb genommen werden, indem man nicht sowohl sagt, Pulv. solaris ruber ist *rot*, als vielmehr, er ist *pomeranzengelb*.

Steuert man nun darauf los, eine Zahlengleichheit zwischen Farben und Arkanis zu erhalten, so ergibt sich folgende Aufstellung:

Weiß	*Schwarz*	*Gelb*
Natron carbonic.	Acid. sulphur.	Liquor hepatis
Natron nitricum	Ferrum	Pulvis solaris

wobei sich Natron carbon. und nitricum als weiß von selbst verstehen, Acid. sulphur. und Ferrum wie ad 2.) als schwarz genommen werden, und Pulvis solaris vom Gesichtspunkt des Pulvis solaris ruber als gelb gefaßt wird.

Hält man sich dagegen an die Arkanen-Drei, wie sie sich besonders in den Vordergrund drängt, und welche, wie wir wissen, ist, entweder: Acid. sulphur.-Natron, Liquor hepatis, Pulvis solar., oder: Liquor hepatis-Pulvis solaris, Acidum sulphur., Natron — so hat man zu nehmen, im ersten Falle:

Acid. sulphur.-Natron: Weiß, Liquor hepatis: Gelb, Pulvis solaris: Schwarz, wobei also der Pulvis solaris aus dem Gesichtspunkt des Pulvis solaris niger als schwarzes Präparat genommen wird; — im zweiten Falle:

Liquor hepatis-Pulvis solaris: Gelb, Acidum sulphur.: Schwarz (s. ad 2), Natron: Weiß.

4.) Stellt man sich auf den Standpunkt der *Arkanen-Vier*, so sind die arkanologischen Farben: *Weiß, Schwarz, Gelb, Rot*.

Die rote Farbe tritt für den P. solaris ein, welcher aus dem Gesichtspunkt des Pulv. solaris ruber gefaßt wird. Da nun die Arkanen-Vier, wie wir wissen, ist: Acid. sulphur., Natron, Liquor hepatis, Pulvis solaris, so ergibt sich:

Weiß	*Schwarz*	*Gelb*	*Rot*
Natron	Acid. sulphur	Liquor hepatis	P. solaris

5.) Stellt man sich auf den Standpunkt der Arkanen-Fünf, so sind die arkanologischen Farben: *Weiß, Schwarz, Gelb, Rot, Blau*. Das Blau wird als Hellblau genommen. Das Hellblaue aber fließt mit dem Weißen zusammen, so daß nichts im Wege steht, ein Präparat, welches früher vom Standpunkt der weißen Farbe aufgefaßt wurde, vom Standpunkt der blauen Farbe aufzufassen. Es tritt nun des Näheren das Natron für das Blaue ein. Wie wir wissen, haben wir für das Fünf-Arkanum drei Aufstellungen. Bei den verschiedenen Aufstellungen distribuieren sich die Farben ff.

Bei der Aufstellung im vorigen Abschnitt sub A) ist Natron carbonicum weiß oder blau, Natron nitricum ist blau oder weiß, P. solaris ist rot, Vitriol ist schwarz (Acid. sulphur. und Eisen beide als schwarz genommen), Liquor hepatis ist gelb.

Bei der Aufstellung im vorigen Abschnitt sub B) ist Natron blau, P. solar. ruber ist rot, P. solar. niger ist schwarz, Vitriol ist weiß (Acid. sulphur. und Eisen beide als weiß genommen), Liquor hepat. ist gelb.

Bei der Aufstellung im vorigen Abschnitt sub C) ist Natron blau, P. solaris ist rot, Acid. sulphur. ist weiß oder schwarz, Ferrum ist schwarz oder weiß, Liquor hepat. ist gelb.

6.) Stellt man sich auf den Standpunkt der *Arkanen-Sechs*, so sind die arkanologischen Farben: *Weiß, Schwarz, Gelb, Rot, Blau, Grün*.

Für die grüne Farbe tritt der Liquor hepatis ein. Das achte Liquor hepatis-Präparat ist zwar gelb, hat aber einen Stich in's Grüne. In die Vakanz, die auf die Weise für das Gelb entsteht, tritt das Acid. sulphur. ein. Dieses ist nämlich braun, das ist *tingiert gelb*.

Bei derjenigen Sechs-Aufstellung der Arkana, welche in der Alchemie die zumeist hervorstechende ist, ist alsdann das Farbenverhältnis ff. Natron erhält das Blaue, Acid. sulphur. das Gelbe, Ferrum das Weiße, P. solar. ruber das Rote, P. solar. niger das Schwarze, Liquor hepatis das Grüne. (Vergl. den Abschnitt: Die Arkana als Edelsteine.)

7.) Stellt man sich auf den Standpunkt der *Arkanen-Sieben*, so sind die arkanologischen Farben: *Weiß, Schwarz, Gelb, Rot, Blau, Grün, Pomeranzenfarben*.

Für die Pomeranzen-Farbe tritt natürlich der als Pulv. solaris ruber gefaßte Pulv. solaris ein.

In die Vakanz, welche auf diese Weise für das Rot entsteht, tritt das Eisen. Eisen ist nämlich rot als Rost. Auch sind manche natürlich vorkommende Eisenarten rot, z.B. Roteisenstein oder Blutstein, Toneisenstein oder Rötel. Das ergäbe dann die folgende Aufstellung:

Acid. sulphur. ....Gelb
Natron I....................................Weiß,
Natron II ....Blau,
Liquor hepatis. ....Grün,
Ferrum ....Rot,
Pulv. solaris ruber...................Pomeranzenfarben,
Pulv. solaris niger...................Schwarz.

Alchemie bei den Indern

Quellen: *Vedas, Râmâyana* und *Mahâbhârata; Puranas*; Gesetzbuch des *Manu*.

DIE RELIGIONSGESCHICHTE DER INDER, inklusive die mit ihr Hand in Hand gehende Chronologie, bietet uns die indische Alchemie von 3 Gesichtspunkten, vom Gesichtspunkt der Kosmologie, der Arkanologie, der Philosophie der Zahl.

Indische Alchemie vom Gesichtspunkt der Kosmologie

Bei den Indern begegnen wir zuerst dem Datum, daß die Arkana spekulativ zu der »Welt« in Relation gesetzt werden. Wir haben es hierbei mit der Gegenüberstellung von Makrokosmos und Mikrokosmos zu tun. Als Mikrokosmos figuriert aber nicht, wie das in der späteren Alchemie statt hat, der Mensch, sondern die Arkana. Das Gegenüberstellen von Arkanen und Welt bringt es mit sich, daß die Alchemie als Kosmologie aufgefaßt und abgehandelt wird.

Die indische Kosmologie lehnt sich an die Gottheit. Indem wir uns nun zur Gottheit wenden, wenden wir unseren Blick nach oben. Damit hängt es zusammen, daß die indische Kosmologie hauptsächlich dem Himmel Rechnung trägt. Sie faßt denselben von 3 Standpunkten auf: 1) als Firmament, das ist die Himmelskuppel; 2) als Sonne, Mond und Sterne. Sie sind die Lichter des Himmels und vom Himmel untrennbar, um so mehr, als die Alten *nicht* annahmen, sie befänden sich im Weltenraume, *sondern* sie seien an den Himmel geheftet; 3) als Wolken. Diese befinden sich ebenfalls am Himmel, und der Standpunkt, sie als etwas besonderes für sich aufzufassen, ist dadurch gegeben, daß sie etwas anderes sind, als das Firmament einerseits und Sonne, Mond und Sterne andererseits. — Firmament einerseits, Sonne, Mond und Sterne andererseits, und Wolken dritterseits sind nun in den drei indischen Hauptgöttern: *Varuna, Agni, Indra*, repräsentiert. Wir wollen diese Götter näher charakterisieren. Man vergleiche hierbei *Christian Lassen*, Indische Altertumskunde, Erster Band. Man findet dort auch die Stellen angegeben, wo das für die Charakterisierung Bezeichnende im Rigveda steht.

1) *Indra.* Er ist der Gott der Wolken, und nicht wie Lassen will, der Gott des leuchtenden Himmels, der blauen Luft. Dagegen ist er wohl, wie das auch Lassen hat, der Gott der Gewitter. Er ist dies deshalb, weil das Gewitter sich aus den Wolken entleert. Auf Grund seiner Eigenschaft als Gewittergott führt er auch Blitz und Donnerkeil. Ebenfalls als Gewittergott hat er die schwankende Erde fest gemacht, und die erschütterten Berge eingerammt. Denn bei einem Gewitter scheint die Erde in ihren Angeln zu erbeben, die Berge scheinen erschüttert zu werden. Der herabfahrende Blitz, der herabfahrende Donnerkeil sind dann die Nietnägel, welche die Erde fest machen, die Pfähle, welche die erschütterten Berge einrammen, festrammen. Daß Indra den Himmel stützt, dem liegt die Auffassung zu Grunde, daß die Wolken, die sich *unter* dem Firmament bewegen, das Firmament stützen, und daß er dem Luftkreis Masse gibt, hängt damit zusammen, daß das Himmelsblau durch die Wolken in Teile abgeteilt wird. Mit dem Blitze erschlägt er die bösen Geister, welche die Gewässer des Himmels gefangen halten. Damit ist er denn der Gott des Regens, welches sehr nahe liegt, da der Regen aus den Wolken quillt. Wenn es nicht regnet, so bieten die bösen Geister dem Regengotte Schach, er bezwingt sie mit Blitz und Donner, weil durch das Gewitter der Regenlosigkeit ein Ziel gesetzt wird. Von einem analogen Standpunkt bezwingt er die Dämonen, welche den Göttern ihre Kühe stehlen, und in Bergesschluchten gefangen halten. Diese Kühe sind die Wolken, (in ähnlicher Beziehung sprechen wir von Schäfchen), welche in regenloser Zeit vom Himmel wie weggestohlen sind. Da sie aber doch irgendwo sein müssen, weil sie sonst beim entstehenden Gewitter nicht heranziehen könnten, so waren sie in Bergesschluchten versteckt. Daß Indra zugleich auch der Schlachtengott ist, hängt damit zusammen, daß er der Gott des Gewitters ist. Das Rasseln des Donners wird mit dem Rasseln eines Kriegswagens parallelisiert. Er schleudert den Blitz, wie der Krieger seinen Speer. Falb sind die Rosse, welche seinen Kriegswagen ziehen in der Parallele mit dem falben Blitze. Bevor er auszieht, berauscht er sich in Soma: — es geht beim Gewitter drüber und drunter, als wenn die Natur sich berauscht hätte. So wenigstens liegt die Berau-

schung auf der einen Seite, auf der anderen Seite liegt die Relation nahe, daß die indischen Krieger, bevor sie in den Kampf zogen, sich berauschten.

2) *Varuna,* Gott des Firmamentes. Indem man alchemistisch-kosmologisch den Himmel hat, hat man damit noch nicht eo ipso den Drei-Standpunkt als Firmament, Sonne, Mond und Sterne, Wolken. Man könnte auch den Himmel überhaupt haben: — Einstandpunkt; man könnte den Himmel als Firmament einerseits und Sonne, Mond und Sterne andererseits haben: — Zweistandpunkt; die indische Alchemie will aber nicht den Einstandpunkt, (abgesehen von dem Standpunkte der Zahlenphilosophie), nicht den Zweistandpunkt, sie will den Dreistandpunkt. Diesen Dreistandpunkt bietet sie nun im Allgemeinen, indem sie die 3 Hauptgötter: Varuna, Indra, Agni bietet. Mit diesem *Allgemein*-Standpunkt ist uns aber nicht geholfen, wir müssen im *Besonderen* wissen, aus welchen 3 Gesichtspunkten denn nun der Himmel aufgefaßt werden soll. Und da liegt es denn so ziemlich von selbst auf der Hand, daß einerseits dem Firmament, andererseits den Himmelslichtern Rechnung getragen wird. Es liegt aber *nicht* auf der Hand, daß als Drittem den Wolken Rechnung getragen wird. Darum werden in Indra die Wolken spezifisch charakterisiert, so spezifisch, so handgreiflich, daß es nur auf Grund einer vollkommenen Unkenntnis der Alchemie möglich ist, daß die Indologen es nicht durchschaut haben, daß man in Indra nichts anderes als den Wolkengott hat, und sich aus diesem seinen Primärstandpunkte alle seine Eigenschaften entwickeln. Sobald nun aber einmal die Wolken spezifisch charakterisiert sind, und man auf Grund dessen unumstößlich als einen Gesichtspunkt des Himmels die Wolken hat, dann kann sich die nähere Detaillierung der beiden übrigen Gesichtspunkte in weiteren Schranken bewegen. Wenn man die 3 Gesichtspunkte einmal generell hat, und weiß, ein Gesichtspunkt ist in den Wolken gegeben, dann liegt es, wie bereits gesagt, so ziemlich von selbst auf der Hand, daß man die beiden anderen Gesichtspunkte im Firmamente und den Himmelslichtern hat. Das ist der Grund, weshalb uns in Varuna nicht so spezifisch das Firmament, in Agni nicht so spezifisch die Himmelslichter geboten werden, wie uns in Indra spezifisch die Wolken geboten werden. Ja, es ist echt alchemistisch, daß in Varuna und Agni *nicht* spezifisch das

Firmament und die Himmelslichter geboten werden; dem Nicht-Alchemisten wird dadurch die Sachlage versteckter, der Alchemist aber weiß doch, woran er sich zu halten hat.

Ein solches Sachverhältnis ist nun der Grund, weshalb uns in Varuna nicht exklusiv das Firmament geboten wird, sondern auch das Firmament mit den Himmelslichtern. Das ist ein alchemistischer Sprung, welcher darin seine Motivierung findet, daß die Alten sich dachten, Sonne, Mond und Sterne seien an den Himmel geheftet und bildeten mit ihm von einem Gesichtspunkt aus Eins. Auf Grund solcher Anschauung sind Sonne, Mond und Sterne ohne Firmament unmögliche Dinge; sie würden, wenn sie nicht an das Firmament geheftet wären, herunterfallen, und ihre Mission nicht erfüllen können. Auf der anderen Seite aber wieder haben wir die Kalkulation, was nützt uns das Firmament, wenn es nicht leuchtet? Es würde eine beständige Nacht walten, und diese das Leben auf der Welt zunichte machen. Da die Sachlage eine solche ist, so findet man weiter keine Anomalie darin, die Himmelslichter, trotzdem, daß sie eigentlich mit Varuna nichts zu tun haben und auf Agni kommen, dem Varuna zuzuschieben. Wo dies aber geschieht, da ist keine planlose Willkür da, — durch eine solche würde der Standpunkt Agnis alteriert werden — sondern immer blickt das durch, daß man das Himmelslicht vom Standpunkt seines Angeheftetseins an das Firmament auffaßt, wodurch dann, trotz des Hinübergreifens zu Agni, Varuna im Vordergrund steht.

Spezifisch als Firmament haben wir den Varuna als den, der das Gebiet der Vögel kennt, die durch die Luft fliegen. Hier ist Luft in populärer Auffassung als Himmel genommen, und Himmel wieder als Firmament. Ganz so liegt die Sache beim Varuna, der die das Meer befahrenden Schiffe kennt. Bei den Schiffen ist es auf die Masten abgesehen, die mit ihren Wimpeln in die Luft hineinragen. Und indem ferner Luft als Wind gefaßt wird, kennt Varuna den Weg des Windes. Ebenso spezifisch haben wir Varuna als Firmament, indem er sich unter den Menschen niederläßt, unter den Menschen waltet. Es handelt sich hier um das Firmament, welches als Himmelsglocke auf der Erde steht, und welches daher zu den Menschen, welche die Erde bewohnen, eine Relation hat. An Varuna als Gott des *Raumes*, wie das Lassen will, ist bei diesen Standpunkt gar nicht zu denken. Ach nein, wenn man den Raum in die Sache bringen wollte, dann hätte man bei Indra und Agni gerade sowohl den Raum, als bei Varuna.

Den Übergangspunkt zwischen dem spezifischen Varuna und dem in Agnis hinübergreifenden Varuna haben wir in Varuna als Gott der Nacht. Reflektieren wir hierbei auf die dunkle Nacht, auf die mond- und sternenleere Nacht, dann haben wir den spezifischen Varuna. Weil man nun so den spezifischen Varuna als Nacht hat, so wird generell gesagt, Varuna-Nacht. Ist man aber so weit, dann sagt man, Varuna ist die Nacht, die Nacht aber braucht nicht dunkel zu sein, sie kann auch durch Mond und Sterne erhellt werden, und damit sind denn Mond und Sterne zu Varuna hinübergezogen. Auf die Weise kommt heraus, daß Varuna das Siebengestirn an den Himmel gesetzt hat, und der Mond nach seinen Gesetzen wandelt.

Nicht nur aber zu Mond und Sternen hat Varuna eine Relation, sondern auch zur Sonne. Ihr hat er die Pfade gebahnt. Damit haben wir denn den reinen Übergriff in Agni, ohne den Vermittlungspunkt der dunklen Nacht.

Immerhin steht aber, worauf wir bereits oben hingewiesen, beim Hinübergreifen in Agni, Varuna als Varuna im Vordergrunde, oder mit anderen Worten, es ist bei den Himmelslichtern, die zu Varuna hinübergezogen werden, weniger auf die Himmelslichter als solche abgesehen, sondern vielmehr auf ihre Anheftung an das Firmament. Varuna hat das Siebengestirn nicht *gemacht*, er hat es *an den Himmel gesetzt*; er hat den Mond nicht *gemacht*, derselbe *wandelt nach seinen Gesetzen*. Und er hat die *Sonne* nicht gemacht, sondern er hat ihr eine breite *Bahn* gemacht, in der sie wandeln soll. Diese Bahn machte er dazu, auf daß »die Sonne ihre Flüsse in das Bodenlose setze«, das heißt, wenn das Firmament nicht da wäre, so hätte die Sonne keinen Boden, keine Unterlage, keinen Halt.

Varuna kennt die 12 Monate und den einen, der hinzu entsteht. Bei diesem Hinübergreifen von Varuna zu Agni ist es nicht sowohl auf den Zodiacus, als vielmehr auf den Mond abgesehen. Es handelt sich nicht sowohl um die Monate, die dadurch entstehen, daß die Sonne die 12 Himmelszeichen passiert, als vielmehr um die Monate, welche sich an den Mondwechsel knüpfen, mit einem Worte nicht um die Monate des Sonnenjahres, sondern um die des Mondjahres. Wäre dem nicht so, so brauchte Varuna nicht den einen Monat zu kennen, der hinzu entsteht, das ist den Schaltmonat. Den Schaltmonat haben wir wohl beim Mondjahr nötig, nicht aber beim Sonnenjahr.

3) *Agni,* der Gott von Sonne, Mond und Sternen. Als solcher wird er aber *nicht* hervorragend geschildert, weil durch Varuna die Lichter des Himmels bereits präokkupiert sind. Geht man dieser Präokkupation seitens Varuna auf den Grund, so handelt es sich bei Varuna, als dem Gotte der Nacht, mehr um das Hinüberziehen von Mond und Sternen zu ihm, als um das Hinüberziehen der Sonne. Diese kann also noch am ehesten dem Agni verbleiben. Das wird denn auch nun in's Auge gefaßt, indem Agni als Gott der Sonne in den Vordergrund gedrängt wird. Als solcher ist er der Jüngling. Dies erinnert an Psalm 19, Vers 6: Und dieselbige (die Sonne) geht heraus, wie ein Bräutigam aus seiner Kammer. Als solcher bringt er den Menschen die Schätze und namentlich die Nahrung von den Göttern: — fruchtbringende Kraft der Sonne; als solcher beschützt er die Menschen gegen die Feinde und die Raxas, die er verbrennt: — versengende Kraft der Sonne. Als solcher ist er der Vermittler zwischen Menschen und Göttern. Indem nämlich die Sonne aufgeht, geht sie von der Stelle, wo die Himmelskuppel auf der Erde steht, zu den himmlischen Regionen: indem sie untergeht, geht sie von den himmlischen Regionen zur Erde: — damit ist denn die Vermittlung zwischen Himmel und Erde, zwischen Göttern und Menschen gegeben.

Mehr als Sonne, Mond und Sterne generell genommen steht Agni als solcher da, der stets bei allen Menschen wohnt. Denn entweder ist es Tag, dann ist Agni als Sonne bei den Menschen, oder es ist Nacht, dann ist er als Mond und Sterne bei den Menschen. Und ebenfalls als Sonne, Mond und Sterne generell steht er da als solcher, dessen Glanz die Menschen reinigt.

Indessen das sind alles mehr oder weniger vage Beziehungen, *hervorragend* wird in ihnen Agni als der Gott von Sonne, Mond und Sternen *nicht* geschildert. Aber gerade auf eine solche *nicht* hervorragende Schilderung Agnis wird losgesteuert. Man vergleiche das im Eingange bei Varuna Gesagte.

Noch mehr tritt die Schilderung des spezifischen Agni in den Hintergrund, indem er als Opferpriester aufgefaßt wird. Diese Auffassung lehnt sich an Agni als den Gott der Sonne. Die Sonne wird nämlich als das Weltenfeuer, als eine Hauptrepräsentantin des Feuers aufgefaßt, und vom Feuer wird dann zum Opferfeuer gesprungen. Bei einer theistischen Auffassung der Kosmologie liegt der Sprung vom Feuer zum Opferfeuer sehr nahe. Als Opferpriester weckt Agni die Götter, und führt sie zum Opfer auf seinem mit roten Stuten bespannten Wagen. Deshalb wird er der Bote und Rufer genannt. Hier wird wieder vom Opferfeuer zur Sonne zurückgesprungen, zur aufgehenden Sonne. Es wird nämlich angenommen, daß die Götter ihr hauptsächlichstes Opfer verrichten, wenn die Sonne aufgeht.

Was nun dem Agni mit der einen Hand genommen wird, wird ihm mit der anderen Hand gegeben, das ist, es werden ihm Gottheiten zur Seite gestellt, welche, um so zu sagen, für ihn in den Riß treten. Es werden ihm zur Seite gestellt:

Der *Sonnengott*, Sûra, Sûrya, und wie die Namen alle heißen, mit denen es auf den Sonnengott abgesehen ist. Durch den Sonnengott, resp. die Sonnengötter soll Agni als der Gott der Sonne in den Vordergrund geschoben werden, ein Sachverhalt, welcher dadurch gegeben ist, daß man dem Varuna, als Gott der Nacht, den Mond und die Sterne beläßt. Der Sonnengott hat übrigens rote Pferde, ganz analog wie Agni rote Stuten hat. Ihre Zahl ist sieben, welcher Siebenzahl natürlich die sieben Arkana zu Grunde liegen.

Die Göttin der *Morgenröte*, Ushas. Indem sie als Tochter des Himmels aufgefaßt wird, wird ihr im Allgemeinen eine Stelle in der indischen Himmelskosmologie angewiesen. Indem sie als Tochter der Sonne aufgefaßt wird, wird ihr in specie ihre Stelle neben Agni als Sonnengott angewiesen. Indem sie von der Nacht geboren wird, wird ihr in specie ihre Stelle neben Agni als Gott von Mond und Sternen gegeben. Was nämlich das letztere betrifft, so ist die Morgenröte ein Mittelding zwischen Nacht und Tag, zwischen Mond und Sternen einerseits und Sonne andererseits. Die dem Agni zugewiesene Morgenröte nimmt gewissermaßen dem Varuna den Mond und die Sterne und schiebt sie dem Agni zu. Daß Usha dem Agnis zur Seite steht, wird dadurch markiert, daß ihr rote Kühe oder auch Pferde als Attribut gegeben werden.

Die *Asvin*. Mit ihnen ist es auf das Glänzen, auf das Strahlen der Himmelslichter abgesehen, auf den glänzenden, strahlenden Agni. Es hat nicht statt, wie das Lassen will, daß sie die der Morgenröte vorauseilenden Lichtstrahlen bedeuten. Nein, sie bedeuten die Lichtstrahlen von Sonne, Mond und Sternen überhaupt: deswegen kommen sie des Morgens, des Mittags, des Abends zum Opfer, worauf ja Lassen selbst hinweist. Hier haben wir die Strahlen der aufgehenden, der hoch am Himmel stehenden, der untergehenden Sonne. Sie kommen auch dreimal in der Nacht, worauf Lassen noch besonders in einer Anmerkung hinweist. Nun, damit haben wir sie als den Glanz, als die Strahlen von Mond und Sternen. — Die Asvin werden in mannigfache Relation zu der Zahl Drei gebracht.

Wir haben also das folgende Sachverhältnis: Varuna präokkupiert den Agni, dadurch wird Agni in den Hintergrund geschoben. Aus diesem Hintergrunde holen ihn aber der Sonnengott, die Morgenröte, die Asvin prägnant hervor. Auf die Weise kann denn nun der beeinträchtigte Agni dem ihm Konkurrenz bietenden Varuna leicht Schach bieten. Aber so weit soll denn nun die Sache doch nicht getrieben werden, daß Varuna gänzlich in den Hintergrund gedrängt wird. Varuna soll dem Agni nicht unterliegen, und das ist der Grund, daß auch ihm Nebengötter zur Seite gestellt werden. Auf Grund dieser Nebengötter kann er sich denn mit Agni, der mit *seinen* Nebengöttern dahin geht, messen. Wir haben als Nebengötter des Varuna:

Den Wind oder *die Winde*. Wir haben die Relation des Varuna zum Winde bereits oben kennengelernt. Das Firmament wird als Luft aufgefaßt, und Luft wieder als Wind. Hervorstechend als Gott des Windes steht *Rudra* da. Er heißt auch der Menschenvertilger, und man fleht ihn an, daß sein Kühe und Menschen tötender Pfeil fern bleibe, daß er Greise und Jünglinge, Söhne und Enkel, Vater und Mutter nicht töte. Damit ist es denn auf die bösen, Krankheiten nach sich ziehenden Winde abgesehen. Er wird aber auch angefleht, Menschen und Herden Glück zu bringen; er trägt die vorzüglichsten Heilmittel in der Hand. Damit haben wir den die Luft reinigenden Wind.

Den vedischen *Vischnu*. Lassen läßt sich von den Vedologen auf's Glatteis führen, wenn er sagt, Vischnu bedeute das glänzende Firmament, seine höchste Stelle den mittäglichen Teil desselben, die beiden anderen den Aufgang und den Untergang. Ach nein; wenn der Himmel nicht ganz mit Wolken bedeckt ist, wenn die Wolken so daherziehen, daß man zwischen ihnen das Firmament erblickt, so sind diese Firmamentflecke: Vischnu. Wir sagen, die Wolken *ziehen*, der Inder sagt, die Wolken *schreiten*. Indem nun Wolken und Firmamentflecke in Relation gesetzt werden, geschieht das derartig, daß die Flecke in den Vordergrund geschoben werden, das ist es ja eben, was den Vischnu ermöglicht. Indem nun aber die Firmamentflecke in den Vordergrund geschoben werden, ziehen nicht die Wolken, sondern die Firmamentflecke ziehen, und damit haben wir den *weitschreitenden* Vischnu, in Bezug auf den es heißt: »Zu deinen Wohnungen möchten wir gehen, wo die vielförmigen, wandelnden Kühe sind, von dort scheint herab gewaltig des weitschreitenden Gottes höchste Stelle«. — Hier sind unter Kühen nicht, wie Lassen will, gerade die bunten, lichten Wolken zu verstehen, sondern die Wolken überhaupt. Wenn nun aber an den weitschreitenden Vischnu gerade *drei* Schritte gereiht werden, so haben wir damit wieder nichts anderes, als die in den Vordergrund geschobene *Drei*, die wir auch bei den Asvin haben kennengelernt haben.

Dem Rivalisationsverhältnis zwischen Varuna und Agni zu Liebe haben nun beide Nebengötter zur Seite gestellt erhalten. Es ist daher auch sachentsprechend, daß Indra, auf daß er nicht zurückbleibe, seine Nebengötter erhalte. Streng genommen ist so etwas freilich nicht nötig, denn es läßt sich nicht verkennen, daß die indische Götterkosmologie den Indra als den ältesten Gott am höchsten stellt, womit denn die übrigen Gottheiten mehr oder weniger alle seine Nebengötter sind. Indessen der äußeren Form zu Liebe erhält, um mit Varuna und Agni in den speziellen Nebengottheiten rivalisieren zu können, auch Indra seine Nebengötter. Und solche sind kosmologisch — das mit der Kosmologie nicht direkt in Verbindung stehende Götterverhältnis der Vedas geht uns von unserem alchemistischen Standpunkt weder hier, noch überhaupt etwas an — die Aptja, die Götter des *Wassers*. Daß sie zu Indra in einer besonderen Relation stehen, hängt damit zusammen, daß durch den Regen (Indra) die Gewässer schwellen.

Die der vorliegenden Phase zukommenden philosophischen Zahlen sind die Drei und die Eins. Die 3 haben wir in den 3 Hauptgöttern, Indra, Varuna, Agni und in manchen Nebenbeziehungen, wie bei den Asvin, dem Vischnu, vertreten.

Die 1 haben wir darin, daß wir, wenn wir auch den Himmel in das Firmament, die Himmelslichter, die Wolken zersplittern, dennoch, im Ganzen gefaßt, nur einen Himmel haben.

*Indische Alchemie vom Gesichtspunkt der Arkanologie**

Die indische Alchemie vom Gesichtspunkt der Arkanologie ist späteren Datums als die Alchemie vom Standpunkt der Kosmologie. Sie lehnt sich an die Götterdrei: Brahma, Siva, Vischnu (welcher letzere nicht zu verwechseln ist mit dem Vischnu, den wir im vorigen Abschnitt haben kennengelernt). Hier haben wir den theistischen Standpunkt der Alchemie derartig, daß die Arkanendrei: Acid. sulphur.-Natron, Liquor hepatis, Pulv. solaris direkt an die betreffenden Götter gelehnt wird.

Lassen sagt ff.: »Das Mittel, alle drei nebeneinander bestehen zu lassen und sie (Brahma, Siva, Vischnu) unter eine höhere Einheit zusammenzufassen, bot die in dem Veda ausgesprochene Ansicht dar, daß das höchste Wesen drei Zustände habe, Schöpfung, Fortbestehen und Zerstörung; die Welt ewig in ihm sei, aus ihm hervorgehe und sich wieder in ihm auflöse. Brahma wurde der Schöpfer, Vischnu der Erhalter, Siva der Zerstörer. Die epische Poesie erkennt diese drei Götter als die höchsten nebeneinander an, ihre Einheit tritt aber nicht entschieden hervor, und die Lehre von der Trimûrti, der Einheit der drei großen Götter, muß erst der nachfolgenden Zeit zugeschrieben werden. Auch ist Siva keineswegs ausschließlich der zerstörende Gott, wie er dem System gemäß sein müßte. Das Mahâbhârata beweist sogar, daß versucht worden ist, die zwei Volksgötter (Siva und Vischnu) zu einem einzigen zu machen, indem die Namen beider miteinander verbunden werden. Da dieses in einer Anrufung des Siva vorkommt, erscheint dieser hier als der mächtigere unter beiden, besonders da ihm auch ein Name des Brahma beigelegt, und er als höchster Gott dargestellt wird«.

Nun, Lassen, wie unsere Indologen überhaupt, hat keine Ahnung von dem arkanologischen Standpunkt der Sache. Deswegen wirft er sich solchen Traumbildern in die Arme.

Man muß vorab folgendes in's Auge fassen. Nach der indisch-arkanologischen Spekulation hat man da, wo man von der Arkanendrei Acid. sulphur.-Natron und Liquor hepatis hat, den Pulv. solaris eo ipso; Acid. sulphur.-Natron und Liquor

* Vergl. wieder Lassens Indische Altertumskunde.

hepatis gehen im P. solaris auf. Läßt man nämlich den P. solaris ruber, unter dessen Eingesichtspunkt der generelle P. solaris aufgefaßt wird, in seine beiden Teile Sulphur aurat. und Hydrarg. oxyd. rubr. zerfallen, so haben wir ff. Verhältnis:

1) Sulphur auratum.

a) Um dasselbe darzustellen, gießt man zur Solution des Schlippeschen Salzes *Schwefelsäure*. Damit ist im Sulphur aurat. Schwefelsäure vertreten. Da es sich nun beim Arkanum Acid. sulphur.-Natron eo ipso um Schwefelsäure handelt, so wird angenommen, daß, da man auf beiden Seiten Acid. sulphur. hat, man auf Grund dessen da, wo man das Arkanum Acid. sulphur.-Natron hat, auch das Sulphur aurat. hat.

b) Um dasselbe darzustellen, macht man sich die Lösung des Schlippeschen Salzes. Dazu ist aber *Natron carbonicum* nötig. Da es sich nun beim Arkanum Acid. sulphur.-Natron um Natron handelt, so hat man in ihm, so wie im Sulphur aurat. das Natron vertreten. Und das wird so aufgefaßt, daß man da, wo man das Acid. sulphur.-Natron hat, auch das Sulphur aurat. hat.

c) Um dasselbe darzustellen, macht man sich die Lösung des Schlippeschen Salzes. In diese gehen aber *Schwefel* und *Kalk* ein. Diese werden aber auch zur Darstellung des Liquor hepatis verwandt. Da man nun Schwefel und Kalk auf beiden Seiten hat, so wird das aufgefaßt, als wenn man da, wo man das Arkanum Liquor hepatis hat, auch das Sulphur aurat. hat.

2) Hydrargyrum oxydatum rubrum.

a) Bei seiner Darstellung entwickeln sich die charakteristischen roten Dämpfe. Man hat also *den Rauch*. Aber auch Acid. sulphur. crudum raucht. Da man nun den Rauch auf beiden Seiten hat, so wird das so aufgefaßt, daß man da, wo man das Arkanum Acidum sulphur.-Natron hat, auch das Hydrargyr. oxyd. rubr. hat.

b) Der Rauch, die Luft, ist aber auch im Liquor hepatis vertreten. (Man vergleiche bei Empedokles.) Somit hat man auch, wenn man Liquor hepatis und Hydrargyr. oxyd. rubr. gegenüberstellt, auf beiden Seiten den Rauch. Und das wird so aufgefaßt, daß man da, wo man das Arkanum Liquor hepatis hat, auch das Hydrarg. oxyd. rubr. hat.

Da man nun, zufolge der berührten Auffassung, da, wo man Acid. sulphur.-Natron und Liquor hepatis hat, einerseits Sulphur aurat. und andererseits Hydrarg. oxyd. rubr. hat, so hat man im Ganzen da, wo man Acid. sulphur.-Natron und Liquor hepatis hat, auch den P. solaris, und damit gehen denn Acid. sulphur.-Natron und Liquor hepatis in P. solaris auf.

Es repräsentiert nun:

Acid. sulphur.-Natron	den Siva,
Liquor hepatis	den Vischnu,
P. solaris	den Brahma.

Damit haben wir denn das Sachverhältnis, daß so wie die 3 Arkana, Acid. sulphur.-Natron, Liquor hepatis, P. solaris nebeneinanderstehen, daß so auch die 3 Götter Siva, Vischnu, Brahma nebeneinander stehen, und daß dabei, so wie Acid. sulphur.-Natron und Liquor hepatis in P. solaris aufgehen, daß so Siva und Vischnu in Brahma aufgehen. Wie im P. solaris, der vorangehenden Auffassung gemäß, ideell das Acid. sulphur.-Natron und der Liquor hep. vertreten sind, so sind im Brahma ideell Siva und Vischnu vertreten. Brahma wird auf diese Weise zur Idealität. Er wird zum Priestergotte, und hat als solcher keinen öffentlichen Tempel. Dem Volke wurde mit freigiebiger Hand ein materieller Polytheismus geboten, die Priester aber hielten sich an die Idealität der Gottheit, welche sie zu profanieren glaubten, wenn sie dieselbe dem großen Haufen preisgäben.

Wir wollen nun die einzelnen der 3 Götter näher charakterisieren.

1) *Siva*, der Repräsentant des Acid. sulphur.-Natron. Vorab ist zu bemerken, daß, wenn man sagt, Acid. sulphuricum und Natron stellen *ein* Arkanum dar, daß man sich dann auch das Recht nehmen kann, sie realiter zusammen in ein Gefäß zu werfen. Tut man das aber, so hat man nicht mehr einerseits Acid. sulphur. und andererseits Natron carbon. (welches den Eingesichtspunkt für Natron carbon. und Natron nitricum abgibt), sondern man hat im Ganzen ein Neues, nämlich Natron sulphuricum. Hieran wird mannigfach in der Charakterisierung Sivas angelehnt. Wenn es wahr ist, daß Siva der Wachsende heißt, so haben wir hierin bereits das Anlehnen an das berührte Verhältnis: Siva ist nicht nur einerseits Acid. sulphur., andererseits Natron, sondern er wächst auch zum Dritten, zum Natron sulphuricum heran. Im Anlehnen an dasselbe Verhältnis führt er auch wohl das Netz als Symbol. Es wird alsdann

angenommen, daß er, von einer Seite betrachtet, hauptsächlich Acid. sulphur. ist, und daß er dann das Natron vollkommen in sein Netz fängt. Es liegt nämlich nahe, den Siva von einer Seite hauptsächlich als Acid. sulphur. aufzufassen, weil ihm eine Frau beigegeben wird, und in dieser dann das Natron repräsentiert ist. Auch das Allopfer, welches dem Siva zugeschrieben wird, bei dem er alle Wesen, und hauptsächlich *sich selbst* opfert, lehnt an das Natron sulphuricum-Verhältnis. Indem er nämlich als Acid. sulphur. aufgefaßt wird, opfert er sich, sich dem Natron hingebend, selbst. Siva hört auf, Acid. sulphur. zu sein, und wird Natron sulphuricum. Ganz vom selbigen Gesichtspunkt ist er auch der Büßer, denn der Büßende kasteit sich, opfert sich selbst. Indem sich aber das Acid. sulphur. selbst opfert, den Büßer abgibt, indem es sich dem Natron carbonicum opfert, gibt auch das Natron carbon. den Büßer ab, indem es sich dem Acid. sulphur. opfert. Daraus ergibt es sich leicht, daß nicht nur Siva, als Acid. sulphur. gefaßt, als Büßer dargestellt wird, sondern auch seine Frau, die als Natron gefaßt wird. Siva ist auch der Gott der gewaltigen Zeugungskraft der Natur. Das hat nun in mannigfacher Beziehung statt. Die erste Beziehung ist die, daß er, als Acid. sulphur. gefaßt, welches eine hitzige Flüssigkeit ist, mit dem Sperma virile parallelisiert wird, welches ebenfalls eine hitzige Feuchtigkeit ist. Die zweite Beziehung ist die, daß er, als Acidum sulphur. gefaßt, arkanologisch nicht nur Acid. sulphur. als solches ist, sondern zugleich auch Eisen. Denn wenn man ja bei der Arkanendrei das Acid. sulphur. vertreten hat, so ist das Acid. sulphur. nicht nur Acid. sulphur. als solches, sondern es bietet den generellen Gesichtspunkt für Acid. sulphur. und Eisen dar. Nun wird aber das Acid. sulphur. aus dem Eisen (Eisenvitriol) dargestellt, und es zeugt von der großen Zeugungskraft der Natur, daß aus dem Eisen, ohne Zusatz einer Ingredienz, bloß durch Vermittlung des Feuers, Acid. sulphur. hervorgeht. Die dritte Beziehung ist aber wieder das Natron sulphuricum-Verhältnis. Hier wird vom Siva als Acid. sulphur. ausgegangen, und es zeugt von seiner großen Zeugungskraft, daß er das Natron als Teilarkanum nicht nur zu sich hinüberzieht, sondern aus ihm auch das Natr. sulphur. zeugt. Die erste Beziehung, die Parallelisierung des Acid. sulphur. mit dem Sperma virile, legt es nahe, den Siva unter dem Embleme des Phallus zu verehren, und wenn auch hierfür in den epischen Gedichten kein Anhaltspunkt geboten ist, einerlei, es liegt gar zu nahe, daß sich aus dem Sperma-virile-Siva der Phallus-Siva entwickelt. Siva ist auch der Gott des Todes, und trägt als solcher eine Halskette von Schädeln. Das zielt auf das Acid. sulphur. als Causticum, welches tötet, indem es seine caustischen Eigenschaften entwickelt. Analog haben wir auch die Relation zum Acid. sulphur. als Causticum, wenn Siva der Vertilger böser Geister ist. An den Siva als Tötenden schließt sich nun aber wieder das an, daß er die göttlichen Waffen verleiht und angerufen wird, den Sieg zu verleihen. Indem nämlich der, der in den Kampf geht, der Kämpfende, Gott um Sieg anfleht, fleht er den tötenden Gott an, er fleht ihn in objektiver Beziehung an, das ist, er fleht ihn nicht an, sich, den Flehenden, zu töten, sondern den Feind. – Man kann sich den P. solaris vom Standpunkt der Zwei denken, indem P. solaris ruber und P. solaris niger jeder für sich in's Auge gefaßt werden. Man kann sich selbst den Liquor hepatis vom Standpunkt der Zwei denken, indem das Präparat als eine Lösung von Schwefel in Ammoniakwasser gedacht wird, wobei denn Ammoniakwasser als der eine, und Schwefel als der andere Teil gedacht wird. Aber die Zweiteiligkeit tritt doch bei keinem der 3 Arkana so sehr in den Vordergrund, als beim Acidum sulphur.-Natron. Denn beim Liquor hepatis ist die Zweiteiligkeit etwas künstliches. Beim P. solaris ist sie gerade nichts künstliches; indem P. solaris ruber und P. solaris niger jeder ein Arkanum für sich sind. Beim Acid. sulphur.-Natron dagegen haben wir nicht nur im Acid. sulphur. ein Arkanum für sich, und im Natron ein Arkanum für sich, sondern das Acid. sulphur. distendiert sich auf's neue zum Acid. sulphur. und Ferrum, und Natron distendiert sich zum Natron carbonicum und Natron nitricum. Hier ist also die Zweiteiligkeit ganz besonders vertreten, und es ist wohl sachentsprechend, daß diese Zwei beim Siva ganz besonders markiert wird. Auf Grund dessen nun erhält Siva zwei Hörner. So wenigstens ist die leitende Idee bei der Sache. In der näheren Realisierung der Idee umgeht man es aber, den Siva durch 2 Hörner zu vertieren, und so gibt man ihm ein Horntier als Symbol. Bei dem Horntier tritt nun besonders der Stier in den Vordergrund, weil dieser sich durch sein Stoßen, durch die Tätigkeit seiner Hörner auszeichnet. So kommt der Stier als Symbol des Siva heraus. Um nun aber dem Siva selbst die Hörner nicht ganz zu benehmen, erhält er einen Mond auf den Kopf. Bei diesem Monde ist es auf die beiden Spitzen des Viertelmondes abgesehen, welche die Inder, wie wir, als Hörner des Mondes bezeichnen. – Siva führt einen Dreizack, hat drei Augen. Hierin haben wir analog, wie bei den vedischen Asvin, beim vedischen Vischnu das Lossteuern auf die Drei.

Das Natron wird, wie wir bereits erwähnt, als Frau des Siva gefaßt. Diese Frau des Siva heißt *Pârvati,* die Berggeborene, *Durgâ,* die Schwernahbare, das ist wieder eine Bergrelation; indem man sich den Felsen schwer nahen kann. Nun, diese Bezeichnung liegt sehr nahe, da Natron carbonicum aus den Felsen auswittert. Seiner Frau zu Liebe heißt denn auch wieder Siva selbst der Herr der Berge.

2) *Vischnu,* der Repräsentant des Liquor hepatis. Am hauptsächlichsten treten bei ihm die Avataras in den Vordergrund, über welche viel gefabelt worden ist. Mit ihnen liegt es folgendermaßen. Wenn wir den Siva und den Vischnu haben, so haben wir, wie wir wissen, den Brahma eo ipso, oder anders gesagt, wenn wir Acid. sulphur.-Natron und Liquor hepatis haben, so haben wir P. solaris eo ipso. In der Beziehung treten also Acid. sulphur.-Natron und Liquor hepatis in den Vordergrund, und P. solaris tritt in den Hintergrund. Die in den Vordergrund tretenden Präparate werden nun an der Hand ihrer Darstellung in's Auge gefaßt. Und da sagt man denn, am Natron, wenn wir es als Natron carbon. auffassen, ist weiter nichts darzustellen, denn das kommt natürlich vor. Analog liegt es mit dem Acid. sulphuricum. Das kommt natürlich vor, wenn wir es nicht sowohl als Acid. sulphur., als vielmehr als Eisen auffassen. Wollen wir uns aber auch, da doch beim Siva das Acid. sulphur. und *nicht* das Eisen in den Vordergrund gedrängt wird, wollen wir uns auch speziell an das Acid. sulphur. halten und nicht an das Eisen, so verrückt das den Standpunkt doch nicht. Denn das Acid. sulphur. wird aus dem Eisenvitriol ohne irgend einen Zusatz, bloß durch Anwendung des Feuers dargestellt. Hierbei aber, sagten die Inder, handelt es sich nicht um einen *chemischen* Prozeß, es handelt sich bloß um eine einfache Transmutation des Eisens in Schwefelsäure. Wo aber nicht der eigentliche chemische Prozeß eintritt, da stehen wir noch auf dem Boden des natürlichen Vorkommens, und von dem Gesichtspunkt aufgefaßt, haben wir das natürli-

che Vorkommen des Acid. sulphur. gerade sowohl als das des Eisens, resp. des Natron. Dem entgegen haben wir nun aber bei der Darstellung des Liquor hepatis, entgegen dem natürlichen Vorkommen, den eigentlichen *chemischen Prozeß*, der darin gegeben ist, daß man Schwefel nimmt, die chemischen Ingredienzen Salmiak und Kalk zusetzt, und nun destilliert. Hier kann von einem natürlichen Vorkommen nicht die Rede sein, hier muß der eigentliche Darstellungsprozeß eintreten. Demgemäß haben wir denn im Sinne der Inder ein charakteristisches Gegenüberstehen von Acid. sulphur.-Natron einerseits und Liquor hepatis andererseits. Liquor hepat. fällt dem chemischen Prozeß anheim, muß dargestellt werden, Acid. sulphur.-Natron nicht. Daß nun aber Liquor hepatis dem chemischen Prozeß anheimfällt, dargestellt werden muß, das wird bei den Avataren des Vischnu —, wenigstens denn ursprünglich — in's Auge gefaßt. Avatara heißt Herabsteigung, und ist die Erscheinung des Vischnu in irgend einer Verkörperung auf der Welt. Man nimmt zehn Avataren an.

Ursprünglich existierte wahrscheinlich nur ein Avatar, nämlich der zweite. Und dieser wurde dann durch neun andere kumuliert. Diese neun entstanden aber auf *einen* Guß, nicht sukzessiv. An der Zehn darf daher nicht gerüttelt werden, wenn man, die Einzahl des Avatars verlassend, auf die Mehrzahl übergeht. Auf sie weist auch in der 7. Avatara der König von Ceylon mit zehn Nacken. Sie kommt höchstwahrscheinlich derartig in die Sache, daß die Inder bei der Darstellung des Liquor hepatis zehn Akte konstatierten. Einer derartigen Konstatierung einer Anzahl von Akten bei der Darstellung eines Präparates werden wir im Verlauf dieses Buches auch in Bezug auf das Hydrargyr. oxyd. rubr. begegnen. Es werden außer den 10 Avataras auch noch einzelne apokryphe einzuschwärzen versucht, das zielt wahrscheinlich darauf, die Zahl 12, welche wir im folgenden Abschnitt als eine wichtige indische philosophische Zahl kennenlernen werden, an die Stelle der Zahl 10 zu bringen. Die 10 Avataras stehen in einer fortlaufenden Reihe, jede von ihnen steht vorbedachter Weise da, wo sie steht, und nicht früher oder später. Ursprünglich wird, wie wir vorhin gesehen, bei Avatara nichts anderes in's Auge gefaßt, als die Darstellung des Liquor hepatis, entgegen der Nichtdarstellung des Acid. sulphur.-Natron. Davon wird nun aber in dem Komplex der Avataren des Vischnu, wie sie uns vorgeführt werden, abgegangen. Wir wollen das besprechen, nachdem wir die einzelnen Avataren kennengelernt haben. Also zuerst wollen wir die 10 Avataren durchnehmen. Man vergleiche hierbei *P. v. Bohlen,* Das alte Indien — ein Buch, welches, worauf wir den Leser aufmerksam machen, im Allgemeinen dem Lassenschen Buche an Zuverlässigkeit nachsteht.

Erster Avatar. Es handelt sich um eine indische Sintflut. Das Menschengeschlecht war durch wilde Riesen verderbt worden. Einer von ihnen, Hyagriva, hatte sogar die Vedas geraubt. Die Erde muß also in der Sintflut untergehen. Der indische Noah heißt Manu. Vischnu (Brahma) erscheint ihm unter der Gestalt eines Fisches und gibt ihm den Befehl, ein Schiff (Arche) zu bauen, und dasselbe mit sieben heiligen Männern (sieben Arkana) und Samen aller Art (vijâni sarvâni), worin die Tierwelt mit begriffen, zu besteigen. Die Sintflut geht alsdann vor sich, und wie Noah auf dem Gebirge Ararat landet, so landet Manu auf einem Gipfel des Himavan. — Die Sintflut wird in diesem Avatar als Wasser dem flüssigen Liquor hepatis gegenübergestellt. Dabei kann man sich nun auf den Standpunkt stellen, daß die *Darstellung* des flüssigen Präparates in's Auge gefaßt wird. Man kann aber auch einen anderen Standpunkt einnehmen und, vom chemischen Prozeß absehend, kurzweg das in's Auge fassen, daß Liquor hepatis flüssig ist, entgegen dem Pulvis solaris, welcher fest ist, und entgegen dem Acid. sulphur.-Natron, in welchem wir den festen und flüssigen Standpunkt zugleich haben. Vischnu verkörpert sich in diesem Avatar als Fisch. (Wir weisen hier nebenbei darauf hin, daß, wie hier die indische Sintflut dem Liquor hepatis gegenüber gestellt wird, daß so in dem ersten Buche der Oracula Sibyllina der Mosaischen Sintflut das Quecksilber gegenübergestellt wird. Wir werden das später kennenlernen.)

Zweiter Avatar. Die Himmlischen fangen an, ihrer Sterblichkeit inne zu werden, und beratschlagen, wie sie sich einen Trank, Amrita, darstellen, der ihnen beständige Jugend und Unsterblichkeit verleiht.

Also die Götter wollen den Liquor hepatis machen.

Demzufolge beschließen sie, das Milchmeer umzubuttern. (Diese Auffassung, wie sie Râmâyana hat, liegt spezieller, als die allgemeine Auffassung Meer für Milchmeer.) Ein isolierter

Berg, Mandara, wird dem Meere zugeführt, die große Schlange, Vasuki, um den Berg geschlungen. Die Götter ergreifen den Schwanz der Schlange, die Dämonen den Kopf, und so wird unter furchtbaren Anstrengungen 1000 Jahre geschüttelt.

Das Milchmeer, welches umgebuttert wird, ist die Lösung von Schwefel in Kalkwasser. Der Berg, der dem Meere zugeführt wird, ist Salmiak. Die Schlange das Destilliergefäß. Mit dem Schütteln soll das Destillieren bezeichnet werden.

Nun erscheint das feurige Gift, und droht die ganze *Welt* zu vernichten. Die Götter wenden sich an Siva, daß er dasselbe zum Erbteil in Empfang nehme. Ja, doch das Gift hatte sich mit Blitzesschnelle verbreitet. Siva konnte nur einen Teil desselben verschlucken, und erhielt dadurch einen blauen Hals.

Das feurige Gift ist das Hydrothiongas, resp. Ammoniakgas, welches sich einen Ausweg verschafft. Wer es einatmet, kommt in Erstickungsgefahr. Das Ersticken legt das Verschlucken, das *Einatmen* seitens Siva nahe. Daß *Siva* gerade herangeholt wird, um das Hydrothion-Ammoniakgas einzuatmen, liegt darin, daß in ihm, Siva, das Acid. sulphur. repräsentiert ist. Der Rauch des Acid. sulphur. fumans involviert gerade sowohl die Erstickungsgefahr, als der Schwefelrauch, der Ammoniakrauch. Siva aber, dem der Rauch des Acid. sulphur. zukommt, versteht sich auf das Einatmen eines giftigen Dunstes, würde es ihm schaden, so wäre er nicht qualifiziert, das Acid. sulphur. zu repräsentieren. Daß Siva vom Einatmen einen blauen Hals bekommt, zielt darauf, daß das feurige Gift eine Luft ist. Die Luft aber, der Äther, ist blau. (Vergl. übrigens weiter unten.)

Die Götter waren bereits ermüdet. Da kommt der Helfer in der Not, Vischnu, unter der Gestalt einer Schildkröte, stellt sich unter den Berg, und hilft 1000 Jahre mit quirlen. Und das hilft.

Daß die Götter nicht fertig werden können, liegt darin, daß sie Stümper in der Kunst sind, Amrita zu machen. Sie verstehen sich nicht darauf, Retortenhals und Vorlage passend aneinander zu kitten, sie verstehen das »verlutieren« nicht. Darum entweichen ihnen die Gase in die Luft. Vischnu als Schildkröte weiß Rat, weil die Schildkröte einen hörnernen Panzer hat. Der hat einen Kitt, welcher sich wie Schildpatt verhärtet. Vielleicht ist gar eine Hauptingredienz seines Kittes, seines Lutum: Schildkrott. Wo Vischnu seinen Kitt anwendet und mit schütteln hilft, da hat die alte Not ein Ende.

Indem nun die Schüttler zum Ziele kommen, tauchen nach und nach große Schätze hervor: die Apsarasen oder seegeborenen Nymphen von unvergleichlicher Schönheit; Varuni, auch Sura genannt; ein weißes Roß, ein köstliches Juwel, welches Vischnu zu seinem Schmuck erkor; die Kuh des Überflusses, die Urmutter aller nachmaligen Kühe; der Mond, und andere Gegenstände mehr.

Das alles nun sind verschiedene Bezeichnungen für den Liquor hepatis. Die Apsarasen zeigen den Flüssigkeitspunkt des Präparates, das weiße Roß werden wir in der 10. Avatara kennenlernen, das Juwel des Vischnu liegt sehr nahe, weil Liquor hepatis ja das Arkanum des Vischnu ist, die Kuh zielt auf die Milch, und die Milch wieder auf das Milchmeer. Der Liquor hepatis entsteht, wie wir oben gesehen, aus dem Milchmeer, es steht also gar nichts im Wege, ihn generell als Milchmeer aufzufassen. Der Mond ist vom Siva erborgt. Siva ist ja den Schüttlern eine Zuflucht beim Entweichen der Gase, und mag dafür schon die Ehre erhalten, daß man seinen Mond im Liquor hepatis repräsentiert sein läßt.

Zuletzt erscheint der Götterarzt, Dhanvantara, mit dem erwünschten Amrita in der Hand. Aber sofort entsteht Hader und Zwietracht, weil sich die Asuras desselben zu bemächtigen suchten. Einer derselben hatte bereits heimlich davon getrunken, als ihm der Mondgott dafür den Kopf abschlug. Allein die Wirkung des Trankes war nicht mehr zu paralysieren. Mit furchtbarem Krachen fuhren Körper und Haupt voneinander, unsterblich zum Himmel hinauf, wo sie seitdem mit dem Monde in Feindschaft leben und die Eklipsen bewirken. Vischnu täuschte die Asuras völlig, indem er nur den Suras zutrank, wodurch jene der Unsterblichkeit beraubt wurden. Es begannen fürchterliche Kämpfe, und die Götter siegten. Vischnu nahm das Amrita unter seine Obhut, und die Dämonen zogen sich in die schauerlichsten Öden der Erde zurück.

Dieser Avatar bringt also erstens die Darstellung des Liquor hepatis, ist in Bezug auf diesen der Hauptavatar, zweitens einen Kampf von Riesen oder Dämonen, der sich an denselben knüpft, drittens die Verkörperung Vischnus als Schildkröte.

Dritter Avatar. Die Dämonenmutter Diti, Gattin des Kasyapa, hat zwei Riesensöhne. Den einen davon, Hiranyâkscha, erlegt Vischnu in seiner Verkörperung als Eber.

Der Eber wälzt sich, nach Art des Hausschweines, gern in morastigen Stellen. Darum hat er eine Relation zum Morast, und durch diesen wird die Masse aus Schwefel, Salmiak, Kalkwasser repräsentiert, welche der Destillation unterworfen wird. Aus dem Maule des Ebers ragen die Hauer (Eckzähne) hervor. Dieselben sind aufwärts gebogen, gehen in die Höhe. Sie laufen den Destillatgasen parallel, welche aufwärts steigen, wenn man die vorige Masse destilliert.

Auch dieser Avatar bringt erstens wieder die Darstellung des Liquor hepatis einerseits und andererseits einen Kampf, der sich an denselben knüpft. Drittens bringt er dann die Verkörperung Vischnus als Eber.

Vierter Avatar. Der Riese Hiranyakasipu will den in der vorigen Avatara getöteten Riesen, seinen Bruder, rächen. Er bringt es durch fortgesetzte Bußübungen dahin, daß ihm Brahma verspricht, weder Gott, noch Mensch, weder Riese, noch Tier solle ihn verwunden können, und er solle weder bei Nacht, noch bei Tage, weder in, noch außer dem Hause tötbar sein. Wie nun Hiranyakasipu, im Vertrauen auf diese Unverletzlichkeit, das Menschengeschlecht tyrannisch verfolgt, verwandelt sich Vischnu in einen Menschen mit einem Löwenhaupte, oder in einen Löwen mit einem Menschenhaupte, und erlegt den Riesen auf der Schwelle der Tür in der Dämmerung. — Hier haben wir vom Liquor hepatis nichts anderes, als, im Anlehnen an die Löwenhaut, die gelbe Farbe. Der böse Riese bildet die Fortsetzung des Dämonenkampfes im dritten resp. zweiten Avatar. Vischnu verkörpert sich als Löwenmensch oder Menschenlöwe. In diesem Löwenmenschen oder Menschenlöwen haben wir, um so zu sagen, die Halbheit zwischen Mensch und Tier. Dieselbe Halbheit haben wir bei der Dämmerung in Bezug auf Tag und Nacht, bei der Türschwelle zwischen der Wohnung und dem Freien.

Fünfter Avatar. Ein Tyrann, Mahâbali, aus dem Geschlecht des Riesen der vorigen Avatâra, unterdrückt seine Untertanen, versagt den Göttern den Dienst, und hat sein Reich so weit ausgedehnt, daß die Götter Furcht überkommt, er möchte sich ihrer Regionen bemächtigen. Vischnu erscheint ihm nun als Zwerg und bittet um so viel Land, wie er mit 3 Schritten abmessen kann. Es wird ihm gewährt. Nun schreitet Vischnu über Erde, Himmel, Luft hinweg, wodurch dem Mahâbali nur die Unterwelt zum Aufenthalt verbleibt.

Bei den drei Schritten fällt einem zwar sofort der vedische Vischnu ein, ob aber der schreitende Zwerg mit den 3 Schritten an die 3 Schritte des vedischen Vischnu zu knüpfen ist, (so will z. B. Lassen) steht noch sehr dahin. Es handelt sich in der Basis um gar zu verschiedene Dinge. Der Zwerg hat als Land die festen Dinge Schwefel, Salmiak, Kalk im Auge, und weil dieser 3 sind, darum will er 3 Schritte machen. Wie er nun ans Schreiten kommt, schreitet er über Erde, Himmel und Luft hinweg. Das ist, der Liquor hepatis erhebt sich als Destillat. Dem Mahâbali, der nun das Nachsehen hat, verbleibt nichts anderes als das Residuum der Destillation, welches *unten* in der Retorte, das ist in der Unterwelt, zurückbleibt.

Ein Zwerg ist hier Vischnu im Hinblick darauf, daß aus den winzigen Dingen Schwefel, Salmiak, Kalk das hohe Arkanum Liquor hepatis gemacht wird. Winzig sind aber diese Dinge, weil Kalk jeder Maurer in der Hand hat, Schwefel sich als Feuerzeugmittel in jedem Hause befindet, und Salmiak ein so niedriges Etwas ist, daß er selbst aus dem Kamelmist dargestellt werden kann.

Dieser Avatar steht wieder auf dem Standpunkt der Darstellung des Liquor hepatis einerseits und dann des Kampfes andererseits. Vischnu inkorporiert sich als Mensch.

Sechster Avatar. Vischnu unter der Verkörperung des ersten und zweiten Râma, Balarâma und Parasurâma zieht gegen die Kshâtriyas zu Felde.

Siebenter Avatar. Vischnu unter der Verkörperung des dritten Râma, Râmatschandra, zieht gegen Ceylon. Der Herrscher von Ceylon war Ravana aus dem Riesengeschlecht. Dieser wird auch Dasagrîva, das ist der Zehnnackige, genannt. Er hatte dem Rama seine Frau, die schwarzäugige Sita geraubt, und daher der Feldzug gegen ihn seitens des Beraubten, dem sogar Affen zur Seite stehen und getreulich helfen. Ravana mit seinen Riesen wird besiegt, und Rama Herr von Ceylon, wo Râmayiri seine Residenz wird. Die Sache ist der Stoff zum Râmâyana. — In diesen beiden Avataren fällt der Liquor hepatis, der Kampf dagegen bleibt. Vischnu inkorporiert sich als Heros.

Um von einem indischen Heros ein Bild zu bekommen, wollen wir hierher setzen, wie das Epos Râmâyana den Râma schildert. Er ist aus dem Stamme des Jxvâcu entsprossen, und die Völker feiern ihn unter dem Namen Rama. Er ist enthaltsam, tapfer, glänzend, der heiligen Schriften kundig, willfährig, erfinderisch, klug, beredt, glücklich, Erleger seiner Feinde, breitschulterig, mit muskulösen Armen, mit muschelförmigem dreilinig bezeichneten Nacken, mit hervorspringenden Backenknochen, mit breiter, stark gewölbter Brust, mit fleischigem Halse: ein Bekämpfer der Feinde; seine Arme reichen bis zu den Knien, er hat einen schönen Kopf, eine schöne Stirn, einen imponierenden Gang; er ist untersetzt mit proportionierten Gliedmaßen, hat eine angenehme Farbe, ist majestätisch, hat turgeszierende Pupillen, große Augen, ist glücklich, hat ein empfehlendes Äußeres; er ist gerecht, hält sein Versprechen, weiß seinen Zorn und seine Gemütswallungen zu unterdrücken, ist weise, hat Lebensart, ist brav, stark; er ist ein Rächer des Menschengeschlechtes, ein Beschützer der Gerechtigkeit, er ist in der heiligen Schrift und in ihren Erklärungen bewandert, ein vollkommener Schütze; fast alles hat er gelernt, ist des Rechtes kundig, glänzend, gegen alle gütig, ehrbar, edelmütig, einsichtsvoll; die Guten gehen ihm nach, wie die Flüsse dem Ozean nachgehen; Râma, er, der mit allen Tugenden begabt, ist die Freude seiner Mutter; er ist tief wie der Ozean, fest wie das Gebirge Himavan; er ist lebhaft wie Vischnu, lieblich anzusehen wie der Mond; wenn er zürnet, so sollte man sagen, die Welt ginge unter, geduldig ist er wie die Erde; er ist freigiebig wie Kuvêru, der Schätzeverleiher, zuverlässig wie ein zweiter Gott der Gerechtigkeit.

Achter Avatar. Vischnu unter der Verkörperung des Gottes Krischna. Krischna wird als Königssohn geboren, und bekundet sogleich nach seiner Geburt seine göttliche Abkunft durch eine Menge von Wundern. Sein mütterlicher Oheim trachtet dem Kinde nach dem Leben, daher wurde es durch den Fluß getragen und unter Hirten erzogen. Hier erfand Krischna die Flöte, und wird zuweilen tanzend als Balakrischna oder Kind vorgestellt. Seine rechtmäßige Gattin ist Râdha, der er aber nicht treu ist. Im Bruchstücke aus dem Brahma-Vaivarta-Purana, welches *Stenzler* herausgegeben hat, ist die Liebesgeschichte mit der Hirtin Viraja geschildert. Sie ist ein bißchen stark saftig gehalten.

In toto corpore Virajae gaudio eriguntur pili. — Animi deliquium patitur Viraja cupedine voluptatis cum Krischno. — Virajae adhaeret Haris (Krischna). — Râdha überrascht das Pärchen und die zu

Tode erschreckte Viraja verwandelt sich in einen Fluß. Krischna aber transformiert sie wieder. Sie ersteht: *clunium femorumque pondere laborans, turgentibus erectisque mammis praedita,* sie, die Schöne unter den Schönen, schreitet langsam daher wie ein Elefant(!). *Quam cum vidisset formosam, amore distinctam, mundorum dominus* (Krischna), *celeriter illam amplexus est, osculatusque iterum iterumque. Omnis generis amores, contrarium et reliquos princeps (Krischna), in solidutine amatam adeptus, exercuit iterum iterumque. Viraja illa, impetu acta, concipiens sperma illud, extemplogravida facta est, dives illa, bona, gestavitque divinum principis foetum per seculum; tum vero septem filios pulcherrimos enixa est.*

Man ersieht aus der Sache, daß die Inder, welche auf der einen Seite die Liebe so wundervoll lyrisch zu behandeln wissen, auf der anderen Seite die Farben der Liebe auch recht grell aufzupinseln verstehen. Die sieben Söhne von vorhin haben übrigens kein beneidenswertes Los. Viraja spaziert einmal mit Krischna im Walde und hat Liebesideen. Da stürzt ihr jüngster Sohn auf sie zu, der von seinen Brüdern in Furcht gesetzt worden war. Haris, das erschrockene Kind sehend, verläßt die Viraja, und diese tröstet den Knaben. Hinterdrein merkt sie aber, daß Krischna fort ist, gerät darüber in Zorn und verwandelt ihre Söhne in 7 Meere, das Salzmeer, das Zuckermeer, das Spirituosenmeer, das Buttermeer, das Buttermilchmeer, das Milchmeer, das Wassermeer (7 Arkana). — Krischna verrichtet mehrere Heldentaten, zu denen besonders die gehört, daß er den Drachen Kaliya tötete, und einst mit seinem Finger den Parnass (govardhana) aufhob. Überhaupt ist Krischna ein gar mächtiger Herr, ein mächtiger Gott. Hören wir darüber den Daman, den Diener des Krischna in der oben angeführten Purana sprechen. Er, Daman, sagt zur Râdha: Wie kannst Du, oh Mutter, meinen Herrn mit so bitterer Rede angehen, unüberlegt, oh Göttin, schmähst du vergebens. Den Herrn des Brahma, Ananta, Siva, Yama, den Erschaffer der Welt, den Herrn der Sarasvati, Lakschmi, Maya, Prakriti, ihn, der ohne Qualität ist, sich mit sich selbst begnügt, voll Liebe ist, ihn behandelst du schändlich. Den, der die besten Göttinnen in Schränken hält, dessen höchste Herrin von allen du bist, durch Anbetung und Fuß-Verehrung, den kennst du nicht, oh Glückliche. Was soll ich dem Herrn sagen? Krischna kann durch das

Runzeln seiner Brauen allein unzählige Göttinnen erschaffen, die dir gleich sind, und ihn, der ohne Qualität ist, kennst du nicht. Im Vaikuntha (Paradies) streichelt Lakschmi immer mit ihren Haaren den Lotus der Füße des Haris, und verehrt ihn untertänigst. Den Herrn, welchen Sarasvati immer mit Liedern, welche süß das Ohr ergötzen, untertänigst preist, den kennst du nicht. Den, welchen die gute Natur mit der Form des Lebens Aller begabt, stets ehrend untertänigst preist, den kennst du Stolze nicht! Den sechzehnten Teil seiner Größe verherrlichen immer die Veden, alle seine Teile kennen sie nicht: — ihn aber kennst du nicht, Zürnende. Ja ihn, den Brahma, mit den 4 Gesichtern, der Vater der Veden, der Herr, preist, dessen Lotus der Füße er verehrt, oh Herrin; ihn, den Siva mit den fünf Gesichtern (Acid. sulphur., Ferrum, Natron carbonic, Natron nitricum, Natron sulphuricum, vgl. Siva), der Lehrer der Büßenden, unter Tränen und freudiger Erschütterung preist, und den Lotus der Füße verehrt. Sesha mit den tausend Gesichtern (die Schlange des Vischnu) preist den höchsten Herrn für und für, und ehrerbietig verehrt sie den Lotus der Füße. Seinen Lotus der Füße verehrt auch freudig stets Yama, der Lenker aller Dinge und ihr Zeuge, der Herr der Welten. Der Herrscher Vischnu, welcher auf einem weißen Elefanten reitet, selbst Herr und ein Teil von diesem (Krischna), meditiert trotzdem stets diesen, den Höchsten. Die Suras und Asuras, die vornehmsten der Anachoreten, die Manus, Menschen, Weise, obgleich sie ihn nicht sehen, verehren selbst im Schlaf den Lotus der Füße. Laß schnell den Zorn fahren, und verehre den Lotus der Füße des Haris, der durch bloßes Runzeln der Brauen die Schöpfung zerstören kann. Wenn er nur die Augenlider bewegt, so wird Brahma zu Fall gebracht. An einem Tage, der ihm zukommt, stürzen 28 Indras; er, der Schöpfer der Welten, hat ein Leben von 108 Zeitaltern. Du, Râdha und die Mädchen (die Hirtinnen, welche Râdha bei sich hat) seid völlig in der Gewalt meines Herren.

Natürlich sind das Übertreibungen, welche mit den gewöhnlichen Anschauungen der indischen Mythologie kollidieren. Sie sollen bloß dazu dienen, um den Krischna als Gott mit Emphase in den Vordergrund zu schieben.

Neunter Avatar. Vischnu unter der Verkörperung des Reformators Buddha, des Stifters des Buddhismus.

Der Buddhismus ist, das sei nebenbei erwähnt, die verbreitetste Religionspartei in Asien. V. Bohlen stellt folgendes ungefähre Verhältnis betreffs der hauptsächlichsten Religionsparteien in Asien auf, wobei er übrigens auf die Unsicherheit solcher Angaben selbst hinweist:
Von *Christen* aller Parteien leben in Asien 17 Millionen.
Von *Mohammedanern* aller Parteien leben in Asien 70 Millionen.
Von *Brahmaiten* aller Parteien leben in Asien 80 Millionen.
Von *Buddhisten* aller Parteien leben in Asien 295 Millionen.

Zehnter Avatar. Vischnu als Kalki. Diese Verkörperung liegt noch in der Zukunft. Vischnu wird auf weißem Roß kommen, um die Menschen von ihrer Sünde zu befreien, und das Laster zu vertilgen.

Hier haben wir das Weißwerden (weißes Roß) des Liquor hepatis (siehe bei den Farben der Arkana), und das sich an dasselbe knüpfende Verderbnis des Präparates.

In diesem Avatar tritt wieder der Liquor hepatis in den Vordergrund. Vischnu inkorporiert sich als Kalki. —

In Bezug auf die nähere Sachlage haben wir nun ff. bei den 10 Avataren.

Bei dem damaligen Standpunkte der chemischen Wissenschaften ist natürlich nicht daran zu denken, daß man einsah, welche chemischen Prozesse vorgehen, wenn bei der Destillation von Schwefel, Salmiak, Kalk, Liquor hepatis entsteht. Darum konnte man nur ganz allgemein sagen, wir nehmen Schwefel, Salmiak, Kalk, lassen sie chemisch aufeinander wirken, und der Erfolg der Sache ist, daß sie sich zu etwas Neuem *verkörpern,* welches ist: Liquor hepatis. Da nun Vischnu den Liquor hepatis repräsentiert, so *verkörpert* sich Vischnu, und wir haben die Avataren.

Es fragt sich nun, *als was* soll sich Vischnu verkörpern? Da wird nun zunächst auf Grund des 2. Avatars die Schildkröte herangezogen. Die Schildkröte repräsentiert das Lutum, mit dem Retortenhals und Vorlage aneinandergekittet werden. Daß das Lutum auf diese Weise in den Vordergrund gedrängt wird, zeigt uns entweder im allgemeinen, daß die Inder auf ein gutes Lutum hohen Wert legten, und in diesem Fall ist dann Schildkröte, Schildkrott, Schildpatt ein Allgemein-Name, der ganz dasselbe bedeutet, wie Lutum, Kitt. Oder aber die Sache ist speziell zu fassen, und führt dann darauf, daß die Inder zu ihrem Kitte den Panzer der Schildkröte benutzten, und sich etwas darauf zugute taten, einen so guten Kitt entdeckt zu haben. Jedenfalls hielten die Inder das Verlutieren von Retortenhals und Vorlage bei der Darstellung des Liquor hepatis für ein Ding, welches prägnant die Aufmerksamkeit des Alchemisten auf sich zieht, denn sonst würden sie den Vischnu nicht für dasselbe ausgebeutet haben. Indem dieser aber für dasselbe ausgebeutet wird, haben wir die Schildkröte als seine Verkörperung.

Im Anhalt an den 2. Avatar sind wir also der Antwort auf die Frage: »Als was soll sich Vischnu verkörpern?« schon näher gerückt. *Eine* Antwort haben wir bereits, die Antwort: »Als Schildkröte«. Nun aber handelt es sich um 10 Avataren, und das zeigt, daß man die Sache vielseitig anfassen will. An der Hand dieser Vielseitigkeit kann doch nun nicht immer und immer wieder gerade die Schildkröte herangezogen werden. Es drängt sich also die Notwendigkeit in den Vordergrund, die Schildkröte zu erweitern, und da liegt es nahe, da sie ein Tier ist, sie im allgemeinen zum *Tier* zu erweitern. Wir erhalten also auf die Frage: »Als was soll sich Vischnu verkörpern?« schon eine Antwort, welche sich in weiteren Grenzen bewegt, nämlich die Antwort: »Als Tier«.

Die Inder teilten nun das Tierreich in 4 Klassen: Landtiere, fliegende Tiere, Wassertiere, Gewürm. Die Schildkröte wird zum Gewürm gezählt. Da wir nun eine Verkörperung des Vischnu als Gewürm haben, und die Verkörperungen im Bereich des Tieres extendiert werden sollen, so liegt es nahe, die 3 übrigen Tierklassen heranzuziehen, und damit ist denn Stoff zur Verkörperung für 3 neue Avataren gegeben. Nun aber wird in den Avataren auf die Tiere der Luft *nicht* reflektiert. Das kommt daher, daß Vischnu an und für sich bereits einen Vogel hat, auf dem er reitet, Garutmat oder Garuda. Den hat er bereits vorweg, und es braucht daher die Klasse der Vögel in den Avataren nicht mehr vertreten zu sein. Hierzu kommt noch, daß Garuda ein Schlangenfeind ist, die Schlange aber zu der Klasse des Gewürms zählt, zu der auch die Schildkröte, diese Basis der Tierverkörperung Vischnus zählt. Schildkröte und Vogel würden sich also zusammen in den Avataren schlecht vertragen, der Vogel würde die Schildkröte vertilgen, da muß denn einer von beiden Platz machen. Und indem dies statt haben muß, muß naheliegend der Vogel Platz machen, denn würde die Schildkröte Platz machen, so fiele die Basis der Tierverkörperung. Nimmt man nun noch dazu an, wie das so fern nicht liegt, daß der 2. Avatar ursprünglich der einzige war, so ist ein reines Unmöglichkeitsverhältnis gegeben, daß die Schildkröte dem Vogel Platz macht. — Indem nun die fliegenden Tiere zurücktreten, bleiben uns nur noch die Landtiere und die Wassertiere, und wir haben bloß den Stoff für zwei neue Avataren. Mit diesen sind wir denn aber auch im Reinen. Wir fragen: Als was soll sich Vischnu verkörpern? — Die Antwort ist: Als Tier. — Wir fragen weiter: Als welches Tier? — Die Antwort ist: Als Fisch und Landtier. — Fragt man nun weiter: »Wo sollen denn nun die neuen Verkörperungen untergebracht werden?« so ist in Bezug auf den Fisch der erste Avatar von selbst gegeben, denn in dem ist von der Sintflut die Rede, es ist κατ εξοχην der Wasser-Avatar. Nun wenn da der Fisch nicht rangieren soll, wo soll er dann rangieren?

Es ist bei uns populäre Sitte, uns viel eher geneigt finden zu lassen, den Fisch zu generalisieren als das Landtier oder das Säugetier. So war es gerade bei den Indern. Daher kommt es, daß man, um Fisch oder Wassertier und Landtier den Avataren einzuverleiben, in Bezug auf den Fisch nicht weiter spezialisiert, in Bezug auf das Landtier aber wohl weiter spezialisiert. Es handelt sich also nicht um die Frage, wenn dem Mann ein Fisch erscheinen soll, was soll das denn für ein Fisch sein, ein Hecht, ein Karpfen u.s.w., sondern der Fisch bleibt schlechtweg Fisch. Es handelt sich aber wohl um die Frage: Wenn das Landtier in die Sache gezogen werden soll, welches Landtier soll das denn nun sein? In Beantwortung dieser Frage wird nun naheliegend der Blick auf den Löwen gerichtet, auf ihn, der der König der Tiere ist, und wie der Liquor hepatis eine gelbe Farbe hat. Nun aber dürfte es schwer fallen, den Löwen in eine nähere Relation zur Darstellung des Liquor hepatis zu bringen, und das ist der Grund, weshalb man sich vom Löwen abwendet und dem Eber zuwendet. Dieser ist, wie wir oben gesehen, in Bezug auf sein Wälzen im Morast, in Bezug auf seine Hauer, welche aufrecht stehen, zur Darstellung des Liquor hepatis in Relation zu bringen, und so tritt er denn an die Stelle des Löwen. In den 3. Avatar tritt er ein nach dem einfachen Gesetz der Reihenfolge. Der erste Avatar ist absolviert, er hat den

Fisch erhalten. Der zweite Avatar ist absolviert, er hat die Schildkröte erhalten. Nun kommt der dritte Avatar an die Reihe und erhält den Eber.

Nun sind drei Avataren fertig. Vischnu ist dreimal als Tier untergebracht, und damit ist denn aber auch die Tierwelt erschöpft. Soll sich Vischnu weiter verkörpern, so muß man sich weiter nach Verkörperungssubstrat umsehen. Und hier eröffnet sich denn folgende Bahn. Vischnu ist ein Gott, als Gott hat man ihn also eo ipso. Als Tier hat man ihn auf Grund der drei ersten Avataren. Und da liegt es denn nahe, das Mittelglied »Mensch« zwischen Tier und Gott zu schieben. So hat man also als neues Verkörperungssubstrat: Mensch und Gott. Wir haben aber nach Absolvierung der drei ersten Avataren noch sieben vor uns, und Mensch und Gott würden nur Substrat für zwei Verkörperungen bieten. Hier ist also nachzuhelfen, und es geschieht dies am besten, wenn man Mittelglieder in die Sache bringt. Vom Tier zum Menschen ist ein Mittelglied jene Klasse von Wesen, welche man Halbtiere oder Halbmenschen nannte, wie Tiere mit Menschenköpfen, Menschen mit Tierköpfen u.s.w. Derartige Wesen waren ja den Alten geläufig. Vom Menschen zum Gott ist ein Mittelglied der Heros. Auf die Weise ist uns denn der Stoff geboten, die Zwei: Mensch, Gott, zur Vier zu dilatieren: Halbmensch (Halbtier), Mensch, Heros, Gott. Damit sind wir aber immer noch nicht am Ziele. Denn es handelt sich ja um 7 Verkörperungen, und wir erhielten auf die genannte Weise deren erst 4. Wir bleiben also mit dreien noch im Rückstand. Es ist also noch weiter nachzuhelfen. Und hier bietet sich denn folgendes dar. Das Tier ist dreifach vertreten, dementsprechend liegt es nahe, auch den Menschen dreifach vertreten sein zu lassen. Das paßt schon deshalb, damit der Mensch dem Tier nicht nachstehe, es paßt um so mehr, als mit dem Drei-Menschen prägnant hervorgehoben wird, daß man sich der Drei bei den Tieren wohl bewußt ist, daß man mit Vorbedacht 3 Tierklassen konstatiert statt 4 (die Klasse der Vögel fällt ja). Auf die Weise hätte man dann als Verkörperungssubstrat in den einzelnen Avataren: 1) Tier, 2) Tier, 3) Tier, 4) Halbmensch (Halbtier), 5) Mensch, 6) Mensch, 7) Mensch, 8) Heros, 9) Gott. Damit wären wir denn mit 9 Avataren fertig, und es fehlte bloß noch das Verkörperungsmaterial für den zehnten Avatar. In Bezug auf dieses stellt sich nun der Autor der Avataren auf seinen speziellen

Standpunkt als Buddhist — er ist ein Buddhist — und stellt den Buddha über Gott. In seinem Vorschreiten vom Tier zum Halbmenschen (Halbtier), vom Halbmenschen zum Menschen, vom Menschen zum Heros, vom Heros zu Gott, bleibt er bei Gott nicht als Finalglied stehen, sondern er schreitet noch ein Glied weiter und kommt von Gott zu Buddha. Und auf die Weise erhalten wir denn als Verkörperungssubstrate in den einzelnen Avataren: 1) Tier, 2) Tier, 3) Tier, 4) Halbmensch (Halbtier), 5) Mensch, 6) Mensch, 7) Mensch, 8) Heros, 9) Gott, 10) Buddha: — und damit wäre denn die Antwort auf die Frage: Als was soll sich Vischnu verkörpern? erschöpfend absolviert, und die Sache wäre erledigt.

Der Autor der Avataren erledigt aber nicht ganz so die Sache. Zuerst gibt er die Drei des Tieres nicht dem *Menschen*, sondern dem *Heros*. Nun, das ist eine unerhebliche Variante gegen das Vorige. Er denkt, es ist prägnanter, wenn der Heros, der immer doch noch ein Mensch ist, die Drei bekommt, als der Mensch selbst. Auf die Weise erhielten wir denn als Verkörperungssubstrate in den einzelnen Avataren: 1) Tier, 2) Tier, 3) Tier, 4) Halbmensch (Halbtier), 5) Mensch, 6) Heros, 7) Heros, 8) Heros, 9) Gott, 10) Buddha.

Hierbei bleibt er aber nicht stehen. Er kalkuliert ff.: Die Basis der Avatara ist zwar die Darstellung des Liquor hepatis, es wird aber in prägnanter Weise auch denjenigen Dingen Rechnung getragen, unter deren Gestalt sich Vischnu verkörpert, es soll ihnen in prägnanter Weise Rechnung getragen werden. Demgemäß müssen sie sich frei entwickeln können. Sie würden sich aber nicht frei entwickeln können, namentlich würde Buddha nicht in seiner vollen Glorie dastehen, wenn die Fessel der Darstellung des Liquor hepatis ihnen perpetuell anklebte. Das ist der Grund, weshalb der Autor, vom Heros an, den Liquor hepatis außer Augen läßt und ruhig zum Buddha vorschreitet, als gäbe es keinen Liquor hepatis in der Welt. Wohlbemerkt, sprungweise, so auf einen Schlag, geschieht dies nicht, denn beim Heros haben wir noch prägnant den Kampf, und dieser ist noch so halbschlag Darstellung des Liquor hepatis, weil selbst im 2. Avatar, dem Hauptdarstellungsavatar, der Kampf herangezogen wird. Aber im Allgemeinen geschieht es doch, und weil es geschieht, deswegen liegt es nahe, daß wir, wenn wir beim Buddha angekommen sind, einen Rückblick machen und fragen: Aber wo ist denn nun der Liquor hepatis geblieben? Das ist der Grund, weshalb der Autor mit dem Buddha-Avatar *nicht* abschließt, und nach ihm noch den Kalki-Avatar bringt. Dieser Avatar soll den Liquor hepatis wieder auf's Tapet bringen. Aber an und für sich ist die Situation mißlich. Sobald wir beim Buddha angekommen sind, sobald er absolviert ist, haben wir in Bezug auf die Avataren ein fait accompli. Hinterdrein noch einen Avatar bringen, heißt die Sache wieder von vorn anfangen. Wird ein solches Tun konsequent durchgeführt, so kommen wir nie zu Ende. Und da hilft sich denn der Autor derartig, daß er sagt, gut, die Sache ist absolviert, ich darf nicht wieder, von vorn anfangend, den Liquor hepatis bringen, ich darf überhaupt keinen Avatar bringen. Aber wenn ich den Avatar nicht bringen darf, so darf ich ihn doch wenigstens *nicht* bringen. Ich bringe ihn aber *nicht*, denn es handelt sich nur um einen Avatar, welcher gar nicht da ist, welcher in der Zukunft liegt. Die vage Zukunft könnt ihr mir aber doch nicht abschneiden. Und was den Liquor hepatis betrifft, so bringe ich den auch nicht. Ich bringe ihn zwar, aber ich bringe ihn nicht als Liquor hepatis, ich bringe ihn als *Nicht*-Liquor-hepatis, ich bringe ihn als den verdorbenen Liquor hepatis, als den Liquor hepatis, der aufgehört hat, Liquor hepatis zu sein. Denn sobald der Liquor hepatis weiß wird, ist er kein Liquor hepatis mehr, sobald Vischnu auf seinem weißen Rosse kommt, annulliert er sich in sich selbst. Trotzdem, daß ich also auf der einen Seite den Liquor hepatis bringe, bringe ich ihn auf der anderen Seite doch nicht, und ich habe sowohl beim Bringen des Avatars als solchen, als beim Bringen dessen, um was es sich bei ihm handelt, den *Nicht*-Standpunkt, und einen solchen einzunehmen, kann nicht unlogisch sein.

Auf die Weise würden wir denn, entgegen der vorangehenden Aufstellung, erhalten: 1) Tier, 2) Tier, 3) Tier, 4) Halbmensch (Halbtier), 5) Mensch, 6) Heros, 7) Heros, 8) Heros, 9) Gott, 10) Buddha, 11) Kalki. Damit haben wir nun aber eine Verkörperung zu viel, und das ist der Grund, weshalb im 6. Avatar zwei Heroen zusammengedrängt werden, so daß wir die Aufstellung erhalten: 1) Tier, 2) Tier, 3) Tier, 4) Halbmensch (Halbtier), 5) Mensch, 6) Doppelheros, 7) Heros, 8) Gott, 9) Buddha, 10) Kalki, — und dieser Aufstellung folgt denn der Autor bei den Verkörperungen. Dieselbe vor Augen habend, brauchen wir in Bezug auf die *Verkörperungen* Vischnus nur weniges spezialisierend nachzutragen.

Fisch, Schildkröte, Eber haben wir in den 3 ersten Avataren. Es kommt also der 4. Avatar an die Reihe. Auf diesen muß der vorigen Aufstellung gemäß der Halbmensch oder das Halbtier kommen. In dem 3. Avatar lag, wir wir gesehen, der Löwe nahe, er war aber nicht gut zu employieren und wurde daher zurückgedrängt. Der Zurückgedrängte wird jetzt wieder hervorgehoben. Hier im 4. Avatar knüpfen sich nicht mehr die Skrupel an ihn, wie in dem 3. Avatar. Im 3. Avatar konnte man fragen, aber was soll uns denn der Löwe, an den sich doch gar keine Relation zur Darstellung des Liquor hepatis knüpfen läßt? Dasselbe läßt sich nun zwar auch im 4. Avatar fragen, aber hier kann man abbiegend antworten, freilich in Bezug auf die Darstellung des Liquor hepatis liegt der Löwe fern, aber das verschlägt hier nicht. Wir haben ein zwiefaches in's Auge zu fassen, die Darstellung des Liquor hepatis und das Substrat der Verkörperung Vischnus. Als letzteres aber paßt der Löwe ganz vorzüglich, weil es sich im 4. Avatar um den Halbmenschen oder das Halbtier handelt — den Indern war nämlich ein Mensch mit einem Löwenhaupte oder ein Löwe mit einem Menschenhaupte eine geläufige Figur. Weil es sich also um den Halbmenschen oder das Halbtier handelt und weil zu diesem Zweck der Löwe so gut auszubeuten ist, deswegen sagt der Autor, kann man dem Löwen schon nachsehen, daß er den Standpunkt der Darstellung des Liquor hepatis nicht vertritt. Was ihm aber hieran abgeht, das ersetzt er als Repräsentant des Halbmenschen oder des Halbtieres auf der anderen Seite, und darum mag er, ohne Skrupel zu erregen, eintreten. Nebenbei wollen wir noch erwähnen, daß, abgesehen von der den Indern geläufigen Figur des Halb-Löwen-Menschen oder Halb-Menschen-Löwen, der Löwe sich auch deshalb für die Verkörperung als Halbmensch oder Halbtier naheliegend ausbeuten läßt, weil er zwar Tier, als solches aber der König der (Land-) Tiere ist. Der *König* der Tiere steht aber bereits mit einem Fuße in der Klasse *Mensch*.

Nun käme der 5. Avatar an die Reihe, der also der obigen Aufstellung gemäß den Menschen zu bringen hat. Wie hierbei der Mensch zum *Zwerg* wird, haben wir oben in dem 5. Avatar kennengelernt.

Es folgen der 6. und 7. Avatar, welche uns den Heros in der Drei-Zahl zu bringen haben. Als solch dreifacher Heros figuriert denn der Drei-Râma.

Es folgt der 8. Avatar, welcher uns der vorigen Aufstellung gemäß den Gott zu bringen hat. Als solcher figuriert Krischna, der einerseits an den Griechischen Apoll erinnert, welcher dem Admetus die Herden hütet, und in dieser Beziehung etwas harmlos dasteht, der aber andererseits, nach der Schilderung, die wir oben mitgeteilt, als ein außerordentlich mächtiger Gott figuriert.

Dann kommt der 9. Avatar, welcher uns Buddha bringt, der also über Krischna steht.

Im 10. Avatar macht denn endlich die Verkörperung Vischnus als Kalki den Schluß.

Fassen wir nun, den Verkörperungen Vischnus in den einzelnen Avataren gegenüber, den Liquor hepatis speziell in's Auge, so haben wir, wie wir wissen, im ersten Avatar die Doppelauffassung des Liquor hepatis als Gegebenes und vom Standpunkt der Darstellung. Dieser Doppelstandpunkt ist mit Vorbedacht in denselben hineingebracht. Auf der einen Seite nämlich will der Autor, wie im 2., 3. u.s.w. Avatar, der Darstellung des Liquor hepatis Rechnung tragen, auf der anderen Seite will er aber auch den Gegensatz zum 10. Avatar haben, damit der Anfang der Avataren ein Gegenstück zu ihrem Ende darbietet. Will er aber einen solchen Gegensatz haben, so muß der Liquor hepatis im 1. Avatar *auftreten*, wie er im 10. Avatar *abtritt*. Das tut er nun aber eben, wenn der 1. Avatar uns den Liquor hepatis einfach bringt.

Der zweite Avatar ist der hauptsächlichste Darstellungsavatar.

Der dritte Avatar ist abermals ein Darstellungsavatar.

Der vierte Avatar ist dagegen kein Darstellungsavatar. Anlehnend an den Löwen haben wir wohl die gelbe Farbe des Liquor hepatis, weiter aber auch nichts. Der Löwe bietet eben keinen Anhaltspunkt für die Darstellung des Liquor hepatis. Weshalb er trotzdem herangezogen wird, wissen wir aus dem Vorigen. Die Darstellung des Liquor hepatis weicht der Verkörperung Vischnus als Halbmensch oder Halbtier. Wir haben im Vorigen darauf hingewiesen, daß die ausnehmende Qualifikation, welche der Löwe dazu hat, den Vischnu als Halbmenschen oder Halbtier zu repräsentieren, den Skrupel schon paralysieren mag, daß die Darstellung des Liquor hepatis in den Hintergrund tritt. Wenn nun aber auch der Skrupel paralysiert werden mag, hält man sich strikt an den Liquor hepatis, so bleibt es immer, an und für sich betrachtet, eine Lücke, daß wir denselben vom Standpunkt seiner Farbe, das ist generell genommen, vom Standpunkt des Seins erhalten, und nicht vom Standpunkt der Darstellung. Hier deckt sich nun aber der Autor derartig, daß er sagt, es ist absolut nötig, daß wir den Liquor hepatis neben dem Standpunkt der Darstellungsweise, auch vom Standpunkt des Gegebenseins haben. Diese Doppelauffassung muß da sein, dem ersten Avatar zuliebe, seiner Situation dem 10. Avatar gegenüber zuliebe. Weil wir nun aber beim zweiten, beim dritten Avatar den Standpunkt der Darstellung haben, so könnte sich leicht jemand durch die Analogie fortreißen lassen, und beim 1. Avatar sich versucht fühlen, bloß den Standpunkt der Darstellung des Liquor hepatis zu konstatieren. Dem wird entgegengearbeitet, wenn ein Avatar den Liquor hepatis bloß vom Standpunkt des Gegebenseins bringt. Dann rückt ein solcher Avatar uns handgreiflich vor Augen, daß wir neben der Darstellung auch das Gegebensein berücksichtigen sollen, und damit ist denn darauf hingewiesen, daß der erste Avatar in Bezug auf den Liquor hepatis einen Doppelstandpunkt einnimmt. Der Avatar nun, der eine solche Mission übernimmt, ist eben der vorliegende.

Der fünfte Avatar ist nun in weiterer Folge wieder ein Darstellungsavatar.

Dann aber tritt im sechsten, siebenten, achten und neunten Avatar der Liquor hepatis in den Hintergrund, und endlich tritt er im zehnten Avatar wieder in den Vordergrund, um — abzutreten. Das weiße Roß im zehnten Avatar ist übrigens bereits im zweiten Avatar vorbereitet, denn bereits dort taucht aus dem Amrita ein weißes Roß hervor. An diesen zehnten Avatar knüpfen wir noch die Notiz, daß wir später bei *Plato* kennenlernen werden, wie dieser uns sein Weltentier bringt, es ausbeutet, und nachdem er es ausgebeutet hat, wieder rekonstruiert, rückgängig macht. Das ist eine ganz ähnliche Situation, wie hier bei den Avataren, wo der Liquor hepatis erst gebracht, dann ausgebeutet wird, und nachdem er ausgebeutet worden, wieder rückgängig gemacht wird.

Und nachdem wir nun die Verkörperungen Vischnus und des Liquor hepatis speziell in's Auge gefaßt, wollen wir auch speziell die sich an den Liquor hepatis knüpfenden *Kämpfe* in's Auge fassen. Die Riesen, Dämonen u.s.w. sind nichts anderes als die Schulärzte, mit denen die alchemistischen Ärzte Kämpfe zu bestehen haben. Diesen Kämpfen werden wir namentlich bei den Abendländern Gelegenheit haben, in's Gesicht zu schauen. Wie uns aber die Avataren zeigen, sind sie bereits sehr alt. Kaum erscheint der Götterarzt mit dem Amrita, so entsteht auch schon Hader und Zwietracht: — charakteristischer kann die Situation von vornherein nicht gezeichnet werden. Der Autor der Avataren besiegt übrigens seine Riesen. Das ist ein ganz entgegengesetzter Standpunkt, als der, den der Abendländer Basilius Valentinus (s. diesen) einnimmt. Basilius ruft in seinem Triumphwagen aus: Ändere, o Gott, diese Zeiten, mach' ein Ende mit diesem arroganten Übermute. Reiß jene Bäume aus, daß sie nicht bis in den Himmel wachsen. Stürze jene Giganten, damit sich nicht alle Berge übereinander türmen, und verteidige die, welche treu und redlich handeln, dir dienen, damit sie vor diesen ihren Verfolgern bestehen können! — Nun, die antipodarischen Standpunkte liegen in den verschiedenen Gesichtspunkten. Der indische Autor der Avataren denkt, wenn ich das beste Part am Krankenbett gewählt habe, so wohnt in mir ein innerer Richter, der mir die Palme des Triumphes reicht, und dieser innere Richter setzt mich über den Geifer des Neides hinweg. Der abendländische Autor des Triumphwagens aber denkt, wir Menschen sind Menschen und keine Engel. Wir müßten aber Engel sein und keine Menschen, wenn wir dem kalt zuschauen könnten, wie unser edles Tun, vom Neid herabgesetzt, in den Kot getreten wird. Nun, uns dünkt, der Inder hat das beste Teil erwählt. Leicht ist es ihm nicht geworden, dem wackern Kämpen, sonst würde er uns die Kämpfe mit den Riesen und ihren Verwandten nicht so kompliziert schildern. Aber trotzdem ist er Sieger geblieben: — doppelter Sieger!

Und nun genug hiervon! Wir haben zu Eingang der Avataren den Leser gebeten, v. Bohlen zu vergleichen. Was dieser Gelehrte und seine Gewährsmänner sich in der Deutung der Avataren zusammenarbeiten, bitten wir den Leser selbst nachzusehen, er erhält dann durch Selbstanschauung ein Bild davon, wie die Indologen sich drehen und wenden, um das zu deuten, was ohne den Schlüssel der Alchemie platterdings nicht gedeutet werden kann, ohne von einer Abenteuerlichkeit in die andere zu stürzen.

Vischnus Frau ist *Sri*. Sie bedeutet den Schwefel, entgegen dem Ammoniakwasser, welches dann auf den Gemahl geschoben wird.

3) *Brahma*, der Repräsentant des P. solaris. Wir wissen, daß und wie Brahma der ideelle Gott ist, daß er der Priestergott ist. Als solcher ist er nun eo ipso der höchste Gott, denn dem Priester gehört in dieser Beziehung das Erste, das ist selbstredend. Indessen auch auf andere Weise kommt heraus, daß Brahma von den drei Gottheiten, mit denen wir es hier zu tun haben, die erste, und dem Siva und Vischnu überlegen ist. Denn so wie man sagen kann, wenn wir Acid. sulphur.-Natron und Liquor hepatis haben, dann haben wir den P. solaris eo ipso, so kann man auch umgekehrt sagen, wenn wir den P. solaris haben, so haben wir das Acid. sulphur.-Natron und den Liquor hepatis eo ipso. Auf die Weise kommt denn aber heraus, daß man im Brahma bereits den Siva und den Vischnu hat, und das ist ein Anhaltspunkt dafür, daß Brahma beiden überlegen ist. Schlechtweg arkanologisch hat man in dem Verhältnis, daß man da, wo man den P. solaris hat, daß man da das Acid. sulphur.-Natron und den Liquor hepatis implizite hat, hat man, sagen wir, in diesem Verhältnis den P. solaris als Einarkanum, wohingegen man da, wo man den P. solaris *neben* Acid. sulphur.-Natron und Liquor hepatis gehen läßt, das Dreiarkanum hat.

Der dem Brahma geheiligte Vogel, sein Fuhrwerk, wie sich Lassen ausdrückt, ist die Gans, hansa. Lassen läßt diesen Vogel richtig eben die *Gans* sein, und nicht den *Schwan*, wie das bei anderen fälschlicherweise statthat. Trotz seines richtigen Standpunktes mit der Gans kann sich indessen Lassen nicht ganz von dem Schwane emanzipieren. Er setzt die Gans des Brahma dem Schwan der Griechen und der alten Deutschen zur Seite, ein Tun, welches zwar berechtigt sein kann, aber nicht zu sein braucht. Es ist allerdings möglich, daß die Griechen die Gans den Indern entnahmen, dabei nun dachten, der grazile Schwan ist sublimer als die plumpe Gans, und infolgedessen in ihrem ästhetischen Sinn den Schwan an die Stelle der Gans setzten. Von den Griechen können alsdann die alten Deutschen ferner den Schwan erhalten haben. Das ist allerdings möglich, ob aber die Sache in der Tat so liegt, ist und bleibt dahingestellt.

Lassen springt mit einer viel zu großen Nonchalance von der Gans auf den Schwan, ein Tun, welches darin begründet ist, daß er, trotz seines richtigen Standpunktes mit der Gans, dem Schwan anderer nicht mit vollem Bewußtsein seines richtigen Standpunktes den Rücken kehrt. Viel näher hätte es gelegen, wenn Lassen uns die Gänse des Kapitols statt des Schwanes der Griechen und alten Deutschen präsentiert hätte. Diese kapitolinischen Gänse zeigen uns, daß eine mythologische Gans eben recht gut eine Gans bleiben kann, ohne sich zum Schwane aufzuschwingen.

Die Gans des Brahma muß eine echte, veritable Gans bleiben und hat mit dem Schwane nichts zu schaffen. Bei der Darstellung des Sulphur aurat. sowohl als des Hydrarg. oxyd. rubr. entwickelt sich oben Dampf und unten ein Präzipitat (man vergleiche den Abschnitt: Darstellungsweise der Arkana). Fassen wir nun das Sulphur aurat. in's Auge. Wir haben die Lösung des Schlippeschen Salzes. Nun gießen wir Schwefelsäure hinzu. Es entsteht ein intensiver Dampf (Hydrothiongas). Die Dampfentwicklung setzt sich mit großem Eklat in Szene, man sollte meinen, das Ganze ginge in die Luft. Aber nein, trotz der Eklatszene hat es mit dem Dampf nicht viel auf sich. Unten bildet sich das Sulphur. aurat. als Präzipitat, und das ist es, was uns zum intendierten Präparate führt. Der Gesamteindruck, den die Sache macht, ist daher der: das Fluidum macht zwar einen großen Anlauf dazu, in die Luft zu gehen, aber es hat damit nicht viel auf sich, es muß zur Erde. Die analoge Sachlage kann man nun auch in Bezug auf das Hydrarg. oxyd. rubr. konstatieren, weil wir bei seiner Darstellung ebensowohl als bei der Darstellung des Sulphur aurat. oben Dampf und unten Präzipitat haben. Und damit haben wir denn in Bezug auf den P. solaris überhaupt die alchemistische Spekulation: Bei der Darstellung desselben macht das Präparat zwar einen großen Anlauf dazu, in die Luft zu gehen, es bleibt aber bei dem Anlaufe, es muß hinunter, zur Erde hinab, erst so erhalten wir das, worauf es uns arkanologisch gesehen ankommt. Diese alchemistische Spekulation ist nun in der Gans des Brahma repräsentiert. Die Gans macht zwar einen großen Anlauf dazu, in die Luft zu gehen, zu fliegen, aber es ist eitel Demonstration. Hinab muß sie, zur Erde hinab, dort erfüllt sie ihre Mission, nicht aber im Reiche der Lüfte. Nicht nur also, daß die Gans des Brahma eine Gans ist und kein Schwan, nicht nur das, sondern man kann dieser Gans auch keine größere Entstellung geben, als wenn man sie zum Schwane transformiert. Als Schwan würde ja diese Gans sich in die Lüfte schwingen, und damit P. solaris zu einem luftförmigen Präparate werden. Gerade darauf soll ja aber das Bild zielen, daß P. solaris ein Erdpräparat, ein festes Präparat ist, trotzdem, daß es bei seiner Darstellung den Anlauf dazu nimmt, zum Luftpräparat zu werden. — v. Bohlen läßt Hansa einen Kranich oder Flamingo sein.

Der Frau des Brahma (Sarasvati, Vâk) kommt die Gans ebenso zu, als ihm selbst. Dabei wird denn Sulphur aurat. und Hydrarg. oxyd. rubr. unter Mann und Frau geteilt, und darauf hingewiesen, daß der Anlauf, ein Luftpräparat zu werden, ein Erdpräparat aber zu sein, auf das Sulphur aurat. wie auf das Hydrargyr. oxyd. rubr., auf das Hydrargyr. oxyd. rubr., wie auf das Sulphur aurat. kommt. Daß Vâk die Göttin der Rede ist, verdankt sie selbstredend der ihr zukommenden Gans als Schnattertier.

Die der vorliegenden Phase zukommenden philosophischen Zahlen sind die Zahlen: 1, 2, 3, 4. Die *Drei* haben wir eo ipso in den 3 Arkanis: Acid. sulphur.-Natron, Liquor hepatis, P. solaris, resp. den 3 Göttern: Siva, Vischnu, Brahma. Die *Zwei* haben wir darin, daß der P. solaris ideell das ist, was Acid. sulphur.-Natron und Liquor hepatis sind. Haben wir also die Zwei: Acid. sulphur.-Natron und Liquor hepatis, so können wir eigentlich schon mit ihnen abschließen, denn der P. sol. kommt von selbst heraus. Ganz gleichliegend haben wir denn in Bezug auf die Götter die Sachlage, daß wir mit Siva und Vischnu bereits abschließen können. In der zu Eingang dieses Abschnittes zitierten Stelle von Lassen heißt es: »das Mahâbhârata beweist sogar, daß versucht worden ist, die zwei Volksgötter zu einem einzigen zu machen«. Hierbei führt Lassen in einer Anmerkung die Stelle auf, wo es heißt: »Heil dem Siva-gestalteten Vischnu«. Das liegt nun ganz anders, als Lassen meint. Es handelt sich nicht um die Einverschmelzung von Siva und Vischnu, sondern es handelt sich darum, Siva und Vischnu als die Repräsentation der Zwei in den Vordergrund zu drängen, Brahma dagegen in den Hintergrund zu drängen, den man, wenn man sich auf den Standpunkt der philosophischen Zwei stellt, beiseite schiebt. Vischnu ist wie Siva und Siva wie Vischnu gestaltet, weil Liquor hepatis dem Acid. sulph.-Natron, und Acid. sulph.-Natron dem Liquor hepatis zur Seite steht, um vom Standpunkt des Zweiarkanum dem P. solaris Schach zu bieten. — Wie man nun aber, indem man Acid. sulphur-Natron und Liquor hepatis hat, den Pulv. solaris eo ipso hat, so hat man auch umgekehrt da, wo man den P. solaris hat, das Acid. sulphur.-Natron und den Liquor hepatis. Denn wie man sich Acid. sulphur.-Natron und Liquor hepatis in P. solaris konzentrieren kann, so kann man sich auch, vom Pulv. solaris ausgehend, diesen zu Acid. sulphur.-Natron und Liquor hepatis distrahieren, dann hat man im Pulv. solaris bereits Acid. sulphur-Natron und Liquor hepatis, das ist mit anderen Worten, man hat *ein* Arkanum statt *dreier*, und damit ist denn das *Einarkanum*, die *Eins* gegeben. Vom Standpunkt der philosophischen Eins treten also die beiden Arkanen Acid. sulphur.-Natron und Liquor hepatis gegen den P. solaris zurück, wie bei analogem Götterverhältnis Siva und Vischnu gegen Brahma zurücktreten. — Das Einverhältnis mit Brahma kann man nun aber auch anders auffassen. Man kann sagen, Brahma ist eine Idealität, — und als solche der Priestergott. Da er nun aber der Priestergott ist, so haben wir das Recht, diese Idealität ganz besonders auszubeuten. Wenn wir nun aber sagen, wo wir Acid. sulphur.-Natron und Liquor hepatis haben, da haben wir P. solar. ideell, so ist das eine *beschränkte* Idealität, eine Idealität, welche der Pulv. solaris mit dem Acid. sulphur-Natron und Liquor hepatis teilt, weil man ja auch diese ideell hat, wenn man vom P. solaris ausgeht, und sagt, wo man den P. solar. hat, da hat man ideell auch das Acid. sulphur.-Natron und den Liquor hepatis. Dem Brahma kommt aber keine beschränkte, sondern eine *absolute* Idealität zu, und diese hat man, wenn man sagt, der Einbrahma ist nicht ein Teil der übrigen Götter, sondern zuerst hat man diese, und dann kommt Brahma hinzu und steht über ihnen allen zumal. Damit kommen aber 4 Götter heraus, und hierin hat man denn die philosophische Zahl *Vier*. So ganz nackt für sich betrachtet, scheint eine solche Spekulation sehr gezwungen zu liegen, denn wenn man Siva, Vischnu und Brahma hat, so hat man eben den Brahma, wie kann er also noch als ein Viertes hinzukommen? Und arkanologisch: Wenn man Acid. sulphur.-

Natron, Liquor hepatis und P. solaris hat, so hat man eben den P. solaris, wie kann er also noch als ein Viertes hinzukommen? Indessen die Sache wird klar, wenn man auf das kosmologische Verhältnis des vorigen Abschnittes zurückgeht und sich die Berechtigung nimmt, an diese anzulehnen. Dort haben wir das Firmament, die Himmelslichter, die Wolken als 3, und daneben haben wir obendrein den Himmel als Eins, kollektiv als Eins, ohne im Einzelnen zu sagen, dieser Himmel muß, wenn er Eins sein soll, doch nun entweder Firmament, oder Wolken oder Himmelslichter sein. An einer solchen Auffassung wird dort keiner Anstoß nehmen, und ebensowenig nimmt man denn auch hier Anstoß, den einen Brahma außerhalb der übrigen Götter zu setzen, trotzdem, daß er eigentlich als Ein-Gott doch nun entweder der erste, oder der zweite, oder der dritte dieser Götter sein müßte. Noch viel einfacher macht sich aber der Vierstandpunkt, wenn man die Sache reinweg arkanologisch auffaßt und den P. solaris in den P. solaris ruber und P. solaris niger spaltet. Dann sagt man, Brahma, als der, der das 3. Arkanum repräsentiert, und Brahma, als der, der das Einarkanum repräsentiert, ist der P. solaris ruber. Brahma aber als Idealität par excellence ist der P. solaris niger, denn dieser ist vom indischen Standpunkt reinweg ideell, weil sich an ihn keine der alchemistischen Spekulationen knüpft, die wir oben kennengelernt haben, und welche die Basis der indischen arkanologischen Alchemie bilden. Der philosophischen 4 zuliebe wird Brahma dargestellt mit 4 Köpfen und 4 Armen. Vielleicht ist auch dabei in's Auge gefaßt, daß Brahma — Pulv. solaris ist 1.) Hydr. oxyd. rubr. 2.) Sulphur. aurat. 3.) Hydrarg. oxyd. rubr. 4.) Stibium sulphur. nigr.

Schließlich wollen wir nun noch in Betreff Brahmas, Vischnus, und Sivas einige Notizen anfügen und dabei an die Schilderung *v. Bohlens* anlehnen.

Brahma. Seine Farbe ist rot. (Hier haben wir die Farbe des P. solaris ruber.)

Vischnu: v. Bohlen sagt: Er wird als Luft oder Wasser gedacht. (Nun ja, Liquor hepatis ist Wasser, und daß auch nach der Auffassung der Inder die Luft in ihm vertreten ist, haben wir zu Anfang dieses Abschnittes kennengelernt.) Dann sagt er: Zu Anfang der Regenzeit beginnt der Schlaf Vischnus, welcher 4 Monate lang dauert. In diesem Zustand wird er vorgestellt auf einem Blatte des indischen Feigenbaumes auf dem Wasser flutend, den Fuß im Mund haltend. Im dritten Monat wendet sich Vischnu um, und der Inder feiert ein Fest, besonders mit Wasserschöpfen in heiligen Gefäßen, welche mit den mystischen Zeichen des Vischnu versehen sind. Am Ende des vierten Monats, wenn die Überschwemmung des Ganges ihr Ende erreicht, erwacht Vischnu völlig, und seine Gattin, Sri oder Lakschmi, wird tätig, ihre Gaben zu verbreiten. (Hier haben wir Vischnu-Liquor hepatis als Wasser.) v. Bohlen fährt fort: Eine andere Darstellung, welche die Allegorie noch mehr versinnlichen will, ist ebenfalls sehr häufig. Vischnu ruht auf der Schlange Sescha, Unterscheidung (?), die auch den Namen Unendlichkeitsschlange, Anantanâga führt, und die Göttin des Segens streichelt gelinde seine Füße, um die wirkende Kraft des Gottes in's Leben zu rufen; aus dem Nabel Vischnus entsprießt dann erst die Lotusblume, welche, sich öffnend, den schaffenden Weltgeist Brahma an's Licht fördert; die Schlange selbst deutet auf den Ganges und hat sieben Häupter, weil der Fluß mit sieben Mündungen gedacht wird. (Die Schlange ist die des zweiten Avatars und *nicht* der Ganges. Ihre sieben Häupter deuten auf die 7 Arkana. Wo sollen denn die 7 Mündungen des Ganges herkommen? Vom Lotus sogleich.) Trotz der mannigfachen Darstellungen Vischnus, fährt v. B. fort, womit ihn seine Sekte verherrlicht, bleibt er doch immer kenntlich, sei es an dem Lotus, der ihm und seinen Verkörperungen recht eigen, oder an der dunkelblauen und grünen Farbe, obgleich diese nicht immer bei ihm angetroffen wird. (Die Lotusblume, wohl Nelumbium speciosum, wächst im heiligen Ganges, es ist wohl die gelbe Variante in's Auge gefaßt, auf Grund der gelben Farbe des Liquor hepatis. Die grüne Farbe Vischnus rührt daher, daß, wie wir bei den Farben der Arkana gesehen, Liquor hepatis auch als grün genommen wird. Wollen wir blau als blau gelten lassen, so ist das ein Anhalt an den blauen Äther, die Luft, die Luft aber führt auf den als Luft aufgefaßten Liquor hepatis. Man kann die Sache aber auch anders fassen. Wenn Vischnu, der Liquor hepatis, auf der einen Seite als gelb, auf der anderen aber als grün gefaßt wird, so kann man an die Stelle des Grünen auch das Blaue schieben. Denn Grün entsteht aus der Mischung des Gelben mit dem Blauen. Man sagt alsdann, um auf das Blau zu kommen, wir haben das Gelb auf der einen Seite, das Grün auf der anderen Seite, das ist, wir kommen vom Gelb auf das Grün. Um aber vom Gelben auf das Grüne zu kommen, fügen wir dem Gelben das Blaue hinzu, dann haben wir eben das Grüne. Auf die Weise wären denn in indischer Fassung Blau im Grunde nichts anderes als Grün und der blaue Vischnu wäre identisch mit dem grünen Vischnu. Wir brauchten also in Bezug auf den blauen Vischnu gar nicht die Luft, den Äther, zu rekurrieren. Liegt die Sache so, so kann auch im 2. Avatar der blaue Hals des Siva als grüner Hals aufgefaßt werden, das sich entwickelnde Gas wird alsdann dem grünen Liquor hepatis zu Liebe als Grün gefaßt. Auch Krischna im 8. Avatar, der Blaue, wäre dann der grüne Liquor hepatis.) Einer der gewöhnlichsten Namen des Vischnu in alten Schriften ist Haris, gleichbedeutend mit harit, grün. (Nun, das ist speziell der grüne Liquor hepatis.) Sein Symbol ist ein Dreieck mit der Spitze nach unten: ∇ (v. Bohlen nimmt dies Zeichen als Symbol des, als Wasser gedachten Vischnu und lehnt dabei an das chemische Zeichen ∇, welches Wasser bedeutet.)

Siva. Seine Farbe auf Bildwerken ist schneeweiß. (»Weiß« Farbe des Natron nitricum, Natron carbonicum, Acid. sulphur. depuratum.) Er hat 3 Augen (phil. Zahl 3). Er hat zuweilen 4 Arme wie Brahma und Vischnu (phil. Zahl 4). v. Bohlen sagt ferner, Siva bezeichne im allgemeinsten Sinne das *Feuer*. (Das hat nun nicht statt, indessen in Bezug auf die kaustischen Eigenschaften des Acid. sulphur. liegt ihm das Feuer doch nicht absolut fern.) Als Symbol hat er ein Dreieck mit der Spitze nach oben, Δ. (v. B. sagt, dies Zeichen bezeichne die Flamme. Hiermit lehnt er nun wieder an das heutige chemische Zeichen Δ, welches Feuer bedeutet.) Und dann sagt er: die Anhänger des Siva pflegen den heiligen Stieren einen Phallus auf die Hüfte einzubrennen, oder selbst einen solchen auf der Brust zu tragen, und zwar, welches sehr merkwürdig ist, in der Gestalt eines Henkelkreuzes, mit dem wir noch gegenwärtig den Planeten Venus, die Erzeugerin, bezeichnen: ♀ (Dies Planetenzeichen ♀, als Phallus, ist die Ursache, daß v. Bohlen sich unter dem chemischen Zeichen umsieht, und so herausbekommt, daß ∇ auf den *Wassergott* Vischnu, und Δ auf den *Feuergott* Siva zu beziehen ist. Es ist aber bei dem hier aufgeführten Zeichen ∇ gar nicht an Wasser zu denken, es handelt sich um eine Dreifigur des Vischnu, der philosophischen Zahl 3 zu Liebe. Und ganz so ist bei dem Zeichen Δ hier nicht an Feuer zu denken. Es handelt sich wieder um eine Dreifigur, die dem Siva zukommt, wie ihm auch der Dreizack zukommt. Daß in einem Falle die Spitze des Dreiecks nach unten steht, ∇, und im anderen nach oben, Δ, das hat, ohne weiteren Nebenzweck, das im Auge, das Zeichen des Vischnu nicht, wie das des Siva, und das Zeichen des Siva nicht, wie das des Vischnu zu bringen. Beim Henkelkreuz ♀ soll der Penis in vulva bezeichnet werden, O = vulva, + = penis. Es handelt sich also nicht allein um den Phallus (Penis, Linga), sondern auch um die Vulva (Yoni). Daß das Zeichen des Phallus (Linga, Yoni) mit dem Planetenzeichen ♀ übereinkommt, hängt nicht damit zusammen, daß beide eine ursprüngliche Relation zueinander haben, sondern damit, daß die schönen Geister sich in allen Zonen begegnen. Die Araber, von denen, wie wir später sehen werden, das Planetenzeichen ♀ herstammt, emblematisierten Venus unter der Gestalt einer Vulva, O, und indem sie nun nach einem Zeichen für die Venus suchten, verfielen sie eben auf das Zeichen ♀. Auch die chemischen Zeichen ∇ und Δ sind ganz unabhängig von den Vischnu- und Siva-Zeichen. Zu der Zeit, wo die Zeichen für die 4 Elemente ∇, Wasser, Δ, Feuer, 🜁 , Luft, 🜃 , Erde, aufkamen (siehe die Alchemie bei den Abendländern), zu der Zeit dachte man nicht an indische Mythologie.

Die ganze Indologie, an die sich die Neuzeit so eifrig gemacht hat, schlummerte damals. Wo soll man damals zu Zeichen kommen, die Vischnu und Siva eigentümlich sind? Und dann hat man ja gar nicht à la v. Bohlen und seinen Gewährsleuten den Sachverhalt, daß das Symbol des Vischnu als *Wasser* ∇, des Siva als *Feuer* Δ ist. Nein, man hat nichts anderes, wenn man an diese Zeichen anlehnt, als: ein Symbol des Vischnu ist ∇, ein Symbol des Siva ist Δ. Daran anlehnend könnte man denn ferner sagen ∇ = Vischnu und Δ = Siva. Und daran anlehnend könnte man ferner sagen ∇ = Liquor hepatis und Δ = Acid. sulphur.-Natron. Damit wären wir dann aber auch fertig. Zwischen den heutigen Zeichen ∇, Wasser, und Δ, Feuer, und den bereits in *übertragener* Weise herauskommenden indischen Zeichen ∇, Liquor hepatis, und Δ, Acid. sulphur.-Natron, ist gar keine Relation. Endlich macht v. Bohlen darauf aufmerksam, daß des Siva Frau auch Kali heißt. (Das steht wohl zur neueren Chemie in näherer Beziehung als jene Zeichen, indem diese Kali wahrscheinlich die Basis ist für unser heutiges Kali. Es würde sich in diesem Fall dann nicht sowohl um ein direktes Anlehnen an die indische Alchemie, sondern darum handeln, daß es sich nun einmal zufällig so gemacht hat, daß der indische Name für Natron sich erhalten hat. Auf die Weise haben wir denn auch die einfachste Erklärung dafür, daß die alten Chemiker Kali und Natron durcheinanderwerfen. Natron ist's, und Kali heißt's im Anlehnen an die indische Göttin, da liegt eben das Durcheinanderwürfeln von Natron und Kali gar zu nahe.)

Indische Zahlenphilosophie

Bereits die erste Phase der indischen Alchemie huldigt einer Zahlenphilosophie. Wir haben gesehen, daß sich an die Kosmologie die philosophischen Zahlen 1 und 3 knüpfen. Die philosophischen Zahlen der ersten Phase werden in der zweiten Phase erweitert. An die arkanologische Auffassung der Alchemie reihen sich die philosophischen Zahlen 1, 2, 3, 4. Diese Zahlen 1, 3, resp. 1, 2, 3, 4 sind nun die indischen philosophischen Zahlen im engeren Sinn, die indischen philosophischen Zahlen im weiteren Sinne sind: 1, 2, 3, 4, 6, 12. Das ist also, bei den indischen Zahlen im weiteren Sinne tritt zu den philosophischen Zahlen der arkanologischen Phase noch die 6 und die 12 hinzu. Mit ihnen liegt es ff.:

Das indische Sonnenjahr hat 365 Tage, 6 Stunden, 12 Minuten, 30 Sekunden. Nimmt man sich nun das Recht, die 365 Tage in 360 Tage zu verwandeln, so erhält man im Anlehnen an die Zahl der Tage, Stunden, Minuten, Sekunden des Jahres die Zahlen:

360, 6, 12, 30,

oder bei Streichung der Nullen, von denen angenommen wird, sie charakterisierten die Zahl nicht, sondern kumulierten sie bloß:

30, 6, 12, 3.

Diese letzteren Zahlen kommen nun heraus, wenn man die Zahlen 1, 2, 3, 4 divisionsweise resp. multiplikationsweise mit der Zahl 12 in Verbindung bringt, nämlich:

$$12 : 1 = 12$$
$$12 : 2 = 6$$
$$12 \cdot 3 = 36$$
$$12 : 4 = 3$$

Also, wenn man sich die philosophischen Zahlen der arkanologischen Phase nimmt und sie divisions- resp. multiplikationsweise mit der Zahl 12 in Verbindung bringt, so erhält man bei Anhängung der kumulierenden Null an betreffender Stelle die Tage, Stunden, Minuten, Sekunden des indischen Sonnenjahres, vorbehaltlich dessen, daß man an die Stelle der 365 Tage 360 Tage treten läßt. Weil nun die Zwölf es ist, die diese Sachlage vermittelt, daß das Jahr herauskommt anhand der philosophischen Zahlen der arkanologischen Phase, deswegen säsiert man die Zwölf, und sagt, wir haben die Zahlen 1, 2, 3, 4 und mit ihnen das Recht, sie mit der Zahl 12 in Verbindung zu bringen. Indem man nun ferner die obige Aufstellung in's Auge faßt:

$$12 : 1 = 12$$
$$12 : 2 = 6$$
$$12 \cdot 3 = 36$$
$$12 : 4 = 3$$

sagt man, diese Aufstellung gibt uns die Zahlen 12 und 6. Denn 12 : 1 ist eben 12, und 12 : 2 ist 6, und damit haben wir auch die philosophischen Zahlen 6 und 12.

Wo bleibt denn nun aber 36? Sie wird uns ja auch durch diese Aufstellung geboten und ist *keine* indische philosophische Zahl. Die Antwort ist die, daß auf die 36 nicht weiter reflektiert zu werden braucht, weil sie auf doppelte Weise nicht direkt in die Sache kommt, zuerst deshalb, weil sie multiplikationsweise herauskommt, entgegen den anderen Verhältnissen, bei denen dividiert wird, (wir haben ja 12 : 1, 12 : 3, 12 : 4 und demgegenüber ausnahmsweise nicht 12 : 3, sondern 12 · 3) und dann deshalb, weil das Produkt 36, das ist mit der kumulierenden Null 360, im Grunde mit dem indischen Jahr nichts zu schaffen hat, besteht dies doch aus 365 Tagen, und nicht aus 360 Tagen.

Und was soll denn die 3, welches diese Aufstellung bringt? Wir haben ja bereits die Drei, wozu sie hier noch einmal? Erregt das keinen Anstoß? Die Antwort ist nein, es erregt keinen Anstoß.

Bei den philosophischen Zahlen, welche sich an die Kosmologie knüpfen, sowie bei den philosophischen Zahlen, welche sich an die Arkanologie knüpfen, ist die 3 die Hauptzahl, sie knüpft sich auf der einen Seite an Varuna, Agni, Indra, auf der anderen Seite an Brahma, Siva, Vischnu, steht somit im Vordergrund. Dieses Im-Vordergrund-Stehen qualifiziert die Drei wohl, mit besonderer Emphase, doppelt hervorgehoben zu werden, und das wird sie, wenn uns die 3, trotzdem wir sie bereits haben in den philosophischen Zahlen, die sich an die arkanologische Alchemie knüpfen, und welche bei der erweiterten Zahlenphilosophie den Ausgangspunkt bilden, wenn uns diese 3 durch die Division 12 : 4 = 3 noch einmal geboten wird.

So erhalten wir denn die erweiterten indischen philosophischen Zahlen als: 1, 2, 3, 4, 6, 12.

Unter diesen Zahlen ist *nicht* vertreten die 5, *nicht* die 7.

Der Sachverhalt mit der nicht vertretenden 5 liegt indes anders, als der Sachverhalt mit der nicht vertretenen 7. Die 5 ist absolut zurückzuweisen, es gibt absolut keine indische philosophische Zahl 5. Die 7 indes ist nur relativ zurückzuweisen. Die Inder erkennen die 7 wohl an, geben ihr aber keine Stellung unter den philosophischen Zahlen. Dies ergibt sich daraus, daß die Inder sagen, die Philosophie, die Spekulation bemächtigt sich derjenigen Zahlen, welche an und für sich nicht gegeben sind, um sie herauszubekommen. Wo aber eine Zahl von vornherein gegeben ist, so evident gegeben ist, so von selbst gegeben ist, wie die Zahl 7, welches die reelle Zahl der Arkana ist, da bedarf es der Spekulation nicht ferner, um ihr Richtung zu tragen.

Also wir haben die indischen (erweiterten) philosophischen Zahlen 1, 2, 3, 4, 6, 12. Diese werden nun an die indischen *Weltalter* angelehnt.

Die indischen 4 Weltalter sind:

Erstes Weltalter: Kritayuga oder Satyayuga, Weltalter der Wahrheit.

Zweites Weltalter: Tretayuga, Weltalter der Frömmigkeit oder der 3 Opferfeuer.

Drittes Weltalter: Dvâparayuga, Weltalter des Zweifels.

Viertes Weltalter: Kaliyuga, Weltalter der Sünde.

Von den Indern her wird die Lehre von den Weltaltern oder Zeitaltern derartig aufgefaßt, als wenn in ihr der Progreß des

Menschengeschlechts vom Guten zum Bösen im Allgemeinen gezeichnet würde. Zuerst, so ist die entsprechende Auffassung, seien die Menschen gut und brav gewesen, dann seien sie allmählich schlechter geworden, bis sie endlich so schlecht wurden, wie sie jetzt sind. Diese Auffassung der Lehre von den Weltaltern ist eine verkehrte, sie kam auf Grund dessen in das Publikum, daß die Alchemisten den Leuten etwas vormystifizierten. Die Weltalterlehre ist reinweg eine alchemistische. Was sie aber unter ihr verstanden, das hielten die Alchemisten geheim, und indem sie es geheim hielten, trieben sie das Publikum in die Mystifikation hinein, es handele sich bei der Weltalterlehre im Allgemeinen um die Schilderung des Progresses des Menschengeschlechtes vom Guten zum Bösen.

Schauen wir doch einmal dieser Lehre, zuerst seien die Menschen gut und brav gewesen, dann seien sie allmählich schlechter geworden, bis sie endlich so schlecht wurden, wie sie jetzt sind, schauen wir dieser Lehre in's Antlitz.

Ihren Grund hat sie jedenfalls darin, daß man vom Allgemeinen auf den Einzelnen geht und sich dann wieder vom Einzelnen einen Schluß auf das Allgemeine erlaubt. Beim Einzelnen haben wir das, daß der Greis häufig sagt: Ach, wie ich noch jung war, da waren die Menschen doch viel besser; die Welt ist ganz anders geworden, das Verderbnis ist über sie gekommen. Das wird nun generalisiert und damit kommt denn heraus, die Menschen im großen und ganzen seien früher, in vergangenen Weltaltern, gut gewesen, allmählich sei aber das Verderbnis über sie gekommen.

Aber hat denn der Greis Recht? Ach nein, das redet der alte Mann sich ein, daß in seiner Jugend die Menschen besser waren. Der schaut in seine Jugend durch die Brille der Phantasie.

Und ebenso schaut der durch die Brille der Phantasie, der den vergangenen Zeitaltern einen höheren Standpunkt der Moralität andemonstriert. Durch die fortschreitende Kultur gewinnt das menschliche Leben im großen und ganzen freilich eine andere Gestalt, und mit dieser Gestaltenänderung ändern auch die Sünden. Aber die Sünde, an und für sich genommen, war stets da, die brauchte nicht erst sukzessiv in's Menschengeschlecht hineinzukommen, sukzessiv anzuwachsen. Das zeichnet auch die Bibel ganz sachentsprechend. Schon der erste Mensch, Adam, sündigt im Paradiese, schon unter seinen Söhnen, Kain und Abel, hat der Brudermord statt. Was fehlt diesen Sünden, bedürfen sie noch des Progresses? Ist diese Zeichnung nicht viel richtiger als die Progreßlehre vom Guten zum Bösen auf der Basis der phantastischen Anschauung eines kindischen Greises?

Blicken wir auf die uns allen geläufige Weltalterlehre der Griechen, wie sie uns in den Metamorphosen des *Ovid* geboten wird — eine Nachahmung der mystifizierten Interpretation der indischen vier Weltalter. Welches durchlöcherte Machwerk! Zuerst herrschte das goldene Zeitalter, dann kam das silberne, dann das eherne, endlich das eiserne. Im goldenen waren die Menschen gut, im silbernen wurden sie schlechter, im ehernen noch schlechter, und endlich im eisernen so schlecht, wie sie jetzt sind. Das goldene Zeitalter herrschte aber zur Zeit *Saturns*, und damit präsentiert sich die Durchlöcherung des Problems. Saturn war ein Titane, ein Sohn des Uranus und der Gaea. Er stieß seinen Vater vom Thron, und besorgt, daß ihm dasselbe Schicksal seitens seiner Söhne bereitet würde, verschlang er seine Kinder. Durch Rheas List wurde aber Jupiter nicht verschlungen, und dieser stürzte dann in Verbindung mit seinen Brüdern, die, Dank einem dem Saturn gegebenen Emeticum wieder ausgebrochen wurden, den Vater vom Thron und in den Tartarus.

Eine hübsche Chronique scandaleuse das! Hübsche Vorgänge für eine Zeit, die das goldene Zeitalter repräsentieren soll. So waren damals, im goldenen Zeitalter, die *Götter*, wie müssen nun erst die Menschen gewesen sein! Wie verträgt sich eine solche heillose Zucht, ein solches Konvolut von Sünden mit dem *goldenen* Zeitalter!

Kommt hier nicht die Progreßlehre vom Guten zum Bösen mit sich selbst in Konflikt? — Wir dürfen nun nicht übergehen, daß in Betreff Saturns noch ein anderer Mythos herrscht, der sich etwas erbaulicher anhört. Ihm zufolge herrscht Saturn nach seiner Vertreibung auf den Inseln der Seligen oder in Italien und gerade hier wäre es denn gewesen, wo unter seiner Herrschaft das goldene Zeitalter blühte.

Dieser Variante ist es leicht anzusehen, daß man mit der Progreßlehre vom Guten zum Bösen in Konflikt geratend, sich bewußt wurde, daß man auf einem durchlöcherten Boden stände. Man stieß sich an dem Mythos, wie er war, gemäß dessen Saturn sozusagen der Präses des goldenen Zeitalters war, und kam nun auf den Ausweg, den Saturn dem alten Sündenpfuhl zu entreißen, und ihn in ein glückliches Land zu versetzen. In diesem glücklichen Lande steht dann dem goldenen Zeitalter nichts im Wege. Schade nur, daß dem Konflikt dadurch nicht abgeholfen wird. Es ist nämlich zu bemerken, daß Saturn erst *nach* seiner Vertreibung nach Italien oder auf die glückseligen Inseln kommt. Damit ist dem goldenen Zeitalter aber wenig geholfen. Saturns Antezedentien reichen hin, um einen Strich durch die goldene Zeit zu machen.

Von ähnlichen durchlöcherten Standpunkten im silbernen und ehernen Zeitalter in sich und für sich wollen wir nicht weiter sprechen.

Die Chronique scandaleuse Saturns drückt dem goldenen Zeitalter bereits den eisernen Stempel der »Eisernheit« auf, und damit sind das silberne und eiserne Zeitalter von vornherein präcoupiert.

So lösen diejenigen das Problem des Progresses vom Guten zum Bösen im Menschengeschlecht, welche auf dasselbe eingehen!

Nun aber zu der Basis der Weltalterlehre, zu den indischen Weltaltern.

Wie macht sich denn bei ihnen das Problem des Progresses vom Guten zum Bösen im Menschengeschlecht? Antwort: Noch viel schlechter als bei den Griechen. Bei den Griechen haben wir die Zeichnung des Progresses ganz deutlich im Metallstandpunkt. Gold ist besser, edler als Silber, Silber besser, edler als Erz (Kupfer), Kupfer besser, edler als Eisen. Da haben wir also, vom Gold zum Eisen gehend, das Absteigen vom Guten (Gold) zum minder Guten (Silber), von diesem zum noch minder Guten (Erz) und von diesem endlich zum allermindest Guten, zum Schlechten (Eisen).

Daraus läßt sich doch noch wenigstens ein Text machen. Saturn durchlöchert zwar das ganze Machwerk, aber dieses ist doch wenigstens da, um durchlöchert werden zu können. Dem entgegen haben wir bei den Indern noch nicht einmal das Machwerk. Es ist gar kein Text herauszubekommen, wenn man die Augen aufmacht, wie denn nun in den indischen 4 Weltaltern der Progreß vom Guten zum Bösen im gewöhnlichen Sinne des Problems gegeben sein soll.

Wir haben:

Weltalter der Wahrheit,
Weltalter der 3 Opferfeuer oder der Frömmigkeit,
Weltalter des Zweifels,
Weltalter des Sünde.

Mit den 3 letzteren läßt sich schon fertig werden. Das Zeitalter der Frömmigkeit oder der 3 Opferfeuer ist der Unschuldszustand. In ihm verharrt das Menschengeschlecht nicht, und sinkt zur Sünde herab. So steigt das Zeitalter der Frömmigkeit zum Zeitalter der Sünde herab. Nun aber liegt zwischen beiden das Zeitalter des Zweifels. Auch mit dem läßt sich durchkommen. Im Allgemeinen sagt man, da die Menschen nicht plötzlich schlecht werden sollen, sondern erst sukzessiv, so ist es ganz sachentsprechend, daß sich zwischen das Zeitalter der Frömmigkeit und das der Sünde ein neues Zeitalter drängt. Durch dieses ist dann der sukzessive Übergang von der Frömmigkeit zur Sünde repräsentiert. Warum muß aber dieses Zeitalter gerade das des Zweifels sein? Nun darauf läßt sich auch ein Text finden. Viele Menschen, welche eine Sünde begehen, fangen damit an, daß sie *zweifeln*, das, was sie zu tun im Begriffe stehen, sei eine Sünde, — z.B. wer stiehlt, fängt häufig damit an, daß er sich vorredet, es sei nicht sündhaft, sich den Besitz seines Nebenmenschen anzueignen. Er redet sich ein, er habe dieses oder jenes Anrecht auf denselben, und daher wolle er selbst für das Recht eintreten, welches andere zu vertreten kein Interesse hätten. Der innere Richter ruft ihm zwar zu, du bist nicht auf dem rechten Wege, aber die Versuchung zum Bösen hält das Gegenpart. Wäre der innere Richter, das Gewissen, nicht da, so würde die Idee, ich habe ein Recht auf das, was ich mir zueignen will, absolut in den Vordergrund treten. Jetzt aber, wo der innere Richter sein Recht geltend macht, und die Versuchung trotz dessen siegt, jetzt modifiziert sich das Absolute: »Ich habe ein Recht, so zu tun, wie ich tue«, zu einem: »So ganz recht habe ich zwar nicht, aber doch so halb«, und das ist eben der *Zweifel* an der Moralität seines Tuns, das ist der Zweifel, welcher der Sünde vorangeht. Nun kann man zwar sagen, aber der Zweifel, so gefaßt, ist bereits Sünde. Um beim vorigen Beispiel zu bleiben, kann man sagen, wer einen Zweifel hegt, seinen Mitmenschen zu bestehlen, sei Sünde, der sitzt bereits tief in der Sünde, bevor er noch gestohlen hat. Auf die Weise kommt denn der zwischen Frömmigkeit und Sünde liegende Zweifel auf sehr schwachen Füßen zu stehen. Das ist allerdings richtig.

Indessen, so weit wollen wir gar nicht gehen, wir wollen die Standpunkte der 3 letzten Weltalter durchfechten, und sagen, sündhaft handeln *wollen* und sündhaft *handeln* sind zwei verschiedene Dinge und deswegen ist es von einem Gesichtspunkt aus gerechtfertigt, den Zweifel, der das Wollen repräsentiert und die Sünde, welche das Handeln, das Fait accompli, repräsentiert, zu trennen, womit wir denn 3 Weltalter, das Weltalter der Frömmigkeit, das Weltalter des Zweifels, das Weltalter der Sünde herausbekommen.

Nun aber das erste Weltalter, das der Wahrheit, wo bleibt das? Ja, das wissen wir nicht. Wir wissen nicht, wie wir es employieren sollen. Und so wissen wir denn nicht, wie die indischen Weltalter angetan sind, im Sinne des Problems vom Progreß des Guten zum Bösen im Menschengeschlecht ausgebeutet zu werden; wir konstatieren das Faktum, daß das, was der Urtypus der Weltalterlehre ist, sich gegen das Manöver sträubt, im Sinne jenes Progreßproblems ausgebeutet zu werden. Und indem wir so den Tatbestand haben, auf den wir oben hingewiesen, daß die Alchemisten dem Publikum vormystifizierten, jene Lehre von den Weltaltern solle uns vorführen, wie die Menschen im Allgemeinen erst gut und brav gewesen seien, dann allmählich schlechter geworden wären, bis sie so schlecht wurden, wie sie jetzt sind, indem wir diesen Tatbestand haben, handelt es sich noch nicht einmal um eine fein angelegte Mystifikation.

Die 3 letzten Weltalter scheinen zwar dazu angetan zu sein, der eingeschwärzten Lehre Vorschub zu leisten, wer aber nur ein wenig die Augen aufmacht, der wird bald sehen, daß er mit dem ersten Weltalter in der Luft schwebt, und daß auf Grund dessen allen Weltaltern im Sinne jener Lehre der Boden unter den Füßen fortgezogen wird.

Vom alchemistischen Standpunkt, und er allein ist der richtige, liegt die Weltalterlehre ff.

Wenn es heißt, das ist das Zeitalter der Wahrheit, der Frömmigkeit, des Zweifels, der Sünde, so heißt das, der in dem betreffenden Weltalter lebende Mensch huldigte der Wahrheit, der Frömmigkeit, dem Zweifel, der Sünde. Der Mensch nun ist der generalisierte *alchemistische Arzt*, und die Weltalter, in denen er lebt, die Phasen, welche die *alchemistische Heilmethode* an seiner Hand durchmacht, die Phasen, die er der alchemistischen Heilmethode gegenüber durchmacht. Daß diese Phasen zu *Weltaltern* werden, darin haben wir einfach das Gegenüberstellen der Alchemie gegenüber der *Welt*, dem wir, wenn auch in einem anderen Sinne, bereits in der indischen Kosmologie begegneten. In solcher Beziehung machen sich denn die Weltalter also:

1.) Weltalter der Wahrheit, Kritayuga oder Satyayuga. In dieser Phase findet der alchemistische Arzt die Wahrheit der alchemistischen Heilmethode: — er entdeckt die Arkana.

2.) Weltalter der 3 Opferfeuer oder der Frömmigkeit, Tretayuga. In dieser Phase erfreut sich der Arzt des in der ersten Phase Gefundenen: — er beutet die Arkana am Krankenbette aus.

3.) Weltalter des Zweifels, Dvâparayuga. In dieser Phase überkommt den alchemistischen Arzt der Zweifel, ob er denn, indem er ein alchemistischer Arzt, und nicht ein solcher Arzt ist, der mit nichtssagenden Kräutlein, Zaubermittel etc. kuriert, ob er hier das beste Part erwählt. Von vornherein sagt man, wenn hier zwei Ärzte sind, der eine ein wirklicher Arzt, der andere ein Pseudoarzt, so unterliegt es doch keinem Zweifel, daß der erstere dem letzteren überlegen ist.

Beschaut man sich aber die Sache bei Licht, so sieht man, daß das wohl ein richtiges subjektives Urteil ist, aber kein richtiges objektives Urteil. Die Welt kann den Arzt schwer beurteilen. Im Urteil des Publikums ist nicht *der* der Überlegene, der ein guter Arzt *ist*, sondern *der*, der ein guter zu sein *scheint*. Derjenige nun, der ein Pseudoarzt ist, und das bei sich selbst am besten fühlt, tut alles und alles, um den Schein zu wahren, wogegen derjenige, der sich als Arzt fühlt, sich nur zu leicht über den Schein hinwegsetzt, es vernachlässigt, die Künste zu betreiben, es unter seiner Würde hält, die Künste zu betreiben, welche das Publikum mehr fesseln, als wahre Kuren, die es häufig nicht zu fassen vermag. So kommt es, daß der Scharlatan häufig über den gediegenen Arzt triumphiert. Derartige Triumphe des Pseudoarztes sind aber traurige Erfahrungen für den gediegenen Arzt, so traurig, daß er sich sagt: Was hilft mir all mein

Wissen und Können, die Welt erkennt's nicht an. Und indem er sich das sagt, überkommt ihn eben der Zweifel, ob er, indem er auf Seiten der Ärzte des Handelns getreten, und nicht auf Seiten der Sand-in-die-Augenstreuer, ob er so das rechte Part erwählt. Das ist die Zweifelsphase der alchemistischen Heilmethode.

4.) Weltalter der Sünde, Kaliyuga. In dieser Phase ist der Arzt, der in der vorigen Periode noch zweifelte, ob er das rechte Part erwählt, mit sich eins geworden, daß er, indem er sich auf Seiten der alchemistischen Methode gestellt, *nicht* das beste Part gewählt. Und indem er hierüber mit sich einig geworden, sagt er: Fort mit diesen Arkanis! Was willst du diesen Pseudoärzten gegenüber einen isolierten Standpunkt einnehmen, bei dem du gar zu häufig den Kürzeren ziehst. Tu, was die tun, die Welt ist damit zufrieden: — was willst du mehr?

Und so hat denn der Arzt seine herrlichen Mittel in der Hand und wendet sie nicht an. Statt zu heilen, schwatzt er, und treibt andere edle Künste, welche dem Publikum Sand in die Augen streuen. Ganz analog nun, wie er in der 2. Phase, wo er die Arkana am Krankenbette ausbeutete, ein Sohn der *Frömmigkeit* war, so ist er jetzt, wo er ihnen den Rücken kehrt, ein Sohn der *Sünde*.

So liegt die Interpretation der 4 Weltalter!

Indem man nun die Weltalter in dieser Auffassung hat, steht man auf dem Allgemeinstandpunkt. Diesem reiht sich naheliegend ein Besonderstandpunkt an, der in der Beantwortung der Frage liegt: Wie lange hat denn nun jedes Weltalter *gedauert*? In Beantwortung dieser Frage werden wir sogleich sehen, wie sich sozusagen der qualitative Standpunkt bezugs der 4 Weltalter dem quantitativen organisch anreiht.

1.) Dauer des ersten Weltalters. Diesem Weltalter kann keine zu kurze Dauer gegeben werden. Seine Dauer muß unter allen Weltaltern eine hervorstechende sein, denn wahrlich, so schnell waren die Arkana nicht aufgefunden, damit ging eine geraume Zeit hin. Indem nun aber dem ersten Weltalter eine hervorstechende Dauer gegeben wird, ist damit der Hinweis darauf gegeben, daß es ein schwieriges Ding war, die Arkana zu entdecken.

Die Amrita-Schüttler im zweiten Avatar schütteln Tausende von Jahren, ehe sie zum Ziele kommen. Das deutet eben darauf, daß es ein schwieriges Ding, ein Ding langer Zeit war, die Arkana zu entdecken.

2.) Dauer des zweiten Weltalters. Auch diesem Zeitalter kann keine zu kurze Dauer gegeben werden, denn es liegt auf der Hand, daß der Arzt das, was er in der ersten Phase mit Mühe und Not gefunden, in der zweiten Phasen nicht so leichthin aufgeben wird. Es fragt sich nur, was dauerte länger, die Periode des Findens der Arkana, oder die Periode ihrer Anwendung am Krankenbette, bevor die dritte Phase, die des Zweifels aufkommt? Nun, wir denken, so etwas läßt sich, abstrakt genommen, gar nicht bestimmen. Dagegen liegt folgende Kalkulation nahe.

In der Periode des Auffindens der Arkana war die Lage der Ärzte viel mühevoller, als in der zweiten Periode. Denn es ist ein viel bequemeres Ding, die Arkana, nachdem sie entdeckt, am Krankenbett anzuwenden, als sie zu entdecken.

Das erstere Zeitalter umfaßt also die mühevollere Zeit, man kann sagen, die Zeit der Drangsale. Denn diejenigen, welche vor der Zeit lebten, wo das Ziel erreicht war, lebten in der höchst peinlichen Lage, das Richtige zu ahnen, ohne es, trotz aller ihrer Mühe und Anstrengung zu erreichen. Ihre Mühe, ihre Anstrengungen waren nichts anderes als Vorarbeiten für ihre Nachkommen, von denen sie noch nicht einmal wußten, ob sie zum Ziele kommen würden. Das war gewiß eine Zeit der Drangsale. Bedenkt man nun, daß die Zeit der Drangsale Blei an den Füßen hat, wogegen die Zeit des leichten Dahinlebens mit Flügelschuhen dahineilt, so kann man gar keinen Anstand nehmen, wenn auch nicht direkt, um so zu sagen quantitativ, so doch indirekt, um so zu sagen qualitativ, dem ersten Weltalter die längere Dauer zuzuteilen.

Indem nun aber dem zweiten Zeitalter eine kürzere Dauer gegeben wird als dem ersten, wird damit darauf hingewiesen, daß der Arzt im zweiten Weltalter einen viel leichteren Standpunkt hat, als im ersten, und durch diesen soll er sich bewegen lassen, im zweiten Weltalter zu bleiben, und nicht in's dritte, das des Zweifels überzutreten. Was ficht dich denn an, Du Engherziger, aus der Phase der Frömmigkeit in die des Zweifels zu treten? Du gravierst die Welt, die dein Tun, dein Wirken nicht anerkennt. Graviere dich selbst, deine Selbstsucht. Machst du da ein Geschrei, wenn dir nicht gleich die Anerkennung gezollt wird, von der du meinst, daß sie dir gezollt werden müsse. Wie kommst du dazu, dich so auf's hohe Pferd zu setzen? Tust du doch, als wenn die Arkana dein wären. Nein, sie sind nicht dein, sie gehören denjenigen, die sie im ersten Weltalter aufgefunden, du genießt die Früchte ihres Fleißes. Wenn die sich auf's hohe Pferd setzen, denen kommt es zu. Aber du, der du ein einfacher Nachbeter bist, was ficht dich an, nicht im zweiten Zeitalter zu verbleiben, nicht der Frömmigkeit treu zu bleiben, und die Arkana ruhig am Krankenbett anzuwenden? Mache dir die Situation in Bezug auf das erste und zweite Weltalter klar, und du wirst das dritte Weltalter präcoupieren.

3.) Dauer des dritten Weltalters. Seine Dauer ist kürzer zu zeichnen als die des zweiten Weltalters. Sobald der Arzt aus dem zweiten Weltalter in das dritte gerät, gerät er auf eine abschüssige Bahn, und auf der rollt die Kugel schneller dahin. Darin also, daß das dritte Weltalter kürzer gezeichnet wird als das zweite, ist der Fingerzeig gegeben, daß der Arzt, der das zweite Weltalter verläßt, um in das dritte zu treten, auf eine abschüssige Bahn gerät, den Weg des Rechten verläßt.

4.) Dauer des vierten Weltalters. Es wird als das kürzeste gezeichnet, und indem es als das kürzeste Weltalter gezeichnet wird, ist damit der Triumph der Frömmigkeit über die Sünde gegeben.

Der perverse Zustand, die Arkana zu haben, um sie *nicht* anzuwenden, kann, soll nicht lange dauern, soll die kürzeste Dauer aller Weltalter haben, um die Tugend in den Vordergrund und das Laster in den Hintergrund zu drängen, um die Arkana den Nichtarkanis gegenüber zu glorifizieren. Das letzte Weltalter wird nicht lange dauern, der Arzt wird seinen perversen Standpunkt bald wieder verlassen, um zu seinen Arkanis zurückzukehren.

Indem man also von dem Allgemeinstandpunkt der Weltalterlehre zu dem Besonderstandpunkt derselben übergeht, und hierbei die *Dauer* der Weltalter in's Auge faßt, speziell derartig in's Auge faßt, daß

dem ersten Weltalter die längste Dauer,
dem zweiten Weltalter die kürzere Dauer,
dem dritten Weltalter eine noch kürzere Dauer,
dem vierten Weltalter die kürzeste Dauer

gegeben wird, konstruiert man sich ein organisch Ganzes, und die Sache liegt etwa nicht so, daß man, indem man von der Weltalterlehre im Allgemeinen zur Dauer der Weltalter übergeht, einen Sprung vom Einen in das Andere macht, der an und für sich fern liegt.

Sobald man nun aber von den Weltaltern auf ihre Dauer geleitet ist, liegt es auch nahe, sich nicht mit dem Allgemeindatum zu begnügen, dieses Weltalter hat länger, jenes kürzer gedauert, sondern an die Spezialfrage heranzutreten: *Wie lange* hat denn nun jedes einzelne Weltalter gedauert? Und in Beantwortung dieser Frage haben wir denn an die spezielle Zeitdauer jedes einzelnen Weltalters heranzutreten. Diese Zeitdauer nun nach Monden, Wochen, Tagen u.s.w. zu bestimmen, wäre zu minutiös, es bietet sich hier eo ipso das Jahr. Indem wir aber auf diese Weise das *Jahr* haben, ist der Schlüssel dafür gegeben, wie denn die Inder dazu kommen, die ursprünglich gegebenen philosophischen Zahlen 1, 2, 3, 4 an das Jahr anzulehnen, und damit auf die erweiterten philosophischen Zahlen 1, 2, 3, 4, 5, 12 zu kommen.

Um nun heraus zu bekommen, wie viel Jahre jedes einzelne Weltalter gedauert hat, schlagen die Inder ff. Weg ein.

Die philosophischen Zahlen 1, 2, 3, 4, 6 sind zugleich arkanologische Zahlen, die philosophische Zahl 12 ist keine arkanologische Zahl. Es werden nun zwei Zahlgruppen aufgestellt. In die eine Gruppe kommen die arkanologischen Zahlen 1, 2, 3, 4, 6; in die andere Gruppe die nichtarkanologische Zahl 12. Beide Gruppen werden alsdann multiplikationsweise gegenübergestellt, das ist, es werden sukzessiv 1, 2, 3, 4, 6 mit 12 multipliziert. Es wird also die Aufstellung gemacht

$$1 \cdot 12$$
$$2 \cdot 12$$
$$3 \cdot 12$$
$$4 \cdot 12$$
$$6 \cdot 12$$

Da nun ist:

$$1 \cdot 12 = 12$$
$$2 \cdot 12 = 24$$
$$3 \cdot 12 = 36$$
$$4 \cdot 12 = 48$$
$$6 \cdot 12 = 72$$

so erhält man die Produkte: 12, 24, 36, 48, 72, und diese Zahlen ergeben dann die Jahre, welche jedes einzelne Weltalter dauert. Selbstredend wäre es nun zu minutiös, wenn die Weltalter 12, 24, 36, 48, 72 Jahre dauern wollten, und so multipliziert man noch obendrein jede einzelne Zahl mit 100, das ist man hängt jeder 2 kumulierende Nullen an. So erhält man die Zahlen: 1200, 2400, 3600, 4800, 7200.

Es ist nun zu bemerken, daß es sich nur um 4 Weltalter handelt, handeln soll. Daher muß von den 5 Zahlen, die wir soeben erhalten, eine fallen. Es fällt die 7200, und zwar deshalb gerade diese, weil das organische Fortschreiten der Zahlenaufstellung von 12 zu 12 in ihr gestört ist und noch mehr gestört würde, wenn man, sie beibehaltend, eine andere Zahl fallen ließe. Wir haben es also bloß zu tun mit 1200, 2400, 3600, 4800.

Indem nun die einzelnen Weltalter die hier herausgerechnete Anzahl von Jahren erhalten, erhält das längste die größte Zahl, das minder lange die minder große Zahl, u.s.w. Und so kommt denn heraus:

Das erste Weltalter dauert 4800 Jahre.
Das zweite Weltalter dauert 3600 Jahre.
Das dritte Weltalter dauert 2400 Jahre.
Das vierte Weltalter dauert 1200 Jahre.

Und das ist eben die Aufstellung, welche die Inder von der Dauer ihrer Weltalter machen.

In Bezug darauf, daß es nur vier Weltalter gibt, womit denn die Aufstellung 6 · 12 fällt, erhalten wir das Datum, daß bei der Jahrberechnung der Dauer der Weltalter die philosophische Zahl 6 in den Hintergrund tritt. Um sie nun indirekt wieder in den Vordergrund zu ziehen, ist das 2. Weltalter das der *drei* Opferfeuer. Dieser 3 zuliebe sagt man denn in der zweiten Position nicht nur 2 · 12 = 24, womit die Jahreszeit 2400 gegeben ist, sondern man sagt auch 2 · 3 = 6 und hat damit eben die philosophische Zahl 6.

Die Griechen nehmen im Allgemeinen die 4 Weltalter an, die wir oben kennengelernt haben. Dem entgegen nimmt aber *Hesiod* nicht 4, sondern 5 Weltalter an, nämlich das goldene, das silberne, das eherne, das heroische, das eiserne. Das ist nun gar nichts anderes als ein Hinblick auf *fünf* indische Weltalter, welche herauskommen, wenn man 6 · 12 = 72 nicht fallen läßt.

Um die Sache nun noch etwas mysteriöser zu machen, wird zwischen Götterjahr und Menschenjahr ein Unterschied gemacht, und angenommen, bei den Jahreszahlen 4800, 3600, 2400, 1200 handele es sich nicht um Menschenjahre, sondern um Götterjahre. Götterjahr und Menschenjahr stehen derartig gegenüber, daß ein Jahr der Menschen = einem Tag der Götter. Will man nun die obigen Götterjahre zu Menschenjahren machen, so hat man mit 360 (360 statt 365, diesen alchemistischen Sprung kennen wir von oben her) zu multiplizieren. Alsdann kommen für die Dauer der einzelnen Weltalter ff. Zahlen heraus:

Erstes Weltalter	4800 · 360 =	1728000	Jahre,
Zweites Weltalter	3600 · 360 =	1296000	Jahre,
Drittes Weltalter	2400 · 360 =	864000	Jahre,
Viertes Weltalter	1200 · 360 =	432000	Jahre.

Damit begnügt man sich aber noch nicht. Man *addiert* auch noch diese Jahreszahlen und erhält dann die Summe 4320000 Jahre. Eine solche Summe heißt Mahâyuga, eine große Periode. Wir machen hierbei die Bemerkung, daß die indische Zahlenphilosophie sich an die 4 Rechenspezies machend, *dividiert* und *multipliziert*, dafür haben wir ja auch im obigen Beleg genug. Wenn hier also auf einmal die Zahlen addiert werden sollen, so scheint das ein Abgehen vom Prinzip in Bezug auf die Rechenspezies zu sein, daß die indische Zahlenphilosophie mit dem Addieren sowohl als dem Subtrahieren nichts zu tun hat. Indessen das Abgehen vom Prinzip ist nur scheinbar. Auf das Addieren hier wird kein *prinzipieller* Wert gelegt. Es wird sozusagen nebenbei so mit in Kauf genommen, und kann es auch. Denn wenn man doch sagt, die einzelnen Weltalter haben so und so lange gedauert, so macht es sich von selbst, ganz von aller alchemistischen Spekulation abgesehen, daß man sagt, sagen kann, also haben sie im ganzen so lange gedauert. Nach der Addition geht es aber nun noch weiter. Man multipliziert das Mahâyuga mit 72. Diese 72 ist die Position 6 · 12 = 72 von oben her, welche fallen gelassen wurde, weil es nur 4 Weltalter gibt. Hier wird sie herangezogen, und nun multiplizierend gesagt 72 · Mahâyuga = 72 · 4320000 = 311040000 Jahre. Das ist nun ein Manuyuga. Und nun endlich wird das Manuyuga wieder mit 14 multipliziert. Diese 14 wird der Zahl 7 zuliebe gebracht. Wir haben nämlich oben in der 2. Position 2 · 12 = 24. Dies wurde, anlehnend an die 3 Opferfeuer, extendiert zu einem: 2 · 3 = 6, womit denn auch die philosophische Zahl 6 in die Sache gebracht wurde. Hier denkt man nun, wenn man einmal dabei ist, statt 2 · 12 = 24 zu sagen: 2 · 3 = 6, so kann man auch weitergehen, und, die verlassene 7 in's Auge fassend, sagen 2 · 7 = 14. So hat man eben die 14, und sie ist es, welche dem Manuyuga derartig gegenübergestellt wird, daß man sagt 14 · Manuyuga = 14 · 311040000 = 4354560000 Jahre. Das ist dann ein Kalpa. Kolossale Zahlen! Natürlich dazu erdacht, um die Philosophie der Zahl desto versteckter zu bringen.

Indische Kosmogenese

Daß die Alchemie sich der Kosmologie bemächtigt, haben wir in dem Abschnitt der indischen Alchemie vom Standpunkt der Kosmologie gesehen. Die Alchemie bleibt aber nicht bei der Kosmologie stehen, sondern macht auch die Kosmogenese zu ihrem Eigentum. Das hat nun aber bei den Indern noch nicht statt. Wir finden zwar bei ihnen kosmogenetische Philosopheme, das sind aber kosmogenetische Gedankenspäne, die der eine sich so, der andere anders schnitzelt, und die mit der Alchemie noch nichts zu tun haben.

Wir führen in dieser Beziehung an aus dem Rigveda: »Damals war weder Nichtsein noch Sein; keine Welt, keine Luft, noch etwas darüber; nichts, irgendwo in dem Glück von irgendeinem, einhüllend oder eingehüllt. Tod war nicht, noch damals Unsterblichkeit, noch Unterscheidung des Tages und der Nacht. Aber tad (das) atmete ohne zu hauchen, allein mit Svadhâ (Selbstsetzung), welche in ihm enthalten ist. Außer ihm war nichts späteres, Finsternis war da; dieses All war in Finsternis gehüllt und ununterscheidbares Wasser; aber die von der Hülle bedeckte Masse wurde durch die Kraft der Betrachtung hervorgebracht. Verlangen (kâma, Liebe) wurde zuerst in seinem Geiste gebildet, und dieses wurde der *ursprüngliche, schöpferische Same*, welchen die Weisen, durch die Einsicht in ihrem Herzen es erkennend, unterschieden im Nichtsein als Fessel des Seins.« (Lassen). In einer Stelle des schwarzen Yadschurveda heißt's: »Die Gewässer waren da, diese Welt war ursprünglich Gewässer. In ihm bewegte sich der Herr der Schöpfung, Luft geworden; er sah sie (die Erde), und hob sie empor in der Gestalt des Ebers, und dann bildete er sie, indem er Visvarkaman, der Werkmeister des Alls wurde.« (Lassen). Im Râmâyana heißt's: »Alles war Wasser, dann ward die Erde geschaffen, darauf entstand der selbständige Brahma mit den Devatas.« (v. Bohlen). Im Gesetzbuch Manus heißt's: »Als der Ewige und Unsichtbare, den uns die Vernunft gegründet, aus seiner eigenen göttlichen Substanz mannigfache Wesen hervorbringen wollte, schuf er zuerst durch einen Gedanken das Wasser, und tat hinein den Zeugungsstoff. Dieser ward zu einem Ei, wie die Sonne glänzend, und in ihm entwickelte sich der große Urvater aller Geister, Brahma, die schaffende Kraft des Ewigen, nach einem ganzen Schöpfungsjahr durch den Gedanken allein das Ei zerteilend, dessen beide Hälften sodann zu Himmel und Erde sich gestalteten.« (v. Bohlen) u.s.w.

Durch all das darf man sich nicht irre führen lassen, wir wiederholen es: die indische Kosmogenese oder indische Kosmogenesen haben mit der Alchemie nichts zu tun. Eine eigentliche Kosmogenese kommt erst durch die Ägypter in die Alchemie, indem diese Ägypten aus dem Nil entstehen lassen. Diese ägyptische Auffassung spinnen alsdann die Juden weiter, und lassen nach einem ganz bestimmten alchemistischen Problem die Welt aus dem Wasser entstehen, wobei sie denn wieder nach einem ganz bestimmten alchemistischen Prinzip dem Weltenei als Weltengefäß Rechnung tragen. Bevor die Alchemie nicht die Phase durchgemacht hat, daß sie zu den Ägyptern kommend, den Nil mit dem aus ihm entstehenden Ägypten in ihren Bereich zieht, bevor dann weiter nicht die Juden Nil und Ägypten zu Weltenwasser und Welt generalisieren, ist an eine prinzipielle Kosmogenese, die ein Kind der Alchemie ist, gar nicht zu denken, und am allerwenigsten an das alchemistisch durchdachte Problem der Entstehung der Welt aus dem Wasser und das sich an dieselbe knüpfende Weltenei.

Wenn die Inder von der Entstehung der Welt aus dem Wasser reden, so ist das ein so vage dastehender Gedankenspan, der wohl an die Sintflut anlehnt. Sobald man nämlich eine Sintflut annimmt, konstatiert man damit das Faktum, daß die Welt, so wie sie jetzt ist, wie wir sie bewohnen, aus dem Wasser, dem Sintflutwasser, durch das Verlaufen, das Eintrocknen, dieses

Wassers hervorgegangen ist. Nun war aber doch vor der Sintflut bereits eine Welt da, denn sonst hätte sie nicht in Wasser untergehen können. Damit haben wir denn 2 Welten, die wir bewohnen, eine vor- und eine nachsintflutliche. Um nun in Bezug auf diese 2 Welten die Karten gleich zu haben, läßt man die erste aus dem Wasser hervorgehen, wie die zweite. Solcher Auffassung gemäß war denn am Anfang die Sintflut, — eine ideelle Vorstellung, mit der es zusammenhängen mag, daß der erste Avatar die Sintflut bringt.

Und wenn die Inder das Weltenei selbständig auf's Trapez bringen, so liegt einfach darin der Gedanke, wie ein Huhn aus dem Ei entsteht, so wollen wir bildlich sagen, die Welt ist auch aus einem Ei entstanden, ein Gedanke, der um so näher liegt, als die Inder wahrscheinlich, wie die Juden, sagten, der Himmel über uns hat die Gestalt einer halben Eierschale, und nicht wie wir, er steht, wie eine Kuppel, eine Glocke über der Erde.

Will man nun aber uns opponierend sagen, das, was du kosmogenetische Gedankenspäne der Inder nennst, das konstituiert eben die indische Kosmogenese, du hast kein Recht, ihnen den kosmogenetischen Standpunkt unter den Füßen fortzuziehen, — nun gut, so sind wir damit auch zufrieden. Es kommt uns bei unserem obigen Standpunkt nur darauf an, es mit Prägnanz in den Vordergrund zu schieben, daß die eigentliche alchemistische Kosmogenese und speziell das alchemistisch durchdachte Hervorgehen der Welt aus dem Wasser, an welches auch die Griechen anlehnen, von den Juden und nicht von den Indern stammt.

Ebenso notorisch wie dieser Sachverhalt ist, ist denn aber auch der Sachverhalt notorisch, daß das, was sich innig und organisch an die jüdische Auffassungsweise knüpft, der jüdischen Alchemie angehört und nicht der indischen Alchemie, Kosmogenese, angehören kann. Und daraus geht denn hervor, daß, wenn sich bei den Indern in kosmogenetischer Beziehung Dinge vorfinden, die den jüdischen Auffassungen entsprechen, daß das entweder Zufälligkeiten sind, auf die kein prinzipielles Gewicht zu legen, oder es sich um Data handelt, die nicht von den Indern zu den Juden, sondern von den Juden zu den Indern gekommen sind. Wenn nun im einzelnen Falle die Übereinstimmung zu groß ist, als daß »die Zufälligkeit« ausgebeutet werden könnte, so mögen es die Indologen unter sich ausmachen, ob sie die Schrift, in der die betreffende Stelle vorkommt, überhaupt der Zeit nach hinter die Zeit verlegen wollen, zu der bereits eine jüdische Alchemie existierte, oder ob sie die betreffende Stelle als eingeschoben, als ein späteres Anhängsel betrachten wollen. Wie gesagt, ob sie das eine oder andere tun wollen, mögen sie unter sich ausmachen, ausmachen müssen sie es aber, wenn sie den Daten, welche uns die Alchemie liefert, nicht blindlings entgegentreten und in das Perversum verfallen wollen, indisch zu machen, was jüdisch ist, nur jüdisch sein kann. Und auch um diesen Sachverhalt mit Prägnanz in den Vordergrund zu schieben, deswegen haben wir oben den negativen Standpunkt in Bezug auf die indische Kosmogenese angenommen.

Alchemie bei den Ägyptern

Das Wasserverwandlungsexperiment

DIE ÄGYPTER ERHIELTEN die Alchemie von den Indern zu der Zeit, wo die indische Alchemie noch exklusiv den kosmologischen Standpunkt einnimmt. Bei dieser indischen Kosmologie ist nun das Sachverhältnis ein eigentümliches, daß sie hervorstechend den Himmel in's Auge faßt, und die Erde, die wir bewohnen, in den Hintergrund schiebt. Die indische Kosmologie lehnt an die Gottheit, und da wir nun unseren Blick zum Himmel wenden, indem wir ihn zur Gottheit wenden, so ist damit die Kosmologie gegeben, in welcher dem Himmel hauptsächlich Rechnung getragen wird. Das Anlehnen an die Gottheit, von dem das Ganze ausgeht, ist aber darin gegeben, daß die Arkana: remedia divina, göttliche Mittel sind. Es ist nun recht schön und gut, die Arkana zu göttlichen Mitteln zu stempeln, aber über einen solchen himmlischen Standpunkt den irdischen zu vernachlässigen, heißt zu weit gehen. Nicht die Götter wenden diese Mittel an, sondern wir Menschen, nicht dem Himmel entnehmen wir die Ingredienzen, aus denen wir sie darstellen, sondern der Erde, die wir bewohnen. Diesen Standpunkt machten sich nun die Ägypter klar. Sie machten es sich klar, daß es wohl passend sei, auch die Welt, welche wir bewohnen, in den Bereich der alchemistischen Welt zu ziehen. Machten sie sich nun aber daran, die Welt, welche wir bewohnen, hervorstechend in den Bereich der alchemistischen Welt zu ziehen, so mußten sie ihre Anschauungsweise mit der ihrer Lehrmeister, der Inder, auseinandergehen lassen, sie mußten mit ihren Lehrmeistern brechen. Das zu tun, nahmen sie aber Anstand und gerieten so in eine zwiespältige Situation. Sich umsehend, kamen sie nun auf einen Ausweg. Und dieser Ausweg bestand darin, daß sie sich an Ägypten hielten. Sie sagten, wenn wir der Welt, die wir bewohnen, auch Rechnung tragen, so braucht das ja überhaupt nicht die profane Welt »da draußen« zu sein, nein, wir halten uns speziell an Ägypten. Ägypten ist unsere Welt, unsere Welt ist das von den Göttern bevorzugte Ägypten. Diese Welt heranzuziehen, können uns die Inder nicht übelnehmen. Wollen sie rechten, so mögen sie mit den Göttern rechten, die unser Ägypten bevorzugten, nicht aber mit uns, die wir das säsieren, was zu unseren Füßen liegt. So kommt denn Ägypten an der Hand einer extendierten indischen Kosmologie, und an der Hand einer selbstgefälligen Nationalvorstellung in die ägyptische Alchemie. Sobald nun aber die ägyptischen Alchemisten auf die Weise die indische kosmologische Auffassung erweiterten, bedurfte es nur eines Schrittes, um von der Kosmologie zur Kosmogenese zu gelangen. Ägypten verdankt dem Nil seinen Ursprung, ist, wie die Alten sagten, ein *Geschenk des Nils.* Waren die Ägypter also bei Ägypten, so waren sie auch beim Nil, und setzten sie beide derartig gegenüber, daß sie sagten, wenn wir den Nil haben, so haben wir auch Ägypten, Ägypten entsteht aus dem Nil, so war damit die streng begründete alchemistische Kosmogenese da. Von unserem Standpunkt ist das zwar eine Kosmogenese, die sich in engen Grenzen bewegt, denn sie hat es ja mit dem Partialkosmos Ägypten, und nicht mit dem Universalkosmos zu tun. Vom ägyptischen Standpunkt dagegen fällt das Enge der Anschauung, denn wenn die Ägypter den Kosmos Ägypten hatten, so hatten sie damit egoistisch-ägyptisch den Kosmos überhaupt, denn Ägypten war ihnen der Kosmos.

Die ägyptische Kosmologie besteht also darin, daß man sagt, wir haben den Nil, und aus dem ist Ägypten entstanden. Weiter aber geht die ägyptische Kosmogenie nicht. Erst die Juden gaben dieser beschränkten Kosmogenie eine allgemeine Ausdehnung. Erst die Juden bezogen das auf die Welt überhaupt, was die Ägypter partiell auf Ägypten bezogen hatten. Indem sie also verfuhren, gaben sie einerseits dem Nil und andererseits Ägypten eine generelle Ausdehnung. Den Nil machten sie zum Wasser, welches am Anfang da war, Ägypten machten sie zu der Erde, welche wir bewohnen. Damit kommt denn zwischen Nil-Ägypten und Wasserwelt die Parallele heraus: wie zuerst der Nil da war, und aus diesem Ägypten entstand, so war zuerst das Weltenwasser da, und aus diesem entstand die Welt, welche wir bewohnen. Eine solche Parallele trägt nun aber durchaus die Fessel des Ägyptertums. Die Ägypter sagen, Ägypten ist die Welt, die Parallele tut nichts anderes, als daß sie die Sache umkehrt und sagt, die Welt ist Ägypten. Wir haben also den Sachverhalt, daß die kosmogenetische Erweiterung, deren Zweck es doch sein soll, sich von dem engen Gesichtspunkt der Ägypter zu emanzipieren, sich nach wie vor in dem engen Kreis Ägypten herumbewegt. Das sahen nun die Juden ein, sie sahen ein, daß wenn sie erweiternd sagten, was mit Ägypten und Nil im Kleinen vorgegangen ist, das ist mit Welt und Weltenwasser im Großen vor sich gegangen, daß sie damit erst auf halbem Wege waren. Sie sahen ein, daß, wenn die Verallgemeinerung zum Ziele geführt werden sollte, sie dann einen Schritt weiter zu gehen hätten. Und indem sie sich nun zu dem Ende umsahen, verfielen sie auf das *Wasserverwandlungsexperiment*. Das Wasserverwandlungsexperiment besteht darin, daß man Wasser stehen läßt, und nun aus demselben Erde erhält. An der Hand dieses Experimentes, an der Hand der Wasserverwandlung, sagten nun die Juden, wir haben Ägypten und Nil gar nicht nötig. Was der Nil ist, das ist Wasser überhaupt, was Ägypten ist, ist Erde überhaupt. Wir haben nicht den Nil nötig, damit er uns Ägypten ergebe, wir haben bloß ganz allgemein Wasser nötig, damit es uns Erde ergebe. In der kosmogenetischen Allgemeinauffassung brauchen wir also nicht zu sagen, wir haben den Nil, dieser ergibt Ägypten, ebenso haben wir das Weltenwasser, und dies ergibt uns die Welt, die Erde, die wir bewohnen. Nein, wir können ganz allgemein sagen, von Nil und Ägypten abstrahierend, wir haben Wasser, und dieses ergibt uns Erde. Wir sagen also nicht, wie Ägypten aus dem Nil entstanden ist, so ist die Welt aus dem Wasser entstanden, sondern wir sagen, wie auf Grund des Wasserverwandlungsexperimentes Wasser gegeben ist, und Erde entsteht, so ist im Bereich der Kosmogenese Wasser gegeben, und die von uns bewohnte Erde entsteht. Die Entstehung der Welt ist also nichts anderes als eine Wasserverwandlung im Großen. Wenn wir somit die enggefaßte ägyptische Kosmogenese der weit gefaßten jüdischen Kosmogenese gegenüberstellen, so haben wir damit nicht die Gegenüberstellung von Ägypten und Nil, sondern wir haben die Gegenüberstellung von Wasserverwandlungsexperiment im Kleinen und Wasserverwandlungsexperiment im Großen.

Wenn wir also der uralten Anschauung begegnen, die Welt sei aus dem Wasser entstanden, so muß man dabei nicht an Forschungen im Sinne *A. G. Werners* und seiner Anhänger, der Neptunisten, denken. Ach nein, bei den Indern handelt es sich bloß um eine vage Idee, die wohl an die Sintflut anlehnen mag (vergl. bei den Indern), bei den Juden aber, und denen, die an sie anlehnten, handelt es sich um nichts anderes als um das Problem vom Wasserverwandlungsexperiment, welches seine Wurzel in dem Hervorgehen Ägyptens aus dem Nil hat.

Was nun aber das Wasserverwandlungsexperiment betrifft, so handelt es sich bei ihm nicht um ein exaktes chemisch-physikalisches Dogma im heutigen Sinne, sondern um nichts anderes als einen kleinen Maßstab, den man an Nil und Ägypten gelegt hat. Das wurde vielfach verkannt. Noch im vorigen Jahrhundert glaubte man, das betreffende Experiment, die Wasserverwandlung, habe eine exakte Basis im heutigen Sinne. Man glaubte, Erde sei ein Grundprinzip des Wassers. Man glaubte, wenn man Wasser nehme, und behandele es auf irgendeine Weise (Reiben, Kochen), so müsse es Erde ergeben, es müsse sich wenigstens zum Teil in Wasser umwandeln lassen. Das ist selbstredend ohne Halt. Das Wasser besteht aus Wasserstoff und Sauerstoff, nicht aber aus Wasser und Erde. Wenn jemand meinte, auf Grund eines Experimentes Erde aus dem Wasser gewonnen zu haben, Wasser in Erde *verwandelt* zu haben, so war die Erde, um denn diesen vagen Ausdruck beizubehalten, in das Wasser irgendwie hineingeraten, sie verdankte aber nicht dem Wasser als solchem ihrem Ursprung. Nun, solche Dinge durchschaut heute ein Anfänger. Selbst ein Anfänger der Chemie weiß, daß es gar keinen einfachen Stoff »Erde« gibt, um wie viel weniger kann dieser Stoff ein Grundstoff des Wassers sein.

Die Ägypter huldigten der Anschauung der Entstehung der Welt aus dem Wasser *nicht*. Die bekümmerten sich überhaupt nicht um die Welt »da draußen«, die hatten mit *ihrer* Welt, mit Ägypten, genug zu tun. Es ist gerade das Charakteristikum der ägyptischen Alchemie, der Welt »da draußen« keine Rechnung zu tragen. Sobald wir von Ägypten in die Welt überhaupt treten, haben wir den ägyptischen alchemistischen Standpunkt verlassen. Und gerade das, daß die Ägypter einen solchen restringierten Standpunkt einnahmen, ist der Grund, weshalb sie auf die kosmogenetische Relation zwischen Wasser und Erde kamen. Hätten sie sich an die von uns bewohnte Welt statt an Ägypten gehalten, so wären sie nimmer auf jene Relation gekommen. Aber nachdem die Ägypter die betreffende Relation nun einmal hatten, konnten sie da nicht, den Blick weiter werfend, zur Kosmogenese im weiteren Sinne übergehen? Antwort: Nein, in ihrem engherzigen Standpunkt schien es denen ein Konflikt mit sich selbst, mit der ihnen zukommenden Alchemie zu sein, aus dem Kreise von Ägypten und Nil herauszutreten.

Auch das Wasserverwandlungsexperiment kannten die Ägypter *noch nicht*. Die Juden waren darauf angewiesen, sich demselben in die Arme zu werfen, damit sie in ihrer extendierten ägyptischen Kosmogenese aus dem Zirkel herauskamen: Ägypten ist die Welt. Warum? Weil die Welt Ägypten ist. Sie hatten ein bestimmtes Motiv dazu, auf der ägyptischen Leiter zur extendierten Kosmogenese hinaufzusteigen, nachdem sie aber oben waren, die Leiter hinter sich fallen zu lassen, und sich nun nach einem Problem umzusehen, welches sie oben erhielt. Dies Problem war eben das Wasserverwandlungsexperiment. Die Ägypter dagegen hatten Nil und Ägypten und Ägypten und Nil als ein Abgeschlossenes, Abgerundetes, was bedurfte es da der weiteren Spekulation? Ja noch mehr, hätte denen jemand das Wasserverwandlungsexperiment geboten, sie hätten ihm als einem Ketzer den Rücken gekehrt. Die hielten Ägypten und Nil für heilig. Es wäre aber eine Profanation gewesen, wenn man gesagt hätte, du brauchst gerade nicht den Nil und Ägypten, nimm jedes beliebige Wasser, das macht einen Bodensatz, und indem es diesen macht, hast du die Erscheinung, die dir das aus dem Nil entstehende Ägypten darbietet, im Kleinen.

Das Wasserverwandlungsexperiment ist höchst wichtig für die Alchemie. Nachdem es einmal aufgekommen, zieht es sich wie ein roter Faden durch die ganze Geschichte der Alchemie hindurch. Ihm in dem Sinne, wie wir oben auseinandergesetzt, eine exakte Basis geben zu wollen, ist höchst verkehrt. Das fiel den Juden, die das Experiment in die Alchemie einführten, auch nicht im Traume ein. Sie faßten das Wasserverwandlungsexperiment derartig auf, daß sie sagten, wir haben Wasser, lassen es stehen, und erhalten nun Erde, das ist Bodensatz. Mit reinem (destilliertem) Wasser, sagten sie, ist dieser Bodensatz nicht zu erzielen. Die Erde, die zu Boden geht, muß im Wasser enthalten sein, sonst kann sie nicht zu Boden gehen. Aber das ist für diese Erde charakteristisch, daß sie innig mit dem Wasser vermengt sein muß. Es hat nichts Auffallendes, daß, wenn wir ein Gefäß mit Wasser nehmen, und werfen nun eine Hand voll Erde hinein, daß dann diese Erde zu Boden sinkt. Es hat aber wohl etwas Auffallendes, daß die Erde, wenn sie innig mit dem Wasser vermengt ist, zu Boden geht. Denn warum geht sie zu Boden, warum hält sich sich nicht in ihrem Mengenzustand, warum geht sie nicht gar vom Mengenzustand in den Mischungszustand über? Das sagten sie, ist eine auffallende Erscheinung, und weil sie es ist, deswegen hat die Wasserverwandlung als solche eine Berechtigung. Bei der Wasserverwandlung im jüdischen Sinne ist nicht die Verwandlung von Wasser in Erde in's Auge gefaßt, sondern das Sich-Ergeben von Erde aus solchem Wasser, welches innig mit Erde vermengt ist, wobei das Wasser nach oben geht, und die Erde nach unten geht. Oder um die Sache vom Standpunkt des Experiments aufzufassen, die Juden experimentierten nicht mit reinem (destilliertem) Wasser, sondern mit solchem Wasser, das innig mit Erde vermengt ist. Aus solchem erzielten sie ihren Bodensatz.

Wenn man nun solches Wasser hat, welches zwar innig mit Erde gemengt ist, aber bei dem das Wasser über die mit ihm gemengte Erde das Übergewicht hat, so kann es leicht geschehen, daß man die Erde übersieht und glaubt, man habe es mit reinem Wasser zu tun. Und noch mehr, wenn man die Lösung eines Salzes hat, bei dem gar kein Motiv zum Absatz eines Bodensatzes gegeben, und das Salz erleidet durch den Zutritt der Luft eine Zersetzung, oder ein Teil des Wassers verdunstet, wodurch denn Salzteile, die vorher gelöst waren, zu Boden müssen, so sieht das aus, als wenn Wasser, welches an und für sich gar nicht auf dem Standpunkt des mit Erde vermengten Wassers steht, freiwillig einen Bodensatz ergäbe. Das nun verführt die späteren Alchemisten zu dem falschen Dogma, reines Wasser, das ist auch solches Wasser, welches im jüdischen Sinne nicht zum Bodensatz disponiert, ergäbe einen Bodensatz. Daher kommt die Fabel von der eigentlichen Wasserverwandlung. Im alchemistischen Sinne kann man gegen eine solche Wasserverwandlung nichts haben, denn die Alchemie bewegt sich auf der Basis der Spekulation, nicht auf der Basis der exakten Forschung. In unserem heutigen Sinne ist es aber eine Albernheit, mit destilliertem Wasser das Wasserverwandlungsexperiment vornehmen zu wollen, das ist, aus destilliertem, reinen Wasser Erde fabrizieren zu wollen. An eine solche Wasserverwandlung, Wasserwandlung im eigentlichen Sinne, glaubten aber, wie mehrfach erwähnt, die jüdischen Alchemisten nicht. Im Grunde, strikt genommen, kann bei ihnen gar nicht von einer Wasserwandlung die Rede sein. Sie verstehen unter Wasserwandlung gar nichts anderes als die Überführung von Wasser, welches mit Erde gemengt ist, in den Zustand der Trennung von Wasser und Erde, wobei das Wasser nach oben und die Erde nach unten geht. Ihnen weist das Wasserverwandlungsexperiment nicht das Gesetz der Wasserverwandlung nach, sondern das Gesetz der Gravitation unter erschwerten Umständen. Wie gesagt, kann bei den jüdischen Alchemisten eigentlich beim Wasserverwandlungsexperiment gar nicht von Wasserverwandlung die Rede sein, und wenn wir uns trotz dessen in Bezug auf die jüdische Alchemie des Ausdruckes »Wasserverwandlungsexperiment« bedienen, so geschieht es bloß deshalb, um in das, was die Alchemisten vom Allgemeinstandpunkt Wasserverwandlung, Wasserverwandlungsexperiment nannten, keine künstliche Trennung zu bringen. Eine solche künstliche Trennung wäre nicht am Platze. Und eben darum, weil sie nicht am Platze wäre, deswegen ist es auch gerechtfertigt, wenn wir sagen, nachdem die Ägypter indirekt den ersten Impuls zum Wasserverwandlungsexperiment gegeben, führten es die Juden direkt in die Alchemie ein, und nachdem sie es einmal eingeführt, verbleibt es Eigentum der Alchemie, wobei es denn eine Sache für sich bleibt, im Sinne der Alchemie an und für sich eine irrelevante Sache, ob in der Folge die einzelnen Alchemisten diese oder jene Anschauung in Bezug auf reines oder zum Bodensatz disponierendes Wasser damit verbanden.

Wir werden bei den Alexandrinern noch einmal auf die ägyptische Alchemie zurückkommen, und des näheren kennenlernen, daß der Nil nicht nur als solcher aufgefaßt wird, dem Ägypten seinen Ursprung verdankt, sondern auch als solcher, der den Himmel zu sich herüberzieht. Der Nil tritt aus, bedeckt nun alles Land, so weit man sehen kann, das ist in der Volksauffassung, er steht bis am Himmel (Horizont), verschmilzt mit dem Himmel. Wenn er nun wieder zurücktritt, so läßt er, so wird angenommen, den Himmel nicht wieder fahren, sondern nimmt ihn mit sich in sein Bett zurück. Auf die Weise hat man, indem man den Nil hat, nicht nur Ägypten, sondern auch den Himmel. Das führt nun die jüdischen Alchemisten darauf, an der Hand des Wasserverwandlungsexperimentes nicht nur die Erde, sondern auch den Himmel zu erhalten. Sie sagen, wir haben das Wasserverwandlungsexperiment im Kleinen, das führt uns auf das Wasserverwandlungsexperiment im Großen. Im Grunde führt uns nun das letztere zu nichts anderem als zu der Welt, die wir bewohnen, wir haben aber die Aufgabe, an dasselbe auch den Himmel zu knüpfen. Und das tun sie denn, indem sie das Problem vom *Himmelsei* aufstellen, welches wir bei der jüdischen Alchemie kennenlernen werden. Dies Himmelsei ist, analog der ägyptischen Anschauung vom Absorbieren des Himmels seitens des Nils, mehr eine indirekte Relation, in welche das Wasserverwandlungsexperiment zum Himmel gebracht wird. Ganz direkt wird diese Relation bei den Alexandrinern. Diese sagen in Bezug auf das Wasserverwandlungsexperiment, wir haben Wasser und lassen es stehen, dann erhalten wir Erde. Damit sind wir aber noch nicht fertig. Wir legen Feuer unter, das Wasser fängt zu kochen an und entwickelt nun Luft (Schwaden). Somit erhalten wir beim Wasserverwandlungsexperiment nicht nur Erde, sondern auch Luft aus dem Wasser. Dies Wasserverwandlungsexperiment ist das *dreiteilige*, indem es Wasser, Erde, Luft ergibt, wogegen das ursprüngliche Wasserverwandlungsexperiment, welches bloß Wasser und Erde ergibt, das *zweiteilige* ist. An der Hand des dreiteiligen Experimentes macht sich die Kosmogenie (das Wasserverwandlungsexperiment im Großen) derartig, daß sich an die Luft der Himmel knüpft, und an das übrige die Welt, die wir bewohnen.

Da die Inder einer Zahlenphilosophie huldigen, so ist es wahrscheinlich, daß die Ägypter, ihre Schüler in der Alchemie, ebenfalls einer solchen huldigen. Es wird dies um so wahrscheinlicher, als wir bei den Juden, die ihrerseits ihre Alchemie von den Ägyptern haben, wieder einer Zahlenphilosophie begegnen. In den Quellen, die uns zu Gebote standen, finden wir aber keinen Anhaltspunkt für eine abgerundete ägyptische Zahlenphilosophie, und so wollen wir denn diese Sache auf sich beruhen lassen.

Alchemie bei den Juden

Die Schöpfungsgeschichte im ersten Kapitel des Ersten Buches Mosis

Es handelt sich um eine Erschaffung der Welt in 6 Tagen.

Die Verse 1-19 werden wir später genauer durchnehmen, und verweisen hierauf. Hier nur übersichtlich das, was sie bringen. Vers 1 und 2 bringen die vorbereitende Periode. Alsdann handeln Vers 3, 4, 5 den ersten Schöpfungstag ab, welcher das Licht bringt. Vers 6, 7, 8 handeln den zweiten Schöpfungstag ab, welcher den Himmel bringt. Vers 9, 10, 11, 12, 13 handeln den dritten Schöpfungstag ab, welcher den Orbis terrarum fluidus et fixus bringt, zugleich aber auch die Pflanzenwelt. Vers 14, 15, 16, 17, 18, 19 handeln den vierten Schöpfungstag ab, welcher Sonne, Mond und Sterne bringt.

Und nun heißt's weiter:

Und Gott sprach: Er errege sich das Wasser mit webenden und lebendigen Tieren, und mit Gevögel, das auf Erden unter der Veste des Himmels fliege. *(Luther).*

Vers 21.

Und Gott schuf große Walfische, und allerlei Tier, das da lebet und webet und vom Wasser erreget ward, ein jegliches nach seiner Art, und allerlei gefiedertes Gevögel, ein jegliches nach seiner Art. Und Gott sah, daß es gut war. *(Luther).*

Vers 22.

Und Gott segnete sie und sprach: Seid fruchtbar und mehret euch, und erfüllet das Wasser im Meer; und das Gevögel mehre sich auf Erden. *(Luther).*

Vers 23.

Da ward aus Abend und Morgen der fünfte Tag. *(Luther).*

Vers 24.

Und Gott sprach: Die Erde bringe hervor lebendige Tiere ein jegliches nach seiner Art; Vieh, Gewürm und Tiere auf Erden, ein jegliches nach seiner Art. Und es geschah also. *(Luther).*

Vers 25.

Und Gott machte die Tiere auf Erden, ein jegliches nach seiner Art, und das Vieh nach seiner Art, und allerlei Gewürm auf Erden nach seiner Art. Und Gott sah, daß es gut war. *(Luther).*

Vers 26.

Und Gott sprach: Lasset uns machen (wir wollen machen) den Menschen in unserem Bilde, in unserer Wesenheit, und sie sollen herrschen über die Fische des Meeres, und über die Vögel des Himmels, und über das Vieh, und über die ganze Erde, und über alles Gewürm, welches auf der Erde kriecht.

Luther übersetzt: Und Gott sprach: Lasset uns Menschen machen, ein Bild, das uns gleich sei, die da herrschen über die Fische im Meer, und über die Vögel unter dem Himmel, und über das Vieh, und über die ganze Erde, und über alles Gewürm, das auf Erden kriechet.

Manche Interpreten lassen *Zelem* auf die äußere, und *Dmut* auf die innere, geistige Ähnlichkeit zielen. Wir für unseren Teil gehen der Sache aus dem Wege und sagen auf der einen Seite: Bild, und auf der anderen Wesenheit, Essentia. Nun mag sich der Leser die Ausdrücke auf Innerlichkeiten oder Äußerlichkeiten beziehen wie er will. Das gleiche tut Luther, indem er übersetzt: ein Bild, das uns gleich sei. Luther übersetzt nur etwas frei, denn es steht im Text in *unserem* Bilde, und der Ausdruck, dem Luther sein »das uns gleich sei« anlehnt, ist wieder mit einem »*unser*« gebracht. Deswegen übersetzen wir eben, wie wir es oben gebracht, und nicht wie Luther. Indessen die Differenz würde uns nicht bewogen haben, in Vers 26 *nicht* die Übersetzung Luthers brevi manu zu bringen, wie in den vorangehenden Versen. Wir bringen die eigene Übersetzung aus einem anderen Grunde, und da wir sie nun einmal bringen, so halten wir uns auch in Bezug auf das *Zelem* und *Dmut* mehr an den Wortlaut des Textes. Der Grund der eigenen Übersetzung ist der Ausdruck *Adam*. Dieser Adam ist generell »Mensch«. Es ist das Genus homo. Also steht nicht im Text, wie Luther übersetzt, lasset uns *Menschen* machen, sondern: lasset uns *den Menschen* machen, lasset uns das *Genus homo* machen. Nun kommt hinterdrein pluraliter, und *sie* sollen herrschen, die Menschen sollen herrschen. Das hängt damit zusammen, daß im folgenden Vers das Genus homo sofort in das Maskulinum und Femininum zersplittert wird. Wir haben also folgenden Sachverhalt: Gott schafft am 6. Tage das Genus homo. Nicht erschafft er den Mann für sich, und ist damit dann vorläufig fertig, nicht erschafft er das Weib für sich, und ist damit dann vorläufig fertig, sondern er schafft Mann und Weib, beide zusammen, er schafft das Geschlecht Adam, das Genus homo, er schafft den Menschen, welcher sich einerseits zum Manne, andererseits zum Weibe gestaltet, kollektiv.

Vers 27.

Und Gott schuf den Menschen ihm zum Bilde, zum Bilde Gottes schuf er ihn; und er schuf sie ein Männlein und Fräulein. *(Luther).*

Also Gott schuf *den* Menschen, das Genus homo, nach seinem Bilde, im Bilde Gottes schuf er *ihn,* diesen Menschen, dieses Genus homo; Mann und Weib schuf er *sie,* das ist, das Genus homo zersplittert sich sofort, auf einem Guß, zum Maskulinum und Femininum.

Vers 28.

Und Gott segnete sie und sprach zu ihnen: Seid fruchtbar und mehret euch und füllet die Erde und machet sie euch untertan und herrschet über Fische im Meer und über Vögel unter dem Himmel und über alles Tier, das auf Erden kriechet. *(Luther).*

Vers 29.

Und Gott sprach: Sehet da, ich habe euch gegeben allerlei Kraut, das sich besamet auf der ganzen Erde, und allerlei fruchtbare Bäume und Bäume, die sich besamen zu eurer Speise. *(Luther).*

Vers 30.

Und allem Tier auf Erden und allen Vögeln unter dem Himmel und allem Gewürm, das da lebet auf Erden, daß sie allerlei grün Kraut essen. Und es geschah also. *(Luther).*

Vers 31.

Und Gott sah an alles, was er gemacht hatte, und siehe da, es war sehr gut. Da ward aus Abend und Morgen der sechste Tag. *(Luther).*

Die Schöpfungsgeschichte im zweiten Kapitel des Ersten Buches Mosis

Vers 1.

Also ward vollendet Himmel und Erde mit ihrem ganzen Heer. *(Luther).*

Vers 2.

Und also vollendete Gott am siebenten Tage seine Werke, die er machte, und ruhete am siebenten Tage, von allen seinen Werken die er machte. *(Luther).*

Vers 3.

Und segnete den siebenten Tag, und heiligte ihn, darum, daß er an demselben geruht hatte von allen seinen Werken, die Gott schuf und machte. *(Luther).*

Diese 3 Verse schließen sich offenbar dem ersten Kapitel an, bilden den Schluß dessen, was jenes gebracht. Jetzt kommt etwas Neues.

Vers 4.

Das ist die Erschaffung des Himmels und der Erde, wie sie erschaffen worden am Tage, wo Gott der Herr Erde und Himmel machte.

Luther übersetzt: Also ist Himmel und Erde geworden, da sie geschaffen sind zu der Zeit, da Gott der Herr Erde und Himmel machte.

Die Übersetzung Luthers kann darauf führen, als wenn sich das Gegenwärtige dem vorigen anschließe. Davon steht aber nichts im Text. Es steht *Ele*: das ist, hier hast du, hier präsentiere ich dir die Erschaffung. Das *Ele* bezieht sich nicht auf das Vorhergehende, sondern auf das Folgende. Der Autor geht darauf aus, uns das zu erzählen, was Vers 5 und ff. kommt, und dazu trifft er hier die Vorbereitung, macht die Einleitung dazu. Dem ist es nicht darum zu tun, zu dozieren, daß Gott Himmel und Erde erschaffen, das setzt er als ein Faktum voraus, welches sich von selbst versteht. Er hat nur im Sinn, uns das vorzuführen, was denn nun des weiteren geschehen, wie die Welt da war. »Das ist die Erschaffung u.s.w.« soll nichts anderes sagen, als: Ich führe dich in den Bereich der Erschaffung der Welt, um dir zu erzählen, was denn nun geschehen sei, nachdem Gott, wie du das weißt, und wie sich das von selbst versteht, die Welt erschaffen. Die Wendung mit einem so situierten *Ele,* und in specie mit einem *Ele toldot,* um uns in den Bereich einer Sache zu versetzen, ist ein Hebraismus, welcher in der Bibel mannigfach vorkommt, und wir machen besonders darauf aufmerksam, daß dieser Hebraismus es durchaus nicht bedingt, daß etwas vorhergegangen sein müsse, was den Autor berechtigt, uns so brevi manu in den Bereich einer Sache zu führen, um so zu sagen in medias res zu versetzen. So etwas ist durchaus nicht nötig. Also ist es hier durchaus nicht nötig, daß, da uns der Autor in den Bereich der Welterschaffung führt, daß nun etwas vorhergegangen sein müsse, was uns darüber Aufklärung gibt, wo wir denn nun einmal vorab zu dieser Welt kommen.

Luther übersetzt:»Zu der *Zeit,* da Gott der Herr«. Im Text steht: »*Bayom,* am *Tage,* wo oder an dem Gott der Herr.«

Dieses *Bayom* involviert, daß der Autor nichts von der Schöpfungsgeschichte in 6 Tagen weiß. Denn halten wir uns strikt an den Wortlaut der Schrift, so hat nach der vorliegenden Auffassung Gott in *einem* Tage die Welt erschaffen. Daß aber Gott die Welt an einem Tage erschaffen haben soll, so kann nur jemand dozieren, dem die Schöpfung in sechs Tagen nicht bekannt ist. Nun ist es aber auch tunlich, daß man mit Luther übersetzt: »zur Zeit wo«, und nicht: »am Tage«. Das geht allerdings. Das ist, wie in unserer Sprache. Wir halten uns ja auch zuweilen an den Zeitteil, statt an die Zeit überhaupt. So sagen wir z. B. in einem und demselben Sinn: Die *Zeit* wird auch noch kommen, wo du von dieser Meinung zurückkommst, und: Der *Tag* wird auch noch kommen, wo du von dieser Meinung zurückkommst. Ganz so kann man im Hebräischen »Tag« für »Zeit« nehmen. Damit ist aber darin keine Alteration gebracht, daß der Autor die Welterschaffung in sechs Tagen nicht kennt. Nämlich der Autor kann hier nur unter den Umständen Tag für Zeit gesetzt haben, wenn er die vorangehende Sechs-Tage-Schaffung nicht kennt. Denn sobald er die Sechs-Tage-Schaffung kennt, so muß ihm sofort einfallen, halt, wenn du Tag schreibst, statt Zeit, so ist das anstößig, denn es handelt sich ja nicht um »Tag«, sondern um »Tage«. Daß ihm aber solches nicht in den Sinn kommt, daß er flottweg Tag für Zeit schreib, das zeigt eben, daß er die Sechs-Tage-Schaffung gar nicht kennt. Wie wir es also auch mit dem *Bayom* halten, stets haben wir das Resultat, welches darauf hinausgeht, daß der Autor des vorliegenden Schriftstückes die Sechs-Tage-Schaffung nicht kennt.

Und endlich weisen wir daraufhin, daß durch das ganze erste Kapitel und durch die 3 Verse des vorliegenden Kapitels, welche das erste Kapitel vervollständigen, Gott *Elohim* heißt. Hier bekommt Gott eine ganz neue Bezeichnung: *Gott Jehovah.*

Vers 5.

Und alles Gewächs des Feldes war noch nicht da auf der Erde, und alles Kraut des Feldes war noch nicht hervorgesprossen, denn Gott der Herr hatte es noch nicht regnen lassen auf der (die) Erde, und ein Mensch war noch nicht da, um die Erde bearbeiten zu können.

Luther übersetzt: Und allerlei Bäume auf dem Felde, die zuvor nie gewesen waren auf Erden, und allerlei Kraut auf dem Felde, das zuvor nie gewachsen war. Denn Gott der Herr hatte noch nicht regnen lassen auf Erden, und war kein Mensch, der das Land baute.

Wohlverstanden, Luther schließt den Vers 5 unmittelbar an den Vers 4, so daß er also den Sinn herausbekommt: Also ist der Himmel und die Erde geschaffen, da sie geschaffen sind zu der Zeit, da der Herr Himmel und Erde machte, und auch allerlei Bäume auf dem Felde machte, die zuvor nie gewesen waren auf Erden, und allerlei Kraut auf dem Felde machte, das zuvor nie gewachsen war. — An so etwas ist nun gar nicht zu denken. Der Textausdruck *Terem* heißt einfach »nicht da«. *Terem ieje* heißt: »war noch nicht da«, strikt: »War noch nicht geworden da«. *Terem izmach* heißt: »war noch nicht hervorgesprossen«, strikt: »war noch nicht da hervorgesprossen«.

Die Sachlage ist also einfach die, daß, *trotzdem* Himmel und Erde geschaffen, da sind, daß trotzdem die Pflanzenwelt noch nicht da ist, daß der Mensch noch nicht da ist. Es wird nicht nur ausdrücklich gesagt, daß die Pflanzenwelt noch nicht da ist, sondern es werden auch Gründe angegeben, warum sie nicht da sein konnte. Der erste Grund ist der, daß Gott es noch nicht hatte regnen lassen. Der zweite Grund ist der, daß der Mensch noch nicht geschaffen war, der mit seiner Arbeit dem Wachsen der Pflanzen nachhelfen konnte. Dem wird nun abgeholfen, indem das stattfindet, was Vers 6 und 7 erzählen, nämlich:

Vers 6.

Und ein Nebel stieg auf von der Erde und tränkte die ganze Erdoberfläche.

Luther: Aber ein Nebel ging auf von der Erde und feuchtete alles Land.

Das heißt: Gott ließ es jetzt regnen, damit das Pflanzenleben sich entwickeln könne. Demzufolge steigt ein feuchter Nebel auf, der dann als Regen niederfällt und die Erdoberfläche tränkt.

Vers 7.

Und Gott der Herr schuf (bildete) den Menschen, Staub der Erde, und blies ihm in seine Nase lebendigen Odem, und so wurde der Mensch zu einem lebendigen beseelten Wesen.

Luther: Und Gott der Herr machte den Menschen aus einem Erdenkloß, und er blies ihm ein den lebendigen Odem in seine Nase. Und also ward der Mensch eine lebendige Seele.

Odem, Atem und beseeltes Wesen, Seele sind Ausdrücke, die parallel laufen. Der Mensch besteht aus Körper und Seele. Wenn er stirbt, verläßt die Seele den Körper. Wenn er stirbt, verläßt aber auch der Atem den Körper, und so decken sich Atem und Seele. Seele und Atem werden derartig gegenübergestellt, daß das, was wir im Leben Atem nennen, im Tode Seele genannt wird. Also haben wir im Bereich des Geistes:

Leben — Atem
Tod — Seele

Und was haben wir denn in analoger Beziehung im Bereich des Körpers? Nun einfach in Bezug darauf, daß beim Tode der Leib in Staub zerfällt:

Leben — X
Tod — Staub der Erde.

Nun wird die Gleichung aufgestellt:

Atem : Seele = X : Staub der Erde.

Da in dieser Gleichung auf der einen Seite Atem = Seele, so muß auch auf der anderen Seite sein X = Staub der Erde. Und so kommt denn heraus, daß im Leben der Körper des Menschen Staub der Erde ist. Deswegen steht hier, Gott bildete den Menschen: Staub der Erde, das ist Staub der Erde seiend, dessen Materie Staub der Erde ist. Im Text steht eigentlich nicht Staub der Erde, sondern Staub von der Erde. Das bleibt sich aber gleich. Die Erde kommt in die Sache, weil die Juden ihre Toten begruben (nicht verbrannten), sie also mit der Erde in Relation brachten. Die in Staub zerfallende Leiche vermischt sich also mit der Erde, dem Erdboden, und wird so Staub der Erde, Staub von der Erde.

Der Mensch, den Gott hier erschafft, wird zwar mit derselben Vokabel Adam benannt, wie der Mensch im ersten Kapitel, ist aber trotzdem etwas anderes. Dort ist Adam das Genus homo, hier ist er der Mann, und nicht das Weib. Das Weib ist nicht da, um die Erde zu bebauen (Vers 5), dazu ist der Mann da. Darum wird ein Mann geschaffen, und *nicht* ein Weib.

Also Rekapitulation des Sachverhaltes: Die Welt ist da. Nicht aber ist die Pflanzenwelt da. Sie konnte nicht da sein, denn erstens war der Regen, und zweitens der Mann (Mensch) noch nicht erschaffen. Nun wird zuerst der Regen erschaffen (Vers 6), und dann der Mann (Mensch) (Vers 7).

Vers 8.

Und Gott der Herr pflanzte einen Garten in Eden, gegen Morgen, und setzte den Menschen darein, den er gemacht hatte. *(Luther).*

Durch den geschaffenen Regen und die geschaffene Arbeitskraft kann mit Erfolg das stattfinden, was hier erzählt wird. Wäre der Regen nicht vorab erschaffen worden, so wäre die Anlage (das Pflanzen) eines Gartens eine höchst müßige Sache gewesen, denn es hätte ja doch nichts wachsen können. Jetzt ist aber der Regen da, und der Anlage des Gartens steht weiter nichts im Wege. Indessen durch den geschaffenen Regen allein ist dem, daß der Garten gedeihen kann, noch nicht vollkommen Vorschub geleistet. Es bedarf auch noch obendrein der menschlichen Arbeitskraft, die dem Wachsen der Pflanzen nachhelfe. Nun, die Arbeitskraft ist da, sie ist in Adam erschaffen, es ist bloß nötig, daß diese Arbeitskraft auch zum Garten in Relation gesetzt werden. Darum versetzt Gott den geschaffenen Menschen in den Garten.

Vers 9.

Und Gott der Herr ließ aufwachsen aus der Erde allerlei Bäume, lustig anzusehen und gut zu essen, und den Baum des Lebens mitten im Garten und den Baum des Erkenntnisses Gutes und Böses. *(Luther).*

Des Erkenntnisses Gutes und Böses ist selbstredend: Der Erkenntnis des Guten und Bösen, der Unterscheidung des Guten vom Bösen, des Bösen vom Guten.

Vorhin wird der Garten ganz im Allgemeinen gebracht. Hier wird das im Besonderen gebracht, was denn nun in dem Garten gepflanzt wird, was in ihm wächst.

Vers 10.

Und es ging aus von Eden ein Strom zu wässern den Garten, und teilte sich daselbst in vier Hauptwasser. *(Luther).*

Vers 11.

Das erste heißt Pison, das fließet um das ganze Land Hevila, und daselbst findet man Gold. *(Luther).*

Vers 12.

Und das Gold des Landes ist köstlich, und da findet man Bdellion (?) und den Edelstein Onyx. (?) *(Luther).*

Vers 13.

Das andere Wasser heißt Gihon, das fließet um das ganze Mohrenland (Kusch). *(Luther).*

Vers 14.

Das dritte Wasser heißt Hidekel, das fließet vor Assyrien. Das vierte Wasser ist der Phrath. *(Luther).*

Der Mensch ist im Garten und soll dem Gedeihen des Gartens nachhelfen. In Bezug darauf wird in's Auge gefaßt, daß er die Pflanzen begießen soll. Dazu aber muß er Wasser haben, und das erhält er aus dem Strom, der den Garten bewässert. Auf die Weise kommt der Strom Edens in die Sache. Und nachdem er einmal in die Sache gebracht ist, wird weiter beschrieben, wo er von Eden aus hinfließt.

Vers 15.

Und Gott der Herr nahm den Menschen und setze ihn in den Garten Eden, daß er ihn bebauete und bewahrete. *(Luther).*

Eigentlich ist nach Vers 8 der Mensch bereits im Garten, und Gott braucht ihn nicht mehr dahin zu versetzen. Indessen die Sachlage ist die, daß nicht auf dem Vorderteil des Satzes der Nachdruck ruht, sondern auf dem Schlußteil. Nicht darauf ist es abgesehen, daß Gott den Menschen in den Garten *versetzt*, sondern darauf, daß dieser den Garten *baut und behütet*. Nach Vers 8 ist der Mensch bloß in den Garten gesetzt, zu welchem Zwecke, geht am Ende schon aus dem Zusammenhang hervor, ist aber nicht ausdrücklich gesagt. Hier wird es ausdrücklich gesagt. Nicht deswegen ist, wird der Mensch in den Garten gesetzt, daß er in ihm arbeitslos umherwandeln, sondern deswegen, daß er nun auch den Garten bearbeiten, sein Hüter sein soll.

Vers 16.

Und Gott der Herr gebot dem Menschen und sprach: Du sollst essen von allerlei Bäumen im Garten. *(Luther).*

Vers 17.

Aber von dem Baume der Erkenntnis Gutes und Böses sollst

du nicht essen. Denn welches Tages du davon issest, wirst du des Todes sterben. *(Luther).*

Gott machte vorhin den Menschen zum Gärtner und Hüter des Gartens. Nun geht er weiter und macht einen Pakt mit ihm, der dahin geht, der Mensch solle schalten und walten in dem Garten, als wenn er sein Eigentum wäre. Dementsprechend könne er von allen Bäumen, wie sie da ständen, essen. Aber der Pakt hat eine Klausel, der Baum der Erkenntnis ist ausgenommen, den reserviert sich Gott, der Mensch darf *nicht* von ihm essen.

Vers 18.

Und Gott der Herr sprach: Es ist nicht gut, daß der Mensch allein sei, ich will ihm eine Gehülfin (Gefährtin) machen, die um ihn sei. *(Luther).*

Gott faßt also hier den Plan, spricht es aus, dem Manne eine Gefährtin zu geben. Der Plan wird gefaßt, aber noch nicht zur Ausführung gebracht. Die Realisierung des Planes folgt erst weiter unten. Übrigens spricht Gott nicht aus, daß dieses Wesen, welches dem Manne zur Seite gesetzt werden soll, gerade eine Frau, eine menschliche Frau, das Femininum Mensch, das weiblich sein soll, was Adam männlich ist.

Vers 19.

Und Gott der Herr bildete (machte, schuf) von Erde alles Tier des Feldes, und alles Geflügel des Himmels. Und er brachte sie zum Menschen, daß er sähe, wie er sie nennen möchte; und wie der Mensch alle belebten Wesen nennen würde, so sollten sie heißen.

Luther: Denn als Gott der Herr gemacht hatte von der Erde allerlei Tiere auf dem Felde und allerlei Vögel unter dem Himmel: brachte er sie zum Menschen, daß er sähe, wie er sie nennte. Denn wie der Mensch allerlei lebendige Tiere nennen würde, so sollten sie heißen.

Von dem »als Gott gemacht hatte — da brachte er« Luthers steht auch nicht ein Titelchen im Text. Im Text steht direkt: Gott machte. Er machte jetzt. Es kommt jetzt etwas Neues an die Reihe, die Erschaffung der Tiere. Gott schafft die Tiere des Feldes (Landtiere) und die Vögel; früher waren sie noch nicht da. Und nachdem er diese Tiere geschaffen, führt er sie dem Menschen vor, damit er ihnen einen Namen gäbe.

Es ist hier zu bemerken, daß Mensch und Tier so ziemlich auf gleicher Linie stehen. Gott macht die Tiere, von denen hier die Rede ist, aus Erde. Sie sind in Folge dessen Staub der Erde, gerade so wie der Mensch (vergl. Vers 7).

Man kann nun sagen, ja das liegt so: wie der Leib des gestorbenen Menschen zu Staub wird, so wird auch der Leib des gestorbenen Tieres zu Staub, und wie der Mensch atmet, so atmet auch das Tier. Indessen die Sache gefällt uns nicht. Die Deckung von Mensch und Tier ist zu *scharf* gezeichnet. Und daher bitten wir den Leser, den Vers 19 genau in's Auge zu fassen. Wir haben letzten Passus übersetzt: und wie der Mensch alle belebten Wesen nennen würde, so sollten sie heißen. Am Ende läßt sich auch nicht anders übersetzen. Die Sache hat aber ihren Haken. Wenn die Worte *Nefesch chaja* ganz ausfallen würden, so wäre der Sinn, daß die Tiere so heißen sollten, wie der Mensch sie nennt, *durchaus nicht alteriert*. Das ist aber verdächtig für den Ausdruck: *Nefesch chaja* Und nicht nur das, die Konstruktion ist auch so eigentümlich. Der betreffende Ausdruck steht so eigentümlich eingeklemmt zwischen den anderen Worten da. Es liegt daher die Frage durchaus nicht fern, ob denn nicht der betreffende Ausdruck einer späteren Einschaltung in den Text sein Dasein verdankt. Ist das aber der Fall, dann hört die Deckung von Mensch und Tier auf.

Vers 20.

Und der Mensch gab einem jeglichen Vieh und Vogel unter dem Himmel und Tier auf dem Felde seinen Namen: aber für den Menschen ward keine Gehülfin (Gefährtin) gefunden, die um ihn wäre. *(Luther).*

Der Mensch erledigt hier die ihm im vorigen Verse gewordene Mission. Übrigens wird dieser Vers weiter gefaßt als der vorige. Dort handelte es sich bloß um die Tiere des Feldes und die Vögel. Hier kommt auch noch das »Vieh« hinzu. Da nun Gott im Vers 18 von einer Gefährtin des Menschen gesprochen, so steht dieser in dem Wahn, unter den vielen lebenden Wesen, die Gott ihm vorführt, würde sich auch jene Gefährtin befinden. Aber darin irrt er, für ihn, für den Menschen findet sich keine Gefährtin unter allen lebenden Wesen, die ihm vorgeführt werden.

Vers 21.

Da ließ Gott der Herr einen tiefen Schlaf fallen auf den Menschen, und er entschlief. Und nahm seiner Rippen eine und schloß die Stätte zu mit Fleisch. *(Luther).*

Vers 22.

Und Gott der Herr baute ein Weib aus der Rippe, die er von dem Menschen nahm, und brachte sie zu ihm. *(Luther).*

Vers 23.

Da sprach der Mensch: Das ist doch Bein von meinen Beinen und Fleisch von meinem Fleisch. Man wird sie Männin heißen, darum, daß sie vom Manne genommen ist. *(Luther).*

Die Textworte für Luthers »doch« sind »dieses Mal«. Das »vorige Mal«, welches diesem »dieses Mal« gegenübergesetzt wird, bezieht sich auf die Musterung der Tiere, die dem Menschen vorgeführt werden. Bei dieser hat er sich vergebens nach der versprochenen Gefährtin umgesehen, jetzt aber sieht er sie vor sich, und sagt, ja, dieses Wesen erkenne ich sofort als die versprochene Gefährtin.

Vers 24.

Darum wird ein Mann seinen Vater und seine Mutter verlassen und an seinem Weibe hangen, und sie werden sein ein Fleisch. *(Luther).*

Vers 25.

Und sie waren beide nackend, der Mensch und sein Weib; und schämten sich nicht. *(Luther).*

Gegenüberstehen der Schöpfungsgeschichten im ersten und zweiten Kapitel des Ersten Buches Mosis

Es ist gar nicht daran zu denken, daß die Schöpfungsgeschichte, mit der die Bibel anfängt, in einem Tenor fortläuft, wie das so im Allgemeinen angenommen wird, sondern die Schöpfungsgeschichte, mit der die Bibel anfängt, hört mit dem 3. Vers des 2. Kapitels auf, und dann fängt eine neue, eine andere Schöpfungsgeschichte an. So etwas liegt ja auf der Hand. Es werden ja Mensch, Tier, Pflanze doppelt geboten. Wozu braucht aber das geboten zu werden, was wir bereits haben? Das wäre ja ein Widerspruch.

Nun, es erklärt sich eben daraus, daß es sich um 2 Schöpfungsgeschichten handelt, deren jede das, was sie bringt, auf eigene Hand bringt, ohne sich um die andere zu kümmern. Beide Schöpfungsgeschichten haben einen ganz anderen Charakter.

In der ersten Schöpfungsgeschichte wird die Welt in 6 Tagen geschaffen. Der erste Tag bringt das Licht, der zweite den Himmel, der dritte: Orbis terrarum fixus et fluidus, der vierte: Sonne, Mond und Sterne, der fünfte: Vögel und Fische, der sechste: Landtiere und Gewürm, und den Menschen. Am 7. Tage ruht Gott.

In der zweiten Schöpfungsgeschichte sind Himmel und Erde da, und von ihnen wird die Erde in's Auge gefaßt. Es wird angenommen, daß die Erde da sei, um die Pflanzen hervorzubringen. Die Pflanzenwelt kann aber ohne Regen nicht vorwärts kommen. Wenn also Gott die Erde, die wir bewohnen, auch erschaffen hat, so ist das ein Unvollkommenes. Soll die Unvollkommenheit neutralisiert werden, so muß Gott im Schaffen weiter gehen und der Erde den Regen beigesellen, er muß den Regen erschaffen. Dieser Regen wird nun erschaffen. Dann wird der Mensch erschaffen, und bei ihm hervorstechend in's Auge gefaßt, daß er dem Wachstum der Pflanzen nachhelfen soll. Dann wird der Garten Eden angelegt, und dem Menschen verboten, vom Baume der Erkenntnis zu essen. Dann werden die Tiere erschaffen. Dann wird das Weib erschaffen.

Also ein ganz verschiedener Charakter beider Schöpfungsgeschichten im Allgemeinen. Aber auch im Besonderen tragen beide Schöpfungsgeschichten ein ganz anderes Gepräge, und das zeigt sich Schritt für Schritt. In der ersten Schöpfungsgeschichte handelt es sich um Gott als Elohim, in der zweiten um Gott als Jehovah Elohim. Die zweite Schöpfungsgeschichte legt ein hervorragendes Gewicht auf den Regen, die erste erwähnt ihn gar nicht. Die erste Schöpfungsgeschichte teilt die Tiere ganz anders ein als die zweite. In der ersten Schöpfungsgeschichte werden Mann und Weib nach Gottes Ebenbild geschaffen, in der zweiten bildet Gott den Mann, dessen Materie Staub der Erde ist, und bläst ihm lebenden Odem ein, das Weib wird dann aus der Rippe des Mannes geschaffen u.s.w.

Es handelt sich aber nicht nur um ein besonderes Gepräge, welches die beiden Schöpfungsgeschichten im Allgemeinen und Besonderen tragen, sondern die eine *kollidiert* auch mit der anderen, das ist, bei einer Reihe von Daten schildert die eine den Sachverhalt so, daß, wenn er nun so ist, wie sie ihn schildert, daß er denn gar nicht so sein *kann,* wie ihn die andere schildert. Wir heben in dieser Beziehung ff. hervor:

Hält man sich in Kap. 2, Vers 4 an den Wortlaut des Textes, so steht da, am *Tage,* wo oder an dem Gott der Herr Erde und Himmel machte. Der ersten Schöpfungsgeschichte gemäß werden aber Himmel und Erde nicht an einem Tage gemacht, sondern an *mehreren* Tagen. Wir wissen nun, daß statt »Tag« auch »Zeit« übersetzt werden kann. Indessen, auch wenn so übersetzt wird, dann haben wir, wie wir gesehen, immer noch die Kollision, daß der Autor der zweiten Schöpfungsgeschichte die erste Schöpfungsgeschichte gar nicht kennt.

In der ersten Schöpfungsgeschichte werden zuerst die Tiere geschaffen, und dann der Mensch, in der zweiten Schöpfungsgeschichte fand gerade das umgekehrte Verhältnis statt: erst wird der Mensch erschaffen, und dann erst die Tiere.

In der ersten Schöpfungsgeschichte bringt der dritte Tag die Pflanzenwelt und der vierte Tag: Sonne, Mond und Sterne. Damit haben wir denn den Tatbestand, daß die Pflanzenwelt geschaffen wird, bevor noch einmal die anorganische Welt fertig ist. In der zweiten Schöpfungsgeschichte ist zuerst einmal die anorganische Welt, das ist Himmel und Erde des Vers 4 fertig, und wenn sie da ist, dann kommt erst die Pflanzenwelt an die Reihe.

In der ersten Schöpfungsgeschichte wachsen die Pflanzen *ohne* Regen, in der zweiten durch den Einfluß des Regens. Sagt man dagegen, der Regen wird in der ersten Schöpfungsgeschichte nicht exkludiert, er wird bloß nicht erwähnt, nun dann haben wir die Kollision, daß die erste Schöpfungsgeschichte etwas für nicht erwähnenswert hält, auf was die zweite Schöpfungsgeschichte einen *hohen Wert* legt.

In der ersten Schöpfungsgeschichte darf der Mensch von *allen* Bäumen der Welt essen, in der zweiten nicht.

In der ersten Schöpfungsgeschichte schafft Gott das Genus homo, bestehend aus Mann und Weib, auf einen Guß. In der zweiten Schöpfungsgeschichte schafft Gott zuerst den Mann und erst eine lange Weile hernach das Weib. Zwischen Mann und Weib in der zweiten Schöpfungsgeschichte liegen: Anlage des Gartens Eden im Allgemeinen, Hineinversetzen des Mannes, Wachsen von Bäumen in demselben, Einsetzen des Mannes zum Pfleger und Hüter des Gartens, der Befehl, nicht vom Baume der Erkenntnis zu essen, der Plan Gottes, dem Mann eine Gefährtin zu geben, Erschaffung der Tiere, Vorführen der

Tiere vor den Mann, um ihnen Namen zu geben, die Benennung der Tiere, Schlaf des Mannes.

Also die erste Schöpfungsgeschichte und die zweite Schöpfungsgeschichte stehen einander exkludierend gegenüber. Das heißt, wenn der Sachverhalt so ist, wie er in der ersten Schöpfungsgeschichte geschildert wird, so kann er nicht sein, wie er in der zweiten geschildert wird, und umgekehrt. Daher ist die Sachlage die: Wir haben es mit zwei Schöpfungsgeschichten zu tun, für deren eine wir uns zu entscheiden haben. Entscheiden wir uns für die erste, so fällt die zweite, entscheiden wir uns für die zweite, so fällt die erste. Beide nebeneinander aufrecht halten zu wollen, heißt nackt und trocken das Dogma aufstellen: *Die Bibel negiert sich selbst.* Auf ein solches Dogma gehen wir nicht ein. Wir wissen es recht wohl, daß es im Allgemeinen nicht angeht, daß der eine herankommt und sagt, das ist in der Bibel zu streichen, und der andere herankommt und sagt, jenes ist zu streichen. Da kommen individuelle Ansichten in's Spiel. Der Streichungsanfang ist bald gemacht, und das Ende nicht abzusehen. Das wissen wir recht wohl. Aber wo die Sache so prägnant liegt wie hier, da macht sich die Situation denn doch ausnahmsweise ein bißchen anders.

Die erste Schöpfungsgeschichte, wie sie uns vorliegt, gehört gar nicht in die Bibel. Sie ist ein alchemistisches Machwerk, und dazu noch ein lückenhaftes, welches in die Bibel hineingeraten ist. Wir werden sie im Verlauf dieser Zeilen als ein lückenhaftes alchemistisches Machwerk kennenlernen. Uns aber, der wir sie als solches charakterisieren, wolle man keine Impietät gegen die Bibel vorwerfen, wir stellen uns eben auf den Standpunkt, daß die erste Schöpfungsgeschichte gar nicht in die Bibel hineingehört.

Das hat man nun schon vor langen, langen Jahren gemerkt, daß es sich nicht um eine fortlaufende, sondern um 2 Schöpfungsgeschichten handelt, daß die beiden Schöpfungsgeschichten sich exkludierend gegenüberstehen, und daß eine, das ist die erste, weichen muß. Statt aber dem Tatbestand, wie er einmal ist, offen in's Gesicht zu sehen, stellte man sich auf den Standpunkt, was da ist, muß da bleiben, und wenn daraus, daß das, was einmal da ist, da bleibt, Verwicklungen entstehen, so muß man diesen Verwicklungen, so gut und schlecht es geht, abhelfen. Und da schlug man denn den Weg ein, daß man sophistisch übersetzte und interpretierte. Proben eines solchen Tuns haben wir in der Übersetzung Luthers, wo der Vers 5, Kap. 2 an den Vers 4 angeschlossen wird, damit die Pflanzen, die nicht da sind, zu bereits daseienden gemacht werden; wo Vers 19, Kap. 8 die Tiere, die erst geschaffen werden, zu solchen gestempelt werden, die längst da sind. Bei solchem Tun muß man nun aber bei Leibe den Sophismus nicht von der schlimmen Seite nehmen. Das wäre sehr verkehrt. Nein, es handelt sich bloß um eine verkehrte Pietät. Man übersah, daß man aus lauter Pietät unpietätisch wurde, daß es nichts anderes als ein Zufeldeziehen gegen die Bibel ist, wenn man, um den Einklang hervorzubringen, Sprach- und Sinnverdrehung vornehmen muß. Ein besonders kühnes Unternehmen, welches die Einklangseiferer vornahmen, ist das, daß sie in die Bibel neue Stellen flickten. In diesen Stellen wird dann auf die 6-Tage-Schöpfung Rücksicht genommen, verwiesen, damit das, was nicht in die Bibel gehört, durch die Bibel selbst legalisiert wird. Mit dieser Flickerei verschonte man selbst die *Zehn Gebote* nicht. Gerade aber, daß man sich selbst bis zu den Zehn Geboten verstieg, dadurch wird das Manöver klar.

Es heißt in den Zehn Geboten betreffend des Sabbath-Gebotes:

Gedenke des Sabbathtages, daß du ihn heiligst. *(Luther).*

Sechs Tage sollst du arbeiten und alle deine Dinge beschicken. *(Luther).*

Aber am siebenten Tage ist der Sabbath des Herrn, deines Gottes. Da sollst du kein Werk tun, noch dein Sohn, noch deine Tochter, noch dein Knecht, noch deine Magd, noch dein Vieh, noch dein Fremdling, der in deinen Toren ist. *(Luther).*

Denn in sechs Tagen hat der Herr Himmel und Erde gemacht und das Meer und alles, was darinnen ist; und ruhete am siebenten Tage. Darum segnete der Herr den Sabbathtag und heiligte ihn. *(Luther).*

Dieser letzte Vers ist nun eingeflickt.

Im Allgemeinen bringen die Zehn Gebote das, was sie gebieten, und damit ist die Sache fertig. Insbesondere werden einige Diversionen gemacht. Nämlich es heißt im 2. Buch Mosis, Kap. 20, Vers 5: Bete sie nicht an und diene ihnen nicht. Denn ich, der Herr dein Gott, bin ein eifriger Gott u.s.w. Diese letzte Anfügung will besagen, tu', was ich dir hier befehle, tust du es nicht, dann weiß ich dich zu strafen. Ganz analog Vers 7: Du sollst den Namen des Herrn deines Gottes nicht mißbrauchen, denn der Herr wird nicht ungestraft lassen u.s.w. Das ist wieder: Tue, was ich dir heiße, sonst kommt die Strafe nach. Und analog Vers 12: Du sollst deinen Vater und deine Mutter ehren, auf daß du lange lebest u.s.w. Das ist: Tue, was ich dir sage, dann wird die Belohnung nicht ausbleiben. Das sind also Diversionen, die sich streng in der Grenze der Belohnung und der Strafe bewegen. *Kein Gebot der Zehn Gebote aber wird motiviert.* Es heißt nicht, du sollst *deswegen* keine anderen Götter haben, Gottes Namen nicht mißbrauchen, die Eltern ehren, nicht töten, ehebrechen u.s.w., weil das nun darin und darin begründet ist, motiviert ist. Bloß beim Sabbath-Gebot haben wir in dem: Denn in sechs Tagen u.s.w. die Motivierung, es wird dargelegt, worin denn nun dies Sabbath-Gebot begründet ist, und das ist eben anstoßerregend, und charakterisiert die Stelle: *Denn in sechs…* etc. als Einflicksel. Der einflickende Autor hätte vollkommen seine Mission erledigt, wenn er mit »und ruhte am siebenten Tage« aufhörte. Er kann in seinem Eifer aber noch nicht aufhören und hängt auch noch an: Darum segnete der Herr den Sabbath und heiligte ihn. Er will den Schöpfungsgeschichtenriß recht gründlich ausgleichen, macht dabei aber den Zehn-Gebote-Riß, betreffs des Charakters der Zehn Gebote, kein Gebot zu motivieren, durch Kumulierung der Motivierung noch größer.

Übrigens charakterisiert sich die Einflickungsnatur unserer Stelle auch noch ff.

Es heißt in derselben: Denn in sechs Tagen machte Jehovah Himmel und Erde u.s.w. Das ist aber im Grunde nicht wahr, die Sechs-Tage-Schöpfung bewirkt nicht Jehovah, sondern Elohim. Aber das wird wohl nicht so genau darauf ankommen, kann man sagen. Bei den Zehn Geboten laufen ja Elohim, El Jehovah, El, Jehovah durcheinander. Ach nein, die laufen nicht durcheinander, bloß unser flickender Autor macht ein Durcheinander und zeigt damit, daß er nicht nur mit kühner, sondern auch mit plumper Hand flickt.

Im 2. Buch Mosis, Kap. 20, Vers 1 redet Elohim. Hier soll Gott ganz allgemein gegeben werden. Gott ist noch nicht Jehovah, als solchen stellt er sich erst ausdrücklich im Vers 2 dar, und bevor er sich selbst nicht zum Jehovah auf Grund des Vers 2 gestempelt hat, ist er es nicht. Darum der Allgemeinname Elohim.

Vers 2. Nun folgt: Ich Jehovah Elohecha, das ist Jehovah, dein Gott (El).

Vers 3. Du sollst keine anderen Götter haben. Hier steht Elohim, das ist der Plural von El. Jeder einzelne Gott, von denen, »die du nicht haben sollst«, ist ein El, aber kein Jehovah, ihr Plural ist Elohim, das ist die Summe von einzelnen El.

Vers 5. Denn ich der Herr, dein Gott, bin ein eifriger Gott. Hier steht: ich, Jehovah Elohecha bin — ganz wie Vers 2. Ich bin ein eifriger Gott. Hier steht El und nicht Jehovah. Der El nämlich wird in Bezug auf das, was er tut, näher definiert, weil der Jehovah zu hoch steht, um näher definiert zu werden. Er ist im Allgemeinen definiert durch El, Elohecha, durch den Gott, den du hast, und damit ist er genug definiert. Jede fernere Definition wird dem El zugeschoben.

Vers 7. Du sollst den Namen Gottes nicht mißbrauchen. Hier steht Jehovah Elohecha — ganz wie Vers 2. — Der Herr wird den nicht ungestraft lassen, der seinen Namen mißbraucht. Hier steht Jehovah, und zwar deswegen, weil Jehovah nicht mißbraucht werden soll. El kann mißbraucht werden, denn Gott selbst mißbraucht ja sozusagen den El, indem er falsche Götter El nennt. Weil nun aber der Mißbrauch in den Bereich des Jehovah fällt, so ahndet auch Jehovah den Mißbrauch.

Vers 10. Am 7. Tage ist der Sabbath des Herrn. Hier steht wieder Jehovah Elohecha — ganz wie in Vers 2.

Vers 11. Denn in 6 Tagen hat der Herr Himmel und Erde gemacht. Hier steht Jehovah. Der Grund ist einfach der, weil der einflickende Autor die wahre Sachlage mit dem El und Jehovah nicht durchschaut. Eigentlich müßte er sagen: Elohim hat Himmel und Erde gemacht, denn der Sechs-Tage-Schaffer ist Elohim. Will er das aber nicht, so muß er sagen, Jehovah Elohecha, wie im 2. Verse. Zu einem einfachen Jehovah liegt hier gar kein Motiv vor.

Darum segnete der Herr den Sabbathtag. Hier steht wieder Jehovah statt Elohim oder doch wenigstens Jehovah Elohecha. Es ist wieder ein Machwerk des flickenden Autors.

Vers 12. Ehre Vater und Mutter u.s.w. Hier steht wieder Jehovah Elohecha — ganz wie Vers 2.

Also überall, allüberall scharfe Konsequenz beim Namen Gottes, nur im Vers 11 nicht. Nun, dadurch ist dieser Vers eben als ein eingeflickter charakterisiert. —

Und endlich weisen wir noch darauf hin, daß es die Sechs-Tage-Schaffung kühn charakterisieren heißt, wenn es heißt: In 6 Tagen hat Gott Himmel und Erde gemacht und das Meer und alles, was darinnen ist. (»*Darinnen*« ist übrigens Plural, also nicht darinnen = im Meer, sondern = im Himmel, Erde, Meer). Das ist eine kühne Zeichnung, daß das, was die 6 Tage bringen, nun zusammengefaßt werden soll in: Himmel, Erde, Meer und was darinnen ist. Die Absicht bei dieser Zeichnung ist natürlich die, daß, nachdem die 6 Tage einmal gebracht sind, daß nun auch Himmel und Erde der zweiten Schöpfungsgeschichte mit vorgeführt werden sollen. Das ist aber eben wieder ein Manöver, welches sich als das Manöver eines einflickenden Autors präsentiert.

Beim Sabbath-Gebote haben wir einfach folgendes. Es besagt dies Gebot, du sollst 6 Tage arbeiten und am 7. den Sabbath feiern. Du sollst nicht alle 7 Tage der Woche feiern, sondern nur den *einen* Sabbath. Damit kommen denn 6 Tage auf die Arbeit. So kommen die 6 Tage in das Gebot, gegenüber dem *einen* Sabbath. Von einem Hinweis darauf, daß Gott in 6 Tagen die Welt erschaffen, und daß diese 6 Tage nun eine Parallele zu den 6 Tagen der Woche bilden, die der Mensch arbeiten soll, von einem solchen Hinweis befindet sich ursprünglich nichts in den Zehn Geboten. Ein solcher Hinweis ist erst später eingeflickt worden, um die erste Schöpfungsgeschichte zu legalisieren.

Ein ganz besonderes Manöver, die erste Schöpfungsgeschichte zu legalisieren, und die beiden Schöpfungsgeschichten nebeneinander aufrecht zu erhalten, werden wir bei den Alexandrinern kennenlernen.

Daß nun durch all derartige Künste der eigentliche Sachverhalt nicht verändert wird, daß trotz dem die erste Schöpfungsgeschichte die erste Schöpfungsgeschichte bleibt, und die zweite die zweite, daß sie exklusiv einander gegenüberstehen: — das liegt auf der Hand.

Wie gesagt, die erste Schöpfungsgeschichte, wie sie uns vorliegt, gehört gar nicht in die Bibel. Sie ist, wie wir ebenfalls bereits gesagt, und wie wir das später näher kennenlernen werden, ein lückenhaftes alchemistisches Machwerk. Aber trotz ihres nichtbiblischen Standpunktes, trotz ihres lückenhaften Standpunktes in alchemistischer Beziehung ist sie eines der wichtigsten alchemistischen Schriftstücke, die wir besitzen. An ihrer Hand wird uns die jüdische Alchemie klar, wird es uns klar, daß die Griechische Alchemie an die jüdische anlehnt, wird uns die Griechische Alchemie klar. Sie bietet uns einen wichtigen Ausgangspunkt, um die Alchemie weiter zu verfolgen. Und nicht nur das, sie gibt uns das Material, Rückschlüsse auf die ägyptische und indische Alchemie zu machen.

Gott als Welterschaffer — Sechs-Tage-Schaffung

Nachdem die Inder die Alchemie in eine sehr direkte Relation zur Gottheit gebracht hatten, nachdem die Ägypter in ihre Fußstapfen getreten waren, indem sie den Nil, um den sich am Ende die ganze ägyptische Alchemie dreht, zum Gott stempelten, lag auch für die Juden ein Motiv vor, die Gottheit zur Alchemie in Relation zu bringen. Hierbei gingen sie nun vom Wasserverwandlungsexperiment aus (vergl. Alchemie bei den Ägyptern). Sie sagten, beim Wasserverwandlungsexperiment im Kleinen ist der Alchemist derjenige, der jenes Experiment im Großen instituiert? Und darauf antworteten sie sich denn: — Gott! Da nun derjenige, der das Wasserverwandlungsexperiment im Großen instituiert, die Welt macht, so wird Gott zu demjenigen, der die Welt erschafft. Dieser Gott, der auf Grund des Wasserverwandlungsexperimentes im Großen die Welt entstehen läßt, schafft, ist ein alchemistischer Gott, er ist als Alchemist im Großen, was der Mensch als Alchemist im Kleinen ist. An diesen alchemistischen Gott lehnt es an, wenn es im 1. Buch Mosis, Kap. 1, Vers 26 und 27 heißt: Und Gott sprach, wir wollen den Menschen nach unserem *Ebenbilde* schaffen. Und Gott schuf den Menschen nach seinem *Ebenbilde*. Hier wird gelehrt, der Mensch sähe wie Gott aus. Dem entgegen fragt man: Wer hat denn je Gott gesehen und weiß daher, wie Gott aussieht? Der sich offenbarende Gott kann hier nicht in die Waagschale fallen, denn der nimmt verschiedene Gestalten an, von dem ist kein Abzug zu machen. Wer kann also sagen, der Mensch sei ein Ebenbild Gottes, sähe wie Gott aus, da doch niemand weiß, wie Gott aussieht. Fassen wir aber hierbei die Alchemie in's Auge, so wird die Sache klar. Gott, der die Welt erschafft, der das Wasserverwandlungsexperiment im Großen macht, ist das im Großen, was der Mensch, der das Wasserverwandlungsexperiment im Kleinen macht, im Kleinen ist. Also ist umgekehrt der Mensch-Alchemist das im Kleinen, was der Gott-Alchemist im Großen ist, und damit ein Ebenbild, ein Abbild Gottes. Der biblische Mensch, der ein Abbild Gottes ist, ist der Alchemist, der Alchemie betreibende Mensch. Das liegt analog wie bei den Indern, bei denen der in den 4 Weltaltern lebende Mensch der alchemistische Mensch ist.

Wir haben also vorab einmal ganz im Allgemeinen Gott als den Welterschaffer. Diese Auffassung des alchemistischen Gottes steht vorab einmal für sich da, im Allgemeinen für sich. Sie wird erst in der Folge extendiert, und diese Extension findet anhand des Sabbathes statt.

Der Sabbath ist der eigentliche Nationalfeiertag der Juden, nur von ihm ist in den Zehn Geboten die Rede. Sabbath heißt Ruhetag. Also ist der Sabbath-Festtag, seinem ersten Charakteristikum nach, ein Ruhetag, als welcher er auch in den Zehn Geboten geschildert wird (vergl. den vorigen Abschnitt). Nun sagten die Alchemisten, der Sabbath ist ein Gottestag, der Mensch ruht an ihm, und indem er ruht, ahmt er Gott nach. Durch das Heiligen des Sabbaths tritt eine Relation zwischen Gott und Mensch ein, der Vermittlungspunkt ist eben die beiderseitige *Ruhe*. Nun liegt aber die Relation zwischen Gott und Ruhe an und für sich verwickelt. Gott ist das Prinzip der Tätigkeit, Gott sorgt unaufhörlich für den Menschen, wirkt und schafft unaufhörlich für den Menschen. Wie paßt also Gott zur Ruhe? Hier gibt nun Gott in seiner Eigenschaft als Welterschaffer einen Anhaltspunkt. Als Gott die Welt erschuf, sagte man, da hatte er einen besonderen hervorstechenden Akt der Tätigkeit übernommen. Und nachdem der Akt vollendet, da trat ein Ruhepunkt ein, wie denn überhaupt da, wo eine Arbeit vollendet ist, ein Ruhepunkt eintritt. So ist denn die Relation zwischen Gott und Ruhe da. Also der Sabbath führte darauf, daß der Gott, der die Welt erschaffen, nachdem er die Welt erschaffen, ruhte.

Nun ging man einen Schritt weiter und sagte: Was der Mensch am Sabbath tut, nämlich ruhen, das hat Gott getan, nachdem er die Welt erschaffen. Die Ruhe des Sabbaths ist für Gott und Menschen gleich, also wird auch wohl die Nichtruhe der Wochentage für Gott und Menschen gleich sein. Bevor der Mensch zur Sabbathruhe kommt, arbeitet er 6 Tage, also wird auch wohl Gott vor seiner Sabbathruhe 6 Tage gearbeitet haben. Die Sabbathruhe Gottes bezieht sich aber auf die Ruhe nach der Welterschaffung, also müssen die 6 Arbeitstage Gottes auf die Welterschaffung selbst, auf den Akt des Welterschaffens, kommen, Und damit ist denn das Problem da: Gott habe in 6 Tagen die Welt erschaffen.

Jüdische Kosmogenese im Allgemeinen

Anlehnend an die ägyptische Alchemie ist die jüdische Alchemie kosmologisch-kosmogenetisch. Was Ägypten alchemistisch ist, wird einerseits extendiert zu der Welt, die wir bewohnen, wird andererseits restringiert zu der Erde, die das Wasserverwandlungsexperiment ergibt. Dann wird Ägypten ganz fallen gelassen, und das Wasserverwandlungsexperiment im Kleinen der Kosmogenese im Großen gegenübergestellt. Das haben wir bereits bei der ägyptischen Alchemie kennengelernt. Der Uranfang der jüdischen Kosmogenie ist daher sehr einfach. Man nimmt das Weltenwasser, oder vielmehr Gott nimmt es, und läßt es stehen, dann entsteht die Erde, die wir bewohnen, als Bodensatz, sie entsteht nach demselben Prinzip, nach welchem der Bodensatz beim Wasserverwandlungsexperiment entsteht. Im Allgemeinen gibt das nun einen Anhalt an Ägypten und Nil, im Besonderen aber nicht. Denn Ägypten als Kosmologikum ist ein einfaches Kosmologikum, wogegen die Welt, die wir bewohnen, ein doppeltes Kosmologikum abgibt, nämlich den Orbis terrarum fixus und den Orbis terrarum fluidus. Ägypten entspricht bloß dem Orbis terrarum fixus. Etwas, was dem Orbis terrarum fluidus an und für sich entspricht, ist in der ägyptischen Alchemie nicht da, es kommt erst auf dem Umwege in sie hinein, daß man den Nil eine Doppelrolle spielen läßt, als Orbis terrarum fluidus und als Weltenwasser, welchem letzeren er zunächst parallel läuft. Somit ist schon in den ersten Grundzügen eine Differenz zwischen ägyptischer und jüdischer Alchemie. In der ersteren haben wir Nil (Weltenwasser) und Ägypten (Orbis terrarum fixus), das ist also ein Zweifaches. In der letzteren dagegen haben wir ein Dreifaches: Weltenwasser, Orbis terrarum fixus, Orbis terrarum fluidus. Beim Wasserverwandlungsexperiment im Kleinen stellt sich dieses Dreifache ff. heraus. Man nimmt das zum Wasserverwandlungsexperiment geeignete Wasser, das ist das erste. Nun geht die Erde zu Boden, das ist das zweite. Das Wasser tritt über den Bodensatz, und dieses Wasser ist das dritte. Bei der Kosmogenie im Großen nimmt Gott das zum Wasserverwandlungsexperiment geeignete Wasser, das ist das erste. Nun geht der Orbis terrarum fixus zu Boden, das ist das zweite. Der Orbis terrarum fluidus tritt über den Orb. terrarum fixus, und dieser Orb. terrarum fluidus ist das dritte. Nun steht aber der Orbis terrarum fluidus nicht *über* dem Orbis terrarum fixus, und hier ist also nachzuhelfen. Und das geschieht ff. Man sagt, der Niederschlag des Orb. terrarum fixus erfolgt sukzessiv. Denkt man sich nun, daß der erste Niederschlag in horizontaler Fläche erfolgt, daß dagegen der letzte Niederschlag nicht in horizontaler Fläche, sondern in Höhen und Tiefen, in Berg- und Talform entsteht, so ist damit gegeben, daß der Orb. terrarum fluidus sich als Meer in den Tiefen ansammelt, wogegen der Orb. terrar. fixus diesen Orb. terrar. fluidus überragt. Damit hat man denn Orb. terrar. fixus als Land und Orb. terrar. fluidus als das vom Land umschlossene Meer.

Anlehnend an den Umstand, daß der Nil den Himmel absorbiert, daß man also im Nil: Nil, Ägypten und Himmel hat, machte sich auch die jüdische Alchemie daran, den Himmel in das Wasserverwandlungsexperiment im Großen hineinzuziehen. Und das tut sie ff.

Die jüdischen Alchemisten sagten, der Himmel, wie er sich über uns befindet, hat die Gestalt einer halben Eierschale. Indem das Wasserverwandlungsexperiment im Großen instituiert wird, bedarf es dazu, wie beim Wasserverwandlungsexperiment im Kleinen, eines Gefäßes. Nehmen wir nun an, dieses Gefäß beim Wasserverwandlungsexperiment im Großen habe die Gestalt einer ganzen Eierschale. Jetzt läßt man das Experiment vor sich gehen, und es entsteht der Orb. terrar. fixus und der Orb. terrarum fluidus. Hat man diese, so wird die untere Eierschalenhälfte abgeschlagen, die obere Hälfte bleibt, und damit hat man denn den Himmel, wie er über uns ist. Das ist das jüdische Problem vom *Weltenei*, welches Weltenei also in seiner Totalität das Gefäß repräsentiert, in dem das Wasserverwandlungsexperiment im Großen instituiert wird, und in seiner oberen Hälfte den Himmel repräsentiert, der in Gestalt einer Glocke oder wie die jüdischen Alchemisten statt dessen sagten, in Gestalt einer halben Eierschale, mit der Spitze nach oben, über uns steht.

So liegt die jüdische Alchemie ursprünglich, bevor die 6 Tage der Welterschaffung da sind. Sie stellt 3 Kosmologika auf: Orbis terrarum fixus, Orbis terrarum fluidus, Coelum. Das letztere wird als Firmament genommen und dabei gedacht, wo man das Firmament hat, hat man Sonne, Mond und Sterne implizit. Orbis terrar. fixus et fluidus entstehen auf Grund des eigentlichen Wasserverwandlungsexperimentes, der Himmel entsteht an der Hand des Gefäßes, in dem das Wasserverwandlungsexperiment vor sich geht. Gott ist es, der das Wasserverwandlungsexperiment im Großen vornimmt.

Sobald aber die 6 Schöpfungstage kommen, wird die Sache anders. Die Spezialität der 6 Tage bedingt, daß man den Schöpfungsprozeß näher in's Auge faßt. Man sagt, Gott erschafft die Welt, indem er das Wasserverwandlungsexperiment im Großen vornimmt. Wenn Gott nun aber einmal am Erschaffen ist, so muß er zuvörderst einmal das schaffen, womit er das Wasserverwandlungsexperiment vornehmen kann. Er muß zunächst das Weltenei erschaffen, und dann das zum Wasserverwandlungsexperiment geeignete Wasser. Erst wenn er das erschaffen hat, kann er sich an die Instituierung des Experimentes machen, dann kann er erst die eigentliche Welt erschaffen. Damit sind denn 2 Perioden gegeben, die Periode der Vorbereitung zum Wasserverwandlungsexperiment und die Periode der eigentlichen Instituierung dieses Experiments. Es fällt also die eigentliche Welterschaffung in die zweite Periode. Diese zweite Periode soll 6 Tage dauern. Da liegt es also nahe, daß man das Wasserverwandlungsexperiment in 6 Teile zerfallen läßt, von denen je ein Teil auf einen Tag kommt. Nun ist es aber schwer oder gar unmöglich, das Wasserverwandlungsexperiment in 6 Teile zerfallen zu lassen, und darum ist hier nachzuhelfen. Und da sagt man denn, wo es sich um eine Kosmogenese handelt, da braucht man sich ja nicht gerade an die anorganische Welt zu halten, man kann auch die organische Welt mit hineinziehen. Damit wird nun zwar der eigentliche Boden des Wasserverwandlungsexperiments verlassen, welches doch die eigentliche Angel ist, um die sich die Kosmogenese dreht. Indessen der Griff ist doch nicht gar zu kühn, denn wenn wir uns auf das Wasserverwandlungsexperiment als solches versteifen wollen, so haben wir den reinen Boden desselben bereits verlassen, wenn wir den Himmel in die Sache ziehen. Wir nahmen keinen Anstand, den Himmel in die Sache zu ziehen, und auf Grund dessen brauchen wir auch keinen Anstand zu nehmen, die organische Welt heranzuziehen. Sobald aber einmal die organische Welt in den Bereich der Kosmogenese gezogen, liegt es nahe, zu gleichen Teilen zu teilen, das ist von den 6 Schöpfungstagen 3 auf die anorganische Welt und 3 auf die organische Welt zu distribuieren, wobei aber die 3 Schöpfungstage, auf welche die anorganische Welt kommt, vorangehen, denn bevor nicht einmal die anorganische Welt da ist, ist kein Substrat für die organische Welt gegeben. Damit fällt auf den vierten, fünften und sechsten Tag die organische Welt, und indem man nun jedem einzelnen Tag das ihm Zukommende gibt, macht es sich am natürlichsten, wenn auf den vierten Tag die Pflanzenwelt, auf den fünften Tag die Tierwelt und auf den sechsten Tag die Krone der Schöpfung, der Mensch kommt. Die Pflanzenwelt wird zunächst erschaffen, auf daß die sich von Pflanzen nährende Menschen- und Tierwelt Nahrung hat. Der Mensch wird zuletzt erschaffen, damit er sich von Pflanzen und Tieren nähren kann, und weil er der Herr über das Tier ist. Würde der Mensch vor dem Tier geschaffen, so fehlte ihm einerseits die Tiernahrung, andererseits wäre dann der Herr ohne den Diener da, was soll aber der *Herr* der Schöpfung ohne den Diener?

Auf den ersten, zweiten und dritten Tag käme also die anorganische Welt, und es fragt sich, in welcher Weise man jedem einzelnen Tag von ihnen das ihm Zukommende gibt. Wir haben ursprünglich in der jüdischen Alchemie 3 Kosmologika: Coelum vom Standpunkt des Firmaments, Orbis terrar. fixus et fluidus. Somit läge es also am nächsten, jedem der 3 Tage eins von diesen zu geben. Indessen das geht nicht. Wenn die Schöpfung nach Tagen vor sich gehen soll, dann muß vorab einmal der *Tag* da sein. Der Tag knüpft sich aber an Sonne, Mond und Sterne, von denen die Sonne den Tag im engeren Sinne regiert, Mond und Sterne die Nacht. Es erhalten also bei der Erschaffung, die nach Tagen vor sich geht, Sonne, Mond und Sterne eine hervorragende Wichtigkeit, und bei dieser hervorstechenden Wichtigkeit kann man nicht mehr sagen, wir haben das Firmament, und dem schmiegen sich Sonne, Mond und Sterne eo ipso an. Ei, wird man sagen, dem ist leicht abzuhelfen. Vorhin hatte man das Coelum vom Standpunkt des Firmaments, jetzt drehe man die Sache um und nehme das Coelum vom Standpunkt der Sonne, Mond und Sterne. Vorhin implizierte das Firmament: Sonne, Mond und Sterne, jetzt mögen Sonne, Mond und Sterne das Firmament implizieren, und damit ist die Sache erledigt. Wir haben also: Coelum vom Standpunkt von Sonne, Mond und Sternen, Orbis terrarum fixus, Orbis terrarum fluidus. Damit wäre also der alte Standpunkt mit dem neuen Standpunkt mutatis mutandis in Einklang gebracht. So scheint es auf den ersten Blick ganz passend zu sein. Näher betrachtet, geht so etwas aber doch nicht. Denn man kann wohl sagen, wir haben die 3 Kosmologika: Coelum, Orbis terrarum fixus et fluidus, wir können sie aber nicht auf 3 Tage distribuieren. Denn wir haben, indem das Wasserverwandlungsexperiment im Großen vor sich geht, den Orbis terrarum fixus et fluidus nicht eher, als bis das Experiment seine Endschaft erreicht hat. Hat es aber einmal seine Endschaft erreicht, so sind beide a tempo da, und dieses zeitige Hand in Hand von Orbis terrarum fixus et fluidus macht es unmöglich, daß wir jedem von ihnen einen besonderen Tag geben können, es zwingt uns vielmehr, beide auf einen Tag zu bringen. Sobald also die Schöpfung nach Tagen vor sich gehen soll, kommt man mit der Distribuierung der ursprünglichen 3 Kosmologika, resp. der Umwandlung des Coelum als Firmament in Coelum als Sonne, Mond und Sterne nicht aus. Man muß sich demnach nach anderem Rat umsehen. Und da werden denn die 4 Kosmologika: Sonne, Mond und Sterne, Firmament, Orbis terrarum fixus et fluidus angenommen. Sonne, Mond und Sterne kommen auf einen Tag, das Firmament kommt wieder auf einen Tag, und endlich Orbis terrarum fixus et fluidus kommen vereint auf einen Tag. Nun wird man aber sagen, das hinkt wieder, denn wenn man für Orbis terrarum fixus et fluidus das a-tempo-Sein beansprucht, so muß man es auch für Sonne, Mond und Sterne und Firmament beanspruchen. Die Alten dachten sich Sonne, Mond und Sterne an den Himmel geheftet. Isochronisch mit Sonne, Mond und Sternen muß man daher auch das Firmament haben, denn ginge dies nicht isochronisch mit ihnen Hand in Hand, so würden Sonne, Mond und Sterne herunterfallen. Also wird man sagen, muß der Tag, welcher Sonne, Mond und Sterne bringt, auch das Firmament bringen. Sonne, Mond und Sterne können nicht eine Tagesfrist oder gar noch länger auf das Firmament warten. Somit hat man für Sonne, Mond und Sterne mit Firmament einen Tag, wie man für Orbis terrarum fixus et fluidus einen Tag hat. Und damit hat man denn bloß Stoff für zwei Tage, wo doch drei zu employieren sind. Das ist nun schon richtig. Indessen man hilft sich hier mit der ersten Schöpfungsperiode, und dies zeigt, daß es ein notwendiges Requisit der Annahme von 6 Schöpfungstagen ist, daß ihnen eine Periode, die Vorbereitung des Wasserverwandlungsexperimentes, vorangeht. In der ersten Periode haben wir nämlich das Weltenei. Dies ist zwar nicht der Himmel, es soll in seiner oberen Hälfte erst zum Himmel *werden*. Indessen, wenn dem auch so ist, mit dem Weltenei im Ganzen ist auch seine obere Hälfte gegeben, und da diese obere Hälfte einmal da ist, so ist mit ihr, in ihr, an ihr auch der Platz da, an den Sonne, Mond und Sterne geheftet werden. Werden nun am ersten Tage Sonne, Mond und Sterne geschaffen, so sind sie zwar *ohne* Himmel da, denn der entsteht erst, wenn das Weltenei eingeschlagen wird, wenn seine untere Hälfte schwindet, zu sein aufhört. Indessen der *Platz* ist doch da, an dem sie zu stehen kommen, und indem dieser Platz verwertet wird, ist einmal vorab dem ein Damm entgegengesetzt, daß Sonne, Mond und Sterne nicht herunterfallen, was am Ende die Hauptsache ist. So lassen sich denn *absolut* zwar nicht Sonne, Mond und Sterne ohne Himmel denken, *relativ*, und zwar in Bezug auf das Weltenei, lassen sie sich aber doch ohne Himmel denken. Damit involviert denn der erste Tag, indem er Sonne, Mond und Sterne ohne Himmel bringt, keine Perversität. Nun aber hat man, indem man Sonne, Mond und Sterne hat, eben indirekter Weise den Himmel, aber nicht direkter Weise, und dazu, daß man den Himmel *direkt* erhält, dazu tritt einer der folgenden Tage ein. Und damit liegt denn weiter keine Perversität mehr darin, daß man einem Tage Sonne, Mond und Sterne, einem anderen Tage den Himmel, und wieder einem anderen Tage den Orbis terrarum fixus et fluidus gibt. Nun fragt es sich weiter, wie denn im Näheren die betreffenden Kosmologika auf die einzelnen Tage distribuiert werden sollen. Und da wird denn distribuiert: Erster Tag: Sonne, Mond und Sterne, zweiter Tag: Firmament, dritter Tag: Orbis terrarum fixus et fluidus.

Daß der erste Tag Sonne, Mond und Sterne bringen muß, liegt auf der Hand. Soll die Schöpfung nach Tagen vor sich gehen, so muß erst einmal der *Tag* da sein. Dieser entsteht mit der Erschaffung von Sonne, Mond und Sternen. Der erste Tag bringt vorab einmal sich selbst, und nachdem er sich selbst gebracht hat, schmiegen sich ihm, da Sonne, Mond und Sterne bleiben, die übrigen Tage von selbst an. Die einmal in Bewegung gesetzte Kugel der Zeit rollt weiter. Nun sind Sonne, Mond und Sterne in Bezug auf die erste Schöpfungsperiode zwar gerade keine Perversität, wie wir das vorhin gesehen, indessen Sonne, Mond und Sterne ohne eigentlichen Himmel repräsentieren doch immer einen Zustand, an dem sich häkeln läßt. Darum ist es gut, daß man aus diesem Zustand sobald als möglich herauskommt. Und da ist es denn sachentsprechend, daß, je eher man aus diesem Zustand herauskommt, desto besser. Darum macht es sich am besten, daß gleich der zweite Tag den Himmel bringt. Nun wird man aber sagen, der Himmel, das Firmament, kann nicht anders entstehen, soll doch dadurch entstehen, daß das Himmelsei eingeschlagen wird. Sobald dies aber eingeschlagen wird, läuft sein Inhalt ab, und das Wasserverwandlungsexperiment kann nicht weiter vor sich gehen. Denn hat man das Wasserverwandlungsexperiment im Kleinen, und schlägt das Gefäß entzwei, bevor sich der Bodensatz gebildet, dann hat es mit dem Experiment ein Ende. Hier dachten sich nun die jüdischen Alchemisten die Sache ff. Die Erde, die wir bewohnen, ist fest. Daraus geht denn hervor, daß, sei auch der Bodensatz beim Wasserverwandlungsexperiment im Kleinen wie er will, daß er beim Wasserverwandlungsexperiment im Großen *fest* ist. Sobald nun das Wasserverwandlungsexperiment, einerlei ob im Großen oder im Kleinen, vor sich zu gehen anfängt, sofort haben wir auch Bodensatz. Hätten wir den nicht sofort, so hätte das Experiment noch nicht angefangen. Da nun beim Wasserverwandlungsexperiment im Großen der Bodensatz fest ist, so haben wir, sobald das Experiment vor sich zu gehen anfängt, *festen* Bodensatz. Nehmen wir nun an, daß in demselben Moment, in dem das Einschlagen des Himmelsei's stattfindet, auch das Wasserverwandlungsexperiment vor sich zu gehen beginnt, so haben wir auch in demselben Moment, wo eingeschlagen wird, festen Bodensatz. Dieser feste Bodensatz bildet sich konzentrisch — so wird angenommen —

mit der unteren Eierschalenhälfte, er bildet also ein Gefäß im Gefäß, und macht dadurch, daß er ein Gefäß im Gefäß bildet, das ursprüngliche Gefäß überflüssig. Somit ist das Ablaufen des Weltenwassers unmöglich gemacht. Es steht also der obigen Distribuierung der Kosmologika auf die 3 ersten Tage nichts im Wege, und ihr gemäß ist die Sache derartig, daß der 1. Tag Sonne, Mond und Sterne bringt. Nun wird am 2. Tage das Weltenei eingeschlagen und im selben Moment beginnt das Wasserverwandlungsexperiment vor sich zu gehen. Wir haben damit am zweiten Tage den Himmel und den Anfang des Vorsichgehens der Wasserverwandlung. Die letztere dauert dann den 2. Tag fort und ist am 3.Tag absolviert, womit denn der 3. Tag den Orbis terrarum fixus et fluidus bringt.

Jetzt zur ersten Schöpfungsperiode, von der wir gesehen, daß sie ein notwendiges Requisit zur zweiten Schöpfungsperiode bildet. Das Wasserverwandlungsexperiment knüpft sich, wie wir wissen, an den Nil. Lassen wir nun das Wasserverwandlungsexperiment im Großen mit der Bildung Ägyptens aus dem Nil parallel gehen, so läuft das Weltenwasser, mit dem das Wasserverwandlungsexperiment vorgenommen wird, dem Nil parallel. Dabei ist aber wohl zu bemerken, daß der Nil überhaupt nicht Ägypten ergibt, sondern der übergetretene Nil, das ist der mit Nilschlamm imprägnierte Nil. Dem Weltenwasser, mit dem das Wasserverwandlungsexperiment im Großen vorgenommen wird, läuft also nicht der Nil überhaupt parallel, sondern der übergetretene, der mit Nilschlamm imprägnierte Nil. Will man sich diesen letzteren Nil darstellen, so nimmt man den gewöhnlichen Nil und imprägniert ihn mit Nilschlamm, mit Nilerde. Das ergibt denn das Analogum: Will man sich das zum Wasserverwandlungsexperiment im Großen zu verwendende Wasser darstellen, so nimmt man Wasser, welches dem nicht ausgetretenen Nil parallel läuft, und imprägniert das mit Erde. Der gewöhnliche Nil ist aber immer da, wogegen der mit Nilschlamm imprägnierte Nil, der ausgetretene Nil nicht immer da ist. Indem man das aber auf das zum Wasserverwandlungsexperiment im Großen zu präparierende Wasser überträgt, nimmt man das Wasser, was immer da ist, und versetzt sich das mit Erde. Hieran anknüpfend sagt denn die jüdische Alchemie, indem Gott das Wasser zum Wasserverwandlungsexperiment im Großen vorbereitet, nimmt er das

Wasser, was immer da ist, immer da war, von Ewigkeit da war, und versetzt dieses mit Erde. Indem sich also Gott daran macht, das Wasserverwandlungsexperiment im Großen vorzubereiten, schafft er nicht die Vereinigung von Wasser und Erde, das ist dasjenige Wasser, wie es nötig ist — die Juden experimentieren ja nicht, wie wir wissen, mit reinem Wasser, sondern mit solchem Wasser, welches durch das Enthalten von Erde von vornherein zum Fallenlassen eines Bodensatzes disponiert — nein, eine solche Vereinigung von Wasser und Erde schafft er nicht. Er nimmt vielmehr das Wasser, was von Ewigkeit da ist, und imprägniert dieses mit Erde. Vorab schafft er sich aber das Weltengefäß, das Himmelsei, denn ohne dies würde er ja sein Wasser nicht fixieren können.

Und so liegt denn, um das Ganze übersichtlich zusammenzustellen, die jüdische Alchemie, die sich an die 6 Schöpfungstage anschmiegt, ff.

Erste Periode. Gott trifft die Vorbereitung zum Wasserverwandlungsexperiment im Großen. Er schafft sich das Himmelsgefäß und umgibt mit demselben das von Ewigkeit daseiende Wasser. Dies Wasser imprägniert er alsdann mit Erde. Diese Periode ist zeitlos, denn Sonne, Mond und Sterne, an die sich der Tag und mit dem Tage die Zeit knüpft, sind noch nicht da.

Zweite Periode. Sie zählt nach Tagen. Gott schafft die anorganische und organische Welt. Es bringt:

Der erste Tag : Sonne, Mond und Sterne.
Der zweite Tag : den Himmel.
Der dritte Tag : Orbis terrarum fixus et fluidus.
Der vierte Tag : die Pflanzenwelt.
Der fünfte Tag : die Tierwelt.
Der sechste Tag: den Menschen.
Am siebenten Tage, am Sabbath, ruht Gott.

Kosmogenese des Ersten Buches Mosis im Allgemeinen

Von dem, was wir im vorigen Abschnitt kennengelernt haben, weicht die Kosmogenese, wie sie sich zu Anfang des Ersten Buches Mosis vorfindet, bedeutend ab. Grund dieser Abweichung ist der Umstand, daß sich der Autor dieser Schöpfungsgeschichte nicht mit der Idee vertraut machen kann, daß Sonne,

Mond und Sterne ohne Himmel existieren sollen. Er sagt, am ersten Tage existiert noch kein Himmel, also können Sonne, Mond und Sterne am ersten Tage nicht erschaffen werden. Das Zurückgehen auf die erste Schöpfungsperiode soll der Sache zwar einen Halt geben, gibt ihn aber nicht. Wir haben, sagt der Autor, der Frage strikt in's Gesicht zu schauen: Sind Sonne, Mond und Sterne ohne Himmel denkbar oder nicht denkbar? Antwort: Nein, Sonne, Mond und Sterne sind ohne Himmel nicht denkbar! Einfache Folge: Also kann der erste Tag, an dem der Himmel noch gar nicht da ist, Sonne, Mond und Sterne *nicht* bringen, und damit ist die Sache fertig!

Durch eine solche Auffassung der Dinge hat sich nun der Autor eine ganz besondere Situation geschaffen. Eine Schöpfungsgeschichte, welche nach *Tagen* vor sich gehen soll, muß vorab einmal den *Tag* bringen. Der erste Tag hat *sich selbst* zu bringen. Wie geht das nun aber, wenn dieser erste Tag Sonne, Mond und Sterne *nicht* bringt, wenn also am ersten Tage nichts da ist, was den Tag an sich knüpft?

Hier hilft sich der Autor derartig, daß er neben Sonne, Mond und Sternen noch besonders das *Licht* annimmt. Er nimmt also an, es handele sich um ein Zwiefaches, um Sonne, Mond und Sterne *und* Licht. Dieses Licht säsiert er für den ersten Tag, und hat damit ein Etwas, dem er vorläufig die Rolle von Sonne, Mond und Sternen überträgt. Der erste Tag bringt das Licht, und mit dem Lichte sich selbst. Nun hat's keine Eile mehr mit Sonne, Mond und Sternen, diese kommen erst am vierten Tage.

Das Licht des ersten Tages *ohne* Sonne, Mond und Sterne liegt mysteriös genug. Woher kommt der Autor zu demselben? — Die Sache ist ff. zu erklären.

Der Autor der ersten Schöpfungsgeschichte im Ersten Buche Mosis hat diese Schöpfungsgeschichte nicht von vorn bis hinten selbst ausgearbeitet. Vielmehr hatte er die Schöpfungsgeschichte nach sechs Tagen, wie sie die eigentliche jüdische Alchemie aufstellt, geschrieben vor sich liegen, und hielt von ihr bei, was er gebrauchen konnte. Nur das, was er nicht gebrauchen konnte, modifizierte er. Dieses letztere Schriftstück fing gerade so an wie die Schöpfungsgeschichte im ersten Kapitel des Ersten Buches Mosis (vergl. den folgenden Abschnitt):

Am Anfang schuf Gott Himmel und Erde. Und die Erde war ein Durcheinander, und Finsternis auf der Oberfläche des Abgrundes, und der Geist Gottes schwebte auf der Oberfläche des Wassers. Und Gott sprach: Es werde Licht.

So weit decken sich also die beiden Schriftstücke, die Schöpfungsgeschichte im ersten Kapitel des Ersten Buches Mosis und das Schriftstück, welches der Autor derselben vor sich hatte.

Jetzt aber tritt eine Differenz ein. Das Schriftstück, welches der Autor vor sich hatte, fuhr nach dem: Und Gott sprach: Es werde Licht — fort:

Und es wurden Sonne, Mond und Sterne. Demnach lautete denn das Schriftstück, welches der Autor vor sich hatte, ff.

Am Anfang schuf Gott Himmel und Erde. Und die Erde war ein Durcheinander, und Finsternis auf der Oberfläche des Abgrundes, und der Geist Gottes schwebte auf der Oberfläche des Wassers. Und Gott sprach: Es werde Licht. Und es wurden Sonne, Mond und Sterne.

Daß auf die Weise das Schriftstück, welches der Autor vor sich hatte, auf der einen Seite das *Licht* nennt, was es auf der anderen Seite *Sonne, Mond* und *Sterne* nennt, kommt daher, daß es durch die Kollektivbezeichnung »Licht« Sonne, Mond und Sterne als solche bezeichnen will, welche aus dem Eingesichtspunkt des Lichtes, des Leuchtens, das ist als leuchtende Himmelskörper aufzufassen sind.

Der Autor der Schöpfungsgeschichte im ersten Kapitel des Ersten Buches Mosis sagt nun, aber wenn es heißt, einerseits: Es werde Licht, andererseits: Es wurden Sonne, Mond und Sterne, so sind das zwei Gesichtspunkte. Es wird *zwei* Dingen Rechnung getragen, zwei *verschiedenen* Dingen, einerseits dem Lichte, andererseits Sonne, Mond und Sternen. Daraus, sagt der Autor, bekomme ich ein Recht, beide zu trennen. Und er trennte sie, und erhält so das mysteriöse Licht *ohne* Sonne, Mond und Sterne für den ersten Tag.

Es ist wahrscheinlich, daß, nachdem der Autor der Schöpfungsgeschichte im ersten Kapitel des Ersten Buches Mosis sich auf die Weise sein mysteriöses Licht herauskalkuliert hat, daß er ihm dann auch sozusagen eine praktische Unterlage gibt. Das würde denn ff. liegen:

Er denkt sich, er habe, im Anlehnen an das Himmelsei, ein Ei in der Hand. Durch dieses Ei kann er nicht hindurchschauen. Also, sagt er, ist es im Ei, im Himmelsei, dunkel. Gesetzt nun, es wird *im* Ei hell, so kann er doch nicht hindurchschauen. Er gewahrt zwar einen Schimmer, aber das, was den Schimmer hervorbringt, kann er nicht unterscheiden, das verhindert die Solidität der Eiwand. Werden also, so sagt er im Anlehnen an das Himmelsei, an die obere Eierschalenhälfte Sonne, Mond und Sterne gesetzt, wie das doch nach der eigentlichen jüdischen alchemistischen Anschauung stattfinden soll, am ersten Tage stattfinden soll, so können sie doch nicht leuchten. Das heißt denn, sie können nicht leuchten nach seiner, des Autors Anschauung, der nicht durch die Wände seines Eies hindurchschauen kann, und daher wohl einen Schimmer wahrnimmt, aber nicht das eigentliche Leuchten, wie es der Sonne namentlich zukommt. Er kann, indem er sein Ei an das Weltenei anlehnt, Sonne, Mond und Sterne nicht sehen, und spricht ihnen daher das eigentliche Leuchten ab. Nun sagt er weiter: Wird nach der eigentlichen jüdischen Alchemie am zweiten Tag das Himmelsei eingeschlagen, so fangen *jetzt* Sonne, Mond und Sterne zu leuchten an. Dabei denkt er an sein Ei, welches er in der Hand hat. Schlägt er das ein, so kann er hineinsehen, und damit hat die Finsternis in ihm aufgehört. So denkt er, hört auch mit dem Einschlagen der Zustand der Finsternis im Weltenei auf, weil er in übertragener Weise nach dem Einschlagen Sonne, Mond und Sterne sehen kann.

Auf diese Weise kalkuliert sich denn der Autor, sozusagen praktisch, zwei Arten von Lichtdingen heraus: Sonne, Mond und Sterne und das Licht, welches erst von außen her zu ihnen dringen muß, damit sie leuchten. *Ohne* dieses Licht, so nimmt er an, können Sonne, Mond und Sterne doch nicht leuchten, daher seine hohe Wichtigkeit den letzteren gegenüber.

Es braucht wohl kaum darauf hingewiesen zu werden, daß die eigentliche jüdische Alchemie an diese zwei Arten von Licht auch nicht im Traume denkt. Die denkt sich nicht, wie der Autor der Schöpfungsgeschichte im ersten Kapitel des Ersten Buches Mosis, *außerhalb* des Eies, sondern *im* Ei, und das ist auch der richtige Standpunkt. Der erste Niederschlag aus dem Weltenwasser bildet ein Gefäß, welches mit der unteren Eihälftenschale konzentrisch ist, und nun folgt immer mehr Bodensatz, bis die untere Schale, wenigstens denn der Raum, den sie sonst umschloß, approximativ gefüllt ist. Das ist dann die Erde, welche wir bewohnen. Stellen wir uns als Menschen also in Relation zum Weltenei, so befinden wir uns nicht außerhalb desselben, sondern in ihm, natürlich präsumtiv, denn zu der Zeit, wo das Weltenei da ist, existiert der Mensch noch nicht. Für die eigentliche jüdische Alchemie liegt gar kein Motiv vor, daß die am ersten Tage geschaffenen Sonne, Mond und Sterne *nicht* leuchten sollen, die bedürfen des von außen hinzukommenden *Lichtes* nicht, auf daß das Leuchten vor sich gehe.

Die hier ventilierte praktische Unterlage, welche der Autor der Schöpfungsgeschichte im ersten Kapitel des Ersten Buches Mosis wahrscheinlich seinem mysteriösen Lichte gibt, ist lükkenhaft genug. Indessen das Exponierte *bietet* ihm nicht sein Licht, es lehnt sich ihm bloß an, nachdem er es bereits hat, und das gibt ihm gewissermaßen eine Deckung. Daß er aber das betreffende Licht notorisch hat, im Anlehnen an die eigentliche jüdische Schöpfungsgeschichte, welche vor ihm liegt, das unterliegt bei diesen Autor keinem Zweifel.

Wie wir im folgenden Abschnitt sehen werden, wandelt dieser Autor die Stelle: Und Gott sprach: »Es werde Licht. Und es wurden Sonne, Mond und Sterne«, um in: Und Gott sprach: »Es werde Licht. Und es ward Licht.«

Es wird mir doch, so sagt er, kein Mensch auf dieser Welt absprechen können, daß, wenn Gott beispielsweise sagt: Es werde der Himmel — daß dann der Himmel wird, wenn Gott sagt: Es werde die Erde — daß dann die Erde wird, u.s.w. Also sagt er, wird es mir auch kein Mensch auf der Welt absprechen können, daß, wenn Gott sagt: Es werde *Licht* — daß dann das *Licht* wird. Und das ist allerdings richtig. Die Sache hapert bloß darin, daß, wenn Gott in der eigentlichen jüdischen Schöpfungsgeschichte spricht: Es werde Licht, daß dies Licht dann nichts anderes ist als ein Kollektiv-Ausdruck für Sonne, Mond und Sterne. Diesem Tatbestand kehrt aber unser Autor den Rücken. Dem Worte nach, und an dieses hält er sich, hat er Recht, dem Sinne nach nicht.

Also der Autor der Schöpfungsgeschichte im ersten Kapitel des Ersten Buches Mosis hat am ersten Tag das Licht, und indem er es hat, ersetzt es ihm in Bezug auf den Tag, auf die Zeit, Sonne, Mond und Sterne, bis diese an die Reihe kommen, und das geschieht ihm am vierten Tage. Von der Arrangierung in Bezug auf den zweiten und dritten Tag findet er keinen Grund, wenigstens denn im Allgemeinen, abzugehen. Und so hat er denn: Erster Tag: Licht — zweiter Tag: Himmel — dritter Tag:

orbis terrarum fixus et fluidus — vierter Tag: Sonne, Mond und Sterne.

Damit hat denn dieser Autor *vier* Tage für die anorganische Welt. Rechnet er hierzu die drei Tage für die organische Welt, so kommen ihm *sieben* Schöpfungstage im Ganzen heraus.

Wir wollen nun vorab einmal den kosmogenetischen Tagen überhaupt in's Gesicht schauen.

Wenn es sich um eine Kosmogenese handelt, welche nach Tagen vor sich geht, so liegt einer solchen das zu Grunde, daß man die Welt in eine gewisse Anzahl von Teilen zersplittert. So viele Teile hierbei denn herauskommen, so viele Tage sind anzunehmen. Rechnet man sich 6 Teile heraus, so sind 6 Tage anzunehmen, rechnet man sich 8 Teile heraus, so sind 8 Tage anzunehmen, rechnet man sich 10 Teile heraus, so sind 10 Tage anzunehmen u.s.w. Selbstredend muß hierbei jeder Tag seinen *einzelnen*, seinen ihm vor den anderen eigens zukommenden Weltenteil erhalten. Darum dreht sich die ganze Sache. Fällt das, so geht die Kosmogenese nach Tagen über den Haufen. Rechnet man sich beispielsweise 8 Weltenteile heraus und will alsdann 5 Tage annehmen, so ist das eine Perversität. Wenn man sich 8 Weltenteile herausrechnet, so muß man auch 8 Tage annehmen, und keine 5. Denn was soll weiter noch eine Einteilung nach Tagen, wenn die Zahl der Tage und Weltenteile sich nicht entsprechen? Indem nun derjenige, der auf die Idee kam, an den Sabbath die 6 Wochentage anzulehnen, und diese zu einer Kosmogenese zu verwerten, indem er diese Idee faßte, hatte er sich zu überlegen, ob sich denn die Welt in 6 Teile zersplittern lasse. Konnte er diese Zersplitterung ohne Zwang vornehmen, so konnte er sich an die Realisierung seiner Idee machen. Konnte er das aber nicht ohne Zwang, so löste sich die Idee auf, und es hatte mit dem Plane, an 6 Schöpfungstage eine Kosmogenese zu knüpfen, seine Endschaft. Er konnte nun seine Idee realisieren, er konnte sich ohne Zwang die Welt in 6 Teile zersplittern, und damit war dann die Kosmogenese im Anlehnen an 6 Tage gegeben. Nach der eigentlichen jüdischen Kosmogenese ist es nämlich so, daß gerade 6 Teile der Welt herauskommen, und daß damit jedem Tag sein Einzelcharakteristikum zugeteilt werden kann. Der erste Weltenteil ist: Sonne, Mond und Sterne. Diese sind nicht aufzufassen als 3 Dinge, sondern als *ein* Ding, nämlich als der *eine* Inbegriff der leuchtenden Himmelskörper. Der zweite Weltenteil ist der Himmel. Der dritte Weltenteil ist die Summe von Orbis terrarum fixus et fluidus. Hier scheint es mit dem *einen* Teil zu hapern, denn man hat im Orbis terrarum fixus et fluidus *zwei* Teile, und nicht *einen*. Indessen man bedenke, daß wenn man die Welt in eine bestimmte Anzahl von Teilen zersplittert, daß man dabei nach Prinzipien verfahren muß. Das erste Prinzip, nach welchem die eigentliche jüdische Alchemie zersplittert, ist: Teilung der Welt in den anorganischen und organischen Teil. Das zweite Prinzip ist, für die anorganische Welt das Wasserverwandlungsexperiment als Anhaltspunkt zu nehmen. Das dritte Prinzip ist für die organische Welt: möglichst weite Fassung der organischen Gruppen mit strenger Scheidung des einen vom anderen in gewöhnlich populärer Auffassung. Dem zweiten Prinzip ist nun gar nicht anders Rechnung zu tragen, als durch ein synchronisches Zusammengehen von Orbis terrarum fixus et fluidus. Soll das aber statt haben, so müssen Orbis terrar. fixus et fluidus auf *einen* Tag kommen. Indem sie aber auf einen Tag kommen, nach dem Prinzip auf einen Tag kommen, welches der Zersplitterung der anorganischen Welt zu Grunde gelegt wird, kann es nichts Perverses mehr haben, daß Orbis terrarum fixus et fluidus vom Eingesichtspunkt aufgefaßt werden. Es handelt sich ja nicht um die in abstrakto aufgeworfene Frage: Sind Orbis terrarum fixus et fluidus 2 Dinge oder 1 Ding? Es handelt sich vielmehr um die Frage: Verträgt es sich mit dem Prinzip, welches der Zersplitterung der anorganischen Welt zu Grunde gelegt wird, daß Orbis terrarum fixus et fluidus aus dem Eingesichtspunkt aufgefaßt werden? Und da müssen wir denn antworten: Ja, es verträgt sich mit diesem Prinzip. Nun wohl, weil es sich damit verträgt, deswegen steht dem, daß Orbis terrarum fixus et fluidus als *Eins* aufgefaßt werden, nichts im Wege. — Der vierte Weltenteil ist die Pflanzenwelt. Der fünfte Weltenteil ist die Tierwelt. Der sechste Weltenteil ist der Mensch. Demgemäß kommen gerade sechs Weltenteile heraus, und der Anlehnung dieser sechs Teile an sechs Tagen steht nichts im Wege.

Dem Autor der ersten Schöpfungsgeschichte im Ersten Buche Mosis kommen aber, wie wir gesehen, nicht 6 Teile heraus, sondern, da er vier Tage für die anorganische Welt konstatiert, 7, nämlich: 1.) Licht, 2.) Himmel, 3.) Orbis terrarum fixus et fluidus, 4.) Sonne, Mond und Sterne, 5.) die Pflanzenwelt, 6.) die Tierwelt, 7.) der Mensch. Diese müßte er nun auf 7 Tage distribuieren und bekäme also heraus, daß Gott die Welt nicht in 6, sondern in 7 Tagen geschaffen. Das will er nun aber nicht, er will wie die jüdische Alchemie überhaupt eine Sechs-Tage-Schaffung annehmen. Er rechnet sich 7 Weltenteile heraus und will diese an sechs Tage anlehnen! Natürlich geht das nicht, da es aber nicht gehen *will*, so *muß* es gehen. Der Autor sagt, wo steht denn geschrieben, daß man, wenn man eine Welterschaffung nach Tagen annimmt, daß da gerade auf jeden Tag ein Weltenteil kommen muß? Nein, so etwas braucht gar nicht statt zu haben, und daß es nicht statt zu haben braucht, dafür tritt selbst die eigentliche jüdische Alchemie ein. Die nimmt ja für den dritten Tag nicht *einen* Weltenteil, sondern *zwei* Weltenteile, den Orbis terrarum fixus et fluidus in Anspruch, die nimmt ja für den ersten Tag nicht *einen* Teil in Anspruch, sondern *drei*: Sonne, Mond und Sterne. Ich brauche also nicht mehr und nicht minder zu tun als die gewöhnliche jüdische Alchemie, indem ich meine 7 Weltenteile auf sechs Tage unterbringe. Bloß, was diese sich bei einem Tag *zweifach* erlaubt, das erlaube ich mir bei diesem Tag *dreifach*. Sie sagt, wenn man am 3. Tage den Orbis terrarum fixus hat, so hat man den Orbis terrarum fluidus implizite, ich sage, wenn man am 3. Tage den Orbis terrarum fixus hat, so hat man nicht nur den Orbis terrarum fluidus implizite, sondern auch die Pflanzenwelt, denn hat man die Erde, so hat man auch die Pflanzstätte für die Pflanzenwelt, und so resultiert die Pflanzenwelt unmittelbar aus dem Orb. terrarum fixus. Diese letztere Kalkulation ist übrigens nicht richtig, denn wenn sich an den Orbis terrarum fixus eo ipso die Pflanzen anreihen sollten, so müßten sich an ihn auch eo ipso die Landtiere anreihen, und analog müßten sich dem Orbis terrarum fluidus die Fische, dem Himmel die Vögel eo ipso anreihen. Aber das verschlägt nicht. Ob der Autor in seinem perversen Standpunkt einen Schritt weiter geht oder nicht, wird wohl nicht schwer in die Waagschale fallen.

Indem nun der Autor die Pflanzen auf den 3. Tag bringt, wäre er eigentlich fertig, indem er hätte: 1. Tag: Licht, 2. Tag: Himmel, 3. Tag: Orbis terrarum fluidus, fixus, Pflanzenwelt, 4. Tag: Sonne, Mond und Sterne, 5. Tag: Tierwelt, 6. Tag: Mensch. Er *will* aber nicht fertig sein. Auf das Recht pochend, welches er sich nimmt, 7 Weltenteile auf 6 Tage bringen zu können, sagt er, nicht nur ein *Recht* liegt vor, die Weltenteile auf 6 Tage derartig zu distribuieren, daß nicht gerade auf je einen Tag ein Weltenteil kommt, sondern auch die *Notwendigkeit*. Mit einer solchen Distribuierung, daß auf je einen Tag ein Weltenteil kommt, ist nicht durchzukommen, das zeigt die eigentliche jüdische Alchemie, welche auf den ersten Tag drei Weltenteile kommen läßt, auf den dritten Tag zwei Weltenteile. Das gibt uns nun den Fingerzeig, dies Prinzip der Distribuierung gänzlich fallen zu lassen. Ich fasse die Sache auf die Weise an, daß ich auf *jeden* Tag *mehrere* Weltenteile bekomme, dann bin ich auf dem rechten Weg, wogegen die eigentliche jüdische Alchemie auf dem falschen Weg ist. Auf die genannte Art bin ich konsequent, denn ich lasse dem einen Tag das recht sein, was dem anderen billig ist. Die eigentliche jüdische Alchemie ist aber inkonsequent, denn die gibt vier Tagen *einen* Teil und zwei Tagen *mehrere*.

Indem nun der Autor jedem Tag mehrere Weltenteile zukommen läßt, distribuiert er folgendermaßen:

Dem ersten Tag gibt er zwei Teile: Licht und Finsternis. Das Licht ist sein mysteriöses Licht des ersten Tages, welches wir kennen. Die Finsternis ist die Finsternis im Weltenei, welche da ist, bevor das Licht geschaffen wird (vergl. den folgenden Abschnitt).

Dem zweiten Tag gibt er zwei Teile: Himmel und Wolken. Er fügt also dem Himmel die Wolken hinzu (vergl. den folgenden Abschnitt).

Dem dritten Tag gibt er drei Teile: Orbis terrarum fixus, Orbis terrarum fluidus, die Pflanzenwelt.

Dem vierten Tag gibt er drei Teile: Sonne, Mond, Sterne. Diese faßt er also nicht aus dem Eingesichtspunkt der leuchtenden Himmelskörper auf, sondern aus dem Dreigesichtspunkt, erstens Sonne, zweitens Mond, drittens Sterne.

In Bezug auf die beiden letzten Tage teilt er alsdann die Tiere in Allgemein- und Sonderklassen. (Vergl. den Abschnitt: »Die Schöpfungsgeschichte im ersten Kapitel des Ersten Buches Mosis«.) Die Allgemeinklassen sind: 1. Wassertiere, 2. Fliegende Tiere, 3. Landtiere. Die Sonderklassen sind: ad 1. a) Große Walfische, b) Tiere, welche leben und weben und vom Wasser erregt werden; ad 3a) Vieh, b) Gewürm, c) Tiere auf Erden im engeren Sinne. Alsdann gibt er: dem fünften Tag 3 Teile: 2 Arten Wassertiere, fliegende Tiere; dem sechsten Tag 4 Teile: 3 Arten Landtiere, Mensch.

So bekommt er denn heraus:

für den ersten Tag:	2 Teile
für den zweiten Tag:	2 Teile
für den dritten Tag:	3 Teile
für den vierten Tag:	3 Teile
für den fünften Tag:	3 Teile
für den sechsten Tag:	4 Teile
Summa	17 Teile

Damit hat denn der Autor 17 Weltenteile herausbekommen. Für eine Kosmogenese, die nach 6 Tagen rechnet, und die damit 6 Weltenteile präsentieren sollte, in Worten *siebzehn* Weltenteile! Und das alles dem mysteriösen Licht des ersten Tages zu Liebe, denn das allein ist es doch, welches diese Verwicklungen heraufbeschwört.

Wir sehen also, daß es sich bei der Kosmogenese im ersten Kapitel des Ersten Buches Mosis um ein lückenhaftes alchemistisches Machwerk handelt, und daß wir im Vorangehenden nicht Unrecht getan haben, wenn wir der ersten Schöpfungsgeschichte diesen Titel gegeben haben.

Wir wollen jetzt den ersten Teil der ersten Schöpfungsgeschichte speziell durchnehmen, in Bezug auf den zweiten Teil ist dies bereits im Abschnitt »Die Schöpfungsgeschichte im ersten Kapitel des Ersten Buches Mosis« geschehen.

Besondere Kosmogenese des ersten Teils des ersten Kapitels im Ersten Buch Mosis

Erste Schöpfungsperiode

Vers 1.

Am Anfang schuf Gott Himmel und Erde *(Luther).*

Dieser Vers gehört dem Schriftstück an, welches der Autor der vorliegenden Schöpfungsgeschichte vor sich liegen hat (vergl. den vorigen Abschn.), und er interpretiert ihn im Sinne der eigentlichen jüdischen Alchemie.

Am Anfang. Das ist nicht der Anfang aller Dinge, sondern dieser Anfang datiert von da, wo Gott auf die Idee kommt, das Wasserverwandlungsexperiment im Großen vorzunehmen. Einen Anfang aller Dinge gibt es im Sinne des Autors nicht, denn das Wasser, welches dem Anfang, von dem hier die Rede ist, vorangeht, ist von Ewigkeit da, und die Ewigkeit hat keinen Anfang.

Himmel. Das ist das Gefäß, welches zum Wasserverwandlungsexperiment im Großen nötig ist. Es soll aus diesem Gefäß, aus diesem Weltenei, aus dieser Welteneischale der Himmel werden, deshalb wird es präsumtiv »Himmel« genannt. Das hat in alchemistischer Ausdrucksweise weiter nichts Auffallendes.

Erde. Das ist die Erde, welche in das reine, von Ewigkeit her existierende Wasser hineinkommt, auf daß aus diesem, sich nicht zum Wasserverwandlungsexperiment qualifizierenden Wasser solches wird, welches sich zum Wasserverwandlungsexperiment qualifiziert.

Also da, wo Gott auf die Idee kommt, das Wasserverwandlungsexperiment im Großen vorzunehmen, präpariert er dasselbe. Er schafft sich zunächst das Gefäß, umgibt mit diesem das von Ewigkeit daseiende Wasser, vermengt dieses Wasser mit Erde, und macht so das Wasser zum Fallenlassen eines Bodensatzes qualifiziert. Das letztere muß Gott tun, weil nach der jüdischen Auffassung (s. bei der ägyptischen Alchemie) des Wasserverwandlungsexperimentes reines Wasser keinen Bodensatz ergibt.

Vers 2.

Und die Erde war ein Durcheinander, und Finsternis auf der Oberfläche des Abgrundes, und der Geist Gottes schwebte auf der Oberfläche des Wassers.

Luther: Und die Erde war wüst und leer, und es war finster auf der Tiefe, und der Geist Gottes schwebte auf dem Wasser.

Auch dieser Vers gehört dem Schriftstück an, welches der Autor der vorliegenden Schöpfungsgeschichte vor sich liegen hat. Wir wollen dieses Schriftstück im folgenden kurzweg »das Original« nennen.

Tohu Wawohu ist nicht, wie Luther übersetzt, wüst und leer, sondern ein *Durcheinander*. Die Erde war also ein Durcheinander. Das ist, sie war mit dem Wasser durcheinandergerührt.

Nicht so verfährt Gott, daß er die geschaffene Erde sozusagen mit Händen nimmt und sie in das Wasser hineinwirft. Wenn Gott das täte, so wäre das Wasserverwandlungsexperiment nicht nötig. Dann würde es sich von selbst verstehen, daß sich Erde als Bodensatz ergibt. Nein, das Wasserverwandlungsexperiment wird mit solchem Wasser instituiert, welches mit Erde innig vermengt ist (vergl. bei der ägyptischen Alchemie). Also mit dem Durcheinander wird speziell der Standpunkt gezeichnet, welchen die jüdische Alchemie dem Wasser gegenüber einnimmt, mit welchem beim Wasserverwandlungsexperiment experimentiert werden soll.

Abgrund. Unter Abgrund (Septuaginta: αβυσσοσ, Luther: Tiefe) ist das durch die Erde troublierte Wasser verstanden.

Es war Finsternis auf der Oberfläche des Abgrundes. Der Hohlraum des Welteneies zerfällt in 2 Abteilungen, in eine obere und eine untere. Die untere ist mit Wasser gefüllt, die obere nicht. Das ist nötig. Denn im Moment, wo das Einschlagen stattfindet, bildet sich an der Eierschalenhülle ein Niederschlag, welcher, wie wir wissen, dazu dient, ein Gefäß im Gefäß zu bilden, damit das Wasser nicht abläuft. Würde sich nun auch in der oberen Hälfte des Gefäßes Wasser befinden, so würde sich auch dort ein Niederschlag bilden, und auf die Weise würde der Himmel, der über uns ist, eine Erdkruste haben, was eine Perversität wäre. Außerdem aber hat die obere Hälfte des Eies deshalb kein Wasser, weil Gott auf dem Wasser schweben soll (siehe sogleich). Wäre nun das Ei ganz gefüllt, so hätte Gott keinen Platz, auf dem Wasser zu schweben. — Daß es im Himmelsei *dunkel* ist, darauf weist das Original hin, um zu markieren, daß Sonne, Mond und Sterne in das Himmelsei gehören, so lange es noch Ei, und *nicht* eingeschlagen ist, daß sie aber vorläufig noch nicht dahin gehören, sondern erst am *ersten Tage* dahin kommen. Der Autor der vorliegenden Schöpfungsgeschichte beutet die Sache anders aus. Dem bringt der erste Tag das Licht. Dies Licht setzt ihm den Tag, das ist den Tag als einen Zeitteil, welcher Tag und Nacht umfaßt. Für einen solchen Tag ist nun in seinem Licht des ersten Tages bloß der Tag gegeben, nicht aber die Nacht, denn der Nacht kommt die Finsternis zu, und nicht das Licht. Er will nun an seinem ersten Tag positiv bloß das Licht bringen, entgegen von Sonne, Mond und Sternen der eigentlichen jüdischen Alchemie. Darum präformiert er sich hier die Finsternis. Übrigens wird die Finsternis in seinem Sinne hier auch deshalb prägnant hervorgehoben, um einerseits seinem lieben Licht eine hervorragende Folie zu geben, und andererseits den jüdischen Alchemisten den Handschuh hinzuwerfen: Was nützen eure Sonne, Mond und Sterne des ersten Tages, wenn sie auch geschaffen würden, so könnten sie doch nicht leuchten. — Es heißt nun aber nicht, daß es im *Himmelsei* dunkel war; sondern bloß, daß es auf der *Oberfläche des Wassers* dunkel war. Nun, ob das eine oder das andere gesagt wird, bleibt sich gleich. Durch *klares* Wasser könnte man am Ende hindurchsehen, das könnte also, ohne speziellen Hinweis, vielleicht *nicht* der Finsternis anheim fallen. Das *troublierte* Wasser erlaubt aber das Hindurchsehen nicht, das fällt ohne jeglichen Hinweis eo ipso der Finsternis anheim. Also wird das, was von der Finsternis im Himmelsei zu sagen ist, vollkommen, wenn gesagt wird, es wäre Finsternis auf der Oberfläche des Abgrundes gewesen.

Der Geist Gottes schwebte auf der Oberfläche des Wassers.

Fassen wir zuerst das *Wasser* in's Auge. Im ersten Vers geht der Autor dem Wasser aus dem Weg. Er bringt nichts davon, daß vor allem einmal das Wasser da sei. Das ist wohlüberlegt, das geschieht auf Grund der den Alchemisten eigentümlichen dunklen Schreibweise. Hier im zweiten Vers kann er nun aber dem Wasser nicht mehr aus dem Weg gehen. Denn es ist ihm ganz speziell darum zu tun, den jüdischen Standpunkt zu zeichnen, daß das Wasser, mit dem das Experiment gemacht wird, innig mit der Erde vermengt sein soll. An und für sich kann die Erde nicht vermengt sein, sie muß mit einem Etwas innig vermengt sein, und dieses Etwas ist eben das Wasser. Das bedingt nun eben, daß der Autor in diesem Vers dem Wasser gar nicht aus dem Weg gehen kann. Indem das nun aber statt hat, präsentiert sich ihm ein Dreifaches: 1. Erde, 2. Wasser, 3. die troublierte Flüssigkeit, welche beide im Verein bilden. Die letztere nennt er *Abgrund*. Diese 3 Dinge will er nun auch vorführen; es fragt sich, in welcher Reihenfolge soll er's tun? — Zuerst bringt er die Erde, das liegt nahe, damit der 2. Vers da anfange, wo der 1. aufhört. Nun sollte eigentlich das Wasser kommen, das ist das, womit die Erde vermengt wird, und zum dritten sollte dann der Abgrund kommen, das ist das Produkt der untereinandergemengten Dinge. Der Autor aber kehrt hier, eine alchemistische Diversion machend, die Sache um, und bringt erst Abgrund und dann Wasser. Somit hat er: 1. Erde, 2. Abgrund, 3. Wasser. An diese 3 Dinge knüpft er nun das, was er im Vers 2 des Näheren bringen will. Er will bringen, 1. daß Erde und Wasser ein Durcheinander sind, 2. daß es finster sei im Ei, 3. daß Gott sich im Ei befinde. Das erste knüpft er an die Erde, und darum heißt's: die *Erde* war ein Durcheinander. Das zweite knüpft er an den *Abgrund*, und darum heißt's *nicht*, es sei dunkel im Ei, sondern dunkel auf dem Abgrund. Das dritte knüpft er an das *Wasser*, und darum heißt's hier, der Geist Gottes schwebte auf der Oberfläche des Wassers, über dem Wasser, und *nicht*, Gott habe über dem Abgrund geschwebt.

Geist Gottes: Der Text heißt der Wind (hebr. *Ruach*) Gottes, der Hauch Gottes, das Spirituelle Gottes. Gott wird als etwas Spirituelles gedacht. Die Sache ist nicht so zu verstehen, als ob Gott aus diesem und jenem bestände, und hierunter auch aus einem Ruach. Dieser Ruach nun gerade sei es, der über dem Wasser schwebte. So nicht. Der Ruach Gottes ist Gott, Gott kurzweg, Gott als ein spirituelles Wesen gedacht. Es ist, als wenn hier kurz stände: Und Gott schwebte auf der Oberfläche des Wassers, auf dem Wasser.

Damit nun im Ganzen, daß Gott auf dem Wasser schwebt, hat es folgende Bewandtnis. Gesetzt, es kommt jemand zu uns und sagt: Wenn du Wasser nimmst, so kannst du das effektiv in Erde umwandeln. Wir sagen, nein, das geht nicht, wenn es trotzdem stattfindet, so geht es wenigstens nicht mit natürlichen Dingen zu, es müßte ein *Wunder* sein. Ein Wunder — nun ja gerade ein solches nahmen die jüdischen Alchemisten an, es ist eine wunderbare Erscheinung, daß das Wasserverwandlungsexperiment vor sich geht. Man nimmt Wasser, und mengt es mit Erde durcheinander, läßt es stehen, und die Erde geht zu Boden. Warum verharrt das Wasser, fragten sie, nicht in diesem troublierten Zustand? Oder warum löst sich die Erde nicht in dem Wasser auf? Nehmen wir Nitrum, schütten es in Wasser und rühren um, dann haben wir auch eine Mengung. Diese Mengung geht aber in den Zustand der Lösung über. Warum hat das nicht auch mit der Erde beim Wasserverwandlungsexperiment statt? Das ist eben eine wunderbare Erscheinung. Handelt es sich nun um das Wasserverwandlungsexperiment im Kleinen, da sagt man, es ist eine wunderbare Erscheinung, und die Sache ist fertig. Handelt es sich aber um das Wasserverwandlungsexperiment im Großen, das ist um das Wasserverwandlungsexperiment, welches Gott selbst instituiert, da liegt es nahe, daß man Gott selbst nun auch das Wunder leiten läßt, daß Gott selbst das Präzipitat niederdrückt. Darum befindet sich nun eben Gott über dem Wasser, damit er das Wunder der Wasserverwandlung selbst vornehmen kann. Es ist aber nicht nur sachentsprechend, daß Gott über dem Wasser schwebt, um das *Wunder* der Wasserverwandlung zu leiten, sondern auch absolut, um die *Wasserverwandlung* zu leiten. Beim Wasserverwandlungsexperiment im Kleinen hat der Alchemist weiter nichts zu leiten. Er nimmt ein Gefäß, gibt das zum Experiment passende Wasser hinein, und nun läßt er stehen. Ohne seine weitere Leitung geht das Wasserverwandlungsexperiment vor sich. Anders beim Wasserverwandlungsexperiment im Großen. Dort handelt es sich um ein dreifach geartetes Präzipitat: Das erste soll sich an der Fläche der Eierschale absetzen, das zweite soll in horizontaler Fläche erfolgen, das dritte soll sich in Höhen und Tiefen absetzen. Um nun zu bewirken, daß jedes von diesen verschiedenen Präzipitaten seiner Zeit erfolge, dazu ist es sachentsprechend, daß der Alchemist zur Hand sei. Und indem Gott über dem Wasser schwebt, ist hier der göttliche Alchemist zur Hand. Er kann es nun bewirken, daß jedes Präzipitat seiner Zeit in der sachentsprechenden Weise erfolgt.

Absolut genommen ist es gerade nicht nötig, daß Gott im Ei sei, Gott könnte sich auch *außerhalb* des Eies befinden, namentlich in der Auffassung des Autors der vorliegenden Schöpfungsgeschichte. Der nimmt ja, um zu seinem Lichte zu kommen, eine Stellung außerhalb des Eies ein. Nun, wenn er kann, kann Gott es gewiß. Aber in Bezug auf den vorhin gezeichneten Sachverhalt ist es besser, passender, daß Gott sich eben im Ei befindet.

Zweite Schöpfungsperiode (Erster Tag)

Vers 3.

Und Gott sprach: Es werde Licht. Und es ward Licht. *(Luther).*

Vers 4.

Und Gott sah, daß das Licht gut war. Da schied Gott das Licht von der Finsternis. *(Luther).*

Vers 5.

Und nannte das Licht Tag, und die Finsternis Nacht. Da ward aus Abend und Morgen der erste Tag. *(Luther).*

Auch diese 3 Verse gehören dem Original an, mit *dem Unterschied,* daß in dem Vers 3 steht: Und Gott sprach, es werde Licht. Und es wurden Sonne, Mond und Sterne. Die Interpretation des Originals wäre dann:

Gott spricht »Es werde Licht« in der Kollektivsprache. Und indem es Licht wird, entstehen in spezie: Sonne, Mond und Sterne im Himmelsei. Der Himmel ist zwar noch nicht da, der entsteht erst am zweiten Tag. Aber einerlei, der Platz ist doch im Himmelsei da, wo Sonne, Mond und Sterne angeheftet werden können, und das reicht vorläufig hin. Ein Pseudo-Himmel tut dieselben Dienste, als ein eigentlicher Himmel, um so mehr, da Pseudo-Himmel und Himmel ja doch auf dieselbe Sache hinauskommt, das ist auf die obere Eierschalenhälfte, was auch im Vers 1 angedeutet wird, indem es heißt: Am Anfang schuf Gott *Himmel* und Erde.

Nun sieht Gott das Licht, daß es gut ist, das ist, er sieht, daß Sonne, Mond und Sterne gut sind. Und nachdem er das gesehen hat, unterscheidet er zwischen Licht und Finsternis. (Luther: er scheidet das Licht von der Finsternis.) Das heißt, Gott nimmt Sonne, Mond und Sterne vor und unterscheidet zwischen ihnen. Er rangiert einerseits die Sonne, andererseits den Mond und die Sterne. Die Sonne bekommt den Namen: Licht, weil sie κατ' εξοχην Licht ist, denn sie leuchtet am Tage, und dem Tage kommt das Licht zu. Mond und Sterne bekommen den Namen Finsternis, denn sie leuchten in der Nacht, in der Nacht, an welche sich der Begriff Finsternis knüpft, wie sich an den Tag der Begriff Licht, Hellsein, knüpft. Also an »Licht« wird im Vers 3 und in der ersten Hälfte des Vers 4 eine andere Bedeutung geknüpft als in der zweiten Hälfte des Vers 4. Dort heißt's *Licht,* hier *Sonne.* Und an »Finsternis« wird im Vers 2 eine andere Bedeutung geknüpft als im Vers 4. Dort heißt's *Finsternis,* hier Mond und Sterne. Es heißt also Gott unterscheidet zwischen Licht und Finsternis: Gott unterscheidet zwischen Sonne einerseits und Mond und Sternen andererseits. — Nun nennt ferner Gott (Vers 5) das Licht, das ist nach Vers 4 die *Sonne*: Tag, und die Finsternis, das ist nach Vers 4 der *Mond und die Sterne*: Nacht. Das ist, es wird anhand der Sonne der Tag, anhand von Mond und Sternen die Nacht konstatiert, und damit ist der Tag im Allgemeinen konstatiert, bestehend aus Tag im engeren Sinn und Nacht. Dieser Tag muß am ersten Schöpfungstag konstatiert werden, der erste Tag muß sich selbst bringen, damit die Schöpfung überhaupt nach *Tagen* vor sich gehen kann. Wohlverstanden ist der Tag im Allgemeinen noch nicht *selbst* konstatiert, es sind erst seine *Requisiten* konstatiert. Diese Requisiten werden erst im folgenden verwertet, wenn es heißt:

Und es ward Abend, und es ward Morgen: ein Tag (so wörtlich). Luther hat, was dem Sinne nach gleich bleibt: Da ward aus Abend und Morgen der erste Tag.

Es konstituieren nun den Tag im Ganzen: Tag im engeren Sinne und Nacht; nicht aber: Morgen und Abend. Darum sollte man erwarten, daß da stände: Und es ward Tag, und es ward Nacht: ein Tag. Daß das nun nicht statt hat, das geschieht wohl weniger deshalb, damit der Autor mit Tag im Ganzen und Tag im engeren Sinne nicht in Kollision komme, sondern weil er mit dem Morgen und Abend an die Tage anlehnt, an welchen der *Mensch* arbeitet. Er läßt die Tage, an denen Gott schafft, den Arbeitstagen des Menschen parallel laufen. Der Mensch aber arbeitet durchschnittlich bei Tage, und nicht bei Nacht. Der rechnet sich an der Hand seiner Arbeit nicht Tag und Nacht heraus, sondern Morgen und Abend. Der Morgen, wo er zu arbeiten anfängt, markiert ihm den Tag, der Abend, wo er zu arbeiten aufhört, markiert ihm die Nacht. In der Parallele mit dem arbeitenden Menschen wird es nun auch dem schaffenden Gotte Morgen und Abend. Morgens beginnt er zu schaffen, Abends hört er auf. Und wenn es Abend geworden ist, so ist der Tag herum, nicht der Tag im engeren Sinne, sondern der Tag im weiteren Sinne, Tag und Nacht. Denn beim Schaffen der Welt, im Anlehnen an den arbeitenden Menschen, zählt die Nacht nicht; die Nacht kommt auf den Schlaf, während dessen nicht gearbeitet wird.

Warum steht nun aber bei so bewandter Sachlage: Es ward Abend, es ward Morgen: ein Tag, und nicht vielmehr: Es ward Morgen, es ward Abend: ein Tag? Erst kommt doch der Morgen und dann der Abend, und dann ist der Tag absolviert. Nicht aber kommt erst der Abend und dann der Morgen, und dann ist der Tag absolviert. Nun, das hängt zusammen, daß in der Auffassung, wie wir sie hier haben, Abend = Nacht =

Mond und Sterne. Statt »Mond und Sterne« wird dann hervorstehend *Mond* genommen. Die Juden aber rechneten nach dem Mondjahr, bestimmten ihre Feste nach dem Monde. Dazu kommt, daß bei der Sechstage-Schöpfung der Sabbath der Ausgangspunkt der ganzen Sache ist, aber selbst dieser zum Monde in Relation gebracht werden kann. Denn der Monat zu 28 Tagen hat 4 Sabbathe, er hat aber auch 4 Mondenwechsel (Neumond, erstes Viertel, Vollmond, letztes Viertel). Sabbath und Mondwechsel decken sich also gewissermaßen. Vielleicht gar hat das statt, daß in ältesten Zeiten der Sabbath zur Zeit gefeiert wurde, wo Neumond, erstes Viertel, Vollmond, letztes Viertel war, und daß es erst später eingeführt wurde, daß sich der Sabbath einfach an eine Periode von 7 Tagen knüpfte. Dieser neuere Modus wäre dann deshalb eingeführt worden, weil es nicht jedermanns Sache ist, den Mond zu beobachten, auch das Wetter oft der Beobachtung hinderlich ist. Sieben Tage kann sich aber jeder zu jeder Zeit selbst abrechnen. So haben wir denn den *Mond* der Sonne gegenüber im *Vordergrund* stehend, und damit tritt denn auch der Abend = Mond, dem Morgen = Tag = Sonne gegenüber, in den Vordergrund. Um hierauf hinzudeuten, beutet der Autor die vorliegende Sache aus.

Es hat nun alle Tage statt, daß Gott unterscheidet zwischen Sonne einerseits und Mond und Sternen andererseits, daß in Bezug darauf auf die Sonne der Tag, und auf den Mond und die Sterne die Nacht kommt, und daß es in Bezug hierauf Morgen und Abend wird, womit denn der Tag abgewickelt ist. Darum hat das Original, so oft ein Schöpfungstag vorbei ist, den Refrain: Und es ward Abend und es ward Morgen: der zweite, dritte u.s.w. Tag. Man muß sich bei diesem Refrain das supplieren, was ihm am ersten Tag vorangeht, beim ersten Tag ausdrücklich angegeben ist, nun aber weiter immer wieder anzugeben, für überflüssig erachtet wird.

An die verschiedenen Bedeutungen, welche kurz hintereinander den Worten »Licht« und »Finsternis« gegeben werden, muß man sich nicht stoßen. Es ist eben eine charakteristische Passion des Originals, kurz hintereinander ein und dasselbe Wort in verschiedenen Bedeutungen vorzuführen. Ähnliches werden wir in den unmittelbar folgenden Versen in Bezug auf das Wort *Rakia* kennenlernen. Diese Passion leitet uns denn auch darauf, daß der Autor, wenn er bringt: Es ward Abend, es ward Morgen: ein Tag, statt: Es ward Nacht, es ward Tag: ein Tag, dies weniger deshalb tut, um mit Tag im engeren und weiteren Sinne nicht in Kollision zu kommen, sondern vielmehr deshalb, um an den Arbeitstag des Menschen anzulehnen. An und für sich würde der Autor dem, das Wort *Tag* kurz hintereinander in zwei Bedeutungen zu bringen, nicht aus dem Wege gehen, im Gegenteil, das wäre, wie man im gewöhnlichen Leben sagt, Wasser auf seine Mühle.

Anders ist nun die Situation und die Interpretation des Autors der vorliegenden Schöpfungsgeschichte im ersten Kapitel des Ersten Buches Mosis. Der hat vorab einmal im Vers 3: Und Gott sprach: Es werde Licht. Und es ward *Licht*. Von diesem Licht als solchem sieht Gott, daß es gut war, und macht dann einen Unterschied zwischen diesem Licht und der Finsternis des Vers 2. Für den Tag im Ganzen ist nämlich zweierlei nötig, Tag im engeren Sinn, und Nacht. Den Tag im engeren Sinn hat der Autor in seinem mysteriösen Licht, die Nacht aber *nicht*. Für diese zieht er denn nun die Finsternis heran. Er denkt sich, in einem Zimmer kann es in der einen Ecke hell, in der anderen Ecke dunkel sein. So kann es auch im Weltenei an der einen Seite auf Grund des geschaffenen Lichtes hell, und an der anderen Seite, auf Grund der Finsternis im Vers 2, dunkel sein. Das Licht nun nennt Gott: Tag, denn es hat die Mission, den Tag im engeren Sinne zu konstatieren. Die Finsternis nennt Gott: Nacht, denn sie hat die Mission, die Nacht zu konstatieren. So sind denn die Requisiten für Tag und Nacht da, und sie werden verwertet, indem es heißt: Und es ward Abend, und es ward Morgen: ein Tag, das ist Abend und Morgen wickeln sich an der Hand des gegebenen Tages, der gegebenen Nacht, ab. Mit dem Morgen und Abend geht der Autor dann auf den Sinn des Originals ein, nur wird die Umkehrung von Morgen und Abend zu Abend und Morgen deshalb vorgenommen, damit der Reihenfolge von Finsternis und Licht im Text Rechnung getragen wird. Die Finsternis ist bereits in Vers 2 da, das Licht erst in Vers 3. Also hat die Finsternis das ius prioritatis, und dieses ius prioritatis macht sich geltend, indem zuerst der Abend (Nacht, Finsternis) kommt, und dann der Morgen (Tag, Licht). Für die Refrains beim 2. und 3. Tag: Und es ward Abend u.s.w. hat nun der Autor in seiner Weise die analoge Situation, wie der Autor des Originals in seiner Weise. Auch am 2. und 3.

Tage macht Gott einen Unterschied zwischen Licht und Finsternis, hat anhand des Lichtes, Vers 3, den Tag, anhand der Finsternis, Vers 2, die Nacht, und diese wickeln sich denn, analog wie am ersten Tage, zu Tag und Nacht ab. Damit wird denn aus Abend und Morgen der 2. Tag, der 3. Tag. Erst am 4. Tag, der dem Autor der vorliegenden Schöpfungsgeschichte Sonne, Mond und Sterne bringt, tritt er mit seinem Refrain: Und es ward Abend u.s.w. in die Fußstapfen des Originals. Also da, wo der Autor der vorliegenden Schöpfungsgeschichte Sonne, Mond und Sterne noch nicht hat, das ist am 1., 2., 3. Tage, übernimmt sein mysteriöses Licht, anhand der Finsternis, die Rolle von Sonne, Mond und Sternen; sie sind die Requisiten für Tag und Nacht, an ihrer Hand wickeln sich Tag und Nacht ab.

Der Autor kommt also mit seinem Licht und der sich an dasselbe knüpfenden Finsternis gerade so weit, als wenn er Sonne, Mond und Sterne bereits hätte, er läßt dasselbe in Beziehung auf das Hervorbringen von Tag und Nacht ebenbürtig neben Sonne, Mond und Sternen hergehen. Aber nicht bloß so weit geht er, er geht noch einen Schritt weiter. Er teilt seinem mysteriösen Licht auch erwärmende Strahlen mit, welche gleich den erwärmenden Strahlen der Sonne zur Erde hinabgehen und dort das Wachstum der Pflanzen fördern. Wäre dem nicht so, so könnte am 3. Tag, wo die Sonne noch gar nicht da ist, die Erde nicht Gras, Kraut, Bäume aufgehen lassen. Der Autor beutet also sein mysteriöses Licht ganz energisch aus, und darin können wir weiter keinen Skrupel finden. Wenn *er* nicht sein mysteriöses Kind hegen und pflegen soll, wer soll es denn tun?

Zweiter Tag

Am zweiten Tag wird die untere Hälfte des Himmelseies eingeschlagen. Die obere Hälfte bleibt intakt und bildet von jetzt an den *Himmel*, der über uns ist. Man braucht nicht zu fragen: Wo bleibt denn nun die untere Hälfte, die eingeschlagen ist? Nun, die hat, indem sie eingeschlagen wird, einfach zu sein aufgehört. Hat man einen Napf mit einem Deckel, und man zertrümmert den Napf, so hat der Napf als Napf aufgehört zu existieren, der Deckel bleibt. Ebenso hat man das Himmelsei, dessen obere Hälfte man als Deckel, dessen untere Hälfte man als Napf faßt, und schlägt nun die untere Hälfte ein, so hat diese untere Hälfte, die sonst als Napf das Weltenwasser enthielt, zu existieren aufgehört. Man braucht nicht weiter zu gehen und zu sagen, die Scherben der eingeschlagenen Eihälfte dringen in den Erdboden, verbinden sich mit ihm. So etwas ist nicht nötig. Wir halten uns an das Gefäß, entweder ist das da oder nicht da; seine *Scherben* tangieren uns nicht weiter.

Also, indem am 2. Tag das Himmelsgefäß eingeschlagen wird, bringt uns dieser 2. Tag den *Himmel,* das ist der bleibende Deckel des eingeschlagenen Reservoirs für das Weltenwasser. Die obere Hälfte des Himmelseies enthält ja kein Wasser, und kann daher eben als Deckel über dem eigentlichen Wasser-Reservoir gefaßt werden. — Außerdem aber beginnt auch am 2. Tage das Wasserverwandlungsexperiment vor sich zu gehen. Das ist absolut nötig. Es muß zur Zeit, wo der Schlag, der Zertrümmerungsschlag gegen die Eierschale erfolgt, zugleich die Wasserverwandlung eintreten. Nur wenn das statt hat, kann sich eine Hülle bilden, welche verhindert, daß das seines Gefäßes beraubte Weltenwasser abläuft. Wir wissen bereits, daß angenommen wird, der erste Niederschlag bilde sich konzentrisch mit dem intakten Gefäß und sei hart. So erhalten wir denn sozusagen ein Gefäß im Gefäß, und das Wasser kann nicht mehr ablaufen.

Das Nähere werden wir sogleich kennenlernen. Hier nur noch die allgemeine Frage: Warum stellt sich die jüdische Alchemie auf den Standpunkt, daß das Weltenei *eingeschlagen* wird? Wir haben die folgende Situation: Das Weltenwasser befindet sich im Ei. Es bildet sich Bodensatz, dieser repräsentiert die Erde, welche wir bewohnen. Das Wasser, welches sich über den Bodensatz stellt, repräsentiert das Meer. Die obere Eierschalenhälfte repräsentiert den Himmel über uns, der die Gestalt einer Glocke, einer halben Eierschale hat. Nun gut, das könnte alles im Ei vor sich gehen, wenn angenommen würde, Erde und Meer hatten eine äußerste Hülle, und diese äußerste Hülle sei die untere Hälfte des Welteneies. An dieser Stelle wäre doch die untere Eierschalenhälfte keinem im Wege, wozu braucht sie also eingeschlagen zu werden? Nun die Antwort hierauf ist ff. Eine Eierschale ist eine homogene Masse; was sie oben ist, ist sie unten, was sie unten ist, ist sie oben. Wenn sich also die obere Hälfte zum Himmel qualifiziert, so qualifiziert sich auch die untere Hälfte dazu. Wenn man sagt, die obere Hälfte wird zum Himmel, so muß auch die untere Hälfte zum

Himmel werden. Zu sagen, die obere Hälfte wird zum Himmel, die untere aber nicht, das würde mit anderen Worten das Problem aufstellen heißen, eine Eierschale entbehrt der Homogenität. Wenn also das Verhältnis statt hätte, welches wir soeben gezeichnet, so hätte die äußerste Hülle unserer Erde die Eigenschaft des Himmels über uns, wäre ein Himmel, und damit hätten wir denn nicht nur einen Himmel *über* uns, sondern auch einen Himmel *unter* uns. Das aber schien den jüdischen Alchemisten eine absolute Perversität, daß wir einen Himmel *unter* uns haben sollten. Darum wird das, was wenn man der Sache den Gang ließe, wie wir ihn oben gezeichnet, zum Himmel unter uns würde, aus der Welt geschafft, es wird zertrümmert. — Nun zum Text der Schrift.

Vers 6.

Und Gott sprach: Es sei eine Rakia zwischen dem Wasser, und es sei ein Unterschied zwischen Wasser und Wasser.

Es handelt sich wieder um die Worte des Originals.

Luther: Und Gott sprach: Es werde eine Veste zwischen den Wassern, und die sei ein Unterschied zwischen den Wassern.

Die Veste Luthers ist das στερεωμα der Septuaginta. Veste ist das heutige Feste. Luther schreibt ein V statt ein F. In analoger Weise würde er schreiben: Vest, Vestung u.s.w. statt fest, Festung u.s.w. Das alexandrinische στερεωμα werden wir später kennenlernen, es ist eine der Vokabel *Rakia* aufgedrängte Bedeutung, die sie ursprünglich nicht hat. Rakia ist ein Substantiv, welches auf einen Naturlaut basiert ist. Dieser Naturlaut ist Rak und läuft parallel unserem Knack: Rakia ist etwas, was Rak oder Knack macht. Wenn man also die Rakia vornimmt, so tut man etwas, was Rak und Knack macht, das ist, man schlägt etwas ein. In weiterer Folge ist denn Rakia auch einerseits die Einschlagstelle, und andererseits das, was man vor sich hat, wenn das Einschlagen erfolgt ist, das ist das durch das Einschlagen Gesetzte, das Zertrümmerte. Wenn es also heißt: Gott sprach, es sei eine Rakia, so heißt das: Gott sprach, es soll eingeschlagen werden, das Ei, die untere Hälfte des Eies soll zertrümmert werden. — Nun soll aber zwischen dem Wasser eingeschlagen werden. Das liegt ff. Wir wissen, daß das Weltenwasser sich in der unteren Eierschalenhälfte befindet. In dieser Beziehung haben wir also die untere Hälfte des Eies da, wo das Wasser ist. Macht man also den Einschlag beim *Wasser*, so macht man ihn an der unteren Hälfte der Eierschale. Gerade an der Stelle nun aber, welche der Stelle entspricht, wo die Oberfläche des Wassers in der Eierschale steht, gerade an dieser Stelle darf man *nicht* einschlagen, denn dann ginge der Riß zu leicht mit in die obere Hälfte hinein, und der zukünftige Himmel bekäme einen Riß. Es ist also sachentsprechend, daß tiefer unten eingeschlagen wird, dann ist der zukünftige Himmel vor dem Riß gesichert. Hierauf zielt es nun ab, wenn es heißt: es sei eine Rakia zwischen dem Wasser. Dem muß man nicht den Sinn unterlegen, als solle das *Wasser* in seiner Mitte eingeschlagen werden: — das wäre selbstredend eine Perversität, Wasser kann man nicht einschlagen. Nein, es soll heißen, man soll das Ei einschlagen, wo das Wasser steht, und da solle die Stelle nicht zu hoch nach oben hin gegriffen werden, sondern mehr nach unten hin, an einer Stelle, wo man, wenn der Schlag ein Loch setzt, mit der den Schlag ausführenden Faust mitten in das Wasser des Welteneies gerät.

Also die erste Hälfte des vorliegenden Verses heißt kurz und bündig: Und Gott sprach, die untere Hälfte des Eies soll eingeschlagen werden.

Die zweite Hälfte des Verses führt uns in dem »Unterschied des Wassers« das *Wasserverwandlungsexperiment* vor. Bei diesem handelt es sich nämlich um zwei Arten von Wasser, das erste Wasser ist das, mit dem das Experiment vorgenommen wird, das zweite das, welches sich über das zu Boden gehende Präzipitat stellt. Es kann also das Wasserverwandlungsexperiment derartig aufgefaßt werden, daß man sagt, dasselbe besteht darin, daß ein Wasser sich in ein anderes verwandelt. Das eine Wasser ist das Wasser, mit dem das Experiment vorgenommen wird, das andere das, welches sich nach dem zu Boden Gehen des Präzipitats präsentiert. Anhand einer solchen Auffassung macht denn derjenige, welcher experimentiert, einen Unterschied zwischen zweierlei Wassern, zwischen Wasser und Wasser, und der Ausdruck: Unterschied zwischen Wasser und Wasser führt uns spezifisch das Wasserverwandlungsexperiment vor.

Wenn es also heißt: Gott sprach, es sei ein Unterschied zwischen Wasser und Wasser, so heißt das gar nichts anderes als: Gott sprach, das Wasserverwandlungsexperiment soll vor sich gehen.

Vers 7.

Und Gott machte die Rakia, und machte einen Unterschied zwischen dem Wasser unter der Rakia und dem Wasser über der Rakia. Und so geschah es.

Luther: Da machte Gott die Veste, und schied das Wasser unter der Veste von dem Wasser über der Veste. Und es geschah also.

Es handelt sich wieder um Worte des Originals.

Im vorigen Vers spricht Gott das Werde aus, hier geschieht's, hier wird eingeschlagen, hier geht das Wasserverwandlungsexperiment vor sich, das heißt denn, dasselbe beginnt.

Wir haben das Wasserverwandlungsexperiment vom Gesichtspunkt des Unterschiedes von Wasser und Wasser. Das eine Wasser, mit dem das Experiment gemacht wird, wollen wir A nennen, das andere, welches nach Beendigung des Experiments über dem Präzipitat steht, wollen wir B nennen. Dann ist also vor dem Anfang des Experimentes A da, nach Beendigung des Experiments ist A verschwunden, und es handelt sich bloß noch um B. Während der Zeit aber, da das Experiment vor sich geht, haben wir A und B zusammen; B steht oben, und A steht unten. B ist dann das Wasser, welches bereits die Verwandlung erlitten hat, A ist das Wasser, welches bereits die Verwandlung, das Verlustigwerden der Erde, noch erleiden soll.

In dem vorliegenden Vers fängt das Wasserverwandlungsexperiment an, vor sich zu gehen. Wir haben also 2 Wasser, A und B. B ist sofort da, wenn der Einschlag instituiert wird. Denn mit dem Einschlagen koinzidiert die Bildung eines Prinzipitates an der Wand des Gefäßes, welches Präzipitat sozusagen ein Gefäß im Gefäß bildet, damit das Wasser nicht ablaufen kann. Folge hiervon ist nun, daß auch koinzident mit dem Einschlagen das Wasser B da sein muß, denn wo auf der einen Seite Präzipitat entsteht, muß auch auf der anderen Seite Wasser B entstehen. Dies Wasser B steht nach dem, was wir vorhin exponiert haben, oben, wohingegen das Wasser, welches noch kein Präzipitat hat fallen lassen, das ist A, unten steht. Das ist nun die Sachlage, die hier gezeichnet wird, wenn es heißt, Gott machte einen Unterschied zwischen dem Wasser unter und dem Wasser über der Rakia. An und für sich brauchte es bloß zu heißen, Gott machte einen Unterschied zwischen dem Wasser unten (A) und dem Wasser oben (B). Es wird aber die Rakia mit in die Situation gezogen. Das ist, Rakia wird als *Einschlagstelle* genommen, und angenommen, die Fläche, welche A und B voneinander trennt, treffe die Eierschale an der Stelle, wo eingeschlagen wird. Dann ist eben das Wasser, welches oben steht (B), *über* der Rakia, und das Wasser, welches unten steht (A), *unter* der Rakia. Eine solche Zeichnung der Sachlage haben wir hier, indem es heißt: Gott machte einen Unterschied zwischen dem Wasser über und dem Wasser unter der Rakia. Aber warum bleibt denn der Autor nicht einfach beim Wasser, welches oben und unten steht, warum zieht er die Rakia mit in die Sache? Die Antwort ist, er will es prägnant hervorheben, daß Einschlagen und Anfang der Wasserverwandlung koinzident sind. Dieser Umstand ist gar zu wichtig, als daß er nicht prägnant hervorgehoben werden sollte. In Vers 6, wo die beiden Versteile durch ein einfaches »und« verbunden werden, ist die Koinzidenz nicht prägnant gezeichnet, hier wird sie es, indem das Oben und Unten auf's innigste mit der Rakia verschmolzen wird.

Vers 8.

Und Gott nannte die Rakia »Himmel«. Und es ward Abend, und es ward Morgen: der zweite Tag.

Luther: Und Gott nannte die Veste Himmel. Da ward aus Abend und Morgen der andere Tag.

Es handelt sich wieder um Worte der Originals.

Im Vers 6 haben wir die erste Bedeutung von Rakia, welche ist: das Einschlagen. Im Vers 7 kommt dreimal Rakia vor. Das erste Mal kann man Rakia als Einschlagen nehmen und auch als Einschlagstelle. Tut man das erstere, so übersetzt man: Gott nahm das Einschlagen vor, tut man das letztere, so übersetzt man: Gott machte die Einschlagstelle. Beides bleibt sich gleich. Die beiden folgenden Rakia sind in der zweiten Bedeutung des Wortes zu nehmen als: Einschlagstelle. Die beiden Übersetzungsarten, welche bei der ersten Rakia des Vers 7 statt haben können, zeigen, daß Einschlagen und Einschlagstelle mit verwischten Grenzen ineinander übergehen. Hier, im Vers 8, kommt die dritte Bedeutung von Rakia an die Reihe, welche, wie wir bereits oben kennengelernt haben, ist: das durch das Einschlagen Gesetzte, das Zertrümmerte. Dies Zertrümmerte sind nun aber nicht die Trümmer der unteren Eierschalenhälfte, auf die wird ja, wie wir wissen, weiter kein Wert gelegt, nicht reflektiert. Nein, das Zertrümmerte ist das zertrümmerte Ei im

Ganzen. Die intakte Eierschale, das intakte Weltengefäß ist das Ei; die zertrümmerte Eierschale, das zertrümmerte Weltengefäß ist das »Zertrümmerte«, die Rakia. Rakia im dritten Sinn ist also die *obere* Eierschalenhälfte, welche durch das Einschlagen nicht getroffen worden ist, welche intakt geblieben. Diese intakte obere Eierschalenhälfte, diese Rakia, nennt Gott nun hier *Himmel*, das ist, sie konstituiert den Himmel, sie ist der Himmel, den wir über uns haben.

Schließlich bemerken wir, daß wir der Rakia gegenüber an das Wasserverwandlungsexperiment im Kleinen anlehnen, bei dem der Alchemist vor dem Gefäß steht und es nun einschlägt. Beim Weltenei muß man vor Augen haben, daß, da Gott sich in demselben befindet, das Einschlagen von innen nach außen stattfinden muß. Gott braucht sich übrigens nicht seiner Hand zum Einschlagen zu bedienen, er kann sich auch seines Fußes bedienen. Im letzteren Falle *tritt er das Ei ein*.

Dritter Tag

Am 2. Tag beginnt, koinzident mit dem Einschlagen des Himmelseies, das Wasserverwandlungsexperiment vor sich zu gehen. Dasselbe dauert nun den 2. Tag an. Das entstehende Präzipitat setzt sich mehr oder weniger flächenweise ab. Den 3. Tag dauert es abermals an, bis sich alles Präzipitat abgesetzt hat, dann ist Orbis terrarum fixus et fluidus zugleich absolviert. Es wird nun angenommen, daß, wie bereits soeben gesagt, am 2. Tage das Präzipitat mehr oder weniger flächenartig entsteht. Dagegen wird angenommen, daß das Präzipitat am 3. Tage sich in unregelmäßiger Form absetzt: hier entsteht ein Präzipitathügel, dort einer, und zwischen den Hügeln sind dann natürlich Vertiefungen. In diese Vertiefungen stellt sich dann das Wasser, welches Produkt des Wasserverwandlungsexperiments ist. Dieses Wasser repräsentiert das Meer, wogegen die hervortretenden Präzipitathügel das Land bilden. Meer und Land sind absolviert da, wenn das Wasserverwandlungsexperiment im Großen seine Endschaft erreicht hat.

Vers 9.

Und Gott sprach: Es sammle sich das Wasser unter dem Himmel an einem Orte (an einen Ort), und das Trockene werde sichtbar. Und so geschah es.

Luther: Und Gott sprach: Es sammle sich das Wasser unter

dem Himmel an besonderen Orten, daß man das Trockene sehe. Und es geschah also.

Vers 10.

Und Gott nannte das Trockene Erde (Land), und die Wasseransammlung nannte er Meere. Und Gott sah, daß es gut war.

Luther: Und Gott nannte das Trockene Erde, und die Sammlung der Wasser nannte er Meer. Und Gott sah, daß es gut war.

Es handelt sich wieder um Worte des Originals.

Um die Situation, die wir oben in Bezug auf das Absetzen des Präzipitats in unregelmäßiger Form geschildert, mehr im Ganzen übersichtlich zu bringen, wird angenommen, es bilde sich vorab einmal *ein* Präzipitat-Krater. Dieser eine Krater ist dann der *eine* Ort, an dem sich das Wasser sammelt (Vers 9) sowie das Trockene (Vers 9), welches sichtbar wird, die hervorragende, mehr oder weniger runde Höhe dieses einen Kraters ist, der Erdgürtel, mit dem dieser eine Krater umgeben wird. Nachdem nun vorab diese Einzeichnung gebracht, wird auf die Bildung einer Reihe von Kratern, einer Reihe von Erdgürteln übergegangen. Demzufolge ist in Vers 10 »das Trockene« pluraliter zu nehmen. Entsprechend den »Meeren« (Plural). Luther hat im Vers 9 statt »an einem Orte, oder an einen Ort«: an besondere Orte, und Vers 10 statt »Meere« (Plural): Meer (Singular) — was nicht richtig ist. Das Trockene des Vers 10 nun, das sind alle Erdgürtel, welche die einzelnen Krater überragen, nennt Gott Land, die Wasseransammlungen in der Summe der Krater nennt Gott: Meere. Also, wie bereits oben gesagt, die Präzipitat-Bildung, der Niederschlag der Erde aus dem Weltenwasser erfolgt unregelmäßig, es entstehen Hügel und Täler. In die Täler stellt sich das Wasser, welches das Produkt des Wasserverwandlungsexperiments ist, und repräsentiert die Meere der Erde, generell das Meer. Die Hügel bilden die einzelnen Länderabteilungen, generell das Land.

Es ist etwas lakonisch, wie im Vers 9 und 10 vom Einstandpunkt auf den Vielstandpunkt gesprungen wird. Diese Lakonität tritt aber in den Hintergrund, wenn man sich an die Septuaginta hält. Diese haben im Vers 9 noch einen angehängten Passus, welcher den Einstandpunkt in den Vielstandpunkt überführt. Dieser Passus der Septuaginta — wir bringen ihn bei den Alexandrinern — hat aber wohl ursprünglich im Bibeltext gestanden.

Wir haben nun noch darauf hinzuweisen, daß es im Vers 9 heißt, es sammle sich das Wasser *unter dem Himmel*.

Das Original bringt dies: »unter dem Himmel«, um mit Emphase darauf hinzuweisen, daß am 3. Tage der eigentliche Himmel da ist. Der Autor ist froh, daß er endlich einmal aus dem Zwitterzustand von Pseudo-Himmel und wirklichem Himmel heraus ist, und macht dieser seiner Freude durch den Hinweis auf den eigentlichen Himmel, den er jetzt hat, Luft.

Der Autor der vorliegenden Schöpfungsgeschichte faßt die Sache anders. Der macht wieder einen analogen Sprung, wie mit dem Licht und Sonne, Mond und Sternen im Vers 3. Dort sagte er, Licht einerseits, und Sonne, Mond und Sterne andererseits sind zwei verschiedene Dinge. Darum habe ich das Recht, sie zu trennen. Analog sagt er in Bezug auf den Vers 8: Und Gott nannte die Rakia »Himmel« ff. Die Rakia ist der Himmel über uns, und da sie das ist, so ist es müßig, daß Gott sie noch einmal Himmel nennt. Daß Gott das nun aber doch tut, das führt darauf, daß es sich um 2 Dinge handelt, um Rakia *und* Himmel; Rakia ist das Firmament; *Himmel* sind die Wolken. So bekommt er, worauf wir im vorigen Abschnitt hingewiesen haben, für den zweiten Tag: Himmel und *Wolken*. Demgemäß sammelt sich ihm hier im Vers 9 das Wasser nicht unter dem Himmel als *Firmament* an, sondern unter dem Himmel als *Wolken*. Diese Sachlage findet er sehr natürlich, weil Wolken = Wasser. So kommt ein Wasser, Wolken, zum anderen Wasser, dem Wasser, welches sich an einem Ort sammelt.

Vers 11.

Und Gott sprach: Es lasse die Erde aufgehen Gras und Kraut, das sich besame; und fruchtbare Bäume, da ein jeglicher nach seiner Art Frucht trage, und habe seinen eigenen Samen bei sich selbst auf Erden. Und es geschah also. *(Luther).*

Vers 12.

Und die Erde ließ aufgehen Gras und Kraut, das sich besamte, ein jegliches nach seiner Art, und Bäume, die da Frucht trugen, und ihren eigenen Samen bei sich selbst hatten, ein jeglicher nach seiner Art. Und Gott sah, daß es gut war. *(Luther).*

Vers 13.

Da ward aus Abend und Morgen der dritte Tag. *(Luther).*

Hier präsentiert uns der Autor der vorliegenden Schöpfungsgeschichte seine an den 3. Tag angeflickte Pflanzenwelt.

Vierter Tag

Der Autor der vorliegenden Schöpfungsgeschichte kommt jetzt hinterdrein mit Sonne, Mond und Sternen heran. Wie die Sache dem mysteriösen Licht des ersten Tages gegenübersteht, wissen wir.

Vers 14.

Und Gott sprach: Es werden Lichter an der Veste des Himmels, die da scheiden Tag und Nacht, und geben Zeichen, Zeiten (wohl eher: Feste), Tage und Jahre. *(Luther).*

Vers 15.

Und seien Lichter an der Veste des Himmels, daß sie scheinen auf Erden. Und es geschah also. *(Luther).*

Vers 16.

Und Gott machte zwei große Lichter; ein großes Licht, das den Tag regiere, und ein kleines Licht, das die Nacht regiere, dazu auch Sterne. *(Luther).*

Vers 17.

Und Gott setzte sie an die Veste des Himmels, daß sie schienen auf die Erde, *(Luther).*

Vers 18.

Und den Tag und die Nacht regierten, und schieden Licht und Finsternis. Und Gott sah, daß es gut war. *(Luther).*

Vers 19.

Da ward aus Abend und Morgen der vierte Tag. *(Luther).*

NB. Wo Luther hier »Veste des Himmels« hat, da steht im Text immer »Rakia des Himmels«. Diesen Kumulativ-Ausdruck für »Himmel« bringt der Autor seiner Version zu Liebe, gemäß der Rakia = Firmament, und Himmel, Schamajim = Wolken. In der Rakia haschamajim hat er denn die Totalität: Himmel.

Die Breite der Rede, entgegen der lakonischen Schreibweise des Originals, springt sofort in die Augen. Nun, der Autor tut sich bei Gelegenheit seiner: »Sonne, Mond und Sterne« etwas zugute. Der langen Rede kurzer Sinn ist übrigens nichts anderes, als das, was das Original aus den Worten des Vers 4 und 5 herausinterpretiert wissen will. Die Zeichen, Feste, Tage und Jahre kommen in die Sache, indem der Autor an die Kalkulation anlehnt, welche das Original an den Abend knüpft, welcher dem Morgen vorangeht. Es handelt sich um das Heranziehen des Mondes. An diesen knüpfen sich *Zeichen*. Diese Zeichen sind keine Wunderzeichen, portenta, sondern es sind die Zeichen des Mondes, in ähnlichem Sinne, wie wir heute von zwölf Himmelszeichen sprechen. Ein Zeichen ist der Neumond, ein anderes das erste Viertel, das dritte der Vollmond, das vierte das letzte Viertel. Die *Feste* knüpfen sich an den Mond, indem die Juden ihre Feste nach dem Mond berechneten, wobei selbst auf den Sabbath zu reflektieren ist (vergl. oben beim ersten Tag). Die *Tage* und *Jahre* kommen einfach anhand des Mondjahres heraus. Nach diesem rechneten die Juden, und nicht nach den Sonnenjahren. Man muß nun nicht im Vers 14 die Zeichen, Feste, Tage und Jahre an die Lichter des Himmels *überhaupt* knüpfen, an den *Mond* allein sind sie zu knüpfen. Dem steht anhand des Textes nichts im Weg. Gott sprach, es sollen Lichter werden an der Rakia-Schamajim, um einen Unterschied zu machen zwischen Tag und Nacht und sie sollen sein zu Zeichen, Festen, Tagen, Jahren. Hierbei sollen nun die verschiedenen Lichter verschieden employiert werden. Sonne, Mond und Sterne sollen employiert werden, um einen Unterschied zu machen zwischen Tag und Nacht. In dieser Beziehung kann man sich etwa auch bloß an Sonne und Mond halten (Vers 16). Dagegen soll der Mond employiert werden für die Zeichen, Feste, Tage, Jahre.

Das Übrige bedarf, wenn man sich an die Interpretation des Originals beim ersten Tag hält, keiner weiteren Auseinandersetzung.

Den weiteren Verlauf dieser Schöpfungsgeschichte siehe in früheren Abschnitten.

Die jüdische Zahlenphilosophie

Unmittelbar an die jüdische Kosmogenese in 6 Tagen lehnt sich die jüdische Zahlenphilosophie.

Die jüdischen philosophischen Zahlen sind: 1, 2, 3, 4, 5, 6, 7.

Die 1 lehnt sich an den ersten Schöpfungstag, die 2 lehnt sich an den zweiten Schöpfungstag, die 3 an den dritten, die 4 an den vierten, die 5 an den fünften, die 6 an den sechsten, die 7 lehnt sich an den siebten Tag, welcher da ist der Sabbath, der Tag, an welchem »Gott ruhte von allen seinen Werken, die er machte.«

Die jüdischen philosophischen Zahlen sind direkte und indirekte zugleich. Direkte philosophische Zahlen sind sie, indem sie direkt an das Ein-, Zwei-, Drei-, Vier-, Fünf-, Sechs-, Sieben-Arkanum anlehnen. Indirekte philosophische Zahlen sind sie, insofern sie an die Kosmogenese anlehnen.

Unter den arkanologischen Zahlen steht die 7 im Vordergrund. Denn es gibt effektiv 7 Arkana. In der 7 haben wir also die Realität. Die anderen arkanologischen Zahlen stehen im Hintergrund, denn sie fallen der Spekulation anheim. Nicht wird der Kranke kuriert durch eine Anzahl von Arkanis, die man sich herausspekuliert, sondern durch die Arkana, welche reelle sind, das sind eben die sieben, die sieben Arkana, die man effektiv, reell in der Hand hat. Wenn demgemäß eine Zahlenphilosophie den arkanologischen Zahlen huldigt, und schiebt dabei die Sieben in den Vordergrund, so ist das ein großer Vorzug. Das tut aber die jüdische Zahlenphilosophie. Indem die 7 auf den Sabbath kommt, steht sie im Vordergrund, denn sie kommt auf den Tag, welchen Gott segnete und heiligte, darum, daß er an demselben geruht hatte von allen seinen Werken, die Gott schuf und machte. Und ferner, wenn eine Zahlenphilosophie den spekulativen arkanologischen Zahlen huldigt, so ist es immer ein Vorzug, wenn sie ihnen allen huldigt. Denn eine spekulative arkanologische Zahl ist so gut als die andere. Das tut nun aber die jüdische Zahlenphilosophie wieder; sie huldigt allen spekulativen arkanologischen Zahlen von 1-6. Und endlich wenn einmal eine Zahlenphilosophie allen spekulativen arkanologischen Zahlen huldigt, so ist es ein Vorzug, wenn sie darauf hinweist, daß nun auch die gebotenen Zahlen alle effektiv eine so gut wie die anderen sind. Und auch das tut die jüdische Zahlenphilosophie. Sie stellt die 1 ebenbürtig neben die 2, die 2 ebenbürtig neben die 3 u.s.w. Denn jede der 6 Zahlen kommt auf einen Schöpfungstag. Ein Schöpfungstag ist aber dem anderen vollkommen ebenbürtig.

Auch das ist ein Vorzug der jüdischen Zahlenphilosophie, daß, wie oben bemerkt, die jüdischen philosophischen Zahlen *zugleich* direkte und indirekte sind. Denn wenn auch den indirekten philosophischen Zahlen das Terrain der Alchemie im Allgemeinen eröffnet ist, fernliegender ist und bleibt es, daß eine Zahl, welche mit den Arkanis nichts gemein hat, in den Bund der Zahl der Arkana aufgenommen wird. So etwas hat nun in der jüdischen Zahlenphilosophie nicht statt, ihr sind die direkten philosophischen Zahlen indirekte, und die indirekten direkte, und das ist eben wieder ein Vorzug.

Wohin wir also bei der jüdischen Zahlenphilosophie schauen, überall, allüberall erblicken wir Vorzüge. Sie ist das *Muster* einer Zahlenphilosophie, und bei so bewandten Umständen ist es leicht zu erklären, daß *Pythagoras* (s. diesen) sie zum Substrat seiner Alchemie macht.

Stellen wir nun die indischen philosophischen Zahlen 1, 2, 3, 4, 6, 12 den jüdischen philosophischen Zahlen 1, 2, 3, 4, 5, 6, 7 gegenüber, dann tritt es zunächst in den Vordergrund, daß die Inder der 7 keine Rechnung tragen, die Juden aber wohl. Wir haben bei den Indern exponiert, wie es liegt, daß die 7 bei ihnen nicht vertreten ist. Wir wollen nun der indischen Kalkulation, kraft derer man herausbekommt, daß die 7 nicht vertreten zu sein braucht, weiter nicht oppositorisch gegenübertreten. Indessen, bei Licht betrachtet ist die Sachlage doch immer so, daß die Inder die 7 nicht in den Bereich ihrer Spekulation bringen *können*, und nachdem das vorab einmal feststeht, argumentieren sie, sie *brauche* gar nicht untergebracht zu werden. Man kann sich der Ansicht nicht verschließen, daß die Inder, wenn ihre Spekulationen Raum für die Sieben gehabt hätten, daß sie dann derselben nicht den Rücken zugekehrt haben würden. Die indische Kalkulation von der Nicht-Sieben erinnert immer mehr oder weniger an die Fabel von dem Fuchs und den Trauben. Bedenken wir dies, so können wir nicht umhin, wenn wir gegen die indische Nicht-Sieben auch gerade keine Opposition bilden wollen, da, wo es sich um das Gegenüberstellen der indischen Nicht-Sieben und der jüdischen Sieben handelt, auf Seiten der Juden zu treten.

Was die 5 betrifft, so ist es notorisch, daß die Inder der 5 keine Rechnung tragen. *Lückenhaft* ist das nun gerade nicht. Denn die arkanologischen Zahlen von 1 bis 6 fallen rein weg der Spekulation anheim. Wer aber kann es jemandem verargen, vom Standpunkt der Alchemie verargen, mit Vorliebe entweder diese oder jene spekulativ-arkanologische Zahl in's Auge zu fassen? Indessen *eigentümlich* bleibt die Sache immer, daß die Inder den Zahlen 1 bis 6 huldigen, und hierbei die 5 im Stich lassen. Man fragt sich: Was hat denn nun gerade die 5 getan, daß sie aus dem Bunde ausgeschlossen wird? Darum können wir nicht umhin, auch hier wieder auf die Seite der Juden zu treten, welche der 5 dasselbe Recht geben, welches sie der 1, 2, 3, 4, 6 geben.

Was endlich die indische 12 betrifft, so läßt sie sich der jüdischen 7 parallelisieren. Die Inder berechnen nämlich die Dauer ihrer Weltalter nach Jahren, sie tragen also in Bezug auf ihre »Welt« hervorstechend dem *Jahre* Rechnung. Die Juden dagegen berechnen die Schöpfung nach der Woche (6 Schöpfungstage und ein Sabbath), sie tragen also in Bezug auf ihre »Welt« hervorstechend der *Woche* Rechnung. Damit entspricht denn das indische Jahr der jüdischen Woche. Nun besteht ferner das Jahr aus Monaten, wie die Woche aus Tagen besteht. Damit ist denn das Verhältnis gegeben: das Jahr verhält sich zu den Monaten, wie sich die Woche zu den Tagen verhält. Endlich ist das Jahr die vom Gesichtspunkt der Einheit gefaßte Totalität der Monate, wie die Woche die vom Gesichtspunkt der Einheit gefaßte Totalität der Tage ist. Damit haben wir denn das Verhältnis: Die 12 der Monate verhält sich zur Einheit des Jahres, wie sich die 7 der Tage zur Einheit der Woche verhält. Das ist

$$12 : 1 = 7 : 1$$

$$12 = \text{(entspricht der) } 7$$

Wir werden später sehen, daß *Pythagoras* darauf Gewicht legt, daß die jüdische 7 der indischen 12 entspricht.

Alchemie bei den Griechen

DIE HAUPTQUELLEN SIND Plato und Aristoteles; in Bezug auf Pythagoras auch Jamblichus. Man findet aber auch bei anderen Autoren sehr wertvolle Notizen, z.B. bei Plutarch: de placitis philosophorum, bei Clemens Alexandrinus: Stromata, u.s.w.

Thales von Milet

Die Griechen haben die jüdische Schöpfungsgeschichte vor sich und zwar diejenige, welche das erste Kapitel im Ersten Buche Mosis in's Auge faßt, weniger aber diese selbst, als jene, welche deren Autor ebenfalls vor sich hatte. Sie reflektieren indes nur auf den *Anfang* der betreffenden jüdischen Schöpfungsgeschichte, indem sie die Schöpfung nach 6 Tagen für ein Charakteristikum der jüdischen Alchemie halten, welches sich an Nationalvorstellungen knüpft, die sie, als Griechen, nicht weiter angeht.

Thales hält sich an das: Am Anfang schuf Gott Himmel und Erde. Und die Erde war ein Durcheinander, und Finsternis auf der Oberfläche des Abgrundes, und der Geist Gottes schwebte auf der Oberfläche des Wassers.

Den *Anfang* nimmt er als den Anfang aller Dinge.

Den *Himmel* nimmt er im jüdischen Sinne als das Weltengefäß. In diesem Gefäß geht das Wasserverwandlungsexperiment vor sich. Wir haben bei der jüdischen Alchemie die Frage aufgeworfen, warum denn nun das Himmelsgefäß *eingeschlagen* werden muß. Die Frage hält sich auch Thales vor, und indem er den Grund nicht gelten läßt, daß wir *unter* uns keinen Himmel haben, läßt er die Wasserverwandlung im Ei vor sich gehen. Wahrscheinlich nimmt er dabei bereits, wie die späteren Griechen es tun, das Weltenei nicht als *Ei*, sondern als *Kugel*. In dieser Weltenkugel, wie sie am Anfang aus Gottes Hand hervorgegangen, leben wir. Das Weltengefäß *heißt* nun aber Himmel und *ist* daher der Himmel. Und da der Himmel mit Sonne, Mond und Sternen eins ist, so erschuf Gott, indem er das Weltengefäß schuf, den Himmel *und* die leuchtenden Himmelskörper.

Erde. Am Anfang, das ist am Anfang aller Dinge, erschuf Gott die Erde. Er erschuf sie *vor* dem Wasser, denn Erde steht zuerst da.

Und die Erde war ein Durcheinander. Die Erde ist also nicht bloß Erde, sondern es kommt etwas zu ihr, mit dem sie ein Durcheinander bildet. Das ist aber *Wasser*. Daß es gerade Wasser ist, geht deutlich, so sagt Thales, daraus hervor, daß es später heißt: Und der Geist Gottes schwebte auf der Oberfläche des *Wassers*.

Den Passus: *Und Finsternis auf der Oberfläche des Abgrundes* läßt Thales fallen, indem er sagt, diese Stelle ist bloß deswegen da, um den ersten Tag, der das Licht bringt, vorzubereiten. Ich, Thales, habe weder mit dem ersten Tag noch irgendeinem Tage der jüdischen Schöpfungsgeschichte etwas zu schaffen, und so tangiert mich auch der betreffende Passus nicht.

Thales bekommt also anhand der betreffenden jüdischen Schöpfungsgeschichte heraus, daß zuerst Erde da ist, dann Wasser hinzukommt, daß dann das Wasserverwandlungsexperiment im Großen vor sich geht, und die Welt auf Grund des Wasserverwandlungsexperiments entsteht. Das Land ist das Präzipitat, welches das Experiment ergibt, das Meer das Wasser, welches sich über das Präzipitat, resp. in seine Tiefen stellt. Himmel mit leuchtenden Himmelskörpern lehnen sich an das Weltengefäß, in dem das Wasserverwandlungsexperiment vor sich geht.

Die Griechen nennen nun das, was zuerst da war, υλη πρωτη, Materia prima, erste Materie. Das, was zu diesem hinzukommt, auf daß die Welt entsteht, nennen sie στοιχειον, Elementum, Element. Das, was aus dem Zusammentritt beider entsteht, das ist die Welt, nennen sie υλη εσχατη, Materia ultima, letzte Materie, Endmaterie, Finalmaterie.

Statt υλη πρωτη sagt man auch kurzweg υλη, weil der Ausdruck υλη εσχατη nicht nötig ist, indem er durch κοσμος gegeben werden kann. Gibt man aber υλη εσχατη durch κοσμος, so kann das πρωτη bei υλη fallen, weil weiter kein Gegensatz des »Ersten« zum »Letzten« nötig ist.

Der Ausdruck Elementum für στοιχειον paßt nicht. Elementum ist ein Grundstoff, στοιχειον ist aber nicht Grundstoff. Der Ausdruck ist aber einmal gebräuchlich, und so müssen wir ihn beibehalten. Er kommt zur Ehre, in so verkehrter Weise dem στοιχειον an die Seite gesetzt zu werden, weil Empodokles das στοιχειον nennt, was Materia prima ist, und die Römer sich hieran haltend, eben Elementum übersetzen, ein Ausdruck, welcher sich an die Materia prima lehnt (vergl. Empodokles). An und für sich ist στοιχειον das, was bedingt, daß zwischen Materia prima und Materia ultima eine Reihe, eine Kette, zustande kommt, das ist *Vermittlungsglied*, denn es kommt her von στοιχεω, hintereinander stehen.

Wir wissen nun von oben her, daß Gott *zuerst* die *Erde* schuf, denn sie wird zuerst aufgeführt, und *hinterher* erschuf er erst das *Wasser*. Demgemäß ist dem Thales Erde: Materia prima. Das Wasser ist das, was vermittelt, daß aus dieser Materia prima Erde die Erde, die wir bewohnen, das ist die Materia ultima, hervorgeht, und so ist das Wasser das στοιχειον, Elementum. Auf die Weise kommt denn heraus, daß Thales das *Wasser* als *Element* konstatiert. Dem Himmel, welchen Gott am Anfang schuf, wird bei dieser Kalkulation nicht ferner Rechnung getragen. Er ist das Gefäß, in welchem die Entwicklung der Materia ultima aus der Materia prima durch Vermittlung des Elementes vor sich geht.

Thales, und nach ihm die Griechen überhaupt, huldigen der Vierarkanenzahl. Sie nehmen also an die Arkana 1) Vitriolum (Eingesichtspunkt von Acid. sulphur.-Ferrum), 2) Natron, 3) Liquor hepatis, 4) Pulv. solaris. In Bezug auf Vitriolum halten sie sich aber kurzweg an Acid. sulphur., was sie deshalb tun, um in Bezug auf feste und flüssige Arkana eine Gleichheit herauszubekommen. Indem sie dann aufstellen: 1) Acid. sulphur., 2) Liquor hepatis, 3) Natron, 4) Pulv. solaris, haben sie 2 flüssige und 2 feste Arkana, und damit reiht sich denn an das Vierarkanum zugleich das Zweiarkanum, indem die zwei flüssigen Arkana als eine Eins, und die zwei festen Arkana wieder als eine Eins aufgefaßt werden.

Es ist nun eine geniale Idee des Thales die, die Summe der Arkana der Welt zu parallelisieren. Dann ist also Mater. ultima auch = Summe der Arkana. Die Welt, kosmologisch aufgefaßt, d.i. die Mater. ultima cosmologica, entsteht dadurch, daß man die Erde als Mater. prima hat, und daß zu ihr das Wasser als Element hinzutritt. Analog entsteht die Welt, arkanologisch aufgefaßt, d.i. die Mat. ultima arcanologica, dadurch, daß man die Erde, das ist die Summe der festen Stoffe, aus denen die Arkana dargestellt werden, als Mater. prima arcanologica hat, und daß zu ihr das Wasser, das ist die Summe der flüssigen Stoffe, aus denen die Arkana dargestellt werden, als Elementum arcanologicum hinzutritt. In arkanologischer Beziehung liegt es alsdann sehr nahe, Elementum als Operationsmaterial zu fassen. Dann kommt heraus: Wir haben eine Reihe von chemischen Stoffen, welche fest sind, Mater. prima, zu diesen tritt das chemische Operationsmaterial, στοιχειον, Elementum, welches flüssig ist, hinzu. Das letztere wirkt auf die Materia prima, und die Folge davon ist, daß die Arkana, die Materia ultima, entstehen. An diese Parallelisierung der arkanologischen Welt mit der kosmologischen Welt knüpft Thales, und nach ihm die Griechen überhaupt, das Einarkanum. Es gibt nur *eine* Welt, also in der Parallele auch *ein* Arkanum. Damit hat er denn das Vier-, das Zwei-Arkanum (siehe vorhin) und das Einarkanum.

Da nun bei der kosmologischen Welt die Materia ultima das Produkt, das Ergebnis des Wasserverwandlungsexperiments ist, so muß auch bei der arkanologischen Welt die Materia ultima, die Arkana, das Produkt, das Ergebnis eines Wasserverwandlungsexperiments sein. Dies auf die Arkana bezügliche Wasserverwandlungsexperiment ist nun das *arkanologische Experiment*.

Beim Wasserverwandlungsexperiment, welches die kosmologische Welt ergibt, hat man:

Materia prima:	Elementum:
Erde	Wasser

Einwirken des Elementes auf die
Materia prima, und Folge davon:
Materia ultima cosmologica.

Beim arkanologischen Experiment, welches die arkanologische Welt ergibt, hat man:

Materia prima:	Elementum:
Die festen Grundstoffe, die zur Darstellung der Arkana verwandt werden	die flüssigen Stoffe, das chemische Operationsmaterial.

Einwirken des Elementes
auf die Materia prima, und
Folge davon: die 4 Arkana.

Wir müssen jetzt die Stoffe in's Auge fassen, aus welchen die Arkana dargestellt werden, indem wir sie zerfallen lassen in die festen Grundstoffe und das flüssige chemische Operationsmaterial.

Es handelt sich um die 4 Arkana.

Beim *Acidum sulphur.* haben wir als Grundstoff: Eisenvitriol, und das chemische Operationsmaterial fehlt.

Beim *Natron* haben wir das *Natron carbon.* als natürlich vorkommendes. Bei ihm ist also weder auf Grundstoff noch auf chemisches Operationsmaterial weiter zu reflektieren.

Beim *Natron nitricum* haben wir das Kochsalz als Grundstoff und das Acid. nitricum als chemisches Operationsmaterial. So liegt die Sache, und nicht umgekehrt so, daß Kochsalz Operationsmaterial und Acid. nitric. Grundstoff. Denn man arbeitet mit Salz (Kochsalz), und erhält Salz, einen dem Kochsalz ähnlichen Stoff (Natr. nitr.). Also permutiert die Salpetersäure das Kochsalz, und ist damit chemisches Operationsmaterial.

In Bezug auf den *Pulvis solaris* haben wir

a) den *Quecksilberteil* des Präparates. Die Griechen stellten diesen, das ist das Hydr. oxyd. rubrum, mittels Salpetersäure dar (nicht mittels Erhitzens in einem langhalsigen Kolben). Es liegt nun im Anschluß an das Natr. nitr. nahe, das Quecksilberoxyd als durch Acid. nitr. permutiertes Quecksilber aufzufassen. Damit ist denn der Grundstoff: Quecksilber, und das chemische Operationsmaterial: Acid. nitricum.

b) den *Antimonteil* des Präparates. Stibium sulphuratum nigrum kommt natürlich vor. Auf das ist also weiter nicht zu reflektieren. Sulphur aurat. wird dargestellt, indem man zu der Lösung des Schlippeschen Salzes, das ist zu der Verbindung von Stibium nigrum, Schwefel, Natron carbon., Kalk — Schwefelsäure hinzugibt. Daß man hier die kleine Quantität Schwefelsäure, die man hinzugibt, als chemisches Operationsmaterial auffaßt, liegt auf der Hand. Es fragt sich bloß, was soll bei der Lösung des Schlippeschen Salzes als Operationsmaterial und was als Grundstoff figurieren? Und da dient denn folgender Anhaltspunkt. Man erhält Kermes, wenn man Stibium nigrum mit Natron carbon. behandelt. Die Alten waren sich aber wohl bewußt, daß sie im Kermes ein permutiertes Stibium nigrum, ein Spießglaspräparat hätten. Also ist Natron das chemische Operationsmaterial, um aus dem Grundstoff Stib. nigrum Kermes zu machen. Derselbe Standpunkt, der in Bezug auf das Natr. carb. beim Kermes angenommen wurde, wurde auch beim Sulphur aurat. angenommen, und so rangiert denn Natron carb. auch bei diesem als chemisches Operationsmaterial. Dem Natron carb. wurde alsdann der Kalk zur Seite gestellt. Wenn aus keinem anderen Grunde, so geschah es schon dem Kalk bei der Darstellung des Liquor hepatis zu Liebe (siehe sogleich). Übrigens kann auch der Kalk ganz fallen (vergl. die Darstellung der Arkana). In Bezug auf die Lösung des Schlippeschen Salzes figurieren daher Stibium und Schwefel als Grundstoff und Natron carb. und Kalk als chemisches Operationsmaterial.

Den *Liquor hepatis* stellten die Alten dar mittels Destillation von Schwefel, Salmiak, Kalk. Hier liegt gar kein Grund vor, den Schwefel *nicht* als Operationsmaterial zu nehmen, denn das Präparat charakterisiert sich ja durch seinen Geruch als Schwefelpräparat. Und bei einem Schwefelpräparat wird doch wohl der Schwefel der Grundstoff sein. Diese Stellung des Schwefels beim Liquor hepatis ist denn auch für die Stellung des Schwefels beim Sulphur aurat. maßgebend, weil er ein ähnliches Salz ist, als Kochsalz, und anderenteils, weil er als Ammoniak, welches im Sinne der Alten Salmiak ist, wie Hydrothiongas Schwefel ist, aus dem Präparat hervorriecht. Wenn aber Schwefel auf Grund dessen zum Grundstoff wird, daß er aus dem Präparat hervorriecht, so muß in analoger Weise den Salmiak dasselbe Los treffen. Soll nun, was doch eine komische Annahme wäre, nicht die Totalität der Stoffe bei Liquor hepatis Grundstoff sein, so bleibt per exclusionem nichts anderes übrig, als den Kalk als chemisches Operationsmaterial aufzufassen. — Und so haben wir denn in Bezug auf die Stoffe, aus denen die Arkana dargestellt werden

Grundstoffe:	*Chemisches Operationsmaterial:*
Eisenvitriol	Salpetersäure
Kochsalz	Schwefelsäure
Quecksilber	Natron
Antimon	Kalk
Schwefel	
Salmiak	

Die *Grundstoffe* werden, wie wir wissen, qua Materia prima als fest aufgefaßt. Nun sind 5 Grundstoffe: Eisenvitriol, Kochsalz, Antimon, Schwefel, Salmiak, fest. Das Quecksilber ist aber eigentlich nicht fest. Trotzdem faßt es Thales als fest auf, indem er sagt, das Konkretum für den abstrakten Begriff »flüssig« ist *Wasser*. Sollte somit Quecksilber *flüssig* sein, so müßte es dem Wasser parallel gehen. Daran fehlt aber noch viel, daß das Quecksilber dem Wasser an Flüssigkeit gleich kommt, und auf Grund dessen nimmt er es als fest, womit er ihm also mehr eine Erdnatur als eine Wassernatur gibt. Wir werden übrigens in der Folge dem noch öfter begegnen, daß die Alchemisten das Quecksilber als fest auffassen.

Das *chemische Operationsmaterial* wird, wie wir wissen, qua Elementum als flüssig aufgefaßt. Nun sind zwar Salpetersäure und Schwefelsäure flüssig, Natron und Kalk aber fest. Thales faßt aber auch Natron und Kalk als flüssig, und zwar auf Grund dessen, daß er sie sich nicht trocken, sondern in Solution, als Natronwasser und Kalkwasser denkt.

Wir haben also das *arkanologische Experiment* ff. Man nimmt ein Gefäß, gibt hinein: Eisenvitriol, Kochsalz, Quecksilber, Antimon, Schwefel, Salmiak (Parallele beim Wasserverwandlungsexperiment: Erde), fügt hinzu: Salpetersäure, Schwefelsäure, Natronwasser, Kalkwasser (Parallele beim Wasserverwandlungsexperiment: Wasser,) rührt sie durcheinander (Parallele beim Wasserverwandlungsexperiment: Und die Erde war ein Durcheinander), und nun läßt man stehen. Dann ergibt sich als Präzipitat: die Summe der festen Arkana, Natron und Pulvis solaris (Parallele beim Wasserverwandlungsexperiment: Land), und darüber stellt sich die Summe der flüssigen Arkana, Acid. sulphur. und Liquor hepatis (Parallele beim Wasserverwandlungsexperiment: Meer).

Es lieben nun die Griechen, Schemen (Paradigmata) aufzustellen, in denen sich ihre alchemistischen Auffassungsweisen konzentrieren. Das Schema des Thales ist:

I. {	Natron u. Pulvis solaris	Acidum sulphuricum u. Liquor hepatis	} II.

Dieses Schema konstatiert vorab einmal, daß die 4 *Arkana*: Natron, Pulvis Solaris, Acid. sulphuric., Liquor hepatis, entgegen der eigentlichen Siebenzahl der Arkana angenommen werden, daß man, indem man diese Arkana so stellt, daß man links und rechts eine Gruppe von Arkanis hat, so die *Arkanen-Zwei* hat, und man, indem man *ein* Schema hat, die *Arkanen-Eins* hat. Dann wird das Schema aufgefaßt: 1.) aus dem Gesichtspunkt der Stoffe, aus denen die kosmologische Welt auf Grund des arkanologischen Experiments dargestellt wird; 2.) aus dem Gesichtspunkt der primären Kosmogenese und Arkanogenese; 3.) aus dem Gesichtspunkt der sekundären Kosmogenese und Arkanogenese.

ad 1) Da die Gruppe links aus festen Teilen besteht, so repräsentiert sie die *Erde*. Denn »fest sein« ist ein Abstraktum, wofür das Konkretum »Erde« eintritt. Da die Gruppe rechts aus flüssigen Teilen besteht, so repräsentiert sie das *Wasser*. Denn »flüssig sein« ist ein Abstraktum, wofür das Konkretum »Wasser« eintritt. Erde ist nun Materia prima und Wasser Elementum. Also repräsentiert die Gruppe links die Materia prima und die Gruppe rechts das Element. Und da wir 2 Materiae primae haben, die kosmologische und arkanologische, so repräsentiert die Gruppe links ebensowohl die kosmologische Mater. prima, das ist Erde im engeren Sinne, als die arkanologische Mater. prima, das ist: Eisenvitriol, Kochsalz u.s.w. Und da wir 2 Elemente haben, das kosmologische und das arkanologische, so repräsentiert die Gruppe rechts ebensowohl das kosmologische Element, das ist Wasser im engeren Sinn, als das arkanologische Element, das ist Schwefelsäure, Salpetersäure u.s.w. Von diesem Gesichtspunkt aus gestaltet sich also das obige Schema

kosmologisch:

I. Erde II. Wasser

arkanologisch:

I. Vitriol, Kochsalz u.s.w. II. Salpeter-, Schwefelsäure u.s.w.

ad 2) Primäre Kosmogenese und Arkanogenese. Wir wissen, daß aus dem Zusammentritt von kosmologischer Materia prima und kosmologischem Element die kosmologischen Weltenteile entstehen, das ist Orbis terrarum fixus und Orbis terrarum fluidus.

Wir wissen, daß aus dem Zusammentritt von arkanologischer Materia prima und arkanologischem Element die arkanologischen Weltenteile entstehen, das sind die zwei Arkanen-gruppen, die feste und flüssige, auf welche ja die Griechen von vornherein lossteuern, indem sie bei den 4 Arkanis das Acid. sulphur. an die Stelle des Vitriolum setzen. Die feste Gruppe ist, wie wir wissen, Natron und P. solar., die flüssige: Acid. sulphur. und Liquor hepatis. Es wird nun angenommen, daß bei der Auffassung des Schemas ad 1.) Mater. prima und Element zusammentreten, das Element auf die Materia prima wirkt, und daß dann der Erfolg der sei, daß kosmologisch entstehen: Orbis terrarum fixus et fluidus, daß arkanologisch entstehen: einerseits Natron und P. solaris und andererseits Acid. sulphur. und Liquor hepatis. Und aus dem Gesichtspunkt des so Entstandenen wird dann das Schema pro secundo aufgefaßt, so daß wir kosmologisch haben: Natron und P. solaris repräsentieren den Orbis terrarum fluidus; so daß wir arkanologisch haben: Natron und P. solaris repräsentieren die beiden festen Arkana, und zwar werden diese ausdrücklich genannt, Acid. sulphur. und Liquor hepatis repräsentieren die beiden flüssigen Arkana, und zwar werden auch diese ausdrücklich genannt. Dem entsprechend gestaltet sich das obige Schema.

kosmologisch:

I. Orbis terrarum fixus II. Orbis terrarum fluidus

arkanologisch:

<table>
<tr><td>I.</td><td>{</td><td>die beiden festen
Arkana, wie sie
genannt sind.</td><td>die beiden flüssigen
Arkana, wie sie
genannt sind.</td><td>}</td><td>II.</td></tr>
</table>

ad 3) Sekundäre Kosmogenese und Arkanogenese. Wir halten uns an das Schema, wie es ad 2.) aufgefaßt, und lassen nun Gruppe rechts zu Gruppe links treten. Es tritt also der Orbis terrarum fluidus zum Orbis terrarum fixus. Die Folge davon ist das Ergebnis der kosmologischen Welt exklusiv Himmel, der bereits da ist. Es treten die beiden flüssigen Arkana zu den beiden festen Arkanis. Die Folge davon ist das Ergebnis der arkanologischen Welt, das ist die Summe der Arkana.

Im Ganzen haben wir in Bezug auf das thaletische Schema ff.

Die Zwei-Gruppen-Aufstellung ist dadurch motiviert, daß man die Drei hat als: Materia prima, Elementum, Materia ultima. Stellt man nun die Zwei hin als Materia prima und Elementum, so ist man damit fertig. Denn man sagt bloß, die

Gruppe rechts, das Elementum, tritt zur Gruppe links, der Materia prima, dann resultiert das Dritte, das ist die Materia ultima von selbst.

Die Gruppe links muß eben links, das ist voran stehen, die Gruppe rechts eben rechts, das ist hintenan stehen. Denn vorab erschuf Gott die Erde, das ist die erste Gruppe, und dann das Wasser, das ist die zweite Gruppe.

In der Gruppe links muß Natron oben stehen und Pulv. solaris unten. Denn man kann das Natron nitricum aus dem Natron carbonicum direkt mittels Salpetersäure darstellen. Bei dieser Darstellung wäre dann Natron carbon. Grundstoff, Materia prima, und Salpetersäure chemisches Operationsmaterial, Elementum. Faßt man also im Schema Natron als Natron carbonicum, so hat man es in der genannten Beziehung direkt als Materia prima.

Einer solchen Kalkulation fällt aber der Pulv. solaris *nicht* anheim, der ist in jedem Falle in übertragener, indirekter Weise Materia prima. Was aber direkt Materia prima ist, oder wenigstens sein kann, dem gebührt in der Gruppe der Vorrang, und so steht eben Natron oben. In der Gruppe rechts muß Acid. sulphur. oben stehen. Das ist ja ganz direkt Operationsmaterial, Elementum. Ihm gebührt also der Vorrang vor dem Liquor hepatis, der nur indirekt Element ist, und so kommt ihm die erste Stelle in der Gruppe zu.

Anaximenes von Milet

Wie Thales hält er sich an das: Am Anfang schuf Gott Himmel und Erde. Und die Erde war ein Durcheinander und Finsternis auf der Oberfläche des Abgrundes, und der Geist Gottes schwebte auf der Oberfläche des Wassers — geht aber von der thaletischen Interpretation ab.

Den *Anfang* nimmt er, wie Thales, als den Anfang aller Dinge.

Den *Himmel* faßt er wie Thales.

Es schuf nun Gott am Anfang die Erde. Aber diese Erde ist ein *Durcheinander*, das heißt, sie ist nicht isolierte Erde, sondern Erde mit *Wasser*.

Und Finsternis auf der Oberfläche des Abgrundes, wie bei Thales.

Und der Geist Gottes schwebte auf der Oberfläche des Wassers. Im Text steht *Ruach* Gottes. Diesen Ruach faßt Anaximenes als *Luft*. Diese Luft ist auf der Oberfläche des Wassers, *über* dem Wasser. Diese Luft über dem Wasser *kommt hinzu*, nachdem Erde und Wasser vorab da sind. —

Anaximenes bekommt also anhand der betreffenden Stelle der jüdischen Schöpfungsgeschichte heraus, daß *zuerst* Erde und Wasser da sind, und nachdem sie da sind, kommt *hinzu*: die Luft. Aufgrund von Wasser und Erde geht nun das Wasserverwandlungsexperiment im Großen vor sich, und es entstehen Orbis terrarum fixus et fluidus. Himmel und leuchtende Himmelskörper lehnen sich an das Weltengefäß, in dem das Wasserverwandlungsexperiment vor sich geht. Das Weltengefäß *heißt* Himmel und *ist* Himmel. Dieser Himmel ist aber, trotzdem daß er Firmament und Sonne, Mond und Sterne repräsentiert, *unvollkommen*. Er wird erst vollkommen dadurch, daß sich ihm die *Wolken* zugesellen.

Wie der Orbis terrarum fixus et fluidus das Produkt von Erde und Wasser sind, so sind die Wolken das Produkt von Luft. Und wie die Luft, da der Ruach Gottes über dem Wasser schwebt, an Wasser gebunden ist, so sind auch die Wolken an Wasser gebunden, denn die Wolken sind, da sie als Regen herabfallen, flüssig, Wasser.

Und ferner, da Erde und Wasser einmal vorab da sind, so sind Erde + Wasser = Materia prima. Hinterdrein kommt die Luft, und diese = Elementum, στοιχειον. Dies Elementum ist das, was vermittelt, daß aus Erde und Wasser die Welt hervorgehen kann. Denn wäre die Luft nicht da, so hätten wir zwar an der Hand des Wasserverwandlungsexperiments im Großen: Orbis terrarum fixus et fluidus, wir hätten auch anhand des Weltengefäßes: Firmament und Sonne, Mond und Sterne; wir hätten aber nicht die Wolken, welche erst aus dieser Luft entstehen, und ohne die die Welt, der κοσμος, unvollständig wäre. Auf die Weise kommt heraus, daß das *Element* des Anaximenes *Luft* ist.

Wie Thales nimmt Anaximenes die 4 griechischen Arkana an, an die sich dann, wie bei Thales, das Zwei- und Einarkanum knüpfen.

Auch Anaximenes parallelisiert Welt und Arkana und instituiert das arkanologische Experiment.

Kosmologisch hat er:

Mater. prima	Elementum
Erde und Wasser	Luft
Diese ergeben Orbis terrar. fixus et fluidus an der Hand des Wasserverwandlungsexperimentes.	ergibt die Wolken ⁝ Diese schmiegen sich dem Himmel an, welcher auch Luft ist, so daß herauskommt: Himmel und Wolken.

Ergibt: die Summe von Orbis terrarum fixus, fluidus, Himmel, Wolken, das ist Mat. ultima cosmologica

Arkanologisch hat er:

Mater. prima	Elementum
Die Grundstoffe, welche zur Darstellung *zweier* Arkana benutzt werden, welche Grundstoffe fest und flüssig sind. Diese Grundstoffe ergeben ein festes und ein flüssiges Arkan. an der Hand des arkanologischen Experimentes.	2 chem. Operationsmaterialien entwickeln sich fort zu *einem* Arkan., welches Luft-Wasser ist (Parallele: Wolken); 2 chem. Operationsmaterialien entwickeln sich fort zu *einem* Arkan., welches Luft-Erde ist (Parallele: Himmel)

Ergibt: die 4 Arkana, Materia ultima arkanologica.

Die *chemischen Grundstoffe* sind dem Anaximenes:

I.	Feste Grundstoffe; Parallele: Erde	Eisenvitriol, Kochsalz, Antimon, Schwefel, Salmiak	II.	Flüssiger Grundstoff Parallele: Wasser	Quecksilber

Entgegen dem Thales nimmt also Anaximenes das Quecksilber als flüssig.

Das *chemische Operationsmaterial* wie bei Thales, wobei er aber des Näheren sagt:

I. { Schwefelsäure, Salpetersäure   II. { Natron, Kalk

und dann hauptsächlich das, daß sie = Luft, da ja das anaximenische Element: Luft, Schwefelsäure und Salpetersäure = Luft + Wasser; Natron und Kalk = Luft + Erde. Die ersteren nämlich rauchen und sind flüssig. Die letzteren sind vorab fest, entwickeln aber als Natron carbon. und Calcar. carbon., bei Zusatz von Säure, Kohlensäure, das ist Luft, es ist also Luft in ihnen.

In Bezug auf das *Wasserverwandlungsexperiment* im Großen hat also Anaximenes ff. Man hat das Weltengefäß, gibt Erde und Wasser hinein. Ergebnis: Land und Meer. Nun gibt man aber in's Weltengefäß nicht nur Erde und Wasser hinein, sondern auch Luft, Luft, welche an Wasser gebunden ist. Diese Luft entwickelt sich fort zu Wolken (Luft-Wasser). Diese Wolken schmiegen sich dem Himmel an, was nahe liegt, da der Himmel auch = Luft, feste Luft (Luft-Erde), entgegen den Wolken, welche flüssige Luft sind. Die Welt, der κοσμος, die Materia ultima cosmologica, entsteht aus dem Zusammentritt von Land, Meer, Wolken, Himmel.

In Bezug auf das arkanologische Experiment hat dementsprechend Anaximenes ff. Man nimmt ein Gefäß, gibt hinein: einerseits Vitriol, Kochsalz, Antimon, Schwefel, Salmiak, andererseits Quecksilber. Da hat man denn feste und flüssige Stoffe. Man rührt sie durcheinander, und das arkanologische Experiment geht vor sich. Ergebnis: Pulvis solaris als festes Arkanum (Parallele beim Wasserverwandlungsexperiment: Land) und Liquor hepat. als flüssiges Arkanum (Parallele beim Wasserverwandlungsexperiment: Meer). Nun gibt man aber in das Gefäß nicht nur die vorhin genannten Stoffe, sondern auch Schwefelsäure und Salpetersäure. Diese entwickeln sich fort zum flüssigen Arkanum Acidum sulphuricum, was nahe liegt, da Acidum sulphuric. auch ein Arkanum ist, und also bloß Acidum nitricum in den Hintergrund zu treten braucht. Die Parallele beim Wasserverwandlungsexperiment sind die Wolken, da Acid. sulphur. fumans *raucht*, und daher Acidum sulphuric.

Luft an Wasser gebunden ist. Und nicht nur die vorhin genannten Stoffe gibt man in das Gefäß, sondern auch Natron und Kalk. Diese entwickeln sich fort zum Arkanum: Natron, was naheliegt, da Natron auch ein Arkanum ist, und also bloß Kalk in den Hintergrund zu treten braucht. Die Parallele beim Wasserverwandlungsexperiment ist der Himmel. Natron ist nämlich fest und entwickelt beim Aufgießen von Säure als Natron carbon. Luft, also = Luft-Erde. Die beiden ersten Arkana: Pulvis solaris und Liquor hepatis gehören zusammen, weil sie auf Grund des arkanologischen Experimentes im engeren Sinn entstehen. Die beiden letzteren Arkana: Acid. sulphur. und Natron gehören zusammen, weil sie beide lufthaltig sind. Alle 4 Arkana treten zusammen und bilden die Materia ultima arcanologica.

Man wird nun sagen, aber wie können sich denn Vitriol, Kochsalz u.s.w. einerseits und Quecksilber andererseits zu Arkanis entwickeln, so auf eigene Hand das tun, ohne daß chemisches Operationsmaterial hinzukommt? Darauf antworten wir, die Schilderung von vorhin haben wir bloß der Übersicht wegen so gegeben, wie wir sie eben gebracht, um prägnant die Parallele mit dem Wasserverwandlungsexperiment zu haben. Man muß die nähere Sachlage in's Auge fassen, die derartig ist, daß man von vornherein alle Stoffe zusammen in das Gefäß gibt. Dann muß man sich das Element, das Operationsmaterial, in zwei Teile geteilt denken, der erste Teil beteiligt sich dann am arkanologischen Experiment im engeren Sinne, und bloß der zweite Teil entwickelt sich fort.

Das Schema des Anaximenes ist:

I. { Pulvis solaris
Liquor hepatis

II. { Natron
Acidum sulphur.

Die Konstatierung der Arkanenvier, der Arkanenzwei, der Arkaneneins wie bei Thales.

Dann wird das Schema aufgefaßt: 1.) Aus dem Gesichtspunkt der Dinge, welche beim Wasserverwandlungsexperiment im Großen direkt und indirekt impliziert sind, und aus dem Gesichtspunkt der Stoffe, welche beim arkanologischen Experiment direkt und indirekt impliziert sind. 2.) Aus dem Gesichtspunkt der primären Kosmogenese und Arkanogenese. 3.) Aus dem Gesichtspunkt der sekundären Kosmogenese und Arkanogenese.

ad 1.) Die Gruppe links besteht aus einem festen Teil (P. solaris) und einem flüssigen Teil (Liquor hepatis). Damit ist in ihr Erde und Wasser vertreten. Die Summe von Erde und Wasser ist aber dem Anaximenes: Materia prima. Also repräsentiert die Gruppe links die Materia prima. Da wir nun zwei Materiae primae haben, die kosmologische und die arkanologische, so haben wir in der Gruppe links vertreten kosmologisch: Erde und Wasser im engeren Sinne, arkanologisch einerseits: Vitriol, Kochsalz u.s.w. und andererseits: Quecksilber.

Die Gruppe rechts repräsentiert nur arkanologisch *absolut* das Element. Es liegt der arkanologische Elementarstandpunkt dieser Gruppe sehr nahe, denn sowohl Natron als Acid. sulphur. sind arkanologisches Element.

Kosmologisch repräsentiert nur *ein Teil* der Gruppe rechts *absolut* das Element, das ist nämlich das Acid. sulphuricum, welches als kosmologische Luft gefaßt wird, als die Luft, aus der die Wolken entstehen. Im Grunde kann Natron nicht, trotzdem daß in ihm die Luft vertreten ist, als kosmologisches Element gefaßt werden. Denn geschieht dies, so müssen wir fragen, wozu soll sich denn diese Luft fortentwickeln, wie sich die erstere Luft zu den Wolken fortentwickelt? Wir können da nicht antworten: »zum Himmel«, denn der Himmel wird als Kosmologikum bereits am Anfang erschaffen, von einer Fortentwicklung desselben aus einem Etwas, was früher gegeben, kann also nicht die Rede sein. Also streng genommen haben wir im Natron kosmologisch bereits das Kosmologikum Himmel, und nicht das Element Luft. Anaximenes hilft sich aber, indem er sagt: Himmel = Luft, und daher steht nichts im Weg, daß ich den Himmel auch elementar als Luft auffasse.

Anhand des hier Exponierten gestaltet sich also das obige Schema

kosmologisch:

I.	Erde	II.	Himmel (Himmelsluft)
	Wasser		Luft

arkanologisch:

I.	Eisenvitriol,	II.	Natron, Kalk
	Kochsalz u.s.w.		Schwefelsäure,
	Quecksilber		Salpetersäure

ad 2.) Primäre Kosmogenese.

Mit der Erde und dem Wasser der Gruppe links geht das Wasserverwandlungsexperiment vor sich. Dann erhalten wir Orbis terrar. fixus et fluidus, und aus dem Gesichtspunkt dieser wird die Gruppe links des Schemas pro secundo aufgefaßt.

Die Luft in der Gruppe rechts entwickelt sich zu den Wolken, und aus dem Gesichtspunkt dieser und des Himmels wird die Gruppe rechts des Schemas pro secundo aufgefaßt. So haben wir kosmologisch das Schema in der Auffassung ad 2:

I.	Orbis terrarum fixus Orbis terrarum fluidus	II.	Coelum Nubes

Primäre Arkanogenese.

Mit dem Eisenvitriol, Kochsalz u.s.w. und dem Quecksilber der Gruppe links geht, unter Hinzutritt eines Teils der Gruppe rechts, das arkanologische Experiment vor sich. Dann erhalten wir Pulv. solaris und Liquor hepatis, und aus dem Gesichtspunkt dieser wird die Gruppe links des Schemas pro secundo aufgefaßt.

In der Gruppe rechts entwickeln sich Natron und Kalk, der noch übrige Teil derselben, zu dem Arkanum Natron fort, indem Kalk in den Hintergrund tritt, und aus dem Gesichtspunkt dieses wird das erste Glied der Gruppe rechts des Schemas pro secundo aufgefaßt.

In der Gruppe rechts entwickeln sich Schwefelsäure und Salpetersäure, der noch übrige Teil derselben, zu dem Arkanum Schwefelsäure fort, indem die Salpetersäure in den Hintergrund tritt, und aus dem Gesichtspunkt dieser wird das zweite Glied der Gruppe rechts des Schemas pro secundo aufgefaßt. — So haben wir denn arkanologisch das Schema in der Auffassung ad 2.) derartig, wie es der Wortlaut oben gebracht hat.

ad 3.) Sekundäre Kosmogenese.

In dem Schema, wie es ad 2.) kosmologisch aufgefaßt wird, haben wir links Land und Meer, rechts Himmel und Wolken. Diese treten nun zusammen und ergeben die kosmologische Welt, bestehend aus Land, Meer, Himmel, Wolken.

Sekundäre Arkanogenese.

In dem Schema, wie es sich ad 2.) arkanologisch gestaltet, haben wir links 2 Arkana, Pulv. solaris und Liquor hepatis, und rechts 2 Arkana, Natron und Acid. sulphur. Diese treten nun zusammen und ergeben die arkanologische Welt, bestehend aus Pulv. solaris, Liquor hepatis, Natron und Acidum sulphuricum.

Im Ganzen haben wir endlich in Bezug auf das anaximenische Schema ff.

Die Zwei-Gruppe ist motiviert wie bei Thales.

Die Gruppe links muß eben links, d. h. voran stehen, die Gruppe rechts muß eben rechts, d. h. hintenan stehen. Denn zuerst schuf Gott Erde und Wasser, das ist die erste Gruppe, die Materia-prima-Gruppe, und dann erst die Luft, die Elementengruppe, das ist die zweite Gruppe. Aber die Gruppe rechts enthält ja das Coelum, und dies wird ja erst recht am Anfang geschaffen, indem es heißt: Am Anfang schuf Gott *Himmel* und Erde. Wie paßt das dazu, daß das Coelum rechts in der Gruppe steht? Nun, das erklärt sich daraus, daß, wie wir wissen, Anaximenes den Himmel vorweg als *Luft* auffaßt. Luft aber ist Element und gehört in die Gruppe rechts, in die Elementengruppe. Die Sache stellt sich klar dar, wenn man die Gruppe rechts arkanologisch nimmt.

In der Gruppe links muß Pulv. solaris oben stehen und unten Liquor hepatis. Denn Pulv. solaris repräsentiert die Erde, Liquor hepatis das Wasser. Gott schuf aber erst die Erde und hinterdrein das Wasser. Denn es heißt: Am Anfang schuf Gott (Himmel und) Erde, und dann kommt erst: die Erde war ein Durcheinander.

In der Gruppe rechts muß Natron oben stehen und Acid. sulphur. unten. Denn das Natron läuft dem Himmel parallel, und das Acid. sulphur. den Wolken. Der Himmel ist aber eher da als die Wolken. Denn der Himmel ist bereits als Kosmologikum fertig, wenn die Wolken noch Luft sind, die erst zu Wolken *werden* soll.

Pythagoras

Er soll auf der Insel Samos geboren sein, und wanderte im Mannesalter nach Croton in Unteritalien aus. Von den mancherlei Reisen, die ihm nacherzählt werden, steht jedenfalls die nach Judäa und vielleicht auch nach Ägypten im Vordergrund. Was nämlich Jamblichus in seiner Vita Pythagorica von Phönizien sagt, ist auf Judäa zu beziehen. Es heißt beim *Jamblichus* Kap. 7:

Ενιαυθα δε συμβαλων τοις τε Μωχου του φυσιολογου προφηταις απογονοις και τοις αλλοις φοινικικοις ιεροφανταις, και πασας τελεσθεις εν τε Βυβλω και Τυρω και κατα πολλα της Συριας μερη εξαιρετως ιερουργουμενας. »Dort (in Sidon) konferierte er mit den Propheten, den Nachkommen des ›Physiologen‹ Moches (Μωχου ist der Genitiv von Μωχης — erste Deklination — und nicht von Μωχος — zweite Deklination —) und mit den anderen phönizischen Hierophanten, und wurde in alle Mysterien eingeweiht, wie sie in Byblus, Tyrus und über einen großen Teil von Syrien hauptsächlich zu Hause sind.« Der Μωχης ist kein Mensch anders als Moses. Der *Physiologe* Moses ist der Moses, welcher die Schöpfungsgeschichte geschrieben, und auf Grund dessen sich mit τοις φυσικοις beschäftigt hat. Dieser Titel des Moses wird uns später bei den Alexandrinern und Neuplatonikern klar werden. Was nun Pythagoras von den Propheten und Hierophanten lernte, waren jüdische Alchemie, jüdische Religionsbräuche und priesterliche Institutionen.

Jamblichus sagt in Kap. 6: Πολιτεια δε η βελτιστη και ομοδημια και κοινα τα των φιλων και θρησκεια θεων και οσιοτησ προς τους κατοιχομενους (so hat Küster; J. Arcerius Theodoretus hat: οσιοτης προςκατοιχομενη) νομοθεσια τε και παιδεια και εχεμυθια και φειδω των αλλων ζωων και εγκρατεια και σωφροσυνη και αγχινοια και θειοτης και τα αλλα αγαδα ως ενι ονοματι περιλαβειν, ταυτα παντα τοις φιλομαθουσιν αξιεραστα και φιλοσπουδαστα δι αυτον εφανη. »Von ihm (Pythagoras) ging aus, wurde kundgemacht: die beste Staatsverfassung, Volkseintracht, Gütergemeinschaft, Götterdienst, Religiosität gegen Verstorbene, Gesetzgebung, Erziehung, Verschwiegenheit, Schonung der Tiere (im Allgemeinen, und im Besonderen Abstinenz in Bezug auf das Genießen derselben), Enthaltsamkeit, Mäßigkeit, Scharfsinn, Göttlichkeit, kurz alles Gute, auf daß diejenigen, die Sinn für dergleichen haben, sich ihm mit Liebe und mit Eifer hingäben.« — Diejenigen nun, welche Sinn für dergleichen von den dem Pythagoras eigentümlichen Gesichtspunkten aus hatten, vereinte er zu einem Bunde, zu einer Verbrüderung, und verknüpfte sie durch gemeinsame Sitten und Gebräuche, von welchen nicht wenige an jüdische Sitten, Gebräuche und Anschauungen erinnern. Vielleicht haben auch zu manchen Gesichtspunkten des Pythagoras in dieser Beziehung ägyptische Priester den Impuls gegeben. Ihre Hauptblüte hatte die pythagoräische Verbrüderung zu Lebzeiten des Pythagoras. Mit seinem Tode tritt sie in den Hintergrund. Die Pythagoräer standen sich hauptsächlich dadurch im Licht, daß sie sich mit Politik beschäftigten, wodurch sie sich die Verfolgung der Machthaber zuzogen. Nachdem sie eine zeitlang im Hintergrund gestanden, treten sie zu den Zeiten des jungen Christentums wieder in den Vordergrund, sie machen Front gegen dasselbe, indem sie die pythagoräische Verbrüderung der christlichen Verbrüderung, den Pythagoras dem Christus gegenüberstellen.

Von der jüdischen Alchemie entnimmt Pythagoras die Zahlenphilosophie. Des Pythagoras Alchemie ist hauptsächlich eine Zahlenphilosophie. Er wirft sich zunächst auf die jüdisch-philosophischen Zahlen 1, 2, 3, 4, 5, 6, 7, hat aber keine Lust, sie in jüdisch-alchemistischer Weise zu begründen. Es bleibt ihm also nichts anderes übrig, als sie in eigener Weise zu begründen, und hierzu wählt er die Mathematik. Er erfindet den pythagoräischen Lehrsatz, das ist der Satz, welcher lehrt, daß in einem rechtwinkligen Dreieck das Quadrat der Hypotenuse gleich ist der Summe der Quadrate der beiden Katheten, und basiert auf ihn seine Zahlen. Daß Pythagoras gejubelt haben mag, als er diesen Satz gefunden, der ihm das Mittel an die Hand gab, die von den Juden übernommenen philosophischen Zahlen in seiner Weise zu begründen, das läßt sich schon denken, daß er aber diesem Jubel gerade den Ausdruck gegeben, daß er den Göttern eine Hekatombe darbrachte — so ist ja die vulgäre Sage — das läßt mannigfachen Zweifel zu.

Jamblichus, Vita Pythagorica, Kap. 24, sagt: »Auch er selbst (Pythagoras) lebte in der Weise, indem er sich der Tiernahrung enthielt und an Altären betete, die nicht mit Blut besudelt waren.« — Das paßt schlecht zur Darbringung einer Hekatombe. Schon Cicero sagt, de natura Deorum: Quamquam Pythagoras, quum in geometria novi quiddam invenisset, Musis bovem immolasse dicitur. Sed id quidem non credo, quoniam ille ne Apollini quidem Delio hostiam immolare voluit, ne aram sanguine adspergeret. »Obgleich Pythagoras den Musen einen Ochsen geopfert haben soll, wenn er in der Geometrie etwas Neues erfunden. Aber das glaube ich nicht. Denn er wollte ja nicht einmal dem delischen Apollo ein Schlachtopfer darbringen, weil er den Altar nicht mit Blut bespritzen wolle.« — Hier hören wir also zugleich, daß Pythagoras jedesmal, so oft er etwas Neues in der Geometrie gefunden, einen Ochsen dargebracht haben soll.

Es hat nun Pythagoras in seinem Satz ff.

Er macht sich an den Punkt. Nun sagt er, der Punkt hat keine Ausdehnung, ist also gewissermaßen ein Nichts, eine res nulla. Diese res nulla ist freies Gut, und so nehme ich sie mir. Ich *habe* also den Punkt. Nachdem er nun den Punkt hat als sein Eigentum, kalkuliert er weiter, daß der Punkt zwar auf der einen Seite ein Nichts, auf der anderen Seite aber doch wieder ein Etwas ist. Da er nun in seinem Punkt mit dem Nichts ein Etwas hat, so nimmt er sich das Recht, ihm, indem er ihn durch die Zahl bezeichnet, nicht die 0, sondern die 1 zu geben, welche der Null am nächsten steht. So kommt er zu der Eins.

Die Linie ist nun die Fortentwicklung des Punktes. Hat Pythagoras also den Punkt, und er hat ihn, so kann er denselben sich auch fortentwickeln lassen, und damit hat er denn die Linie. Die Länge einer Linie wird durch zwei Punkte bestimmt. Es kann dem Pythagoras nun keiner wehren, der Linie, die er hat, eine bestimmte Länge zu geben. Er tut's, er begrenzt sie durch den Punkt, der sein Eigentum bereits ist, und nochmals durch einen Punkt, der sein Eigentum ist, und hat damit in den 2 Punkten, durch welche die Länge der Linie bestimmt wird, die 2.

Nun hat Pythagoras die Linie und mit ihr die 2. Diese 2 nimmt er als 2 beliebige Punkte, plaziert diese in die Linien hinein und erhält so 3 Linien.

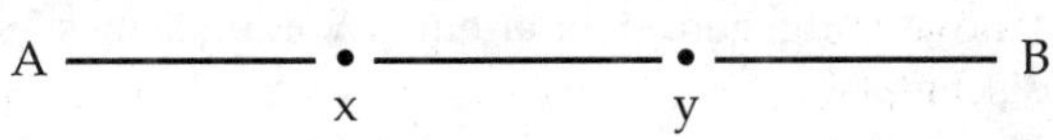

Er hat die Linie A B. Den einen der beiden Punkte, die er an der Hand der 2 hat, plaziert er bei x, den anderen bei y, und erhält so durch Teilung die Linien Ax, xy, yB. Hat er diese, so formiert er sie zum rechtwinkligen Dreieck, und hat in ihm seine Zahl 3 vertreten.

Es hat also Pythagoras als sein Eigentum, zu dem er derartig gekommen, daß ihm niemand wehren kann, eine res nulla zu säsieren, die Eins (Punkt), das ist die μονας, die Zwei (Linie), das ist die δυας, und die Drei (Dreieck), das ist die τριας.

Da nun Pythagoras die 3, die τριας unter der Gestalt des rechtwinkligen Dreiecks hat, so hat er die 4, die τετρακτυς, kraft seines Lehrsatzes von selbst. Denn kraft desselben hat er da, wo er das Dreieck hat, eo ipso die Quadratur des Dreieckes, das ist, die 3 bietet ihm eo ipso die 4.

Und so hat er sich denn die philosophischen Zahlen 1, 2, 3, 4 entwickelt. Sie knüpfen sich an den pythagoräischen Lehrsatz. Denn die Figur zu diesem Satz bietet ihm den Punkt (Ecke), der sich zur Linie (Seite) und zum Dreieck weiter entwickelt. Und ist er bis zum Dreieck gekommen, dann hat er dessen Quadratur.

Anlehnend an seinen Satz hat Pythagoras nicht nur seine Zahlen 1, 2, 3, 4, sondern auf Grund dessen, daß das Quadrat der Hypotenuse gleich ist der *Summe* der Quadrate der beiden Katheten, hat er auch ein Anlehnen an das Manöver, welches wir bei der indischen Alchemie kennengelernt haben. Wir haben dort gesehen, daß die Inder eine Zahl nicht nur aus dem Gesichtspunkt ihrer selbst betrachten, sondern auch aus dem Gesichtspunkt einer solchen Zahl, die sich an der Hand einer, resp. zweier der 4 Rechnungs-Spezies ergibt. Dies Prinzip auffassend, schlägt Pythagoras einen ähnlichen Weg ein. Er multipliziert und dividiert aber nicht, wie die Inder, den genannten Weg einschlagend, es tun, sondern er *addiert*, und darauf führt ihn eben die *Summe* der beiden Katheten. Diese Summe führt ihn denn auch einfach auf das Addieren, nicht auf das Addieren *und* Subtrahieren, welches er als Zwei-Manöver dem indischen Zwei-Manöver, dem Multiplizieren und Dividieren gegenüberstellen können. In seinem *Ein-Manöver*, dem indischen Zwei-Manöver entgegen, sieht er einen Vorzug seines Tuns vor dem Indischen.

Indem nun Pythagoras auf Grund der Summe, die ihm sein Satz bietet, dem Addieren Rechnung trägt, teilt er sich die philosophischen Zahlen, die er anhand seines Satzes hat, in 2 Gruppen. Auf die eine Seite stellt er die 4, auf die andere die 1, 2, 3, und bringt dann beide Gruppen additionsweise zusammen. Das ergibt:

$$4 + 1 = 5$$
$$4 + 2 = 6$$
$$4 + 3 = 7$$

Und so hat er außer den Zahlen 1, 2, 3, 4 noch die Zahlen 5, 6, 7, somit die philosophischen Zahlen: 1, 2, 3, 4, 5, 6, 7.

Als ich noch auf der Klassenbank saß, wurde mir der pythagoräische Lehrsatz als der Magister matheseos präsentiert, als die Blume der mathematischen Sätze, als ein Satz, der vor anderen mathematischen Sätzen ein Übergewicht habe. Mir wollte die Sache damit nicht recht in den Kopf, denn ich dachte, es gibt doch so manchen, manchen wichtigen mathematischen Satz, was hat der pythagoräische Lehrsatz denn nun vor anderen wichtigen Sätzen an Wichtigkeit voraus? Ich ahnte damals nicht, daß meine alchemistischen Studien mir Aufklärung über die Sache geben würden, daß ich auf Grund ihrer erfahren würde, daß die Wichtigkeit des pythagoräischen Lehrsatzes vor anderen wichtigen mathematischen Sätzen in der Wichtigkeit desselben für die pythagoräische Alchemie liegt.

Was die einzelnen pythagoräischen Zahlen betrifft, so hat die Vier vor den übrigen ein Übergewicht. Denn auf der einen Seite kann sich jeder ein Dreieck hinzeichnen, es kann aber nicht jeder an dieses Dreieck die Vier knüpfen, das ist aus ihm die betreffende Quadratur herausfinden. Indem also Pythagoras seinen Satz entdeckt, hat er darin hauptsächlich den Triumph der Vier. Und auf der anderen Seite tragen zwar die 1, 2, 3 das ihrige dazu bei, daß Pythagoras zur 5, 6, 7 kommt, *hervorragend* trägt aber die Vier das ihrige dazu bei, denn die muß zu jeder von ihnen hinzutreten. Auf Grund dessen erklärt sich denn leicht die im Vordergrund stehende Verherrlichung der τετρακτυς seitens der Pythagoräer. Sie nahmen sie in ihren Eid auf. Der Eid lautet nach Jamblichus, Vita Pythagorica, Kap. 28.

Ναι μα τον αμετερας σοφιας ευροντα τετρακτυν,
Παγαν αενναου φυσεως ριζωμα τ'εχουσαν.

»Ich schwöre bei dem, der die Tetraktys unserer Alchemie erfunden hat.

Jene Tetraktys, welche die Quelle und die Wurzel der unvergänglichen Natur enthält.«

Kap. 29 wird der Wortlaut des Eides ff. angegeben:

Ου μα τον αμετερη γενεη παραδοντα τετρακτυν,
Παγαν αενναου φυσεως ριζωμα τ'εχουσαν.

»Ich schwöre bei dem, der unserem Geschlecht die Tetraktys übergeben hat.

Jene Tetraktys u.s.w. (wie vorhin).«

Wir haben nun in der jüdischen Alchemie darauf hingewiesen, daß die 7 nicht nur an und für sich als 7 aufgefaßt werden kann, sondern daß sie auch der indischen 12 entspricht. Das hängt, wie wir dort gesehen, damit zusammen, daß sich die 7 zur jüdischen Welt verhält wie die 12 zur indischen. Die Zahl 7 repräsentiert also in dieser Auffassung, so kann man kurz sagen, die Welt. Das faßt nun Pythagoras in's Auge. Er faßt in's Auge, daß, wenn er die philosophischen Zahlen 1, 2, 3, 4, 5, 6, 7 hat, daß er dann eine unter ihnen hat, welche zur Welt in Relation steht, die Welt repräsentiert. Daß nun diese Zahl gerade die 7 sein soll, liegt für Pythagoras nicht nahe. Er sieht sich also nach einer anderen um und wählt sich die Eins. Darauf kommt er dadurch, weil es nur *eine* Welt gibt, denn wenn man von mehreren Welten spricht, so hat man mehr die Teile vor Augen, in welche sich die eine Welt zersplittert. Das liegt wenigstens in der Anschauungsweise der Alten und speziell in der des Pythagoras. Um nun aber dem zu entgehen, daß er die 1 doppelt hat, um dem zu entgehen, daß er in Übertragung der philosophischen Zahlen auf das, was sich an sie lehnt, dieselbe Eins für die Arkanen-Eins und für die Welten-Eins hat, um dem zu entgehen, kumuliert er die 1 durch eine 0 und erhält so als Welten-Eins die 10. Damit sind denn die pythagoräischen Zahlen vollständig: 1, 2, 3, 4, 5, 6, 7, 10.

Wenn nun Pythagoras die Zahlen 1 bis 7 an die Arkana lehnt, wie das doch selbstredend statt hat, so hat er einen Grund dafür, daß er sagt, ich fasse die Arkana als 1, als 2, als 3 u.s.w. auf. Naheliegend muß er also auch einen analogen Grund dafür haben, daß er sagt, ich fasse die Welt als 10 auf. Diesen Grund macht er sich nun derartig, indem er sagt, der Inbegriff der Welt hat 10 Teile. Als solche nimmt er an: 1.) Sonne, 2.) Mond, 3.) Fixsterne, 4.) 5.) 6.) 7.) 8.) die fünf Planeten (Merkur, Venus, Mars, Jupiter, Saturn: — bekanntlich waren den Alten *nur* diese 5 bekannt), 9.) Erde, 10.) Gegen-Erde, αντιχθων, Firmament ohne Sonne, Mond und Sterne. (Stephan. Alexandrinus, Stromata, sagt ganz richtig: οι δε Πυθαγορειοι τον ουρανον αντιχθονα καλουσιν.)

Die pythagoräische Zahlenphilosophie liegt klar zu Tage. Sie ist ja in Bezug auf die 1 bis 7 ganz direkt und in Bezug auf die 10 indirekt ein Ausdruck der jüdischen Zahlenphilosophie. Dunkel dagegen ist manches, was sich auf Sitten, Gebräuche, Anschauungen der Pythagoräer bezieht. Man muß sich hüten, dem Jamblichus in seiner Vita Pythagorica alles zu glauben.

Das ist ein Gemisch von Wahrheit und Dichtung, kann auch nichts anderes sein, da die Pythagoräer es sich zur Aufgabe machten, vermöge ihrer εχεμυθια die Geheimnisvollen zu spielen. Die pythagoräische αρμονια και συνωδια των σφαιρων και των κατ' αυτας κινουμενων αστερων, das ist Musik, welche die Sphären und die durch sie bewegten Sterne machen, auf welche nicht nur Jamblichus, sondern auch Aristoteles hinweist, ist einfach nichts anderes als die *Zahlenphilosophie*, welcher Pythagoras huldigt (vergl. bei Plato).

Heraklit von Ephesus

Er kehrt wieder zu der von Thales und Anaximenes betretenen und von Pythagoras verlassenen Bahn zurück. Er extendiert den betreffenden Passus der jüdischen Schöpfungsgeschichte, so daß dieser lautet: Am Anfang schuf Gott Himmel und Erde. Und die Erde war ein Durcheinander, und Finsternis auf der Oberfläche des Abgrundes, und der Geist Gottes schwebte auf der Oberfläche des Wassers. Und Gott sprach: Es werde Licht. Und es wurden Sonne, Mond und Sterne.

Der *Anfang* ist der Anfang aller Dinge, wie bei Thales und Anaximenes.

Den *Himmel* faßt Heraklit wieder als Weltengefäß, welches zugleich, da es Himmel *heißt*, Himmel *ist*. Diesen Standpunkt teilt Heraklit mit Thales und Anaximenes. Er nimmt aber nicht wie diese an, daß er da, wo er den Himmel hat, nun auch Sonne, Mond und Sterne hat. Nein, Heraklit hat im Himmel des Anfanges: Firmament *ohne* Sonne, Mond und Sterne. Und weil er das hat, sagt er auch nicht, wie Thales und Anaximenes, der Passus: »*Und Finsternis auf der Oberfläche des Abgrundes* geht mich weiter nichts an«. Im Gegenteil, dieser Passus geht den Heraklit ganz besonders an. Er konstatiert in ihm prägnant, daß Sonne, Mond und Sterne noch nicht da sind, trotzdem der Himmel da ist.

Am Anfang schuf Gott Erde. Diese Erde ist ein *Durcheinander*. Es lehnt sich also an die Erde das *Wasser*.

Der Geist Gottes schwebte auf der Oberfläche des Wassers. Wie bei Anaximenes auf die *Luft* bezogen. Das Wasser aber, worüber die Luft ist, ist das Wasser des Durcheinanders.

Und Gott sprach: Es werde Licht. *Und es wurden Sonne, Mond und Sterne*. Nachdem alles das, was wir vorhin exponiert, einmal vorab da ist, schafft Gott: Sonne, Mond und Sterne. Diese heben denn den Zustand der Dunkelheit auf und man hat die erleuchtete Welt, hat sie jetzt, wo Thales und Anaximenes sie von vornherein im Anschluß an den am Anfang geschaffenen Himmel hatten.

Thales hatte nun: Am Anfang schuf Gott die *Erde*. Zu dieser Erde kommt hinzu: das *Wasser*. Demgemäß war ihm Erde = Materia prima; Wasser = Elementum. Anaximenes hatte: Zuerst schuf Gott: *Erde und Wasser*. Zu ihnen kommt hinzu: die Luft. Demgemäß war ihm Erde und Wasser = Materia prima; Luft = Elementum. Heraklit hat: Vorab erschafft Gott Erde, Wasser, Luft. Zu ihnen kommt hinzu: das Licht, welches Sonne, Mond und Sterne bedingt. Dies Licht nun faßt er generell als *Feuer*. Demgemäß sind, in der Analogie zu dem von Thales und Anaximenes Aufgestellten: Erde, Wasser, Luft = Materia prima; Feuer = Elementum. Heraklit nimmt aber Erde, Wasser, Luft nicht als Mater. prima, sondern als Materia secunda. Davon später. Jetzt nur die Konstatierung dessen, daß *das Element des Heraklit Feuer* ist.

Im Anlehnen an diese Auffassung der jüdischen Schöpfungsgeschichte hat also Heraklit ff.

Am Anfang schuf Gott das Weltengefäß zum Wasserverwandlungsexperiment im Großen. Das Weltengefäß heißt Himmel, und ist Himmel, aber Himmel ohne Sonne, Mond und Sterne. Nun wird in das Weltengefäß Erde, Wasser, Luft geschaffen. Anhand von Wasser und Erde geht das Wasserverwandlungsexperiment vor sich, und man erhält Land und Meer. Die Luft entwickelt sich fort zu den Wolken. Diese als Luft treten zum Firmament, welches auch Luft ist. (So wenigstens kann man sagen; wir werden später sehen, daß man auch sagen kann, Himmel und Wolken entstehen auf Grund des Wasserverwandlungsexperimentes.) Damit haben wir aber noch immer nicht die Welt, den κοσμος. Denn es ist ja bis dahin noch dunkel. Soll die Welt vollkommen werden, so muß das Vermittlungsglied, das Element, das στοιχειον hinzutreten. Dies Vermittlungsglied sind Sonne, Mond und Sterne. Sobald sie hinzutreten, wird die Welt, der κοσμος, vollständig, steht als absolviert da.

Wie Thales und Anaximenes nimmt auch Heraklit die 4 griechischen Arkana an, und an sie knüpft sich denn auch das Zwei- und Ein-Arkanum. Ebenso reiht Heraklit an das Wasserverwandlungsexperiment auch das arkanologische Experiment.

Im Bezug auf das Letztere müssen wir die *chemischen Grundstoffe* und das *chemische Operationsmaterial* in's Auge fassen.

Da »Gott spricht: Es werde *Licht*. Und es wurden *Sonne, Mond und Sterne*«, so hat Heraklit, der, wie wir wissen, das Licht als *Feuer* auffaßt, *zwei* Feuer, Feuer im engeren Sinne und Sonne, Mond und Sterne. Das Feuer im engeren Sinne bezieht er nun auf das arkanologische Experiment. Da es sich bei diesem aber um *chemischen* Grundstoff, chemisches Operationsmaterial handelt, so muß ihm das Feuer *chemisches* Feuer sein. Dieses chemische Feuer ist ihm nun der *Schwefel*.

Das alchemistische Problem, daß Schwefel = Feuer, hat darin seine Basis, daß der Schwefel ein unabweisbarer Bestandteil eines einfachen Feuerzeuges ist. Der Schwefel dient nämlich dazu, um den Funken, welcher dem Stein entlockt, dem Stahl entlockt, und der dann in Holundermark, Zunder und dergl. fixiert worden, zum Auflodern zu bringen. So bilden Schwefel und Feuer eine sehr naheliegende Assoziation.

Demgemäß ist dem Heraklit im Allgemeinen das *Feuer* Element, insbesondere aber, in Bezug auf das arkanologische Experiment, ist ihm der *Schwefel* Element, so wie ihm besonders, in Bezug auf das Wasserverwandlungsexperiment im Großen, *Sonne, Mond und Sterne* Element sind.

Anlehnend an diese Auffassung hebt Heraklit aus den Grundstoffen des Thales, welche sind: Eisenvitriol, Kochsalz, Quecksilber, Antimon, Schwefel, Salmiak, den *Schwefel* heraus und setzt ihn in die Rubrik: chemisches Operationsmaterial (στοιχειον). Er erkennt nun aber bloß den Schwefel, der sein Element ist, als chemisches Operationsmaterial (im engeren Sinn) an, wobei er sich daran hält, daß kosmologisch das Feuer (Sonne, Mond und Sterne) das einzige Agens ist, daß aus der, an der Hand von Erde, Wasser, Luft entstehenden unvollkommenen Welt die vollkommene Welt entsteht. Und so tritt ihm in die Rubrik, in der Thales hatte: Salpetersäure, Schwefelsäure, Natron, Kalk — in diese Rubrik tritt ihm der einzige Schwefel.

Dem eben Exponierten zufolge hat also das, was dem Thales chemisches Operationsmaterial war, seine Rubrik zu verlassen, und da es nicht in der Luft schweben kann, so tritt es in die Rubrik der Grundstoffe des Thales. Heraklit hat also in *einer* Gruppe das, was Thales in *zwei* Gruppen hatte. Wo nun aber Eisenvitriol, Kochsalz u.s.w. einerseits, und Salpetersäure, Schwefelsäure u.s.w. andererseits zusammentreten, da tritt der *chemische Prozeß* ein; man kann nicht mehr sagen, wie Thales es sagte, ich habe einerseits Materia prima, andererseits Elementum, nein, das *einerseits* und *andererseits* hört bei einem solchen Verhältnis auf, man hat ein *Ganzes*, in diesem Ganzen den chemischen Prozeß, und das ist der Grund, weshalb Heraklit, indem er die *Einrubrik* für das erhält, was dem Thales *zwei* Rubriken waren, diese Einrubrik *Materia secunda* nennt. Heraklit negiert also die Materia prima, das ist die Rubrik, die arkanologisch dem Thales die Materia-prima-Rubrik war, er negiert das Elementum, das ist die Rubrik, die arkanologisch dem Thales die Elementenrubrik war, das ist denn in der isolierten Stellung. Da nun aber Heraklit das Element nicht *überhaupt* negiert, sondern nur das, was Thales arkanologisch an das Element knüpfte, und sich das von selbst daran knüpft, wenn er die Materia prima negiert, so drückt sich Heraklit, um mit dem Element keiner Zweideutigkeit in die Arme zu fallen, kurz derartig aus, daß er die Materia prima negiert. Das ist das Problem von dem *Leugnen* der *Materia prima* seitens des Heraklit.

In der Parallele mit einer solchen arkanologischen Fassung hat Heraklit kosmologisch einerseits Eisenvitriol, Kochsalz, Quecksilber, Antimon, Salmiak als *Erde* (vgl. Thales), andererseits Salpetersäure, Schwefelsäure, Natron-Wasser, Kalk-Wasser als *Wasser* und *Luft* (vgl. bei Thales und Anaximenes), im Ganzen also Erde, Wasser, Luft, und dieses Ganze konstituiert ihm Materia secunda. Also hat er in Übertragung auf die Kosmologie, wie er soeben eine Materia secunda arcanologica hatte, eine Materia secunda cosmologica. Und das ist der Grund, weshalb Gott, wenn er vorab, vor dem Feuer, vor dem Element, Erde, Wasser, Luft schuf, daß er dann nicht Materia prima schuf, sondern Materia secunda (wir haben oben bereits darauf hingewiesen). Die Erde, das Wasser, die Luft des Anfangs schuf Gott also nicht isoliert, sondern zusammen, und nachdem sie zusammen, als Materia secunda da sind, schafft Gott denn weiter das Licht.

Das *arkanologische Experiment* instituiert nun Heraklit ff.

Er hat ein Gefäß. Er gibt hinein: Vitriol, Kochsalz, Quecksilber, Antimon, Salmiak einerseits, und Salpetersäure, Schwefelsäure, Natron, Kalk andererseits. Sobald sie zusammen sind, geht der chemische Prozeß vor sich, und es handelt sich um Materia secunda. Die Masse wird nun in zwei Teile geteilt. Der erste Teil wird bloß als Wasser und Erde gedacht, und ergibt anhand des Wasserverwandlungsexperimentes Natron und Acidum sulphur., von denen das erstere als Erde gedacht wird (Präzipitat), das andere als Wasser. Nachdem diese fertig sind, kommt der zweite Teil der Masse an die Reihe. In diesen, der als Wasser, Erde, Luft gedacht wird, wird Schwefel geworfen. Nun geht auch mit ihm das Wasserverwandlungsexperiment vor sich, und das Resultat sind die beiden Arkana Pulvis solaris und Liquor hepatis. Der Pulvis solaris enthält *Schwefel* (zur Darstellung des Sulphur aurat.), er ist fest, also *Erde*, er enthält *Luft*, weil er, mit Salzsäure behandelt, Hydrothiongas fahren läßt, oder weil bei seiner Darstellung die Luft in der Vordergrund tritt (an die spätere kompliziertere Konstatierung des Pulvis solaris als Luft, die wir noch kennenlernen werden, ist beim Heraklit wohl nicht zu denken). Der Liquor hepatis enthält *Schwefel*, er ist *Luft* (vgl. b. Empedokles), er ist flüssig, also *Wasser*. Demgemäß charakterisieren sich diese beiden letzteren Arkana als aus dem zweiten Teil der Masse hervorgegangen, da dieser zweite Teil ja anzufassen war als Wasser, Erde, Luft, und zu diesem Schwefel hinzutritt.

Hieran lehnt sich nun ganz die Auffassung des *kosmologischen Wasserverwandlungsexperimentes*.

Man hat das Weltengefäß. Hineingegeben werden Erde, Wasser, Luft. Sie repräsentieren die Materia secunda. Die Masse wird in zwei Teile geteilt. Der erste Teil wird bloß als Erde und Wasser gedacht. Er ergibt anhand des Wasserverwandlungsexperimentes: Land und Meer. Nun kommt der zweite Teil der Masse an die Reihe. Er wird gedacht als Wasser, Erde, Luft, und dabei wird im Anlehnen an Anaximenes gedacht, der Himmel, das Firmament, sei noch nicht absolviert, sondern sei vorläufig einmal Luft. Das Wasserverwandlungsexperiment geht abermals vor sich mit Luftwasser und Lufterde, und ergibt Firmament (Erde-Luft) und Wolken (Wasser-Luft). Zu beiden treten Sonne, Mond und Sterne. Zu *beiden* sagen wir, denn an das Firmament sind Sonne, Mond und Sterne geheftet, und zu den

Wolken haben Sonne, Mond und Sterne auch eine Relation, da sie ja die Ursache sind, ob man Sonne, Mond und Sterne sehen kann, oder nicht. Bei einem Himmel, der stark von Wolken bedeckt ist, sieht man Sonne, Mond und Sterne nicht. — Das Firmament ist aber fest, *Erde, Luft* ist es eo ipso, Sonne, Mond und Sterne, das ist Feuer, tritt hinzu, also haben wir, wie bei den beiden letzten Arkanis, auf der einen Seite: Erde, Luft, Feuer. Die Wolken sind flüssig, das ist *Wasser, Luft* sind sie eo ipso, Sonne, Mond und Sterne, das ist *Feuer*, tritt hinzu, also haben wir, wie bei den beiden letzten Arkanis, auf der anderen Seite: Wasser, Luft, Feuer. Also charakterisieren sich Firmament und Wolken als solche, die aus dem zweiten Teil der Masse hervorgegangen, da dieser zweite Teil ja aufzufassen war als Wasser, Erde, Luft, wozu denn Sonne, Mond und Sterne hinzutreten.

Stößt sich jemand daran, daß das Firmament, der Himmel, der doch am Anfang als Kosmologikum absolviert da steht, nun auf einmal erst auf Grund eines Wasserverwandlungsexperimentes entstehen soll, nun dann muß er sich einfach die Luft an und für sich zu Wolken *fortentwickeln* lassen. Diese treten dann zum Himmel, und zu beiden treten Sonne, Mond und Sterne. Auf die Weise ist dann *nicht* die Deckung des arkanologischen und kosmologischen Experimentes da. Wer das für irrelevant hält, der halte sich an die Selbstfortentwicklung der Luft, wer es aber für besser hält, daß die beiden Experimente sich decken, der nehme die Sache, wie wir sie vorhin exponiert. Wir finden in der vorigen Zeichnung nichts Perverses, da Anaximenes mit der Annahme einer elementaren Luft dem absolvierten Himmel gegenüber vorangegangen ist.

Das Schema des Heraklit ist:

I.	Natron Acid. sulphuric.	II.	Pulvis solaris Liquor hepatis

Die Konstatierung der Arkanen-Vier, der Arkanen-Zwei, der Arkanen-Eins wie bei Thales.

Dann wird das Schema aufgefaßt: 1.) Aus dem Gesichtspunkt der Dinge, welche beim Wasserverwandlungsexperiment im Großen direkt und indirekt impliziert sind, und aus dem Gesichtspunkt der Stoffe, welche beim arkanologischen Experiment direkt und indirekt impliziert sind. 2.) Aus dem Gesichtspunkt der primären Kosmogenese und Arkanogenese.

3.) Aus dem Gesichtspunkt der sekundären Kosmogenese und Arkanogenese.

ad 1) Die Gruppe links besteht aus einem festen Teil (Natron) und aus einem Teil, welcher flüssig ist und raucht (Acid. sulphur. als Acid. sulphur. crudum aufgefaßt). Die Summe von Erde, Wasser, Luft ist aber dem Heraklit: Materia secunda, also repräsentiert die Gruppe links die Materia secunda. Da wir nun zwei Materiae secundae haben, die kosmologische und die arkanologische, so haben wir in der Gruppe links vertreten kosmologisch: Erde, Wasser, Luft im engeren Sinn, arkanologisch: Vitriol, Kochsalz, Salmiak, Quecksilber, Antimon, die dem Natron entsprechen, und Salpetersäure, Schwefelsäure, Kalkwasser, Natronwasser, die dem Acid. sulphur. entsprechen.

Die Gruppe rechts bietet uns den Pulvis solaris und den Liquor hepatis. Beim Liquor hepatis liegt es nahe, ihn, da er so notorisch und hervorstechend nach Schwefel riecht, das *Schwefel*präparat zu nennen. Beim Schwefelpräparat ist aber hauptsächlich Schwefel gegeben. Da nun das Sulphur aurat. des Pulvis solaris aber auch aus Schwefel gemacht wird, wie der Liquor hepatis, so liegt es zwar nicht gerade ebenso nahe, als beim Liquor hepat., ihn das Schwefelpräparat zu nennen, Heraklit tut's aber der Analogie wegen bei der Darstellung, und so hat er denn in der Gruppe rechts, indem sie die Schwefelpräparate bietet, hervorstechend Schwefel. Schwefel ist aber Feuer und Feuer Element. Also vertritt die Gruppe rechts das Element, das Feuer. Und indem sie das Feuer vertritt, vertritt sie speziell arkanologisch den Schwefel, und kosmologisch Sonne, Mond und Sterne.

Anhand des hier Exponierten gestaltet sich also das Schema kosmologisch:

I.	Erde { Wasser { Luft	II.	Feuer als Sonne, Mond und Sterne gedacht.

arkanologisch:

I.	Vitriol, Kochsalz, Salmiak, Quecksilber, Antimon; Schwefelsäure, Salpetersäure, Natronwasser, Kalkwasser.	II.	Feuer als Schwefel gedacht.

ad 2) Primäre Arkanogenese.

Die Gruppe links von vorhin wird in zwei Teile geteilt. Der eine Teil wird gedacht vom allgemeinen Gesichtspunkt des Wassers und der Erde. Mit diesem einen Teil geht dann das Wasserverwandlungsexperiment vor sich. Resultat: Natron, Acid. sulphuricum.

Nun wird der andere Teil genommen, der gedacht wird als Wasser, Erde, Luft. Zu ihm tritt die Gruppe rechts hinzu. Dann geht abermals das Wasserverwandlungsexperiment vor sich. Resultat: Pulvis solaris und Liquor hepatis.

Das Nähere siehe oben, wo das arkanologische Experiment exponiert wurde.

Aus dem Gesichtspunkt der also entstandenen Arkana wird das Schema ad 2) aufgefaßt, und es gestaltet sich demnach so, wie der Wortlaut des Schemas ist.

Primäre Kosmogenese.

Es kommt hier darauf an, ob man der Fortentwicklung der Luft zu Wolken das Wort redet oder dem Hervorgehen von Himmel und Wolken aus dem Wasserverwandlungsexperiment.

Bei der Fortentwicklung der Luft geht mit Erde und Wasser das Wasserverwandlungsexperiment vor sich. Resultat: Orbis terrarum fixus et fluidus. Nun entwickelt sich die Luft fort zu Wolken. Diese treten zum Firmament, welches bereits da ist, und zu beiden treten Sonne, Mond und Sterne. Aus dem Gesichtspunkt dieser Kosmologika wird dann das Schema ad 2) aufgefaßt.

Bei der Heranziehung des Wasserverwandlungsexperimentes auf beiden Seiten wird Gruppe rechts in 2 Teile geteilt. Der erste Teil wird als Wasser und Erde gefaßt. Mit ihnen geht das Wasserverwandlungsexperiment vor sich. Resultat: Orbis terrarum fixus et fluidus. Nun wird zum zweiten Teil übergegangen. Derselbe wird aufgefaßt als Wasser, Erde, Luft. Mit dem Luftwasser und der Lufterde geht dann das Wasserverwandlungsexperiment vor sich. Resultat: Firmamentum und Nubes. Zu beiden tritt dann die Gruppe rechts, das ist Sonne, Mond und Sterne, und so decken Nubes und Coelum den Liquor hepatis und Pulvis solaris.

Auf die Weise haben wir kosmologisch das Schema in der Auffassung, ad 2):

I.	Orbis terrarum fixus Orbis terrarum fluidus	II.	Coelum cum sole, luna, astris. Nubes cum sole, luna, astris.

ad 3) Sekundäre Arkanogenese.

In dem Schema, wie es ad 2) aufgefaßt wird, haben wir links: Natron und Acid. sulphur., rechts: Pulv. solaris und Liquor hepatis. Diese Gruppen treten nun zusammen und ergeben die arkanologische Welt, bestehend aus Natron, Acid. sulphur., Pulvis solaris, Liquor hepatis.

Sekundäre Kosmogenese.

In dem Schema, wie es ad 2) kosmologisch aufgefaßt wird, haben wir links: Land und Meer, rechts: Firmament und Wolken unter Hinzutritt von Sonne, Mond und Sternen. Diese Gruppen treten nun zusammen und ergeben die kosmologische Welt, bestehend aus Land, Meer, Firmament und Wolken mit Sonne, Mond und Sternen.

Im Ganzen haben wir in Bezug auf das heraklitsche Schema ff.

Die Zwei-Gruppierung ist motiviert wie bei Thales.

Die Gruppe links muß eben links stehen, das ist voran, die Gruppe rechts muß eben rechts stehen, das ist hintenan. Denn zuerst schuf Gott die Materia secunda und erst hinterdrein das Element.

In der Gruppe links steht Natron oben und Acid. sulphur. unten. Eigentlich kommt die Sache so genau nicht darauf an, da die Gruppe links die Materia secunda konstituiert und bei dieser, da der Eingesichtspunkt da ist, von einem Zuerst-und-zuletzt-da-sein, das ist Oben-und-unten-im-Schema-sein, nicht weiter die Rede sein kann.

Indes, da sich die Sache ungezwungen macht, da in Bezug auf die Materia secunda ausdrücklich die Erde vorangeht und Wasser und Luft folgen — so ist ja der Text der jüdischen Schöpfungsgeschichte —, Natron aber die Erde repräsentiert und Acid. sulphur. Wasser und Luft, so ist es besser, daß man auch Natron obenan stellt.

In der Gruppe rechts steht Pulv. solar. ruber oben und Liquor hepatis unten. Denn der Pulv. solaris läuft dem Himmel (Firmament) parallel, dieser aber ist bereits am *Anfang* da.

Wir kommen jetzt zu der allbekannten Aufstellung des Heraklit, derzufolge er das *Sein* leugnete und nur für das *Werden* war.

Zu dieser Aufstellung kommt er dadurch, daß er die Stelle der jüdischen Schöpfungsgeschichte, die er zu dem hinüberzieht, was Thales und Anaximenes bereits haben, näher in Bezug auf die Ausdrucksweise in's Auge faßt. Da steht: Und Gott sprach: Er *werde* Licht. Und es *wurden* Sonne, Mond und Sterne. Wie steht denn dieses Werden, so fragt er sich, beim Lichte dem *Erschaffen*, beim: »Am Anfang schuf Gott« gegenüber? Und er antwortet, die Ausdrücke sind synonym. In Bezug auf das »Am Anfang u.s.w.« könnte es auch heißen: Am Anfang sprach Gott es werden, sollen werden Himmel und Erde. Und da wurden Himmel und Erde. Indem er nun das Werden auch für den Passus beansprucht, dem bereits Thales und Anaximenes Rechnung tragen, tritt ihm seine Materia secunda vor Augen, und diese setzte er dann zum Werden in Relation. In dieser Beziehung sagt er dann weiter: Dem Werden gegenüber steht das *Sein*. Betrachten wir nun aber die chemischen Grundstoffe und das chemische Operationsmaterial, wie sie Thales aufstellte, so repräsentieren sie das Sein. Denn Thales sagte, da *ist*, auf der einen Seite ist der Grundstoff, dort *ist*, auf der anderen Seite ist das (thaletische) Operationsmaterial. Und nachdem Thales diese als das Seiende, als das Daseiende, als das Gegebene hat, dann sagt er, ich bringe sie zusammen, auf daß etwas aus ihnen *werde*. So hatte Thales denn vorab das Sein, und erst vermöge dieses Seins kam er zum Werden. Ich aber, sagt Heraklit, der ich nicht auf der einen Seite vom Grundstoff, auf der anderen vom (thaletischen) Operationsmaterial ausgehe, ich, der ich sie von vornherein zusammenbringe, ich habe nicht wie Thales zuerst das Sein, nein, ich habe sofort das Werden. Und so repräsentiert ihm denn seine Materia secunda das *Werden*. Indem er sein Problem von der Materia secunda aufstellt, hat er sein Problem vom Werden. Indem er nicht wie Thales auf der einen Seite für sich die Grundstoffe annimmt, und auf der anderen Seite nicht für sich das thaletische Operationsmaterial, hat er *nicht* das Sein, und da das Negieren der thaletischen Auffassung darauf hinauskommt, daß es keine Materia prima gibt, so deckt das Problem vom Leugnen des Seins das Problem vom Leugnen der Materia prima. Somit kommt die heraklitsche

Aufstellung, daß es kein Sein gibt, wohl aber ein Werden, darauf hinaus, daß es keine Materia prima, wohl aber eine Materia secunda gebe. Und da die Materia secunda im »Werden« gegeben ist, Heraklit aber das Schaffen auf das Werden hinauskommen läßt, so beutet er das »Am Anfang *schuf* Gott u.s.w.« dafür aus, daß es schon im Wortlaut der betreffenden Stelle der jüdischen Schöpfungsgeschichte liegt, daß Wasser, Erde, Luft = Materia secunda und *nicht* Materia prima.

Auf diese Weise liegt jene Aufstellung des Heraklit vom Sein und Werden, welche die Köpfe der Philosophie so mannigfach in Bewegung gesetzt hat.

Wie das heraklitsche Problem vom Werden, so kommt auch das heraklitsche Problem παντα ρει, »Alles fließt« einfach auf das Problem von der Materia secunda hinaus. Das παντα, alles, ist dem Heraklit das, was dem Element gegenüber steht, das ist die Summe von Erde, Wasser, Luft. Die Erde ist arkanologisch gefaßt, wie wir wissen: Eisenvitriol, Kochsalz, Quecksilber, Antimon, Salmiak; Wasser und Luft arkanologisch aufgefaßt: Salpetersäure, Schwefelsäure, Kalkwasser, Natronwasser. Trotzdem daß diese letzteren als Wasser *und* Luft aufgefaßt werden, konstituieren sie doch schlechtweg genommen eine *Flüssigkeit*. Indem nun *nicht* das thaletische Verhältnis statt hat, daß Grundstoff und Operationsmaterial für sich isoliert dastehen sollen, indem sie *vielmehr* sofort zusammen dastehen, haben wir, indem Eisenvitriol, Kochsalz u.s.w., und Schwefel-, Salpetersäure u.s.w., zum arkanologischen Experiment zusammentreten, ein *Fluidum*. Da nun aber dieses Fluidum die Materia secunda konstituiert, so ist eben die Materia secunda eine Flüssigkeit, oder mit anderen Worten, sie ρει, fließt, womit denn auch in übertragener Weise Erde, Wasser, Luft, das ist das παντα – ρει.

Atomismus

Die Griechen waren ausgezeichnete Menschen. Das verhinderte aber nicht, daß sie eine Schwäche hatten, und das war eine unbegrenzte Nationaleitelkeit. Wir wollen die Genialität des arkanologischen Experimentes keineswegs unterschätzen, wir wollen dieser spezifischen Richtung in der griechischen Alchemie unsere volle Anerkennung zollen, aber das verhindert doch nicht, daß wir dem Faktum in's Gesicht schauen, daß der Passus der jüdischen Schöpfungsgeschichte »Am Anfang schuf Gott u.s.w.« die Basis für die griechische Alchemie ist, und daß das arkanologische Experiment zwar eine *geistreiche* Parallele zum jüdischen Wasserverwandlungsexperiment ist, aber immer doch eine *Parallele*, welche unmöglich gewesen wäre, wenn die jüdische Alchemie nicht dagewesen wäre. Die Nationaleitelkeit verhinderte die Griechen nun, dieses so recht einzusehen, und auf ihr arkanologisches Experiment schauend, sagten sie, die jüdische Alchemie ist eben die jüdische Alchemie und die griechische Alchemie ist eben die griechische Alchemie, gehört eigens den Griechen und hat mit den Juden nichts zu tun. — Die Lehre von der Materia prima, dem Elementum und der Materia ultima ist zwar auch eigens griechisch, indessen, man hat in ihr nichts anderes als das Anlehnen an die jüdische Schöpfungsgeschichte, als einfache Benennungen für das, was diese bietet. Und nachdem diese Prämisse da ist, dann erst kommt das Anlehnen der Materia prima, des Elementum, der Materia ultima an die Arkanologika. Weil aber die Griechen nun einmal auf die ihnen eigens zukommende Alchemie pochten, deshalb nahmen sie die Lehre von der Materia prima, dem Elementum, der Materia secunda kurzweg als ein ihnen exklusiv Zukommendes, als ein Integriertes der griechischen Alchemie, als ein in der griechischen Alchemie Begründetes, als ein Etwas, welches nicht angetastet werden durfte, ohne daß der griechischen Nationaleitelkeit Schach geboten worden wäre.

Diese Sachlage muß man vor Augen halten, um sich ein Faktum zu erklären, welches eigentümlich genug dasteht, umso eigentümlicher, als es sich im Schoß des genialen Griechentums entwickeln konnte, das ist das Faktum, daß Heraklit mit seiner Lehre vom Negieren der Materia prima einen Sturm unter den griechischen Alchemisten heraufbeschwor. Was ist denn so überschwenglich an dieser Materia-prima-Negierung? Was ist sie denn anders, als eine alchemistische Spekulation, wie es deren hundert andere gibt? Was kann man denn dagegen haben, wenn Heraklit sagt, das, was Thales getrennt aufstellte, das vereinige ich sofort, und erhalte so an Stelle der thaletischen Materia prima plus dem thaletischen Element eine Materia secunda? Wir vermögen in diesen Dingen nichts zu finden, was einen alchemistischen Sturm zu Wege bringen kann. Anders war es bei den Griechen. Die dachten, wenn einmal an dem den Griechen zukommenden Problem von der Materia prima, dem Elementum, der Materia ultima gerüttelt wird, derartig gerüttelt wird, daß ein Glied, die Materia prima, gestrichen wird, dann ist der Weg angebahnt, daß auch die anderen Glieder, das Element und die Materia ultima gestrichen werden. Und ist's so weit gekommen, dann ist ein Rütteln am arkanologischen Experiment auch nicht mehr fernliegend. Macht man sich aber auch an das mit Negierungen, so wird die Zeit nicht mehr fern sein, wo die ganze griechische Alchemie über den Haufen geworfen wird. Und ist's so weit gekommen, dann ist die griechische Alchemie von der jüdischen absorbiert worden; sie hat einer Alchemie dann Platz gemacht, mit der sie nichts zu tun hat. So schwarz sieht eine verletzte Eitelkeit! Und das Schwarzsehen bewirkte, daß man gegen den die Materia prima negierenden Heraklit Front machte.

Heller sehende Köpfe durchschauten die Sache aber, sie sahen ein, daß es mit der negierten Materia prima kein so gefährliches Ding sei. Zugleich aber durchschauten sie, daß erregten, erhitzten Menschen schlecht Moral predigen sei, und so kamen sie denn auf einen genialen Ausweg. Sie stellten die Lehre vom *Atomismus* auf. Dem Atomismus zufolge besteht die Materia prima aus kleinen Körperchen, Atomen, Homöomerien. Diese Atome werden als so klein angenommen, daß sie in der *Realität* verschwinden. Wenn sie aber auch in der Realität verschwinden, so können sie doch in der *Idealität* bestehen, und daß sie in der Idealität existieren können, das ist das Motiv dazu, daß sie *angenommen* werden können. Dieser Atomismus bot nun einen Ausweg für den Streit um die Materia prima dar. Heraklit, so hieß es im Anlehnen an den Atomismus, leugnet nicht die Materia prima, er leugnet bloß die Realität der Materia prima, das verhindert aber nicht, daß er sie als ideell anerkennt. Was kann uns aber da, wo Heraklit die Materia prima *anerkennt*, daran liegen, ob er sie als reell oder ideell anerkennt, das sind ja doch nur am Ende Wortklaubereien. Denn mögen wir uns ein Ding in noch so kleine Teile teilen, ein Etwas dieses kleinen Teils bleibt doch, und so kommt die Idealität des Heraklit doch am endlichen Ende auf eine Realität hinaus. Und so ist denn das Geschrei, welches ihr ob des Negierens der Materia prima (in übertragener Weise des Seins) macht, gar nicht gerechtfertigt. Daß man nun aber dem Heraklit nachsagen konnte, er erkenne die Materia prima als Ideale an, das hängt damit zusammen, daß er sich die die Materia prima absorbierende Materia secunda flüssig denkt (παντα ρει), die thaletische Materia prima aber fest (s. bei Heraklit). Nun ist aber da, wo das Flüssige das Feste, das Wasser die Erde absorbiert hat, die Erde nur ideell absorbiert, nicht reell, denn sonst könnte sie unter Umständen, z.B. beim Abdampfen, und namentlich beim Wasserverwandlungsexperiment, nicht wieder zum Vorschein kommen. Und das wird denn eben für die Idealität der Materia prima im heraklitschen Sinne ausgebeutet.

Vorkämpfer für den Atomismus ist außer *Anaxagoras* von Clazomenae namentlich *Demokrit* von Abdera.

Am endlichen Ende bemächtigte sich der griechische Nationalwitz der Sache. Den Griechen war die heraklitsche Materia prima so ein Schlag, daß sie darüber hätten weinen mögen. Das wird umgedreht, und das Weinen dem Heraklit zugeschoben. Darum wird Heraklit zum weinenden Philosophen — Heraklit hat immer geweint. Dem gegenüber steht denn: Demokrit habe immer gelacht. Wenn Heraklit in Folge der negierten Materia prima *weint*, so muß Demokrit, der Vorkämpfer des Atomismus, der sie wieder auf die Strümpfe bringt, *lachen* — das eine paßt zum anderen.

Das in der griechischen Alchemie so sehr im Vordergrund stehende Datum, daß Plato, wie wir später sehen werden, reelle und ideelle Elemente annimmt, hat die bei der Materia prima in Bezug auf den Atomismus zur Sprache gekommene Realität und Idealität als Ausgangspunkt.

Wichtig wird auch die Lehre vom Atomismus in Bezug auf die alexandrinische Lehre vom λογος, wie wir das seiner Zeit sehen werden.

Empedokles von Agrigent

Empedokles ist derjenige, der zuerst die weltberühmten 4 Elemente aufstellt: Erde, Wasser, Luft, Feuer.

Die empedokleische Elementenlehre ist ein alchemistisches Problem, wie es hundert andere alchemistische Probleme gibt.

Etwas hervorragend schlagendes, drastisches hat sie durchaus nicht. Daß sie aber trotzdem sich zu einer Weltberühmtheit aufgeschwungen hat, welche so weit geht, daß noch heute die Kinder auf der Schulbank wissen, es gebe vier Elemente, welche Feuer, Wasser, Luft und Erde heißen, das kommt daher, daß die Griechen der empedokleischen Lehre von den 4 Elementen so sehr zujubelten, sie mit Prägnanz zu ihrem Nationaleigentum machten, mit Emphase auf sie eingingen, und so lange es eine griechische Alchemie gab, sie in den Vordergrund schoben.

Empedokles faßte den Griechen gegenüber die Sache am rechten Ende an. Deren rotes Gespenst war die jüdische Alchemie. Die Nationaleitelkeit wollte nicht, daß sie sich offen gestanden, daß sie zu dem, was wir bei Thales, Anaximenes, Heraklit kennengelernt haben, nie gekommen wären, wenn keine jüdische Alchemie existiert hätte. Im Geheimen aber nagte an ihrem Herzen der Wurm: und doch stecken wir in jüdischen Schuhen. Sie befürchteten, indem sie sich offen gegen die jüdische Alchemie erklärten, und im Stillen ihr huldigten, daß einmal der Tag kommen würde, wo die jüdische Alchemie ihre Alchemie absorbieren würde, und daher der Sturm gegen die negierte Materia prima des Heraklit, von dem wir im vorigen Abschnitt gesprochen. Der wahre Retter in dieser Not war nun Empedokles. Er zersprengte die Fesseln der jüdischen Schöpfungsgeschichte, und darum jubelte man ihm entgegen, darum wurde er der eigentliche griechische National-Alchemist. Nicht seine 4 Elemente rissen die Griechen hin, nein, das riß sie hin, wie er sie begründete, daß er sie aus sich selbst heraus begründete und damit der jüdischen Schöpfungsgeschichte den Rücken kehrte.

Im Grunde ist nie jemand mit der griechischen Alchemie so umgesprungen wie Empedokles. Die Materia prima negiert er, auf das arkanologische Experiment reflektierte er nicht, ein eigentliches Schema hat er nicht — was will man mehr? Und doch ist er der wahre Mann seines Volkes, weil er — dem roten Gespenst der jüdischen Alchemie den Garaus machte.

Man muß etwa nicht denken, daß Empedokles etwa *nicht* die jüdische Schöpfungsgeschichte ausbeutete. O, das tat er ebensowohl wie seine Antezessoren. Er wußte sich nur zu stellen, als wenn er es nicht getan, und so die Griechen zu düpieren. Die empedokleischen 4 Elemente sind gar nichts anderes als jüdische Schöpfungsgeschichte. Empedokles faßt einfach vorab den betreffenden Passus der jüdischen Schöpfungsgeschichte wie Heraklit, nämlich:

Am Anfang schuf Gott Himmel und Erde. Und die Erde war ein Durcheinander, und Finsternis auf der Oberfläche des Abgrundes, und der Geist Gottes schwebte auf der Oberfläche des Wassers. Und Gott sprach: Es werde Licht. Und es wurden Sonne, Mond und Sterne.

Hier bekommt er wie Heraklit heraus: Erde, Wasser, Luft, Feuer.

Nun sagt er aber, ich sehe nicht ein, wie meine Antezessoren bei diesen verschiedene Gesichtspunkte annehmen können. Die einen sagen, das ist Materia prima, jenes Element, der andere sagt, das ist Materia secunda, jenes Element. Das ist nichts. Am Anfang erschuf Gott alle diese Dinge, alle repräsentieren das, was Gott am Anfang schuf. Als *Anfangsdinge* haben sie aber *einen* Charakter; den General-Standpunkt, den das Eine einnimmt, nimmt auch das Andere ein. Ist das Eine Materia prima, so ist es auch das Andere, ist das Eine Element, so ist es das Andere auch. Der Name tut überhaupt nichts zur Sache, der Begriff *Anfangsding* reicht vollkommen hin. Nun müssen aber, um den Griechen gerecht zu werden, die Anfangsdinge einen jenen geläufigen Namen haben, und da wählt denn Empedokles den Namen *Element*.

Dazu kommt er folgendermaßen. Er hat unter den Namen, welche er zur Auswahl vor sich hat, um den Griechen gerecht zu werden, die Namen: Materia prima, Elementum, Materia secunda, Materia ultima. Den Namen Materia ultima kann er vorab nicht gebrauchen, denn Materia ultima ist die absolvierte Welt, der κοσμος, der *wird* aber erst aus den Dingen, welche der Passus »Am Anfang u.s.w.« bringt. Es bleibt ihm also noch die Wahl zwischen Materia prima, Materia secunda, Elementum. Davon wählt er Elementum, und zwar deswegen, um einen Ausdruck zu bekommen, mittels dessen er auf alle seine Hauptvorgänger, d. i. Thales, Anaximenes, Heraklit, zurückgreifen kann. Würde er Materia prima wählen, so hätte er einen Ausdruck, mittels dessen er auf Thales und Anaximenes zurückgreifen könnte, nicht aber auf Heraklit, würde er Materia secunda wählen, so hätte er einen Ausdruck, durch den er auf Heraklit zurückgreifen könnte, nicht aber auf Thales und

Anaximenes. Nimmt er aber den Ausdruck Element, so kann er, wie gesagt, auf Thales, Anaximenes und Heraklit zurückgreifen, denn alle konstatieren das Element, wo nur zwei der Materia prima und nur einer der Materia secunda huldigen.

Es kommt aber dem Empedokles deswegen darauf an, einen Ausdruck zu haben, vermittelst dessen er auf Thales, Anaximenes und Heraklit zurückgreifen kann, weil er für seine 4 Anfangsdinge den Griechen die Autorität der Griechen vorführen will, und nicht die Autorität der jüdischen Schöpfungsgeschichte. Anhand seines Ausdruckes Element sagt er, Thales stellte das Element Wasser auf, seht ihr, da ist eine Berechtigung für das Element Wasser. Anaximenes stellte das Element Luft auf, seht ihr, da ist eine Berechtigung für das Element Luft. Heraklit stellte das Element Feuer auf, da ist eine Berechtigung für das Element Feuer. Das wären aber erst 3 Elemente. Wo bleibt das vierte, die Erde? Nun, da sagt Empedokles, das, was dem Thales das Wasser war, das wurde dem Anaximenes Wasser und Erde. Nun war dem Thales aber das Wasser Element, also liegt es auch nahe, daß die Erde Element ist. Und so sind denn die 4 Elemente Wasser, Luft, Feuer, Erde da.

Nun kann man aber einwerfen, Thales, Anaximenes, Heraklit kommen ja zu ihren Elementen durch gar nichts anders als durch die jüdische Schöpfungsgeschichte, also am Ende doch wieder diese fatale Schöpfungsgeschichte. Und dann kann man auch einwerfen, daß die betreffenden Autoritäten doch streng genommen nur auf 3 Elemente führen, daß die Erde einen Skrupel zulasse, indem zwar Anaximenes das als Wasser und Erde nimmt, was Thales als Wasser nimmt, daß aber Anaximenes die Erde als *Materia prima* aufgefaßt haben will, und nicht als *Element*. Und endlich kann man den Empedokles fragen, wie er denn dazu kommt, seine 4 gebotenen Dinge gerade *Elemente* zu nennen. Darum kann Empedokles bei seiner Autoritätendemonstration nicht stehen bleiben, er muß, um den Griechen gerecht zu werden, sich obendrein nach einem anderen Weg umsehen, um seine 4 Elemente unterzubringen. Und da rechnet er denn den Griechen vor, daß es 4 Elemente gebe. Das ist, er *rechnet* ihnen den Tatbestand vor, um gegen die jüdische Schöpfungsgeschichte gedeckt zu sein, er rechnet ihnen vor, daß es *vier* Elemente gebe, um gegen den Einwurf mit der Erde gedeckt zu sein, er rechnet ihnen vier *Elemente* vor, damit gerade diese und nicht vier Materiae primae herauskommen. Auf die Materia secunda, die etwa das Element vertreten könnte, braucht er nicht weiter zu reflektieren, denn die Materia secunda ist ein heraklitscher Ketzerstandpunkt. Diese empedokleische rechnerische Spekulation ist der Vorläufer für die Proportion, der sich *Plato* in die Arme wirft, und die wir bei diesem kennenlernen werden. Empedokles sagt, wir haben 4 Arkana. Das ist echt griechisch. Ebenso echt griechisch ist es, daß diese Arkana (Mater. ultima) hervorgehen aus dem Grundstoff und dem Operationsmaterial, d. i. aus der Materia prima und dem Elementum. Wenn nun Materia prima und Element apathisch nebeneinander lagerten, so hätten wir Materia prima + Elementum = Materia ultima. Das hat aber nicht statt, Materia prima und Element lagern nicht apathisch nebeneinander, sobald sie zusammenkommen, und das müssen sie, wenn sie die Materia ultima ergeben sollen, dann müssen sie chemisch aufeinander wirken. Dieses chemische Aufeinanderwirken bedingt eine *Multiplikation* und nicht eine Addition, indem nämlich die Sache derartig liegt, daß das Element die Kraft, welche die Materia prima hat, vervielfältigt. Und so kommt denn heraus, *nicht* daß Materia prima + Elementum = Materia ultima, sondern daß:

Materia prima • Elementum = Materia ultima

Wir bemerken hierzu, daß Empedokles mit demselben Recht sagen könnte: Materia prima + Elementum = Materia ultima als: Materia prima • Elementum = Materia ultima. Denn warum soll man beispielsweise nicht gerade sowohl sagen können: Natron + Acid, nitricum = Natron nitricum, als: Natron • Acid. nitricum = Natron nitricum, oder warum soll nicht gerade sowohl: Schwefel und Salmiak + Kalk = Liquor hepatis als: Schwefel und Salmiak • Kalk = Liquor hepatis u.s.w.? Die Sache liegt so, daß Empedokles Materia prima + Elementum = Materia ultima *nicht* gebrauchen kann, Materia prima • Elementum = Materia ultima aber *wohl* gebrauchen kann. Die Griechen aber gingen auf die Intention des Empedokles, sich doch ja an die letztere Aufstellung zu halten, und nicht an die erstere, willig ein, weil er sie, wie allseitig, so auch hier, mit dem roten Gespenst der jüdischen Alchemie zu schrecken wußte. Er sagte, addiert ihr nur immerhin, statt zu multiplizieren, dann werdet ihr schon in die jüdische Alchemie immer tiefer hineingeraten.

Seht euch den Pythagoras an, nun der hat *addiert*. Ist aber seine Alchemie etwas anderes als die echt jüdische Alchemie, sind seine philosophischen Zahlen etwas anderes, als die echt jüdischen philosophischen Zahlen? Nehmt ein Beispiel daran, was beim Addieren herauskommt.

Indem nun Empedokles vorab seine Multiplikationsgleichung hat, gibt er ferner den Ausdrücken Zahlen. Der Materia ultima gibt er die Zahl 4. Dazu kommt er derartig, daß er den Ausdruck Materia ultima nicht wie seine Antezessoren *generell* faßt, sondern *speziell*. Er sagt, bei jedem Arkanum findet der Vorgang statt, daß Materia prima • Elementum = Materia ultima. Also kommen so viele Materiae ultimae (pluraliter) heraus, als es Arkana gibt. Nun gibt es 4 Arkana, und dem gegenüber muß es auch 4 Materiae ultimae geben. — Die Materia prima negiert er. Müßte also sein: Materia prima = 0. Die Null kann er aber nicht gebrauchen, denn alsdann müßte die Zahl, welche das Element erhält, mit 0 multipliziert werden; 0 mal eine Zahl ist aber = 0, und so würde herauskommen: Materia ultima = 0, was ein Unsinn wäre. Er stellt daher an die Stelle der 0 eine 1. Das erlaubt er sich auf Grund dessen, daß er anlehnend an den Atomismus die Materia prima einerseits als eine reine Idealität nimmt, andererseits als eine Idealität, die bei Licht betrachtet doch wieder auf eine Realität hinauskommt. Als reine Idealität, sagt er nun, ist zwar Materia prima = 0, als reine Idealität aber, die bei Licht besehen, doch auf eine Realität hinauskommt, ist Materia prima = 1. Denn die 1 steht als der Anfang der Zahlen mit einem Fuß in der Nicht-Zahl und mit dem anderen Fuß in der Zahl. Gerade so ist es aber mit einer Idealität, die am endlichen Ende auf eine Realität hinauskommt, auch sie steht mit einem Fuß in der Idealität, mit dem anderen Fuß in der Realität. Und so hat Empedokles denn, wie gesagt, Materia prima = 1. Indem nun Materia prima = 1 gesetzt wird, und Materia ultima = 4, erhält Elementum x, und so macht sich denn die Gleichung

Materia prima • Elementum = Materia ultima

in Zahlen gefaßt:

$$1 \cdot x = 4$$
$$x = 4 : 1$$
$$x = 4$$

womit denn den Griechen *vorgerechnet* ist, daß es 4 Elemente gibt, vorgerechnet ist, daß es gerade *vier* und nicht drei Elemente gibt. Es restiert also bloß noch, daß er ihnen vorrechnet, daß es vier *Elemente* gibt, und nicht 4 Materiae primae. Und das macht sich einfach so, daß er in die Gleichung

Materia prima • Elementum = Materia ultima

anhand dessen, daß Mater. prima = 1, für Mater. prima den Ausdruck »Einheit« setzt. Dann hat er

Einheit • Elementum = Materia ultima

das ist aber Element = Materia ultima. *Element* und nicht *Materia prima* = Materia ultima.

Die letztere Gleichung führt nun zugleich darauf, wie Empedokles die Mater. ultima, oder wie er sie zersplittert, die Materiae ultimae, aufgefaßt haben will. Er will sie als Element aufgefaßt wissen, und da doch Element nicht so kurzhin Materia ultima und Materia ultima nicht so kurzhin Element sein kann, so kommt die Sache darauf hinaus, daß die Materia ultima die *Fortentwicklung* des Elementes ist. Als Fortentwicklung des Elementes ist Materia ultima etwas, was auf der einen Seite etwas anderes ist als das Element, denn die Fortentwicklung aus dem Element ist nicht das Element kurzweg, und was auf der anderen Seite doch auch wieder Element ist, denn wenn sich die Materia ultima aus dem Element fortentwickelt, so trägt sie auf Grund dessen den Stempel des Elementes, kommt, wenn man der Sache auf den Grund geht, am endlichen Ende auf das Element hinaus. Diese Auffassung der Materia ultima als die Fortentwicklung des Elementes zeigt nun, wie verkehrt es ist, daß Empedokles die 4 Anfangsdinge »Elemente« nennt. *Materiae primae* sind sie und nicht *Elemente*, ϛοιχεια. Denn wenn man Dinge hat, welche sich vermöge der ihnen innewohnenden Natur zur Welt fortentwickeln, so charakterisieren sie sich gerade dadurch, daß sie keines Vermittlungsgliedes, ϛοιχειον, bedürfen, um zur Welt zu werden. Wie können denn nun diese Dinge Vermittlungsglieder, Elemente, ϛοιχεια sein? Nein, Materiae primae sind diese Dinge, *Anfangsdinge*, Dinge, die den Anfangs-, den Ausgangspunkt bilden, auf daß der Endpunkt Materia ultima herauskommt. Indem nun Empedokles den Griechen die 4 Elemente bietet, wo er ihnen die 4 Materiae primae bieten sollte, sieht man, wie dieser Mann seinen Landsleuten eben alles bieten konnte. Der Helfer in der Not dem roten Gespenst der jüdischen Alchemie gegenüber darf sich alles erlauben. Der

Umstand nun, daß die 4 Elemente des Empedokles nichts anderes sind als 4 Materiae primae, bewegt die Römer, ςοιχειον mit Elementum, daß ist im Grunde nichts anderes als Materia prima, zu übersetzen, woher denn auch unser »Element« kommt. Die Griechen aber, entweder durch die lateinische Übersetzung aufmerksam gemacht, oder selbst einsehend, wie sehr der Ausdruck ςοιχειον im Argen liege, verfallen auf den Ausweg, den Ausdruck το ον, das Seiende, einzuführen. Dieser Ausdruck ον verdrängt aber nicht etwa den Ausdruck ςοιχειον, sondern läuft bloß neben ihm her, um Skrupulösen gegenüber eine Deckung für das durch Empedokles gebotene und auf seine Autorität hin beibehaltende ςοιχειον zu haben.

Anlehnend daran, daß Empedokles 4 Elemente hat, welche sich zu 4 Materiae ultimae fortentwickeln, stellt er Elemente und *Arkana* ff. gegenüber

Wasser — Acid. sulphuricum
Erde — Natron
Luft — Liquor hepatis
Feuer — Pulvis solaris

Das ist: Das Wasser entwickelt sich fort zum Acid. sulphuricum, die Erde entwickelt sich fort zum Natron, die Luft entwickelt sich fort zum Liquor hepatis, das Feuer entwickelt sich fort zum Pulv. solaris. Und umgekehrt, wenn man, von der Materia ultima ausgehend, zum Element zurückkehrt, dann kommt am endlichen Ende Acid. sulphur. auf Wasser hinaus, Natron auf Erde, Liquor hepatis auf Luft, Pulvis solaris auf Feuer. Oder kurz: Acid. sulphur. ist das Wasser-Arkanum, Natron ist das Erd-Arkanum, Liquor hepatis ist das Luft-Arkanum, Pulvis solaris ist das Feuer-Arkanum.

Acid. sulphuricum ist das Wasser-Arkanum, weil Acid. sulphuricum flüssig ist, Wasser ist. Natron ist das Erd-Arkanum, weil Natron fest ist, Erde ist. Liquor hepatis ist das Luft-Arkanum, weil Liquor hepatis stark riecht, das die Geruchsnerven Affizierende aber als *Luft* gefaßt wird. Auf Grund einer solchen Auffassungsweise sagen wir heute noch, wenn wir in ein Zimmer kommen, in dem es schlecht riecht: Hier herrscht eine schlechte Luft! Damit haben wir es nicht gerade auf die Luft abgesehen, sondern auf den schlechten Geruch. Wir ziehen die Luft bloß deswegen heran, weil wir, wie Empedokles und die

Griechen überhaupt — auch die Inder taten es bereits — das unsere Geruchsnerven Affizierende »Luft« nennen. Pulvis solaris ist das Feuer-Arkanum, weil die Farbe des Pulvis solaris ruber mit der Farbe des Feuers parallelisiert wird.

Kosmologisch läßt Empedokles die Welt in vier Teile, in 4 Materiae ultimae zerfallen. Diese sind 1.) Orbis terrarum fluidus, 2.) Orbis terrarum fixus, 3.) Himmel, 4.) Sonne, Mond und Sterne. Diese 4 Kosmologika stellt er den Elementen ff. gegenüber:

Wasser — Orbis terrarum fluidus
Erde — Orbis terrarum fixus
Luft — Himmel
Feuer — Sonne, Mond und Sterne

Das ist: das Wasser entwickelt sich fort zum Orbis terrarum fluidus, die Erde entwickelt sich fort zum Orbis terrarum fixus, die Luft entwickelt sich fort zum Himmel, das Feuer entwickelt sich fort zu Sonne, Mond und Sternen. Und umgekehrt, wenn man, von der Materia ultima ausgehend, zum Element zurückkehrt, dann kommt am endlichen Ende Orbis terrarum fluidus auf Wasser hinaus. Orbis terrarum fixus auf Erde, Himmel auf Luft, Sonne, Mond und Sterne auf Feuer. Oder kurz: Orbis terrarum fluidus ist das Wasser-Kosmologikum, Orbis terrarum fixus ist das Erd-Kosmologikum, Himmel ist das Luft-Kosmologikum, Sonne, Mond und Sterne sind das Feuer-Kosmologikum. Der näheren Motivierung dieser Auffassung bedarf es weiter nicht, sie liegt auf der Hand.

Wir wissen, daß Thales, Anaximenes, Heraklit dem Vier-, Zwei- und Ein-Arkanum huldigen. Das möchte nun auch Empedokles tun. Aber wie? Die Arkanen-Vier hat er, wie seine Antezessoren. Aber die Arkanen-Zwei? Abgesehen vom Schema, welches seine Antezessoren durch seine 2 Gruppen auf die Zwei führte, hatten sie die Zwei dadurch, daß unter den 4 Arkanis 2 flüssig und 2 fest sind, wodurch also in die Vierzahl die Zweizahl kommt. Auf die Weise kann nun Empedokles *nicht* zur Zwei kommen. Wie, hat Empedokles denn nicht die 4 Arkana seiner Antezessoren, und indem er sie hat, hat er da nicht 2 flüssige und 2 feste Arkana, und damit sowohl, wie diese, die Zwei? Antwort: Nein, bei Empedokles liegt die Sache anders als bei seinen Antezessoren. Gemäß der Aufstellung Element = Materia ultima kommt die Materia ultima auf das Element hinaus. Acid. sulphur. ist dem Empedokles nicht Acid. sulphur., sondern fortentwickeltes Wasser, Natron ist dem Empedokles nicht Natron, sondern fortentwickelte Erde. Und so analog mit den beiden anderen Arkanis. Empedokles hat also in den 4 Arkanis nichts anderes als die Elemente. Bei diesen hat er aber wohl in Bezug auf Wasser und Erde ein Flüssiges und ein Festes, er hat aber nicht das Flüssige und das Feste in Bezug auf Luft und Feuer. Und das ist der Grund, daß er *nicht* in Bezug auf die Arkanen-Zwei wie seine Antezessoren kalkulieren kann.

Und die Arkanen-Eins? Auch die hat er nicht. Seine Antezessoren hielten sich, abgesehen von dem Schema, welches ihnen die Eins bot, an das mit dem Wasserverwandlungsexperiment parallel laufende arkanologische Experiment, hatten so die Parallele von kosmologischer und arkanologischer Welt, und damit knüpfte sich an die *eine* Welt das Ein-Arkanum.

Empedokles reflektiert nun zwar nicht auf das arkanologische Experiment, trotzdem läßt er aber doch die kosmologische Welt der arkanologischen parallel laufen, denn wir haben ja im Obigen gesehen, daß er die Arkana sowohl als die Kosmologika aus den Elementen hervorgehen läßt. Also die Parallele von kosmologischer und arkanologischer Welt ist da. Aber da hapert die Sache, daß er mit dieser Parallele noch nicht das Ein-Arkanum hat. Denn er huldigt ja nicht der Materia ultima, sondern den Materiis ultimis. Was seine Antezessoren also auf die Eins führte, das führt ihn auf die Vier. Also, wo bleibt ihm die Eins?

Wenn also jemandem ein Schema not täte, so wäre es dem Empedokles. Hätte er ein solches, dann könnte er sagen, einerlei, ob die Sache so oder so liegt, ich habe ein Schema. Dieses Schema bieten mir die *vier Arkana*, resp. vier Kosmologika, resp. vier Elemente, und so habe ich die Vier. Das Schema hat *zwei Gruppen*, und damit habe ich die Zwei. Es ist *ein* Schema, und damit habe ich die Eins. Auf die Weise beuteten ja auch seine Antezessoren das Schema für die 4, 2, 1 aus. Aber Empedokles hat *kein* Schema. Er weiß keine Anhaltspunkte für ein solches zu finden. (*Plato* ist, wie wir später sehen werden, hierin kühner als Empedokles, indem er anhand der vier Elemente wohl ein Schema herausbekommt.) Er sagt, Thales setzte in seinem Schema die Materia prima links, das Element rechts. Ebenso Anaximenes. Heraklit setzte die Materia secunda links, das

Element rechts. Was soll ich nun in dieser Beziehung tun? Ich habe Element und wieder Element, ich bekomme auf Grund dessen links und rechts eine Elementengruppe. Wo wäre da der Gegensatz, auf den allein die Gruppenaufstellung gegründet ist, und welcher bedingt, daß die beiden Gruppen zusammentreten?

Da nun Empedokles an der Aufstellung eines Schemas anhand seiner Elemente verzweifelt, so wird er bewogen, sich nach einem Ausweg umzusehen, welcher ihm das bietet, was ihm ein Schema bieten würde, das ist die Arkanen-Zwei und die Arkanen-Eins. Und dieser Ausweg ist die Lehre von den einfachen Elementar-Qualitäten und die sich an diese knüpfende Lehre von der φιλια und dem νεικος.

a) Die Lehre von den einfachen Elementar-Qualitäten

Diese Lehre besteht darin, daß den Elementen die Eigenschaften: naß, heiß, trocken, kalt beigelegt werden. Wenn schon vor Empedokles dem Feuer die Hitze und dem Wasser die Nässe zuerteilt werden, so muß man das nicht mit der eigentlichen Lehre von den Elementar-Qualitäten verwechseln.

Das sind nichts anderes als sich von selbst verstehende Ideen-Assoziationen. Denn wo Feuer ist, da denken wir unwillkürlich, daß wir uns verbrennen können. Und damit haben wir Feuer-heiß. Und wo wir Wasser vor uns haben, da denken wir unwillkürlich, daß es naß ist, daß wir damit unseren Körper, unsere Kleider u.s.w. benetzen können. Und damit haben wir: Wasser-naß.

Diese unwillkürlichen Ideen-Assoziationen sind nun zwar die *Basis* für die Lehre von den Elementar-Qualitäten, sie sind aber nicht die *Lehre selbst*. Diese besteht darin, daß man, von der nassen Eigenschaft des Wassers und der heißen des Feuers ausgehend, die Gegensätze dieser Eigenschaften als *trocken* und *kalt* in's Auge faßt, und diese Gegensätze der *Luft* und der *Erde* zuteilt, so daß man für die 4 Elementar-Qualitäten: naß, trocken, heiß, kalt herausbekommt.

Es steht nun nicht fest, ob Empedokles aufstellt:

Wasser ist naß
Feuer ist heiß
Luft ist trocken
Erde ist kalt

oder ob er aufstellt:

Wasser ist naß
Feuer ist heiß
Luft ist kalt
Erde ist trocken,

das ist also, es steht nicht fest, ob Empedokles der Luft das Trocken oder Kalt, der Erde das Kalt oder Trocken zuteilt. Vielleicht tut er gar beides, und sagt also, man kann ad libitum eine oder die andere von den beiden Aufstellungen nehmen.

Sagt man, die *Erde ist kalt*, so lehnt man an eine noch jetzt geltende Volksvorstellung, der zufolge man sagt, der Tote wird in die *kalte* Erde gesenkt, der zufolge *Hauff* singt:

Gestern noch auf stolzen Rossen,
Heute durch die Brust geschossen,
Morgen in das *kühle* Grab.

Sagt man, die *Erde ist trocken*, so lehnt man daran, daß Wasser und Erde gegenüberstehen. Denn wo das Wasser *flüssig* ist, ist die Erde fest. Ob man nun aber in dieser Beziehung sagt, die Erde ist fest, oder sie ist *trocken*, wird wohl am Ende auf dasselbe hinauskommen. Und ganz abgesehen hiervon, wenn einmal kraft des flüssig-fest der *Gegensatz* gegeben ist, so führt dieser Gegensatz darauf, daß wo Wasser naß ist, Erde trocken ist.

Sagt man nun, die *Erde ist kalt*, so hat man einfach per exclusionem: *die Luft ist trocken.*

Sagt man dagegen, die *Erde ist trocken*, so hat man einfach per exclusionem: die *Luft ist kalt*.

b) Die Lehre von der φιλια *und dem* νεικος

Diese Lehre besteht darin, daß die Elementar-Qualitäten nach einem polaren Anziehungsverhältnis, φιλια, und einem polaren Abstoßungsverhältnis, νεικος, gegenübergestellt werden, und aus dieser Gegenüberstellung abgeleitet wird, daß von den Elementen selbst die einen in einem φιλια-Verhältnis, die anderen in einem νεικος-Verhältnis stehen.

Was zunächst das *Feindschaftsverhältnis*, das νεικος, anbetrifft, so muß man dasselbe nicht mit einem Unmöglichkeitsverhältnis identifizieren. Zwei Elementar-Qualitäten können in einem νεικος-Verhältnis stehen, ohne daß gerade ein Unmöglichkeitsverhältnis zwischen ihnen statt hat. Es wird beim νεικος bloß der systematische Gegensatz in's Auge gefaßt.

Ein Unmöglichkeitsverhältnis hat statt zwischen den Elementar-Qualitäten:

kalt und heiß

und zwischen den Elementar-Qualitäten:

naß und trocken,

denn es ist eben unmöglich, daß das, was heiß ist, kalt sei, und daß das, was naß ist, trocken sei. Für solche Verhältnisse hat das νεικος-Verhältnis weiter keinen Platz. Dagegen hat ein νεικος statt zwischen:

1.) *Naß und heiß.* Denn die Hitze vertreibt die Nässe und die Nässe vertreibt die Hitze. Ein mit Wasser gefülltes Gefäß kann man mittels untergelegten Feuers leer machen; das Wasser löscht das Feuer. Im ersten Fall vertreibt die Hitze die Nässe, im zweiten Fall die Nässe die Hitze. Hier haben wir denn auch einen Beleg für das, was wir vorhin sagten, daß zwei Qualitäten in einem νεικος zueinander stehen können, ohne daß gerade ein Unmöglichkeitsverhältnis zwischen ihnen statt hat. Denn ein Unmöglichkeitsverhältnis hat keineswegs statt zwischen naß und heiß. Kann doch das, was naß ist, zugleich heiß sein, z.B. kochendes Wasser.

2.) *Trocken und kalt.* Wenn Empedokles ein feindliches Verhältnis zwischen trocken und kalt obwalten läßt, so denkt er bei der Trockenheit einerseits an die Dürre. Dieser Dürre-Trockenheit steht die Kälte feindlich gegenüber, denn bei kaltem Sommer ist die Dürre unmöglich. Andererseits aber hat er auch trockenes Holz vor Augen, entgegen dem nassen Holz. Trockenes Holz brennt, nasses Holz nicht. Trockenes Holz hat also eine φιλια zu Feuer, zur Hitze, und weil dem so ist, deswegen hat es ein νεικος zur Kälte. Wie bei naß und heiß zwar der systematische Gegensatz aber noch lange kein Unmöglichkeitsverhältnis da war, so auch hier. Wenn trocken und kalt auch in einem νεικος-Verhältnis stehen, so bilden sie doch noch kein Unmöglichkeitsverhältnis. Was trocken ist, kann ja zugleich auch kalt sein, z.B. ein Stück Eisen, welches in der Winterkälte gelegen. Wir haben also:

$$\text{νεικος 1}\begin{cases}\text{naß}\\ \text{heiß}\end{cases} \qquad \text{νεικος 2}\begin{cases}\text{trocken}\\ \text{kalt}\end{cases}$$

Was das *Freundschaftsverhältnis*, die φιλια, betrifft, so ist φιλια das Gegenteil von νεικος.

Wir bekommen also die einzelnen φιλια-Verhältnisse heraus, wenn wir die einzelnen νεικος-Verhältnisse umkehren, in das Gegenteil verwandeln.

Also wir hatten

$$\text{νεικος 1} \begin{cases} \text{naß} \\ \text{heiß} \end{cases}$$

Nehmen wir hier das Gegenteil von naß und lassen das heiß intakt, so erhalten wir:

$$\text{a} \begin{cases} \text{trocken} \\ \text{heiß} \end{cases}$$

Nehmen wir dagegen das Gegenteil von heiß und lassen das naß intakt, so erhalten wir:

$$\text{b} \begin{cases} \text{naß} \\ \text{kalt} \end{cases}$$

Ferner hatten wir:

$$\text{νεικος 2} \begin{cases} \text{trocken} \\ \text{kalt} \end{cases}$$

Nehmen wir hier das Gegenteil von trocken und lassen das kalt intakt, so erhalten wir:

$$\text{c} \begin{cases} \text{naß} \\ \text{kalt} \end{cases}$$

Nehmen wir dagegen das Gegenteil von kalt und lassen das trocken intakt, so erhalten wir:

$$\text{d} \begin{cases} \text{trocken} \\ \text{heiß} \end{cases}$$

Bei den einzelnen Umkehrungen kommen also als φιλια-Verhältnisse heraus:

$$\text{a} \begin{cases} \text{trocken} \\ \text{heiß} \end{cases} \quad \text{b} \begin{cases} \text{naß} \\ \text{kalt} \end{cases} \quad \text{c} \begin{cases} \text{naß} \\ \text{kalt} \end{cases} \quad \text{d} \begin{cases} \text{trocken} \\ \text{heiß} \end{cases}$$

Da nun a dasselbe ist wie d, und b dasselbe ist wie c, so kommen bei den Umkehrungen nur zwei Resultate heraus, und es gibt daher, wie es *zwei* νεικος-Verhältnisse gibt, auch *zwei* φιλια-Verhältnisse.

Nämlich:

$$\text{φιλια 1} \begin{cases} \text{trocken} \\ \text{heiß} \end{cases} \qquad \text{φιλια 2} \begin{cases} \text{naß} \\ \text{kalt} \end{cases}$$

Jetzt werden die νεικος- und die φιλια-Verhältnisse auf die *Elemente* übertragen.

Nimmt man nun:

Wasser — naß
Erde — kalt
Feuer — heiß
Luft — trocken

so erhält man als

νεικος 1 { Wasser, Feuer   νεικος 2 { Luft, Erde

Nimmt man dagegen:

Wasser — naß
Erde — trocken
Feuer — heiß
Luft — kalt

so erhält man als

νεικος 1 { Wasser, Feuer   νεικος 2 { Erde, Luft

In beiden Fällen kommt also dasselbe heraus, denn ob Luft und Erde, oder Erde und Luft in einem νεικος stehen, bleibt sich gleich. Nimmt man nun wieder die erste Aufstellung, so erhält man als

φιλια 1 { Luft, Feuer   φιλια 2 { Wasser, Erde

Nimmt man dagegen die zweite Aufstellung, so erhält man:

φιλια 1 { Erde, Feuer   φιλια 2 { Wasser, Luft

Und das ist *nicht* dasselbe für beide Fälle. Die φιλια-Verhältnisse gestalten sich also anders, ob man sagt: Luft ist trocken und Erde ist kalt, oder sagt: Luft ist kalt und Erde ist trocken.

Es führt nun den Empedokles seine φιλια darauf, daß er, der 4 Elemente hat, diese 4 Elemente in 2 Gruppen zusammenstellen kann. Denn was in einem Freundschaftsverhältnis steht, das verträgt sich zusammen, und was sich zusammen verträgt, dafür ist Raum in einer Gruppe. Bei der ersten φιλια-Aufstellung kommen in eine Gruppe: Luft und Feuer; in eine andere Gruppe: Wasser und Erde. Bei der zweiten φιλια-Aufstellung kommen in eine Gruppe: Erde, Feuer; in eine andere Gruppe: Wasser, Luft. So wie so ist es aber motiviert, daß man sagt: Wir haben zwar 4 Elemente, indessen diese 4 Elemente gestalten sich zu zwei Gruppen. Damit ist der Elementen-Zwei Rechnung getragen. Indem aber der *Elementen-Zwei* Rechnung getragen ist, ist auch der *Arkanen*-Zwei und der *kosmologischen* Zwei Rechnung getragen, denn die Arkana und die Kosmologika knüpfen sich an die Elemente.

Sowohl wie nun Empedokles an der Hand seiner φιλια der Elementen-Zwei Rechnung trägt, ebensowohl trägt er auch an ihrer Hand der Elementen-Eins Rechnung. Er sagt nämlich: Wenn zwei Größen einer dritten gleich sind, so sind sie einander gleich. Ich habe zwei Elementen-Gruppen. Jede Gruppe für sich stellt ein φιλια-Verhältnis dar. Also haben sie auch untereinander ein φιλια-Verhältnis. Wenn sie aber untereinander ein φιλια-Verhältnis haben, so treten sie zu *einer* φιλια zusammen. Und damit ist denn der Elementen-Eins Rechnung getragen. Indem nun aber der *Elementen*-Eins Rechnung getragen ist, ist damit auch der *Arkanen*-Eins und der *kosmologischen* Eins Rechnung getragen, denn Arkana und Kosmologika knüpfen sich an die Elemente. Wir sehen also, daß Empedokles anhand der Lehre von den einfachen Elementar-Qualitäten und der sich an sie schmiegenden Lehre von der φιλια und dem νεικος das herausbekommt, was er herausbekommen würde, wenn er, wie seine Antezessoren, ein Schema hätte, das ist, neben der Konstatierung der 4, die Konstatierung der 2 und 1.

Schließlich wollen wir nun auf folgendes hinweisen. Wir haben oben gesagt, daß es sich nicht feststellen ließe, ob Empedokles der Luft das Trocken oder das Kalt, der Erde das Kalt oder das Trocken zuteilt, und daß er vielleicht beide Aufstellungen macht. Auf Grund dessen kommen wir denn zu einer doppelten φιλια-Aufstellung,

entweder:	Luft, Feuer — Wasser, Erde.
oder:	Erde, Feuer — Wasser, Luft.

Anhand der *ersten* Aufstellung würde denn als Zwei-Arkanum herauskommen: Erstens: Liquor hepatis, Pulvis solaris, Zweitens: Acid. sulphur., Natron. (Was hierbei vorn und hinten, unten und oben steht, darauf kommt's nicht an, denn es handelt sich ja nicht um eine schematische Aufstellung, sondern um eine φιλια-Aufstellung.) Anhand der *zweiten* Aufstellung würde als Zwei-Arkanum herauskommen: Erstens: Natron, Pulvis solaris, Zweitens: Acid. sulphur., Liquor hepatis.

Nun, ob das Zwei-Arkanum so oder so herauskommt, das verschlägt weiter nicht. Nun aber würde anhand der *ersten* Aufstellung als Zwei-Kosmologikum herauskommen: Erstens: Firmament, Sonne, Mond und Sterne, Zweitens: Orbis terrarum fluidus et fixus. (Wiederum kommt es hierbei nicht darauf an, was vorn oder hinten, unten oder oben steht.) Anhand der *zweiten* Aufstellung würde sich als Zwei-Kosmologikum ergeben: Erstens: Orbis terrarum fixus, Sonne, Mond und Sterne; Zweitens: Orbis terrarum fluidus, Firmament.

An das Letztere nun anknüpfend könnte man sagen, aber wie verkehrt, wie gezwungen ist es doch, daß die eine kosmologische Zwei sein soll: Orbis terrarum fixus und Sonne, Mond und Sterne, die andere kosmologische Zwei: Orbis terrarum fluidus und Firmament. Da liegt es doch viel vernünftiger, viel sachgemäßer, daß man zusammenstellt: einerseits Orbis terrarum fluidus et fixus, andererseits Firmament und Sonne, Mond und Sterne. Und weil dem so ist, so ist das φιλια-Verhältnis:

Luft, Feuer — Wasser, Erde

viel passender, natürlicher als das φιλια-Verhältnis:

Erde, Feuer — Wasser, Luft.

Da nun aber die erstere Aufstellung davon ausgeht, daß auf die Erde das Kalt kommt und auf die Luft das Trocken, so kann man sagen, seht, hier haben wir einen Anhaltspunkt für die Distribuierung der Elementar-Qualität kalt und trocken. Die kosmologische Aufstellung führt uns darauf, daß es am füglichsten ist, daß man der Erde das Kalt und der Luft das Trocken gibt, und so wird denn auch wohl Empedokles der Erde das Kalt gegeben haben und der Luft das Trocken, nicht aber umgekehrt der Erde das Trocken und der Luft das Kalt.

Trotzdem nun aber eine solche Kalkulation auf den ersten Blick sehr viel für sich hat, trotzdem muß man bei ihr sehr vorsichtig sein. Bei der Beurteilung der empedokleischen Alchemie muß man auf seiner Hut sein.

Je mehr Empedokles den Griechen gegenüber die Miene annimmt, als emanzipiere er die griechische Alchemie von der jüdischen, desto mehr liegt er in den Fesseln der jüdischen Schöpfungsgeschichte. Der fragt sich nicht von vornherein, was ist naturwüchsiger, das, daß ich auf eine Zusammenstellung von Orbis terrarum fluidus et fixus komme, oder das, daß ich auf eine Zusammenstellung von Orbis terrarum fluidus und Firmament komme? Nein, der fragt sich bloß, wie deckt die jüdische Schöpfungsgeschichte meine Resultate? Will man den Empedokles aus sich heraus beurteilen, will man wissen, wie er der Frage, um die es sich hier handelt, gegenübersteht, so muß man sich einfach an das »Am Anfang schuf Gott u.s.w.« halten. Soll die Frage, wie soll es sein,

entweder: Luft, Feuer — Wasser, Erde,
oder: Erde, Feuer — Wasser, Luft,

endgültig beantwortet werden, so haben wir nach nichts anderem zu fragen, als danach, wie stellt sich Empedokles der betreffenden Stelle der Schöpfungsgeschichte gegenüber?

Wissen wir das, können wir es beantworten, so sind wir im Klaren, wo nicht, so sind wir nicht im Klaren. Nun kann Empedokles sagen: Es heißt, am Anfang schuf Gott die Erde. Die Erde ist aber nicht für sich da, sie bildete ein Durcheinander. Das Durcheinander bildet sie aber mit dem Wasser. Also gehören Wasser und Erde zusammen, wodurch denn per exclusionem das anderseitige Zusammengehören von Luft und Feuer herauskommt. So hätte denn Empedokles die Aufstellung:

Luft, Feuer — Wasser, Erde

Er kann aber auch sagen: Daß die Erde ein Durcheinander ist, ist ein vager Ausdruck. Der Zusammenhang ergibt zwar, daß es mit dem Durcheinander auf das Wasser abgesehen ist, aber direkt, und das ist die Hauptsache, haben wir das Wasser bloß in dem Passus: Und der Ruach Gottes schwebte auf der Oberfläche des Wassers. An diesen Passus müssen wir uns also in Bezug auf das Wasser halten. In ihm ist aber, da der Ruach Gottes auf der Oberfläche des Wassers schwebt, Luft an Wasser gebunden, und das spricht für das Zusammengehören von Wasser und Luft auf der einen Seite, womit auf die andere Seite Erde und Feuer kommen. Dieser Kalkulation gemäß hätte denn Empedokles die Aufstellung:

Erde, Feuer — Wasser, Luft

Wer sagt uns nun, wie Empedokles nach der betreffenden Richtung hin kalkuliert hat? Das Eine ist möglich, das Andere ist möglich, beides ist möglich, und damit bleibt es eben in suspenso, ob Empedokles der Erde das Kalt zuerteilt, ob er der

Luft das Kalt zuerteilt, oder ob er beides tut, das heißt, ob er es unserem Gutdünken überläßt, das Kalte der Erde oder der Luft zu geben.

Aber nun der Sachverhalt den *Griechen* gegenüber! Denen gegenüber liegt es doch viel näher, daß Orbis terrarum fluidus et fixus zusammenkommen, als Orbis terrarum fluidus und Firmament. Das ist freilich richtig, indessen bei ihnen hatte Empedokles ff. Deckung. Ihnen gegenüber sagte er, ihr müßt nun auch nicht verlangen, daß alles, Element, Arkanum, Kosmologikum sich so allerseits decken soll, wie ihr es euch heraustüftelt. Ich, Empedokles, stelle ja kein *Schema* auf. Ich halte mich an die Elemente, habe 4 Elemente von vornherein, und auf Grund der φιλια ein Zwei- und ein Ein-Element. Und indem ich die habe, habe ich auch in übertragener Weise die Arkanen-Vier, die Arkanen-Zwei, die Arkanen-Eins. Damit ist von meinem Standpunkt die Sache fertig, auf weiteres brauche ich mich in der betreffenden Beziehung nicht einzulassen, braucht ihr euch nicht einzulassen.

Daß aber die Griechen auf solche Erörterungen ruhig eingingen, wenn sie statt hatten, kann weiter nichts Auffallendes haben. Die gingen noch auf ganz andere Dinge ein, die Empedokles ihnen bot — nun, das haben wir ja genügend kennengelernt.

Plato von Athen

A. Platos Schrift: Timaeus

Man vergleiche den Kommentar (υπονηματα) des *Proclus* zum Timaeus und die Erklärung (ερμηνεια) des *Nicephorus* zu des Synesius: λογος περι ενυπνιον. Der Kommentar des Proclus schließt übrigens gegen Ende P. 44 bei den Worten: και κατα ταυτα (ενταυθα) πορευομενοις διεξιτεον. Was die Interpreten der Neuzeit bringen, sind nicht viel mehr als Redensarten, was ja auch nicht anders möglich ist, da diese Herren keine Idee von Alchemie haben. Man nehme an, ein Schreiner nähme eine Lateinische Grammatik und interpretiere sie derartig, als wenn in ihr von Schreinerei die Rede wäre. Etwas ähnliches, wie da herauskommt, kommt heraus, indem jene Herren den Timaeus interpretieren. Wir geben folgendes als:

a) Einleitung zum Timaeus

Plato hält sich an die 4 Elemente des Empedokles und benutzt sie zu einem Schema, zu dessen Grundstock er die Elemente macht. Er stößt sich also nicht an den Skrupeln, die sich dem Empedokles in Bezug auf ein Schema anhand der 4 Elemente aufwerfen, nicht an den Skrupeln, die den Empedokles bewegen, von der Aufstellung eines Schemas abzugehen und sich dafür der Lehre von der φιλια und dem νεικος in die Arme zu werfen. Er sagt, wenn ich, ein Schema entwerfend, auch nicht wie Thales, Anaximenes, Heraklit bloß in der Gruppe rechts das Element vertreten habe, wenn das Element auch in beiden Gruppen vertreten ist, so ist das doch noch kein Motiv, von einem Schema abzugehen, an der Aufstellung eines Schemas zu verzweifeln. Die Sache läßt sich auch ff durchführen. Die jüdische Schöpfungsgeschichte führt die 4 Elemente: Erde, Wasser (Durcheinander), Luft, Feuer (Und Gott sprach es werde Licht) auf. Zugleich führt sie aber durch den Passus: »Es war finster auf der Tiefe« auf die Trennung von Erde und Wasser einerseits und Luft und Feuer andererseits. Damit sind ganz einfach 2 Gruppen gegeben, als erste Gruppe: Erde und Wasser, als zweite Gruppe: Luft und Feuer. Somit hat Plato als Schema:

{ Erde	{ Luft
{ Wasser	{ Feuer

Die Elemente bilden den Grundstock des Schemas. Ihnen schmiegen sich Kosmologika und Arkana an. Diese gehen einfach dahin, wohin sie durch die Elemente gezogen werden. Die Gruppe links steht voran, weil sie in der jüdischen Schöpfungsgeschichte voransteht. In der betreffenden Gruppe stehen Erde und Luft oben, weil es analog in der jüdischen Schöpfungsgeschichte so stattfindet. Die 2 Gruppen treten endlich wiederum auf Grund der jüdischen Schöpfungsgeschichte zu einem Ganzen zusammen. Dieses eine Ganze ist der Eingesichtspunkt von Erde, Wasser, Luft, Feuer, auf Grund dessen, daß *alle* am *Anfang* geschaffen werden.

Den Griechen kann Plato nun nicht sagen, hier habt ihr ein Schema auf Grund der jüdischen Schöpfungsgeschichte. Vielmehr macht er sich, indem er sich den Empedokles zum Muster nimmt, der den Griechen seine Hauptpunkte vorrechnet, an eine *Proportion*. Selbst aber auf diese Proportion führt ihn wieder die jüdische Schöpfungsgeschichte. Wir haben nämlich bereits bei Empedokles darauf hingewiesen, daß das: »Und die Erde war ein Durcheinander« darauf führt, Erde und Wasser zusammenzustellen, und daß dem entgegen das: »Der Geist Gottes schwebte auf der Oberfläche des Wassers« darauf führt, Wasser und Luft zusammenzustellen. Es passen also einerseits Erde und Wasser und andererseits Wasser und Luft zusammen. Und das führt den Platon auf die Proportion

Erde : Wasser = Wasser : Luft.

In dieser Proportion hat er also 3 Elemente: Erde, Wasser, Luft vertreten. Es fehlt aber das 4. Element: Feuer. Diesem zu Liebe entwirft er nun eine neue Proportion. Das Feuer wird in der betreffenden Stelle der Schöpfungsgeschichte mit der Luft zusammengestellt (Vers 4, vergl. darüber weiter unten). Das führt ihn darauf, in der neuen Proportion das Verhältnis aufzustellen: Luft zu Feuer. Damit hat er denn einen Teil der neuen Proportion. Um nun zum anderen Teil derselben zu kommen, nimmt er den Teil, mit dem die erste Proportion aufhörte, das ist: Wasser zu Luft. Und so kommt denn heraus:

Wasser : Luft = Luft : Feuer.

Auf diese Weise ist denn zugleich das erzielt, daß in beiden Proportionen die Endglieder verschieden, die Mittelglieder gleich sind.

Indem nun Plato beide Proportionen zusammenstellt, sagt er, wenn zwei Größen einer dritten gleich sind, so sind sie einander gleich. Das Verhältnis von Erde zu Wasser ist gleich dem Verhältnis von Wasser zu Luft, und ebenso ist das Verhältnis von Luft zu Feuer gleich dem Verhältnis von Wasser zu Luft. Also ist das Verhältnis von Erde zu Wasser gleich dem Verhältnis von Luft zu Feuer. Das ist:

Erde : Wasser = Luft : Feuer.

Und damit hat denn Plato die Basis für sein Schema. Er sagt nicht, daß ihn die jüdische Schöpfungsgeschichte auf seine zwei ursprünglichen Proportionen führe, er sagt, es ist absolut aufgefaßt, sachgemäß, und dem inneren Verhältnis der Elemente zueinander entsprechend, daß man die Proportionen aufstellt:

Erde : Wasser = Wasser : Luft
Wasser : Luft = Luft : Feuer.

Und da dies sachgemäß ist, so folgt arithmetisch von selbst, daß

Erde : Wasser = Luft : Feuer.

Durch diese Gleichung hat er nun die 4 Elemente in der Mitte durch das Gleichheitszeichen geteilt. Damit konstatiert er zwei Gruppen. Was links vor dem Gleichheitszeichen steht, repräsentiert die erste Gruppe. Was rechts hinter dem Gleichheitszeichen steht, repräsentiert die zweite Gruppe. Daß es vor dem Gleichheitszeichen heißt Erde : Wasser und nicht Wasser : Erde führt darauf, daß in der betreffenden Gruppe Erde obenan steht. Analog muß denn auch in der 2. Gruppe Luft obenan stehen. Der Zusammentritt der Gruppen ist dadurch gegeben, daß es sich auf Grund der Gleichung um den Eingesichtspunkt handelt, daß links und rechts etwas Gleiches herauskommt.

Bezüglich der Elemente nimmt Plato den ihm eigentümlichen Standpunkt ein, daß er zwischen ideellen und reellen Elementen unterscheidet. Dazu kommt er, daß er es richtig durchschaut, daß er in den 4 empedokleischen Elementen nicht das Element, sondern die Materia prima hat. An die Atomisten anlehnend, unterscheidet er eine reelle und eine ideelle Materia prima. Weil nun in empedokleischer Auffassung Materia prima = Element, so hat er analog, wie die Atomisten eine ideelle und reelle Materia prima hatten, ein ideelles und reelles Element. Da die Mater. prima, so nimmt er an, im Grunde eine Idealität ist, so ist auch das Element eine Idealität. Diesem ideellen Element gegenüber hat er denn auch im Anlehnen an die reelle Materia prima das reelle Element. Beim reellen Element nimmt er an, daß es sich bei ihm eigentlich nicht mehr um das Element handelt, sondern bereits um das Kosmologikum, das ist um das Gewordene, um das, was sich im empedokleischen Sinne aus dem Element zum Kosmologikum fortentwickelt hat. Das ideelle Element existiert ihm aber als solches. Wie Plato sich des Näheren das denkt, daß er im reellen Element bereits das Kosmologikum hat, dazu wollen wir das Wasser als Beispiel nehmen. Er tritt an das Weltmeer. Da hat er ein Kosmologikum vor sich. Nun schöpft er sich aus dem Weltmeer ein Gefäß voll. In diesem Gefäß hat er jetzt das reelle Element Wasser.

Dieses Wasser ist aber gar nichts anderes, als ein Teil des Weltmeeres, es ist das Weltmeer in quantitativer Verringerung, dem Quale nach ist es das Weltmeer, somit ein Kosmologikum. Analog liegt die Sache bei den übrigen reellen Elementen.

Bei den ideellen Elementen hält sich Plato an die Elementar-Qualitäten. Das reelle Element Wasser ist ihm das Wasser, welches er im Gefäß vor sich stehen hat. Das ideelle Element Wasser ist das Prinzip im Wasser, es ist das Wasser, welches bewirkt, daß man sich mit ihm naß macht. Das reelle Element Feuer ist das Feuer, welches im Ofen brennt. Das ideelle Element Feuer ist das Prinzip im Feuer, es ist das Feuer, welches bewirkt, daß man sich an ihm verbrennt. Und so das analoge Verhältnis bei Erde und Luft.

So hat denn Plato ebensowohl reelle als ideelle Elemente. Bezüglich der ideellen Elemente will er aber auch, daß sie nicht bloß als Vier, sondern auch als Eins aufgefaßt werden sollen. Die ideellen Elemente als Ein-Element sind ihm das *Feuer*. Dazu kommt er einesteils derartig, weil das Feuer, als der 2. jüdischen Schöpfungsperiode angehörend, eine Exklusivstellung dem Wasser, der Erde, der Luft gegenüber einnimmt. Andererseits kommt er dazu derartig, daß es in der Schöpfungsgeschichte heißt: »Und Gott sprach es werde Licht. Und es wurden Sonne, Mond und Sterne.« Hier hat er denn 4 Feuer: 1.) Licht, 2.) Sonne, 3.) Mond, 4.) Sterne. Da hat er aus dem Ein-Standpunkt ein Feuer und aus dem Vielstandpunkt vier Feuer. Daraus zieht Platon denn den Schluß, daß das *eine* Feuer in seiner biblischen Vierzahl so schwer wiegt als die Summe der 4 Elemente.

Ja, er geht noch weiter. Die ideellen Elemente will er nicht nur aus dem Eingesichtspunkt des Feuers aufgefaßt wissen, sondern auch aus dem Zweigesichtspunkt des Feuers und der Luft. Damit lehnt er an Vers 4, gemäß dessen Gott das Licht von der Finsternis schied. Diese Finsternis faßt er als eine das Licht verhüllende Luft, als einen das Licht verhüllenden Nebel. Diese Luft ist mit dem Feuer zusammen, denn sonst braucht Gott nicht Licht und Finsternis zu scheiden. Wenn Plato also auf das eine Feuer lossteuert, so liegt es nahe, daß er zugleich auf die Luft reflektiert, die sich diesem Feuer anschmiegt. Aus diesem Sachverhalt ersehen wir denn zugleich, daß Plato nicht nur wie Heraklit und Empedokles in der jüdischen Schöpfungsgeschichte auf den Passus reflektiert: »Und Gott sprach: Es werde Licht. Und es wurden Sonne, Mond und Sterne«, sondern daß er noch einen Passus weiter geht und hinzufügt: »Und Gott sah, daß das Licht gut war. Da schied Gott das Licht von der Finsternis.«

Das jüdische Weltengefäß faßt Platon als Weltenkugel. Es befindet sich also in der Weltenkugel die Summe von Erde, Wasser, Luft, Feuer.

Plato kommt nun auf die Idee, die letztere zu zeichnen. Und indem er einfach auf dem Papier zeichnet, wird die Kugel zum *Kreise*. Er hat also:

{ Erde Wasser	{ Luft Feuer

mit einem Kreis umgeben. Sobald er das aber hat, denkt er, wenn ich das Element-Schema mit einem Kreis umgeben vor mir habe, so heißt das, das Schema soll sich umkehren. Denn im Kreis ist das Emblem des Sich-Drehens, des Sich-Umkehrens gegeben. Halt, denkt er nun, das geht nicht. Mein Schema soll bleiben, wie es ist, dieses Schema gerade will ich haben, nicht aber die Umkehrung desselben. Aber die Idee mit dem Kreis will er nicht fahren lassen. Was tut er demgemäß? Er schreibt das Schema *umgekehrt* hin, und macht dann den Kreis darum. Der Kreis bedeutet nun, das Schema soll sich umkehren. Wenn sich aber das umgekehrte Schema umdreht, so wird daraus das richtig stehende Schema. *Ohne* Kreis macht sich also das platonische Schema so, wie wir es oben haben kennengelernt. Mit einem Kreis dagegen macht es sich so:

{ Feuer Luft	{ Wasser Erde

Indem er nun das mit dem Kreis umgebene umgekehrte Schema vor sich hat, denkt sich Plato, ich will das Umkehren, auf welches mich das Emblem des Kreises führt, einmal praktisch vornehmen. Um ihm hierin zu folgen, schneide sich der Leser aus Papier eine Kreisfläche, und schreibe darauf links: Feuer, Luft, rechts: Wasser, Erde, das ist also das umgekehrte Schema. Zugleich mache er sich oben (Nordpol) ein x, unten (Südpol) ein y. Nun nehme er ein viereckiges Stück Papier und mache sich auch auf ihm oben ein x, unten ein y. Alsdann lege er die Kreisfläche auf die viereckige Fläche so, daß das x der Kreisfläche nach dem x der viereckigen Fläche zeigt und das y der Kreisfläche nach dem y der viereckigen Fläche zeigt. Nun rotiere er die Kreisfläche um 180 Grad, so daß jetzt das x der Kreisfläche nach dem y der der viereckigen Fläche weist, das y der Kreisfläche nach dem x der viereckigen Fläche. Alsdann ist die Umkehrung des umgekehrten Schemas in das eigentliche Schema vor sich gegangen, man hat jetzt links: Erde, Wasser, rechts: Luft, Feuer, wo man vorhin hatte links: Feuer, Luft, rechts: Wasser, Erde. Aber der Leser wird sofort sehen, daß er sich durch sein Umkehren auf die Weise, wie wir es ihm an die Hand gegeben haben, zwar Erde und Wasser nach links, Feuer und Luft nach rechts gedreht hat, daß die Worte aber auf dem Kopf stehen.

Indem also Plato das Umkehren des mit einem Kreis umgebenen umgekehrten Schemas praktisch vornimmt, erhält er die Worte als solche, welche auf dem Kopf stehen. Worte aber, die auf dem Kopf stehen, müssen zurecht gedreht werden. Und da dies Zurechtdrehen wieder durch einen Kreis, durch das Emblem eines Kreises, repräsentiert werden kann, so kommt Plato dazu, anhand seines umgekehrten Schemas nicht *einen* Kreis, sondern *zwei* Kreise zu konstatieren.

Nun kann man aber auch das Umkehrungs-Manöver ohne die Papierhilfsmittel machen, indem man sich einfach im Geiste vorstellt, das eine wird dahin, das andere dorthin gedreht. Dreht man sich das Schema nun im Geiste, so muß man sich nicht Verkehrtes zusammendrehen, z.B. Wasser zu Feuer, Erde zu Luft.

Auf daß das nun nicht geschieht, ist es gut, daß, wenn man sich das umgekehrte Schema im Geiste zurecht dreht, man sich dann Hilfsstriche zeichnet. Diese Hilfsstriche kann man sich nun dreifach zeichnen.

Entweder so:

Feuer Wasser
X
Luft Erde

das heißt, drehe so, daß, wenn du fertig bist, sich, wie vor dem Umdrehen, Feuer und Erde, Luft und Wasser im Kreuze gegenüberstehen.

Oder so:

Feuer — Wasser
Luft — Erde

das heißt, wenn du drehst, so halte dir Feuer und Wasser einerseits und Luft und Erde andererseits auseinander.

Oder endlich so:

Feuer	Wasser
|	|
Luft	Erde

das heißt, wenn du drehst, so sieh darauf, daß Feuer und Luft einerseits und Wasser und Erde andererseits beisammen bleiben. Auch dies faßt Plato in's Auge, und reiht demzufolge an das Umkehrungs-Manöver ein liegendes Kreuz, zwei vertikale Striche und zwei perpendikuläre Striche. Diese fügt er sich alsdann zu einem Quadrate zusammen, welches zwei Diagonalen hat. Somit führen ihn die beiden Umkehrungsweisen einerseits zu zwei Kreisen, andererseits zu einem diagonalisierten Quadrat. Indem er nun den einen Kreis klein zeichnet, den anderen groß, fügt er das, was er hat, ff. zusammen.

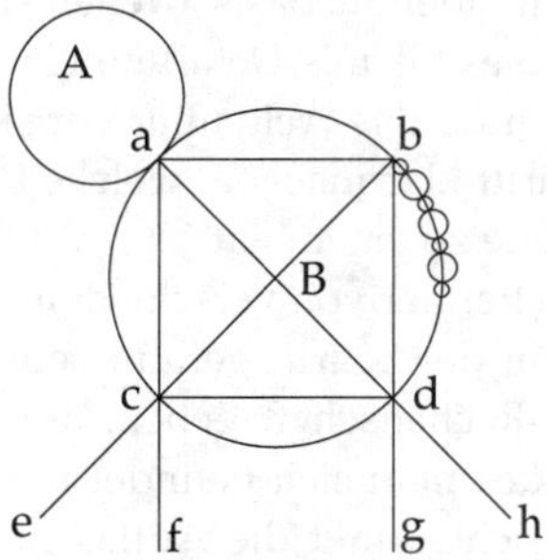

Er setzt das diagonalisierte Quadrat abcd in den größeren Kreis B, und an den größeren Kreis B setzt er den kleineren Kreis A so, daß sich beide in a berühren. In dieser Figur würde also B den Kreis repräsentieren, welcher um das umgekehrte Schema gezogen wird, wobei bei a Feuer stände, bei c Luft, bei b Wasser, bei d Erde. A würde den Kreis repräsentieren, der dafür das Emblem ist, daß die Worte nicht auf dem Kopf stehen. Sobald Plato diese Figur hat, verlängert er die Diagonalen und vertikalen Quadratseiten nach unten, ce, cf, dg, dh und macht von b abwärts 7 kleine Kreise. Dann kommt eine Figur heraus, welche Ähnlichkeit hat mit einer Katze, einem Hund, einem Männchen, wie die Kinder es sich auf die Tafel zeichnen. Der Kreis A ist der Kopf (er ist das Emblem dafür, daß die Worte nicht auf dem Kopf stehen, und hat also eine Relation zum Kopf). Der Kreis B ist der Bauch. Ce, cf, dg, dh sind die Beine. Die kleinen Kreise, die von b abwärts gehen, sind der Schwanz.

Und das ist denn das platonische Welten-Zoon (ζωον = Mensch und Tier), über welches sich die Gelehrten so sehr den Kopf zerbrochen haben. Es ist also das platonische Welten-Zoon nicht mehr und nicht minder als eine Figur, welche sich an das platonische Schema knüpft. Bei Platos Weltentier fällt einem unwillkürlich Darwins Urtier ein, doch haben beide selbstredend nichts miteinander zu schaffen.

Plato vergleicht seine Figur übrigens auch mit einem Wagen, dann sind die Kreise die Räder.

Über die kleinen Kreischen des Schwanzes werden wir im folgenden Abschnitt das Nähere kennenlernen.

b) Interpretation des Timaeus

Die verschiedenen Gesichtspunkte, die Plato in's Auge faßt, haben immer das Weltentier als Basis, drehen sich immer und immer wieder um dieses bis in's Detail hinein. Wer den Timaeus verstehen will, der muß das Weltentier vor sich haben und sich nun Schritt für Schritt klar machen, welche Relation die gerade abgehandelte Materie zu jenem hat.

Plato faßt das Weltentier von verschiedenen Gesichtspunkten auf. Wo man sich in der Schrift gerade befindet, da muß man sich stets darüber Rechenschaft geben, auf dem Terrain welchen Gesichtspunktes man sich befindet und wie sich bei diesem konkreten Gesichtspunkt die Auffassung des Kopfes, des Bauches, des Schwanzes, der Extremitäten des Weltentieres gestaltet.

Gibt man sich darüber Rechenschaft, so macht sich das Verständnis dessen, was Plato will, worauf er lossteuert, ziemlich leicht, wohingegen man da, wo man sich darüber keine Rechenschaft gibt, reinweg im Finsteren umhertappt. Wir wollen hier übersichtlich die Hauptgesichtspunkte hinstellen, aus denen im ersten Teil des Timaeus Kopf, Bauch, Schwanz des Weltentieres aufgefaßt werden. Man erhält so Anhaltspunkte für die Orientierung im Einzelnen. Es repräsentiert:

Der Kopf:	*Der Bauch:*	*Der Schwanz:*
Das ideelle Element	Das reelle Element	Die Zahl
Das Sein (Ewigkeit)	Das Werden.	Die Zeit
Himmel mit Fixsternen	Erde	Sonne, Mond, Planeten
Gott, Götter des Himmels	Gott der Erde	Dämonen
Kopf des Menschen	Rumpf des Menschen	Penis des Menschen
Ein- und Zwei-Arkanum.	Vier-Arkanum	Sieben-Arkanum

Es kann nicht geleugnet werden, daß die Idee, die Alchemie an ein Männchen zu knüpfen, wie es sich die Kinder auf die Tafel malen, von vornherein abenteuerlich, barock erscheint. Indessen Plato weiß das Weltentier so geistreich bis in's Detail auszubeuten, daß man sich mit dieser Idee bald ausgesöhnt hat und ihm gespannt in seinen Expositionen folgt, wozu man sich um so mehr bewogen fühlt, als Platon ein wunderschönes Griechisch schreibt. Die platonische Alchemie im Allgemeinen würde übrigens ohne das Weltentierschema nicht so sein, wie sie ist. Denn halb zieht Plato das Weltentier und halb zieht das Weltentier Plato. Das heißt, Plato lehnt auf der einen Seite die Ideen, die er vorweg hat, an das Weltentier, auf der anderen Seite aber wieder bringt ihn die Ausbeutung des Weltentiers auf neue, auf besondere Ideen.

Das, was sich der Autor vorgenommen, im Besonderen im Timaeus abzuhandeln, fängt gegen Ende P. 27. der Ausgabe des *Stephanus* an: εςιν ουν δη και εμην δοξαν. Es wird von vorn das ον αει und das γιγνομενον, das Seiende und das Gewordene auf's Tapet gebracht. Das ον αει sind die ideellen Elemente, das γιγνομενον die reellen Elemente. Die ersteren sind im Kopfkreis des Weltentieres repräsentiert, die letzteren in dessen Bauchkreis. Indem Plato sein Schema derartig aufstellt:

$$\left\{\begin{array}{l}\text{Erde}\\ \text{Wasser}\end{array}\right. \qquad\qquad \left\{\begin{array}{l}\text{Luft}\\ \text{Feuer}\end{array}\right.$$

beziehungsweise dieses Schema dem Kreis zu Liebe umkehrt, sollen Erde, Wasser, Luft, Feuer nicht die reellen, sondern die ideellen Elemente sein. Er will ja zu seinem Schema den Elementenstock haben, an welchen sich die Kosmologika und Arkana dann anschmiegen. Da ihm nun die reellen Elemente bereits die Kosmologika sind, wo würde er, wenn Erde, Wasser, Luft, Feuer die reellen Elemente wären, keinen Elementenstock, sondern einen kosmologischen Stock haben, was er eben nicht im Sinne hat. Er schaut also bei seinem Elementenschema nicht auf den Bauchkreis, sondern auf den Kopfkreis, was sich im Anlehnen an das Figurenschema auch ganz gut macht, denn der Kopf spielt beim Tiere die erste Rolle, und so spielen auch die ideellen Elemente die erste Rolle. Das ist nun der Grund, weshalb Plato sagt, der Demiurg, das ist Plato selbst, wie denn der platonische Gott hauptsächlich Plato selbst ist, der Demiurg habe auf das κατα ταυτα εχον geblickt. Dieses κατα ταυτα εχον, das sind die ideellen Elemente, gebraucht der Demiurg zum παραδειγμα, das ist das, was wir Schema nennen. Der Demiurg blickt aber nicht auf das γεγονος, nicht auf die reellen Elemente bei der Aufstellung des Schemas. — Wie Welt nun, wie sie aus dem Schema hervorgeht, ist gut, oder mit anderen Worten, die Alchemie, wie sie Plato auffaßt, ist gut. Denn mit etwas Schlechtem könnte er, der Welterschaffende Gott, uns verschonen. Will er nun in der Beziehung etwas Gutes, so muß das Schema, welches dem Ganzen zu Grunde liegt, gut sein. Das Schema aber, welches die ideellen Elemente umfaßt, ist gut. Denn die ideellen Elemente, vom Eingesichtspunkt aufgefaßt, sind das Feuer. Von diesem aber heißt es ausdrücklich im Vers 4 der Schöpfungsgeschichte: Und Gott sah, daß das Licht *gut* war. Indem nun das Schema gut ist, die Welt, die aus demselben hervorgeht, gut ist, ist Gott, Plato selbst auch gut.

Ende P. 29: λεγωμεν δη, δι ηντινα (ην) αιτιαν κ. τ. λ.

Der Demiurg ist gut. Ein Guter hat keinen Neid. Darum soll das Schema ihm, dem Demiurgen Plato, gleich werden. Plato ist nicht neidisch, daß das Schema das wird, das ist, was er ist: ein Mensch. Nun, das Welten-ζωον ist ja ein Mensch. Hiermit ist denn die Einleitung gegeben, um von dem Elementenschema auf das Figurenschema zu kommen. Die Elemente waren, so berichtet Plato, durcheinander, unordentlich geschart. Das bezieht sich auf das umgekehrte Schema, bei dem die Elemente noch vorläufig die empedokleischen Elemente ohne Unterschied von Realität und Idealität sind. Diese ungeordneten Elemente werden nun mit einem Kreis umgeben und dadurch zurechtgekehrt und in Ordnung gebracht. Dieser Kreis ist der Hauptkreis und damit der größere, der Bauchkreis. Der Hauptkreis, der größere Kreis, ist er deshalb, weil, wenn man mit Strichen und nicht mittels Papierkreis und Papierviereck umkehrt, weil man dann den zweiten Kreis nicht nötig hat. Indem nun aber der Kreis, der um die empedokleischen Elemente gemacht wird, der Bauchkreis ist, werden die Elemente in ihm zu den *reellen* Elementen. Jetzt wird der kleinere Kreis als Kopfkreis angefügt, und in ihn kommen die *ideellen* Elemente. Dieser Kopfkreis ist die Seele, die ψυχη des Ganzen, indem er eben die ideellen Elemente repräsentiert, welche die Seele des Elementenschemas bilden, und dann wird ja auch der menschlichen Seele als Hauptaufenthaltsort der Kopf zugewiesen. Es ist also naheliegend, daß uns Plato hier den Kopfkreis als ψυχη präsentiert. In der ψυχη ist der νους. Dieser νους ist im Grunde nichts anderes als das Feuer, aus dessen Eingesichtspunkt die ideellen Elemente aufgefaßt werden. Dazu gehört ein besonderer νους, das ist Verstand, um von den 4 ideellen Elemente auf das Element Feuer zu kommen. Der νους nun, die Idealität der Idealität, die Idealität der ideellen Elemente, verbleibt dem Kopfkreis als eigentümlich. Die ψυχη dagegen dilatiert sich zum Bauchkreis hin, denn dieser enthält die reellen Elemente, und in den reellen Elementen hat man das Abbild der ideellen Elemente. Die reellen Elemente sind ja bloß das, was sie sind, das ist: Elemente, weil sie sich den ideellen Elementen anschmiegen, weil sie der ψυχη teilhaftig werden. Und so kommt denn heraus, erstens, daß die Welt, das Schema des Plato, ein ζωον, und zweitens, daß dies ζωον ist, ein: ζωον εμψυχον εννουν.

Gegen Ende P. 30: τουτου δ' υπαρχοντος κ. τ. λ.

Das Weltentier ist ein Schema. In ihm konzentrieren sich alle Tiere, man darf sich also nicht ein spezielles Tier hervorheben und sagen: dies spezielle Tier ist das Weltentier. Damit ginge der Standpunkt des Schemas verloren. Der Charakter eines Schemas ist die Einheit. Um die Einheit des Schemas soll sich ja die Totalität der Alchemie scharen. Wenn daher auch das Weltentier aus mehreren Kreisen besteht, so darf man nicht sagen, es gibt mehrere »Welten«. Es handelt sich um *ein* Schema, *eine* »Welt«. Mit der *einen* Welt hat es Plato übrigens auch auf den Empedokles abgesehen, welcher in seinen 4 Materiae ultimae 4 Welten hatte.

Gegen Mitte P. 31: σωματοειδες δε δη και ορατον απτον τε κ. τ. λ.

Hier entwickelte sich Plato sein Elementenschema auf Grund einer Proportion. Über dies sein Tun haben wir bereits im vorigen Abschnitt, »Einleitung zum Timaeus« gesprochen und verweisen auf das, was wir dort gesagt. Übrigens haben wir dort das eigentliche Schema des Plato

{ Erde Wasser	{ Luft Feuer

entwickelt. Hier entwickelt Plato sein umgekehrtes Schema, das Schema, welches mit einem Kreise zu umgeben ist, nämlich

{ Feuer Luft	{ Wasser Erde

Demzufolge stellt er denn hier auch umgekehrte Proportionen auf, nämlich

Feuer : Luft = Luft : Wasser
Luft : Wasser = Wasser : Erde

Und bekommt aus diesen beiden als Endproportion

Feuer : Luft = Wasser : Erde

Der jüdischen Schöpfungsgeschichte aus dem Wege gehend, die ihn, wie wir wissen, auf diese Proportionen führt, sagt er: Das körperlich Gewordene muß sichtbar und greifbar sein.

Das »körperlich Gewordene« bezieht sich nun im Allgemeinen auf die Welt, welche körperlich ist, insbesondere bezieht es sich auf das Schema des Plato, welches körperlich, das ist, den früheren Schemas gegenüber, eine Figur ist. Sowieso hat er etwas Körperliches. Das Körperliche also ist sichtbar und greifbar. Ohne Feuer (Licht) sagt er nun, kann man nichts sehen. Das Greifbare knüpft sich an das Solide, Massive, ςερεον, das ςερεον ist aber in abstracto das, was in concreto Erde ist. Und so schafft er sich denn die Elemente Feuer und Erde als Ausgangspunkt. Zwischen diesen Elementen Feuer und Erde schiebt er dann als Bindeglied δεσμος, Luft und Wasser, und kommt so zu der Endproportion, die ihm das Elementenschema an die Hand gibt, und welche ist:

Feuer : Luft = Wasser : Erde

Ende P. 32: των δε δη τετταρων κ. τ. λ.

Wie wir wissen, legt Plato seinem Elementenschema die ideellen Elemente zu Grunde, nicht die reellen Elemente, die ja bereits Kosmologika sind. Darum schaut Gott bei der Welterschaffung auf das Ewige, auf das Seiende. Das legt nun die Idee nahe, man müsse sich bei den platonischen Proportionen auch an die ideellen Elemente halten. Das will Plato aber *nicht*. Wir wissen ja, daß sich die Sache ff. verhält. Plato hat zuvörderst die empedokleischen Elemente. Aus ihnen macht er ein umgekehrtes Schema und umgibt das mit einem Kreise. Da dieser Kreis nun der Bauchkreis ist und auf den Bauchkreis die reellen Elemente kommen, so verwandeln sich die empedokleischen Elemente in die reellen Elemente des Plato. Daß nun aber die Elemente im Bauchkreis so stehen, wie sie stehen, darauf führt den Plato die *Proportion*. Also knüpft sich die Proportion an die *reellen* Elemente. Daß sich nun die Proportion an die *reellen* Elemente knüpft, das wird hier derartig hervorgehoben, daß Plato sagt, von den 4 Elementen werde je *ein Ganzes* zur ξυςασις του κοσμου, zur Aufstellung des Figurenschemas genommen, das ist zur anfänglichen Aufstellung, bevor außer dem Bauchkreis noch nichts da ist. Diese ganzen Elemente sind eben die reellen Elemente. Denn die reellen Elemente bestehen aus den ideellen Elementen plus einem Etwas. Indem also der Demiurg die Figurenwelt auf Grund der 4 Elemente entwirft, bedient er sich zum dem Endzweck der ganzen Elemente. Den eigentlichen Grund, weshalb der Demiurg die ganzen Elemente nimmt, und den wir soeben erwähnt haben, verschweigt nun Plato, indem er in echt alchemistischer Weise hinter dem Berg hält. Statt dessen präsentiert er uns drei mystifizierte Gründe und sagt, die Sache findet erstens deswegen statt, damit das Weltentier möglichst ein vollständiges Ganzes sei, zweitens deswegen, damit nichts übrig bleibe, woraus eine zweite Welt gemacht werden könne, und endlich deswegen, damit die eine Welt nicht dem Alter und der Krankheit unterworfen sei. Nun, das sind die gewöhnlichen alchemistischen Sprünge.

P. 33 zu Anfang: σχημα δε εδωκεν (και σχημα δε) κ. τ. λ.

Gott schuf am Anfang Himmel und Erde, wobei der Himmel das Weltengefäß darstellt. Das Weltengefäß hat eine Kugelgestalt. Die Kugel wird nicht wie das Ei der jüdischen Schöpfungsgeschichte eingeschlagen, sondern bleibt intakt. Die Welt entsteht innerhalb der Kugel, und wir befinden uns in dieser Weltenkugel, in diesem Weltengefäß, wie es Gott zu Anfang geschaffen. Also ist die Welt eine Kugel. Eine Kugel hat keine andere Mission, als zu rollen. Indem also das platonische Figurenschema die *Welt* darstellt, brauchen wir in dieser Beziehung nicht die Beine, welche durch die Verlängerung der Diagonalen und zweier Seiten des Quadrates nach unten entstehen. Die Welt braucht ja nicht zu gehen, sie hat bloß zu rollen, und darum sind die Kreise des Figurenschemas *glatt*. Daß nun Plato sein Weltentier als *Welt*, und nicht als Mensch und Tier mit *Beinen* nötig hat, um zu gehen, statt zu rollen, das führt ihn darauf, zu exponieren, daß das Weltentier als *Welt* auch alles das nicht nötig hat, was Mensch und Tier nötig haben. Das Weltentier hat in dieser Beziehung keine Augen nötig, denn es hat ja nichts zu sehen. Es hat keine Ohren nötig, denn es hat nichts zu hören. Es hat keine Atmungsorgane (Nase und deren Fortsetzung zu den Lungen) nötig, denn es hat ja nichts zu atmen. Es hat keinen Mund und keinen Allerwertesten nötig, es braucht ja nichts zu essen. Woher auch die Nahrung nehmen? Es zehrt von seinem eigenen Fett. Wenn man die beiden Seiten des Quadrats im Bauchkreis, die sich in dem Punkt, wo das Feuer steht, treffen, oder auch eine Seite und eine Diagonale nach dem Kopf hin verlängert, so repräsentieren diese die Arme des Weltentieres. Wir haben diese Arme nicht bei der Figur des Weltentieres gezeichnet, damit sie nicht, in den Kopfkreis hineingeratend, die Anschauung troublieren. Auch diese Arme nun sowie die Hände, die sich stillschweigend an sie knüpfen, hat das Weltentier als κοσμος nicht nötig. Und endlich hat es keine Beine und Füße, die durch die Verlängerung der Diagonalen und zweier Seiten des Quadrates nach unten gegeben sind, nötig. Nun auf diese konzentriert sich die ganze Exposition. Plato fängt bei den Augen an, um auf die Füße zu kommen.

Bei der rollenden Weltenkugel spielt nun der Bauchkreis die Hauptrolle. Denn gerade der Bauchkreis entstand ja dadurch, daß sich Plato sein Schema in der Weltenkugel vorstellt. Indessen hat auch der Kopfkreis zu der rollenden Weltenkugel eine Relation. Eine rollende Kugel nämlich rollt weiter, und bei dem Weiterrollen dreht sie sich auch um sich selbst. Wir haben also 2 Bewegungen der Kugel, und die eine von ihnen ist in dem Kopfkreis repräsentiert.

P. 34 zu Anfang: ουτος δη πας οντος (οντως) αει λογισμος κ. τ. λ.

Plato nimmt 3 alchemistische Grundprinzipien an: Das ideelle Element, das reelle Element, die Zahl. Die beiden Ersteren haben wir bereits gehabt. Die Letztere kommt jetzt an die Reihe. Das ideelle Element entspricht dem Kopfkreis des Weltentieres, das reelle Element dem Bauchkreis. Die Zahl entspricht dem Schwanze. Der Schwanz des Weltentieres besteht aus 7 Kreisen. Die Zahl wird also κατ' εξοχην als Sieben genommen, was selbstredend damit zusammenhängt, daß die Sieben-Arkanen-Zahl die eigentliche Arkanen-Zahl ist. Der Schwanz fängt an dem Punkt des Quadrates an, wo das Wasser steht, und geht von da abwärts an der Peripherie des Bauchkreises. Er steht nicht in der Luft, sondern liegt auf dem Bauchkreis auf. Denn es heißt ausdrücklich: εξωθεν (nach außen hin) περιεκαλυψε (bedeckte herum, der Demiurg nämlich) το σωμα (den Bauchkreis) αυτη ταυτη (mit der ψηχη, das ist die ψηχη als Zahl, und Zahl als Schwanz). Eigentlich sind die ideellen Elemente die ψηχη. An sie schließen sich aber auch reelle Elemente als ψηχη — nun, das wissen wir bereits. Sobald sich nun die beiden Grundprinzipien: ideelles Element, reelles Element, Zahl extendieren, extendiert sich auch die ψηχη über alle 3. Wo es sich um die 2 Grundprinzipien: ideelles und reelles Element handelt, da ist der Eingesichtspunkt der ψηχη das ideelle Element. Wo es sich aber um die 3 Grundprinzipien: ideelles und reelles Element, Zahl handelt, da ist der Eingesichtspunkt der ψηχη die Zahl. Denn bei allen dreien haben wir die Zahl. Bei der Zahl als solcher haben wir die Zahl eo ipso, beim ideellen Element haben wir die Zahl 1 (Feuer) oder 2 (Feuer und Luft), beim reellen Element haben wir die Zahl 4 (vier Elemente: Erde, Wasser, Luft, Feuer). Damit hängt es zusammen, daß Plato die Zahl direkt ψηχη nennt und daß die Hauptrepräsentation der Zahl, das ist der Schwanz, zur ψηχη wird. Am Weltentier haben wir den Eingesichtspunkt der ψηχη als ideelles, reelles Element, Zahl darin, daß Kopfkreis und Bauchkreis im Feuerpunkt des Quadrates, Bauchkreis und Schwanz im Wasserpunkt des Quadrates zusammenhängen. Wir haben also vorwärts das Extendieren der ψηχη vom Kopf durch das Quadrat hindurch zum Schwanz, und rückwärts das Extendieren der ψηχη vom Schwanz durch das Quadrat des Bauchkreises zum Kopf (in welchem letzteren die ψηχη zum νους wird). Den Eingesichtspunkt von ideellem

Element, reellem Element, Zahl schildert Plato ff. In der Mitte des ideellen Elementes (αμεριςον, κατα ταυτα εχον) und des reellen Elementes (μεριςον, θατερον) stellt der Demiurg die ουσια (κατ' εξοχην), das ist die Zahl. Aus diesen dreien macht er nun eine ganze ιδεα, das ist einen Allgemein-Abzug. Bei dieser einen ιδεα wird die Natur des reellen Elementes mit Gewalt in das ideelle Element gezwängt. Dieser Gewaltstreich betreffs des reellen Elementes hat statt vom arkanologischen Gesichtspunkt. Nämlich die ideellen Elemente entsprechen dem Ein- und Zweiarkanum, die reellen Elemente dem Vierarkanum. Das Ein- und Zweiarkanum sind also für Plato Idealitäten, wogegen das griechische Vierarkanum ihm eine Realität ist. Vor dem Richterstuhl der Realität können aber im Grunde nur die 7 Arkana bestehen. Vier Arkana sind im Grunde auch nichts anderes als eine Idealität. Da sie nun trotzdem, als dem Bauchkreis angehörend, eine Realität sein sollen, so drängt sie Plato mit Gewalt in die Idealität hinein. — Da nun der Eingesichtspunkt von ideellem, reellem Element und Zahl auf die Zahl hinauskommt, so hat Plato in der Zahl nicht nur diese, sondern den Inbegriff von Zahl, ideellem, reellem Element.

Und jetzt kommt er Ende P. 35: ηρξετο δε διαιρειν ωδε κ. τ. λ. auf seine Zahlenphilosophie.

Plato nimmt mit den Juden 7 philosophische Zahlen an. Diese sind aber nicht 1, 2, 3, 4, 5, 6, 7, sondern: 1, 2, 3, 4, 8, 9, 27. Die 1, 2, 3, 4 hat er auf Grund des pythagoräischen Lehrsatzes. Die 8, 9, 27 erhält er auf Grund von Proportionen. Die Proportion ist ihm das, was dem Pythagoras das Addieren ist. Bei den Zahl-Proportionen lehnt Plato an seine Elementen-Proportionen. Aus den Zahlen 1, 2, 3, 4, die er als gegebene hat, nimmt er sich zuerst die 1, 2, 4 und verwertet sie zu zwei Proportionen. Die erste ist:

$$1 : 2 = 2 : 4$$

das ist das Analogon zu

Feuer : Luft = Luft : Wasser

Bei dieser Elementen-Proportion sind die Mittelglieder Luft, Luft gleich, die Endglieder Feuer, Wasser ungleich. Ebenso sind bei der Zahl-Proportion die Mittelglieder 2, 2 gleich, die Endglieder 1, 4 ungleich.

Die zweite Proportion ist:

4 : 2 = 8 : 4

Diese Proportion soll nun ein Analogon sein zu der Elementen-Proportion:

Luft : Wasser = Wasser : Erde

Im Grunde ist sie es aber nicht, denn wenn sie es wäre, so müßte sie anfangen mit dem, womit die erste Proportion schließt, das ist mit:

2 : 4

Täte sie das aber, so käme als ganze Proportion heraus:

2 : 4 = 4 : 2

womit wir auf dem alten Fleck wären. Darum gibt Plato als zweite Proportion eben 4 : 2 = 8 : 4 und hilft sich so, daß er sagt, wenn diese Proportion auch nicht gerade ebenso anfängt, wie die erste Proportion schließt, so kommen in ihr doch zu Anfang dieselben Zahlen 2 und 4 vor, wie im Schluß der ersten Proportion. Und dann sagt er ferner, wenn bei dieser Proportion 4 : 2 = 8 : 4 auch nicht die inneren Glieder gleich sind, wie bei der Proportion Luft : Wasser = Wasser : Erde, so sind doch die äußeren Glieder gleich, nämlich die beiden Vieren.

Auf diese Weise bekommt Plato zu den philosophischen Zahlen 1, 2, 4 die 8 als neue philosophische Zahl.

Des Ferneren nimmt er sich nun aus den gegebenen Zahlen 1, 2, 3, 4 die 1 und 3 und verwertet sie ebenfalls zu zwei Proportionen. Die erste Proportion ist:

1 : 3 = 3 : 9

das ist wieder ein Analogon zu:

Feuer : Luft = Luft : Wasser.

Die zweite Proportion ist

3 : 9 = 9 : 27

Das ist nun in der Tat ein Analogon zu:

Luft : Wasser = Wasser : Erde

Denn die neue Proportion fängt gerade so an, wie die alte aufgehört, mit dem Verhältnis 3 : 9. Und die Mittelglieder 9, 9 sind dieselben, wie sie bei der Elementen-Proportion als Wasser dieselben waren.

Auf diese Weise bekommt denn Plato zu den philosophischen Zahlen 1 und 3 die 9 und 27 als neue philosophische Zahlen, und hat damit in Summa die philosophischen Zahlen:

1, 2, 3, 4, 8, 9, 27.

Diese Zahlen präsentiert er uns derartig, daß der Demiurg das Eine, was er aus der Mischung von ideellem und reellem Element, Zahl erhält, teilt. Der Demiurg teilt nämlich ff.

Zuerst nimmt er einen Teil vom Ganzen.

Dann nimmt er das Doppelte des 1. Teiles.

Den 3. Teil nimmt er als anderthalb Teil des 2. Teiles, (oder) als dreifachen Teil des 1. Teiles.

Den 4. Teil nimmt er als doppelten Teil des 2. Teiles.

Den 5. Teil nimmt er als dreifachen Teil des 3. Teiles.

Den 6. Teil nimmt er als achtfachen Teil des 1. Teiles.

Den 7. Teil nimmt er als siebenundzwanzigfachen Teil des 1. Teiles. —

Nennen wir also die 7 Teile A, B, C, D, E, F, G, so haben wir:

A = 1				
B = 2A.	Da aber A = 1,	so ist 2A = 2,	also	B = 2.
C = 1 1/2B.	Da aber B = 2,	so ist 1 1/2B = 3/2 .		2 = 3,
	also C = 3, oder auf andere Weise ist:			
C = 3A.	Da aber A = 1,	so ist 3A = 3,	also	C = 3.
D = 2B.	Da aber B = 2,	so ist 2B = 4,	also	D = 4.
E = 3C.	Da aber C = 3,	so ist 3C = 9,	also	E = 9.
F = 8A.	Da aber A = 1,	so ist 8A = 8,	also	F = 8.
G = 27A.	Da aber A = 1,	so ist 27A =27,	also	G = 27.

Damit ergeben also die Teile die philosophischen Zahlen: 1, 2, 3, 4, 9, 8, 27.

P. 36: μετα δε ταυτα ξυνεπληροιτο κ. τ. λ.

Der Weg, den Plato ursprünglich geht, ist natürlich der, daß die Proportionen ihn auf seine ihm eigentümlichen philosophischen Zahlen führen. Hier geht er gerade den umgekehrten Weg. Er stellt seine philosophischen Zahlen als ein fait accompli hin und kommt nun mit den Proportionen hinterdrein.

Bei den Zahlen 1, 2, 3, 4, 8, 9, 27 haben wir ein Zwei- und ein Drei-Verhältnis. Das Zwei-Verhältnis ist bei den Zahlen 1, 2, 4, 8. Das Drei-Verhältnis ist bei den Zahlen 1, 3, 9, 27.

Plato hält sich nun einesteils an das Zwei-Verhältnis und anderenteils an das Drei-Verhältnis und streicht das, was in diese Verhältnisse nicht paßt.

Hält er sich an das Zwei-Verhältnis, so streicht er in der Reihe

1, 2, 3, 4, 8, 9, 27

die Zahlen 3, 9, 27, denn die passen wohl in das Drei-Verhältnis, nicht aber in das Zwei-Verhältnis.

Hält er sich an das Drei-Verhältnis, so streicht er in der Reihe

1, 2, 3, 4, 8, 9, 27

die Zahlen 2, 4, 8, denn die passen wohl in das Zwei-Verhältnis, nicht aber in das Drei-Verhältnis.

Wo nun eine Zahl gestrichen wird, da entsteht ein Diastema.

Also hat er beim Zwei-Verhältnis:

1, 2, Diastema, 4, Diastema, 8, Diastema

Beim Drei-Verhältnis hat er:

1, Diastema, 3, Diastema, 9, Diastema, 27

Jedem Diastema wird nun eine Proportionszahl gegeben. So entsteht statt: 1, 2, Diastema, 4, Diastema, 8, Diastema

jetzt: 1, 2, 2 , 4, 2 , 8, 4

Es entsteht statt: 1, Diastema, 3, Diastema, 9, Diastema, 27

jetzt: 1, 3 , 3, 9 , 9, 9, 27

Jede der Reihen soll nun zu 2 Proportionen verwertet werden. Zu 2 Proportionen sind aber 8 Zahlen nötig, wo doch unsere Reihen jegliche nur 7 Zahlen hat. Demgemäß ist noch je 1 Zahl einzuflicken. Das geschieht nun derartig, daß in der Reihe:

1, 2, 2, 4, 2, 8, 4

an der 5. Stelle eine 4 eingeflickt wird, und daß in der Reihe:

1, 3, 3, 9, 9, 9, 27

an der 5. Stelle eine 3 eingeflickt wird.

Nun gestalten sich die Reihen auf's Neue so:

1, 2, 2, 4, 4, 2, 8, 4
1, 3, 3, 9, 3, 9, 9, 27

Anhand dieser Reihen enthält man dann, wenn man von Zahl zu Zahl schrittweise vorrückt, die Proportionen:

1 : 2 = 2 : 4 und 4 : 2 = 8 : 4
1 : 3 = 3 : 9 und 3 : 9 = 9 : 27

Da haben wir eben die Proportionen, von denen ausgehend Plato zu seinen philosophischen Zahlen kommt. Damit wäre denn im Grunde die Sache fertig. Plato begnügt sich aber damit nicht, sondern bringt auch noch die Zahlen 256 und 243 auf's Tapet. Damit bezweckt er nun, uns auf die eingeflickten, nicht diastematischen Zahlen zu führen. Nimmt man nämlich die Acht-Reihe des Zwei-Verhältnisses, welche ist:

1, 2, 2, 4, 4, 2, 8, 4

und addiert, so hat man:

$$1 + 2 + 2 + 4 + 4 + 2 + 8 + 4 = 27$$

Nimmt man die Acht-Reihe des Drei-Verhältnisses, welche ist:

1, 3, 3, 9, 3, 9, 9, 27

und addiert, so hat man:

$$1 + 3 + 3 + 9 + 3 + 9 + 9 + 27 = 64$$

Nun nimmt man die beiden Gleichungen:

1 : 3 = 3 : 9
3 : 9 = 9 : 27

und gibt ihnen die folgende *freie* Interpretation.

Nimm die zwei Zahlen des letzten Teils der zweiten Proportion und multipliziere sie. Ergibt: $9 \cdot 27 = 243$

Nimm die zwei Zahlen des ersten Teils der zweiten Proportion und multipliziere sie. Ergibt: $3 \cdot 9 = 27$. (Man reflektiere darauf, daß diese 27 auch bei der ersten Addition herauskam.)

Die erhaltenen 243 und 27 dividiere. Ergibt 243 : 27 = 9. Diese 9 gibt uns die Zahl an, nennt uns die Zahl, der bei der Sieben-Reihe eine neue Zahl angeflickt wurde.

Nimm den letzten Teil der ersten Proportion. Dort handelt es sich um die Zahlen 9 und 3. Die 3, welche bei der 9 steht, heißt, du mußt bei der 9, die du soeben erhalten, eine 3 einflicken.

Nimm den ersten Teil der ersten Proportion. Dort handelt es sich um die Zahlen 1 und 3. Die heißen: Es handelt sich um die Reihe des Drei-Verhältnisses. Also haben wir in Bezug auf die Proportionen

$$1 : 3 = 3 : 9 \text{ und } 3 : 9 = 9 : 27$$

die freie Interpretation: Die Sieben-Reihe des Drei-Verhältnisses bekommt eine Zahl angeflickt. Diese Zahl ist 3. Sie wird eingeflickt bei der 9, das ist die Zahl, welche erhalten wird, wenn man den Vorderteil der zweiten Proportion multipliziert, den Hinterteil der zweiten Proportion multipliziert, den Hinterteil der zweiten Proportion multipliziert und die beiden so erhaltenen Produkte dividiert. Ebenso nimmt man die beiden Gleichungen:

$$1 : 2 = 2 : 4$$
$$4 : 2 = 8 : 4$$

und gibt ihnen die folgende *freie* Interpretation.

Nimm die 4 Zahlen der zweiten Proportion und multipliziere sie. Ergibt: $4 \cdot 2 \cdot 8 \cdot 4 = 256$. Diese 256 dividiere durch 64. Zu dieser 64 kommt man auf die Weise, daß vorhin bei der zweiten Gleichung durch 27 dividiert wurde. Diese 27 wurde dort zwar durch die Gleichung selbst gewonnen. Indessen, das war nicht nötig. Sie war auch gegeben, wenn man sie an die Summe der Acht-Reihe des Zwei-Verhältnisses hielt, denn $1 + 2 + 2 + 4 + 4 + 2 + 8 + 4 = 27$. Das führt nun darauf, hier, wo die Gleichung selbst nichts an die Hand gibt, zu der Zahl zu greifen, welche die Summe der Acht-Reihe des Drei-Verhältnisses ergibt. Diese Zahl aber ist, da $1 + 3 + 3 + 9 + 3 + 9 + 9 + 27 = 64$, ist, sagen wir, 64. Nun ist $256 : 64 = 4$. Diese 4 nennt uns die Zahl, der bei der Sieben-Reihe eine neue Zahl angeflickt wurde.

Nimm den letzten Teil der ersten Proportion. Dort handelt es sich um die Zahlen 2 und 4. Ist zu interpretieren: Die 4 kommt zweimal vor. Das heißt: Der soeben erhaltenen 4 mußt du nochmals eine 4 anflicken.

Nimm den ersten Teil der ersten Proportion. Dort handelt es sich um die Zahlen 1 und 2. Die heißen: Es handelt sich um die Reihe des Zwei-Verhältnisses.

Also haben wir in Bezug auf die Proportionen:

$$1 : 2 = 2 : 4 \text{ und } 4 : 2 = 8 : 4$$

die freie Interpretation: Die Sieben-Reihe des Zwei-Verhältnisses bekommt eine Zahl angeflickt. Diese Zahl ist 4. Sie wird eingeflickt bei der 4, das ist die Zahl, welche erhalten wird, wenn man die Zahlen der zweiten Proportion multipliziert und durch diejenige Zahl dividiert, welche auf Grund der Addition der Acht-Reihe des Drei-Verhältnisses erhalten wird.

Diese Deduktion will Plato an die sehr aphoristisch dahin geworfenen Zahlen 256 und 243 geknüpft wissen.

Die Pythagoräer nannten die Zahlenphilosophie αρμονια και συνωδια των σφαιρων και των κατ' αυτας κινουμενων αστερων, kurz Harmonie der Sphären. Dieser Ausdruck wurde dann gang und gäbe für Zahlenphilosophie, und somit handelt Plato hier über die Harmonie der Sphären. Davon haben die Laien etwas gehört und meinen nun, es handle sich hier um musikalische Dinge — die Alchemisten selbst taten übrigens das ihrige, die Laien in einer solchen Auffassung zu bestärken. Nun schreibt einer dem anderen mit rührender Patriarchalität nach, Plato spreche hier von der Musik, welche die Sphären machen. Es soll in Bezug auf die Zahlen, die er bringt, derartig liegen, als wenn man musikalisch von einer Prime, Sekunde, Terz u.s.w. spricht. Man hat den Firlefanz so weit getrieben, über diese platonischen musikalischen Zahlen ganze Tabellen auszuarbeiten.

Was nun den Ausdruck Harmonie der Sphären statt Zahlenphilosophie betrifft, so steuert Plato selbst auf ihn los. Es heißt nämlich P. 47:

»An die Stimme und Gehör knüpft sich dieselbe Reflektion, sie sind uns zu ähnlichen Zwecken von den Göttern geschenkt worden als die Augen. Die Rede (Stimme) schmiegt sich ihnen nämlich an, indem sie vom größten Einfluß auf die Augen ist (auf das, was sich alchemistisch nach dem früher Exponierten an die Augen knüpft). Da wir nun in der Stimme auf der anderen Seite etwas haben, was auf den musikalischen Ton von wichtigem Einfluß ist, so ist sie der Harmonie wegen dem Gehör zugesellt. Die Harmonie aber, welche verwandte Anklänge in unseren Seelentätigkeiten hervorlockt, scheint dem, der sich den Musen mit Verstand anlehnt, nicht, wie das so gewöhnlich angenommen wird, zu zwecklosen Vergnügungen wichtig zu sein, sondern sie ist uns als Bundesgenossin von den Musen gegeben, um unsere ungeordneten Seelentätigkeiten zu ordnen und in Einklang zu bringen. Obendrein ist uns der Takt von eben denselben Musen als Gehilfin gegeben wegen unserer durchschnittlich ungeregelten und der Grazie entbehrenden inneren Beschaffenheit.« Hier sieht man, wie Plato die *Zahl* (Takt) mit der *Harmonie* in Relation bringt, was eben auf die Relation der Harmonie der Sphären zu der Zahl lossteuert. Der *Takt* (numerus) nämlich ist die *Zahl* in Bezug auf die Harmonie.

Mitte P. 36: ταυτην ουν την ξυστασιν πασαν κ. τ. λ.

Hier biegt Plato von der Zahlenphilosophie ab und kommt auf die Zeichnung seines Weltentieres. Zuerst bringt er das diagonalisierte Quadrat (das χι sind die sich schneidenden Diagonalen), dann die Kreise. Der Bauchkreis wird alsdann, um zum Schwanze zu kommen, sechsfach geteilt. Das ist (siehe oben die Figur des Weltentieres), von b abwärts werden auf dem Bogen bd sechs Punkte gemacht, welche *nicht* gleich weit voneinander abstehen. Dadurch entstehen sechs Distanzen. Diese werden mit Kreisen belegt. Dadurch entstehen 6 Kreise. Endlich wird dann noch ein siebenter Kreis gezeichnet, welcher den sechsten berührt. So kommen die 7 Kreise des Schwanzes heraus, wie sie unsere Zeichnung des Schwanzes beim Weltentier bietet. Drei dieser Kreise sind gleich, vier derselben sind ungleich, d.h., nicht nur den drei Kreisen ungleich, sondern auch unter sich ungleich. Die drei gleichen Kreise sind die großen, die vier ungleichen die kleinen bei der Zeichnung des Schwanzes beim Weltentier. Zuerst kommt, von b abwärts, ein Kreis der Vier-Reihe. Dieser Kreis ist ein größerer der Vier-Reihe, er ist größer als die drei übrigen der Vier-Reihe, welche drei unter sich gleich sind. Er ist zwar größer als die drei übrigen Kreise der Vier-Reihe, aber kleiner als die Kreise der Drei-Reihe, welche letzteren unter sich gleich sind. Dann kommt ein Kreis der Drei-Reihe. Dann kommt ein Kreis der Vier-Reihe. Dann kommt ein Kreis der Drei-Reihe. Endlich kommt ein Kreis der Vier-Reihe. Der Reihenfolge nach haben wir also in Bezug auf die Größen der Kreise 1.) mittelgroß (zur Vier-Reihe gehörend), 2.) groß, 3.) klein, 4.) groß, 5.) klein, 6.) groß, 7.) klein.

Diese Arrangierung des Schwanzes in Bezug auf die größeren und kleineren Kreise kommt nun darauf hinaus, daß, wie wir noch kennenlernen werden, im Schwanze Sonne, Mond und Planeten, das sind runde, sich bewegende Körper repräsentiert sind. Die übrigen Verhältnisse kommen auf die sieben platonischen philosophischen Zahlen hinaus, welche nach dem Zwei- und Drei-Verhältnis fortschreiten. Vergleiche hierüber weiter unten.

Gegen Mitte P. 37: ως δε κινηϑεν κ. τ. λ.

Hier wird das Weltentier so aufgefaßt, daß der Kopfkreis das Sein, oder, was sich gleich bleibt, die Ewigkeit, der Bauchkreis das Werden, der Schwanz die Zeit repräsentiert. Das letztere schmiegt sich an die Auffassung des Schwanzes als Zahl, denn die Zeit wird kalenderweise abgezählt.

Gegen Mitte P. 38: εξ ουν λογου και διανοιας ϑεου κ. τ. λ.

Hier wird der Schwanz als Sonne, Mond und Planeten aufgefaßt, womit Hand in Hand geht, daß der Kopfkreis als Himmel (mit Fixsternen) und der Bauchkreis als die Erde, die wir bewohnen, aufgefaßt wird. Plato will im Allgemeinen ουρανος als synonym mit κοσμος aufgefaßt wissen, worauf er P. 28 selbst hinweist. Speziell ist aber ουρανος der Kopfkreis, und so wird bereits P. 34 ουρανος als Kopfkreis genommen. Die Auffassung des Kopfkreises als ουρανος schmiegt sich an die Verwertung des Weltentieres, mit der wir es hier zu tun haben, wo der Kopfkreis = ουρανος, der Bauchkreis = γη, der Schwanz = ηλιος, σεληνη και πλανηται. Sonne, Mond und Planeten einerseits und die Fixsterne andererseits hält Plato ganz strikt auseinander, weil er den ersteren eine Bewegung am Himmel zuteilt, den letzteren nicht. Die Fixsterne fallen zugleich auf den Himmel und gehören in den Kopfkreis, wogegen Sonne, Mond und Planeten dem Schwanz angehören. Plato nimmt, wie die Alten überhaupt, fünf Planeten an, speziell erwähnt er hier aber bloß den Morgenstern, das ist die Venus, die er aber nicht 'Αφροδιτη, sondern εωςφορος nennt, und den Merkur, den er τον ιερον 'Ερμου und τον του 'Ερμου nennt. Mars, Jupiter und Saturn werden hier nicht namentlich aufgeführt.

Im Schwanze (vergl. die Zeichnung des Weltentieres) kommen nun die drei kleinsten Kreise, der 3., 5., 7 auf: Mars, Jupiter, Saturn. Der mittelgroße Kreis, der 1., kommt auf den Mond. Der Mondkreis ist größer als die Kreise von Mars, Jupiter, Saturn. Darum heißt's auch P. 36, die kleineren Kreise wären unter sich ungleich. Die 3 großen Kreise, der 2., 4., 6., kommen auf

Sonne, Venus, Merkur. Halten wir mit dem Schwanz das zusammen, was wir bei der platonischen Zahlenphilosophie kennengelernt haben, so gestaltet sich der Schwanz in Bezug auf die Buchstaben, mit denen wir dort die Teile bezeichnet haben, in welche der Demiurg das eine teilt, was er aus der Mischung des ideellen, reellen Elementes, der Zahl erhält, derartig, daß der erste Schwanzkreis = A, der zweite = B, der dritte = C, der vierte = D, der fünfte = E, der sechste = F, der siebente = G.

Und hieran anlehnend ist in Bezug auf die philosophischen Zahlen, dem vorigen entsprechend, der erste Schwanzkreis = 1, der zweite = 2, der dritte = 3, der vierte = 4, der fünfte = 9, der sechste = 8, der siebente = 27.

Daß, wenn wir uns an Sonne, Mond und Planeten halten, daß dann ist: der erste Kreis = Mond, der zweite = Sonne, der dritte = Mars, der vierte = Venus, der fünfte = Jupiter, der sechste = Merkur, der siebente = Saturn, wissen wir bereits. Hierbei steht indes nicht fest, in welcher Reihe die Planeten, welche Plato nicht namentlich macht (Jupiter, Mars, Saturn), stehen. Z.B. kann auch Jupiter stehen, wo wir Mars gesetzt haben, Saturn, wo wir Jupiter gesetzt haben u.s.w. Auch steht es nicht absolut fest, daß der zweite große Kreis (der vierte des Schwanzes überhaupt) = Venus. Er kann auch = Merkur, denn in den beiden betreffenden Stellen wird das erstemal Venus vorangesetzt, das zweitemal Merkur.

In Bezug auf das Zwei- und Drei-Verhältnis der philosophischen Zahlen ist die Zahl Eins, in der sich beide konzentrieren, der Mond. Parallel mit dem Zwei-Verhältnis gehen dann: Sonne, Venus, Merkur. Parallel mit dem Drei-Verhältnis gehen: Mars, Jupiter, Saturn.

Indem sich nun die bewegenden Himmelskörper an die philosophischen Zahlen knüpfen, haben einerseits weder die Zahlen, noch andererseits die Himmelskörper gleiche Größe. Es könnte daher auffallend erscheinen, daß Plato 3 große und 3 kleine Kreise absolut unter sich gleich sein läßt. Das tut er aber deswegen, um das Zwei- und Drei-Verhältnis prägnant an den sich bewegenden Himmelskörpern hervorzuheben. Der Zeichnung nach, die sich an das Gleichsein der betreffenden Kreise knüpft, fällt es nämlich sofort in die Augen, daß Sonne, Venus und Merkur dem Zwei-Verhältnis entsprechen, und Mars, Jupiter, Saturn dem Drei-Verhältnis. Und dann auch bedenke man, daß Plato die Größe der einzelnen Planeten nicht kannte; der würde also sehr in die Klemme geraten, wenn er die Planeten nach ihrer gegenseitigen Größe mit größeren oder kleineren Kreisen hätte bezeichnen sollen. Darum kommt es ihm sehr à propos, daß er sich bei der Größe der Kreise eben nur an das Zwei- und Drei-Verhältnis hält.

Und dann hat es auch seinen Grund, daß gerade die großen Kreise dem Zwei-Verhältnis entsprechen, und die kleinen dem Drei-Verhältnis. Dieser Grund liegt in der Gestalt eines Schwanzes überhaupt, der in einer Spitze endet. Würde Plato den großen Kreisen das Drei-Verhältnis zuteilen, wo würde der Schwanz des Weltentieres breit enden, was er mit der gewöhnlichen Gestalt eines Schwanzes für kollidierend hält.

Charakteristisch für die Ähnlichkeit des Schwanzes des Weltentiers mit einem Schwanz ist auch das, daß ein Schwanz häufig spitz und nicht mit seiner vollen Breite aufsitzt. Diese Aufsitz-Spitze ist aber nicht so spitz wie die Endspitze, und so gibt denn der Mond, der kleiner ist als die großen Kreise, größer aber als die kleinen Kreise, einen passenden Anfangspunkt für den Schwanz des Weltentieres ab.

Die Kreise, durch welche Sonne, Mond und Planeten dargestellt werden, weisen auf die runde Form dieser Körper und darauf, daß sie sich drehen, daß sie rollen. Die großen Kreise gehen langsamer, die kleineren schneller, denn den ersteren entsprechen die kleineren Zahlen 2, 4, 8, den letzteren die größeren Zahlen 3, 9, 27.

Zu den Bewegungen der Himmelskörper kommt nun noch die Bewegung der Erde, an der der Schwanz des Weltentieres angeheftet ist. Daher kommen die οκτω φοραι heraus, von denen Plato spricht. Der hellste der Himmelskörper ist die Sonne. An die Bewegung dieser reiht sich der Tag und die Nacht. An die Bewegung des Mondes reiht sich der Monat. An die Bewegung der Sonne wieder das Jahr. Damit muß man aber nun nicht meinen, daß die übrigen sich bewegenden Himmelskörper etwa nicht auf die Zeit Einfluß hätten, die Leute reflektieren hierauf bloß nicht. Diese Bemerkung macht Plato deswegen, damit man nicht in Versuchung kommt, einzelne Teile des Schwanzes auf die Zeit zu beziehen, wo doch der ganze Schwanz die Zeit repräsentiert.

Schluß P. 39: και τα μεν αλλα ηδη (ειδη) κ. τ. λ.

Das Weltentier wird jetzt zum Repräsentanten der Götter. Eine Götterart repräsentiert der Kopfkreis, eine andere der Bauchkreis, eine dritte der Schwanz.

Die Gottheit des Kopfkreises wird daraus abgeleitet, daß dieser den ουρανος repräsentiert, Ουρανος aber in der griechischen Mythologie ein Gott ist. Dann aber auch werden die Fixsterne als Götter genommen, wobei es Plato weniger auf die Astrologie im Allgemeinen abgesehen zu haben scheint, als vielmehr auf die Sternschnuppen und Kometen, die er den Fixsternen anreiht. In den Sternschnuppen und namentlich den Kometen sahen bereits die Griechen Vorbedeutungen. Vorbedeutungen haben aber eine göttliche Relation.

Die Gottheit des Bauchkreises wird daraus abgeleitet, daß dieser die γη repräsentiert, Γη (Gaea) aber eine griechische Gottheit ist; wie Plato nebenbei erwähnt, die erste und älteste. Die Gottheit des Schwanzes geht daraus hervor, daß die Griechen Sonne und Mond als Götter auffaßten und den Planeten Götternamen gaben. Die Schwanzgötter nennt Plato: Dämonen, δαιμονες, was einfach Götter heißt. In diesem Sinne kommt der Ausdruck bereits bei Homer vor. Speziell auf die Dämonen eingehend, sagt Plato: »Die Kinder der Gaea und des Uranus waren Oceanus und Tethys.« Hier sind nun Gaea und Uranus der Bauch- und der Kopfkreis. Der Schwanz des Weltentieres wird als Penis aufgefaßt, und so kommt der Sinn heraus: die Dämonen haben eine Penis-Relation zu Gaea und Uranus, sind deren Kinder. — »Von diesen«, das ist von Uranus und Gaea, heißt es weiter, »waren Kinder: Phorkys, Saturn, Rhea und mehrere. Von Saturn und Rhea stammen ab Jupiter und Juno und weitere Brüder (Blutsverwandte) und deren Abkömmlinge«. Die 7 speziell aufgeführten Dämonen-Namen: Oceanus, Tethys, Phorkys, Saturn, Rhea, Jupiter, Juno weisen auf die 7 Kreise des Schwanzes und repräsentieren also: Sonne, Mond und Planeten. Hierbei rangiert nun Oceanus für die Sonne, Tethys für den Mond, Phorkys für Mars, Juno für den Morgenstern. Jupiter und Saturn repräsentieren die nach ihnen genannten Planeten. Für Merkur rangiert Rhea, was etwas kühn ist, da Merkur ein Mann, und Rhea eine Frau ist. Plato aber nimmt die Sache deswegen nicht so genau, weil eben bei den Planeten Merkur ausdrücklich erwähnt worden ist.

Anfang P. 41: 'επει δ'ουν παντες κ. τ. λ.

Das Weltentier wird jetzt als Mensch aufgefaßt. Der Kopfkreis wird der menschliche Kopf, der Bauchkreis der Rumpf, der Schwanz der Penis. Quadrat-Seiten und Diagonalen sind verlängert zu denken, auf daß Arme und Beine herauskommen.

Der Timaeus zerfällt, worauf auch in Pag. 27 hingewiesen wird, in 2 Teile. Der eine Teil befaßt sich mit der κοσμου γενεσις, das ist, allgemein ausgedrückt, mit der Alchemie, der andere Teil mit der ανϑρωπων φυσις.

Das Substrat der φυσις ανϑρωπου, das ist der Mensch, reiht sich der Alchemie deswegen an, weil die Arkana dazu dienen, den kranken Menschen gesund zu machen. Da wir es uns nun in dem vorliegenden Buch als Ziel gesteckt, die Alchemie abzuhandeln, nicht aber die Anwendung der Arkana am Krankenbett, so liegt es uns fern, auf den Teil des Timaeus einzugehen, der sich mit der φυσις ανϑρωπου befaßt, und werden diesen daher fallen lassen. Wollten wir das nun konsequent durchführen, so müßten wir bereits jetzt abbiegen, denn hier bringt Plato ja den Menschen auf's Tapet. Wir wollen das aber nicht tun, wir wollen, ohne *etwas* bei Seite zu schieben, gerade durchgehen, bis wir zu dem Abschnitt des Timaeus kommen, wo die φυσις ανϑρωπου im engeren Sinne in einem Abschnitt für sich durchgenommen wird, das ist, bis wir dahin kommen, wo das Durchgehen der Arkana beendet ist. Dort werden wir ein Schlußpunktum machen, bis dahin aber wollen wir den Tenor der Expositionen nicht durch Auslassungen stören.

Der Demiurg übergibt den Göttern des Himmels (des Kopfkreises) und den Göttern der beweglichen Himmelskörper das Geschäft der Menschenerschaffung. Hierzu gibt er ihnen die unsterbliche Seele, die Herstellung des sterblichen Körpers überläßt er ganz ihnen.

Es sollen nun von der Seele distribuiert werden: die Erkenntnis (αισϑησις) auf den Kopfkreis, Mut und Furcht auf den Bauchkreis, die Liebe, welche aus Lust und Leid gemischt ist, auf den Schwanz. Wenn nun der Mensch diese Pathemata beherrscht, wo wird er zu den Gerechten gezählt werden, läßt er sich von ihnen beherrschen, so wird er zu den Ungerechten gezählt werden. Der Gerechte kehrt nach vollendeter Lebensbahn zu dem Gestirn zurück, dem seine Seele zugesellt ist. Von vornherein teilt nämlich der Demiurg so viele Seelen aus, als Sterne sind. Der Ungerechte dagegen macht eine Metamorphose durch. Der Urtypus der Gerechten ist der Mann, die männliche Individualität, was damit zusammenhängt, daß das vollständige Weltentier einen Schwanz hat, das ist bei der Übertragung auf den Menschen, einen Penis. Die *erste Metamorphose* besteht darin, daß der Schwanz verloren geht. Dann wird aus dem männlichen Weltentier, aus dem Mann, eine Frau. Die *zweite Metamorphose* besteht darin, daß die Arme verloren gehen. Dann tritt die Vogelnatur ein, indem die Vögel Flügel statt der Arme haben. Die *dritte Metamorphose* besteht darin, daß der Kopfkreis verloren geht. Dann tritt die Natur der Landtiere ein. Diese Tiere sind zwar nicht kopflos, sie tragen aber den Kopf zur Erde gebückt, nicht zum Himmel erhoben, wie der Mensch. Diese mehr oder minder zu Boden gerichtete Stellung des Kopfes, des Mehr- oder Minder- in Berührung-Kommens des Kopfes mit dem Erdboden veranlaßt Plato, die Landtiere in 3 Klassen zu teilen, die in dem Bereich der dritten Metamorphose höher oder tiefer stehen. Die erste Klasse bilden die Vierfüßler. Sie tragen den Kopf am höchsten. Die zweite Klasse bilden die Vielfüßler. Bei ihnen stehen Kopf und Rumpf mehr in einer Linie, der Kopf ist also nicht so in die Höhe gerichtet, wie bei den Vielfüßlern im Allgemeinen. Und dann auch haben die Vielfüßler viel kürzere Beine als die Vierfüßler. Auf Grund dessen nähert sich ihr Kopf mehr dem Boden. Die dritte, die am tiefsten stehende Klasse, bilden die Ohne-Füßler, die auf dem Boden kriechenden Tiere. Bei ihnen kommt der Kopf absolut mit dem Erdboden in Berührung. Bei dieser dritten Metamorphose muß man sich nicht an die Beine des Weltentieres halten, sondern an das Verhältnis mit dem verlorengehenden Kopfkreis. Wollte man sich an die Beine halten, wo würden die Vielfüßler in dem Rayon der dritten Metamorphose keinen Raum haben, denn das Weltentier hat nur 4 Füße, und die Ohne-Füßler würden nicht der dritten Metamorphose anheimfallen, sondern vielmehr der jetzt kommenden *vierten Metamorphose*, bei der die Beine des Weltentieres verloren gehen. Durch das Schwinden der Beine bleibt bloß der Bauchkreis übrig, der wie eine Auster aussieht. Es tritt also die Natur der Wassertiere ein. — Bei diesen Metamorphosen, bei denen wir übrigens speziell das herangezogen haben, was P. 90 zu Ende: και δη και τα νυν bis gegen Ende P. 92: και κτησει μεταβαλλομενα — exponiert wird, hat Plato die Rekonstruktion seines Weltentieres vor Augen. Zuerst entwickelt er sich sein Figurenschema, indem er vom Bauchkreis anfängt, diesem den Kopfkreis, das diagonalisierte Quadrat, dessen Verlängerung als Arme und Beine, den Schwanz zufügt. Dann geht er wieder rückwärts, und streicht alles wieder, bis ihm der Bauchkreis, von dem er ausgegangen, übrig bleibt.

Ende P. 42: και ο μεν δη απαντα ταυτα διαταξας κ. τ. λ.

Die betreffenden Götter machen sich nun an die betreffende Arbeit. Sie leimen die Teile des Feuers, der Erde, des Wassers und der Luft zusammen und distribuieren die ψυχη auf den Kopfkreis, den Bauchkreis und den Schwanz. Das Pathema nun, welches sich an die Umkreise der ψυχη knüpft, die an den ποταμος πολυς (ποταμος, Fluß, entweder in Bezug auf den Wasserpunkt des Quadrates, wo der Schwanz anfängt, oder in Bezug auf die abschüssige Stelle des Bauchkreises, wo der Schwanz aufsitzt) geheftet sind, das ist die Sinnlichkeit, diese Sinnlichkeit macht dem Menschen viel zu schaffen. Die wilden Bewegungen der Sinnlichkeit bringen Wildheit in die Bewegungen des ganzen Menschen, so wie wiederum die durch den übrigen Körper gesetzten Einflüsse auf die Sinnlichkeit influieren, sie zu wilden Bewegungen antreiben. Das auf den Penis basierte Pathema bringt ein Durcheinander in das ganze Weltentier. Und wie nun Plato im besten Zuge mit diesem Durcheinander ist, — da springt er auf das Durcheinander des umgekehrten Elementenschemas über und knüpft an die Kalkulation, daß die Alchemie überhaupt und in specie seine Spezialstellung mit dem Figurenschema dem Anfänger viele Schwierigkeiten biete. Bei richtiger Unterweisung und gesundem Verstand mache sich die Sache aber. Wer aber derartige Dinge vernachlässigt (καταμελησας), der hinkt durch's Leben und wandert unvollendet (ατελης) und wie einer, dem nicht zu raten und zu helfen ist (ανονητος), oder wie eine andere Lesart ist: unverständig (ανοητος) zum Hades.

Gegen Ende P. 44: τας μεν δη (ουν) θειας περιοδους κ. τ. λ.

Auf die Gestaltung des Menschen weiter eingehend, knüpfen die betreffenden Götter an den Kopfkreis des Weltentieres, den Kopf des Menschen. An ihn reiht sich der Bauchkreis als Rumpf. Dazu kommen dann als verlängerte Seiten und Diagonalen des Quadrates: Arme, resp. Hände und Beine, resp. Füße.

In Bezug auf die letzteren werden entweder die Quadratseiten rechts und links oder die Diagonalen nach unten verlängert. *Nicht* beide werden verlängert, sonst würden ja 4 Menschenbeine existieren. Der Schwanz ist schon in der Stelle, die wir vorhin durchgenommen, auf's Tapet gebracht worden. An den Kopf knüpft sich dann das Gesicht und ferner Augen (Sehvermögen), Stimme und Gehör. Die Augen werden in Relation gesetzt zu dem ideellen Ein- und Zwei-Element des Kopfkreises. Dabei repräsentiert das Feuer das Licht, das Sehen, wogegen das ideelle Element Luft des Kopfkreises die Finsternis, das Nichtsehen, repräsentiert. An das Auge knüpft Plato die Augenlider, und an sie, weil sie beim Schlafen geschlossen werden, den Schlaf. An den Schlaf werden wieder die Träume geknüpft. Weil Platon nun beim Sehen ist, und bei dem, was er physiologisch daran knüpft, so kommt er auch zu den Spiegelbildern, bei denen das Rechts links und das Links rechts steht, und ist damit wieder einmal zu seinem umgekehrten Schema gesprungen. Vom umgekehrten Schema kommt er denn zu seinem Figuren-Schema und meint, das sei doch das Beste an den Augen, ihr größtes Gut, daß man mittels ihrer sein Weltentier sehen könne: — durch das Figurenschema ist die Alchemie in eine Form gebracht, bei der der Anschauung mittels des Gesichtssinnes hervorstechend Rechnung getragen wird. Das Anschauen des Weltentieres allein wird den in der Alchemie Uneingeweihten indes auch nicht weiter fördern. Es muß zum Sehen die Stimme und das Gehör hinzutreten. Das heißt, es muß sich die Stimme des Lehrenden vernehmen lassen, und der Lernende muß dieser Stimme ein aufmerksames Gehör schenken. Auf die Weise werden denn der Gesichtssinn, die Stimme und das Gehör aneinander geschoben.

Ende P. 47: τα μεν ουν παραληλυθοτα κ. τ. λ.

Bis jetzt, sagt Plato, habe er durchschnittlich das δια νου δεδημιουργημενον durchgenommen, nun komme er zu dem δι' αναγκης γιγνομενον. Das heißt, jetzt kommt er zu den Arkanis. Wie Empedokles, von dem er die 4 Elemente hat, setzt auch Plato Elemente und Arkana derartig gegenüber, daß auf das Wasser das Acid. sulphur., auf die Erde das Natron, auf die Luft der Liquor hepatis und auf das Feuer der Pulvis solaris kommt.

Dem Weltentier gegenüber repräsentiert der Kopfkreis die Elemente, der Bauchkreis repräsentiert einen von Plato aufgestellten arkanologischen Grundstoff, das Aufnahmesubstrat für die Elemente, der Schwanz repräsentiert die Arkana selbst, das ist die Summe von Aufnahmesubstrat und Elementen. Das hat einerseits statt. Andererseits repräsentiert der Kopfkreis das Ein- und Zwei-Arkanum, der Bauchkreis die griechischen 4 Arkana, der Schwanz die 7 Arkana.

Stellt man 4 Arkana auf, so ist die empedokleische Aufstellung da, daß Natron = Erde, Acid. sulphur. = Wasser, Liquor hepatis = Luft, Pulvis solaris = Feuer. Stellt man dagegen das Ein-Arkanum auf, so sind, da das Ein-Element = Feuer, alle Arkana = Feuer. Und stellt man das Zwei-Arkanum auf, so sind, da das Zwei-Element = Feuer und Luft, zwei Arkana = Feuer und zwei Arkana = Luft. Hält man sich an die sieben Arkana, so gesellt sich der Pulvis solaris niger zum Pulvis solaris ruber. Wir haben also als Feuer nicht nur Pulvis solaris ruber, sondern auch Pulvis solaris niger, oder will man das nicht, will man Pulvis solaris niger als Erde auffassen, so haben wir als Erde nicht nur Natron, sondern auch Pulvis solaris niger. Ebenso ist bei der Sieben-Arkana-Aufstellung Acid. sulphur. sowohl als auch Ferrum = Wasser, oder Ferrum tritt wieder als Erde ein; und Natron nitricum sowohl als Natron carbonicum = Erde. Somit ist einerseits ein Wandel da in der Distribuierung der Elemente auf die Arkana, und andererseits die Extendierung eines Elementes auf mehrere Arkana. Hier haben wir es mit keiner Stabilität zu tun. Dagegen beim arkanologischen Grundstoff ist Stabilität, der bleibt sich immer gleich, er wird nur anders modifiziert, je nachdem das eine oder das andere Element in ihn eintritt, womit denn die verschiedenen Arkana herauskommen. An und für sich ist der arkanologische Grundstoff nicht darstellbar, er ist gestaltlos. Er erscheint aber als Feuer-Arkanum, nachdem er das Element Luft in sich aufgenommen, und so analog in Bezug auf die anderen Arkana. Bei der vorliegenden Exposition unterscheidet Plato ein Dreifaches 1.) το γιγνομενον, das Gewordene, 2.) το εν ω γιγνεται, das, worin das Gewordene wird, 3.) το οϑεν αφομοιουμενον φυεται, das, dem das Gewordene ähnlich wird. Das erste sind die Arkana, das zweite das Aufnahmesubstrat für die Elemente, der arkanologische Grundstoff, das dritte die Elemente. In Bezug auf das Weltentier ist das erste im Schwanz repräsentiert, das zweite im Bauchkreis, das dritte im Kopfkreis. Und da diese Repräsentation im Weltentiere stattfindet, so vergleicht Plato das γιγνομενον mit einem Kinde, das εν ω γιγνεται mit einer Mutter (hieran schließt sich auch der Vergleich des arkanologischen Grundstoffes mit einer Amme), das οθεν αφομοιουμενον φυεται mit einem Vater. Das ist ein Analogon zu dem, was wir oben hatten, wo die Dämonen als Schwanz in Relation gesetzt wurden zu dem Vater Uranus als Kopfkreis und der Mutter Gaea als Bauchkreis.

Nachdem Plato das Figurenschema so ausgebeutet, daß der Kopfkreis die Elemente, der Bauchkreis den arkanologischen Grundstoff, der Schwanz das Arkanum selbst repräsentiert, kommt er alsdann zu der zweiten Art der Ausbeutung desselben, demzufolge der Kopfkreis das Ein- und Zwei-Arkanum, der Bauchkreis die griechischen 4 Arkana, der Schwanz die 7 Arkana darstellt. Das Ein- und Zwei-Arkanum will er als Idealität gefaßt wissen, die 4 Arkana dagegen als eine Realität, und zwar als eine Realität, die der Realität der 7 Arkana überlegen ist. In Bezug auf das letztere hält er die Grundbasis der griechischen Arkanologie aufrecht, gemäß der dem Vier-Arkanum und nicht dem Sieben-Arkanum Rechnung getragen wird. Übrigens wird aber auch die Arkanen-Vier im Anschluß an das Weltentier in den Vordergrund geschoben. Denn arkanologisch wird dasselbe im Allgemeinen ja zwiefach verwertet, wie wir das gesehen. Bei der ersten Verwertung sind die Arkana im Schwanz repräsentiert, dem gegenüber, daß die Elemente im Kopfkreis und der arkanologische Grundstoff im Bauchkreis vertreten sind. Da nun der Schwanz aus 7 Kreisen besteht, welche 7 Kreise ihre Berechtigung behalten müssen, wie man auch das Weltentier ausbeutet, so ist bei der Auffassung des Schwanzes als Arkanum, wenn dabei auch das Arkanum im Allgemeinen aufgefaßt wird, in specie doch die Arkanen-Sieben in den Vordergrund geschoben. Da das nun bei der ersten arkanologischen Ausbeutung des Weltentieres statt hat, da bei ihr bereits der Arkanen-Sieben Rechnung getragen ist, so braucht bei der zweiten Ausbeutung die Arkanen-Sieben nicht zum zweiten Male eine hervorragende Stellung einzunehmen. Die 7 Arkana des Schwanzes bleiben zwar nach wie vor die 7 Arkana. Dagegen zedieren sie jetzt ihre hervorragende Stellung den 4 Arkanis. Bei der zweiten arkanologischen Ausbeutung des Weltentieres nimmt der Bauchkreis die hervorragende Stellung ein, welche bei der ersten Ausbeutung der Schwanz einnahm. Wie wir sogleich sehen werden, werden die 4 Arkana als stereometrische Körper aufgefaßt, das diagonalisierte Quadrat verkörpert sich. Das paßt sehr wohl zu dem »Hervortreten, dem Hervorragen« der 4 Arkana den 7 Arkanis gegenüber. Sie treten über die Fläche hervor, ihre Realität wird eine solche, die mit Händen zu greifen ist, wogegen bei den 7 Arkanis das statt hat, worauf Plato unter anderem speziell aufmerksam macht, daß sie »weder auf der Erde noch im Himmel« vorkämen, oder wie er sich verbaler ausdrückt, daß sie nicht vorkämen εν γη und κατ′ ουρανον. Hier wird γη als Bauchkreis genommen und ουρανος als Kopfkreis des Weltentieres. κατα mit dem Akkusativ heißt auch längs, also heißt κατ′ ουρανον nicht nur, wie sich das so obenhin liest, *im Himmel*, sondern *längs* des Himmels. Das stimmt eben: — der Schwanz des Weltentieres ist längs des Bauchkreises, nicht aber längs des Kopfkreises. Und wenn man εν γη nicht, wie sich das so obenhin liest, nimmt als *auf der Erde*, sondern *in der Erde*, so stimmt das wieder: — der Schwanz, der die 7 Arkana repräsentiert, ist nicht εν γη, sondern κατα γην, nicht *im Bauchkreise*, sondern *längs des Bauchkreises*. Das ist eine ganz hübsche Zweideutigkeit, welche auf der einen Seite ganz harmlos das Figurenschema beschreibt und auf der anderen Seite die 7 Arkana so in den Hintergrund drängt, daß sie zu »Traumgestalten« werden (ο βλεποντες ονειροπολουμεν). Wir haben bereits darauf aufmerksam gemacht, daß Plato die Arkana ganz so auf die Elemente distribuiert wie Empedokles. Demgemäß ist das platonische Arkanenschema:

Natron	Liquor hepatis
Acid. sulphur.	Pulvis solaris

Schreibt er dasselbe aber derartig, daß es mit einem Kreise umgeben wird, so muß er sein Schema ff. geben:

Pulvis solaris	Acid. sulphur.
Liquor hepatis	Natron

das ist, das eigentliche Arkanumschema kommt erst heraus, wenn die Arkana analog wie die Elemente umgedreht werden.

Mitte 53: πρωτον μεν δη πηρ κ. τ. λ.

Die vier Arkana werden als vier stereometrische Körper aufgefaßt; das Natron als Würfel, das Acid. sulphur. als Ikosaeder,

der Liquor hepatis als Oktaeder, der Pulv. solaris als Tetraeder. Hierauf kommt Platon derartig, daß er das Kochsalz zurückführt, dieses aber als Würfel kristallisiert, daß er den Liquor hepatis auf den Salmiak zurückführt (Liquor hepatis wird ja aus *Salmiak*, Schwefel, Kalk dargestellt), dieser aber als Oktaeder kristallisiert.

Nun lehrt die Stereometrie, daß es reguläre oder regelmäßige Körper gibt. Reguläre Körper sind solche, welche von lauter gleichen und regelmäßigen Vielecken eingeschlossen werden. Es gibt deren fünf, *nur* fünf, nämlich: 1.) das Tetraeder, 2.) der Würfel, 3.) das Oktaeder, 4.) das Dodekaeder, 5.) das Ikosaeder.

Das *Tetraeder* ist derjenige reguläre Körper, welcher von vier gleichseitigen und kongruenten Dreiecken eingeschlossen wird. Man macht sich dasselbe ff. Man schneidet sich aus Pappdeckel ein Dreieck, welches drei gleiche Seiten hat. Nach diesem Muster schneidet man sich nun noch drei andere Dreiecke, so daß man vier Dreiecke hat. Von diesen legt man eins auf den Tisch, und baut die drei anderen zu einer Turmspitze darüber.

Der *Würfel* ist derjenige reguläre Körper, welches von sechs gleichen Quadraten eingeschlossen wird. Wegen dieser sechs Quadrate heißt der Würfel auch Hexaeder. Jeder kennt den Würfel vom Würfelspiel her.

Das *Oktaeder* ist derjenige reguläre Körper, welcher von acht gleichseitigen und kongruenten Dreiecken eingeschlossen wird. Man macht sich dasselbe ff. Man schneidet sich aus Pappdeckel ein Quadrat. Alsdann schneidet man sich aus einem anderen Stück Pappdeckel ein Dreieck von drei gleichen Seiten, an dem jede Seite so groß ist als eine Seite des Quadrates. Nach dem Muster dieses Dreieckes schneidet man sich dann noch sieben Dreiecke, so daß man im Ganzen acht Dreiecke erhält. Nun legt man das Quadrat auf den Tisch und baut vier Dreiecke über dasselbe wie eine Turmspitze. Die Pyramide, die man auf diese Weise erhält, dreht man jetzt um, so daß die Spitze nach unten kommt und das Quadrat nach oben. Alsdann baut man die noch übrigen vier Dreiecke wieder wie ein Turmspitze über das Quadrat. Dann ist der ganze Körper ein Oktaeder. Das Quadrat sitzt im Inneren desselben. Das Oktaeder hat sechs Ecken und zwölf Kanten.

Das *Dodekaeder* ist derjenige reguläre Körper, der von zwölf gleichen und regelmäßigen Fünfecken eingeschlossen wird.

Dasselbe hat zwanzig Ecken und dreißig Kanten. Will man sich einen solchen Körper aus Pappdeckel machen, so schneidet man sich ein Fünfeck, dessen fünf Seiten gleich sind. Nach diesem Muster schneidet man sich alsdann noch elf andere Fünfecke, so daß man zwölf Fünfecke hat. Diese muß man sich nun, eines nach dem andern, so zusammenfügen, daß, wenn man fertig ist, alle zwölf Fünfecke verbraucht sind und eines vollständig am anderen sitzt.

Das *Ikosaeder* ist derjenige reguläre Körper, der von zwanzig gleichseitigen und kongruenten Dreiecken eingeschlossen wird. Dasselbe hat zwölf Ecken und dreißig Kanten. Will man sich einen solchen Körper aus Pappdeckel machen, so verfährt man mit zwanzig Dreiecken in analoger Weise wie bei Dodekaeder mit den zwölf Fünfecken. Hierauf machen wir deshalb aufmerksam, damit der in der Mathematik minder Bewanderte nicht glaube, man könne sich ein reguläres Ikosaeder derartig machen, daß man sich, analog wie beim Oktaeder, erst irgendeine regelmäßig Figurenfläche ausschneidet, dann die Ikosaeder-Dreiecke; alsdann die Figurenfläche hinlegt, und nun die Dreiecke turmartig nach oben und unten darauf baut. Das geht nicht, so kommt kein reguläres Ikosaeder heraus.

Indem also Plato für das Natron und den Liquor hepat. den Würfel und das Oktaeder hat, hat er für 2 Arkana reguläre Körper. Und das legt ihm die Idee nahe, für Acid. sulphur. und P. solaris ebenfalls 2 reguläre Körper zu nehmen. Er hat also, da es 5 reguläre Körper gibt, für 2 Arkana unter 3 Körpern die Wahl. Und da wählt er sich denn zuerst den einfachsten der regulären Körper, das ist das Tetraeder. Zum zweiten wählt er sich dann denjenigen Körper, welcher mit den Körpern, die er jetzt hat, die meiste Analogie bietet. Das ist aber das Ikosaeder. Dieses nämlich wird von Dreiecken eingeschlossen und bildet daher ein Analogon zum Oktaeder und Tetraeder, welche auch von Dreiecken eingeschlossen werden. Das Dodekaeder wählt er *nicht*, weil dieses von Fünfecken eingeschlossen wird, was allen übrigen regulären Körpern gegenüber ein Exklusivstandpunkt ist. Trotzdem nun aber Plato nur vier Arkana hat und damit mit vier Körpern auskommt, bringt er trotzdem noch indirekt den fünften Körper, den er nicht gebraucht, das Dodekaeder nämlich, in die Sache, wie wir das später sehen werden, und wird somit allen regulären Körpern gerecht.

Das Tetraeder erhält der P. solaris, das Ikosaeder erhält das Acid. sulphuricum.

Plato lehnt die Figuren der Arkana an das diagonalisierte Quadrat im Bauchkreis des Weltentieres, welches diagonalisierte Quadrat er sich verkörpert.

1.) *Würfel.* Diesen erhält er ff. Er denkt sich das Quadrat nicht als planimetrische Fläche, sondern aus einem Brett. Dieses Brett sägt er sich dann nach der Fläche durch und erhält auf diese Weise zwei Quadrate statt des einen, welche beiden Quadrate sich decken. Wo auf den beiden Quadraten die beiden Diagonalen sich schneiden, da ist der Knopfpunkt. Er faßt nun den Knopfpunkt der oberen Fläche an und hebt an ihm die obere Fläche in die Höhe. Dabei hebt er aber in der Richtung, daß, wenn er die gehobene Fläche wieder zurücksinken läßt, daß dann das ursprüngliche genaue Deckungsverhältnis der beiden Quadrate sofort wieder eintritt. Er hebt nun in der Weise das obere Quadrat so hoch, daß es von dem unteren Quadrat um die Höhe einer halben Quadratseite absteht. Ganz dasselbe Manöver macht er nun nach unten hin, indem er die untere Quadratfläche von der oberen abzieht. Auch hier zieht er so weit ab, daß die beiden Flächen um die Länge einer halben Quadratseite voneinander abstehen. Ist er nun mit den beiden Manövern fertig, so hat er sich genau in dem Raum bewegt, der von einem Würfel eingeschlossen wird. Plato konstruiert sich also seinen Würfel derartig, daß er sich denkt, das Quadrat im Bauchkreis bestehe aus zwei sich deckenden Quadraten. Nun zieht er das obere Quadrat, den Schneidepunkt der Diagonalen anfassend, in die Höhe, so hoch in die Höhe, daß die Länge des Abstandes der beiden Quadrate, die sich früher deckten, gleich ist der halben Länge einer Quadratseite. Alsdann zieht er das untere Quadrat, den Schneidepunkt der Diagonale anfassend, in der Distanz einer halben Quadratlänge herab: — und hat so das verlangte Hexaeder.

2.) *Oktaeder.* Er denkt sich im diagonalisierten Quadrat des Bauchkreises die Diagonalen von elastischen Fäden. Faßt er nun den Schneidepunkt der Diagonalen, den Knopfpunkt, und zieht ihn so weit in die Höhe, daß der Abstand des Knopfpunktes von den Quadratecken gleich wird der Länge einer Quadratseite, so hat er sich die obere Pyramide des Oktaeders konstruiert. Auf dieselbe Weise konstruiert er sich die untere Pyramide des Oktaeders durch Hinunterziehen des Knopfpunktes, und hat so das ganze Oktaeder. Also bei der Figur des Weltentieres (s. oben) ist abcd das Quadrat des Bauchkreises, und B ist der Knopfpunkt. B wird aufwärts gezogen, bis daß die sich beim Zuge verlängernden Linien Ba, Bb, Bc, Bd die Länge von ab erhalten haben. In eben der Weise wird B abwärts gezogen, und so entsteht das Oktaeder.

In Bezug auf die Konstruktion des Würfels und des Oktaeders sagt also Plato ganz einfach: Ich erhalte sie, wenn ich den Schneidepunkt der Diagonalen des Bauchkreises herauf und herunterziehe.

3.) *Tetraeder.* Ein gleichseitiges Dreieck macht man sich folgendermaßen. Man nimmt einen Kreis

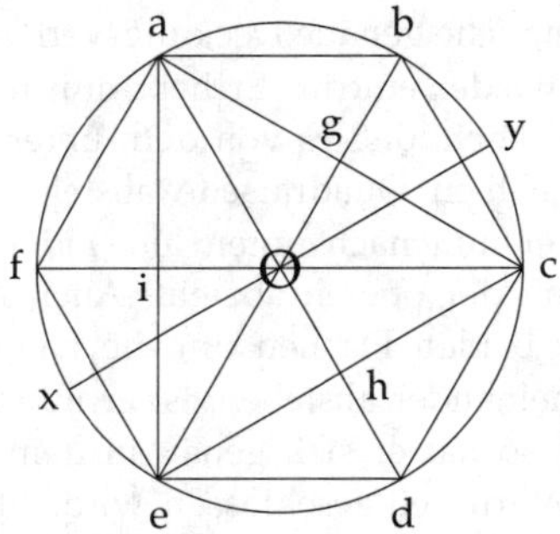

und trägt an seiner Peripherie den Radius sechsmal herum. Das geht gerade. Es entsteht auf die Weise ein reguläres Sechseck. Man nimmt also den Radius Oa und steckt mit seiner Weite ab: ab, bc, cd, de, ef. Nun zieht man ac (b überspringend), ce (d überspringend), ea (f überspringend). Dann ist ace ein gleichseitiges Dreieck. — Nun zieht man sich die Linien Oa, Oc, Oe. Dann hat man, wenn man von O ausgeht, drei Linien, welche aus dem Mittelpunkt des Dreieckes zu dessen Spitzen laufen und einander gleich sind. O ist nämlich nicht nur der Mittelpunkt des Kreises, sondern auch der Mittelpunkt des Dreiecks a c e. Diesen Mittelpunkt des Dreiecks kann man sich nun aber auch so konstruieren, daß man 1.) die Dreieckslinie halbiert und so die Punkte g, h, i erhält und dann ah, ci, eg zieht. Diese drei Linien schneiden sich im Punkte O. Oder 2.) kann man auch die Dreiecksspitzen a, e, c mit den bei der

Konstruktion des Dreiecks übersprungenen Punkten b, d, f verbinden, dann erhält man ad, cf, eb, und auch diese schneiden sich in O. Das kann man nun machen, wie man will, die Quintessenz der Sache ist, daß man sich die Linien Oa, Oc, Oe darstellt. Hat man sie, so ist O wieder ein Knopfpunkt. Wenn man diesen, sich die Linien Oa, Oc, Oe als elastische Fäden denkend, in die Höhe zieht, so weit in die Höhe zieht, daß diese Fäden die Länge einer Dreiecksseite angenommen haben, so hat man sich auf diese Weise ein Tetraeder konstruiert. Das Tetraeder wird konstruiert, indem man sich den Knopfpunkt des Dreieckes *entweder* nach oben, *oder* nach unten zieht. Was man nun tun will, darin hat man die Wahl. Tut man beides, so erhält man nicht ein Tetraeder, sondern zwei. — Plato zeichnet sich nun sein Dreieck, wie wir es gezeichnet haben, *in dem* Kreise, in *demselben* Kreise, in welchem das diagonalisierte Quadrat sich befindet. Dann ist der Knopfpunkt für das Quadrat zugleich der Knopfpunkt für das Tetraeder. Macht er nun die betreffenden Züge, so erhält er nicht nur den Würfel und das Oktaeder, sondern auch das Tetraeder. Er erhält ursprünglich nicht das Tetraeder, sondern eine Doppelpyramide von je drei Flächen. Davon wirft er die eine Pyramide weg und hat so das Tetraeder.

4.) *Ikosaeder.* Wie wir die Art und Weise besprochen haben, wie man sich aus Pappdeckel ein Oktaeder macht, haben wir kennengelernt, daß man sich ein Quadrat hinlegt, oben und unten je vier Dreiecke wie eine Turmspitze aufbaut: — dann kommt ein Oktaeder heraus, wobei das Quadrat im Inneren sitzt. Also wir haben beim Oktaeder acht Dreiecke. Diese Zahl Acht der Dreiecke wird durch Zwei dividiert. Dann kommt Vier heraus. Diese Vier repräsentiert das regelmäßige Viereck, auf welches die Dreiecke turmartig nach oben und unten gebaut werden, vier nach oben, vier nach unten. Das hat nun Plato beim Ikosaeder vor Augen. Er sagt, ich habe beim Ikosaeder zwanzig Dreiecke. Diese Zahl Zwanzig der Dreiecke dividiere ich durch Zwei. Dann kommt Zehn heraus. Diese Zehn repräsentiert ein regelmäßiges Zehneck. Über dieses baue ich turmartig nach oben zehn Dreiecke und nach unten zehn Dreiecke. Dann habe ich nach derselben Analogie, wie ich beim Viereck das Oktaeder hatte, beim Zehneck das Ikosaeder. Es ist nun schon recht, daß Plato auf diese Weise ein Ikosaeder erhält, das ist eine Figur, die von zwanzig Flächen (Dreiecken) eingeschlossen wird. Aber ein *regelmäßiges Ikosaeder* ist dieser Körper nie und nimmer. Wir haben hierauf auch bereits oben aufmerksam gemacht. Indessen daran stößt er sich nicht. Die Disziplin von den regulären Körpern führt ihn darauf, die körperliche Anschauung, die ihm das Natron und der Liquor hepatis bietet, auch auf das Acid. sulphur. und den P. solaris auszudehnen. So lange er sich nun an reguläre Körper halten *kann*, tut er es, und so haben wir denn auch beim P. solaris-Tetraeder den regulären Körper. Kommt er aber mit dem regulären Körper nicht durch, nun, so begnügt er sich damit, einen Körper zu haben, der mit einem der fünf regulären Körper den Namen teilt. Und so tritt denn für das reguläre Ikosaeder ein überhaupt zwanzigseitiger Körper, dessen Flächen Dreiecke sind, ein. Um nun diesen Körper zu erhalten, teilt er sich die Peripherie des Kreises, der das diagonalisierte Quadrat umgibt, wie er ihn in Bezug auf das Tetraeder in drei Teile geteilt hatte, jetzt in Bezug auf das Ikosaeder in zehn gleiche Teile. Die betreffenden zehn Punkte verbindet er dann mit dem Zentrum O. Zieht er jetzt diesen Knopfpunkt herauf und herunter, so erhält er bei den Zügen nach oben und unten nicht nur das Hexaeder, das Oktaeder, das Tetraeder, sondern zugleich auch das Ikosaeder. Ein und dasselbe zweiteilige Manöver also, welches Plato in Bezug auf die Verkörperung des diagonalisierten Quadrates vornimmt, ergibt ihm, wenn er nur vorher eine bestimmte, entsprechend situierte Anzahl von Radien gezogen hat, alle vier Körper, wie sie den vier Arkanis zukommen.

Wir haben nun oben bereits darauf aufmerksam gemacht, daß Plato den fünften Körper, das ist also das *Dodekaeder*, trotzdem er ihn nicht zu einem Arkanum verwertet, doch indirekt in die Sache zieht. Das geschieht derartig, daß er sagt: Indem nun noch ein fünfter Körper (ξυςασις) da ist, so bediente sich seiner Gott, indem er jenes All zeichnete (διαζωγραφων). Hierbei denkt Plato nun nicht an ein reguläres Dodekaeder, sondern an einen Körper von zwölf Seiten, den er sich in analoger Weise konstruiert, wie vorhin das Pseudo-Ikosaeder. Ein Dodekaeder ist von zwölf Flächen eingeschlossen. 12 : 2 = 6. Also wenn man über ein regelmäßiges Sechseck nach oben und unten turmartig je sechs Dreiecke baut, so hat man das Zwölfeck. Eines solchen Dodekaeders bediente sich nun der Demiurg, indem er das All, das ist den Inbegriff der vorigen Körper zeichnete. Dabei hat Plato im Sinne, daß das Dodekaeder auf das regelmäßige *Sechseck* führt. Habe ich aber präsumtiv das Sechseck, so führt mich das auf die planimetrischen Figuren überhaupt, die ich nötig habe, um zu den Körpern zu kommen, welche Plato uns bietet.

Denn das Sechseck führt auf das *Dreieck* zum Tetraeder, indem man irgendeine Sechseck-Ecke nimmt, nun die folgende Ecke überspringt, und die jetzt folgende mit der ersteren verbindet. Auf die Weise hätten wir also die erste, zweite, dritte Ecke in's Auge gefaßt. Nun gehen wir von der dritten Ecke weiter, nehmen sie als Ausgangspunkt. Die jetzt kommende vierte Ecke wird wieder übersprungen. Die fünfte Ecke wird aber säsiert und mit der dritten Ecke verbunden. Dann wird endlich von der fünften Ecke ausgegangen. Die jetzt kommende sechste Ecke wird übersprungen. Die darauf kommende erste Ecke aber wird säsiert und mit der fünften Ecke verbunden. Die drei in's Auge gefaßten Verbindungslinien ergeben dann das Dreieck. Man hat die Sache anschaulich bei der Figur, welche bei den Expositionen vom Tetraeder gezeichnet ist. Dort hat man das Sechseck abcdef. Man geht nun von a aus, überspringt b und zieht ac. Dann geht man von c aus, überspringt d und zieht ce. Dann geht man von e aus, überspringt f und zieht ea. Dann ist ace das Dreieck zum Tetraeder.

Auch auf das *Quadrat* zum Würfel, resp. das *diagonalisierte Quadrat* zum Oktaeder, führt das Sechseck. Man nimmt nämlich eine Sechseck-Ecke, überspringt die folgende, überspringt wieder die folgende, die jetzt kommende säsiert man aber, und verbindet sie mit der Ecke, von der man ausging. Dann erhält man den Durchmesser des Kreises, der durch die 6 Ecken des Sechseckes geht. In der Figur von vorhin geht man von a aus, überspringt b, überspringt c, säsiert aber d und verbindet a mit d, dann ist ad der Durchmesser des Kreises, der durch a, b, c, d, e, f geht. Hat man nun aber den Durchmesser des Kreises, so kann man auf ihm leicht das Zentrum des Kreises finden, indem man die Länge einer Sechseck-Seite auf ihm absteckt. An der Figur: Man faßt ab in den Zirkel und steckt ab : dO = ab, dann ist O das Zentrum des Kreises. In dem Zentrum des Kreises nun errichtet man eine Senkrechte auf den Durchmesser von vorhin, in der Form eines neuen Durchmessers, dann sind die vier Enden der beiden Durchmesser die Ecken des Quadrates, und die Durchmesser selbst die Diagonalen dieses Quadrates. An der Figur: Man errichtet in O den Durchmesser xy senkrecht auf ad, dann sind a, y, d, x die Ecken des Quadrates, und ad und xy die Diagonalen dieses Quadrates.

Endlich führt auch das Sechseck auf das *Zehneck*, welches zum Ikosaeder nötig ist, wie Plato uns dasselbe bietet. Man kann nämlich (man vergl. darüber jedes beliebige planimetrische Handbuch) ein gleichschenkliges Dreieck konstruieren, dessen Winkel an der Spitze halb so groß ist als jeder Winkel an der Grundlinie. Hat man nun ein solches Dreieck, so ist der Winkel an der Spitze = 36 Grad. Das involviert aber, daß, wo die gleichschenkligen Seiten des betreffenden Dreieckes Halbmesser konstruieren, daß da die Basis des betreffenden Dreieckes die Zehnecks-Seite eines regulären Zehneckes konstituiert, welches in den Kreis gezeichnet wird. Den Halbmesser jedes beliebigen Kreises haben wir aber durch die Seite des regelmäßigen Sechseckes, durch dessen Ecken der Kreis geht. Also, das Sechseck führt uns auf den Halbmesser, der Halbmesser führt uns auf die Schenkel eines gleichschenkligen Dreieckes, die Schenkel aber führen auf die Basis des Dreieckes, welche die Seite des regulären Zehneckes konstituiert.

Hinsichtlich der Reihenfolge der Körper bringt Plato 1.) das Tetraeder, 2.) das Oktaeder, 3.) das Ikosaeder, 4.) den Würfel. Das entspricht der Arkanen-Folge: 1.) Pulvis solaris, 2.) Liquor hepatis, 3.) Acidum sulphuricum, 4.) Natron. In Bezug auf die Folge der Arkanen-Körper hält sich Plato also an die Aufeinanderfolge der Elemente beim umgekehrten Schema.

Mitte P. 56: παντα ουν δη ταυτα κ. τ. λ.

Es ist:	*Da nun arkanol. ist:*	*So ist auch:*
Würfel = Natron	Natron = Erde	Würfel = Erde
Ikosaeder = A. sul.	Ac. sul. = Wasser	Ikosaeder = Wasser
Oktaeder = L. hep.	L. hep. = Luft	Oktaeder = Luft
Tetraeder = P. sol.	P. sol. = Feuer	Tetraeder = Feuer

Nun ist aber ursprünglich dem Plato nicht Natron = Würfel, sondern Kochsalz = Würfel. Es faßt nun als Natron hauptsächlich das Natron nitricum in's Auge. Dieses wird dargestellt aus Kochsalz und Acidum nitricum und ist daher im Grunde Kochsalz + Acid. nitricum. Da nun das Kochsalz als Körper aufgefaßt wird, so ist auch das Acid. nitricum vom Körperstandpunkt aufzufassen. Und da sagt denn Plato: Acidum nitricum fumans ist als Kaustikum = Feuer, als Fluidum = Wasser, als rauchende Flüssigkeit = Luft. Da nun Feuer = Tetraeder, Wasser = Ikosaeder, Luft = Oktaeder, so ist Acid. nitricum = Tetraeder + Ikosaeder + Oktaeder. Also hat man im Natron nitricum die 4 Körper, welche in kleiner Form gedacht werden. Nun gehen diese 4 Körper einen Kampf ein, aus welchem der Würfel siegreich hervorgeht, und so ist denn das Natron nitricum, und damit Natron generell, ein Würfel.

Das Acid. sulphur. ist ursprünglich ebensowenig ein Ikosaeder, wie das Natron ursprünglich ein Würfel ist. Ursprünglich ist nur ein Teil des Acid. sulphur. ein Ikosaeder. Da nun Ikosaeder = Wasser, so repräsentiert diese Wassernatur des Acid. sulphur. ursprünglich das Ikosaeder. Nun hat aber das Acid. sulphur. fumans nicht nur die Wassernatur, sondern als Kaustikum auch eine Feuernatur und als *rauchende* Flüssigkeit auch eine Luftnatur. Es handelt sich also im Acid. sulphur. um Ikosaeder + Tetraeder + Oktaeder. Diese gehen nun wieder einen Kampf ein, in dem das Ikosaeder obsiegt, denn sonst könnte Acid. sulphur. nicht sein: Ikosaeder, was es doch sein soll. Daß Plato hierbei sagt, auf das Feuer komme beim Acid. sulphur. ein Einteil, und auf die Luft ein Zweiteil, damit deutet er an, daß das Feuer im Acid. sulphur. erst durch die Kalkulation herangezogen wird, wogegen die Luft, der Rauch, effektiv da ist, die Luft also dem Feuer überlegen ist.

Im Liquor hepatis ist ursprünglich nur der Salmiak das Oktaeder. Da nun Liquor hepatis dargestellt wird durch Destillation von Schwefel, Salmiak, Kalk, so haben wir ursprünglich im Liquor hepatis: Oktaeder + Schwefel + Kalk. Diese beiden letzteren werden nun auch vom Körperstandpunkt aufgefaßt, und da ist eo ipso Schwefel = Feuer und dies = Tetraeder. Kalk wird als ungelöschter Kalk aufgefaßt, der sich beim Löschen erhitzt und erhält so ebenfalls eine Feuernatur. So haben wir denn Liquor hepatis = Oktaeder + Tetraeder + Tetraeder. Es entsteht nun wieder zwischen den Körpern ein Kampf, in dem das Oktaeder obsiegt, denn sonst könnte Liquor hepatis nicht sein: Oktaeder.

Der Pulvis solaris (ruber) wird in den Quecksilberteil und in den Antimonteil zerlegt. Beim Antimonteil wird die Lösung des Schlippeschen Salzes in's Auge gefaßt, die auf Zugießen von Schwefelsäure oben Luft (Hydrothiongas) und unten ein Präzipitat (Sulphur aurat.) ergibt. Die Lösung des Schlippeschen Salzes wird als Wasser und Erde gefaßt, das sich entwickelnde Hydrothiongas als Luft, das Präzipitat als Feuer. Dies Präzipitat ist also das Tetraeder. Dies Tetraeder kämpft mit dem Wasser, der Erde, der Luft, das ist mit dem Ikosaeder, dem Würfel, dem Oktaeder, und siegt im Kampfe.

Ganz analog ist die Lösung des Quecksilbers in Salpetersäure: Wasser und Erde. Beim Erhitzen entweichen die bekannten roten Dämpfe, das ist Luft, und es entsteht ein Präzipitat, das ist das Feuer, das Hydrarg. oxyd. rubrum, und dies repräsentiert das Tetraeder. Dieses Tetraeder kämpft mit dem Wasser, der Erde, der Luft, das ist mit dem Ikosaeder, dem Würfel, dem Oktaeder, und siegt im Kampfe.

Sulphur aurat.-Tetraeder und Hydrargyr. oxyd. rubr.-Tetraeder treten nun zu einem Tetraeder zusammen und bilden so das Tetraeder: Pulvis solaris.

So ist der Kampf der Bestandteile der einzelnen Arkana, der Teile, aus denen die einzelnen Arkana dargestellt werden, wenn es sich um 4 Arkana handelt. Handelt es sich aber um das Ein-Arkanum, welches analog dem Ein-Element: Feuer = Pulvis solaris, dann tritt das Pulvis solaris-Tetraeder in den Kampf mit Natron-Würfel, Acid. sulphur.-Ikosaeder, Liquor hepatis-Oktaeder und geht siegreich aus dem Kampf hervor. Das Tetraeder wirft sich zum Herrscher über die anderen Körper auf, wie sich das Feuer zum Herrscher über die anderen Elemente, der Pulvis solaris zum Herrscher über die anderen Arkana aufwirft. Stellt man sich auf den Standpunkt des Zwei-Arkanum, des Zwei-Elementes, so hat man auch nur zwei Körper, das Tetraeder und das Oktaeder, von welchen dann jedes je einen Körper zu sich hinüberzieht. Und auf der anderen Seite, hält man sich nicht an die 4, sondern an die 7 Arkana, so extendiert sich der Natron nitric.-Würfel auch auf das Natron carbon., das Acid. sulphur.-Ikosaeder auch auf das Eisen, das Pulvis solaris ruber-Tetraeder auch auf den Pulvis solaris niger.

P. 57 gegen Ende: κινησεως ουν ςασεως τε περι κ. τ. λ.

Hier steuert Plato darauf los, daß 2 Arkana flüssig und 2 fest sind, und daß in specie auf jeder Seite des arkanologischen Schemas ein flüssiges und ein festes Arkanum steht. Nämlich bei umgekehrten Schema haben wir:

Links	P. solaris	fest	Acid. sulphur.	flüssig	Rechts
	Liqu. hep.	flüssig	Natron	fest	

Nehmen wir nun die Gruppe links, so haben wir ebensowohl beim Pulvis solaris als beim Liquor hepatis für sich die ςασις, status, das Stillstehen, vertreten. Bringt man sie aber beide zusammen, so tritt die κινησις, motus, die Bewegung ein. Denn Pulvis solaris tendiert nach unten, präzipitiert aus dem Liquor hepatis, und das geht nicht ohne Bewegung. Hat sich nun der ganze Pulvis solaris aus dem Gemenge von Pulvis solaris und Liquor hepatis niedergeschlagen, so vertritt wieder der Pulvis solaris sowohl als der Liquor hepatis die στασις. Wenn man nun Liquor hepatis und Pulvis solaris zusammenmengt und so die κινησις einleitet, so macht man mit anderen Worten das Wasserverwandlungsexperiment. Als solches will aber Plato den Prozeß *nicht* aufgefaßt wissen, denn sonst müßte ja, wenn es von der κινησις zur στασις gekommen wäre, der Pulvis solaris als Festes unten und der Liquor hepatis als Flüssiges oben stehen, wo doch umgekehrt im platonischen Schema der Pulvis solaris oben und der Liquor hepatis unten steht. Darüber macht sich Plato nun weiter keinen Skrupel, weil er sich im Ganzen überhaupt keinen Skrupel daraus macht, dem Wasserverwandlungsexperiment aus dem Wege zu gehen, indem er ja nicht, wie die jüdische Alchemie, die Welt auf Grund des Wasserverwandlungsexperimentes entstehen läßt, sondern auf Grund des Zusammentrittes der 4 Elemente. Auf Grund dessen nun, daß er dem Wasserverwandlungsexperiment aus dem Wege geht, reiht er an die κινησις und στασις die ομαλοτης, aequaebilitas, die Ebenheit, und die ανωμαλοτης, inaequaebilitas, die Unebenheit. Mit diesen Ausdrücken geht er den Ausdrücken »Präzipitat« und »über dem Präzipitat stehendes Wasser« aus dem Wege, die er nicht gebrauchen kann, wenn er das Wasserverwandlungsexperiment und dessen Konsequenzen nicht anerkennen will. Wenn das Wasserverwandlungsexperiment beendet ist, so sagt Plato nicht, ich habe unten Präzipitat und oben Wasser, sondern er sagt, ich habe dann die ομαλοτης, das ist, Liquor hepatis und Pulvis solaris (Wasser und Erde) grenzen sich scharf gegeneinander ab. Ob nun bei dieser Abgrenzung Wasser oder Erde oben oder unten steht, bleibt sich gleich, die ομαλοτης als solche tangiert das nicht weiter. So lange aber das

Wasserverwandlungsexperiment vor sich geht, ist die ανωμαλοτης da; Wasser und Erde (Liquor hepatis und Pulvis solaris) grenzen sich nicht gegeneinander ab. Also Plato hat anstelle des Wasserverwandlungsexperimentes die κινησις und die στασις. Und wo man an das Wasserverwandlungsexperiment anlehnend sagt, zuerst hat man ein Durcheinander von Wasser und Erde, ist das Experiment aber vollendet, so hat man unten die Erde als Präzipitat, und über dies Präzipitat hat sich das Wasser gestellt — da sagt Plato an die κινησις und στασις anlehnend, zuerst hat man die ανωμαλοτης, welche der κινησις entspricht. Ist es aber von der κινησις zur στασις gekommen, so ist es von der ανωμαλοτης zur ομαλοτης gekommen.

In der Gruppe links macht sich die Sache betreffs des Acid. sulphur. und des Natron ganz analog. Hier brauchte Plato am Ende nicht dem Wasserverwandlungsexperiment aus dem Wege zu gehen, denn er hat im Schema das flüssige Acid. sulphur. oben und das feste Natron unten. Indessen kann er dieser zweiten Gruppe zu Liebe keinen einseitigen Exemtions-Standpunkt einnehmen, und so bleibt denn auch hier das für die erste Gruppe Geltende.

An die κινησις und στασις reiht Plato nun einmal wieder die Umkehrung des Schemas, welches im Kreise steht. Beim Umdrehen des Schemas findet eine *Bewegung* statt, und ist das Schema umgekehrt, so ist es aus dem Zustand der Bewegung in den Zustand des *Stillstehens* getreten. Jede Gruppe verläßt ihre Stelle. Indem sie dieselbe aber verläßt, entsteht kein leerer Raum, sondern wo die Rechts-Gruppe stand, tritt die Links-Gruppe, und wo die Links-Gruppe stand, tritt die Rechts-Gruppe. Das ist nun natürlich κινησις und στασις in ganz anderer Beziehung. Es handelt sich bloß um einen alchemistischen Sprung, wie wir derartigen Sprüngen im Timaeus mehr begegnen.

Mitte P. 58: μετα δη ταυτα δει νοειν κ. τ. λ.

Hier handelt es sich um die Darstellung des Pulvis solaris (ruber). Die 3 Feuerarten, die Plato aufführt, sind erstens φλοξ, Flamme, das ist der eigentliche Schwefel, der bei der Darstellung des Sulphur aurat. angewandt wird. Dann kommt das, was nicht brennt, aber τοις ομμασι φως παρεχει, das ist, glänzend ist, das ist das Quecksilber. Da Gott spricht, »es werde Licht«, dieses Licht aber als Feuer gefaßt wird, so liegt es nahe, das

Leuchtende, Glänzende, und das ist eben Quecksilber, Feuer zu nennen. Die dritte Feuerart ist das, was, wenn das Feuer verloschen ist, in dem Durchglühten zurückbleibt, das ist das Feuer, welches erhalten wird, wenn der Prozeß der Darstellung des Pulvis solaris absolviert ist, nämlich Pulvis solaris ruber. An die 3 Feuerarten knüpft Plato 2 Luftarten, eine helle und eine dunkle, die erste ist der rote Dampf, der bei der Darstellung des Hydrarg. oxyd. rubr. entsteht, die zweite das Hydrothiongas, welches sich bei der Darstellung des Sulphur aurat. entwickelt. Und endlich an die Luftarten knüpft er 2 Wasserarten: υδωρ υγρον und υδωρ χυτον, das eine ist die Lösung des Schlippeschen Salzes, das andere die salpetersaure Quecksilberlösung. Aus diesen beiden Lösungen nun entwickelt sich das Präzipitat, das ist die Summe von Sulphur aurat. und Hydrarg. oxyd. rubr. unter Entwicklung von Luft derartig, daß die Luft das Präzipitat niedertreibt.

Diese Darstellung des Pulvis solaris wird der vorangegangenen κινησις und στασις deswegen angereiht, damit die ομαλοτης dem Präzipitat beim Wasserverwandlungsexperiment desto prägnanter entgegengestellt wird. Seht ihr, will Plato sagen, da habt ihr die Schlippesche Lösung, da habt ihr die salpetersaure Quecksilberlösung. Auch bei ihnen entsteht ein Präzipitat. Fällt es euch hier ein, das Präzipitat auf Grund des Wasserverwandlungsexperiments eintreten zu lassen? Mitnichten. Die Sache liegt vielmehr so, daß die Luft, die oben entsteht, der rote Dampf, das Hydrothiongas, das Präzipitat, herabtreibt. Da habt ihr denn ein Präzipitat *ohne* Wasserverwandlungsexperiment. Nun also, warum wollt ihr euch denn auf das Präzipitat beim Wasserverwandlungsexperiment so sehr steifen, warum wollt ihr euch denn so sehr darauf steifen, daß, wo κινησις und στασις ist, daß da auf der einen Seite das obenstehende Wasser und auf der anderen Seite das untenstehende Präzipitat in den Vordergrund tritt? Ja, wenn Präzipitat ein Begriff wäre, der sich exklusiv an das Wasserverwandlungsexperiment knüpfte, dann wollte ich euch recht geben. Indessen, wie ich beim Pulvis solaris zeige, ist Präzipitat ein vielseitiger Begriff, Präzipitat ist ein so vielseitiger Begriff, daß irgendein Einzelfall, in dem es sich um ein Präzipitat handelt, gar nicht in die Waagschale fällt. Warum soll ich also beim Wasserverwandlungsexperiment, oder anders gesprochen, bei der κινησις und ϛασις so ein großes

Gewicht darauf legen, daß von den beiden sich am Ende des Experimentes abgrenzenden Teilen der eine Teil oben und der andere unten steht oder ein Präzipitat bildet?

Übrigens ist dafür, daß Plato hier die Darstellung des Pulv. solaris ruber bringt, nicht das der einzige Grund, daß er das Präzipitat, die Präzipitate desselben dem Präzipitat beim Wasserverwandlungsexperiment gegenüberstellen will. Ein anderer Grund, und dazu ein solcher, der wohl noch mehr im Vordergrund steht, ist der, daß Plato gezwungen ist, dem arkanologischen Experiment aus dem Weg zu gehen. Denn wie sollte er das arkanologische Experiment aufrecht erhalten können, wo er dem Wasserverwandlungsexperiment aus dem Weg geht? Um ihm nun aber aus dem Weg zu gehen, bringt er die Darstellung des Pulv. solaris. Die nähere Kalkulation, die er dabei in's Auge faßt, ist ff. Außer der Elementen-Vier nimmt er eine Elementen-Eins und eine Elementen-Zwei an. Analog nimmt er außer der Arkanen-Vier eine Arkanen-Eins und eine Arkanen-Zwei an. Das Substrat der Arkanen-Eins ist der P. solaris, denn dieser ist das Feuer-Arkanum, und das Ein-Element ist das Feuer. Daß man nun aber ein Ein-Arkanum aufstellt, heißt mit anderen Worten, wenn ich dies eine Arkanum habe, so habe ich *alle* Arkana. Im Pulv. solaris hat Plato also *alle* Arkana. Es kommt nun das arkanologische Experiment darauf hinaus, die Arkana *darzustellen.* Da Plato nun vom Eingesichtspunkt den Pulv. solaris statt der Arkana überhaupt hat, so kommt sein arkanologisches Experiment darauf hinaus, den Pulv. solaris darzustellen. Er hat also statt des arkanologischen Experimentes in genere das Pulv. solaris-Experiment in specie, oder mit anderen Worten, indem er die Darstellung des Pulv. solaris (ruber) bringt, geht er damit dem arkanologischen Experiment aus dem Wege. Auf die Weise ist denn vorhin durch das Abhandeln der κινησις και στασις gesagt, das Wasserverwandlungsexperiment geht mich nichts an, und hier ist durch das Abhandeln der Darstellung des Pulv. solaris ruber gesagt, das arkanologische Experiment geht mich nichts an.

Gegen Anfang P. 59: τουτων δη παντων, οσα χυτα κ. τ. λ.

Hier werden die Arkana zu Metallen. Plato will aber die Metalle nicht als fest aufgefaßt wissen, sondern als flüssig, daher nennt er sie: υδατα χυτα, aquae fusae, gegossene Wässer; das soll heißen *geschmolzene* Wässer, denn χυτον ist eben auch: geschmolzen. Der Ausdruck υδωρ χυτον ist jedenfalls tautologisch. Das Metall ist ursprünglich fest, wenigstens denn die Metalle, von denen hier die Rede ist. Nun schmilzt man die Metalle und sie werden zu: σωματα χυτα, und als solche konstituieren sie υδατα. Plato gebraucht aber seinen Ausdruck υδατα χυτα deshalb, um es außer allen Zweifel zu stellen, daß er die Metalle als υδατα, das ist vom Standpunkt des Flüssigen, aufgefaßt haben will.

Die Auffassung der Arkana als Metalle hängt ursprünglich damit zusammen, daß die Arkana aus Mineralien und Metallen dargestellt werden. Hierbei wird denn der Ausdruck Metall zum Kollektiv-Ausdruck für Mineral und Metall. Und so werden denn die Arkana insofern zu Metallen, als sie aus Metallen dargestellt werden. In der späteren Alchemie tritt die Auffassung der Arkana als Metalle sehr in den Vordergrund.

Plato hält sich bei der Distribuierung der Arkana auf die Metalle zuerst an das eigentliche (nicht umgekehrte) Schema:

Erde	Luft
Wasser	Feuer

und bringt also zuerst Erde, das ist Natron, dann Wasser, das ist Acid. sulphur.

Natron bezeichnet er als *Gold*, χρυσος. Das geschieht deswegen, weil Gold an der Spitze der Metalle steht, indem es das edelste Metall ist. Analog steht Natron beim eigentlichen (nicht umgekehrten) Schema an der Spitze der Arkana.

Acid. sulphuricum bezeichnet er als *Eisen*, αδαμας, Stahl. Das geschieht deswegen, weil das distendierte Acid. sulphur. = Acid. sulphur. + Eisen.

So weit gekommen biegt Plato alsdann vom eigentlichen Schema ab und kehrt dasselbe um, sodaß er jetzt das Schema hat:

Feuer	Wasser
Luft	Erde

Das tut er deshalb, weil er sich von vornherein auf den Standpunkt der υδατα χυτα, der *Wasser*natur der Arkana gestellt hat. Wasser aber fließt von einer Stelle zur anderen, und so läßt er denn auch das Schema gleichsam erst dahin und dann dorthin fließen. Dem so umgekehrten Schema zu Liebe folgt denn jetzt nicht zuerst Luft und dann Feuer, wie es dann statt hätte, wenn nicht umgekehrt worden wäre, sondern es kommt zuerst Feuer und dann Luft an die Reihe.

P. solaris (Feuer) bezeichnet er als *Kupfer*, χαλκος. Das geschieht deswegen, weil bei der Umkehrung des Schemas P. solaris an die Spitze der Arkana tritt. Wie vorhin also Natron auf Grund des An-der-Spitze-Stehens Gold war, so wird jetzt aus demselben Grund P. solaris Gold. Da aber die Stelle des Goldes bereits durch das Natron besetzt ist, so kann hinterdrein der P. solaris nicht ebenfalls zu Gold werden, und er wird daher, indem ein vermittelnder Ausweg eingeschlossen wird, zu *unechtem* Golde, das ist zu Kupfer.

Liquor hepatis bezeichnet er als ιος, das kann *Rost* oder *Grünspan* heißen. Im Sinne hat er dabei das, worauf er auch hinweist, daß, wenn der Liquor hepatis zu viel Schwefel aufgenommen, dieser sich nach kurzer Zeit bei der Verdünnung des Präparates mit Wasser ausscheidet und oben auf dem Wasser schwimmt. Hat das statt, so ist die verdünnte Liquor hepatis-Medizin verdorben. Plato faßt nun beim Liquor hepatis nicht den Liquor in's Auge. Und so faßt er bei der Metall-Übertragung nicht ein Metall, sondern ein *verdorbenes* Metall in's Auge. ιος ist aber als Rost verdorbenes Eisen und als Grünspan verdorbenes Kupfer.

P. 59 gegen Ende: το πυρι μεμιγμενον υδωρ κ. τ. λ.

Hier werden die Arkana als Hydro-Meteore im weiteren Sinne, das ist als Hagel, Eis, Schnee, Reif aufgefaßt. Der Eingesichtspunkt für alle ist das Wasser, welches dem Einfluß der Kälte unterliegt. Dieser Eingesichtspunkt des Wassers führt nun wieder darauf, daß, wie vorhin, das Schema erst dahin und dann dorthin fließt. Der Abwechslung zu Liebe wird aber hier, im Gegensatz zu vorhin, erst das umgekehrte Schema genommen und dann das zurechtgekehrte. Und um die Abwechslung noch prägnanter zu machen, wird beim umgekehrten Schema mit der Gruppe rechts angefangen.

Würde wie vorhin verfahren, so hätten wir folgendes:

Zuerst richtig stehendes Schema, also zuerst Erde und Wasser. Dann umgekehrtes Schema: dem Absolvierten schließen sich Feuer und Luft an. Jetzt wird aber nicht wie vorhin verfahren, sondern es wird mit dem umgekehrten Schema angefangen. Das müßte also ergeben: Zuerst Feuer, und dann Luft. So liegt die Sache aber nicht. Vom umgekehrten Schema wird zuerst die Gruppe rechts genommen. Und so eröffnet denn den Reigen: Wasser, Erde. Nun wird das Schema zurechtgekehrt, und dem Absolvierten schließt sich an: Luft, Feuer. Hierdurch erhalten die Arkana folgende Reihenfolge: 1.) Acid. sulphur., 2.) Natron, 3.) Liquor hepatis, 4.) Pulvis solaris.

Der hydrometeorologischen Auffassung der Arkana liegt das zu Grunde, daß Natron nitricum, Natron carbonicum oder auch das Kochsalz mit dem Bergkristall parallelisiert werden. Kristall aber faßten die Alten als petrifiziertes Eis auf. Damit ist denn Natron = Eis, und diesem Eis schmiegen sich dann Hagel, Schnee, Reif an.

Nun sagt Plato in Bezug auf die Distribuierung der Einzelnen ff. Das, was ist υπερ γης, über der Erde, das ist *Hagel*, χαλαζα. Nämlich es handelt sich in Bezug auf das Schema um die Rechts-Gruppe des umgekehrten Schemas, welche ist:

$$\left.\begin{array}{r}\text{Wasser}\\\text{Erde}\end{array}\right\}$$

Hier steht Wasser = Acid. sulphur. = Hagel *über* Erde.

Das, was ist επι γης, an der Erde, das ist *Eis*, κρυσταλλος. Nämlich, das Natron ist an der Erde, ist unmittelbar an das Element Erde gefesselt. Und so ist denn auch das dem Natron entsprechende Eis »an der Erde«.

Das, was ferner ist: υπερ γης, über der Erde, das ist *Schnee*, χιων. Hier handelt es sich um die Rechts-Gruppe des zurechtgekehrten Schemas, welche ist:

$$\left.\begin{array}{r}\text{Luft}\\\text{Feuer}\end{array}\right\}$$

Hier steht Luft = Liquor hepatis = Schnee über dem *festen* und damit als Erde rangierenden P. solaris. Der P. solaris rangiert als *Erde,* und nicht als *Feuer,* weil das Feuer den *kalten* Hydrometeoren gegenüber einen negativen Standpunkt einnimmt. Endlich das, was ist επι γης, an der Erde, das ist *Reif*, παχνη. Die Erde wird als der feste P. solaris genommen, und an ihn knüpft sich der Reif, der aus Tau wird, welcher dem Einfluß der Kälte unterliegt.

Es würden sich also Arkana und Meteorologika derartig entsprechen, daß auf Acid. sulphur.: Hagel, auf Natron: Eis, auf Liquor hepatis: Schnee, auf P. solaris: Reif kommt.

Ende P. 59: τα δε δη πλειςα υδατων ειδη κ. τ. λ.

Hier werden die Arkana als Pflanzensäfte aufgefaßt, als χυμοι. Hierbei wird wieder der Standpunkt des Flüssigen inne gehalten, die Pflanzensäfte als Flüssigkeiten aufgefaßt. Daher fließt wieder das Schema hierhin und dorthin und zwar derartig, daß das eigentliche Schema aufgestellt wird:

$$\left\{\begin{matrix} \text{Erde} & & \text{Luft} \\ \text{Wasser} & & \text{Feuer} \end{matrix}\right\}$$

hierbei aber Luft zu Wasser und Erde zu Feuer fließt, also die Elemente, resp. Arkana sich kreuzweise gegeneinander stellen. Ginge nun die Sache einfach vor sich, so würden sich erstens: Erde und Feuer und zweitens: Luft und Wasser zusammenstellen. Um aber das Fließen noch prägnanter zu machen, wird beim Kreuzen von unten angefangen, und zuerst aufgestellt: Wasser und Luft, zum zweiten: Feuer und Erde.

Vom Standpunkt der Pflanzensäfte werden also die Arkana distribuiert: 1.) Acid. sulphur., 2.) Liquor hepatis, 3.) P. solaris, 4.) Natron.

Acidum sulphuricum wird aufgefaßt als Wein, οινος. Dieser Wein ist weniger Wein, als vielmehr Traubensaft, und als Traubensaft solcher Traubensaft, der in sauere Gärung übergegangen, das ist also Essig. Die Relation von Acid. sulphur. zu Essig liegt aber sehr nahe. Die Auffassung des Acid. sulphur. als Essig ist auch die Basis zu der Parallelisierung der Arkana überhaupt mit Pflanzensäften. Was für die Auffassung der Arkana als Hydrometeore Natron — Eis ist, das für die Auffassung der Arkana als Pflanzensäfte Acid. sulphur. — Essig. Es ist eben der Ausgangspunkt für die Auffassung der übrigen Arkana.

Liquor hepatis wird aufgefaßt entweder als πιττα, das ist *Pech* oder *Teer*, oder als κικι, das ist *Öl*, welches von κικι, einem Baume, der auch andere Namen führt, z.B. Croton, Sesamum silvestre, herrührt; κικι steht statt κικινον ελαιον, — oder als ελαιον, Öl, gewöhnliches Öl. Es handelt sich bei πιττα, κικι, ελαιον um leicht brennende Pflanzensäfte. Nun denkt Plato, ein leicht brennender Pflanzensaft ist Wasser + Etwas, was leicht brennt. Liquor hepatis aber auch Wasser + Etwas, was leicht brennt (Schwefel), und so kommt denn die Parallele von Liquor hepatis und den hier aufgeführten Pflanzensäften heraus. Übrigens haben wir auch das, daß wenn man Liquor hepatis in Wasser gießt, daß dann eine kleine, ölartige Trübung entsteht, die erst sukzessiv, namentlich beim Schütteln, fortgeht. Das ist denn die Parallele für Liquor hepatis und Öl, der sich dann in zweiter Reihe die Parallele mit ölartigen, brennbaren Substanzen, wie κικι, πιττα anreiht.

Pulvis solaris wird aufgefaßt als *Honig*, μελι. Das hängt damit zusammen, daß man beim Dispensieren von P. solaris die betreffenden Ingredientien mit Zucker zusammenreibt. Die Alten aber machten Zucker aus Honig. — Plato nimmt Honig als Pflanzensaft und nicht als Tiersaft, weil die Bienen den Honig aus den Blumen saugen.

Natron wird aufgefaßt als οπος, das ist ein *weißer Pflanzensaft*. Die Relation eines solchen Saftes zu Natron ist darauf basiert, daß beide weiß sind. Ob Plato οπος im Allgemeinen als weißen Pflanzensaft auffaßt, oder im Besonderen als den weißen Saft einer speziellen Pflanze — das wollen wir dahingestellt sein lassen.

Gegen Mitte P. 60: γης δε ειδη κ. τ. λ.

Hier werden die Arkana als Erdarten oder Steine oder Minerale aufgefaßt, für welchen Standpunkt Plato sich mehrerer Ausdrücke bedient, wie γη, πετρα, λιθος. Das ist der Gegen-Standpunkt zum Metall-Standpunkt. Dort wurden Minerale und Metalle kollektiv Metalle genannt, hier Minerale. Ganz wie dort das Metall, so wird hier das Mineral als flüssig aufgefaßt. Plato faßt nicht die γη als γη in's Auge, sondern als χυτη γη. Deshalb schickt er auch als Einleitung voran, welchen Einfluß das Wasser (und die Luft) bei der Entstehung der Steine hat. Der Flüssigkeitsstandpunkt wird deswegen herangezogen, um wieder das Schema fließen zu lassen, d. i. um die Arkana in einer Reihenfolge zu bringen, welche weder dem umgekehrten noch zurechtgekehrten Schema entspricht, womit denn eine neue Abwechslung in die Sache kommt. Das Fließen hat hier so statt, daß das umgekehrte Schema

Feuer	Wasser
Luft	Erde

genommen wird, dabei aber vom Feuer zum Wasser und von der Luft zur Erde gesprungen wird. Demgemäß wäre denn hier die Reihenfolge der Arkana: 1.) P. solaris, 2.) Acid. sulphur., 3.) Liqu. hepatis, 4.) Natron.

Die Mineralauffassung der Arkana benutzt Plato zugleich dazu, um die Stoffe in den Vordergrund zu schieben, welche seiner Auffassung gemäß bei der Darstellung der Arkana im Vordergrund stehen. So faßt er denn auf:

Das Natron als *Kochsalz*. Denn Kochsalz steht bei der Darstellung des Natron nitricum im Vordergrund.

Den Liquor hepatis als *Salmiak*. Vom Körperstandpunkt aus erhält der Liquor hepatis das Oktaeder. Das Oktaeder bezieht sich aber auf den Salmiak, und daraus macht Plato den Abzug, daß bei der Darstellung des Liquor hepatis der Salmiak im Vordergrund stehe. Bei dieser Gelegenheit nennt Plato den Salmiak: νιτρον, oder wie andere schreiben: λιτρον. Dies νιτρον ist also nicht das, was wir Nitrum nennen, sondern eben Salmiak.

Mit dem Kochsalznatron und Salmiak-Liquor hepatis ist also in Bezug auf die Mineralnatur der Arkana der Stoff gegeben, aus welchem diese Arkana Natron und Liquor hepatis dargestellt werden. Dementsprechend wird beim Acid. sulphur. der Steinstoff herangezogen, aus welchem dies Arkanum dargestellt wird, das ist Eisen, Schwefeleisen, Vitriol. Und so wird denn aufgefaßt: Acid. sulphuricum als *Eisen*.

Den Pulv. solaris parallelisiert Plato endlich mit κεραμος, das ist eigentlich Ton, hier aber als *roter Stein*, roter Ziegelstein, roter Dachziegel genommen. Bei dieser Parallele dürfen wir uns aber nicht exklusiv daran halten, daß Pulv. solaris rot ist wie ein Ziegel, sondern es muß neben der Steinnatur auch die Darstellung in's Auge gefaßt werden. Und da ist denn, wie beim Natron-Kochsalz ursprünglich nicht das ganze Arkanum, sondern nur ein Darstellungsteil desselben = Salz, wie beim Liquor hepatis-Salmiak ursprünglich nicht das ganze Arkanum, sondern nur ein Darstellungsteil desselben = Salmiak, wie beim Acid. sulphur.-Vitriol ursprünglich nicht das ganze Arkanum, sondern nur ein Darstellungsteil desselben = Eisen, so ist denn auch hier ursprünglich nicht der P. solaris = κεραμος, sondern nur ein Darstellungsteil desselben, nämlich das Sulphur auratum. Plato nimmt also in Bezug auf die Steinnatur des Pulv. solaris an, das Sulphur aurat. sei ein Darstellungsteil des Pulv. solaris.

Gegen Ende P. 60: τα δε κοινα εξ αμφοιν κ. τ. λ.

Plato benutzt die Auffassung der Arkana als Metalle, als Hydrometeore, als Pflanzensäfte, als Minerale, um die Arkana fließen zu lassen, das ist, ihre Reihenfolge anders zu geben, als sie sich an das eigentliche und umgekehrte Schema knüpft. Nun nimmt er von diesem fließenden Wasser derartig Abschied, daß er es ganz »verfließen« läßt, oder wenn man will, auch »überfließen« läßt. Es fließt nämlich derartig, daß die Art dieses Fließens, der Weg, den das Wasser beim Fließen nimmt, nicht mehr hervortritt. Nachdem Plato diesem Fließen zu Liebe über die Auflösungskraft des Feuers einleitende Worte vorangeschickt, faßt er vom genannten Standpunkt die Arkana einesteils als *Glasflüsse*, anderenteils als *Cerate* und *Salben* auf. Näher distribuiert werden hierbei die einzelnen Arkana nicht, also es wird *nicht* die Aufstellung gemacht, dieses Cerat, diese Salbe, jenes repräsentiert jenen Glasfluß, jenes Cerat, jene Salbe. Natürlich, das ist ja eben der Standpunkt des Verfließens oder Überfließens, daß bei der Parallelisierung der Arkana mit anderen Stoffen bloß ein Allgemeingesichtspunkt aufgestellt wird, die nähere Unterbringung der einzelnen Arkana unter den Allgemeingesichtspunkt aber unterbleibt.

Gegen Mitte P. 61: (και) τα μεν δη χκηματα κοινωνιαις κ. τ. λ.

Hier kommen die Elementar-Qualitäten an die Reihe. Daß dieselben gerade hier an die Reihe kommen, hat einen doppelten Grund. Der erste Grund ist der, daß das Schema durch das Verfließen oder Überfließen von vorhin undeutlich geworden ist. Es ist also in seine Integrität wieder einzusetzen. Dazu werden die Elementar-Qualitäten herangezogen. Indem sich an die Elementar-Qualitäten die Elemente knüpfen, präsentiert uns hier Plato die Elemente, und sagt mit anderen Worten, das vorhin undeutlich Gewordene habt ihr hier deutlich wieder. Der zweite Grund ist der, daß Plato sich anschickt, die Arkana aufzufassen vom Standpunkt des Eindruckes, welchen sie auf die Sinneswerkzeuge machen. Diesen Standpunkt aber parallelisiert er mit den Elementar-Qualitäten. Die Arkana als solche läßt er mit den Elementen parallel gehen, den Eindruck, welchen die Arkana auf die Sinneswerkzeuge machen, läßt er den Elementar-Qualitäten parallel gehen. Demgemäß bilden die Elementar-Qualitäten die Einleitung zu der parallel laufenden Auffassung der Arkana.

Plato nennt die Elementar-Qualitäten Pathemata (παϑηματα) und erweitert und modifiziert die hierhin schlagenden empedokleischen Auffassungen. Er stellt auf: 1.) das Pathema Heiß, 2.) das Pathema Kalt, 3.) das Pathema Hart, 4.) das Pathema

Weich. Hart und weich ist ihm das, was dem Empedokles trocken und naß ist. Das Nasse kommt natürlich dem Wasser zu, das Trockne bezieht Plato auf die Erde. Indem er nun in naß und trocken: Wasser und Erde hat, sagt er, Erde ist *hart*, was nahe liegt, da er ja vorhin, indem er die Arkana als Minerale auffaßte, die γη mit πετρα parallelisiert. Und da nun die Erde hart ist, so ist im Gegensatz dazu das Wasser *weich*. Dies Ergebnis benutzt er nun dazu, an die Stelle des Nassen und Trocknen das Weiche und Harte zu setzen. Übrigens ist die Parallelisierung von γη und πετρα nicht der einzige Grund, daß Plato die Erde als hart nimmt, er denkt dabei auch an das jüdische Wasserverwandlungsexperiment im Großen. Bei diesem nämlich nimmt, wie wir wissen, die jüdische Alchemie an, daß das Präzipitat fest sei, sonst könnte sich beim Einschlagen des Welteneis nicht sofort ein Gefäß im Gefäß bilden, und das Wasser würde ablaufen. So hat er denn auch in dieser Beziehung das Harte oder Feste. — Mit der Umänderung des Naß und Trocken in Weich und Hart will Plato das gewinnen, daß das Schwanken zwischen Luft und Erde in Bezug auf die Elementar-Qualität aufhört. Wir wissen ja von Empedokles her, daß ein Schwanken stattfindet, ob Luft : kalt, Erde : trocken, oder ob umgekehrt Luft : trocken und Erde : kalt, damit hat denn überhaupt ein Schwanken zwischen Luft und Erde statt. Dieses Schwanken hört nun auf, wenn der Erde das Hart zugeteilt wird. Damit bekommt die Luft prägnant das Kalt, denn niemand wird sich versucht fühlen, die Luft hart zu nennen.

Plato schließt aber mit den genannten 4 Pathemata nicht ab, sondern er fügt ferner hinzu: 5.) das Pathemata Schwer, 6.) das Pathemata Leicht. Mit diesen beiden Pathemata ist es auf die Umkehrung des Schemas abgesehen. Bei dieser Umkehrung wird angenommen, daß das, was den Reigen eröffnet, leicht ist, und das, was ihm folgt, schwer ist. Dann liegt das Motiv, sich zu bewegen, in ihnen selbst. Das erste läßt sich drängen, das zweite drängt, und so geht die Bewegung des Umkehrens des Schemas in ihrer Kreisbewegung vor sich. Plato ist hier einmal wieder bei jenem Thema des Umkehrens, welches er so gerne auf's Tapet bringt. Hier an dieser Stelle tut er es besonders wortreich.

Wie wir gesehen, hat Plato bei den Pathemata Hart und Weich das Wasserverwandlungsexperiment vor Augen. Da ihm nun das Wasserverwandlungsexperiment die Lehre von der κινησις und στασις ist, und er an diese die ομαλοτης und die ανωμαλοτης knüpft, so liegt es nahe, daß er hier auch diese ομαλοτης und ανωμαλοτης in's Auge faßt. Ihnen zu Liebe bringt er denn endlich: 7.) das Pathema Glatt und 8.) das Pathema Rauh. Wir haben da, wo wir oben die ομαλοτης und ανωμαλοτης besprachen, darauf hingewiesen, daß es sich bei der ersteren um die Abgrenzung von Wasser und Erde (Präzipitat) handelte, bei der letzteren um die Nicht-Abgrenzung. Wörtlich übersetzt ist aber ομαλοτης Ebenheit und ανωμαλοτης Unebenheit. An diese wörtliche Auffassung sich haltend sagt nun Plato hier, wenn die Härte (das 3. Pathema) sich mit der ομαλοτης verbindet, so kommt das Pathema Glatt heraus. Verbindet sich aber die Härte mit der ανωμαλοτης, so kommt das Pathema Rauh heraus. Das Glatt und Rauh bezieht sich also im Grunde auf das Präzipitat beim Wasserverwandlungsexperiment. Glatt ist dies Präzipitat bei der jüdischen Kosmogenese beim Anfang des Vorsichgehens der Landbildung. Am dritten Tag dagegen, wo sich das Wasser an besonderen Orten sammelt und das Trockene sichtbar wird, da wird das Präzipitat Land rauh (vergl. Alchemie bei den Juden). Wir haben noch zu erwähnen, daß Plato da, wo er oben das Pathema Hart aufführt, daß er da Hart durch σκληρον gibt. Hier nun knüpft er an dies Adjektiv das Substantiv σκλεροτης und setzt diese σκλεροτης der ανωμαλοτης gegenüber. Der ανωμαλοτης dagegen setzt er nicht die σκλεροτης gegenüber, sondern die πυκνοτης, Festigkeit. Das bleibt sich aber gleich. πυκνοτης ist hier ganz synonym mit σκλεροτης. Denn das σκληρον faßt ja die Härte des Präzipitates bei der jüdischen Schöpfung in's Auge. Ob man nun dieses Präzipitat hart oder fest nennt, bleibt sich gleich. Das Präzipitat soll verhindern, daß das Weltenwasser nicht beim Einschlagen des Eies abläuft. Nun das verhindert es ebensowohl, wenn es als fest aufgefaßt wird, als wenn es als hart aufgefaßt wird.

P. 64: μεγιςον δε και λοιπον κ. τ. λ.

Hier kommt Plato von den vorherigen Pathemata, die den Elementen gegenüberstehen, zu den Pathemata, welche den Arkanis gegenüberstehen, das ist, er nimmt die Arkana durch in Bezug auf die Eindrücke, welche sie auf die fünf Sinneswerkzeuge machen. Hierbei sucht er denn mannigfach die beiderseitigen Pathemata miteinander in Einklang zu bringen, zu decken. Z.B. hat er in Bezug auf den Geschmack das Saure, welches die Zunge rauh macht, und das Süße, welches glatt über die Zunge dahin gleitet. So hat er denn in dieser Beziehung die Elementen-Pathemata Rauh und Glatt. Und so in verschiedener Weise. Diese verschiedenen Gegenüberstellungen von Elementen- und Arkanen-Pathemata bilden die Basis zu mannigfachen physiologischen Anschauungsweisen Platos, auf die wir hier nicht weiter eingehen.

In Bezug auf den Geschmack faßt Plato die vier Arkana in's Auge, in Bezug auf den Geruch zwei Arkana, in Bezug auf das Gehör ein Arkanum, in Bezug auf das Gesicht die sieben Arkana. Da er somit die verschiedenen Arten der Arkanenzahlen, wie er ihnen überhaupt Rechnung trägt, das ist das Ein-Arkanum, das Zwei-Arkanum, das Vier-Arkanum, das Sieben-Arkanum bereits bei vier Sinnen, dem Geschmack, dem Geruch, dem Gehör, dem Gesicht untergebracht hat, so hat er keinen rechten Platz mehr für den fünften Sinn, das Gefühl, wenn er eben, wie er das tut, darauf ausgeht, die Übertragung der Arkana auf die Sinne dazu auszubeuten, um den verschiedenen Arkanenzahlen, wie er sie auffaßt, Rechnung zu tragen. Darum faßt er *das Gefühl* weniger als den eigentlichen Gefühlssinn auf, als vielmehr als das geistige Fühlen, das ist als die angenehmen und unangenehmen Eindrücke (ηδονη και λυπη), welche die Pathemata auf uns machen. Auf die Weise wird denn das Gefühl der Allgemein-Gesichtspunkt für alle Sinneseindrücke. Beim Gefühl als solchem, das ist also beim Gefühlssinn, den er nicht auf *alle* Pathemata überträgt, faßt er den eigentlichen Schmerz in's Auge, welchen die Arkana verursachen. Hierbei denkt er an den brennenden Schmerz, welchen Acid. sulphur. erregt, wenn es auf eine offene Wunde gebracht wird. Das ist es, worauf er mittels seiner τομαι και καυσεις (Schnitt und Brand) lossteuert.

Den *Geschmackssinn* setzt er den Arkanis so gegenüber, daß er zuteilt: 1.) dem Liquor hepatis das Bittere (Liquor hepatis schmeckt in der Tat etwas bitter), 2.) dem Natron das Salzige, 3.) dem Acid. sulphur. das Saure, 4.) dem P. solaris das Süße. Der Geschmackssinn wurde übrigens bereits bei der Auffassung der Arkana als Pflanzensäfte herangezogen. Denn daß Acid. sulphur. dem Wein oder vielmehr dem Essig parallelisiert wurde, hat den Grund, daß Acid. sulphur. sauer schmeckt. Und daß dort P. solaris dem Honig parallelisiert wurde, das hängt zwar direkt damit zusammen, daß Hydrarg. oxyd. rubr. und Sulphur aurat. mit Zucker verrieben werden, indirekt ist aber auch das Lossteuern auf den Geschmack des P. solaris da. Denn eben dadurch, daß P. solaris Zucker enthält, schmeckt er süß, wird in seiner Totalität zu Honig. Auf das Heranziehen des Geschmackes bei der Auffassung der Arkana als Pflanzensäfte macht Plato hier, wo er vom Geschmackssinn spricht, selbst aufmerksam.

Den *Geruchssinn* setzt er den Arkanis so gegenüber, daß das Acid. sulphur. und Natron als geruchlos rangieren, Liquor hepatis und Pulvis solaris dagegen als solche, welche die Geruchsnerven affizieren. Beim Liquor hepatis liegt es auf der Hand, daß er riecht. In Bezug auf das Riechen des P. solaris faßt Plato das in's Auge, daß der P. solaris-Teil: Sulphur aurat. bei Behandlung mit Salzsäure Hydrothiongas entwickelt, welches sehr deutlich mittels des Geruchssinnes wahrgenommen werden kann.

Indem er den *Gehörsinn* den Arkanis gegenüberstellt, hat er das im Sinne, daß Natron, in's Feuer geworfen, dekrepitiert und demgemäß ein knatterndes Geräusch verursacht.

Beim *Gesichtssinn*, den er den Arkanis gegenüberstellt, faßt er die verschiedenen Farben der Arkana in's Auge. Hierbei bringt er eine Reihe von Farben und Gesichtseindrücken auf's Tapet, entgegen den sieben Farben, nur den sieben Farben, die er im Hinblick auf die sieben Arkana eigentlich zu bringen hätte. Das hängt damit zusammen, daß er die Sieben-Arkanenzahl, entgegen der Ein-, Zwei-, Vier-Arkanenzahl, als die Viel-Arkanenzahl auffaßt. Der Viel-Arkanenzahl setzt er dann das Viel der Farben gegenüber.

P. 68 gegen Ende: ταυτα δη παντα (παντα δη ταυτα) κ. τ. λ.

Hier schließt Plato den ersten Teil des Timaeus ab, um zu dem zweiten Teil, der φυσις ανϑροπου im engeren Sinne, überzugehen. Aus Gründen, die wir bereits früher angeführt, brechen wir hier ab.

B. Platos Schrift: Kritias

a) Inhalt

Der Inhalt dieser zweiten platonischen Schrift, die unsere Aufmerksamkeit in Anspruch nimmt, ist der Hauptsache nach folgender:

9000 Jahre vor Solon, der die Sache von einem ägyptischen Priester hat, fand ein Krieg statt zwischen den Völkern diesseits und jenseits der Säulen des Herkules (Meerenge von Gibraltar). An der Spitze der einen standen die Athener, an der Spitze der anderen die Könige der Insel Atlantis. Die Insel Atlantis lag im Atlantischen Ozean, vor den Säulen des Herkules, und war größer als Asien (Kleinasien) und Libyen zusammen; später ging sie in Folge von Erdbeben unter (vergl. unten gegen Ende).

Als die Götter die ganze Erde, nicht in Zank und Streit, sondern durch das Los unter sich verteilten, da fiel dem Vulkan und der Minerva Attika zu, diesen beiden Gottheiten, die Geschwister waren und beide der Philosophie und Kunst (φιλοσοφια και φιλοτεχνια) huldigten. Sie machten Autochthonen und legten in sie Sinn für Staatseinrichtungen. Ihre Namen haben sich erhalten, ihre Werke sind durch den Untergang ihrer Nachkommen, durch die Länge der Zeit geschwunden. Denn ihre Nachkommen lebten in den Bergen und waren roh und ungebildet. Sie hörten von den Namen der Herrscher, weniger von ihren Taten. Die Namen nun verpflanzten sie auf ihre Nachkommen, die Tugenden und Gesetze ihrer Vorfahren kannten sie nicht, oder bloß bis auf dunkle Gerüchte. Durch viele Generationen lebten sie und ihre Kinder in Dürftigkeit und hatten genug an ihren Nahrungssorgen, so daß sie sich um die Taten ihrer Vorfahren nicht viel kümmerten. Sagengeschichte und wirkliche Geschichte entstanden erst, als gesichertes Substrat für den täglichen Unterhalt da war, eher nicht. So haben wir die Namen der Alten ohne Taten. So kommt es, daß die Priester dem Solon erzählten von Cecrops, Erechtheus, Erichthonius, Erysichthon u.s.w., und ähnlich in Bezug auf die Frauen. Damals lag sowohl den Weibern als den Männern die Kriegsführung ob, worauf Minerva hinweist, die gewappnet dargestellt wird. Es wohnten im Lande Handwerker und Ackerbauer, dagegen wohnten die Soldaten besonders und getrennt, hatten kein Eigentum und nahmen von den Übrigen nur das zum Unterhalt Bedürftige. Die Grenzen bildeten der Isthmus, der Cithaeron und Panethes, Oropia, der Asopus. Das Land zeichnete sich aus und konnte daher ein großes Heer der Anwohner ernähren. Ein Beweis seiner Trefflichkeit ist das, daß seine jetzigen Überbleibsel sich mit jedem anderen Lande an

Fruchtbarkeit messen können, daraus kann man seinen damaligen Zustand bemessen, der besser war. Man muß nämlich eben wissen, daß das Land, wie es jetzt ist (Zeiten des Erzählers), ein Überbleibsel des alten Landes ist. Während der 9000 Jahre nämlich, die zwischen jetzt und damals liegen, fanden viele Überschwemmungen statt. In Folge dessen wurde die Erde fortgeschwemmt. Der fette Boden ging fort, wie von einem kranken Körper das fette Fleisch fortgeht und die Knochen bleiben. Damals stand das Land in seiner Integrität da; was jetzt nackte Berge sind, waren hohe Erdhügel und die Phellesche Ebene hatte Fettland, wovon jetzt noch Spuren da sind. Die Berge nämlich, die jetzt nur noch den Bienen Nahrung geben, gaben vor nicht gar zu langer Zeit noch Bauholz. Außer Bäumen zu derartigem Zweck brachte die Gegend noch hohe Kulturbäume und Fettweiden hervor. Sie wurde durch den jährlichen Regen befruchtet, der nicht, wie jetzt, von dem kahlen Boden in's Meer abfließt, sondern eingesogen wurde vom Lehmboden. Das gab denn Substrat zu mancherlei Quellen und Flüssen. Dieses Land mit fettem Boden und guter Bewässerung wurde unter dem Einfluß eines günstigen Klimas von einem körperlich und geistig herrlichen Schlage von Ackerbauern bebaut.

Was die Stadt Athen betrifft, so war der Akropolis-Teil nicht kahl wie jetzt, sondern hatte fetten Boden, den Erdbeben und Überschwemmung zerstört haben. Sie kam fast einer Ebene gleich. Der äußere Flankenteil wurde von Handwerkern und Ackerbauern bewohnt. Die Kriegerkaste bewohnte die höheren Teile um den Tempel des Vulkans und der Minerva herum. Gegen Norden hatten sie gemeinschaftliche Wohnungen und Winterspeisesäle, sie lebten überhaupt gemeinschaftlich. Im Sommer hielten sie sich am südlichen Teil auf, wohin dann die gemeinschaftlichen Plätze verlegt wurden. Sie lebten in behäbigen Mittelverhältnissen, ohne Gold und Silber. An der Stelle, wo jetzt die Akropolis steht, war eine Quelle, die jetzt bis auf kleine Überreste durch Erdbeben versiegt ist. So wohnten die Beschützer ihrer Bürger und die Oberanführer der übrigen Griechen. Sie sahen darauf, daß Männer- und Weiber-Kriegerzahl sich gleich blieb. Ihrer waren ungefähr 2 Myriaden.

Bei der vorerwähnten Verlosung der Erde unter die Götter erhielt Neptun die Insel Atlantis. Mitten auf dieser Insel war eine schöne fruchtbare Ebene. An der Ebene, gegen die Mitte ca. 50 Stadien abstehend, war ein kleiner Berg. Hier wohnte einer von den Männern, die im Anfang aus Erde geschaffen wurden, namens Euenor. Seine Frau hieß Leucippe. Von dieser hatte er eine einzige Tochter Namens Klito. Als diese mannbar wurde, starben die Eltern. Neptun faßt Liebe zu ihr und erkannte sie. Nun grenzte er den Erdhügel ab, den Klito bewohnte, damit kein Mensch hinzukäme. Er machte 3 Meeresreifen und 2 Landreifen. Dann schmückte er die innere Insel aus. Er schuf eine warme und eine kalte Quelle, und ließ mannigfache Nahrung aus der Erde sprießen. Er zeugte 5 Zwillingssöhne, und teilte die Insel Atlantis in 10 Teile, von welchen der Älteste vom ersten Zwillingspaar die mütterliche Wohnung mit Umgebung bekam. Die Übrigen bekamen die anderen Teile als Herrscher (αρχοντες), jener Ältere war aber ihr Oberherrscher (βασιλευς). Dieser bekam den Namen Atlas, woher der Name der Insel Atlantis. Unter diesen Herrschern und ihren Nachkommen blühte nun das Atlantische Reich und dehnte sich aus. Namentlich blühte das Geschlecht des Atlas, in dessen Familie die Oberherrscherwürde nach der Erstgeburt forterbte. Das blühende Reich brachte hervor: Metalle und Minerale, feste und flüssigwerdende (ςερεα χαι οσα τηκτα γεγονε), darunter namentlich Crichalcum (ορειχαλκος), was edler war als die anderen Metalle mit Ausnahme von Gold; Waldungen mit Zimmerholz; Plätze für wilde und zahme Tiere; zahlreiche Elefanten; Sumpftiere, Seetiere, Flußtiere, Tiere der Berge, der Ebene; wohlriechende Dinge, wie Wurzeln, Gräser, Hölzer, tropfende Säfte, Blumen, Früchte; Hülsenfrüchte; Pflanzen, welche Getränke, eßbare Früchte, Salben hervorbringen; Obst und sonstige Naschfrüchte. Was den Leuten nun so reichhaltig dargeboten wurde, das benutzten sie, um Tempel, Paläste, Häfen, Schiffsarsenale und andere Bauten auszuführen.

Zuerst überbrückten sie die Meeresreifen um den alten Stammsitz. Der eigentliche Königssitz wurde in seiner ursprünglichen Anlage immer mehr verschönert. Dann machten sie einen Graben vom Meere zum äußersten Reifen, 3 Plethra breit, 100 Fuß tief, 50 Stadien lang. Diese Anlage wurde zugleich zum Hafen geschaffen und überbrückt. Die Erdreifen hatten hohe Ränder, welche das Meer überragten. Der größte Reif war 3 Stadien breit; der nächstbenachbarte desgleichen.

Von den folgenden beiden war der Wasserreif 2 Stadien breit, der Erdreif wie der vorige Wasserreif; derjenige, der die mittlere Insel umgab, 1 Stadium. Die Insel, auf der der Königssitz war, hatte 5 Stadien Durchmesser. Diese Insel, die Reifen und die Brücke von 1 Plethrum Breite umgaben sie mit einer steinernen Mauer und versahen diese mit Türmen und Toren. Die Bruchsteine zu den Bauten waren weiß, schwarz, rot. Mit dem Brechen dieser Steine machten sie zugleich 2 Schiffswerften. Die Oberfläche der Mauer um den äußersten Reifen bekleideten sie mit Kupfer (χαλκος), die der Mauer des inneren Reifen mit Zinn (καττιτερος), die Oberfläche der Mauer um die Königsburg mit Orichalcum, welches feurig funkelte. Den Königssitz (τα βασιλεια) in der Königsburg (ακροπολις) richteten sie folgendermaßen ein. In der Mitte war ein unzugängliches Heiligtum des Neptun und der Klito mit goldener Umgebung. Dort hatten die Umarmungen von Neptun und Klito stattgefunden. Hier brachten jährlich die aus den zehn Gebieten Versammelten jedem von beiden Opfer dar. Der Tempel des Neptun war 1 Stadium lang, 3 Plethra breit, proportional hoch, von fremdartigem Ansehen. Das Äußere war bis auf die äußerste Spitze mit Silber bedeckt, diese mit Gold. Innen war die ganze Decke von Elfenbein mit Gold, Silber, Orichalcum. Mauern, Säulen, Boden waren mit Orichalcum geschmückt. Es standen da goldene Bildsäulen. Vorab Neptun auf einem Wagen stehend, die Zügel von Flügelpferden haltend, mit dem Scheitel bis an die Decke reichend. Um ihn 100 Nereiden auf Delphinen. Außerdem andere Bildsäulen, Geschenke von Privaten. Außen um den Tempel standen goldene Bildsäulen von Frauen und Königen des Zehn-Königsstammes und andere Weihgeschenke von Königen und Privaten, Einheimischen und Fremden. Auch war ein Altar da, der an Größe und Pracht der Umgebung entsprach. Der Königssitz entsprach der Größe des Reiches und der Pracht der Heiligtümer. Es waren warme und kalte Quellen da mit reichlichem, angenehmen und gesunden Wasser. Rings herum lagen Wohnungen und Baumpflanzungen und Behälter, überdachte und nichtüberdachte, zu Winter- und Sommer-Bädern besondere für die hohen Herrschaften, für Private, für Frauen, für Pferde und anderes Zug- und Lastvieh. Das abfließende Wasser ging in den Hain des Neptun, ein herrliches Gehölz, und von da durch Kanäle zu den äußeren Kreisen. Da waren auch viele

Heiligtümer vieler Götter, Gärten, Gymnasien für Menschen und Pferde auf den beiderseitigen Inseln der Reifen. In der Mitte der größten Insel war ein Hippodrom, 1 Stadium breit, die Länge erstreckte sich über den ganzen Kreis. Zu beiden Seiten waren Wohnungen für die Leibwächter. Die treueren Leibwächter wohnten auf dem kleineren Reifen und näher bei der Königsburg; die treuesten wohnten in der Königsburg in der Nähe der Könige. Die Schiffsarsenale waren voll mit Dreirudern und dem, was zu deren Ausrüstung gehört. Kam man aus den 3 Häfen, die außen waren, so stand da eine runde Mauer, die 50 Stadien vom größten Reifen und Hafen allseitig abstand. Überall standen Häuser. Die Ausfahrt und der größte Hafen war voll von Schiffen und fremden Handelsleuten, die Tag und Nacht Lärm machten.

Soviel über die Stadt und den alten Königssitz. Jetzt zur übrigen Gegend. Der ganze Ort lag hoch und ging steil auf das Meer zu. Die Gegend um die Stadt war eine Ebene, die von Bergen umgeben war, seitlich 3000 Stadien, in der Mitte bis zum Meer 2000 Stadien. Die Berge waren zahlreich, hoch und schön, mit vielen und reichen Dörfern, mit Flüssen, Seen, Weiden, Wäldern. Das ganze bildete ein nicht ganz regelmäßiges Viereck, was daran fehlte, wurde durch einen Graben ausgeglichen. Die Tiefe, Breite und Länge dieses erreichte fabelhafte Dimensionen. Die Tiefe umfaßte 1 Plethrum, die Breite 1 Stadium, die Länge 10.000 Stadien. Er nahm aus den Bergen kommende Flüsse auf, zog sich durch die Ebene, berührte hier und dort die Stadt und ergoß sich in's Meer. In der Richtung nach oben von ihm waren kleinere Gräben von 100 Fuß Breite, welche sich in den Hauptgraben ergossen. Sie standen 100 Stadien voneinander ab.

Zweimal im Jahr erntete man. Im Winter machte der Regen den Boden naß, im Sommer bewässerte man ihn künstlich.

Von den in der Ebene zum Kriegsdienst tüchtigen Leuten mußte jedes Departement einen Anführer stellen. Jedes Departement umfaßte 10 mal 10 Stadien, und der Departements waren 6 Myriaden. Die Anzahl der Mannschaften aus den Bergen und dem übrigen Land war unermeßlich. Sie wurden ortschaftsweise den Departements und Anführern zugeteilt. Ein Anführer hatte zum Krieg zu gestellen: den sechsten Teil eines Kriegswagens auf 10.000 Kriegswagen, 2 Pferde mit Reitern, ein Zweigespann ohne Sitz, mit zugehörigem Klein-Schild-Kämpfer und einem Pferdelenker; 2 Schwergewaffnete, 2 Bogenschützen, 2 Schleuderer, 3 leichtbewaffnete Steinwerfer, 3 Speerschleuderer, 4 Schiffer zur Bemannung von 1200 Schiffen. So stand es in den Kriegsangelegenheiten des Gebietes des Oberkönigs. Anders stand es um sie in Bezug auf die Gebiete der 9 anderen Herrscher, worauf nicht weiter eingegangen wird.

Jeder der 10 Herrscher herrschte in seinem Gebiet im Allgemeinen unumschränkt, hatte das Strafrecht in der Hand und war Herr über Leben und Tod der Untertanen. Insbesondere aber waren der Unumschränktheit der Zehn durch ein Gegenseitigkeitsverhältnis Fesseln angelegt. So wollte es das Gebot des Neptun und Gesetze, welche von den Vorfahren auf eine Säule von Orichalcum geschrieben worden. Diese Säule stand auf der Mittel der Insel im Tempel des Neptun. Die Könige kamen abwechselnd im fünften und sechsten Jahr zusammen, in Bezug auf diesen Wechsel der geraden und ungeraden Zahl gerecht werdend (τϖ τε αρτιω και τϖ περιττϖ μερος ισον απονεμοντες). Sie berieten dann über die gemeinschaftlichen Angelegenheiten, untersuchten, ob einer von ihnen das Gesetz überschritten, und urteilten ab. Zuvor verpflichteten sie sich gegenseitig. Im Heiligtum des Neptun wurden Stiere losgelassen (oder liefen da überhaupt frei umher). Jeder von den Zehn betete vorab um einen glücklichen Fang, und nun jagten sie ohne Eisenwaffe mit Knitteln und Stricken den Tieren nach. War ein Stier gefangen, so führten sie ihn zur Säule und schlachteten ihn. Auf der Säule stand außer den Gesetzen ein Eid, der den verfluchte, der den Anordnungen nicht nachkam. Nun opferten sie, heiligten die einzelnen Glieder des Stieres, mischten einen Krug, und warfen für jedes Glied einen Blutklumpen hinein. Das Übrige verbrannten sie, die Säule weihend. Alsdann schöpften sie mit goldenen Schalen aus dem Krug, libierten über dem Feuer, und schwörten, nach den Gesetzen auf der Säule zu urteilen, den Übertreter zu strafen, in Zukunft sich keine Übertretung gegen die Schrift zu Schulden kommen zu lassen, keine Anordnung zu treffen, wie sie mit den Gesetzen Neptuns kollidierte, keiner solchen Anordnung nachzukommen. Das gelobte jeder für sich und seine Nachkommen, trank und dedizierte die Schale dem Heiligtum des Gottes. Dann speisten sie und kamen sonstigen

Bedürfnissen nach. Wenn es finster wurde und das Opferfeuer dem Erlöschen nahe war, zogen sie alle ein schönes Kleid von blauer Farbe (κυανην ςολην) an, setzten sich an den Überbleibseln des verbrannten Opfertieres nieder, und urteilten gegenseitig nachts, nachdem alles Feuer um das Heiligtum ausgelöscht worden, darüber ab, ob Gesetzesübertretungen vorlägen, deren einer den anderen anklagte. Wurde es Tag, so schrieben sie die gefällten Urteilssprüche auf eine goldene Tafel, und dedizierten diese, so wie die Kleider dem Heiligtum als Andenken.

Die Könige hatten mancherlei Gesetze über die heiligen Angelegenheiten, außerdem aber galten die folgenden Punkte als Gesetz. Sie sollten sich nicht gegenseitig bekriegen, und sie sollten zueinander stehen, wenn einer von ihnen in einem Gebiet den königlichen Stamm ausrotten wollte. Indem sie zueinander standen, erhielt nach Herkommen der Stamm des Atlas den Oberbefehl im Krieg und stand überhaupt an der Spitze der übrigen Angelegenheiten. Das Recht aber über den Tod eines Anverwandten stand jenem Oberherrscher nicht zu, darüber sollte bei der Aburteilung aller die Majorität entscheiden.

Viele Menschenalter hindurch, so lange die göttliche Natur in den Herrschern die Oberhand hatte, gehorchten sie nun den Gesetzen und gelangten zu hoher Blüte. Als aber das Göttliche in ihnen nach und nach unterging und das Menschliche die Oberhand gewann, da entarteten sie, und gingen ihrem Ruin entgegen.

Da beschloß Zeus, sie dafür zu bestrafen, auf daß sie sich besserten. Er berief eine Götterversammlung und sprach...

Hier bricht die Kritias ab.

Im Anschluß hieran erzählt, dem Timaeus zufolge, in dessen Anfang die Sache auch zur Sprache kommt, der ägyptische Priester dem Solon dem Hauptinhalt nach folgendes:

Der Athenische Staat widerstand einer feindlichen Übermacht, welche, vom Atlantischen Meere herkommend, ganz Europa und Asien bedrohte. Damals war das Meer dort schiffbar. Vor der Öffnung der Säulen des Herkules lag eine Insel, größer als Libyen und Asien zusammen. Von ihr kam man zu anderen Inseln, und von diesen zum benachbarten Festland. Auf der großen Insel, nämlich Atlantis, bestand eine große, bewunderungswürdige Macht von Königen, die über die Hauptinsel, die Nebeninseln und einen großen Teil des nahen Festlandes herrschten, außerdem in Libyen bis Ägypten, in Europa bis Tyrrhenien. Diese große Gesamtmacht überzog die Gesamtländer innerhalb der Säulen des Herkules mit Krieg. Und da zeigte sich denn die Tapferkeit und die Stärke der Athener. An Hochherzigkeit und in den Künsten des Krieges alle überragend, unterzogen sie sich, teils im Verein mit den anderen Griechen, teils, von den Bundesgenossen verlassen, für sich dastehend, den äußersten Gefahren, besiegten den Feind und beschützten die einen vor Unterjochung und befreiten die anderen vom Joch. Hinterdrein entstanden übermäßige Erdbeben und Überschwemmungen, und in einer bösen Nacht versank das griechische Heer unter die Erde. Die Insel Atlantis aber versank in's Meer und wurde nie mehr gesehen. Daher kommt's, daß jenes Meer unschiffbar und unerforschbar geworden, indem die versinkende Insel mächtige Schlammuntiefen setzte, die ein Hindernis abgeben.

b) Interpretation

Das Märchen, welches wir im vorhergehenden Abschnitt kennengelernt haben, zielt auf eine Verherrlichung der griechischen Alchemie der jüdischen Alchemie gegenüber. Wir haben kennengelernt, wie die Griechen von Thales bis Plato die jüdische Alchemie ausbeuteten. Das geschah aber insgeheim. Anlehnen an die jüdische Alchemie — nun ja, das wohl; aber es der Welt offen eingestehen, — gehorsamer Diener! dazu wollte sich der griechische Nationalstolz nicht verstehen. Die jüdische Alchemie zeichnet Plato als groß dastehend. Nun, das ist ein um so größeres Verdienst für die Griechen, und an ihrer Spitze die Athener, welche den Sieg gegen sie erkämpfen, welche den Kampf gegen sie aufnehmen und triumphierend aus dem Kampfe hervorgehen.

Atlantis ist Judäa, welches Plato mit Phönizien zusammenfaßt. Judäa liegt an einem, dem östlichen Ende des Mittelländischen Meeres. Das westliche Ende des Mittelländischen Meeres ist offen, bildet die Meerenge von Gibraltar. Hier ist kein Land, daher fabelt Plato eins hin, und das ist Atlantis. Er verlegt, alchemistisch-fabelartig auftretend, Judäa vom Ostende des Atlantischen Meeres nach dem Westende. Die Gelehrten haben sich vielfach darüber den Kopf zerbrochen, welches Land sich denn eigentlich Plato unter der Insel Atlantis gedacht habe. Und da sind denn die verschiedensten Ansichten aufgestellt worden. Wir wollen sie nicht weiter ventilieren und nur auf eine hinweisen, die sich ganz hübsch macht. Es ist die Ansicht, Atlantis sei Amerika. Phönizische Seefahrer seien an die Amerikanische Küste verschlagen worden und hätten, glücklich zurückgekehrt, nun die Kunde von dem großen Land im Westen verbreitet. Auf diese Kunde fußend sei dann Plato zu seiner Atlantis gekommen. Es liegt einmal in unserer Natur, den Sagen gern zuzulauschen, die uns von uralten Expeditionen nach Südafrika und Amerika berichten, und so werden wir denn auch nicht ungern dieser Aufstellung, die allerdings möglich sein *kann*, unser Ohr leihen. Jeder von uns wird nichts dagegen haben, wenn angenommen wird, Plato habe eine von Phöniziern verbreitete Kunde gekannt, im Westen von Europa läge ein großes Land oder eine große Insel, und dieses Land, diese Insel habe ihm bei seiner Atlantis vorgeschwebt. Nötig ist so etwas gerade nicht. Plato kommt, wie wir soeben gesehen, zu seiner Fabelinsel einfach auf die Weise, daß er Judäa von Osten nach Westen verlegt. Das kann er aber auch ohne die Amerikasage. Indessen will man diese heranziehen, so geht das auch. Im letzteren Falle hätten wir dann ein Judäa-Amerika.

Indem also der Kampf der Griechen gegen die Atlantiker stattfand, fand der Kampf zwischen Griechen und Juden statt. Griechen und Juden sind aber die griechischen und jüdischen Alchemisten. Indem die Atlantiker besiegt werden und die Griechen siegen, siegen die griechischen Alchemisten über die jüdischen Alchemisten. Wenn also die Griechen und Plato selbst, wenn gerade nicht an der Spitze, so doch so gut als die anderen, die jüdische Alchemie ausbeuten, hierbei aber, wie wir gesehen, der Sache einen besonderen Anstrich, ein besonderes Gepräge geben, so ist das in Platos Sinn ein Sieg der griechischen Alchemie über die jüdische Alchemie. Und dieser Sieg soll im Kritias verherrlicht werden.

Was uns nun Plato von den Athenern erzählt, das soll hauptsächlich die griechische Alchemie in ihren charakteristischen Punkten der jüdischen Alchemie gegenüber zeichnen: und das, was er uns von den Atlantikern erzählt, das soll hauptsächlich die jüdische Alchemie in ihren charakteristischen Punkten der griechischen Alchemie gegenüber zeichnen.

Auf beiden Seiten, namentlich bei den Atlantikern, bringt er dann noch verschiedene Data, namentlich auch solche, welche in den Bereich der Alchemie fallen, und solche, welche auf jüdische Verhältnisse abzielen. Was nun jüdische Verhältnisse betrifft, die uns Plato auf diese Weise bringt, so tragen sie das Gepräge einer Fabel, bei der Wirklichkeitsverhältnisse im Hintergrund stehen. Und indem so Plato Wahrheit und Dichtung untereinanderarbeitet, faßt er auf der einen Seite zwar das in's Auge, daß er im Kritias auf dem Boden der Mythe und nicht der Geschichte steht, auf der anderen Seite mag er aber auch von vornherein von jüdischen Verhältnissen ziemlich phantasmagorische Vorstellungen gehabt haben.

Das Hauptcharakteristikum der griechischen Alchemie der jüdischen gegenüber findet Plato in der Lehre von den 4 Elementen und in der griechischen Schematologie.

Bei der Verteilung der Erde unter die Götter erhalten Vulkan und Minerva Attika. Wo Vulkan herkommt, ist an und für sich, in der gewöhnlichen Auffassung, nicht klar. Natürlich die Herren Philologen finden das Hundertste und Tausendste heraus, und so haben sie hier herausgefunden, daß auch Vulkan (Hephästos) ein hauptsächlicher Schutzgott Attikas sei. Glücklicherweise erzählt *Pollux*, Erichthonius habe die Bewohner Attikas in 4 Phylen geteilt und von diesen habe eine Ἡφαιστιας geheißen — und nun hat Vulkan schwarz auf weiß sein verbrieftes Recht. Daß Pollux meldet, eine Phyle habe auch nach Zeus (Διας) und eine andere nach Neptun (Ποσειδωνιας) geheißen, womit also konsequenterweise auch Zeus und Neptun neben Vulkan zu Schutzgöttern Attikas aufrücken würden, das ist Nebensache. Die Ἡφαιστιας des Pollux ist gar zu willkommen für Vulkan, als daß man sie der Διας und Ποσειδωνιας zu Liebe aufgeben sollte. Mögen die letzteren sehen, wie sie fortkommen, das ist ihre eigene Sache! — Nein, ihr Herren Philologen, Minerva ist die Schutzgöttin Attikas, nicht aber ist Vulkan der Schutzgott Attikas, und wenn Plato ihn trotzdem als einen solchen bietet, so hängt das damit zusammen, daß er uns im Vulkan einen alchemistischen Gott bietet. Vulkan ist ein alchemistisch-platonischer Gott, der das Element Feuer repräsentiert, ebenso wie Minerva eine alchemistisch-platonische Gottheit ist, welche das Element Luft repräsentiert. Zu dieser Ehre kommt Minerva deshalb, weil sie auf der Akropolis einen Tempel hatte, der »hoch in die Luft« hineinragte, indem die Akropolis auf dem Gipfel eines Felsen lag. Auf die Allgemeinrelation des Vulkans und der Minerva zur Alchemie weist Plato dadurch hin, daß er sie als die beiden Gottheiten hinstellt, welche der Philosophie und der Philotechnie huldigen. Da nun die alchemistische Göttin Minerva zugleich die Schutzgöttin Attikas ist, so avanciert ihr Bruder und Kollege Vulkan zu derselben Würde.

Das, was uns Plato von den hydrologischen und Humusverhältnissen Attikas erzählt, zielt auf die Elemente Wasser und Erde. Das jetzige kahle Attika läßt das Wasser mehr ablaufen, als daß es dasselbe besitzt. Damals aber sog der Boden, der fette Boden, der ganz besonders das Element Erde repräsentiert, dieses Wasser, das Element Wasser, ein. Und so haben wir denn einerseits durch Gottheiten vertreten, andererseits in tellurischen Verhältnissen repräsentiert: die 4 Elemente Feuer, Luft, Wasser, Erde.

Die Roheit und Ungebildetheit der alten Athener beruht auf der Ignoranz der Alchemie. Den Anfang dieser setzt Plato in Fabelzeiten. Die Taten jener alten griechischen Alchemisten, ihre Auffassung der Alchemie, sind verschollen, nur ihre Namen haben sich fortgepflanzt. Hierbei setzt denn Plato die Namen Erichthonius, Erysichthon mit der Alchemie in Relation, indem er das χϑων in ihnen für das Element Erde, somit alchemistisch ausbeutet. Vielleicht bringt er auch das »chteus« in Erechtheus mit χϑων in Verbindung, vielleicht denkt er sogar bei Cecrops an γη–κροψ. Indessen ist das nicht nötig. Erichthonius und Erysichthon ziehen die Heroen Cecrops und Erechtheus zu sich hinüber, wie Minerva den Vulkan als Schutzgott von Attika zu sich hinüberzieht.

Was uns Plato von den Weibern erzählt, die zum Kriegsdienst herangezogen wurden, von der Trennung der Kriegerkaste von den übrigen u.s.w., das lehnt an seine Aufstellung in der »Republik« (Plato: de Republica libri 10).

Die 2 Myriaden, die am Schluß dessen figurieren, was von Athen gesagt wird, repräsentieren das Zwei-Arkanum, die Zwei-Gruppierung, das ist das griechische Schema. Sobald man dieses hat, hat man eo ipso nicht nur das Zwei-Arkanum, sondern auch das Ein-Arkanum und das Vier-Arkanum. Es ist also nicht nötig, daß Plato diese neben der Zahl 2 in der Zahl 1 und 4 bringt. In der Zahl 2 der 2 Myriaden hat man die eigentlichen griechischen (nicht pythagoräischen) Arkanenzahlen: 1, 2, 4 alle zusammen.

Plato läßt die Welt aus den 4 Elementen Feuer, Wasser, Luft, Erde entstehen, wogegen die Welt nach jüdischer Auffassung auf Grund des Wasserverwandlungsexperimentes im Großen entsteht. Bei der Welt nach jüdischer Auffassung steht also vorab einmal das Wasser im Vordergrund, und ihm schmiegt sich dann, da das Weltenwasser ein Durcheinander ist, die Erde an. Was also für die platonische, die griechische Welt die 4 Elemente sind, das sind für die jüdische Welt die 2 Elemente Wasser und Erde, bei der das Wasser im Vordergrund steht. Wie also Plato als Hauptcharakteristikum der griechischen Alchemie der jüdischen Alchemie gegenüber die 4 Elemente hat, so hat er als Hauptcharakteristikum der jüdischen Alchemie der griechischen gegenüber die beiden Elemente Wasser und Erde mit Wasser im Vordergrund. Darum bekommt bei der Teilung der Erde unter die Götter Neptun, der Gott des Meeres, des Wassers, die Insel Atlantis. Der Hauptgesichtspunkt Platos ist dabei der, daß, wie Vulkan zum alchemistischen Gott gestempelt wird, der das Element Feuer repräsentiert, wie Minerva zur alchemistischen Göttin gestempelt wird, die das Element Luft repräsentiert, daß so Neptun zum alchemistischen Gott gestempelt wird, der das Element Wasser repräsentiert. Dabei ergeben sich aber zugleich als Nebengesichtspunkte die, daß Atlantis eine Insel ist, Inseln aber mehr Relation zum Meere, das ist zum Neptun haben, als Festland, und daß die Juden, die Plato mit den Phöniziern zusammenwirft, eine der Schiffahrt obliegende Nation repräsentieren, also in dieser Beziehung eine Relation zum Meere, zu Neptun, haben. Auf diesen Neptun, der als Gott des Meeres eine besondere Relation zu einer Nation hat, die Handel zur See treibt, zielen die Häfen, die Schiffsarsenale u.s.w., die in der Abhandlung bei den Atlantikern vorkommen. Was von Pferden vorkommt, bezieht sich auf das dem Neptun heilige Pferd.

Wie Neptun das Element Wasser repräsentiert, so repräsentiert seine Frau Klito das Element Erde. Deswegen ist sie die Tochter eines Mannes, der der Erde entsprossen; sie hat also eigens eine Erdnatur. Übrigens bezieht sich, ähnlich wie da, wo von der Beschaffenheit Attikas die Rede war, das, was von den verschiedenen Wasser- und Erdboden-Verhältnissen der Insel Atlantis erzählt wird, ebensowohl auf die Elemente Wasser und Erde, als wie sich Neptun und Klito auf dieselben beziehen.

Das Hauptcharakteristikum der jüdischen Alchemie der griechischen Alchemie gegenüber ist also zuerst das, daß die 2 Elemente Wasser und Erde entgegen den 4 griechischen Elementen angenommen werden. Das zweite Hauptcharakteristikum findet Plato in den jüdischen philosophischen Zahlen. Ihnen wird Rechnung getragen in den mannigfachen Verhältnissen, die derartig erzählt werden, daß Zahlen-Verhältnisse bei ihnen zur Sprache kommen und deswegen auch hauptsächlich herangezogen werden. Zu den hierhin schlagenden mannigfachen Ventilierungen, z.B. bei der Heeresmacht, den Erd- und Wasser-Reifen u.s.w., bietet uns Plato, abgesehen von den kumulierenden Nullen, die nicht in die Waagschale fallen, die Zahlen: 1, 2, 3, 4, 5, 6, 10, 12. Die Zahl 7 bringt er *nicht*. Für sie vikariierend treten die pythagoräische 10 und die indische 12 ein. Anstatt der eigentlichen jüdisch-philosophischen Zahlen 1, 2, 3, 4, 5, 6, 7 finden wir deshalb die Zahlen 1, 2, 3, 4, 5, 6, 10, 12, weil Plato die 7 durch die 10 und 12 ersetzt. Das tut er nun nicht ohne Grund. Durch die 10 und die 12 wird die 9 eingeleitet. Die 9, die sich in den 9000 Jahren vor Solon und in den 9 Unterherrschern repräsentiert findet, ist die platonisch-philosophische Zahl 9. Plato kann es sich nicht versagen, bei den philosophischen Zahlen auf seine eigenen philosophischen Zahlen 1, 2, 3, 4, 8, 9, 27 einen Blick zu werfen, und dazu verhilft ihm eben die fehlende 7 bei den jüdischen Zahlen. Sobald er die 7 verläßt und statt ihrer die pythagoräische Zahl 10 und die indische Zahl 12 bringt, sobald er damit auf Pythagoras und die Inder reflektiert, kann er auch, einen Schritt weitergehend, auf sich selbst reflektieren. Zu weit mag er in dem Reflektieren auf sich selbst nicht gehen, und so begnügt er sich denn, *eine* von seinen eigenen philosophischen Zahlen zu bringen, und das ist die 9. Er hat die Wahl zwischen 8, 9, 27 und wählt aus ihnen eben die 9 deshalb, weil er die 8 an die 4 und die 27 an die 9 anlehnt. Brächte er die 8, so hätte er eine Zahl, die an und für sich schon nahe liegt, weil sie sich an die bereits gegebene 4 anschmiegt, er hätte aber nichts von 9 und 27. Brächte er die 27, so hätte er eine zu weite Lücke zwischen 3 und 27. Jetzt aber, wo er die 9 bringt, tritt er seinen Exklusivzahlen näher. Nun hat er im Anlehnen an die jüdischen Zahlen die Zahlen 1, 2, 3, 4 vorab, und die 9 kommt hinzu. Jetzt überläßt er es dem Leser, sich aus 1, 2, 4, 8, 9, die platonischen Zahlen 1, 2, 3, 4, 8, 9, 27 zu entwickeln, indem er auf der einen Seite fortschreitet: 1, 2, 4, 8 und auf der anderen Seite: 1, 3, 9, 27. Das kann er dem Leser um so eher überlassen, als er da, wo davon die Rede ist, daß die Könige einmal im 5. und das anderemal im 6. Jahre zusammenkommen, ganz unzweideutig auf das Zwei- und Drei-Verhältnis seiner Zahlenreihe hinweist.

Die Besprechung der Produkte der Insel Atlantis weist einesteils darauf hin, daß die jüdische Alchemie in der Schöpfungsgeschichte auch der organischen Natur Rechnung trägt, anderenteils sind in diesen Produkten auch verschiedene Gesichtspunkte in's Auge gefaßt, aus denen die Arkana aufgefaßt werden, so der Gesichtspunkt der Arkana als Metalle, beziehungsweise Minerale, und bei ihnen der nähere Gesichtspunkt derselben als feste und flüssige Stoffe, der Gesichtspunkt der Arkana als Pflanzensäfte, als riechende Dinge, Salben (vergl. Timaeus). Mit den Elefanten scheint Plato an die »großen Walfische« zu denken, die der 5. Tag der jüdischen Schöpfungsgeschichte bringt (1. Buch Mosis Kap. 1, Vers 21). Der Bibel gegenüber, die den Wasserkoloss Walfisch bringt, bringt er den Landkoloss Elefant. Was den ορειχαλκος betrifft, welcher mehrfach im Kritias zur Sprache kommt, so wissen wir, daß im Timaeus Natron Gold und Pulvis solaris wieder Gold ist. Weil sie nun beide kein Gold sein können, so wird Pulvis solaris zu unechtem Gold, das ist Kupfer. So ist es im Timaeus. Hier im Kritias weist Plato in besonderer Weise darauf hin, daß, wenn Pulvis solaris Kupfer ist, daß das nicht das unedle Metall Kupfer sein soll, sondern im Grunde auch Gold ist, welches bloß deswegen nicht als Gold figurieren kann, weil die Stelle des Goldes bereits durch das Natron besetzt ist. Darum wird das Kupfer, χαλκος, des Pulvis solaris zu ορειχαλκος , zu einem Metall, welches edler ist als die anderen Metalle, mit Ausnahme von Gold. Das ist eben im Gegensatz zu ορειχαλκος das gewöhnliche Metall χαλκος nicht. Übrigens ist im Timaeus die Charakterisierung des χαλκος ganz dieselbe wie hier die des ορειχαλκος. Hier im Kritias in der Stelle, die über die Produkte von Atlantis handelt, ist der ορειχαλκος der τιμιωτατος (das edelste der Metalle) πλην χρυσου (mit Ausnahme von Gold). Im Timaeus heißt es in Bezug auf den χαλκος, er sei εγγυς χρυσου των μερων (in Bezug auf seine Partikel dem Golde nahestehend). Und da, wo im Kritias erzählt wird, daß die Oberfläche der Mauer um die Königsburg mit Orichalcum bekleidet wurde, heißt es: ορειχαλκω μαρμαρυγας εχοντι πυρωδεις (mit Orichalcum, welches feurig funkelte). Ganz ähnlich heißt im Timaeus das Kupfer ein εν γενος των λαμπρων πηκτων υδατων (eine Art der festen *glänzenden* Wasser). Übrigens kommt aber auch im Kritias, in der Stelle, wo die Bekleidung der Mauern zur Sprache gebracht wird, der χαλκος zur Sprache, das ist aber das eigentliche unedle Metall Kupfer, welches Plato mit Vorbedacht dem ορειχαλκος gegenüber zur Sprache bringt, auf daß es desto klarer hervortrete, daß er hier im Kritias *das* ορειχαλκος nenne, was im Timaeus χαλκος ist. In der χαλκος-Stelle des Kritias ist das Kupfer nicht das Arkanum Kupfer (P. solaris), sondern das gewöhnliche Metall Kupfer als Nicht-Vicarians für Gold, das unedle Kupfer. Deshalb reiht sich ihm auch in der bezeichneten Stelle sofort das unedle Metall Zinn an, welches eben nur deshalb figuriert, um den Standpunkt des χαλκος und damit den des ορειχαλκος klarer zu machen.

Auf einen bestimmten Gesichtspunkt der Auffassung der Arkana, nämlich auf den Gesichtspunkt der Farben, führt auch die Stelle, wo gesagt wird, die Bruch-Steine seien weiß, schwarz und rot gewesen.

Streng genommen durfte hier Plato nicht bei den aufgeführten drei Farben bleiben, sondern er mußte im Hinblick darauf, daß er den griechischen vier Arkanis huldigt, auch vier Farben zur Sprache bringen, nämlich weiß (Natron), schwarz (Acid. sulphur.), rot (Pulvis solaris) und gelb (Liquor hepatis). Das Gelb ist hier fortgelassen. Das ist übrigens keine Lücke. Der Kritias ist ja kein Kompendium der Alchemie, sondern ein Märchen, in welchem außer den Hauptgesichtspunkten der griechischen und jüdischen Alchemie in platonischer Auffassung, nebenbei auch noch diese und jene Dinge zur Sprache kommen. Zu diesen gehören denn auch verschiedene Gesichtspunkte, aus denen die Arkana aufgefaßt werden. Diese Gesichtspunkte sollen indessen nicht dogmatisch dargelegt werden, sondern bloß so obenhin angedeutet werden. Faßt man das in's Auge, so würde am Ende das zu Schwarz, Weiß und

Rot hinzugefügte Gelb wegen des gesuchten näheren Eingehens auf den Farbenstandpunkt der Arkana auffallender sein als das fehlende Gelb.

Die 10 Atlantischen Könige zielen auf die Stämme Israels. Dieser Stämme gibt es zwar zwölf und nicht zehn, aber Plato nimmt eben nur zehn an. Hierzu kommt er derartig, daß die zwölf Stämme in zwei Gruppen zerfallen, deren eine zehn Stämme umfaßt, das sind die Stämme der Söhne Jakobs, und deren andere zwei Stämme umfaßt, das sind die Stämme der Söhne Josephs. Den Joseph faßt Plato nun nicht als Juden, sondern als einen ägyptischen Pascha auf, der die Juden protegierte, darum sind seine Söhne nur uneigentlich Juden und ihre Stämme zählen nicht zu den eigentlichen jüdischen Stämmen. In Bezug auf die zwei Stämme der zweiten Gruppe, das sind Ephraim und Manasse, hält aber Plato das fest, daß Ephraim und Manasse die Söhne Josephs waren. Sie treten dem Joseph zu Liebe ein, somit distendiert sich die Ein-Person: Joseph zur Zwei-Person: Ephraim und Manasse. Das heißt nun mit anderen Worten, in anderer Auffassung, die Stammrelation des Joseph dilatiert sich zu einer Zwillings-Stamm-Relation. Von dieser Zwillings-Stamm-Relation kommt Plato denn zur Zwillingschaft im eigentlichen Sinne, und daher kommt es, daß die 10 Söhne des Neptun und der Klito 5 Zwillingspaare bilden. Dieser Ausdehnung des Zwillingsverhältnisses Ephraim und Manasse auf die übrigen Stämme wirft sich Plato um so lieber in die Arme, weil er dadurch die philosophische Zahl 5 statt der philosophischen Zahl 10 gewinnt. Es scheint ihm nämlich passend, daß beim Anlehnen an ein so prägnantes jüdisches Verhältnis, wie es die Stämme sind, an eine so prägnante Situation, wie sie uns der Kritias in den Söhnen des Neptun bietet, daß da auch eine eigentliche jüdische Zahl, die 5, und nicht die uneigentliche philosophische Zahl, die 10, die ja pythagoräisch und nicht jüdisch ist, figuriert.

Das Stieropfer der zusammenkommenden Könige zielt auf die rote Kuh im 19. Kapitel des 4. Buches Mosis. Plato stellt diese dem ägyptischen Apis zur Seite und baut darauf die Märchenanschauung, der Stierdienst bilde ein Fundament des Judentums. Vielleicht denkt er auch nebenbei an die Sage der Stieropfer, welche der den jüdischen philosophischen Zahlen huldigende Pythagoras dargebracht haben soll, wenn er eine wichtige (geometrische) Wahrheit entdeckt hatte. Die Könige fangen den betreffenden Stier deswegen ohne Eisenwaffe ein, damit das Tier als ein solches, das ohne Fehl ist, geopfert werden kann. Vergl. in der zitierten Bibelstelle den Vers 2, wo es heißt: Sage den Kindern Israel, daß sie zu dir führen eine rötliche Kuh, ohne Wandel, an der kein Fehler sei (Luther). Außerdem ist zu bemerken, daß der Apis, wenn er 25 Jahre alt geworden war, von den Priestern in einem heiligen Brunnen ertränkt wurde, oder, wie der Volks-Aberglaube war, sich selbst in den Brunnen stürzte. Dieser Wassertod des Apis gibt ein besonderes Wasser-Verhältnis, deren in Bezug auf Atlantis so mannigfach herangezogen werden, ganz speziell in Bezug auf den Stier, den die Könige opferten.

Die Gesetzessäule von Orichalcum im Tempel des Neptun zielt auf die Gesetzestafeln, die in der Bundeslade lagen, die inwendig und auswendig mit Gold überzogen war. Vergl. 2. Buch Mosis, Kap. 25, Vers 11: Und sollst sie mit feinem Golde überziehen, inwendig und auswendig.

Vielleicht zielt auch das unzugängliche Heiligtum in der Mitte des Königssitzes auf das Allerheiligste des jüdischen Tempels.

Was die Atlantischen Könige bei ihrer Zusammenkunft verhandeln, ist Alchemie. Sie bilden eine Verbrüderung und tauschen gegenseitig ihre Ideen aus. Das letztere geschieht im Geheimen, nachts, nachdem alle Feuer um den Tempel ausgelöscht wurden. Bei Tagesanbruch setzen sie über das Resultat eine Schrift auf, die aber im Heiligtum verbleibt, für Profane also unzugänglich ist. Das unumschränkte Recht der 10 Könige im Allgemeinen besteht darin, daß sie, als Alchemisten aufgefaßt, als alchemistische Ärzte, am Krankenbett unumschränkt handeln können. Das Gegenseitigkeitsverhältnis, welches dieser Unumschränktheit am Krankenbette Fesseln anlegt, besteht darin, daß da, wo es sich um medizinische Dinge handelt, bei denen ein Gegenseitiges-zu-Rate-Gehen förderlich ist und exekutiert wird, daß da sich die Einzelnen nun auch nach dem richten sollen, was in corpore festgestellt worden ist. Auch Kollegialitätsverhältnisse kommen zur Sprache. Die ärztlichen Könige sollen sich nicht gegenseitig befeinden, und wenn ein räudiges Schaf sich in ihrer Mitte zeigt, so sollen die anderen in Gemeinschaft Front gegen diesen bösen Kollegen machen. In den betreffenden Versammlungen hat einer den Vorsitz, ist Präses, dieser ist in dem Könige aus dem Stamm des Atlas repräsentiert. Er hat nun wohl das Amt, einen Kollegen, der sich der alchemistischen Verbrüderung nicht würdig zeigt, zur Rede zu stellen, seine Befugnis soll aber nicht so weit gehen, daß er das Recht hat, auf eigene Hand diesen Kollegen auszustoßen — über den Tod dieses Kollegen zu bestimmen. Hat sich ein Kollege etwas Bedeutendes zu Schulden kommen lassen, und es wirft sich in Folge dessen die Frage auf, ob er denn nun nicht aus der Verbrüderung auszustoßen sei, so hat darüber eine allgemeine Abstimmung zu entscheiden, und bei dieser entscheidet die Majorität.

Ob das Kleid, welches die Könige bei der Beratung anzogen, dem Wasser zu Liebe, das ist dem Wassergott Neptun zu Liebe *blau* ist, lassen wir dahingestellt sein.

Die Athener, welche Plato an die Spitze der griechischen Alchemisten stellt, besiegen die jüdischen Alchemisten. An diesem Siege Griechenlands über Atlantis hat aber Plato noch nicht genug. Atlantis wird mit Stumpf und Stiel ausgerottet, es versinkt unter das Meer. Plato behandelt also den Standpunkt des Triumphes, auf den er sich stellt, sehr energisch. Aber er hat an dem völligen Untergang der Insel Atlantis noch nicht genug. Auch das griechische Heer versinkt unter die Erde. Das heißt, alle diejenigen, die den Kampf der griechischen Alchemie gegen die jüdische mitgemacht haben, werden auch dem Untergang geweiht. Es ist unter sie die Nichtdisziplin gekommen, es ist ihnen von der jüdischen Alchemie etwas anhängen geblieben, sie sind unfähig geworden, griechische Alchemisten vom reinsten Wasser zu repräsentieren, und deswegen — fort mit ihnen!

Daß das Meer da, wo sonst Atlantis gelegen, unfahrbar und unerforschbar geworden wegen der entstandenen Schlammuntiefen: — hier wird uns das alte phönizische Märchen präsentiert, das offene Meer sei unbefahrbar. Dieses Märchen hatten die Phönizier deshalb schlau ausgesonnen, damit kein Fremder ihren Handelswegen auf die Fährte kommen sollte, damit keiner ihnen in's Handwerk fiele und sie allein Herren des Meeres blieben.

Aristoteles von Stagira

Es ist wohl überflüssig, darauf hinzuweisen, daß die Alchemie eine spekulative und keine exakte Wissenschaft ist. Die Alchemie wird dadurch ermöglicht, daß Physik und Chemie ihrem eigentlichen Boden, dem Boden der exakten Forschung, entrückt und auf den Acker der Spekulation verpflanzt werden. Dadurch schießen nun manche hübsche Blumen in die Höhe; wenn man dieselben aber bei Licht betrachtet, so sind es Blumen in der Art, wie sie aus Papier, Leinwand, Seide u.s.w. gemacht werden, nicht aber Gewächse, in denen ein wahres Pflanzenleben tätig ist. Das nun durchschaute Aristoteles. Es sah ein, daß alchemistische Spekulation treiben und im wahren Buche der Natur lesen zwei sehr verschiedene Dinge seien. Er sah ein, daß man einen viel rationelleren Weg betreten würde, wenn man, die Spekulation bei Seite lassend, sich an die Lehren der Physik und Chemie vom Standpunkt der Exaktität machte. Er sah es ein und faßte den Plan, den Weg der Exaktität einzuschlagen. Dabei ist aber nur eines schade, nämlich das, daß er von den Lehren der Spekulation so umstrickt war, daß es ihm nie klar wurde, was denn nun eigentlich exakte Forschung im Bereich dessen ist, was die Alchemie spekulativ umfaßt. Statt exakt zu forschen, faßt er die exakte Forschung spekulativ auf, und so ist das, was er bringt, Naturphilosophie, das ist: Spekulation von der alchemistischen Spekulation. Wir verweisen in dieser Beziehung namentlich auf seine φυσικη ακροασις, auf sein περι ουρανου, auf sein περι γενεσεως και φϑορας, welche drei Abhandlungen eine zusammenhängende Kette bilden. Es kann nicht geleugnet werden, daß in diesen Schriften hier und da der Anlauf zu einer gesunden exakten Beobachtung gemacht wird, aber im großen Ganzen wird uns nichts anderes präsentiert als Spekulation von der Spekulation seiner, des Aristoteles, alchemistischen Vorgänger. Immerhin ist aber die aristotelische Spekulation von der Spekulation etwas Neues. Gegenüber der einfachen Spekulation seiner alchemistischen Vorgänger nimmt Aristoteles einen besonderen Standpunkt ein. Das verführte nun viele, bei dem Mangel der exakten Forschung im Altertum, beim Mangel eines richtigen Durchschauens dessen, was denn nun eigentlich exakte Forschung sei, im Aristoteles das finden zu wollen und zu finden, was Aristoteles selbst zu bieten vermeinte, nämlich die Resultate exakter Forschung im Ganzen. Bei seinen Zeitgenossen machte Aristoteles in seiner neuen alchemistischer Richtung wenig Glück. Im Verlauf der Zeiten fand er aber mannigfachen Anklang, und zwar bei denjenigen, die das *wollten*, was er *gewollt*, die es aber ebensowenig *konnten*, als er es *gekonnt*. Verwandte Geister haben sich zu allen Zeiten und in allen Zonen zusammengefunden, und so fanden sich denn auch jene nicht könnenden Wollenden mit Aristoteles zusammen. Indem sie das wahre Wesen einer wahren Exaktität nicht durchschauten, glaubten sie in ihrem Streben, die Bahn der Exaktität zu betreten, kein besseres Part wählen zu können, als sich dem Aristoteles in die Arme zu werfen. Das sind die Aristoteliker, die immer und immer wieder auftauchten im Gegensatz zu den Alchemisten der alten Schule. Weil sie Spekulation von der Spekulation trieben, meinten sie, auf einem anderen Standpunkt zu stehen, als ihre Kollegen, die der einfachen Spekulation huldigten, meinten sie, einen exakten Standpunkt einzunehmen, wo jene sich auf den spekulativen Standpunkt stellten. Auf Grund eines solchen Sachverhältnisses geschah es denn, daß Alchemisten, die mit einer alten Spekulation brachen und eine neue Spekulation an deren Stelle setzten, welche sie für einfacher, natürlicher, naturwüchsiger hielten, Aristotelismus zu treiben vermeinten, die Bahn des Aristoteles einzuschlagen vermeinten, der, wie sie, die Exaktität an die Stelle der Spekulation gesetzt. Sie hielten nämlich das, was sie für einfacher, natürlicher, naturwüchsiger hielten, als das, womit sie brachen, für exakte Forschung, und hatten allerdings darin einen Berührungspunkt mit Aristoteles, daß sie seine nebelhaften Vorstellungen darüber, was denn nun im Bereich der Physik und Chemie exakte Anschauungen seien, teilten.

Trotzdem nun Aristoteles in seinem Sinne exakte Alchemie trieb, war er doch auf dem Terrain der spekulativen Alchemie nicht müßig. Dieser seiner Wirksamkeit in der spekulativen Alchemie verdanken wir die Lehre von den doppelten Elementar-Qualitäten, die er an die Stelle der empedokleischen einfachen Qualitäten stellt und die wir sogleich mit dem, was sich an sie knüpft, näher kennenlernen werden. Dieser Doppelstandpunkt des Aristoteles läßt sich nur dadurch erklären, daß er im Verlauf seines Lebens seine alchemistischen Auffassungen änderte, daß er in früherem Alter der spekulativen Alchemie huldigte und erst in späterem Alter sich dem in die Arme warf, was er als exakte Alchemie auffaßte. In seiner γενεσις και φθορα spricht er (2, 3) von den doppelten Elementar-Qualitäten in der Weise, wie er von anderen Dingen spricht, nicht aber wie jemand, der, entgegen einer alten Lehre, nämlich der der einfachen Elementar-Qualitäten, eine neue Lehre aufstellt und sie in ihren alchemistischen Konsequenzen verfolgt. Es liegt daher nahe anzunehmen, daß Aristoteles ein eigenes Buch geschrieben, dessen Hauptzweck es war, diese Materie abzuhandeln. Für dieses Buch halten wir die Metaphysik, τα μετα τα φυσικα. Daß dieses Buch, wie es uns heute vorliegt, ein lückenhaftes zusammengeflicktes Etwas sei, wie es unmöglich aus des Aristoteles Hand hervorgegangen sein kann, liegt auf der Hand und bedarf keiner weiteren Exposition. Es fragt sich bloß, wo kommt dieses lückenhafte zusammengeflickte Etwas her? Und da ist denn unsere Ansicht die, daß es gerade die Schrift, die wir heute Metaphysik nennen, ist, in welcher Aristoteles die doppelten Elementar-Qualitäten und die Abzüge, die er aus ihnen machte, abhandelte. Da die Schrift in der Weise im engeren Sinne alchemistisch war, im Gegensatz zu der pseudo-exakten Richtung, die seine späteren Schriften atmen, so war sie für die Herren, welche, in des Aristoteles Fußstapfen tretend, der Pseudo-Exaktität huldigten, ein Stein des Anstoßes, sie warf ihrer Ansicht nach einen Schatten auf Aristoteles. Um nun diesen Schatten zu beseitigen, verstümmelten sie die Schrift und flickten in sie Verschiedenartiges ein.

Also im Bereich der spekulativen Alchemie setzt Aristoteles an die Stelle der empedokleischen einfachen Elementar-Qualitäten *doppelte Elementar-Qualitäten*. Diese benutzt er dazu, um die Lehre von der φιλια und dem νεικος überflüssig zu machen.

Wir haben bei Empedokles gesehen, daß er im Allgemeinen zu demselben Resultat kommt, ob er annimmt, daß Luft kalt und Erde trocken, oder ob er annimmt, daß Luft trocken und Erde kalt ist. Freilich kommt er in einem Falle zu einem anderen φιλια-Verhältnis als im anderen Falle, und damit auch zu einer anders gestalteten Zwei-Gruppierung. Indessen, ob er nun gruppiert:

{ Luft	Wasser }
{ Feuer	Erde }

oder ob er gruppiert:

$$\left\{ \begin{array}{ll} \text{Erde} & \text{Wasser} \\ \text{Feuer} & \text{Luft} \end{array} \right\}$$

im *Allgemeinen* ist das doch dasselbe Resultat. Im Allgemeinen hat er sowieso eine auf Grund des φιλια-Verhältnisses gewonnene Zwei-Gruppierung. Ob diese sich nun des näheren wie ad 1 oder wie ad 2 gestaltet, was verschlägt das?

Das ist es nun, was Aristoteles in's Auge faßt. Und indem er es in's Auge faßt, sagt er, es ist richtig, wenn man sagt, Luft ist trocken, es ist aber auch wieder richtig, wenn man sagt, Luft ist kalt. Daraus geht hervor, daß es auch richtig ist, wenn man sagt, Luft ist trocken *und* kalt zugleich. Und ebenso sagt er, es ist richtig, wenn man sagt, Erde ist trocken, es ist aber auch wieder richtig, wenn man sagt, Erde ist kalt. Daraus geht denn hervor, daß es auch richtig ist, wenn man sagt, Erde ist trocken *und* kalt zugleich. Damit ist denn der Anfang der Lehre von den doppelten Elementar-Qualitäten da, welcher eben ist:

Erde ist trocken und kalt,
Luft ist trocken und kalt.

Hieran anknüpfend legt Aristoteles denn auch dem Wasser und dem Feuer doppelte Elementar-Qualitäten bei.

Er sagt demzufolge, Wasser ist Wasser und Feuer ist Feuer, nicht aber ist Wasser : Feuer und Feuer : Wasser. Nach der einfachen Elementar-Qualität ist Wasser naß und Feuer heiß. Wenn nun Wasser : Feuer und Feuer : Wasser wäre, dann wäre Wasser heiß und Feuer naß. Nun ist aber Wasser notorisch kein Feuer, und damit ist Wasser notorisch nicht heiß. Und Feuer ist notorisch kein Wasser, und damit ist Feuer notorisch nicht naß. Wenn nun aber Wasser notorisch nicht heiß ist, so ist es kalt, denn was nicht heiß ist, muß im prinzipiellen Gegensatz kalt sein. Und wenn Feuer notorisch nicht naß ist, so ist es trocken, denn was nicht naß ist, muß im prinzipiellen Gegensatz trocken sein. Und so der ursprünglichen Qualität die neue zufügend, bekommt er denn heraus, daß Wasser naß und kalt, Feuer heiß und trocken ist. Also:

Wasser ist naß und kalt,
Feuer ist heiß und trocken.

Nun liegt es einer solchen Kalkulation gegenüber nahe, daß man fragt, aber warum setzt Aristoteles denn in der betreffenden Weise gerade Wasser und Feuer gegenüber? Warum setzt er nicht Wasser und Luft, Wasser und Erde, Feuer und Luft, Feuer und Erde gegenüber? Warum sagt er also nicht beispielsweise: Wasser ist Wasser und Luft ist Luft. Wasser ist aber nicht Luft und Luft ist nicht Wasser — und baut darauf weiter? Oder warum sagt er nicht: Feuer ist Feuer und Luft ist Luft. Feuer ist aber nicht Luft und Luft ist nicht Feuer — und baut darauf weiter? Und wo weiter. Nun, darauf ist die Antwort die, daß Erde und Luft in ihrer doppelten Qualität einmal vorab absolviert sind. Das ist ja die Basis der Sache, daß Luft und Erde derartig gegenüberstehen, daß beide trocken und kalt sind. Nachdem diese Basis einmal da ist, wird derartig weiter gebaut, daß Wasser und Feuer in's Auge gefaßt werden. Also Basis: Erde und Luft stehen so und so einander gegenüber. Fortbau: Wie stehen Wasser und Feuer einander gegenüber? Das ist es gerade, worin die Lehre von den doppelten Elementar-Qualitäten charakterisiert ist, daß, nachdem man als Basis das Gegenüberstehen von Erde und Luft hat, daß man nun des Ferneren auch Wasser und Feuer gegenüberstellt. Damit fallen denn die obigen »Warum?«. Sie bewegen sich auf einem Terrain, auf dem *nicht* zu bewegen die Lehre von den doppelten Elementar-Qualitäten sich speziell vorgesteckt hat.

Nachdem Aristoteles so weit ist, besieht er sich die Sache bei Licht und findet, daß es doch etwas eigentümlich ist, daß er 4 Elemente hat und nur 3 doppelte Elementar-Qualitäten, nämlich trocken-kalt, naß-kalt, heiß-trocken. Der Gleichförmigkeit der Sache wegen wäre es doch besser, wenn er 4 doppelte Elementar-Qualitäten hätte. Nun wirft sich die Frage auf, wenn er die vierte doppelte Elementar-Qualität hätte, welche wäre das? Die Antwort auf diese Frage macht sich einfach ff. Man hat:

kalt — trocken (Luft oder Erde)
kalt — naß (Wasser)

Das ist, man nimmt »kalt« und setzt es zuerst mit »trocken« und dann mit »naß« zusammen.

Nachdem diese Elementar-Qualitäten vorweg genommen sind, bleibt übrig:

heiß — trocken (Feuer)

Verfährt man nun analog, wie so eben, so nimmt man »heiß«, und setzt es zuerst mit »trocken« zusammen. Das ist das, was man bereits hat. Dann aber nimmt man »heiß«, und setzt es mit »naß« zusammen, und erhält so:

heiß — naß

Und das ist dann die gesuchte vierte doppelte Elementar-Qualität.

Wenn man nun, kalkuliert Aristoteles weiter, Luft als Schwaden nimmt, so liegt das vor, daß, wenn man in den Schwaden von kochendem Wasser seine Hand hält, daß dann die Hand naß wird, und daß man sie verbrennt.

Unter Umständen ist also Luft (Schwaden im Sinne der Alten als Luft gefaßt): heiß — naß, das ist also, unter Umständen paßt die neue vierte doppelte Elementar-Qualität zu der Luft. Und das führt ihn dazu, daß er sagt:

Luft ist nicht nur kalt und trocken,
sondern auch heiß und naß.

Somit bekommt er denn eine zweiseitige Aufstellung nämlich:

1.) Wasser ist kalt und naß,
Erde ist kalt und trocken,
Feuer ist heiß und trocken,
Luft ist kalt und trocken.

2.) Wasser ist kalt und naß,
Erde ist kalt und trocken,
Feuer ist heiß und trocken,
Luft ist heiß und naß.

Indem sich nun Aristoteles des Ferneren an die *Arkana* macht, macht er einen Unterschied zwischen den Arkanis, welche Schwefel enthalten, zu deren Darstellung Schwefel benutzt wird, das sind also Liquor hepatis und Pulvis solaris (ruber-Sulphur aurat.), und den Arkanis, welche keinen Schwefel enthalten, das sind also Acid. sulphur. und Natron. Und indem er das tut, sagt er, Schwefel ist Feuer, Feuer ist heiß nach der einfachen Elementar-Qualität, also sind Liquor hepatis und Pulvis solaris einmal zuvörderst heiß. Und wie der Schwefel zum »heiß« qualifiziert, so, sagt er, qualifiziert der Nichtschwefel zum »kalt«, womit denn Acid. sulphur. und Natron einmal zuvörderst »kalt« sind. Also vorab ist:

Acid. sulphur.	kalt,
Natron	kalt,
Liquor hepatis	heiß,
Pulvis solaris	heiß.

Nun kommt aber hinzu, daß Acid. sulphur. auf Grund seines Flüssigseins naß ist, Natron auf Grund seines Festseins trocken ist, Liquor hepatis auf Grund seines Flüssigseins naß ist, Pulvis solaris auf Grund seines Festseins trocken ist. Und so erhält man vom Standpunkt der doppelten Elementar-Qualität:

Acid. sulphur.	ist kalt und naß,
Natron	ist kalt und trocken,
Liquor hepatis	ist heiß und naß,
Pulvis solaris	ist heiß und trocken.

Sagt man nun, diese doppelte Elementar-Qualität kommt auf dieses Element und auf dieses Arkanum, jene doppelte Elementar-Qualität kommt auf jenes Element und jenes Arkanum, und stellt dann Element und Arkanum so zusammen, wie sie auf dieselben Doppelqualitäten kommen, so haben wir, wenn dem Element Luft das heiß-naß gegeben wird ff. Es kommt auf

Wasser:	Acid. sulphur.,	denn beide sind kalt und naß,
Erde:	Natron,	denn beide sind kalt und trocken,
Luft:	Liquor hepatis,	denn beide sind heiß und naß,
Feuer:	Pulvis solaris,	denn beide sind heiß und trocken.

Damit stehen denn Elemente und Arkana gerade so gegenüber wie beim Empedokles. Und ferner, indem sich Aristoteles an die Kosmologika macht, reiht er sie nicht den Arkanis an, sondern läßt sie das Gegenstück zu den Arkanis sein in Bezug auf die doppelten Elementar-Qualitäten. Bei den Arkanis nahm er Luft: »heiß-naß«, bei dem Kosmologikis nimmt er sie: »kalttrocken«, und damit trägt er denn der zweiseitigen Aufstellung der doppelten Elementar-Qualitäten Rechnung, die eine zieht er bei den Arkanis heran, die andere bei den Kosmologikis. Demzufolge läßt er, wie Empedokles, die Welt zerfallen in: Orbis terrarum fluidus, Orbis terrarum fixus, Firmament, Sonne, Mond und Sterne, und sagt:

Es kommt auf Wasser: Orbis terrarum fluidus, denn beide sind kalt und naß.

Es kommt auf Erde: Orbis terrarum fixus, denn beide sind kalt und trocken.

Es kommt auf Feuer: Sonne, Mond und Sterne, denn beide sind heiß und trocken (Sonne, Mond und Sterne als Feuer gedacht, als feste Feuermassen).

Es kommt auf Luft: Firmament, denn beide sind kalt und trocken. Trocken ist das Firmament, indem es fest ist; fest ist es nämlich, indem es eine Kuppel bildet. Kalt ist es gerade so, wie der Orb. terr. fluidus et fixus. Wenn Firmament, Orb. terr. fluidus et fixus warm werden, so verdanken sie das nicht sich selbst, sondern den Einflüssen des kosmologischen Feuers (der Sonne).

Damit stehen denn auch Elemente und Kosmologika gerade so gegenüber, wie beim Empedokles.

Was nun die Arkanen-Vier, die Arkanen-Zwei, die Arkanen-Eins betrifft, so hält sich Aristoteles in Bezug auf sie an die *Elementen-Konzentrierung*. Die Arkanen-Vier hat er, wenn er die Elemente läßt, wie sie sind. Die Arkanen-Zwei erhält er, wenn er die Elemente auf zwei konzentriert. Die Arkanen-Eins erhält er, wenn er die Elemente auf eins konzentriert.

Nehmen wir vorab die *Zwei-Konzentrierung*, so verfährt Aristoteles ff. Er nimmt die 4 Elemente, hebt Erde und Luft heraus, und setzt sie vorläufig bei Seite. Er behält also Wasser und Feuer und fügt sie zusammen. Nun sagt er, wenn Wasser und Feuer zusammenkommen, so brauche ich nicht gerade zu sagen, es komme zusammen: »naß-kalt« und »heiß-trocken«. Ich kann auch sagen, es komme zusammen: »naß-heiß« und »kalt-trocken«. »Naß-heiß« ist aber: Luft; »kalt-trocken« ist aber Erde. Durch das Zusammenfügen bekomme ich also heraus: Luft und Erde. Das Erhaltene wird nun zu dem gesetzt, was vorhin bei Seite geschoben worden, und so hat man Erde, Luft und abermals Erde, Luft, im Ganzen also Erde und Luft, das sind 2 Elemente. Übersichtlich:

		Luft		
Erde und Luft vorläufig bei Seite.	Wasser {	naß heiß kalt trocken	} Feuer	
		Erde		

Die erhaltene Luft und Erde zu dem gesetzt, was vorhin bei Seite geschoben, gibt im Ganzen: Erde und Luft.

Ganz analog macht sich die Sache, wenn man vorläufig Wasser und Feuer bei Seite schiebt. Wir wollen das gleich übersichtlich hierher setzen:

Wasser und Feuer vorläufig bei Seite.

$$\text{Erde}\left\{\overbrace{\underbrace{\begin{matrix}\text{trocken} & \text{heiß}\\ \text{kalt} & \text{naß}\end{matrix}}_{\text{Wasser}}}^{\text{Feuer}}\right\}\text{Luft}$$

Die erhaltenen Elemente Wasser und Feuer zu dem gesetzt, was vorhin bei Seite geschoben, ergibt im Ganzen: Wasser und Feuer.

So hat Aristoteles denn als die auf 2 konzentrierten Elemente:

entweder Luft und Erde,
oder Wasser und Feuer.

Indem nun Aristoteles beim Manöver des Vorläufig-bei-Seite-Schiebens, Zusammenfügens-des-Gebliebenen und dann hinterdrein Wieder-Vereinigens ferner derartig verfährt, daß er nicht, wie vorhin, vorläufig Erde und Luft oder Wasser und Feuer bei Seite schiebt, sondern, indem er entweder vorläufig Wasser und Erde bei Seite schiebt, oder Feuer und Luft, erhält er *keine Konzentrierung*. Denn auf die Weise ergibt sich ff.

Wasser und Erde vorläufig bei Seite.

$$\text{Feuer}\left\{\overbrace{\underbrace{\begin{matrix}\text{heiß} & \text{naß}\\ \text{trocken} & \text{heiß}\end{matrix}}_{\text{Feuer}}}^{\text{Luft}}\right\}\text{Luft}$$

Die erhaltenen Elemente Luft und Feuer zu dem gesetzt, was vorhin bei Seite geschoben, ergibt: Wasser, Erde, Luft, also keine Konzentrierung. Und ebenso:

Feuer und Luft vorläufig bei Seite.

$$\text{Wasser}\left\{\overbrace{\underbrace{\begin{matrix}\text{naß} & \text{kalt}\\ \text{kalt} & \text{trocken}\end{matrix}}_{\text{Erde}}}^{\text{Wasser}}\right\}\text{Erde}$$

Die erhaltenen Elemente Wasser und Erde zu dem gesetzt, was vorhin bei Seite geschoben, ergibt: Wasser, Erde, Feuer, Luft, also keine Konzentrierung.

Also indem Aristoteles bei dem Manöver, welches wir kennengelernt haben, vorläufig Wasser und Erde, oder Feuer und Luft bei Seite schiebt, behält er die 4 Elemente, wie sie sind. Die Konzentrierung fällt.

Bei der Zwei-Konzentrierung und beim Nicht-Konzentrieren der Elemente hält sich Aristoteles, wie wir gesehen, exklusiv daran, daß Luft: »heiß-naß«. Bei der *Ein-Konzentrierung* dagegen, zu der wir jetzt kommen, zieht er auch heran, daß Luft: »kalt-trocken«. Hier verfährt er ff. Er hat:

$$\text{Wasser}\begin{cases}\text{naß}\\ \text{kalt}\end{cases}\qquad\text{Feuer}\begin{cases}\text{heiß}\\ \text{trocken}\end{cases}$$

$$\text{Erde}\begin{cases}\text{trocken}\\ \text{kalt}\end{cases}\qquad\text{Luft ist vorab}\begin{cases}\text{trocken}\\ \text{kalt}\end{cases}$$

Nun sagt er, bei Erde steht »trocken-kalt«. »Trocken-kalt« ist aber auch Luft, also kann ich statt Erde: Luft setzen. So hätte er also nicht mehr, wie vorhin: Wasser, Feuer, Erde, Luft, sondern: Wasser, Feuer, Luft, Luft, das ist kurz: Wasser, Feuer, Luft. Nun schiebt er die Luft vorläufig bei Seite, und fügt zusammen: Wasser und Feuer. Indem er nun das Naß zum Heiß treten läßt, erhält er Luft, und indem er das Trocken zum Kalt treten läßt, erhält er wieder Luft. Übersichtlich:

$$\text{Wasser}\left\{\begin{matrix}\overbrace{\text{naß}\qquad\text{heiß}}^{\text{Luft}}\\ \underbrace{\text{kalt}\qquad\text{trocken}}_{\text{Luft}}\end{matrix}\right\}\text{Feuer}$$

Also er erhält Luft und Luft, das ist kurz Luft. Dieses Erhaltene zu dem wieder zugefügt, was vorhin bei Seite geschoben, ergibt Luft und wieder Luft, das ist im Ganzen: Luft. So kommt also auf die gezeigte Weise *ein* Element, das ist die Luft, heraus.

Wir haben also als die 4 Elemente: Feuer, Wasser, Luft, Erde. Wir haben als die auf 2 konzentrierten Elemente entweder Luft und Erde, oder Wasser und Feuer. Wir haben endlich als die auf 1 konzentrierten Elemente: Luft.

Das Vorangehende zeigt uns, wie Aristoteles das durch seine doppelten Elementar-Qualitäten bezwingt, zu dessen Bezwingung sich Empedokles seiner Lehre von der φιλια und dem νεικος in die Arme werfen mußte. Die doppelten Elementar-Qualitäten bieten ihm nämlich das Mittel zur Konzentrierung der Elemente, und die Konzentrierung führt ihn auf das Zwei- und Ein-Arkanum.

Schließlich bemerken wir, daß auf der *mißverstandenen* Lehre von den Elementar-Qualitäten die Lehre der Schulärzte fußt, die Medikamente überhaupt in Bezug auf die Elementar-Qualitäten einzuteilen. Von diesem seit ca. 1 1/2 Jahrtausenden exekutierten Manöver finden sich noch heute Rudera in der Materia medica, z.B. sprechen wir noch heute von Narcoticis frigidis et calidis u.s.w. Dabei herrscht denn bei den Schulärzten, Galen an der Spitze, ein großer Trouble in Bezug auf einfache Elementar-Qualitäten, doppelte Elementar-Qualitäten, φιλια- und νεικος-Verhältnisse: das ist ein Durcheinander wie Kraut und Rüben. Dieser Trouble ist leicht zu erklären. Es fehlt den Schulärzten die Kenntnis der Arkana und ihrer Auffassungsweise, und so mangelt ihnen der Anhaltspunkt, sich über das Hand-in-Hand-Gehen und Kreuzen der einzelnen Verhältnisse Aufklärung zu verschaffen.

Griechische Alchemie in Alexandrien

Nach dem Tode Alexanders des Großen 323 v. Chr. teilten sich seine Feldherren in sein Reich. Ptolemaeus Lagi bekam Ägypten, und damit kam griechische Zivilisation, griechische Wissenschaft nach Ägypten und in specie nach seiner Hauptstadt Alexandrien. Es beginnt jetzt das für die Wissenschaft so berühmte alexandrinische Zeitalter, welches mit Ptolemaeus, des Lagus Sohn, beginnt und sich bis zum Einfall der Araber in Ägypten erstreckt. Für die Alchemie ist das alexandrinische Zeitalter eine höchst wichtige Periode.

Die alexandrinischen Griechen stellen sich von vornherein auf den Standpunkt des Empedokles insofern, als sie seine 4 Elemente und das, was sich im Allgemeinen an sie knüpft, annehmen. Auf seine Lehre von der φιλια und dem νεικος, insofern diese das griechische Schema ersetzen soll, gehen sie nicht ein. Von Plato haben sie die Idee kennengelernt, trotz der 4 Elemente ein Schema aufzustellen. Diese Idee beuten sie in ihrer Weise aus, wie wir sogleich kennenlernen werden. Im übrigen aber gehen sie auf Plato, auf Platos besonderen Standpunkt nicht ein, und ebensowenig auf Aristoteles. Der Kardinalpunkt, um den sich ihre Alchemie dreht, ist das von ihnen aufgestellte Schema, das ist das alexandrinische Schema. Um zu diesem zu kommen, sagen sie, Empedokles nimmt 4 Weltenteile an: 1.) Orbis terrarum fluidus, 2.) Orbis terrarum fixus, 3.) Sonne, Mond und Sterne, 4.) Firmament. Gesetzt nun, man entwirft ein Schema derartig, daß in Übertragung der Arkana resp. Elemente auf die Weltenteile sich dieses Schema also gestaltet:

I.	Orbis terrarum fluidus Orbis terrarum fixus	Sonne, Mond und Sterne Firmament	II.

wobei sich vorab gleich bleibt, was in den so gewonnenen Gruppen oben oder unten steht, so hat man ein Motiv, beide Gruppen *zusammentreten* zu lassen. Die Gruppe links nämlich repräsentiert als Inbegriff von Orbis terrarum fluidus et fixus den Orbis terrarum im Ganzen, die Gruppe rechts repräsentiert als Inbegriff von Sonne, Mond, Sternen und Firmament den Himmel im Ganzen. Es steht nun nichts im Wege, daß Gruppe ad II. zu Gruppe ad I. tritt. Denn wenn man auf der einen Seite den Orbis terrarum, auf der anderen den Himmel hat, so liegt es doch sehr nahe, daß man sagt, Himmel und Erde treten zusammen und formieren so die kosmologische Welt.

Wenn man also, sagen die alexandrinischen Griechen, ein Schema hat, welches in Übertragung der Arkana und Elemente auf die Kosmologika die obige Aufstellung ergibt, so kann es weiter keinen Skrupel erregen, wie es denn motiviert ist, daß Gruppe II. zu I. tritt. Denn an das Zusammentreten der Kosmologika knüpft sich das Zusammentreten von Arkanis und Elementen von selbst. Wenn sich doch, wie das statt hat, Arkanum und Element an das Kosmologikum knüpfen, so müssen sie von selbst dahin folgen, wohin sie von den Kosmologika gezogen werden.

Hiermit ist denn den alexandrinischen Griechen der erste Anhaltspunkt gegeben, um anhand der 4 Elemente, beziehungsweise anhand der sich an dieselben knüpfenden Weltenteile zu einem Schema zu kommen. In Bezug auf diesen Anhaltspunkt haben sie vorab einmal das, daß, wenn sie einmal 2 Gruppen haben, daß sie dann ein Motiv haben, diese Gruppen *zusammentreten* zu lassen. Es käme also im Verfolg der Sache darauf an, zu den *Gruppen* zu kommen. Um nun zu diesen zu gelangen, ziehen sie die Arkana und die Elemente heran.

Sie sagen nämlich, wenn wir die Arkana derartig aufstellen, daß auf die eine Seite Acid. sulphur., Natron, auf die andere Seite Liquor hepatis, P. solaris treten, also:

{ Acid. sulphur.	Liquor hepatis }
{ Natron	P. solaris }

wobei es vorab einerlei bleibt, was in den betreffenden Gruppen oben und unten steht, so haben wir, in Anbetracht dessen, daß Acid. sulph. flüssig und Natron fest, in Übertragung auf die Elemente auf der einen Seite Wasser und Erde. Wo man aber Wasser hat, da ergibt sich die Erde anhand des Wasserverwandlungsexperimentes von selbst. Also wo man Wasser hat, hat man Erde, und in übertragener Weise hat man auch, wo man Acid. sulphur. hat, Natron.

Ganz so macht sich die Sache auf der anderen Seite. Da Liquor hepatis flüssig ist, Pulv. solaris aber fest, so hat man wieder in Übertragung auf die Elemente: Wasser und Erde. Und da man da, wo man Wasser hat, Erde hat, so hat man auch da, wo man Liquor hepatis hat, Pulv. solaris.

Und hiermit ist denn die Zwei-Gruppierung gegeben. Die Zwei-Gruppierung besteht nämlich darin, daß man 4 Arkana hat und diese sich auf 2 konzentrieren. Nun, hier hat man die 4 Arkana: Acid. sulphur., Natron, Liquor hepatis, Pulv. solaris, und diese konzentrieren sich auf 2: Acid. sulphur. und Liquor hepatis. Damit ist denn das Schema im Allgemeinen fertig. Man entwirft es, indem man die 4 Arkana nimmt, diese derartig in Gruppen teilt, daß auf der einen Seite Acidum sulph. und Natron und auf der anderen Seite Liquor hepatis und Pulv. solaris zu stehen kommen, wobei die beiden Gruppen vom Standpunkt des Flüssig- und Festseins ihrer Teile aufgefaßt werden.

In Übertragung auf die Kosmologika muß dann auf die eine Gruppe der Orbis terrarum im Ganzen, auf die andere Gruppe der Himmel im Ganzen kommen, und Orbis terrarum sowohl als Himmel im Ganzen müssen aus dem Standpunkt des Flüssig- und Festseins ihrer Teile aufgefaßt werden.

So wären dann im Schema die Arkana und Kosmologika repräsentiert. Es bliebe nun noch übrig, daß in ihm die Elemente repräsentiert sind. Vorläufig sind sie es noch nicht, denn es sind erst Wasser und Erde repräsentiert, nicht aber Feuer und Luft. Es ist naheliegend, daß zum Feuer und der Luft der Liquor hepatis und der P. solaris herangezogen werden, und da setzen denn die alexandrinischen Griechen zum Liquor hepatis das Feuer und zum Pulv. solaris die Luft in Relation, womit sie also dem Empedokles, Plato und Aristoteles entgegenstehen, welche bekanntlich Liquor hepatis zur Luft und P. solar. zum Feuer in Relation setzen.

Um nun herauszubekommen, daß Liquor hepatis zum Feuer und Pulv. solaris zur Luft eine Relation haben, kalkulieren die alexandrinischen Griechen ff.

Wo ich Wasser habe, da habe ich kraft des Wasserverwandlungsexperimentes auch Erde. Ich habe aber nicht umgekehrt da, wo ich Erde habe, auch Wasser. Also spielt da, wo ich Wasser und Erde habe, das Wasser *die erste Rolle*. Das Schema, so weit wir in ihm bis jetzt gekommen, ergibt in seiner einen Gruppe Liquor hepatis und Pulvis solaris. Diese Gruppe entsteht, weil Liqu. hep. flüssig und Pulv. solar. fest ist. Was in der Gruppe oben, was unten stehen soll, haben wir bis jetzt noch nicht gewußt. Es muß aber Liquor hepatis oben stehen und Pulv. solaris unten, weil das Wasser und somit auch der Liquor hepatis *die erste Rolle spielt*. Also es steht einmal unantastbar fest, daß Liquor hepatis *oben* stehen muß.

Wo man nun ferner Feuer hat, da hat man auch Luft (Rauch). Man hat aber nicht da, wo man Luft hat, deswegen auch Feuer. Also spielt da, wo ich Feuer und Luft habe, das Feuer *die erste Rolle*. Weil aber das Feuer die erste Rolle spielt, so muß im Schema in der betreffenden Gruppe das Arkanum oben stehen, welches das Feuer repräsentiert. Anlehnend daran nun, daß man die Gruppe bereits hat, daß man die Stellung der Teile in derselben bereits hat, kann man nicht mehr von vornherein sagen, das Feuerarkanum muß oben stehen, das Luftarkanum unten, und darum muß so und nicht anders arrangiert werden. Nicht so kann man sagen, sondern muß sagen, es steht einmal das Arkanum x oben, und das Arkanum y unten, weil nun in x und y das Feuer und die Luft repräsentiert sind, das Feuer aber oben stehen muß, so muß auf das Arkanum eo ipso das Feuer kommen, welches oben steht. Man geht also nicht davon aus, daß entweder x das Feuerarkanum, y das Luftarkanum sei, oder umgekehrt, das findet sich im zweiten Teil. Es handelt sich darum, was einmal unabweisbar oben steht, und das, was oben steht, das muß auch das Feuerarkanum sein, weil das Feuer, der Luft gegenüber die erste Rolle spielend, nicht unten stehen kann. Weil nun der Liquor hepatis unabweisbar einmal oben steht, deswegen muß er das Feuerarkanum sein, weil der Pulvis solaris einmal unabweisbar unten steht, deswegen muß er das Luftarkanum sein. Wollten die alexandrinischen Griechen sagen, der Pulv. solaris ist das Feuerarkanum, so müßte er auf Grund dessen, daß das Feuer der Luft gegenüber die erste Rolle spielt, so müßte dann in der Gruppe Liquor hepatis — Pulvis solaris der P. solaris *oben* stehen, was er aber auf Grund seiner Wassereigenschaft notorisch und präsumtiv *nicht* soll.

Daß die alexandrinischen Griechen in der Distribuierung der Elemente auf die Arkana dem Acid. sulphuricum das Wasser, dem Natron die Erde geben, wie Empedokles, Plato und Aristoteles, dem steht selbstredend nichts im Wege.

Es unterscheiden sich also die 4 Arkana in Bezug auf ihre elementare Auffassung derartig, daß im Acidum sulphuricum und im Natron je ein einfaches Element vertreten ist, nämlich im Acid. sulphur. das Wasser, im Natron die Erde, daß dagegen im Liquor hepatis und Pulv. solaris je ein Doppelelement vertreten ist, nämlich im Liquor hepatis Wasser-Feuer, im Pulv. solaris Erde-Luft. Das letztere beuten alsdann die alexandrinischen Griechen dazu aus, daß Liquor hepatis und Pulv. solaris vom allgemeinen und besonderen Standpunkt aufgefaßt werden. Vom besonderen Standpunkt ist Liquor hepatis = Wasser + Feuer, vom allgemeinen Standpunkt ist Liquor hepatis = Feuer. Vom besonderen Standpunkt ist Pulvis solaris = Erde + Luft, vom allgemeinen Standpunkt ist Pulv. solaris = Luft. Hält man sich nun an die allgemeine Auffassung in Bezug auf den Liquor hepatis und Pulvis solaris, so hat man die folgende Aufstellung, welche von der Aufstellung des Empedokles, Plato und Aristoteles differiert:

Es kommt auf das Wasser:	Acid. sulphur.
Es kommt auf die Erde:	Natron
Es kommt auf das Feuer:	Liquor hepatis
Es kommt auf die Luft:	Pulv. solaris

Und indem die alexandrinischen Griechen dem eine praktische Unterlage geben, daß Liqu. hepat. das Feuerarkanum sei, sagen sie, Empedokles hielt sich, um der Luft eine praktische Unterlage für dieses Arkanum zu geben, an den penetranten Geruch desselben. Nun, der penetrante Geruch verdankt hauptsächlich dem Schwefel seine Existenz. Das Präparat riecht hervorstechend nach Schwefel, damit liegt der praktische Anhaltspunkt dafür vor, daß es das Schwefelarkanum, oder, da Schwefel = Feuer, das Feuerarkanum ist.

Und um dem eine praktische Unterlage zu geben, daß Pulv. solaris das Luftarkanum sei, sagen sie, wenn man Pulv. solaris mit einer starken Säure, z.B. Salzsäure behandelt, so entwickelt er Luft (Hydrothiongas). Das zeigt den Luftgehalt des Präparates. Oder die Sache kann auch so liegen, daß die Darstellungsweise des Pulv. solar. ruber in's Auge gefaßt wird. Bei der Darstellung des Hydr. oxyd. rubr. entwickeln sich die charakteristischen roten Dämpfe, und bei der Darstellung des S. aurat. entwickelt sich beim Zugießen vom Acid. sulphur. zur Lösung des Schlippeschen Salzes intensiv Hydrothiongas. Diese Luftentwicklung bei der Darstellung des Pulv. solaris (ruber) hat so etwas Charakteristisches, daß sie wohl geeignet ist, das Motiv dazu abzugeben, daß Pulv. solaris das Luftpräparat sei. Ob sie bei der Auffassung des Pulv. solar. als Luft von vornherein auf die komplizierte Vorstellung eingingen, wie wir sie bei der Tab. smaragdina kennenlernen werden, steht dahin.

Und so stellen denn die alexandrinischen Griechen das folgende Schema auf, in dem sich ihre Anschauungen konzentrieren:

I. {	Acidum sulphur. Natron	Liquor hepatis Pulv. solaris	} II.

Das heißt vom *Elementenstandpunkt*:

Acid. sulphur. repräsentiert das Element Wasser, Natron repräsentiert das Element Erde, Liquor hepatis repräsentiert das Element Feuer, Pulvis solaris repräsentiert das Element Luft. So ist der allgemeine Standpunkt. Vom besonderen Standpunkt ist Liquor hepatis Wasser-Feuer, Pulvis solaris Erde-Luft.

Das heißt vom *arkanologischen Standpunkt*:

Es gibt 4 Arkana: Acid. sulphur., Natron, Liquor hepatis, Pulvis solaris. Diese treten zu 2 Gruppen, Acid. sulphur., Natron einerseits, und Liquor hepatis, Pulvis solaris andererseits zusammen. Damit ist die Arkanen-Zwei repräsentiert. Gruppe ad II. tritt dann ferner zu Gruppe ad I., womit denn die Arkanen-Eins als Arkanensumme gegeben ist. Das Motiv, daß sich 2 Gruppen bilden, liegt darin, daß sowohl Acid. sulphur und Natron, als auch Liquor hepatis und Pulvis solaris ein Festes und Flüssiges bilden. Daß Motiv, daß diese Gruppen zusammentreten, liegt im kosmologischen Standpunkt des Schemas.

Daß heißt endlich vom *kosmologischen Standpunkt*:

Acid. sulphur. repräsentiert den Orbis terrarum fluidus, Natron repräsentiert den Orbis terrarum fixus, Liquor hepatis repräsentiert: Sonne, Mond und Sterne, Pulvis solaris repräsentiert das Firmament. Denn Acid. sulphur. ist vom Elementenstandpunkt Wasser, nun, das ist auch der Orbis terrarum fluidus. Natron ist vom Elementenstandpunkt Erde, nun, das ist auch der Orbis terrarum fixus. Liquor hepatis ist vom Elementenstandpunkt als Schwefelpräparat Feuer, nun, auch Sonne, Mond und Sterne sind Feuer. Nun ist aber Liquor hepatis auch flüssig. Es müssen also auch Sonne, Mond und Sterne flüssig sein. Das sind sie aber, indem sie als Feuer-Meere aufgefaßt werden. Pulvis solaris ist vom Elementenstandpunkt Luft. Nun, auch das Firmament ist Luft, das ist ja die populäre Auffassung, die wir bereits kennen. Nun ist aber Pulvis solaris zugleich auch fest. Nun, das ist auch das Firmament, indem es als eine solide Glocke über der Erde steht. — Das Motiv, daß die Kosmologika zu zwei Gruppen zusammentreten, liegt im Arkanenstandpunkt des Schemas. Das Motiv, daß Gruppe II. ad I. tritt, liegt darin, daß Gruppe ad I. den Orbis terrarum bildet. Gruppe ad II. den Himmel im Ganzen. Die Welt ist aber die Summe von Orbis terrarum und Himmel. Also ist es sehr natürlich, daß man Orbis terrarum und Himmel zusammentreten läßt und so die kosmologische Welt erhält.

Bezüglich des *näheren Arrangements* des Schemas haben wir ff.

Die Gruppe Acid. sulphur., Natron repräsentiert kosmologisch den Orbis terrarum. Die Gruppe Liquor hepatis, Pulvis solaris repräsentiert kosmologisch den Himmel. Nun bewohnen wir aber die Erde und nicht den Himmel. Es ist daher natürlich, daß wir von unserer Wohnstätte ausgehen und sagen, zu dieser unserer Wohnstätte tritt der Himmel hinzu, und darin haben wir die ganze Welt. Das liegt viel natürlicher, näher, als daß wir, von dem uns ferner liegenden Himmel ausgehend, sagen, die Erde, die wir bewohnen, tritt zum Himmel hinzu. Damit ist es denn motiviert, daß die Gruppe ad I. voransteht. In ihrem Voranstehen ist gegeben, daß wir erst einmal den Orbis terrarum haben, und wenn wir ihn haben, dann schmiegt sich an ihn der Himmel, dann erst kommt die Gruppe ad II.

In der ersten Gruppe muß Acid. sulphur. oben stehen. Denn Acid. sulphur. repräsentiert vom Elementenstandpunkt: Wasser, Natron: Erde. Wo man aber Wasser hat, da hat man kraft des Wasserverwandlungsexperimentes: Erde. Nicht aber umgekehrt hat man da, wo man Erde hat, Wasser. Also spielt das Wasser die erste Rolle. Und demzufolge muß das Wasser, resp. das sich an dasselbe schmiegende Acid. sulphur. oben stehen.

In der zweiten Gruppe muß Liquor hepatis oben stehen, denn er ist vom Elementen-Standpunkt Wasser und Feuer, wohingegen Pulvis solaris Erde und Luft ist. Damit ist denn ein doppelter Grund gegeben, daß Liquor hepatis oben steht. Der erste Grund ist derselbe Grund, der vorlag, daß in der ersten Gruppe Acid. sulphur. oben steht. Der zweite Grund ist aber der, daß man da, wo man Feuer hat, auch Luft hat, nicht aber umgekehrt da, wo man Luft hat, nun auch Feuer hat, also das Feuer die erste Rolle spielt.

Jüdische Alchemie in Alexandrien

Die ersten alexandrinischen Juden waren teils freiwillig, teils unfreiwillig nach Alexandrien gekommen. Man vergleiche hierüber Flav. Josephus: Antiquitat. Jud. Die allseitige Beschützung der Wissenschaften, die Pflege, welche die Ptolemäer den Wissenschaften angedeihen ließen, mag hinterdrein noch manchen gewogen haben, sein Domizil in Alexandrien zu nehmen. Hier lernten die jüdischen Alchemisten die griechische Alchemie näher kennen, hier lernten sie von Angesicht zu Angesicht, was die Griechen mit ihrer Alchemie angefangen hatten. Indem sie nun aber kennenlernten, was die Griechen mit der jüdischen Alchemie angefangen hatten, übte das einen Rückschlag auf sie und eröffnete ihnen neue Gesichtspunkte.

Das dreiteilige Wasserverwandlungsexperiment

Wie wir wissen, instituiert Heraklit das arkanologische Experiment in der Weise, daß der Schwefel dabei eine hervorragende Rolle spielt. Vielleicht ist es gerade das, was die jüdischen Alchemisten darauf führt, dem Wasserverwandlungsexperiment im Kleinen eine Ausdehnung zu geben, dasselbe *mittels Feuer* zu instituieren. Das Wasserverwandlungsexperiment wird auf diese Weise derartig instituiert, daß man Wasser nimmt, welches zum Fallenlassen eines Bodensatzes disponiert, dann erhält man oben Wasser, unten Erde. Durch das untergelegte Feuer wird aber zugleich das Wasser heiß, es entwickelt Schwaden, das ist aufsteigende Luft. Und so erhält man denn anhand des mittels Feuer instituierten Wasserverwandlungsexperimentes nicht nur Wasser und Erde, sondern auch Luft, also im Ganzen das Dreifache: Wasser, Erde, Luft. Es ergibt nun das Wasser, mittels dessen das Wasserverwandlungsexperiment instituiert wird, nach jüdischer Auffassungsweise keinen Bodensatz, wenn es nicht zum Fallenlassen eines Bodensatzes von vornherein disponiert, wenn sich von vornherein keine Erde in ihm befindet. Das analoge Verhältnis muß nun auch in Bezug auf die Luft statt haben. Wie das Wasser von vornherein Erde enthält, so muß es auch von vornherein Luft enthalten. Das untergelegte Feuer, sagt man, schafft nicht die Luft in das Wasser hinein, nein, es zieht sie heraus, nachdem sie vorab einmal in dem Wasser ist.

Analog, wie nun das Wasserverwandlungsexperiment im Kleinen nach der neuen Anschauungsweise mittels Feuer zu instituieren ist, ist auch das Wasserverwandlungsexperiment im Großen mittels Feuer zu instituieren. Indem also Gott das Experiment im Großen vornimmt, kommt er nicht mit troubliertem Wasser aus, sondern er muß mit diesem Wasser auch Feuer in Berührung bringen. Tut er das aber, so ist auch die Folge eine andere, als früher beim zweiteiligen Wasserverwandlungsexperiment. Das Wasserverwandlungsexperiment im Großen mittels Feuer instituiert ergibt nicht nur den Orbis terrarum fluidus und den Orbis terrarum fixus, es ergibt auch das Firmament. Zu diesem nämlich gestaltet sich die aufsteigende Luft, wie sich das Wasser zum Orbis terrarum fluidus und die Erde zum Orbis terrarum fixus gestaltet. Da nun Wasser, ohne vorweg Erde zu enthalten, kein Präzipitat ergibt, so lag es Gott beim zweiteiligem Wasserverwandlungsexperiment ob, in das Wasser Erde hineinzuschaffen. Diese Erde reicht beim dreiteiligen Wasserverwandlungsexperiment aber nicht hin. Denn wie wir vorhin gesehen, muß beim dreiteiligen Experiment das Wasser von vornherein ebensowohl Luft als Erde enthalten. Demgemäß liegt es Gott beim dreiteiligen Wasserverwandlungsexperiment im Großen nicht nur ob, da, wo er das Experiment vorbereitet, Erde, sondern auch Luft in das betreffende Wasser hineinzuschaffen.

Diese neue Auffassung des Wasserverwandlungsexperimentes gibt nun den Anhaltspunkt zu einer neuen Interpretation der biblischen Schöpfungsgeschichte. Wir werden sie im folgenden Abschnitt kennenlernen.

Neue Interpretation der biblischen Schöpfungsgeschichte

Vergleiche die Werke des *Philo*.

Im Sinne der neuen Interpretation übersetzen die Septuaginta, die sogenannten siebzig Interpreten, das sind die alexandrinischen Gelehrten, welche das alte Testament in's Griechische übertragen haben. Wir haben uns daher an sie zu halten.

Vorab wollen wir an ihrer Hand die 19 ersten Verse des ersten Kapitels des Ersten Buches Mosis kennenlernen, welche das Hauptaugenmerk auf sich ziehen.

Die Vorbereitungsperiode zum Wasserverwandlungsexperiment im Großen schließt nicht mit Vers 2 ab, wie in der eigentlichen Interpretation, sondern erst mit dem Ende des Vers 5.

Es wird *nicht*, wie bei der eigentlichen Interpretation, angenommen, daß das Wasser einmal zuvörderst da ist, und daß der Anfang des »Am Anfang schuf Gott« da liegt, wo Gott auf die Idee kommt, das Wasserverwandlungsexperiment im Großen vorzunehmen, *sondern* es wird angenommen, daß der Anfang des »Am Anfang schuf Gott« der Anfang aller Dinge sei.

Der Himmel des Vers 1 ist nicht das Weltengefäß, sondern wird als *Luft* gefaßt, so daß Gott am Anfang, das ist am Anfang aller Dinge, erschafft: Luft, Erde, Wasser. Das Wasser, mit dem das Wasserverwandlungsexperiment instituiert werden soll, enthält Luft und Erde. Diese sind aber nicht sichtbar. Damit, daß wir das Wasserverwandlungsexperiment haben, ist uns, nach der Art der eigentlichen Interpretation der ersten Schöpfungsgeschichte, nicht geholfen. Denn es handelt sich um das dreiteilige Experiment, und bei dem können wir das Feuer nicht entbehren. Das Feuer entsteht nun, indem Gott sagt: Es werde *Licht*. Das Licht wird zwiefach aufgefaßt, als *Feuer* und Licht. Das Licht erhält die *Natur*, und gibt damit den Anhaltspunkt für das Entstehen des Tages. Das Feuer wird für das *Wasserverwandlungsexperiment* verwertet.

So haben wir die Vorbereitungsperiode. Sie bringt uns Wasser mit Luft und Erde einerseits, Feuer andererseits, das sind die Requisiten zum dreiteiligen Wasserverwandlungsexperiment. Sie bringt uns den Tag im Allgemeinen, damit die Schöpfung nach Tagen vor sich gehen kann.

Und nun beginnt die zweite Periode. Sie bringt uns den Himmel (2. Tag), indem der Schwaden aufwärts geht und als Luft den Himmel konstituiert. Sie bringt uns den Orbis terrarum fixus et fluidus (3. Tag), indem die Erde des Weltenwassers ein Präzipitat bildet und sich das Wasser über dasselbe stellt. Sie bringt uns Sonne, Mond und Sterne (4. Tag). Überhaupt, und namentlich in Bezug auf diese letzteren, liegt der Sachverhalt ff. In der ersten Periode haben wir Wasser, Erde, Luft. Diese entwickeln sich in der zweiten Periode fort zu: Himmel, Land, Meer. Wir haben aber auch in der ersten Periode das Licht, und dies entwickelt sich fort zu Sonne, Mond und Sternen. Die erste Periode steht der zweiten gegenüber, wie sich *Idealität* und *Realität* einander gegenüberstehen. Wir haben:

Erste Periode	*Zweite Periode*
Mehr ideelle Luft, das ist die Luft des Weltenwassers,	Reelle Luft, das ist der Himmel,
mehr ideelles Wasser, das ist das Weltenwasser in seiner Flüssigkeit,	reelles Wasser, das ist der Orbis terrarum fluidus,
mehr ideelle Erde, das ist die Erde, die sich im Weltenwasser befindet,	reelle Erde, das ist der Orbis terrarum fixus,
mehr ideelles Licht	reelles Licht, das sind Sonne, Mond und Sterne.

Anhand solcher Auffassung ist denn der erste Tag mehr ein ideeller Tag. Er gehört der ersten Schöpfungsperiode an und steht daher mit einem Fuße gerade so wohl in der Idealität, als das Licht, welches sich an ihn knüpft, ebensowohl als das Wasser, die Luft, die Erde der ersten Periode. Ein wirklich reeller Tag ist erst der zweite Tag, denn er gehört erst der zweiten Periode an. Damit wird denn im Grunde der zweite Tag zum ersten, der dritte Tag zum zweiten, der vierte Tag zum dritten, und hiermit kommen denn anhand der alexandrinischen Interpretation der Schöpfungsgeschichte nicht *vier* Tage auf die anorganische Welt, sondern bloß *drei*.

Lernen wir das nun auf Grund des Textes der Septuaginta näher kennen.

Vers 1. Ἐν αρχη εποιησεν ο Θεος τον ουρανον και την γην.

Himmel, ουρανος, wird als Luft genommen. Luft und Himmel rangieren ja vielfach als synonyme Begriffe.

Vers 2. Ἡ δε γη ην αορατος και ακατασκευαςος και σκοτος επανω της αβυσσου. και πνευμα Θεου επεφερετο επανω του υδατος.

Hier tritt also ein für *Tohu* αορατος, unsichtbar, und für *Wawohu* ακατασκευαστος, unzubereitet. Beide Ausdrücke sind sehr willkürlich gegriffen.

Wir befinden uns in der ersten Periode, in der Periode der Vorbereitung des Wasserverwandlungsexperimentes im Großen. Es handelt sich um das dreiteilige Wasserverwandlungsexperiment, bei welchem dem Wasser die Prädisposition inne wohnt, Dampf und Bodensatz zu ergeben, welches Wasser also Luft und Erde enthält. Die Luft, welche dieses Wasser enthält, kann man eo ipso nicht sehen, und so wird denn als Seitenstück dazu genommen, daß man auch die Erde nicht sehen kann, das ist, daß sie αορατος ist. Es nimmt also die alexandrinische Interpretation an, daß zum Wasserverwandlungsexperiment Wasser genommen werde, welches wie Luft so auch präsumtiv Erde enthalte, daß man aber die letztere ebensowenig, wie die erstere sehen könne. Diese Auffassung der Erde verläßt zwar den Standpunkt nicht, daß das Wasserverwandlungexperiment mit solchem Wasser vorzunehmen sei, dem vorab die Prädisposition, Erde fallenzulassen, inne wohnt (denn sonst brauchte Gott ja nicht am Anfang die γη zu schaffen), sie will damit aber nicht gesagt wissen, daß die betreffende Erde nun auch wahrnehmbar wäre. Dieser Auffassungsweise gemäß enthält das Wasser, mittels dessen das Wasserverwandlungsexperiment vorgenommen wird, wohl Erde, aber auf den ersten Anblick scheint es, als wenn man Wasser ohne Erde hätte. Das ist also, um so zu sagen, ein Mittelverhältnis zwischen Wasserverwandlung im eigentlichen und uneigentlichen Sinn.

So ist die Sachlage mit dem »αορατος«. Der Ausdruck »ακατασκευαστος«, unzubereitet, lehnt sich an αορατος. Wenn man sich das Wasser zum Wasserverwandlungsexperiment machen will, so nimmt man reines (destilliertes) Wasser einesteils und Erde anderenteils, und mengt sie durcheinander. Eine solche Erde will der Interpret als *zubereitet* aufgefaßt wissen, weil sie das Wasserverwandlungsexperiment zubereitet. Und da diese Zubereitungserde präsumtiv das Wasser troubliert, so wird sie sichtbar. Demgemäß geht sichtbare und zubereitete Erde Hand in Hand, und dementsprechend müssen denn auch unsichtbare Erde und unzubereitete Erde, γη ακατασκευαστος, Hand in Hand gehen. Was also auf der einen Seite unsichtbar ist, ist auf der anderen Seite in analoger Weise unzubereitet. Und so kommt denn heraus, daß die γη ist: αορατος και ακατασκευαςος.

και σκοτος επανω της αβυσσου.

Der Interpret kalkuliert ff. Wo man sieht, da ist es hell, und wo man nicht sieht, da ist es dunkel. Wo man daher etwas sehen kann, da herrscht Helligkeit, und wo man etwas nicht sehen kann, da herrscht σκοτος , Finsternis. Es herrscht also in Bezug auf die γη αορατος (und ατακασκευαςος) und die Luft Finsternis. Im Wasser, in dem sich die Luft und die Erde befindet, herrscht in Bezug auf diese Luft und Erde, die man nicht sehen kann, Finsternis.

Nun wird αβυσσος ganz im Sinne genommen, wie Luther es übersetzt: Tiefe. Wenn man im Wasser die Luft und Erde nicht sehen kann, so herrscht Finsternis in dem Wasser, wobei der Standpunkt angenommen wird, als befände sich der Nichtsehende im Wasser. In gleicher Beziehung wird angenommen, wo der Nichtsehende sich nicht im Wasser befände, sondern daneben, darüber u.s.w., es herrsche Finsternis auf der Tiefe, weil er wegen der Finsternis nicht in die Tiefe, in den Abgrund hinabsehen kann. Demgemäß wird επανω της αβυσσου als synonym mit εν υδατι genommen.

Der Interpret bezieht also den Umstand, daß Finsternis auf der Tiefe herrscht, darauf, daß die Erde unsichtbar und unzubereitet ist und die Luft per se unsichtbar ist. Zugleich will er aber auch im Allgemeinen darauf hinweisen, daß es in der Natur überhaupt dunkel war.

και πνευμα Θεου επεφερετο επανω του υδατος.

Wir wissen bereits, daß der Anfang des »Am Anfang schuf Gott« der Anfang aller Dinge ist. An diesem Anfang also schuf Gott Wasser, Luft, Erde. Hierbei sollte nun eigentlich das Wasser voranstehen. Denn wo es sich um das Wasserverwandlungsexperiment handelt, da hat man doch das Wasser im Vordergrund stehend. Daß dieses Wasser nun auch Luft und Erde enthält, das ist eine nähere Eigenschaft des betreffenden Wassers, die sich, um uns so auszudrücken, im zweiten Teil findet. Hier aber haben wir, daß Gott am Anfang Luft und Erde schuf. Hier liegt die Sache des Näheren so, daß zuerst die Luft kommt, dann die Erde. Dann wird die Erde in ihren Eigenschaften näher bestimmt. Dann kommt der αβυσσος, der sich zwar leicht als Wasser erkennen läßt, in Bezug auf den es aber immer etwas eigentümlich liegt, daß von Tiefe die Rede ist, wo man eigentlich noch gar nicht weiß, was denn tief sein soll. Nun endlich erst kommt das Wasser, indem gesagt wird, der Geist Gottes schwebte auf dem Wasser. Es ist zwar schon recht, daß von Luft, Erde und Wasser die Rede ist, daß diese am Anfang, im Anfang entstehen, mit dem Anfang koinzidieren und somit auf einen Guß da sind. Wo aber Wasser, Luft, Erde auf einen Guß da sind, da bleibt es am Ende gleich, ob man sagt: Wasser, Luft, Erde oder: Luft, Erde, Wasser, oder: Erde, Wasser, Luft. Das ist schon recht. Trotzdem erwartet man aber, weil das Wasser die Hauptangel ist, um die sich die Sache dreht, das Wasser an erster Stelle. In Bezug hierauf nun beutet der Interpret den vorliegenden Passus aus. Indem der Geist Gottes auf dem *Wasser* schwebt, wird Gott ganz besonders mit dem Wasser in Relation gebracht. Das, sagt der Interpret, deutet hinlänglich darauf, daß das Wasser vor der Luft und der Erde an erster Stelle dasteht, und macht eine Wortarrangierung, die dasselbe ausdrücken soll, überflüssig. — Übrigens steht auch nichts im Wege, wie in der eigentlichen Interpretation der Schöpfungsgeschichte, Gott als solchen *über* dem Wasser zu nehmen, der das Wunder des Wasserverwandlungsexperimentes, der das Wasserverwandlungsexperiment leitet.

Vers 3. Και ειπεν ο Θεος, Γενηθητω φϖς. και εγενετο φϖς.

Vers 4. initio: Και ειδεν ο Θεος το φϖς, οτι καλον.

In dem Schriftstück, welches der Autor des ersten Kapitels des ersten Buches Mosis vor sich liegen hat, ist das eine φϖς,

Vers 3 = Luft, und das andere = Sonne, Mond und Sterne. Dies führt nun unseren Interpreten darauf, hier die beiden φϖς in verschiedener Bedeutung zu nehmen. Er nimmt das eine als *Licht* und das andere als *Feuer.* Wenn also Gott am ersten Tag das Licht erschafft, so ist das nicht ein Licht, sondern zwei Lichter, und von diesen wird angenommen, daß das eine: Feuer und das andere: Licht.

Das Feuer tritt hier in den Vordergrund. Es ist das Feuer, welches zum dreiteiligen Wasserverwandlungsexperiment erforderlich ist. Es wird unter das Wasser von vorhin gelegt. Dieses Feuer gehört also nicht in die zweite Schöpfungsperiode, sondern in die erste. Denn daß Feuer unter das Wasser gelegt wird, gehört zu den Vorbereitungen des Wasserverwandlungsexperimentes. Das Feuer nun, welches untergelegt wird, muß auch effektiv seine Wirksamkeit entfalten, es muß zeigen, daß es etwas fruchtet zum Wasserverwandlungsexperiment. Zeigt es das nicht, so kann man ja nicht wissen, ob es nicht unzulänglich ist. Wenn man daher auch nicht in dieser Periode prätendieren kann, den Orbis terrarum fixus zu erhalten (der sich, beiläufig gesagt, beim dreiteiligen Wasserverwandlungsexperiment um so energischer entwickeln muß, da der Wasserteil, welcher verdampft oder verdunstet, eo ipso seine Erde zu Boden fallen lassen muß), den Orbis terrarum fluidus und die zum Himmel nötige Luft zu erhalten, so muß man dagegen wohl prätendieren, den handgreiflichen Beleg dafür zu erhalten, daß die Luftentwicklung und die Präzipitatentwicklung für die zweite Periode vorbereitet ist. Sie ist aber vorbereitet, wenn die unsichtbare Luft durch Blasen sichtbar wird, und wenn die unsichtbare Erde durch eine entstehende Troublierung sichtbar wird. Deswegen:

Vers 4. altera pars: και διεχωρισεν ο Θεος ανα μεσον του φωτος και ανα μεσον του σκοτους.

ανα μεσον ist das *Bin* des Textes, das ist »zwischen«.

φϖς ist hier nicht das φϖς von vorhin. Es ist vielmehr der Gegensatz zu der Finsternis, dem σκοτος des zweiten Verses. Jenes σκοτος bezog sich auf das Unsichtbarsein von Luft und Erde. Wenn nun Gott διεχωρισεν, separativ, trennte zwischen φϖς und σκοτος, zwischen Licht und Finsternis, so trennt er im αορατον (α — ορατον) das α privativum, welches das σκοτος repräsentiert, von dem ορατον, welches das φϖς repräsentiert, und dadurch wird das Unsichtbare zum Sichtbaren. Indem das Licht von der Finsternis getrennt wird, hat das statt, daß die unsichtbare Luft sichtbar wird, d. h., daß sich Blasen zeigen, und daß die unsichtbare Erde sichtbar wird, d.h., daß das vorhin nicht troublierte Wasser troubliert wird. Erst dadurch, daß das statt hat, hat man den Beleg dafür, daß man nun auch wirklich an das Ende der ersten Periode angekommen ist.

Vers 5. Και εκαλεσεν ο Θεος το φϖς ημεραν, και το σκοτος εκαλεσε νυκτα. και εγενετο εσπερα, και εγενετο πρωι, ημερα μια.

Was nun in Bezug auf das Feuer statt hat, das hat auch in Bezug auf das Licht statt. Wie das Feuer bewirkt, daß die unsichtbare Luft, die unsichtbare Erde sichtbar wird, so bewirkt das Licht, daß die unsichtbare Natur sichtbar wird. Die Natur ist bis dahin ein α — ορατον. Nun trennt das Licht, welches dem untergelegten Feuer zur Seite steht, das α privativum, welches das σκοτος repräsentiert, von dem ορατον, welches das φϖς repräsentiert. Dieses φϖς nennt Gott nun: Tag, jenes σκοτος nennt Gott: Nacht. Somit hat man auf Grund des dem Feuer zur Seite stehenden Lichtes Tag und Nacht, damit Abend und Morgen, und damit den Tag im Allgemeinen.

Nun bemerke man: Wir befinden uns in der Vorbereitungsperiode. Das Feuer bringt uns anhand des lufthaltigen, erdhaltigen Wassers wohl die Einleitung zu den Kosmologika selbst. Ganz so liegt es mit dem Licht, welches mit dem Feuer Hand in Hand geht. Das bringt uns wohl die Einleitung zum Tage, aber nicht den Tag selbst, oder mit anderen Worten, es bringt uns wohl den Tag im Allgemeinen, aber nicht den Tag im Besonderen. Wie die entstehenden Luftblasen, die Trübung, welche im Wasser entstehen, wohl den Impuls zu den Kosmologikis der folgenden Periode geben, aber noch nicht die Kosmologika selbst repräsentieren, so gibt der Tag, von dem hier die Rede ist, wohl den Impuls dazu, daß die Schöpfung sich nach Tagen abwickeln kann, der eigentliche *erste* Tag ist er aber nicht, der eigentliche erste Tag ist erst der zweite Tag, mit dem die folgende Periode beginnt. Für diese Auffassung kommt dem Interpreten der Textlaut sehr gut zu statten. Es steht nämlich *nicht:* Es ward Abend und es ward Morgen: — *der erste Tag* (Luther übersetzt: Da ward aus Abend und Morgen der erste Tag), es steht *nicht: »Wajehi erew wajehi boker jom rischon«* und dem analog übersetzten die Septuaginta *nicht:* και εγενετο εσπερα, και εγε–

νετο πρωι, ημερα πρωτη, *sondern* für: erster Tag, *Jom rischon*, ημερα πρωτη, steht: ein Tag, *Jom echad*, ημερα μια. Dahinter legt sich nun der Interpret und sagt, der *eine* Tag ist noch lange nicht der *erste* Tag. Erst beim zweiten, dritten Tag u.s.w. kommt die Ordinalzahl: der zweite, der dritte u.s.w. an die Reihe, und darum konstituieren *sie* erst die eigentlichen Tage, die Tage nicht im Allgemeinen, sondern im Besonderen. Daß nun in der zweiten Periode dem *einen* Tag der ersten Periode nicht der *erste* Tag folgt, sondern gleich der *zweite*, daß dieser zweite Tag nach den Antezedentien nicht der erste Tag genannt wird, das sagt der Interpret, macht sich ganz gut. Der allgemeine Standpunkt, und damit die mindere Wichtigkeit des Tages der ersten Periode ist schon sattsam dadurch charakterisiert, daß er der eine und nicht der erste genannt wird. Trotz dieses allgemeinen Standpunktes ist aber dieser Tag als Impuls für die folgenden Tage wichtig genug. Dieser sein wichtiger Standpunkt würde aber viel zu sehr in den Hintergrund gedrängt werden, wenn die zweite Periode mit dem *ersten* Tag anfinge.

Übrigens liegt eine solche Auffassung *ein* Tag für: der *erste* Tag bereits im Sinne des Originals. Der Autor dieses hat gewiß auch im Auge, durch den *einen* Tag mehr einen Blick auf den Tag im Allgemeinen zu werfen, den er vorab einmal haben muß, damit die Schöpfung nach Tagen vor sich gehen kann.

Vers 6. Και ειπεν ο Θεος, Γενηθητω στερεωμα εν μεσω του υδατος και εσω διαχωριζον ανα μεσον υδατος και υδατος. και εγενετο ουτως.

Die Rakia wird hier zum στερεωμα, das ist das Festgemachte, Solidgemachte, von στερεον fest, solid. Diese Übersetzung ist willkürlich genug.

Hier fängt also die zweite Periode an, in der uns zuerst der Himmel präsentiert wird. Der Himmel ist repräsentiert in der Luft, dem Schwaden, den das Wasser beim dreiteiligen Wasserverwandlungsexperiment ergibt. Der Himmel ist nach der Auffassung der Alten etwas Festes, ein Solidum, sonst könnten die Sterne nicht an ihn geheftet sein, sonst könnte er keine Kuppel über der Erde bilden. Darum muß der Schwaden fest werden, und dieser festgewordene Schwaden ist eben in dem στερεωμα, oder wie Luther übersetzt: »Veste« repräsentiert. Der Interpret hat im Sinne, Gott soll sagen: Die Luft werde fest. Das geht nun nach dem Wortlaut des Textes nicht, und so wird uns die feste Luft so geboten, wie wir es im vorliegenden Vers finden.

Vorab ist das Wasser dieses Verses nicht Wasser, sondern Schwaden. Schwaden wird deshalb Wasser genannt, weil er naß ist.

Dem εν μεσω (*Betoch*) des Textes zu Liebe muß das στερεωμα mitten in dem Schwaden entstehen und damit eine Scheidewand bilden (εστω διαχωριζον) zwischen dem Schwaden oberhalb und unterhalb des στερεωμα. Der Schwaden, die Luft, unterhalb bildet nun die Wolken, das ist naheliegend. Was aber den Schwaden, die Luft, *oberhalb* betrifft, so muß entweder angenommen werden, daß diese Luft in ein jenseits des Himmels gelegenes Universum entweicht, oder es muß angenommen werden, daß über dem festen Himmel sich noch eine Luftschicht befindet.

Vers 7. Και εποιησεν ο Θεος το στερεωμα και διεχωρισεν ο Θεος ανα μεσον του υδατος, ο ην υποκατω του στερεωματος, και ανα μεσον του υδατος του επανω του στερεωματος.

Im vorigen Vers hatten wir das Aussprechen des Werdens, hier das Werden. Gott macht also das στερεωμα. Mittels dieses στερεωμα macht er eine Scheidewand zwischen der Luft oberhalb und unterhalb desselben.

Vers 8. Και εκαλεσεν ο Θεος το στερεωμα ουρανον. και ειδεν ο Θεος, οτι καλον. και εγενετο εσπερα, και εγενετο πρωι, ημερα δευτερα.

Gott nennt nun die festgewordene Luft, das στερεωμα: Himmel.

Vers 9. Και ειπεν ο Θεος, Συναχθητω το υδωρ το υποκατω του ουρανου εις συναγωγην μιαν, και ο–φθητω η ξηρα. και εγενετο ουτως.

Nun kommt noch: και συνηχθη το υδωρ το υποκατω του ουρανου εις τας συναγωγας αυτϖν, και ωφθη η ξηρα.

Dieser Satz vermittelt das vorhin Gesagte mit dem Vers 10. Indessen, heutzutage findet er sich nicht im hebräischen Urtext vor.

Vers 10. Και εκαλεσεν ο Θεος την ξηραν γην και τα συστηματα τϖν υδατων εκαλεσε θαλασσας. και ειδεν ο Θεος, οτι καλον.

Hier kommen der Orbis terrarum fluidus et fixus an die Reihe.

Die Sachlage ist ganz die, welche sie bei der eigentlichen Interpretation der ersten Schöpfungsgeschichte ist.

Das Textwort *Makom* wird hier mit συναγωγη gegeben. Diese συναγωγη kann man in doppelter Weise fassen. Es soll sich das Wasser an einem Orte sammeln. Wenn das aber statt hat, so ist dieser Ort ein Versammlungsort, das ist ein Sammelplatz. Auf die Weise gehen *Makom* und συναγωγη nicht weit auseinander. Die Sache kann aber auch ff. liegen. Zuerst erfolgt das Präzipitat aus dem Weltenwasser, wie wir das wissen, mehr flächenweise. Jetzt, am dritten Tage, setzt sich dagegen das Präzipitat in unregelmäßiger Form an; es entstehen Präzipitathügel und Vertiefungen. Nun denke man sich eine Präzipitatfläche, welche man in die Hügel- und Vertiefungsform umwandeln will. Zu dem Ende umfaßt man die Fläche mit den Händen und drückt sie zusammen. Auf Grund einer solchen Auffassung findet ein Zusammendrücken, ein Zusammentreiben statt, und dies Zusammendrücken, Zusammentreiben, oder passiv: dieses Zusammengedrücktwerden, dieses Zusammengetriebenwerden findet in der συναγωγη einen charakteristischen Ausdruck. Faßt man die Sache so, dann ist συναγωγη ein Ausdruck, welcher ganz spezifisch auf die Absetzung des Präzipitates in Hügel- und Talform lossteuert.

Die συναγωγη μια präsentiert uns nun vorab einmal *einen* Präzipitat-Krater. In diesen stellt sich das Wasser. Der Krater wird von seinem Rande überragt, und dieser Rand ist die ξηρα, *Jabascha,* welche sichtbar wird. Es entstehen aber *mehrere* solcher Krater, und auf diese weist dann der Schlußteil des Vers 9 hin, welcher, wie wir wissen, im hebräischen Text, wie er uns heute vorliegt, fehlt. Nun nennt Gott die ξηρα kollektiv (eigentlich τας ξηρας): Land, γη, *Eretz;* wogegen er die Wasseransammlung (hier steht nicht συστημα; welches, wenn es daständе, kollektiv zu nehmen wäre, sondern es steht συστηματα im Plural, Wasseransammlungen, die Summe der einzelnen Wasserherde) nennt: Meere, θαλασσας, *Jamim.*

Die Verse 11, 12, (13), welche im Anschluß an das entstandene Land die Pflanzenwelt bringen, überspringen wir, und gehen gleich über zu

Vers 14. Και ειπεν ο Θεος, Γενηθητωσαν φωςηρες εν τω ςερεωματι του ουρανου — εις φαυσιν επι της γης — του διαχωριζειν ανα μεσον της ημερας και ανα μεσον της νυκτος και εστωσαν εις σημεια, και εις καιρους, και εις ημερας, κει εις ενιαυτους.

NB. Die Worte, die wir zwischen 2 Gedankenstriche gestellt, nämlich εις φαυσιν επι της γης, befinden sich heutzutage nicht mehr im Urtext.

Vers 15. Και εςωσαν εις φαυσιν εν τω στερεωματι του ουρανου, ωςε φαινειν επι της γης. και εγενετο ουτως.

Vers 16. Και εποιησεν ο Θεος τους δυο φωςηρας τους μεγαλους τον φωςηρα τον μεγαν εις αρχας της ημερας, και τον φωςηρα τον ελασσω εις αρχας της νυκτος, και τους αστερας.

Vers 17. Και εθετο αυτους ο Θεος εν τω ςερεωματι του ουρανου, ωςε φαινειν επι της γης.

Vers 18. Και αρχειν της ημερας και της νυκτος, και διαχωριζειν ανα μεσον του φωτος και ανα μεσον του σκοτους, και ειδεν ο Θεος, οτι καλον.

Vers 19. Και εγενετο εσπερα, και εγενετο πρωι, ημερα τεταρτη.

Hier kommen Sonne, Mond und Sterne an die Reihe. Es hat nicht statt, daß in der zweiten Schöpfungsperiode, sozusagen auf eigene Hand der Himmel, der Orbis terrarum fluidus et fixus geschaffen werden, vielmehr wird dadurch, daß aus der ersten Schöpfungsperiode die zweite wird, die Luft der ersten Periode zum Himmel, das Wasser der ersten Periode zum Orbis terrarum fluidus, die Erde der ersten Periode zum Orbis terrarum fixus. Ganz so ist die Sachlage in Bezug auf Sonne, Mond und Sterne. Es hat nicht statt, daß sie sozusagen auf eigene Hand geschaffen werden, vielmehr wird dadurch, daß aus der ersten Schöpfungsperiode die zweite wird, das Licht der ersten Periode, welches dem Feuer zur Seite steht, zu Sonne, Mond und Sternen. Aus dem φως der ersten Periode werden die φωστηρες, Lichtkörper, der zweiten Periode. Die Rolle, welche das φως der ersten Periode hatte, das ist das διαχωριζειν ανα μεσον του φωτος και ανα μεσον του σκοτους, , oder was sich gleich bleibt ανα μεσον της ημερας και ανα μεσον της νυκτος, denn im Vers 5 hat Gott ja das φως Tag genannt und das σκοτος Nacht, — diese Rolle übernehmen die φωστηρες der zweiten Periode. Dabei übernehmen sie zugleich Nebeneigenschaften, sie dienen zu Zeichen u.s.w., sie beleuchten die Erde. Hiermit stehen sie namentlich der Erde der zweiten Periode zur Seite, welche auch die Nebeneigenschaft erhielt, trocken zu werden, und dem Himmel, welcher die Nebeneigenschaft erhielt, Wolken zu bekommen. Indem nun die φωστηρες der zweiten Periode die Rolle des φως der ersten Periode übernehmen, werden die φωστηρες das, was in der zweiten Periode den Tag macht. Der Allgemeintag der ersten Periode knüpft sich an das Licht, der Besondertag der zweiten Periode an die Lichtkörper. Aber die φωστηρες kommen ja erst am vierten Tag, wie können sie denn *überhaupt* für die zweite Periode den Tag konstatieren? Nun, die Sache liegt so, daß auf die Folge der Tage in der zweiten Periode kein besonderes Gewicht gelegt wird. Wir können die einzelnen Tage auch versetzen und die zweite Periode mit Sonne, Mond und Sternen beginnen lassen. Das liegt im Geist der alexandrinischen Interpretation. Diese Sachlage werden wir weiter unten noch näher besprechen.

Werfen wir nun einen Rückblick auf die jüdische Alchemie, wie wir sie früher kennengelernt haben, so wissen wir, daß die eigentliche jüdische Alchemie in Bezug auf die Schöpfungsgeschichte nach 6 Tagen annimmt:

Eine Vorbereitungsperiode, in der die Vorbereitung zum Wasserverwandlungsexperiment im Großen getroffen wird.

Eine zweite Periode, in der Gott die anorganische und organische Welt schafft. In ihr bringt der erste Tag: Sonne, Mond und Sterne, der zweite Tag den Himmel, der dritte Tag den Orbis terrarum fixus et fluidus, der vierte Tag die Pflanzenwelt, der fünfte Tag die Tierwelt, der sechste Tag den Menschen.

Demgegenüber stößt sich nun der Autor der ersten Schöpfungsgeschichte im 1. Buch Mosis an Sonne, Mond und Sterne, die der erste Tag bringen soll, bevor noch einmal der Himmel da ist. Er wartet uns demzufolge mit seinem mysteriösen Licht auf und bringt uns erst am vierten Tag Sonne, Mond und Sterne. Dadurch kommt er denn in die mannigfachsten Verwicklungen. Er bekommt für die anorganische Welt vier Tage heraus statt drei. Er ist gezwungen, die Pflanzenwelt auf den dritten Tag zu schieben und so diese zu bringen, bevor die anorganische Welt noch einmal fertig ist. Um sein Tun zu rechtfertigen, geht er von dem Hauptprinzip ab, welches einer gesunden Schöpfungsgeschichte nach sechs Tagen zu Grunde liegen muß, nämlich daß jeder Tag sein besonderes Ein-Charakteristikum bekommt, und gelangt endlich dahin, daß er statt 6 Teile, die auf 6 Tage kommen sollen, 17 Teile herausbekommt. Dadurch wird denn die erste Schöpfungsgeschichte im Ersten Buch Mosis zu einem sehr lückenhaften Machwerk.

Für diesen Autor treten nun die Alexandriner in den Riß, und daher die Interpretation, wie wir sie vorhin kennengelernt haben.

Hier haben wir drei Tage, welche auf die anorganische Welt kommen, den zweiten mit dem Himmel, den dritten mit Land und Meer, den vierten mit Sonne, Mond und Sternen. Und wo bleibt der erste Tag mit seinem Licht? Nun, der ist ein der ersten Schöpfungsperiode angehöriger Tag, der nur uneigentlicher Weise heranzuziehen ist. Und was ist denn dieses Licht? Nun, es ist mehr eine Ideale, welches noch kein Kosmologikum ist, sondern erst zu einem solchen, zu dem Kosmologikum Sonne, Mond und Sternen werden soll. Es ist ebensowenig ein Kosmologikum wie das Wasser, die Erde, die Luft, mit der das Wasserverwandlungsexperiment instituiert werden soll. Es tritt diesen zur Seite, indem sie noch keine Kosmologika sind, sondern erst als Himmel, Land und Meer zu Kosmologikis werden sollen.

Also wie in der eigentlichen jüdischen Alchemie, so haben wir auch nach dieser Interpretation drei Tage für die *anorganische* Welt. Wo bleiben denn nun aber die drei Tage für die *organische* Welt? Wir behalten ja nur den fünften und sechsten Tag für diese, und die Pflanzenwelt ist ja auf den dritten Tag gebracht, wodurch dieser ein Zwittertag ist, der der anorganischen *und* organischen Welt anheimfällt.

Demgegenüber wolle man auf ff. reflektieren. Man hat zwei Perioden, die Vorbereitungs- oder Allgemeinperiode und die Besonderperiode, welche die einzelnen Weltenteile bringt. Diese letztere Periode umfaßt die anorganische und organische Welt, und da dies statt hat, so kann man sie wieder in zwei Unterperioden zerfallen lassen, eine Periode für die anorganische, die andere Periode für die organische Welt. Fassen wir nun die letztere Periode, das ist die zweite Unterperiode in's Auge, so hat sie, anlehnend an die eigentliche jüdische Alchemie, zu bringen: Pflanzen, Tiere, den Menschen. Die Pflanze ist aber mehr ein ideelles Organisches. Sie lebt zwar auf der einen Seite, und unterscheidet sich dadurch vom Stein. Aber auf der anderen Seite, was ist das für ein Leben? Im Sinne des Lebens, wie es dem Tier oder gar dem Menschen zukommt, ist es mehr ein Nichtleben als ein Leben. Auf Grund dessen ist die Pflanze eben, wie gesagt, mehr ein ideelles Organisches. Nun haben wir anhand dessen, daß die zweite Periode in zwei Teilperioden zerfällt, im Ganzen eigentlich nicht zwei Perioden, sondern drei Perioden, die Vorbereitungsperiode, die anorganische Periode, die organische Periode. Die zweite Periode von diesen dreien brachte also die reelle anorganische Welt. Was mehr ideell war, das Licht des ersten Tages, wurde aus dieser zweiten Periode gestrichen und in die erste Periode versetzt. Daraus ergibt sich der Satz: Wo die zweite Periode etwas hat, was mehr ideell als reell ist, da wird dieses Etwas gestrichen, und der ersten Periode einverleibt. Dieser Satz wird nun der dritten Periode zu Liebe extendiert und gesagt: So wie da, wo wir in der zweiten Periode ein mehr ideelles Etwas haben, so wie da dieses Etwas aus der zweiten Periode gestrichen, und in die erste Periode versetzt wird, so wird auch da, wo wir in der dritten Periode ein mehr ideelles Etwas haben, dieses Etwas aus der dritten Periode gestrichen, und in die zweite Periode versetzt. Und damit ist denn die Befugnis herausdemonstriert, den Tag, der die Pflanzenwelt bringt, bereits in die zweite Periode zu versetzen. Es ist also die bereits am dritten Tag erscheinende Pflanzenwelt legalisiert, auf Grund dessen legalisiert, daß der Pflanze mehr ein ideelles Leben zukommt.

Warum muß nun aber gerade der *dritte* Tag die Pflanzen bringen? Die Antwort ist: Auf diesen *dritten* Tag ist weiter kein Gewicht zu legen. Die erste Periode brachte das Weltenwasser, bestehend aus Wasser, Erde, Luft. Diese sind, als zu Anfang geschaffen, auf einen Guß da, nicht ist das eine früher, das andere später geschaffen. Vom Licht gilt ähnliches, das wird qua Feuer als ein integrierender Teil zum Wasserverwandlungsexperiment aufgefaßt. Nun werden in der zweiten Periode Himmel, Orbis terrarum fluidus et fixus, Sonne, Mond und Sterne weniger im eigentlichen Sinne *erschaffen,* sondern sie ergeben sich mehr von selbst, indem das, was in der ersten Periode mehr ideell ist, in der zweiten Periode reell wird. Wie also in der ersten Periode an ein eigentliches, strikt gefaßtes Aufeinanderfolgen der einzelnen Teile nicht zu denken ist, so auch nicht in der zweiten Periode. Zwar ist ausdrücklich gesagt, der zweite Tag bringt das, der dritte das, der vierte jenes. Das läßt sich aber nicht anders machen, wenn die Schöpfungsgeschichte nach Tagen vor sich gehen soll. In der ersten Periode mußte es doch auch heißen: Gott schuf das, das, jenes. Die Namen sind doch nicht zu umgehen, und ebensowenig hier die Tage. Ebensowenig aber, wie dort Gewicht darauf zu legen war, daß das eine zuerst, das andere zum zweiten, das dritte zum dritten aufgeführt wurde, ebensowenig ist hier Gewicht darauf zu legen, daß gerade der erste Tag das, der zweite das, der dritte jenes bringt. Wie in der ersten Periode weiter kein Gewicht darauf zu legen ist, daß Gott zuerst den Himmel, dann die Erde, dann das Wasser, dann das Licht schuf, so ist hier auch kein Gewicht darauf zu legen, daß gerade der zweite Tag den Himmel, der dritte Tag Land und Meer, der vierte Tag Sonne, Mond und Sterne bringt.

Also muß man nicht fragen: Warum bringt gerade der *dritte* Tag die Pflanzen? Den Worten nach steht freilich so etwas im Text. Dem Sinne nach aber haben wir bloß, die Pflanzen kommen bereits auf die erste Teilperiode der zweiten Periode. Ob sie nun am zweiten, dritten oder vierten Tag aufgeführt werden, bleibt sich gleich. Damit fällt denn auch die Frage in sich selbst zusammen, die man aufwerfen könnte: Wie können denn die Pflanzen wachsen, wenn noch gar nicht einmal die Sonne da ist, die ihnen Wärme spendet, auf daß sie gedeihen können? Die ist aber nicht da, sie kommt erst auf den vierten Tag, wo die Pflanzen bereits auf den dritten Tag kommen. — Nun, wer die Sonne *vor* den Pflanzen haben will, der setze sie früher als die Pflanzen. Wir können ja die Tage, welche die anorganische Welt bringt, nach unserem Belieben arrangieren.

Und wie ist es denn damit, daß jeder Tag sein Einzelcharakteristikum zu bekommen hat? In Bezug hierauf haben wir ff. Wir haben die Dinge, welche uns die erste Schöpfungsperiode bietet, und aus ihnen entwickeln sich die Kosmologika der zweiten Periode. In Bezug darauf kann man sagen, also haben wir in der ersten Periode bereits die Kosmologika in nuce; und daran anknüpfend kann man sagen, die erste Periode bringt uns das *Wesentliche,* dem das, was die zweite Periode bringt, mehr als *Unwesentliches* gegenüber steht. Man kann aber auch in Bezug auf das Wesentliche und Unwesentliche die Sache umkehren und sagen, weil das, was die erste Periode bringt, mehr ideell ist, wogegen das, was die zweite Periode bringt, reell ist, so ist das *Wesentliche* in dem repräsentiert, was die zweite Periode bringt, und das *Unwesentliche* in dem, was die erste Periode bringt. Hiermit kann man es nun halten, wie man will, jedenfalls tritt bei der alexandrinischen Auffassung der Schöpfungsgeschichte die Reflexion in Bezug auf Wesentliches und Unwesentliches an uns heran. Diese Reflexion wird nun zum Problem gestempelt, und ganz allgemein gesagt, es handelt sich in der Schöpfungsgeschichte um Wesentliches und Unwesentliches. Und das wird denn auch auf die *Teile* bezogen, welche die einzelnen Tage bringen. Jeder Tag, so wird gesagt, hat sein Eincharakteristikum, aber dies Eincharakteristikum ist ein Wesentliches. Das verhindert nicht, daß jeder Tag außerdem auch noch etwas Unwesentliches bekommt, und indem er dasselbe bekommt, ist damit der Standpunkt des Eincharakteristikum für je einen Tag keineswegs alteriert, im Gegenteil, er bekommt, sich an das allgemeine Problem vom Wesentlichen und Unwesentlichen anlehnend, eine Folie.

Es sind nun in Bezug auf die Kosmologika der zweiten Periode für den zweiten Tag der Himmel als Himmel das Wesentliche, der Himmel als Wolken das Unwesentliche; für den dritten Tag Wasser und Erde das Wesentliche, die ξηρα, das Trockne, das Unwesentliche; für den vierten Tag Sonne, Mond und Sterne als Begründer von Tag und Nacht das Wesentliche, als Begründer von Zeichen, Zeiten, Tagen, Jahren, als Begründer des Hellseins, das Unwesentliche.

Und indem nun auch für die Tage, welche die organische Welt bringen, das Problem vom Wesentlichen und Unwesentlichen verwertet wird, erhält, ganz wie in der eigentlichen jüdischen Alchemie, der fünfte Tag das Tier, der sechste Tag den Menschen. Als Wesentliches für den fünften Tag wird das herangezogen, daß er nun gerade κατ' εξοχην der Tiertag ist, als Unwesentliches das, daß er Fische und Vögel bringt. Als Wesentliches für den sechsten Tag wird das herangezogen, daß er κατ' εξοχην der Menschtag ist, als Unwesentliches, daß er außerdem noch Tiere bringt. Der Pflanzentag läuft, indem die Pflanze mehr als Ideale aufgefaßt wird, dem ersten Tag parallel, ist also ein ideeller Tag. Der erste Tag hatte als Wesentliches das Licht, als Unwesentliches die Finsternis. So hat der Pflanzentag als Wesentliches die Pflanze überhaupt, als Unwesentliches die Zersplitterung der Pflanzen in Gras, Kraut, Bäume.

Und so haben denn die Alexandriner all die Differenzen, welche der Autor der ersten Schöpfungsgeschichte im Ersten Buch Mosis in die Sache gebracht, ausgeglichen. Man wird keinen einzigen Punkt auffinden können, in welchem die Alexandriner anhand ihrer Interpretation jenen Autor nicht schützen, ihn nicht aus den Verlegenheiten herausziehen, in die er sich gestürzt. Und damit haben sie denn die erste Schöpfungsgeschichte im Ersten Buche Mosis aus dem Standpunkt der Lückenhaftigkeit herausgerissen. Freilich spekulativ genug greifen sie die Sache an, aber, kann man hiergegen sagen, wir befinden uns auf dem Boden der Alchemie, und der ist jeder Spekulation, wenn sie sich in den Grenzen der Logik bewegt, zugänglich. Auf der anderen Seite kann man nun wieder sagen, es ist doch notorisch, daß der Autor jener Schöpfungsgeschichte nie in dem Sinn kalkuliert hat, wie die Alexandriner es ihm aninterpretieren, und es ist doch eine komische Sachlage, einem Autor Dinge aninterpretieren zu wollen, an die er nie gedacht. Demgegenüber sagen aber die Alexandriner, die Subjektivität jenes Autors tritt bei einer Sache, welche, wie diese, biblisches Allgemeingut geworden, in den Hintergrund, hier handelt es sich um Objektivität. Hier handelt es sich nicht darum, ob jener Autor logisch oder unlogisch geschrieben, sondern darum handelt es sich, ob die Bibel uns etwas Logisches oder Unlogisches bietet. Nach unserer Interpretation kann aber weiter nicht mehr von einem unlogischen Standpunkt der betreffenden Schöpfungsgeschichte die Rede sein. Und damit ist die *Sache* fertig, und jener *Autor* tritt in den Hintergrund. Auf die Weise ist also den Alexandrinern weiter nichts anzuhaben. Aber eines ist es, was den Standpunkt der Alexandriner mißlich macht. Sie *übersetzen* nicht den Text der Schöpfungsgeschichte und lehnen an diese *Übersetzung* ihre Interpretation, sondern *sie machen sich einen neuen Text* und knüpfen an den ihre Interpretation. Wenn ihnen irgendeine Vokabel in den Weg kommt, welche sie in ihrem Sinne nicht verwerten können, so machen sie kurzen Prozeß, streichen diese Vokabel des Textes und setzen an ihre Stelle irgendein griechisches Wort, welches ihnen in ihre Spekulation paßt. So präsentieren sie uns statt: *Tohu wawohu* αορατος και ακατασκευαστος, statt *Rakia*: στερεωμα u.s.w. Ja wenn man die Sache so angreift, dann kann man weiß Gott was alles herausbekommen. Unter solchen Umständen hört aber der Standpunkt einer Interpretation der ersten Schöpfungsgeschichte im Ersten Buch Mosis auf. Die Alexandriner interpretieren nicht diese Schöpfungsgeschichte, sondern sie machen sich auf eigene Hand eine *neue* Schöpfungsgeschichte und interpretieren diese. Für wen tun sie das aber? Doch wohl nur für sich selbst. Ein anderer wird schwerlich Lust bezeugen, eine alexandrinische Schöpfungsgeschichte statt der biblischen hinzunehmen, und sich bewegen lassen, eine Interpretation, welche sich an die alexandrinische Schöpfungsgeschichte lehnt, als eine solche zu legalisieren, die sich nun auch an die biblische Schöpfungsgeschichte lehnt.

Um nun einerseits dem Leser die ganze Übersicht über die alexandrinische Schöpfungsgeschichte zu geben und ihm andererseits die Gelegenheit zu bieten, den Text der Septuaginta mit dem Urtext und der Übersetzung Luthers zu vergleichen, wollen wir die restierenden Verse des ersten Kapitels des Ersten Buch Mosis hierhin setzen, wie sie die Septuaginta haben.

Vers 11. Και ειπεν ο Θεος, Βλαστησατω η γη βοτανην χορτου σπειρον σπερμα κατα γενος και καθ ομοιοτητα, και ξυλον καρπιμον ποιουν καρπον, ου το σπερμα αυτου εν αυτϖ κατα γενος επι της γης. και εγενετο ουτως.

Vers 12. Και εξηνεγκεν η γη βοτανην χορτου σπειρον σπερμα κατα γενος και καθ' ομοιοτητα, και ξυλον καρπιμον ποιουν καρπον, ου το σπερμα αυτου εν αυτϖ κατα γενος επι της γης. και ειδεν ο Θεος, οτι καλον.

Vers 13. Και εγενετο εσπερα, και εγενετο πρωι, ημερα τριτη.

Vers 20 Και ειπεν ο Θεος, Ἐξαγαγετω τα υδατα ερπετα ψυχϖν ζωσϖν, και πετεινα πετομενα επι της γης κατα το στερεωμα του ουρονου. και εγενετο ουτως.

Vers 21. και εποιησεν ο Θεος τα κητη τα μεγαλα, και πασαν ψυξην ζωων ερπετϖν, α εξηγαγε τα υδατα κατα γενη αυτϖν, και παν πετεινον πτερωτον κατα γενος. και ειδεν ο Θεος, οτι καλα.

Vers 22. Και ευλογησεν αυτα ο Θεος, λεγων, Αυξανεσθε και πληθυνεσθε, και πληρωσατε τα υδατα εν ταις θαλασσαις; και τα πετεινα πληθυνεσθωσαν επι της γης.

Vers 23. Και εγενετο εσπερα, και εγενετο πρωι, ημερα πεμπτη.

Vers 24. Και ειπεν ο Θεος, Εξαγαγετω η γη ψυχην ζϖσαν κατα γενος; τετραποδα, και ερπετα, και θηρια της γης κατα γενος. και εγενετο ουτως. (τετραποδα = *Behema*, später ist's κτηνη)

Vers 25. Και εποιησεν ο Θεος τα θηρια της γης κατα γενος, και τα κτηνη κατα γενος αυτϖν, και παντα τα ερπετα της γης κατα γενος. και ειδεν ο Θεος, οτι καλα.

Vers 26. Και ειπεν ο Θεος, Ποιησωμεν ανθρωπον κατ' εικοα ημετεραν και καθ' ομοιωσιν; και αρχετωσαν τϖν ιχθυων της θαλασσης, και τϖν πετεινϖν του ουρανου, και τνϖ κτηνϖν, και πασης της γης, και παντων τϖν ερπετϖν τϖν ερποντων επι της γης.

Vers 27. Και εποιησεν ο Θεος τον ανθρωπον, κατ' εικονα Θεου εποιησεν αυτον αρσεν και θηλυ εποιησεν αυτους.

Vers 28. Και ευλογησεν αυτους ο Θεος, λεγων, Αυξανεσθε και πληθυνεσθε, και πληρωσατε την γην, και κατακυριευσατε αυτης; και αρχετε τω̃ν ιχθυων της θαλασσης, και τω̃ν πετεινω̃ν του ουρανου — και παντων τω̃ν κτηνω̃ν, και πασης της γης — και παντων τω̃ν ερπετω̃ν τω̃ν ερποντων επι της γης.

NB. Die Worte: και παντων τω̃ν κτηνω̃ν, και πασης της γης stehen heute nicht im hebräischen Urtext. Sie schmiegen sich natürlich an die ähnlichen Worte des Vers 26. Letzteren zu Liebe steht denn auch: τω̃ν ερπετω̃ν wo der Text hat: *Chaja*

Vers 29. Και ειπεν ο Θεος, Ἰδου, δεδωκα υμιν παντα χορτον σποριμον σπειρον σπερμα, ο εστιν επανω πασης της γης; και παν ξυλον, ο εχει εν εαυτω̃ καρπον σπερματος σποριμου, υμιν εσται εις βρω̃σιν.

Vers 30. Και πασι τοις θηριοις της γης, και πασι τοις πετεινοις του ουρανου, και παντι ερπετω̃ ερποντι επι της γης, ο εχει εν εαυτω̃ ψυχην ζωης, και παντα χορτον χλωρον εις βρω̃σιν. και εγενετο ουτως.

Vers 31. Και ειδεν ο Θεος τα παντα, οσα εποιησε; και ιδου καλα λιαν. και εγενετο εσπερα, και εγενετο πρωι, ημερα εκτη.

Es läßt sich nun von vornherein schon an den Fingern abzählen, daß die Alexandriner nicht dabei stehenbleiben, für den Autor der ersten Schöpfungsgeschichte in den Riß zu treten, daß sie vielmehr auch unternehmen, es auszugleichen, daß wir zwei Schöpfungsgeschichten statt einer haben, und daß dabei eine die andere exkludiert, indem sie mit ihr kollidiert. Die Alexandriner unternehmen es also, die beiden Schöpfungsgeschichten zu einer umzuschmelzen, und wie sie die Sache fassen, handelt es sich nur um *eine* Schöpfungsgeschichte, welche mit dem Anfang des 1. Kapitels des 1. Buches Mosis beginnt und durch das 2. Kapitel weiter fortläuft. Die Hauptschwierigkeit, die sich ihnen dabei darbietet, ist die, daß Mensch, Tier und Pflanze doppelt geboten werden, es also eine Perversität ist, daß dieses 2. Kapitel Dinge erschaffen werden läßt, die nach dem 1. Kapitel bereits da sind. Diese Schwierigkeit bekämpfen nun die Alexandriner derartig, daß sie das Manöver, welches sie bei der anorganischen Welt instituierten und welches darin bestand, daß sie in Bezug auf 1. und 1. Periode Idealität und Realität gegenüberstellten, daß sie dieses Manöver auch auf die organische Welt extendieren. Die Organismen des 1. Kapitels werden als Idealitäten genommen, die des 2. Kapitels als Realitäten, und das Recht zu solcher Aufstellung eben der anorganischen Welt entnommen, derartig konstatiert, daß man sagt, was der anorganischen Welt recht ist, ist der organischen billig. Wenn Luft, Erde, Wasser, Licht auf der einen Seite mehr Idealitäten sein können, auf der anderen Seite als Himmel, Land, Meer, Sonne, Mond und Sterne Realitäten, so muß ein analoges Verhältnis auch bei den Organismen statt haben können, die Pflanze muß auf der einen Seite als ideelle Pflanze, auf der anderen Seite als reelle Pflanze, das Tier muß auf der einen Seite als ideelles Tier, auf der anderen Seite als reelles Tier, der Mensch auf der einen Seite als ideeller Mensch, auf der anderen Seite als reeller Mensch gefaßt werden können. Bei solcher Auffassung ist denn nun eine Hauptschwierigkeit bezüglich der Verschmelzung der beiden Schöpfungsgeschichten zu einer aus dem Wege geräumt. Und wo sich dann in weiterer Behandlung der Sache weitere Schwierigkeiten bieten, da müssen Interpretierungskünste aufmarschieren. Und endlich wo diese nicht ausreichen, da nimmt man wieder zu jener Technik seine Zuflucht, die wir im 1. Kapitel kennengelernt haben und welche darin besteht, daß man die betreffende Vokabel des Urtextes streicht und an ihre Stelle eine griechische Vokabel setzt, welche in die Spekulation paßt. Um dies alles nun näher kennenzulernen, wollen wir das 2. Kapitel des 1. Buches Mosis speziell durchnehmen, wie es die Septuaginta bringen, denn auch hier haben wir uns wieder an die Septuaginta zu halten.

Vers 1. Και συνετελεσθησαν ο ουρανος, και η γη, και πας ο κοσμος αυτῶν.

Vers 2. Και συνετελεσεν ο Θεος εν τη ημερα τη εκτη τα εργα αυτου, α εποιησε; και κατεπαυσε τη ημερα τη εβδομη απο παντων τῶν εργων αυτου, ων εποιησε.

Vers 3. Και ευλογησεν ο Θεος την ημεραν την εβδομην, και ηγιασεν αυτην, οτι εν αυτη κατεπαυσεν απο παντων τῶν εργων αυτου, ὧν ηρξατο ο Θεος ποιησαι.

Diese Verse gehören der ersten Schöpfungsgeschichte an und machen also den Septuaginta in Bezug auf den Endzweck, auf den sie lossteuern, weiter keine Schwierigkeiten. Dem hebräischen Text zufolge, den wir heute haben, vollendet Gott (Vers 2) am *siebenten* Tage sein Werk, und nicht, wie die Septuaginta haben, am *sechsten* Tage. Die Sache liegt logischer, wie die Septuaginta sie bringen.

Vers 4. Αυτη η βιβλος γενεσεως ουρανου και γης, οτε εγενετο, η ημερα εποισε κυριος ο Θεος τον ουρανον και την γην.

Αυτη η βιβλος γ. ο. κ. γ. Das ist nun das Buch der Erschaffung vom Himmel und Erde, das ist: das Buch, welches vorangeht, beschreibt dir das. Von βιβλος, Buch, steht nichts im Text. Bei ουρανος und γη ist zu supplieren και πας ο κοσμος αυτων des Verses 1.

οτε εγενετο η ημερα ε. κ. ο. Θ. τ. ο. κ. τ. γ., als sie entstanden an *dem Tage*, an dem Gott Himmel und Erde (und was dazu gehört) machte.

Das Vorangehende bringt dir die reelle anorganische Welt, wie sie auf Grund dessen entstand, daß am *ersten Tage* Gott die Welt, die mehr ideelle Welt schuf. In dem, was vorangeht, lernst du, wie die zweite Schöpfungsperiode aus der ersten Schöpfungsperiode hervorgeht, aus der ersten Schöpfungsperiode, auf welche der Tag, der generelle Tag, kommt.

Vers 5. Και παν χλωρον αγρου προ του γενεσθαι επι της γης, και παντα χορτον αγρου προ του ανατειλαι. ου γαρ εβρεξεν ο Θεος επι την γην, και ανθρωπος ουκ ην εργαζεσθαι αυτην.

Zu einer solchen Übersetzung gibt der Text keinen Anhalt. Dieser hat: Und alles Gewächs des Feldes war noch nicht da auf der Erde, und alles Kraut des Feldes war noch nicht hervorgesprossen.

Die Septuaginta wollen: Und alles Gewächs des Feldes, *bevor* es auf der Erde entstanden, und alles Kraut des Feldes, *bevor* es aufgesprossen war. Sie wollen, daß nach vorangegangenem Komma dieser Passus sich dem vorigen Vers anreiht, so daß also herauskommt: Das ist das Buch der Erschaffung von Himmel und Erde, als sie entstanden am Tage, wo Gott Himmel und Erde und alles Gewächs des Feldes machte, bevor es auf der Erde entstanden, und alles Kraut des Feldes machte, bevor es aufgesprossen war.

Also: Das Vorangegangene bringt dir nicht nur den ideellen, generellen Tag, in Bezug auf das Licht, es bringt dir auch den Tag, welcher diesem in seiner Idealität parallel läuft, das ist den Pflanzentag, welcher Pflanzentag generell als ημερα rangiert, von der dritten Periode in die zweite übergeht, wie der Lichttag von der zweiten Periode in die erste übergeht.

Es ist also den Septuaginta im Vers 4 und im ersten Teil des Vers 5 um nichts anderes zu tun, als uns auf die generellen Tage, den des Lichtes und den der Pflanzen hinzuweisen. Damit zeichnen sie denn im Allgemeinen ihren Standpunkt in Bezug auf Generalität und Spezialität, auf Idealität und Realität, welcher sich durch ihre Interpretation hindurchzieht.

Und nun kommt im zweiten Teil des Vers 5: ου γαρ εβρεξεν κ. τ. λ. etwas ganz Neues.

Wir weisen zuvörderst darauf hin, daß es sich am Ende vorhin bei dem προ του γενεσθαι für *Terem Jiheje* nur um einen kühnen, freilich sehr kühnen Übersetzungssprung handelt. Es ist ein Seitenstück zur Übersetzung Luthers, welcher bringt: »die zuvor nie gewesen waren«. Bei dem εβρεξε dagegen handelt es sich um eine willkürliche griechische Vokabel, welche an die Stelle des gestrichenen hebräischen Textwortes gesetzt ist. ου γαρ εβρεξεν ο Θεος επι την γην soll heißen: und Gott hatte es noch nicht feucht werden lassen auf der Erde, Gott hatte die Erde noch nicht angefeuchtet, wo der Text hat: *Lo himtir jehowa elohim al ha'aretz*, das ist, Gott hatte es auf der (die) Erde noch nicht *regnen* lassen.

Die Sache liegt derartig, daß die Alexandriner an dem Regen Anstoß nahmen, sei es deswegen, daß es auffallend ist, daß er nach den Antecedentien der ersten Schöpfungsgeschichte noch nicht da sein soll, sei es, daß sie in Bezug auf Idealität und Realität nicht mit ihm fertig werden können. Deshalb sagen sie, es ist hier von einem Naßwerden-Verhältnis die Rede. Nun wird es zwar naß, wo es regnet, es braucht aber gerade nicht zu regnen. Es muß aber naß werden, weil dem Vorangehenden zufolge (Kap. 1, Vers 9 und 10) die γη eine ξηρα ist. Dies ξηρα weist auf eine Dürre, bei einer Dürre kann aber nichts gedeihen.

Es handelt sich also nicht darum, daß der Regen eingeführt wird, sondern daß der Dürre ein Ende gemacht wird. Und darum ist darauf hinzuweisen, daß die Erde bis jetzt noch nicht *feucht* ist.

An dieses Nicht-feucht-Sein der Erde knüpft sich denn der Nachsatz: Und es war noch nicht der Mensch da, um die Erde zu bearbeiten. Der ideelle Mensch ist zwar da, aber noch nicht der reelle Was soll der reelle Mensch bis jetzt, bei der ξηρα kann er ja doch nichts anfangen.

Daß es im Text *Jehowa elohim* heißt, wo es hier kurz ο Θεος heißt, statt κυριος (Jehovah) ο Θεος sei nebenbei angeführt. Dasselbe Verhältnis hat statt: Vers 7, 8, 9, 19, 21, 22. Wahrscheinlich soll dadurch der Tatbestand mit Elohim des ersten und Jehovah Elohim des zweiten Kapitels verwischt werden.

Vers 6. Πηγη δε ανεβαινεν εκ της γης, και εποτιζε παν το προσωπον της γης.

Dem vorigen εβρεξε statt *Himtir* zu Liebe wird nun weiter unter den Vokabeln des Textes aufgeräumt und statt *Ed* πηγη gebracht. Das Textwort heißt: Nebel, das Septuagintawort: Quelle. Diese Quelle befeuchtet nun das Land, und die Dürre hört auf. So der logische Zusammenhang zwischen Vers 5 und 6.

Vers 7. Και επλασεν ο Θεος τον ανθρωπον, χουν απο της γης; και ενεφυσησεν εις το προσωπον αυτου πνοην ζωης, και εγενετο ο ανθρωπος εις ψυχην ζωσαν.

Jetzt da die Quelle das Land befeuchtet hat, kann man nicht mehr sagen, was soll der reelle Mensch, bei der ξηρα konnte er doch nichts anfangen. Es kommt daher jetzt der reelle Mensch an die Reihe.

Vers 8. Και εφυτευσεν ο Θεος παραδεισον εν Ἐδεμ κατ' ανατολας, και εθετο εκει τον ανθρωπον, ον επλασε.

Es kommt nun die reelle Pflanze an die Reihe. Bei der Dürre von vorhin konnte sie nicht wachsen, und wenn sie auch geschaffen worden wäre, so hätte sie verkümmern müssen. Jetzt kann sie gedeihend fortkommen, und sie wird geschaffen. Sie wird im *Garten Eden* erschaffen. Der Garten Eden ist die reelle Basis für die reelle Pflanze.

Vers 9. Και εξανετειλεν ο Θεος ετι εκ της γης παν ξυλον ωραιον εις ορασιν, και καλον εις βρωσιν; και το ξυλον της ζωης εν μεσω του παραδεισου, και το ξυλον του ειδεναι γνωστον καλου και πονηρου.

Also im Garten Eden wird die Pflanzenwelt erschaffen. Die Pflanzenwelt in Eden ist durch Bäume (ξυλον) repräsentiert. Den Septuaginta ist da etwas anstößig, daß exklusiv die Bäume die Pflanzenwelt repräsentieren sollen, darum flicken sie ein ετι, noch, ferner, ein, von dem der hebräische Text nichts hat. Nun, diese Worteinflickerei steht auf einer Reihe mit dem Streichen der hebräischen Vokabeln und ihre Stellvertretung durch irgendeine griechische.

Im ετι liegt, zu den Pflanzen, welche der Garten Eden hat, kommen auch noch die Bäume.

Die Septuaginta machen nicht viel Federlesen mit dem Bringen griechischer Vokabeln gegen den Text, sie sind in dieser Beziehung kurz angebunden. Wäre das nicht der Fall, so hätten sie sich das ετι recht gut sparen können. Sie hätten es dem Leser ganz ruhig überlassen können, sich die kleineren Pflanzen selbst in's Paradies hineinzudenken, auf Grund dessen, daß Eden ein *Garten* ist und kein *Wald*.

Vers 10. Ποταμος δε εκπορευεται εξ Ἐδεμ ποτιζειν τον παραδεισον; εκειθεν αφοριζεται εις τεσσαρας αρχας.

Vers 11. Ὄνομα τῷ ενι, Φισων. ουτος ο κυκλῶν πασαν την γην Ευιλατ; εκει ου εστι το χρυσιον.

Vers 12. Το δε χρυσιον της γης εκεινης καλον. και εκει εστιν ο ανθραξ και ο λιθος ο πρασινος.

Vers 13. Και ονομα τῷ ποταμῷ τῷ δευτερω Γεων. ουτος ο κυκλῶν πασαν την γην Αιθιοπιας.

Vers 14. Και ο ποταμος ο τριτος, Τιγρις. ουτος ο προπορευομενος κατεναντι Ἀσσυριων. ο δε ποταμος ο τεταρτος, Ευφρατης.

Es handelt sich in diesen Versen um die nähere Beschreibung des Paradieses. So kommt sein Strom in die Sache, und nachdem er aufgeführt, wird weiter beschrieben, wohin er von Eden aus fließt.

Vers 15. Και ελαβε κυριος ο Θεος τον ανθρωπον ον επλασε, και εθετο αυτον εν τῷ παρπδεισω της τρυφης, ερφαζεσθαι αυτον και φυλασσειν.

Vergl. die eigentliche Interpretation der zweiten Schöpfungsgeschichte.

Vers 16. Και ενετειλατο κυριος ο Θεις τῷ Ἀδαμ, λεγων, Ἀπο παντος ξυλου του εν τῷ παραδεισω βρωσει φαγη.

Komisch ist, daß der ανθρωπος, der Mensch, auf einmal mit der hebräischen Vokabel *Adam*, Ἀδαμ, Adam genannt wird.

Vers 17. Ἀπο δε του ξυλου του γινωσκειν καλον και πονηρον, ου φαγεσθε απ᾽ αυτου; η δ᾽αν ημερα φαγητε απ᾽ αυτου, θανατω αποθανεισθε.

Kapitel 3 kommt die Schlange zum Weibe und sagt: Sollte Gott denn nun wirklich gesagt haben, daß ihr nicht von allen Bäumen des Gartens essen sollt? Und das Weib antwortet:

Mipri etz hagan nochal… Kap. 3, Vers 2.

Wir essen von den Früchten der Bäume im Garten. (*Luther.*)

Vers 3. *Umipri haetz ascher betoch hagan amar elohim lo tochlu mimenu welo tig'u bo pen temutun:*

Aber von den Früchten des Baumes mitten im Garten hat Gott gesagt: Esset nicht davon, rühret es auch nicht an, daß ihr nicht sterbet. (*Luther.*)

Man fragt, wie kommt denn das Weib dazu, das Verbot, welches Gott im zweiten Kapitel nicht *ihr*, sondern dem *Manne* gegeben hat, auf *sich* zu beziehen? Im zweiten Kapitel sagt Gott zum Manne Vers 16: Du sollst essen von allerlei Bäumen im

Garten. Vers 17: Aber vom Baume der Erkenntnis Gutes und Böses sollst du nicht essen. Hier Kap. 3, Vers 3 sagt dagegen das Weib, Gott hat gesagt: Esset nicht davon (das ist Mann und Weib, pluraliter) u.s.w. Ist das nicht ein Widerspruch im Bibeltext? Nein, es ist kein Widerspruch. Wie darauf auch in Kap. 2, Vers 23 hingewiesen wird, ist das Weib Bein vom Bein, Fleisch vom Fleisch des Mannes. Das Verbot, welches also für den Mann gilt, gilt auch für sie. Sie tritt ja in die *Rechte* des Mannes ein, indem sie Kap. 3, Vers 2 von den Früchten der Bäume im Garten mit ihm, dem Manne, ißt. Nun, da muß sie auch in die *Pflichten* des Mannes mit eintreten, und das *nicht* essen, was ihm zu essen verboten ist. An der betreffenden Stelle des zweiten Kapitels kann Gott das Gebot und das Verbot nur dem Manne erteilen, da das Weib noch nicht erschaffen ist, Gott muß also sagen *du* und nicht *ihr.* Sobald der Mann eine Frau bekommt, welche Bein von seinem Beine und Fleisch von seinem Fleische ist, hat er die Verpflichtung, die Frau zu belehren, was Gott ihm erlaubt und verboten hat. Und dieser Verpflichtung ist er auch nachgekommen, denn die Frau weiß ja von der Sache, sonst könnte sie dieselbe der Schlange nicht erzählen. Der Mann hat ihr das Verbot doppelt auf die Seele gebunden, das liegt in den Worten, welche der Vers 3 im Kapitel 3 bringt: »Rührt den Baum auch nicht einmal an.« Davon hat Gott im zweiten Kapitel dem Manne nichts gesagt. Die Frau denkt sich das nur in weiblicher Übertreibung, und zu dieser Übertreibung kommt sie in Folge dessen, daß der Mann ihr das Verbot Gottes doppelt auf die Seele gebunden hat.

Es ist also durchaus Logik in der Sache, und an eine Kollision des zweiten Kapitels mit dem dritten Kapitel, auf Grund des Singular-Verbotes, welches hinterdrein zum Plural-Verbot wird, ist gar nicht zu denken.

Die Septuaginta denken nun aber, es ist doch eine Kollision da, wenigstens, denken sie, wäre es besser, daß der Plural im zweiten und dritten Kapitel sich deckte und — sie räumen einmal wieder mit dem Text auf. Das ist der Grund, weshalb sie uns hier die Plurale φαγεσϑε, φαγητε, αποϑανεισϑε bieten, von denen der hebräische Urtext nichts weiß. Demgegenüber lassen sie im Vers 16 mit φαγη den Singular intakt, weil sie denken, im Kap. 3, Vers 2 sagt das Weib ja nicht: »Gott hat uns verboten zu essen«, sondern: »Wir essen.«

Vers 18. Και ειπε κυριος ο Θεος, Ου καλον εικαι τον ανθρωπον μονον; ποιησομεν αυτω βοηθον κατ' αυτον.

Weiter nichts zu bemerken.

Vers 19. Και επλασεν ο Θεος ετι εκ της γης παντα τα θηρια του αγρου, και παντα τα πετεινα του ουρανου. και ηγαγεν αι'τα προς τον 'Αδαμ, ιδειν τι καλεσει αυτα. και παν ο εαν εκαλεσεν αυτο 'Αδαμ ψυχην ζωσαν, τουτο ονομα αυτω.

Das ετι, welches der Urtext nicht hat, hat den Sinn »mittlerweile«, nämlich ehe es vom Plan der Erschaffung des Weibes zu der Realisierung dieses Planes kommt.

Vers 20. και εκαλεσεν 'Αδαμ ονοματα πασι τοις κτηνεσι, και πασι τοις πετεινοις του ουρανου, και πασι τοις θηριοις του αγρου. τω δε 'Αδαμ ουχ ευρεθη βοηθος ομοιος αυτω.

In diesen beiden Versen kommt nun das reelle Tier an die Reihe. Reell wird das Tier dadurch, so wird angenommen, daß es Namen erhält. Die Fische werden auch ohne spezialisierten Namen reell, weil man denkt, bei ihnen reiche der generelle Name »Fisch« aus. Einer ähnlichen Anschauung in Bezug auf den generellen Namen »Fisch« sind wir in der jüdischen Alchemie begegnet.

Vers 21. Και επεβαλεν ο Θεος εκστασιν επι τον 'Αδαμ και υπνωσε. και ελαβε μιαν των πλευρων αυτου, και ανεπληρωσε σαρκα αντ' αυτης.

Vers 22. Και ωκοδομησεν ο Θεος την πλευραν, ην ελαβεν απο του 'Αδαμ εις γυναικα, και ηγαγεν αυτην προς τον 'Αδαμ.

Vers 23. Και ειπεν 'Αδαμ, Τουτο νυν οστουν εκ των οστεων μου, και σαρξ εκ της σαρκος μου. αυτη κληθησεται Γυνη, οτι εκ του ανδρος αυτης εληφθη.

Vers 24. 'Ενεκεν τουτου καταλειψει ανθρωπος τον πατερα αυτου και την μητερα, και προςκολληθησεται προς την γυνα ικα αυτου. και εσονται οι δυο εις σαρκα μιαν.

Auf Grund dieser Verse bekommt der Mensch den eigentlichen Stempel der Realität, indem der Mann eine Frau erhält.

Vers 25. Και ησαν οι δυο γυμνοι, ο τε 'Αδαμ και η γυνη αυτου, και ουκ ησχυνοντο.

Der weiteren Kritik dieser Verschmelzung der beiden Schöpfungsgeschichten zu einer enthalten wir uns. Nur eines fragen wir: Was denken sich denn die Septuaginta unter *ideellen* Pflanzen, Tieren, Menschen? Sollen das Pflanzengeister, Tiergeister, Menschengeister sein, welche in der Welt umherfliegen? Wir für unseren Teil sind nicht im Stande, diese Überschwenglichkeiten zu zergliedern. Jedenfalls ist es der Atomismus mit seiner Realität und Idealität, welcher den Ausgangspunkt für die alexandrinische Idealität abgibt. Mit dem Atomismus aber, auf den die alexandrinischen jüdischen Alchemisten hier eingehen, sind sie dem Problem von der ideellen und materiellen Materia prima so nahe gerückt, daß sie ihm nicht aus dem Wege gehen können. Und da argumentieren sie denn auf der einen Seite ff.

Materia prima ist das, was von der anorganischen Welt zuerst da war. Von dieser Welt, wie sie reell dasteht, waren die Dinge zuerst da, welche die 1. alexandrinische Schöpfungsperiode bringt. Also die Dinge, welche die 1. Schöpfungsperiode bringt = Materia prima. Die Dinge aber, welche die 1. Schöpfungsperiode bringt, sind Idealitäten. Die Idealität steht nun wieder der Realität als 0, als *Nichts* gegenüber. Somit wird die Materia prima zu Nichts, und indem die 2. Schöpfungsperiode, die reelle Welt, aus der 1. Schöpfungsperiode hervorgeht, geht sie aus Nichts hervor. Und damit haben wir, da doch Gott es ist, der die Welt erschaffen: *Gott habe die Welt aus Nichts erschaffen.*

So die eine Seite der Sache. Die andere Seite ist aber die, daß man sagt, das, was die erste Schöpfungsperiode bringt, ist nicht als absolutes Nichts zu fassen, kann nicht als solches gefaßt werden, denn wenn es sich hier um ein absolutes Nichts handelte, so brauchte die erste Schöpfungsperiode gar nicht da zu sein, über Nichts verliert man keine Worte. Nicht um ein absolutes Nichts handelt es sich bei den Dingen der ersten Schöpfungsperiode, sondern um ein »*mehr Ideelles*«, um eine Idealität, welche halb Idealität, halb Realität ist. Das mehr Ideelle, die Halb-Idealität, Halb-Realität, wird nun geteilt in die Realität und die Idealität. Die Realität (bedingte Realität) wird den Dingen zugeschoben, welche die erste Schöpfungsperiode bringt, das ist dem Wasser, der Erde, der Luft, dem Licht. In Bezug auf die Idealität aber hält man sich daran, daß diese Dinge *erschaffen* sind. Also das *Erschaffen* ist die ideelle Materia prima. Dem liegt das zu Grunde, daß wir Menschen uns nie klar machen können, was »erschaffen« heißt. Es ist also für uns ein ideeller Begriff, und da dieser ideelle Begriff sich an die Materia prima knüpft, so haben wir hier die Materia prima von der ideellen Seite.

Das Erschaffen wird dann weiter in heraklitscher Weise zersplittert in das Sprechen und Werden — Gott sprach, es wurde die Welt. Das Werden kann hierbei weiter nicht verwertet werden. Denn beim Werden, an welches sich eo ipso das Gewordene knüpft, sind wir wieder bei der Realität der Materia prima, die bereits absolviert ist. Es bleibt uns also das Sprechen, das *Wort*, als ideelle Materia prima. Das Wort ist nun griechisch λογος, und somit haben wir denn den λογος, das Wort, als Materia prima.

Hierbei bleiben aber die alexandrinischen jüdischen Alchemisten nicht stehen. Den Ausgangspunkt haben sie zwar im Wort, aber mehr nicht. Man bedenke doch, daß, wenn man spricht, befiehlt, auf daß etwas geschehen soll, daß man dann, sich auf den Standpunkt des Machtinnehabenden stellend, verlangt, daß es *sofort* geschieht. In Gott liegt nun die höchste Macht, und das involviert, daß das Werden dem Sprechen im potenzierten Grade auf dem Fuße folgt. Und das ist, im kaumsten Kaum (man erlaube uns diese Ausdrucksweise) ist das Wort den Lippen Gottes entschwunden, und das Werden ist bereits eingetreten. Mit anderen Worten, *Sprechen und Werden koinzidieren bei Gott*. Das macht aber das Wort als Idealität-Repräsentation prekär. Darum blieben die Alexandriner beim Worte als λογος nicht stehen, sondern schoben an die Stelle des Wortes den *Plan*, was naheliegt, da λογος griechisch auch Plan heißt. *Plan* als ideelle Materia prima unterliegt nicht den Skrupeln, denen *Wort* als ideelle Materia prima unterliegt. Den Plan, die Welt zu erschaffen, kann Gott längere Zeit mit sich herumgetragen haben, der liegt vom Werden getrennt da, der geht dem Werden, der (bedingt) reellen Materia prima voran. Also liegt es nahe, daß zwar der λογος als Wort die Alexandriner auf den λογος als Plan geführt, daß sie aber sofort dem λογος die Interpretation »Plan« gaben, und *nicht* »Wort«.

Plato läßt den Demiurgen auf das παραδειγμα, auf das griechische Schema sehen. Dieses παραδειγμα des Plato beutet nun *Philo* für den λογος aus. Dazu würde er gar nicht kommen, wenn λογος nicht der Plan Gottes wäre, die Welt zu erschaffen. Es liegt nahe, daß der *Plan* das παραδειγμα deckt, es liegt sehr fern, daß *Wort* das παραδειγμα deckt.

Auch die Tabula smaragdina, die wir bald kennenlernen werden, übersetzt λογος mit Plan. In derselben steht nämlich: omnes res fuerunt ab uno, meditatione unius. Hier heißt's im Text λογω ενος und die lateinische Übersetzung hat dafür eben meditatione unius, das ist durch den Plan des Einen (Gottes). Und diese Übersetzung ist auch sachentsprechend.

Nach einer besonderen Interpretation eben jener Tab. smar. wird der λογος, den sie bringt, zu Christus. Und dies bedingt, daß die christlichen Theologen den *Plan* für λογος fallen lassen und wieder auf das *Wort*, welches ursprünglich dem Plan zu Grunde liegt, zurückgehen.

Davon werden wir später das Weitere kennenlernen.

Das arkanologische Experiment in jüdischer Fassung

Daß die Griechen, von den Anfängen ihrer Alchemie an, diese ihre Alchemie an die jüdische Alchemie anlehnten, haben wir bei den Griechen sattsam kennengelernt. Der vorige Abschnitt zeigt uns, wie die jüdischen Alchemisten nun auch ihrerseits in die griechische Alchemie greifen, da doch die Idealitäten und Realitäten bei der Schöpfungsgeschichte, die materielle und ideelle Materia prima nichts anderes ist, als griechische Vorstellungen, welche in die jüdische Alchemie hineingetragen werden. In diesem Hinübergreifen in die griechische Alchemie gehen die alexandrinischen jüdischen Alchemisten nun noch weiter. Sie übertragen auch die Schöpfungsgeschichte auf das *arkanologische Experiment*. Und da ergibt sich denn ff.

Vers 1 und 2 der Septuaginta (vergl. den vorigen Abschnitt): Der Alchemist nimmt sich Wasser, Erde, Luft. *Erde* sind die thaletischen Grundstoffe, als da sind: Eisenvitriol, Kochsalz, Quecksilber (kann am Ende auch als Wasser genommen werden), Antimon, Schwefel, Salmiak, und die thaletischen Operationsmaterialien: Natron und Kalk (können am Ende aber auch als flüssig genommen werden). *Wasser* sind die thaletischen Operationsmaterialien: Salpetersäure und Schwefelsäure (und wenn man will, Quecksilber und Kalk-Wasser, Natron-Wasser). Schwefelsäure und Salpetersäure sind aber nicht die *rauchenden* Präparate. *Luft* ist die Luft, welche dem Schwefel innewohnt (Hydrothiongas), die dem Salmiak innewohnt (Ammoniakgas), dem Quecksilber innewohnt (roter Dampf). Dem αορατος και ακατασκευαστος zu Liebe raucht die arkanologische Flüssigkeit nicht, und dürfen daher auch die Schwefelsäure und die Salpetersäure nicht in ihren rauchenden Präparaten vertreten sein. Und eben demselben αορατος και ακατασκευαστος zu Liebe darf die Flüssigkeit auch nicht troubliert sein, es handelt sich also um eine klare Lösung der festen Stoffe in den flüssigen. Die Entwicklung des Dampfes, das Troubliertwerden der Flüssigkeit kommt erst an die Reihe, wenn Feuer untergelegt wird. Und das geschieht:

Vers 3. Also unter das arkanologische Wasser wird *Feuer* gelegt. Es entwickelt

Vers 4 seine Wirksamkeit, und die Schwefel-Salmiak-Quecksilber-Dämpfe fangen an, sich zu entwickeln, es zeigen sich die ersten Spuren von ihnen, und Trübung.

Vers 6 und 7. Von den aufsteigenden Dämpfen werden nun die einen fest, das sind ein Teil Schwefeldampf und der Quecksilberdampf. Sie konstituieren den Pulvis solaris, welcher fest ist und aus Schwefel (Sulphur aurat.) und Quecksilber besteht. Diese festgewordenen Dämpfe laufen parallel: dem στερεωμα. Die anderen aufsteigenden Dämpfe werden flüssig, das sind ein Teil Schwefeldampf und der Ammoniakdampf. Sie konstituieren den Liquor hepatis, welcher Hydrothiongas und Ammoniak unter der Gestalt einer Flüssigkeit ist. Diese flüssig gewordenen Dämpfe laufen den *Wolken* parallel.

Vers 9 und 10. Nachdem die Dämpfe fort sind, geht mit dem übrigbleibenden arkanologischen Wasser das einfache Wasserverwandlungsexperiment vor sich. Oben stellt sich das Acidum sulphur., unten das Natron. Das erstere läuft dem *Meer* parallel, das letztere dem *Land*. Und damit ist denn das arkanologische Experiment absolviert. Es bringt uns die 4 Arkana: Liquor hepatis, Pulvis solaris, Acidum sulphur., Natron. Diese 4 Arkana bieten uns die arkanologische Welt. Die arkanologische Welterschaffung hat also eine Vorbereitungsperiode, welche uns als Weltenwasser bringt: die Lösung, welche entsteht durch das Zusammenbringen der thaletischen chemischen Grundstoffe und der thaletischen chemischen Operationsmaterialien, und welche uns am ersten Tag, welcher der Vorbereitungsperiode mit angehört, das Feuer als Licht bringt. In der zweiten Periode geht alsdann das arkanologische Experiment vor sich, und wir erhalten am 2. Tag: Liquor hepatis und Pulvis solaris, am 3. Tag: Acidum sulphuricum und Natron — und damit ist die Sache fertig. Für die übrigen Schöpfungstage hat selbstredend das arkanologische Experiment keinen Raum.

Anhand des jüdischen arkanologischen Experimentes erhalten wir also, wie gesagt, die 4 griechischen Arkana: Liquor hepatis, Pulvis solaris, Acid. sulphur., Natron, aber ein Unterschied in der jüdischen und griechischen Fassung ist der, daß sich die jüdischen arkanologischen Zahlen als 2, 3, 4 ergeben. Die 4 ergibt sich von selbst. Die 2 ergibt sich, indem Liquor hepatis und Pulvis solaris einerseits, Acid. sulphur. und Natron andererseits auf *einen* Tag kommen. Sobald man nun von der 2 auf die 4 geht, reflektiert man nicht mehr auf den *Tag*, sondern auf das, was er *bringt*. Teilt man nun das letztere Verhältnis, indem man einerseits auf den Tag reflektiert, andererseits auf das, was er bringt, so kommt die 3 heraus.

Das jüdische arkanologische Experiment ist für die jüdische Alchemie epochemachend. Früher lag die Sache derartig, daß das Sieben-Arkanum, welches auch die eigentliche Arkanenzahl repräsentiert, als auf den Sabbath kommend, im Vordergrund stand. Von den übrigen Arkanenzahlen 1 bis 6 standen alle ebenbürtig nebeneinander, aber gegen die 7 im Hintergrund. (Vergl. die jüdische Zahlenphilosophie bei der jüdischen Alchemie.) Das wird jetzt anders. Auf Grund des arkanologischen Experimentes, auf Grund dessen, daß dies an die Schöpfungsgeschichte angelehnt wird, treten noch andere Arkanenzahlen (2, 3 und 4) hervorragend in den Vordergrund. Früher subordinierte arkanologische Zahlen verlassen also ihre Stelle als subordinierte, sie treten in den Vordergrund und treten damit der eigentlichen Arkanenzahl, der Sieben, mehr oder weniger ebenbürtig zur Seite, werden dadurch den arkanologischen Zahlen, mit denen sie früher gleiches Los teilten, überlegen.

Es liegt übrigens die Instituierung des arkanologisches Experimentes in der Art, wie wir es vorhin kennengelernt haben, bloß im Sinne der ersten Redaktion der Tabula smaragdina. Die zweite Redaktion der Tabula smaragdina faßt die Sache ganz anders. In ihrem Sinne liegt es, daß 3 Arkana (nicht 4) angenommen werden, nämlich: 1.) Acidum sulphuricum-Natron, 2.) Liquor hepatis, 3.) P. solaris. Von ihnen wird dann Acidum sulphuricum-Natron als die arkanologische Flüssigkeit genommen, und aus dieser arkanologischen Flüssigkeit gehen dann die Arkana Liquor hepatis und Pulvis solaris hervor. Die Sache macht sich dann anhand der Septuaginta ff.

Vers 1 und 2. Der Alchemist nimmt sich Wasser, Erde, Luft. *Erde* ist Natron. *Wasser* ist Acid. sulphur., welches nicht raucht, dem aber die Eigenschaft, rauchen zu können, innewohnt, und diese Luft, welche dem Acid. sulphur. innewohnt, repräsentiert die *Luft*. Dem αορατος και ακατασκευαστος zu Liebe raucht die Flüssigkeit nicht, es darf demgemäß auch nicht Acid. sulphur. fumans angewandt werden. Und ebenso handelt es sich dem αορατος και ακατασκευαστος zu Liebe um eine klare Lösung.

Vers 3. Nun wird *Feuer* untergelegt. Dies entwickelt

Vers 4 seine Wirksamkeit, das ist, die Schwefelsäure fängt zu rauchen an, wird zu Acid. sulph. fumans; Trübung tritt ein.

Die erste Periode ist jetzt absolviert, und wir kommen zur

Zweiten Periode, welche ergibt: Liquor hepatis und Pulvis solaris. Es wird der Liquor hepatis aufgefaßt als das Luft-Feuer-Wasser-Arkanum. Ammoniak nämlich = Luft, Schwefel = Feuer, und das Wasser versteht sich von selbst. Der Pulvis solaris wird aufgefaßt als das Luft-Feuer-Erd-Arkanum. Luft ist das Hydrargyr. oxyd. rubrum, von dem wir später sehen werden, wie es zu seinem Luft-Standpunkt kommt, Feuer = Schwefel ist das Sulphur auratum beim Pulvis solaris ruber, der beim Eingesichtspunkt des Pulvis solaris in den Vordergrund gedrängt wird, und Erde ist der Feststandpunkt des Präparates.

Es wird nun der Rauch des Acid. sulphur. zum Ammoniakdampf = Luft, und damit haben wir den *ersten* Teil des Liquor hepatis.

Sobald wir so weit sind, wollen wir uns denken, das Feuer wird wieder weggenommen. Es geschieht das zwar nicht, das Feuer wird vielmehr zu Anfang untergelegt und bleibt bis zu Ende. Indessen, es tritt die Sache klarer hervor, wenn wir uns vorläufig das Feuer wieder weggenommen denken. Nun geht mit dem Acid. sulphur.-Natron das einfache Wasserverwandlungsexperiment vor sich. Es entsteht ein Präzipitat, und dies repräsentiert als ein Festes den *dritten* Teil des P. solaris (Erde).

Nun wird das Feuer wieder herangeholt. Es entwickelt ferner seine Wirksamkeit, und alles Wasser, welches über dem Präzipitat steht, wird in die Luft getrieben. Der Dampf dieses in die Luft getriebenen Wassers geht nun zum Ammoniak; als Wasserdampf verdichtet er sich wieder, und damit haben wir denn den *dritten* Teil des Liquor hepatis (Wasser). Der Dampf des *Wassers* ist nun ein anderer Dampf als der *Ammoniak*dampf. Der letztere verdankt zwar sein Fortgehen dem Feuer, ist aber nicht das Produkt des Feuers, das Feuer bewirkt bloß, daß er, der Ammoniakdampf, welcher früher im Acid. sulphur. versteckt war, sichtbar wurde. Der Wasserdampf ist aber reinweg Produkt des Feuers und hat daher eine *Feuer*natur. Dies *Feuer* nun repräsentiert den *zweiten* Teil des Liquor hepatis, so daß wir den Liquor hepatis haben als das Arkanum, welches aus den 3 Teilen Luft, Feuer, Wasser besteht.

Und nun kommt bei der Behandlung mittels Feuers das Präzipitat an die Reihe, das ist die Erde des Pulvis solaris ruber. Nachdem das Wasser fort ist, tritt, indem das Präzipitat mit Feuer behandelt wird, das Feuer in dasselbe hinein. Damit haben wir den *zweiten* Teil des Pulvis solaris (Feuer). Und das Präzipitat fängt auf Grund des Eintretens des Feuers zu rauchen an, und damit haben wir den *ersten* Teil des Pulvis solaris (Luft). Somit haben wir den Pulvis solaris als das Arkanum, welches aus den 3 Teilen Luft, Feuer, Erde besteht.

Daß wir hier erst das Wasser mittels des Feuers behandeln, und dann die Erde, geschieht natürlich wieder, wie oben das Wegnehmen des Feuers, der klareren Zeichnung des Sachverhaltes zu Liebe. Im Grunde läuft das Experiment von vorn bis hinten in einem fort, und die getrennt geschilderten Prozesse haben gleichzeitig statt.

Also, dieses arkanologische Experiment wird instituiert, indem mittels der arkanologischen Flüssigkeit Acidum-sulphur.-Natron: Liquor hepatis und Pulvis solaris dargestellt werden. Aber indem auf die Weise Liquor hepatis und Pulvis solaris dargestellt werden, hört ja Acidum-sulphur.-Natron auf, Acidum-sulphur.-Natron zu sein. Es würde uns also dieses arkanologische Experiment nur 2 Arkana bringen, wo wir doch oben gesagt haben, daß es an die 3 Arkana: Acidum-sulphur.-Natron, Liquor hepatis, Pulvis solaris lehnt. Das ist freilich schon recht. Indessen, die Sache ist so zu denken, daß man vorab Acid.-sulphur.-Natron hat. Das teilt man sich in 2 Teile, behält den einen Teil als Acid.-sulphur.-Natron als Arkanum und entwickelt sich aus dem anderen Teil mittels des arkanologischen Experimentes Liquor hepatis und Pulvis solaris. Dann hat man die 3 Arkana.

Im Anlehnen an die Schöpfungsgeschichte macht sich die Sache dann so, daß, nachdem Acid.-sulphur.-Natron auf die erste Schöpfungsperiode gekommen, ebenso das Feuer auf die erste Schöpfungsperiode (erster Tag) gekommen, daß dann Liquor hepatis und Pulvis solaris auf die zweite Schöpfungsperiode kommen. Bei dem arkanologische Experiment, welches wir zuerst durchgenommen, kam in der zweiten Periode ein Doppelarkanum auf den zweiten Tag, ein Doppelarkanum auf den dritten Tag, und damit war die Sache fertig. Hier liegt die Sache anders. Hier werden die beiden Arkana der zweiten Periode auf 3 Schöpfungstage distribuiert. Man stellt nämlich auf:

Liquor hepatis	=	Luft + Feuer + Wasser
Pulvis solaris	=	Luft + Feuer + Erde
Liq. hepat. + P. solar.	=	Luft + Feuer + (Wasser + Erde)

und sagt dann: die Luft kommt auf den zweiten Tag (Himmel), Wasser und Erde kommen auf den dritten Tag (Land und Meer), das Feuer kommt auf den vierten Tag (Sonne, Mond und Sterne). Und so teilen sich denn die Bestandteile der Arkana Liquor hepatis und Pulvis solaris in die Tage, auf welche die anorganische Welt kommt. Daß man sich ein Recht zu solcher Verteilung nimmt, hängt damit zusammen, daß, wie wir im vorigen Abschnitt gesehen, nach der alexandrinischen Schöpfungsgeschichte es nicht darauf ankommt, welche *Ordnung* der Tage wir annehmen. Das ist ein gewisses Durcheinander mit den Tagen. und das wird hier derartig ausgebeutet, daß die Arkana sich, wie hier exponiert, in die Tage teilen. Man vergleiche in Bezug auf das in diesem Abschnitt Exponierte die jüdische Interpretation der ersten und zweiten Redaktion der Tab. smar.

Alchemistische Parteien in Alexandrien. Anstreben zur Einigung

Mit dem Übersiedeln jüdischer Alchemisten nach Alexandrien waren dort 3 alchemistische Richtungen vertreten, die griechische, die jüdische, dann aber auch zum dritten die ägyptische.

Von der ägyptischen Alchemie haben wir bereits im Allgemeinen beim Wasserverwandlungsexperiment gesprochen, was im Besonderen noch nachzutragen ist, werden wir bald kennenlernen (bei der ägyptischen Interpretation der Tab. smar.). Daß man den alten Ägyptern hohe Intelligenz beilegen muß, unterliegt keinem Zweifel. Indessen, sie waren in dieser Intelligenz nur bis zu einem gewissen Punkt gekommen, und dann standen sie still. Diese Ägypter lebten im Allgemeinen der Ansicht, daß das, was ihre Urvorfahren geleistet, daß das der Inbegriff des Wissens wäre. Darüber hinaus könne man nicht, und da man eben doch nicht darüber hinaus könne, so sei es Impietät, daran zu rütteln. So war es in anderen Disziplinen, so in der Alchemie. Die ägyptische Alchemie, welche die Griechen zu Ptolemaeus Zeit vorfanden, war dieselbe Alchemie, welche die Juden in der ägyptischen Knechtschaft hatten kennenlernen, war dieselbe Alchemie, wie sie, Gott weiß, wie viel Zeit vor dieser letzteren Periode existiert hatte. Und nicht nur das, daß sie so war, sie hatte sich auch mit undurchdringlichen Schranken umgeben, aus dem, was sie war, nicht heraustreten zu wollen. Unter solchen Umständen war ein eigentlicher Kampf der griechischen Alchemie gegen die ägyptische Alchemie nicht denkbar.

Anders lag die Situation der griechischen Alchemisten den jüdischen Alchemisten gegenüber. Hier traten zwei Parteien einander gegenüber, die beiderseits den Kampf nicht scheuten. Daß die Griechen in Alexandrien in den Juden auf einen ebenbürtigen alchemistischen Gegner stießen, mochte ihnen auffallend genug sein, um so auffallender, als sie, im Anlehnen an den platonischen Kritias, glauben mochten, die Insel Atlantis sei versunken und bleibe in alle Ewigkeit versunken. In Alexandrien merkten die Griechen auf einmal, es ging ihnen ein Licht darüber auf, daß die Atlantiker, weit davon entfernt, jenseits der Säulen des Herkules versunken zu sein, vielmehr munter und rührig dahergingen. Den Juden fiel es nicht im Traum ein, den Griechen aus dem Weg zu gehen. Sie hatten sich nicht, nach Art der Ägypter, mit undurchdringlichen Schranken umgeben, im Gegenteil, sie waren, wie wir gesehen, griechischen Anschauungsweisen sehr zugänglich. Daß sie nun aber so weit gehen sollten, die Grundanschauungen ihrer Alchemie fallen zu lassen, den Griechen zu Liebe fallen zu lassen, dazu hatten sie schlechte Lust. Und so brach denn, wie es unter solchen Umständen nicht zu umgehen ist, ein Kampf aus. Das war kein platonischer Fabelkampf, in dem ein Gegner, der vom Kampf keine Ahnung hatte, munter auf dem Papier besiegt wurde, das war ein effektiver Kampf, bei dem der Gegner zur Stelle war, und über platonische Rodomontaden lachte.

Es brach also in Alexandrien ein Kampf aus zwischen griechischen und jüdischen Alchemisten, bei dem keine Partei Lust zeigte zu weichen. Dieser Kampf aber brachte einen Mann hervor, einen jüdischen Alchemisten, der es durchschaute, daß bei den verschiedenen Grundlagen der griechischen und jüdischen Alchemie ein Sieg der einen Partei über die andere eine Unmöglichkeit sei. Darum dachte er an eine Einigung, wenigstens denn an eine solche, wie sie unter den obwaltenden Verhältnissen möglich war. Und hierbei nun faßte er die biblische Schöpfungsgeschichte in's Auge. Diese Schöpfungsgeschichte, sagte er sich, zeigt, wie man ein Schriftstück, ein und dasselbe Schriftstück haben und es doch verschiedenen Interpretationen unterwerfen kann. Hieran anlehnend kann ich also ein Schriftstück entwerfen, welches trotzdem, daß es *ein* Schriftstück ist, doch verschiedenen Interpretationen unterliegen kann. Gelingt mir das, so ist meine Einigungsidee realisiert. Wir haben dann *ein* Schriftstück, das ist unser Einigungspunkt. Die Griechen interpretieren es in ihrer Weise, die Juden in ihrer Weise, und um das Werk zu krönen, müssen es auch die Ägypter in ihrer Weise interpretieren können. Damit ist trotz des Einigungspunktes doch keiner Partei eine Fessel angelegt. Eine solche Art der Einigung war, wie die Sachen nun einmal lagen, den Juden gewiß recht. Denn anhand der biblischen Schöpfungsgeschichte wurde denen die Idee, die einer solchen Einigung zu Grunde lag, sofort geläufig. Anders aber lag das Verhältnis in Bezug auf die Griechen, und auf die war es hauptsächlich abgesehen. Das war noch sehr die Frage, ob die sich in die Idee hineinarbeiten würden, ein verschieden zu interpretierendes Schriftstück als einen Einigungspunkt hinzunehmen. Darum dachte sich der Mann, der die Einigung anstrebte, mit einem Schriftstück, welches einzig und allein den vorhin auseinandergesetzten Charakter trägt, kommst du am Ende nicht durch. Soll ein solches Schriftstück den Griechen geläufig werden, so muß es außerdem, daß es den verschiedenen Parteien, namentlich der jüdischen und der griechischen, eine besondere Interpretation anhand gibt, auch noch einen besonderen Konzentrationspunkt bieten. Und diesen Konzentrationspunkt entnimmt man am besten der *Pathologie.* Das Schriftstück muß einen besonderen pathologischen Passus haben, den die Griechen auffassen wie die Juden und die Juden wie die Griechen. Mit einem solchen Passus wird dann auf folgenden Gesamteindruck losgesteuert. Wir sind alle Alchemisten, und als solche verfolgen wir alle einen Hauptzweck, welcher der ist, kranke Menschen gesund zu machen. Faßt ihr nun euere Alchemie, wie ihr wollt, wir, wie wir wollen, d.h., interpretiert ihr das betreffende Schriftstück, wie ihr wollt, und wir, wie wir wollen. Aber in einem sind wir einig, nämlich in der Kunst, kranke Menschen gesund zu machen. Und wie wir dahin einig sind, so sind wir uns im pathologischen Passus des Schriftstückes einig, und damit ist das Schriftstück für uns ein Einigungspunkt. Und wenn es mir nun gelingt, so dachte der Mann weiter, ein solches Schriftstück zu Stande zu bringen, und ihm Anerkennung gezollt wird, dann ist viel gewonnen. Vorab ist einmal das schroffe Gegenüberstehen der Parteien gedämpft. Zwischen zwei Parteien, die derartig gegenüberstehen, daß sie ein und dasselbe Schriftstück anerkennen, zu dem ihrigen machen, zwischen denen hat der absolute Riß seine Endschaft erreicht. So ist es einmal vorläufig. Vielleicht kommt aber einmal in Zukunft das, was jetzt nicht ist, das ist die Zeit, wo der alchemistische Hader verschiedener Parteien aufhört. Vielleicht gibt dann gerade das gemeinsame Schriftstück den Impuls zur absoluten Einigung. Die Ideen nun, die unserem Manne vorschweben, sind so richtig, so fein durchdacht, daß, wenn es ihm gelingt, ein Schriftstück zu Stande zu bringen, welches alles das realisiert, was zu realisieren der Autor sich vorgesteckt hat, daß dann die Anerkennung dieses Schriftstückes bei allen Parteien unausbleiblich sein muß. Der Autor realisiert aber das, was zu realisieren er sich vorgesteckt hat. Das Schriftstück ist: die Tab. smar. (1. Redaktion). Und mit dieser erreicht er die Einigung der Parteien, so weit sie unter den obwaltenden Verhältnissen möglich war. Das Schriftstück nun, wie es jener Autor in die Welt schickte, besitzen wir nicht mehr direkt, sondern indirekt. Nämlich, nachdem dieses eine Zeit lang existiert hatte, tritt ein neuer Autor auf, ebenfalls ein alexandrinischer Jude, der es mit Zusätzen versieht, erweitert. Und in weiterer Zeitfolge tritt noch ein 3. Autor auf, der einen neuen Schlußsatz anhängt. Dieses erweiterte Schriftstück, diese Tab. smar. 3. Redaktion, besitzen wir noch in lateinischer Übersetzung. Aus ihr ist es nicht schwer, durch Streichung der Zusätze die Tab. smar. in 1. Redaktion, d. h., das Schriftstück herzustellen, wie es der 1. Autor brachte. Wir werden die Tab. smar. 1. Redaktion kennenlernen, nachdem wir die Tab. smar. 3. Redaktion, das ist also das Schriftstück in der Form, in der es uns heute noch vorliegt, kennengelernt haben.

Die Tabula smaragdina

Allgemeine Vorbemerkungen

DIE TABULA SMARAGDINA, dieses Schriftstück, welches ein Alexandriner verfaßt, ein anderer Alexandriner erweitert, ein dritter Alexandriner noch außerdem mit einem Schlußsatz versehen hat, ist für die Alchemie von der höchsten Wichtigkeit. Die ganze Alchemie zerfällt in zwei Perioden, in die Periode, welche *vor* der Tab. smar. liegt, und in die Periode, welche *nach* der Tab. smar. liegt. Seit der Zeit, da die Tab. smar. geschrieben, resp. zu Ansehen gekommen, dreht sich die Alchemie um die Tab. smar. Je nachdem die Tab. smar. auf diese oder jene Weise interpretiert wird, ändert sich der Standpunkt der Alchemie. Die Alchemie, kann man in gewisser Beziehung sagen, *ist* in ihrer zweiten Periode die Tab. smar. Wie das nun näher liegt, werden wir im Verlauf dieser Schrift genügend Gelegenheit haben, kennenzulernen.

Wir werden später kennenlernen, daß und wie Hermes eine nähere Relation zur Tab. smar. hat. Mystifikationsweise wird nun dieser Hermes zum Autor der Tab. smaragdina und dann in weiterer Folge zum Moses, Kanaan u.s.w. gestempelt. Damit im Zusammenhang stehen denn die folgenden Märchen:

Albertus Magnus erzählt in der ihm zugeschriebenen Schrift De secretis chemicis: Alexander der Große sei auf seinen Zügen auf das Grab des Hermes gestoßen und habe in diesem Grabe die Tab. smar. gefunden. (Wir haben die betreffende Schrift des Albertus nicht auftreiben können.)

Wilhelm Christian Kriegsmann in seinem Kommentar zur Tab. smar., Kap. 1, tischt uns folgendes auf:

»Ganz davon zu schweigen, daß sich die Tradition über diese Tafel, die einige Jahrhunderte nach der Sintflut in einer Höhle bei Hebron von einer Frau, Zara, dem Leichnam des Hermes aus den Händen genommen sein soll, daß sich diese Tradition gar nicht so übel macht, wenn man annimmt, sie ziele auf Sara, die Frau Abrahams. Denn die Zeiten des verstorbenen Hermes, das ist Kanaans, des Enkels Noahs und (die Zeiten) Saras kommen überein. Auch paßt der Ort ganz für die Sache, nämlich die Stadt Hebron, die von dem Sohne des Kanaan oder des Hermes, Heth, erbaut, in deren Gegend Abraham seinen Sitz aufgeschlagen. Überdies paßt auch noch, daß es Sitte der Phönizier, der Nachkommen des Hermes war, die Körper der Gestorbenen gesalbt in einer Höhle zu verbergen (beizusetzen). Dazu kommt, daß Abraham nach der Meinung, wie sie gang und gäbe ist, zu den Alchemisten gezählt wird.«

Kriegsmann, den wir mit seinem Phönizier-Schwindel später noch näher kennenlernen werden, hat sich seine Tradition in eigener Machtvollkommenheit aus den Fingern gesogen. Nun einerlei, ob die Sache auf diese Weise oder auf die Weise des Albertus M. angegriffen wird: — die Mystifikationen sind mit Händen zu greifen.

Wie wir wissen, rührt die Tab. smar. von einem, resp. zwei, resp. drei Alexandrinern her. Sie ist ursprünglich griechisch geschrieben, der klassischen Sprache bei den Alexandrinern. Auf den griechischen Urtext führen, ganz abgesehen davon, daß die Tab. smar. doch im Grunde nichts anders ist als eine Schrift, welche die Juden den Griechen präsentierten, und deren erstes Requisit es in Folge dessen war, in griechischer Sprache abgefaßt zu sein, auf den griechischen Urtext führen die in der lateinischen Übersetzung stehengebliebenen griechischen Worte telesmus und trismegistus, τελεσμος und τρις μεγιστος, ferner der griechische Gott Hermes und das dem Griechischen nachgebildete Wort adaptatio. Wir besitzen den griechischen Urtext nicht mehr, sondern bloß eine lateinische Übersetzung, die aber schon alt sein muß.

Die Tab. smar. ist so mysteriös gehalten, daß der Uneingeweihte sie nicht verstehen kann. Es liegt daher, im Allgemeinen wenigstens, spezielle Ausnahmen mögen immer vorkommen, gar kein Grund vor, anzunehmen, die Alchemisten hätten die Tab. smar. geheim gehalten. Geheimklauber waren zwar diese Alchemisten, aber wozu sollten sie die Tab. smar. geheim halten? Die konnte außer ihnen ja doch niemand verstehen. Also, wie gesagt, es liegt, mit speziellen Ausnahmen, gar kein Grund vor, anzunehmen, die Alchemisten hätten die Tab. smar. geheim gehalten. Trotzdem findet man sie nicht vor *Hortulanus*, einem abendländischen Alchemisten. Dies ist einfach dadurch zu erklären, daß man stillschweigend annahm, sie befände sich von selbst in den Händen eines jeden, der sich für die Alchemie interessierte. Nehmen wir, um ein Analogon zu haben, an, ein Theologe schriebe über irgendein Kapitel der Bibel. Nun denkt er, wer sich für die Sache interessiert, nimmt, wenn er nicht gar dieses Kapitel auswendig weiß, die Bibel zur Hand, und indem er das denkt, hält er es für überflüssig, seiner Abhandlung den Text des betreffenden Kapitels voranzusetzen, was er eigentlich tun müßte. Ganz so ging es den Alchemisten in Bezug auf die Tab. smar. Indem sie schrieben, schrieben sie über die Tab. smar., hätten also ihren Abhandlungen die Tab. smar. voransetzen müssen, wenigstens denn durchschnittlich. Sie hielten das aber für überflüssig, indem sie dachten, diesen Kanon der Alchemie hat jeder, der sich für die Alchemie interessiert, von selbst in der Hand, wenn er ihn nicht gar auswendig weiß. So dachte und dachte jeder, bis es endlich so weit kam, daß der Nachwelt die Tab. smar. verlorengegangen wäre, wenn nicht noch gerade, als es Zeit war, jemand auf die Idee gekommen wäre, sie würde verloren gehen, wenn sie der Welt nicht geboten würde. Dieser jemand ist eben Hortulanus, der sich durch seine schlichte Idee ein immenses Verdienst um die Alchemie erwarb. Ohne die Tab. smar., wie sie uns Hortulanus bot, würden uns die alchemistischen Spekulationen zum größten Teil ewig ein ungelöstes Rätsel geblieben sein. Wie wir bereits oben erwähnt, dreht sich die Alchemie, seitdem die Tab. smar. aufgekommen, immer wieder um die Tab. smar. Ohne die Tab. smar. würde uns der Schlüssel fehlen, die mannigfachen Probleme der Alchemie zu erschließen. Ja, selbst für die Periode der Alchemie, die vor der Tab. smar. liegt, ist die Tab. smar. von Wichtigkeit. Man fragt sich, wie kommt man denn zu dem, was die Tab. smar. ursprünglich bringt, und erhält so höchst wichtige Fingerzeige für die alchemistischen Ansichten, die *vor* der Tab. smar. liegen.

Den Hortulanus, der auch Joannes de Garlandia, Joannes Garlandius, Garlandus genannt wird, halten die einen für einen Engländer, die anderen für einen Franzosen. Nimmt man ihn als Franzosen, so liegt es nahe, ihm den Ort Garlande in Frankreich als Vaterstadt zu geben. Vielleicht handelt es sich aber beim Garlandus um »Gartenland«, indem das fette Gartenland dem nicht fetten Gartenland als »gar« gegenübergestellt wird. Dieser Ansicht leistet der Name Hortulanus Vorschub, indem hortulanus als Substantiv ein Gärtner ist und als Adjektiv das, was einen Garten betrifft. Es würde also auf die Weise Hortulanus das latinisierte Garlandus oder Garlandius sein, wie Xylander das gräzisierte Holzmann, Melanchthon das gräzisierte Schwarzerd ist, u.s.w.

Bei den abendländischen Alchemisten werden wir noch einmal auf den Hortulanus zurückkommen. Derselbe teilt nicht nur den Text der Tab. smar. mit, sondern auch einen Kommentar zu derselben im Sinne der Alchemie der ersten abendländischen Periode. Einige bringen sogar einen doppelten Kommentar. Schwerlich wird aber Hortulanus einen doppelten Kommentar geschrieben haben, denn für das, was er zu sagen hat, hat er in einem Kommentar Platz genug. Wir für unseren Teil kennen des Hortulanus Schrift aus dem *Deutschen Theatrum chemicum* von Roth-Scholz. Dort ist der Teil: Johannis Garlandii seu Hortulani, Angli, Compendium Alchimiae, oder Erklärung der smaragdischen Tafel Hermetis trismegisti. Aus dem Lateinischen in's Deutsche übersetzt, und nun hierbei gefügt durch Friedrich Roth-Scholtzen, Herrenstadio Silesium. Nürnberg 1729. Der Kommentar erhält 21 Kapitel; wenn man jedoch bereits mit dem 13. Kapitel abschließt, so wird der Abrundung des Ganzen dadurch kein Eintrag getan.

Wie *Kriegsmann* sich zusammenarbeitet, daß der Urtext der Tab. smar. ein phönizischer gewesen, werden wir später kennenlernen.

Der Lateinische Text der Tabula smaragdina mit Deutscher Verbal-Übersetzung

Gerade so, wie wir den Text hier geben, befindet er sich auch in *Hermann Kopp*: Geschichte der Chemie, Band 2, pag. 147. An anderen Orten findet er sich mit Varianten vor.

1.) Eine entstellende Variante, die indes häufig vorkommt, u.a. auch bei Libavius und Kriegsmann, ist: sic omnes res fuerunt ab hac una re *adaptatione* statt *adoptione.* Mehr gegen Ende steht: Hinc erunt adaptationes mirabiles. Diese adaptationes gaben ohne Zweifel den Grund für das verkehrte adaptatione.

2) Dann kommt vor statt: ad *perpetranda* miracula rei unius: — ad *praeparanda* oder gar ad *penetranda* miracula rei unius. Mit diesem penetranda liegt es ähnlich wie vorhin mit dem adaptatione. Es wurde hingesetzt dem später folgenden: omnemque solidam *penetrabit* zu Liebe.

3.) Ferner statt: *omnemque solidam* penetrabit kommt vor: et *omne solidum* penetrabit.

4.) Endlich statt: *Pater omnis telesmi* totius mundi est hic kommt die Variante vor: *Hic est vis* totius mundi.

Alle diese Varianten sind zu verwerfen. Wir müssen den lateinischen Text der Tab. smar. Wort für Wort gerade so aufrecht erhalten, wie wir ihn hierher setzen. Dieser lateinische Text ist:

Verum est sine mendacio, certum et verissimum.

Quod est inferius est sicut id quod est superius. Et quod est superius, est, sicut id quod est inferius, ad perpetranda miracula rei unius. Et sicut res omnes fuerunt ab uno, meditatione unius: sic omnes res natae fuerunt ab hac una re adoptione.

Pater eius est Sol, mater eius est Luna. Portavit illud ventus in ventre suo; nutrix eius terra est. Pater omnis telesmi totius mundi est hic, virtus eius integra est, si versa fuerit in terram.

Separabis terram ab igne, subtile a spisso, suaviter magno cum ingenio.

Ascendit a terra in coelum, iterumque descendit in terram, et recipit vim superiorum et inferiorum.

Sic habebis gloriam totius mundi. Ideo fugiet a te omnis obscuritas.

Haec est totius fortitudinis fortitudo fortis, quia vincet omnem rem subtilem, omnemque solidam penetrabit.

Sic mundus creatus est. Hinc erunt adaptationes mirabiles, quarum modus est hic.

Itaque vocatus sum *Hermes trismegistus,* habens tres partes philosophiae totius mundi.

Completum est quod dixi de operatione Solis.

Deutsche Verbalübersetzung:

Es ist wahr ohne Lüge, gewiß und sehr wahr.

Was das Untere ist, ist wie das, was das Obere ist. Und das, was das Obere ist, dient, wie das, was das Untere ist, um die Wunder einer Sache zu Stande zu bringen. Und wie alle Dinge von einem herstammen, durch den Plan eines: so stammen alle geschaffenen Dinge von dieser einen Sache her durch Adoption.

Sein Vater ist die Sonne, seine Mutter der Mond. Der Wind trug es im Bauche, seine Nährerin ist die Erde. Es ist der Vater aller Vollendung der ganzen Welt, seine Tugend ist vollkommen, wenn es in Erde verwandelt worden.

Trenne die Erde vom Feuer, das Subtile vom Dichten sukzessiv mit großer Geschicklichkeit.

Es steigt von der Erde zum Himmel und steigt dann wieder zur Erde hinab und erhält die Kraft der Oberen und Unteren.

So hast du den Ruhm der ganzen Welt. Daher wird von dir fliehen jegliche Finsternis.

Das ist aller Stärke Stärke, weil sie jede subtile Sache besiegt und jede feste durchdringt.

So ist die Welt erschaffen. Daher stammen die wunderbaren Anpassungen, deren Maß dieses ist.

Deswegen heiße ich der *dreimalgroße Hermes*, der ich habe drei Teile der Philosophie der ganzen Welt.

Es ist vollendet, was ich von dem Wirken der Sonne gesagt habe.

Der Text der ersten Redaktion der Tabula smaragdina

Von dem Schriftstück, wie wir es im vorigen Abschnitt kennengelernt haben, ist, um die ursprüngliche Tabula smaragdina herauszubekommen, vorab zu streichen: Completum est quod dixi de operatione Solis, denn dieser Schlußsatz fällt der dritten Redaktion anheim.

Ist das gestrichen, so bleibt der Text der zweiten Redaktion übrig. Von dem Text der zweiten Redaktion ist nun, um weiter zum Text der ersten Redaktion zu kommen, vorab zu streichen der Anfang: Verum est sine mendacio etc. Dann der Passus: Quod est inferius est sicut id quod est superius. Et. Es bleibt: quod est superius est sicut id quod est inferius ad perpetranda miracula rei unius. Nun wird wieder gestrichen: Et sicut res omnes bis versa fuerit in terram. Es bleibt dann: Separabis bis penetrabit. Der Rest von: Sic mundus creatus bis philosophiae totius mundi wird dann wieder gestrichen. So bleibt denn als ursprünglicher Text der Tab. smar. übrig:

Quod est superius, est, sicut id quod est inferius, ad perpetranda miracula rei unius.

Separabis terram ab igne, subtile a spisso, suaviter magno cum ingenio: ascendit a terra in coelum iterumque descendit in terram, et recipit vim superiorum et inferiorum. Sic habebis gloriam totius mundi. Ideo fugiet a te omnis obscuritas.

Haec est totius fortitudinis fortitudo fortis, quia vincet omnem rem subtilem, omnemque solidam penetrabit.

Jüdische Interpretation der ersten Redaktion der Tabula smaragdina

Vorab merke man ff.

Die Tab. smar. kann sich nicht um die Schöpfungsgeschichte drehen, denn es liegt ja auf der Hand, daß gerade darin die Hauptdifferenz zwischen Griechen und Juden bestand, daß die Griechen die jüdische Schöpfungsgeschichte nicht anerkennen wollten. Würde die Tab. smar. die Schöpfungsgeschichte bieten, wo würde sie von vornherein den Griechen einen Stein des Anstoßes geboten haben. Weil die Tab smar. nun nicht die Schöpfungsgeschichte bieten kann, so stellt sie sich auf die Basis des arkanologischen Experimentes im Anlehnen an die Schöpfungsgeschichte, oder im griechischen Sinne kurzweg auf die Basis des arkanologischen Experimentes. Hierin konnten die Griechen nicht den geringsten Anstoß finden, huldigen doch auch ihre Alchemisten, wie schon Thales, dem arkanologischen Experiment.

Wir verweisen in Bezug auf das arkanologische Experiment auf das, was wir in dem Abschnitt: »Das arkanologische Experiment in jüdischer Fassung« kennengelernt haben. Der Autor hält sich an die Exekutierung des Experimentes, wie es dort pro primo dargestellt wurde.

Der Autor der Tab. smar. überspringt den ersten, den vorbereitenden Akt, und fängt gleich mit der zweiten Periode an. Es entwickelt sich nun Dampf, und dieser repräsentiert den Liquor hepatis und den Pulvis solaris. Darüber handelt die Stelle: Separabis terram ab igne etc.

Und wenn der Dampf fort ist, dann bildet sich Acid. sulphur., Natron. Darüber handelt die Stelle: Quod est superius etc.

Nun gelangt man anhand des arkanologischen Experimentes zuerst zum Liquor hepatis und P. solaris, und dann erst zum Acid. sulphur. und Natron. Es sollte also eigentlich der Passus: Separabis terram ab igne etc. da stehen, wo der Passus: Quod est superius etc. steht, und dieser, wo jener steht. Das ist nun einfach ein Hysteron-Proteron, zu dem man sich anhand der biblischen Schöpfungsgeschichte die Berechtigung nimmt. Es ist nämlich in der ersten Schöpfungsperiode die Rede von Wasser, Erde, Luft. Da sollte doch einmal zuerst von Wasser die Rede sein, es ist aber zuerst von Luft (Himmel) die Erde, dann von Erde, und endlich kommt erst das Wasser. Wir haben hierüber bei der alexandrinischen Interpretation der Schöpfungsgeschichte gesprochen. Es handelt sich also in der Schöpfungsgeschichte um ein Hysteron-Proteron, und daran anlehnend bringt der Autor der Tab. smar. auch hier ein Hysteron-Proteron.

Anhand des arkanologischen Experimentes bewegt sich unser Autor zwischen drei und vier Arkanen. Er hat einerseits drei Arkana: 1.) Liquor hepatis-Pulvis solaris, 2.) Acid. sulphur., 3.) Natron, weil Liquor hepatis und P. solaris den *einen* Dampf repräsentieren, mithin auch füglich als *ein* Arkanum figurieren. Er hat andererseits vier Arkana: 1.) Liquor hepatis, 2.) P. solaris, 3.) Acid. sulphuricum, 4.) Natron, weil der Dampf zwar ein einziger ist, die durch ihn repräsentierten Arkana aber eine Zweizahl konstruieren.

Nach dieser Drei- oder Vier-Zahl der Arkana sind denn nun auch die Rubriken der Tab. smar. als 3 oder 4 aufzufassen.

Nimmt man 4 Rubriken, so ist:

1. Rubrik: Quod es superius etc.
2. Rubrik: Separabis terram ab igne etc.
3. Rubrik: Sic habebis gloriam etc.
4. Rubrik: Haec est totius etc.

Nimmt man 3 Rubriken, so teilt man die dritte Rubrik von vorher in die beiden Teile: Sic habebis gloriam totius mundi und Ideo fugiet a te omnis obscuritas. Der Passus: Sic habebis wird zur zweiten Rubrik von vorhin hinübergezogen. Der Passus: Ideo fugiet wird zur vierten Rubrik von vorhin hinübergezogen. Die Rubrik: Haec est totius fortitudinis fortitudo etc. ist der Konzentrationspunkt zwischen Griechen und Juden. Es ist die pathologische Rubrik.

Erste Rubrik

Quod est superius, est, sicut id quod est inferius, ad perpetranda miracula rei unius.

Auf Grund des Hysteron-Proteron sind Liquor hepatis und P. solaris vorweg als Dampf abgetrieben, und man hat nun die troublierte Flüssigkeit, mit der das arkanologische Experiment instituiert wird, an und für sich in's Auge zu fassen. Sie ergibt Acid. sulphur. und Natron. Davon tritt Acid. sulphur. nach oben, bildet also das superius. Natron geht nach unten als Bodensatz, bildet also das inferius.

Also: Quod est superius, das ist Acid. sulphur., dient dazu, wie das, quod est inferius, das ist Natron, um zu »perpetrieren« die Wunder einer Sache. Die eine Sache ist die arkanologische Flüssigkeit. Ihre miracula sind die Arkana.

Das Wort perpetrare ist diplomatisch gewählt. Dasselbe entspricht, natürlich wie das betreffende Wort der in griechischer Sprache abgefaßten Tab. smar., unserem »zu Stande bringen.« Zu Stande bringen heißt: etwas zu Wege bringen, bewerkstelligen. Es heißt aber auch: etwas zu Ende bringen, beendigen. Der Autor steuert auf das »beendigen« los. Denn wenn man beim arkanologischen Experiment so weit gekommen ist, daß man Acid. sulphuricum und Natron hat, so ist das Experiment beendet. Weil aber das Hysteron-Proteron verdeckt werden soll, deswegen wählt er gerade den Ausdruck perpetrare. Der der Sache Unkundige übersetzt dann: »bewerkstelligen.«

Zweite Rubrik

Separabis terram ab igne, subtile a spisso, suaviter magno cum ingenio; ascendit a terra in coelum iterumque descendit in terram, et recipit vim superiorum et inferiorum.

Jetzt kommen Liquor hepatis und P. solaris an die Reihe.

Der Autor faßt den P.. solaris auf als P. solaris ruber. Dieser zerfällt in den Quecksilberanteil und in den Antimonteil.

1.) *Quecksilberteil.* Es wird davon ausgegangen, daß das Hydrarg. oxyd. rubr. mittels Salpetersäure dargestellt wird, daß sich also die charakteristischen roten Dämpfe (Untersalpetersäure) entwickeln. Diese roten Dämpfe, sagt der Autor, *sind* Luft, und daraus geht hervor, daß das ganze Präparat, daß das Hydrarg. oxyd. rubr. = *Luft.* Denn, sagt er, das Präzipitat ist dasselbe, was der rote Dampf ist, wobei er sich einerseits an die rote Farbe beider hält und andererseits das in's Auge faßt, daß, je mehr rote Dämpfe fortgehen, desto mehr Präzipitat sich entwickelt. Systematisch denkt er sich denn die Sache derartig, daß nicht alle roten Dämpfe in die weite Welt gehen, sondern daß ein Teil von ihnen umkehrt, nach unten geht, und sich unten zu Präzipitat verdickt. Indem nun der Autor hieran anlehnt, nimmt er an, daß bei der Darstellung des Hydrarg. oxyd. rubr. ein *Aufsteigeprozeß* und ein *Absteigeprozeß* statt hat. Der Aufsteigeprozeß liegt darin, daß der rote Dampf aufsteigt, der Absteigeprozeß darin, daß es eben dieser rote Dampf ist, welcher wieder herabsteigt, nach unten geht und dort das rote Präzipitat bildet.

2.) *Antimonteil.* Wenn man zu der Lösung des Schlippeschen Salzes Schwefelsäure gießt, so entwickelt sich oben Hydrothiongas und unten Sulphur aurat.

Hier sagt der Autor nun ganz wie vorher, nicht alle Dämpfe (Hydrothiongas) gehen in die weite Welt, sondern ein Teil von ihnen kehrt um und verdickt sich unten zu Sulphur aurat. Daraus geht denn zum ersten hervor, daß auch bei der Darstellung des Sulphur aurat. ein *Aufsteigeprozeß* und ein *Absteigeprozeß* statt hat, und zum zweiten, daß Sulphur aurat. = Schwefelluft, denn Sulphur aurat. ist ja dasselbe, was Hydrothiongas ist, in verdickter Form.

Also, da bei der Darstellung des Hydrarg. oxyd. rubr. sowohl als bei der des Sulphur aurat. ein Aufsteige- und ein Absteigeprozeß statt hat, so hat überhaupt bei der Darstellung des P. solaris ruber ein *Aufsteige-* und ein *Absteigeprozeß* statt.

Den Liquor hepatis läßt der Autor, sich an das haltend, was aus dem Präparate notorisch hervorriecht, zerfallen: in den Schwefelteil und in den Ammoniakteil. Wie wir nun wissen, stellten sich die Alten den Liquor hepatis dar durch Destillation von Schwefel, Salmiak, Kalk. Dabei, sagt nun unser Autor, geht der Schwefel in die Höhe und bildet Hydrothiongas, und der Salmiak geht in die Höhe und bildet Ammoniak. Es hat also, sagt er, bei der Darstellung des Liquor hepatis ein *Aufsteigeprozeß* statt, entgegen dem, daß bei der Darstellung des P. solaris ein Aufsteige- *und* ein Absteigeprozeß statt hat.

Wir haben also bei der Darstellung des P. solaris ff.

Es gehen in die Höhe: rote Dämpfe, Hydrothiongas.

Diese bleiben aber nicht oben, sondern gehen herunter und bilden rotes Präzipitat und Sulphur aurat.

Wir haben bei der Darstellung des Liquor hepatis ff.

Es gehen in die Höhe: Ammoniak, Hydrothiongas.

Diese bleiben oben und gehen *nicht* wieder herunter.

Es führt nun der Umstand, daß Liquor hepatis und P. solaris den *einen* Dampf der arkanologischen Flüssigkeit beim arkanologischen Experiment repräsentieren, darauf, sich die Darstellung des Liquor hepatis und P. solaris *vereint* zu denken. Tun wir das, so gehen in die Höhe: rote Dämpfe, Hydrothiongas, Ammoniak, Hydrothiongas. Das ist:

Ammoniak, Hydrothiongas, Rote Dämpfe

a b

Sobald das nun alles oben ist, hat das Ammoniak und Hydrothiongas *a* seine Mission erledigt. Denn diese als Bestandteile des Liquor hepatis brauchen ja bloß aufzusteigen, sie brauchen aber nicht wieder abzusteigen. Man schafft sie also bei Seite und hat damit den Liquor hepatis.

Dagegen kann man die roten Dämpfe und Hydrothiongas *b* nicht oben behalten. Sie sind noch kein P. solaris, sie sollen es erst werden und werden es dadurch, daß sie erst wieder herunter müssen. Erst wenn sie wieder unten sind, bilden sie Hydrarg. oxyd. rubr. und Sulphur aurat.

Also in Bezug auf das arkanologische Experiment haben wir ff.

Nachdem das arkanologische Wasser dargestellt, bestehend aus den thaletischen Grundstoffen und aus dem thaletischen Operationsmaterial, nachdem dann Feuer untergelegt ist und nun die zweite Periode anfängt, repräsentiert der Dampf, der in die Höhe geht, die vereinten Liquor hepatis und P. solaris. In ihm haben wir vorab einmal: Ammoniak, Hydrothiongas, rote Dämpfe. Von diesen nehmen wir Ammoniak und einen Teil des Hydrothiongases weg, dann haben wir den Liquor hepatis. Demgemäß ist ein Teil des Dampfes weg. Den übrigen Teil des Dampfes, bestehend aus dem zweiten Teil Hydrothiongas und den roten Dämpfen, schaffen wir nun zwar auch bei Seite, wir lassen ihn aber zuvor absteigen — wodurch er übrigens seine Luft-, seine Dampfnatur nicht verliert, denn Hydrar. oxyd. ist roter Dampf in dicker Form und Sulphur aurat. ist Hydrothiongas in dicker Form — und nachdem er abgestiegen ist, haben wir in ihm den P. solaris ruber. Denn es hat ja das folgende Übersichtsverhältnis statt:

Ammoniak, Hydrothiongas, Rote Dämpfe

a	b
bleiben oben, und bilden den Liquor hepatis	gehen wieder herunter, und bilden den Pulv. solaris

Nun zu unserer Stelle!

Vorab sei bemerkt, daß da heißt: *a terra*: von unten, *in coelum:* nach oben, *in terram:* nach unten.

Also heißt ascendit a terra in coelum: Es steigt von unten nach oben, das ist einfach: Es steigt auf. Descendit in terram heißt: Es steigt nach unten oder es steigt ab. Daß nicht einfach steht ascendit und descendit, geschieht mit Rücksicht auf die ägyptische Interpretation, bei der es in die Waagschale fällt, daß das Aufsteigen gerade zum Himmel stattfindet. Aber auch hier, bei der jüdischen Interpretation, kann man sagen, daß für den einfachen Ausdruck »nach oben« der Ausdruck »gen Himmel« gebraucht wird, hat in Bezug darauf statt, daß hier von den Präparaten die Rede ist, welche dem kosmologischen Himmel parallel laufen. Es ist also wohl geeignet, daß der Himmel in die Sache gebracht wird. Hat man aber erst einmal »nach oben« mit in coelum übersetzt, so ist damit auch gegeben, daß man »von unten« und »nach unten« mit a terra und in terram übersetzt.

Es hat nun der Autor unsere Stelle zuvörderst ff. entworfen:

Ascendit a terra in coelum, tum altera pars separatur, et altera iterum descendit in terram, et (totum) recipit vim superiorum et inferiorum.

Das heißt: Der Dampf beim arkanologischen Experiment steigt auf. Nun wird ein Teil des Dampfes (der den Liquor hepatis ergibt) bei Seite geschafft, der andere Teil des Dampfes (nämlich der, der den P. solaris ergibt) steigt ab, und das Ganze erhält die Kraft von oberen Teilen und unteren Teilen, das heißt, trotzdem daß es nur *ein* Dampf ist, steigen doch in ihm *mehrere* Teile, nämlich Ammoniak, Hydrothiongas, roter Dampf auf, und *mehrere* Teile, nämlich Hydrothiongas und roter Dampf, ab.

Nachdem nun der Autor die Stelle so entworfen, faßt er den Passus: tum altera pars separatur aus dem Ganzen heraus und setzt ihn nach vorn. Nicht nur das tut er aber, sondern, indem er ihn nach vorn setzt, erweitert er ihn auch. Indem er den Passus nach vorn setzt, wird aus dem tum altera pars separatur: Separabis alteram partem, und indem er ihn erweitert, wird aus der altera pars das, was separiert werden soll und wovon es separiert werden soll, das ist: Separabis terram ab igne, subtile a spisso.

Zu einem solchen Tun geht der Autor deswegen über, weil er markieren will, daß, trotzdem man den *einen* Dampf des arkanologischen Wassers hat, daß dieser Dampf trotzdem *zwei* Arkana ergibt, nämlich den Liquor hepatis und den P. solaris. Sobald er aber das markieren will, sobald er uns den Dampf als zwei Arkana präsentieren will, findet er es auch passend, daß der Liquor hepatis zuerst präsentiert wird, denn den hat man ja eher, als man den P. solaris hat; der Liquor hepatis ist bereits bei Seite geschafft, wenn der P. solaris erst noch herunter muß.

Es wird nun der Liquor hepatis präsentiert in dem Passus: Separabis terram ab igne, subtile a spisso (suaviter magno cum ingenio).

Es wird der P. solaris präsentiert in dem Passus: Ascendit a terra in coelum iterumque descendit in terram. Also bei der betreffenden Umwandlung der Stelle aus der Situation, wie sie ursprünglich entworfen, fällt das ascendit a terra in coelum exklusiv auf den P. solaris. Das läßt sich bei dem Manöver, wie es der Autor instituiert, nicht anders bewerkstelligen, verschlägt übrigens auch nicht. Man kann nicht einwerfen, aber dann sind die Teile, die den Liquor hepatis konstituieren sollen, ja gar nicht aufgestiegen. Das kann man nicht einwerfen, denn von diesen Teilen wird in dem Passus: Separabis terram ab igne ausdrücklich gesagt, daß sie von den Dingen separiert werden sollen, die wieder heruntergehen. Nun, dann müssen die betreffenden Teile auch oben sein.

Es ist nun *ignis* = Feuer = Schwefel = Hydrothiongas, das ist das Hydrothiongas, welches in den Liquor hepatis eingeht.

Demgegenüber ist *terra* im Allgemeinen auch Schwefel, Hydrothiongas, aber der Schwefel, das Hydrothiongas, welches wieder herunter soll, und indem es heruntergeht, zu festem Schwefel, zu Erd-Schwefel, zu Sulphur aurat. wird. Dieses Hydrothiongas *soll* erst zu festem Schwefel, zu terra-Schwefel, kurz zu terra *werden*; aber es wird präsumtiv schon terra genannt.

Subtile = Ammoniak

Spissum sind die roten Quecksilberdämpfe. Sie sind zwar gasförmig, werden aber in Bezug darauf, daß sie herunter sollen, vorweg, präsumtiv, schon ein Festes, spissum, genannt. Das liegt analog, wie vorher, bei der terra.

In den Vorbemerkungen zu der vorliegenden zweiten Rubrik haben wir kennengelernt, daß oben sind:

Ammoniak, Hydrothiongas, Rote Dämpfe

a b

und daß nun:

Ammoniak, Hydrothiongas, Rote Dämpfe

a b

a	b
oben bleiben, bei Seite geschafft werden, und Liquor hepatis bilden.	heruntergehen, u. den Pulvis solaris bilden.

Das würde sich denn, an die Ausdrucksweise des Passus: Separabis terram ab igne etc. lehnend, ff. machen:

Oben sind:

Subtile		Ignis	
a	b	a	b
Ammoniak, behält den Namen: subtile.	Rote Dämpfe, erhalten präsumtiv den Namen: spissum.	Hydrothiongas, behält den Namen: ignis.	Hydrothiongas, erhält präsumtiv den Namen: terra.

Und in Bezug hierauf haben wir:

Subtile Ignis Spissum

Ignis	Terra
bleiben oben, und werden als Liquor hepatis bei Seite geschafft.	gehen herunter, und bilden Pulvis solaris.

Also heißt die Stelle Separabis etc. Du hast oben: Ammoniak (subtile), Hydrothiongas *a* (ignis), Hydrothiongas *b* (terra), rote Dämpfe (spissum). Nun trenne Hydrothiongas *a* (ignis) von Hydrothiongas *b* (terra), und trenne auch Ammoniak (subtile) von den roten Dämpfen (spissum).

Nun wird angeknüpft: suaviter magno et ingenio. Tue das mit Vorsicht und Geschick. Du hast zwar separiert, getrennt, damit hast du nun aber noch nicht den Liquor hepatis. Das bei dem Trennen auf der einen Seite Erhaltene, das ist Ammoniak und Hydrothiongas *a*, muß bei Seite geschafft werden, das auf der anderen Seite Erhaltene muß unangetastet bleiben, erst so hast du den Liquor hepatis. Und um so mehr mußt du mit Geschick verfahren, als eben sowohl, wie das subtile, welches auf den Liquor hepatis kommt, vom spissum, welches auf den P. solaris kommt, getrennt werden soll, auch eben sowohl der ignis, welcher auf den Liquor hepatis kommt, von der terra, welche auf den P. solaris kommt, getrennt werden muß. Wie separiert werden soll subtile a spisso, so muß auch getrennt werden ignis a terra, nicht aber umgekehrt terra ab igne, wie im Text geschrieben steht. Laß dich also durch die Arrangierung der Textworte nicht beirren. — Daß nun der Text bringt terram ab igne und nicht ignem a terra, geschieht mit Vorbedacht deswegen, um im Kleinen ein Hysteron-Proteron zu bringen, und damit im Kleinen das zu tun, was in Bezug darauf, daß erst Acid. sulphur. und Natron und dann erst Liquor hepatis und P. solaris abgehandelt wird, bei dem ganzen Abhandeln des arkanologischen Experimentes im Großen geschieht. Und nicht nur darauf deutet das Hysteron-Proteron im Kleinen, sondern auch darauf, daß die Stelle Separabis etc., wie sie hier vorliegt, anders ist, wie sie ursprünglich entworfen, wie sie eigentlich sein sollte. Denn daß die Stelle so ist, wie sie hier steht, und nicht so, wie sie ursprünglich entworfen ist, eigentlich sein sollte, kommt am Ende auch wieder auf ein Hysteron-Proteron heraus. Also stoße dich nicht an diese »Durcheinander«, an diese Hystera-Protera. Entwickle dir das, was aus der Stelle zu entwickeln ist: suaviter magno cum ingenio.

Und nun müssen wir zusehen, wie denn der Autor zu der Idee kommt zu entwerfen: Ascendit a terra in coelum, tum altera pars separatur etc., und statt dessen die Stelle so zu bringen, wie sie in der Tab. smar. steht.

Nun, das liegt also: Der Autor denkt sich, man könne annehmen, der Anfang der biblischen Schöpfungsgeschichte sei auf Grund dessen, daß man vorab doch einmal das Wasser haben muß, ehe Luft und Erde in dasselbe hineingeschaffen werden können, ff. entworfen:

Am Anfang war es finster auf der Tiefe. Jetzt schuf Gott Luft und Erde, und der Geist schwebte auf dem Wasser.

Hier wird nun, um zum Bibeltext zu kommen, das: »Jetzt schuf Gott Luft und Erde« herausgenommen und nach vorn gebracht. Und indem das geschieht, wird der Passus zugleich dilatiert. Die Erde erhält das αορατος και ακατασκευαςος. Auf diese Weise kommt denn der Bibeltext heraus: Am Anfang schuf Gott Himmel und Erde, und die Erde war unsichtbar und unzubereitet. Und es war finster auf der Tiefe, und der Geist Gottes schwebte auf dem Wasser. Wie nun der Autor in Bezug auf den Anfang der biblischen Schöpfungsgeschichte sagt: so hat die Stelle ursprünglich gelegen, und so liegt sie nach dem Bibeltext, gerade so sagt er auch hier: so liegt die Stelle Separabis ursprünglich, und so liegt sie nach dem Text der Tab. smar.

Der Passus: Ascendit a terra in coelum iterumque descendit in terram macht sich in seiner Besonderstellung dem P. solaris gegenüber sehr einfach. Er besagt, der P. solaris steigt auf, wie es der Liquor hepatis auch tut. Der Unterschied ist nur der, daß der Liquor hepatis oben bleibt, wogegen der P. solaris iterum descendit in terram wieder herunter muß.

Der Passus: et recipit vim superiorum et inferiorum bezieht sich auf den Liquor hepatis und den P. solaris, also auf den ganzen Dampf. Dieser Passus bedeutet also dasselbe, was er bedeutet hat, wie die ganze Stelle Separabis etc. in ihrem ursprünglichen Entwurf dem Autor vorlag. Das ist ganz analog wie bei der in zweifacher Form gedachten Bibelstelle: »Am Anfang schuf Gott u.s.w.« In dieser Bibelstelle steht nämlich der Schlußsatz: »Und der Geist Gottes schwebte über dem Wasser« beim Bibeltext ganz so da, wie er in dem von unserem Autor aufgestellten Entwurf: »Am Anfang war es finster auf der Tiefe« dagestanden hat.

Allgemeines über die dritte und vierte Rubrik

Der Autor hat den 19. Psalm vor Augen, der nach der Übersetzung Luthers ff. lautet:

1.) Ein Psalm Davids vorzusingen.

2.) Die Himmel erzählen die Ehre Gottes, und die Veste verkündiget seiner Hände Werk.

3.) Ein Tag sagt es dem anderen, und eine Nacht tut es kund der andern.

4.) Es ist keine Sprache noch Rede, da man nicht ihre Stimme hört.

5.) Ihre Schnur (Text: *Kum*, Septuaginta: φϑογγος, Schall, was auch dem Sinn entspricht. Allerdings ist *Kaw* Schnur, Meßschnur. Vielleicht wird dabei an die Schnur, die Saite eines Instrumentes gedacht) geht aus in alle Lande, und ihre Rede an der Welt Ende; er hat der Sonne eine Hütte in denselben gemacht.

6.) Und dieselbige geht heraus, wie ein Bräutigam aus seiner Kammer, und freut sich wie ein Held, zu laufen den Weg.

7.) Sie geht auf an einem Ende des Himmels und läuft um bis wieder an dasselbe Ende; und bleibt nichts vor ihrer Hitze verborgen.

8.) Das Gesetz des Herrn ist ohne Wandel und erquickt die Seele. Das Zeugnis des Herrn ist gewiß und macht die Albernen weise.

9.) Die Befehle des Herrn sind richtig und erfreuen das Herz. Die Gebote des Herrn sind lauter und erleuchten die Augen.

10.) Die Furcht des Herrn ist rein und bleibt ewiglich. Die Rechte des Herrn sind wahrhaftig, allesamt gerecht.

11.) Sie sind köstlicher denn Gold und viel feines Gold; sie sind süßer denn Honig und Honigseim.

12.) Auch wird dein Knecht durch sie erinnert; und wer sie hält, der hat großen Lohn.

13.) Wer kann merken, wie oft er fehlt? Verzeihe mir die verborgenen Fehler.

14.) Bewahre auch deinen Knecht vor den Stolzen, daß sie nicht über mich herrschen; so werde ich ohne Wandel sein und unschuldig bleiben großer Missetat.

15.) Laß dir wohlgefallen die Rede meines Mundes und das Gespräch meines Herzens vor dir, Herr, mein Hort und mein Erlöser.

Dieser Psalm ist unserem Autor der *alchemistische Psalm*. In seinem Sinne handelt derselbe bis Vers 7 inklusive die Kosmologie ab und kommt dann zur Arkanologie. Das Gesetz, das Zeugnis, die Befehle und die Gebote in Vers 8 und 9 repräsentieren die 4 Arkana. Gesetz des Herrn, Zeugnis des Herrn, Befehle des Herrn, Gebote des Herrn sind Synonyma. Unter sie läßt sich aber nicht einrangieren das, was der Vers 10 bringt, das sind: die Furcht des Herrn und die Rechte (Gerichte) des

Herrn. Diese bilden etwas besonders für sich Dastehendes. Dieses besonders Dastehende schließt sich aber dem, was Vers 8 und 9 bringen, an. Das faßt der Autor der Tab. smar. nun vom arkanologischen Standpunkt derartig auf, daß er sagt, der Arkanen-Vier schließt sich die Arkanen-Zwei an. Diese Arkanen-Zahl ist darin repräsentiert, daß im Anlehnen des arkanologischen Experimentes an die Schöpfungsgeschichte die Arkana auf *zwei* Tage, den zweiten und dritten Tag kommen. Wie die Arkanen-Vier ist: 1.) Liquor hepatis, 2.) P. solaris, 3.) Acid. sulphur., 4.) Natron, so ist die Arkanen-Zwei: 1.) Liquor hepatis und P. solaris, 2.) Acid. sulphur. und Natron. Dieser Arkanen-Zwei zu Liebe, das ist also dem zu Liebe, daß im Anlehnen des arkanologischen Experimentes an die Schöpfungsgeschichte zwei Tage beansprucht werden, erhalten denn auch in der Tab. smar. die Arkana zwei Rubriken.

Der Vers 11 schließt sich der Arkanologie an. Die Arkana werden in dem Gold und feinen Gold als Metalle aufgefaßt. Sie werden ferner im Honig und Honigseim vom Standpunkt des Geschmackes oder vom Standpunkt der Pflanzensäfte, χυμοι, aufgefaßt (vergl. bei Plato). Die Septuaginta haben statt des feinen Goldes, (*Umipas*) λιϑον τιμιον. Damit kommen denn auch die Arkana als Minerale an die Reihe.

Im Vers 12 wird der Alchemist durch die Arkana »erinnert«. Der Text hat *Nishar bahem,* was die Septuaginta übersetzen: φυλασσει αυτα, beobachtet sie. Wer sie hält, das ist, wer die Arkana am Krankenbett anwendet, der hat dess großen Lohn.

Und wenn man nun, lehrt Vers 13, die Arkana anwendet, wer kann denn merken, wie oft er fehlt? Ἡ κρισις χαλεπη, das Urteil ist schwer, sagt Hippokrates. Verzeihe mir die verborgenen Fehler: Gott möge verzeihen, wenn wir fehlen. Wir sind Menschen und können alle fehlen.

Vers 14. Und wenn wir nun nicht Alles kurieren, denn wer möchte Alles kurieren können, dann kommen die Stolzen, die Schulärzte, machen ein großes Geschrei und sagen: Da haben wir es nun! — Der Text hat für »vor den Stolzen«: *Modim,* die Septuaginta: απο αλλοτριων. αλλοτριος heißt der Abgeneigte, der Entfremdete, der Feindliche. — O Gott, mögen *die* nicht über mich herrschen, so werde ich ohne Wandel sein und unschuldig bleiben großer Missetat — die der böse Leumund auf mich wirft. — Es ist übrigens zu bemerken, daß Luther, indem er die

Stolzen bringt, im Sinne der alchemistischen Interpretationen des Psalmes übersetzt. Im Sinne des Psalmes an und für sich liegt wohl mehr, daß das *Modim* sachlich aufgefaßt und auf die Sünde bezogen wird. Indem wir uns nun an diesen Psalm halten, werden uns die Ausdrücke in der dritten und vierten Rubrik der Tab. smar. klar werden.

Die gloria in der dritten Rubrik zielt auf die »Ehre Gottes« des Vers 2. Im Text heißt es: *Kwod ha'el*, das ist lateinisch: gloria Dei. An diese gloria Dei lehnt auch die französische Übersetzung. Les cieux racontent *la gloire* de Dieu, welche viel sachentsprechender ist als die Luthersche: Die Himmel erzählen *die Ehre* Gottes. Die Septuaginta haben: δοξα Θεου.

Die obscuritas in der dritten Rubrik zielt auf Vers 8 und 9, indem in ihnen steht:

und macht die Albernen weise
und erleuchtet die Augen

Obscuritas ist nämlich (analog dem betreffenden Worte im griechischen Text der Tab. smar.) einerseits: Dunkelheit in Bezug auf das Augenlicht. So kann man geradezu sagen: obscuritas oculorum. Andererseits ist obscuritas aber auch »Dunkelheit« in metaphorischer Weise und bezieht sich auf das Nichtverstehen einer Sache. Res obscura ist eine Sache, die schwer einzusehen ist.

Wenn also der Autor der Tab. smaragd. sagt: Ideo fugiet a te obscuritas, so hat er ganz den Doppelbegriff des Vers 8 und 9 vor Augen, und will einerseits interpretiert wissen: Du wirst aus einem Albernen ein Weiser, das ist aus einem Nicht-Wissenden ein Wissender, andererseits: Deine Augen werden erleuchtet werden, es wird dir wie Schuppen von den Augen fallen. Gerade deswegen, um auf das Doppelbild des Vers 8 und 9, welches sich an die obscuritas knüpft, hinzuweisen, gerade deswegen steht nicht: Ideo fugiet a te obscuritas, sondern *omnis* obscuritas.

Das vincere et penetrare der vierten Rubrik ist das »herrschen« des Vers 14, lateinisch dominari in, griechisch κρατειν. Die Septuaginta haben: κατακυριευειν, was auf dasselbe hinauskommt. Das κρατειν wird in vincere et penetrare auseinandergezogen. Um das zu durchschauen, dazu gibt die Tabula Democritica, die wir später kennenlernen werden, einen Anhaltspunkt. Demokrit wandelt das penetrare (nicht vincere et penetrare) wieder in das κρατειν um, und setzt damit, wenigstens denn teilweise, das »herrschen« des Vers 14 wieder in sein altes Recht ein. Wer nun herrscht, der hat Stärke, fortitudo. Die fortitudo der Schulärzte besteht darin, was sie am Krankenbett tun, die fortitudo der Alchemisten sind dagegen die Arkana. So kommt in die pathologische Rubrik die fortitudo hinein.

Es lehnen sich also an den Psalm 19 die Ausdrücke gloria, obscuritas, fortitudo, vincere, penetrare. Davon kommt nur der Ausdruck gloria selbst im Psalm vor, die übrigen muß man sich herausinterpretieren. Das ist nun wohlüberlegt. Gloria soll das Stichwort bilden, womit auf den Psalm 19 hingewiesen wird. Und ist einmal so auf den Psalm hingewiesen, so soll sich der Leser das Übrige selbst herausfinden. Das Anschmiegen der betreffenden Ausdrücke an den Psalm soll nämlich den Griechen gegenüber verdeckt bleiben, was unmöglich geworden wäre, wenn noch andere Worte, wie gloria, aus dem Psalm herangezogen worden wären. Wäre den Griechen, wenigstens denn von vornherein, nicht verdeckt geblieben, daß die dritte und vierte Rubrik der Tab. smar. an den Psalm 19 anlehnen, so hätten sie die Tab. smar. nicht hingenommen. Denn die Griechen waren gegen jedes Alchemistische, welches an die Bibel anlehnt. Ebenso wie der Autor sich jede Aussicht, daß die Tab. smar. von den Griechen akzeptiert werden würde, selbst genommen hätte, wenn er in der Tab. smar. statt des arkanologischen Experimentes die Schöpfungsgeschichte herangezogen hätte, ebenso hätte er sich dieselbe Aussicht selbst genommen, wenn er mit dem Psalm 19 offen hervorgetreten wäre, das ist, wenn er, wie das in seinem Sinn nahe lag, mehrere Ausdrucksweisen dieses für ihn so wichtigen Psalmes direkt herangezogen hätte.

Dritte Rubrik

Sic habebis gloriam totius mundi. Ideo fugiet a te omnis obscuritas. Wegen der Worte gloria Dei, welche im zweiten Vers vorkommen, nannten die Juden überhaupt zu jener Zeit, oder der Autor der Tab. smar. für sich, den Psalm 19 die Gloria Dei. Weil nun der Autor in diesem Psalm den alchemistischen Psalm hat und dieser Psalm den Namen Gloria Dei führt, deswegen nennt er Alchemie: Gloria Dei oder Gloria.

Indem ferner die erste und zweite Rubrik das arkanologische Experiment bringen, hat man, auf sie hinweisend, die Alchemie (Gloria) des arkanologischen Experimentes.

Der Autor weist nun in dieser Rubrik auf das hin, was die vorigen Rubriken bringen, und so würde er denn haben:

Sic habebis gloriam... des arkanologischen Experimentes.

Nicht das allein will er aber sagen. Er will sagen, du hast zwar, wenn du die Sache so betrachtest, wie sie hier gezeichnet, nichts anderes als das arkanologische Experiment. Du mußt aber weitergehen. Das arkanologische Experiment läuft der Schöpfungsgeschichte parallel, indem du also das arkanologische Experiment hast, hast du auch die Schöpfungsgeschichte. Und darum sagt er: Sic habebis gloriam *totius* mundi. So hast du (wirst du haben) die Alchemie der ganzen Welt. Du hast nicht nur die Alchemie der arkanologischen Welt, sondern auch die Alchemie der kosmologischen Welt und somit der *ganzen* Welt, *totius* mundi.

Der zweite Satz: Ideo fugiet a te omnis obscuritas ist nichts mehr und nichts weniger als ein Anflicksel. Wenn dieser Satz nicht dastände, würde der Sinn der Tab. smar. nicht um ein Titelchen anders sein, als er jetzt ist. Daß er nun dasteht, hat als Grund, daß die dritte Rubrik zweiteilig gemacht werden soll. Wir wissen, daß darauf losgesteuert wird, daß man die Berechtigung haben soll, 4 Rubriken einerseits und andererseits auch wieder 3 Rubriken anzunehmen. Würde nun die dritte Rubrik kurzweg heißen: Sic habebis gloriam totius mundi, so würde beim Dreiteilig-Machen der Tab. smar. die zweite Rubrik ein zu großes Übergewicht erhalten, denn nur sie wäre dann in der Lage hinüberzuziehen. Jetzt dagegen, wo das Ideo etc. hinzukommt, erhält auch die vierte Rubrik ein Etwas, was sie zu sich hinüberziehen kann. Dadurch hält dann die vierte Rubrik der zweiten das Gleichgewicht. Und nicht nur das, sondern auch der ersten Rubrik hält die vierte das Gleichgewicht. Denn da die beiden ersten Rubriken den Inbegriff der Arkana bringen, so gehören sie zusammen.

Nimmt man nun die dritte Rubrik selbständig, so heißt sie: So, indem du das hast, was die erste und zweite Rubrik bringen, hast du die Alchemie der ganzen Welt, der arkanologischen und der kosmologischen, und indem du das einsiehst, flieht dich die obscuritas, *omnis* obscuritas in Bezug darauf, daß vorhin gesagt ist, totius mundi. Fällt die Selbständigkeit der dritten Rubrik, so rückt das Sic habebis gloriam totius mundi in die zweite Rubrik, bildet deren Schlußsatz und heißt dann: Indem du nun Liquor hepatis und P. solaris hast, hast du nicht nur die Alchemie der zweiten Rubrik, sondern auch die Alchemie der ersten Rubrik. Acid. sulphur. und Natron bilden eine Rubrik und Liquor hepatis und P. solaris bilden wieder eine Rubrik. Dadurch mußt du dich nun nicht irreleiten lassen und sagen, in Acid. sulphur. und Natron habe ich etwas absolut Besonderes, und im Liquor hepatis und P. solaris wieder. Nein, sie sind trotz der Unterbringung in zwei Rubriken von einem Gesichtspunkt, von dem Gesichtspunkt des totus mundus, des Inbegriffes der Arkanen-Vier, Arkanen-Drei, Arkanen-Zwei, aufzufassen. Und nicht nur das, sondern noch mehr. Indem du die 4, 3, 2 hast, hast du die 7 Arkana. Die 4, 3, 2 ist die Restringierung der 7 Arkana. Trotzdem die 4, 3, 2 eine 4, 3, 2 ist und keine 7, umfaßt sie doch den totus mundus: *alle* Arkana.

Und wie beim Fallen der Selbständigkeit der dritten Rubrik das Sic habebis gloriam in die zweite Rubrik rückt, so rückt das Ideo fugiet a te omnis obscuritas in die vierte Rubrik. Es wird dann obscuritas zu »Rat- und Tatlosigkeit am Krankenbett«. Die vierte Rubrik fängt dann an: Auf Grund dessen nun, daß du den Inbegriff der Arkana hast, flieht dich die Rat- und Tatlosigkeit am Krankenbett, denn: Haec est totius fortitudinis etc.

Vierte Rubrik

Haec est totius fortitudinis fortitudo fortis, quia vincet omnem rem subtilem, omnemque solidam penetrabit.

Das ist nun in griechisch-lateinischer Ausdrucksweise gerade so, als wenn dastände: Hic est fortitudo, et quidem eam ob causam est fortitudo, quia etc. Das ist:

Vorhin habe ich dir die gloria präsentiert, hier präsentierte ich dir die fortitudo, und diese fortitudo, die ich dir präsentiere, ist deswegen eine fortitudo, weil sie u.s.w.

Die fortitudo, die Stärke, welche präsentiert wird, sind die Arkana, und die Arkana bilden deswegen eine Stärke, weil diese Stärke oder, was sich gleich bleibt, weil das Arkanum (die Arkana) vincet et penetrabit.

Um besonders darauf hinzuweisen, daß fortitudo auf die Arkana zielt, steht totius fortitudinis fortitudo fortis statt des einfachen fortitudo. Hält man sich bei dieser Ausdrucksweise an das Gleichlautende des Substantivs und des Adjektivs, so hat man es mit den 3 Worten: fortitudinis, fortitudo, fortis zu tun, und diese zielen auf die Arkanen-Drei. Hält man sich aber daran, daß noch obendrein *totius* fortitudinis steht, so hat man in der tota fortitudo ein Doppeltes, dem sich dann ferner fortitudo fortis anreiht, womit denn ein Vierfaches herauskommt, welches auf die Arkanen-Vier zielt. Hält man sich daran, daß das Substantiv fortitudo zweimal vorkommt, so hat man die Arkanen-Zwei.

Die *Stärke* der Arkana besteht nun, anlehnend an den Vers 14 des Psalm 19, darin, daß sie *herrschen*. Das Reich, in dem sie herrschen, ist der *menschliche Körper*. Es herrscht die Stärke der Arkana über den Körper. Also hat man zunächst:

Haec est fortitudo (totius fortitudinis fortitudo fortis), quia dominatur in corpus.

Nun wird das *dominari* auseinandergezogen in: vincere et penetrare, und das *corpus* in: omnis res subtilis und omnis res solida, und damit kommt denn die Fassung der Stelle heraus, wie sie hier vorliegt.

Die Lehren der alten sogenannten »Schulen«, von denen wir in der Geschichte der Medizin lesen, z.B. der humoralpathologischen Schule, der alexandrinischen Schule, der empirischen Schule, der methodischen Schule u.s.w. bilden nichts anderes als den Inbegriff alchemistisch-pathologischer Spekulationen, wie sie der eine alchemistische lehrende Arzt so und der andere anders aufstellte. Z.B. bei der humoralpathologischen Schule haben wir die Lehre von den 4 Humores, der gelben und schwarzen Galle, dem Phlegma, dem Blut, welche 4 Humores den 4 Arkanis gegenübergestellt wurden. Bei der methodischen Schule haben wir die Lehre von den 3 Cönoteten (κοινοτητες, Zustände des Körpers), die da sind ςεγνωσις, ρυσις und ein aus beiden gemischter Zustand; u.s.w. Von diesen alchemistisch-pathologischen Lehren hatten die Schulärzte (und damit unsere heutigen Historiker) höchst abenteuerliche Vorstellungen, weil ihnen die Hauptbasis zu deren Verständnis, das ist die Kenntnis der Arkana, fehlte. Sie können eben nur dem klar werden, der au courant der Alchemie ist. Wir für unseren Teil können nun auf die alchemistisch-pathologischen Spekulationen der einzelnen Schulen hier nicht näher eingehen. Das würde viel zu weit führen. Das Ziel, welches wir uns vorgesteckt haben, ist die Darlegung der Alchemie, nicht aber die Darlegung der Anwendung der Arkana am Krankenbett und die Geschichte dieser Anwendung. Der geneigte Leser wolle sich daher damit begnügen, wenn wir ihm kurzweg sagen, daß die alexandrinische Schule, an deren Spitze namentlich Erasistratus (um 300 v. Chr.) stand, einer Pneumato-Humoral-Solidarpathologie (Pneuma, πνευμα = Luft) huldigte; das heißt, daß diese Schule, indem sie den menschlichen Körper den Arkanis gegenübersetzt, den Körper in's Auge faßt vom Standpunkt des πνευμα, des Humor, des Solidum.

Wenn nun der Autor der Tab. smar. hier von res subtilis und res solida spricht, so faßt er den Körper auf vom Standpunkt des πνευμα, des Humor, des Solidum, und befindet sich damit au niveau der alexandrinischen Schule. Indem die Stärke der Arkana über den Körper herrscht, herrscht sie über das Pneuma, den Humor, das Solidum. Das Solidum ist direkt ausgedrückt (quia penetrat omnem rem solidam), der Pneuma-Humor ist indirekt gegeben als subtile (quia vincit omnem rem subtilem). Daß nun das subtile das Pneuma und den Humor umfaßt, liegt ff.

In der Stelle Separabis terram ab igne, subtile a spisso ist subtile das Luftförmige, das führt hier in sehr naheliegender Weise auf das πνευμα. Das subtile aber, welches in jener Stelle bei Seite geschafft wurde, bildet im Verein mit dem ignis den *flüssigen* Liquor hepatis, es geht also vom luftförmigen Zustand in den flüssigen Zustand über. Daß es nun in den flüssigen Zustand übergeht, daß es, um seine Mission zu erfüllen, in den flüssigen Zustand übergehen *muß*, das beutet der Autor dazu aus, hier das subtile, die res subtilis, nicht nur als πνευμα, sondern andererseits auch als Humor aufzufassen, und damit ist denn res subtilis = Pneuma-Humor.

Omnis res subtilis, *omnis* res solida ist: jeglicher Pneuma-Humor, jegliches Solidum.

Also im Sinne der alexandrinischen Schule liegt es sehr nahe, daß das

Haec est fortitudo — quia dominatur in corpus

aufgefaßt wird als:

Haec est fortitudo — quia dominatur in omnem rem subtilem omnemque solidam.

Und ferner, weil nun das corpus in zwei Teile auseinandergezogen wird, in die res subtiles und in die res solidae, deswegen wird auch das dominari in zwei Teile auseinandergezogen, in das vincere und penetrare. Das vincere wird der res subtilis gegeben, wobei gedacht wird, wenn einmal die fortitudo die res subtilis besiegt hat, so kommt das »herrschen« von selbst im zweiten Teil, denn der Sieger herrscht über den Besiegten. Das penetrare wird der res solida gegeben. Hierbei wird auf das Parenchyma, παρεγχυμα, des Erasistratus losgesteuert (vergl. *Galen:* Commentarius in libr. de natura hominis). Das solidum wird dem Parenchyma zur Seite gestellt, und wie der Humor in das Parenchyma dringt, so dringt das Arkanum in das solidum, durchdringt es vollständig und wirft sich so zum Herrscher desselben auf.

Damit haben wir denn:

Haec est totius fortitudinis fortitudo fortis, quia vincet omnem rem subtilem, omnemque solidam penetrabit:

Hier hast du die in den Arkanen vertretene kumulierte Stärke, welche deswegen eine Stärke, die wahre Stärke ist, weil sie, die Stärke, oder es, das Arkanum, jeglichen Pneuma-Humor besiegt und jegliches Solidum durchdringt.

Das Futurum vincet, penetrabit involviert, daß das vincere et penetrare statt haben *wird, wenn* man die Arkana am Krankenbett anwendet. Das Futurum schmiegt sich oratorisch der vorangegangenen Futural-Sprache bei separabis (2. Rubrik), und habebis und fugiet (3. Rubrik) an. Das Futurum separabis nimmt den Standpunkt des Imperativs ein. Bei habebis und fugiet liegt das Futurum analog wie bei vincet et penetrabit. *Wenn* du das und das tust (das arkanologische Experiment machst), dann *wirst* du haben, dann *wird* dich fliehen. In derartiger Futural-Redeweise liegt nach griechischer Redeweise weiter nichts Gesuchtes.

Griechische Interpretation der ersten Redaktion der Tabula smaragdina

Sie macht sich anhand des griechisch-alexandrischen Schemas. Vorab weisen wir auf ff. hin:

Wir wissen, daß, wenn der Autor der Tab. smar. den Griechen ein Schriftstück bietet, welches einen Anhaltspunkt zur Einigung geben soll, daß dieses Schriftstück vorab einmal im

Sinne der griechischen Alchemie muß interpretiert werden können. Das aber reicht präsumtiv nicht hin. Es ist sehr geraten, daß der Autor in diesem Schriftstück einen besonderen pathologischen Konzentrationspunkt bietet. Darauf haben wir in dem Abschnitt: »Alchemistische Parteien in Alexandrien« hingewiesen. Das sind also die Hauptrücksichten, die der Autor den Griechen gegenüber zu nehmen hat: Interpretation der Tab. smar. im griechischen Sinne, pathologischer Konzentrationspunkt. Neben diesen Hauptrücksichten drängen sich nun aber dem Autor, indem er an die Ausführung seines Werkes geht, noch mancherlei Nebenrücksichten auf. Wir haben als solche bereits bei der jüdischen Interpretation der Tab. smar. kennengelernt: die Rücksicht, daß er die biblische Schöpfungsgeschichte nicht bietet, die Rücksicht, daß er mit dem Psalm 19 nur verdeckt hervortritt. Diese letzteren Rücksichten waren den Griechen gegenüber zu nehmen, insofern sie Griechen und keine Juden waren. Wir kommen jetzt zu einer Nebenrücksicht, die den Griechen gegenüber zu nehmen war, insofern sie als Griechen eben Griechen waren. Wir werden im zweitfolgenden Abschnitt die ägyptische Interpretation der Tab. smar. kennenlernen, das ist die Interpretation, welche der Autor den Ägyptern bietet. In dieser Interpretation muß er den Ägyptern ihre Alchemie intakt bringen, er darf nichts, auch nicht den Schatten einer Anspielung, bringen, was darauf hindeuten könnte: Euere Alchemie lehrt dies und jenes zwar so und so, es könnte aber, bei Lichte betrachtet, doch auch so und so gefaßt werden. Das darf er nicht, wenn er bei den Ägyptern nicht anstoßen will. Das wären Neuerungen gewesen, bei denen ihm die ägyptischen Priester ihr: »Anathema esto!« entgegengedonnert hätten. Den Ägyptern also muß der Autor ihre Alchemie so bringen, wie sie gerade ist, eben deswegen, weil sie — Ägypter sind. Das macht sich bei dem mobilen Geiste der Griechen nun gerade umgekehrt. Die klebten nicht am Alten. Würde sich der Autor ihnen derartig gegenüberstellen, daß er, ihnen die Tab. smar. bietend, sagt: Hier präsentiere ich euch euer alexandrinisches Schema — so war präsumtiv anzunehmen, daß die Griechen sagten: Nun, das ist nichts Neues, mysteriöse Worte, und dahinter das, was wir längst wissen; das sind wohlfeile Riemen, die von unserem Leder geschnitten sind! Indem der Autor den Griechen die Tab. smar. bietet, hat er die Rücksicht zu nehmen, daß er ihnen etwas bietet, was ihren Geist anregt, an dem sie, um uns eines banalen Ausdruckes zu bedienen, etwas zu kauen haben. Nur so bekam ein Grieche rechtes Interesse für die Sache. Die Griechen mußten in der Tab. smar. zwar ihre alexandrinische Alchemie wiederfinden, denn hätte das nicht statt gehabt, so war ihnen eben nicht das geboten, was ihnen zu bieten war. Aber indem sie ihnen geboten wurde, mußten leise Zweifel erhoben werden in dem Genre: Ihr sagt zwar dieses und jenes, nun, wir wollen es gerade nicht bestreiten, aber wenn man die Sache doch nun einmal bei Licht betrachtet, so wird dieser und jener Zweifel rege, ob das nicht so und jenes so sein könnte. Gelingt dem Autor das, so hat er die Griechen gefesselt, und indem er sie einmal vorab gefesselt hat, ist er einen Schritt weiter, um bei ihnen mit der Tab. smar. zu reüssieren.

Indem nun der Autor sich nach einem Mittel umsieht, um die soeben auseinandergesetzte Rücksicht zu realisieren, bietet sich ihm dies in der Opposition der alexandrinischen Griechen, welche sie in der Art und Weise, wie sie Feuer und Luft dem Liquor hepatis und P. solaris gegenüberstellen, gegen Empedokles, Plato und Aristoteles bilden. Wir wissen (vergl. den Abschnitt: Griechische Alchemie in Alexandrien), daß die Griechen sagen, daß man da, wo man Wasser hat, auch auf Grund des Wasserverwandlungsexperimentes Erde hat, daß man aber nicht umgekehrt, da, wo man Erde hat, Wasser hat. Und dies Verhältnis, sagen sie, zeigt, daß da, wo man Wasser und Erde hat, Wasser die erste Rolle spielt. Wir wissen, daß sie ganz analog sagen, wenn man Feuer hat, so hat man auch Luft, nicht aber umgekehrt hat man da, wo man Luft hat, Feuer. Also spielt da, wo man Feuer und Luft hat, das Feuer die erste Rolle. Dieses *Spielen der ersten Rolle* von Wasser und Feuer zogen sie denn heran, um in den betreffenden Gruppen Acid. sulphur. und Liquor hepatis oben zu bekommen, resp. um die Aufstellung zu machen, Liquor hepatis sei das Feuerarkanum und P. solaris das Luftarkanum.

Hiergegen sagt nun der Autor der Tab. smar., euer Abwägen von Wasser und Erde, Feuer und Luft gegeneinander kommt doch darauf hinaus, was in den Gruppen des alexandrinischen Schemas oben, was unten stehen soll. Das Ganze, sagt er, kommt also hinaus auf ein *Oben* und *Unten*. Ihr habt Wasser und Erde. Nun setzt ihr das Wasser oben, die Erde unten. Das ist ganz recht. Denn an das Wasserverwandlungsexperiment euch anlehnend, erhaltet ihr *unten* Erde, *oben* Wasser. *Das* ist der Grund, weshalb im Schema Wasser (Acid. sulphur.) oben steht, und Erde (Natron) unten. Nicht aber ist der Grund, daß Wasser die erste Rolle spielt; das ist ein relativer Begriff, »die erste Rolle spielen«.

Und euch ferner an das Spielen der ersten Rolle haltend, bekommt ihr heraus, daß es sich, wo es sich um die Untereinanderstellung des Feuerarkanum und des Luftarkanum handelt, daß da das Feuerarkanum oben stehen muß. Nein, das liegt anders. Wenn ich Feuer und Luft habe und frage mich nun, was soll oben stehen, was unten? — dann sage ich, wo Feuer brennt, da steigt die Luft (der Rauch) in die Höhe, also habe ich *unten* Feuer, *oben* Luft. Und das führt darauf, daß wo es sich darum handelt, ob das Feuerarkanum oder das Luftarkanum oben stehen soll, das führt darauf, daß das Luftarkanum *oben* stehen muß, und das Feuerarkanum *unten*.

Ich will nun, sagt der Autor ferner, nicht weiter an euerem Schema rütteln. Das soll bleiben wie es ist, nämlich:

I.	Acid. sulphur. Natron	Liquor hepatis P. solaris	II.

Aber ich werfe ein, daß in der zweiten Gruppe dem Liquor hepatis der oberste Platz wohl insofern gebührt, als er das Wasser repräsentiert, nicht aber insofern er das Feuer repräsentiert. Als Repräsentant des Feuers müßte Liquor hepatis gerade unten stehen, denn wo es sich um Feuer und Luft handelt, und darum handelt es sich in der zweiten Gruppe, muß das Feuer *unten* stehen und die Luft *oben*. Soll also der Liquor hepatis da stehenbleiben, wo er steht, so muß seine Feuereigenschaft fallen, und er muß der Lufteigenschaft teilhaftig werden, er muß zum Wasser-Luft-Arkanum werden, wohingegen der P. solaris zum Erd-Feuer-Arkanum wird.

Das, sagt der Autor der Tab. smar., werfe ich euch ein. Ich will gerade nicht sagen, daß ihr auf einem *Irrweg* seid, wenn ihr den Liquor hepatis zum Feuerarkanum stempelt und den P. solaris zum Luftarkanum. Aber zu überlegen ist die Sache, um so mehr als ihr mit euerer Aufstellung Opposition bildet gegen Empedokles, Plato und Aristoteles, die ganz so, wie ich es anhand meiner Kalkulation herausbringe, die Aufstellung machten, Liquor hepatis sei das Luftarkanum und P. solaris das Feuerarkanum.

Dieser Zweifel nun, ob Liquor hepatis Feuer- oder Luftarkanum, P. solaris Luft- oder Feuerarkanum, findet in der griechischen Interpretation der Tab. smar. einen Ausdruck. Und indem der Autor ihm einen Ausdruck gibt, arbeitet er der Rücksicht in die Hände, von der wir oben gesehen, daß sie den Griechen gegenüber zu nehmen gerechtfertigt ist.

Nach der griechischen Interpretation hat die Tab. smar. 4 Rubriken, die 4 Rubriken, die wir aus der jüdischen Interpretation kennen und welche den 4 Arkanis: Acidum sulphur., Natron, Liquor hepatis, P. solaris entsprechen. Ein Reduzieren der 4 Rubriken auf 3 hat *nicht* statt. Daß die 4 Arkana auf 2 Rubriken distribuiert werden, liegt auf der Hand. Die 1. Rubrik bildet die erste Arkanengruppe des alexandrinischen Schemas, die 2. Rubrik die zweite Arkanengruppe desselben Schemas.

Auf die pathologische Rubrik brauchen wir bei der griechischen Interpretation nicht weiter einzugehen. Sie ist gerade so zu interpretieren wie bei der jüdischen Interpretation. Natürlich, sie soll ja prinzipiell gerade das bilden, worin man sich einigt, worin man denselben Anschauungen huldigt.

Erste Rubrik

Quod est superius, est, sicut id quod est inferius, ad perpetranda miracula rei unius.

Man muß sich die Sache so denken, als wenn der Autor das alexandrinische Schema vor sich liegen hätte und nun mit dem Finger darauf hinwiese. Zuerst weist er links und sagt: das ist die erste Gruppe, bestehend aus Acid. sulphur. und Natron. Das tut er in der ersten Rubrik. Dann weist er rechts und sagt: das ist die zweiten Gruppe, bestehend aus Liquor hepatis und P. solaris. Das tut er in der zweiten Rubrik. Hier also weist er links, und statt nun sich auszudrücken, das ist die erste Gruppe, bestehend aus Acid. sulphur. und Natron, sagt er: Quod est superius etc.

Superius = Acid. sulphur.	Inferius = Natron
Perpetrare = bewerkstelligen	Res una = Gruppe

Also: Das Acid. sulphur. dient dazu, wie das Natron, um die Wunder (vorläufig das Wunder) der Gruppe (nicht der *ersten*

Gruppe, die kommt erst dadurch heraus, daß sie in der ersten Rubrik abgehandelt wird) zu bewerkstelligen. Ein superius bildet das Acid. sulphur. deshalb, ein inferius bildet das Natron deshalb, weil beide vom elementaren Wesenheitsstandpunkt Wasser und Erde sind. Wo man aber Wasser und Erde hat, da spielt das Wasser *die erste Rolle*. Denn wo man Wasser hat, hat man kraft des Wasserverwandlungsexperimentes auch Erde, nicht aber umgekehrt hat man da, wo man Erde hat, auch Wasser; deswegen ist Wasser = superius, Erde = inferius. Oder man kann auch sagen, wenn man das Wasserverwandlungsexperiment macht, *tritt* Wasser *nach oben*, Erde *nach unten*, deswegen ist Wasser das superius, Natron das inferius. Sowieso ist in übertragener Weise Acid. sulphur. = superius, Natron = inferius.

Zweite Rubrik

Separabis terram ab igne, subtile a spisso, suaviter magno cum ingenio; ascendit a terra in coelum, iterumque descendit in terram, et recipit vim superiorum et inferiorum.

Hier ist es, wie oben gesagt, so, als wenn der Autor, das alexandrinische Schema vor sich habend, mit dem Finger rechts weist und sagt: Hier hast du die zweite Gruppe, bestehend aus Liquor hepatis und P. solaris. Das hat er nun ursprünglich vor, gerade so auszudrücken, wie in der ersten Rubrik, indem er sagt: Quod est superius, est, sicut id quod est inferius, ad perpetranda miracula rei unius. Ob man nun in der ersten Rubrik sich an das Spielen der ersten Rolle hält oder das Wasser nach oben treten läßt und so oder so das superius und inferius herausbekommt, das eine steht fest, daß man bei der Auffassung mit dem superius und inferius das Wasserverwandlungsexperiment heranzieht. Indem sich also der Autor an den Liquor hepatis und P. solaris macht und sie aus dem Gesichtspunkt des Quod est superius, est, sicut id etc. betrachtet, kann er dem Wasserverwandlungsexperiment nicht aus dem Wege gehen. Also man hat es ebensowohl, wie in der ersten Rubrik in Bezug auf Acid. sulphur., Natron, so auch hier in Bezug auf Liquor hepatis und P. solaris mit dem Wasserverwandlungsexperiment zu tun. Nun hat man aber in der Summe von Liquor hepatis und P. solaris, einerlei ob man sagt: Liquor hepatis = Wasser + Feuer, oder Liquor hepatis = Wasser + Luft, einerlei ob man sagt, P. solaris = Erde + Feuer, oder P. solaris = Erde +

Luft, man hat in dieser Summe: Wasser, Erde, Feuer, Luft; man hat sie, weil ja Liquor hepatis und P. solaris je aus zwei Gesichtspunkten gefaßt werden können, aus dem von Wasser und Erde einerseits und von Feuer und Luft andererseits, womit denn der Liquor hepatis = Wasser + Luft oder Feuer; P. solaris = Erde + Feuer oder Luft herauskommt. In Bezug darauf sagt denn der Autor, Wasser und Erde fallen zwar in den Bereich des Wasserverwandlungsexperimentes, Feuer und Luft aber nicht. Sollen also Liquor hepatis und P. solaris aus dem Gesichtspunkt des Wasserverwandlungsexperimentes aufgefaßt werden, so sind Feuer und Luft von ihnen zu *streichen.* Sind nun vorab Feuer und Luft gestrichen, dann haben wir Liquor hepatis und P. solaris aus dem Gesichtspunkt des Quod est superius etc. Wenn wir nun aber Liquor hepatis und P. solaris aus dem Gesichtspunkt des Quod est superius etc. haben, so kann dadurch ein sehr bedeutendes Mißverständnis entstehen. Der ersten Rubrik zufolge soll ja das Quod est superius etc. sich auf das Acid. sulphuricum und Natron beziehen. So könnte man denn sagen, durch das Streichen von Feuer und Luft hat man Liquor hepatis und P. solaris zu Acid. sulphuricum und Natron gemacht, wo bleiben denn da Liquor hepatis und P. solaris als solche? Demgegenüber soll nun das statt haben, daß, wenn dem Quod est superius etc. Rechnung getragen ist, daß dann Feuer und Luft, die vorhin bei Seite geschafft worden, jetzt wieder zugesetzt werden, daß Liquor hepatis und P. solaris wieder in ihre ursprünglichen Rechte eingesetzt werden.

Das haben wir nun in der zweiten Rubrik.

Separabis bis ingenio... Feuer und Luft werden von Liquor hepatis und P. solaris getrennt.

Ascendit bis in terram... alsdann wird dem Quod est superius etc. Rechnung getragen.

Et recipit etc... und dann wird Feuer und Luft wieder zugesetzt.

1) Separabis terram ab igne bis ingenio.

Terra = Erde
Ignis = Feuer

Subtile = Luft Spissum = Wasser	{ die Luft, die am Ende auch Wasser ist (Schwaden), ist subtiler als das eigentliche Wasser, dieses ist mehr das Dichte.

Wie unser Autor nun will ist:

P. solaris = Erde + Feuer
Liquor hepatis = Wasser + Luft

Wenn er also separiert: Feuer von Erde, Luft von Wasser, so erhält er: Erde und Wasser, das ist Liquor hepatis und P. solaris als Wasser und Erde, das ist Liquor hepatis und P. solaris vom Standpunkt des Wasserverwandlungsexperimentes.

Sowohl er nun subtile a spisso separiert, ebensowohl müßte er auch ignem a terra separieren. Denn auf der einen Seite soll Erde und Wasser, auf der anderen Feuer und Luft übrigbleiben; nicht aber auf der einen Seite Erde und Luft und auf der anderen Feuer und Wasser. Es sollte also eigentlich heißen: separabis ignem a terra, subtile a spisso. Und nicht nur das, sondern es sollte auch eigentlich heißen: Separabis subtile a spisso, ignem a terra. Denn zuerst muß ich das Wasser, das superius, erhalten, und dann die Erde, das inferius. Das sind also Hystera-Protera wie wir auch in der jüdischen Interpretation Hystera-Protera hatten, und, um auf sie aufmerksam zu machen, steht: Suaviter magno cum ingenio.

Demzufolge dagegen, wie die alexandrinischen Griechen den Liquor hepatis und P. solaris auffassen, ist:

Liquor hepatis = Wasser + Feuer
P. solaris = Erde + Luft

Man müßte also, um Liquor hepatis und P. solaris als Wasser und Erde zu bekommen, separare ignem ab aqua (spisso), subtile a terra, und wenn dagegen steht: Separabis terram ab igne, subtile a spisso, so ist das wieder ein Durcheinander, auf welches durch das suaviter magno cum ingenio aufmerksam gemacht wird.

Der Autor hat nun im Auge, daß man ebensowohl kann:

Separare subtile a spisso, ignem a terra, als:
Separare ignem a spisso, subtile a terra

Das erste will er, das zweite die Griechen, und damit präsentiert er denn den Griechen den Zweifel, ob sie recht haben, daß Liquor hepatis das Feuerarkanum und P. solaris das Luftarkanum, oder ob er, resp. Empedokles, Plato und Aristoteles recht haben, daß umgekehrt P. solaris das Feuerarkanum und Liquor hepatis das Luftarkanum. Das Durcheinander des Separierens sowohl bei seiner als der Griechen Auffassung rückt den Griechen nicht gar zu prägnant vor, daß er, der Autor ebensowohl recht haben könne, als sie, die Griechen. Es ist also gerade diese Stelle, wo der Autor den Griechen gegenüber mit der Rücksicht entgegentritt, auf die wir zu Anfang dieses Abschnittes hingewiesen haben.

2.) Ascendit a terra in coelum, iterumque descendit in terram.

Iterumque heißt: auf der anderen Seite.

Es tritt jetzt die Rücksichtsnahme ein, die dem Quod est superius etc. zu bringen ist, und kraft dieser Rücksichtsnahme wird der Liquor hepatis das, was in der Gruppe oben zu stehen kommt, denn er ist Wasser, wo der Pulv. solaris Erde ist.

Ascendit Liquor hepatis: — er übernimmt die Rolle dessen, quod est superius. Descendit P. solaris: — er übernimmt die Rolle dessen, quod est inferius.

Wie man also auch das Verhältnis mit dem Feuer und der Luft auffassen mag, das steht fest: Liquor hepatis steht in der zweiten Gruppe *oben*, P. solaris *unten*. An diesem Tatbestand des alexandrinischen Schemas ist nicht weiter zu rütteln.

3.) Et recipit vim superiorum et inferiorum.

Es handelt sich um 2 superius (superiora) und 2 inferius (inferiora).

Nachdem dem Wasserverwandlungsexperiment Rechnung getragen, werden Liquor hepatis und P. solaris in ihr Recht als Feuer- und Luftarkanum eingesetzt. Es wird im superius und inferius des Ausdruckes »vis superiorum (Plural) et inferiorum (Plural)« absolut vom arkanologischen Standpunkt abstrahiert und exklusiv der Elementarstandpunkt angenommen. Dem Vorhergehenden zufolge ist vom Elementarstandpunkt superius = Wasser, inferius = Erde. Auf Grund dessen sollte man sagen, man hätte in der vis superiorum et inferiorum zweimal Wasser und zweimal Erde. So ist die Stelle aber nicht gemeint. Nur das eine superius und inferius wird als Wasser und Erde verwertet, das andere superius und inferius zielt auf die Elemente Feuer und Luft. Nämlich wo man Wasser und Erde hat, da ist kraft des Wasserverwandlungsexperimentes: Wasser das superius, Erde das inferius; in näherliegender Beziehung, weil Wasser nach oben geht, Erde nach unten, in fernerliegender Beziehung, weil Wasser die erste Rolle spielt, Erde die zweite.

Und wo man Feuer und Luft hat, da ist Feuer das superius und Luft das inferius, weil die Luft nach oben geht, und das Feuer sich unter der Luft befindet, oder auch — was ferner liegt — die Luft ist das inferius und Feuer das superius, weil das Feuer die erste Rolle spielt. Sowieso kommt aber heraus, daß man in den 4 Elementen, wenn man sie als Wasser und Erde einerseits und Feuer und Luft andererseits gruppiert, 2 superiora und 2 inferiora hat, und darauf steuert unsere Stelle los. Sie besagt also, du mußt nicht, dich auf das Vorangehende stützend, sagen, Liquor hepatis und P. solaris ist Wasser und Erde, das ist *ein* superius und inferius, nein, sie erhalten die vis superiorum et inferiorum, sie erhalten die Kraft der 4 Elemente überhaupt, sie sind nicht nur Wasser und Erde, sondern auch Feuer und Luft. Damit zielt also der Passus darauf hin, daß die vorhin separierten Feuer und Luft wieder zugesetzt werden.

Das, was nun aber teilhaftig wird der vis superiorum und inferiorum, das ist generaliter ein superius und ein inferius. Und da nun:

Quod est superius, est, sicut id quod est inferius, ad perpetranda miracula rei unius — so ist auch in der zweiten Rubrik die Gruppe konstatiert. Wir haben in der ersten Rubrik das Wunder der Gruppe, und zwar, weil es sich um die erste Rubrik handelt, das Wunder der ersten Gruppe. Wir haben in der zweiten Rubrik das Wunder der Gruppe, und zwar, weil es sich um die zweite Rubrik handelt, das Wunder der zweiten Gruppe. In Rücksicht darauf nun, daß zur Gruppe der ersten Rubrik die Gruppe der zweiten Rubrik kommt, steht vorweg in der ersten Rubrik miracula (Plural) rei unius und nicht miraculum (Singular) rei unius.

Wie also die erste Rubrik kurz und bündig besagt: Acid. sulphur. und Natron bilden eine Gruppe, so besagt die zweite Rubrik kurz und bündig: Liquor hepatis und P. solaris bilden eine Gruppe. Daß sich in der *ersten* und *zweiten* Rubrik im Anlehnen an das alexandrinische Schema die betreffenden Kosmologika an die Arkana anreihen, ist eine Sache, die sich von selbst versteht. Wir gehen hierauf nicht weiter ein und verweisen auf den Abschnitt: »Griechische Alchemie in Alexandrien«. Das einzige, was in dieser Beziehung vielleicht eines näheren Hinweises bedürfte, ist etwa das, daß, wenn Liquor hepatis die Luft erhält und damit zu Luft-Wasser wird, daß sich ihm dann das Firmament mit den Wolken anschmiegt; daß, wenn P. solaris das Feuer erhält und damit zu Feuer-Erde wird, daß sich ihm dann Sonne, Mond und Sterne derartig anschmiegen, daß diese als fest gedacht werden. Man vergl. hierüber bei der zweiten Redaktion der Tabula smaragdina.

Dritte Rubrik

Sic habebis gloriam totius mundi, ideo fugiet a te omnis obscuritas.

Die erste Rubrik bringt eine Gruppe, die erste Gruppe. Die zweite Rubrik bringt wieder eine Gruppe, die zweite Gruppe. Die dritte Rubrik bringt nun das *Zusammentreten* der beiden Gruppen. Und indem nun die beiden Gruppen zusammentreten (sic), hast du die gloria, die Verherrlichung, das setzt der Sache die Krone auf. Der Sache wird dadurch die Krone aufgesetzt, daß durch das Zusammentreten die Welt, der mundus, entsteht. Es müßte eigentlich heißen: Sic habebis gloriam, quae in eo consistit, ut accedat altera pars schematis ad alteram quo fit, ut mundus oriatur. Das wird nun lakonisch gegeben: Sic habebis gloriam mundi, was ganz gut für eine Tab. smar. paßt.

Bei mundus, Welt, denkt man zuvörderst an die kosmologische Welt. Das macht sich hier ganz gut, weil, wie wir wissen, die kosmologische Welt es gerade ist, auf Grund deren das Zusammentreten der Gruppen statt hat. Man hat aber nicht nur die kosmologische, sondern auch die arkanologische Welt, und darum steht: gloria *totius* mundi.

Und daß man nun wohl in's Auge fassen soll, daß man beim Zusammentreten der Gruppen nicht nur die 4 Arkana, die 4 Weltenteile, sondern auch das Einarkanum, die eine Welt hat, darum wird hinzugefügt: ideo fugiet a te omnis obscuritas.

Daß es gerade gloria heißt und obscuritas, das hat, wie es auch bei den Ausdrücken der folgenden Rubrik statt hat, in griechischer Interpretation der Tab. smar. weiter keine Hintergedanken. Bei der jüdischen Interpretation stehen diese Ausdrücke gerade, und keine anderen, im Hinblick auf den Psalm 19. Bei der griechischen Interpretation (wie auch bei der ägyptischen) sind es Ausdrücke eben als — Ausdrücke.

Schließlich wollen wir noch das griechische alexandrinische Schema hierher setzen, wie es sich nach den Ausdrücken der Tab. smar. macht.

Res una {	Superius	S. c.	vi superiorum	} Res una
	Inferius	I. c.	vi inferiorum	

Mundus

Das numerische Arrangement der ersten Redaktion der Tabula smaragdina nach jüdischer u. griechischer Interpretation

Der eigentlichen jüdischen Zahlenphilosophie wird in der ersten Redaktion der Tab. smar. keine Rechnung getragen. Es handelt sich bloß um die Zahlen, die sich an das arkanologische Experiment lehnen.

Und da handelt es sich denn 1.) um die 4 Arkana: Liquor hepatis, P. solaris, Acid. sulphur., Natron, 2.) um die 3 Arkana, die herauskommen, indem Liquor hepatis und P. solaris von dem Gesichtspunkt der *einen* Luft auch als *ein* Arkanum aufgefaßt werden, 3.) um 2 Arkana, welche im Anlehnen daran herauskommen, daß im Anlehnen des arkanologischen Experimentes an die Schöpfungsgesichte die Arkana auf 2 Tage kommen. Und da haben wir denn die Zahlen: 4, 3, 2. In griechischer Auffassung der Tab. smar. haben wir dagegen die Zahlen: 4, 2, 1. Die 4 sind die 4 Arkana und Weltenteile, die 2 die Zweigruppierung, die 1 die arkanologische und kosmologische eine Welt.

Diese Zahlen nun influieren auf das Arrangement der Tabula smaragdina.

In der ganzen Tabula smar. haben wir die 4 als 4 Rubriken, die 3 als die 3 Rubriken, denen die jüdische Interpretation neben den 4 Rubriken Rechnung trägt.

An die einzelnen Rubriken der Tabula smar. lehnen sich die betreffenden Zahlen ff.

Erste Rubrik

Drei: 1.) superius, 2.) inferius, 3.) res una.

Zwei mit der Eins: 1.) superius, 2.) inferius. Sie treten zusammen, um die res una, das ist die Eins zu Stande zu bringen.

Zweite Rubrik

Drei: 1.) separabis, 2.) ascendit, 3.) recipit vim — das ist die Dreieinteilung der Rubrik.

Zwei: 1.) separabis bis ingenio, 2.) ascendit bis inferiorum — das ist die Zweieinteilung der Rubrik.

Vier bei der Zweieinteilung und Dreieinteilung der Rubrik im Satze Separabis: 1.) separabis terram, 2.) separabis subtile, 3.) suaviter, 4.) magno cum ingenio.

Vier bei der Zweieinteilung der Rubrik im Satze Ascendit: 1.) ascendit, 2.) descendit, 3.) vis superiorum, 4.) vis inferiorum.

Drei bei der Zweieinteilung und Dreieinteilung der Rubrik im Satze Separabis: 1.) separabis terram, 2.) separabis subtile, 3.) suaviter magno cum ingenio.

Drei bei der Zweieinteilung der Rubrik im Satze Ascendit: 1.) ascendit, 2.) descendit, 3.) recipit vim.

Zwei bei der Dreieinteilung der Rubrik im Satze Ascendit: 1.) ascendit, 2.) descendit.

Zwei im Satze Et recipit: 1.) vis superiorum, 2.) vis inferiorum.

Dritte Rubrik

Zwei: Bei der jüdischen Interpretation 1.) sic habebis, 2.) ideo fugiet.

Eins: Bei der griechischen Interpretation. Der Satz wird nicht geteilt, hinter mundi kommt ein Komma.

Vierte Rubrik

Die kumulierte fortitudo-Zwei, fortitudo-Drei oder fortitudo-Vier ist bereits besprochen. Im Nachsatz:

Zwei: 1.) res subtilis, 2.) res solida.

Drei: Die res subtilis wird aufgelöst in den Humor und das Pneuma.

Ägyptisch-kosmologische Interpretation der ersten Redaktion der Tabula smaragdina

Die ägyptische Alchemie (Kosmologie und Kosmogenie) dreht sich um den Nil. Sie läßt die Welt zerfallen in Himmel und Erde. Den Himmel läßt sie zerfallen in Firmament einerseits und Sonne, Mond und Sterne andererseits. In Bezug auf die Erde sagt sie, diese bietet uns ein Zwiefaches: Ägypten und die übrige Welt. Die Welt »da draußen« geht uns aber weniger an, wir halten uns an unsere Welt, das ist an das von Gott bevorzugte Ägypten. Aber Ägypten ist ein Geschenk des Nils, Ägypten verdankt dem Nil sein Dasein. Somit, wo wir den Nil haben, haben wir Ägypten implizite. Wenn also, wie oben gesagt, die Welt in Himmel und Erde zerfällt, so haben wir damit, in

Bezug auf das, was wir von der Erde gesagt haben, statt Himmel und Erde: Himmel und Nil. Nun wird ferner folgendermaßen kalkuliert. Der Nil steigt und fällt, er tritt über und tritt wieder in sein Bett zurück. Wenn er nun übergetreten ist, so bedeckt er das Land weit und breit, man sieht nichts, als Himmel und Wasser. Da, wo das Wasser aufhört, fängt der Himmel an, also verschmilzt am Horizont der Nil mit dem Himmel. Das wird nun so aufgefaßt, daß der Nil beim Übertreten nicht nur mit dem Himmel verschmilzt, sondern auch denselben festhält und ihn, wenn er zurücktritt, mit in sein Bette hinabnimmt. Auf die Weise zieht denn der Nil den Himmel zu sich hinüber, und es tritt an die Stelle von Himmel und Erde als Welt einfach: *der Nil*. Wir haben also:

Welt

Himmel — Erde

Firmament — Sonne, Mond und Sterne — Ägypten • Nil

treten zusammen, wobei der Nil Firmament und Sonne, Mond und Sterne absorbiert.

Nachdem dies auseinandergesetzt, macht sich die Interpretation der Tab. smar. einfach ff.

Quod est superius, est, sicut id quod est inferius, ad perpetranda miracula rei unius.

Superius = Himmel. Der Himmel, der da oben ist, der über der Erde ist.

Inferius = Erde. Die Erde, der orbis terrarum, der sich unter dem Himmel befindet.

Perpetrare = zu Stande bringen.

Res una = die Welt.

Also: Himmel und Erde dienen dazu, um die Wunder der Welt zu Stande zu bringen.

Separabis terram ab igne, subtile a spisso, suaviter magno cum ingenio. Ascendit a terra in coelum, iterumque descendit in terram, et recipit vim superiorum et inferiorum.

Terra = Erde, das ist das Land Ägypten.

Ignis = Feuer, das sind Sonne, Mond und Sterne.

Subtile = Luft, das ist das als Luft aufgefaßte Firmament.

Spissum = Wasser (wie bei der griechischen Interpretation d. Tab. smar.). Dies Wasser ist der Nil, wie die Erde Ägypten ist.

In Bezug auf das Separieren tritt nun wieder das Durcheinander der griechischen Interpretation ein. Statt zu separieren:

Terram ab igne, subtile a spisso,

soll vielmehr separiert werden:

Spissum a terra, subtile ab igne.

Das ergäbe also:

Separabis Nilum ab Aegypto, firmamentum a sole, luna et stellis.

Um nun das Durcheinander zu rechtfertigen, muß wieder das suaviter magno cum ingenio eintreten.

Nun soll separare nicht heißen: trennen, und dann das eine bei Seite schieben, sondern: trennend einen Unterschied machen, einen Unterschied machen zwischen zerfallen lassen in. Vorhin, in dem Quod est superius etc., wurde gesprochen vom superius und inferius. Bei diesem superius und inferius soll man separare, einen Unterschied machen zwischen... Dies superius und inferius soll man zerfallen lassen in das, wovon hier die Rede ist.

Es soll zerfallen das superius, der Himmel, in Firmament und Sonne, Mond und Sterne.

Es soll zerfallen das inferius, die Erde, in Ägypten und Nil.

Und nun kommt etwas Neues an die Reihe. Nämlich: Ascendit etc., der Nil steigt u.s.w.

Hierbei ist nun nicht, wie bei den vorigen Interpretationen, a terra von unten, in coelum nach oben, in terram nach unten, so daß diese Ausdrücke reinweg vom adscendere und descendere absorbiert werden, sondern es treten die Ausdrücke terra und coelum in ihre eigenen Rechte. Terra ist Ägypten, wie beim Separabis terram ab igne. Coelum ist ganz dasselbe, was beim Quod est superius das superius ist, das ist also das, was kraft des Separabis etc. in das Firmament und Sonne, Mond und Sterne zerfällt. Daß dort der Ausdruck superius gebraucht wird und hier der Ausdruck coelum, kann weiter nichts Auffallendes haben, denn man kann selbstredend nicht sagen ascendit a terra in superius.

Also: Der Nil steigt von Ägypten aus zum Himmel und steigt dann wieder zu Ägypten zurück. Beim Absteigen nun zieht er den Himmel zu sich hinüber, nimmt ihn mit in sein Bette. Das, und der Umstand, daß Ägypten ein Geschenk des Nil ist, man also da, wo man den Nil hat, auch Ägypten hat, das ist der Grund, daß der Nil

recipit vim superiorum et inferiorum.

Das superius, über das uns die Stelle Quod est superius etc. belehrt, zerfällt in die partes superiores, die res superiores, die superiora, das ist Firmament und Sonne, Mond und Sterne, wie es die Stelle Separabis etc. lehrt. Und ebenso zerfällt das inferius, von dem uns die Stelle Quod est superius etc. belehrt, in die partes inferiores, die res inferiores, die inferiora, das ist, wie die Stelle Separabis etc. lehrt, Ägypten und Nil. Wenn also der Nil recipit vim superiorum et inferiorum, so repräsentiert er damit sich selbst, Ägypten, Firmament, Sonne, Mond und Sterne, oder mit anderen Worten: Ägypten, Firmament, Sonne, Mond und Sterne gehen in ihm auf.

Sic habebis gloriam totius mundi. Ideo fugiet a te omnis obscuritas.

In der Stelle Quod est superius etc. ist die res una die Welt, die ganze Welt, der totus mundus. Die gloria totius mundi, die Verherrlichung der ganzen Welt ist Ägypten.

Dem Vorangehenden zu Folge sollte man erwarten: So hast du den Nil, und nicht: So hast du Ägypten. Es ist aber die Sachlage die, daß, wenn die Ägypter den Nil auch noch so hoch stellten, ihn göttlich verehrten, eine Reihe von mythologischen Vorstellungen auf ihn zurückführten, daß trotz dem allem der Nil diesen Standpunkt bloß Ägypten zu Liebe einnimmt, ihn nicht einnehmen würde, wenn Ägypten nicht dem Nil sein Dasein verdankte, ein Geschenk des Nil wäre. Und weil dem so ist, so ist es wohl passend, hierauf hinzuweisen. Und das geschieht eben hier. Also nachdem vorangegangen ist, daß der Nil die vis superiorum et inferiorum erhält, und nun folgen sollte: So hast du den Nil, folgt statt dessen: So hast du Ägypten. Das heißt, zwar hast du den Nil. Aber was hilft der Nil, wenn ihm nicht die Unterlage »Ägypten« gegeben wird. Im Nil hat man Ägypten und in Ägypten hat man den Nil. Dieses Wechselverhältnisses muß man sich bewußt sein, in der Beziehung muß die obscuritas fliehen. Erst dann hat man eine richtige Anschauung der Sache.

Aber wie dem nun auch sein mag, dem Nil soll an seiner Stellung nichts verkürzt werden, darf an dieser Stellung um so weniger in der Tab. smar. etwas verkürzt werden, als die Stelle Ascendit auf ihn direkt zielt. Deswegen folgt:

Haec est totius fortitudinis fortitudo fortis, quia vindet omnem rem subtilem, omnemque solidam penetrabit.

Er, der Nil, ist die kumulierte fortitudo, weil er sich zum Herrscher aufwirft über die omnis res subtilis und omnis res solida. Omnis res subtilis ist einesteils Luft, anderenteils Wasser (anlehnend an den Pneuma-Humor bei der pathologischen Interpretation der Stelle). Die Luft = Firmament, das Wasser = Nil. Die omnis res solida ist einesteils Ägypten, anderenteils die als fest gedachten Sonne, Mond und Sterne.

Die kumulierte fortitudo zählt nach der 4, weil der Nil drei Teile zu sich hinüberzieht, und selbst als vierter Teil eintritt, mitzählt. Diesem Mitzählen des Nil ist es auch zuzuschreiben, daß er, indem er vincit omnem rem subtilem, das ist Luft *und* Wasser, daß er da sich selbst besiegt.

Ägyptisch-spirituelle Interpretation der ersten Redaktion der Tabula smaragdina

Wenn es mit der Tabula smaragdina auch hauptsächlich auf die Griechen abgesehen war, so verfehlte der Autor doch nicht, auch den Ägyptern Rechnung zu tragen. Deswegen bot er ihnen die im vorigen Abschnitt gegebene Interpretation der Tab. smar. Ja, er ging noch weiter. Er machte sich ägyptischerseits auf den Einwurf gefaßt, daß es ein verkehrtes Tun wäre, die Prinzipien der Alchemie zu Papier zu bringen, und offen in die Welt zu schicken; derartige Dinge halte man geheim, und das höchste, was man täte, wäre, daß sie einer auf den anderen mündlich überliefere. Indem er sich auf solchen Einwurf gefaßt machte, bot er den Ägyptern noch eine zweite Interpretation der Tab. smar., das ist die spirituelle Interpretation. Und indem er sie ihnen bot, sagte er, fürchtet euch nicht, daß durch die Tab. smar. die ägyptische Alchemie verraten wird. Die kosmologische Interpretation derselben ist nur für euch, ihr Priester, in deren Händen sich die Alchemie befindet, dem übrigen Publikum soll sie fremd bleiben. Für dieses haben wir eine besondere Interpretation, und das ist eben die spirituelle Interpretation.

Der Umstand, daß bei der Interpretation der Tab. smar. auch den Ägyptern Rechnung getragen wird, wird für die Entwicklung der Tab. smar. von großer Wichtigkeit. Diesem Umstand ist es zuzuschreiben, daß die zweite Redaktion das äußere Gepräge eines ägyptischen Schriftstückes erhält, und namentlich ist es die spirituelle Interpretation, welche zum Hervortreten jenes Gepräges das ihrige mit beiträgt.

Es ist nun die spirituelle Interpretation ff.

Quod est superius, est, sicut id quod est inferius, ad perpetranda miracula rei unius.

Unsere Seele entstammt der Gottheit, wogegen der Körper an der Erde haftet. Und da die Gottheit mit dem Himmel zusammengebracht wird, so liegt es nahe, das superius als Seele zu interpretieren und das inferius als Leib.

Also: Die Seele dient dazu wie der Leib, um die Wunder der res una, das ist des belebten Körpers, zustande zu bringen. Seele und Leib sind zwar zwei Dinge, sie bilden aber eins, indem der Körper nicht ohne Seele ein lebender ist, und die Seele ohne den Körper nicht den belebten Körper, Mensch, Tier darstellen kann.

Separabis terram ab igne, subtile a spisso, suaviter magno cum ingenio. Ascendit a terra in coelum, iterumque descendit in terram, et recipit vim superiorum et inferiorum.

Das superius von vorher soll nun zerfallen in ignis und subtile, wobei das eine die Menschenseele und das andere die Tierseele repräsentiert. Das inferius von vorher soll in die terra und das spissum zerfallen, wobei das eine den Menschenleib und das andere den Tierleib repräsentiert.

Trenne nun bei dem belebten Körper, auf den terra und ignis als Leib und Seele kommen, die terra vom ignis, trenne bei dem belebten Körper, auf den spissum und subtile als Leib und Seele kommen, das spissum vom subtile, und behalte dabei den ignis und das subtile, das ist kollektiv das superius.

Analog dem, daß man terra ab igne separieren soll, müßte man auch spissum a subtili separieren. Da nun aber steht subtile a spisso und nicht spissum a subtili, so handelt es sich wieder um ein Hysteron-Proteron, auf welches aufmerksam macht das: suaviter magno cum ingenio.

Es wirft sich nun die Frage auf, ob der Menschenseele der Vorrang vor der Tierseele zu geben sei, oder umgekehrt der

Tierseele der Vorrang vor der Menschenseele. Für uns, von unserem Standpunkt, ist das freilich keine Frage, bei der göttlichen Verehrung aber, welche die Ägypter den Tieren erwiesen, liegt es in ihrem Sinn so fern nicht, der Tierseele vor der Menschenseele den Vorrang zu geben. Vielleicht soll gerade das letztere statt haben, und darauf das suaviter magno cum ingenio mit hinweisen. Das suaviter magno cum ingenio würde dann also auch darauf hinweisen, daß man nicht (im ägyptischen Sinne), wie die »Menschheit da draußen«, den Menschen über das Tier setzen soll, sondern umgekehrt das Tier über den Menschen, daß man dementsprechend die höhere Seele, die Feuerseele, den ignis, nicht dem Menschen, sondern dem Tier geben soll, daß somit das separabis terram ab igne sich auf den tierischen belebten Körper bezieht, und das separabis subtile a spisso auf den menschlichen belebten Körper.

Das nun, was durch das Separieren erhalten worden, das ist die Summe von Ignis und Subtile, wird als Seele *generell* aufgefaßt, das ist als superius. Dies superius, die Seele — steigt beim Tod von der Erde zum Himmel, bleibt aber nicht dort, sondern geht vermöge der Seelenwanderung wieder zur Erde zurück in einen anderen Menschen, in ein anderes Tier und wird teilhaftig der vis superiorum et inferiorum. Sie wird der vis superiorum et inferiorum ff. teilhaftig. Die Seele, welche sich himmelan schwingt, die ist aus dem generellen Standpunkt zu fassen, kann so gefaßt werden. Wenn sie aber nun wieder zurückkehrt, dann muß sie sich wieder in Mensch- und Tierseele zersplittern, erhält also die vis superiorum, die Macht der Seelen (Plural). Und diese Einzelseelen gehen wieder in Mensch- und Tierkörper, erhalten also die vis inferiorum, die Macht der Körper (Plural). Also das recipit vim superiorum et inferiorum bezieht sich bloß auf die *absteigende* Seele.

Ähnlich nun, wie man bei der kosmologischen Interpretation nach Abschluß des Passus eigentlich den Nil und nicht Ägypten haben sollte, so sollte man hier auch haben: die Seele und nicht den Körper. Trotzdem bringt die jetzt folgende Stelle:

Sic habebis gloriam totius mundi. Ideo fugiet a te omnis obscuritas,

den Leib, womit denn, um so zu sagen, der Flug der Seele nicht zu hoch potenziert werden soll. Trotz des hohen Standpunktes der Seele soll denn doch nun nicht dem Leibe seine

Stelle verkürzt werden. Er, der Leib, ist die gloria totius mundi, die Verherrlichung der ganzen Welt, welcher wir als Menschen, als körperliche Menschen denn doch einmal zunächst angehören und welcher wir nicht angehören würden, wenn wir keinen Körper, keinen sterblichen Leib hätten. Analog liegt das Verhältnis beim Tier. In dieser Sache muß man nicht von Obskurität befangen sein. Dagegen soll trotz des gloria-Verhältnisses nun doch auch wieder nicht dem Geist, der Seele, die Stellung verkürzt werden, und deswegen wird angefügt:

Haec est totius fortitudinis fortitudo fortis —

Die Seele ist die kumulierte fortitudo —

quia vincet omnem rem subtilem, omnemque solidam penetrabit:

was mit anderen Worten dasselbe ist, als oben das: recipit vim superiorum et inferiorum.

Die zweite Redaktion der Tabula smaragdina

Wir kommen jetzt zur zweiten Redaktion der Tab. smar. Ihren Wortlaut haben wir bereits oben kennengelernt. Von jenem mitgeteilten Schriftstück ist für den Text der zweiten Redaktion des Passus Completum est quod dixi de operatione Solis zu streichen. Dieser Passus gehört der dritten Redaktion an.

Der Autor der zweiten Redaktion ist ebenso wie der Autor der ersten Redaktion ein alexandrinischer Jude der ersten alexandrinischen Periode.

Die erste Redaktion der Tab. smar. hat seinen Beifall nicht, und das bewegt ihn, mit einer neuen Redaktion derselben hervorzutreten. Er sagt, mit dem spezialisierten Anlehnen des arkanologischen Experimentes an die Schöpfungsgeschichte hat die jüdische Alchemie keine glücklichen Griff getan. Wir haben eine Zahlenphilosophie, die wohl geeignet ist, sich mit den Zahlenphilosophien anderer Nationalitäten zu messen. Statt nun das, was wir haben, hochzuhalten, gehen wir hin und geben es auf.

Wir haben die Zahlen 1, 2, 3, 4, 5, 6, 7. Von ihnen ist die 7 die eigentliche Arkanen-Zahl, die 1, 2, 3, 4, 5, 6 sind uneigentliche Arkanen-Zahlen. Als solche stehen die letzteren ebenbürtig nebeneinander, denn sie lehnen sich an die Schöpfungstage. Das arkanologische Experiment bringt uns nun die Zahlen 2, 3, 4 als prägnant unter den Zahlen 1, 2, 3, 4, 5, 6, vielleicht gar 1, 2, 3, 4, 5, 6, 7, dastehend. Damit geht der ganze Charakter der jüdischen Zahlenphilosophie verloren. Dazu kommt noch, daß der Autor der ersten Redaktion der Tab. smar. die Sache gar zu arg macht. Wenn der nun noch die jüdischen Zahlen präsentierte, und unter diejenigen, die er anhand des arkanologischen Experimentes erhält, in den Vordergrund drängte, das wäre noch etwas. Jetzt aber bringt er die 2, 3, 4 und läßt die übrigen alle unterwegs. Was ist das? Das ist nichts anderes als das totale Aufgeben der jüdischen Zahlenphilosophie, das ist einfach griechische Zahlenphilosophie. Die Griechen haben die Zahlen 1, 2, 4; der Autor der ersten Redaktion bringt die Zahlen 2, 3, 4. Es ist die kleine Differenz da, daß bei den Griechen die 1, bei den Juden die 3 da ist, im Allgemeinen ist das eine wie das andere. Haben wir nötig, uns so den Griechen gegenüber zu negieren?

Der Autor der zweiten Redaktion sagt ferner: Das Übel mit dem Anlehnen des arkanologischen Experimentes an die Schöpfungsgeschichte ist nun einmal geschehen, ganz läßt es sich nicht mehr redressieren. Redressieren wir es wenigstens so viel als möglich. Gehen wir vorab dem einmal aus dem Wege, daß wir anhand desselben *mehrere* arkanologische Zahlen erhalten. Bekommen wir *eine,* so ist das vollkommen hinreichend. Wir wollen die *Drei* nehmen, im Anlehnen daran, daß die alexandrinische Interpretation der Schöpfungsgeschichte in der zweiten Periode drei Tagen Rechnung trägt, welche die anorganische Welt bringen. Sagen wir also, anhand des an die Schöpfungsgeschichte angelehnten arkanologischen Experimentes erhalten wir 3 Arkana. Nun aber dürfen wir diese 3 nicht aus dem Zusammenhang mit den übrigen philosophischen Zahlen reißen. Nein, die philosophischen Zahlen bleiben alle von 1 bis 7. Sie zerfallen aber nicht mehr wie sonst in die zwei Gruppen: 1, 2, 3, 4, 5, 6 einerseits und 7 andererseits, sondern in die zwei Gruppen: 1, 2, 4, 5, 6 einerseits und 3, 7 andererseits. Auf Grund des arkanologischen Experimentes gewinnt die 3 gleichen Rang mit der 7, wird wie die 7 eine eigentliche arkanologische Zahl, wogegen 1, 2, 4, 5, 6 uneigentliche arkanologische Zahlen bleiben. Das, sagt der Autor der zweiten Redaktion, muß man in's Auge fassen, nicht aber das, was der Autor der ersten Redaktion in's Auge faßt, und was nichts anderes ist, als griechische Zahlenphilosophie mit Aufopferung der jüdischen.

Und ferner sagt der Autor der zweiten Redaktion: Die erste Redaktion ist, ganz von den Zahlen abgesehen, an und für sich lückenhaft. Sie hat sich zum Substrat gemacht, das arkanologische Experiment zu bringen. Gut, mag sie es tun. Aber wenn sie es tut, so möge sie es auch *vollständig* bringen. Tut sie das aber? Nein, sie läßt die erste, die Vorbereitungsperiode ganz unterwegs und fängt mit der zweiten Periode, fängt da an, wo man bereits die Arkana erhält. Wird so das arkanologische Experiment gebracht? Nein, es wird bloß ein Teil desselben gebracht. Ich habe, sagt der Autor der zweiten Redaktion, nichts dagegen, daß die Tab. smar. das arkanologische Experiment bringen soll. Aber wenn sie dasselbe bringt, so mag sie es auch vollständig, die erste Periode einbegriffen, bringen.

Und endlich sagt der Autor der zweiten Redaktion: Das beste Substrat für eine Tab. smar. wäre die eigentliche jüdisch-alchemistische Schöpfungsgeschichte im Gegensatz zu der Schöpfungsgeschichte, wie sie das erste Kapitel des Ersten Buches Mosis bringt. In einer solchen Tab. smar. hätten wir dann, im Gegensatz zu der letzten Schöpfungsgeschichte, eine Schöpfungsgeschichte im echt jüdisch-alchemistischen Sinne. Indessen, eine solche Tab. smar. wäre in voralexandrinischen Zeiten möglich gewesen, jetzt ist sie unmöglich. Denn die Alexandriner haben es sich ja angelegen sein lassen, die Lücken, welche die Schöpfungsgeschichte im Ersten Buche Mosis hat, auszufüllen. Anhand der alexandrinischen Interpretation ist die biblische Schöpfungsgeschichte im ersten Kapitel das geworden, was die eigentliche jüdische Schöpfungsgeschichte in voralexandrinischen Zeiten war. Diese Interpretation kann nicht wieder fahren gelassen werden. Wir Alexandriner können uns nicht selbst negieren. Da, wo man vor der Sache stand, war es wohl zu überlegen, ob man die eigentliche alchemistische Auffassung der jüdischen Kosmogenese in 6 Tagen, trotz der Abweichungen des Autors der Schöpfungsgeschichte im Ersten Buch Mosis, dennoch dieser letzteren Schöpfungsgeschichte anpassen wollte. Jetzt stehen wir *hinter* der Sache, die eigentliche alchemistische Auffassung der jüdischen Kosmogenese in 6 Tagen ist in der alexandrinischen Interpretation der Schöpfungsgeschichte im ersten Kapitel des Ersten Buches Mosis aufgegangen, und nun können wir nicht wieder zu der ersteren zurückgreifen. Mag dem aber auch also sein, der *Gedanke*, daß es das beste Substrat für eine Tab. smar. wäre, die Schöpfungsgeschichte zu bringen, wie sie dem lückenhaften Werke des Autors des Ersten Buches Mosis gegenübersteht, dieser Gedanke ist festzuhalten. Und indem er festzuhalten ist, muß an die Stelle der eigentlichen jüdisch-alchemistischen Kosmogenese die alexandrinische Interpretation der Schöpfungsgeschichte treten. Diese Interpretation der Schöpfungsgeschichte braucht aber nicht *ganz* gebracht zu werden. Wenn bloß deren erste Periode gebracht wird und die zweite Periode in ganz allgemeinen Umrissen, so reicht das hin. Dann weiß man, daß es sich um die Instituierung des Wasserverwandlungsexperimentes im Großen auf Grund des dreiteiligen Wasserverwandlungsexperimentes handelt, weiß, daß der erste Tag auf die erste Periode kommt, und nun weiß man genug. Nun kann man in der Bibel selbst nachsehen, wie der zweite Tag den Himmel, der dritte Tag Land und Meer und der vierte Tag Sonne, Mond und Sterne bringt. Auf die Weise wird dann die Sache zusammengedrängt, und es bleibt Raum für das, was man sonst noch der Tab. smar. einverleiben will. — Aber was werden denn die Griechen für Augen machen, wenn wir in der Tab. smar. mit der Schöpfungsgeschichte herankommen? Was werden die sagen, wenn sie das so rundheraus geboten bekommen, was ihnen *nicht* zu bieten der Autor der ersten Redaktion so diplomatisch umging? — O, die werden schon ganz ruhig sein. Die Griechen bekommen ja nicht die *ganze* Schöpfungsgeschichte geboten, die bekommen nur, in Erwägung dessen, daß es sich um die alexandrinische Interpretation handelt, die erste Periode derselben geboten. Das ist denen ein guter alter Bekannter, aus dessen Leder sie ihre Elementenriemen geschnitten haben. Von sich stoßen werden sie die Tab. smar. nicht auf Grund dessen, daß sie die erste Schöpfungsperiode bringt, denn täten sie es, so müßten sie sagen, warum sie es tun, und dann würde die Gegenpartei schon zur Sprache bringen, was denn nun die Griechen dieser ersten Schöpfungsperiode, die sie perhorreszieren, alles zu verdanken haben. Das scheuen die!

Also der Autor der zweiten Redaktion der Tab. smar. stellt an eine Tabula smaragdina resp. eine neue Tabula smaragdina, die er bringen will, folgende Anforderungen:

1.) Sie soll das, was die erste Redaktion bringt, nicht absolut umstoßen. Die erste Redaktion hatte bereits Autorität erlangt, und dieser Autorität soll nicht Schach geboten werden. Die Tab. smar. der ersten Redaktion soll erweitert werden, es sollen in sie neue Gesichtspunkte gebracht werden, umgestoßen soll sie nicht werden. Diesen Gesichtspunkt muß man überhaupt von vornherein festhalten, der Autor der zweiten Redaktion *stößt* die erste Redaktion *nicht um*, er *erweitert* sie bloß. Man findet in der zweiten Redaktion auch nicht ein Wörtchen der ersten Redaktion umgeändert, es finden sich bloß Zusätze zum Text der ersten Redaktion. Und indem nun der neue Autor das, was der erste Autor bringt, *nicht* umstößt, muß die zweite Redaktion ebensowohl das arkanologische Experiment bringen als die erste Redaktion. Und dann muß die zweite Redaktion ebensowohl die pathologische Rubrik bringen als die erste Redaktion.

2.) Nun aber soll das arkanologische Experiment anders verwertet werden als bei der ersten Redaktion. Es soll nicht entweder zwei oder drei oder vier Arkana bringen, sondern bloß *drei* Arkana. Und dann auch soll das arkanologische Experiment die ihm zukommende Vorbereitungsperiode erhalten.

3.) Außer der Zahl 3, welche in der Arkanen-Drei vertreten ist, soll die Tab. smar. auch noch die übrigen Zahlen von 1 — 7 erhalten.

4.) Sie, die Tab. smar., soll die erste Schöpfungsperiode bringen nach der alexandrinischen Interpretation der Schöpfungsgeschichte im ersten Kapitel des Ersten Buches Mosis; und die zweite Periode nur ganz im Allgemeinen.

Diese Gesichtspunkte vor Augen habend, wandelt er die erste Redaktion der Tab. smar. in die zweite um. Den Psalm 19, auf welchen der Autor der ersten Redaktion vom alchemistischen Standpunkt aus Gewicht legte, läßt der neue Autor auf sich beruhen. Was sein Antezessor herausgebracht, findet er ganz hübsch und genial, aber sieht es für eine Spielerei an, da doch der Psalmist, indem er diesen Psalm geschrieben, an alles eher als an Alchemie dachte. Er erhält die neue Redaktion der Tab. smar., analog der ersten Redaktion, eine jüdische, eine griechische und eine ägyptische Interpretation. Mit der zweiten Redaktion der Tab. smar. reüssiert der Autor, wie der Autor der ersten Redaktion mit seinem Schriftstück reüssiert hat.

Wie die 7 Rubriken der zweiten Redaktion der Tabula smaragdina entstehen

Anhand der philosophischen Zahlen 1, 2, 3, 4, 5, 6, 7 nimmt der Autor sich vor, die neue Tab. smar. in sieben Rubriken zerfallen zu lassen. Alsdann repräsentiert jede Rubrik eine philosophische Zahl. Diejenige Rubrik, welche die Drei bringt, bringt die 3 Arkana. Mit diesen letzteren ist denn das gegeben, daß die Arkana, welche die erste Redaktion in zwei Rubriken brachte, daß diese die zweite Redaktion in *einer* Rubrik bringt. Demzufolge würde denn eine Rubrik bringen: Quod est superius, est, sicut id quod est inferius, ad perpetranda miracula rei unius. Separabis terram ab igne, subtile a spisso, suaviter magno cum ingenio. Ascendit a terra in coelum, iterumque descendit in terram, et recipit vim superiorum et inferiorum.

Eine andere Rubrik ist die pathologische Rubrik, die, wie wir wissen, wie in der ersten Redaktion bleiben soll. Diese ist also: Haec est totius fortitudinis fortitudo fortis, quia vincet omnem rem subtilem, omnemque solidam penetrabit.

Wenn man nun die erste Redaktion der Tab. smar. vom Standpunkt dreier Rubriken auffaßt, so kommt das Sic habebis gloriam totius mundi auf die zweite Rubrik, das ist also auf die Rubrik, in der von den Arkanis die Rede ist. Und es kommt bei dieser Auffassung das Ideo fugiet a te omnis obscuritas auf die vierte Rubrik, das ist also die Rubrik, in der von der Anwendung der Arkana am Krankenbett die Rede ist. Es ist nun, sagt unser Autor, dies vor Augen habend, in der ersten Redaktion direkt von nichts anderem die Rede als von den Arkanis und deren Anwendung am Krankenbett. Somit ist gewissermaßen die Rubrik Sic habebis gloriam totius mundi. Ideo fugiet a te omnis obscuritas nichts anderes, als ein Inhaltsanzeiger, ein Index der ersten Redaktion. Das Sic habebis gibt den arkanologischen, das Ideo fugiet den pathologischen Inhalt. So kommt unser Autor auf die Idee eines Index, und diese Idee bringt ihn darauf, der neuen Tab. smar. einen Index anzufügen. Wohl verstanden, einen Index *anzufügen,* nicht beutet er die Idee derartig aus, die Rubrik Sic habebis etc. als Index auszubeuten. Die Rubrik Sic habebis etc. läßt er, wie sie ist, und fügt außerdem noch einen Index hinzu, so daß er erhält

als eine Rubrik: Sic habebis gloriam totius mundi. Ideo fugiet a te omnis obscuritas, als eine andere Rubrik den Index, welcher ist: Sic mundus creatus est. Hinc erunt adaptationes mirabiles, quarum modus est hic.

Für die Schöpfungsgeschichte, von der in der ersten Redaktion nichts vorkommt, ist eine neue Rubrik zu schaffen. Doch findet es der Autor passend, daß diese Rubrik nicht *ganz* neu sei. In einer so wichtigen Rubrik will er durch seinen Antezessor gewissermaßen gedeckt sein. Er hält es für gut, daß in sie ein Passus der ersten Redaktion verflochten wird. Und so nimmt er denn aus der arkanologischen Rubrik den Satz Quod est superius, est, sicut id, quod est inferius, ad perpetranda miracula rei unius heraus und macht ihn zum Mittelpunkt der neuen Rubrik, welche die Schöpfungsgeschichte bringt. An diesen Mittelpunkt knüpft er vorn und hinten einen neuen Satz und fügt dem Zentralpassus ein »Et« hinzu. Der Satz vorn wird: Quod est inferius est sicut id quod est superius. Der Satz hinten wird: Et sicut res omnes fuerunt ab uno, meditatione unius: sic omnes res natae fuerunt ab hac una re adoptione. Es wird also zur Rubrik, welche die 1. Schöpfungsperiode bringt:

Quod est inferius est sicut id quod est superius. Et quod est superius, est, sicut id quod est inferius, ad perpetranda miracula rei unius: sic omnes res natae fuerunt ab hac una re adoptione.

Der Passus Quod est superius, est, sicut id quod est inferius, ad perpetranda miracula rei unius, welcher der Arkanenrubrik entrückt ist, hat in die Arkanenrubrik eine Lücke gemacht und ist daher zu ersetzen. Er wird ersetzt durch den neuen Passus: Pater eius est Sol, mater eius est Luna. Portavit illud ventus in ventro suo; nutrix eius terra est. Pater omnis telesmi totius mundi est hic, virtus eius integra est, si versa fuerit in terram, so daß also die Arkanenrubrik statt der Fassung, die wir vorhin angeführt haben, die Fassung erhält: Pater eius est Sol, mater eius est Luna. Portavit illud ventus in ventro suo; nutrix eius terra est. Pater omnis telesmi totius mundi est hic, virtus eius integra est, si versa fuerit in terram. Separabis terram ab igne, subtile a spisso, suaviter magno cum ingenio. Ascendit a terra in coelum, iterumque descendit in terram, et recipit vim superiorum et inferiorum.

Auf die Weise wären denn 5 Rubriken da.

Nun denkt endlich der Autor, an ein Schriftstück, wie die Tab. smar., ist es nicht unpassend, eine Einleitung und einen

Schluß anzufügen. Das tut er, und erhält damit die an den 7 Rubriken noch fehlenden 2 Rubriken.

Die Einleitungsrubrik wird: Verum est sine mendacio, certum et verissimum.

Die Schlußrubrik wird: Itaque vocatus sum Hermes trismegistus, habens tres partes philosophiae totius mundi.

Somit haben wir die 7 Rubriken:

Erste Rubrik. Einleitung: Verum est bis verissimum.

Zweite Rubrik. Erste Schöpfungsperiode: Quod est inferius bis adoptione.

Dritte Rubrik. Arkanologische Rubrik: Pater eius bis inferiorum.

Vierte Rubrik. Gloria-Rubrik. Diese darf unter keinen Umständen geteilt werden, wie das in der ersten Redaktion unter Umständen statt hätte.

Fünfte Rubrik. Pathologische Rubrik: Haec est totius fortitudinis bis penetrabit.

Sechste Rubrik. Index: Sic mundus bis modus est hic.

Siebente Rubrik. Schluß: Itaque vocatus bis totius mundi.

Im eigentlichen Sinn des Autors, das heißt im Sinne der jüdischen Interpretation der zweiten Redaktion der Tab. smar., sind nun die philosophischen Zahlen 1 — 7 in den aufgeführten Rubriken folgendermaßen vertreten:

Der Index repräsentiert die *Eins.* Denn in dem *einen* Index werden die Hauptteile der Tab. smar. zusammengefaßt.

Die erste Rubrik repräsentiert die *Zwei.* Denn es steht zu Anfang: verum und zum Schluß: verissimum, das ist der Superlativ von verum, das ist wieder: verum. Das vordere verum wird durch sine mendacio kumuliert, das hintere durch certum, bleiben also im Grunde zwei »verum«, und das weist auf die *Zwei* hin.

Die Arkanenrubrik repräsentiert die *Drei.* Denn es werden drei Arkana angenommen, in den Vordergrund gedrängt.

Die Fortitudo-Rubrik repräsentiert die *Vier.* Wie die Vier bei der fortitudo herauskommt, haben wir bereits bei der Interpretation der ersten Redaktion kennengelernt.

Die zweite Rubrik repräsentiert die *Fünf.* Denn wie wir später sehen werden, handelt es sich in ihr um das, was die erste Schöpfungsperiode bringt, das ist zunächst Luft, Erde, Wasser. Dazu kommt die vor der ersten Schöpfungsperiode liegende

Phase mit dem λογος und der erste Schöpfungstag mit seinem Feuer, welches zu der adoptio in Relation gesetzt wird. Wie gesagt, werden wir das später näher kennenlernen. Wir haben also als Fünf: Luft, Erde, Wasser, λογος, adoptio.

Die Schlußrubrik repräsentiert die *Sechs*. Denn es ist in ihr vom Hermes trismegistus die Rede, das ist eine Drei; und dazu kommen als zweite Drei die tres partes philosophiae totius mundi. Das wäre also zwei mal Drei, gleich Sechs.

Die Gloria-Rubrik repräsentiert die *Sieben*. In dieser Rubrik wird nämlich darauf hingewiesen, daß die Arkanendrei mit der Arkanensieben auf einer Rangstufe steht. Damit haben wir denn die Relation der Arkanendrei zur Arkanensieben, und damit kurz die Sieben.

Wir hätten also ff. Es repräsentiert:

1. Rubrik die philos. Zahl 2, damit die Arkanenzwei,
2. Rubrik die philos. Zahl 5, damit die Arkanenfünf,
3. Rubrik die philos. Zahl 3, damit die Arkanendrei,
4. Rubrik die philos. Zahl 7, damit die Arkanensieben,
5. Rubrik die philos. Zahl 4, damit die Arkanenvier,
6. Rubrik die philos. Zahl 1, damit die Arkaneneins,
7. Rubrik die philos. Zahl 6, damit die Arkanensechs.

Das ägyptische Gepräge der zweiten Redaktion der Tabula smaragdina

Der Autor der zweiten Redaktion gibt in den Stellen Pater eius est Sol etc. und Itaque vocatus sum etc. der Tab. Smar. ein hervorstechend ägyptisches Gepräge. Das tut er nun weniger den Ägyptern zu Liebe, als vielmehr deshalb, um der Tab. smar. einen mysteriöseren Anstrich zu geben. Dazu kommt noch, daß durch das Versetzen auf den ägyptischen Standpunkt eine Handhabe geboten wird, die Schlußrubrik in einen engen organischen Zusammenhang zur ganzen Tab. smar. zu bringen.

Der Passus Pater eius est Sol etc. macht ganz den Eindruck einer ägyptischen Hieroglypheninschrift, indem Ausdrücke vorkommen, die sich auch auf Hieroglypheninschriften finden. Es heißen z.B. auf derartige Inschriften die Könige: Söhne der Sonne, so auf einer Inschrift zu Memphis: »Der Sohn der Sonne, Ptolemaeus, der immer lebende u.s.w... hat dies Gebäude aufführen lassen.« Und ähnlich auf anderen Inschriften. Ganz so haben wir hier die Redeweise: Pater eius est Sol. Dann heißt's auf einer Inschrift zu Luxor: »Siehe, was Theben sagt: wir haben alle Gegenden in deine Gewalt gegeben, wir haben dir Khemi (Ägypten) die *Nährerin* gegeben.« Ganz so haben wir hier den Ausdruck: Nutrix eius terra est.

Und was die Schlußrubrik betrifft, so ist der Hermes — Itaque vocatus sum Hermes trismegistus — die ägyptische Gottheit Thoth.

Dieser Thoth paßt nun ganz dazu, in einer Schlußrubrik herangezogen zu werden, zu einer Schlußrubrik, um so zu sagen verwertet, ausgebeutet zu werden. Stellt man sich nämlich auf den Standpunkt der spirituellen Interpretation der ersten Redaktion der Tab. smar., so wird dem Hintergedanken die Tür geöffnet als sei die Tab. smar. ein Schriftstück, welches zu einer Inschrift an geweihter Stelle, z. B. auf einem Grabe, in einer Totenkapelle u.s.w., paßt. Der Autor nun stellt sich auf einen solchen Standpunkt. Bis zum Ende der ersten Redaktion gekommen, sagt er sich, hier hast du nun eine Inschrift für ein Grab, eine Kapelle u.s.w., wie machst du da auf Grund eines solchen Standpunktes einen passenden Schluß? Und da kommt er denn auf den Thoth. Nämlich man denke sich eine Inschrift auf einem Grabe, in einer Totenkapelle u.s.w., welche also lautet:

Der Leib ist der Träger der Seele. Der Leib ist das schwache Gefäß, das den himmlischen Geist birgt. Und kommt nun die letzte Stunde, so trennt sich die Seele und schwingt sich himmelan, sie geht dahin, woher sie gekommen…

Nun wollen wir einen Schluß zufügen, würde es sich denn nicht ganz gut machen, wenn wir anfügten:

Groß ist der Herr, die ganze Welt ist seines Ruhmes voll, und sein Name dauert ewiglich...?

Ganz so aber, wie sich das machen würde, macht es sich im ägyptischen Sinne, wenn der spirituellen Interpretation der Tab. smar. hinzugefügt wird: Und so heiße ich denn Thoth.

Die ägyptische Gottheit Thoth hat nämlich zur Seele eine ganz besondere Relation. Indem der Totenrichter Osiris die Taten der Verstorbenen, der Seelen, abwägt, steht ihm Thoth zur Seite. Darum heißt Thoth auch: Herr der göttlichen Worte und Rechtfertiger des Osiris gegen seine Feinde.

Was nun den Hermes betrifft, so wird, da es sich um ein griechisches Schriftstück handelt, die ägyptische Gottheit in eine griechische verwandelt; das ist ein Kompliment, welches den Griechen gemacht wird. Daß es gerade der Hermes (Merkur) ist, der an die Stelle des Thoth tritt, hängt damit zusammen, daß 'Ερμης ψυχοπομπος, das ist der Hermes als solcher, der die Seelen der Verstorbenen zur Unterwelt führt, auch zur Seele eine Relation hat.

Auf Grund der Annahme, die sich der Autor der Tab. smar. fingiert, um zur Schlußrubrik zu kommen, wird geradezu angenommen, es wäre die Tab. smar. eine Inschrift auf einem Grabe, in einer Totenkapelle u. dgl., hätte sich an einem derartigen Ort vorgefunden. Vielleicht ist das der Grund, daß die Tabula smaragdina gerade »Tabula« heißt. Die Alten nannten nämlich derartige Inschriften Tabulae aus dem Grunde, weil sie dieselben auf Tafeln schrieben, welche Tafeln dann an betreffender Stelle aufgestellt, aufgehängt oder sonstwie befestigt wurden. Wir sagen »vielleicht«, nötig ist so eine Annahme gerade nicht, denn Tabula ist in weiterem Sinn überhaupt ein Schriftstück. Jedenfalls aber hängen mit der genannten Fiktion die Grabesmärchen zusammen, die wir in dem Abschnitt: »Allgemeine Vorbemerkungen über die Tabula smaragdina« haben kennen lernen.

Jüdische Interpretation der zweiten Redaktion der Tabula smaragdina

Die sieben Rubriken kennen wir bereits; ebenso, wie jede von ihnen eine philosophische Zahl repräsentiert.

Erste Rubrik. Einleitung.

Verum est etc.

Eine etwas emphatische Einleitung. Der Autor versichert uns, daß das, was die Tab. smar. bringt, wahr sei.

Zweite Rubrik. Kosmologische Rubrik. Schöpfungsgeschichte.

Quod est inferius bis adoptione.

Nach der alexandrinischen Interpretation hat die erste Schöpfungsperiode zwei Teile, die eigentliche erste Periode, wie sie der Autor der Schöpfungsgeschichte brachte, und den ersten Tag.

Was jenen ersten Teil betrifft, so bringt er Wasser, Erde, Luft (das Wasser fällt *nicht*, wie wir wissen, *vor* die erste Periode).

Nun sollte zuerst kommen: *Wasser,* und dann: Luft und Erde, was, wie bereits früher besprochen, nicht statt hat; vielmehr kommt erst Luft, dann Erde, und zuletzt das Wasser. Das faßt der Autor beim Quod est inferius bis miracula rei unius in's Auge und meint, es wäre dies Arrangement kein verkehrtes, da Wasser, Erde, Luft, indem sie auf einen Guß entständen, doch gegenseitig dieselbe Rangstufe einnähmen.

Est sicut ist vorab zu übersetzen mit »ist wie«, d.h. »steht auf gleicher Rangstufe mit«. Alsdann ist das est vor sicut mit »dient« zu übersetzen.

Das erste inferius ist die Erde, das erste superius ist die Luft (Himmel) des Vers 1 der Schöpfungsgeschichte.

Das zweite superius ist das Wasser, das zweite inferius ist die Erde des Vers 2 der Schöpfungsgeschichte.

Wo man nun Himmel und Erde hat, da steht der Himmel *über* der Erde, damit ist die Erde das inferius, die *Stütze* für den Himmel, das superius. Damit, sollte man denn sagen, muß doch einmal erst die Erde, das inferius, da sein, und dann der Himmel, das superius, kommen. Beim umgekehrten Verhältnis würde ja der Himmel ohne Stütze herunterfallen. Trotzdem bringt aber Vers 1 der Schöpfungsgeschichte zuerst den Himmel, das superius, und dann erst die Erde, das inferius. Aber daran stoßt euch nicht, sagt der Autor, denn: quod est inferius est sicut id quod est superius. Die Erde ist wie der Himmel, steht auf gleicher Rangstufe mit dem Himmel. Die Erde steht auf gleicher Rangstufe mit der Luft. Findet es daher nicht auffallend, daß die Luft *früher* kommt als die Erde. Ob da steht: Am Anfang schuf Gott Himmel und Erde, oder: Am Anfang schuf Gott Erde und Himmel, bleibt sich gleich, da eben Erde und Luft auf einer Rangstufe stehen.

Und ferner: Wo man Wasser und Erde hat, da stellt sich kraft des Wasserverwandlungsexperiment das Wasser oben, die Erde unten, und auf die Weise ist das Wasser das superius, die Erde das inferius. Das Obere steht aber im Rang über dem Unteren, und daher sollte man sagen, müßte der Vers 2 nicht zuerst die Erde bringe, und dann das Wasser, sondern umgekehrt erst das Wasser und dann die Erde. Aber daran, sagt der Autor, stoßt euch nicht, denn: quod est superius est sicut id quod est inferius, das Wasser ist wie die Erde, steht auf gleicher Rangstufe mit der Erde. Im Vers 1 steht erst Luft und dann Erde, darum machte der Autor darauf aufmerksam, daß die letztere auf einer Rangstufe mit der ersteren stände. Im Vers 2 steht erst Erde und dann Wasser, darum macht der Autor hier darauf aufmerksam, daß das letztere auf einer Rangstufe mit der ersteren steht.

Also zuerst wird darauf aufmerksam gemacht, daß Erde und Luft, dann daß Wasser und Erde auf gleicher Rangstufe stehen. Sie stehen also alle auf einer Rangstufe. Somit bleibt es gleich, ob in der Schrift das Wasser vorn oder hinten steht — und hierauf kommt die ganze Kalkulation hinaus.

Auf die Weise wurde est sicut als »ist wie« genommen. Jetzt wird das est vor sicut genommen als »dient«. Alsdann ist Et klein zu schreiben und vor dasselbe ein Komma zu setzen, und man hat:

Das Untere *dient* wie das Obere, und das Obere *dient* wie das Untere dazu:...

ad perpetranda miracula rei unius.

Perpetrare = zu Stande bringen, *nicht:* beendigen.

Die res una ist das Wasser zum Wasserverwandlungsexperiment im Großen, welches mit Luft und Erde versetzt ist. Also:

Wasser, Luft und Erde dienen dazu, um die Wunder des Weltenwassers zu Stande zu bringen.

Die 2. Redaktion käme auch mit miraculum (Singular) aus für miracula (Plural). Der Plural ist aber von der 1. Redaktion mit herübergenommen und muß bleiben. Erklärt wird er dadurch, daß man in dem einen Wunder drei Dinge hat: Wasser, Erde, Luft, dadurch entsteht dann der Pluralbegriff Wunder.

Im heraklitschen Sinne ist die res una = Materia secunda. In Bezug auf spätere Interpretationen der Tab. smar. ist darauf hinzuweisen, daß res una auch genommen wird als Materia prima. Diese materia prima ist aber nicht im griechischen Sinne Materia prima, sondern im jüdischen Sinne, und zwar insofern, als die res una das ist, was die *erste* Schöpfungsgeschichte bringt. Sie wird deswegen Materia prima genannt, weil man das, was auf die periodus prima creationis kommt, Materia prima nennt.

So der erste Teil der Rubrik, der also bis rei unius reicht. Jetzt nun zum zweiten Teile der bei: Et sicut anfängt.

Die *res natae* sind: Himmel, Land, Meer der zweiten Schöpfungsperiode. Himmel, Land und Meer gehen aus dem Weltenwasser, der res una hervor. Also hat es seine Richtigkeit, wenn es heißt:

res natae fuerunt ab hac una re.

Nun aber kommen auf diese Weise bloß Himmel, Land und Meer an die Reihe, nicht aber die leuchtenden Himmelskörper, die doch auch auf die zweite Periode, aus der ersten hervorgehend, kommen. Um diese heranzuziehen, deshalb wird uns jetzt die adoptio geboten. Mit der adoptio ist das *Licht des ersten Schöpfungstages* in's Auge gefaßt. Das Licht des ersten Schöpfungstages adoptiert Sonne, Mond und Sterne, wirft sich als deren Adoptivvater, kurz als Vater auf. Indem dies statt hat, hat eine adoptio statt, und die Folge dieser adoptio ist, daß Sonne, Mond und Sterne zu den res natae treten, die dadurch zu den *omnes* res natae werden, das ist, zu Himmel, Land, Meer, Sonne, Mond und Sternen. Also: omnes res natae fuerunt ab hac una re adoptione, alle Dinge (das ist denn im engeren Sinne die anorganischen Dinge), welche die zweite Schöpfungsperiode bringt, entstanden vom Weltenwasser, der res una, das heißt denn, wenn man zugleich auch das Licht in's Auge faßt, welches sich ihm zugesellt, wenn man zugleich das Adoptionsverhältnis in's Auge faßt.

Nun zum Satz: res omnes fuerunt ab uno, meditatione unius.

Der unus ist Gott; die meditatio der λογος — das Textwort der griechischen Tab. smar. für meditatio ist eben λογος; res omnes sind der Inbegriff dessen, was die *erste* und *zweite* Schöpfungsperiode bringt, in Bezug auf letztere die organische Welt mit einbegriffen.

Im fuerunt a ist das Erschaffen der Welt durch Gott gegeben, und dabei zugleich das in's Auge gefaßt, daß, wenn Gott die Welt erschaffen, er der Welt als Vater gegenübersteht. Darum ist auch in dem Passus omnes res natae fuerunt von einer adoptio die Rede, welche eine *indirekte* Vaterschaft involviert. Diese adoptio bezieht sich zwar strikt nur auf das Licht. In weiterer Fassung bezieht sie sich aber auch auf den ganzen 2. Passus sic omnes etc. und deutet an, daß das fuerunt a dieses Passus, welches auch auf eine Vaterschaft herauskommt, nicht zu identifizieren sei mit dem fuerunt a des ersten Passus Et sicut etc. Denn Gott als Vater steht höher als die res una als Vater.

Also res omnes etc.: Gott hat die Welt erschaffen, und zwar durch den λογος (siehe über diesen früher).

Der λογος Gottes, die meditatio unius, entspricht der adoptio. Wie zur res una noch etwas hinzukommt, nämlich die adoptio, so kommt zu Gott noch etwas hinzu nämlich der λογος θεου.

In dem ganzen Passus Et sicut res omnes etc, decken sich nun Vorder- und Nachsatz, und daher auch ihre Verknüpfung durch Et sicut — ita, wie auf der einen Seite das, so auf der anderen Seite jenes. Die res omnes decken die omnes res natae, der unus deckt die una res, die meditatio deckt die adoptio.

Also der ganze Satz et sicut etc: Und wie Gott die Welt erschaffen hat, indem zu ihm der λογος hinzutritt, so hat die res una die anorganische Welt erschaffen, indem das Licht des ersten Tages hinzutritt.

Wir haben also in der ganzen Rubrik in mysteriösen Wendungen und Ausbeutungen die *alexandrinische Schöpfungsgeschichte* in nuce. Es wird uns geboten: die erste Schöpfungsperiode mit Luft, Erde, Wasser, Licht, die zweite Schöpfungsperiode (in ganz allgemeinen Umrissen) und endlich der λογος. Indem uns Luft, Erde, Wasser in der ersten Periode geboten werden, geschieht das derartig, daß eine Reflexion darüber angestellt wird, wie die Dinge in Vers 1 und 2 geordnet sind, daß man sich an diese Anordnung nicht stoßen und hauptsächlich das Wasser in's Auge fassen soll, welches trotzdem, daß es nicht von vornherein genannt ist, in Bezug auf das Wasserverwandlungsexperiment doch die Hauptrolle spielt. So kommt der Autor der Tab. smar. auf die res una, auf das Weltenwasser, bestehend aus Wasser, Erde, Luft. Nun fehlt das Licht noch, also ist der Autor, wo er bei seiner res una ist, noch nicht mit der ersten Periode fertig. Trotzdem geht er zur zweiten Periode über, welche die vollendete Welt, die res omnes, bringt. Gott hat die Welt erschaffen. Damit ist er von der Welt bei Gott, und Gott führt ihn dann zum λογος. Er gibt nun »erschaffen« mit esse a, herstammen von. Das benutzt er, um in's Auge zu fassen, daß Land, Meer, Himmel vom Weltenwasser herstammen, und so springt er, eine Parallele dazu benutzend, wieder in die erste Periode und fügt dieser durch die Fassung mit der Adoption das Licht zu. — Man bemerke hierbei wohl, daß vom Tag nicht die Rede ist, was doch sehr nahe lag. Der Autor geht dem Tage mit Fleiß aus dem Wege. Er will den Griechen gegenüber nicht mit der Tagesschaffung hervortreten, um ihnen nicht etwas zu bieten, was ihnen gar zu anstößig wäre. Ohne

Tag, und wie die Sachen jetzt liegen, erhalten die Griechen im Grunde gar nichts anderes, als die auch von ihren Landsleuten in's Auge gefaßte Stelle der Schöpfungsgeschichte. Denn die Anknüpfung des Autoren mit seinen res omnes und res natae an die zweite Periode ist sehr vage gehalten.

Dritte Rubrik. Arkanologische Rubrik.

Pater eius est Sol bis inferiorum.

Wie wir bereits wissen, erhält der Autor anhand des arkanologischen Experimentes 3 Arkana. Er instituiert das arkanologische Experiment auf die Weise, wie wir es pro secundo in dem Abschnitt »Das arkanologische Experiment in jüdischer Fassung« kennengelernt haben. Das ist also: Acidum sulphuricum-Natron konstituiert das arkanologische Wasser, und mittels Feuers wird dies dann in Liquor hepatis und Pulvis solaris umgewandelt. So ergeben sich alsdann als die drei Arkana: 1.) Acid. sulphur.-Natron, 2.) Liquor hepatis, 3.) P. solaris.

Wie wir aus dem Abschnitt »Wie die sieben Rubriken der zweiten Redaktion der Tab. smar. entstehen« wissen, heißt die arkanologische Rubrik ursprünglich ff.

Quod est superius, est, sicut id quod est inferius, ad perpetranda miracula rei unius. Separabis terram ab igne, subtile a spisso, suaviter magnos cum ingenio. Ascendit a terra in coelum, iterumque descendit in terram, et recipit vim superiorum et inferiorum.

Nun wird der Passus Quod est superius, est, sicut id quod est inferius, ad perpetranda miracula rei unius der arkanologischen Rubrik entrückt. Er tritt in die zweite Rubrik, und an seine Stelle tritt der Passus: Pater eius est Sol, mater eius est Luna. Portavit illud ventus in ventre suo, nutrix eius terra est. Pater omnis telesmi totius mundi est hic, virtus eius integra est, si versa fuerit in terram. Es sind also dieser letztere Passus und der Passus Quod est superius etc. vikariierende Dinge. Auf Grund dessen modelt nun der Autor seinen neuen Passus Pater eius est Sol etc. in der Weise, daß er ganz den Charakter der zweiten Rubrik trägt.

a) Pater eius est Sol, mater eius est Luna trägt den Charakter des: res omnes fuerunt ab uno, meditatione unius.

b) Portavit illud ventus in ventre suo, nutrix eius terra est trägt den Charakter des: Quod est inferius est sicut id quod est superius. Et quod est superius, est, sicut id quod est inferius, ad perpetranda miracula rei unius.

c) Pater omnis telesmi totius mundi est hic, virtus eius integra est, si versa fuerit in terram trägt den Charakter des: omnes res natae fuerunt ab hac una re adoptione.

Es handelt sich in allen drei Sätzen um das Acidum sulphuricum-Natron. Jeder Satz enthält einen Vordersatz und einen Nachsatz. Der Vordersatz bezieht sich auf das Acidum sulphuricum, der Nachsatz auf das Natron.

a) Pater eius est Sol, mater eius est Luna.

Also die Parallelstelle ist: omnes res fuerunt ab uno, meditatione unius. An diese müssen wir uns zuvörderst halten. Kosmologisch sind die res omnes die Welt überhaupt. Hier befinden wir uns aber in der arkanologischen Rubrik, die Welt überhaupt geht uns nicht an, sondern die *arkanologische* Welt. Und diese ist, da wir uns in der vorliegenden Rubrik bei der Drei-Arkanen-Zahl befinden: Acid. sulphur.-Natron, Liquor hepatis, P. solaris. Nun aber gehen diese 3 Arkana aus dem *einen* Acid. sulphur.-Natron hervor. Hat man also dieses, so hat man die res omnes. Und damit res omnis = Acid. sulphur.-Natron, was ergibt: Acid. sulphur.-Natron fuerunt ub uno, meditatione unius. Nun zur näheren Übertragung der Parallelstelle.

Acid. sulphur.-Natron ist erstens Acid. sulphur. und zweitens Natron. Es handelt sich also um *zwei* Dinge. Dem zu Liebe wird der unus zu duo dilatiert. An die Stelle des *einen* Gottes treten *zwei* Götter. Da aber das Judentum keinen Anhaltspunkt für zwei Götter gibt, so wird das Ägyptertum herangezogen mit den beiden Gottheiten Osiris und Isis. Also haben wir für: Acid. sulphur.-Natron fuerunt ab uno — Acid. sulphur., Natron fuerunt ab Osiride et Isi.

Nun lehnt Osiris an die Sonne, Isis an den Mond. Das ergäbe für: Acid. sulphur., Natron fuerunt ab Osiride et Isi — Acid. sulphur., Natron fuerunt a Sole et Luna.

Ferner liegt in dem esse a, wie wir das aus der zweiten Rubrik wissen, ein väterliches Verhältnis. Der Welterschaffer ist der *Vater* der Welt. Wird nun dieses Vaterverhältnis herangezogen, so erhalten wir für: Acid. sulphur., Natron fuerunt a Sole et Luna — Sol et Luna est pater Acid. sulphurici, Natri.

Nun ist aber Sol (Osiris) eine männliche Person, Luna (Isis) eine weibliche Person. Darum liegt es nahe, den pater in pater und mater zu zersplittern und dem Acid. sulphur. den pater zuzuteilen, dem Natron die mater. Dann erhalten wir für: Sol et Luna est pater Acidi sulphurici, Natri — Sol est pater Acidi sulphurici, Luna est mater Natri. Macht man hier nun eine einfache Umkehrung, welche auf das Gleiche herauskommt, so haben wir für: Sol est pater Acidi sulphurici, Luna est mater Natri — Pater Acidi sulphurici est Sol, mater Natri est Luna.

Nun wird sich aber der Autor schon hüten, die Arkana beim Namen zu nennen. Er weist mit einem eius auf der einen Seite auf den Genitiv Acidi sulphurici und auf der anderen Seite auf den Genitiv Natri, und erhält so für: Pater Acidi sulphurici est sol, mater Natri est Luna — Pater eius est Sol, mater eius est Luna, und damit haben wir die Stelle, wie sie hier steht.

Auf die meditatio unius erstreckt sich die Parallele nicht weiter. Die ägyptischen Gottheiten haben nichts mit dem λογος zu schaffen, und so fällt hier einfach der λογος.

Man darf es nicht auffallend finden, daß der Autor den Gott, welcher die Welt erschaffen, mit ägyptischen Gottheiten parallel laufen läßt. Zunächst entspricht das der vorliegenden Stelle der Tab. smar., die, wie wir wissen, ein hervorragendes äyptisches Gepräge hat. Und dann handelt es sich ja auch nicht um die eigentliche Gottheit, welche in ideeller Beziehung dem Acid. sulphur.-Natron zur Seite gesetzt wird.

Was nun den Sol und die Luna betrifft, so machen sich, entwickeln sich diese Beziehungen vorab einmal, wie wir gesehen, im Anschluß an Osiris und Isis. Aber nicht nur das findet statt, sondern sie machen, entwickeln sich auch im Anschluß an Acid. sulphur. und Natron selbst. Acid. sulphur. ist nämlich kaustisch, es ist also ein Hitzeprozeß in ihm repräsentiert — auch in der Sonne ist ein Hitzeprozeß repräsentiert. Acid. sulphur. crudum ist bräunlich, das ist tingiert *gelb* — auch die Sonne ist gelb. Im Natron ist der Kälteprozeß repräsentiert, denn bei der Lösung des Natron nitricum in Wasser entwickelt sich Kälte — auch der Mond ist kalt, denn er ist der Herr der Nacht, welche Nacht dem Tag gegenüber, wo die Sonne herrscht, kalt ist. Natron (carbonicum, nitricum) ist weiß — auch der Mond ist weiß.

b) Portavit illud ventus in ventre suo; nutrix eius terra est.

Also die Parallelstelle ist: Quod est inferius bis rei unius.

Was uns in dieser Parallelstelle erzählt wird, kommt auf die res una hinaus, das ist auf das kosmologische Weltenwasser, welches hier natürlich zum arkanologischen Weltenwasser, zum Acid. sulphur.-Natron wird. In der zweiten Rubrik wurde an das Weltenwasser die Hauptreflexion geknüpft, daß das Wasser bei ihm im Vordergrund steht. Hier, in der dritten Rubrik, meint der Autor, über jenes sei dort genug reflektiert, und er faßt nun einen anderen Gesichtspunkt in's Auge. Und dieser Gesichtspunkt ist der, daß Luft und Erde im Weltenwasser nicht sichtbar sind, bevor das Feuer hinzutritt. Das Feuer kommt aber erst mit der adoptio an die Reihe, und so sind wir hier noch beim Unsichtbarsein der Luft und der Erde, kurz, es handelt sich um den Gesichtspunkt des αορατος και ακατασκευαστος. Wir haben es nun hier nicht mit dem kosmologischen Weltenwasser zu tun, sondern mit dem arkanologischen. Das ist in Bezug auf das αορατος και ακατασκευαστος: das Acid. sulphur. raucht nicht, und das Natron kann man in der Lösung nicht sehen. Daß nun aber Acid. sulphur. nicht raucht, ist eine eigentümliche spekulative Sachlage. Denn da dasselbe später Dampf von sich stoßen soll, so ist das Acid. sulphur., um welches es sich beim arkanologischen Experiment handelt, im Grunde nichts anderes als Acid. sulphur. fumans, bei dem vorläufig der Rauch gestrichen, um später wieder hinzuzukommen. Und das faßt der Autor in's Auge. Darum steht hier in Bezug auf das Acid. sulphur: Portavit illud ventus in ventre suo, ein Wind, ein *Rauch trug* es in seinem Bauche. Das heißt, es *hat* geraucht, raucht aber jetzt nicht mehr. Und wie sich das Portavit etc. auf das Acid. sulphur. bezieht, so bezieht sich das Nutrix eius terra est auf das Natron. Die *Erde,* das Natron, zog zwar diese arkanologische Flüssigkeit als Amme groß, sie hat auf Grund dessen zwar eine sehr intime Relation zum Natron, aber — sie ist nicht zu sehen, das Natron ist in der Flüssigkeit nicht zu sehen.

Nun wird man sagen, aber welche komische Zeichnung. Daß das Acid. sulphur. ursprünglich geraucht hat, jetzt aber nicht mehr raucht, ist doch einfach: Illud (das Pronomen natürlich statt des Arkanum, wie sub a), das Acid. sulphur., hat geraucht, das ist weiter ausgedehnt, da die Sache mit dem Rauch nicht gar zu klar gegeben werden soll: Illud, das Acid. sulphur., hatte eine Relation zum ventus, und wie man die Sache in mysteriöser Weise weiterspinnen will. Aber die Sachlage nun gerade so zu zeichnen wie hier, das liegt doch etwas eigentümlich, das

»Im-Bauche-Tragen« ist doch etwas weit gesucht. Und daß das Natron nicht zu sehen sein soll, das ist einfach: Natron ist nicht zu sehen. Auch das mag mysteriös anders gefaßt werden, aber die Zeichnung wie hier: »Seine Amme ist die Erde« — das ist doch etwas weit gesucht.

Ein solcher Einwurf ist nur zu richtig. Wir entgegnen darauf aber folgendes. Die Zeichnung mit dem Im-Bauch-Tragen und mit der Amme ist nicht dem αορατος και ακατασκευαστος zu Liebe entworfen. Der Autor nimmt mit dem vorliegenden Passus noch andere Gesichtspunkte ein. Diesen entspricht aber die Zeichnung mit dem Im-Bauch-Tragen und der Amme, und so muß sich das αορατος και ακατασκευαστος auch schon das Im-Bauch-Tragen und die Amme gefallen lassen.

Es nimmt nämlich der Autor im vorliegenden Passus auch den Gesichtspunkt des *Welteneies* ein. Wir haben nämlich in dem Abschnitt »Die zweite Redaktion der Tab. smar.« darauf hingewiesen, daß der Autor der zweiten Redaktion der Tab. smar. am liebsten die eigentliche jüdische Schöpfungsgeschichte nach 6 Tagen zum Substrat seiner neuen Tab. smar. gemacht hätte, daß das aber nicht anging, weil die Alexandriner einmal für die erste Schöpfungsgeschichte im Ersten Buch Mosis in den Riß getreten waren. Nachdem das einmal geschehen, war die eigentliche jüdische Schöpfungsgeschichte unmöglich geworden, denn nach alexandrinischer Auffassungsweise hatte sie eine ebenbürtige Stellvertreterin in der alexandrinischen Schöpfungsgeschichte erhalten. Dieser Sachverhalt verhindert nun den Autor der zweiten Redaktion der Tab. smar. zwar, seine Lieblingsidee zu realisieren, er verhindert ihn aber nicht, nach der eigentlichen jüdischen Schöpfungsgeschichte verdeckt hinüberzuschauen, und das geschieht eben im vorliegenden Passus, in welchem er zum *Weltenei* hinüberblickt.

Ventus ist Wind, Wind ist Luft. Das aber, was die alexandrinische Schöpfungsgeschichte als Luft nimmt, ist in dem »Am Anfang schuf Gott Himmel und Erde« der Himmel, und dieser Himmel ist wieder das Weltengefäß, das Himmelsei. Sobald nun der Autor den Rauch des Acid. sulphur. in's Auge faßt und sagt, Rauch ist Luft, Luft aber das Himmelsei, so hat er das Bild, das Wasser des Fluidum des Acid. sulphur. befinde sich im Himmelsei. Sobald er aber dies Bild hat, dann macht sich der Ausdruck »Jenes, das Acid. sulphur. (Wasser) trug das

Himmelsei (Luft, Wind) im Bauch« ganz gut, denn das Acid. sulphur. (Wasser) befindet sich im bauchförmigen Hohlraum, im Bauche des Welteneies. Und hiermit ist denn das Im-Bauche-Tragen, welches dem Gesichtspunkte des αορατος και ακατασκευαστος gegenüber etwas fern lag, vollkommen legalisiert.

Dem durch das Portavit illud ventus in ventre suo in's Auge gefaßten Gesichtspunkt mit dem Weltenei folgt nun auch ferner das Nutrix eius terra est. Das Wasser als solches kann uns im Weltenei nichts nützen, es muß mit Erde ein Durcheinander bilden, und das wird hier so ausgedrückt, daß die Erde (Natron) die Amme jenes Wassers ist, es an seinen Brüsten großgezogen hat. Hier treten wir dem Bilde mit der Amme, die uns dem αορατος και ακατασκευαστος-Gesichtspunkt gegenüber etwas weit lag, schon näher. Die absolute Legalisierung der Amme folgt aber erst in einem dritten Gesichtspunkt, welchen der Autor dem vorliegenden Gesamtpassus Portavit illud etc. gegenüber einnimmt.

Der vorgenannte dritte Gesichtspunkt liegt darin, daß der Autor Acid. sulphur. und Natron direkt in's Auge faßt, entgegen dem, daß er sie vorhin im Anschluß an das kosmologische Wasser und die kosmologische Erde in's Auge faßte. Er lehnt daran, daß Acid. sulphur. durch einen Destillationsprozeß aus dem Eisenvitriol gewonnen wird, und daß das Natron als Natron carbonicum aus der Erde wittert. Indem aber das Acid. sulphur. vom Eisenvitriol abdestilliert wird, entwickelt sich zuerst Gas. Das wird nun so gefaßt, als wenn dieses Gas den Liquor Acidi sulphurici erzeugt. Damit ging denn das Gas, der ventus, mit dem Liquor schwanger, und damit haben wir denn das Bild vom Im-Bauch-Tragen, denn »Im-Bauche-Tragen« und »schwanger gehen« laufen parallel. Und für das »aus der Erde witternde Natron« ist das Bild Nutrix eius est terra, seine, des Natron Amme ist die Erde, ganz direkt gegeben. Und hiermit haben wir denn auch die vollständige Legalisierung der Amme, welche dem Gesichtspunkt des αορατος και ακατασκευαστος gegenüber etwas fern lag.

Bevor wir den vorliegenden Passus verlassen, müssen wir darauf hinweisen, daß im Timaeus, P. 40, die Stelle vorkommt: γην δε τροφον μεν ημετεραν — εμηχανησατο, »die Erde unsere *Amme* u.s.w. machte er«. Diese Timaeus-Amme muß man nicht der Amme des vorliegenden Passus gegenüberstellen und damit in der Tab. smar. einen Platonismus wittern. Der Passus Nutrix eius terra est hat mit jener Stelle im Timaeus nichts zu schaffen. Vielmehr lehnt sich hier die nutrix an die *Nährerin Ägypten,* worauf wir auch in dem Abschnitt »Das ägyptische Gepräge der Tab. smar.« hingewiesen haben. Später wird zwar, wie wir das kennenlernen werden, die Tab. smar. im Sinne des Platonismus ausgebeutet. Das ist aber eine Sache für sich. Weder dem Autor der ersten, noch der zweiten Redaktion der Tab. smar. ist es im Traum eingefallen, sich an Plato zu lehnen. Hier sind wir noch nicht beim Platonismus.

c) Pater omnis telesmi totius mundi est hic, virtus eius integra est, si versa fuerit in terram.

Also die Parallelstelle ist: omnes res natae fuerunt ab hac una re adoptione. An diese müssen wir uns zuvörderst halten.

Omnes res natae sind in der zweiten Rubrik die Kosmologika: Himmel, Land, Meer, Sonne, Mond und Sterne. Hier in der arkanologischen Rubrik werden sie natürlich zu den Arkanis, welche sie decken, Liquor hepatis und P. solaris, denn diese kommen ja bei der arkanologischen Kosmogenese (vergl. den Abschnitt: Das arkanologische Experiment in jüdischer Fassung) auf den zweiten, dritten, vierten Tag.

Una res ist in der zweiten Rubrik das kosmologische Weltenwasser. Hier, in der arkanologischen Rubrik, wird sie zum arkanologischen Weltenwasser, das ist zum Acid. sulphur.-Natron.

Mit der adoptio wurde in der zweiten Rubrik das Licht des ersten Tages in's Auge gefaßt. Hier, in der arkanologischen Rubrik, wird mit der adoptio das Feuer in's Auge gefaßt, welches den Vorgang bewirkt, daß aus Acid. sulphur.-Natron Liquor hepatis und P. solaris werden, und welches dem Dampf seine Eigenschaft mitteilt, welches in die Erde des P. solaris dringt, und damit bewirkt, daß Liquor hepatis das Luft-Feuer-Wasser-Arkanum, daß P. solaris das Luft-Feuer-Erd-Arkanum wird, daß damit die beiden Arkana auf 3 Tage kommen.

Also haben wir omnes res natae fuerunt ab hac una re adoptione in arkanologischer Fassung: omnes res natae fuerunt ab Acido sulphurico-Natro igne. Die omnes res natae entstanden vom Acid. sulphur.-Natron durch Vermittlung des Feuers, das ist erstens dadurch, daß Feuer untergelegt wird, zweitens dadurch, daß dies Feuer in das Wasser und die Erde dringt.

Nun zur näheren Übertragung der Parallelstelle.

Omnes res natae = omnis telesmus totius mundi.

Bei den res natae handelt es sich um die anorganischen Dinge der zweiten Periode (vergl. zweite Rubrik). Diese als Welt, mundus, zu fassen, liegt nahe. Nun steht hier nicht mundus, sondern totus mundus. Das ist unerheblich und kommt daher, daß da, wo in der ersten Redaktion der Tab. smar. vom mundus die Rede ist, totus mundus steht, denn es heißt: Sic habebis gloriam *totius* mundi, und nicht: Sic habebis gloriam mundi. Anlehnend an diesen totus mundus für mundus hat die zweite Redaktion, die den Passus Sic habebis gloriam totius mundi natürlich intakt mitübernehmen muß, überall, wo sie mundus bringt, den totus mundus. Nur im Index hat eine Ausnahme statt. Dort heißt es: Sic mundus creatus est, und nicht: Sic totus mundus creatus est. Das kommt aber einfach daher, daß die Natur eines Index, die Dinge kurz aufzuführen, in's Auge gefaßt wird. Totus mundus also = res natae. Entgegen nun den res natae der zweiten Rubrik, werden die res natae, welche die dritte Rubrik bringt, und welche, wie wir wissen, die Arkana Liquor hepatis und P. solaris sind, telesmus rerum natarum, das ist perfectio rerum natarum, das ist perfectio totius mundi genannt, das heißt die Vollkommenheit der Welt. Das also, was die *arkanologische* zweite Periode bringt, wird zu etwas Vollkommenerem gestempelt, als das, was die *kosmologische* zweite Periode bringt, womit denn dem hohen Wert der Arkana überhaupt ein Tribut gezollt wird. Telesmus totius mundi ist aber vorläufig nicht der Inbegriff dessen, was die zweite Schöpfungsperiode bringt, es ist nur ein *Teil* desselben, wie ja die res natae erst ein *Teil* dessen waren, was anorganisch auf die zweite Schöpfungsperiode kam. Um die res natae vollständig zu machen, mußten sie durch ein »omnes« kumuliert werden, und so erhalten wir in analoger Weise hier, um den telesmus totius mundi vollständig zu machen, statt telesmus totius mundi: *omnis* telesmus totius mundi.

Nun müssen wir noch den Ausdruck telesmus näher in's Auge fassen. Er ist das intakte griechische τελεσμος. Das griechische τελεσμος liegt gerade so, wie das lateinische perfectio und das deutsche »Vollendung«. Einerseits wird bei diesem Ausdruck das Ende in's Auge gefaßt, andererseits die Vollkommenheit. Das liegt darin, daß in gewisser Beziehung sich Ende und Vollkommenheit berühren. Machen wir uns das an einem Beispiel klar. Wir sagen im Deutschen »das ist eine *vollendete* Schönheit« und sagen damit ganz dasselbe, als wenn wir uns ausdrücken, »das ist eine *vollkommene* Schönheit«. Der Grund liegt darin, daß wir uns die Schönheit generell in die speziellen Schönheitsteile a, b, c, d... zersplittern. Handelt es sich nun um eine unvollkommene Schönheit, so zählen wir auf: a, b, c und sind damit fertig. Handelt es sich aber um eine vollkommene Schönheit, so zählen wir in diesen Schönheitsteilen weiter d, e, f... bis wir mit allen Teilschönheiten zu *Ende* gekommen sind. Auf die Weise involviert bei der Schönheit das Ende die Vollkommenheit. Und so analog in anderen Fällen. So ist denn τελεσμος Vollendung und Vollkommenheit, und ebenso ist perfectio Vollendung und Vollkommenheit. An und für sich genommen brauchte also derjenige, der die griechische Tab. smar. in's Lateinische übertrug, den griechischen Ausdruck τελεσμος nicht in seinem telesmus intakt zu lassen. Nahm er an seiner Stelle den Ausdruck perfectio, so war er durchaus gedeckt. Daß er es aber nun *nicht* tut, das muß seinen Grund haben, und der Grund liegt darin, daß das Wort τελεσμος einen Hinweis auf etwas gibt, welcher Hinweis — so befürchtet der Übersetzer — verwischt würde, wenn der Ausdruck einem anderen Platz machte.

Es weist nun aber der τελεσμος hin auf die *Tageserschaffung*, und das ist darin begründet, daß es in den Septuaginta heißt, 1. Buch Mosis, Kapitel 2,

Vers 1. Και συνετελεσθησαν ο ουρανος κ. τ. λ.

Vers 2. Και συνετελεσεν ο Θεος κ. τ. λ.

Der Vers 2 aber besagt hier des Näheren: συνετελεσεν ο Θεος εν τη ημερα τη εκτη τα εργα αυτου, Gott beendete seine Werke am sechsten *Tage*. Das συντελειν, das τελος hat also eine Relation zum *Tage*, und damit zielt eben der τελεσμος auch auf den Tag, auf den Tag, dem bei der jüdischen Schöpfungsgeschichte Rechnung getragen wird, kurz, er zielt auf die *Tagesschaffung*. In der zweiten Rubrik haben wir gesehen, wie der Autor der Tagesschaffung aus dem Wege ging. Er ging dem Tag aus dem Wege, um den Griechen nicht anstößig zu werden. Die sind, wenn sie die zweite Rubrik lesen, beruhigt, daß der Tag nicht auf's Tapet gebracht wird. Jetzt, da er sie in Ruhe hat, düpiert er sie in der Arkanenrubrik, wo sie sich der Sache nicht versehen, mit dem τελεσμος, der *doch* den Tag bringt. So liegt der nähere Sachverhalt mit dem τελεσμος, und auf Grund dieses näheren Sachverhaltes bringt die lateinische Übersetzung *nicht* perfectio. Durch die perfectio glaubte der Übersetzer den direkten Anknüpfungspunkt an die Septuaginta zu verwischen.

Und nun weiter. Wir hatten in der Parallelstelle:

omnes res natae fuerunt ab Acido sulphurico-Natro igne. Übertragen wir nun für omnes res natae: omnis telesmus totius mundi, so erhalten wir: omnis telesmus totius mundi fuit ab Acido sulphurico-Natro igne. Nehmen wir nun wieder beim esse a, das *väterliche* Verhältnis, so erhalten wir für: omnis telesmus totius mundi fuit ab Acido sulphurico-Natro igne — Acid. sulphur.-Natron est pater omnis telesmi totius mundi igne. Nun haben wir in Bezug darauf, daß der omnis telesmus totius mundi aus den beiden Teilen Liquor hepatis und P. solaris besteht, ein ähnliches Verhältnis wie oben, wo wir es der Zwei: Acid. sulphur., Natron gegenüber mit der Zwei: Osiris und Isis zu tun hatten. Also liegt die Zersplitterung des pater in pater und mater nahe, und damit die Übertragung des pater auf den Liquor hepatis und der mater auf den P. solaris. Dann erhalten wir für: Acid. sulphur.-Natron est pater omnis telesmi totius mundi igne — Acid. sulphur. est pater Liquoris hepatis, Natron est mater Pulvis solaris, igne, oder was dasselbe bleibt: Pater Liquoris hepatis est Acid. sulphur., mater P. solaris est Natron igne.

Nun aber muß weiter das Arkanum fallen und einem Pronominalausdruck Platz machen. Und damit wird

aus: Pater Liquoris hepatis est Acidum sulphur., mater P. solaris est Natron igne —

Pater eius est hic, mater eius est haec igne.

Das wäre doch nun aber eine Zeichnung, die in ihrer Dunkelheit lächerlich undurchdringlich wäre. Darum kann der Autor nicht auf die ventilierte Weise zu Werke gehen.

Bevor wir nun weitergehen, wollen wir die Pronominalausdrücke näher in's Auge fassen. Diese Pronominalausdrücke sind im Griechischen immer *neutral* gehalten. Wenn es also heißt: Pater eius, so steht im Text πατηρ του μεν, und ist das του μεν der Genitivus neutrius, nicht der Genitivus masculini. Wenn es heißt: mater eius, so steht im Text nicht etwa μητηρ της δε, sondern wieder neutral: μητηρ του δε. Beim Portavit illud ist illud eo ipso neutral, es ist das griechische εκεινο. Beim nutrix eius ist das eius wieder του δε neutral gekommen. Nun sagten wir vorhin: Pater eius est hic (und analog hat der Lateinische Text: Pater omnis telesmi totius mundi est *hic*). Müßte das nicht vielmehr auch neutral *hoc* statt hic heißen? Antwort: Nein, man kann im Lateinischen nicht sagen pater est hoc. Im Deutschen kann man wohl sagen *das* ist der Vater, im Lateinischen heißt's aber unter allen Umständen: *der* ist der Vater. Ähnlich liegt's im Griechischen. Darum steht hier auch im griechischen Text bei Pater omnis telesmi totius mundi est *hic* nicht τουτο (Neutrum), sondern ουτος (Maskulinum).

Und nun weiter. Wir haben vorhin gesehen, daß der Autor mit dem Zersplittern des omnis telesmus totius mundi in Liquor hepatis und P. solaris nicht durchkommt, und das ist nun der Grund, weshalb er den Ausdruck intakt läßt.

Er könnte nun, anlehnend an die vorhin entwickelte Aufstellung: Pater Liquoris hepatis est Acid. sulphur., mater P. solaris est Natron, bei Nichtzersplitterung des telesmus sagen:

Pater omnis telesmi totius mundi est hic, mater omnis telesmi totius mundi est haec. Es ist ihm aber die Wiederholung des omnis telesmi totius mundi zu schleppend, scheint ihm nicht mit der gedrängt lakonischen Wortfassung einer Tab. smar. vereinbar. Und so fängt er den Passus denn wohl an: Pater omnis telesmi totius mundi est hic — dann aber bricht er ab zu etwas ganz Neuem.

Indem er nämlich das Pater omnis telesmi totius mundi est hic hat, und er sich für das mater omnis telesmi totius mundi est haec nach einer neuen Fassung umsieht, denkt er, wie, wenn du nun mit dem ersten Passus ganz aufhörtest, und den zweiten Passus unterwegs ließest, wie dann? Das wäre auch noch keine Ungeheuerlichkeit. Denn wenn man Acid. sulphur.-Natron als Einarkanum hat, so muß man auch einen Eingesichtspunkt für das Arkanum haben, und als solchen kann man dann das Acid. sulphur. ohne Natron nehmen. Das ist denn eine ähnliche Situation wie in der indischen Alchemie, wo Siva auf der einen Seite Acid. sulphur.-Natron repräsentiert, auf der anderen Seite Acid. sulphur. allein. Gedeckt ist der Autor bei einer solchen Restringierung des Doppelarkani durch den Parallelsatz: omnes res natae fuerunt ab *una re*, von *einem* Ding. Nun denkt er weiter, aber wie liegt es denn, daß man Acid. sulphur.-Natron als Acid. sulphur allein nehmen kann? Darauf gibt er sich die Antwort, dafür gibt das *Wasserverwandlungs*experiment den Anhaltspunkt. Nehmen wir Acid. sulphur. als Wasser. Wir lassen es stehen, nehmen an, es ginge nun das Wasserverwandlungsexperiment vor sich, dann erhalten wir die Erde von selbst, welche Erde Natron ist, da das Wasser Acid. sulphur. ist. Und das führt den Autor auf die Idee, zum Wasserverwandlungsexperiment abzubiegen, das ist natürlich hier, wo wir uns in der arkanologischen Rubrik befinden, zum *arkanologischen Experiment*. Dies zeichnet er nun ff.

Den Satz Pater omnes telesmi mundi est hic hat er. Er wird kurz übersetzt: Dies hier ist das Acidum sulphuricum.

Nun fügt er hinzu: virtus eius integra est, si versa fuerit in terram. Seine Tugend ist vollkommen, wenn sie, die Tugend, oder es, das Acid. sulphur., in Erde umgewandelt worden ist. Das ist, lasse das Acid. sulphur. nur stehen, so erhältst du Natron von selbst. Dieser Sinn lehnt sich denn auch dem an, was wir oben gesagt, daß nämlich in dem Passus von Pater eius est Sol bis versa fuerit in terram in allen drei Sätzen im Vordersatz auf das Acid. sulphur., im Nachsatz auf das Natron losgesteuert wird.

Nun bemerke man ff. Durch die Fassung, wie wir den Passus hier haben, tritt die Parallele mit dem: omnes res natae etc. in den Hintergrund. Es steht also gar nichts im Wege, daß die adoptio resp. der ignis fällt. Geschieht das nun, so ist die Sache fertig, und bei Separabis fängt etwas Neues an. Der Autor will aber nicht, daß das absolut geschieht. Und das bewirkt, daß er einen doppelten Standpunkt einnimmt. Kraft des *einen* Standpunktes fällt der ignis *nicht*. Dann wird angenommen, es würde jetzt Feuer unter das arkanologische Wasser gelegt, und infolgedessen ginge vor sich, was Separabis etc. gelehrt wird. Kraft des *anderen* Standpunktes fällt der ignis, und bei Separabis etc. wird, indem etwas Neues an die Reihe kommt, der Liquor hepatis für sich und der P. solaris für sich gebracht, so daß wir dann im Pater eius etc. das Acid. sulphur.-Natron, im Separabis etc. den Liquor hepatis, im Ascendit etc. den P. solaris haben.

Erster Standpunkt. Es wird dem ignis Rechnung getragen. Der Autor macht im Separabis darauf aufmerksam, daß von den Arkanis Liquor hepatis und P. solaris, welche mittels des arkanologischen Experimentes erzielt werden, daß von diesen Liquor hepatis = Luft, Feuer, Wasser, P. solaris = Luft, Feuer, Erde (s. den Abschnitt: Das arkanologische Experiment in jüdischer Fassung), daß wir also in Summa in diesen Arkanis haben: Luft, Feuer, Erde, Wasser. Darum steht hier der Passus:

Separabis terram ab igne, subtile a spisso, suaviter magno cum ingenio. Hier ist, wie in der griechischen Interpretation der ersten Tabula smaragdina:

terra = Erde,
ignis = Feuer,
subtile = Luft,
spissum = Wasser.

Also: Mache trennend einen Unterschied (separabis) zwischen Erde, Feuer, Luft, Wasser. Das ist, fasse in's Auge, daß es sich bei den beiden Arkanis, die zu erzielen sind, um diese 4 Dinge handelt.

Das suaviter magno cum ingenio weist darauf hin, daß wir bei der Sache mit Umsicht zu Werke gehen sollen. Und dieser Hinweis hat deswegen statt, um uns einen Fingerzeig zu geben, daß wir uns im Bereich des *ersten* Standpunktes befinden, bei dem der adoptio resp. dem ignis Rechnung getragen wird.

Nach dieser Vorbereitung kommen wir nun zum Feuer. Zuerst wird die Flüssigkeit, die über dem Präzipitat steht, mittels Feuers behandelt. Dann entwickelt sich der Dampf des Acid. sulphur. (dieser wird zum Ammoniak). Es wird weiter erhitzt, und das Wasser steigt als Dampf, als Feuerdampf in die Höhe. Damit haben wir denn das Arkanum Liquor hepatis, bestehend aus Luft, Wasser, Feuer. Das nun liegt in dem: Ascendit a terra in coelum. D. h., das Feuer steigt auf, und das soll heißen, derjenige Teil, welcher beim Experiment von vorhin in die Höhe gegangen ist, das Acid. sulphur., wird mittels Feuers behandelt.

Nachdem nun so der aufgestiegene Teil von vorhin mittels Feuers behandelt worden, wird auch das Präzipitat mittels Feuers behandelt. Dann wird dieses, welches an und für sich Erde war, zu Luft-Feuer-Erde. Damit haben wir denn das Arkanum Pulv. solaris, bestehend aus Luft, Feuer, Erde. Das liegt nun hier in dem: iterumque descendit in terram. Das heißt, das Feuer steigt ab, und das soll heißen, derjenige Teil, welcher beim Experiment von vorhin abwärts gestiegen, das ist das Präzipitat, wird mittels Feuers behandelt.

Die Situation mit dem ascendere und descendere liegt am Ende etwas geschraubt. Daran darf man sich aber nicht stoßen, weil die Stelle auch einer 2. Interpretation (zweiter Standpunkt) unterliegt, wo die Zeichnung direkt liegt, und da muß denn die Zeichnung in der einen Interpretation der Zeichnung in der anderen Interpretation (der zweite Standpunkt dem ersten) unter die Arme greifen. Das liegt ähnlich wie oben mit dem Im-Bauch-Tragen und der Amme. Diese zweite Interpretation einerseits, und andererseits der Umstand, daß der Autor das Separabis bis inferiorum von der 1. Redaktion übernehmen muß, sind denn auch der Grund, daß das arkanologische Experiment gerade in der Weise gezeichnet ist, wie wir es hier finden. Im Grunde liegt die Sache, worauf wir auch in dem Abschnitt »Das arkanologische Experiment in jüdischer Fassung« hingewiesen, derartig, daß man Acid. sulphur.-Natron als arkanologisches Wasser nimmt, und nun das untergelegte Feuer von Anfang bis zu Ende auf das Ganze wirken läßt, ohne sich speziell erst diesen Teil hervorzuheben und dann jenen Teil.

Nun kommt noch: et recipit vim superiorum et inferiorum. Die superiora und inferiora sind die terra, ignis, subtile, spissum beim Separabis. Also: Und das, was du auf die vorhin ventilierte Weise erhältst, das erhält die Kraft von Feuer, Luft, Wasser, Erde, das ist, konstituiert die Arkana: Liquor hepatis und Pulvis solaris. Vorhin, beim Separabis, wurde darauf hingewiesen, die 4 Dinge in's Auge zu fassen. Hier wird direkt darauf hingewiesen, daß wir in den betreffenden Arkanis die 4 Dinge haben.

Auf die Weise handelt es sich denn beim *ersten Standpunkt*, bei der ersten Interpretation der Stelle von Pater omnis telesmi totius mundi an bis inferiorum um das dreiteilige Wasserverwandlungsexperiment resp. das mit ihm parallel laufende arkanologische Experiment. Und da das statt hat, so kann man auch einen Schritt weiter gehen, und wenn auch gerade nicht direkt, so doch indirekt den Standpunkt einnehmen, als handelte es sich in der ganzen Rubrik um dieses Experiment. Das geschieht nämlich derartig, daß man in Bezug auf das Pater eius est Sol, mater eius est Luna sagt: Hier handelt es sich um die Gottheit. Die Gottheit aber führt auf den Gott der Schöpfungsgeschichte, welcher als Alchemist gedacht wird. So führt uns denn die Stelle auf den *Alchemisten*, welcher das arkanologische Experiment leitet. Und was die Stelle Portavit illud ventus in ventre suo betrifft, so führt diese, wie wir oben gesehen, auf das Weltengefäß. Dieses aber kann man alsdann in übertragener Weise als das Gefäß nehmen, in welchem das arkanologische Experiment instituiert wird. Dann haben wir also in der ganzen Rubrik 1.) den Alchemisten, 2.) das Gefäß zum arkanologischen Experiment, 3.) das arkanologische Experiment mittels Feuers instituiert.

Zweiter Standpunkt. Wie wir kennengelernt, haben wir im Pater eius est Sol etc.: Acid. sulphur.-Natron, ebenso im Portavit illud etc., ebenso im Pater omnis telesmi etc. Also haben wir im Ganzen von Pater eius est Sol bis versa fuerit in terram: Acid. sulphur.-Natron. Und damit wird dann hinter dieses ein Abschluß-Punctum gemacht, und von ihm, dem ersten Arkanum, wird zum zweiten und dritten Arkanum, das ist zum Liquor hepatis und Pulv. solaris, übergegangen. Der Passus Separabis bis ingenio bringt den Liquor hepatis für sich; der Passus Ascendit bis inferiorum bringt den P. solaris für sich.

Separabis terram ab igne, subtile a spisso, suaviter magno cum ingenio.

Nach vorangegangenem Acid. sulphur.-Natron kommt der Liquor hepatis an die Reihe. Derselbe wird vom Standpunkt seiner Darstellung aufgefaßt, das heißt von dem Standpunkt, daß man Schwefel, Salmiak, Kalk destilliert und so Liquor hepatis erhält. Der Autor nimmt an, daß der Destillationsprozeß darin besteht, daß man das Destillatum vom Destillandum trennt. Er nimmt an, wie der Autor der ersten Redaktion, daß der Liquor hepatis aus Hydrothiongas und Ammoniak besteht, daß also Hydrothiongas und Ammoniak das Destillatum bilden, welches vom Destillandum Schwefel, Salmiak, Kalk zu trennen ist. Weil er nun ferner Hydrothiongas als luftförmigen Schwefel faßt und Ammoniak aus Salmiak mit Kalk dargestellt wird, so nimmt er an, daß in specie gerade das Hydrothiongas vom Schwefel und das Ammoniak vom Salmiak und Kalk getrennt werde. Und indem nun angenommen wird, daß

terra = Erdschwefel, } wie bei der ersten Redaktion
ignis = Hydrothiongas, }
subtile = Ammoniak,
spissum = Verbindung von Salmiak und Kalk,

besagt unsere Stelle Separabis etc. das obige letztere, indem sie lehrt, man solle den ignis von der terra, das subtile vom spissum trennen.

Es sollte nun statt haben, daß man, so wie man das subtile vom spissum trennt, daß man so auch den ignis von der terra trennt, daß also da stände: Separabis ignem a terra und nicht umgekehrt: Separabis terra ab igne. Nun, das ist das Hysteronproteron von der 1. Redaktion her, was sich nicht umgehen läßt, da ja, wie wir wissen, der Autor der zweiten Tab. smar. zur 1. Redaktion bloß Zusätze macht, nicht aber etwas ändert.

Das suaviter magno cum ingenio wird auf die Vorsicht bezogen, die man bei der Destillation des Liquor hepatis soll obwalten lassen. Das kann nun in besonderer und allgemeiner Fassung genommen werden. In besonderer Fassung würde das in's Auge gefaßt werden, daß man die Vorlage fest ankittet, und mit einem Gasleitungsrohr versieht, und daß man die Vorlage gut abkühlt. In allgemeiner Fassung wird zur Vorsicht ermahnt, damit es einem nicht geht, wie den Amrita-Schüttlern.

Ascendit a terra in coelum, iterumque descendit in terram, et recipit vim superiorum et inferiorum.

Wie bei der ersten Redaktion heißt wieder ascendit a terra in coelum einfach: es steigt auf, und descendit in terram: es steigt ab.

Es handelt sich um den P. solaris (ruber).

Auch dieses Arkanum wird vom Gesichtspunkt der Darstellung in's Auge gefaßt, und da sind es denn der rote Dampf des Hydrarg. oxyd. rubr. und das Hydrothiongas, welches sich auf Zugießen von Acid. sulphur. zu der Lösung des Schlippeschen Salzes entwickelt, welche die Aufmerksamkeit auf sich ziehen. Wie der Autor der ersten Redaktion nimmt auch der Autor der zweiten Redaktion an, daß nicht aller roter Dampf, nicht alles Hydrothiongas in die weite Welt geht, sondern daß ein Teil umkehrt, sich verdichtet, und daß diese verdichteten Luftarten nun das Hydrarg. oxyd. rubr. und das Sulphur aurat., d. h. den P. solaris, konstituieren. Also der P. solaris entsteht auf Grund eines Auf- und Absteigens.

Ascendit a terra in coelum, er steigt auf — nämlich der P. solaris vom Eingesichtspunkt, nicht vom Doppelstandpunkt des Hydrarg. oxyd. rubr. und des Sulphur aurat. gefaßt. Er steigt auf, indem Dampf in die Höhe geht.

Iterumque descendit in terram, er — der P. solaris von jenem Eingesichtspunkt steigt auch wieder ab, indem der Dampf heruntergeht.

Et recipit vim superiorum et inferiorum, und wird teilhaftig der oberen und unteren Dinge, das ist, der aufsteigenden und absteigenden Dämpfe. Da nämlich der P. solaris vom Eingesichtspunkt aufgefaßt wird, so sollte man meinen, es handele sich bloß um *ein* Aufsteigendes, um *ein* Absteigendes. Nein lehrt dem entgegen diese Stelle, es handelt sich um *zwei* aufsteigende Dinge, nämlich den roten Dampf und das Hydrothiongas, und ebenso um *zwei* absteigende Dinge, nämlich wieder um den roten Dampf und das Hydrothiongas.

Vierte Rubrik. Gloria-Rubrik.

Sic habebis gloriam bis obscuritas.

Sic, so, indem du nämlich das hast, was die vorige Rubrik bringt, hast du die gloria totius mundi, die Verherrlichung der Welt, der arkanologischen Welt. Beim telesmus totius mundi war es auf zwei Arkana abgesehen, auf Liquor hepatis und P. solaris. Hier, bei der gloria totius mundi, ist es auf drei Arkana abgesehen, auf Acid. sulphur.-Natron, Liquor hepatis, P. solaris. Wie wir in dem Abschnitt »Die zweite Redaktion der Tab. smar.« kennengelernt haben, stellt der Autor seine Arkanen-Drei: Acid. sulphur.-Natron, Liquor hepatis, P. solaris auf eine Rangstufe mit der eigentlichen Arkanenzahl, der Arkanen-Sieben. Und weil sie diese Rangstufe einnimmt, deswegen erhält sie hier den Titel: gloria totius mundi.

Daß die Arkanen-Drei zu der besonderen Ehre gelangt, mit der Arkanen-Sieben auf eine Rangstufe zu treten, daß damit in der jüdischen Zahlenphilosophie die 3 mit der 7 ebenbürtig wird, ist ein so wichtiges Faktum, daß es wohl verdient, in einer besonderen Rubrik der Tab. smar. abgehandelt zu werden.

Ideo fugiet a te omnis obscuritas. Auf die Weise, dadurch daß du einsiehst, welche Stellung die 3 erhält, wird dich die Obskurität fliehen in Bezug auf die neue Epoche, in welche die neue jüdische Zahlenphilosophie tritt, die nicht mehr, wie sonst, auf der einen Seite hatte: 1, 2, 3, 4, 5, 6 und auf der anderen Seite: 7, sondern die jetzt auf der einen Seite hat: 1, 2, 4, 5, 6 und auf der anderen Seite: 3, 7.

Fünfte Rubrik. Pathologische Rubrik. Fortitudo-Rubrik.

Haec est totius fortitudinis bis penetrabit.

Es handelt sich hier, wie bei der ersten Redaktion, um die pathologische Rubrik.

Die kumulierte fortitudo zählt nach der 3, und diese 3 zielt auf die Arkanen-Drei. Vermöge des Gloriastandpunkts tritt die Arkanen-Drei auf die Stufe der Arkanen-Sieben. Damit ist es denn gegeben, daß man (imaginär) 3 Arkana am Krankenbett anwendet und nicht 7 Arkana, und das ist der Fortitudo-Standpunkt.

Der Autor der ersten Redaktion der Tab. smar. fällt in die Zeit des Herrschens der alexandrinischen Schule, sonst würde er die pathologische Rubrik, um die es sich hier handelt, nicht gerade so bringen, wie er sie eben bringt. Der Autor der zweiten Redaktion muß, gemäß seines Prinzips, an der Tab. smar. nichts zu ändern, die fünfte Rubrik hier so bringen, wie sie sein Antezessor gebracht hat, und damit muß er in die Fußstapfen der pathologischen Auffassung desselben treten. Entweder nun faßt er diese pathologische Rubrik ganz im Geiste des Autors der ersten Redaktion, und dann würde der Autor der zweiten Redaktion ebenfalls in die Zeit des Herrschens der alexandrinischen Schule fallen. Oder aber er faßt diese Rubrik nicht im Geiste seines Antezessors, und dann fällt er in eine spätere Zeit. Dann bleibt ihm nichts anderes übrig, als die *dogmatische* Fassung des Pneuma-Humor-Solidum fallen zu lassen. Da er aber um die Stelle, wie sie einmal von seinem Antezessor in die Welt gesetzt, nicht herum kann, so ist er dann gezwungen, ganz allgemein, vom alexandrinisch-pathologisch-dogmatischen Standpunkt absehend, zu sagen: Mag man sich wenden wie man will, darüber kommt man nicht hinweg, daß der Körper aus festen, flüssigen und gasartigen Teilen besteht, und auf diese muß eben das Heilmittel wirken. Die Interpretation der Stelle bleibt in einem Falle dieselbe wie im anderen. Wir glauben übrigens nicht, daß der Autor der 2. Redaktion der Tab. smar. bereits in die Zeit des Herrschens der alexandrinischen Schule fällt. Schwerlich ist die 2. Redaktion der 1. Redaktion so schnell gefolgt, wie es unter solchen Umständen stattfinden müßte. Schwerlich ist die 2. Redaktion bereits vor 280 — 270 v. Chr. zu setzen, zu welcher Zeit bereits die alexandrinische Schule mit dem Auftreten der empirischen Schule fällt.

Sechste Rubrik. Index.

Sic mundus creatus bis est hic.

Sic mundus creatus est. Das bezieht sich auf die zweite Rubrik. Es ist gerade so, als wenn da stände: Sic habes creationem mundi oder Haec est creatio mundi. In der zweiten Rubrik nämlich hast du die creatio mundi, die zweite Rubrik bringt die creatio mundi, denn da steht ja omnes res fuerunt ab uno, Gott hat die Welt erschaffen.

Mundus, darauf haben wir schon in der zweiten Rubrik hingewiesen, steht, entgegen der sonstigen Fassung der Tab. smar., da statt: totus mundus. Diese kurze Fassung mundus statt totus mundus entspricht der Natur eines Index.

Das creatus weist noch besonders darauf hin, daß das esse a in der zweiten Rubrik zu fassen ist als creari, geschaffen werden. Denn es heißt ja zu Anfang der Schöpfungsgeschichte: »Am Anfang *schuf* Gott Himmel und Erde.«

Es bringt also der Index in dem Sic mundus creatus est das, was die zweite Rubrik enthält.

Hinc erunt adaptationes mirabiles.

Das bezieht sich auf die dritte Rubrik.

Adaptatio ist kein klassisch lateinisches Wort. Der Übersetzer lehnt dasselbe an das Partizip adaptatus (Sueton), welches »passend gemacht, angefügt« heißt. Er macht sich dabei nach griechischem Muster, anlehnend an das griechische Wort, welches im griechischen Text der Tab. smar. steht, ein Substantiv. Wir wollen »Anpassung« übersetzen. Es sind unter den Anpassungen die Arkana zu verstehen, welche sich auf Grund des arkanologischen Experimentes ergeben. Da nun das arkanologische Experiment dem Wasserverwandlungsexperiment im Großen parallel läuft, sich an dasselbe »anpaßt«, so werden in übertragener Weise die Arkana selbst Anpassungen genannt.

Hinc, von hier, von hier aus, nämlich von dem, was die soeben besprochene zweite Rubrik bringt, werden sein (über die Futural-Sprache vergl. bei der ersten Redaktion der Tab. smar.), sind, hieran lehnen sich, an das, was die zweite Rubrik bringt, lehnen sich: die wunderbaren Anpassungen, welche die dritte Rubrik bringt. Die dritte Rubrik der Tab. smar. lehnt sich nämlich insofern an die zweite Rubrik, als die dritte Rubrik mit dem Acid. sulphur.-Natron beginnt, in welchem, der ersten Schöpfungsperiode parallel laufend, die erste Periode des arkanologischen Experimentes repräsentiert ist; und analog, wie sich in dem omnes res natae fuerunt ab una re die res natae an die 1. Schöpfungsperiode schmiegen, so schmiegen sich auch Liquor hepatis und P. solaris an das Acid. sulphur.-Natron.

Daß die Arkana mit einem mysteriösen Worte bezeichnet werden, kann weiter nichts Auffallendes haben. Darum darf man sich an dem Wort adaptationes weiter nicht stoßen. Ebensowenig kann es etwas Auffallendes haben, daß, da die Arkana wunderbare Dinge sind, die adaptationes das Epitheton mirabiles bekommen.

Es bringt also der Index in dem Hinc erunt adaptationes mirabiles das, was die dritte Rubrik enthält.

Quarum modus est hic.

Das bezieht sich auf die fünfte Rubrik.

Modus ist entweder τροπος oder μετρον. Hier ist es jedenfalls μετρον. Also im griechischen Text der Tab. smar. steht μετρον und nicht τροπος. Der Autor will sagen, hier hast du die Fortitudo-Rubrik. Statt fortitudo sagt er aber μετρον, Maß, weil in kumulierter Weise von der fortitudo die Rede ist, die fortitudo uns »zugemessen« wird, wir, um sozusagen, die fortitudo scheffelweise zugemessen bekommen. Also mit dem μετρον, welches auch statt mit modus mit mensura wiedergegeben werden könnte, steuert der Autor auf die fünfte Rubrik und sagt des Näheren, anknüpfend an die adaptationes mirabiles: deren fortitudo, deren Anwendung am Krankenbett diese ist.

Es bringt also der Index in dem quarum modus est hic das, was die fünfte Rubrik enthält.

Und blicken wir nun auf die ganze 6. Rubrik, so würde sie, wenn sie nackt, wenn sie schlechtweg geboten würde, heißen:

Index: Creatio mundi, Adaptationes, Modus.

Sie wird nun aber nicht nackt, schlechtweg geboten, sondern wie die übrigen Rubriken der Tab. smar. wird sie uns in verdeckter Weise geboten. Und um diese verdeckte Weise herauszubekommen, verschmilzt der Autor die Indexteile zu einem Ganzen, wodurch die Rubrik sich dann so gestaltet, wie wir sie eben vor uns haben, nämlich: So ist die Welt erschaffen, daher stammen, daran lehnen sich die wunderbaren Anpassungen, deren Kraft die ist, welche in der fünften Rubrik, die soeben abgehandelt worden, die dem Index unmittelbar vorangeht, auseinandergesetzt worden. Das demonstrative Pronomen hic beim modus est hic wird nämlich in Bezug darauf gebracht, weil unmittelbar vor dem Index die Anwendung der Arkana am Krankenbett zur Sprache kommt.

Wie man sieht, bringt der Index nicht *alle* Teile der Tab. smar., sondern bloß die *hauptsächlichsten,* und diese sind die Creatio mundi, Adaptationes, Modus. Einleitung, Schluß, Gloriarubrik werden als Nebenrubriken angesehen, was sie auch in der Tat sind, denn der Hauptinhalt der Tab. smar. bezieht sich auf die kosmologische Schöpfungsgeschichte (Creatio mundi), auf die Arkanologie (Adaptationes mirabiles) und auf die Anwendung der Arkana am Krankenbett (Modus).

Siebente Rubrik. Schlußrubrik.

Itaque vocatus sum etc.

In dem Abschnitte »Das ägyptische Gepräge der zweiten Redaktion der Tab. smar.« haben wir gesehen, wie der *Thoth,* resp. *Hermes,* dazu kommt, unter der Tab. smar. zu figurieren. Thoth hat zur Seele eine besondere Relation, er steht dem Totenrichter Osiris zur Seite, indem dieser die Seelenwägung vornimmt. In dieser seiner Eigenschaft paßt Thoth zur ägyptisch-spirituellen Interpretation der Tab. smar., und so rückt er denn überhaupt in die Schlußrubrik der Tab. smar. ein. Im Anlehnen an den Ἑρμης ψοχοπομπος wird alsdann aus dem ägyptischen Thoth der griechische Hermes oder der lateinische Merkur.

Es hat vielfach stattgefunden, daß man Thoth und Hermes in eine nähere Relation brachte, als dies mythologisch gerechtfertigt ist. Thoth deckt den Ἑρμης ψοχοπομπος, eine weitere Relation haben beide nicht. Man hat dem Thoth allerlei Eigenschaften gegeben, die er nicht hat. Diese Eigenschaften kommen einfach daher, daß man den Thoth gräzisierte, hermetisierte, mit anderen Worten, daß man die Eigenschaften des griechischen Hermes auf den ägyptischen Thoth übertrug.

In Bezug auf den griechischen Hermes haben wir folgendes:

Die Griechen liebten es, die Eigenschaften ihrer Gottheiten mannigfach nach den Eigenschaften der Gottheiten anderer Völker zu modeln. Auf die Weise kommt es, daß verschiedene griechische Gottheiten aus ganz verschiedenen Gesichtspunkten zu fassen sind, den einen ihrer Eigenschaften liegt dies mythologische Prinzip zu Grunde, den anderen jenes. Gerade beim Hermes aber finden wir, wenn auch nicht absolut konsequent, so doch durchschnittlich konsequent, *einen* Gesichtspunkt festgehalten, und anhand dieses einen Gesichtspunktes wickeln sich dann alle hervorragenden Eigenschaften dieses Gottes ab. Dieser eine Gesichtspunkt ist der, daß *Hermes* oder Merkur der *Gott des kommenden Tages* ist, entgegen dem *Apollo,* welcher der *Gott der Nacht* ist.

Fassen wir zuvörderst den *Apollo* als den Gott der *Nacht* in's Auge.

1.) Apollo ist der Gott des Todes, der Rache u.s.w. Als solcher erschießt er mit seinen Pfeilen. So tötet er im ersten Buch der Ilias die an der Pest sterbenden Griechen. So tötet er die Kinder der Niobe. Herzuleiten ist diese seine Eigenschaft von dem Schauerlichen, Unheimlichen der Nacht, von dem unter ihrem Schutz im Dunkeln Schleichenden.

2.) Apollo ist der Orakelgott. Man hat hier an das Dunkle, Mysteriöse des Orakeldienstes zu denken, an das »nächtliche Grauen«, mit welchem dieser Dienst unter Umständen verknüpft war.

3.) Apollo ist der Gott der Herden, und wenn gerade dies nicht direkt, so ist er doch der Hirt, welcher dem König Admet die Herden hütet. Seine Herden sind die *Sterne.*

4.) Apollo ist der Gott der Musik. Das hängt mit der Nachtigall zusammen, die während der Nacht ihr Lied ertönen läßt.

Diesem *Apollo* als Gott der *Nacht* steht nun der *Merkur* als Gott des *kommenden Tages,* als der Gott gegenüber, welcher die Nacht verscheucht. An diese Vorstellung knüpfen sich die Haupteigenschaften Merkurs.

1.) Er ist der Gott der Beredsamkeit. Dem liegt die Auffassung zu Grunde, daß er die Nacht beredet, überredet, fortzugehen und dem Tage Platz zu machen.

2.) Er ist der Gott der Palaestra. Dem liegt die Auffassung zu Grunde, daß er mit der Nacht kämpft, ringt, um sie zu verscheuchen.

3.) Er ist ein Dieb. Dem liegt die Auffassung zu Grunde, daß er der Nacht einen Stern nach dem anderen fortnimmt: — er stiehlt dem Apollo die Rinder.

4.) Er ist der Erfinder des Brett- und Würfelspiels (Plato, vergl. unten). Dem liegt die Auffassung zu Grunde, daß er, mit der Nacht Brett spielend, ihr einen Stein nach dem anderen, einen Stern nach dem anderen schlägt, daß er, mit der Nacht Würfel spielend, ihr die Partie abgewinnt.

5.) Er ist der Erfinder der Zahl (Plato, vergl. unten). Dem liegt die Auffassung zu Grunde, daß er die Sterne, die er zu beschwatzen, zu bekämpfen, zu stehlen, im Brettspiel zu schlagen, im Würfelspiel zu gewinnen hat, schlau überzählt.

6.) Er ist der Erfinder der Geometrie und der Astronomie (Plato, vergl. unten). Im Allgemeinen knüpfen diese sich an die Zahl von vorhin, im Besonderen liegt die Astronomie, da Merkur es mit den Sternen zu tun hat, sehr nahe.

7.) Er ist der Erfinder der Buchstaben. Als Gott der Beredsamkeit liegen ihm diese sehr nahe.

8.) Er ist Gott der Musik (curvae lyrae parens). Dies hängt mit den Vögeln zusammen, welche, wie namentlich die Lerche, dem Tage entgegen singen und schmettern.

7.) Er ist der, der die Seelen der Verstorbenen zur Unterwelt führt. Diese Auffassung lehnt sich an die Vorstellung, die sich mannigfach bei den Alten findet, die Sterne seien Geister, Seelen. Diese Geister, Seelen führt Merkur dahin, wohin die untergehende Sonne geht, hinab unter den Horizont, in die Unterwelt.

Auf Grund des Hermes als solchen nun, der die Seelen, die Geister der Verstorbenen zur Unterwelt führt, lehnten die Griechen den Hermes an den Thoth, der dem Osiris bei der Seelenwägung zur Seite steht. Und da sie auf die Weise die Parallele von Hermes und Thoth hatten, übertrugen sie die ferneren Eigenschaften des Hermes auf den Thoth. So erhält denn Thoth Eigenschaften, an welche die ägyptische Mythologie nie gedacht hat, sie dem Thoth beizulegen. Thoth wird wohl mit einem Schreibzeug abgebildet, nun darin hat man am Ende eine entfernte Relation zum Hermes, dem Erfinder der Buchstaben. Im Übrigen haben Hermes und Thoth weiter keine Berührungspunkte, ja selbst der Ausgangspunkt, hier Ἑρμης ψυχοπομπος, dort der dem Osiris bei der Totenwägung zur Seite stehende Thoth, liegt sehr willkürlich. Man muß sich daher nicht düpieren lassen, wenn uns der Thoth mit Eigenschaften des Hermes präsentiert wird. Ein anderes ist es, auf Grund eines car tel est notre plaisir, den Thoth mit Hermeseigenschaften vorgeführt zu bekommen, ein anderes ist es, den eigentlichen Standpunkt des Thoth in der ägyptischen Mythologie in's Auge zu fassen.

Wie vielfach, so findet man auch bei *Plato* einen Sprung vom griechischen Hermes zum ägyptischen Thoth. Es heißt Phaedrus, P. 274:

»Ich habe nun gehört, daß zu Naukratis in Ägypten eine von den alten Landesgottheiten gewesen, der auch der Vogel heilig war, den sie Ibis nennen. Der Gott hieße ›Theuth‹. Dieser habe zuerst die Zahl, die Proportion, die Geometrie, die Astronomie, das Brett-, das Würfelspiel, endlich auch die Buchstaben erfunden.«

Man vergleiche hiermit Plato, Philebus P. 18, wo auf den Thoth als Erfinder der Buchstaben losgesteuert wird.

Der vorhin zitierten Stelle aus dem Phaedrus zu Liebe haben wir oben den Merkur als Erfinder der Zahl, der Geometrie, der Astronomie, des Brett- und Würfelspieles, der Buchstaben hingestellt. Diese Eigenschaften lehnen gar zu sehr an Hermes als Gott des kommenden Tages, als daß es einem Zwang unterläge, sie den übrigen aufgeführten Eigenschaften anzureihen. Was beim Bringen dieser Eigenschaften Plato sich selbst herauskalkuliert, und was von ihnen notorisch griechische Auffassung ist, wollen wir dahingestellt sein lassen. Der λογισμος, die Proportion, ist jedenfalls eigens platonisch; der Zahl reiht er die, für ihn in Bezug auf seine Zahlenphilosophie so wichtige Proportion an. Mag die Sache aber in der eben genannten Beziehung liegen, wie sie will, das steht fest, daß Plato uns unter dem Namen Θευϑ dem Sachverhalt nach den griechischen Hermes bringt; die Eigenschaften, welche sich griechisch oder griechisch-platonisch an Hermes lehnen, überträgt Plato auf seinen Theuth.

Horaz bringt uns die Eigenschaften des Hermes oder Merkur in seiner Ode ad Mercurium (Horatii carmina Lib. 1, Ode 10):

Mercuri, facunde nepos Atlantis,
Qui feros cultus hominum recentum
Voce formasti catus, et decorae
More palaestrae:

Te canam, magni Jovis et deorum
Nuntium, curvaeque lyrae parentem,
Callidum, quidquid placuit, iocoso
Condere furto.

Te, boves olim nisi reddidisses
Per dolum amotas, puerum minaci
Voce dum terret, viduus pharetra
Risit Apollo.

Quin et Atridas, duce te, superbos,
Ilio dives Priamus relicto,
Thessalosque ignes et iniqua Trojae
Castra fefellit.

Tu pias laetis animas reponis
Sedibus, virgâque levem coërces
Aureâ turbam, superis deorum
Gratus et imis.

»Hermes, du wohlredender Sproß des Atlas,
Der der Urwelt Menschen aus rohem Unfug
Durch des Wortes Weisheit und der Leibesübung
Zierde gebildet.

Dir, dem Herold Jupiters und der Götter,
Sing' ich, dir Anordner der krummen Lyra,
Der du schlau, was auch dir gefiel, in leisem
Scherze verheimlichst.

Dich, wofern du trüglich entwandte Rinder
Nicht herausgäbst, schreckte vordem, den Knaben,
Durch der Stimm' Androhn, und beraubt des Köchers,
Lächelt Apollo.

Als von Troja Priamos kam der König,
Deiner Obhut froh, hat er selbst des Atreus
Stolze Söhn', auch Thessalerglut, und Feindes-
Lager getäuschet.

Du verleihst, daß Seelen, die fromm gewandelt,
Still in Wonn' ausruhn, mit dem Schwung des Goldstabes
Leichte Schwärm' abführend, der Höhe Göttern
Wert und des Abgrunds.«

Joh. Heinr. Voss.

Hier haben wir den Merkur im *facundus* nepos Atlantis als Gott der Beredsamkeit. Indem er die feros cultus *voce* format, ist mit der vox wohl unzweifelhaft, wenn auch nicht gerade direkt, so doch indirekt, auf die Buchstaben, die γραμματα Platos, losgesteuert. Wie es in der neueren Zeit, am Anlehnen an die Darwinsche Theorie, angenommen wird, daß die Urmenschen nur, ähnlich den Tieren, ohne eigentlich zu sprechen, Laute der Begierde, der Leidenschaft u.s.w. von sich gestoßen, so daß die vox, die vox humana, die menschliche Stimme, die menschliche Rede, erst ein Produkt der fortschreitenden Kultur war: — an so etwas hat Horaz schwerlich gedacht. Sprechen also konnten die rohen Unmenschen, die modulierte Sprache fehlte ihnen nicht, nur fehlte es ihnen an der Einsicht, wie die Worte, welche sie sprachen, organisch grammatisch gebaut waren, zu bauen wären, fortzuentwickeln wären. Und das lehrt sie Merkur, indem er sie einmal vorläufig mit der Natur, dem Wesen der vox, der Buchstaben, bekannt macht, oder wenigstens, indem er sie mit etwas bekannt macht, was am endlichen Ende auf die Buchstaben hinauskommt. — Catus, schlau, listig, ist Merkur, indem er als solcher, der die Nacht zum Weichen bringt, hervorstechend Schlauheit anwendet und nicht Gewalt. — Im formare more decorae palaestrae ist er der Ringer, er ringt mit der Nacht. Figürlich ist palaestra auch ein Übungsplatz zum Reden, eine Redner-Ringschule. In dieser Bedeutung kommt es selbst bei Cicero vor. Somit ist es gerade nicht unmöglich, daß Horaz nicht das körperliche Ringen, sondern im Anschluß an den facundus, die vox, den catus das rednerische Ringen Merkurs vor Augen hat. Doch liegt das wohl ferner. — Im nuntius haben wir Merkur als den Götterboten, eine hervorstechende bekannte Eigenschaft dieses Gottes. Vielleicht hängt auch diese Eigenschaft bloß mit dem Standpunkt Merkurs als Gott des kommenden Tages zusammen. Der vedische Agni weckt die Götter zum Opfer und ist deshalb der Bote und Rufer. Das kann auf Hermes übertragen sein. Als der, der den kommenden Tag bringt, ist er früh bei der Hand, kann daher die Götter wecken und wird damit im Anlehnen an Agni der Götterbote. — Indem Merkur callidus est, iocoso condere furto, haben wir in ihm den Dieb. Das iocosum furtum zielt darauf, den Gott nicht mit Impietät zu behandeln. Einen Gott einen Dieb zu nennen, liegt etwas stark impietätisch injuriös, darum stiehlt Merkur nur aus Scherz. — Die Rinder, die er dem Apollo stiehlt, sind, wie schon oben erwähnt, die Sterne, die dem Apollo als Gott der Nacht zukommen. Merkur stiehlt dem Apollo die Rinder. Apollo wird böse und droht dem Dieb. Merkur aber nicht faul, stiehlt dem Apollo noch obendrein seinen Köcher. Nun muß Apollo über den geschickten Escamoteur lachen. Wo das Lachen aber an die Reihe kommt, da ist der Ernst vorbei, und mit dem Ernst, der vorbei ist, kommt die Sache auf einen Escamoteur-Scherz hinaus und nicht auf einen elenden Gaunerstreich. — Quin et Atridas etc. Als Achilles den Hektor im Kampfe erschlagen, machte sich Priamus, der unglückliche Vater des Erschlagenen, bei Nacht und Nebel auf, schlich sich durch das Lager der Griechen und gelangte zum Achilles, von dem er die Leiche des Hektors zurückforderte und erhielt. Auf dieser traurigen Fahrt begleitete Hermes den Priamus (vergl. die Ilias). Daß gerade Hermes dem Priamus bei dieser Gelegenheit zur Seite steht, wird wohl damit zusammenhängen, daß Hermes kundig ist, die Sterne fortzubringen. Eigentlich kann er dies nur derartig, daß er den Tag an ihre Stelle heraufbringt. Dem unglücklichen Priamus zu Liebe tut er es aber ausnahmsweise ohne den Tag herbeizuführen. Auf die Weise bringt er denn eine dunkle Nacht zu Wege, unter deren Schutz Priamus ungesehen dahinfährt. Horaz nimmt an, Merkur als fallens, als Täuschender, Hintergehender, stehe dem Priamus zur Seite. Wie er vorhin den Apollo hintergangen, oder um einen banalen Ausdruck zu gebrauchen, gefoppt — denn die Dieberei mit dem Apollo wird ja als Fopperei gedreht — so hintergeht er, foppt er jetzt die Atridas superbos, die Thessalos ignes, die castra Trojae iniqua. — Indem Merkur pias animas laetis sedibus reponit, haben wir ihn als den, der die Seelen der Verstorbenen zur Unterwelt führt. Als solcher, wir machen darauf besonders aufmerksam, erhält er eine virga aurea, eine *Goldrute,* mit der er den leichten Haufen der Seelen in Schranken hält.

Von den Eigenschaften Merkurs, die wir oben sub 4, 5, 6 aufgeführt, hat Horaz nichts. — Der unter der Tab. smar. stehende Hermes resp. Thoth macht seine eigene Karriere durch. Er wird zum Schutzpatron der Alchemie, was sehr nahe liegt, da ja die Tab. smar. der Kanon der Alchemie ist.

Wir werden später sehen, daß die Alchemie zur χρυσοποιια in Relation tritt. Auf Grund dessen wird Hermes denn auch zum

Schutzpatron der Goldmacherkunst. Für diesen Hermes paßt ganz besonders die virga aurea, von der Horaz in der letzten Strophe seiner Ode spricht. Der Goldmacher-Patron hat damit ein goldenes Emblem.

Da die Alchemie überhaupt und die Fassung der Tab. smar. im Besonderen geheimnisvoll ist, so wird Hermes auf Grund dessen, daß er unter der Tab. smar. figuriert, auch zum Gott des Geheimnisvollen. Daher stammen unter anderen auch die Ausdrücke hermetische Freimaurerei, hermetischer Verschluß. Hermetisch ist die Freimaurerei, weil sie geheimnisvoll ist. Hermetisch ist ein solcher Verschluß, in den man, resp. die Luft, ebenso schwierig eindringen kann als in ein Geheimnis. Was die Freimaurerei anbetrifft, so kann man übrigens den Hermes auch zu ihr in eine mehr direkte Relation bringen, indem sie mancherlei Auffassung und Symbole hat, welche den Interpretationen der Tab. smar., die wir später kennenlernen werden, entnommen sind. Indem sie aber auf die Weise in den Bereich der Tab. smar. tritt, tritt sie auch in den Bereich des Hermes.

Im Verlauf der Geschichte der Alchemie läßt man den Hermes als den Gott der Alchemie fallen und faßt Hermes als den Namen eines Alchemisten, der die Tab. smar. verfaßt hat. Damit wird denn Hermes zum Schriftsteller. Und da es zur Mysteriosität der Tab. smar. paßt, daß ihr Verfasser in der Schriftstellerei mysteriös-überschwengliches geleistet haben muß, so werden dem Schriftsteller Hermes Bücher zugeschrieben, deren Zahl in's Enorme geht, spricht man doch sogar von mehr als zwanzig- bis dreißigtausend. Von den Schriften, die noch unter dem Namen des Hermes existieren, kennen wir für unsere Person den Poemander (s. später), der in die zweite alexandrinische Periode fällt, zum Teil auch den Asclepius; nicht kennen wir die Iatromathematica und Horoscopica. Dagegen kennen wir wieder den Tractatus aureus de Lapidis philosophici secreto, der in die abendländische Zeit fällt.

Zum trismegistus, τρις μεγιστος, ter maximus, wird Hermes auf Grund der *Arkanen-Drei.* Der lateinische Übersetzer hätte den griechischen Ausdruck τρις μεγιστος gerade nicht intakt zu lassen brauchen, der hätte ganz gut ter maximus nehmen können. Der denkt aber, wenn du das τρις μεγιστος latinisierst, so mußt du auch den Ἑρμης latinisieren. Damit käme dann statt Hermes: Mercurius. Aber, denkt er weiter, Thoth ist gemeint,

Hermes steht an seiner Stelle, nun willst du die Sache auch beim Hermes belassen. Es liegt eigentümlich genug, daß der griechische Hermes an die Stelle des Thoth tritt, du willst dieser Eigentümlichkeit nicht noch einen größeren Ausdruck geben dadurch, daß du an die Stelle des Hermes den Mercurius setzest. Nein, der Hermes steht da und mag ruhig stehenbleiben. Und weil der Ἑρμης bleibt, so hat auch das griechische τρις μεγιστος zu verbleiben.

Dadurch, daß Hermes zum trismegistus wird, was, wie gesagt, der Arkanen-Drei zu Liebe geschieht, dadurch wird die Arkanen-Drei mächtig in den Vordergrund geschoben. Das hat nun weiter nichts Auffallendes. Die Arkanen-Drei spielt eine sehr wichtige Rolle. Früher war nur die Arkanen-Sieben die eigentliche Arkanenzahl, jetzt tritt ihr die Arkanen-Drei ebenbürtig zur Seite, sie wird zur gloria totius mundi. Das verdient wohl, mit Präponderanz in den Vordergrund geschoben zu werden, und es geschieht eben dadurch, daß Hermes zum trismegistus wird. Nicht aber bloß in dieser Weise geschieht es, sondern es geschieht zugleich auch noch auf die Weise, daß es gerade *drei* Rubriken der Tab. smar. sind, in welchen die Arkanen-Drei hervorstechend in's Auge gefaßt wird. Die erste Rubrik, in der dies geschieht, ist nämlich die arkanologische Rubrik, welche uns gerade die drei Arkana bringt; die zweite Rubrik, in der dies geschieht, ist die Gloriarubrik, in welcher das Drei-Arkanum mit dem Sieben-Arkanum parallelisiert wird; die dritte Rubrik, in der dies geschieht, ist die vorliegende mit ihrem Hermes trismegistus.

In Bezug auf die Griechen, welche wohl der Arkanen-Vier, -Zwei, -Eins huldigen, nicht aber der Arkanen-Drei, ist es wünschenswert, daß die Arkanen-Drei *nicht* mit solcher Präponderanz in den Vordergrund geschoben wird, daß der Hermes, der Schutzpatron der Alchemie, ihr zu Liebe zum trismegistus wird, was ja eine sehr hervorragende Konzession zu Gunsten der Arkanen-Drei ist. Darum hat der Autor den Griechen gegenüber für das Itaque vocatus sum etc. eine Besonder-Interpretation in petto, sie ist:

Du findest im vorangegangenen Index nur auf drei Rubriken der Tab. smar. hingewiesen statt auf alle. Das muß nun so sein, weil jene drei Rubriken die eigentliche Basis der Tab. smar. bilden, und weil es so sein muß, itaque, (so,) deswegen werde ich der Hermes trismegistus genannt, habens, habend, weil ich habe, tres partes etc. So wird der Hermes trismegistus auf den Index bezogen statt auf die Arkanen-Drei.

Im eigentlichen Sinne des Autors liegt so etwas aber nicht. Der will in seinem Sinne interpretiert wissen: Itaque, und so — womit nicht der Anschluß an den Index, sondern an die ganze Tab. smar. gegeben ist. Das Itaque steht nicht auf dem Standpunkt, als wenn vorhin von der jüdischen Interpretation der Tab. smar. die Rede gewesen wäre, sondern als wenn die ägyptische spirituelle Interpretation voranginge. Dadurch macht sich denn der Anschluß der siebenten Rubrik etwas mysteriös, aber gerade darauf hat es der Autor abgesehen. Nachdem er nun einmal den mysteriösen Anschluß mit Thoth hat, stempelt er diesen auf Grund der Arkanen-Drei zum trismegistus und sagt dann weiter, dieser Hermes trismegistus habe tres partes etc.

Philosophia totius mundi heißt: Tabula smaragdina. Philosophia totius mundi ist der Titel, der Name, den der Autor der Tab. smar. beilegt. Die Titelüberschrift der Tab. smar. ist: Philosophia totius mundi. Der Autor zieht hier den Ausdruck philosophia totius mundi heran, um zu konstatieren, daß er die Tab. smar. also genannt, tituliert wissen will.

Die Tab. smar. stellt den *Kanon* der Alchemie dar, und indem sie der Kanon der Alchemie ist, wird sie in übertragener Weise zur Alchemie selbst. Es käme also bloß darauf an, darzulegen, inwiefern die Alchemie = philosophia totius mundi. Das liegt aber ff.

Bei den Griechen hieß die Alchemie ursprünglich σοφια, Weisheit, und in Anknüpfung daran waren die Alchemisten σοφοι, Weise. Dieser Titel schien den Alchemisten selbst ein wenig zu herausfordernd, und so nannten sie sich statt »Weise«: »Freunde der Weisheit«, das ist φιλοι σοφιας. Im Anschluß an diesen Ausdruck bildete sich dann einerseits statt des früheren σοφος: φιλοσοφος, und andererseits statt des früheren σοφια: φιλοσοφια.

Also statt Alchemie: philosophia liegt sehr nahe, es ist oben der griechische Ausdruck für Alchemie. *Nicht* aber ist der griechische Ausdruck: philosophia *totius mundi.* Den macht sich der Autor der Tab. smar. auf eigene Hand. Der totus mundus ist hier an und für sich nichts anderes, als der einfache mundus. Zum *totus* mundus wird er dadurch, daß die Tab. smar. überhaupt, wo sie den mundus bringt (mit Ausnahme des Index), immer totus mundus hat. Davon haben wir bereits gesprochen. Daß der Autor nun den mundus der philosophia anhängt, hängt damit zusammen, daß er auf die Schöpfungsgeschichte im Ersten Buche Mosis blickend, diese als die Angel nimmt, um welche sich die ganze Alchemie dreht. Er hätte also eigentlich: Philosophie der Schöpfungsgeschichte für Alchemie, das ist, Philosophieren über die Schöpfungsgeschichte. Da er nun aber den Griechen gegenüber nicht sagen kann, die Alchemie kommt auf nichts anderes hinaus als auf eine Philosophie der Schöpfungsgeschichte, so nimmt er für Schöpfungsgeschichte: mundus, was naheliegt, da es sich in der Schöpfungsgeschichte um die Erschaffung der *Welt* handelt. Indem er sich nun aber an die *Welt* hält, ist er mit seiner philosophia totius mundi, statt philosophia, den Griechen gegenüber durchaus gedeckt, indem er sagt, auch in euerer Alchemie spielt die *Welt* eine so wichtige Rolle, daß es wohl gerechtfertigt ist, den Ausdruck philosophia zum Ausdruck philosophia totius mundi zu dilatieren.

Habens tres partes philosophiae totius mundi: habend, ich, der Hermes, habe *drei* Teile der Tab. smar. Das sind die drei Teile, von denen der Index spricht. In Bezug auf die drei Teile, welche allein der Index, mit Übergehen der anderen Teile, bringt, fragt man, aber warum nur diese drei Teile allein, die anderen Rubriken sind doch auch da, und wenn sie noch nicht einmal verdienen, im Index erwähnt zu werden, warum stehen sie denn in der Tab. smar.? Die Antwort ist, dem Hermes trismegistus zu Liebe figurieren jene drei Rubriken im Index, es ist ein Tribut, der dem Hermes trismegistus gezollt wird. Den fehlenden Rubriken wird dadurch nicht zu nahe getreten, denn da sind sie ja einmal, der Tribut, den die anderen herangezogen dem Hermes bringen, kann jenen ihren Wert nicht rauben. So deckt das habens tres partes den Index, der übrigens darum bloß drei Teile bringt, um der Sache einen mysteriösen Anstrich zu geben, um den eigentlichen Inhalt der Tab. smar. zu verdecken. Wenn der Index alle Teile der Tab. smar. speziell angäbe, so wäre damit das geboten, daß man sich gar zu leicht orientieren könnte.

Griechische Interpretation der zweiten Redaktion der Tabula smaragdina

Sie bewegt sich auf demselben Terrain, auf dem sich die griechische Interpretation der ersten Redaktion der Tab. smar. bewegt, das ist auf dem Terrain des alexandrinischen Schemas. Sie bringt ganz dasselbe mehr ausführlich, was die erste Redaktion minder ausführlich bringt.

Damit haben denn die Griechen nichts, was sie gegen diese zweite Redaktion der Tab. smar. im Allgemeinen einwenden können. *Wo* sie einmal die erste Redaktion anerkennen, da können sie ein Schriftstück nicht zurückweisen, welches dasselbe, was jene bringt, ausführlicher bespricht, derartig ausführlicher bespricht, daß dem Alchemisten vom Fach das Ganze klarer dargelegt wird, dem Nicht-Alchemisten aber noch dunkler erscheinen muß als die erste Redaktion. Denn bei der ersten Redaktion hatte der Nicht-Alchemist, indem er sich an die Tab. smar. machte, sich den Kopf darüber zu zerbrechen, was der Inhalt von vier Rubriken bedeuten soll, hier hat er sich den Kopf darüber zu zerbrechen, was der Inhalt von sieben Rubriken bedeuten soll.

Und auch im Besonderen kann der Umstand, daß statt der vier Rubriken, wie sie die erste Redaktion bringt, bei der zweiten Redaktion sieben Rubriken präsentiert werden, für die Griechen nichts Anstößiges haben. Es werden ihnen mit den sieben Rubriken die philosophischen Zahlen von 1 bis 7 geboten, das sind nicht die jüdischen philosophischen Zahlen, sondern die pythagoräischen philosophischen Zahlen. Daß diese aber geboten werden, dagegen können die Griechen nichts haben. Wenn auch die Griechen im großen Ganzen auf die pythagoräische Alchemie nicht eingingen, wie das ja die Entwicklung der griechischen Alchemie nach Pythagoras zeigt, so waren sie doch dem Pythagoräismus nicht geradezu abgeneigt. Die einzelnen Alchemisten nach ihm kommen mannigfach auf ihn zurück. Also, wie gesagt, die alexandrinischen Griechen konnten durchaus nichts Anstößiges darin finden, wenn ihnen die philosophischen Zahlen ihres, wenn auch nicht in seiner Alchemie absolut anerkannten, so doch mannigfach berücksichtigten Landsmannes geboten wurden, namentlich, wenn sie ihnen in der Art geboten wurden, wie sie in der Tab. smar. geboten werden. Die Arkanenzahlen 4, 2, 1, wie sie sich an das griechische Schema überhaupt und an das alexandrinische Schema im Besonderen knüpfen, bleiben unangegriffen in ihrem alten Recht bestehen. Was kann es da denn nun verschlagen, wenn nebenbei in den sieben Rubriken der Tab. smar. den pythagoräischen philosophischen Zahlen 1 bis 7 Rechnung getragen wird? Und wird damit auch gar nichts anderes bezweckt, als einem Pietätsgefühl gegen Pythagoras Rechnung zu tragen, so ist auch das schon ein Gewinn. Schon aus Pietätsrücksichten gegen Pythagoras können die Griechen nichts dagegen haben, wenn ihnen in den sieben Rubriken der Tab. smar., welche im übrigen in dem, was sie besprechen, den griechisch-alexandrinischen-alchemistischen Standpunkt nicht im Mindesten verrücken, die pythagoräischen Zahlen geboten werden.

Indem nun die Tabs. smar. sieben Rubriken hat, ist in jeder Rubrik eine der philosophischen Zahlen von 1 bis 7 vertreten. Das ist im Allgemeinen bei der griechischen Interpretation wie bei der jüdischen. Bei der griechischen Interpretation macht sich die Sache einfach so, daß die erste Rubrik, weil sie die erste Rubrik ist, die philosophische Zahl 1 repräsentiert, daß die zweite Rubrik, weil sie die zweite Rubrik ist, die philosophische Zahl 2 repräsentiert, daß die dritte Rubrik, weil sie die dritte Rubrik ist, die philosophische Zahl 3 repräsentiert, und so weiter durch die vierte, fünfte, sechste Rubrik, bis endlich die siebente Rubrik, weil sie die siebente Rubrik ist, die philosophische Zahl 7 repräsentiert.

Wir haben noch darauf hinzuweisen, daß, indem die Tab. smar. sieben Rubriken hat, und diese zu den philosophischen Zahlen 1 bis 7 verwertet werden, daß damit der pythagoräischen 10 keine Rechnung getragen wird. Diese stiefmütterliche Behandlung der 10 wird dadurch redressiert, doppelt redressiert, daß die pythagoräische 10 in der Tab. smar. selbst, im Text der Tab. smar., auf's Tapet gebracht wird, wie wir das in der zweiten Rubrik sehen werden.

Kommen wir nun zu der Interpretation selbst.

Die zweite Rubrik wird die Elementen-Rubrik. Die dritte Rubrik bringt die Kosmologika und Arkana. Die übrigen Rubriken sind von analogem Inhalt wie bei der jüdischen Interpretation der Tab. smar.

Erste Rubrik. Einleitung.

Verum est etc.

Hierüber ist weiter nichts zu sagen.

Zweite Rubrik. Elementen-Rubrik.

Quod est inferius bis adoptione.

Vor das »Et« hinter superius wird kein Punkt, sondern ein Komma gesetzt. Also würde der Anfang der Rubrik lauten:

Quod est inferius, est, sicut id quod est inferius, et quod est superius, est, sicut id quod est inferius, ad perpetranda miracula rei unius. Die beiden est, welche wir zwischen zwei Kommata gesetzt haben, heißen dann: »dient«. Also: das inferius *dient* wie das superius, und das superius *dient* wie das inferius dazu, um u.s.w.

Superius und inferius sind einerseits Wasser und Erde, andererseits Feuer und Luft. Darauf steuerte schon die erste Redaktion in der Stelle et recipit vim superiorum et inferiorum los. Wo superius und inferius Wasser und Erde sind, da ist speziell superius = Wasser und inferius = Erde. Wo aber superius und inferius Wasser und Erde sind, da bleibt es dahingestellt, ob in specie superius Feuer oder Luft, inferius Luft oder Feuer ist. Das kommt darauf an, ob man das Spielen der ersten und zweiten Rolle, oder das Oben-und-Unten-Sein in's Auge faßt (vergl. die griechische Interpretation der ersten Redaktion der Tab. smar.). Wie sein Antezessor nämlich läßt auch der Autor der zweiten Redaktion es dahingestellt sein, ob Liquor hepatis das Feuerarkanum, P. solaris das Luftarkanum, oder ob umgekehrt Liquor hepatis das Luftarkanum und P. solaris das Feuerarkanum sei. Mag man nun superius als Feuer oder Luft nehmen, das steht fest, daß man da, wo man Feuer hat, auch Luft hat (Rauch). Und da hierzu kommt, daß man kraft des Wasserverwandlungsexperimentes da, wo man Wasser hat, auch Erde hat, so restringieren sich die vier Elemente Wasser, Erde, Feuer, Luft auf die *zwei Elemente Wasser und Feuer*. Damit bieten denn die vier Elemente das Substrat, von der 4 auf die 2 zu kommen, auf das Substrat der *Gruppe*, der Zwei-Gruppierung.

Somit haben wir: Das, was das inferius ist, dient, wie das, was das superius ist (das ist entweder Wasser und Erde oder Feuer und Luft), und das, was das superius ist, dient, wie das, was das inferius ist (das ist entweder Feuer und Luft oder Wasser und Erde), um die Wunder der res una zu Stande zu bringen. Die *res una* ist die *Gruppe*. Da es zwei Gruppen gibt, so steht miracula im Plural. Und um darauf hinzuweisen, daß das eine superius und inferius etwas anderes ist als das andere, darum steht einmal erst inferius und dann superius, das andere Mal erst superius und dann inferius.

Sich an das *alexandrinische Schema* haltend — und daß er sich an dies hält, ist, dem bereits im allgemeinen Exponierten zufolge, eine Sache, die sich von selbst versteht — beutet also unser Autor die Elemente dazu aus, um zu den Gruppen des Schemas zu kommen.

Et sicut res omnes etc.

Vorab weisen wir darauf hin, daß die meditatio eben sowohl für den Nachsatz beansprucht wird, wie ihrerseits die adoptio auch für den Vordersatz beansprucht wird, so daß das Sachverhältnis sein soll:

Et sicut res omnes fuerunt ab uno, meditatione unius, adoptione, sic omnes res natae fuerunt ab hac una re, meditatione unius rei, adoptione.

Uno ist nicht der Ablativ von unus, Gott, sondern der Ablativ von unum, Eins, die Einheit.

Meditatio ist der Begriff, denn λογος heißt auch Begriff, das, was man sich denkt. Meditatio unius soll sein: der Begriff der Eins, die ideelle Eins, die ideelle Einheit. Meditatio rei unius soll sein: der Begriff der res una, der Begriff der Gruppe, die Gruppe als Idealität gefaßt.

Res omnes zielt auf die pythagoräische Zehn. Res omnes = Vielheit. Die Zehn als Zehnerzahl ist eine Vielheit den Einheitszahlen, den Einern 1 bis 7, gegenüber.

Omnes res natae sind die Kosmologika und Arkana.

Omnes res natae fuerunt ab hac una re (meditatione unius rei) adoptione.

Der Autor denkt sich, das ist wohl festzuhalten, beim alexandrinischen Schema zuvörderst einmal den *Elementenstock* gegeben, und an diesen Elementenstock schmiegen sich dann Kosmologika und Arkana an. Dieses »sich anschmiegen« wird gegeben mit esse a, und dies aufgefaßt vom Standpunkt eines väterlichen (resp. mütterlichen) und kindlichen Verhältnisses. Kosmologika und Arkana sind die Kinder, weshalb sie auch res natae heißen, und die Elemente sind kollektiv der Vater (resp.

die Mutter). Wenn nun aber der Elementenstock gegeben ist, und an diese schmiegen sich Arkana und Kosmologika, das sind die res natae, so haben wir: omnes res natae (Arkana *und* Kosmologika) fuerunt ab *elementis,* wir haben aber *nicht,* wie hier steht: omnes res natae fuerunt ab *una re,* das ist von der *Elementen-Gruppe.* Denn man sagt ja nicht, sich an den Elementenstock haltend, ich reihe die res natae an die *Gruppe,* sondern vielmehr, ich reihe sie an die *Elemente.* Wenn also steht, wie hier steht, omnes res natae fuerunt ab una re, so hinkt das. Um nun für das Hinken in den Riß zu treten, deswegen wird hier »adoptione« beigefügt. Wenn die res natae entständen ab elementis, wenn so stände, dann wäre ein eigentliches väterliches und kindliches Verhältnis da, und es brauchte das adoptione nicht beigefügt zu werden. Jetzt aber, wo sie sein, herstammen sollen von der res una, wird die Lage des väterlichen und kindlichen Verhältnisses eine *uneigentliche,* und weil sie das wird, deswegen wird an die Stelle der eigentlichen Vaterschaft die *Adoptiv*-Vaterschaft, adoptio, gesetzt.

Daß nun die res una die Vaterschaft übernimmt und nicht die Elemente, hängt damit zusammen, daß der Autor wohl feststellen will, daß auf Acid. sulphur. Wasser, auf Natron Erde kommt, daß er aber *nicht* feststellen will, ob auf Liquor hepatis Feuer oder Luft, auf P. solaris Luft oder Feuer kommt. Das ist die alte Sachlage, wie wir sie bei der ersten Redaktion der Tab. smar. haben kennengelernt. Würde er das Vater- (resp. Mutter-) Verhältnis auf die Elemente schieben, so müßte er sich darüber aussprechen, ob auf Liquor hepatis Feuer oder Luft, auf P. solaris Luft oder Feuer kommt. Jetzt hält er sich an die Gruppe und ist der Exposition überhoben. Jetzt wird bloß gesagt, Liquor hepatis und P. solaris kommen auf die zweite Gruppe; in welchem näheren Arrangement das aber statt haben soll, das bleibt in suspenso.

Also das Sachverhältnis ist im Ganzen ff. Der Autor bringt uns die 4 Elemente unter der Gestalt des doppelten superius und inferius. Auf Grund dieser 4 Elemente formiert er 2 Gruppen und sagt nun, daß sich an diese *Gruppen* die Kosmologika und Arkana anreihen. Hierbei steht nun wohl fest, daß auf die Gruppe links Acid. sulph., Natron, Orbis terrar. fluidus, Orbis terrar. fixus kommen, daß auf die Gruppe rechts Liquor hepatis, P. solaris, Firmament, Sonne, Mond und Sterne kommen. Es steht auch fest, daß in der Gruppe links Acid. sulphur. und Orbis terrar. fluidus oben stehen, ebenso wie es feststeht, daß in der Gruppe rechts Liquor hepatis oben steht, denn diese Verhältnisse ergeben ja die Gruppenaufstellung des alexandrinischen Schemas und die Situation des alexandrinischen Schemas, die weiter nicht angefochten werden, ebenso wenig vom Autor der zweiten Redaktion, als vom Autor der ersten Redaktion. Das steht aber nicht fest, ob in der zweiten Gruppe Liquor hepatis oder P. solaris Feuer oder Luft ist, ob Sonne, Mond und Sterne oder Firmament oben oder unten stehen sollen.

Daß nun die Gruppe, die res una, eine meditatio ist, hängt damit zusammen, daß die Gruppe auf Grund der Elemente formiert wird, womit denn die eine Gruppe im Wasser, die andere im Feuer repräsentiert ist. Das führt aber dahin, daß eine Elementen-Zwei anzunehmen ist: Wasser und Feuer. Diese zwei Elemente sind aber eine Idealität. Der wahren Sachlage nach gibt es ja nicht zwei Elemente, sondern vier.

Also omnes res natae fuerunt ab hac una re, meditatione unius rei, adoptione: —

Kosmologika und Arkana sind die Adoptivkinder, nicht die eigentlichen Kinder der Gruppe, der Gruppen, derjenigen Gruppen, welche anhand eines ideell aufgestellten Zwei-Elementes herauskommen.

Das ist der Nachsatz. Kommen wir jetzt zum Vordersatz:

res omnes fuerunt ab uno, meditatione unius (adoptione).

Wie wir wissen, sind die res omnes die pythagoräische Zehn. Diese Zehn entstand von der Eins, unum, durch Adoption, nämlich durch Adoption der Null. Die 1 adoptiert die 0, und daraus wird 10. Wie wir also sagen, man *fügt* der 1 eine 0 zu, die 1 *erhält* eine 0 u.s.w., und daraus entsteht die 10, so sagt der Autor, möglicherweise an eine damalige Ausdrucksweise im Rechnen sich haltend, was aber gerade nicht nötig ist, die 1 *adoptiert* eine 0, und daraus wird die 10. Diese Ausdrucksweise ist ganz treffend für das Hervorgehen der 10 aus der 1.

Es ist aber die pythagoräische 1 eine meditatio, sie hat im Grunde keine reelle Basis. Wenn Pythagoras einmal die 1 hat, so rückt er zu seinen übrigen philosophischen Zahlen sukzessiv weiter vor. Aber daß er zur Eins kommt, reduziert sich am Ende auf einen kühnen Griff. Der Punkt, der ihm durch die Eins repräsentiert ist, hat keine Ausdehnung, ist also gewissermaßen eine Null, ein Nichts. Von dieser Null kommt Pythagoras, wie wir in der Alchemie des Pythagoras gesehen, zur Eins. Indessen, in seinen hierher schlagenden Kalkulationen bewegt er sich auf ideellem Boden, und so ist denn die Eins eine meditatio.

Daß der Autor die pythagoräische 10 bringt, wie er das doch hier tut, liegt nahe. In den 7 Rubriken hat er die pythagoräischen Zahlen 1 bis 7, die 10 fehlt; hier ist sie.

Sagen nun aber die Griechen, die pythagoräischen Zahlen haben nichts mit unserem alexandrinischen Schema zu tun, und *das* eben repräsentiert unsere Alchemie. Wir haben nichts dagegen, daß in den Rubriken der Tab. smar. dadurch, daß es nun gerade 7 Rubriken gibt, auf die pythagoräischen Zahlen indirekt hingedeutet wird. Dagegen aber haben wir etwas, daß pythagoräische Zahlen *direkt* in den Text der Tab. smar. kommen. Sagen die Griechen das, so deckt sich der Autor derartig, daß er sagt, hier wird die 10 *nicht* direkt gebracht. Die res natae entstanden von der meditatio der Gruppe durch adaptio. Das ist aber an und für sich eine Sachlage, welche etwas eigentümlich dasteht. Es ist nicht unangemessen, daß diese Sachlage dadurch klar gemacht wird, daß man den Vergleich mit einer ähnlich situierten Sache auf's Tapet bringt.

Nun, diese ähnlich situierte Sache ist das Verhältnis, wie sich die pythagoräische 10 aus der 1 entwickelt. Hierbei könnt ihr doch nichts gegen die 10 haben. Es handelt sich ja nicht um die 10 als solche, sondern um die 10 als die Basis zu einem Vergleich mit der Sachlage bei den res natae. Wenn statt der 10 irgendetwas anderes genommen würde, um einen Vergleich mit einer ähnlich situierten Sache auf's Tapet zu bringen, so könntet ihr gegen diese Manöver zu Gunsten der Deutlichkeit doch nichts einwenden. Nun, so könnt ihr auch gegen die 10 nichts einwenden.

Daß nun die 10 eben geboten wird vom Standpunkt der Sachlage in Bezug auf die res natae im Vergleich mit einer ähnlich situierten Sache, dazu dient in der Periode Et sicut etc. das Gegenüberstellen des Vorder- und Nachsatzes anhand des Sicut-sic. Wie du auf der einen Seite die meditatio und adoptio hast bei der 10, so hast du auf der anderen Seite die meditatio und die adoptio bei den res natae.

Dritte Rubrik. Kosmologische und arkanologische Rubrik.

Pater eius est Sol bis inferiorum.

Hier werden uns die Kosmologika und die Arkana gebracht, und zwar zuerst die ersteren und dann die letzteren.

Der Elementenstock ist kraft der zweiten Rubrik da. Nun knüpft sich an das Wasser der Orbis terrarum fluidus, an die Erde der Orbis terrarum fixus, an das Feuer: Sonne, Mond und Sterne, kurz: die leuchtenden Himmelskörper, an die Luft das Firmament.

Pater eius est Sol, mater eius est Luna.

Eius = des leuchtenden Himmels, der leuchtenden Himmelskörper, somit das Pronomen auf das betreffende Kosmologikum bezogen. So ist es in der ganzen Stelle.

Sol und Luna sind einerseits als Repräsentanten der Hauptweltenfeuer = Feuer. Also, das Feuer ist der Vater der leuchtenden Himmelskörper. Andererseits werden Sonne, Mond als Vater und Mutter der Sterne genommen, was auch naheliegt. Beides wird hier durcheinander gebracht. Wird der letztere Gesichtspunkt in's Auge gefaßt, so ist Pater eius est Sol: der Vater der Sterne ist die Sonne, und mater eius est Luna: die Mutter der Sterne ist der Mond. Weil aber Sol, Luna als Hauptweltenfeuer = Feuer, so wird eius gleich statt mit: *Sterne,* mit: *leuchtender Himmel* im Ganzen übersetzt. Es besagt also der Passus: Auf Sonne, Mond und Sterne kommt das Feuer.

Portavit illud ventus in ventre suo.

Ventus wird als Luft gefaßt. Das, was im Bauche trug, ist eine Mutter. Somit ist Portavit illud ventus in ventro suo: Seine, des Firmamentes Mutter ist die Luft. Es besagt also der Passus: Auf das Firmament kommt die Luft.

Nutrix eius terra est.

Nutrix ist die Amme als die eigene Mutter des Kindes, nicht eine fremde Amme. Also nutrix = Mutter. Somit ist Nutrix eius terra est: Seine, des orbis terrarum fixus Mutter ist die Erde. Es besagt also dieser Passus: Auf den Orbis terrarum fixus kommt die Erde.

Den Passus, der nun kommt: Pater omnis telesmi etc. werden wir etwas später näher besprechen. Jetzt nur so viel, daß er besagen soll: Hier ist der Orbis terrarum fluidus.

Somit haben wir die Elemente auf die Kosmologika untergebracht. Zuerst Sonne, Mond und Sterne — Feuer, dann Firmament — Luft, dann Orbis terrarum fixus — Erde, endlich Orbis terrarum fluidus: Wasser, also dem alexandrinischen Schema gegenüber in wilder Reihenfolge, was insofern geschieht, als die regelmäßige Stellung der Kosmologika darauf führen würde, ob Firmament oder Sonne, Mond und Sterne auf Liquor hepatis oder P. solaris kommt. Damit wäre aber gegeben, ob Liquor hepatis oder P. solaris Luft oder Feuer ist.

Wie sofort in die Augen springt, sind beim Unterbringen der Elemente auf die Kosmologika Vater- und Mutter-Verhältnisse in's Auge gefaßt. Das liegt nahe, da ja nach der zweiten Rubrik die Kosmologika res natae sein sollen, womit einerseits gegeben ist, daß die Gruppe ein Adoptivvater wird, andererseits aber auch, worauf wir oben hingewiesen haben, daß die Elemente zum eigentlichen Vater (resp. Mutter) werden. Hier werden nun die Elemente als Vater resp. Mutter hingestellt.

Das Feuer wird zum Vater und zur Mutter. Das hängt damit zusammen, daß Feuer im Griechischen heißt: το πυρ. Feuer ist also wie im Deutschen ein Neutrum. Der Autor sagt nun *nicht*, ein Neutrum ist weder ein Mann, noch eine Frau, *sondern* er sagt, ein Neutrum kann ein Mann und eine Frau zugleich sein. Z.B. sagt er, το παιδιον heißt das Kind, dies Neutrum hängt damit zusammen, daß ein Kind männlich und weiblich sein kann.

Die Luft wird zur Mutter. Das hängt damit zusammen, daß Luft im Griechischen heißt: η αηρ, das ist also, wie im Deutschen *die* Luft. Man sagt zwar auch ο αηρ, (Masculinum), indessen, η αηρ ist durchaus klassisch. Auf das Femininum αηρ kommt also sachentsprechend das Mutterverhältnis.

Die Erde wird zur Mutter. Denn Erde heißt im Griechischen η γη, ist also wie im Deutschen ein Femininum. Auf das Femininum γη kommt also sachentsprechend das Mutterverhältnis.

Das Wasser wird wieder zu Vater *und* Mutter. Denn in dem Passus: Pater omnis telesmi ist von einem Vater und einer Mutter insofern die Rede, als wir ja von der jüdischen Interpretation der Tab. smar. her wissen, daß der Nachsatz eigentlich heißen sollte: Mater omnis telesmi est haec, womit denn ebensowohl von einem Vater als von einer Mutter die Rede ist.

Wasser heißt aber im Griechischen το υδωρ, ist also wie im Deutschen ein Neutrum, und das Neutrum wird wieder, wie vorhin, zu einem männlichen und weiblichen Verhältnis ausgebeutet.

Wir haben nun in der vorigen Rubrik kennengelernt, daß das väterliche Verhältnis der *Gruppe* zufallen soll und *nicht* den Elementen, daß da sein sollen die res natae ab una re, nicht aber ab elementis. Heißt das nun nicht aus der Rolle fallen, wenn hier die *Elemente* als Vater und Mutter der res natae, der Kosmologika, hingestellt werden? Darauf ist die Antwort: Scheinbar wohl, der Tat nach aber nicht.

Wie wir wissen, kommt das esse a re una, die Vaterschaft seitens der Gruppe, darauf hinaus, daß es dahingestellt bleiben soll, ob Liquor hepatis Luft- oder Feuer-Arkanum, P. solaris Feuer- oder Luft-Arkanum sein soll, und damit natürlich zugleich, welche Kosmologika sich an die betreffende Arkana knüpfen sollen. Mag nun der Autor bringen, was er will, wenn er nur nicht etwas bringt, was Aufschluß über diese Punkte bringt, so fällt er der Tat nach nicht aus der Rolle, denn dann befindet man sich, ob der Schein so oder so ist, der Tat nach immer doch noch in dem Bereich dessen, daß man die res natae an die Gruppe und nicht an die Einzelelemente anreiht.

Es bringt nun aber der Autor über den beregten Punkt dadurch, daß er hier die Kosmologika so abhandelt, wie er sie eben abhandelt, durchaus keinen näheren Aufschluß.

Denn nach der alexandrinisch-griechischen Auffassung werden Liquor hepatis und P. solaris und die entsprechenden Kosmologika vom Standpunkt des Doppelelementes aufgefaßt. Wie das alexandrinische Schema will, ist

Liquor hepatis = Wasser + Feuer
Pulvis solaris = Erde + Luft.

Wenn nun die Autoren der ersten und zweiten Redaktion herankommen und werfen in Bezug auf die Natur des Liquor hepatis und P. solaris Zweifel auf, so wird von diesem Zweifel nicht das tangiert, ob Liquor hepatis Wasser ist, sondern nur, ob er Feuer ist, nicht das wird tangiert, ob P. solaris Erde ist, sondern nur, ob er Luft ist. Das macht sich nun in Bezug auf die Kosmologika, die sich an Liquor hepatis und P. solaris anreihen, gerade *umgekehrt*. Wenn es ist, wie das alexandrinische Schema will, so knüpft sich an:

Liquor hepatis (Feuer-Wasser): Sonne, Mond und Sterne, die als Feuermeere gedacht werden;

P. solaris (Luft-Erde): Firmament als feste Glocke gedacht.

Wenn es aber ist, worauf die Autoren der Tab. smar. lossteuern, so ist

Liquor hepatis = Wasser + Luft
Pulvis solaris = Erde + Feuer

und damit knüpft sich an:

Liquor hepatis (Wasser-Luft): Firmament mit Wolken. Im Firmament ist die Luft, in den Wolken das Wasser vertreten;

P. solaris (Erde-Feuer): Sonne, Mond und Sterne als feste Körper gedacht.

Damit fällt denn nicht in den Bereich des Zweifels, ob Firmament: Luft oder Feuer; Sonne, Mond und Sterne, Feuer oder Luft. Nein, Firmament bleibt unter allen Umständen: Luft; Sonne, Mond, Sterne unter allen Umständen: Feuer. Aber das fällt in den Bereich des Zweifels, wie es, indem die betreffenden beiden Kosmologika vom Standpunkt des Doppelelementes aufgefaßt werden, wie es denn nun mit dem Wasser und der Erde steht. Das fällt in den Bereich des Zweifels:

ob man dem Feuer von Sonne, Mond und Sternen *Wasser* zugesellen soll, womit sie zu Feuermeeren werden;

ob man dem Feuer von Sonne, Mond und Sternen *Erde* zugesellen soll, womit sie zu fixen Feuerkörpern werden;

ob man der Luft vom Firmament *Wasser* zugesellen soll, womit auch die Wolken herangezogen werden;

ob man der Luft vom Firmament *Erde* zugesellen soll, womit die Wolken fallen, und das Firmament als Glocke über uns in den Vordergrund tritt.

Der Zweifel berührt also betreffs der Arkana Liquor hepatis und P. solaris das, ob sie Feuer oder Luft sind, dagegen berührt der Zweifel betreffs der sich an sie knüpfenden Kosmologika Sonne, Mond und Sterne und Firmament das, ob sie Wasser oder Erde sind. Wie wir also in Bezug auf Liquor hepatis und P. solaris nicht aus dem Standpunkt der Gruppe fallen, wenn wir nicht darüber Aufschluß bekommen, ob das eine oder das andere Feuer oder Luft ist, so fallen wir in Bezug auf Sonne, Mond und Sterne und Firmament nicht aus dem Standpunkt der Gruppe, wenn wir nicht darüber Aufschluß bekommen, ob sie Wasser oder Erde sind.

Hier bekommen wir nun in Bezug auf Sonne, Mond und Sterne einerseits und Firmament andererseits bloß das präsentiert, daß sie Feuer und Luft sind, wir bekommen aber nicht präsentiert, ob sie Wasser oder Erde sind. Damit sind wir also, trotz der Gegenüberstellung von Kosmologikis und Elementen, doch nicht aus dem Standpunkt der Gruppe hinaus gekommen.

Nun zur Stelle: Pater omnis telesmi totius mundi est hic, virtus eius integra est, si versa fuerit in terram.

Der totus mundus ist die Welt, welche das alexandrinische Schema ergibt, das wäre also eine Welt nach drei Richtungen hin: die kosmologische, die arkanologische und die elementare Welt. Man muß nun aber nicht sagen, weil wir diese dreifache Welt haben, darum ist mundus eben Welt, und das *totus*, welches dieselbe kumuliert, kommt auf die drei Richtungen hinaus. Wenn wir die Welt nach *einer* Richtung hätten, dann hätten wir den mundus, jetzt haben wir eine *Summe* von Richtungen, also haben wir den totus mundus. So muß man *nicht* sagen. Vielmehr liegt die Sache wie bei der jüdischen Interpretation derartig, daß an und für sich in dem *totus* mundus nichts zu suchen ist. Der totus mundus ist von der ersten Redaktion, welche Sic habebis gloriam *totius* mundi hat, mit herüber in die zweite Redaktion genommen, und damit steht überall, wo es eigentlich kurz auf den mundus abgesehen ist, nicht mundus, sondern totus mundus. Nun aber hat entgegen der jüdischen Interpretation das statt, daß in *einer Beziehung* in dem totus mundus dem mundus gegenüber doch etwas gesucht wird. Nämlich wie wir wissen, hat der Index: Sic mundus creatus est, und nicht: Sic totus mundus creatus est. Dieser mundus wird auf die res omnes bezogen. Die res omnes sind aber gleich der pythagoräischen Zehn, diese repräsentiert die pythagoräische Welt, und damit haben wir in den res omnes die *pythagoräische Welt*. Diese pythagoräische Welt ist nun nicht ebenbürtig mit der Welt des alexandrinischen Schemas, und deswegen sagt man, ist sie bloß der mundus, wohingegen die Welt des alexandrinischen Schemas der totus mundus ist. Das »totus« ist also gewissermaßen ein Ehrentitel der Schema-Welt gegenüber der pythagoräischen Welt.

Der telesmus totius mundi sind die *Elemente*.

Telesmus kann genommen werden als Vollendung oder Vollkommenheit. Die Elemente sind deswegen der telesmus totius mundi, weil sie den Grundstock der alexandrinischen Schemas bilden (nach der Auffassung des Autors der zweiten Redaktion der Tab. smar.). Steuert man nun auf die Vollendung los, das ist, faßt man gerade das τελος in's Auge, so hat man: das alexandrinische Schema kommt am endlichen Ende auf die Elemente hinaus. Steuert man auf die Vollkommenheit, die perfectio, los, so hat man: In den Elementen liegt die Vollkommenheit des alexandrinischen Schemas, weil da, wo man sie hat, sich die Kosmologika und Arkana von selbst anschmiegen.

Vom *omnis* telesmus totius mundi, das ist von *allen* Elementen, ist nun der pater, der Vater, das *Wasser.* Denn der Vater steht an der Spitze der Elemente. Wir haben ja das alexandrinische Schema:

I.	Acidum sulphuricum Natron	Liquor hepatis Pulvis solaris	II.

Hier wird gefaßt: Acid. sulphur. als Wasser, Natron als Erde, Liquor hepatis nach einer Seite hin als Feuer oder Luft, P. solaris nach einer Seite hin als Luft oder Feuer. Also haben wir entweder die Elementenreihe: Wasser, Erde, Feuer, Luft, oder: Wasser, Erde, Luft, Feuer. So wie so steht aber das *Wasser* an der Spitze.

Also haben wir: Pater omnis telesmi totius mundi est hic: Hier hast du das Wasser, welches an der Spitze der Elemente steht.

Nun bedenke man, daß wir im Vorausgehenden ff. hatten:

Vater und Mutter für die leuchtenden Himmelskörper: Feuer
Mutter für das Firmament: Luft
Mutter für den Orbis terrarum fixus: Erde

Demgemäß sollte jetzt folgen:

Vater und Mutter für den Orbis terrarum fluidus: Wasser (το υδωρ als Neutrum für Vater und Mutter ausgebeutet, wie το πυρ als Neutrum ebenfalls als Vater und Mutter ausgebeutet wurde).

Stattdessen aber, daß eben folgen sollte: Vater und Mutter für den Orbis terrarum fluidus ist Wasser, stattdessen folgt nun auf einmal: Das Wasser steht an der Spitze der Elemente. Wie paßt das?

Hier sagt der Autor ff. Wenn die leuchtenden Himmelskörper, das Firmament, der Orbis terrarum fixus vorangehen, so folgt von selbst, daß der Orbis terrarum fluidus restiert. Es bedarf für ihn also nur eines kleinen Fingerzeiges. Dieser Fingerzeig ist aber sattsam da, wenn das *Wasser* gebracht wird. Das, was vorangeht, führt uns darauf, daß mit diesem Wasser der Orbis terrarum fluidus in's Auge gefaßt wird.

Gut, sagt man hierauf, das ist schon richtig. Wenn uns das Wasser geboten wird, so haben wir damit durch das Vorangehende legalisiert, daß es mit diesem Wasser auf den Orbis terrarum fluidus abgesehen ist. Aber das verhindert doch nicht, daß man fragt: Warum wird denn dem Orbis terrarum fluidus gegenüber das Wasser in den Vordergrund gedrängt? Es muß doch einen Grund haben, daß dem Wasser zu Liebe der Tenor des ganzen Passus umgestoßen wird.

Und da sagt der Autor ff. Kosmologika und Arkana sollen hier in *einer* Rubrik gebracht werden. Dies Arrangement bedingt, daß Kosmologika und Arkana, ohne strikt voneinander getrennt zu sein, ineinander übergehen, denn hätte das nicht statt, so besäßen sie nicht die Qualifikation, so brevi manu in einer Rubrik abgehandelt, zusammengebracht zu werden. Es ist also wohl sachgemäß, daß die Rubrik uns den Sachverhalt derartig zeichnet, daß die Rubrik sich dadurch legalisiert, sie sei berechtigt, Kosmologika und Arkana zusammenstehend zu bringen. Das aber geschieht dadurch, daß hier das Wasser, entgegen dem Orbis terrarum fluidus, in den Vordergrund gedrängt wird.

Wie wir nämlich sogleich sehen werden, werden die Arkana anhand des Wasserverwandlungsexperimentes (des zweiteiligen, dem dreiteiligen trugen die Griechen keine Rechnung) abgehandelt. Und hier wird mit dem Pater omnis telesmi totius mundi est hic das *Wasserverwandlungsexperiment* eingeleitet. Damit steht denn der vorliegende Passus mit einem Fuße in den Kosmologikis, mit dem anderen Fuße in den Arkanis. In den Kosmologikis steht er, indem das Wasser auf den Orbis terrarum fluidus abzielt, in den Arkanis steht er, indem er den Anfang des Wasserverwandlungsexperimentes bringt. Und auf die Weise vermittelt er also den Übergang von den Kosmologikis in die Arkana.

Also wir sollten eigentlich haben: Vater und Mutter kommen auf den Orbis terrarum fluidus, was in der angefangenen Sprachweise der vorliegenden Stelle etwa lauten würde: Pater eius est x, mater eius est y, wobei x und y = Wasser. Statt dessen fängt der Autor mit dem Pater an und läßt nun statt des eius folgen: omnis telesmi totius mundi, das ist omnium elementorum. Nun hat der telesmus das Pronomen absorbiert. Dieses Pronomen, welches vorn absorbiert ist, nimmt er jetzt und setzt es hinten an die Stelle des x, womit denn herauskommt: Pater omnis telesmi totius mundi est hic. Also ist der Abbiegungssprung gar nicht so groß. Der pater bleibt, das Pronomen bleibt (hic statt eius) und die Bezeichnung des Wassers bleibt, sie bleibt gewiß gerade so prägnant, wie die Bezeichnung Feuer im Pater eius est sol, mater eius est Luna.

Nun wäre noch im Rückstand das mater eius est y. Das könnte wieder ganz analog gewandt werden: mater omnis telesmi totius mundi est haec. Denn wie der Vater an der Spitze der Familie steht, so folgt ihm in dieser Beziehung die Mutter. Wenn wir also im Vater das erste der Elemente haben, so haben wir in der Mutter das zweite der Elemente. Das ist aber die Erde. Also mater = Erde. Und mater omnis telesmi totius mundi est haec würde heißen: Hier hast du die Erde, welche in zweiter Reihe an der Spitze der Elemente steht.

Der Autor kann aber nun nicht sagen mater omnis telesmi totius mundi est haec. Denn abgesehen von dem Schleppenden, was in der Wiederholung des omnis telesmi totius mundi liegt, ist mit dem Passus auch nichts anzufangen. Das *Wasser* wird uns zwar im Passus Pater omnis telesmi totius mundi est hic geboten, aber was soll uns das Wasser als Wasser? Es soll ja, wie wir vorhin gesehen, auf das Wasser losgesteuert werden, wie es zum *Wasserverwandlungsexperiment* in Relation steht, wenn das aber geschehen soll, so muß der Passus, der noch folgen soll, das bewerkstelligen. Er kann es aber nicht bewerkstelligen, wenn die Erde nackt angereiht wird mit einem mater omnis telesmi totius mundi est haec. Wohl aber bewerkstelligt er es, wenn er gefaßt wird, wie hier steht: virtus eius integra est, si versa fuerit in terram, seine, des Wassers Tugend ist eine vollständige, wenn es, das Wasser, oder sie, die Tugend, in Erde verwandelt werden. Damit haben wir denn die vollständige Zeichnung des Wasserverwandlungsexperimentes (des zweiteiligen). Denn wer wollte leugnen, daß es eine richtige Zeichnung des Wasserverwandlungsexperimentes ist, wenn es heißt, das Experiment, die Wasserverwandlung selbst, beruht darauf, daß dem Wasser eine virtus innewohnt, diese virtus aber zur integra wird, wenn die Verwandlung (versa fuerit) in Erde vor sich geht.

Bei dem Passus virtus eius integra est, si versa fuerit in terram ist nun der Boden des: mater omnis telesmi totius mundi est haec zwar bedeutend, jedoch nicht absolut verlassen. Denn mater omnis telesmi totius mundi ist doch = Erde. Nun kommt aber der Ausdruck Erde in dem versa fuerit in terram speziell vor. Und indem wir diese haben, haben wir auch die mater, denn im Passus Nutrix eius terra est haben wir die Erde zu einem mütterlichen Verhältnis in Relation gesetzt. Also sind die Hauptausdrücke in beiden Sätzen gedeckt.

Wie wir gesehen, ist mit dem Wasserverwandlungsexperiment, wie es der Passus, Pater omnis telesmi totius mundi est hic, virtus eius integra est, si versa fuerit in terram bringt, der Anfang der in dieser Rubrik zu bringenden *Arkana* gebracht. Wir befinden uns, sobald wir diesen Passus haben, bereits mit einem Fuße in den Arkanis. Die Arkana sollen anhand des Wasserverwandlungsexperimentes abgewickelt werden, und darum beginnen sie mit diesem Experiment selbst. Ein solcher Anfang führt uns dann gleich in medias res, und die eigentliche Ausführung der Sache braucht sich bloß in wenigen Worten anzureihen.

Daß nun aber die Arkana anhand des Wasserverwandlungsexperimentes gebracht werden, hängt damit zusammen, daß es sich um zwei flüssige Arkana, Acid. sulphur. und Liquor hepatis, und um zwei feste Arkana, Natron und P. solaris, handelt. Es wird angenommen, wenn wir die zwei flüssigen Arkana haben, dann erhalten wir auf Grund des Wasserverwandlungsexperimentes die zwei festen Arkana von selbst, wir brauchen die ersteren bloß stehen zu lassen, dann ergeben sich die letzteren als Präzipitat. Wenn nun aber, so wird angenommen, die letzteren sich als Präzipitat ergeben, so müssen die ersteren die über dem Präzipitat stehende Flüssigkeit bilden. Deswegen kann man in Bezug auf die flüssigen Arkana von einem ascendere und in Bezug auf die festen Arkana von einem descendere sprechen. Und wenn hier steht:

Ascendit a terra in coelum, iterumque descendit in terram,

so heißt das eben, auf der einen Seite hast du Liquor hepatis und Acid. sulphur., und auf der anderen Seite hast du P. solaris und Natron, die ersteren als flüssige, die letzteren als feste Arkana aufgefaßt. Ascendit wie descendit ist der Singular. Also *steigen* nicht auf einzeln Liquor hepatis und Acid. sulphur., sondern es *steigt* auf kollektiv die vereinte Flüssigkeit beider Arkana, und es *steigen* nicht ab einzeln P. solaris und Natron, sondern es *steigt* ab kollektiv das vereinte Präzipitat beider Arkana. Da wir nun aber jedes Arkanum für sich erhalten müssen, wie wir jedes Kosmologikum für sich erhalten haben, so steht hier:

et recipit vim superiorum et inferiorum.

Das ist, das, was aufsteigt als *ein* superius, zersplittert sich in zwei superiora: Acid. sulphur., Liquor hepatis; das, was absteigt als *ein* inferius, zersplittert sich in zwei inferiora: Natron und P. solaris.

Analog nun wie bei der griechischen Interpretation der 1. Redaktion der Tab. smar. werden Feuer und Luft von dem Liquor hepatis und P. solaris, welche dem Wasserverwandlungsexperiment unterworfen werden, gestrichen, und weil dies statt hat, deshalb geht dem ascendere und descendere voran:

Separabis terram ab igne, subtile a spisso, suaviter magno cum ingenio — worüber die griechische Interpretation der ersten Redaktion der Tab. smar. nachzusehen.

Nun aber haben wir jener Interpretation der ersten Redaktion gegenüber folgende Differenz: Bei ihr wurden Feuer und Luft zwar erst getrennt, hinterdrein aber wurden sie wieder hinzugesetzt, auf daß Liquor hepatis und P. solaris auch eben ihren Charakter als Feuer- und Luft-Arkanum oder als Luft- und Feuer-Arkanum erhielten. Das hat hier nun nicht statt. Hier werden Feuer und Luft getrennt, aber nicht ausdrücklich wieder zugesetzt. Das ist nun, obenhin betrachtet, eine Lücke. Besieht man sich die Sache aber bei Licht, so treten Umstände ein, welche die Lücke so ausfüllen, daß gar nicht mehr von einer Lücke die Rede sein kann.

Der eine Umstand ist der, daß das suaviter magno cum ingenio beim Separabis derartig ausgebeutet werden kann, daß man sagt, die Umsicht, die anzuwenden ist, besteht darin, daß zwar zu separieren ist, daß das Separierte hinterdrein aber auch wieder zuzusetzen ist.

Der andere Umstand aber, welcher hauptsächlich in die Waagschale fällt, ist ff. Arkana und Kosmologika stehen in einem Zusammenhang. Darauf weist die *eine* Rubrik hin, in welcher beide abgehandelt werden, darauf weist der unmittelbare Übergang von einem in's andere anhand des Pater omnis telesmi hin. Nun ist aber bei den Kosmologikis ganz direkt darauf hingewiesen, daß ein Kosmologikum Luft, das andere Feuer ist. Und daraus geht hervor, daß auch ein Arkanum Luft und das andere Feuer sein muß. Diese Kalkulation liegt um so näher, als Kosmologika und Arkana sich in dieser Beziehung kreuzen. Bei den Kosmologikis könnte man auch den Einwurf machen, daß, da Firmament und die leuchtenden Himmelskörper *nur* als Luft und Feuer hingestellt werden, man nicht wissen kann, daß sie zugleich auch Wasser und Erde sein sollen. Hier hat man sich an die Arkana zu halten. Von den Arkanis wird ausdrücklich gesagt, daß *alle* Wasser und Erde sein müssen, damit müssen denn auch alle Kosmologika Wasser und Erde sein. Also hier ist eine vollkommene Kreuzung da, und diese deckt die beiden Arkana Liquor hepatis und P. solaris als Feuer- und Luftarkanum, auch ohne daß speziell gesagt wird, die separierte Luft, das separierte Feuer sei wieder zuzusetzen.

Vierte Rubrik. Gloriarubrik.

Sic habebis bis obscuritas.

Wie bei der griechischen Interpretation der ersten Redaktion der Tab. smar. treten hier die Gruppen des alexandrinischen Schemas zusammen und ergeben den totus mundus, kurzweg den Schema-mundus. Es brauchen nun aber, um den mundus zu ergeben, bloß die beiden Arkanen-Gruppen und die beiden kosmologischen Gruppen zusammenzutreten. Das Zusammentreten der Elementen-Gruppen ist nicht nötig. Wozu brauchen diese zusammenzutreten, da die Elementen-Gruppe ja eine meditatio, eine Idealität ist? Wozu diese Idealität durch Konstruierung eines *Ein*-Elementes noch kumulieren? Weil nun aber die Elementen-Gruppen nicht zusammenzutreten brauchen, deshalb steht hier: Ideo fugiet a te omnis obscuritas. Die fliehende obscuritas tritt ein, wenn man einsieht, daß die Elementen-Gruppen nicht zusammenzutreten brauchen.

Fünfte Rubrik. Pathologische Rubrik. Fortitudo-Rubrik.

Haec est totius fortitudinis bis penetrabit.

Wie bei der jüdischen Interpretation der zweiten Redaktion der Tab. smar. Die fortitudo zählt natürlich nach der *Vier* und nicht nach der Drei, weil es sich nicht um die drei Arkana: Acid. sulphur.-Natron, Liquor hepatis, P. solaris handelt, sondern um die vier Arkana: Acid. sulphur., Natron, Liquor hepatis, P. solaris. In analoger Weise muß denn auch bereits bei der griechischen Interpretation der ersten Redaktion der Tab. smar. von dem Drei-Standpunkt der fortitudo Abstand genommen werden.

Sechste Rubrik. Index.

Sic mundus bis hic.

Man vergleiche im Allgemeinen bei der jüdischen Interpretation der Tab. smar., sechste Rubrik.

Sic mundus creatus est. Wir haben bereits in der zweiten Rubrik gesehen, daß der mundus (nicht totus mundus) die pythagoräische Welt, die res omnes ist. Von dieser ist aber in der zweiten Rubrik die Rede, und so weist dieser Passus auf die zweite Rubrik.

Creare wird im Sinne von »konstruieren« genommen. Die zweite Rubrik hat sich die 10 aus der 1 und 0 konstruiert.

Hinc erunt adaptationes mirabiles. Das bezieht sich auf die dritte Rubrik. Die adaptationes sind, wie in der jüdischen Interpretation, die Arkana. »Anpassung« heißen die Arkana, weil sie an die Elemente, an den Elementenstock des alexandrinischen Schemas angepaßt werden. Es werden nun in der dritten Rubrik nicht nur die Arkana, sondern auch die Kosmologika »angepaßt«. Nichtsdestoweniger werden die Kosmologika nicht unter die adaptationes mit einbegriffen. Daran darf man sich nun nicht stoßen und sagen, aber dann wird ja nicht auf die Kosmologika der dritten Rubrik hingewiesen. Ei, das ist auch gar nicht nötig. Es ist ja nicht nötig, daß der Index die Rubrik, auf die er hinweist, erschöpfend bringt. Der Index *weist* auf die entsprechende Rubrik *hin*, und damit ist seine Mission erledigt. Ganz aus diesem Gesichtspunkt war es auch nicht auffallend, daß der erste Passus Sic mundus creatus est bloß die 10 und nicht die Elemente brachte, und ganz analog war es auch nicht auffallend, daß die jüdische Interpretation bloß an die res omnes anlehnte, wo die zweite Rubrik auch noch andere Dinge bot.

Hinc erunt adaptiones, das ist, nicht von der pythagoräischen Zehn, sondern von der Rubrik, auf welche mittels des mundus hingewiesen wurde, stammen die adaptationes. Das, wovon die Arkana herstammen, sind die *Elemente,* welche die zweite

Rubrik bringt. Vom mundus kommt man auf die zweite Rubrik, von dieser auf die Elemente, und von den Elementen, hinc, auf die Arkana.

Quarum modus est hic bezieht sich auf die fünfte Rubrik.

Das quarum ist adaptationum mirabilium. Dies quarum weist aber auch darauf hin, daß adaptationes wohl Arkana aber nicht Kosmologika, denn die letzteren werden nicht am Krankenbette angewandt.

Siebente Rubrik. Schlußrubrik.

Itaque vocatus sum bis mundi.

Vergl. im Allgemeinen die jüdische Interpretation der Tab. smar. in der siebenten Rubrik.

Ein trismegistus wird der Hermes genannt auf Grund des Dreifachen, welches dem alexandrinischen Schema zu Grunde liegt, das sind: Elemente, Kosmologika, Arkana.

Philosophia totius mundi wieder = Tabula smaragdina. Der Titel der Tab. smar. ist also in griechischer wie in jüdischer Interpretation: Philosophia totius mundi = Alchemie.

Wir wissen aus der jüdischen Interpretation, daß Alchemie eigentlich philosophia sein müßte und nicht philosophia *totius mundi*. Totus mundus, oder kurzweg mundus, wollte eigentlich sein: jüdische Schöpfungsgeschichte. Die Schöpfungsgeschichte verwandelt der Autor in mundus, um den Griechen gegenüber gedeckt zu sein. Er ist nun im Allgemeinen dadurch gedeckt, worauf wir bei der jüdischen Interpretation hingewiesen haben, daß er den Griechen gegenüber sagt, auch in euerer Alchemie spielt die »Welt« eine so wichtige Rolle, daß der mundus wohl geeignet ist, die philosophia zur philosophia totius mundi zu dilatieren. In Bezug auf die griechische Interpretation der Tab. smar. wird er nun aber *doppelt* gedeckt. Da sagt er nämlich, der totus mundus, wie er hier steht, ist die Welt des alexandrinischen Schemas entgegen dem, daß der einfache mundus die pythagoräische Welt repräsentiert. Da nun totus mundus eben die Welt des alexandrinischen Schemas ist, so ist in übertragener Weise der totus mundus das *alexandrinische Schema selbst*. Hiermit wird denn philosophia totius mundi zur Philosophie des alexandrinischen Schemas, und darin, daß eben Alchemie gleich sein soll der Philosophie des alexandrinischen Schemas, ist den Griechen ein solches Kompliment gemacht, daß sie gegen den neuen Ausdruck philosophia totius mundi, der an die Stelle der einfachen philosophia tritt, durchaus nichts haben können.

Das Itaque vocatus sum wird so genommen, wie bei *der* Interpretation dieser Stelle, welche eigentlich im Sinne des Autors bei der jüdischen Interpretation der Tab. smar. liegt, das ist, wir haben den mysteriösen Anschluß an Thoth, es wird der Standpunkt angenommen, als wenn die ägyptische spirituelle Interpretation der Tab. smar. voranginge.

Das habens tres partes schließt endlich die griechische Interpretation ganz so an, wie die jüdische Interpretation. In dieser wurde der Hermes trismegistus durch die drei Arkana legalisiert, in jener durch die drei Gesichtspunkte des alexandrinischen Schemas. Ob nun aber der Hermes trismegistus so oder so legalisiert wurde, er ist als solcher gegeben, und nachdem er gegeben ist, macht sich das habens tres partes in der griechischen wie in der jüdischen Interpretation.

Ägyptische spirituelle Interpretation der zweiten Redaktion der Tabula smaragdina

Wir wissen, daß der Autor der zweiten Redaktion der Tab. smar., indem er die erste Redaktion vor sich liegen hat und zu ihr einen Schlußpassus sucht, diesen in dem Itaque vocatus sum Thoth (Hermes) findet, der sich der spirituellen Interpretation anschließt. So kommt der Thoth unter die Tab. smar. Die erste Redaktion liegt also in ihrer spirituellen Interpretation vor dem Autor der zweiten Redaktion. Der Autor findet es passend, findet es im Sinne dieser ersten spirituellen Interpretation, zum Schluß den Thoth auf's Tapet zu bringen, und so rückt dieser in einem neuen Passus ein. Nachdem er aber einmal eingerückt ist, muß die überhaupt erweiterte Tab. smar., die zweite Redaktion der Tabula, auch in den nichtspirituellen Interpretationen sich den Thoth gefallen lassen. *Weil* er zur spirituellen Interpretation paßt, *deswegen* muß er auch zu den übrigen Interpretationen passen. Hieraus ist es denn zu erklären, daß die nichtspirituellen Interpretationen ihren Gang gehen, wie er eben ist, und daß dann auf einmal in der siebenten Rubrik der Thoth herankommt, der wohl mit seinem Epitheton trismegistus einen indirekten Anschluß an das vorhin Gelehrte erhält, in Bezug auf dessen Persönlichkeit an und für sich aber, so nackt für sich betrachtet, man gar nicht weiß, wo er herkommt. Demgegenüber paßt es denn wohl, daß die spirituelle Interpretation der Tab. smar., welche den Thoth so verlassen in die anderen Interpretationen hineinschleudert, daß sie sich des Verlassenen doppelt annimmt. Bezüglich der ersten Redaktion der Tab. smar. ist die Sachlage die, daß, wenn man die spirituelle Interpretation dieser ersten Redaktion der Tab. smar. hat und an sie nun als fünfte Rubrik das Itaque vocatus sum Thoth anschmiegt, daß dann die vier vorangehenden Rubriken zur fünften im *engeren* Sinne keine Relation haben, sie haben es nur im *weiteren* Sinne insofern, als, nachdem der Inhalt sich an die Seele lehnt, vom Aufwärtsgehen der Seele zum Himmel, vom Abwärtsgehen der Seele zur Erde die Rede ist, als es da ganz passend ist, daß der Thoth auf's Tapet gebracht wird, der zur Seele der Verstorbenen eine Relation hat. Das liegt nun bei der zweiten Redaktion (spirituelle Interpretation) anders. Hier tritt Thoth auch im *engeren* Sinne in Relation zu dem Vorangehenden, es wird auch im Tenor der Tab. smar. Rücksicht genommen auf den Thoth, den Hermes, ja, er tritt in der zweiten Redaktion in ihrer spirituellen Interpretation so sehr in den Vordergrund, daß diese im Thoth aufgeht.

Anhand der vorliegenden Interpretation der Tab. smar. wird der Thoth aufgefaßt als unicus, als Ein-Gott, und als trinus, als Drei-Gott. Der Hermes trinus ist der Hermes trismegistus. Dem Hermes unicus steht die Ein-Seele gegenüber, wie sie das Kollektiv ist für Menschen- und Tierseele. Dem Hermes trinus steht die Seele gegenüber in Bezug auf ihren dreifachen, um sozusagen Wesenheitsstandpunkt. Dieser dreifache Standpunkt ist Seele als Feuer, Seele als Luft, Seele als Erde. Zur Feuereigenschaft kommt die Seele derartig, daß man im Leben einen Verbrennungsprozeß sah, — welche Auffassung des Lebens als Verbrennungsprozeß schon sehr alt ist. Mit dem Tode hört der Verbrennungsprozeß auf, das den Verbrennungsprozeß bewirkende Feuer schwindet also. Da nun der belebte Körper aus Seele und Leib besteht, der letztere aber nach dem Tod verfault, so gab man der Seele das Feuer. Gerade weil das Seelenfeuer, die Seele als Feuer, beim Tode sich vom Körper trennt, deswegen tritt der Leib aus dem Verbrennungsprozeß in den Fäulnisprozeß. So ist der Sachverhalt mit der als Feuer aufgefaßten Seele. Zur Lufteigenschaft kommt die Seele derartig, daß man den Atem des belebten Körpers als die Seele ansah. Man setzte den Unterschied des lebenden und toten Körpers darin, daß der erstere atme, der letztere nicht. Da nun der lebende Körper eine Seele hat, der tote nicht, so identifizierte man Seele und Atem. So kommt die Seele zu Atemeigenschaft, und damit, da Atem = Luft gesetzt wurde, zur Lufteigenschaft. Zur Erdeigenschaft, oder wie es im Deutschen besser bezeichnet wird, zur irdischen Eigenschaft kommt die Seele dadurch, daß sie im lebenden Körper an den irdischen Leib gebunden ist, an den Leib, der Erde ist und zu Erde wird.

Bei der vorliegenden Interpretation der Tab. smar. fallen die 7 Rubriken und wir erhalten bloß 4 Rubriken.

Die erste Rubrik geht von Verum est bis versa fuerit in terram. Sie geht von der Seele aus.

Die zweite Rubrik geht von Separabis bis penetrabit. Sie geht vom belebten Menschen- und Tierkörper aus.

Die dritte Rubrik bringt den Index.

Die vierte Rubrik ist die Schlußrubrik: Itaque vocatus sum.

Im Allgemeinen wollen wir noch voranschicken, daß anhand der vorliegenden Interpretation die Alchemie zur Seelenlehre wird. Substrat dieser Seelenlehre ist der belebte Menschen- und Tierkörper, und dieser belebte Menschen- und Tierkörper ist die Welt, der mundus, der Alchemie, die sich zur Seelenlehre gestaltet. Ob diese Welt nun mundus oder totus mundus genannt wird, darin liegt in der vorliegenden Interpretation kein prinzipieller Unterschied.

Erste Rubrik

Verum est bis versa fuerit in terram.

Wie wir bereits angedeutet, geht die erste Rubrik von der Seele aus, entgegen der zweiten Rubrik, die vom Körper ausgeht. Dabei steht nun bei einer spirituellen Interpretation der Tab. smar. die Seele selbstredend im Vordergrund, und dieses Im-Vordergrund-Stehen der Seele wird durch die einleitenden Worte Verum est etc. markiert, welche in dem Sinne zu fassen sind: Es ist wahr, daß das und das die Seele betrifft; es unterliegt keinem Zweifel, daß das inferius wie das superius u.s.w.

Quod est inferius bis adoptione.

Superius und inferius sind Menschen- und Tierseele, oder Tier- und Menschenseele. Hinter superius und vor »Et« wird ein Komma gesetzt. Der Autor läßt es ganz dahingestellt sein, ob superius Tier- oder Menschenseele, inferius Menschen- oder Tierseele. Nur das steht fest, daß, wenn inferius = Menschenseele, daß dann superius = Tierseele, daß, wenn inferius = Tierseele, daß dann superius = Menschenseele. Weil er sich nun nicht dafür entscheiden will, welche Sachlage statt hat, deswegen nennt er *vor* dem et das ein inferius, was er *nach* dem et ein superius nennt; er nennt *vor* dem et das ein superius, was er *nach* dem et ein inferius nennt. Die *beiden* superius, die *beiden* inferius kommen also im Grunde auf *ein* superius, *ein* inferius hinaus.

Dies superius und inferius dient nun dazu, die Wunder (das Wunder) der res una zu Stande zu bringen. Die res una ist die Seele kollektiv genommen, die eine Seele, welche sich in die Menschen- und Tierseele zersplittert.

Also kurz: Tier- und Menschenseele dienen dazu, das Wunder der Seele zustande zu bringen.

Die Seele als res una lehnt an den Hermes unicus.

Et sicut res omnes etc.

Die res omnes sind alle Dinge, die wir um uns sehen, deren Inbegriff überhaupt die Welt bildet. Sie waren vom unus, von Gott. Gott hat die Welt erschaffen. Nun aber huldigten die Ägypter der Vielgötterei, sie haben also mit dem unus, dem Eingott, nichts zu schaffen. Deswegen wird hier der unus durch die meditatio redressiert, welche durch »Idealität« zu übersetzen ist. Der unus, der Eingott, hat die Welt erschaffen, welcher unus indes eine Idealität ist. Gegen den Eingott, welcher auf diese Weise redressiert wird, können die ägyptischen Priester, und um diese handelt es sich ja, da sich die Alchemie in ihren Händen befand, nichts haben. Wenn die auch dem Volke gegenüber der Vielgötterei Vorschub leisteten, so hatten sie doch nichts gegen die Idealität eines Eingottes. Das liegt gerade so wie bei den Indern, deren Priester zwar dem Volke gegenüber mancherlei Götter aufstellten, die aber für ihre Person dem ideellen Brahma huldigten.

Die res natae werden, trotzdem sie etwas Sachliches sind, *persönlich* gefaßt. Die Befugnis hierzu gibt die adoptio. Die adoptio macht auf das uneigentliche Verhältnis aufmerksam, welches uneigentliche Verhältnis eben das ist, daß das Sachliche gesagt, das Persönliche aber gemeint ist.

Omnes res natae sind: Mensch und Tier. Sie waren vor der res una, der Seele.

Das esse a wird auf ein väterliches Verhältnis zurückgeführt.

Vorhin wurde die res una entwickelt. Was ist es denn mit dieser Seele des näheren? Antwort: Wie Gott der Vater der Welt ist, so ist die Seele der Vater des Menschen und des Tieres. Bei der Welt ist der Vater der Welt, Gott, die Hauptsache, bei Mensch und Tier ist die Seele des Körpers die Hauptsache. Die Deckung von Vordersatz und Nachsatz (sicut — sic) liegt darin, daß Gott der Welt gegenübergestellt wird, wie die Seele dem Körper.

Bis jetzt befanden wir uns im Bereich der res una, und damit im Bereich des Hermes unicus. Dem entgegen kommen wir jetzt bei

Pater eius est Sol etc. in den Bereich des Hermes trismegistus. Dem Hermes unicus gegenüber wurde die Seele zum Vater gemacht (res natae fuerunt ab una re). Dem Hermes trismegistus gegenüber wird die Rolle umgekehrt, und es ist vom Vater der Seele die Rede, wodurch die Seele in ein Kindesverhältnis tritt. Dem Vaterverhältnis tritt hier ein Mutterverhältnis zur Seite.

Pater eius est Sol, mater eius est Luna.

Sonne und Mond sind die Hauptrepräsentanten des Feuers. Also Vater und Mutter der Seele sind das Feuer.

Portavit illud ventus in ventre suo.

Der Wind, die Luft, ging mit der Seele schwanger. Die Luft ist die Mutter der Seele.

Nutrix eius terra est.

Die Erde ist die Amme der Seele.

Wir haben also den dreifachen Standpunkt der Seele, auf den wir oben in den einleitenden Worten hingewiesen haben. Seele als Feuer, als Luft, als Erde.

Im Et sicut bis adoptione hatten wir die Relation der Seele zu Mensch und Tier. Diese Relation wurde aus dem Gesichtspunkt eines väterlichen Verhältnisses gebracht. Hier, von Pater eius est Sol an, haben wir die Relation der Seele zu Feuer, Luft, Erde. Auch das wird aus dem Gesichtspunkt eines väterlichen Verhältnisses gebracht. Das ist eine ganz analoge Sachlage. In Bezug hierauf liegt es nun aber etwas eigentümlich, daß ein mütterliches Verhältnis in die Sache gebracht wird, und es ist wohl sachentsprechend, daß die Mutter etwas näher legalisiert wird. Deswegen steht hier:

Pater omnis telesmi etc.

Der telesmus, die perfectio totius mundi ist das Dreiverhältnis der Seele, entgegen dem Einverhältnis. Das erstere wird *über* das letztere gesetzt, indem der Hermes trismegistus *über* den Hermes unicus gesetzt wird. Daher wird das Dreiverhältnis der Seele als Feuer, Luft, Erde, mit dem wir es hier zu tun haben, zum omnis telesmus totius mundi. Also:

Hier nun ist, hier hast du den pater für das Dreiverhältnis. Wohlverstanden, den *pater.* Wo kommt denn nun aber die *mater* her, welche wir in der mater selbst (mater eius est Luna), in dem portare in ventre, in der nutrix haben? Nun, die virtus eius, das ist dieses pater, ist eine integra, wenn der pater in eine mater verwandelt worden. Hier steht terra und nicht mater. Das ist so zu vernehmen, daß die Satzarrangierung statt des mütterlichen Verhältnisses in's Auge gefaßt wird. Die virtus integra tritt ein, wenn man, von Mater eius est Luna anfangend, zu Nutrix eius est *terra* gekommen. Dann, wenn wir so weit gekommen sind, ist der pater ein integer, oder seine vis ist eine integra. Dies integrierende Verhältnis kommt aber nur dadurch heraus, daß man der *Mutter* Rechnung trägt; und so ist die mater legalisiert. Dieser etwas versteckt liegende Sinn tritt sofort klar in den Vordergrund, wenn man bedenkt, daß das: virtus eius est integra est hinauskommt auf: mater omnis telesmi est haec (s. die jüdische Interpretation).

Zweite Rubrik

Separabis bis penetrabit.

Hier wird vom belebten Menschen- und Tierkörper ausgegangen. Die Seele wird vom Drei-Standpunkt aufgefaßt, knüpft sich von diesem Drei-Standpunkt aus an den Leib, so daß wir haben:

Feuer-Seele — Leib
Luft-Seele — Leib
Erd-Seele — Leib

Die Feuer-Seele = ignis, ihr Leib = terra.
Die Luft-Seele = subtile, ihr Leib = spissum.
Die Erd-Seele und ihr Leib — vacant,

denn wenn man im Allgemeinen die Seele von ihren drei Standpunkten, um sozusagen Wesenheitsstandpunkten auffaßt, so spricht man von Feuer-Seele, Luft-Seele, Erde-Seele. Wenn man dagegen, wie hier, vom belebten Körper ausgeht, so ist der Standpunkt der Erd-Seele von selbst gegeben. Denn darin gerade ist ja der belebte Körper gegeben, daß die Erd-Seele in ihm repräsentiert ist, und nachdem sie einmal vorab in ihm repräsentiert ist, schwingt sie sich zu den höheren Standpunkten der Feuer-Seele und Luft-Seele auf.

Man soll nun, indem man den belebten Körper hat, separare, trennen: Feuer-Seele (ignis) vom Leibe (terra), man soll trennen: Luft-Seele (subtile) vom Leibe (spissum). Es wird aber nicht gesagt, daß man die Erd-Seele vom Leibe trennen soll. Das ist überflüssig, das versteht sich von selbst. Trotzdem also nur der ignis und das subtile vom Leibe getrennt werden, ist die Trennung der Seele von ihren drei Standpunkten doch vollständig gegeben in dem Separabis terram ab igne, subtile a spisso, und wer darüber noch Zweifel hegt, den wird das angefügte: suaviter magno cum ingenio darüber in's Klare setzen. Zugleich tritt der letztere Passus dafür ein, daß eigentlich, wie terra ab igne separiert wird, daß so auch spissum a subtili separiert werden sollte (vergl. bei der ägyptisch-spirituellen Interpretation der ersten Redaktion der Tab. smar.).

Durch das separare erhält man also den Drei-Seelenstandpunkt als Feuer, Luft, Erde in ihrer vom Leibe emanzipierte Stellung. Diese drei Standpunkte werden nun vom Eingesichtspunkt der Seele aufgefaßt, sie werden zu einem verschmolzen, und dieses eine, diese eine Seele

ascendit a terra in coelum, steigt von der Erde zum Himmel, nach dem Tode nämlich, iterumque descendit in terram, und steigt wieder zur Erde zurück, bei der Seelenverwandlung nämlich. Sie steigt zum Himmel auf vom Ein-Standpunkt aus gefaßt, sie steigt aber ab vom Zwei-Standpunkt aus, und vermöge dieses letzteren Zwei-Standpunktes

recipit vim superiorum et inferiorum, wird sie teilhaftig der Kraft der oberen und unteren Dinge. Wie es aber die erste Rubrik lehrt, kommen die superiora et inferiora auf das eine superius und inferius hinaus, auf die Menschen- und Tierseele.

Also man hat in der vorliegenden Rubrik zunächst die *Drei*seele, diese restringiert sich zur *Ein*seele, diese dilatiert sich wieder zur *Zwei*seele. Und nachdem man so weit gekommen, hat man, da man mit der *Zwei*seele auf das superius und inferius gekommen, anlehnend hieran wieder die *Ein*seele, denn das superius et inferius dient ja dazu, die miracula rei unius zustande zu bringen.

Man hat also durch die vorangegangene Exposition den Ein-Standpunkt und den Drei-Standpunkt der Seele. Der erstere ist die gloria, der letztere die fortitudo.

Sic habebis gloriam etc.

So hast du den Ein-Standpunkt, der sich an den Hermes unicus anlehnt.

Totus mundus kommt auf den belebten Menschen- und Tierkörper hinaus.

Haec est totius fortitudinis etc.

So hast du den Drei-Standpunkt (fortitudo nach der Drei gewählt), der sich an den Hermes trinus anlehnt.

Faßt man nur die Stelle Separabis terram ab igne etc. in's Auge, so sollte man auf den ersten Blick sagen, es handele sich nicht um eine dreifache, sondern bloß um eine zweifache fortitudo, da ja nur die Feuerseele und die Luftseele, nicht aber die Erdseele getrennt wurde. Indessen, trotzdem daß nur darauf speziell hingewiesen wurde, daß die Feuerseele und die Luftseele zu separieren sind, wird dessenungeachtet stillschweigend auch die Erdseele separiert. Es handelt sich, trotz des beim Separabis anscheinend zwiefach Gebrachten, doch um eine dreifache fortitudo —

quia vincet omnem rem subtilem etc.,

weil die fortitudo besiegt: omnem rem subtilem, nicht ein einfaches subtile, wie es beim separabis hieß, sondern eine omnis res subtilis, ein doppeltes subtile. Das subtile oben ist zu einem doppelten subtile zu extendieren. Das eine von diesen beiden subtile ist die Luftseele, das andere die Erdseele. Und weil nun die Luftseele zu Luftseele und Erdseele extendiert wird, so ist auch der Leib der Luftseele zu einem doppelten Leib zu extendieren. Und darum steht, die fortitudo durchdringt: omnem rem solidam, wobei denn solidum synonym genommem wird mit dem obigen spissum. Es wird also anhand des quia vincet etc. unternommen, das, was wir bei der Stelle Separabis etc. als sich von selbst verstehend hingestellt haben — nämlich das, daß auch die Erdseele separiert wird — dies mit den dort gebrachten Worten, denen eine extendierte Bedeutung untergelegt wird, in Einklang zu bringen.

Dritte Rubrik

Sic mundus creatus bis hic.

Der Index ist hier zweiteilig. Der erste Teil ist: Sic mundus creatus est; der zweite: Hinc erunt adaptationes mirabiles, quarum modus est hic.

Sic mundus creatus est weist auf die erste Rubrik, insofern in dieser davon die Rede ist, daß Gott die Welt erschaffen. Also mundus für die Welt, welche den res omnes entspricht.

Hinc erunt etc. weist auf die zweite Rubrik. Die adaptationes sind die Anpassungen der Seele an den Körper bei Mensch und Tier. Diese Rubrik ging ja vom belebten Menschen- und Tierkörper aus, das ist von der adaptatio der Seele an den Körper. Hinc erunt — von da, von dem, was die erste Rubrik bringt. Sie bringt aber hauptsächlich die Seele. Denn es ist ein Charakteristikum der ersten Rubrik, von der Seele auszugehen, wie es ein Charakteristikum der zweiten Rubrik ist, vom belebten Menschen- und Tierkörper auszugehen. Der modus, μετρον, weist auf die fortitudo, das ist auf den Drei-Standpunkt der Seele, auf den Hermes trinus. Wie die Sachen in der vorliegenden Interpretation der Tab. smar. liegen, schmiegt sich die gloria durchaus an die fortitudo, denn der Drei-Standpunkt der Seele schmiegt sich an den Ein-Standpunkt derselben, die Eins ist zuerst da und extendiert sich dann zur Drei, ebenso wie der Hermes unicus zuvörderst da ist, und sich dann zum Hermes trinus extendiert.

Vierte Rubrik

Itaque vocatus sum bis mundi.

Philosophia totius mundi ist natürlich wieder: Tabula smaragdina. Die Philosophie, die Alchemie, wird hier zur Seelenlehre; der totus mundus ist der belebte Menschen- und Tierkörper. Im Sinne der spirituellen Interpretation wird die Tab. smar. zum Kanon einer Seelenlehre des belebten Menschen- und Tierkörpers.

Man muß bei der vorliegenden Interpretation hinter Hermes ein Komma machen, so daß herauskommt: Und so werde ich denn Hermes genannt. Dieser Hermes ist der Hermes unicus et trinus. — Der Anschluß »Und so« liegt hier sehr natürlich. Denn alles Vorangegangene kommt ja auf den Hermes unicus et trinus hinaus, worauf mittels des »Itaque« hingewiesen wird. Wir haben also: Und so werde ich denn Hermes genannt. Und nun kommt:

trismegistus habens tres partes philosophiae totius mundi, als trismegistus, als trinus, habend: drei Teile der Tab. smar. In Bezug darauf, daß es sich um *eine* Tab. smar. handelt, haben wir einen indirekten Hinweis auf den Hermes unicus. Damit aber, daß die Tab. smar., wie der Index lehrt, zwei Teile hat, ist kein indirekter Hinweis auf den Hermes trinus gegeben. Dieses indirekte Verhältnis kommt erst dadurch heraus, daß man den Index als Teil, als Rubrik der Tab. smar. mitrechnet. Dadurch erhält die Tab. smar. denn tres partes, und damit ist ein indirekter Hinweis auch auf den Hermes trinus gegeben. Als unicus habet Hermes unam Tabulam smaragdinam, als trinus habet Hermes tres partes Tabulae smaragdinae, und nicht duas partes, die zwei Teile, auf die der Index hinweist.

Es liegt nun ff. Kalkulation nahe. Indem in der letzten Rubrik darauf hingewiesen wird, daß die Tab. smar. drei Teile hat, indem die letzte Rubrik erst entwickelt, daß die Tab. smar. drei Teile hat, würde es eigentümlich liegen, daß dieser dritte Teil nun die letzte Rubrik selbst sein sollte. Das würde eigentümlich, widernatürlich liegen. Somit bleibt nichts anderes übrig, als den Index zu der pars tertia zu stempeln, die zu den beiden Teilen hinzutritt, die der Index aufführt. Auf die Weise erhalten wir aber wieder ein eigentümliches Sachverhältnis, nämlich das, daß der untergeordnete Index eine Stelle als Hauptrubrik der Tab. smar. erhält, wohingegen die Schlußrubrik leer ausgeht. Sie, die Schlußrubrik, die am Ende der Hauptrubrik der spirituellen Interpretation ist, da sie ganz direkt und nominal den Hermes bringt, sie wird zu einer Rubrik gestempelt, welche nicht zu den Hauptrubriken der Tab. smar. zählt — das ist gewiß ein eigentümliches Sachverhältnis!

Das ist nun der Grund, weshalb man, an das Ende der vierten Rubrik angekommen, einen Rückblick auf die Rubriken der Tab. smar. wirft. Man sagt, die erste Rubrik stellt in gewisser Beziehung eine Doppelrubrik dar, indem die Einleitung: Verum est etc. auch für sich genommen werden kann, was um so näher liegt, da dort, wo eine Schlußrubrik anerkannt wird, eine

Einleitungsrubrik sehr passend ist. Ferner sagt man, auch die zweite Rubrik stellt in gewisser Beziehung eine Doppelrubrik dar, indem die gloria und fortitudo eine solche hervorragende Bedeutung haben, daß selbst der Index, nachdem er die zweite Rubrik charakterisiert, noch besonders auf die fortitudo (inklusive gloria) hinweist. Demgemäß unterliegt es durchaus nicht dem Zwang, wenn man die zweite Rubrik indirekt in zwei Teilrubriken spaltet, von denen die eine von Separabis bis inferiorum geht, die andere von Sic habebis gloriam bis penetrabit. Ferner sagt man, der Index qualifiziert sich zur Zweispaltung und damit zur indirekten Doppelrubrik aufgrund seiner zwei Teile: Sic mundus creatus est und Hinc erunt etc. Und endlich sagt man, die Schlußrubrik nimmt eine so hervorragende Stelle ein, daß aufgrund dieser hervorragenden Stellung und aufgrund dessen, daß sie wohl verdient, hinterdrein doppelt berücksichtigt zu werden, wo sie zuerst so stiefmütterlich behandelt worden ist, daß aufgrund dessen auch sie den Rang einer Doppelrubrik wohl verdient.

Und so kommen denn hinterdrein statt der 4 Rubriken indirekt 8 Rubriken heraus. Diese Acht der 8 ideellen Rubriken der Tab. smar. wird an den Thoth gelehnt. Dem Thoth nämlich war die Stadt Hermopolis in Mittelägypten heilig, er wurde dort besonders verehrt. Diese Stadt nannten aber die Ägypter: Schmun, das ist: Acht, woraus denn die Relation des Thoth zur 8 hervorgeht. Es wird also die anfängliche Nichtberücksichtigung der Schlußrubrik zur Basis einer Ventilation gemacht, die den Thoth in besonderer Beziehung, in Beziehung auf die ihm zukommende Acht, in den Vordergrund drängt.

Die indirekten 8 Rubriken, die sich an die spirituelle Interpretation der Tab. smar. reihen, sind für die spätere Entwicklung der Tab. smar. von Bedeutung. Es kommt nämlich später zu der Tab. smar. der Zusatz: Completum est quod dixi de operatione Solis. Dadurch erhalten denn die 7 Rubriken, wie sie im Geiste der jüdischen und griechischen Interpretation der zweiten Redaktion der Tab. smar. liegen, noch eine achte Rubrik als Zusatz. Wir wollen es nun dahingestellt sein lassen, bis zu welchem Grade die Anfügung einer achten Rubrik auf die ideellen 8 Rubriken der spirituellen Interpretation basiert. Das aber ist unabweislich, daß der Autor des Completum est eine teilweise Deckung durch jene ideellen 8 Rubriken bekommt. Dadurch, daß in der spirituellen Interpretation die Rubrikenacht, wenn auch nur indirekt, gegeben ist, bekommt der Autor des Completum est einen Rückhalt, indem er, wenn man ihm vorhält, wo kann denn nun ein Mensch nur darauf verfallen, der Tab. smar. eine achte Rubrik anzufügen, indem er dann sagt, eine achte Rubrik ist gar nicht zu sehr etwas Überschwengliches, denn bereits die ägyptische spirituelle Interpretation nahm 8 Rubriken an.

Schließlich bemerken wir, daß bei der zweiten Redaktion der Tab. smar. die kosmologische ägyptische Interpretation fällt. Die Nil-Verhältnisse, welche eine solche Interpretation behandeln müßte, wären wohl mit einem Nil-Gott in Relation zu bringen, nicht aber mit dem Thoth. Nil-Gott und Thoth können aber nicht identifiziert, untereinandergeworfen werden, womit denn gegeben ist, daß eine Tab. smar., die im Schlußsatz den Thoth bringt, nicht kosmologisch-ägyptisch interpretiert werden kann. Die Ägypter, die also bei der ersten Redaktion der Tab. smar. zwei Interpretationen für ihren Teil erhalten, erhalten bei der zweiten Redaktion nur eine Interpretation, womit sie sich aber füglich begnügen können, da auch die Juden und Griechen nur eine Interpretation erhalten.

Der Titel der Tabula smaragdina

Da die Tab. smar. sich selbst Philosophia totius mundi nennt, so wird sie auch wohl so heißen. Trotzdem daß sie aber so heißt, wird sie schwerlich so im gewöhnlichen Leben genannt worden sein. Ganz abgesehen davon, daß dieser Titel für das gewöhnliche Leben zu weitläufig ist, steht ihm auch noch das im Weg, daß er der Mysteriösität Eintrag tut, mit dem die Tab. smar. sich umgibt und die Alchemisten sie umgeben. Denn sobald man im gewöhnlichen Leben die Tab. smar. Philosophia totius mundi nennt, liegt der Inhalt der Schlußrubrik ziemlich klar zu Tage, und man ist in Bezug auf die Schlußrubrik aus der Mysteriösität, wenn auch nicht ganz, so doch zum guten Teil herausgetreten.

Für das gewöhnliche Leben hat daher höchstwahrscheinlich schon von vornherein die Tab. smar. einen besonderen Titel geführt. Der Titel Tabula smaragdina ist es *nicht*, denn der kommt erst viel später auf, wie wir das an betreffender Stelle kennenlernen werden. Weil von der Zeit an, wo die Tab. smar. eben Tabula smaragdina genannt wird, dieser Titel alle anderen nebenbei gehenden, wenigstens sukzessiv, verdrängt, so bedienen wir für unseren Teil uns dieses Titels durchgängig, und nennen daher die Tab. smar. bereits da Tab. smar., wo dieser Titel den zu der betreffenden Zeit lebenden Alchemisten noch unbekannt war. Wir halten es für gut, für das wichtige Schriftstück durchgehend *einen* Titel zu wählen und beizubehalten, um keinen unnötigen Titelverwirrungen in die Arme zu fallen. Deswegen sprechen wir von vornherein von einer Tab. smar. und halten diese Bezeichnung durchgehend bei, einerlei, ob in der Phase, in der wir uns gerade befinden, der Titel Tab. smar. bereits da war oder nicht.

Für die erste Redaktion der Tab. smar. fehlt jeder Anhaltspunkt für einen Titel. Was die zweite Redaktion betrifft, so wurde sie vielleicht Tabula Hermetica genannt. Unabweisbar für sie ist der Titel Tabula Aegyptiaca oder Aegyptia, doch liegt es nicht nahe, daß wir annehmen, die Alexandriner selbst hätten diesen Titel aufgebracht. Viel näher liegt es, anzunehmen, dieser Titel stamme von außer-alexandrinischen Alchemisten, z.B. Griechen in Griechenland, Römern u.s.w.. Der Titel Tabula Aegyptiaca wird deshalb wichtig, weil er zu dem Titel Tabula Khemica umgeschmolzen wurde, und dieser Titel es ist, dem das Wort »Chemie« entstammt. Ägypten heißt nämlich Khemi, und das fremdländische Khemicus macht sich mysteriöser als Aegyptiacus, daher tritt Tabula Khemica für Tabula Aegyptiaca ein.

Von diesem Ausdruck Tabula Khemica stammen die Ausdrücke Chemie und Alchemie. Beim letzteren Ausdruck ist Al der vor Chemie gesetzte arabische Artikel; das Al zeigt uns, daß »Alchemie« aus der Araberzeit stammt.

Die richtige Schreibweise für Khemi ist eben Khemi, und nicht Kemi oder Chemie. Trotzdem drängen sich die unrichtigen Schreibweisen in den Vordergrund. Das kommt daher, weil weder Griechen noch Römer den Konsonanten Kh kennen. Indem nun griechisch und lateinisch geschrieben wurde, ließ man einerseits das h hinter K fallen, andererseits hielt man das h bei und verwandelte das K in ein C, womit lateinisch Ch und griechisch X herauskommt. Auf diese Weise wurde Khemi zu

Chemie und Kemi gräzisiert und latinisiert. Anhand dieser Schreibweisen kommt dann für Tabula Khemica heraus: Tabula Kemica oder Chemica. Statt nun Tabula Kemica oder Chemica zu übersetzen: ägyptische Tafel, übersetzte man: philosophische Tafel. Dies weist darauf hin, daß die Tab. smar. auch Tabula philosophica genannt wurde, eine Bezeichnung, welche sehr naheliegt. Unkundige nun, die sich mit dem fremdnamigen Ausdruck Kemicus oder Chemicus nicht zurecht zu finden wußten, kalkulierten: Tabula philosophica = Tabula Chemica oder Kemica, also ist philosophicus = Kemicus oder Chemicus. So wird kemisch oder chemisch = philosophisch, das ist in unserem Sinne »alchemistisch«. Aus dem Adjektiv Kemicus oder Chemicus wird dann in weiterer Folge das Substantiv Kemia oder Chemia = philosophia, das ist in unserem Sinne Alchemie, gebildet. Die Schreibweise Kemia hält sich sehr lange neben der Schreibweise Chemia, und erst in der neueren Zeit ist die Schreibweise Kemia durch die Schreibweise Chemia verdrängt worden, zugleich aber auch dem Ausdruck Chemia der Sinn untergeschoben worden, den wir heutzutage mit »Chemie« verbinden. Im Sinn der Alten ist Kemia oder Chemia das, was wir »Alchemie« nennen.

So, nur so liegt der Sachverhalt mit dem Ausdruck Chemie und Alchemie. Alle anderen Ableitungen von Chemie und Alchemie sind von der Hand zu weisen. Es kommt Chemie resp. Alchemie *nicht* her von χεω, ich gieße, schmelze; *nicht* von χυμος, welchem zu Liebe einige Alchymia, Chymia, Alkymia schreiben; *nicht* von αλκιμος, stark; nicht vom arabischen chama, er hat erhitzt, geschmolzen; *nicht* vom arabischen Kimiao oder Kimia, der Ofen; *nicht* von einem ägyptischen Weisen Chimin, und was dergleichen Aufstellungen mehr sind.

Wirkliche Einigung alexandrinischer Alchemisten anhand der Tabula smaragdina

Es liegt auf der Hand, daß, indem Griechen und Juden derartig nebeneinander gingen, daß die einen der, die anderen jener Interpretation der Tab. smar. huldigten, daß das Hader setzte. Nachdem dieser Hader nun eine Zeit lang gedauert hatte, trat ein Mann auf, der also sprach:

Wenn vor Zeiten der Autor der ersten Redaktion der Tab. smar. uns das betreffende Schriftstück bot, so hatte er es damit auf Einigung und nicht auf Zwist abgesehen. Was ist aber eingetreten? Die Einigung wahrlich nicht. Von dem Umstand, daß zwei Parteien ein und dasselbe Schriftstück anerkennen, zu dem ihrigen machen, hat sich der erste Autor der Tab. smar. viel versprochen, indem er dachte, daß, wenn dieser Umstand da wäre, daß dann der absolute Riß zwischen den Parteien aufhören würde, aufgehört hätte. Wie der offenbare Tatbestand aber, mit dem wir es jetzt zu tun haben, zeigt, war diese Idee keine richtige, ja am Ende hat gerade die Tab. smar. dazu beigetragen, den Riß womöglich noch größer zu machen. Der Riß, der zwischen uns besteht, ist eine traurige Erscheinung. Da ist ein Häuflein Menschen, welches sich zum Endziel gesteckt hat, kranke Menschen gesund zu machen, und sich über das wahre Mittel dazu, das ist die Anwendung der Arkana am Krankenbett, einig ist. Statt daß sich nun dieses Häuflein Menschen einig die Hand reicht, knüpft der eine Teil jene Vorstellungen, welche mit dem eigentlichen Endzweck, kranke Menschen gesund zu machen, gar nichts zu tun haben, und weil nun diese Vorstellungen beim einen so und beim anderen so sind, deswegen bekämpfen sie sich und feinden sich an. Ist das nicht eine traurige Erscheinung? Ja, die Erscheinung ist um so trauriger, als wir das Mittel in der Hand haben, jeglichen Hader fortzuwischen. Wir haben die Tab. smar. als ein beiderseitiges Schriftstück. Wenn wir nun diesem gemeinsamen Schriftstück eine *beiden Parteien gemeinsame* Interpretation geben, dann haben wir Einigung statt Zwist, wir haben uns durch Vermittlung der Tab. smar. die Bruderhand gereicht. Stoßt das Gute nicht von euch, wo es doch so kindlich einfach zu euren Füßen liegt. Wir haben die Tab. smar. Jede Partei läßt ihre Interpretation fallen, beide Parteien scharen sich um eine *neue* Interpretation, und die Sache ist fertig. Wie aber, werdet ihr sagen, eine neue Interpretation, woher sie nehmen? — Ich werde euch eine solche geben. — Aber diese Interpretation muß doch etwas absolut Neues bringen, muß mit dem Alten absolut brechen, denn sonst ist der Zweck nur scheinbar erreicht, sonst würden sich Hintertüren finden, durch welche der alte Parteihader unversehens wieder hineinschleicht. Ist ein solcher Neustandpunkt aber nicht ein absolut perverser? Der Autor der Tab. smar. bietet uns diese mit den betreffenden Interpretationen. Nun sollen wir herankommen und sagen, dies, dein Schriftstück unterliegt nicht deinen Interpretationen, es unterliegt einer neuen Interpretation, an die du nie gedacht hast. Ist das keine Perversität, so hervorstechend, wie man sich kaum eine größere denken kann? Ist eine größere Perversität denkbar, als die, sich auf die richtige Interpretation eines Schriftstückes versteifen zu wollen, von der feststeht, daß der Autor, der es doch am besten wissen muß, nie an sie gedacht hat? — Schon recht, antwortet unser Mann, ihr redet im Sinne des Autors der Tab. smar., und ich pflichte euch darin bei. Aber ist nicht die Hauptidee bei einer Tab. smar. die, daß an die Stelle des Zwistes die Einigung treten soll? Handeln wir nicht im wahren Sinne des Autors der Tab. smar., wenn wir uns einigen, muß diesem Hauptsinne nicht jeder Nebensinn mit Recht weichen? Und seht, wir haben ein Mittel in der Hand, in dieser Beziehung auch dem Skrupulösen gerecht zu werden. In Bezug auf die Tab. smar. dürfen wir uns auf keinen allgemeinen Standpunkt stellen, wir haben es mit besonderen Standpunkten zu tun. Der erste Autor entwirft die erste Redaktion der Tab. smar., der zweite die zweite Redaktion. Entwerfen wir nun eine dritte Redaktion, so hört auch für den Skrupulösen jedes Bedenken auf. Sagt man dann, wie könnt ihr der Tab. smar. einen Sinn unterlegen, von dem es feststeht, daß der Autor nie an denselben gedacht hat, so antworten wir, wir haben es gar nicht mit dem Autor zu tun, auf den ihr lossteuert. Zuerst handelt es sich um die erste Redaktion, welche ihre Interpretation hatte, dann um die zweite Redaktion, welche ihre Interpretation hatte, und nun handelt es sich um die dritte Redaktion, welche wieder ihre Interpretation hat. — Aber willst du denn nun wirklich die Tab. smar., die Autorität erlangt hat, die sich unter den Alchemisten eingebürgert hat, umstoßen, und mit einer neuen Redaktion auftreten? Wer wird eine solche anerkennen? — Oh, sagt unser Mann, das geht schon, wenn es nur cum grano salis geschieht. Wir lassen die zweite Redaktion, wie sie ist, und fügen nur einen kleinen Schlußsatz an. Das ist eine fast unbedeutende Neuerung dem alten Schriftstück gegenüber, welches aber den hohen Wert hat, uns denen gegenüber eine Waffe in die Hand zu geben, welche uns das Recht bestreiten wollen, der Tab. smar. einen Sinn unterzuschieben, an den der Autor der zweiten Redaktion nie gedacht hat. Diesen Leuten gegenüber sagen wir dann einfach, was ihr anhand der zweiten Redaktion der Tab. smar. einwerft, ist nicht stichhaltig, denn es handelt sich nicht um eine zweite, sondern um eine dritte Redaktion. Die zweite Redaktion nahm sich das Recht, der ersten Redaktion gegenüber selbständig aufzutreten. Sagen die dann, eine hübsche dritte Redaktion ist das! Es handelt sich wörtlich um die zweite Redaktion, an die ein kleines Schlußsätzchen angeflickt ist. Sagen die so — so sagen wir, gerade das, was ihr der dritten Redaktion vorwerft, das ist ihr Lob, das ist ihre starke Seite. Sie trägt dem Text der ihr vorangehenden Redaktion mit der größten Pietät Rechenschaft. Drehen diese Leute aber den Spieß um und sagen, ihr habt gar kein Recht, der Tab. smar. etwas anzuflicken. Die Tab. smar. ist ein Kanon, und deswegen muß sie bleiben, wie sie ist. Das bleibt sie aber nicht, wenn man etwas anflickt. Wenn jeder sich das Recht nehmen wollte, etwas anzuflicken, wo sollte es dann am endlichen Ende mit der Tab. smar. hinaus? Sagen die so, nun, so ist das ein Einwurf, der nicht ohne Grund ist. Aber danach hat man sich von vornherein zu richten. Das neue Anflicksel an die Tab. smar., das wäre also eine achte Rubrik, ist so zu gestalten, daß es nicht zu sehr in den Inhalt der Tab. smar. einschneidet. Es muß aufgefaßt werden können als ein harmloser Schlußsatz, als ein allgemeines Urteil, welches sich dem aufdrängt, der die Tab. smar. zu Ende gelesen hat. Es muß in dem Sinne interpretiert werden können, wie: Die Tab. smar. ist vollständig, fertig und dergl. Ein solches Urteil steht ja jedem frei, nun, dann kann es auch hingeschrieben werden. Eine teilweise Deckung für seine achte Rubrik erhält der Autor der neuen Interpretation übrigens auch in den acht Rubriken der ägyptischen Interpretation der zweiten Redaktion der Tab. smar. Wir haben hierauf bereits bei jener Interpretation hingewiesen.

Der Zweck, den wir im Auge haben, sagt unser Mann, ist unabweisbar ein guter, ein der Alchemie würdiger. Wie nun aber einmal die Sachen liegen, läßt sich nicht mit Kolben dreinschlagen. Da es sich um eingewurzelte Anschauungen handelt, so muß das neue in subtiler Weise geboten werden. Geschieht das aber, wird dem Rücksicht getragen, daß mit dem Text der zweiten Redaktion so schonend umgegangen wird, daß dieser Text bleibt, wie er ist, daß nur ein unbedeutender Schlußsatz angehängt wird, daß dieser Schlußsatz wieder unter einer harmlosen Form auftritt: — nun, dann geschieht, was eben geschehen kann. Wer dann nicht folgen, wer dann nicht auf unsere Seite treten will, nun, der mag bleiben, wo er ist. Dem ist es nicht um Einigung, dem ist es um Parteihader zu tun. Dem könnten die Götter selbst die Einigung bieten, und er würde sie nicht annehmen. Über solche Leute aber hinweg sich *nicht* die Hand zu reichen, wäre Schwäche von unserer Seite, die wir als würdiges Ziel die Einigung, und nicht den Zwist vor Augen haben.

Und der Mann findet Anklang. Es findet sich ein Häuflein gleichgesinnter Männer, denen es um Einigkeit zu tun ist. Sie scharen sich um eine neue Interpretation der Tab. smar. Diese ist die metaphysische Interpretation.

Interpretationen der Tabula smaragdina

Allgemeines über die metaphysische Interpretation der Tabula smaragdina

OB DER AUTOR DIESER INTERPRETATION ein Jude oder ein Grieche ist, wissen wir nicht. In gewisser Beziehung gehörte er weder der jüdischen, noch der griechischen, noch irgendeiner besonderen Nationalität der Welt an: — er war ein Kosmopolit, ein Weltbürger.

Hinsichtlich eines neu einzuschlagenden Weges in Bezug auf die Interpretation der Tab. smar. sagt er, was geht uns Kosmologie, Kosmogenese u.s.w. an? Wir haben es am Krankenbett mit den Arkanis zu tun und mit nichts anderem. Die Arkanologie ist also das Terrain, auf dem wir uns zu bewegen haben, Alchemie nehmen wir als Arkanologie. Alle die Disziplinen, welche die Alchemie sonst außer der Arkanologie barg, schieben wir bei Seite. Wir sind gezwungen, es zu tun. Denn dadurch eben war dem Zwist Tür und Tor geöffnet, daß man so differente Dinge in den Bereich der Alchemie hineinschob. Wo das Hundertste und Tausendste in die Alchemie hineingeschoben wird, da ist es gar nicht anders möglich, als daß Differenzen entstehen. Wie ist es denn anders möglich, als daß über das Hundertste und Tausendste die verschiedenen Menschen auch verschiedene Ansichten haben? Ist es uns um wahre, dauernde Einigkeit zu tun, so sind wir damit nicht fertig, daß wir sagen, wir haben die gute Absicht, uns zu einigen, wir wollen uns einigen, sondern es muß auch eine gesunde Basis vorliegen, auf der man sich dauernd einigen kann. Und diese gesunde Basis ist eben die, sich in der Alchemie mit nichts anderem zu befassen als mit der Arkanologie. Halten wir das fest, halten wir uns als Alchemisten an nichts anderes als an die Arkanologie, so können am Ende wohl auf dem Terrain, auf dem wir uns bewegen, verschiedene Anschauungen, verschiedene Auffassungen auftauchen, aber zum eigentlichen Riß in alter Weise kann es nicht mehr kommen. Wir haben umso mehr Grund, als Alchemisten, die sich an die Tab. smar. halten, exklusiv die Arkanologie in's Auge zu fassen, als im Grunde gerade dieser Standpunkt es ist, auf den sich auch der Autor der ersten Redaktion der Tab. smar. stellte.

Halten wir uns also anhand der Tab. smar. exklusiv an die Arkanologie, so sind wir, was auch Opponenten dagegen sagen mögen, umso mehr auf dem rechten Weg, als wir die wahre Intention dessen, der der Vater der Tab. smar. ist, verfolgen, in seine Fußstapfen treten.

Nimmt man nun die zweite Redaktion der Tab. smar. vor und fragt sich, wie soll man dieses Schriftstück reinweg arkanologisch ausbeuten, so ergibt sich von vornherein folgender Anhaltspunkt.

Wenn es heißt: Quod est inferius est sicut id quod est superius. Et quod est superius, est, sicut id quod est inferius, so stehen im griechischen Urtext für inferius und superius die Worte κατω und ανω. Und wenn es heißt: et recipit vim superiorum et inferiorum, so steht im griechischen Urtext für superiorum τϖν ανω und für inferiorum τϖν κατω. Im Lateinischen heißt ανω eigentlich nicht superius, sondern supra, κατω heißt eigentlich nicht inferius, sondern infra. Strikt müßte also die lateinische Übersetzung zu Anfang haben: Quod est infra est sicut id quod est supra. Et quod est supra, est, sicut id quod est infra. Daß so nicht übersetzt wird, liegt darin, daß man supra und infra nicht deklinieren kann, wogegen man im Griechischen ανω und κατω wohl deklinieren kann, nämlich dadurch, daß man den Artikel vorsetzt. Im griechischen Text hat man zu Anfang das ανω und κατω für sich, und in der Stelle et recipit den Genitiv Plural des ανω und κατω. Würde nun der lateinische Übersetzer zu Anfang das ανω und κατω durch supra und infra geben, so wäre kein Einklang das zwischen ανω und κατω und τϖν ανω und τϖν κατω. Um nun dem aus dem Wege zu gehen, gibt er das ανω und κατω zu Anfang, statt mit supra und infra, mit superius und inferius; dann hat er, wie der griechische Text, vorn das superius und inferius für sich als adverbielles Neutrum, und von diesem ist dann das superiorum und inferiorum der Genitiv Plural.

Da man nun im griechischen Urtext im Quod est inferius etc. ebenso, wie im et recipit vim superiorum et inferiorum, beidemal das ανω und κατω hat, da man dem entsprechend in der lateinischen Übersetzung beidemal das superius und inferius, resp. das supra und infra hat, so liegt es nahe, daß man sagt, das ανω und κατω zu Anfang ist dasselbe ανω und κατω, was wir in der Stelle et recipit haben.

Es ist nun in dem ανω und κατω des et recipit vim superiorum et inferiorum nach der jüdischen Interpretation der zweiten Redaktion der Tab. smar. der aufsteigende und absteigende Dampf des roten Quecksilberoxyds und des Sulphur aurat. repräsentiert, der rote Dampf und das Hydrothiongas. τα ανω und τα κατω, pluraliter, ist also der rote Dampf *und* das Hydrothiongas. Das legt nun den Abzug nahe, also ist το ανω und το κατω, singulariter, nicht die *Zwei* des roten Dampfes *und* des Hydrothiongases, sondern die *Eins* entweder des roten Dampfes *oder* des Hydrothiongases. Wenn es sich nun aber um die Eins entweder des roten Dampfes *oder* des Hydrothiongases handelt, man sich also entweder für den roten Dampf oder für das Hydrothiongas zu entscheiden hat, so liegt es im alchemistischen Sinne am nächsten, daß man sich für den roten Dampf entscheidet, da dieser einerseits durch seine hervorstechende Farbe besonders die Aufmerksamkeit auf sich zieht, und da es andererseits eine Reihe von Stoffen gibt, die, mit Säuren behandelt, Schwefelwasserstoff fahren lassen, dagegen nur einen Stoff, Quecksilber, der, mit Säure (Acid. nitricum) behandelt, roten Dampf fahren läßt.

Und das ist eben ein alchemistisches Motiv, daß man da, wo man zwischen Hydrothiongas und rotem Quecksilberdampf, wie hier, zu entscheiden hat, lieber sein Auge auf den letzteren als auf das erstere richtet.

Hält man nun diesen Gesichtspunkt fest, so bezieht sich das ανω und κατω zu Anfang der Tab. smar. auf den roten Quecksilberdampf (Untersalpetersäure), und man hat darin, daß man im Allgemeinen hat, daß das Obere wie das Untere dazu dient, um die Wunder einer Sache zustande zu bringen, man hat darin: das Obere, der aufsteigende rote Dampf, dient wie das Untere, der absteigende rote Dampf, dazu, um die Wunder der einen Sache, das ist des Hydrarg. oxyd. rubrum zustande zu bringen.

Auf diese Weise hat man denn für eine Arkanologie den Ausgangspunkt Hydrarg. oxyd. rubr., und von diesem Ausgangspunkt wird man dann in Bezug auf die Arkana überhaupt dahin gezogen, wohin der weitere Text der Tab. smar. den Zug richtet. Wie sich auf diese Weise die neue Interpretation speziell gestaltet, werden wir im folgenden Abschnitt kennenlernen.

Der neue Schlußsatz, den die metaphysische Interpretation der Tab. smar. erhält und aufgrund dessen die zweite Redaktion zur dritten wird, ist: Completum est quod dixi de operatione Solis.

Metaphysische oder erste Merkur-Interpretation der Tabula smaragdina

Ihr Gang ist in nuce ff.

Wir wissen bereits, daß res una = Hydr. oxyd. rubr. Dies Hydr. oxyd. rubr. wird auf der einen Seite extendiert zu Quecksilber überhaupt und auf der anderen Seite zu Gold. Hydr. oxyd. rubr. ist nur ein Teil des P. solaris. Es wird aber angenommen, daß man im Hydr. oxyd. rubr. den *ganzen* P. solaris hat, indem der Quecksilberteil des Präparates dessen Antimonteil absorbiert. In einer Parallele hiermit werden nun auch die übrigen Arkana aufgefaßt. Es werden vier Arkana angenommen: Acid. sulphur., Natron, Liquor hepatis, P. solaris. P. solaris zerfällt also in die zwei Teile: Hydr. oxyd. rubr. und den Antimonteil. In analoger Weise läßt man auch die übrigen drei Arkana in zwei Teile zerfallen. Jeglichen ersten Teil von diesen beiden Teilen faßt man nun, anlehnend an das Hydr. oxyd. rubr. des P. solaris, welches ja, wie wir vorhin gesehen, auch als Quecksilber überhaupt und als Gold aufgefaßt wird, als Merkur oder als Gold. Demgemäß hat man bei allen vier Arkanis zwei Teile, von denen der erste Teil = Merkur oder Gold. Wie man nun bei P. solaris annimmt, daß man das ganze Präparat hat, wenn man bloß dessen einen Teil, Hydr. oxyd. rubr., das ist in erweiterter Auffassung Merkur oder Gold, hat, so nimmt man auch bei den anderen drei Arkanen an, daß, wenn man bloß den einen Teil von ihnen, das ist Merkur oder Gold, hat, daß man dann jedesmal das ganze Arkanum hat. Das kommt also darauf hinaus, daß jedes der vier Arkana im Grunde aus Merkur oder Gold und noch einem Teil besteht, daß man aber kurz sagen kann, wenn man Merkur oder Gold hat, so hat man jedes einzelne Arkanum ganz. Und das kommt darauf hinaus, daß alle Arkana entweder gleich Merkur oder Gold.

Ausführlich wird in der vorliegenden Interpretation bloß exponiert (in der Stelle: Haec est totius fortitudinis etc.), daß in der vorhin gezeichneten Auffassung die Arkana = Merkur, nicht aber daß die Arkana = Gold. Dem wird nun in der Schlußrubrik nachgeholfen.

Das Completum est quod dixi de operatione Solis weist darauf hin, daß das Verhältnis, welches in Bezug auf Merkur statt hat, auch in Bezug auf Gold statt hat, daß also alle Arkana ebensowohl Gold als Merkur sind.

Die Tab. smar. zerfällt nach dieser Interpretation in 8 Rubriken, welche sind:

1. Rubrik: Verum est bis verissimum.
2. Rubrik: Quod est bis adoptione.
3. Rubrik: Pater eius est Sol bis terra est.
4. Rubrik: Pater omnis telesmi bis inferiorum.
5. Rubrik: Sic habebis bis penetrabit.
6. Rubrik: Sic mundus bis modus est hic.
7. Rubrik: Itaque vocatus sum bis totius mundi.
8. Rubrik: Completum est etc.

Erste Rubrik

Verum est etc.

Von ihr ist weiter nichts zu sagen.

Zweite Rubrik

Quod est inferius bis adoptione.

Superius ist der rote Dampf, der sich bei der Darstellung des Hydr. oxyd. rubr. *oben* bildet.

Inferius ist das Präzipitat, welches sich bei der Darstellung des Hydr. oxyd. rubr. *unten* bildet.

Res una = Hydrargyrum oxydatum rubrum.

Quod est inferius est sicut id quod est superius. Du hast oben roten Dampf, unten ein Präzipitat. Was haben beide miteinander gemein? — so sollte man auf den ersten Blick sagen. Sage aber *nicht* so. Sie haben wohl etwas gemein. Gerade das, was du als Präzipitat hast, das ist dasselbe, was du als roten Dampf siehst. Denn indem sich roter Dampf bildet, geht nicht aller Dampf in die weite Welt, sondern ein Teil dieses Dampfes kehrt um und verdickt sich zu Präzipitat. Nun, wir kennen diese Auffassung der Sachlage ja bereits von der ersten Redaktion der Tab. smar. her. Also quod est inferius, das Präzipitat, est sicut, ist gerade *dasselbe,* als id quod est superius, als der rote Dampf.

Et quod est superius, est, sicut id quod est inferius, ad perpetranda miracula rei unius. Und dieser Dampf, dieses Präzipitat dienen nun dazu, das Wunder *einer* Sache, des Hydr. oxyd. rubr., zustande zu bringen. Das Wunderbare bei der Situation ist das, daß man zwei Dinge hat, den Dampf und das Präzipitat, und daß diese sich nun vereinen, um ein Einziges, das Hydr. oxyd. rubr., zu konstituieren. Dies wird aber dadurch ermöglicht, daß der Umstand statt hat, der vorhin ventiliert ist, und der darin besteht, daß das inferius *gerade dasselbe* ist als das superius.

Et sicut res omnes etc.

Die res omnes sind alles das, was wir um uns sehen und dessen Inbegriff die Welt konstituiert. Also res omnes fuerunt ab uno: Gott hat die Welt erschaffen. Die Interpretation des λογος richtet sich nach dem konfessionellen Standpunkt, den der betreffende Alchemist, der die Tab. smar. gerade vornimmt, einnimmt. Ist er ein Jude, oder macht er sich von der Gottheit im jüdischen Sinn eine Vorstellung, so ist der unus der biblische Gott, der am Anfang Himmel und Erde schuf, und dazu einen Plan faßte. Ist er ein Grieche, oder macht er sich von der Gottheit im streng griechischen Sinne eine Vorstellung, so daß er sagt, ich kenne keinen Ein-Gott im Sinne des Judentums, es gibt viele Götter, die da heißen: Jupiter, Neptun u.s.w., dann ist der unus, der Ein-Gott, eine willkürliche Vorstellung, und auf diese willkürliche Vorstellung weist das Wort λογος hin, welches, wie bei der ägyptischen Interpretation der zweiten Redaktion der Tab. smar., dann die Mission hat, den Standpunkt des Ein-Gottes zu redressieren, so daß also herauskommt: der Ein-Gott hat die Welt erschaffen, dieser Ein-Gott ist aber eine Idealität, welche die Tab. smar. hinstellt, um einen generellen Begriff für die Gottheit zu bekommen.

Die omnes res natae sind die Arkana. Diese sind die sachlichen Kinder der res una. Wie wir nämlich bereits wissen, wird der P. solaris, der doch aus Hydr. oxyd. rubr. *und* Antimon besteht, so gefaßt, als wenn er *bloß* aus Hydr. oxyd. rubr. bestände. Das wird nun so genommen, als wenn das Hydr. oxyd. rubr. der Vater des P. solaris wäre und der P. solaris selbst das Kind. Wie das Kind nun die Natur des Vaters annimmt, so nimmt der P. solaris die Natur des Hydr. oxyd. rubr. an, wird zu Hydr. oxyd. rubr. Ähnlich liegt es mit den übrigen Arkanis. Man läßt jedes von ihnen in zwei Teile zerfallen, von denen der erste Teil dem Hydr. oxyd. rubr. parallel läuft. Dieser erste Teil absorbiert den anderen Teil, wirft sich ebenfalls zum Vater auf, und dadurch ist eben der Sachverhalt gegeben, daß omnes res natae, alle Arkana, die una res zum Vater haben.

Indem die res omnes fuerunt ab uno, ist Gott der Vater der Welt. Indem omnes res natae fuerunt ab una re, ist die res una der Vater der Arkana. Damit liefe denn in Bezug auf die Vaterschaft Gott mit der res una parallel. Es involviert aber eine Impietät, Gott mit einer res una auf ein Niveau stellen zu wollen. Darum steht omnes res natae fuerunt ab una re *adoptione*. Beim Verhältnis zwischen Gott und Welt liegt eine *eigentliche* Vaterschaft vor, beim Verhältnis zwischen res una und Arkana dagegen eine *uneigentliche* Vaterschaft, und auf diese uneigentliche Vaterschaft wird durch die Adoption hingewiesen, denn eine Adoptiv-Vaterschaft ist eine uneigentliche Vaterschaft. — Die uneigentliche Vaterschaft kann übrigens auch darauf bezogen werden, daß die Zersplitterung der Arkana in zwei Teile, und das In-den-Vordergrundtreten des Hydr. oxyd. rubr. ein *uneigentliches*, ein ideelles Verhältnis ist.

Sicut res omnes fuerunt... — *sic* res natae fuerunt...: *Wie* Gott der Vater der Welt ist, *so* ist die res una der Vater der Arkana.

Woher, fragt man sich, diese Parallele? Das Verhältnis, daß alle Arkana zu dem werden, was die res una ist, wird derartig genommen, daß die res una der Vater der Arkana ist. Gut. Was hat das aber mit Gott zu schaffen, mit Gott, der die Welt erschaffen, und somit der Vater der Welt ist? Die Antwort ist ff. Die Tab. smar. ist der Kanon der Alchemie. Die Alchemie ist aber eine *göttliche* Kunst, und die Arkana *göttliche* Mittel. Somit ist es wohl passend, daß hierauf in der Tab. smar. hingewiesen wird. Und hierzu paßt denn die vorliegende Stelle ganz besonders. Das betreffende Verhältnis mit den Arkanis und der res una bringt uns einen Vater der Arkana. Die Arkana sind *göttliche* Mittel, und so denkt man, wenn einmal von einem *Vater* der Arkana die Rede ist, dann ist es naheliegend, daß man *Gott* ihren Vater nennt. Das geht aber nicht, weil die res una bereits als Vater rangiert. Weil Gott nun hier sozusagen keine Stelle mehr findet, so wird er zu den res omnes in Relation gebracht, und diese res omnes mit den omnes res natae parallelisiert. Dann kommt indirekt doch heraus, daß die Arkana göttliche Mittel sind, denn etwas, was Gott absolut fernliegt, parallelisiert man nicht mit Gott.

Dritte Rubrik

Pater eius est Sol bis terra est.

Wie also die vorige Rubrik lehrt, handelt es sich in der res una um das Hydr. oxyd. rubr. Dabei soll nun aber die Sache ihr Bewenden nicht haben. Man soll sich nicht an das Hydrargyr. oxyd. rubrum halten, man soll sich an das *Quecksilber überhaupt* halten. Hält man sich bei der Stange, so ist res una = Hydrarg. oxyd. rubr. So ist es aber nicht gemeint, man soll sagen, res una = Merkur. Und damit noch nicht genug, man soll auch sagen, res una = *Gold*. Das ist natürlich nun auch für die Vaterschaft der res una von Einfluß. Indem omnes res natae fuerunt ab una re adoptione sollen eigentlich die Arkana zu Hydrargyr. oxyd. rubr. werden. Da hier nun aber gelehrt wird, daß die res una = Quecksilber überhaupt, Gold, so übt die res una derartig ihre Vaterschaft aus, daß alle Arkana zu Merkur, zu Gold werden.

Sehen wir nun, wie das Verhältnis, daß Hydrargyr. oxyd. rubr. = Merkur und Gold, liegt.

Pater eius est Sol, mater eius est Luna.

Die auf- und untergehende Sonne hat die Farbe des Hydrarg. oxyd. rubr.

Der Mond hat die Farbe des Merkur.

Daß die Sonne die Farbe des Hydrarg. oxyd. rubr. hat, wird bildlich so aufgefaßt, als wenn die Sonne der Vater des Hydrarg. oxyd. rubr. wäre.

Daß der Mond die Farbe des Merkur hat, wird bildlich so aufgefaßt, als wenn der Mond die Mutter des Merkur wäre.

Hier steht nun, der Vater eius, der res una, ist die Sonne. Nun das, dessen Vater die Sonne, ist, ist Hydrarg. oxyd. rubr.

Hier steht ferner, die Mutter eius, der res una, ist der Mond. Nun das, dessen Mutter der Mond ist, ist Merkur.

Unsere Stelle heißt also:

Die res una ist Hydrarg. oxyd. rubr. *und* Merkur, Mercur. vivus.

Das heißt primo loco: Sie ist *nicht nur* Hydrarg. oxyd. rubr., *sondern auch* Mercur. vivus.

Secundo loco heißt's aber: Sie ist *nicht sowohl* Hydrarg. oxyd. rubr., *als vielmehr* Mercur. vivus.

Ganz analog liegt nun die Stelle:

Portavit illud ventus in ventre suo; nutrix eius terra est.

Portavit illud ventus in ventre suo. Das Hydrarg. oxyd. trug der Wind im Bauche, der Wind ging damit schwanger, der Wind ist seine Mutter, der Wind hat es geboren. Dieser *Wind* ist der rote Dampf. Dieser rote Dampf hat das Hydrarg. oxyd. rubr. geboren, das Hydrarg. oxyd. rubr. ist ein Produkt des roten Dampfes. Also das, was der Wind im Bauche trug, ist das Hydrarg. oxyd. rubr., gerade so wie das, dessen Vater die Sonne ist, Hydrarg. oxyd. rubr. ist.

Nutrix eius terra est. Der Merkur kommt in der Erde vor, entgegen dem Hydrarg. oxyd. rubr., welches künstlich dargestellt wird, seine Amme ist also die Erde. Das nun, was die Erde zur Amme hat, ist der Mercur. vivus, gerade so wie das, dessen Mutter der Mond ist, Mercur. vivus ist.

Also auch hier haben wir wieder:

Die res una ist Hydrarg. oxyd. rubr. *und* Merkur.

Und das heißt wieder primo loco: Sie ist *nicht nur* Hydrarg. oxyd. rubr., *sondern auch* Merkur.

Secundo loco heißt's aber: Sie ist *nicht sowohl* Hydrarg. oxyd. rubr., *als vielmehr* Mercur. vivus.

Nun wird aber auch noch anders interpretiert.

Die Sonne ist der erste unter den Himmelskörpern und hat eine gelbe Farbe.

Ganz so ist das Gold das erste unter den Metallen und hat eine gelbe Farbe. Deshalb sagt man kurzweg, Sol ist *Gold*.

Wenn also steht: Pater eius est Sol, so heißt das, ihr, der res una, Vater ist das Gold. Oder, die res una ist ein Kind des Goldes. Nun hat das Kind das Gepräge des Vaters. Ist der Vater ein Mensch, so ist auch das Kind ein Mensch. Ist der Vater ein Tier, so ist auch das Kind ein Tier. Also, sagt man, wo der Vater Gold ist, ist auch das Kind Gold. Pater eius est Sol heißt also: die res una ist Gold.

Wie nun die Sonne der erste unter den Himmelskörpern ist und eine gelbe Farbe hat, und damit parallel laufend das Gold das erste unter den Metallen ist und eine gelbe Farbe hat, wodurch herauskommt: Sol = Gold — so ist der Mond der zweite unter den Himmelskörpern und hat eine weiße Farbe, und damit parallel laufend ist das Silber das zweite unter den Metallen und hat eine weiße Farbe. Damit käme denn in analoger Weise heraus: Luna = Silber.

Vom *Silber* abstrahiert aber die vorliegende Interpretation der Tab. smar. Dem Silber gegenüber hält sie sich daher an jene Auffassung der Alten, gemäß der Silber und Quecksilber dasselbe sind. Diese Auffassung gemäß hat ja der Merkur den Namen υδραργυρος, das ist υδωραγυρος, Wasser-Silber, und ähnlich liegt ja unser deutsches Quecksilber, das ist Queck-Silber. Demgemäß wird Mater eius est Luna nicht interpretiert: Ihre, der res una, Mutter ist Silber, die res una ist ein Kind des Silbers, (und damit selbst *Silber*) — sondern es wird interpretiert: Ihrer, der res una, Mutter ist *Quecksilber,* die res una ist ein Kind des Quecksilbers. Da nun da, wo die Mutter ein Mensch ist, das Kind ebenfalls ein Mensch ist, da, wo die Mutter ein Tier ist, das Kind ebenfalls ein Tier ist, so wird da, wo die Mutter, wie hier, Quecksilber ist, das Kind auch Quecksilber, und Mater eius est Luna heißt: die res una ist Quecksilber.

Beim Pater eius Sol, mater eius est Luna hatten wir also in erster Interpretation: Die res una ist Hydrarg. oxyd. rubr. und Merkur. In zweiter Interpretation haben wir: Die res una ist Gold und Merkur. Damit haben wir im Ganzen: die res una ist Hydrarg. oxyd. rubr., Merkur, Gold. Und da in dieser Rubrik das Hydrarg. oxyd. rubr. gegen das Quecksilber zurücktreten soll, so haben wir: die res una ist Merkur und Gold. Dem schließt sich dann das Portavit illud etc. an, welches zunächst bringt, die res una ist Hydrarg. oxyd. rubr. und Merkur, wobei indes wieder das Hydrargyr. oxyd. rubr. gegen den Merkur zurücktritt.

Im Ganzen also besagt also die Rubrik: in der res una haben wir Quecksilber und Gold.

Vierte Rubrik

Pater omnis telesmi bis inferiorum.

Diese Rubrik handelt über die Darstellungsweise des Hydrarg. oxyd. rubr. Man vergleiche, was in dem Abschnitt über die Darstellungsweise der Arkana seitens der Alchemisten in Bezug auf die Darstellung des Hydrarg. oxyd. rubr. gesagt ist. Wir wiederholen das hier nicht weiter. Nur weisen wir darauf hin, daß, indem hier von der Darstellungsweise des Hydrarg.

oxyd. rubr. die Rede ist, diejenige Darstellungsweise in's Auge gefaßt wird, gemäß der das Präparat auf nassem Wege, das ist unter Anwendung von Acid. nitricum, gewonnen wird, und gemäß der das trockene salpetersaure Quecksilberoxyd nicht *für sich* weiter erhitzt, sondern zuvörderst mit Quecksilber verrieben und dann weiter erhitzt wird.

Wir wissen von der ersten Redaktion der Tab. smar. her, daß die Stelle Separabis terram ab igne etc. ursprünglich anders entworfen ist, wie sie hier steht, und daß, mit Hintansetzung dieses Entwurfes, das vorangesetzt wird, was eigentlich folgen sollte, das folgt, was eigentlich voranstehen sollte. Dies Voranstehen und Folgen wird hier derartig ausgebeutet, daß im ganzen Passus, wie er hier steht, das virtus eius integra est, si versa fuerit in terram mehr nach hinten gerückt wird, so daß herauskommt:

1.) Pater omnis telesmi totius mundi est hic.
2.) Separabis terram ab igne.
3.) (Separabis) subtile a spisso, suaviter magno cum ingenio.
4.) Virtus eius integra est, si versa fuerit in terram.
5.) Ascendit a terra in coelum, iterumque descendit in terram,
6.) et recipit vim superiorum et inferiorum.

Die Aufstellung, wie wir sie hier geben, zeigt zugleich, daß man die ganze Rubrik in sechs Teile zerfallen läßt. Diesen sechs Teilen zu Liebe sagte man, die Darstellung des Hydrarg. oxyd. rubr. zerfalle in sechs Akte (vergl. *Pelagius*). Diese sechs Akte kann man sich nun nach Belieben herauszählen, in der eigentlichen Natur der Sache liegen sie nicht.

Totus mundus sind die Arkana.

Der telesmus totius mundi ist das, worauf die Arkana am endlichen Ende hinauskommen, das ist Hydrarg. oxyd. rubr., und zwar deswegen, weil die Arkana alle aufgefaßt werden als Quecksilber oder Gold, diese aber in der res una wurzeln, welche ursprünglich Hydrarg. oxyd. rubr. ist.

Der pater omnis telesmi totius mundi ist das, was bei der Darstellung des Hydrarg. oxyd. rubr. an der Spitze steht, wie der Vater an der Spitze der Familie steht. Das ist aber die Lösung des Quecksilbers in Salpetersäure, die salpetersaure Quecksilberoxyd-Lösung. Also Pater omnis telesmi totius mundi est hic: hier hast du die salpetersaure Quecksilberlösung. —

Nun ist ferner:

ignis die kaustische Salpetersäure,

terra der Rückstand, der nach Abdampfen der salpetersauren Lösung bleibt.

Demgemäß heißt Separabis terram ab igne: treibe von der salpetersauren Quecksilberlösung die Säure ab, so daß du einen Rückstand erhältst. Das heißt, mache aus der salpetersauren Quecksilberlösung trocknes salpetersaures Quecksilberoxyd.

Nachdem man nun das trockene salpetersaure Quecksilberoxyd erhalten, vereinigt man es mit laufendem Quecksilber. In Bezug auf diese Mengung hat man:

subtile, das ist das laufende Quecksilber,

spissum, das ist das salpetersaure Quecksilber (und hinterdrein Hydrarg. oxyd. rubr.).

Nun soll man separare subtile a spisso, d. h., man soll das laufende Quecksilber vom salpetersauren Quecksilber trennen. Die Situation wird ähnlich wie vorhin genommen, wo die Salpetersäure separiert wird. Es wird angenommen, daß das Quecksilber abgetrieben wird. Durch das Separieren des Quecksilbers bleibt nun aber nicht: salpetersaures Quecksilber, sondern: Hydrarg. oxyd. rubr. Damit ist denn das spissum nur in erster Reihe salpetersaures Quecksilber, in zweiter Reihe ist es Hydrarg. oxyd. rubr.

Es müßte nun eigentlich separiert werden spissum a subtili, und nicht subtile a spisso. Deswegen, und weil spissum hinterdrein: Hydrarg. oxyd. rubr., deswegen steht: suaviter magno cum ingenio. Das so gewonnene Hydrarg. oxyd. rubr. soll alsdann gerieben werden, und das besagt der Passus Virtus eius integra est, si versa fuerit in terram. Beim vorangegangenen Prozeß wird ein spissum erhalten, das ist eine feste Masse. Dies spissum soll in terra verwandelt werden. Es wird also die terra dem spissum derartig gegenübergestellt, daß mit terra ein feines Pulver gemeint ist.

Hiermit wäre denn nun die Prozedur beendet, und die vorliegende Rubrik, welche die Darstellung des Hydrarg. oxyd. rubr. in's Auge faßt, könnte hier abbrechen. Es folgen aber noch der fünfte und sechste Passus, nämlich Ascendit und Recipit. Diese werden nun dazu benutzt, um auf die Quintessenz des Prozesses hinzuweisen.

Wie wir nun wissen, sahen die Alten das Hauptcharakteristikum bei der Darstellung des Hydrarg. oxyd. rubr. darin, daß oben die roten Dämpfe fortgehen und unten sich ein Präzipitat bildet. Dieses Hauptcharakteristikum schildert nun der Passus Ascendit a terra in coelum, iterumque descendit in terram. Es, das Substrat der Prozedur, steigt auf, es steigt ab, das ist, oben bildet sich Dampf, unten ein Präzipitat. Der Passus besagt also: Vorhin ist speziell gelehrt worden, wie Hydrarg. Oxyd. rubr. dargestellt wird, im Allgemeinen aber machen wir dich darauf aufmerksam, daß die Sache darauf hinauskommt, daß oben der rote Dampf entweicht und unten sich ein Präzipitat bildet.

Nun haben wir bei der Darstellung des Hydrarg. oxyd. rubr., wie sie hier gelehrt worden, noch einen besonderen Standpunkt, der darin besteht, daß man das erhaltene salpetersaure Quecksilberoxyd mit laufendem Quecksilber zusammenreiben soll. Das ist eben ein besonderer Standpunkt, denn man kann ja auch das Hydrarg. oxyd. rubr. auf nassem Weg gewinnen (mittels Salpetersäure), *ohne* auf's neue laufendes Quecksilber hinzuzugeben.

Dieser besondere Standpunkt nun verdient wohl mit besonderer Prägnanz hervorgehoben zu werden, und das geschieht in dem Passus et recipit vim superiorum et inferiorum: Das Substrat der Prozedur wird teilhaftig der Kraft der ανω und der κατω. Es wird nämlich angenommen, daß, da man auch ohne das neue zugesetzte Quecksilber auskommt, ohne dies neue Quecksilber auch zum Ziel, zu Ende kommt, daß aufgrund dessen beim Zusatz des neuen Quecksilbers die Sache so aufgefaßt werden kann, als mache man *zweimal* Hydrarg. oxyd. rubr. Wo man nun *einmal* rotes Quecksilberoxyd macht, hat man *einmal* ein ανω und κατω, das ist, wie wir von der zweiten Rubrik her wissen, roten Dampf und rotes Präzipitat. *Wo* man dagegen *zweimal* rotes Quecksilber macht, hat man *zweimal* ein ανω und κατω. Da hier nun im recipit vim superiorum et inferiorum nicht von το ανω und το κατω, sondern von τα ανω und τα κατω die Rede ist, so steuert das darauf hin, daß man es mit der Darstellung des Hydrarg. oxyd. rubr. zu tun hat, bei der man zwei ανω und κατω erhält, das ist also, bei der man zu dem salpetersauren Quecksilberoxyd noch einmal laufendes Quecksilber zusetzt.

Fünfte Rubrik

Sic habebis gloriam bis penetrabit.

Die gloria zielt auf den Goldstandpunkt, die fortitudo auf den Merkurstandpunkt.

Sic habebis gloriam totius mundi. So, indem du das Hydrarg. oxyd. rubr. der vorigen Rubrik hast, hast du die gloria der Arkana, das ist das Hydrarg. oxyd. rubr. als Gold gefaßt.

Haec est fortitudo. Das Hydrarg. oxyd. rubr., von dem in der vorigen Rubrik die Rede ist, ist die fortitudo, das ist das Hydrarg. oxyd. rubr. als Merkur gefaßt.

Das Hauptaugenmerk zieht der Nachsatz bei der fortitudo: — quia vincet omnem rem subtilem, omnemque solidam penetrabit, auf sich.

Aus den einleitenden Worten zu diesem Abschnitt wissen wir bereits, daß vier Arkana angenommen werden. Nun auf diese zielt auch die kumulierte fortitudo, welche vom Standpunkt der Vier aufgefaßt wird. Auch wissen wir, daß jedes dieser Arkana in zwei Teile zerspalten wird.

Beim P. solaris ist der eine Teil Hydrarg. oxyd. rubr., der andere der Antimonteil des Präparates.

Beim Liquor hepatis ist der eine Teil Schwefel, der andere Ammoniak.

Beim Natron ist der eine Teil Natron carbonicum, der andere Natron nitricum. Denn Natron ist ja der Kollektivbegriff für diese beiden Arkana.

Beim Acid. sulphur. ist der eine Teil Acid. sulphur., der andere Ferrum. Denn Acid. sulphur. ist ja der Kollektivbegriff für diese beiden Arkana.

Beim P. solaris ist der *zweite* Teil fest. Denn das Antimon, sowohl als Stibium nigrum als Sulphur aurat., ist fest.

Beim Liquor hepatis ist der *zweite* Teil flüssig. Denn wir haben es im Liquor hepatis, da das Präparat flüssig ist, mit flüssigem Ammoniak zu tun.

Beim Natron ist der *zweite* Teil fest. Denn Natron nitricum ist fest.

Beim Acid. sulphur. wird der *zweite* Teil als *flüssig* genommen. Ferrum wird nämlich als Eisentinktur genommen.

Es wird nun je der *zweite* Teil der vier Arkana da, wo er flüssig ist, eine res subtilis genannt. Wo er fest ist, wird er eine res solida genannt. Also haben wir als omnis res subtilis: Ammoniak und Eisen, als omnis res solida: Natron nitricum und Antimon.

Der *erste* Teil jeglicher vier Arkana fällt dem Fortitudo-Standpunkt anheim und wird demgemäß als Merkur gefaßt. Dieser erste Teil, der Merkur, absorbiert, wie wir wissen, den zweiten Teil, wodurch alle Arkana zu Merkur werden. Absorbiert nun der Merkur eine res subtilis, so hat ein vincere des Merkur statt, absorbiert er eine res solida, so hat ein penetrare des Merkur statt.

Also: Haec est totius fortitudinis fortitudo fortis, quia vincet omnem rem subtilem, omnemque solidam penetrabit. Hier hast du den Merkurstandpunkt, quia, weil, der darin besteht, daß der Merkur omnem rem subtilem, das ist Ammoniak und Eisen, vincit, besiegt, und daß der Merkur omnem rem solidam, das ist Antimon und Natron nitricum, penetrat, durchdringt, und das, was er besiegt und durchdringt, in sich aufgehen läßt.

Also haben wir in specie:

Pulvis solaris		Liquor hepatis	
Hydrarg. oxyd. rubr.	Antimon	Flüssiger Schwefel	Flüssiges Ammoniak
⋮	⋮	⋮	⋮
Wird als Merkur gefaßt	= res solida	Wird als Merkur gefaßt	= res subtilis
Der Merkur penetrat die res solida und das Präparat wird zu Merkur.		Der Merkur vincit die res subtilis und das Präparat wird zu Merkur.	

Natron		Acidum sulphuricum	
Natr. carb.	Natr. nitr.	Acid. sulph.	Tinct. Ferri
⋮	⋮	⋮	⋮
Wird als Merkur gefaßt	= res solida	Wird als Merkur gefaßt	= res subtilis
Der Merkur penetrat die res solida und das Präparat wird zu Merkur.		Der Merkur vincit die res subtilis und das Präparat wird zu Merkur.	

In Bezug auf das Natron ist zu bemerken, daß man gerade nicht durchaus anzunehmen braucht, daß Natron carbon. = Merkur und Natron nitricum = res solida. Man kann auch umgekehrt sagen, daß Natron nitricum = Merkur, und Natron carbon. = res solida: — das bleibt sich gleich.

Daß nun je der erste Teil der Arkana als Quecksilber gefaßt wird, das versteht sich beim Hydrar. oxyd. rubr. des P. solaris von selbst. Denn in Bezug auf das Hydrarg. oxyd. rubr. lehrt ja die dritte Rubrik ausdrücklich, daß er als Merkur aufgefaßt werden soll. Bei den übrigen Arkanis wird die *Farbe* herangezogen. Es wird den betreffenden Teilen der Arkana eine *weiße* Farbe beigelegt und nun das Problem aufgestellt: Was weiß ist, ist Merkur, da Merkur weiß ist. Wir haben also in dieser Beziehung beim Liquor hepatis: Schwefel, beim Natron: Natron carbon. (oder auch Natron nitricum), beim Acid. sulphur.: Acid. sulphur. — Acid. sulphur. ist weiß als Acid. sulphur. rectif.; Natron carbon. (oder nitricum) ist eo ipso weiß; Schwefel wird als weiß angenommen, weil der Schwefel, der sich unter Umständen aus dem Liquor hepatis ausscheidet, weiß ist.

Analog, wie nun die Sachlage in Bezug auf die fortitudo liegt, liegt sie auch in Bezug auf die gloria, auf den Goldstandpunkt. Die Arkana zerfallen wieder je in zwei Teile. Der zweite Teil stellt entweder eine res subtilis oder res solida dar, wogegen der erste Teil, kraft des Gloria-Standpunktes, nicht als *Merkur,* sondern als *Gold* gefaßt wird.

Was bei der fortitudo ausdrücklich steht, ist bei der gloria zu supplieren, und auf die Notwendigkeit des Supplierens weist hier das: Ideo fugiet a te omnis obscuritas. Wenn also da steht: Sic habebis gloriam totius mundi, so ist das zu nehmen, als wenn da stände: Sic habebis gloriam totius mundi oder Haec est gloria totius mundi — quia vincet omnem rem subtilem, omnemque solidam penetrabit.

Wir haben alsdann wieder wie vorhin:

Pulvis solaris = Hydrargyr. oxyd. rubr. + Antimon,
Liquor hepatis = Schwefel + Ammoniak,
Acid. sulphur. = Acid. sulphur. + Eisen,

und nur beim Natron tritt eine Differenz ein. Dieses wird nicht, wie vorhin, als Natron carbon. und Natron nitricum gefaßt, sondern als Natron carbon. und Acidum nitricum. Das liegt ff.

Man kann Natron nitricum mittels Natron carbon. und Acid. nitricum darstellen. Hat man daher auf der einen Seite Natron carbon., auf der anderen Seite Acid. nitricum, so hat man Natron carbon. und Natron nitricum, denn man braucht ja bloß einen Teil des Natron carbon. mit Acid. nitricum zu versetzen und den anderen, als für sich dastehend, zu reservieren. Es wird nun als erster Teil des Kollektiv-Arkanum Natron genommen: Acid. nitricum, und als zweiter Teil: Natron.

Wir haben alsdann in specie ff.

Pulvis solaris		Liquor hepatis	
Hydrarg. oxyd. rubr.	Antimon	Flüssiger Schwefel	Flüssiges Ammoniak
Wird als Gold gefaßt	= res solida	Wird als Gold gefaßt	= res subtilis
Das Gold penetrat die res solida und das Präparat wird zu Gold.		Das Gold vincit die res subtilis und das Präparat wird zu Gold.	

Natron		Acidum sulphuricum	
Acid. nitr.	Natr. carb.	Acid. sulph.	Tinct. Ferri
Wird als Gold gefaßt	= res solida	Wird als Gold gefaßt	= res subtilis
Das Gold penetrat die res solida und das Präparat wird zu Gold.		Das Gold vincit die res subtilis und das Präparat wird zu Gold.	

Daß nun wieder je der erste Teil der Arkana als Gold gefaßt wird, versteht sich beim Hydrarg. oxyd. rubr. als erstem Teil des P. solaris von selbst. Denn die dritte Rubrik lehrt ja ausdrücklich, daß das Hydrarg. oxyd. rubr. als Gold gefaßt werden soll. Bei den übrigen Arkanis wird wieder die *Farbe* herangezogen. Es wird aber den betreffenden Teilen der Arkana eine *gelbe* Farbe beigelegt und nun das Problem aufgestellt: Was gelb ist, ist Gold, da Gold gelb ist. Es handelt sich also, indem es sich um die ersten Teile der Arkana handelt, um: Sulphur, Acid. nitricum, Acid. sulphur. — Sulphur wird als gelb genommen, was nahe liegt. Acid. nitricum crudum ist orangefarben, und diese Farbe wird als gelb genommen. Acid. sulphur wird als Acid. sulphur. crudum genommen, welches braun ist; braun wird als tiefgelb genommen, und so kommt heraus, daß Acid. sulphur. gelb ist.

Sechste Rubrik (Index)

Sic mundus creatus bis modus est hic.

Sic mundus creatus est bezieht sich auf die 2. Rubrik. Totus mundus heißt, wo es in dieser Interpretation bis hierhin vorkam, Arkana. Das isoliert stehende mundus, wie es hier steht, heißt die Welt. In der 2. Rubrik aber wurde durch das omnes res fuerunt ab uno auf die Erschaffung der Welt hingewiesen.

Hinc erunt adaptationes mirabiles. Die adaptationes beziehen sich auf die dritte Rubrik. Es handelt sich um das Anpassen des Merkur und des Goldes an das Hydrarg. oxyd. rubr., um den Merkur- und Gold-Standpunkt. Hinc erunt — von dem, was die zweite Rubrik bringt, gehen aus, an das, was die zweite Rubrik bringt, nämlich an das Hydrarg. oxyd. rubr., schließen sich die adaptationes mirabiles an, das ist der Merkur- und Gold-Standpunkt.

Quarum modus est hic. Das bezieht sich auf die fünfte Rubrik, auf die Rubrik, in der auf die fortitudo massenweise hingewiesen wird, in der der fortitudo (und gloria) der adaptationes Rechnung getragen wird.

Siebente Rubrik

Itaque vocatus bis totius mundi.

Und so werde ich denn Hermes trismegistus genannt — in der bekannten mysteriösen Anknüpfung.

Zum trismegistus wird Hermes aufgrund des Drei-Standpunktes des Hydrarg. oxyd. rubr., welches aufgefaßt wird erstens als Hydrarg. oxyd. rubr., zweitens als Quecksilber, drittens als Gold.

Habens tres partes etc.

Und ich, der Hermes trismegistus, habe, entsprechend dem, daß ich ein trismegistus bin, auch drei Teile der Tab. smar., 3 Hauptteile, das sind nämlich diejenigen, welche der Index bringt.

Den Titel der Tab. smar., die Philosophia totius mundi, nimmt der Autor in einer ihm eigentümlichen Weise.

Die Griechen nannten die Kosmologie im Allgemeinen τα φυσικα, Physik. Es ist nun der Standpunkt der zweiten Redaktion der Tab. smar. der, daß sie sich, wenn auch nicht exklusiv, so doch zugleich mit der Kosmologie beschäftigt, entgegen der dritten Redaktion, welche sich exklusiv mit der Arkanologie beschäftigt. Diesen Standpunkt des Gegenüberstehens der zweiten und dritten Redaktion faßt der Autor derartig, daß er kurz sagt, dort ist die kosmologische Interpretation der Tab. smar., hier die arkanologische, das ist, dort: Physik, hier: Arkanologie. Darum nennt er die Tab. smar. der zweiten Redaktion: Τα φυσικα, womit also gegeben ist: Philosophia totius mundi = Physica. Demgegenüber ist ihm denn, ihm, der sich, statt an die Physik zu halten, an die Arkanalogie hält, als Titel für die dritte Redaktion der Tab. smar. gegeben: Arkanologika, und es wird ihm damit Philosophia totius mundi = Arkanologika. Er will nun aber in seiner Interpretation des Titel-Ausdruckes Philosophia totius mundi weniger den Standpunkt zeichnen, den er einnimmt, als vielmehr den, den er *nicht* einnimmt, und so rückt er an die Stelle des Ausdruckes: Arkanologika den Ausdruck: das, was an die Stelle des Kosmologie tritt, das was *nach* der Kosmologie kommt, und das ist griechisch mit Heranziehung des Ausdruckes τα φυσικα: — τα μετα τα φυσικα, metaphysica. So ist also der in dem Ausdruck Philosophia totius mundi gegebene Titel der neuen Interpretation der Tab. smar.: Τα μετα τα φυσικα, Metaphysica, Metaphysik, und weil dem so ist, deswegen haben wir bei dieser Interpretation auch von vornherein von einer *metaphysischen* Interpretation der Tab. smar. gesprochen. Anlehnend an den neuen Titel der Tab. smar. aber würde sich das habens tres partes philosophiae totius mundi gestalten: habens tres partes των μετα τα φυσικα, habens tres partes metaphysices.

Achte Rubrik

Completum est quod dixi de operatione Solis.

Operatio ist das griechische εργασια, das ist zunächst die *Tätigkeitsentwicklung*. Wenn in der fünften Rubrik bei der fortitudo darauf hingewiesen wird, daß der Merkur die partes subtiles et solidas vincit et penetrat, so faßt der Autor das als eine

Tätigkeitsentwicklung des Merkur. Der Merkur entwickelt seine Tätigkeit über die zweiten Teile der Arkana, dadurch absorbiert er diese, und die ganzen Arkana werden zu Merkur. Wenn also, sagt der Autor, der Merkur, welcher im Fortitudo-Standpunkt gegeben ist, omnem rem subtilem vincit und omnem rem solidam penetrat: — so ist das eine εργασια, eine operatio Mercurii.

Ganz analog ist nun der Sachverhalt mit dem Gold. Wenn die Arkana zu Gold werden — Gloria-Standpunkt — wenn das Gold, welches im Gloria-Standpunkt gegeben ist, ebenfalls omnem rem subtilem vincit und omnem rem solidam penetrat, so ist das eine εργασια, eine operatio auri, oder indem nach der dritten Rubrik aurum = Sol, eine operatio Solis.

Nun ist zwar gesagt, Haec est fortitudo, quia vincet omnem rem subtilem omnemque solidam penetrabit. Es ist aber nicht gesagt, und kommt erst auf dem Weg heraus, daß man es suppliert, daß man die gloria habe: — quia vincet etc., weil er, der Gloria-Standpunkt, das ist das Gold, vincet omnem rem subtilem, et penetrabit omnem rem solidam.

Dies faßt der Autor in's Auge, um eine Basis für seine Schlußrubrik zu bekommen.

Er will sagen: Stoße dich nicht daran, daß in der fünften Rubrik der Sachverhalt, wie es denn näher liegt, daß die Arkana zu Merkur und Gold werden, daß dieser Sachverhalt bloß in Bezug auf den Merkur näher ventiliert worden ist, in Bezug auf das Gold aber unterwegs geblieben ist. Sage nicht im Anschluß daran, das, was in Bezug auf die fortitudo gesagt ist, ist *vollständig*, das aber, was in Bezug auf die gloria gesagt ist, ist *unvollständig*. Das ist nicht richtig. Vielmehr:

Completum est quod dixi (ego, Hermes, dixi) de gloria, nam id quod dixi de operatione Mercurii, eodem modo se habet quoad operationem Solis. »Es ist vollkommen, complet, was ich über die gloria gesagt habe, denn dasselbe, was ich über die operatio Mercurii gesagt habe, gilt auch in Bezug auf die operatio Solis«.

Daß nun statt dieser weitläufigeren Rede kurzweg gesagt ist: Completum est quod dixi de operatione Solis ist eine Lakonität, welche einer Tab. smar. sehr wohl ansteht, umsomehr, da in der fünften Rubrik durch den Passus Ideo fugiet a te omnis obscuritas auf dieselbe Sachlage hingewiesen ist.

Nun heißt εργασια nicht nur Tätigkeitsentwicklung, sondern auch *Verfertigung, Anfertigung*, und damit ist denn εργασια του Ἡλιου, operatio Solis = χρυσοποιια, *Goldmacherkunst*, denn ηλιος ja nach der dritten Rubrik = χρυσος.

Die Übersetzung von operatio Solis mit Goldmacherkunst bringt an und für sich weiter keinen neuen prinzipiellen Sinn in die Sache. Wir erhalten auf diese Weise bloß den subjektiven Standpunkt, wo wir vorhin den objektiven Standpunkt hatten.

Wenn wir nämlich sagen, vincere penetrare des Goldes ist eine *Tätigkeitsentwicklung* des Goldes, so ist das der Standpunkt des ideellen chemischen Prozesses, kraft dessen das Gold als erster Teil der Arkana deren zweiten Teil zu sich hinüberzieht, in sich aufgehen läßt.

Wenn wir dementgegen von der *Goldmacherkunst*, χρυσοποιια, sprechen, so ist das der Standpunkt des Alchemisten, der den ideellen chemischen Prozeß vornimmt. Dieser Alchemist bewirkt, daß das Gold omnem rem subtilem vincit et omnem rem solidam penetrat, und nimmt damit eben die χρυσοποιια vor.

Daß nun der Autor in der achten Rubrik den Ausdruck operatio Solis hat, das benutzt er dazu, der Tab. smar. einen zweiten Titel zu geben, nämlich Operatio Solis, das ist Goldmacherkunst, Χρυσοποιια, resp. De Operatione Solis, Tabula de Operatione Solis. Hiermit gewinnt er einerseits neben dem Titel, welchen die siebente Rubrik bringt, einen neuen direkten Titel, denn der Titel Metaphysik zeichnet ja mehr den Titel-Standpunkt, den er *nicht* einnimmt, als den, den er einnimmt. Andererseits gewinnt er damit aber noch ff. In dem Abschnitt »Wirkliche Einigung alexandrinischer Alchemisten anhand der Tab. smar.« haben wir darauf hingewiesen, daß die Gegenpartei sagen kann, es habe keiner das Recht, an die Tab. smar. (zweite Redaktion) etwas anzuflicken. Dieser Umstand muß nun, auch darauf haben wir dort hingewiesen, unseren Autor bewegen, seine neue Rubrik so zu fassen, daß sie als ein harmloses Urteil erscheint, welches in den eigentlichen Inhalt der Tab. smar. nicht weiter einschneidet. Nun, eben das bewirkt er, erreicht er dadurch, daß die Operatio Solis zum Titel, zur Bezeichnung dessen wird, was die Tab. smar. enthält. Sobald er nämlich in Operatio Solis den Titel der Tab. smar. hat, so ist Operatio Solis kurzweg gleich Tab. smar., und wenn da steht: Completum est quod dixi de operatione Solis, so heißt das mit anderen Worten:

Completa est Tabula smaragdina, die Tab. smar. ist vollständig, das ist, die Tab. smar. ist jetzt fertig. Das heißt aber wieder: Lieber Leser, wenn du in der Tab. smar., von Verum anfangend, zu habens tres partes philosophiae totius mundi gekommen bist, so bist du fertig. Die neue Rubrik wird auf die Weise zu einem: Punktum, streu Sand drauf! Nun, ein solches Anflicksel ist harmlos genug.

Indem nun die Tab. smar. den Titel Χρυσοποιια erhält, wird die Alchemie, vom Standpunkt der Arkanologie aufgefaßt, zur χρυσοποιια. Wir haben damit die Doppelbezeichnung für Alchemie: Metaphysik und χρυσοποιια. Zwischen beiden wird der Unterschied gemacht, daß Metaphysik die *Arkanologie überhaupt* ist, die χρυσοποιια dagegen die Lehre vom *Einarkanum.* Denn das Hydrarg. oxyd. rubr. ist doch im Grunde nichts anderes als der P. solaris. Zieht also das Hydrarg. oxyd. rubr. oder das Quecksilber die Arkana alle zu sich hinüber, so werden die Arkana zu dem, was der P. solaris ist, das ist, sie werden alle zu P. solaris, und wenn man das eine Arkanum P. solaris hat, so hat man alle Arkana. Das ist aber eben die Lehre vom Einarkanum unter der Spezialform, daß die Arkana das sind, was der P. solaris ist. Und das ist die alte indische Lehre, daß Siva und Vischnu in Brahma aufgehen, nur in anderer Motivierung. Daß nun das eine Arkanum, welches die übrigen Arkana zu sich hinüberzieht, zu *Gold* gestempelt wird, kommt anhand der vorliegenden Interpretation der Tab. smar. bloß auf einem Umweg heraus, nämlich derartig, daß man sagt, wir beziehen uns auf die Metalle. Bei ihnen steht das edle Metall Gold an der Spitze aller. In analoger Weise können wir das Arkanum, welches an der Spitze aller übrigen Arkana steht, Gold nennen. Später werden wir sehen, daß diese Beziehung mehr direkt herauskommt, indem anhand der Tab. smar. die Arkana wirklich als Metalle aufgefaßt werden. Alsdann liegt das Gold für das an der Spitze der Arkana stehende Arkanum näher, indem man da, wo man das Arkanum hat, auch das Metall hat und somit auf einem Weg, der näher liegt, auf das Gold geführt wird. Jedenfalls ist es aber durch die Auffassung der Lehre vom Einarkanum als χρυσοποιια, wie sie sich an die vorliegende Interpretation der Tab. smar. knüpft, angebahnt, daß später die Arkana als Metalle aufgefaßt werden.

Alter der ersten, zweiten und dritten Redaktion der Tabula smaragdina

Wie wir wissen, stammt die Tab. smar. aus Alexandrien.

Man läßt das alexandrinische Zeitalter gewöhnlich derartig in zwei Perioden zerfallen, daß die erste Periode die Regierungszeit der Ptolemäer umfaßt und von 323 vor Chr. bis 30 vor Chr. dauert. Die zweite Periode umfaßt dann die Zeit vom Ende der ersten Periode bis zur Eroberung Ägyptens durch die Araber, das ist von 30 vor Chr. bis 638 nach Chr. Wir für unseren Teil wollen aber die erste Periode gehen lassen bis zu Christi Geburt, das ist also bis zum Jahre 1. Dann fällt nun sowohl die erste, als die zweite und die dritte Redaktion der Tab. smar. in die erste Periode des alexandrinischen Zeitalters. Wir wollen uns diese Periode in drei Abschnitte teilen, wobei wir indes den Anfang und das Ende des zweiten Abschnittes nicht näher feststellen können. Dann fällt die erste Redaktion der Tab. smar. in den ersten Abschnitt, die zweite Redaktion in den zweiten Abschnitt und die dritte Redaction in den dritten Abschnitt.

Wir wissen, daß die Stelle Haec est totius fortitudinis der ersten Redaktion der Tab. smar. eine pathologische Rubrik ist, auf der Basis einer Humoral-Solidar-Pneumato-Pathologie steht, und damit im Geist der alexandrinischen Schule geschrieben ist. Weil sie nun im Geist der alexandrinischen Schule geschrieben ist, so muß sie, und mit ihr die Tab. smar. erster Redaktion, aus einer Zeit stammen, zu der die alexandrinische Schule herrschte. Die erste Redaktion der Tab. smar. fällt somit in die Zeit, die zwischen 323 und 280 bis 270 vor Chr. liegt. Man könnte nun möglicherweise einwerfen, wenn die pathologische Rubrik Haec est totius fortitudinis etc. auch auf der Basis einer Humoral-Solidar-Pneumato-Pathologie steht, so braucht sie, und damit die erste Redaktion der Tab. smar., noch nicht aus den Zeiten der alexandrinischen Schule zu stammen. Es kann ja auch der Fall sein, daß ein späterer Alexandriner an dieser Humoral-Solidar-Pneumato-Lehre Gefallen fand und ihr zu Liebe die betreffende Rubrik so entwarf, wie sie eben ist. Damit würde denn, könnte denn die erste Redaktion späteren Datums sein. Ein solcher Einwurf ist nicht zutreffend. Mit dem Aufkommen der empirischen Schule 280 bis 270 vor Chr. erfolgt der Bruch mit der Humoral-Solidar-Pneumato-Pathologie bereits ganz prägnant, so daß es schwer zu denken ist, wie denn nun ein späterer Alchemist hinterdrein auf's neue zu einer Passion für die beseitigte Lehre kommen sollte. Gesetzt aber auch, es sei ein späterer Alchemist von einer solchen eigentümlichen Passion befallen worden, so kann er derselben keinen solchen Ausdruck gegeben haben, daß er in der Tab. smar. für sie kämpft. Hätte er das getan, so hätte er die Tab. smar. dazu benutzt, für einen pathologischen Standpunkt zu kämpfen, welcher einer vergangenen Zeit angehörte, damit aber hätte er sich selbst einen Stein in den Weg geworfen. Die pathologische Rubrik figuriert deshalb in der ersten Redaktion der Tab. smar., damit Griechen und Juden in ihr einen Zentralisierungspunkt haben. Wie kann nun aber jemand mit einer Tab. smar. zu reüssieren hoffen und wirklich reüssieren, in welcher der Zentralisierungspunkt Anschauungen zu Tage fördert, die im Sinne des alchemistischen Publikums längst abgestanden sind?

Betreffs der metaphysischen Interpretation der Tab. smar. haben wir ff. zu bemerken. Die Lehre von der χρυσοποιια wurde von Narren und Betrügern derartig ausgebeutet, als könne man in der Tat Gold machen. Wir werden diesem Goldmacher-Schwindel später einen besonderen Abschnitt widmen. Hier sei nur das erwähnt, daß der Hokus-Pokus seine verschiedene Methodik hat. Die älteste Methodik bestand darin, daß man, daran anknüpfend, daß vom Gloria-Standpunkt der metaphysischen Interpretation der Tab. smar. das Hydrarg. oxyd. rubr. eine Goldnatur annimmt, daß man daran anknüpfend sagte, wenn das Hydrarg. oxyd. rubr. eine Goldnatur annehmen kann, so muß es zu Gold werden können, und wenn es zu Gold werden kann, so ist darin gegeben, daß man Hydrarg. oxyd. rubr. in Gold permutieren kann. Nun gaben die Alchemisten ihren Arkanis Namen, welche sich an übertragene Begriffe anschmiegten (man vergl. darüber bei Plato). So gaben sie denn dem Hydrarg. oxyd. rubr., anknüpfend an die *rote Farbe,* den Namen von Chemikalien, Mineralien, Metallen, welche eine rote Farbe haben. So kommt das Hydrarg. oxyd. rubr. beispielsweise zu den Namen Auripigmentum (das ist *roter* Schwefelarsenik im Sinne der Alten, heutzutage bezeichnet man mit Auripigment *gelben* Schwefelarsenik), Minium u.s.w. Wenn wir also vorhin gesehen, daß man in mystifizierter Weise annahm, man könne Hydrarg. oxyd. rubr. in Gold verwandeln, so kommt das in der alchemistischen Nomenklatur darauf hinaus, man könne Auripigmentum, Minium u.s.w. in Gold verwandeln.

Nun steht in des *Plinius* Historia naturalis Lib. 33. Cap. 4: Aurum faciendi est etiamnum una ratio ex auripigmento, quod in Syria foditur pictoribus in summa tellure, auri colore, sed fragili, lapidum specularium modo. Invitaveratque spes Caium, principem avidissimum auri, quamobrem iussit excoqui magnum pondus; et plane fecit aurum excellens, sed ita parvi ponderis, ut detrimentum sentiret, illud propter avaritiam expertus, quamquam auripigmenti librae XIV permutarentur; nec postea tentatum ab ullo est.

»Es gibt außerdem noch eine Art, aus Auripigment Gold zu machen. Dies (Auripigment) wird in Syrien für die Maler gegraben, kommt nicht tief in der Erde vor, hat die Farbe des Goldes, ist aber zerbrechlich wie Spiegelstein. Die Hoffnung war für Cajus, einen sehr goldgierigen Fürsten, einladend gewesen. Daher befahl er, eine große Menge auszukochen. Und in der Tat machte er ein herrliches Gold, aber in so geringer Menge, daß er Schaden zu haben glaubte. Dieser Schaden lag aber wohl nur in seinem Geiz, denn es waren 14 Pfd. Auripigment permutiert worden. Hinterdrein wurde es von keinem mehr versucht.«

Mag an diesem Histörchen des Plinius nun sein, was da will, so viel steht fest, daß Plinius uns dasselbe auftischt. Er könnte es uns aber nicht auftischen, wenn zu seiner Zeit nicht bereits die Ansicht existiert hätte, man könne aus Auripigment Gold machen. Diese Ansicht könnte aber nicht existieren, wenn die metaphysische Interpretation der Tab. smar. nicht bereits existiert hätte. Es wurde nun Plinius geboren 23 nach Chr., er starb 79 nach Chr. Also zwischen 23-79 nach Chr. muß die metaphysische Interpretation der Tab. smar. bereits dagewesen sein. Nun aber bedenke man, als der Schwindel, man könne aus Hydrarg. oxyd. rubr. resp. aus Stoffen, die ihm verwandt sind, Gold machen, auftauchte, da war das eine wichtige Neuigkeit, und es war gewiß in der Leute Mund: Hast du es schon gehört, sie haben etwas Wichtiges entdeckt. Ehe es so weit kam, daß man es so ruhig dahin, als eine selbstverständliche Sache erzählte, man könne aus Auripigment, Minium u.s.w. Gold machen, darüber mußte eine ziemlich geraume Zeit verstreichen. Plinius nun aber erzählt uns schlicht hin, man könne aus Auripigment Gold machen. Seine Erzählungsweise ist nicht die: Denkt einmal, da haben sie eine wichtige Entdeckung gemacht, man könne aus Auripigment Gold machen. Es ist komisch. Aber wahr muß doch etwas an der Sache sein, denn der und der hat es versucht und ist, wenn auch nicht zu einem absolut glänzenden Resultat, so doch zum Ziel gekommen. Vielmehr, wie gesagt, erzählt er sein Histörchen so schlicht hin, als wenn das so eine Sache ist, die sich von selbst versteht, man könne Auripigment in Gold permutieren. Damit haben wir denn das Faktum, daß die Zeit, wo die Kunst, aus Auripigment Gold zu machen, eine Neuigkeit war, bereits hinter Plinius liegt. Also steht nichts im Weg, daß wir in Bezug auf die Zeit, zu der die metaphysische Interpretation der Tab. smar. in's Leben trat, ein ziemliches Stück *vor* Plinius rückwärts greifen, womit wir denn in die erste alexandrinische Periode hineinkommen.

Wir haben betreffs der Zeit, in welche die metaphysische Interpretation der Tab. smar. fällt, aber auch noch ff. Anhaltspunkt. Wir haben bei Aristoteles darauf aufmerksam gemacht, daß Alchemisten, die mit einer alten Spekulation brachen und eine neue Spekulation an deren Stelle setzten, welche sie für einfacher, natürlicher, naturwüchsiger hielten, Aristotelismus zu treiben vermeinten, die Bahn des Aristoteles einzuschlagen vermeinten. Dies hatte nun namentlich in Bezug auf die metaphysische Interpretation der Tab. smar. statt. Diejenigen, die ihr folgten, hielten sich für Aristoteliker. Indem sie sich nun für Aristoteliker hielten, lagen ihnen die Schriften des Aristoteles nahe, und aus diesen richteten sie ihr Augenmerk besonders auf die Metaphysik. Wir haben bei Aristoteles darauf hingewiesen, daß diese Schrift ein lückenhaftes zusammengeflicktes Etwas ist, wie es unmöglich aus Aristoteles' Hand hervorgegangen sein kann. Vielleicht fällt die Umformung des eigentlichen aristotelischen Werkes in die Zwittergestalt, die es jetzt hat, gerade in die Zeit, von der wir jetzt sprechen. Doch wollen wir das dahingestellt sein lassen. Wir wollen hier nur das in's Auge fassen, daß Aristoteles die Schrift, welche heute Metaphysik, Τα μετα τα φυσικα heißt, das Werk über die πρωτη φιλοσοφια nennt (vergl. Physik, 1, 9, ebendaselbst 2, 2), das ist also kurzweg: Πρωτη φιλοσοφια. Übersetzt man nun πρωτη φιλοσοφια mit: Philosophie über das erste, sagt alsdann, das erste ist der Anfang, wie er in der biblischen Schöpfungsgeschichte figuriert, sagt ferner, am Anfang wurden Himmel und Erde geschaffen, Himmel und Erde sind aber die Welt: — dann ist πρωτη φιλοσοφια: philosophia mundi oder totius mundi. Philosophia totius mundi ist aber der Titel der zweiten Redaktion der Tab. smar., der Titel dieser Interpretation par excellence. Wir haben also anknüpfend an die Kalkulation von vorhin den Sachverhalt, daß der Titel der betreffenden Schrift des Aristoteles (Metaphysik) den Titel der zweiten Redaktion der Tab. smar. deckt, die beiderseitigen Titel sind ja eben Philosophia totius mundi. Es liegt nun nahe, daß man auf Aristoteles, auf seine betreffende Schrift (Metaphysik) blickend, sagte, die Tab. smar. heißt in alter Form: Philosophia totius mundi, in neuer Form: Τα μετα τα φυσικα, analog soll nun auch die aristotelische Schrift, die in alter Form Philosophia totius mundi (πρωτη φιλοσοφια) hieß, in neuer Form: Τα μετα τα φυσικα heißen. Und so geschah es denn auch. Die Philologen zerbrechen sich den Kopf darüber, woher denn der Titel Metaphysik, Τα μετα τα φυσικα, für die betreffende aristotelische Schrift herrührt. Nun er kommt eben daher, daß man den Titel des mutilierten Werkes mit dem Titel der metaphysischen Interpretation der Tab. smar. in Einklang brachte.

Hat man das nun vor Augen, so gibt uns die aristotelische Schrift Metaphysik einen Anhaltspunkt für die Zeit, zu der die metaphysische Interpretation der Tab. smar. entstanden ist. Haben wir nämlich einen gewissen Zeitpunkt und wissen von ihm, daß damals die aristotelische Schrift schon den Titel Τα μετα τα φυσικα führte, so ist das ein Beweis dafür, daß damals auch bereits die betreffende Interpretation der Tab. smar. da war, denn ohne daß der Titel nicht auf Seiten der Tab. smar. da war, kann er auch nicht auf Seiten der aristotelischen Schrift sein. Nun wissen wir, daß bereits *Nicolaus*, ein Peripatetiker, die aristotelische Schrift genannt hat: Θεωρια τω̃ν Αριστοτελους μετα τα φυσικα. Dieser Nicolaus aber ist ein Zeitgenosse des Kaisers Augustus. Augustus hält 29 v. Chr. bei seiner Rückkehr nach Rom seinen Triumphzug, er stirbt 14 n. Chr. Sagen wir also in Bausch und Bogen, Augustus habe um das Jahr 1 unserer Zeitrechnung gelebt. Dann kommt heraus, daß Nicolaus um das Jahr 1 fällt, womit denn gegeben ist, daß die metaphysische Interpretation bereits um das Jahr 1 da war. Bedenken wir nun aber, daß schwerlich gerade heute die betreffende Interpretation aufkommt und morgen Nicolaus die aristotelische Schrift Metaphysik nennt, daß somit zwischen dem Aufkommen der metaphysischen Interpretation der Tab. smar. und dem neuen Titel des Nicolaus immerhin eine Zeit liegt, so kommen wir auch so wieder in die erste alexandrinische Periode hinein.

Und endlich spricht für das Fallen der metaphysischen Interpretation der Tab. smar. in die erste alexandrinische Periode noch das, daß *Philo,* den wir bald näher kennenlernen werden, bereits hinter der betreffenden Interpretation steht. Philo ist aber ein Zeitgenosse Christi.

Neuplatonismus

Das Motiv, welches den Autor der metaphysischen Interpretation der Tab. smar. leitet, mit dieser hervorzutreten, ist ein durchaus vernünftiges. Es ist besser, daß sich die Alchemisten um eine Interpretation scharen, als daß sie, dieser der jüdischen, jener der griechischen Interpretation der zweiten Redaktion huldigend, gegenseitig hadern. Aber jener Autor hatte gut predigen. Wenn er sich auch auf seine Höhe stellte und ein Häuflein Geistesverwandter ihm folgte, ein anderer Teil Alchemisten folgte ihm nicht. Die hatten nicht die Energie, mit langjährigen Traditionen zu brechen und die Arkanologie von den Schwester-Disziplinen loszuschälen.

Es erhob sich gegen die Anhänger der metaphysischen Interpretation eine Gegenpartei, welche mit besonderen Waffen kämpfte. Wir sagen mit besonderen Waffen, denn die neue Interpretation hatte Bresche in die alten Interpretationen gerannt. Auch die Alchemisten, welche sich mit der neuen Interpretation nicht befreunden konnten, fühlten sich in ihrem alten Standpunkt unbehaglich.

Es lieben nun die Leute im Allgemeinen, wie man sich täglich überzeugen kann, mehr Unfrieden und Uneinigkeit als Frieden und Einigkeit. Indessen, wenn sie das Beispiel von Frieden und Einigkeit handgreiflich vor sich haben, so hat dies Beispiel etwas Verführerisches, etwas Ansteckendes. So auch hier. Das Beispiel derjenigen, die sich um die metaphysische Interpretation der Tab. smar. in Einigkeit scharten, übte auch einen Rückschlag auf diejenigen, welche zurückblieben. Man fand auf einmal, daß wenn *das* das Motiv wäre, vom Alten abzugehen, daß dies Alte Kampf und Hader gesetzt, daß das denn doch nicht so ganz stichhaltig wäre. Wenn das Alte Kampf und Hader gesetzt, so sei das freilich keine erhebende Erscheinung, indessen das Alte als solches impliziere den Hader nicht. Man könne beim Alten bleiben, *ohne* zu hadern. Man könne sich auch im Alten einigen, und die anzustrebende Einigkeit erheische gerade keine metaphysische Interpretation der Tab. smar.

An die Spitze derjenigen, welche der metaphysischen Interpretation nicht folgten und die aufgrund des Alten eine Einigkeit anzustreben suchten, trat *Philo.* Philo wurde einige Jahre vor Christus zu Alexandrien geboren. Er schrieb mehrere Abhandlungen von mehr oder weniger gleicher Tendenz, die hauptsächlichste von ihnen ist die Κοσμοποιια, Creatio mundi oder Opificium mundi überschriebene. In ihr wird die philonische Interpretation der Tab. smar. (s. den besonderen Abschnitt über diese) besprochen.

Philo meint, der Timaeus des Plato bildet einen Konzentrationspunkt für griechische und jüdische Kosmogenese und was sich an sie knüpft. Nach der vulgären Auffassung nimmt er den Moses als den Autor der 5 Bücher Mosis und somit auch als den Autor der beiden Schöpfungsgeschichten, und anhand dessen nimmt er Moses, als den Autor der Schöpfungsgeschichten, und Plato, als den Autor des Timaeus, geistig gefaßt, als dieselben Personalitäten. Moses will, was Plato will, und Plato will, was Moses will; die jüdische Kosmogenese, und was sich an sie knüpft, ist dasselbe, was die platonische Kosmogenese, und was sich an sie knüpft, ist. — Stellenweise ist nun die Übereinstimmung, das Zusammentreffen zwischen Bibel und Timaeus in der Tat da, sie ist nicht von der Hand zu weisen, und zwar aus dem sehr einfachen Grunde, weil Plato mit seinem Timaeus auf der Bibel fußt. Wo nun aber dieses natürliche Zusammentreffen *nicht* da ist, da zieht Philo die Übereinstimmung künstlich heran. So z.B. überweist im Timaeus der Demiurg den Göttern des Himmels und der beweglichen Himmelskörper die Erschaffung des Menschen. Es schaffen also viele Götter, und nicht der Eingott, der Demiurg, den körperlichen Menschen. Dem entgegen schafft in der Bibel der Eingott den Menschen. Hier bringt nun Philo den Einklang zwischen Bibel und Timaeus derartig zu Wege, daß er sich darauf versteift, daß im Ersten Buche Mosis, Vers 26 steht: *Wir* wollen den Menschen machen, oder: Laßt *uns* den Menschen machen, das ist also Gott im Plural. Hier setzt er sich über den einfachen Sachverhalt hinweg, daß es sich beim: »Wir wollen machen oder Laßt uns machen« einfach um den Pluralis majestaticus handelt, vielmehr steift er sich darauf, daß sich der Plural auf mehrere Götter beziehe, die Bibel spreche bei der Erschaffung des Menschen von mehreren Göttern, und damit sei der Einklang von Bibel und Timaeus da. Einem derartigen künstlichen Nachhelfen, um den Einklang zwischen Bibel und Timaeus herauszubekommen, wirft sich Philo mannigfach in die Arme. Wir werden dafür in der philonischen Interpretation der Tab. smar. noch mannigfache Belege finden.

Wir haben bereits vorhin bemerkt, daß die metaphysische Interpretation der Tab. smar. in die alten Interpretationen Bresche gerannt hatte. Das nun bewegt den Philo, mit einer neuen Interpretation hervorzutreten. Er sagt also *nicht,* da Plato: Moses und Moses: Plato ist, so sind unsere, der Griechen und Juden besonderen Standpunkte gar keine besonderen Standpunkte, nehmt die griechische Interpretation, nehmt die jüdische Interpretation, das bleibt sich ganz gleich: — so sagt er *nicht,* sondern er tritt eben mit einer neuen Interpretation der Tab. smar. hervor. Als Substrat derselben nimmt er den *Menschen.* Wir wissen (vergl. metaphysische Interpretation der Tab. smar., siebente Rubrik), daß die Kosmologie: τα φυσικα, Physik, ist. Diese Physik nun ist, nachdem die metaphysische Interpretation in die Interpretation der zweiten Redaktion der tab. smar. Bresche gerannt, nicht gerade unmöglich geworden für die Tab. smar., hat aber doch von ihrem alten Ansehen verloren. Dagegen eine *andere* Physik wird hierdurch nicht tangiert. Es heißt nämlich Timaeus, P. 27: εδοξε γαρ ημιν, Τιμαιον — πρϖτον λεγειν αρχομενον απο της του κοσμου γενεσεως, τελευταν δε εις ανδρωπων φυσιν. »Es schien uns nämlich als passend, daß vor allen Timaeus das Wort nähme, beginnend mit der Kosmogenese und schließend mit der Natur des Menschen.« Die κοσμου γενεσις ist nun die *alte* Physik, welche das Ansehen verloren hat, die φυσις ανδρωπων ist die neue Physik, an die Philo in seiner Interpretation anlehnt.

Mit dem Menschen, der auf die Weise das Substrat der Tab. smar. wird, kommen wir auch auf die Seele des Menschen, denn im Menschen haben wir den Körper und die Seele. Damit haben wir denn in der philonischen Interpretation der Tab. smar. nicht nur den Platonismus, das ist der Einklang biblischer und platonischer Auffassungsweisen, sondern auch Berührungspunkte mit der ägyptischen spirituellen Interpretation der Tab. smar. Damit steht denn die neue Interpretation auf dem Standpunkt, daß sie der griechischen und jüdischen Interpretation der zweiten Redaktion der Tab. smar. den Rücken wendet, daß sie dagegen an die ägyptische spirituelle Interpretation anlehnt. Das hatten sich die Autoren der Tab. smar. gewiß nicht träumen lassen, daß die ägyptische Interpretation, die sie bloß so nebenher gaben, um doch auch so nebenbei den Ägyptern gerecht zu werden, daß diese dazu berufen sei, dereinst in den Vordergrund zu treten. So werden aus den Letzten die Ersten.

Wir müssen nun noch darauf hinweisen, daß der Anschluß an Plato seitens derjenigen, die gegen die metaphysische Interpretation der Tab. smar. Front machen, nicht nur darin gegeben ist, daß der Timaeus wohl geeignet ist, einen Konzentrationspunkt für jüdische und griechische Alchemie zu bieten, zumal wenn man da, wo dieses Zusammentreffen nicht da ist, wie Philo künstlich nachhilft, sondern auch darin, daß Aristoteles und Plato gegenüberstehen. Aristoteles ist ein Antiplatoniker, wo er auf Plato zu reden kommt, geht es selten ohne direkte oder Seitenhiebe ab; die beiden sind die »feindlichen Brüder«. Da nun die Anhänger der metaphysischen Interpretation der Tab. smar. »Aristoteliker« sind, so werden die Gegner auch vom Standpunkt des Gegenüberstehens von Plato und Aristoteles zum ersteren hingetrieben.

Die Einigkeit derer nun, die sich um die metaphysische Interpretation der Tab. smar. scharten, und derjenigen, die sich um die philonische Interpretation scharten, war eine differente. Die ersteren hatten eine gesunde Basis, die letzteren nicht. In Bezug auf diese letzteren haben wir ja ff. Sachlage. Für's erste hat der Einklang zwischen Bibel und Timaeus etwas Gezwungenes. Denn wenn Plato zwar auch mannigfach auf die jüdische Schöpfungsgeschichte fußt, so war es ihm doch nicht darum, ihr aus dem Weg zu gehen. Das ist ja mit eine Hauptaufgabe, die sich Plato bei seinem Timaeus gesteckt, sein Anlehnen an die jüdische Schöpfungsgeschichte so viel als möglich zu verwischen. Wie paßt das nun zum Einklang? Und dann verschließt die philonische Interpretation der Tab. smar. den früheren Interpretationen ja nicht die Tür, sondern der philonischen Interpretation wird gar nicht zu nahe getreten, wenn man neben ihr die alten Interpretationen aufrecht hält. Das *muß* angehen, weil ja Philo davon ausgeht, daß an den alten Interpretationen an und für sich gar nichts auszusetzen ist, daß nur *daran* etwas auszusetzen ist, daß man sich aufgrund ihrer in Zwist und Hader gegenüberstand. Sobald nun aber die philonische Interpretation dem Aufrechterhalten der alten Interpretation nicht zu nahe tritt, so ist damit gegeben, daß man die philonische Interpretation anerkennen, und damit doch den alten Hader um jüdische oder griechische Interpretation aufrecht erhalten kann. An so etwas zu denken, fiel nun zwar Philo selbst nicht im Traume ein. Der dachte, die gegenseitige Konzentration ist im Timaeus da, auf dem Boden dieser Konzentration ist meine, des Philo, Interpretation gewachsen, also, wer diese Interpretation anerkennt, schließt mit dem alten Hader. Er übersah, daß man seine Interpretation anerkennen könne, auch ohne dem zuzustimmen, daß Plato: Moses, und Moses: Plato sei. Dazu kommt, daß es, ganz abgesehen vom gezwungenen Einklang zwischen Bibel und Timaeus, an und für sich gerade nichts Perverses, aber doch etwas Eigentümliches hat, die Griechen, welche Griechen und keine Juden sind, auf die Bibel zu verweisen, und den Juden statt ihrer Bibel den Timaeus zu überreichen. Und endlich kommt hierzu noch im Bezug auf die Griechen das, daß bei einem Teil von ihnen selbst beim Hinnehmen des Moses für Plato noch nichts gewonnen war. Es liegt ja so nahe, daß dieser Teil sagte, was geht uns Plato an? Plato nimmt in der griechischen Alchemie einen besonderen Standpunkt ein, ist aber gar nicht dazu berufen, ein Repräsentant der griechischen Alchemie zu sein. Mag dieser Plato zu Moses stehen, wie er will, auf den allgemeinen Standpunkt der griechischen Alchemie hat das keinen Einfluß. Wenn alles das nun auch im ersten Augenblick nicht hervortrat, im ersten Augenblick, wo man sich freute, in Philo einen Mann zu begrüßen, der bewies, daß der Grund, welcher die Gegenpartei zur metaphysischen Interpretation der Tab. smar. hintrieb, nämlich der Überdruß am Hader, eigentlich gar kein Grund sei, da man beim alten bleiben könne, und doch nicht zu hadern brauche, so war es doch wohl dazu angetan, in der Folge, wo der erste Enthusiasmus sich abgekühlt hatte, an die Oberfläche zu treten.

Diese Sachlage gab nun ein Motiv dazu ab, daß, entgegen dem, daß die Anhänger der metaphysischen Interpretation der Tab. smar. um diese wie die Mauern standen — es dauerte sehr lange, bis die metaphysische Interpretation in ein neues Stadium trat — daß entgegen dem an der philonischen Interpretation mannigfach gemodelt wurde. Wir bringen, um dies zu zeigen, die pömandrische Interpretation der Tab. smar. (s. den besonderen Abschnitt über diese).

Aber die philonische Einigkeit ohne rechten Boden platzte so recht wie eine Seifenblase, als die jung aufblühenden Christen sich auf die Tab. smar. warfen und dieselbe für sich in Beschlag nahmen. Sie sagten, es ist schon recht, daß die Mensch-Interpretation der Tab. smar. ihre Begründung hat, aber das liegt tiefer, als Philo geahnt, oder gar sagten sie, Philos Idee mit seiner Mensch-Interpretation war die Idee eines Erleuchteten, eines Inspirierten. Nicht um den Menschen als solchen handelt es sich, es handelt sich um den Gottmenschen, um Christus. Und so trat denn die christliche Dreieinigkeits-Interpretation in's Leben (s. d. besonderen Abschnitte über diese und vergl. damit die Λογος- und Φϖς-Interpretation der Tab. smar.) und machte zwischen Christen und Nicht-Christen ein vollkommenes Unmöglichkeitsverhältnis.

Die Dreieinigkeits-Interpretation der Tab. smar. rief zwei andere Interpretationen in's Leben, die pythagoräische und die magische (s. d. besonderen Abschnitt über diese). Die pythagoräische Interpretation der Tab. smar. geht davon aus, daß die Christen-Gemeinden Verbrüderungen seien, die sich um ihren Herrn und Meister Christus scharten. Nun, sagten die Pythagoräer, denen der Gegensatz von Griechentum und Christentum Stoff zu neuem Aufblühen bot, diese christlichen Verbrüderungen finden eine Parallele in den pythagoräischen Verbrüderungen, welche sich um ihren Herrn und Meister Pythagoras scharen. Wenn jene also Christus zum Substrat der Tab. smar. machen, so können wir Pythagoras zum Substrat derselben machen. — Die magische Interpretation der Tab. smar. geht davon aus, daß Christus auf Grund der Wunder, die er verrichtet, als ein Magier angesehen wird. Die Magier, welche bereits unter den ersten Kaisern im Römischen Reich eine erhebliche

Ausbreitung erlangt hatten, sagten: Wenn die Christen Christus zum Substrat einer Interpretation der Tab. smar. machen, so heißt das, die Tab. smar. bekommt die Magie zum Substrat. Die christlich-magische Interpretation ist die Dreieinigkeits-Interpretation, die eigentliche magische Interpretation ist eine andere (nämlich die, welche wir im betreffenden besonderen Abschnitt bringen).

Eine eigentümliche Vertretung erhält die magische Interpretation der Tab. smar. dadurch, daß der Magier, der in ihr eine allgemeine Vertretung hat, eine besondere Vertretung erhält, in einer besonderen Persönlichkeit vertreten wird. Diese Persönlichkeit ist Apollonius von Tyana. Derselbe wird uns von *Philostratus* dem Älteren in seiner Vita Apollinii, Βιος Ἀπολλωνιου (Φιλοστρατου εις τον Ἀπολλωνιου του Τυανεως βιον βιβλια) vorgeführt, welches Werk er auf Antrieb der Julia, der Gemahlin des Severus (Kaiser 193 — 211 n. Chr.) verfaßte (siehe den besonderen Abschnitt Apollonius von Tyana).

Die Art und Weise des Philostratus, das, worauf er eigentlich lossteuert, unter der Form einer Lebensbeschreibung des Apollonius zu bringen, bewegt den *Jamblichus* zu seiner Vita Pythagorica, (Ἰαμβλιχου Χαλκιδεως της κοιλης Συριας περι του Πυθαγορι κου βιου λογος), einem Buche, welches sich übrigens nicht nur mit Pythagoras, sondern auch mit den Sitten und Gebräuchen der Pythagoräer beschäftigt. Jamblichus lebte erst im 4. Jahrhundert n. Chr. Dadurch muß man sich nicht verleiten lassen, die pythagoräische Interpretation der Tab. smar. erst in's vierte Jahrhundert zu setzen. Die ist vielmehr früheren Datums. Wie gesagt, dem Jamblichus gibt zu seiner Vita Pythagorica die Vita Apollonii den Impuls, welche letztere ebenfalls der magischen Interpretation der Tab. smar. nicht vorangeht, nicht mit ihr koinzidiert, sondern ihr folgt. Wir besitzen auch noch ein Bruchstück einer Vita Pythagorae *Porphyrii*. Wie dieses Werk in Bezug auf früheres oder späteres Erscheinen der Vita Pythagorica des Jamblichus gegenübersteht, wollen wir dahingestellt sein lassen. *Rittershausen* (Noten zur Vita Pythagorae) hält die Vita Pythagorae des Porphyrius für eine Art Auszug aus der Vita Pythagorica des Jamblichus. Der Titel des porphyrischen Werkes heißt: Πορφυριου φιλοσοφου, του και Μαλχου, η βασιλεως, Πυθαγορου βιος. Dieser Titel ist von Interesse. Ihm zufolge heißt Porphyrius auch Malchus. Da nun Malchus, *Malchuth*, königliche Würde heißt, so macht man daraus *Melech*, βασιλευς, das ist, aus der königlichen Würde wird ein König, und so wird Porphyrius zum König. Damit haben wir denn den alchemistischen Titel »König«, der später auch dem Geber gegeben wird, und an den auch der Name Basilius Valentius anlehnt.

Endlich ist hier noch die platonische Interpretation der Tab. smar. zu erwähnen, über die wir in dem besonderen Abschnitt, welchen wir ihr widmen, des näheren kennenlernen werden. Hier sei bloß das erwähnt, daß dieselbe wahrscheinlich von *Ammonius Saccas* (gest. 241 n. Chr.) herrührt. Ist aber Saccas nicht der Autor, so ist es sein Schüler *Plotinus* (250 — 270 n. Chr.). Von Ammonius Saccas besitzen wir keine Schriften; von Plotinus desto mehr. Die Schriften dieses hat *Porphyrius*, sein Schüler, in sechs »Enneaden« arrangiert. Es wäre ein schweres Stück Arbeit, sich ohne Beihilfe in Bezug auf die platonische Interpretation der Tab. smar. aus dem Wust der plotinischen Expositionen herauszufinden, und deswegen wollen wir dem *Proclus* einen Dank votieren, der uns in seiner Στοιχειωσις θεολογικη, Institutio theologica, die Arbeit erleichtert hat.

Philos Interpretation der Tabula smaragdina

Vergl. *Philo:* Cosmopoeïa.

Diese Interpretation nimmt sich den Menschen zum Substrat. Die biblische Schöpfungsgeschichte fängt mit der Erschaffung von Himmel und Erde an und schließt mit dem Menschen. Diese beiden Punkte sind die hervorragendsten der Schöpfungsgeschichte. Ebenso fängt der Timaeus an mit der κοσμου γενεσις und endet mit der φυσις ανθρωπου. Wenn man daher von der Interpretation der Tab. smar., welche entgegen der metaphysischen als die kosmologische aufgefaßt wird, abgeht, so ist eine würdige Stellvertreterin dieser Interpretation eine solche Interpretation der Tab. smar., die sich mit dem Menschen befaßt.

Es heißt nun Timaeus, Mitte P. 30: ουτως ουν δη κατα λογον τον εικοτα δει λεγειν τονδε τον κοσμον ζῶον εμψυχον εννουν τε τη αληθεια δια την του θεου γενεσθαι προνοιαν. Das heißt im Grunde: So muß man denn sachentsprechend und wahrheitsgemäß diese Welt nennen ein beseeltes mit Verstand begabtes tierisches Wesen, entstanden durch die göttliche Vorsehung.

Philo will aber κατα übersetzt wissen mit »in Bezug auf«, und bekommt so als Sinn heraus: in Bezug auf den λογος sei die Welt ein tierisches Wesen mit ψυχη und νους. Auf die Weise bekommt er denn heraus, man müsse dem κοσμος gegenüber ein dreifach Geistiges annehmen, 1.) den λογος, 2.) den νους, 3.) die ψυχη. Diese drei Seelen-Qualitäten nimmt er nun an, seien graduell voneinander verschieden, ständen im Klimax zueinander. Am höchsten steht der λογος, das ist der λογος Gottes. Der λογος ist der Plan Gottes, die Welt zu erschaffen. Diese alexandrinische Auffassung der ideellen Mat. prima kennen wir. Einen Plan fassen, ist aber eine geistige Tätigkeit. Wir haben daher im λογος den Geist oder, anders ausgedrückt, die Seele Gottes. Der νους ist der menschliche Geist, die menschliche Seele. Diese steht natürlicherweise unter dem λογος, da letzterer Gott zukommt. Sie steht aber über der ψυχη. Der νους ist, wie sich Philo selbst ausdrückt, gewissermaßen eine ψυχη von der ψυχη, das ist also eine potenzierte ψυχη. Wie nun der λογος Gott zukommt, der νους dem Menschen, so kommt die ψυχη dem Tier zu. ψυχη ist also in gewisser Beziehung das, was wir Instinkt nennen. Wenn wir indessen bei ψυχη nur den Instinkt und bei νους nur die höhere Menschenseele vor Auge haben wollten, so wäre das nicht richtig. Die Endpunkte kommen zwar auf so etwas hinaus, indessen, im Allgemeinen würde durch eine solche Auffassung ein antipodarisches Verhältnis zwischen νους und ψυχη herbeigeführt werden, welches nicht strikt im Sinn Philos liegt. Indem der νους gewissermaßen eine ψυχη von der ψυχη ist, emanzipiert sich der νους nicht von der ψυχη, wie das bei einem antipodarischen Gegenüberstehen doch statt haben müßte. νους und ψυχη gehen ineinander über. Figürlich gedacht, bilden νους und ψυχη die Schenkel eines Winkels; im Scheitelpunkt stoßen sie zusammen, vom Scheitelpunkt aus divergieren sie. Oder anders aufgefaßt, es gibt kluge Tiere und dumme Menschen. Angenommen, man hat einen dummen Menschen und ein kluges Tier vor sich und hat zwei Lose in der Hand, ein νους- und ein ψυχη-Los. Nun soll man die Lose verteilen. Da wird man sich versucht fühlen, dem Tier das νους-Los zu geben und dem Menschen das ψυχη-Los. So etwas könnte aber nicht statt haben, wenn der νους exklusiv auf den Menschen, die ψυχη exklusiv auf das Tier käme. Wie nun aber νους und ψυχη nicht scharf getrennt sind, so sind auch νους und λογος nicht scharf getrennt. Natürlich an ihren Endpunkten stehen sie einander schroff gegenüber, denn der Mensch ist nicht Gott, und wenn dem Menschen der λογος zukäme, so könnte er auch die Welt erschaffen. Indessen Übergangspunkte sind da, was daraus hervorgeht, daß der Mensch nach Gottes Ebenbild geschaffen. (1. Buch Mosis, Kap. 1, Vers 26 und 27). Philo, Cosmopoeïa, sagt in Bezug hierauf folgendes: μετα δη ταλλα παντα, καθαπερ ελεχθη, τον ανθρωπον φησι κατ' εικονα γενεσθαι θεου και καθ' ομοιωσιν, πανυ καλῶς. εμφερεστερον γαρ ουδεν γηγενες ανθρωπου θεῶ. την δ'εμφερειαν μηδεις εικαζετω σεματος χαρακτηρσι ουτε γαρ ανθρωπομορφος ο θεος, ουτε θερειδες το ανθδωπινον σῶμα. η δ'εικων λελεκται κατα τον ιης ψυχης ηγεμονα νουν. »Nach allem anderen, wie berichtet, sagt er — der Autor der Schöpfungsgeschichte — treffend, der Mensch sei nach Gottes Ebenbild geschaffen. Denn nichts ist Gott ähnlicher geschaffen als der Mensch. Nun muß man aber die betreffende Ähnlichkeit nicht auf das Körpergepräge beziehen, denn weder sieht Gott aus wie ein Mensch, noch hat der menschliche Körper als solcher ein göttliches Gepräge. Vom Ebenbild ist die Rede in Bezug auf den νους, das Oberhaupt der ψυχη.« — Wenn nun aber vom Ebenbild die Rede ist in Bezug auf den νους, so muß eben die Ähnlichkeit des νους mit dem λογος da sein.

Die vorliegende Interpretation nimmt fünf Rubriken an. Die erste Rubrik geht bis versa fuerit in terram. Die zweite fängt bei Separabis an und geht bis inferiorum. Die dritte umfaßt die gloria und fortitudo. Die vierte Rubrik umfaßt den Index, die fünfte den Schluß: Itaque vocatus sum bis totius mundi.

Erste Rubrik

Verum bis versa fuerit in terram.

Die Einleitung verschmilzt mit der Rubrik Quod est inferius bis rei unius.

Im Timaeus blickt Gott bei der Welterschaffung auf das κατα ταυτα εχον, auf das Paradigma der ideellen Elemente. Ganz so läßt Philo Gott in der biblischen Schöpfungsgeschichte auf das κατα ταυτα εχον blicken, und dies ist die 1. Schöpfungsperiode nach der alexandrinischen Interpretation der Schöpfungsgeschichte. Nach Philo ist also die erste Schöpfungsperiode das Paradigma, auf welches Gott blickend die 2. Schöpfungsperiode instituiert. Die Welt der 1. Schöpfungsperiode ist der κοσ–

μος νοητος, die intellektuelle Welt, der κοσμος εκ των ιδεων, die ideelle Welt. Von diesem κοσμος νοητος, εκ των ιδεων ist die Welt der 2. Schöpfungsperiode ein απεικονισμα, ein Abbild. Diese Welt der 2. Schöpfungsperiode ist reell, wahrnehmbar, αισθητος, sichtbar, ορατος, entstanden, γενητος. Die ideelle Welt, das Paradigma, die Welt der 1. Schöpfungsperiode, verschmilzt nun wieder mit dem λογος. Philo sagt in Bezug darauf: δηλον δε οτι και η αρχετυπος σφραγις, ον φαμεν ειναι κοσμον νοητον, αυτος αν ειη το αρχετυπον παραδειγμα, ιδεα των ιδεων, ο θεου λογος. »Offenbar ist das Vorbild-Siegel, von dem wir sagen, es sei die ideelle Welt (der 1. Schöpfungsperiode), offenbar ist dies, dürfte dies sein, selbst sein, das archetypische (vorbildliche) Paradigma, die Idee der Ideen, der λογος Gottes.«

Das ist nun nicht zutreffend. (Man vergl. die Abschnitte: Neue Interpretation der biblischen Schöpfungsgeschichte gegen Ende und: Λογος-Interpretation der Tab. smar.) Philo denkt sich seinen κοσμος νοητος vorab vom λογος getrennt, denn sonst brauchte er sie ja nicht gegenüberzustellen. Hierbei ist ihm denn der λογος die ideelle Materia prima, der κοσμος νοητος die (bedingt) reelle Mat. prima. Nachdem er nun die ideelle und (bedingt) reelle Mat. prima hat, läßt er sie zu einem verschmelzen. Es ist aber dem Philo der λογος unabweisbar der *Plan,* und darin liegt das nicht Zutreffende bei der Sache. Der Plan *geht* der (bedingt) reellen Mat. prima *voran,* ist früher da als diese, und damit können beide nicht zu einem verschmelzen. Ja, wenn dem Philo der λογος das *Wort* wäre, dann ging die Sache, aber ihm ist der λογος notorisch *Plan,* und *nicht* Wort, und so ist eben die Sache nicht zutreffend. Ob nun aber alchemistisch etwas zutreffend oder nicht zutreffend ist, darüber hat am endlichen Ende der Kanon der Alchemie, das ist die Tab. smar., zu entscheiden. Lehrt die Tab. smar., daß etwas zutreffend sei, so hört der Skrupel darüber, daß es etwa nicht zutreffend sein könnte, auf. Nun aber interpretiert Philo den Passus Quod est inferius est sicut id quod est superius in dem Sinne, daß der κοσμος νοητος und der Plan verschmelzen, und damit ist er gegen jeden Einwurf des nicht Zutreffenden seiner Aufstellung gedeckt.

Es ist nämlich das inferius der κοσμος νοητος, das sind Wasser, Erde, Luft, Licht der ersten Schöpfungsperiode, und das superius der λογος als Plan. Das in der Mitte stehende est heißt:

steht auf gleicher Rangstufe mit. Also κοσμος νοητος und λογος als Plan stehen auf gleicher Rangstufe. Sage demgemäß nicht, ich habe ein zweiseitig Verschiedenes, hier dies, hier jenes. Nicht so, beide decken sich derartig, daß eines im anderen aufgeht, daß beide miteinander verschmelzen.

Wenn nun inferius und superius zu einem verschmelzen, so liegt es näher, das inferius, das Subordinierte, in dem superius, dem Präordinierten, aufgehen zu lassen, als umgekehrt das superius im dem inferius aufgehen zu lassen. Hat man also das inferius (Wasser, Erde, Luft, Licht), und es verschmilzt mit dem superius (dem Plan), so liegt es nahe, daß man dem herauskommenden summarischen Etwas den Namen superius gibt. Dies summarisch herauskommende Etwas ist denn das superius des jetzt kommenden Passus:

Et quod est superius, est, sicut id quod est inferius, ad perpetranda miracula rei unius.

Das inferius ist hier die reelle Welt, die Welt der zweiten Schöpfungsperiode. Diese ist ein απεικονισμα, ein Abbild der ideellen Welt, der Welt der ersten Schöpfungsperiode. Erst muß das απεικονισμα da sein, und dann kommt erst die reelle Welt. Also bildet die letztere das zum zweiten Dastehende, ist das untere im Rang und bildet daher das inferius.

Das superius nun, besagt dieser Passus, das ist das summarische Etwas von Wasser, Erde, Luft, Licht, Plan, das ist die erweiterte ideelle Welt, dient dazu, est, wie die reelle Welt, die Wunder einer Sache, der res una, zu Stande zu bringen.

Wir weisen darauf hin, daß Philo dazu, den κοσμος νοητος mit dem Plan verschmelzen zu lassen, anhand des Plato kommt. Plato läßt den Demiurgen auf das παραδειγμα, das griechische Schema schauen. Damit ist dies παραδειγμα der Plan, der dem Demiurgen bei der Welterschaffung vorliegt. Vom Plan des Demiurgen kommt Philo denn sehr naheliegend auf den alexandrinischen Plan, den λογος. Nun geht aber in griechischer Fassung die Welt aus dem Schema hervor, und in jüdischer Fassung geht die Welt aus der ersten Schöpfungsperiode hervor. Damit decken sich denn erste Schöpfungsperiode und Schema, nicht aber λογος und Schema, und Philo hat etwas ganz anderes im griechischen Plan (Schema) als im jüdischen Plan (λογος). Um hier nun die Deckung zu bewerkstelligen, läßt er die erste Schöpfungsperiode mit dem jüdischen Plan verschmelzen.

Dann läuft, indem die erste Schöpfungsperiode dem Schema parallel läuft, auch der λογος dem Schema parallel, denn erste Schöpfungsperiode und λογος kommen ja auf dasselbe hinaus.

Die res una ist der νους.

Dieser νους ist zunächst einmal die platonische Weltenseele. Dieser νους der Weltenseele extendiert sich klimakisch abwärts zur ψυχη, denn es ist ja der κοσμος (vergl. oben) ein ζϖον εμψυχον εννουν — wie der κοσμος einen νους hat, hat er auch eine ψυχη. Klimatisch aufwärts extendiert sich dieser νους zum λογος, denn auf die erste, ideelle Schöpfungsperiode kommt der λογος, und nicht der νους.

Zunächst also haben wir es in der res una als νους mit einem Platonismus zu tun. Wir haben es in ihr aber auch mit einem Philonismus zu tun. Nämlich (vergl. oben) am einen Ende ist der Mensch das, was der Kosmos am anderen Ende ist. Nun ist aber der Mensch des νους teilhaftig, als auch der Kosmos. Damit ist in der Weltenseele nicht nur ein Platonismus, sondern auch ein Philonismus gegeben.

Eine res una, ein Ein-Sache ist der νους, weil in der Seelen-Drei λογος, νους, ψυχη, der νους in der Mitte steht, der sich aufwärts zum λογος, abwärts zur ψυχη extendiert. Der νους ist die Seelen-Qualifikation, in der sich die drei Seelen-Qualifikationen konzentrieren.

Et sicut res omnes etc.

Philo sagt: ον γαρ εχει λογον ο μεγας ηγεμων εν απαντι τϖ κοσμω, τουτον, ως εοικε, και ο ανϑρωπινος νους εν ανϑρωπω.

Wenn man das so gewöhnlich hin liest, so übersetzt man: die Relation, welche das hohe Oberhaupt zur ganzen Welt hat, diese Relation hat, wie es scheint, der menschliche νους zum Menschen. So ist es aber nicht gemeint. Philo zielt mit dieser Stelle ganz speziell auf den vorliegenden Passus der Tab. smar. und will gesagt wissen: Wo das hohe Oberhaupt, der unus der Tab. smar., den λογος hat als λογος, εν απαντι τϖ κοσμω, in Bezug auf die res omnes, da hat diesen λογος der menschlichen Geist als νους, εν ανϑρωπω, in Bezug auf den Menschen, die Rolle, welche der λογος den res omnes gegenüber spielt, diese Rolle spielt der νους gegenüber den res natae als ανϑρωπος gefaßt. Die Art und Weise, wie er das nun sagt, ist zwar ein wenig geschraubt, indessen, darauf gerade ist es dem Philo abgesehen, das, was er sagt, geschraubt zu sagen. Die vorliegende Stelle ist so wichtig in Bezug auf die Interpretation der Tab. smar., daß derjenige, der sie richtig durchschaut, in ihr einen Hauptschlüssel zur ganzen Interpretation der Tab. smar. hat. Und da ist es denn wohl motiviert, daß Philo diesen Hauptschlüssel etwas geschraubt mysteriös bringt.

Philo bringt hier seine Interpretation des Et sicut res omnes etc. so bündig, daß wir nur wenig hinzuzufügen haben.

Die res omnes sind die Welt, die wir um uns sehen, gerade so wie bei der ägyptischen spirituellen Interpretation der zweiten Redaktion der Tab. smar. Diese Welt hat Gott geschaffen. Es liegt also nahe, von der Welt auf Gott zu kommen. Ist man aber einmal auf Gott gekommen, so liegt es nahe, den λογος, die meditatio Gottes, anzuknüpfen, auf welchen es hier als erste Seelen-Qualifikation abgesehen ist. Auf die Welt zu kommen, liegt aber nahe, weil im Vorhergehenden von der Welt die Rede war.

Die res natae sind, ganz so wie bei der ägyptischen spirituellen Interpretation, die nati, und ähnlich wie bei dieser tritt die adoptio in den Riß des res natae für nati. Philo sagt geradezu für nati: ανθρωπος, Mensch, und kann das auch, ohne Anstoß zu erregen, denn die res una, der νους kommt κατ' εξοχην dem Menschen zu. Strikt genommen sind aber die an die Stelle der res natae tretenden nati: Mensch und Tier. Der νους dehnt sich als ψυχη vom Menschen auf das Tier aus.

Die Parallelisierung des Vorder- und Nachsatzes durch sicut — sic parallelisiert subtil den λογος und den νους. Man hat in dieser Fassung keine direkte, sondern eine indirekte Parallele. Streng genommen kann man ja sagen, was der λογος auf seine Weise ist, das ist der νους auf seine Weise, und darin liegt die Parallele. Indirekt aber ist durch das sicut — sic eine Parallele zwischen λογος und νους gegeben. Durch eine solche indirekte Parallele ist subtil der Impietät aus dem Wege gegangen, den λογος und den νους, Gott und den Menschen oder gar Gott und das Tier, auf eine Linie stellen zu wollen.

In der zitierten Stelle hält sich Philo in der Gegenüberstellung von λογος und νους an ein einfaches εχειν, haben. Wo Gott den λογος hat, hat der Mensch den νους. Das liegt nun hier, in der Tab. smar., etwas anders. Die Tab. smar. hat ein esse a, und läßt diesem esse a die res natae, nati, zur Seite treten. Damit haben wir denn ein väterliches und kindliches Verhältnis, welches derartig liegt, daß der λογος der Welt, der νους den natis als

Vater gegenübersteht. Übrigens entspricht nicht der unus der una res, sondern die meditatio entspricht der una res. Wenn da steht res omnes fuerunt ab uno, meditatione unius, so ist das zu nehmen, als wenn da stände: scilicet meditatione unius. Die res omnes stammen von Gott, *nämlich* vom λογος Gottes. Die Erschaffung der Welt ist zur Rede gebracht. Wo das aber statt hat, da liegt es nahe, daß man sagt, *Gott* hat die Welt erschaffen, und so steht denn auch hier res omnes fuerunt ab *uno.* Aber von dem Standpunkt, von dem Gesichtspunkt aus, mit dem wir es hier zu tun haben, haben wir es weniger mit Gott, als mit dem λογος Gottes zu tun, und so tritt die nähere Erklärung, oder, wenn man will, die Redressierung des unus durch die meditatio unius ein.

Pater eius est Sol etc.

Nachdem der λογος und der νους vorangegangen, kommt hier die ψυχη an die Reihe. Es tritt analog dem Vorangehenden ein väterliches resp. mütterliches Verhältnis ein, jedoch mit dem Unterschied, daß vorhin der λογος, der νους der pater war, hier aber von dem pater resp. der mater die Rede ist, denen die ψυχη als Kind gegenübersteht.

Pater eius est Sol, mater eius est Luna. Es handelt sich hier um den Scheitelpunkt von νους und ψυχη, und dieser wird als νους genommen. Sol und Luna sind Osiris und Isis, kurz die ägyptische Gottheit. Diese Gottheit steht *unter* der Unus-Gottheit, und weil sie unter ihr steht, deswegen erhält sie den νους, das ist die Seelen-Qualifikation, die eine Stufe niedriger steht als die Seelen-Qualifikation des Unus-Gottes. Es wird uns also hier der νους gebracht, trotzdem wir uns in der ψυχη-Stelle befinden. Das hat aber nichts Anstößiges, weil die ψυχη in ihrer höchsten Stufe gebracht werden soll, und diese höchste Stufe ist eben der νους. Also wir haben: Die (ägyptische) Gottheit ist Vater (und Mutter) des νους.

Portavit illud ventus in ventre suo. Das illud ist die ψυχη. Sie, die ψυχη (Akkusativ), trug der ventus, Wind, Luft, im Bauch. Die Mutter der ψυχη ist die Luft. Die ψυχη ist das Kind, und die Luft die Mutter. Diese Luft nun wird übertragen auf das Volk der Luft, die Vögel, und wir haben dann: die Vögel sind die Mutter der ψυχη. Wir haben es also mit der ψυχη zu tun, welche auf die Vögel kommt. Nicht aber nur mit der ψυχη haben wir es hier zu tun, welche auf die *Vögel* kommt, sondern auch mit der, welche auf die *Fische* (Wassertiere) kommt. Denn nach der ersten biblischen Schöpfungsgeschichte kommen Vögel und Fische auf *einen* Tag (den fünften). Wo man also die Vögel hat, hat man auch die Fische. Philo sagt in Bezug auf die vorliegende Stelle der Tab. smar. ff. ευθυς δε και τα γενη των πτηνων εδημιουργει, ως αδελφα των καθ' υδατος εκατερα γαρ νηκτα. »Darauf (nach Erschaffung der Fische) schuf Gott die Geschlechter der Vögel, indem diese den Wassertieren verwandt sind; beide nämlich schwimmen.« — Die Vögel sind also die Schwimmer der Luft, wie die Fische die Schwimmer des Wassers sind. Die ψυχη also, die den einen Schwimmern zukommt, kommt auch den anderen Schwimmern zu.

Nutrix eius terra est. Das eius geht wieder auf die ψυχη. Amme wird als Mutter genommen. Die Mutter der ψυχη ist die Erde. Diese Erde wird übertragen auf die Landtiere. Wie vorhin Vögel und Fische die Mutter der ψυχη waren, so sind hier die Landtiere die Mutter der ψυχη. Wir haben es mit der ψυχη zu tun, welche auf die Landtiere kommt.

Wir haben es also im Portavit illud ventus in ventre suo; nutrix eius terra est mit der speziell auf die Tiere kommenden ψυχη zu tun.

Werfen wir nun nach einer Richtung hin einen Rückblick auf das Durchgenommene. Die philonische Interpretation der Tab. smar. dreht sich, wie wir wissen, um den Menschen. Der Mensch ist, im Gegensatz zur eigentlichen Interpretation der zweiten Redaktion der Tab. smar., ihr Substrat. Nun haben wir, daß das superius und inferius dazu dienen, die Wunder des νους zustande zu bringen. Dieser νους läuft auf den Menschen hinaus, da dem Menschen der νους zukommt, entgegen dem λογος, der Gott, der ψυχη, die dem Tier zukommt. Damit haben wir denn indirekt den Menschen. In dem omnes res natae fuerunt ab hac una re adoptione haben wir schon mehr direkt den Menschen, aber doch nicht ganz direkt. In dem Pater eius est Sol haben wir die ψυχη auf den νους zurückgeführt, und damit wieder indirekt den Menschen. Diese mehr oder weniger indirekten Verhältnisse können aber unmöglich ausreichend sein für eine Tab. smar., deren Interpretation sich den Menschen zum Substrat gemacht hat. In einer solchen ist der Mensch mit Eklat aufzuführen, hinzustellen, damit man ganz bestimmt und unzweifelhaft weiß, woran man ist.

Und das geschieht denn in dem Passus:

Pater omnis telesmi totius mundi est hic, das ist: Hier hast du den Menschen als die Krone der Schöpfung.

Totus mundus, die Welt, die wir um uns sehen, wie die res omnes. Telesmus totius mundi ist die Vollkommenheit der ganzen Welt, die wir um uns sehen, das ist der belebten (Tier-) Welt. Pater ist der an der Spitze Stehende, weil der Vater an der Spitze der Familie steht. Pater omnis telesmi totius mundi ist daher der an der Spitze der ganzen belebten (Tier-)Welt Stehende. Also Pater omnis telesmi totius mundi est hic: Dieser, das ist der Mensch, steht an der Spitze der ganzen belebten (Tier-) Welt. Vorhin war von Vögeln, Wassertieren, Landtieren die Rede, das ist vom telesmus totius mundi, jetzt kommt der Mensch an die Reihe, der pater telesmi. Der Mensch schmiegt sich den vorangegangenen Landtieren nach Art der ersten biblischen Schöpfungsgeschichte an, in der auf den sechsten Tag Landtiere und Mensch kommen.

Also: Pater omnis telesmi totius mundi est hic. Hier hast du die Krone der Schöpfung, den Menschen,

virtus eius integra est, si versa fuerit in terram.

Die terra lehnt sich an die terra von vorhin — nutrix eius terra est. Es handelt sich um die ψυχη, die den Landtieren zukommt; und daß gerade an die ψυχη der Landtiere angelehnt wird, kommt daher, daß das Landtier mit dem Menschen auf den sechsten Schöpfungstag kommt, also die nächste Relation zu ihm hat. Im Allgemeinen ist es gerade nicht exklusiv auf die ψυχη der Landtiere abgesehen, sondern auf die ψυχη der Tiere überhaupt. Die virtus des Menschen ist eine integra, wenn sein νους in die ψυχη verwandelt worden. So lange also der νους als νους dasteht, ist die virtus hominis eine incompleta, sie wird erst zu einer completa, zu einer integra, wenn der νους auch die ψυχη umfaßt. Natürlich wird das so interpretiert, daß die ψυχη genannt, der λογος aber gemeint ist. Es bedarf des Hinweises nicht, daß der νους sich nach abwärts zur ψυχη fortsetzt, das bedürfte des Hinweises, daß der νους sich aufwärts zum λογος fortsetzt, womit der Mensch als Krone der Schöpfung um so eklatanter in den Vordergrund tritt. Das zu tun, gerade heraus zu sagen, das verbietet aber die Pietät gegen Gott. Und so ist denn gesagt, nach unten pflanzt sich der νους zur ψυχη fort, und dadurch entsteht die vis integra; die reservatio mentalis dabei ist aber, wie sich der νους abwärts zur ψυχη fortpflanzt, so pflanzt er sich aufwärts zum λογος fort, und dadurch entsteht im Grunde die vis integra hominis. Mit dem λογος als reservatio mentalis an dieser Stelle der Tab. smar. läuft parallel die Stelle im Timaeus (P. 28):

τον μεν ουν ποιητην και πατερα τουδε του παντος ευρειν τε εργον και ευροντα εις παντας αδυνατον λεγειν.

»Den Schaffer und Vater dieses Weltalls zu finden, zu erforschen, ist ein Stück Arbeit, ist schwierig, wenn man ihn aber gefunden, erforscht hat, so kann man ihn, ihn den Gefundenen, das Gefundene, Erforschte nicht in die weite Welt hinein, vor Krethi und Plethi, ausposaunen.«

Zweite Rubrik

Separabis bis inferiorum.

Vorhin war vom Menschen in Bezug auf seine Seele die Rede, vom Seelenmenschen, hier kommt der Mensch in Bezug auf seinen Körper, der Körpermensch, an die Reihe. Die Trennung des Seelen- und Körpermenschen findet Philo prägnant in der Bibel (alexandrinische Schöpfungsgeschichte) gezeichnet; der Seelenmensch ist der Mensch der ersten Schöpfungsgeschichte, der Körpermensch ist der Mensch der zweiten Schöpfungsgeschichte im Ersten Buch Mosis. Der Körpermensch besteht aus den vier Elementen. Platonisch besteht der Mensch direkt aus den vier Elementen, philonisch indirekt insofern, als bei der alexandrinischen Interpretation der Schöpfungsgeschichte die erste Periode bringt: Luft (Himmel), Erde, Wasser, Feuer (erster Tag), das sind eben die vier Elemente. Es kommen also auf die ersten Schöpfungsperiode die vier Elemente. Da nun die zweite Schöpfungsperiode das Abbild der ersten ist, so kommen auch auf diese die vier Elemente, und damit auf die Welt im Ganzen. Da nun κοσμος und Mensch parallel laufen, so kommen auch auf den Menschen die vier Elemente. — In der Stelle:

Separabis terram ab igne, subtile a spisso ist:

terra das Element Erde,
ignis das Element Feuer,
subtile das Element Luft,
spissum das Element Wasser.

Diese soll man trennen, das ist trennend zwischen ihnen einen Unterschied machen, und wenn man dies tut, so kommt der Körpermensch heraus. Der Mensch präsentiert sich als das Produkt der vier Elemente, denn:

Ascendit a terra in coelum, iterumque descendit in terram, et recipit vim superiorum et inferiorum.

Philo sagt in Bezug auf diese Stelle: και προσετι, πασι τοις λεχθεισιν, ως οικειοτατοις και συγγενεστατοις χωριοις ενδιαιταται, τοπους αμειβων και αλλοτε αλλοις επιφοιτων ως κυριωτατα φαναι τον ανθρωπον παντα ειναι, χερσαιον, ενυδρον, πτηνον, ουρανιον η μεν γαρ οικει και βεβηκεν επι γης, χερσαιον ζωον εςιν η δε δυεται και νηχεται και πλει πολλακις, ενυδρον. εμποροι και ναυκληροι και πορφυρεις, και οσοι την επ' οστρεοις και ιχθυσιν αγραν μετιασι, του λεχθεντος εισι σαφεςατη πιστις. η δε μετεωρον απο γης ανωφοιτον εξηρτηται (? εξηρται) το σωμα, λεγοιτ' αν ενδικως αεροπορον ειναι προς δε και ουρανιον, δια της ηγεμονικωτατης των αισθησεων, οψεως, ηλιω και σεληνη και εκαστω των αλλων αστερων πλανητων και απλανων συνεγγιζον. »Ferner: in allen diesen (Elementen) lebt (der Mensch) wie in einem ihm entsprechenden und verwandten Medium, es geht bei ihm wechselnd von einem zum anderen. So kann man denn vom Menschen sagen, er sei alles: ein Landwesen, ein Wasserwesen, ein Vogelwesen, ein Himmelwesen. Insofern er die Erde bewohnt und beschreitet, ist er ein Landwesen. Insofern er untertaucht, schwimmt, schifft, ist er ein Wasserwesen. Des sind Zeugen die Meerfahrer, die Seehändler, die Purpurfischer, die Austernfänger, die Fischer. Insofern er den Leib von der Erde aufwärts dem Äther entgegenstreckt, dürfte er wohl mit Recht ein Luftdurchwandler genannt werden. Außerdem dürfte er wohl mit Recht ein Himmelwesen genannt werden, weil er mit dem Gesichtssinn, dem Fürsten der Sinne, sich der Sonne, dem Mond und jedem der übrigen Gestirne, sei's Planet, sei's Fixstern, nähert.«

Dritte Rubrik

Sic habebis bis obscuritas.

Der totus mundus ist hier, wie in der zweiten Rubrik, die Welt, die wir um uns sehen, und deren gloria, Verherrlichung, ist der νους, wobei an die platonische Weltenseele zu denken ist. Daß dieser νους sich abwärts zur ψυχη extendiert, ist selbstredend, daß er sich aufwärts zum λογος extendiert, liegt im jüdischen Sinne darin, daß die Himmel die gloria Dei erzählen, liegt also darin, daß speziell der Ausdruck gloria da steht. Vom streng platonischen Standpunkt kann der Ausdruck gloria keinen Anspruch darauf machen, in solchem Sinne, mehr oder weniger direkt, für den λογος ausgebeutet zu werden. Hier hat denn die obscuritas fugiens die besonders hervorragende Mission, in Bezug auf den λογος ausgebeutet zu werden. Die Obscuritas flieht dich, wenn du einsiehst, daß der νους nicht nur zur ψυχη, sondern auch zum λογος zu extendieren ist.

Haec est totius bis penetrabit.

Die fortitudo wird nach der Vier gezählt und zielt auf die vier Elemente. Die fortitudo vincit omnem rem subtilem, omnemque penetrat, das ist, der Mensch vom Standpunkt der quatuor Elementa vincit, omnem rem subtilem, et penetrat omnem rem solidam. Die res subtilis lehnt sich an das subtile des Separabis subtile a spisso, und ist hier die omnis res subtilis das, was dort subtile und spissum war. Und in analoger Weise ist im Anlehnen an das Separabis terram ab igne die omnis res solida, eigentlich omnis terra, hier das, was dort terra und ignis war. Es handelt sich also um eine mehr indexartige Auffassung der Worte subtile und terra.

Der Mensch vom Fortitudo-Standpunkt besiegt und durchdringt die Elemente: das ist ganz dasselbe, nur von einem anderen Gesichtspunkte aufgefaßt, wie beim Ascendit a terra etc.

Vierte Rubrik

Sic mundus bis est hic.

Sic mundus creatus est bezieht sich auf die erste Rubrik. Dort ist ja gesagt, daß Gott der Vater der Welt ist, daß Gott die Welt erschaffen hat.

Hinc erunt adaptationes mirabiles bezieht sich auf die zweite Rubrik. Es wird angenommen, daß beim Menschen der νους die Hauptsache ist und daß sich der Körper dem Geiste anschmiegt, anpaßt. Daher wird die zweite Rubrik, in der vom körperlichen Menschen die Rede ist, adaptationes, Anpassung der Elemente, Anpassungen der Elemente, weil es mehrere Elemente gibt, genannt. Hinc — von der ersten Rubrik gehen die adaptationes aus, sie schmiegen sich an den νους der 1. Rubrik.

Quarum modus est hic bezieht sich auf die dritte Rubrik. In dieser kommt ja die mit dem Maße bemessene fortitudo vor.

Fünfte Rubrik

Itaque bis mundi.

Und so werde ich genannt — das ist der alte mysteriöse Anschluß des Thoth.

Trismegistus ist der Hermes aufgrund der drei Seelen-Qualifikationen: λογος, νους, ψυχη. Diesem Hermes trismegistus entsprechen die drei Teile der Tab. smar., der Philosophia totius mundi. Deshalb: habens tres partes etc., nämlich die, welche der Index bringt.

Totus mundus ist die Welt, die wir um uns sehen, ähnlich wie in der zweiten Rubrik. Der totus mundus kommt auf den κοσμος hinaus, den die zweite Redaktion der Tab. smar. zu ihrem Substrat macht. Die Philosophie dieses κοσμος kommt darauf hinaus, daß der Mensch an seine Stelle rückt, und so wird der Kanon der Alchemie zur Lehre vom Menschen.

Schließlich sei bemerkt, daß die philonische Interpretation der Tab. smar. insofern epochemachend für die Tab. smar. wird, als sie die Initiative ergreift, die Tab. smar. als Freigut aufzufassen, das ist, den Standpunkt einzunehmen: Hier ist die Tabula smaragdina, interpretiere sie jeder, wie ihn sein animus alchemisticus leitet. Streng genommen, haben wir diesen Standpunkt bereits bei der metaphysischen Interpretation, denn daß das Kompletum etc. die Tab. smar. zu einer dritten Redaktion in dem Sinne machen soll, wie die zweite Redaktion die erste Redaktion zu einer absolut besonderen, neuen Redaktion macht: — daran glaubt, bei Lichte betrachtet, der Autor der metaphysischen Interpretation selbst nicht. Und wie er es nicht glaubt, glaubt es auch Philo nicht. Philo nimmt an, daß jener Autor bereits auf dem Boden der Tab. smar. als Freigut steht und hat daher keinen Skrupel, eine Interpretation zu bringen, an die der Autor der zweiten Redaktion nie gedacht hat.

Die Pömandrische Interpretation der Tabula smaragdina

Es existiert eine alexandrinische Schrift, die dem Hermes zugeschrieben wird (vergl. jüdische Interpretation der zweiten Redaktion der Tab. smar., 7. Rubrik), und die den Titel führt: Ἑρμου του τρισμεγιστου Ποιμανδρης. In dieser Schrift finden sich eine Reihe Abhandlungen, von denen die hauptsächlichste die erste ist, welche daher auch für sich die Titelüberschrift der ganzen Schrift führt, nämlich: Ποιμανδρης, Poemander. Diese bringt eine Interpretation der Tab. smar., welche im Allgemeinen auf dem Standpunkt der philonischen Mensch-Interpretation der Tab. smar. steht, im Besonderen aber von ihr abweicht.

Die pömandrische Interpretation nimmt die acht Rubriken der metaphysischen Interpretation der Tab. smar. an.

Erste Rubrik

Verum est etc. — Einleitung.

Zweite Rubrik

Quod est inferius bis adoptione.

Die res una ist, wie bei Philo, der νους. Dieser νους wird aber auf Gott bezogen.

Philo sagt in der Cosmopoeïa: προνομιας δε το πνευμα και το φϖς ηξιου το μεν γαρ ωνομασε ϑεου, διοτι ζωτικωτατον το πνευμα, ζωης δε ϑεος αιτιος το δε, φϖς, οτι υπερβαλλοντως καλον. »Er — der Autor der biblischen Schöpfungsgeschichte — schiebt das φϖς und das πνευμα in den Vordergrund. Denn das πνευμα nennt er das πνευμα Gottes, indem es hauptsächlich zum Leben in Relation steht, Gott aber der Grund des Lebens ist. Und das φϖς ist besonders gut.«

Man muß sich hierbei in's Gedächtnis zurückrufen, daß es 1. Buch Mosis, 1. Kap., heißt:

Vers 2. Και πνευμα Θεου επεφερετο επανω του υδατος.

Vers 4. Και ειδεν ο Θεος το φϖς, οτι καλον.

Philo hat im Sinne, daß πνευμα = Atem. Im Atem sieht er aber das Leben, ζωη, weil das Leben des Menschen aufhört, wenn der Atem still steht, und so parallelisiert er denn πνευμα und ζωη.

Und ferner ist nach der alexandrinischen Interpretation der Schöpfungsgeschichte das φϖς des ersten Tages ein doppeltes. (Vergl. die alexandrinische Interpretation der biblischen Schöpfungsgeschichte.) Es kann nun Philo zu seiner paradigmatischen Auffassung der ersten Schöpfungsperiode nur ein φϖς verwerten, und so schiebt er denn das zweite φϖς dem λογος zu, worüber er sich auch in dem, was der vorhin zitierten Stelle folgt, speziell ausspricht. Da nun der λογος speziell auf Gott kommt, so kommt auch das φϖς speziell auf Gott, ebenso wie das πνευμα speziell auf Gott kommt, weil es heißt: πνευμα Θεου. In Gott haben wir also auf der einen Seite: πνευμα und φϖς, und auf der anderen Seite: ζωη und φϖς.

Auf diese Standpunkte geht nun der Autor des Poemander mannigfach ein. Hier in specie haben wir Gott als πνευμα und φϖς. Und das wird dazu ausgebeutet, daß der νους auf Gott kommt. Nämlich:

Das Quod est inferius etc. wird auf die vier Elemente bezogen (wie in der griechischen Interpretation der zweiten Redaktion der Tab. smar.). Wir haben also: Feuer, Wasser, Luft und Erde dienen dazu, die Wunder der res una zustande zu bringen. Der Autor denkt nun, wenn die vier Elemente auf eine res una hinauskommen, so ist das zunächst einmal: das *Einelement*. Nun denkt er, zum Einelement kommt man dadurch, daß man die Elemente zunächst auf zwei restringiert, und aus dieser zwei dann die eins hervorgehen läßt. Indem er sich nun an die Elementen-Zwei macht, nimmt er als solche Luft und Feuer, indem er denkt, die Elementen-Zwei ist ja doch nur eine Idealität in der Elementenlehre, ob ich also die Aufstellung so oder so mache, bleibt sich gleich. Sobald er aber bei Luft und Feuer ist, ist er bei πνευμα und φϖς. Diese kommen auf Gott. Damit hat er Gott als Einelement und damit als res una. Die res una ist aber nach Philo = νους, und so kommt heraus, daß Gott = νους.

Et sicut etc.

Die res omnes, das All, welches auf die vier Elemente hinauskommt, entstanden von Gott, nämlich durch dessen meditatio, dessen λογος, wogegen die res natae, wie bei Philo: Mensch im Hinblick auf das Tier, von Gott als νους entstanden.

Das sicut — sic parallelisiert den λογος und den νους, beide kommen auf Gott. Der νους ist dem λογος: ομο ουσιος, an Wesenheit gleich.

Dritte Rubrik

Pater eius est Sol bis terra est.

Hier kommt der belebte Leib überhaupt an die Reihe, wobei es darauf abgesehen ist, daß auch dem Tier Rechnung getragen wird.

Sol und Luna bilden die Repräsentanten des Elementes Feuer.

Ventus bildet den Repräsentanten des Elementes Luft.

Terra bildet den Repräsentanten des Elementes Erde, zugleich aber auch den Repräsentanten des Elementes Wasser, und zwar das letztere in Bezug auf die Bibelstelle »Am Anfang schuf Gott die Erde«, bei der angenommen wird, daß unter Erde zugleich auch Wasser verstanden ist, weil interpretierend hinzugefügt wird: »Und die Erde war ein Durcheinander.«

Es wird somit den Elementen eine Vaterschaft und Mutterschaft über den belebten Leib angewiesen. Der belebte Körper besteht aus den vier Elementen.

Vierte Rubrik

Pater omnis telesmi bis inferiorum.

Nachdem der belebte Leib überhaupt vorangegangen, kommt nun der Mensch als Krone der Schöpfung (Pater omnis telesmi, wie bei Philo) an die Reihe. Der Mensch wird in philonischer Weise anhand des Doppelmenschen der beiden Schöpfungsgeschichten aus einem zwiefachen Gesichtspunkt aufgefaßt, aus dem Gesichtspunkt des geistigen und aus dem Gesichtspunkt des körperlichen Menschen. Das versa fuerit in terram zielt darauf, daß dem geistigen Menschen der 1. Schöpfungsgeschichte der Körpermensch der 2. Schöpfungsgeschichte anzureihen ist.

Nun kommt im Separabis terram ab igne etc. die ψυχη an die Reihe. Es liegt schon im Doppelmenschen von vorhin, daß man sich den Geist vom Körper trennt, getrennt vorstellt. An die Kollektivtrennung soll man aber eine Spezialtrennung knüpfen, man soll den ignis, den νους, vom Körper, der terra, trennen, und man soll das subtile, die ψυχη, vom Körper, dem spissum, trennen. Es ist also darauf abgesehen, den νους, trotzdem daß er in dieser Interpretation eigentlich nur Gott zukommt, dennoch auch dem Menschen zuzuteilen. Wollte man dem Menschen bloß die ψυχη zuteilen, so hätte er keinen Unterschied vor dem Tier, dem doch auch eine ψυχη zukommt. Das Ganze kommt auf den Platonismus hinaus, daß der Mensch der Demiurg, daß der Mensch *Gott* ist. In der kühnen Idee, den Menschen zu Gott zu machen, schlägt der Autor übrigens gedeckt. Wenn man dem seine kühne Idee vorhält, so sagt er, ich nehme auch ignis als ψυχη. Wenn ich daher den ignis von der terra und das subtile von dem spissum separiere, so separiere ich die ψυχη in ihrer Doppeleigenschaft als ignis und subtile vom Körper.

Nachdem nun vorhin darauf hingewiesen, daß man beim Menschen einen Körper und eine Seele annehmen müsse, liegt nun die Übergangsidee zum Ascendit etc. nahe. Diese Übergangsidee ist, wenn der Mensch stirbt, so trennt sich die Seele vom Körper.

Ascendit a terra in coelum. Der Mensch, vom Standpunkt seiner Seele, schwingt sich himmelan und bleibt da, wenn er des Himmels würdig ist. Ist er des Himmels aber nicht würdig, so muß er aus dem Himmel,

iterumque descendit in terram, muß den Weg zurück, den er gemacht hat, zur Hölle hin, dem Teufel, dem δαιμων in die Hände, οστις την οξυτητα του πυρος προσβαλλων θρωσκει αυτους, welcher die Missetäter den Plagen des Feuers aussetzt.

Et recipit vim superiorum et inferiorum. Und der Mensch, welcher zum Himmel oder zur Hölle fährt, welches Sachverhältnis auf seine Seele kommt, dieser Mensch recipit auf der anderen Seite vom Standpunkt seines Körpers aus, die vis superiorum et inferiorum, das ist der Elemente, wie sie die zweite Rubrik bezeichnet. Der Mensch, dessen Seele sich vom Körper getrennt hat, verfällt dem Materialismus der Elemente, er verwest.

Fünfte Rubrik

Sic habebis bis penetrabit.

Im Sinne des Autors liegt, gloria als λογος und νους zu nehmen, und fortitudo als ψυχη. Nimmt er nun eben die fortitudo als ψυχη, so zählt er das totius fortitudinis fortitudo fortis nach der Drei und hat im Sinn, daß die ψυχη den λογος und den νους absorbiert, der Mensch also zu Gott wird. Deswegen ist die ψυχη die kumulierte fortitudo, weil sie omnem rem subtilem, das ist den λογος und den νους besiegt und weil sie omnem rem solidam, das ist die Materie des Menschen- und Tierkörpers durchdringt. Der Autor schlägt aber auch hier, wie in der vorigen Rubrik, mit dem Menschen als Gott gedeckt, um nicht (vergl. die philonische Interpretation der Tab. smar.) das, was er über Gott denkt, in die weite Welt zu posaunen, um es nur denen zu bieten, die mit ihm auf gleichem Standpunkt stehen. Er deckt sich damit, daß er denen, die ihm seine kühne Idee vorhalten, analog wie Philo, die fortitudo als die Elemente bietet, womit denn die kumulierte fortitudo nach der Vier zählt.

Sechste Rubrik

Sic mundus bis est hic.

Sic mundus creatus est bezieht sich auf die zweite Rubrik, in der gesagt ist, daß Gott die res omnes geschaffen.

Hinc erunt adaptationes mirabiles bezieht sich auf die dritte und vierte Rubrik.

Es ist in diesen Rubriken vom Tier und vom Menschen die Rede, an welche sich die ψυχη und was sich an sie knüpft (νους, λογος) »anpaßt«.

Quarum modus est hic bezieht sich auf die fünfte Rubrik. In dieser kommt ja die mit dem Maße bemessene fortitudo vor.

Siebente Rubrik

Itaque vocatus sum bis mundi.

Wie bei Philos Interpretation.

Achte Rubrik

Completum est bis Solis.

Sol wird als φϖς genommen und das φϖς als Eingesichtspunkt für λογος, νους, ψυξη. Die vorige Rubrik brachte den Hermes trinus als λογος, νους, ψυξη, diese Rubrik bringt den Hermes unus als φϖς.

Am Schluß des Poemander mystifiziert sich der Autor den Standpunkt heraus, als wenn es in seiner Interpretation der Tab. smar. auf eine Glorifizierung Gottes abgesehen wäre. Dem ist aber nicht so, es ist ihm auf eine Glorifizierung des Menschen abgesehen, der in Platos Sinn zu einem Gott wird.

Die christliche Interpretation der Tabula smaragdina

Die erste Dreieinigkeits-Interpretation der Tabula smaragdina

Sie verdankt ihren Ursprung dem, daß an die Stelle des *Menschen* der *Gottmensch* tritt.

Es werden acht Rubriken wie bei der metaphysischen Interpretation angenommen.

Erste Rubrik

Verum est etc. — Einleitung.

Zweite Rubrik

Quod est inferius bis adoptione.

Die beiden superius und inferius umfassen, wie bei der griechischen Interpretation der zweiten Redaktion der Tab. smar.: Feuer, Wasser, Luft und Erde.

Res una ist der Heilige Geist, πνευμα αγιον — Also:

Quod est inferius bis rei unius. Feuer, Wasser, Luft und Erde dienen dazu, um die Wunder des Heiligen Geistes zustande zu bringen. Wie das des näheren liegt, weisen die dritte Rubrik und die fünfte Rubrik nach.

Der unus ist der Gott Vater, der λογος unius ist Gott Sohn. Christus wird zum λογος.

Res omnes: die Welt, die wir um uns sehen.

Die res natae, das ist in Philos Sinn: nati, die Menschen, kommen auf den Heiligen Geist. Denn über die Apostel ergießt sich nicht Gott der Vater, Gott der Sohn, sondern der Heilige Geist (Apostelgeschichte). Also:

Et sicut res omnes fuerunt ab uno etc. Und wie Gott der Vater die Welt erschaffen hat, durch Gott den Sohn, so waren die Menschen, die Apostel, vom Heiligen Geist. In dem esse a liegt auf beiden Seiten ein väterliches Verhältnis, und darum die Parallele mit dem sicut — et. Die Parallele soll sich aber nicht ganz decken, und daher die adoptio im Nachsatz. So kann die adoptio einerseits verwertet werden. Andererseits kann sie auch für die res natae als Menschen eintreten. Beim väterlichen Verhältnis des Nachsatzes wird der Heilige Geist zum Vater der Apostel, das heißt, er kommt über sie.

Dritte Rubrik

Pater eius est Sol bis terra est.

Es heißt in der Apostelgeschichte im zweiten Kapitel:

Vers 1. Και εν τω συμπληρουσθαι την ημεραν της πεντηκοστης ησαν απαντες ομοθυμαδον επι το αυτο.

Und als der Tag der Pfingsten erfüllet war, waren sie alle einmütig beieinander.. *(Luther).*

Vers 2. Και εγενετο αφνω εκ του ουρανου ηχος ωσπερ φερομενης πνοης βιαιας, και επληρωσεν ολον τον οικον, ου ησαν καθημενοι.

Und es geschah schnell ein Brausen vom Himmel, als eines gewaltigen Windes, und erfüllte das ganze Haus, da sie saßen. *(Luther).*

Vers 3. Και ωφθησαν αυτοις διαμεριζομεναι γλωσσαι ωσει πυρος εκαθισε τε εφ' ενα εκαστον αυτων.

Und man sah an ihnen die Zungen zerteilt, als wären sie feurig. Und er setzte sich auf einen jeglichen unter ihnen. *(Luther).*

Vers 4. Και επλησθησαν απαντες πνευματος αγιου, και ηρξαντο λαλειν ετεραις γλωσσαις, καθως το πνευμα εδιδου αυτοις αποφθεγγεσθαι.

Und wurden alle voll des Heiligen Geistes und fingen an zu predigen mit anderen Zungen, nach dem der Geist ihnen gab auszusprechen. *(Luther).*

Hieran wird nun beim Pater eius etc. angelehnt.

Daß der Vater des Heiligen Geistes die Sonne, dessen Mutter der Mond ist, Pater eius est Sol etc., damit wird seine Feuereigenschaft gelehrt. Auf diese Feuereigenschaft des Heiligen Geistes zielen auch die γλωσσαι ωσει πυρος (Vers 3).

Daß der Wind den Heiligen Geist im Bauche trug, Portavit illud ventus etc., damit wird seine Wind- (Luft-)eigenschaft gelehrt. Auf diese Wind- (Luft-)eigenschaft des Heiligen Geistes zielt auch die πνοη βιαια (Vers 2).

Die terra in Nutrix eius terra est ist der irdische Leib der Apostel, der irdische Menschenleib, über den sich der Heilige Geist ausgießt. Auf die Weise ist die Amme, die Mutter des Heiligen Geistes die Erde, wie seine Mutter die Luft, sein Vater und seine Mutter das Feuer ist. Es kommen also dem Geiste *Elemente* zu, wie das auch die zweite Rubrik lehrt. Entgegen der zweiten Rubrik aber, in der von *vier* Elementen die Rede war, ist hier nur die Rede von *drei* Elementen (Feuer, Luft, Erde).

Vierte Rubrik

Pater omnis telesmi bis inferiorum.

Der totus mundus ist die Welt, wie wir sie um uns sehen. Deren telesmus ist der Mensch. Und der Pater omnis telesmi totius mundi ist der Gottmensch Christus.

Virtus eius integra est, si versa fuerit in terram.

Die virtus Christi ist eine integra, wenn er, Christus, oder sie, die virtus, verwandelt worden in terram, in Erde, das ist, wenn zu Christi göttlicher Natur die irdische, die Mensch-Natur hinzukommt. Vergl. Römer Kap. 8, Vers 3: ο θεος τον εαυτου υιον πεμψας εν ομοιωματι σαρκος αρματιας, »und sandte seinen Sohn in der Gestalt des sündlichen Fleisches«. *(Luther).*

Um seine Mission zu erledigen, muß Christus Mensch werden.

In dem Separabis terram ab igne, subtile a spisso, suaviter magnos cum ingenio wird der Standpunkt mit der terra näher erläutert.

Ignis = φῶς. — Subtile = πνευμα.

Diese beiden (vergl. den vorigen Abschnitt) kommen nach Philo auf Gott, es liegt also nahe, sie auf die göttliche Natur Christi zu beziehen. Abgesehen von philonischen Anschauungen sagt aber auch Christus selbst, Evangel. Joannis, Kap. 12:

Vers 46. Ἐγω φῶς εις τον κοσμον εληλυϑα, ινα πας ο πιστευων εις εμε εν τη σκοτια μη μεινη.

Ich bin gekommen in die Welt ein Licht, auf daß, wer an mich glaubt, nicht in Finsternis bleibe. *(Luther).*

Und so öfter. Hierzu kommt, daß schon im Allgemeinen nach philonischen Anschauungen die Berechtigung vorliegt, das πνευμα in ζωη umzuwandeln, daß hierzu aber hier die ganz besondere Berechtigung vorliegt, damit das πνευμα, welches Christo als solchem zukommt, nicht mit dem πνευμα αγιον, dem Heiligen Geiste, verwechselt wird. So hat man denn statt πνευμα: ζωη, und in Bezug auf letztere sagt Christus ebenfalls selbst, Evangel. Joannis, Kap. 5:

Vers 26. Ὥσπερ γαρ ο πατηρ εχει ζωην εν εαυτω, ουτως εδωκε και τῶ υιῶ ζωην εχειν εν εαυτῶ.

Denn wie der Vater das Leben hat in ihm selbst, also hat er dem Sohne gegeben das Leben zu haben in ihm selbst. *(Luther).*

So kommen also der ignis und das subtile auf die *göttliche* Natur Christi. Diese göttliche Natur Christi muß man von seiner menschlichen Natur separare, trennen, trennend einen Unterschied machen. Es ist zu separieren φῶς von terra. Hier ist in terra zu trennen: vom menschlichen Leib überhaupt, im Allgemeinen, wie er in Christo gegeben ist. Und dann ist zu separieren: πνευμα von spissum. Hier ist spissum der höhere menschliche Leib, wie er in Christo gegeben ist. Diesen höheren menschlichen Leib besitzt Christus dadurch, daß er ohne Sünde ist. Hebräer Kap. 4 (5):

Vers 15. Ου γαρ εχομεν αρχιερεα μη δυναμενον συμπαϑησαι ταις ασϑενειαις ημῶν, πεπειρασμενον δε κατα παντα καϑ' ομοιοτητα, χωρις αμαρτιας.

Denn wir haben (in Christus) nicht einen Hohenpriester, der nicht könnte Mitleiden haben mit unserer Schwachheit, sondern der versucht ist allenthalben gleich wie wir, doch ohne Sünde. *(Luther).*

Evangel. Joannis Kap. 8 Vers 46: Τις εξ υμϖν ελεγχει με περι αρμαρτιας;

Welcher unter euch kann mich einer Sünde zeihen? *(Luther).*

Das suaviter magno cum ingenio kann darauf bezogen werden, daß statt terra ab igne, ignis a terra separiert werden soll. Es kann aber auch das folgende Hysteron-Proteron einleiten.

Nämlich anlehnend an die Befugnis, in der vorliegenden Stelle der Tab. smar. die Sätze gegenseitig auszutauschen (vergleiche erste Redaktion der Tab. smar.), wird descendit in terram vorangesetzt, und es folgt dann iterumque ascendit a terra in coelum.

Descendit in terram — Christus steigt in die Erde, er *stirbt,* und wenn er gestorben ist, dann

ascendit a terra in coelum — dann steigt er zum Himmel auf, es findet die Himmelfahrt Christi statt.

Et recipit vim superiorum et inferiorum, und er erhält die Macht, die Herrschaft über die Oberen und Unteren. Man vergleiche in Bezug hierauf: Epistol. Pauli ad Philippos, Kap. 2:

Vers 9. Διο και ο θεος αυτον υπερυψωσε, και εχαρισατο αυτϖ (το) ονομα τα υπερ παν ονομα.

Darum hat ihn auch Gott erhöhet und hat ihm einen Namen gegeben, der über alle Namen ist. *(Luther).*

Vers 10. Ἱνα εν τϖ ονοματι Ἰησου παν γονυ καμψη επουρανιων και επιγειων και καταχθονιων.

Daß in dem Namen Jesu sich beugen sollen alle derer Knie, die im Himmel und auf Erden und unter der Erde sind. *(Luther).*

Vers 11. Και πασα γλϖσσα εξομολογησηται, οτι κυριος Ἰησους Χριστος, εις δοξαν θεου πατρος.

Und alle Zungen bekennen sollen, daß Jesus Christus der Herr sei, zur Ehre Gottes des Vaters. *(Luther).*

Fünfte Rubrik

Sic habebis gloriam bis penetrabit.

In der gloria totius mundi haben wir Gott den Vater und Gott den Sohn. In der fortitudo haben wir den Heiligen Geist.

Die kumulierte fortitudo zählt nach der Drei. Die fortitudo wird deswegen von einem dreifachen Gesichtspunkt aufgefaßt, weil sie, die fortitudo, vincit omnem rem subtilem, das ist, da subtile (vergl. oben) = πνευμα, quia vincit παν πνευμα, das ist: Vater, Sohn, Geist. Denn hat man den Heiligen Geist, so hat man auch Gott den Vater und Gott den Sohn. Christus ist nämlich empfangen vom Heiligen Geiste, und Gott der Vater läßt empfangen. Die spirituelle Drei der fortitudo ist also der Heilige Geist als solcher, Christus als empfangen vom Heiligen Geiste, Gott Vater als solcher, der mittels des Heiligen Geistes empfangen läßt. — Hierzu kommt nun noch eine materielle Drei der fortitudo, welche darin liegt, daß die fortitudo penetrat omnem rem solidam, das ist *alle* Elemente. Der Passus quia omnem rem solidam penetrabit gleicht den Zwiespalt aus, der in den vier Elementen der zweiten und den drei Elementen der dritten Rubrik liegt. Die res solidae bilden, entgegen den res subtiles, den materiellen Standpunkt des Heiligen Geistes, den Standpunkt, vermöge dessen dem Heiligen Geiste das Feuer, die Luft, die Erde zukommt. Bei dieser Erde ist aufgrund des: Am Anfang schuf Gott die Erde. Und die Erde war ein *Durcheinander* — das ist die Erde war zugleich *Wasser* — das Wasser zu supplieren, und so ist durch die *omnis* res solida die Ausgleichung da zwischen dem doppelten superius und inferius der zweiten Rubrik und den drei Elementen der dritten Rubrik.

Sechste Rubrik

Sic mundus bis modus est hic.

In der zweiten Rubrik ist von der Erschaffung der Welt, der res omnes, die Rede.

Von dem, was die zweite Rubrik bringt — Hinc — das ist von dem Heiligen Geiste und Gott Sohn, stammen her die wunderbaren Anpassungen der Elemente an den Heiligen Geist, des Leibes an die göttliche Natur Christi, wie wir sie in der dritten und vierten Rubrik haben.

Und der Anpassungen — quarum — modus, nämlich der modus der Anpassungen, wie sie auf den Heiligen Geist kommen, ist so, wie ihn die fünfte Rubrik bringt.

Also weist der Index auf die zweite, dritte, vierte und fünfte Rubrik.

Siebente Rubrik

Itaque vocatus sum bis mundi.

Der Hermes trismegistus ist der Deus trinus: Gott Vater, Gott Sohn, Heiliger Geist, und wie wir den Deus trinus haben, so hat die Tabula smaragdina tres partes. Wie die Philosophie des totus mundus in der philonischen Interpretation darauf hinaus kommt, daß die Tab. smar. zum Kanon der Lehre vom Menschen wird, so kommt sie in der vorliegenden Interpretation darauf hinaus, daß die Tab. smar. zum Kanon der Lehre vom Gottmenschen wird.

Achte Rubrik

Completum bis Solis.

Sol = φϖς, und φϖς = Gott vom Eingesichtspunkt als Eingott.

Der vorigen Rubrik gemäß sollte man meinen, man habe es bloß mit einem Deus trinus zu tun. Nein, man hat es auch mit einem Eingott zu tun. Man hat es mit der Dreieinigkeit zu tun. Schließt man mit der vorigen Rubrik ab, so hat man es mit einem inkompletten Verhältnis zu tun. Komplett wird das Verhältnis erst, wenn man die Wirksamkeitsentfaltung (operatio) des φϖς heranzieht. Diese Wirksamkeitsentfaltung besteht darin, daß das φϖς den Vater, den Sohn und den Geist umfaßt und so den Eingesichtspunkt der Gottheit vermittelt.

ΛΟΓΟΣ-*Interpretation der Tabula smaragdina*

Nach der Dreieinigkeits-Interpretation haben wir: res omnes fuerunt ab uno, meditatione unius, Gott der Vater hat die Welt erschaffen durch Christus. Das kommt nun darauf hinaus, daß nicht Gott der Vater, das ist griechisch kurz ϑεος, die Welt erschaffen, sondern Christus. Und das ist eine Kollision mit der Bibel, in der es heißt: Ἐν αρχη εποιησεν ο ϑεος τον ουρανον και την γην. Hier war also nachzuhelfen, und dies geschah ff.

Man sagte, der λογος der Tab. smar. wird zu Christus. Nun wohl, das verhindert aber nicht, daß der λογος seine ursprüngliche Bedeutung beibehält, nur ist etwas zu modifizieren. λογος = Plan (vergl. den Abschnitt: Neue Interpretation der biblischen Schöpfungsgeschichte); man kam aber auf diesen Plan vom *Wort* aus. Zu diesem Wort verbum statt meditatio führt uns bereits Philo zurück. Denn er läßt den κοσμος νοητος mit dem λογος verschmelzen. Nun, soll das geschehen, so muß der λογος eben *Wort* sein, denn der Plan geht dem κοσμος νοητος voran, kann also nicht mit ihm verschmelzen. (Vergl. philonische Interpretation der Tab. smar.) Also steht gar nichts im Wege, daß auch wir wieder auf den λογος als Wort, verbum, zurückgreifen. Wir sagen also, λογος ist auf der einen Seite *Christus*, auf der anderen Seite das *Wort*. Daß wir nun aber Christus zum Wort machen, dazu sind wir berechtigt, denn es heißt:

Evangel. Joannis, Kap. 12:

Vers 47. Και εαν τις μου ακουση τῶν ρηματων, και μη πιστευση, εγω ου κρινω αυτον. ου γαρ ηλθον, ινα κρινω τον κοσμον, αλλ' ινα σωσω τον κοσμον.

Und wer meine Worte hört und glaubt nicht, den werde ich nicht richten; denn ich bin nicht gekommen, daß ich die Welt richte, sondern daß ich die Welt selig mache. *(Luther).*

Vers 48. Ὁ αθετῶν εμε και μη λαμβανων τα ρηματα μου, εχει τον κρινοντα αυτον ο λογος, ον ελαλησα, εκεινος κρινει αυτον εν τη εσχατη ημερα.

Wer mich verachtet, und nimmt meine Worte nicht auf, der hat schon, der ihn richtet; das Wort, welches ich geredet habe, das wird ihn richten am Jüngsten Tage. *(Luther).*

Vers 49. Ὁτι εγω εξ (απ') εμαυτου ουκ ελαλησα, αλλ' ο πεμψας με πατηρ αυτος μοι εντολην εδωκε, τι ειπω και τι λαλησω.

Denn ich habe nicht von mir selber geredet, sondern der Vater, der mich gesandt hat, der hat mir ein Gebot gegeben, was ich tun (— im Text steht: τι ειπω das ist: was ich sagen) und reden soll. *(Luther).*

Vers 50. Και οιδα, οτι η εντολη αυτου ζωη αιωνιος εστιν. α ουν λαλῶ εγω, καθας ειρηκε μοι ο πατηρ, ουτω λαλῶ.

Und ich weiß, daß sein Gebot ist das ewige Leben. Darum, das ich rede, das rede ich also, wie mir der Vater gesagt hat. *(Luther).*

Durch diese Stelle ist Christus als *Wort* sattsam legalisiert.

Es kommt kurz heraus, Christus ist das Wort: επειδη ερμηνευς εστι τῶν του θεου βουληματων (Epiphanius Haer. 73, 12) »weil Christus der Herold, der Dolmetscher, der Bote des göttlichen Willens, des göttlichen Befehls ist«.

Verfahren wir nun, sagte man weiter, auf die Weise, dann ist die Kollision mit dem res omnes fuerunt etc. leicht zu beseitigen. Wir sagen dann nicht: Gott hat die Welt erschaffen durch Christus. Den Christus lassen wir als solchen bei Seite, und fassen das *Wort* in's Auge. Dann kommt heraus: Gott hat die Welt erschaffen durch das *Wort*. Gott spricht, die Welt entsteht — da haben wir die Erschaffung der Welt durch die Vermittlung des λογος.

Anhand einer solchen Aufstellung wird nun die zweite Rubrik der Dreieinigkeits-Interpretation der Tab. smar. anders interpretiert. Man nimmt res una als λογος, als Wort, präpariert sich also den λογος als verbum, um bei der meditatio unius auf diesen λογος zurückgreifen zu können. Und nachdem das dann geschehen, wird derartig weiter fort interpretiert, wie wir es im folgenden kennenlernen werden.

Erste Rubrik

Verum est etc. — Einleitung.

Zweite Rubrik

Quod est inferius bis adoptione.

Das erste inferius ist, wie bei Philo, der κοσμος νοητος. Das erste superius ist, wie bei Philo, der λογος, aber nicht der λογος als meditatio, sondern als *verbum*. Nun dient, wie bei Philo, das zweite superius, die Summe von Wasser, Erde, Luft, Licht der ersten Schöpfungsperiode mit dem λογος, so wie das zweite inferius, die reelle Welt, dazu, um die Wunder der res una zustande zu bringen.

Res una ist, wie wir wissen, der λογος, verbum.

Daß das superius, sicut id quod est inferius dazu dient, ad perpetranda miracula λογου, das liegt ff. In dem superius als das, was die erste Schöpfungsperiode bringt, haben wir den λογος, *hervorstechend* den λογος, denn indem Wasser, Erde, Luft, Licht und λογος verschmelzen, gehen die ersteren in dem letzteren auf, denn sonst könnte die Summe nicht zu dem superius werden, mit welchem der zweite Passus Quod est superius etc. anfängt.

Zu der reellen Welt hat der λογος eine besondere Relation, weil durch den λογος die Welt entsteht. Gott nämlich spricht, er instituiert so den λογος, aus dem Worte, dem λογος, geht dann die Welt hervor.

Res omnes: die Welt, die wir um uns sehen. Sie fuerunt ab uno, Gott hat die Welt erschaffen. λογω unius: durch das Wort Gottes. Der λογος hat die Welt erschaffen.

Res natae = nati, wie bei Philo. Sie werden durch die adoptio gedeckt. Die nati, die Menschen, fuerunt ab una re, von dem λογος, indem der λογος ihnen das Wort Gottes verkündet: — so sollte man auf den ersten Blick sagen. Aber man bedenke, daß, wenn man so sagt, daß man dann den λογος als Christus hat. Denn der λογος muß dann das Wort Gottes verkünden. Dieser Körper aber ist Christus, und damit hat man denn den λογος als Christus, wo er doch das *Wort*, und nicht Christus sein soll, auf daß man nicht dazu kommt, Christus habe die Welt erschaffen. Hier hilft man sich nun, daß an die Stelle des Christus als Wort *Johannes* als Wort tritt (vergl. darüber weiter unten).

Dritte Rubrik

Pater eius bis terra est. — Hier kommt man auf Christus, der jetzt in seine Rechte als λογος eingesetzt wird.

Pater eius est Sol.

Der Vater des λογος, als Christus gefaßt, ist der Sol, das ist Gott der Vater.

Mater eius est Luna.

Die Mutter desselben, des als λογος gefaßten Christus, ist die Luna, das ist die Jungfrau Maria. Wenn Maria als zur Empfängnis in Relation stehend dargestellt wird, so wird sie derartig dargestellt, daß sie mit dem Fuß in die Konkavität eines halben Mondes tritt. Dieser Mond stammt von der vorliegenden Interpretation der Tab. smar.

Portavit illud ventus in ventre suo.

Illud, den λογος Christus, trug der ventus, das ist das πνευμα αγιον, der Heilige Geist, im Bauche. Der Heilige Geist ist die Mutter des λογος, und auf diese Weise hat der Heilige Geist eine Relation zum λογος Christus.

Ein solches Ergebnis der Stelle liegt aber etwas eigentümlich. Maria ist die Mutter Christi, nicht aber der Heilige Geist. Um hier nun nachzuhelfen, werfen sich einige dem in die Arme, daß sie sagen, in ventre steht statt in ventrem, und suo steht statt eius. Auf die Weise kommt heraus: Portavit illud ventus in ventrem eius, es trug jenes, den λογος Christus, in den Leib derselben, der Maria; das ist, der Heilige Geist ließ Maria empfangen. Uns, von unserem Standpunkt, scheint eine solche Nachhilfe etwas sehr kühn, geradezu willkürlich, unverträglich mit dem Wortlaut der Tab. smar. Die Nachhelfer dachten aber anders. Die lebten zu einer Zeit, wo die lateinische (resp. griechische) Sprache von der Barbarei angehaucht war, und da dachten sie, ob in cum Accusativo oder cum Ablativo steht, ob suus oder eius steht, kommt nicht so genau darauf an. Ein solches Tun der Nachhelfer ist, wie wir später sehen werden, von Einfluß auf die Fassung des Apostolischen Symbolum. Dort heißt es nämlich stellenweise: Credo in patre, in filio, in spiritu statt in patrem, in filium, in spiritum. Die Ablativ-Fassungen dienen zu nichts anderem, als dazu, die vorliegende Fassung mit dem in ventrem zu legalisieren. Wie man hier an die Stelle des Ablativs den Akkusativ setzt, so setzt man dort an die Stelle des Akkusativs den Ablativ. Das ist ein gegenseitiger Austausch.

Nutrix eius terra est.

Die Amme des λογος Christus ist die Erde. Der irdische Leib Christi wird als die Amme genommen, welche ihn, den λογος Christus, großzog, an ihren Brüsten nährte.

Also haben wir zum λογος in Relation gesetzt: Gott den Vater, die Jungfrau Maria, den Heiligen Geist, Christus selbst.

Vierte Rubrik

Pater omnis telesmi bis inferiorum.

Interpretation wie bei der Dreieinigkeits-Interpretation der Tab. smar.

Fünfte Rubrik

Sic habebis gloriam bis penetrabit.

Die gloria ist der λογος. Die obscuritas flieht uns, wenn wir anhand der vorliegenden Interpretation der Tab. smar. den λογος allseitig so in's Auge fassen, wie es in dieser Interpretation gelehrt wird und wie es die Dreieinigkeits-Interpretation nicht erschöpfend lehrt.

Die fortitudo ist das, was die dritte Rubrik lehrt. Die fortitudo zählt nach der Drei: Gott Vater, Heiliger Geist, Christus. Die omnis res subtilis ist Gott der Vater und der Heilige Geist, die omnis res solida ist Christus als irdischer Leib und seine Mutter Maria als irdischer Leib. Diese omnem rem subtilem et solidam besiegt und durchdringt, das ist bewältigt, der Drei-Standpunkt, die dreifache fortitudo. Nachdem die dritte Rubrik den Vier-Standpunkt: Vater, Maria, Sohn, Heiliger Geist gebracht hat, wird der Jungfrau Maria nicht zu nahe getreten, wenn sie ausscheidet, wodurch denn bloß Gott der Vater, Gott der Sohn und der Heilige Geist in der Vordergrund treten, womit die dreifache fortitudo herauskommt.

Sechste Rubrik

Sic mundus bis hic.

Die creatio mundi bezieht sich auf die zweite Rubrik.

Hinc erunt adaptiones mirabiles.

Das bezieht sich auf die dritte Rubrik. Hier haben wir die Anpassungen des λογος an Christus. Hier tritt der λογος für Christus ein, und nicht für das Wort.

Quarum modus est hic.

Das bezieht sich auf die fünfte Rubrik, welche die Vier der dritten Rubrik in eine Drei verwandelt.

Siebente Rubrik

Itaque vocatus sum bis mundi.

Der Hermes trismegistus ist die Trinität: Gott Vater, Gott Sohn, Heiliger Geist. Anlehnend an die dritte Rubrik kann man fragen, wo bleibt denn die Jungfrau Maria? Die Antwort ist, sie tritt aus, wie das in dem Fortitudostandpunkt gelehrt wurde.

Die tres partes philosophiae totius mundi sind die, auf welche der Index hinweist.

Schlußbemerkung

In der zweiten Rubrik haben wir auf den *Johannes* hingewiesen, der das Wort repräsentiert, welches sich notwendig an einen Körper binden muß, und das sich nicht an den Körper Christi binden kann, weil in der zweiten Rubrik der λογος = verbum, und nicht = Christus.

In Bezug hierauf interpretiert man ff.

Die res natae sind auf Philos Autorität hin nati. Es bedarf der adoptio nicht, um sie von dem Standpunkt der *Sache* in den Standpunkt der *Person* überzuführen. Philo nimmt sie als Menschen, und damit ist die Sache absolviert.

Vordersatz und Nachsatz — sicut, sic — decken sich. Im Vordersatz haben wir den λογος, und im Nachsatz haben wir ihn: — damit ist die vollkommene Parallele gegeben.

Wo bleibt nun die adoptio?

Antwort: Sie tritt zu den nati (res natae) und weist so darauf hin, daß bei ihnen ein uneigentliches Verhältnis statt hat, und dies uneigentliche Verhältnis besteht darin, daß die nati zum natus werden, und dieser natus, dieser Mensch ist eben *Johannes der Täufer.* Daß aber der natus gerade zu Johannes wird, das liegt darin, daß er für das Wort Christus wieder das Wort ist, er ist der Prediger, der Christus vorangeht. Evangel. Matthaei, Kap. 3:

Vers 1. Ἐν δε ταις ημεραις εκειναις παραγινεται Ἰωαννης ο βαπτιστης, κηρυσσων εν τη ερημω της Ἰουδαιας.

Zu der Zeit kam Johannes der Täufer und predigte in der Wüste des jüdischen Landes. *(Luther).*

Vers 2. Και λεγων μετανοειτε ηγγ κε γαρ η βασιλεια των ουρανων.

Und sprach: Tut Buße, das Himmelreich ist nahe herbeigekommen. *(Luther).*

Vers 3. Ουτος γαρ εστιν ο ρηθεις υπο Ἡσαιου του προφητου λεγοντος φωνη βοωντος εν τη ερημω ετοιμασατε την οδον κυριου, ευθειας ποιειτε τας τριβους αυτου.

Und er ist der, von dem der Prophet Jesaias gesagt hat und gesprochen: Es ist eine Stimme eines Predigers in der Wüste, bereitet dem Herrn den Weg und machet richtig seine Steige. *(Luther).*

Vergl. Evangel. Marci, Kap. 1, Vers 3; Evangel. Joannis, Kap. 1, Vers 23.

ΦΩΣ-*Interpretation der Tabula smaragdina*

Die Λογος-Interpretation der Tab. smar. hat sieben Rubriken.

Die achte Rubrik: Completum est quod dixi de operatione Solis fällt. Wenn man sie aber nun doch anhängt, dann Sol, wie bei der Dreieinigkeits-Interpretation gleichsetzt φως, dann übersetzt: Es ist jetzt fertig, was ich über das φως exponiert: — dann wird die Λογος-Interpretation zur Φως-Interpretation. Es ist zwar in der ganzen Interpretation nichts von φως gesagt. Philo aber schiebt das φως dem λογος zu. Und das gibt die Berechtigung zu sagen: Wenn hier vom λογος die Rede ist, und dann statt daß hinterdrein kommt, es ist fertig, was vom φως exponiert, dann kann das gar nicht anders liegen, als daß darauf hingewiesen wird, man solle λογος nicht als λογος, sondern als φως nehmen. Nachdem man nun auf die Weise dazu gekommen, an die Stelle des λογος das φως zu setzen, wirft sich die

Frage auf: Aber ist denn die ganze Situation derartig, daß man zu einem solchen Tun berechtigt ist? Man antwortet: Ja, denn es hat ff. statt: Der λογος kommt daher (vergl. den Abschnitt: Neue Interpretation der biblischen Schöpfungsgeschichte), daß man beim »Am Anfang schuf Gott Himmel und Erde« das Erschaffen umwandelt in Sprechen und Werden. Hierzu, sagt man, liegt keine Berechtigung vor. Wir wollen, sagt man weiter, dem Sprechen und Werden keineswegs aus dem Wege gehen, im Gegenteil, wir wollen dem in's Gesicht schauen. Wozu führt uns das aber? Einfach zum Vers 3 der Schöpfungsgeschichte, in dem es heißt: Και ειπεν ο θεος, Γενηθητω φϖς. Da haben wir das Sprechen und Werden. Gott spricht: *Licht*. Es wird: *Licht*. Also führt uns das Sprechen und Werden auf das φϖς, und nicht auf den λογος. Vom λογος steht nichts in der Schöpfungsgeschichte, von dem φϖς ist ausdrücklich die Rede. Was steht uns also im Wege, den λογος fallen zu lassen und das φϖς an seine Stelle zu setzen?

Sobald das φϖς den λογος ersetzen soll, muß nun auch das φϖς notorisch in die Λογος-Interpretation der Tab. smar. eintreten, und die Λογος-Interpretation gestaltet sich ff.

Zweite Rubrik

Quod est inferius bis adoptione.

Das erste inferius ist das, was »unten« an der Tab. smar. steht, das ist das φϖς in Completum est.

Das erste superius ist das, was dem entgegen »oben« in der Λογος-Interpretation der Tab. smar. steht. Also:

Quod est inferius est sicut id quod est superius. Das φϖς im Completum est steht auf gleicher Rangstufe mit dem λογος der Λογος-Interpretation der Tab. smar.

Auf die Weise ist einmal vorab das φϖς in die Sache gezogen. Nachdem man es aber hat, macht man es dem λογος überlegen. Vorhin führte das φϖς den Titel eines inferius, eines Subordinierten, jetzt erhält es den Titel superius und wird damit zum Präordinierten, wohingegen der λογος den Titel inferius erhält und damit zum Subordinierten wird. Zwar heißt es jetzt:

Quod est superius, est, sicut id quod est inferius, ad perpetranda miracula rei unius, womit φϖς und λογος auf eine Rangstufe kommen. Indessen, da etwas darin zu suchen ist, daß gerade das φϖς ein superius ist und nicht ein inferius, gerade der λογος ein inferius und nicht ein superius: — jetzt heißt es wohl auf der einen Seite, unser φως ist gerade so gut als euer λογος, auf der anderen Seite aber und bei Licht betrachtet heißt es dagegen, unser φως ist besser als euer λογος.

Die res una wird zum φως. — Darin liegt um so mehr, daß das φως die Überlegenheit hat, denn sonst würde das superius und inferius dazu dienen, die Wunder des λογος und *nicht* die des φως zustande zu bringen.

Et sicut res omnes fuerunt ab uno, meditatione unius. Und wie Gott die Welt geschaffen hat durch das φως. Das φως tritt kurzweg an die Stelle des früheren λογος, indem das Vorangehende zu nichts anderem dient, als diese Situation zu präparieren. Gott hat die Welt erschaffen durch das *Licht*, und nicht durch das *Wort*.

Sic omnes res natae fuerunt ab hac una re adoptione. So tritt Johannes der Täufer zu dem φως in Relation.

Dritte Rubrik

Pater eius est Sol etc.

Sein, des φως Vater, und so fortlaufend die Relation Christi zum φως:

Fünfte Rubrik

Sic habebis gloriam etc.

Die gloria wird zum φως:

Achte Rubrik

Completum est etc.

Diese Rubrik fällt natürlich nicht, wie bei der Λογος-Interpretation.

Der erste Teil des ersten Kapitels des Evangelium Joannis

Dies Schriftstück stellt sich auf Seiten der Φως-Interpretation der Tab. smar. und ist damit der Λογος-Interpretation entgegen.

Es faßt namentlich Johannes den Täufer in seiner Relation zum φως in's Auge.

Vers 1 Ἐν αρχη ην ο λογος, και ο λογος ην προς τον θεον, και θεος ην ο λογος.

Am Anfang war der λογος, und der λογος war bei θεος, und der θεος war der λογος.

Luther: Im Anfang war das Wort, und das Wort war bei Gott, und Gott war das Wort.

'Εν αρχη ist: zu Anfang der Tab. smar., wo der λογος steht, entgegen dem φϖς, was zu Ende steht. Also 'Εν αρχη ην ο λογος: der λογος steht zu Anfang der Tab. smar. — Der λογος ist beim ϑεος, indem ϑεος der unus der Tab. smar. ist in der Stelle sicut res omnes fuerunt ab uno. Hier also wird beim unus nicht ein Punkt gemacht, und die Sache hat damit ein Ende, wodurch herauskommt: Gott hat die Welt erschaffen. Nein, wenn es so wäre, dann wäre der λογος *nicht* beim ϑεος, hier aber ist er's wohl, und daher: ο λογος ην προς τον ϑεον.

Dadurch nun, daß der λογος, wie soeben gesagt, beim ϑεος ist, dadurch fällt der Schwerpunkt auf den λογος. Wir haben: res omnes fuerunt ab uno — scilicet λογω unius. Was also ohne λογος sich auf Gott beziehen würde, das bezieht sich jetzt auf den λογος, so daß wir haben: der λογος hat die Welt erschaffen. Der λογος tritt also für Gott ein, und damit: και ϑεος ην ο λογος.

Das ην steht für εστι. Diese Perfektsprache (Imperfekt, Aorist) läuft durch. Das ganze Schriftstück Vers 1 bis inkl. Vers 18 ist in der Perfektsprache statt in der Präsenssprache abgefaßt. Und dies hat deswegen statt, weil neben der *eigentlichen* Interpretation, die wir hier geben, eine *uneigentliche* Interpretation hergeht, kraft derer alles auf Christus zu beziehen ist, λογος sowohl als φϖς. Also hier *uneigentliche* Interpretation: Am Anfang war Christus. Christus war bei Gott. Christus war Gott. Es genügt, hierauf generaliter hingewiesen zu haben. In specie kann sich das jeder ohne Mühe, Vers für Vers, durchführen. Übrigens verhindert die Perfektsprache nicht, daß dieselbe hier und da auch für die *eigentliche* Interpretation zutrifft.

Im 4. Vers ist eine Variante für: 'Εν αυτϖ ζωη ην — 'Εν αυτϖ ζωη εστι. Dies εστι entfließt der Feder eines Abschreibers, der sich in den Sinn hineindenkt, welcher Sinn eben darin besteht, daß εστι gemeint ist, wo ην im Text steht. Er will ην schreiben, das εστι entfließt aber unwillkürlich seiner Feder. So etwas kann jedem passieren, der das Imperfekt abschreiben soll, und sich dabei bewußt ist, daß dies Imperfekt eigentlich das Präsens sein soll (ähnlich Vers 15).

Vers 2. Ουτος ην εν αρχη προς τον ϑεον.

Dieser λογος war am Anfang bei Gott.

Luther: Dasselbige war im Anfang bei Gott.

Daraus, daß der λογος am *Anfang* προς τον θεον, bei Gott ist, daraus geht hervor, daß der λογος = *Wort*, verbum, und nicht = *Plan*, meditatio. Wäre λογος = *Plan*, so wäre er nicht am *Anfang* bei Gott, sondern er fiele *vor* den Anfang. Denn der Plan geht dem »Am Anfang schuf Gott Himmel und Erde« voran. Der Plan ist, um uns eines Pömandrischen Ausdruckes zu bedienen, ein προυπαρχον της αρχης, geht der αρχη der Bibel voran.

Die Stelle besagt also: Der λογος, von dem in Vers 1 die Rede war, ist: Wort, verbum, nicht: Plan, meditatio.

Wie man sieht, hat αρχη im Vers 2 einen ganz anderen Sinn als Vers 1.

Vers 3. Παντα δι αυτου εγενετο και χωρις αυτου εγενετο ουδεν, ο γεγονεν.

Alle Dinge sind durch dies Wort geworden, getrennt von ihm wurde nichts, was da wurde.

Luther: Alle Dinge sind durch dasselbige gemacht, und ohne dasselbige ist nichts gemacht, was gemacht ist.

Gewöhnlich wird statt ουδεν die Variante ουδε εν gebracht, zu welchem gespreizten Ausdruck gar kein Grund vorliegt. Auch Luther scheint ουδεν vor sich gehabt zu haben, sonst würde er wohl übersetzt haben: »ohne dasselbige wurde auch nicht *ein einziges* gemacht«, wo er doch übersetzt: »ohne dasselbige ist *nichts* gemacht.« Und ebenso hat die lateinische Übersetzung (editio Clementis VIII.): factum est *nihil*, quod factum est.

Die παντα sind die res omnes der Tab. smar. Durch diesen λογος, als Wort, wie es Vers 2 gezeichnet, fuerunt res omnes, denn durch den Zusatz »meditatione unius« tritt ja an die Stelle des unus, von dem die res omnes fuerunt, der λογος, das Wort. χωρις αυτου, getrennt von diesem λογος als Wort, wurde nichts, was geworden, das ist, unter allen Umständen mußt du dir den λογος ungetrennt von dem unus denken, von dem die res omnes fuerunt.

Vers 4. Ἐν αυτῷ ζωη ην, και η ζωη ην το φῶς τῶν ανθρωπων.

Dasselbe inkorporierte sich, und die Inkorporation war das Licht der Menschen.

Luther: In ihm war das Leben, und das Leben war das Licht der Menschen.

Wir sind hier bei der Stelle der Tab. smar.: omnes res natae fuerunt ab hac una re adoptione. Der λογος muß (vergl. die Λογος-Interpretation der Tab. smar.) an einen Körper gebunden sein, und diesen Körper gibt der Autor mit ζωη, Leben. Diese ζωη, dieses Leben, dieser Körper ist Johannes der Täufer, wie wir das wissen. Und dies Leben, dieser Johannes, ist nun — so wollen wir vorläufig sagen: — der λογος, das Wort, τω̅ν ανϑρωπων, für die Menschen, der Menschen. Die Menschen kommen zum λογος, indem die nati (res natae) *erst* schlechtweg als nati genommen werden, und *dann,* durch Hinzufügung des »adoptione«, als Johannes. Dadurch kommt der λογος vom Johannes auf die Menschen. Johannes fuit a verbo, das Wort tritt zu ihm in Relation, das Wort geht von Christus auf ihn über, und er überträgt dies Wort nun wieder auf die Menschen, indem er predigt. Wohlbemerkt, hier steht aber *nicht:* και η ζωη ην ο λογος τω̅ν ανϑρωπων, sondern: και η ζωη ην το φω̅ς τω̅ν ανϑρωπων. Davon sogleich. Erst:

Vers 5. Και το φω̅ς εν τη σκοτια φαινει, και η σκοτια αυτο ου κατελαβεν.

Und das Licht scheint (leuchtet) in der Finsternis, und die Finsternis hat es nicht verstanden.

Luther: Und das Licht scheint in der Finsternis, und die Finsternis *haben* es nicht begriffen. — Zu seinem Plural »haben« kommt Luther durch die Lateinische Übersetzung: et tenebrae eam (lucem) non comprehenderunt. Hier steht der Plural comprehenderunt im Anschluß an die tenebrae — mit Recht. Luther aber hat den Singular »Finsternis« voran, und er muß ihm den Singular »hat« folgen lassen. Indem er's nicht tut, ist das ein Versehen seinerseits.

Und jetzt zum gesamten Gesichtspunkt für die 5 vorangehenden Verse.

Der Autor wickelt harmlos die zweite Rubrik der Λογος-Interpretation der Tab. smar. ab, wo es sich um den λογος, und nicht um das φω̅ς handelt. Wie er aber auf *Johannes* kommt, denn der ist es, den er hauptsächlich in's Auge faßt, da reißt ihm der Geduldsfaden. Er sagt:

Ἐν αρχη ην ο λογος, der λογος steht zu Anfang der Tab. smar. Darauf steift ihr euch, ihr Anhänger der Λογος-Interpretation der Tab. smar. Das φω̅ς steht hintenan der Tab. smar. Der Anfang geht aber dem Ende voran, ist dem Ende überlegen. Was, sagt ihr also, geht uns der Schluß an? Ja, ganz gut!

Und ihr sagt: der λογος ην προς τον ϑεον — nicht das φω̅ς. Ja, ganz gut!

Und ihr sagt: ϑεος ην ο λογος — nicht ϑεος ην το φϖς. Ja, ganz gut!

Und ihr sagt: ουτος ην εν αρχη προς τον ϑεον. αυτος, scil. ο λογος ist verbum, und nicht meditatio. Ja, ganz gut!

Und ihr sagt: παντα δι αυτου εγενετο και χωρις αυτου εγενετο ουδεν, ο γεγονεν. Das ist δια του λογου und χωρις του λογου — nicht δια του φωτος und χωρις του φωτος. Ja, ganz gut!

Und ihr sagt: εν αυτϖ ζωη ην. Das ist εν τϖ λογω ζωη ην — nicht εν τϖ φωτι. Ja, ganz gut!

Aber trotz alledem und trotz alledem: η ζωη ην το φϖς τϖν ανϑρωπων, ist Johannes ein φϖς, und kein λογος. Und nun habt ihr mir so viel gesagt, und ich will euch auch einmal etwas sagen, so ganz leise in die Ohren raunen:

Και το φϖς εν τη σκοτια φαινει, και η σκοτια αυτο ου κατελαβεν.

Das heißt kurz und bündig: Dummköpfe seid ihr, das könnt ihr mir nacherzählen, daß ich es euch gesagt habe. Das Licht scheint in die Finsternis, dort unten an der Tabula smaragdina wie ein Veilchen, welches im Verborgenen blüht. Es gehört gerade die Finsternis dazu, in welcher ihr Dummköpfe tappt, um dies Licht, das φϖς, nicht zu verstehen, zu begreifen, zu durchschauen.

Eine drastischere Sprache, die namentlich durch die harmlosen και in Vers 4 und 5 ihren Pfeffer bekommt, kann man sich nicht denken.

Und nun, als wenn gar nichts geschehen wäre, fährt der Autor ganz harmlos fort:

Vers 6. Ἐγενετο ανϑρωπος απεσταλμενος παρα ϑεου, ονομα αυτϖ Ἰωαννης..

Es war einmal ein Mann, der war von Gott gesandt und hieß Johannes.

Luther: Es ward ein Mensch von Gott gesandt, der hieß Johannes.

Vers 7. Ουτος ηλϑεν εις μαρτυριαν, ινα μαρτυρηση περι του φωτος, ινα παντες πιστευσωσι δι᾽ αυτου.

Er kam zum Zeugnis, auf daß er von dem φϖς zeuge, und alle durch das φϖς (vermittelst des φϖς, anhand des φϖς) glauben sollten.

Luther: Derselbige kam zum Zeugnis, daß er von dem Licht zeugete, auf daß sie alle *durch ihn* glaubten. — Luther bezieht also das δι᾽ αυτου auf den Johannes.

Johannes tritt ein als Zeugnis, aber nicht zum Zeugnis für den λογος, sondern als Zeugnis für das φϖς. Er tritt als natus ein in dem Passus: omnes res natae fuerunt ab hac una re adoptione. Durch dies φϖς sollen alle glauben: — an die Tab. smar. Die Tab. smar. wird nämlich in Bezug auf die Dreieinigkeits-Interpretation resp. Φϖς-Interpretation als ein heiliges Schriftstück hingestellt, und wer an sie glaubt, ist im religiösen Sinne ein Gläubiger, ein πιστειων.

Vers 8. Ουκ ην εκεινος το φϖς, αλλ' ινα μαρτυρηση περι του φωτος.

Er selbst war nicht das φϖς, sondern er kam, um von dem φϖς zu zeugen.

Luther: Er war nicht das Licht, sondern daß er zeugete von dem Licht.

Das φϖς in der soeben angeführten Stelle der Tab. smar. muß sich an einen Körper binden. Dieser Körper ist aber nicht der Körper Christi, sondern des Johannes, des Zeugen φϖς. Nicht handelt es sich um das φϖς selbst, welches Christus ist. Johannes ist im uneigentlichen Sinne φϖς, Christus im eigentlichen.

Vers 9. Ἠν το φϖς το αληϑινον, ο φωτιξει παντα ανϑρωπον ερχομενον εις τον κοσμον.

Er war das wahrhaftige φϖς, welches jeden Menschen erleuchtet, der in den κοσμος eintritt.

Luther: Das war das wahrhaftige Licht, welches alle Menschen erleuchtet, die in diese Welt kommen.

Der κοσμος ist die Tab. smar. (philosophia totius *mundi*). Wenn Johannes auch nicht selbst das φϖς ist, so ist er doch das wahrhaftige φϖς, entgegen dem λογος, welcher ein unwahrhaftiges φϖς ist. Dieses wahrhaftige φϖς erleuchtet jeden, der sich an die Tab. smar. macht, der in sie eintritt.

Bei der uneigentlichen Interpretation, bei welcher κοσμος natürlich Welt ohne Nebenbedeutung ist, macht es sich gut, wenn man hinter ανϑρωπον ein Komma macht, dann bezieht sich ερχομενον auf φϖς, und Christus ist in die Welt getreten, nicht aber der Mensch.

Vers 10. Ἐν τϖ κοσμω ην, και ο κοσμος δι' αυτου εγενετο, και ο κοσμος αυτον (?) ουκ εγνω.

Es, nämlich το φϖς, war in dem κοσμος, und der κοσμος entstand durch dasselbe, und der κοσμος kannte sich selbst nicht.

Luther: Es war in der Welt, und die Welt ist durch dasselbige gemacht; und die Welt kannte es nicht.

Luther übersetzt, als wenn dastände: και ο κοσμος αυτο ουκ εγνω. αυτον ist jedenfalls verkehrt. Indessen, es gibt keine Variante αυτο, und da schlagen wir denn den einfacheren Weg ein, daß wir den Spiritus lenis in einen Spiritus asper verwandeln und αυτον, das ist εαυτον, lesen.

Das φϖς war in der Tab. smar. Und die Tab. smar. entstand durch das φϖς, nämlich die Φϖς-*Interpretation* der Tab. smar., welche im Sinn unseres Autors die eigentliche Tab. smar. repräsentiert. Und die Tab. smar. kannte sich selbst nicht. Solange nämlich die Λογος-Interpretation noch da war, kannte sich die Tab. smar. selbst nicht. Sie, die Tab. smar. als etwas Persönliches gedacht, sah selbst nicht ein, welchen Schatz sie in sich berge. Ein sehr hübsches Bild, wie uns scheint, anhand des αυτον.

Vers 11. Εις τα ιδια ηλθε, και οι ιδιοι αυτον ου παρελαβον.

Es kam, das φϖς kam, in sein Eigentum, und die Eigentümer nahmen ihn, den κοσμος, nicht auf.

Luther: Er kam in sein Eigentum, und die Seinen nahmen ihn nicht auf. — Diese Übersetzung Luthers macht sich ganz gut, wenn man die *uneigentliche,* auf Christus bezügliche Interpretation in's Auge faßt. Ähnlich ist die Situation in Bezug auf die Übersetzung Luthers in anderen Versen.

Das φϖς ist nicht in die Tab. smar. hineingeschneit, es steht in dem Completum est quod dixi de operatione Solis. Dieser Passus gehört aber zur Tab. smar. Also kommt das φϖς in sein Eigentum, in die Tab. smar., die ihm angehört, da die Stelle Completum est in die Tab. smar. gehört. Und die ιδιοι, die Anhänger der Tab. smar., diejenigen, welche die Tab. smar. zum Eigentum haben, um sozusagen die theologischen Alchemisten, die nehmen — das φϖς nicht auf. Vom φϖς aber macht der Autor einen Sprung zur Φϖς-Interpretation der Tab. smar., das ist zum κατ᾽ εξοχην κοσμος, zur κατ᾽ εξοχην Tab. smar., und so kommt heraus: Die theologischen Alchemisten nehmen αυτον, nämlich den κοσμος, das ist die Φϖς-Interpretation der Tab. smar., nicht auf.

Vers 12. Ὁσοι δε ελαβον αυτον, εδωκεν αυτοις εξου σιαν τεκνα θεου γενεσθαι, τοις πιστευουσιν εις τα ονομα αυτου.

Diejenigen aber, die ihn, den κοσμος, aufnahmen, denen gab er, der κοσμος, die Mission, Kinder Gottes zu werden, welche an seinen Namen (Gottes Namen) glauben.

Luther: Wie viele ihn aber aufnahmen, denen gab er Macht, Gottes Kinder zu werden, die an seinen Namen glauben.

Es sollte eigentlich heißen πιστευοντα, nämlich auf τεκνα bezogen. Statt dessen steht πιστευουσιν, auf αυτοις bezogen. Nun, das bleibt sich nach griechischem Sprachgebrauch gleich.

Diejenigen aber, welche den κοσμος, den eigentlichen κοσμος, die *wahre* Interpretation der Tab. smar., das ist die Φϖς-Interpretation der Tab. smar. aufnehmen, die werden gläubige Kinder Gottes. Die Anhänger der Φϖς-Interpretation sind die wahren Gläubigen, wie wir bereits oben kennengelernt haben.

Vers 13. Οι ουκ εξ αιματων, ουδε εκ θεληματος σαρκος, ουδε εκ θεληματος ανδρος, αλλ' εκ θεου εγεννηθησαν.

Welche nicht von dem Geblüt, noch von dem Willen des Fleisches, noch von dem Willen eines Mannes, sondern von Gott geboren sind. *(Luther).*

Das ist, im Anschluß an den vorigen Vers: »nämlich Kinder im geistigen Sinn.«

Die drei Ausdrücke αιμα (αιματα), θελημα σαρκος, θελημα ανδρος, kommen auf den Geschlechtstrieb hinaus. Die Kinder des vorigen Verses sind nicht Produkte des Geschlechtstriebes, sondern sie stammen von Gott.

Vers 14. Και ο λογος σαρξ εγενετο και εσκηνωσεν εν ημιν, και εθεασαμεθα την δοξαν ως μονογενους παρα πατρος, πληρης χαριτος και αληθειας.

Und der λογος wurde Fleisch, und hielt sich unter uns auf, und wir sahen sein Ansehen (seinen Ruf), ein Ansehen ähnlich dem Ansehen des einzigen Sohnes des Vaters, voll von Anmut und Wahrheit war er.

Luther: Und das Wort war Fleisch, und wohnte unter uns, und wir sahen seine Herrlichkeit, eine Herrlichkeit, als des eingeborenen Sohnes vom Vater, voller Gnade und Wahrheit.

Das gehört nun gar nicht hierher. Es ist einfach eine Scholie zu dem Ἐν αυτϖ ζωη ην des Vers 4, die sich hierher verirrt hat. Die Abschrift, der wir diese Scholie verdanken, war derartig geschrieben, daß in der Mitte ein Rand, eine weiße Lücke war. Diesseits und jenseits des Randes, der Lücke, stand nun links der Vers 4, rechts das Ende des Vers 13. In die Lücke wurde dann die Scholie geschrieben, ein anderer Abschreiber hielt darauf die Scholie für einen besonderen Vers, der auf Vers 13 folgen sollte, und konzipierte in diesem Sinne. Oder nach dem Ἐν αυτϖ ζωη ην des Vers 4 stand ein *, ein † und so weiter, um nach unten hin zu verweisen, wo die Scholie mit dem gleichen

Zeichen verzeichnet stand. Nun brachte es aber ein Zufall mit sich, daß nach Vers 13 in der Abschrift ein ähnliches Zeichen stand. Ein anderer Abschreiber stand dann im Glauben — das ähnliche Zeichen verführte ihn dazu — die Scholie gehöre nach dem Vers 13. Er schrieb sie dort hin, und aus der Scholie wurde ein neuer Vers. Vielleicht spielt auch nicht der Zufall, sondern die Absicht bei der Sache, indem ein Anhänger der Λογος-Interpretation der Tab. smar. die Gelegenheit wahrnahm, trotz der Invektiven der ersten Verse, den λογος einzuflicken.

Dem Umstand, daß aus der Scholie ein Vers wurde, verdanken wir das Και zu Anfang des 14. Verses. Die Scholie als solche war ohne Και.

Der Vers, den wir hier haben, macht sich als Scholie zu dem Ἐν αυτϖ ζωη ην ganz gut. Vorab einmal ist die ζωη dazu angetan, durch eine Scholie erläutert zu werden. Der λογος soll sich an einen Körper binden, und um »den Körper« klar darzulegen, um die Inkorporation auszudrücken, hält der Scholiast es für passend, darauf hinzuweisen, daß es sich in der ζωη um eine Inkorporation handelt. Um dies aber zu erläutern, sagt er, εν αυτϖ ζωη ην ist so viel als: ο λογος σαρξ εγενετο, das ist, der λογος hat sich zu inkorporieren. Er inkorporiert sich aber nicht zu Christus, sondern zu Johannes. Und in Bezug darauf fährt der Scholiast fort: Er hielt sich unter uns auf, nämlich Johannes hielt sich unter uns auf, und wir sahen sein Ansehen, seinen Ruf, wir sahen, wie er zu Ansehen kam, wie sich sein Ruf verbreitete. In der Tat, das war ein Ruf, ähnlich (ως) dem Christi. Das πληρης χαριτος knüpft sich an das εσκηνωσεν εν ημιν: Er, Johannes, hielt sich unter uns auf als einer, der voll von Anmut und Wahrheit war. Die αληθεια lehnt sich an den Vers 9, in welchem Johannes das φϖς αληθινον genannt wird.

Vers 15. Ἰωαννης μαρτυρει περι αυτου, και κεκραγε λεγων: ουτος ην (εστιν), ον ειπον: ο οπισω μου ερχομενος εμπροσθεν μου γεγονεν, οτι πρϖτος μου ην.

Johannes zeugt von ihm, dem κοσμος, und spricht mit lauter Stimme: *Er* ist es, von dem ich gesagt habe: Wer nach mir kommt, war vor mir da, denn er war der erstere von uns beiden.

Luther: Johannes zeuget von ihm, ruft und spricht: Dieser war es, von dem ich gesagt habe: Nach mir wird kommen, der vor mir gewesen ist, denn er war eher denn ich.

Im Vorangehenden war, von der Scholie Vers 14 abgesehen, vom κοσμος die Rede, und an diesen, an die Tab. smar., wird mit dem περι αυτου angeknüpft.

Das φϖς im Besonderen ist jetzt absolviert, und es handelt sich in den folgenden Versen bloß noch um die Tab. smar. im Allgemeinen.

Vorhin, Vers 7, lag die Sache so, daß Johannes *durch das* φϖς für die Tab. smar. zeugt. Jetzt zeugt er *direkt* für sie. Durch das Vorangehende nämlich ist sattsam dokumentiert, daß Tab. smar. = Φϖς-Interpretation der Tab. smar., natürlich im Anlehnen an die Dreieinigkeits-Interpretation und an die Tab. smar. überhaupt, nur die Λογος-Interpretation soll exkludiert sein, und diese ist durch das Vorangehende exkludiert.

Es wird nun ff. in's Auge gefaßt: Bei der Λογος-Interpretation der Tab. smar. haben wir kennengelernt, daß der λογος in der zweiten Rubrik das Wort ist, oder auch Johannes als seine Inkorporation, nicht aber Christus. *Christus* vom Gesichtspunkt des λογος kommt erst auf die dritte Rubrik. Ganz so liegt es denn auch in Bezug auf die Φϖς-Interpretation der Tab. smar. In der zweiten Rubrik ist φϖς eben φϖς als solches oder auch Johannes als seine Inkorporation. *Christus* vom Gesichtspunkt des φϖς kommt erst auf die dritte Rubrik.

Nimmt man nun das φϖς als Johannes, so ist Johannes vor Christus da, denn Johannes kommt auf die zweite Rubrik, Christus aber erst auf die dritte Rubrik. Auf der anderen Seite ist aber wieder Christus vor Johannes da. Denn vor der Φϖς-Interpretation der Tab. smar. war die Dreieinigkeits-Interpretation der Tab. smar. da, und in ihr haben wir, wenn wir sie Christus-Interpretation nennen, wozu das Recht vorliegt, da ohne Christus nie eine Dreieinigkeits-Interpretation gegeben — in ihr haben wir Christus. Und indem nun dies in's Auge gefaßt wird, ruft Johannes aus:

Er ist es, Christus ist es, von dem ich gesagt: Wer nach mir kommt, nämlich in der dritten Rubrik der Φϖς-Interpretation der Tab. smar., der war vor mir da, nämlich als der Christus der Christus-Interpretation (Dreieinigkeits-Interpretation) der Tab. smar. Er war der erstere von uns beiden, indem die Christus-Interpretation früher da war als die Φϖς-Interpretation.

Vers 16. Και (οτι) εκ του πληρωματος αυτου ημεις παντες ελαβομεν, και χαριν αντι χαριτος.

Und aus seiner, des κοσμος, Fülle haben wir alle geschöpft. Darum Dank um Dank!

Luther: Und von seiner Fülle haben wir alle genommen Gnade um Gnade.

Aus der Fülle der Tab. smar. haben wir alle geschöpft. Die Tab. smar., wie sie als solche ursprünglich dasteht, das ist ein Born, aus dem wir alle geschöpft haben, der eine an der Hand dieser, der andere an der Hand jener Interpretation. Seien wir also dem Autor der Tab. smar. zu Dank verpflichtet. Das χαριν αντι χαριτος kann man kurzweg nehmen als: Dank über Dank, den herzlichsten Dank! Man kann aber auch interpretieren: Ein Dank für den anderen, im Austausch für den anderen, das ist: Wir danken dem Autor der Tab. smar., denn wenn der nicht dagewesen wäre, so hätten wir keine Φϖς-Interpretation resp. Dreieinigkeits-Interpretation der Tab. smar. Aber dieser Autor ist auch uns zu Dank verpflichtet, würde uns danken, wenn er noch lebte, wenn er sähe, welch hohen Gebrauch, welch erhabenen Gebrauch wir von seinem Schriftstück gemacht haben.

Vers 17. Ὁτι ο νομος δια Μωσεως εδοθη, η χαρις και η αληθεια δια Ἰησου Χριστου εγενετο.

Denn oder freilich der νομος ist von Moses gegeben, die Glorie und die Wahrheit aber stammt von Jesus Christus.

Luther: Denn das Gesetz ist durch Mosen gegeben, die Gnade und Wahrheit ist durch Jesum Christum geworden.

Nimmt man im vorigen Verse χαριν αντι χαριτος als Dank über Dank, den herzlichsten Dank, dann muß man hier οτι mit *freilich* übersetzen. Nimmt man es aber als Dank im Austausch für Dank, dann muß man sich vor οτι supplieren: Uns ist der Autor der Tab. smar. zu Dank verpflichtet, und οτι ist alsdann *denn.* Also im Sinn der letzten Interpretation des χαριν αντι χαριτος würden wir haben: Der Autor der Tab. smar., wenn er aufstände, könnte gar nicht umhin, uns zu danken, wie wir ihm danken, denn es wäre gar nicht anders möglich, als daß dieser Mann sich davon überzeugte, daß ο νομος von Moses gegeben, die Glorie und die Wahrheit aber von Christus stammt.

ο νομος, das Gesetz, ist vorab das alte Testament. Dies wird in ähnlicher Weise generell ο νομος genannt, wie wir heute die Bibel generell »die Schrift« nennen. In weiterer Ausspinnung ist dann die Schöpfungsgeschichte der νομος, weil sie im Alten Testament vorkommt. Endlich ist dann die Tab. smar. zweiter

Redaktion in der jüdischen Interpretation der νομος, weil sie an die Schöpfungsgeschichte lehnt. In Bezug auf Moses wird angenommen, wie das ja so im Allgemeinen geschieht, das Alte Testament habe Moses zum Autor. Damit wird denn Moses, im Anlehnen an die weiter ausgedehnte Bedeutung des νομος, zum Autor der Schöpfungsgeschichte, und damit wird Moses zum Autor der Tab. smar. zweiter Redaktion in der jüdischen Interpretation. In Bezug auf die letztere Fassung steht hier: ο νομος δια Μοσεως εδοϑη.

Indem das nun aber auf der einen Seite statt hat, hat auf der anderen Seite das statt, daß die *wahre*, die *glorifizierte* Interpretation der Tab. smar. sich an Christus lehnt, und daher hier: η χαρις και η αληϑεια δια Ἰησου Χριστου εγενετο.

Moses und Christus stehen sich hier also gegenüber als: jüdische Interpretation der Tab. smar. und Φϖς-Interpretation resp. Dreieinigkeits-Interpretation der Tab. smar.

Vers 18. Θεον ουδεις εωρακε πωποτε; ο μονογενης νιος, ο ων εις τον κολπον του πατρος, εκεινος εξηγησατο.

Gott hat niemand je gesehen, sein einziger Sohn, den der Vater im Schoße barg (birgt), der hat auf ihn geführt.

Luther: Niemand hat Gott je gesehen. Der eingeborene Sohn, der in des Vaters Schoß ist, der hat es uns verkündigt.

Im vorigen Vers wird Christus vor Moses in der Beziehung, die wir haben kennengelernt, in den Vordergrund gesetzt. Man fragt: *Wo* liegt hierzu die Berechtigung? Der Autor antwortet: Darin, daß eine theistische Interpretation der Tab. smar. besser ist als eine kosmologisch-arkanologisch-pathologische. An eine solche *theistische* Interpretation dachte man aber ursprünglich nicht, und das ist hier ausgedrückt: Gott hat niemand je gesehen.

Nun wird angenommen, die Idee, den λογος in dem res omnes fuerunt ab uno, λογω unius, mit Christus zu übersetzen, habe den Hauptimpuls zur Dreieinigkeits-Interpretation, und damit zur Φϖς-Interpretation der Tab. smar. gegeben. Diesen λογος nun, das ist den μονογενης υιος, das ist Christus, diesen λογος barg der Vater, der unus der Tab. smar. im Schoße, indem es heißt, res omnes fuerunt *ab uno*, λογω *unius*. Und dieser λογος hat auf die theistische Interpretation der Tab. smar. geführt: — εκεινος εξηγησατο.

Es steht hier εις τον κολπον, wo man erwarten sollte εν τϖ κολπω. Und Luther, die lateinische Übersetzung (qui est in sinu patris) und unsere Wenigkeit haben auch übersetzt, als wenn dastände εν τω κολπω. Das εις τον κολπον kommt daher, weil der Autor beim ειναι (ων) sich »interpretieren« denkt. Er denkt sich: der μονογενης υιος, welcher in den κολπος *hineininterpretiert* worden. Nun nimmt er mysteriös für »*interpretieren*« ειναι, läßt aber das εις τον κολπον, wie es sich für »interpretieren« paßt, intakt.

Die Alchemisten waren sich stets dessen bewußt, daß es mit dem ersten Teil des ersten Kapitels des Evangelii Joannis auf die Tab. smar. abgesehen ist. Darum zählen sie den Joannes Evangelista zu ihren Standesgenossen. Im Anlehnen hieran wird denn ferner dadurch, daß die Alchemie an die Gold- und Edelstein-Macherkunst anlehnt, der Evangelist Johannes ein Gold- und Edelstein-Macher. Als solchen beutet ihn Adam von St. Victor aus, worüber der Abschnitt von der Edelsteinmacherkunst zu vergleichen ist.

Die zweite Dreieinigkeits-Interpretation der Tabula smaragdina
Erste Rubrik

Verum est bis verissimum.

Die Tab. smar. wird als ein heiliges Schriftstück hingestellt. Wer nun von einem Schriftstück im Allgemeinen sagt, dieses Schriftstück ist wahr, ohne Lüge, gewiß und sehr wahr, der glaubt an dieses Schriftstück, denn täte er das nicht, so würde er sagen, dasselbe ist nicht wahr, lügenhaft, ungewiß und recht unwahr. Wo nun ein Schriftstück ein heiliges, ein religiöses ist, da ist der, der es zu einem wahren stempelt, der daran glaubt, ein Gläubiger im religiösen Sinne. In Bezug hierauf wird dann das Verum est sine mendacio, certum et verissimum kurz zu einem: *Ich glaube,* oder pluraliter gefaßt: *Wir glauben.*

Zweite Rubrik

Quod est inferius bis adoptione.

Quod est inferius bis rei unius: — wie in der ersten Dreieinigkeits-Interpretation.

Et sicut res omnes fuerunt ab uno, meditatione unius.

Hier stößt man sich daran, daß Gott der Vater, ϑεος, durch Christus die Welt erschaffen, und geht davon ab, daß res omnes fuerunt ab uno heißen soll: Gott hat die Welt erschaffen, sagt vielmehr, wenn die res fuerunt ab uno, so weist das auf die

Macht Gottes hin, und wenn die res *omnes* fuerunt ab uno, so weist das auf die *Allmacht* Gottes hin. Also res omnes fuerunt ab uno: Gott ist *allmächtig,* Gott Vater ist ein omnipotens, ein παντοκρατωρ.

Beim λογοω unius wird unius zuerst nicht mit dem unus in ab uno in Verbindung gesetzt. Man übersetzt: durch den λογος des *Einen,* des *Einzigen.* Es wird, sagt man, darauf hingewiesen, daß es sich um den λογος des Einen, des Einzigen handelt, um darauf hinzuweisen, daß der λογος selbst auch ein Einer, ein Einziger ist. So erhalten wir denn einen λογος unicus. Wie man so weit ist, geht man darauf ein, daß der unus bei λογος dem unus in ab uno entspricht, und fügt demzufolge dem λογος unicus das unius zu, so daß herauskommt λογος unicus unius. Weil nun aber das unius bereits zum unicus ausgebeutet worden, so will man es nicht in seiner ursprünglichen Gestalt stehen lassen, und ersetzt es durch den Genitiv eius, welches den Sinn λογος unicus unius intakt läßt, da ja ab uno vorangegangen, und damit eius dasselbe besagt als unius. So kommt heraus λογος unius eius, das ist im Anschluß an das meditatione unius: λογω unico eius. Nun wird λογος als Christus genommen, und wir erhalten Christo, unico eius. Es liegt aber auf der Hand, daß wenn Christus ein unicus eius, scil. θεου ist, daß er dann ist ein unicus filius eius. Und damit kommt denn heraus: Christo, unico eius.

Ist man nun so weit, so verfährt man wie bei der Λογος-Interpretation der Tab. smar. und sagt, wir müssen den λογος in doppelter Beziehung nehmen, erstens als Christus und zweitens als λογος qua solchen. Was soll nun aber λογος in der 2. Beziehung sein? — Darauf antwortet man, er ist: der Herr, unser Herr, κυριος ημων, dominus noster. Und indem man nun der 2. Beziehung neben der ersten Beziehung Rechnung trägt, kommt heraus statt meditatione unius: Christo, unico filio eius, domino nostro. Und im Ganzen kommt heraus für Et sicut res omnes fuerunt ab uno, meditatione unius: — Et sicut Deus pater est omnipotens Christo, unico filio eius, domino nostro.

Wir haben nun zu sehen, wie in der oben erwähnten zweiten Beziehung der λογος zum κυριος wird. Es heißt im Evangel. Matthaei Kap. 22:

Vers 41. Συνηγμενων δε των Φαρισαιων επηρωτησεν αυτους ο Ἰησους, λεγων:

Da nun die Pharisäer beieinander waren, fragte sie Jesus, *(Luther).*

Vers 42. Τι υμιν δοκει περι του Χριστου; τινος υιος εστι; λεγουσιν αυτϖ: του Δαυιδ.

Und sprach: Wie dünkt euch um Christo? Wes Sohn ist er? Sie sprachen: Davids. *(Luther).*

Vers 43. Λεγει αυτοις: πϖς ουν Δαυιδ εν πνευματι κυριον αυτον καλει; λεγων:

Er sprach zu ihnen: Wie nennt ihn denn David im Geist einen Herrn, da er sagt: *(Luther).*

Vers 44. Ειπεν ο κυριος τϖ κυριω μου: καθου εκ δεξιϖν μου, εως αν θϖ τους εχθρους σου υποποδιον τϖν ποδϖν σου.

Der Herr hat gesagt zu meinem Herrn: Setze dich zu meiner Rechten, bis daß ich lege deine Feinde zum Schemel deiner Füße...? *(Luther).*

Dieser Vers ist der erste des Psalm 110, und lautet im Text:

Ledawid Mismorim ne'um jehowa la'adoni schew limini ad aschit ojwecha hadom leraglech:

Vers 45. Ει ουν Δαυιδ καλει αυτον κυριον, πϖς υιος αυτου εστι;

So nun David ihn einen Herrn nennt, wie ist er denn ein Sohn? *(Luther).*

Vers 46. Και ουδεις εδινατο αυτϖ αποκριθηναι λογον, ουδε ετολμησε τις απ' εκεινης της ημερας επερωτησαι αυτον ουκετι.

Und niemand konnte ihm ein Wort antworten, und durfte auch niemand von dem Tage an hinfort ihn fragen. *(Luther).*

Hier nennt sich Christus also selbst κυριος, und daran wird mit dem λογος angeknüpft.

Sic omnes res natae fuerunt ab hac una re adoptione.

Wie vorhin das res fuerunt a zu einem Machtverhältnis ausgebeutet wurde, so muß es in analoger Weise auch hier statt haben. Und so kommt heraus: Wie Gott allmächtig ist durch Christus, so ist der Heilige Geist mächtig durch die adoptio, dadurch daß er die Apostel adoptiert, daß er sich über sie ausgießt. Die Macht des Heiligen Geistes geht *nicht* absolut parallel der Macht Gottes und Christi im Verein. Daher steht im Vordersatz res omnes, wohingegen im Nachsatz res omnes *natae* steht. Aus dieser bedingten Parallele ist nun kein Abzug zu machen auf ein Plus oder Minus der Machtstellung zwischen Gott Vater, Sohn einerseits, und Heiligem Geist andererseits. So ist die Sache nicht zu verstehen. Sondern es ist beim Minus der

Macht in Bezug auf den Heiligen Geist auf die Apostel abgesehen, die als nati, als Menschen, nimmer zu Gott werden, trotzdem daß der Heilige Geist sich über sie ausgießt.

Dritte Rubrik

Pater eius est Sol bis terra est.

Wie in der ersten Dreieinigkeits-Interpretation.

Vierte Rubrik

Pater omnis telesmi bis inferiorum.

Pater omnis telesmi totius mundi est hic: — wie in der ersten Dreieinigkeits-Interpretation.

Virtus eius integra est, si versa fuerit in terram.

Hier wird, wie in der ersten Dreieinigkeits-Interpretation die Menschwerdung Christi in's Auge gefaßt wird, daß Maria ihn gebärt, nachdem sie durch den Heiligen Geist empfangen.

In Bezug auf das jetzt folgende wird das descendit dem ascendit *nicht* vorgesetzt. Es bleibt damit an seiner Stelle und kann daher auch nicht für den Tod Christi ausgebeutet werden. Für diesen wird alsdann eine Stelle leer, und in diese rückt das Separabis etc. Das Separieren betrifft nun ein Doppeltes: terram ab igne und subtile a spisso, und das gibt es an die Hand, den Tod Christi in doppelter Beziehung in's Auge zu fassen. Das aber geschieht, indem man sich an den Kreuzestod und an das In's-Grab-Legen hält. Und so haben wir denn:

Separabis terram ab igne: Christus ist gekreuzigt worden.

(Separabis) subtile a spisso: Christus ist in's Grab gelegt worden. Des Näheren liegt hier die Sache ff.

Da schlagen sie nun Christus an's Kreuz. Was hilft's ihnen, den Verblendeten? Sie unterlassen es, einen Unterschied zu machen zwischen Christus als Gott, ignis, und Christus als Mensch, terra. Den Menschen können sie kreuzigen, den Gott nicht. Du aber, um nicht in gleiche Verblendung zu fallen, separabis terram ab igne. Und: Da legen sie nun Christus in's Grab. Die Verblendeten, sie meinen, es handele sich bei Christus um's Begraben. Ach nein, der braucht nicht begraben zu werden, der ist nicht tot. Der ist ein Gott, der nicht sterben kann. Du aber, um nicht in gleiche Verblendung zu fallen, separabis subtile a spisso, mache einen Unterschied zwischen Christus als Gott, subtile, und Christus als Mensch, spissum.

Das suaviter magno cum ingenio wird nun als Beleg dafür aufgestellt, daß das Kreuzigen und Begraben doch nichts hilft, denn: — die Auferstehung hat statt, und damit haben wir im

suaviter magno cum ingenio: die Auferstehung Christi.

Nach der Auferstehung folgt alsdann im

Ascendit a terra in coelum: die Himmelfahrt Christi.

Nun kommt:

iterumque descendit in terram. Für den *Tod* Christi kann es natürlich in der Stelle nach dem Ascendit nicht mehr ausgebeutet werden, und darum greift man auf den Psalm 110, dessen Vers 1 beim λογος für den κυριος herangezogen worden, und hier derartig herangezogen wird, daß man sagt, wenn Christus descendit in terram, so heißt das, er setzt seinen Füße auf die Erde. Beim Setzen der Füße auf die Erde ist man aber beim »Schemel der Füße« (vergl. oben), und das führt auf das: »Setze dich zu meiner Rechten«.

Auf Grund dieses letzteren aber wird das descendit in terram dafür ausgebeutet, daß Christus zur Rechten Gottes (des Vaters) sitzt.

Et recipit vim superiorum et inferiorum.

Es liegt nahe, daß man, da man mit dem descendit in terram in den Psalm 110 eingetreten, daß man nun auch in Bezug auf das recipit sich an ihn hält. Nun heißt's aber:

Vers 5.

Der Herr zu deiner Rechten wird zerschmeißen die Könige zur Zeit seines Zorns. *(Luther).*

Vers 6.

Er wird richten unter den Heiden, er wird große Schlacht tun; er wird zerschmeißen das Haupt über große Lande.

(Luther).

Und in Bezug hierauf wird das *Richten* herangezogen. Christus recipit vim, wenn er als *Richter* kommt. Er erhält die vis über die inferiores, das sind die, die *in der Erde* liegen, die da *unten* liegen, das sind die *Toten.*

Den inferiores gegenüber stehen aber die superiores, welche in analoger Beziehung dann als die genommen werden, welche *über der Erde* sind, das sind die *Lebenden.* Indem also Christus recipit vim superiorum et inferiorum, wird er zum Richter über die Lebenden und die Toten.

Fünfte Rubrik

Sic habebis gloriam bis penetrabit.

Sic habebis gloriam: — wie in der ersten Dreieinigkeits-Interpretation.

Haec est totius fortitudinis fortitudo fortis, quia vincet omnem rem subtilem, omnemque solidam penetrabit.

In der fortitudo haben wir, wie in der ersten Dreieinigkeits-Interpretation, den Heiligen Geist. Die kumulierte fortitudo zählt, wie dort, nach der Drei. Nun wird aber bloß das penetrare der omnis res solida wie in der ersten Dreieinigkeits-Interpretation interpretiert, das vincere der omnis res subtiles wird anders interpretiert.

Man sagt nämlich, es liegt etwas eigentümlich, daß die fortitudo, der Heilige Geist, *besiegen* soll (vincere) Gott den Vater und Gott den Sohn (res subtiles). Darum werden die res subtiles, welche der Heilige Geist besiegt, anders gefaßt, und zwar als Kirche, ecclesia, Vergebung der Sünden, remissio peccatorum, Auferstehung des Fleisches, resurrectio carnis.

Wir weisen darauf hin, daß in der ersten Dreieinigkeits-Interpretation darin, daß der Heilige Geist Gott den Vater und den Sohn besiegt, nicht insofern eine Anomalie liegt, als durch den Sieg des Heiligen Geistes diesem dadurch eine Superiorität über den Vater und den Sohn gegeben wird.

Denn, indem der Heilige Geist besiegt, besiegt er *sich selbst* zugleich mit, und dadurch kommt ein Gesamtsieg der Drei heraus, welche Drei im Hermes trismegistus als unzertrennbar gegeben ist.

Sechste, siebente Rubrik

Sic mundus creatus etc. — Itaque vocatus sum etc. —

Wie in der ersten Dreieinigkeits-Interpretation.

Achte Rubrik

Completum est etc.

Es kann gerade auf *Completum est* der Nachdruck gelegt werden. Geschieht das, so macht es sich ganz gut, wenn es mit »Amen« übersetzt wird. Es ist eben im kirchlichen Sinne das Completum est ein »*Amen*«, wie das Verum etc. zu Anfang im kirchlichen Sinne ein »Credo« ist.

Das Symbolum Apostolicum

Der Name Apostolisches Symbolum kommt daher, daß die Tabula smaragdina im theologisch-christlichen Sinne das Symbolum genannt wurde. Derjenige, der es nun in diesem Sinne verkündet, ihm in diesem Sinne anhängt, ist ein Apostel des Glaubens, daher das Epitheton: Apostolisch.

Dem Symbolum Apostolicum liegt die zweite Dreieinigkeits-Interpretation der Tab. smar. zu Grunde.

Seine absolvierte Form lautet, wie bekannt, ff.

Credo in Deum, Patrem omnipotentem, Creatorem coeli et terrae. Et in Jesum Christum, Filium eius unicum, Dominum nostrum. Qui conceptus est de Spiritu Sancto. Natus ex Maria virgine. Passus sub Pontio Pilato, crucifixus, mortuus et sepultus. Descendit ad inferna. Tertia die resurrexit a mortuis. Ascendit ad coelos. Sedet ad dexteram Dei, Patris omnipotentis. Inde venturus est iudicare vivos et mortuos.

Credo in Spiritum Sanctum. Sanctam Ecclesiam Catholicam. Sanctorum communionem. Remissionem peccatorum. Carnis resurrectionem. Et vitam aeternam. Amen.

»Ich glaube an Gott, den Vater, den Allmächtigen, den Schöpfer von Himmel und Erde. Und an Jesus Christus, seinen einzigen Sohn, unseren Herrn, welcher empfangen ist vom Heiligen Geiste, geboren ist von der Jungfrau Maria, gelitten hat unter Pontius Pilatus, gekreuzigt, gestorben und begraben ist. Er stieg hinab in die Gruft (zur Hölle). Am dritten Tage stand er wieder von den Toten auf. Er stieg zum Himmel auf. Er sitzt zur Rechten Gottes, des allmächtigen Vaters. Von dort wird er kommen, die Lebenden und Toten zu richten.

Ich glaube an den Heiligen Geist, eine (die) heilige gemeinsame Kirche, eine (die) Gemeinschaft der Heiligen, eine (die) Vergebung der Sünden, eine (die) Auferstehung des Fleisches und ein (das) ewiges (ewige) Leben. Amen.«

Die vorliegende Form des Apostolischen Symbolum hat sich sukzessiv entwickelt. *J. F. Müller* führt in seinem Werke »Die Apostolischen Bücher« die verschiedenen Redaktionen des Apostolischen Symbolum ff. auf:

1) Römische Form des Symbols nach Ruffinus.

Credo in Deum Patrem omnipotentem. Et in Christum Jesum, unicum filium eius, Dominum nostrum. Qui natus est de Spiritu sancto ex Maria virgine, crucifixus sub Pontio Pilato et sepultus, tertia die resurrexit a mortuis. ascendit in coelos, sedet ad dexteram Patris: inde venturus est iudicare vivos et mortuos. Et in Spiritum sanctum, sanctam ecclesiam, remissionem peccatorum, carnis resurrectionem.

»Ich glaube an Gott den Vater, den Allmächtigen. Und an Christus Jesus, seinen einzigen Sohn, unseren Herrn, welcher geboren ist vom Heiligen Geiste, von der Jungfrau Maria (das de und ex läßt sich im Deutschen nicht wiedergeben. Das de vor dem Heiligen Geiste weist darauf hin, daß der Heilige Geist es ist, welcher empfangen läßt, das ex vor Maria weist darauf hin, daß Maria es ist, welche empfängt und gebiert), gekreuzigt ist unter Pontius Pilatus, und begraben ist, am dritten Tage von den Toten wieder auferstand, zum Himmel aufstieg, zur Rechten des Vaters sitzt: von dort wird er kommen, die Lebenden und Toten zu richten. Und (scil: ich glaube) an den Heiligen Geist, eine (die) heilige Kirche, eine (die) Vergebung der Sünden, eine (die) Auferstehung des Fleisches.«

Lehnen wir das nun an die zweite Dreieinigkeits-Interpretation der Tab. smar.

Das Credo zu Anfang ist die *erste Rubrik* der zweiten Dreieinigkeits-Interpretation.

Anknüpfend an dieses Credo wird nun das Folgende gebracht unter der Form des »an das und das«.

Das Quod est inferius bis rei unius fällt. Auf die Elementar-Beziehungen des Heiligen Geistes wird nicht weiter reflektiert.

In dem Et sicut etc. fällt der Nachsatz: sic omnes res natae fuerunt ab hac una re adoptione. Denn mit dem »ab hac una re« wird an die res una, die vorangeht, angelehnt. Diese vorangehende res una wird aber, wie wir soeben gesehen, fallengelassen, also zieht das Fallen des Quod est inferius etc. auch das Fallen des sic omnes res natae etc. nach sich. Dem Heiligen Geist als solchem wird damit nicht weiter zu nahe getreten, denn der kommt ja noch einmal bei der fortitudo an die Reihe, und dort kann man von ihm sagen, was man für sachentsprechend hält.

So bleibt denn von der *zweiten Rubrik:*

Et sicut res omnes fuerunt ab uno, meditatione unius.

Hier muß nun wieder das Et fallen, weil nichts voran geht, an was anzuknüpfen wäre. Und das sicut muß fallen, weil der

Nachsatz fällt, wodurch jeder Vergleich eo ipso aufhört. Somit behielten wir bloß übrig:

Res omnes fuerunt ab uno, meditatione unius.

In diesem haben wir nach dem vorigen Abschnitt: Deus pater est omnipotens Christo, unico filio eius, domino nostro.

Hieraus wird alsdann in Anknüpfung an das Credo der ersten Rubrik eigentlich:

Credo in Deum patrem, omnipotentem Christo (Christo Jesu), unico filio, domino nostro. Unser Text bringt:

Credo in Deum omnipotentem. Et in Christum Jesum, unicum filium eius, dominum nostrum.

Diese Fassung hat deswegen statt, um Christus direkt, und nicht in einem Abhängigkeitsverhältnis zu haben. Der Autor hat im Sinne: Credo, ich glaube, direkt an Gott Vater, und ebenso Credo, glaube ich, direkt an Christus. Nicht aber Credo, glaube ich, direkt an Gott Vater und indirekt an Christus deshalb, weil Gott Vater an seiner Hand, durch ihn, ein omnipotens wird.

Die *dritte Rubrik* fällt, weil es sich wieder um Elementar-Beziehungen des Heiligen Geistes handelt, auf die, wie wir wissen, nicht weiter reflektiert wird.

In der *vierten Rubrik* fällt das Pater omnis telesmi totius mundi est hic. Denn gerade dadurch, daß vorhin der Ablativ Christo Jesu in den Akkusativ mit in verwandelt worden, der durch ein »Et« an das Credo anschließt, gerade dadurch ist ja auf Christus besonders hingewiesen worden. Das Et mit dem in Christum von vorhin macht hier den Passus Pater omnis telesmi überflüssig.

In Bezug auf das virtus eius integra est, si versa fuerit in terram wissen wir, daß in der zweiten Dreieinigkeits-Interpretation bei der Menschwerdung Christi das in's Auge gefaßt wird, daß Maria Christus gebiert, nachdem sie vom Heiligen Geist empfangen hat. Hiermit haben wir denn statt: virtus eius est integra, si versa fuerit in terram: — qui natus est de Spiritu sancto ex Maria virgine.

Ebenso wissen, wir, daß wir nach der zweiten Dreieinigkeits-Interpretation in Bezug auf das Separabis etc. haben:

Separabis terram ab igne: Christus ist gekreuzigt worden;

(Separabis) subtile a spisso: Christus ist in's Grab gelegt worden;

suaviter magno cum ingenio: Christus ist auferstanden.
Gerade nun das haben wir hier in dem:
crucifixus sub Pontio Pilato
et sepultus,
tertia die resurrexit a mortuis.

Wir weisen darauf hin, daß im Grunde weder Pontius Pilatus noch die tertia dies zur Sache gehören.

In Bezug auf das Ascendit a terra in coelum haben wir die Himmelfahrt. Hier heißt's: ascendit in coelos, wobei also das ascendit der Tab. smar. intakt bleibt, das a terra bei Seite gelassen und das in coelum in »in coelos« umgewandelt wird. (Das letztere geschieht in Bezug auf den hebräischen Plural-Begriff: Schamajim, Himmel.)

In Bezug auf das iterumque descendit in terram haben wir nach der zweiten Dreieinigkeits-Interpretation das, daß Christus zur Rechten Gottes sitzt. Dementsprechend heißt es hier: sedet ad dexteram patris. Christus sitzt als κυριος (hebr. Text im Psalm 110: *Adon*) zur Seite des πατηρ (hebr. Text im Psalm 110: *Jehowa*).

In Bezug auf das et recipit vim superiorum et inferiorum haben wir nach der zweiten Dreieinigkeits-Interpretation das, daß Christus zum Richter wird über die Lebenden und Toten. Dementsprechend heißt es hier: inde venturus est iudicare vivos et mortuos. Im Psalm 110 haben wir beim Richten die Futuralsprache. (Er wird richten.) Demgemäß würde sich das recipit vim umwandeln in recepturus est vim, und daran anlehnend hätten wir hier iudicaturus est. An dies iudicaturus est stößt sich der Autor, weil er dem recipit als Präsens zu nahe zu treten fürchtet. Deswegen verwandelt er lieber das iudicaturus est in den Infinitiv Präsens judicare, und drückt den Futural-Begriff aus durch »er wird kommen«. So erhält er venturus est iudicare. Dabei denkt sich der Autor dann ferner, wenn Christus kommt, so muß er doch irgendwo herkommen, und deswegen schiebt er ein »inde« ein, so daß im Ganzen herauskommt: inde venturus est iudicare.

In der *fünften Rubrik* fällt das Sic habebis gloriam totius mundi. Die gloria totius mundi, das ist Gott den Vater und den Sohn, hat man ja eben durch das Vorangehende; in einem Schriftstück wie dem vorliegenden brauchen sie daher nicht wiederholt zu werden. In derselben Rubrik fällt auch das penetrare der res solida, weil das wieder an die Elementar-Beziehungen des Heiligen Geistes anknüpft, auf diese aber, wie wir wissen, nicht weiter reflektiert wird. Es bliebe also:

Haec est totius fortitudinis fortitudo fortis, quia vincet omnem rem subtilem.

Die fortitudo ist, wie wir wissen, der Heilige Geist. Wie nun in Bezug auf den Vater und den Sohn an das Credo angeknüpft wird, so wird auch in Bezug auf den Heiligen Geist an das Credo angeknüpft, und wir erhalten: Credo in Spiritum sanctum.

Was das vincere betrifft, so wissen wir, daß nach der ersten Dreieinigkeits-Interpretation der Heilige Geist vincit, besiegt, den Vater und den Sohn (zugleich aber auch sich selbst). Daran stößt sich die zweite Dreieinigkeits-Interpretation, und läßt vincere, besiegen: Kirche, Sünden-Vergebung, Fleisches-Auferstehung. Das vincere hat also eine Differenz in die Sache geschleudert. Und das ist der Grund, weshalb unser Autor ihm aus dem Wege geht. Er hält sich zwar an die Auffassung der zweiten Interpretation, und bringt das, was der Heilige Geist besiegt, als Kirche, Sünden-Vergebung, Fleisches-Auferstehung. Er läßt aber das vincere unterwegs und stellt jene drei Dinge brevi manu hin. Dabei muß man sich des Näheren denken, daß er hinter Spiritum sanctum einen Doppelpunkt macht. Dieser Doppelpunkt heißt dann Spiritus vincit. Wenn man das Symbol so schlechtweg liest, so interpretiert man: Credo in Spiritum sanctum, credo in sanctam ecclesiam, credo in remissionem peccatorum, credo in carnis resurrectionem. Das liegt aber nicht im Sinne des Autors. Der will: Credo in Spiritum sanctum, qui vincit sanctam ecclesiam, qui vincit remissionem peccatorum, qui vincit carnis ressurectionem.

Die *sechste Rubrik* fällt. Denn ein Schriftstück wie das vorliegende hat nichts mit einem Index zu tun. Für die Tab. smar. als solche ist ein Index ganz gut, für ein Symbolum Apostolicum wäre er müßig.

Die *siebente Rubrik* fällt ebenfalls. Der Hermes trismegistus resultiert von selbst, nachdem Gott Vater, Gott Sohn und Heiliger Geist im Vorangehenden durchgegangen. Für die Tab. smar. als solche ist er wichtig, für ein Symbolum Apostolicum ist er nicht mehr nötig, nachdem das Vorangegangene dasteht. Und dann kann die Sache auch so liegen, daß der Autor sagt, für die Dreieinigkeits-Interpretation der Tab. smar. ist zwar der

Hermes trismegistus von hervorragender Wichtigkeit, das will ich nicht leugnen. Soll man nun aber diese Tab. smar. Schritt für Schritt analysierend interpretieren und interpretierend analysierend, so liegt es etwas eigentümlich, daß der Heidengott Hermes und die Drei-Einigkeit, um sozusagen Auge in Auge sich sehend, gegenübergestellt werden sollen. Um so etwas zu umgehen, lasse ich den Hermes lieber fallen.

Das habens tres partes philosophiae totius mundi fällt mit dem Index.

Auch die *achte Rubrik* fällt. Das Completum est quod dixi de operatione Solis bezieht sich auf die Drei als Eins. Diese Ein-Relation läßt der Autor deshalb fallen, weil er sagt, ich schreibe für *Christen*. Daß die an einen *Gott* glauben, versteht sich von selbst, und damit ist eben der *Eingott* eo ipso gegeben. Das Symbolum Apostolicum ist nicht dazu da, um den Glauben an Gott im Allgemeinen vorzuführen, sondern um das vorzuführen, daß und wie sich an den Deus unus, an Gott überhaupt, der Deus trinus anlehnt.

2) Das Glaubensbekenntnis des Marcellus von Ancyra (337).

Πιςτευω εις θεον παντοκρατορα, και εις Χριστον Ἰησουν, τον υιον αυτου τον μανογεγη, τον κυριον ημϖν, τον γεννηθεντα εκ πνευματος αγιου και Μαριας της παρθενου, τον επι Ποντιου Πιλατου σταυρωθεντα και ταφεντα και τη τριτη ημερα αναστατα εκ τϖν νεκρϖν, αναβαντα εις τους ουρανους και καθημενον εν θεξια του πατρος, οθεν ερχεται κρινειν ζϖντας και νεκρους, και εις το αγιον πνευμα, αγιαν εκκλησιαν, αφεσιν αμαρτιϖν, σαρκος αναστιασιν, ζωην αιωνιον.

»Ich glaube an Gott den Vater (θεος eben = Gott Vater), den Allmächtigen, und an Christus Jesus, seinen einzigen Sohn, unseren Herrn, der geboren ist vom Heiligen Geist und der Jungfrau Maria (das εκ πνευματος και Μαριας liegt bei weitem nicht so bezeichnend als sub 1 das de Spiritu ex Maria), der unter Pontius Pilatus gekreuzigt ist, und begraben ist, und am dritten Tage wieder auferstanden ist von den Toten, zum Himmel aufgestiegen ist und sitzet zur Rechten des Vaters, woher er kommt, die Lebenden und Toten zu richten. Und an den Heiligen Geist, eine heilige Kirche, eine Vergebung der Sünden, eine Auferstehung des Fleisches, ein ewiges Leben.«

Wir heben hervor, daß in diesem Schriftstück, welches fast wörtlich das vorige ist, zum Schluß noch angefügt ist: ζωην αιωνιον, vitam aeternam, ein ewiges Leben, welches in dem Symbol ad 1) fehlt. Der Autor kommt hierzu derartig, daß er denkt, trotz der dreifachen fortitudo ist der Heilige Geist doch nur eine *Eins*. Um dies zur Anschauung zu bringen, kollektiviert er die Drei: Kirche, Vergebung der Sünden, Auferstehung des Fleisches unter dem Eingesichtspunkt: *ewiges Leben*. Daß er aber für den Kollektiv-Gesichtspunkt gerade das ewige Leben nimmt, dazu kommt er derartig, daß er sagt, wozu die heilige Kirche, wozu die Vergebung der Sünden, wozu die Auferstehung des Fleisches, wenn das Ganze nicht auf ein ewiges Leben hinauskommen soll?

In Bezug auf eine Interpunktion nach heutigem Sinne hat der Autor ad 1), wie wir wissen: Et in Spiritum sanctum: sanctam ecclesiam, remissionem peccatorum, carnis resurrectionem.

Der Autor des vorliegenden Schriftstückes hat: και εις το αγιον πνευμα — αγιαν εκκλησιαν, αφεσιν αμαρτιῶν, σαρκος αναστιασιν: ζωην αιωνιον.

3) Ein griechisches Formular aus einer Handschrift des achten Jahrhunderts, nach Jacob Usher.

Πιςτευω εις θεον πατερα παντοκρατορα, και εις Χριστον Ἰησουν, υιον αυτου τον μονογενη, τον κυριον ημῶν, τον γεννηθεντα — — και εις πνευμα αγιον, αγι [αν εκκλησιαν], αφεσιν αμαρτιῶν, σαρκος αναστια[σιν]. Ἀμην.

Die ausgelassenen Sätze stimmen bis auf wenige Varianten mit dem Text sub 2). Die Varianten sind ff. Vor ταφ. fehlt και, vor τριτη fehlt τη, nach εκ fehlt τῶν, vor καθημ. fehlt και, statt κρινειν heißt es κριναι, vor αγιον fehlt το; desgleichen fehlt das Eingeklammerte in der Handschrift. (J. T. Müller). Wir heben hervor: Statt ad 2) θεος haben wir hier θεος πατηρ. Im Grunde ist πατηρ überflüssig, denn θεος involviert den πατηρ eo ipso.

Die ζωη αιωνιος, wie sie ad 2) steht, fehlt hier. Wir begegnen zum ersten Mal dem Amen am Schluß (Completum est).

4) Ein lateinisches Formular aus einer Handschrift des siebenten oder achten Jahrhunderts nach demselben (Usher).

Credo in Deum Patrem omnipotentem. Et in Christo Jesu, Filium eius unicum. Dominum nostrum, qui natus est de Spiritu sancto et Maria virgine, qui sub Pontio Pilato crucifixus est et sepultus, tertia die resurrexit a mortuis, ascendit in coelis, sedet ad dextera Patris, unde venturus est iudicare vivos et mortuos. Et in Spiritu sancto, sancta ecclesia, remissione peccatorum carnis resurrectionis. Was die Übersetzung anbetrifft, so verweisen wir auf das Schriftstück ad 1).

Das resurrectionis zu Ende ist wohl ein Schreibfehler statt resurrectione, obgleich sich das nicht mit Bestimmtheit behaupten läßt. Ebenso ist wohl »et« Maria virgine ein Schreibfehler statt »ex« Maria virgine, obgleich sich auch das nicht mit Bestimmtheit behaupten läßt. Es kann auch die Anlehnung sein an das Symbol ad 2).

Statt inde, wie es das Symbol ad 1) hat, steht hier unde venturus est, was sich gleich bleibt.

Wir haben bei der Λογος-Interpretation der Tab. smar. gesehen, daß einige statt: Portavit illud ventus in ventre suo, nehmen: Portavit illud ventus in ventrem eius. Das übt nun einen Rückschlag auf das vorliegende Schriftstück. Wie dort das in ventre in: in ventrem umgewandelt wird, so wird hier das in Christum Jesum in: in Christo Jesu, und das in Spiritum sanctum in: in Spiritu sancto, sancta ecclesia, remissione peccatorum umgewandelt. Das ist, wie wir bereits an zitierter Stelle bemerkt, ein gegenseitiger Austausch.

Daß angefangen wird: in Christo Jesu, und dann in der ursprünglichen Akkusativ-Fassung fortgefahren wird: Filium, Dominum, geschieht absichtlich, daß der Ablativ sich neben dem Akkusativ augenscheinlich legalisiert.

In coelis haben wir nach derselben Analogie, wie in Christo.

Mit seiner Ablativ-Fassung geht der Autor so weit, daß er ad dextera schreibt statt ad dexteram. Und da er so weit geht, so fragt es sich, ob nicht auch das: carnis resurrectionis absichtlich dasteht, um eine Deckung zu bringen für das: Portavit illud ventus in ventrem eius.

Im vorliegenden Schriftstück fehlt wieder die vita aeterna und das Amen.

5) Dieselbe Formel — für den liturgischen Zweck verkürzt — nach dem Sanctuarium des Gelasius.

Credo in Deum patrem omnipotentem, et in Jesum Christum, Filium eius unicum, Dominum nostrum, natum et passum, et in Spiritum sanctum, sanctam ecclesiam, remissionem peccatorum, carnis resurrectionem.

6) Der Textus receptus nach einem
Psalterium Graecum Papae Gregorii (nach Usher).
a) Lateinisch:

Credo in Deum Patrem omnipotentem, creatorem coeli et terrae. Et in Jesum Christum, Filium eius unicum, Dominum nostrum. Qui conceptus est de Spiritu sancto, natus ex Maria virgine, passus sub P. P., crucifixus, mortuus et sepultus, descendit ad inferna; tertia die resurrexit a mortuis, ascendit ad coelos, sedet ad dexteram Dei Patris omnipotentis: inde venturus judicare vivos et mortuos. Credo in Spiritum sanctum, sanctam ecclesiam catholicam, sanctorum communionem, remissionem peccatorum, carnis resurrectionem, vitam aeternam. Amen.

b) Griechisch:

Πιστευω εις θεον πατερα παντοκρατορα, ποιητην ουρανου και γης. Και 'Ιησουν Χριστον, υιον αυτου τον μενογενη, τον κυριον ημϖν, τον συλληφθεντα εκ πνευματος αγιου, γεννηθεντα εκ Μαριας της παρθενου, παθοντα επι Ποντ. Πιλ., σταυρωθεντα, θανοντα και ταφεντα, κατελθοντα εις τα κατωτατα, τη τριτη ημερα αναστα ντα απο τϖν νεκρϖν, ανελθοντα εις τους ουρανους, καθεζομενον εν δεξια θεου πατρος παντοδυναμου, εκειθεν ερχομενον κριναι ζϖντας και νεκρους. Πιστευω εις το πνευμα το αγιον, αγιαν καθολικην εκκλησιαν, αγιων κοινωνιαν, αφεσιν αμαρτιϖν, σακρος αναστασιν, ζωην αιωνιον. 'Αμην.

Was die Übersetzung betrifft, so verweisen wir auf die absolvierte Form des Apostolischen Symbols. Wir machen darauf aufmerksam, daß das griechische Schriftstück zu Anfang πατερα παντοκρατορα hat, und später πατρος παντοδυναμου, wo das lateinische beidemal hat patrem omnipotentem und patris omnipotentis. Dann weisen wir auf ff. hin. Hier haben wir auf einmal das, daß das res omnes fuerunt ab uno in dem Sinn gefaßt wird, daß Gott die Welt erschaffen hat (im Sinne der ersten Dreieinigkeits-Interpretation). Dem verdanken wir dann den ποιητης ουρανου και γης, den creator coeli et terrae, den Schöpfer von Himmel und Erde. Der Autor geht alle dem, was sich nun daran knüpft, daß man das res omnes fuerunt ab uno im betreffenden Sinn übersetzt, ganz ruhig aus dem Wege. Er läßt den omnipotens, den παντοκρατωρ, den Allmächtigen stehen, wo er steht, und fügt einfach den neuen Passus bei. Und damit ist er fertig. Dieses summarische Verfahren rechtfertigt er ff. Er sagt im Hinblick auf das Schriftstück ad 2), welches die ζωη αιωνιος als Kollektiv-Begriff bringt: Wir haben das Recht, da, wo wir im Apostolischen Symbolum einen Drei-Begriff haben, diesen Drei-Begriff zu kollektivieren. Hier ist nun ein Drei-Begriff: Deus — pater — omnipotens, und die Kollektivierung ist: creator coeli et terrae. — Die res omnes werden derartig durch Himmel und Erde gedeckt, daß der Autor sagt, wenn ich übersetze: Gott hat die *Welt* erschaffen, so habe ich in Bezug darauf, daß die Welt eine Eins repräsentiert, im Grunde nur eine res *una*. Hier aber steht res *omnes* fuerunt, also muß ein Viel-Begriff eintreten, und den repräsentiert eben: *Himmel* und *Erde*.

Sobald nun der Autor des vorliegenden Schriftstückes neben dem omnipotens den creator coeli et terrae hat, sagt er, wie die Probe ergibt, geht es ganz gut, daß wir im Apostolischen Symbolum die erste und zweite Dreieinigkeits-Interpretation nebeneinander gehen lassen können. Und das beutet er denn, wie wir im Folgenden sehen werden, auch aus, wenigstens denn teilweise, nämlich da, wo er es zu dem bei ihm beliebten Kollektivieren, welches er, wie wir ebenfalls sehen werden, durchgehends heranzieht, benutzen kann. Das conceptus de Spiritu sancto, natus ex Maria stellt das Verhältnis, daß der Heilige Geist Maria empfangen läßt, und Maria empfängt und gebiert, klarer hin, wozu das Symbol ad 2) auffordert, welches gar zu einfach hat: γεννηθεντα εκ πνευματος αγιου και Μαριας.

In Bezug auf das frühere crucifixus sub Pontio Pilato denkt der Autor: Gebührt denn nun dem Pontius Pilatus eine Stelle im Apostolischen Symbol? Er meint, diese Stelle gebühre ihm nicht, da er aber einmal da stehe, möge er auch bleiben, nur — mit einer Modifikation. Um diese Modifikation eintreten zu lassen, läßt der Autor Christus unter Pontius Pilatus *leiden* (passus sub P. P.). Der Pontius Pilatus scheint ihm mehr verwischt zu werden, wenn es ganz im Allgemeinen heißt: Christus hat unter Pontius Pilatus *gelitten,* als wenn es heißt: er ist unter Pontius Pilatus *gekreuzigt* worden. Soll der Pontius Pilatus, so ist seine Idee, einmal da stehen, so wollen wir das allgemein halten: Christus hat unter ihm gelebt, seine Mission als Mensch durchgemacht, gelitten u.s.w., wir wollen aber nicht den hervorragend heiligen Tod am Kreuze mit Pontius Pilatus zusammenbringen. Darum steht hier zuerst passus sub Pontio Pilato, und nachdem so der Pontius Pilatus vorweg bei Seite geschoben, dann folgt das: crucifixus.

Wir werfen die Frage auf: Ist es zufällig, daß im lateinischen Text statt Pontio Pilato abgekürzt steht: P. P., im griechischen statt Ποντιου Πιλατου abgekürzt Ποντ. Πιλ.? Formuliert der Autor *ursprünglich* so, um das, was er mit dem passus resp. παθοντα will, deutlicher vor die Augen zu rücken?

Das descendit ad inferna, κατελθοντα εις τα κατωτατα, ist einfach das descendit in terram im Sinne der ersten Dreieinigkeits-Interpretation. Der Autor läßt ja die Auffassung beider Dreieinigkeits-Interpretationen nebeneinandergehen. Hieraus geht denn nun auch hervor, daß das descendit ad inferna resp. das κατελθοντα εις τα κατωτατα nicht in dem Sinne zu fassen ist, wie das absolvierte Apostolische Symbolum heute allgemein übersetzt wird: *Christus sei zur Hölle hinabgestiegen, niedergefahren,* sondern einfach in dem Sinne, daß *Christus stirbt,* in die Gruft steigt.

Wir hatten nun in dem Symbol ad 1):

crucifixus — sepultus — resurrexit.

Der Autor des vorliegenden Symbols erhält auf Grund seines eingeschobenen descendit ad inferna:

crucifixus — sepultus — descendit — resurrexit.

Nun läßt er das resurrexit vorläufig fallen, er hebt es für das Folgende auf und sagt, descendit ad inferna ist: Christus stirbt. Crucifixus ist aber auch im Grunde nichts anderes als *gestorben,* sepultus ebenfalls, denn wenn Christus nicht *gestorben* wäre, so brauchte er nicht begraben zu werden: — also qualifiziert sich das descendit ad inferna zu einem Kollektiv-Begriff. Zum Aufstellen eines Kollektiv-Begriffes, sagt er nun ferner, gehören aber *drei* Dinge, welche zu kollektivieren sind, hier haben wir bloß zwei: crucifixus, sepultus: — also schiebe ich ein Drittes ein. Dieses Dritte ist mortuus, wie es hier steht, und so kommt heraus:

crucifixus, mortuus et sepultus, descendit ad inferna, was im Sinne einer heutigen Interpunktion zu schreiben ist crucifixus, mortuus et sepultus: descendit ad inferna. σταυρωθεντα, θανοντα και ταφεντα: κατελθοντα εις τα κατωτατα.

Nun wird weiter fortgefahren tertia die resurrexit, ascendit ad coelos.

Hier denkt nun der Autor, wenn sich das descendit zu einem Kollektiv-Begriff qualifiziert, so qualifiziert sich auch das ascendit dazu. Wo sind hier aber die drei vorangehenden Dinge, welche zu kollektivieren sind? Darauf antwortet der Autor, *eigentlich* haben wir diese nicht, wohl aber *uneigentlich,* denn in der *tertia* dies ist eine Drei involviert. Und so nimmt er denn das tertia die resurrexit a mortuis als eine Drei, welche durch das ascendit ad coelos kollektiviert wird, so daß im Sinne einer heutigen Interpunktion zu schreiben wäre:

tertia die resurrexit a mortuis: ascendit ad coelos.

τη τριτη ημερα αναστάντα απο τω̅ν νεκρω̅ν: ανελθοντα εις τους ουρανους.

Das sedet ad dexteram Patris ist im Sinne der zweiten Dreieinigkeits-Interpretation das descendit in terram. Wir haben also wieder, worauf auch bereits hingewiesen, das Nebeneinandergehen der beiden Dreieinigkeits-Interpretationen. Im Symbol ad 1) heißt es nun: sedet ad dexteram Patris, hier: sedet ad dexteram Dei Patris ompotentis. Die Fassung, wie wir sie hier haben, zielt nun wieder auf nichts anderes, als um eine Drei für eine Kollektivierung zu erhalten. Es ist nämlich die zu kollektivierende Drei: Deus — pater — omnipotens; der Kollektiv-Begriff ist: inde venturus iudicare vivos et mortuos, welches jetzt an die Reihe kommt. Daß nun aber das inde venturus etc. der Kollektiv-Begriff sein soll für das Vorangehende, darauf wird der Autor durch das inde geführt, an welches sich in naheliegender Weise ein vorangehender Doppelpunkt knüpft, den auch bereits das Schriftstück ad 1) ausdrücklich hat, und der auch hier im lateinischen Schriftstück steht, und dem entsprechend im griechischen Schriftstück ein (:) und nicht ein (,) stehen müßte.

Was die jetzt folgende Stelle betrifft, welche im Schriftstück ad 1) lautet: Et in Spiritum sanctum, sanctam ecclesiam, remissionem peccatorum, carnis resurrectionem, so kann der Autor in ihr seinem Hang zum Kollektivieren besonders huldigen, weil er an der Hand der dreifachen fortitudo eine Drei hat, und bereits vor ihm in Bezug auf die sancta ecclesia etc. kollektiviert worden ist. Er nimmt anhand der dreifachen fortitudo den Spiritus sanctus als die zu kollektivierende Drei, und als Kollektiv-Begriff die sancta ecclesia. Weil das letztere aber nun nicht nahe liegt, so hält er es für sachentsprechend, daß er im Ausdruck sancta ecclesia darauf hinweist, daß er denselben als Kollektiv-Begriff gefaßt haben will, und aufgrund dessen bringt er statt sancta ecclesia — sancta ecclesia *catholica,* αγια καϑολικη εκκλησια. Die *catholica* ecclesia ist nichts anderes als die ecclesia, die dem Spiritus sanctus gegenüber als Kollektiv-Begriff gefaßt werden soll.

Nachdem nun die ecclesia als Kollektiv-Begriff für den Spiritus sanctus benutzt worden ist, bleibt im Schriftstück ad 1) bloß die remissio peccatorum und carnis resurrectio. Daß ihnen die vita aeterna auf Grund des Schriftstückes ad 2) zugefügt wird, versteht sich von selbst, denn dies ist ja sozusagen das Siegel für das Kollektivierungs-Manöver. Damit hat denn der Autor eine Drei, nicht aber einen Kollektiv-Begriff. Nun sagt er, die vita aeterna muß Kollektiv-Begriff sein nach der Autorität des Schriftstückes ad 2). Damit hat er dann einen Kollektiv-Begriff, aber bloß zwei Dinge, die zu kollektivieren sind. Und hier liegt es denn nahe, ein Drittes zu kollektivierende hinzuzufügen, und das ist eben die vom Autor neu gebrachte sanctorum communio, αγιων κοινωνια, so daß also im Ganzen, im Sinne einer heutigen Interpunktion herauskommt: Credo in Spiritum sanctum: sanctam ecclesiam catholicam; sanctorum communionem, remissionem peccatorum, carnis resurrectionem: vitam aeternam. Und:

Πιστευω εις το πνευμα το αγιον: αγιαν κοϑολικην εκκλησιαν; αγιων κοινωνιαν, αφεσιν αμαρτιῶν, σαρκος αναστασιν: ζωην αιωνιον.

Das Amen wieder als Completum est der Tab. smar.

Machen wir nun einen Rückblick, so liegt das Prinzip des Schriftstückes, Drei-Begriffe vorangehen zu lassen, und dann hinterdrein zu kollektivieren, auf der Hand. Und da dem so ist, so versteht es sich von selbst, daß wir noch in Bezug auf die Durchführung dieses Prinzips mit der Stelle Et in Jesum bis passus sub P. P. im Rückstand sind. Bei dieser Stelle haben wir denn nun ff. Es handelt sich zweimal um drei zu kollektivierende Begriffe, und zweimal um einen Kollektiv-Begriff. Die ersten drei zu kollektivierenden Begriffe sind: Jesus Christus Filius — unicus. Der erste Kollektiv-Begriff ist: Dominus noster. Die zweiten Drei-Begriffe sind: qui (τον) — conceptus — natus. Der zweite Kollektiv-Begriff ist: passus.

7) Aquilejensische Form des Symbols, nach Ruffinus.

Credo in Deo patre omnipotente, invisibili et impassibili. Et in Christo Jesu, unico Filio eius, Dom. nostr. Qui natus est de Spiritu sancto ex Maria virgine, crucifixus sub Pontio Pilato et sepultus; descendit in inferna, tertia die resurrexit a mortuis, ascendit in coelos, sedet ad dexteram Patris: inde venturus est iudicare vivos et mortuos. Et in Spiritu sancto. Sanctam ecclesiam, remissionem peccatorum, huius carnis resurrectionem.

In Bezug auf die Übersetzung verweisen wir auf das Schriftstück ad 1).

Die Ablativ-Fassung Credo in Deo, in Christo, in Spiritu liegt wie bei dem Symbol ad 4). Hier wie dort haben wir den intakten Akkusativ neben dem Ablativ (sanctam ecclesiam etc. Beim abgekürzten Dom. nostr. steht es dahin, ob es der Ablativ oder der Akkusativ sein soll). Das *huius* carnis resurrectionem zielt auf das Portavit illud ventus in ventrem *eius*.

Dem Autor des vorliegenden Symbols gefällt das vorige Symbol ad 6) nicht, und er geht daher, den Hauptsachen nach, auf das Symbol ad 1) zurück. Nur reflektiert er auf die beiden Passus des vorigen Symbols creatorem coeli et terrae und descendit ad inferna. Was den letzteren Passus betrifft, so wandelt er ihn um in: in inferna, was in Bezug auf das griechische εις τα κατωτατα nicht fern liegt. Was den ersten Passus betrifft, so wandelt er ihn um in: invisibili et impassibili. Daß nun diese Abweichung vom Symbol ad 1) stattfindet, kommt jedenfalls daher, daß der Autor sein descendit in inferna für Christi *Höllenfahrt* ausgebeutet wissen will. Dem fällt es nicht ein, wie der Autor des Symbols ad 6) das descendere ad inferna als Kollektiv-Begriff aufzufassen, der in den Bereich des Sterbens Christi fällt, nein, er beutet ihn, wie gesagt, für Christi Höllenfahrt aus, und weil das statt hat, deswegen findet dieser Passus Gnade vor seinen Augen, und er streicht ihn nicht, wie er so manches andere in dem Symbol ad 6) streicht. Sobald er aber das descendit ad (in) inferna aufrecht erhält, denkt er, dieses Passus kommt in das Apostolische Symbol auf Grund dessen, daß die erste Dreieinigkeits-Interpretation herangezogen wird. Auf Grund des Heranziehens derselben Interpretation hat nun aber das Schriftstück ad 6) auch den creator coeli et terrae. Halt, denkt da unser Autor, wenn du das descendere ad (in) inferna aufrecht erhältst, so mußt du auch den creator coeli et terrae aufrecht erhalten. Indem er nun aber die Konsequenzen fürchtet, welche sich an den creator coeli et terrae knüpfen, wandelt er denselben um in den invisibilis et impassibilis. Bei diesen Ausdrücken hat aber das statt, daß sie zwar der Fassung des

Symbols zufolge auf Gott kommen, daß es aber mit ihnen im Grunde nicht auf Gott, sondern auf den Autor des Symbols ad 6) abgesehen ist. Der Autor des vorliegenden Symbols will in diesen Ausdrücken gesagt wissen: Der Autor des Symbols ad 6) bringt Dinge, von denen in den vorigen Fassungen nichts zu sehen und zu hören ist — res invisibiles, die er sich also reinweg aus den Fingern saugt. Und er bringt Dinge, die man nicht dulden darf — res impassibiles, res quas pati nequimus.

Das Symbolum Nicaenum, das Symbolum Constantinopolitanum, das Symbolum Quicunque

Trotzdem daß die Λογος-Interpretation der Tab smar. mehr für sich hat, als die Φϖς-Interpetation, wurde die erstere doch durch die letztere verdrängt. Es läßt sich für die Überlegung der Λογος-Interpretation über die Φϖς-Interpretation manches vorbringen, wir wollen nur ff. hervorheben. Wenn es heißt, res omnes fuerunt etc.: Gott hat die Welt erschaffen durch das *Licht*, so ist das schon ganz recht, denn der erste Tag, der das Licht bringt, vermittelt, daß die zweite Schöpfungsperiode aus der ersten hervorgehen kann, also ist es gerade das Licht, welches die Welt vermittelt. Indessen man bemerkte, daß eine solche Kalkulation wohl im Geiste der jüdischen alexandrinischen Alchemisten lag, welche den ersten Schöpfungstag auf die erste Schöpfungsperiode schoben, nicht aber im Geiste der Zeit, zu der die Φϖς-Interpretation aufkam. Die alexandrinischen jüdischen Alchemisten, welche dem ersten Schöpfungstag die betreffende Stellung gaben, die hätten wohl Grund gehabt, das Problem aufzustellen: Gott erschuf die Welt durch das Licht, um damit mit Präponderanz den ersten Tag in den Vordergrund zu schieben, um darauf hinzuweisen, wie wichtig es sei, daß der erste Tag in die erste Schöpfungsperiode gehöre und nicht in die zweite. Eine solche Aufstellung aber zu einer Zeit zu machen, wo jene Zeiten längst vorbei waren, wo, um mit dem Evangelisten Johannes zu sprechen, der Moses durch den Christus verdrängt war, das liegt sehr gesucht. Es liegt um so gesuchter, da das φϖς, im Sinn der Φϖς-Interpretation der Tab. smar., der Anschauung jener Alchemisten geradezu entgegentritt, welche auf den ersten Tag, als der ersten Schöpfungsperiode angehörig, so viel Gewicht legen. Denn jene Alchemisten wollten das Schaffen im »Am Anfang schuf Gott Himmel und

Erde« in ein Sprechen und Werden zersplittern, wogegen die φϖς-Anhänger ihr φϖς gerade dadurch legalisieren, daß dort von einem Sprechen und Werden *nicht* die Rede sei. Aber sehen wir selbst hiervon ab, wie von manchen anderen Aufstellungen, welche sich machen lassen, *eins* steht mächtig im Vordergrund, und das ist, daß in der Tab. smar. *ausdrücklich* steht: res omnes fuerunt ab uno, λογω unius, und *nicht:* res omnes fuerunt ab uno, φωτι unius. Und das wirft alle Einreden, welche die φϖς-Anhänger mehr oder weniger gesucht gegen den λογος und zu Gunsten ihres φϖς machen können, über den Haufen. Wenn es heißt, dieses und jenes ist durch den Caius geschehen, wie kann man denn sagen, es sei durch den Sempronius geschehen? Wenn es durch den Sempronius geschehen wäre, so würde es eben durch den Sempronius geschehen sein, und nicht den Caius. Ganz so hier, wenn Gott die Welt erschaffen haben soll durch den λογος, wie es doch ausdrücklich dasteht, wie kann denn nun dieser λογος das φϖς sein?

Man kann sich wohl einen Text darauf machen, wie es kommt, daß die φϖς-Anhänger sich in das φϖς unius statt des λογος unius hineinarbeiteten. Nämlich die Sache liegt so, daß diese sich an die lateinische Übersetzung der Tab. smar. hielten. Dort steht meditatio. Diese meditatio ist selbst nach der Auffassung der λογος-Anhänger sozusagen ein apokrypher Ausdruck; der eigentliche Ausdruck müßte verbum sein, denn im Sinne der Λογος-Interpretation der Tab. smar. ist λογος = Wort, und nicht = Plan. Nun wohl, sagten da die φϖς-Anhänger, wenn der Ausdruck einmal apokryph ist, wie ihr selbst sagt, was steht denn im Wege, daß wir ein lux hineininterpretieren, wo ihr ein verbum hineininterpretiert. So läßt sich die Sache *erklären.* Aber in der Erklärung liegt noch lange keine *Berechtigung.* Wer in den Sinn der Tab. smar. eindringen will, der muß sich daran halten, daß im griechischen Text λογος steht. Wie kann ein solcher wichtige Abzüge anhand des Umstandes machen, daß die einen diesen λογος mit meditatio, die anderen mit verbum übersetzen? Hört auf Grund dessen der λογος auf, λογος zu sein, und wird dadurch zum φϖς? Wenn man ein Schriftstück hat, in dem der Caius steht, und der Eine interpretiert alsdann, dieser Caius ist ein König, der Andere dagegen, dieser Caius ist ein Kaiser, hört darum der Caius auf, der Caius zu sein, und wird zum Sempronius?

Das nun, daß der λογος eben ein λογος und kein φῶς ist, daß somit die Λογος-Interpretation der Tab. smar. der Φῶς-Interpretation überlegen ist, daß die erstere damit nicht dazu angetan sei, durch die letztere verdrängt zu werden, das sah der Presbyter *Arius* ein, und er ergriff offen Partei *für* die Λογος-Interpretation *gegen* die Φῶς-Interpretation. Für seine Person hatte er des wenig Gewinn, er wurde von seinem Bischof Alexander abgesetzt und exkommuniziert (321), seine Anhänger hielten aber standhaft zu ihm, trotzdem das Konzilium zu Nicaea (325) die Aufstellungen des Arius feierlichst verdammte.

Es liegt im Geiste der Geschichte der verschiedenen Tab. smar.-Interpretationen, daß keine *absoluten* Rückgriffe gemacht werden. Hat einmal eine Interpretation die andere notorisch verdrängt, so ist es ein Unmöglichkeits-Verhältnis, daß hinterdrein jemand kommt und sagt, da hat nun eine neue Interpretation eine alte verdrängt. Ist das recht? Nein, es ist nicht recht, die alte Interpretation ist besser als die neue, gehen wir daher wieder auf die alte zurück. So etwas hat in der Geschichte der Tab. smar.-Interpretationen nie stattgefunden. Vielmehr wurde immer unter der Aegide gekämpft, was einmal verdrängt ist, bleibt verdrängt. Nun muß man aber wohl berücksichtigen, daß unter einer anderen Aegide bloß *absolut* nicht gekämpft wurde, *relativ* geschah es öfter. Es liegt das Verhältnis nicht so, daß von einer späteren Interpretation überhaupt kein Rückgriff zu einer früheren stattfand, stattfinden konnte, es liegt bloß so, daß das nicht absolut stattfand, stattfinden konnte, *relativ* fand es öfter statt, konnte stattfinden. Das heißt, wenn jemand einen Rückgriff machen wollte, so war ihm *der* Weg versperrt, daß er nackt und trocken sagte, ich greife zurück: — mit einem solchen Tun wurde er unmöglich. Es war ihm aber nicht *der* Weg versperrt, daß er sagte, ich gehe auf Früheres zurück, tue es aber derartig, daß ich das frühere *modifiziere.* Durch eine solche Modifikation wurde dann die Sachlage eine solche, daß das *Alte* zum *Neuen* wurde, und das so unter neuer Form gebrachte Alte ließen sich die Leute gefallen, sie fanden keinen Anstoß daran.

Fassen wir das in's Auge, so war dem Arius der Weg zur Λογος-Interpretation versperrt. Die Λογος-Interpretation war einmal durch die Φῶς-Interpretation verdrängt, und Arius konnte nicht sagen, die Λογος-Interpretation ist aber besser als die Φῶς-

Interpretation, und deshalb greife ich auf die erstere zurück. Das ging nicht, das war ein Unmöglichkeits-Verhältnis. Es war aber nur ein Unmöglichkeits-Verhältnis unter den Umständen, daß Arius so nackt und trocken auf die Λογος-Interpretation zurückgriff. Tat er das nicht, wandte er vielmehr, indem er zurückgriff, die Cautel an, daß er die Λογος-Interpretation *modifizierte*, dann wurde die Sachlage eine andere, dann ward seinem Tun Tür und Tor geöffnet, es stand dann nichts im Wege, daß er die Λογος-Interpretation wieder in die rechtmäßige Stellung einsetzte, die ihr, seiner Ansicht nach, vor der Φϖς-Interpretation gebührte.

Also indem Arius von der Φϖς-Interpretation der Tab. smar. zur Λογος-Interpretation zurückgriff, hatte er dabei die bestimmte Aufgabe, eine Aufgabe, der er durchaus nicht aus dem Wege gehen konnte, die Λογος-Interpretation zu modifizieren. Daher muß man sich wohl hüten, zu sagen: Kommt da der Arius heran und zieht wieder die Λογος-Interpretation hervor, die lange vor ihm da war, wogegen wir übrigens nichts haben. Aber wenn er sie nun noch gegeben hätte, wie sie war, dann wollten wir es noch gelten lassen. Aber nein, er modifizierte diese Interpretation, er modifiziert sie unbedeutend. Wollte er damit am Ende durch einen kühnen Kunstgriff das zu dem seinigen machen, das nicht sein war? — Wollte man solche Reden dreschen, so läge das sehr verkehrt. Arius, wie wir vorhin exponiert, *muß* die Λογος-Interpretation modifizieren, sonst könnte er nicht zu seinem Zwecke gelangen, zu dem Zweck, die Λογος-Interpretation auf Kosten der Φϖς-Interpretation in den Vordergrund zu ziehen.

Die Modifikationen des Arius sind unbedeutend. Sie laufen darauf hinaus, daß die zweite Rubrik von Quod est inferius bis rei unius anders interpretiert wird. Wir wissen, daß die jüdischen alexandrinischen Alchemisten (vergl. den Abschnitt: Neue Interpretation der biblischen Schöpfungsgeschichte) einerseits kurzweg sagten, die Materia prima = Nichts, das bedingt dann, daß sie Gott die Welt aus Nichts erschaffen; daß sie aber andererseits die Materia prima in eine ideelle und (bedingt) reelle zersplitterten. Die Nichts-Materia prima, die ideelle und (bedingt) reelle Materia prima wirft nun Arius zusammen, und argumentiert ff. Am Anfang war *Nichts* da. Nun faßt Gott den Plan, die Welt zu erschaffen, und *spricht*, exekutiert das Wort, den λογος. Aus dem λογος geht dann die Materia prima hervor, und aus der Materia prima geht die Materia ultima hervor. Arius hat also ein Vierfaches: Nichts, λογος, Materia prima, Materia ultima.

Nun gibt er dem ersten inferius das Nichts, dem ersten superius den λογος, dem zweiten superius die Materia prima, dem zweiten inferius die Materia ultima und bekommt heraus beim Quod est inferius etc., indem er sich an die Fassung hält: Quod est inferius, est, sicut id quod est superius, et quod est superius, est, sicut id quod est inferius, ad perpetranda miracula rei unius —

Das Nichts, der λογος, die Materia prima und die Materia ultima dienen dazu, die Wunder des res una zustande zu bringen, welche res una = λογος.

Das übrige bleibt, wie bei der eigentlichen Λογος-Interpretation der Tab. smar.

Wir haben bereits darauf hingewiesen, daß das Konzilium zu Nicaea die Aufstellungen des Arius verdammte. Das Verdammungs-Schriftstück führt den Namen *Symbolum Nicaenum*, und lautet ff.

Πιστευομεν εις ενα θεον πατερα παντοκρατορα, παντων ορατϖν και αορατων ποιητην. Και εις ενα κυριον Ἰησουν Χριστον τον νιον του θεου, γεννηθεντα εκ του πατρος μονογενη, τουτεστιν εκ της ουσιας του πατρος, θεον εκ θεου, φϖς εκ φωτος, θεον αληθινον εκ θεου αληθινου γεννηθεντα, ου ποιηθεντα, ομοουσιον τϖ πατρι, δι ου παντα εγενετο, τα τε εν τϖ ουρανϖ και τα εν τη γη: τον δι ημας τους ανθρωπους και δια την ημετεραν σωτηριαν κατελθοντα και σαρκωθεντα και ενανθρωπησαντα, παθοντα και ανασιαντα τη τριτη ημερα, (και) ανελθοντα εις τους ουρανους, και ερχομενον κριναι ζϖντας και νεκρους. Και εις το αγιον πνευμα. Τους δε λεγοντας, οτι ην ποτε, οτε ουκ ην, και πριν γεννηθηναι, ουκ ην, και οτι εξ ουκ οντων εγενετο, η εξ ετερας υποστασεως η ουσιας φασκοντας ειναι, η κτιστον, τρεπτον η αλλοιωτον τον υιον του θεου, αναθεματιζει η καθολικη εκκλησια.

»Wir glauben an einen Gott Vater, den Allmächtigen, den Schöpfer aller sichtbaren und unsichtbaren Dinge. Und an einen Herrn, Jesus Christus, den Sohn Gottes, geworden als einziger Sohn vom Vater, das heißt von der Wesenheit des Vaters, ein Gott vom (aus dem) anderen, ein Licht von (aus) dem anderen, ein wahrhafter Gott vom anderen. Wir sagen: »*geworden*«, nicht: »*erschaffen*«. Er ist von gleicher Wesenheit mit dem Vater, von welchem alles wurde, sowohl im Himmel als auf Erden. Er ist wegen uns Menschen, und uns zu retten gekommen, Fleisch geworden, hat gelitten, ist am dritten Tag auferstanden, zum Himmel aufgestiegen, und kommt, die Lebenden und Toten zu richten. Und (wir glauben) an den Heiligen Geist. Jene aber, welche sagen, daß es eine Zeit gab, wo er nicht da war, und daß er nicht da war, bevor er wurde, und daß er aus dem Nicht-Seienden geworden, sie, welche behaupten, daß der Sohn des Gottes von anderem Stoffe oder anderer Weisheit ist, daß in Bezug auf ihn ein verschieden situiertes Verhältnis statt hat — sie verdammt die rechtgläubige Kirche.«

Daß Arius die Nichts-Materia prima mit der ideellen und (relativ) reellen Materia prima durcheinanderwirft, womit er von jenen Aufstellungen der alexandrinischen jüdischen Alchemisten in Bezug auf ideelle und (relativ) reelle Materia prima abgeht, welche wir bei der jüdisch-alexandrinischen Alchemie kennengelernt haben — denn dort handelte es sich *entweder* um die Nichts-Materia prima, *oder* um eine ideelle und (relativ) reelle Materia prima — das bringt die Nicäer auf die Idee einer neuen Aufstellung in Bezug auf die Materia prima. Sie sagen, es gibt keine *reelle* Materia prima, denn eine reelle Materia prima ist bereits eine Materia ultima. Nun aber davon ausgehend, daß jene Alexandriner auf ihre ideelle Materia prima durch das *Erschaffen* geführt werden, daß das Erschaffen aber von Gott herkommt, davon ausgehend, werden sie darauf geführt, *Gott* als die Materia prima zu nehmen. Und daran nun wieder anlehnend, daß jene Alexandriner eine doppelte Materia prima annehmen, eine ideelle und eine (relativ) reelle, nehmen auch sie eine *doppelte* Materia prima an, Gott Vater und Christus. Da nun ferner Philo die ideelle und (relativ) materielle Materia prima (κοσμος νοητος und λογος) verschmelzen läßt, so lassen auch sie eine Verschmelzung eintreten von dem, was sie in Bezug auf die Materia prima haben, das ist also, es *verschmilzt* Gott Vater mit Christus, Christus mit Gott Vater.

Die Nicäer treten der Λογος-Interpretation der Tab. smar. überhaupt und der Λογος-Interpretation des Arius im Besonderen entgegen und treten für die Φϖς-Interpretation der Tab. smar. ein. In Bezug hierauf haben sie denn den Vers 3 des 1. Kapitels des 1. Buches Mosis in's Auge zu fassen, welcher ja, wie wir wissen, für das φϖς, entgegen dem λογος, ausgebeutet wird.

Diesen Vers interpretieren sie nun ff. Wenn es heißt: Και ειπεν ο ϑεος, Γενηϑητω φϖς. και εγενετο φϖς.. Und Gott sprach: Es werde Licht. Und es ward Licht — so spricht Gott der Vater. Er sagt *nicht,* dich Licht, dich φϖς will ich *erschaffen,* ποιειν — das ποιειν hat statt in Bezug auf Himmel und Erde, denn in Vers 1 des ersten Kapitels des Ersten Buches Mosis heißt es: εν αρχη εποιησεν ο ϑεος — *sondern* er sagt, du Licht, *werde*! Das φϖς ist der Φϖς-Interpretation der Tab. smar. zufolge: Christus. Also Gott Vater sagt: Du Christus werde. Da nun Gott Vater eine Materia prima, und Gott Sohn eine Materia prima, so sagt eine Materia prima zu anderen: Werde! Die *beiden* Materiae primae verschmelzen aber zu *einer.* Also sind Gott Vater und Sohn nicht zu trennen, was der eine ist, ist der andere. Und da dem so ist, so verschmilzt der Sprechende mit dem Werdenden; der Sprechende ist der Werdende, der Werdende ist der Sprechende, beide sind φϖς. Indem also Gott der Vater sagt: »Es werde Licht«, so heißt das nichts anderes als: der Vater spricht zum Sohn, werde φϖς, und der Sohn sagt zum Vater, werde φϖς. Warum wird nun aber in der Schrift überhaupt das *Werden* in die Sache gebracht, entgegen dem Schaffen? Nun deswegen, weil Vater und Sohn, beide φϖς, nicht *neben*einander stehen sollen, das könnte auf ein Distrahieren der beiden führen. Nein, sie sollen nicht *neben*einander, sondern *in*einander dastehen, der eine tritt in den anderen hinein. Und wie auf der einen Seite der eine in den anderen hineintritt, so tritt auf der anderen Seite der eine aus dem anderen heraus. Was die beiden letzteren Verhältnisse betrifft, so könnte es auch heißen: Es *sei* Licht, statt: Es *werde* Licht. Wenn da stände: Es *sei* Licht, so hätten wir φϖς εν φωτι. Nun steht: Es *werde* Licht, jetzt haben wir φϖς εκ φωτος. Beides kommt auf dasselbe hinaus, nämlich auf die absolute Verschmelzung vom Vater und vom Sohne.

Wir wissen, daß in der Λογος-Interpretation der Tab. smar. in der zweiten Rubrik der λογος eben der λογος (Wort) ist, nicht aber λογος = Christus. Erst in der dritten Rubrik tritt der λογος zu Christus in Relation, wird zu Christus. Wir wissen, daß eine solche Sachlage dadurch geboten wurde, um in der Stelle omnes res fuerunt ab uno, meditatione unius *nicht* den Sinn herauszubekommen, nicht Gott, sondern Christus habe die Welt erschaffen. In dasselbe Verhältnis trat dann die Φϖς-Interpretation der Tab. smar. ein. Auch in ihr hatten wir in der zweiten

Rubrik φως eben als φως, nicht aber als Christus. Christus trat erst in der dritten Rubrik zum φως in Relation.

Eine solche Situation hört nun bei den Nicäern auf. Indem diese für das Dogma eintreten, der Vater sei wie der Sohn und der Sohn wie der Vater, beide seien φως, indem dies statt hat, kann die Stelle res omnes fuerunt etc. keinen Skrupel mehr erregen. Res omnes fuerunt ab uno ist: das φως hat die Welt erschaffen. meditatione unius ist: und dabei ist das φως impliziert. φως ist aber der Vater und der Sohn. Also haben der Vater und der Sohn die Welt erschaffen. Der unus und die meditatio unius (λογος–φως) haben aufgehört, einen Gegensatz zu bilden, der Gegensatz hat sich in das Gleiche aufgelöst, folglich muß jeder Skrupel fallen. Und da jeder Skrupel fällt, so liegt gar kein Motiv mehr vor, in der zweiten Rubrik das φως etwas anderes sein zu lassen als in der dritten Rubrik. φως in der zweiten Rubrik wie in der dritten Rubrik ist *Christus* als φως, und auf Grund des φως εκ φωτος, φως εν φωτι, Gott überhaupt als φως.

Nun zur Interpretation des Symbolum Nicaenum!

Πιστευομεν entgegen der früheren Fassung im Symbolum Apostolicum: πιστευω. *Wir* glauben, wir, die zu Nicaea Versammelten, wir, die wir die καθολικη εκκλησια, die rechtgläubige Kirche, vertreten. Das ενα vor θεον dem Christus als μονογενης gegenüber. Der Christus als μονογενης ist ein εις, ein Einer, und so wird auch Gott Vater ein εις.

Der πατηρ wird wie im vorigen Abschnitt sub 6) zum θεος hinzugefügt.

Der παντοκρατωρ bleibt wie im Apostolischen Symbol.

Der ποιητης ουρανου και γης im vorigen Abschnitt sub 6) wird zum ποιητης ορατων και αορατων. Das ist ein Anschluß an das Symbol ad 7) im vorigen Abschnitt. Das impassibilis von dort fällt, das invisibilis bleibt, wird aber dem Sinne von dort näher angeschmiegt und in die res visibiles, die visibilia verwandelt. Diesem visibilia zu Liebe tritt an die Stelle des gefallenen impassibilis: invisibilia.

εις ενα κυριον. Der μονογενης macht eigentlich den εις überflüssig. Da der θεος aber einmal das εις hat, so soll der υιος nicht zurückstehen, und er erhält es auch. Der μονογενης aber, welcher dem apostolischen Symbol zu Liebe dennoch aufrecht erhalten werden soll, wird mit einem »geworden« vom Vater (γεννηθεντα) angeknüpft.

γεννηθεντα. Vergl. den vorigen Abschnitt sub 6): γεννηθεντα εκ Μαριας, geboren von Maria. Wo im nicäischen Symbol das *geboren* werden steht, muß man vom »geboren« absehen und bloß das »*werden*« in's Auge fassen. Im Vers 3 der Schöpfungsgeschichte haben wir, wir haben oben hierauf hingewiesen, γιγνεσθαι entgegen dem ποιειν des Vers 1. Also das φϖς ist nicht *erschaffen* worden, sondern es *wurde*, es wurde φϖς εκ φωτος. Nun muß man aber in's Auge fassen, daß Christus ein υιος θεου ist, und in Bezug darauf ist er auch ein μονογενης, ein alleiniger *Sohn*. Wo nun jemand *wird*, und dieser Jemand ist ein Sohn, da ist der Gewordene ein *Geborenwordener*. Daher die Sprache des nicäischen Symbols *geboren werden*, statt *werden*. Trotz solcher Sprache steht aber das *Werden* im Vordergrund. Denn wollte man sich auf das *Geboren*werden versteifen, so hätte man *erst* den Vater und *dann* erst den Sohn, denn der Vater geht doch dem Sohne voran.

Eine solche Auffassung wollen aber die Nicäer notorisch *nicht*, und um hier nicht auf die falsche Bahn zu geraten, tut man am besten, hier, und überhaupt da, wo im nicäischen Symbol vom *Geboren*werden die Rede ist, sich schlechtweg an das Werden zu halten, denn dies liegt doch im Geiste der Nicäer, und darum sind wir in unserer Übersetzung auch durchweg dem Geborenwerden aus dem Wege gegangen und haben uns bloß an das *Werden* gehalten.

Also, im Schriftstück ad 6) des vorigen Abschnittes hatten wir Και Ἰησουν Χριστον, hier wird der Deutlichkeit wegen noch ein εις vorgesetzt: Und wir glauben *an* Jesus Christus. Das betreffende Schriftstück hat das ενα nicht, knüpft also kurzweg an: υιον. Dem ενα zu Liebe wird hier das κυριον, welches jenes Schriftstück hat, vorgesetzt, und wir erhalten εις ενα κυριον. Der υιος rückt jetzt nach, mit τον υιον του θεου. Und wo oben das μονογενη kurz angeknüpft wurde, erhalten wir hier das: γεννηθεντα εκ του πατρος μονογενη.

τουτεστιν κ. τ. λ..

Hier wird nun in's Auge gefaßt, wie es denn näher liegt, daß Christus durch Gott wird (geboren wird). Er wird aus der ουσια des Vaters, er wird ein Gott aus dem Gotte, ein φϖς aus dem φϖς, ein wahrhafter Gott aus dem wahrhaften Gott. Nun, das Verhältnis im Anschluß an den Vers 3 der Schöpfungsgeschichte haben wir oben auseinandergesetzt.

γεννηθεντα ου ποιηθεντα. Hier wird das ποιειν des Vers 1 und das γιγνεσθαι des Vers 3 der Schöpfungsgeschichte gegeneinander gehalten (vergl. oben).

ομοουσιον τϖ πατρι κ. τ. λ.. Vorhin machte der ποιητης ουρανου και γης dem ποιητης ορατϖν και αορατων Platz. Jetzt wird er in seine ursprünglichen Rechte eingesetzt. Die παντα sind die res omnes der Tab. smar. Sie werden auseinandergezogen in ουρανος και γη. In Anknüpfung an den ποιητης ορατϖν και αορατων entsteht τα εν ουρανϖ και γη, wobei angenommen wird, τα εν ουρανϖ könne man nicht sehen, τα εν γη könne man wohl sehen. Nun waren die res omnes ab uno, also sind die παντα von πατηρ. Daher hier: πατρι, δι ου παντα εγενετο. Im Sinne der Nicäer hat aber sowohl der Sohn die Welt erschaffen, als der Vater. Darum steht ομοουσιον τϖ πατρι, δι ου εγενετο. Durch das ομοουσιος wird darauf hingewiesen, daß, wenn auch eigentlich der Vater die Welt erschaffen, daß es doch der Sohn zugleich mit getan.

τον κι ημας κ. τ. λ.. Hier wird gegen den λογος als Wort zu Felde gezogen. Wir wissen, daß in der Λογος-Interpretation der Tab. smar. λογος einerseits als λογος (und nicht als Christus) genommen wird, und daß, indem dies geschieht, λογος als Wort gefaßt wird, wobei das in's Auge gefaßt wird, daß Christus das Wort Gottes verkündet. In Bezug auf das letztere wird, wie wir wissen, an Evangel. Ioannis Kap. 12 Vers 47 sequ. angelehnt (Vergl. Λογος-Interpretation). Die Nicäer nun, die vom λογος nichts wissen wollen, gehen darauf aus, die Relation, welche das *Wort* zu Christus haben könnte, zu streichen, und fassen dazu von der zitierten Stelle den Vers 47 in's Auge. Christus sagt in diesem Vers: Wer nicht auf meine ρηματα hört, den will ich nicht richten. Das ist, sagen die Nicäer, Christus will den nicht richten, der ihn nicht als λογος auffaßt. Also weist Christus selbst den λογος von sich. Christus sagt weiter: Ich bin nicht gekommen, damit ich die Welt (τον κοσμον) richte, das ist, die Menschen richte, sondern damit ich die Welt (τον κοσμον) rette (σωσω). In Bezug auf letzteres steht hier im Symbolum: τον δι ημας τους ανθρωπους και δια την ημετεραν σωτηριαν κατελθοντα.

Das ενανθρωπησαντα haben wir dem κοσμος des Vers 47 zu verdanken. Nämlich zuerst wird gefaßt κοσμος als ανθρωποι (δι ημας τους ανθρωπους). Zum zweiten wird dann der ανθρωπος vom κοσμος ab auf ηλθον geworfen, und dann kommt heraus:

Ich *kam nicht als Mensch*, um den κοσμος zu richten, ich *wurde nicht Mensch*, um den κοσμος zu richten.

Das σαρκωθεντα stand in Bezug auf Evangel. Joannis Kap. 1 Vers 14, wo es heißt: και ο λογος σαρξ εγενετο. Diese Scholie figurierte bereits damals als Vers 14, und man erkannte sie nicht als Scholie an. Die Nicäer wollen dem die Spitze abbrechen, daß die Arianer sich hinter diesen Vers verbarrikadieren, und sagen, aber wenn auch in den ersten Versen des Evangel. Joannis der λογος nicht für den λογος, sondern gerade gegen den λογος auszubeuten ist, hier im Vers 14 kann so etwas doch nicht stattfinden, hier wird direkt, ohne jeglichen Hinterhalt eines Vers 4 und 5, vom λογος gesprochen. Einem solchen *möglichen* Tun der Arianer gegenübe, bringen nun die Nicäer hier ihr σαρκωθεντα, welches besagen soll, nicht darauf ist Wert zu legen, daß der λογος σαρξ εγενετο, sondern darauf, daß der λογος σαρξ εγενετο. Die Stelle besagt, daß der λογος im σαρξ aufgehen soll. Die Stelle spricht also nicht *für* euch, ihr Arianer, sondern *gegen* euch.

παθοντα κ. τ. λ.

Hier wird kurz an das angeknüpft, was das Apostolische Symbol in dieser Beziehung bringt.

Τους δε λεγοντας κ. τ. λ.. Arius nimmt, wie wir wissen, die Reihenfolge an: Nichts, λογος, Materia prima, Materia ultima. Gott ist zuerst da, ihn umgibt das Nichts, und indem er nun auf die Idee kommt, die Welt zu erschaffen, spricht er, exekutiert den λογος, und aus diesem λογος geht dann weiter die Materia prima hervor. Der λογος bedingt, daß aus dem Nichts ein Etwas wird. Nach Arius also gab es eine Zeit, wo der λογος noch nicht war, denn wäre der λογος immer dagewesen, so hätte es auch immer ein Etwas gegeben, und das Nichts würde fallen. Nach Arius mußte der λογος erst werden, bevor er da war, und bevor er wurde, war er nicht da. Natürlich, es war der λογος nicht da, ehe Gott ihn exekutierte, ehe Gott sprach, es werde, Himmel und Erde sollen werden (das Erschaffen in Sprechen und Werden aufgelöst). Und endlich wurde nach Arius der λογος aus Nichts, aus dem Nicht-Seienden (εξ ουκ οντων). Denn wir hatten ja die Kette: Nichts, λογος, Materia prima, Materia ultima. In dieser Kette wird, γιγνεται, das eine aus dem anderen, das Nachfolgende aus dem Vorhergehenden, also der λογος aus dem Nichts.

Von diesen Aufstellungen des Arius wollen nun die Nicäer nichts wissen, sie weisen sie von sich. Dabei gehen sie derartig zu Werke, daß sie dem Arius ein Problem zuschieben, welches aufzustellen diesem gar nicht in den Sinn gekommen ist. Wenn Arius das sagt, was er sagt, das sagt, was die Nicäer hier beim οτι ην κ. τ. λ. hervorheben, so ist es ihm damit auf den λογος als λογος, nicht aber auf den λογος als Christus abgesehen. Die Nicäer aber tun, als wenn Arius, bevor er bei der dritten Rubrik der Tab. smar. ist, bereits den λογος als Christus nähme. Sie tun, als wenn Arius mit seinem λογος derartig verführe, wie sie mit ihrem φϖς, welches sie bereits in der zweiten Rubrik Christus sein lassen. Sie tun also, als wenn Arius sagte, es gäbe eine Zeit, wo *Christus* noch nicht da war, daß *Christus* nicht war, bevor er wurde (geboren wurde), daß Christus aus dem Nichts wurde — Dinge, an die, wie gesagt, Arius nicht dachte.

Die Konstruktion von Τους δε λεγοντας liegt derartig, daß η καθολικη εκκλησια, hier die *rechtgläubige* Kirche, erstens diejenigen αναθεματιζει, welche λεγουσι, was bis εγενετο steht, und zweitens diejenigen, welche φασκουσι, was bis θεου steht. In Bezug auf das τον υιον του θεου muß man nicht übersetzen: sie sagen, der Sohn sei ein αλλοιωτος als Gott, sondern υιος του θεου ist Gottes Sohn: Christus. Dieser υιος του θεου ist als Nominativ aus dem Akkusativ gegen Ende nach οτι zu supplieren.

οτι ην ποτε κ. τ. λ., daß es eine Zeit gab, wo der als Christus gefaßte λογος nicht war, daß der als Christus gefaßte λογος nicht war, bevor er wurde (geboren wurde), daß der als Christus gefaßte λογος aus Nichts wurde.

η εξ ετερας κ. τ. λ.. Also die καθολικη εκκλησια αναθεματιζει zum zweiten diejenigen, welche sagen, der Sohn Gottes sei εξ ετερας υποστασεως η ουσιας, von anderem Stoffe oder anderer Wesenheit. Frage: als was? Antwort: als der Vater. Das geht aus der Stelle oben hervor, wo von der ουσια im ομοουσιον τϖ πατρι die Rede war. Derjenige also, der sagt, der Sohn sei εξ ετερας υποστασεως η ουσιας als der Vater, der sagt, der Vater habe die Welt erschaffen, und nicht der Sohn, und dazu kommt er, daß er in der Λογος-Interpretation den λογος nicht sofort auf Christus bezieht, den υιος του θεου also als einen κτιστος, τρεπτος, αλλοιωτος nimmt, ihn nicht mit dem λογος verschmilzt. Die Nicäer meinen, es handele sich in der Λογος-Interpretation um einen doppelten Fehler, erstens darum, daß man λογος statt φϖς nähme, und zweitens darum, daß man diesen λογος nicht bereits in der zweiten Rubrik als Christus nähme.

κτιστον, τρεπτον, αλλοιωτον, sind Synonyma. Sie lassen sich schwer verbotenus wiedergeben. κτιστος (κτιζω) ist: erbaut, ausgebaut; τρεπτος ist: gedreht, gewendet; αλλοιωτος ist verändert. Der Sinn ist, wie wir ihn in der Übersetzung oben gegeben haben: »es hat ein verschieden situiertes Verhältnis statt.«

Die Nicäer haben bei ihrem αναθεματιζειν im Grunde gar nichts anderes im Auge, als für den ersten Abschnitt das Evangelium des Johannes einzutreten. Sie befürchten, daß dieser Abschnitt im genannten Evangelium unmöglich wird, wenn die Λογος-Interpretation der Tab. smar. wieder zur Geltung kommt. Sie wollen dem einen Damm entgegensetzen, daß an der Bibel gerüttelt wird: Das ist die Haupttriebfeder ihres Tuns.

Macht der Leser nun einen Rückblick, so wird es ihm sofort vor Augen stehen, daß den Nicäern etwas menschliches widerfahren ist. In dem Eifer, mit dem sie sich auf ihre neue Lehre von der Materia prima warfen, vergaßen sie den Heiligen Geist. Sie erwähnen zwar den Heiligen Geist, indem sie von παθοντα an summarisch den Inhalt des Apostolischen Symbols bringen, sie ziehen ihn aber nicht näher in den Bereich ihrer Reflexionen, was sie tun müßten. Es war ihre Aufgabe, eben so zu entwickeln, wie Gott der Vater Gott dem Sohne gegenübersteht. Indem sie es nicht tun, tritt der Heilige Geist gegen den Vater und den Sohn in den Hintergrund, ein Datum, dessen sich die Nicäer nicht bewußt waren, welches dagegen die Konstantinopolitaner auf dem Konzilium zu Konstantinopel (381) in's Auge faßten.

Das *Symbolum Constantinopolitanum* lautet ff.

Πιστευομεν εις ενα θεον πατερα παντοκρατορα, ποιητην ουρανου και γης, ορατῶν τε παντων και αορατων. Και εις ενα κυριον Ἰησουν Χριστον, τον υιον του θεου μονογενη, τον εκ του πατρος γεννηθεντα προ παντων τῶν αιωνων, φῶς εκ φωτος, θεον αληθινον εκ θεου αληθινου γεννηθεντα, ου ποιηθεντα, ομοουσιον; τῶ πατρι, δι ου τα παντα εγενετο, τον δι ημας τους ανθρωπους και δια την ημετεραν σωτηριαν κατελθοντα εκ τῶν ουρανῶν, και σαρκωθεντα εκ πνευματος αγιου και Μαριας της παρθενου, και ενανθρωπησαντα, σταυρωθεντα τε υπερ ημῶν επι Ποντιου Πιλατου και παθοντα και ταφεντα και ανασταντα τη τριτη ημερα κατα τας γραφας, και ανελθοντα εις τους ουρανους, και καθεζομενον εκ δεξιῶν του πατρος, και παλιν ερχομενον μετα δοξης κριναι ζϖντας και νεκρους. ου της βασιλειας ουκ εσται τελος. Και εις το αγιον πνευμα, το κυριον, το ζωοποιον, το εκ᾽ του πατρος εκπορευομενον, το συν πατρι και υιϖ συμπροςκυνουμενον και συνδοξαζομενον, το λαλησαν δια τϖν προφητϖν. εις μιαν, αγιαν; καϑολικην και αποστολικην εκκλησιαν. ομολογουμεν εν βαπτισμα εις αφεσιν αμαρτιϖν. προσδοκϖμεν αναστασιν νεκρϖν και ζωην του μελλοντος αιϖνος. Αμην.

»Wir glauben an einen Gott Vater, den Allmächtigen, den Schöpfer von Himmel und Erde, so wie von allem Sichtbaren und Unsichtbaren. Und an einen Herrn, Jesus Christus, den einzigen Sohn Gottes, der vom Vater geworden vor aller Zeitlichkeit, ein Licht vom anderen, ein wahrhafter Gott vom anderen — wir sagen *geworden,* nicht geschaffen —. Er ist von gleicher Wesenheit mit dem Vater, von dem Alles wurde. Er ist wegen uns Menschen, und uns zu retten vom Himmel gekommen, Fleisch geworden vom Heiligen Geiste und von der Jungfrau Maria, Mensch geworden, für uns gekreuzigt worden unter Pontius Pilatus, auferstanden am dritten Tage zufolge der Schrift, zum Himmel aufgestiegen, sitzt zur Rechten des Vaters und kommt wieder, um nach heiligem Befinden die Lebenden und Toten zu richten. Sein Reich wird kein Ende haben. Und (wir glauben) an den Heiligen Geist, den Herrn-Seienden, den Belebenden, den aus dem Vater Hervorgehenden, Verehrenden, den, der durch die Propheten geredet hat; an eine einzige, heilige, rechtgläubige und Apostolische Kirche. Wir bekennen eine einzige Taufe zur Vergebung der Sünden. Wir erwarten eine Auferstehung der Toten und ein Leben in der Zukunft. Amen.«

Wie man sieht, ist im ersten Teile des vorliegenden Schriftstückes das Symbolum Nicaenum um ein weniges modifiziert, und es wird näher auf das Apostolische Symbolum eingegangen. Wir wollen das nicht weiter ventilieren, da es sich hierbei nicht um den Schwerpunkt des Schriftstückes handelt. Der Schwerpunkt ist der, daß hervorragend der Heilige Geist in's Auge gefaßt wird. Nur ff. wollen wir in's Auge fassen:

Die Konstantinopolitaner machen sich derartig an den Vers 3 der Schöpfungsgeschichte, daß sie sagen, wenn es heißt: »Und Gott sprach: Er werde Licht. Und es ward Licht«, so ist hier im »Und Gott sprach«: Gott der Vater, im »Es werde Licht«: Gott der Sohn, im »Und es ward Licht«: der Heilige Geist gegeben.

Und hierbei ist denn die nähere Sachlage eine analoge, wie wir sie bei dem quia vincet omnem rem subtilem in der ersten Dreieinigkeits-Interpretation kennengelernt haben. Wir haben den Gesamtsieg der Drei. In Bezug auf das an den Vers 3 anlehnende φϖς haben wir: φϖς εκ φωτος εκ φωτος. Gerade weil die Konstantinopolitaner an den Vers 3 der Schöpfungsgeschichte lehnen, deshalb steht hier γεννηϑεντα προ παντων τϖν αιωνων. Man kann nämlich sagen, wie könnt ihr auf den Vers 3 ein solches Gewicht legen, da Himmel und Erde bereits da sind, ehe das Licht kommt? Jenes prinzipielle Gewicht würde erst herauskommen, wenn die Schöpfungsgeschichte mit dem Vers 3 anfinge. Demgegenüber sagen die Konstantinopolitaner, ihr müßt euch denken, der Vers 3 stände zu Anfang. Daß er es nicht tut, fällt nicht in die Waagschale. Denn das, was die erste Schöpfungsperiode bringt, ist (vergl. Neue Interpretation der jüdischen Schöpfungsgeschichte) auf einen Guß da, ob dieses oder jenes früher im Text steht, bleibt sich gleich. Die 1. Schöpfungsperiode wird überhaupt als eine *außerhalb der Zeit liegende* genommen, und deshalb wird die *erste Schöpfungsperiode* in's Auge gefaßt, wenn von der Zeitlosigkeit, von dem προ παντων τϖν αιωνων die Rede ist. Auf dies Sachverhältnis mit der 1. Schöpfungsperiode weist das Schriftstück gerade da, wo es dasselbe tut, hin, um das φϖς εκ φωτος, in welchem der Vers 3, um sozusagen wie er leibt und lebt, vorgeführt wird, einzuleiten.

Mit dem κατα τας γραφας hinter τη τριτη ημερα geben die Konstantinopolitaner einen Wink, daß der Pontius Pilatus und der dritte Tag eigentlich nicht in das Apostolische Symbolum gehören. Wir haben im vorigen Abschnitt auf die Sachlage ebenfalls hingewiesen. Das κ. τ. γρ. soll heißen, es paßt zwar nicht zur Tab. smar., es paßt aber zur Bibel, drum lasset es ruhig stehen. Mit dem ου της βασιλειας ουκ εσται τελος wird der Heilige Geist eingeleitet. Es soll heißen, redet euch nicht vor, daß wir, wenn wir, den Nicäern entgegen, auch den Heiligen Geist in den Vordergrund schieben, daß wir damit Christus zu nahe treten. Keineswegs, Christus bleibt Christus, dessen Reich ist ohne Ende, der bleibt, was er ist, auch indem das statt hat, was wir vom Heiligen Geist lehren.

Es wird nun der Heilige Geist, anlehnend an die Stelle der Tab. smar.: Haec est totius fortitudinis fortitudo fortis, quia vincet omnem rem subtilem, omnemque solidam penetrabit von einem sechsfachen Gesichtspunkt aufgefaßt. Es werden nicht nur die res subtiles herangezogen, sondern auch die res solidae, und jeden von ihnen aufgrund der dreifachen fortitudo eine Drei gegeben, wodurch eine Sechs herauskommt. Die Konstantinopolitaner machen also nicht den Unterschied zwischen der res subtiles und solida, daß letztere eine Elementar-Beziehung hat, sondern sie nehmen die res solida mehr synonym mit der subtilis. In Bezug auf das nun, was der Heilige Geist vincit et penetrat, nehmen die Konstantinopolitaner den Standpunkt ein, daß sie sich die Frage vorlegen, wenn der ϑεος ein παντοκρατωρ u.s.w., wenn Christus ein κυριος u.s.w. ist, was ist dann von einem ähnlichen Gesichtspunkt der Heilige Geist? Und da bekommen sie denn, an die Sechs anlehnend, ein Sechsfaches heraus, was der Heilige Geist ist. Nämlich 1) der Heilige Geist ist ein κυριος (als Adjektiv genommen). Indem Christus ein κυριος ist, ist der Heilige Geist, der in der Trinität dieselbe Stelle einnimmt als der Vater und der Sohn, ebenfalls ein κυριος. Angelehnt wird hierbei an Epistol. Pauli ad Cor., 2, Kap. 3, 17: ο δε κυριος το πνευμα εστιν. »Denn der Herr ist der Geist.« (Luther). 2) Der Heilige Geist ist ein ζωοποιος. Angelehnt wird hierbei einerseits an Philo, der bereits ζωη und πνευμα parallelisiert, andererseits an Evangel. Joann., Kap. 6, 63: Το πνευμα εστι το ζωοποιουν. »Der Geist ist es, der da lebendig macht.« (Luther). 3) Der Heilige Geist ist ein εκπορευομενος εκ του πατρος. Das ist, er geht, anlehnend an den Vers 3 der Schöpfungsgeschichte, aus dem Vater als φῶς hervor und ist in dieser Beziehung gerade sowohl φῶς εκ φωτος als Christus. Die Konstantinopolitaner umgehen hier Adjektive wie φωτιστικος, φωταγικος, φωτεινος, weil sie befürchten, man möchte »erleuchtend« übersetzen, weil sie in derartigen Ausdrücken das φῶς εκ φωτος, auf welches sie lossteuern, nicht so prägnant gezeichnet finden, als eben in dem εκπορευομενος εκ του πατρος. Gedeckt wird das letztere noch besonders durch Evangel. Joannis, Kap. 15, Vers 26: Ὁταν δε ελϑη ο παρακλητος, ον εγω πεμφω υμιν παρα του πατρος, το πνειμα της αληϑειας, ο παρα του πατρος εκπορευεται, εκεινος μαρτυρησει περι εμου. »Wenn aber der Tröster kommen wird, welchen ich euch senden werde vom Vater, den Geist der Wahrheit, der vom Vater ausgehet, der wird zeugen von mir.« (Luther). 4) und 5) Der Heilige Geist ist ein συμπρος–κυνουμενος και συνδοξαζομενος συν πατρι και υιῶ, ein mit dem Vater und dem

Sohne Anzubetender und zu Verehrender. Das sind Allgemein-Bezeichnungen, welche herangezogen werden, um einen vierten und fünften Gesichtspunkt zu erhalten. 6) Der Heilige Geist ist ein λαλησας δια τϖν προφητϖν, einer der durch die Propheten geredet hat. Dies lehnt an die Stelle der Tab. smar.: omnes res natae fuerunt ab hac una re adoptione. Die res natae werden als nati, und diese als die Propheten genommen. Die una res als φϖς wird als Heiliger Geist qua φϖς genommen, was herauskommt, wenn man, dem Vorangehenden entsprechend, den Heiligen Geist als φϖς εκ φωτος nimmt. Übrigens hätte, wenn wir uns strikt an das φϖς halten, der Heilige Geist die Propheten zu *erleuchten*, nicht durch sie zu *sprechen*. Das Sprechen ist ein Hinübergreifen in den λογος. Dies Hinübergreifen in den λογος hat statt aufgrund des Vers 14 im ersten Kapitel des Evangelium des Johannes, wo es heißt, ο λογος σαρξ εγενετο.

Nachdem auf die Weise anhand des vincere et penetrare die sechs Gesichtspunkte absolviert sind, aus denen der Heilige Geist aufgefaßt wird, wird dem Rechnung getragen, was das Apostolische Symbol in analoger Weise bringt. Und hier wird denn die sancta ecclesia in den Vordergrund gesetzt. Sie wird, der dreifachen resp. vierfachen fortitudo entsprechend, dreifach resp. vierfach aufgefaßt. Dreifach haben wir sie 1) als μια, 2) als αγια, 3) als καθολικη και αποστολικη. Vierfach haben wir sie, indem das katholische und Apostolische jedes besonders in's Auge gefaßt wird.

Die sanctorum communio, αγιων κοινωνια, des apostolischen Symbols (voriger Abschnitt sub 6) fällt, indem angenommen wird, sie gingen in der Kirche auf. An ihre Stelle tritt die Taufe: εν βαπτισμα, im Anlehnen an Johannes den *Täufer*, welchen heranzuziehen nahe liegt, da vorhin das omnes res natae fuerunt ab hac una re adoptione herangezogen worden ist, und da die Nicäer hauptsächlich die Legalisierung des ersten Abschnittes im Evangelium des Johannes in's Auge faßten, in diesem Abschnitte Johannes der Täufer aber so sehr im Vordergrund steht. An die Taufe wird alsdann die remissio peccatorum, αφεσις αμαρτιϖν geknüpft. Die *Taufe* ist da zur Vergebung der Sünden. Und nachdem das dann absolviert ist, kommt die resurrectio carnis und die vita aeterna des apostolischen Symbols an die Reihe. Die erstere erhält statt ihres apostolisch-symbolischen Namens: σαρκος αναστασις den Namen: νεκρϖν αναστασις, die letztere wird aus der ζωη αιωνιος eine ζωη του μελλοντος αιϖνος.

Aufgrund der Verschmelzung des Symbolum Nicaenum, wie wir es kennengelernt haben, und des Symbolum Constantinopolitanum entsteht das κατ' εξοχην *Symbolum Nicaenum* genannte Symbol, welches ff. lautet:

Credo in unum Deum Patrem omnipotentem, factorem coeli et terrae, visibilium omnium et invisibilium.

Et in unum Dominum Jesum Christum, Filium Dei unigenitum et ex Patre natum ante omnia saecula, Deum de Deo, lumen de lumine, Deum verum de Deo vero, genitum, non factum, consubstantialem Patri, per quem omnia facta sunt. Qui propter nos homines et propter nostram salutem descendit de coelis, et incarnatus est de Spiritu Sancto ex Maria virgine et homo factus est; crucifixus etiam pro nobis sub Pontio Pilato, passus et sepultus est; et resurrexit tertia secundum scripturas, et ascendit ad coelos; sedet ad dexteram Patris, et iterum venturus est in gloria iudicare vivos et mortuos, cuius regni non erit finis.

Et in Spiritum Sanctum, Dominum et vivificantem, qui ex Patre filioque procedit, qui cum Patre et Filio simul adoratur et glorificatur, qui locutus est per Prophetas.

Et Unam, Sanctam, Catholicam et Apostolicam Ecclesiam.

Confiteor unum Baptisma in remissionem peccatorum, et exspecto Resurrectionem mortuorum et Vitam venturi saeculi. Amen.

»Ich glaube an einen Gott Vater, den Allmächtigen, den Schöpfer (ποιητης) von Himmel und Erde, von allem Sichtbaren und Unsichtbaren. Und an einen Herrn, Jesus Christus, den einzigen Sohn Gottes, und vom Vater (geboren) geworden vor aller Zeitlichkeit, ein Gott vom anderen, ein Licht vom anderen, ein wahrhafter Gott vom anderen — wir sagen *geworden*, nicht *erschaffen*. Er ist von gleicher Wesenheit mit dem Vater, von dem Alles gemacht worden. Er stieg wegen uns Menschen und zu unserem Heil (uns zu retten: δια την ημετεραν σωτηριαν) vom Himmel, wurde Fleisch vom Heiligen Geiste und der Jungfrau Maria (das Verhältnis von de und ex kennen wir) und Mensch. Er wurde auch für uns gekreuzigt unter Pontius Pilatus, litt und wurde begraben, stand am dritten Tage wieder auf, wie die Schrift es bezeugt, und stieg zum Himmel auf. Er sitzt zur

Rechten des Vaters und wird wiederkommen, um nach heiligem Befinden (μετα δοξης; gloria = δοξα) die Lebenden und Toten zu richten. Sein Reich wird kein Ende haben.

Und (ich glaube) an den Heiligen Geist, den Herrn und den Belebenden, der aus dem Vater und dem Sohn hervorgeht (nämlich aufgrund des φῶς εκ φωτος εκ φωτος), der zugleich mit dem Vater und dem Sohne angebetet und verehrt wird, der durch die Propheten gesprochen hat.

(An) eine (die) eine, heilige, rechtgläubige und Apostolische Kirche.

Ich bekenne eine (die) eine Taufe zur Vergebung der Sünden und erwarte eine (die) Auferstehung der Toten und ein (das) Leben in der Zukunft. Amen.«

Das sogenannte *Symbolum Athanasii* macht es sich zur Hauptaufgabe, jeglichen Zweifel in Bezug auf das paritätische Nebeneinanderstehen von Vater, Sohn und Geist zu heben, ein Zweifel, der dadurch Vorschub erhalten könnte, daß die Konstantinopolitaner zwar für das φῶς εκ φωτος εκ φωτος eintreten, dies aber mehr *indirekt* als *direkt* aussprechen. Dies Symbolum, welches auch *Symbolum Quicunque* genannt wird, lautet ff.

Quicunque vult salvus esse, ante omnia opus est, ut teneat Catholicam fidem.

Quam nisi quisque integram inviolatamque servaverit, absque dubio in aeternum peribit.

Fides autem Catholica haec est, ut unum Deum in Trinitate et Trinitatem in unitate veneremur.

Neque confundentes personas, neque substantiam separantes.

Alia est enim persona Patris, alia Filii, alia Spiritus Sancti.

Sed Patris et Filii et Spiritus Sancti una est Divinitas, aequalis gloria, coaeterna maiestas.

Qualis pater, talis Filius, talis Spiritus Sanctus.

Increatus Pater, increatus Filius, increatus Spiritus Sanctus.

Immensus Pater, immensus Filius, immensus Spiritus Sanctus.

Aeternus Pater, aeternus Filius, aeternus Spiritus Sanctus.

Et tamen non tres aeterni, sed unus aeternus:

Sicut non tres increati, nec tres immensi, sed unus increatus, et unus immensus.

Similiter omnipotens Pater, omnipotens Filius, omnipotens Spiritus Sanctus.

Et tamen non tres omnipotentes, sed unus omnipotens.

Ita Deus Pater, Deus Filius, Deus Spiritus Sanctus.

Et tamen non tres Dii sunt, sed unus est Deus.

Ita Dominus Pater, Dominus Filius, Dominus Spiritus Sanctus.

Et tamen non tres Domini, sed unus est Dominus.

Quia sicut singulatim unam quamque personam Deum ac Dominum confiteri Christiana veritate compellimur:

Ita tres Deos, aut tres Dominos dicere Catholica religione prohibemur.

Pater a nullo est factus, nec creatus, nec genitus.

Filius a Patre solo est, non factus, nec creatus, sed genitus.

Spiritus Sanctus a Patre et Filio, non factus, non creatus, nec genitus, sed procedens.

Unus ergo Pater, non tres Patres; unus Filius, non tres Filii; unus Spiritus Sanctus, non tres Spiritus Sancti.

Et in hac Trinitate nihil prius aut posterius, nihil maius aut minus.

Sed totae tres personae coaeternae sibi sunt et coaequales:

Ita ut per omnia, sicut iam supra dictum est, et Trinitas in unitate et unitas in Trinitate veneranda sit.

Qui vult ergo salvus esse, ita de Trinitate sentiat.

Sed necessarium est ad aeternam salutem, ut incarnationem quoque Domini nostri Jesu Christi fideliter credat.

Est ergo fides recta, ut credamus et confiteamur, quod Dominus noster Jesus Dei filius, Deus et homo est.

Deus ex substantia Patris ante saecula genitus, et homo ex substantia matris in saeculo natus.

Perfectus Deus, perfectus homo, ex anima rationali et humana carne subsistens.

Aequalis Patri secumdum Divinitatem, minor Patre secundum humanitatem.

Qui licet Deus sit et homo, non duo tamen, sed unus est Christus.

Unus autem non conversione Divinitatis in carnem, sed assumtione humanitatis in Deum.

Unus omnino, non confusione substantiae, sed unitate personae.

Nam sicut anima rationalis et caro unus est homo: ita Deus et homo unus est Christus,

Qui passus est pro nostra salute, descendit ad inferos, tertia die resurrexit a mortuis,

Ascendit ad coelos, sedet ad dexteram Dei patris omnipotentis,

Inde venturus est iudicare vivos et mortuos.

Ad cuius adventum omnes homines resurgere habent cum corporibus suis,

Et reddituri sunt de factis propriis rationem,

Et qui bona egerunt, ibunt in vitam aeternam, qui vero mala, in ignem aeternum.

Haec est fides Catholica, quam nisi quisque fideliter firmiterque crediderit, salvus esse non poterit.

»Wer selig sein will, muß vor allem eine richtige Anschauung haben vom rechten Glauben.

Wer diesen Glauben nicht ganz und unverletzt hält, der ist ohne Zweifel ewig verloren.

Der rechte Glaube ist aber der, daß wir den Ein-Gott in der Drei-Einigkeit, und die Drei-Einigkeit im Eingott verehren.

Dabei müssen wir nicht die Personen konfundieren, nicht die Wesenheit trennen.

Eine andere ist nämlich die Person des Vaters, eine andere die des Sohnes, eine andere die des Heiligen Geistes.

Aber die Göttlichkeit des Vater und des Sohnes und des Heiligen Geistes ist eine einzige, die Herrlichkeit ist eine gleiche, die Majestät ist eine gleich-ewige.

Wie der Vater, so ist der Sohn, so ist der Heilige Geist.

Unerschaffen ist der Vater, unerschaffen der Sohn, unerschaffen der Heilige Geist.

Unermeßlich ist der Vater, unermeßlich der Sohn, unermeßlich der Heilige Geist.

Ewig ist der Vater, ewig der Sohn, ewig der Heilige Geist.

Und doch handelt es sich nicht um drei Ewige, sondern einen Ewigen.

Ebenso wie es sich nicht um drei Unerschaffene, drei Unermeßliche handelt, sondern um einen Unerschaffenen, einen Unermeßlichen.

In ähnlicher Weise ist der Vater allmächtig, der Sohn allmächtig, der Heilige Geist allmächtig.

Und doch handelt es sich nicht um drei Allmächtige, sondern um einen Allmächtigen.

So ist der Vater ein Gott, der Sohn ein Gott, der Heilige Geist ein Gott.

Und doch handelt es sich nicht um drei Götter, sondern um einen Ein-Gott.

So ist der Vater ein Herr (κυριος), der Sohn ein Herr, der Heilige Geist ein Herr.

Und doch handelt es sich nicht um drei Herren, sondern um einen Herrn.

Denn wie es unsere Obliegenheit ist, in christlicher Wahrheit einzeln jede Person (von den Dreien) als Gott und Herrn zu bekennen,

So verbietet uns der rechte Glaube, sie drei Götter oder drei Herren zu nennen.

Der Vater ist von Keinem gemacht, geschaffen, geboren.

Der Sohn ist vom Vater allein, nicht gemacht, nicht geschaffen, aber geboren.

Der Heilige Geist ist vom Vater und vom Sohne, nicht gemacht, nicht geschaffen, nicht geboren, aber ausgehend.

Also ein Vater, nicht drei Väter; ein Sohn, nicht drei Söhne; ein Heiliger Geist, nicht drei Heilige Geiste.

Und in dieser Drei-Einigkeit ist nichts das Erstere oder das Letztere, nichts das Größere oder das Kleinere,

Sondern die ganzen drei Personen sind unter sich gleich ewig und gleich groß.

Also Alles in Allem, wie schon oben gesagt: es ist sowohl die Drei-Einigkeit in der Einheit, als die Einheit in der Drei-Einigkeit zu verehren.

Wer demgemäß selig sein will, muß so über die Drei-Einigkeit denken.

Aber es ist nötig zum ewigen Heil, daß er auch an die Menschwerdung unseres Herrn Jesus Christus getreulich glaube.

Es ist also der rechte Glaube, daß wir glauben und bekennen, daß unser Herr Jesus Christus, der Sohn Gottes, daß er Gott und Mensch ist.

Als Gott ist er aus der Wesenheit des Vaters, vor der Zeitlichkeit geboren, als Mensch ist er aus der Wesenheit der Mutter in der Zeitlichkeit geboren.

Er ist ein vollkommener Gott, ein vollkommener Mensch, bestehend aus einer vernünftigen Seele und aus menschlichem Fleische.

Gleich ist er dem Vater in Bezug auf die Göttlichkeit, er steht unter dem Vater in Bezug auf die Menschlichkeit.

Obgleich er nun Gott und Mensch ist, so ist er doch nicht ein zweifacher Christus, sondern ein einziger.

Ein einziger ist er aber nicht durch die Verwandlung der Göttlichkeit in Fleisch, sondern durch die Annahme der Menschlichkeit in Gott. (Sinn: der Mensch Christus geht in dem Gott auf, nicht aber geht der Gott Christus in dem Menschen auf.)

Überhaupt ist er ein einziger, nicht durch Konfundierung der Wesenheit, sondern durch die Einheit der Person.

Denn wie eine vernünftige Seele und das Fleisch einen Menschen konstituieren, so konstituiert der Gott und der Mensch einen Christus.

Er hat gelitten zu unserem Heil (um uns zu retten), stieg hinab zu denen, die da unten liegen, stand am dritten Tage von den Toten wieder auf.

Er stieg zum Himmel auf, sitzt zur Rechten Gottes des Vaters, des Allmächtigen,

Von dort wird er kommen zu richten die Lebenden und die Toten.

Wenn er kommt, müssen alle Menschen mit ihren Körpern auferstehen,

Und sie müssen Rechenschaft geben von ihren eigenen Handlungen.

Diejenigen dann, welche Gutes getan haben, gehen in das ewige Leben ein, diejenigen aber, welche Böses getan haben, gehen in's ewige Feuer.

Das ist der rechte Glaube. Wer nicht treu und fest an ihn hält, kann nicht selig sein.«

Wir heben hervor, daß der Autor hat beim

Vater: non factus, non creatus, non genitus,

Sohn: non factus, non creatus, aber genitus

Geist: non factus, non creatus non genitus, aber procedens.

Das stimmt nicht zu dem absolut paritätischen Nebeneinanderstehen vom Vater, Sohn und Heiligem Geist, welches der Autor so wortreich bietet. Man muß sich die Sache derartig erklären, daß der Autor nicht mit seinen Antezessoren in Konflikt geraten will. Die Nicäer haben einmal das *Geborenwerden* statt des *Werdens* gebracht, die Konstantinopolitaner sind darauf eingegangen, nun da muß unser Autor, wenn er nicht umstoßen will, folgen. Und er folgt derartig, daß er Christo das Geborenwerden statt des Werdens gibt, daß er sich aber zugleich fragt, wenn Christo statt des Werdens das Geborenwerden zukommt, was kommt denn dem Heiligen Geist in ähnlicher Beziehung zu, und sich dies dahin beantwortet, dem Heiligen Geist kommt das »ausgehen« (procedere) zu.

Daß in derselben Stelle der

Pater est a nullo
Filius est a Patre
Spiritus est a Patre et Filio

hat statt in Bezug auf das φϖς εκ φωτος εκ φωτος. Hier hat das erste φϖς keinen Vorgänger, das entspricht einem esse a nullo. Das zweite φϖς hat einen Vorgänger, das entspricht einem esse ab uno. Das dritte φϖς hat zwei Vorgänger, das entspricht einem esse a duobus. Indem nun das erste φϖς zum Vater, das zweite zum Sohn, das dritte zum Heiligen Geist wird, kommt das hier aufgestellte Verhältnis heraus, welches, streng genommen, wieder nicht paritätisch ist. Das paritätische Verhältnis kommt erst heraus, wenn wir sagen: Der Vater ist vom Sohne und vom Geiste, wie der Sohn vom Vater und vom Geiste, und der Geist vom Vater und vom Sohne ist. Und ein solches Verhältnis verträgt sich auch ganz gut mit dem φϖς εκ φωτος εκ φωτος.

Und dann weisen wir auf das descendit ad inferos hin, welches sich durchaus auf den Standpunkt stellt, daß es sich beim descendit ad inferna, κατελϑοντα εις τα κατωτατα des Symbolum Apostolicum nicht um ein »niedergefahren zur Hölle« handelt.

Pythagoräische Interpretation der Tabula smaragdina

Man vergleiche den Abschnitt »Pythagoras« bei der griechischen Alchemie.

Einteilung der Rubriken, wie bei der metaphysischen Interpretation, nur fällt die achte Rubrik.

Erste Rubrik

Verum bis verissimum. — Einleitung.

Zweite Rubrik

Quod est inferius bis adoptione.

Die res una ist das Dreieck, mit dem auf den pythagoräischen Lehrsatz losgesteuert wird.

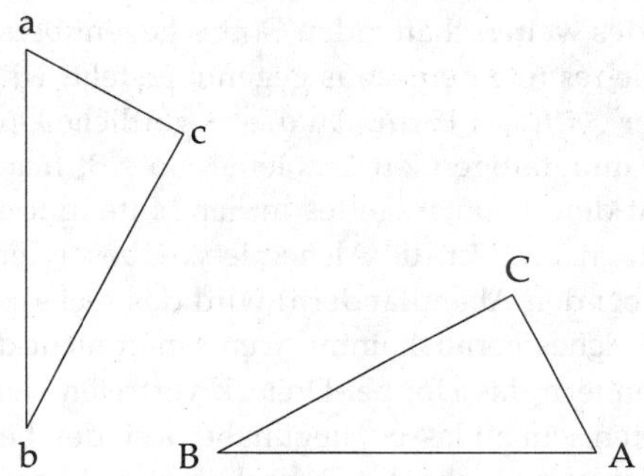

Man denke sich zuerst ein rechtwinkliges Dreieck in der Lage von a c b. Hier ist b c die untere Kathete, das inferius, und a c die obere Kathete, das superius. Das inferius steht auf gleicher Rangstufe mit dem superius, denn beide sind Katheten. Will man die »gleiche Rangstufe« absolut gleich haben, so kann man auch das rechtwinklige Dreieck als ein gleichschenkliges nehmen, doch ist so etwas nicht nötig. Weil nun das inferius *est sicut* id quod superius, das ist inferius = superius, so kann man statt: inferius, superius auch sagen: superius, superius, oder was sich gleichbleibt kollektiv: superius. — Hierauf weist hin das: Quod est inferius est sicut id quod est superius.

Jetzt denke man sich das rechtwinklige Dreieck in der Lage von A C B. Hier ist die Hypotenuse A B das inferius, die beiden Katheten A C und B C bieten das kollektive superius von vorhin. Und wenn es nun heißt:

Quod est superius, est, sicut id quod est inferius, ad perpetranda miracula rei unius, so ist das:

Die beiden Katheten dienen dazu, wie die Hypotenuse, die Wunder der res una, das ist, wie wir wissen, des (rechtwinkligen) Dreieckes zu Stande zu bringen. Das Wunder besteht darin, daß uns das Dreieck den pythagoräischen Lehrsatz bietet.

Et sicut etc. Und wie die Welt, die res omnes, von Gott herstammt, vom Plan Gottes oder vom Demiurgen, durch den

Plan, das Schema, Platos oder vom ideellen Eingott, der den Vielgöttern gegenübergestellt wird, so stammen die

omnes res natae, das sind die *Zahlen*,

vom Dreieck durch Adoption. Die adoptio bietet hier ein indirektes väterliches Verhältnis, welches dem direkten väterlichen Verhältnis des welterschaffenden Gottes gegenübersteht.

Indem die res una dem unus gegenübersteht, wird das Dreieck zu einer *göttlichen* Figur. An dieses göttliche Dreieck knüpfen sich mannigfaltige Gott-Embleme. So z.B. macht man ein Dreieck mit dem Namen Gottes in der Mitte, mit einem Auge in der Mitte, u.s.w. Für die Alchemie von besonderer Wichtigkeit (siehe bei den Abendländern) wird das sechsspitzige Gott-Emblem, welches herauskommt, wenn man nicht das einfache Dreieck, sondern das Doppel-Dreieck vertreten sein läßt. Dies aber vertreten sein zu lassen, liegt nahe, weil den beiden superius und inferius zu Liebe das Dreieck in zwei Lagen zu denken ist (s. oben). Auch kommt das Doppel-Dreieck heraus, wenn man sowohl der res una als dem unus das Dreieck zuerteilt.

Von den beiden hier folgenden Figuren

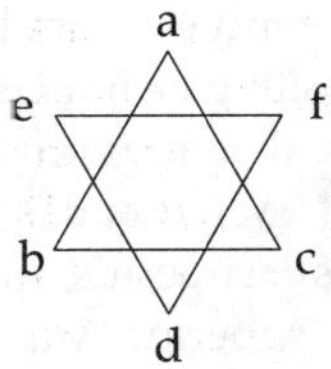

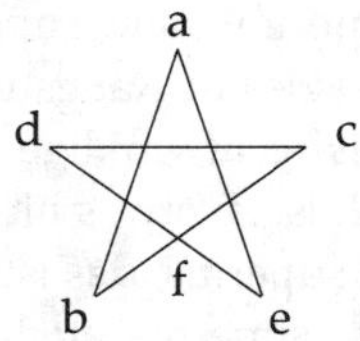

ist die erste die sechsspitzige Figur, das Hexagramm, welche aus dem Doppel-Dreieck zusammengesetzt wird. Ein Dreieck ist b a c, das andere e d f. Die zweite Figur ist der Drudenfuß oder das Pentagramm. Wir wollen hier weiter keine Untersuchungen darüber anstellen, wie weit es gerechtfertigt oder nicht gerechtfertigt ist, den Drudenfuß in's graue Altertum zu versetzen. Der Drudenfuß, den wir hier in's Auge fassen, ist nichts anderes als ein restringiertes Hexagramm. Die Restriktion wird vorgenommen, um es beim Zeichnen leichter zu haben. Zeichnet man sich nämlich das Hexagramm, so muß man sich zuerst ein Dreieck zeichnen, dann aber unabweisbar die Feder, den Griffel u.s.w. aufheben, um das *zweite* Dreieck an die Reihe kommen zu lassen.

Beim Pentagramm ist so etwas nicht nötig. Man fängt bei der Zeichnung von a an, geht mit der Feder nach b, von b nach c, von c nach d, von d nach e, von e nach a: — dann ist die Figur in ununterbrochenem Federzuge fertig. Aber wo bleibt denn beim Pentagramm das Doppel-Dreieck? Darauf ist die Antwort die, ein Dreieck hat man als d f c. Das andere Dreieck hat man als b a e, wobei die Basis b e die Einknickung f hat, welche Einknickung man sich gefallen läßt, weil sie den Vorteil bietet, daß gerade aufgrund ihrer das Hexagramm leichter wird.

Da nun beim Pentagramm in der soeben genannten Weise das Doppel-Dreieck vertreten ist, so ist schon vom Allgemeinstandpunkt das Pentagramm eine dem Hexagramm ebenbürtige Figur.

Aber auch vom alchemistischen Besonderstandpunkt, das ist in Bezug auf den gekreuzigten Christus, welchen die Abendländer (s. bei diesen) an das Hexagramm knüpfen, ist das Pentagramm dem Hexagramm ebenbürtig, weil sich, wie wir dort sehen werden, dieser gekreuzigte Christus eben sowohl zum Pentagramm als zum Hexagramm in Relation setzen läßt. — Die Anwendung des Pentagramms, des Drudenfußes, gegen Hexereien, die ja allbekannt ist, hängt damit zusammen, daß das Pentagramm im Grunde nichts anderes ist als das Hexagramm, wir in diesem aber teils allgemein, teils im Besonderen (auf Christus bezogen) ein Gott-Emblem haben. Dazu kommt aber noch, wenigstens bei den Deutschen, der Umstand, daß man Hexagramm zu *Hexen*gramm machte. Auf die Weise kommt man denn vom Drudenfuß auf das Hexagramm, und vom Hexagramm auf die Hexen. Dieser Auffassung gemäß läge denn die Sache so, daß man sagte, er gibt Individuen, welche Hexen heißen.

Nun gibt es aber unter den heiligen Figuren eine, welche Hexagramm heißt, also muß diese besonders gut gegen die Hexen sein. Vielleicht aber liegt die Sache auch so, daß das Hexagramm den Grund zum Namen Hexe abgibt. Dann würde die Situation die sein, daß man sagt, gegen eine diabolische Art von Individuen leistet das Hexagramm als heilige Figur gute Dienste.

Aufgrund dessen ist es ein »Gramm« gegen die »Hexas«, und die betreffenden Individuen werden zu Hexen.

Dritte Rubrik

Pater eius est Sol bis terra est.

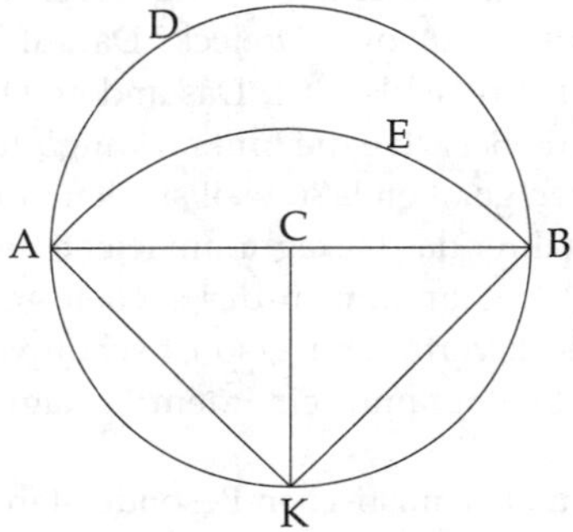

Hat man einen Kreis, dessen Zentrum C ist, zieht in diesem den Diameter A B, auf diesen C K senkrecht, verbindet K mit A und B und beschreibt von K aus mit dem Radius K A einen Kreis, dem der Bogen A B angehört, so ist der Raum A D B E = Dreieck A K B.

Diesen Satz soll Hippokrates von Chios erfunden haben, und deswegen heißt der Raum A D B E, welcher ein mondförmiger ist, die Lunula Hippocratis. Diese Lunula gibt nun einen Anhaltspunkt an die Luna der Tab. smar. Weil wir nun aber in der Tab. smar. nicht nur die Luna, sondern auch den Sol haben, so liegt es nahe, die Peripherie A D B K auf den Sol der Tab. smar. zu beziehen. Das Dreieck A K B ist ein rechtwinkliges, also ein solches, an welches sich der pythagoräische Lehrsatz lehnt, das ist die res una der Tab. smar.

Halten wir uns nun an die vorliegende Figur, zu welcher der Hippokratische Satz berechtigt, so befindet sich das Dreieck, die res una, in ihr. Und da uns die Figur die Sonne (A D B K), den Mond (A D B E), das sind Himmels*körper* bietet, Himmelskörper aber ohne *Himmel* nicht bestehen können, so kann man sagen, die res una befindet sich im Himmel.

Damit haben wir aber: Portavit, es trug (trägt), illud, die res una, ventus, der Wind, die Luft, und da Himmel = Luft, der Himmel in ventro suo, in seinem Bauche, in seinem Inneren. Wir haben also in der Figur das Portavit illud ventus in ventro suo legalisiert.

Auf die vorangegangene Weise ist ein *mütterliches* Verhältnis in die Sache gebracht. Und das legt es nahe, das mütterliche Verhältnis, resp. das väterliche Verhältnis auch auf die Teile auszudehnen, anhand derer wir vorher den Himmel erhielten, das ist auf die Sonne und den Mond. Damit ist denn die Legalisierung dafür da, anhand der Figur in Bezug auf Sol und Luna auf ein väterliches und mütterliches Verhältnis zu rekurrieren, womit denn herauskommt: Pater, der Vater, eius, der res una, est Sol, ist die Sonne; mater, die Mutter, eius, der res una, est Luna, ist der Mond.

So haben wir denn die Interpretation des: Pater eius est Sol, mater eius est Luna. Portavit illud ventus in ventre suo — im Anlehnen an die Figur von vorhin, zu welcher der Hippokratische Satz berechtigt.

Es bliebe nun noch zu interpretieren übrig: Nutrix eius terra est. Das aber heißt: Wenn du auch die res una, das pythagoräische Dreieck, im Anlehnen an die Sonne, Mond, Himmel, kurz an die Figur von vorhin hast, so hast du diese Dinge für das eigentliche pythagoräische Dreieck doch nicht nötig. Das hast du einfach, wenn du dir ein beliebiges rechtwinkliges Dreieck konstruierst, ein Dreieck, welches mit der Lunula und was sich daran schmiegt, ein Dreieck, welches mit jenen himmlischen Dingen nichts zu tun hat, welches sich im Gegensatz zu jenen himmlischen Dingen an die Erde hält, cuius nutrix terra est, dessen Amme einfach die Erde ist, welches ein mütterliches Verhältnis zur Erde hat, wie das Dreieck von vorhin ein väterliches und mütterliches Verhältnis zu Himmel und Himmelskörpern hatte.

Vierte Rubrik

Pater omnis telesmi bis inferiorum.

Der totus mundus ist die Welt, die wir um uns sehen. Deren telesmus ist der Mensch, und der pater omnis telesmi, der an der Spitze der Menschheit stehende Mensch, ist Pythagoras. Wie also in der Dreieinigkeits-Interpretation der pater omnis telesmi: Christus ist, so ist es in der vorliegenden Interpretation: Pythagoras. Wie die Mission Christi sich dadurch erst erledigen kann, daß seine virtus zur integra wird, si vertitur in terram, so erledigt sich analog des Pythagoras Mission dadurch, das diese virtus, oder er, Pythagoras selbst, vertitur in terram, wenn man davon absieht, daß Pythagoras ein göttlicher Mensch ist, wenn man den Pythagoras reinweg als Mensch auffaßt. Denn nur als Mensch, insofern er ein Mensch unter Menschen war, hat er segensreich gewirkt.

Hieran anlehnend müssen nun die höheren, die göttlichen Eigenschaften, ignis und subtile, von den reinweg menschlichen Eigenschaften, terra und spissum, getrennt werden, auf daß der Mensch als Mensch, der unter Menschen zu wirken hat, hervortritt — Separabis terram ab igne, subtile a spisso.

Dies letztere ist ein Analogon zur dritten Rubrik, wo man auf das terra-Dreieck, aufgefaßt als terra und spissum, weil es in der zweiten Rubrik in 2 Lagen betrachtet wurde, wo man dies Dreieck derartig erhielt, daß man es von der Luna und dem Sol, ignis, und dem Himmel, subtile, losschälte.

Suaviter magno cum ingenio. Bei der Trennung der göttlichen und menschlichen Eigenschaften des Pythagoras muß man vorsichtig zu Werke gehen. Zwar will man den Menschen erhalten, der nur als solcher unter Menschen seine Mission erfüllen kann. Dagegen kann man sagen, Pythagoras reinweg als Mensch konnte aber nicht das wirken, was er gewirkt hat. Es stellt sich also die Diffikultät heraus, wo man das Göttliche, was in Pythagoras liegt, will anfangen lassen, wo der Mensch als Mensch aufhört, und wo der göttliche Mensch anfängt. Diese Diffikultät ist nicht leicht zu lösen, und darauf weist eben das suaviter magno cum ingenio hin.

Ascendit a terra etc.

Hier ist es, wie bei der ägyptischen Interpretation der Tab. smar., auf die Seelenwanderung abgesehen.

Jamblichus, De vita Pythagorica, Kap. 14 sagt: και εαυτον δε αναμφιλεκτοις τεκμηριοις απεφαινεν Ευφορβον γεγονεναι, Πανθου υιον, τον Πατροκλου καταγωνιστην. »Und er — Pythagoras — bewies mit unbestreitbaren Beweisstücken, daß er früher Euphorbus gewesen sei, der Sohn des Panthus, der den Patroclus bekämpfte.«

Pythagoras war also während des Trojanischen Krieges: Euphorbus. Dieser Euphorbus starb, und seine Seele wanderte dann in den Körper des Pythagoras. Auf die Weise steigt denn Pythagoras in der dem Euphorbus entflohenen Seele zum Himmel und steigt wieder zur Erde zurück, indem jene Seele in den Pythagoras übergeht.

Et recipit vim superiorum et inferiorum.

Zur Interpretation dessen die Stelle bei Jamblichus, De vita Pythagorica, Kap. 6:

Και πανυ ευλογως τοιουτον αυτον υπελαμβανον, δι ου περι θεων μεν και ηρωων και δαιμονων και κοσμου, σφαιρων τε και αστερων κινησεως παντοιας, επιπροσθησεων τε και υπολειψεων και ανωμαλιων εκκεντροτητων τε και επικυκλων, και των εν κοσμω παντων ουρανου και γης και των μεταξυ φυσεων εκδηλων τε και αποκρυφων ορθη τις και εοικυια τοις ουσι παρειστηλθεν εννοια, μηδενι των φαινομενων η δι επινοιας λαμβανομενων μηδαμως αντιπαιουσα.

»Und mit Recht schätzen sie ihn (den Pythagoras) so hoch, ihn, der richtige und sachentsprechende Kenntnis verbreitet über Götter, Heroen, Dämonen, Welt, die mannigfache Bewegung der Sphären und der Gestirne, Verdeckungen, Verfinsterungen, Ungleichförmigkeiten, Exzentrizitäten, Epizyklen, über alle sichtbare und verborgene Dinge in der Welt, des Himmels, der Erde, dessen, was zwischen ihnen ist, eine Kenntnis, welche nicht in Widerspruch stand, weder mit wirklichen noch mit abstrahierten Dingen.«

Das aufgezählte sind res superiores und inferiores, superiora und inferiora, τα ανω und τα κατω. Und indem Pythagoras Kenntnis darüber verbreiten konnte, mußte er über diese superiora und inferiora: vim recipere.

Wie vorhin beim separare haben wir übrigens auch hier wieder ein Anlehnen an das Dreieck. Auch das Dreieck steigt, ascendit, von der Basis aufwärts bis zu der Spitze, die nach oben steht, a terra in coelum. Von dieser Spitze aus steigt es wieder abwärts zur Basis, iterum descendit in terram. Damit haben wir denn ein superius, die Spitze, welches dem inferius, der Basis gegenübersteht. Das Dreieck erhält aber die vis superiorum et inferiorum (Plural), weil es in der zweiten Rubrik in zwei Stellungen betrachtet wird.

Fünfte Rubrik

Sic habebis gloriam bis penetrabit.

Die gloria totius mundi ist Pythagoras. Wie die Himmel des Ruhmes Gottes voll sind, so ist die Erde des Ruhmes von Pythagoras voll. Die obscuritas muß fliehen, damit man im telesmus den Pythagoras sieht, und nicht etwa das Dreieck, in Bezug auf welches wir zwar in der vorigen Rubrik ein Parallelgehen mit Pythagoras haben, aber auf welches es doch in dieser Rubrik prinzipiell nicht abgesehen ist. Es kann prinzipiell nicht auf das Dreieck abgesehen sein, da wir uns im Allgemeinen au niveau der Mensch-Interpretation der Tab. smar. befinden, bei der sich der Mensch hauptsächlich an das Pater omnis telesmi etc. schmiegt.

Haec est totius fortitudinis etc.

Hier ist es auf die Zahl abgesehen, und namentlich auf die im Vordergrund stehende τετρακτυς. Die fortitudo, welche die *Zahl* repräsentiert, wie die gloria den *Pythagoras* repräsentiert, ergibt nach der Drei gezählt die sich an das Dreieck zu Beginn lehnenden Zahlen: 1, 2, 3. Die fortitudo nach der Vier gezählt ergibt die τετρακτυς, welche auf Grund des Dreiecks, der 1, 2, 3, entwickelt wird. Diese τετρακτυς nun, die wahre fortitudo, vincit omnem rem subtilem et penetrat omnem rem solidam. Nachdem wir aufgrund der 1, 2, 3 die 4 erhalten haben, wird die 4 mit 1, 2, 3 addiert und wir erhalten:

$$4 + 1 = 5$$
$$4 + 2 = 6$$
$$4 + 3 = 7$$

Auf die Weise vincit und penetrat die 4 die 1, 2, 3, und wir erhalten die 5, 6, und 7.

Anlehnend an Plato bilden gerade und ungerade Zahlen jede für sich eine Reihe, bilden also ein Doppeltes. Dieses Doppelte der geraden und ungeraden Zahl führt auf das Gegenüberstellen der res subtiles und res solida. Die res solida liegt, um sozusagen, wie die gerade Zahl »breit auf«, wogegen die res subtilis wie die ungerade Zahl »sich zuspitzt«. Somit sind 5 und 7 res subtiles.

Nun haben wir aber in der 6 nur *eine* res solida, wo doch die Tab. smar. von *omnis* res solida spricht. Um nun der omnis res solida gerecht zu werden, wird aufgestellt

nicht nur: $4 + 2 = 6$
sondern auch: $4 + 6 = 10$

womit denn neben der 1, 2, 3, 4, 5, 6, 7 auch der pythagoräischen 10 Rechnung getragen wird.

Sechste Rubrik

Sic mundus bis modus est hic.

Sic mundus creatus est bezieht sich auf die zweite Rubrik, in welcher von der Welterschaffung Gottes die Rede ist.

Hinc erunt adaptationes bezieht sich auf die dritte und vierte Rubrik. An das, was die zweite Rubrik bringt, das ist das Dreieck, schmiegt sich die Lunula Hippocratis-Figur und der mit dem Dreieck in Parallele stehende Pythagoras.

Quarum modus est hic bezieht sich auf die fünfte Rubrik. Das μετρον bezieht sich auf die fortitudo, die fortitudo repräsentiert die Zahl, die Zahl schmiegt sich an das Dreieck, und damit auch an die adaptationes.

Siebente Rubrik

Itaque vocatus sum bis mundi.

Der Hermes trismegistus ist im Dreieck repräsentiert, und analog hat die Philosophia totius mundi, die Tab. smar., der Kanon der Lehre vom göttlichen Pythagoras, 3 Rubriken, die anhand des Index herauskommen.

Schlußbemerkung

Daß die vorliegende Interpretation der Tab. smar. die Parallele des Pythagoras mit Christus bringt, ist selbstredend. Es fragt sich bloß, wie weit ging diese Parallele bei den Pythagoräern? Nahmen sie Pythagoras bloß als einen göttlichen Philosophen, oder nahmen sie ihn als einen Gott? Darauf müssen wir die Antwort schuldig bleiben, aus dem sehr einfachen Grund, weil sie, die Pythagoräer, in dieser Beziehung nicht mit sich selbst im klaren waren. Vorab sagten sie, wenn wir die jüdisch-christliche Idee vom immateriellen Gotte in ihrer Erhabenheit in's Auge fassen, so verträgt es sich mit dieser Idee nicht, daß Gott sich der Zeugung hingibt und auf diese Weise Christus zum Sohn Gottes wird. Da sich diese Auffassung nun aber nicht mit der immateriellen Erhabenheit Gottes verträgt, so ist es für Christus gar nicht schmeichelhaft, daß er zum Substrat derselben gemacht wird. Christus als göttlicher Philosoph, als *uneigentlicher* Sohn Gottes, sagen sie, steht viel höher, viel erhabener da als Christus, der *eigentliche* Sohn Gottes. Natürlich lehnen sie nun Pythagoras an den Christus, der ihnen am erhabensten dasteht, an Christus, den göttlichen Philosophen —

und so wird Pythagoras zum göttlichen Philosophen, und *nicht* zum Gott. Wie sie nun aber sahen, daß die Christen fest an das Dogma hielten, Christus sei der Sohn Gottes, da dachten sie, dem Pythagoras etwas zu vergeben, denselben gegenüber Christus herabzuschrauben, wenn sie darauf beständen, Pythagoras sei nichts anders als ein göttlicher Philosoph, und nicht, ebensowohl als Christus, ein Gott. So wurde denn Pythagoras zum Gott gestempelt. Jedoch kamen die Pythagoräer in diesem Tun in Kollision mit sich selbst, da sie im Grunde gar nicht einsahen, wie denn nun Pythagoras steigen könnte, wenn er zum Substrat eines Unmöglichkeits-Verhältnisses gemacht würde, es sei aber ein Unmöglichkeits-Verhältnis, daß ein Mensch ein Gott sei.

Diesem mit sich selbst nicht im klaren sein über die Göttlichkeit des Pythagoras begegnen wir nun auch bei Jamblichus in der Vita Pythagorica. Er erzählt Kap. 2, die Eltern des Pythagoras wären von Ankäus abgestammt, Ankäus aber von Jupiter. Nun aber höre man, wie da steht: Es heißt: λεγεται – 'Αγκαιον – γεγεννησϑαι μεν απο Διος, »ειτε δι αρετην, ειτε δια ψυχης τι μεγεϑος ταυτην την φημην αυτου απενεγκαμενου«. »Mag es nun sein, daß durch Tugend oder Geistesgröße irgendeiner Art Ankäus zu diesem Rufe, nämlich zum Rufe, von Jupiter abzustammen, gekommen.« Hier wird also auf der einen Seite durch die Verwandtschaft mit Jupiter Pythagoras zum Gott, auf der anderen Seite wird aber auch wieder darauf hingewiesen, daß dies wohl so gelegen haben dürfte, daß Ankäus ein hervorragender Mensch gewesen, und man, um dies zu bezeichnen, in indirekter Weise gesagt habe, er stamme von Jupiter.

Ferner sagt er im selbigen Kapitel, ein gewisser samischer Dichter sage, Pythagoras sei der Sohn des Apollo gewesen. οποϑεν δε ο λογος ουτος επεκρατησεν, αξιον διελϑειν. »Woher aber das Gerücht kam und sich Geltung verschaffte, ist wohl der Mühe wert zu erzählen.« Und nun gibt sich Jamblichus an's Erzählen. Er glaubt also so recht nicht an die Sache, denn sonst würde er sich nicht an die Darstellung geben, woher das Gerücht gekommen.

Ferner sagt er im selbigen Kapitel, man dürfe dem Epimenides, Eudoxus und Xenokrates keinen Glauben beimessen, wenn sie sagten, (υπονοουντες, das ist entweder, wenn sie vermuten, oder wenn sie bemerken) Apollo habe die Mutter des

Pythagoras geschwängert. — Das ist also eine indirekte Opposition gegen Pythagoras als Gott.

Ferner heißt's Kapitel 6: και μετα τϖν ϑεϖν τον Πυϑαγοραν λοιπον κατηριϑμουν ως αγαϑον τινα δαιμονα και φιλανϑρωποτατον. Οι μεν τον Πυϑιον, οι δε τον εξ Ὑπερβορεων Ἀπολλωνα, οι δε τον Παιϖνα, οι δε τϖν την σεληνην κατοικουντων δαιμονων ενα, αλλοι δε αλλον τϖν Ὀλυμπιων ϑεϖν εφημιζον εις ωφελειαν και επανορϑωσιν του ϑνητου βιου λεγοντες εν ανϑρωπινη μορφη φανηναι τοις τοτε, ινα το της ευδαιμονιας τε και φιλοσοφιας σωτηριον εναυσμα χαρισηται τη ϑνητη φυσει. »Sie, die Pythagoräer, komplettierten die Götterzahl, indem sie den Pythagoras den Göttern zuzählten als einen guten und höchst menschenfreundlichen Dämon. Einige sagten, er sei der Pythius, andere, er sei der hyperboreische Apollo, andere, er sei der Paeon, andere, er sei einer von den Dämonen, welche den Mond bewohnen, andere, er sei ein anderer von den olympischen Göttern, hinzufügend, er sei zum Nutzen und zur Besserung des sterblichen Lebens den damaligen Menschen in menschlicher Gestalt erschienen, damit er der sterblichen Natur den heilsamen Antrieb gäbe zur Glückseligkeit und zur Philosophie.«

Hier scheint nun dem »Gott« Pythagoras ziemlich Vorschub geleistet zu werden. Indessen, schon der erste Satz hält das Ganze in der Schwebe. δαιμων läßt sich ganz gut wiedergeben mit dem, was wir Genius nennen. So wird Pythagoras denn zu einem guten, höchst menschenfreundlichen Genius. Nun, von der Natur eines guten Genius bis zum eigentlichen Gotte ist immer noch ein Sprung. Wenn man sagt, Pythagoras war für die Menschheit ein guter Genius und ist daher den Göttern beizuzählen, so liegt darin die indirekte Göttlichkeit, der Gesichtspunkt des göttlichen Philosophen näher als der Gesichtspunkt des eigentlichen Gott-Seins, hält ihm wenigstens die Waage. Und was den zweiten Satz betrifft, so zielt der Dämon, welcher den Mond bewohnt, handgreiflich auf die dritte Rubrik der Tab. smar. mit ihrem mater eius est Luna, im Anlehnen an die Lunula Hippocratis. Damit ist denn für den Pythius, den hyperboreischen Apollo, den Paeon ein Anlehnen da an das: Pater eius est Sol, indem Apollo (Pythius, Paeon) als Sonnengott genommen wird. Und ist man so weit, so rückt der »andere von den olympischen Göttern«, der zu den Menschen, welche die Erde bewohnen, in Relation tritt, sehr naheliegend an die

Seite des: nutrix eius terra est. Damit schrumpft denn die anscheinend mit großem Pomp in Szene gesetzte Göttlichkeit des Pythagoras zu Kreis und Dreieck zusammen. Die Sache kommt also darauf hinaus, daß Pythagoras zwar als Gott hingestellt wird, daß aber der, der es tut, die Göttlichkeit ganz anders gedeutet haben will, als die Worte es auf den ersten Blick auszusprechen scheinen.

Endlich sei noch die Anekdote Kap. 19 bei Jamblichus erwähnt. Abaris, ein Skythe aus dem Hyperboreerland, ein Priester des Apollo, kommt zum Pythagoras nach Italien. Wie er den Pythagoras sieht, hält er ihn nicht für einen Menschen, sondern für den Apollo selbst. Er überreicht ihm einen wunderbaren Pfeil, den er aus dem Tempel genommen und auf dem er herumgeritten war. Pythagoras nimmt den Pfeil hin, wie einer, der als Gott, als Apollo, selbstredend zur Empfangnahme qualifiziert ist, und um diesem seinem Tun eine materielle Folie zu geben, führt er den Abaris abseits und zeigt ihm, daß er, Pythagoras, eine goldene Hüfte habe.

Nun, diese närrische Anekdote wird wahrlich kein Pythagoräer mit fünf gesunden Sinnen je für die Konstatierung der göttlichen Natur des Pythagoras ausgebeutet haben. Jamblichus präsentiert sie uns mit folgenden Einleitungsworten: Καϑολου δε ειδεναι αξιον, ως πολλας οδους Πυδαγορας παιδειας ανευρε, και κατα την οικειαν την φυσιν εκαστου και δυναμιν παρεδιδου της σοφιας την επιβαλλουσαν μοιραν. »Im Allgemeinen muß man wissen, daß Pythagoras viele Lehr-Wege erfand und daß er jedem den Teil Weisheit hingab, der seinem geistigen Standpunkt und seiner Fassungskraft entsprach«. — Das heißt, er nahm jeden so, wie es für ihn paßte. Abaris kam ihm wie ein Narr vor, und daher behandelte er ihn als einen solchen.

Magische Interpretation der Tabula smaragdina

Vergl. *Jamblichus:* De mysteriis. (Περι μυστηριων λογος).

Magier sind bei den Persern und Medern die Priester, und *Magie* das Substrat ihrer Priesterschaft. Im Allgemeinen ist aber ein Magier auch ein Priester im alten (ethnischen) Sinne überhaupt, und Magie das Substrat der Priesterschaft im alten Sinne überhaupt. Endlich ist in übertragener Weise ein Magier das, was wir im Allgemeinen einen Zauberer nennen, und Magie das, was wir im Allgemeinen Zauberei nennen. Wir halten diese verschiedenen Auffassungsweisen nicht weiter auseinander, indem die eine unmittelbar aus der anderen hervorgeht. Die γοητεια, das ist nicht Zauberei, sondern Gaukelei, will Jamblichus nicht unter die Magie gerechnet wissen, ebenso wenig wie die Ekstase eines Geisteskranken, Betrunkenen u.s.w. — womit es auf den Unterschied eines höheren und niedrigeren Hokus-Pokus abgesehen ist.

Es ist anhand der Tab. smar. ein Unterschied zu machen zwischen Magie im weiteren und im engeren Sinne. Die Magie im engeren Sinne ist Mantik, Theurgie u.s.w. Die Magie im weiteren Sinne dagegen ist die Verbrüderung dieser Magie im engeren Sinne mit Astrologie und der Kunst, die Arkana am Krankenbett anzuwenden.

Man fragt sich, wie kommt denn die letztere zu der Ehre, in den noblen Bund zu geraten? Die Antwort liegt nicht fern. Alles, was der Magier produziert, produziert er auf natürlichem Wege, nur hält er mit der Natürlichkeit der Sache im Hintergrund, indem es ihm darum zu tun ist, den Nimbus um sich zu verbreiten, als ginge das, was er treibt, nicht mit natürlichen Dingen zu. Macht er ein Wunder, so produziert er ein Taschenspielerstückchen; liest er in den Sternen etwas, von dem er mit aller Bestimmtheit sagt, daß es sich ereignen müsse, so hat er nicht aus den Sternen, sondern durch einen guten Freund erfahren, daß es so kommen wird oder bereits so gekommen ist; und was dergleichen Dinge mehr sind. Ganz so, wenn der Magier einen Kranken heilt, so kommt es ihm sehr gelegen, wenn er bei den Beschwörungen, die er macht, um entweder den krankmachenden Dämon zu vertreiben oder den heilenden herbeizuzaubern, wenn er hierbei »nebenbei« dem Patienten ein Heilmittel geben kann, welches ihn kuriert. Das Heilmittel überhaupt würde nun in dieser Beziehung mit anderen Hilfsmitteln parallel laufen, welche die Basis des magischen Schwindels abgaben, da es sich aber da, wo dieses Heilmittel ein Arkanum ist, wieder um ein Geheimnis, eine Mysteriösität, handelt, so nehmen die Arkana nach der betreffenden Richtung eine Sonderstellung ein, und es handelt sich daher in Bezug auf sie um einen ähnlichen mysteriösen Standpunkt als in Bezug auf die Mantik und die Astrologie.

Vergl. übrigens über die Arkanologie das, was beim Durchgehen des Completum est quod dixi de operatione Solis gesagt ist. Nun zur Interpretation selbst.

Rubriken wie bei der vorangehenden Interpretation.

Erste Rubrik

Verum est bis verissimum. — Einleitung.

Zweite Rubrik

Quod est inferius bis adoptione.

In der Stelle et recipit vim superiorum et inferiorum wird das των ανω und των κατω nicht genommen als der Genitiv des Neutrum τα ανω und τα κατω, sondern als der Genitiv des Masculinum οι ανω und οι κατω, das ist also lateinisch nicht als der Genitiv von superiora und inferiora, sondern als der Genitiv von superiores und inferiores. Die Personalität wird aber im Allgemeinen auf die *Dämonen* bezogen. Und im Anschluß daran wird denn das το ανω und το κατω, das superius und inferius als das gefaßt, was kollektiv in versteckter Weise die Daemones superiores et inferiores in sich begreift.

Der Inbegriff des doppelten superius und inferius repräsentiert die vier Elemente: Feuer, Wasser, Luft, Erde (vergl. griechische Interpretation der zweiten Redaktion der Tab. smar.), und diese Elemente schmiegen sich an die Dämonen, so daß herauskommt:

Die Wasser-Dämonen, die Erd-Dämonen, die Feuer-Dämonen, die Luft-Dämonen dienen dazu, um die Wunder der einen Sache zustande zu bringen.

Hieran braucht man sich aber nicht strikt zu halten. Man kann die Dämonen-Vier auch nehmen als Dämonen, Heroen, Götter und Geister (ψυχαι). Oder als: Dämonen, Heroen, Engel und Erzengel. Die res una ist die Magie im weiteren Sinne. Die res natae sind die drei Teile der Magie im weiteren Sinne (siehe die einleitenden Worte). Im übrigen liegt das Et sicut etc. wie in der vorigen Interpretation der Tab. smar.

Dritte Rubrik

Pater eius est Sol bis in terram.

Hier kommen die drei Teile der Magie im weiteren Sinne an die Reihe.

Pater eius est Sol, mater eius est Luna. Sol und Luna als die Hauptweltenfeuer gleich Feuer. Eius, das ist der res una. Also Vater und Mutter der res una sind: Feuer.

Portavit illud ventus in ventre suo. Ventus = Luft. Illud = res una. Also die Mutter der res una ist die Luft.

Nutrix eius terra est. Terra = Element Erde. Eius, das ist der res una. Also die Mutter der res una ist das Element Erde.

Es handelt sich somit zwischen res una und Elementen um ein väterliches und mütterliches Verhältnis, das ist um ein Eltern-Verhältnis. Da nun der Mann der Erste in der Ehe ist, so können wir das Vater- und Mutterverhältnis kurzweg als ein Vaterverhältnis fassen. Und so haben wir: Luft, Feuer, Erde repräsentieren den Vater der res una, die Magie im weiteren Sinne. Nun haben wir nach der vorigen Rubrik als Kinder der res una: Magie im engeren Sinne, Astrologie, Arkana (Anwendung der Arkana am Krankenbett). Also haben wir: Luft, Feuer, Erde sind der Vater der res una, und die res una ist wieder der Vater von Magie im engeren Sinn, Astrologie, Anwendung der Arkana am Krankenbett. Das ist übersichtlich:

Luft	Feuer	Erde
	res una	
Magie im engeren Sinne	Astrologie	Anwendung der Arkana am Krankenbett

Hierbei entspricht sich das Untereinanderstehende. Die Luft entspricht der Magie im engeren Sinne als etwas »Aetherisches«. Das Feuer entspricht der Astrologie, weil die Gestirne, mit denen sich ja die Astrologie beschäftigt, Feuer-Körper sind. Die Erde entspricht der Anwendung der Arkana am Krankenbett oder kurzweg den Arkanis. Denn das, was uns die Arkana bieten, kommt als Mineral und Metall in der Erde vor.

Das entsprechende Verhältnis, welches wir auf diese Weise kennengelernt haben, führt uns darauf, daß sich in der vorigen Rubrik die res natae in die betreffenden drei Teile zersplittern. Hierbei kann nun das Aufgehenlassen des Mutterverhältnisses in einem Vaterverhältnis weiter keinen Anstoß bilden. Will man sich für das Betreffende an die *Mutter* halten, sucht darin etwas: — nun, bei dem omnes res natae fuerunt ab una re adoptione ist ja nicht ausdrücklich von einem *Vater* die Rede.

Will man sich an die *Mutter* halten, so nehme man dort, wo es für hier entsprechend ist, eine Mutter an. Mit dem Gott, der als Vater und nicht als Mutter die Welt erschaffen hat, entsteht in dem Et sicut etc. dadurch keine Kollision, denn die adoptio weist ja für die res natae auf ein uneigentliches Vaterverhältnis hin, welches ja auch so gefaßt werden kann, daß für den Vater die Mutter eintritt, wie es in Bezug auf die mater Luna, die mater ventus, die mater terra statt hat.

Hat man sich nun aber einmal die vorige Übersicht verschafft, so kann man kurzweg ff. interpretieren:

Sol und Luna repräsentieren die Astrologie. Pater eius ist Sol, mater eius est Luna heißt also: Die Eltern der res una sind die Astrologie. Was aber die Eltern sind, ist das Kind. *Wo* die Eltern Menschen sind, ist das Kind ein Mensch, wo die Eltern Tiere sind, ist das Kind ein Tier. Also wie die Eltern der res una die Astrologie sind, ist das Kind, die res una selbst, Astrologie. Also: Die Magie im weiteren Sinne ist 1) Astrologie.

Ventus repräsentiert die Magie im engeren Sinne. Portavit illud ventus in ventre suo heißt: Die Mutter der res una ist die Magie im engeren Sinne. Da nun das, was die Mutter ist, auch das Kind ist, so ist die res una selbst Magie im engeren Sinne. Also: Die Magie im weiteren Sinne ist 2) Magie im engeren Sinne. Terra repräsentiert die Anwendung der Arkana am Krankenbett oder kurzweg die Arkana. Nutrix eius terra est heißt also: Die Mutter (Nährmutter) der res una sind die Arkana. Da nun das, was die Mutter ist, auch das Kind ist, so ist die res una selbst die Anwendung der Arkana am Krankenbett. Also: Die Magie im weiteren Sinne ist 3) Anwendung der Arkana am Krankenbett.

Vierte Rubrik

Pater omnis telesmi bis inferiorum.

Der Pater omnis telesmi ist hier die Personalität des Magiers. Mit dem virtus eius est integra, si versa fuerit in terram liegt es analog wie bei der vorigen Interpretation der Tab. smar., und ebenso läuft das Separabis terram etc. dem dort Gesagten parallel. Dann ferner Ascendit etc.: Der Magier steigt zum Himmel auf, zur Erde hinab, das heißt, er dringt mit seiner Magie in die höchsten Höhen und in die tiefsten Tiefen; et recipit vim etc.: und bezwingt die Dämonen.

Fünfte Rubrik

Sic habebis gloriam bis penetrabit.

Gloria und fortitudo stehen sich gegenüber wie Person und Sache. Die gloria ist die Person des Magiers, die fortitudo die Magie im weiteren Sinne, wobei nach der Drei gezählt wird. Diese nach der 3 gezählte fortitudo, das ist Magie im weiteren Sinne, welche umfaßt die Magie im engeren Sinne, Astrologie, Anwendung der Arkana am Krankenbett, vincit 2 res subtiles und 2 res solidas.

Die eine res solida ist der Sol, die andere die terra der dritten Rubrik. Die eine res subtilis ist der ventus, die andere die Luna der dritten Rubrik, und zwar ist Luna deswegen ein subtile, weil der Mond, mit der Sonne verglichen, etwas subtileres ist als die Sonne.

Sechste Rubrik

Sic mundus bis modus est hic.

Sic mundus creatus est bezieht sich auf die zweite Rubrik, in der vom welterschaffenden Gott die Rede ist.

Hinc erunt adaptationes bezieht sich auf die vierte Rubrik. Von dem, was die zweite Rubrik bringt, das ist von den Dämonen, sind die Adaptionen; die Dämonen passen sich in der vierten Rubrik an den Magier.

Quarum modus est hic bezieht sich auf die fünfte Rubrik. Und die nach dem Maß gebrachte fortitudo der Adaptation ist die kurz vorangehende. Die fortitudo bezieht sich auf die Adaptation, die Adaptation auf den Magier, und dieser ist der Herr der 3 Teile der Magie im weiteren Sinne.

Siebente Rubrik

Itaque vocatus sum bis mundi.

Der Hermes trismegistus ist im Magier repräsentiert, in dem sich die 3 Teile der Magie konzentrieren, und analog dieser Drei hat die Tab. smar., der Kanon der Magie, die drei Rubriken, welche anhand des Index herauskommen.

Schlußbemerkungen

In den Mysterien des Jamblichus ist es mit dem dritten Teil der Magie im weiteren Sinn auf die Anwendung der Arkana am Krankenbett abgesehen.

Es steht aber nichts im Wege, daß man sagt, man hat es in diesem dritten Teil mit den Arkanis zu tun, an die Arkana schmiegt sich die Alchemie und an die Alchemie die χρυσοποιια, die Goldmacherkunst. Damit hätten wir dann als die betreffenden 3 Teile: Magie im engeren Sinne, Astrologie, Goldmacherkunst.

Man darf dem entgegen nicht sagen, sobald man auf die Weise die Goldmacherkunst in die Sache bringt, verläßt man den Boden des von Philo eingeschlagenen Platonismus, auf dem doch die vorliegende Interpretation wurzelt, und wirft sich der Auffassung in die Arme, welche sich an die metaphysische Interpretation der Tab. smar. schmiegt, und damit möchte die Auffassung mit der Goldmacherkunst doch ihr Bedenken erregen. Nein, in der Beziehung steht nichts im Wege.

Der reine Boden des Neuplatonismus ist sowieso verlassen, auch wenn man den dritten Teil der Magie als die Anwendung der Arkana am Krankenbett auffaßt. Auch wenn man die Arkana ohne Goldmacherkunst in's Auge faßt, so ist das schon ein Hinüberblicken zu der metaphysischen Interpretation der Tab. smar.

Sobald man den dritten Teil der Magie als Goldmacherkunst auffaßt, paßt es, daß die achte Rubrik: Completum est quod dixi de operatione Solis den sieben Rubriken hinzugefügt wird. Es wird dann interpretiert: Completum est quod dixi de Magia, nam id quod dictum est, comprehendit etiam χρυσοποιιαν. Es ist vollständig, was über die Magie gesagt ist, denn das, was gesagt ist, umfaßt auch die Goldmacherkunst.

In der Weise weist dann die achte Rubrik ganz direkt darauf hin, daß man als dritten Teil der Magie die Goldmacherkunst nehmen soll.

Die Auffassung des dritten Teiles der Magie als Goldmacherkunst paßt für eine Anekdote betreffs des Kaisers Diokletian, die uns Suidas mitteilt und die wir in dem Abschnitt »Die Schwindel-Goldmacherkunst« näher kennenlernen werden.

Man nimmt wohl mit Recht Anstand, den Jamblichus, der die Mysterien geschrieben, mit dem Jamblichus identisch zu nehmen, der die Vita Pythagorica geschrieben hat.

Apollonius von Tyana

Apollonius war zu Tyana, einer Stadt in Kappadozien, geboren. Er war ein Zeitgenosse Christi, ein pythagoräischer Philosoph und Magier (— die pythagoräische und magische Richtung exkludieren sich nicht). Wir haben bereits berichtet, daß der ältere *Philostratus* sein Leben beschrieben hat. Philostratus schrieb dies Buch, um den Apollonius mit Christus zu parallelisieren. Er will Christus als einen hervorstechenden Magier aufgefaßt wissen. Nun, denkt er, das ist Apollonius auch, und somit decken sich die Personalitäten Christus und Apollonius. Vieles, was wir im neuen Testament über Christus finden, finden wir im Philostratus ähnlich über Apollonius. Es liegt für uns fern, dies im einzelnen durchzugehen, im einzelnen zu zeigen, wie an Begebenheiten aus dem Leben Christi ähnliche aus dem Leben des Apollonius gereiht werden. Nur zwei Dinge haben wir für unseren Zweck speziell in's Auge zu fassen, das sind die Himmelfahrt Christi und sein descendere in terram, und die Analoga dazu für Apollonius beim Philostratus. Philostratus nämlich hat die magische Interpretation der Tab. smar. vor sich und schiebt nun an die Stelle des Magiers überhaupt (4. Rubrik) den konkreten Magier Apollonius, womit denn in der 5. Rubrik die gloria auf Apollonius fällt, wie sie in der pythagoräischen Interpretation der Tab. smar. auf Pythagoras fällt.

In der vierten Rubrik wird also der Pater omnis telesmi totius mundi est hic auf Apollonius bezogen. Das virtus eius integra est, si versa fuerit in terram. Separabis terram ab igne, subtile a spisso — lehnt sich der Auffassung in der magischen Interpretation an. Dann weist das suaviter magno cum ingenio darauf hin, daß eben Apollonius, und nicht der Magier im Allgemeinen in's Auge zu fassen ist. Und nun kommt das:

Ascendit a terra in coelum, iterumque descendit in terram. Hier wird einerseits das Christliche: Aufgefahren gen Himmel, und andererseits das descendit ad inferna des Apostolischen Symbols in dem Sinne in's Auge gefaßt, daß es heißt: *Niedergefahren zur Hölle,* was also zeigt, daß man schon früh das descendere Christi in terram als Höllenfahrt interpretierte. Wenigstens *scheint* es das zu zeigen, denn der strikte Beweis ist nicht gegeben, daß das descendere in terram, wie es bei Apollonius ausgebeutet wird, an die Höllenfahrt Christi lehnt.

Descendit in terram.

Philostratus, Liber 8 Kap. 19. Zu Lebadea war eine Erdöffnung (στομιον). Diese war dem Trophonius, dem Sohne des Apollo heilig und nur für die zugänglich, die das Orakel befragen wollten. Diese Erdöffnung wird nun mit der Hölle parallelisiert — so scheint es wenigstens. In sie geht Apollonius. Er verweilt dort 7 Tage, wie nie jemand vor ihm, und wie er herauskommt, hat er ein Buch in der Hand. Dieses Buch enthielt die Lehrsätze, δοξας, des Pythagoras. Er war zu demselben gekommen, indem er in der Höhle gefragt: O Trophonius, welche Philosophie hältst denn auch du für die beste und reinste? — (Dieses Buch wurde übrigens zu Antium aufbewahrt und gezeigt. Philostratus Lib. 8. Kap. 20.)

Ascendit a terra in coelum.

Philostratus, Lib. 8, Kap. 30. Einige sagen, Apollonius sei zu Ephesus gestorben. Andere sagen er sei zu Lindus gestorben. Er sei hier in den Tempel der Minerva gegangen und daselbst unsichtbar geworden (αφανιζεσθαι). Endlich wird aber erzählt — und das ist es, worauf Philostratus hinaus will — er sei auf Kreta gestorben. Dort kommt er zum Tempel der Diktynne (Diana) bei Nacht und Unzeit (αωρι). Der Tempel wird von Hunden bewacht. Diese bellen noch nicht einmal den Apollonius an, wedeln ihn vielmehr mit den Schwänzen an. Die Vorsteher des Tempels aber ergreifen ihn, binden ihn wie einen Gaukler (γοης) und Räuber und sagen, er hätte den Hunden ein Besänftigungsmittel vorgeworfen. Um Mitternacht löst Apollonius seine Banden, ruft diejenigen herbei, die ihn gebunden, damit die Sache nicht im Geheimen vor sich gehe, und läuft auf die Türen des Tempels zu. Diese öffnen sich, und wie Apollonius eingetreten, fallen sie wieder in's Schloß. Aus dem Tempel aber ertönt die Stimme singender Jungfrauen. Sie sangen: στειχε γας, στειχε ες ουρανον, στειχε. »Gehe von der Erde, gehe in den Himmel, gehe!« Das heißt so viel, fügt Philostratus bei, als: ιθι εκ της γης ανω. »Steige aufwärts von der Erde« — womit denn auf die Worte der Tab. smar.: Ascendit a terra in coelum hingewiesen wird.

Schließlich wollen wir, indem wir vom Magiertum abbiegen, darauf hinweisen, daß ein Magier griechisch μαγος heißt, das ist lateinisch magus. Durchschnittlich wird nun auch γοης von den lateinischen Übersetzern als magus wiedergegeben. Das ist aber nicht richtig. Mit einem μαγος wird ein edeler Sinn verbunden, wenigstens denn in neuplatonischer Anschauung, mit einem γοης aber ein unedeler. Man vergleiche, was wir bei der magischen Interpretation in Bezug auf Jamblichus in dieser Beziehung gesagt. Und in Bezug auf das, was wir in dem vorliegenden Abschnitt besprochen, weisen wir darauf hin, daß die Vorsteher des Tempels den Apollonius nicht als einen μαγος ergreifen, sondern als einen γοης.

Platonische Interpretation der Tabula smaragdina

Diejenigen, welche sich auf den Boden dieser Interpretation stellen, huldigen einer ganz besonderen Art von Neuplatonismus. Sie gehen direkt auf den Altplatonismus zurück, sind also im eigentlichen Sinne keine Neuplatoniker, sondern Altplatoniker. Auf den Namen Neuplatoniker haben sie nur insofern Anspruch, als sie das, was Plato in seiner *alten* Weise gesagt, in *neuer* Weise sagen. Viel Anziehendes hat diese neue Weise gerade nicht.

Bei der vorliegenden Interpretation vergleiche man die Interpretation des Timaeus.

Erste Rubrik

Verum bis verissimum. — Einleitung.

Zweite Rubrik

Quod est inferius bis adoptione.

Die beiden superius und inferius sind, wie bei der griechischen Interpretation der zweiten Redaktion der Tab. smar.: die Elemente. In der vorliegenden Interpretation erhalten die Elemente den Namen von superius und inferius hervorstechend dadurch, weil sie in Bezug auf das platonische Schema die Mission haben, sich herumzudrehen, wodurch das Obere zum Unteren, und das Untere zum Oberen wird. Diese sich umkehrenden Elemente dienen dazu, die Wunder der res una zustande zu bringen, welche res una das Weltentier, das platonische gezeichnete Schema ist. Durch das Umkehren der Elemente erhalten wir ja die platonische Zeichnung, welche die platonische Welt repräsentiert. Diese Zeichnung repräsentiert die *eine* Welt, und ist damit eine res una. Plato sagt in dieser Beziehung ausdrücklich, Timaeus, P. 31. am Anfange: ποτερον ουν ορθως ενα ουρανον προστειρηκαμεν, η πολλους και απειρους λεγειν ην ορθοτερον; ενα, ειπερ κατα το παραδειγμα δεδημιουργημενος εσται. »Sollen wir nun in der Zeichnung des Weltentieres *eine* Welt konstatieren, oder liegt es sachgemäßer, daß in Bezug auf sie *mehrere* Welten angenommen werden? Wir konstatieren *eine* Welt, denn es handelt sich um *ein* Schema, und damit auch um *eine* Welt.« Diese res una wird auch die ενας genannt, was von selbst naheliegt. Dann: das πρωτον αγαθον oder ταγαθον, weil Plato, Timaeus, P. 29. zu Anfang ausdrücklich sagt, daß sein κοσμος: καλος ist, was schon an und für sich mit αγαθος synonym ist, hier aber um so mehr, als die Welt dem δημιουργος αγαθος gegenübergestellt wird, indem es heißt: ει μεν δη καλος εστιν οδε ο κοσμος, ο τε δημιουργος αγαθος, δηλον κ. τ. λ. Dann wird die res una ferner das αυταρκες, das Sich-selbst-Genügende genannt, weil es Timaeus, P. 33. gegen Ende heißt: ηγησατο γαρ αυτο ο ξυνθεις αυταρκες ον αμεινον εσεσθαι μαλλον η προστδεες αλλων. »Denn der Demiurg glaubte, daß das Weltentier besser sein würde als ein solches, welches sich selbst genug ist, sich selbst genügt, als ein solches, welches andere nötig hat.« Und was dergleichen Ausdrücke beim *Plotinus* und *Proclus* mehr sind.

Wenn man nun das umgekehrte platonische Schema mit einem Kreise umgibt, und dann umkehrt, so führt das zum Bauchkreis des Weltentieres mit dem diagonalisierten Quadrat und zum Kopfkreise desselben, es führt aber *nicht* zum Schwanze desselben. Also führen im Grunde die superiora und inferiora zum Weltentier *ohne* Schwanz, sie führen nicht erschöpfend zur res una. Hiergegen muß nun bemerkt werden, daß der Schwanz des Weltentieres nicht von dem Bauchkreis absteht, sondern mit der Peripherie des Bauchkreises verschmilzt. Wenn man also den Bauchkreis hat, so hat man gewissermaßen den Schwanz zugleich mit. Dies ist auch ursprünglich Platos Idee, denn sonst hätte er keinen Grund, nachdem er sich Bauchkreis, Kopfkreis, diagonalisiertes Quadrat nach bestimmten Prinzipien entwickelt, den Schwanz hinzuzufügen; dieser Schwanz würde alsdann als etwas Willkürliches dastehen.

Et sicut res omnes etc.

Die res omnes sind der Inbegriff der Teile, welche der Timaeus enthält. Dieser Teile werden nicht zwei angenommen, nämlich η κοσμου γενεσις und η ανϑρωπων φυσις, auf welche im Timaeus, P. 27. hingewiesen wird, es werden vielmehr drei Teile angenommen, nämlich 1) το δια νου δεδημιουργημενον 2) το δι αναγκης γιγνομενον 3) η ανϑρωπων φυσις. Hiermit wird dann an Timaeus, Ende P. 47. angelehnt, wo Plato sagt, τα δια νου δεδημιουργημενα seien absolviert und er komme jetzt zu den Arkanis. In der vorliegenden Interpretation der Tab. smar. wird nur dem *ersten* Teil des Timaeus Rechnung getragen. Die Mission dieser Interpretation der Tab. smar. wird als erledigt angenommen, wo die Arkana anfangen, wobei in's Auge gefaßt wird, daß derjenige, dem es um die Arkana zu tun ist, sich an die metaphysische Interpretation der Tab. smar. halten kann. Der Mensch wird in der vorliegenden Interpretation nur insofern in's Auge gefaßt, als er bereits in jenem ersten Teil des Timaeus zur Sprache kommt, es ist nicht der Mensch, der sich in Philos Sinn an den dritten Teil des Timaeus schmiegt.

Die res omnes sind also die Teile des Timaeus, des Buches, welches die Alchemie so erschöpfend enthält, daß es keines anderen Buches neben ihm bedarf. Diese res omnes oder dies Buch stammt her vom unus, welcher unus: Plato ist. Plato ist der Autor, der Vater dieses Buches. Der Timaeus stammt her vom Plato, vom λογος Platos, er ist ein Produkt des Verstandes Platos. Beim λογος wird zugleich ein Seitenblick darauf geworfen, daß derselbe Gott zukommt, und wenn er also dem Plato zugeschoben wird, so wird Plato zum Gott, als welchen er sich ja selbst im Demiurgen präsentiert.

Die omnes res natae sind die sachlichen Kinder der res una, des Weltentieres. Sie repräsentieren all das, was sich im ersten Teil des Timaeus an das Weltentier schmiegt, das ist also: Ideelles Element, reelles Element, Zahl; Himmel, Erde, Sonne, Mond und Planeten u.s.w. Für diese res natae ist die res una der Vater. Die Vaterschaft liegt aber anders, als die Vaterschaft, welche Plato dem Timaeus gegenüber hat, und daher kommt auf die res una die Adoptiv-Vaterschaft. Diese Vaterschaft des Weltentieres ist wohl geeignet, der Vaterschaft Platos gegenüber als uneigentliche Vaterschaft, als Adoptiv-Vaterschaft hingestellt zu werden. Immerhin ist aber auf beiden Seiten ein Vaterschafts-Verhältnis, und daher die Verknüpfung von Vorder- und Nachsatz vermittels des Et sicut — sic.

Dritte Rubrik

Pater eius est Sol etc. bis terra est.

Hier wird das Weltentier näher durchgenommen, und zwar der Schwanz zuerst. Es paßt ganz gut, daß dieser zuerst geboten wird. Damit wird er mit Prägnanz aus dem Hintergrund hervorgehoben, in welchen ihn das versetzt hat, daß das superius und inferius streng genommen bloß auf den Kopfkreis und den Bauchkreis mit dem diagonalisierten Quadrat führt.

Pater eius est Sol, mater eius est Luna. Sonne und Mond sind die hervorragendsten Himmelskörper. Indem sie genannt worden, sind die Planeten, welche sich wie sie bewegen, mit inbegriffen. Vater und Mutter des Schwanzes, eius, sind also: Sonne, Mond und Planeten. Da nun ein Kind das ist, was die Eltern sind, da das Kind ein Mensch ist, wo die Eltern Menschen sind u.s.w., so ist da, wo die Eltern Sonne, Mond und Planeten sind, das Kind ebenfalls: Sonne, Mond und Planeten. Der Schwanz ist also, repräsentiert: Sonne, Mond und Planeten, und umgekehrt: das, was Sonne, Mond und Planeten repräsentiert, ist der Schwanz. Der Passus heißt also in Bausch und Bogen: Der eine Teil des Weltentieres ist der Schwanz.

Portavit illud ventus in ventre suo. Ventus = Luft und Luft = Himmel. Illud, das ist der Kopfkreis, trug der Himmel im Bauche, der Himmel ist seine Mutter. Und analog wie vorhin: Der Himmel repräsentiert das illud, und was durch das illud repräsentiert wird, das ist der Himmel. Also, in Bausch und Bogen: Der andere Teil des Weltentieres ist der Kopfkreis.

Nutrix eius terra est. Die Nährmutter des eius ist die Erde. Was also die Erde zur Nährmutter hat, was somit selbst Erde ist, das ist das, was auf eius zu beziehen ist. Auf die Erde zu beziehen ist aber der Bauchkreis. Also in Bausch und Bogen: Der dritte Teil des Weltentieres ist der Bauchkreis. — Wir haben bereits bei der jüdischen Interpretation der zweiten Redaktion der Tab. smar. darauf aufmerksam gemacht, daß Plato selbst die Erde eine τροφος nennt, das paßt für den vorliegenden Passus ganz besonders, er bringt eigens einen Platonismus.

Vierte Rubrik

Pater omnis telesmi bis inferiorum.

Hier kommt der Mensch an die Reihe. Pater omnis telesmi totius mundi wie bei der philonischen Interpretation: der

Mensch. Ganz besonders wird also das Weltentier als Mensch in's Auge gefaßt, was ein Seitenstück ist zu den übrigen neuplatonischen Interpretationen der Tab. smar.

Die virtus eius, des als Mensch aufgefaßten Weltentieres, ist eine integra, wenn sie, die vis, oder es, das Weltentier, in terra verwandelt worden, das ist in den Bauchkreis, welcher die Erde repräsentiert. Das zielt darauf, daß der Ungerechte die vier Arten der Metamorphosen durchmacht, bei deren vierter nur der Bauchkreis übrigbleibt. Die vis des als Mensch aufgefaßten Weltentieres ist also erst dann eine integra, wenn das Weltentier rekonstruiert worden ist.

An die Rekonstruktion des Weltentieres, welche durch die versio in terram auf's Tapet gebracht worden ist, wird nun weiter angelehnt und in dem Separabis etc. gezeigt, wie denn nun des Näheren die Rekonstruktion stattfinden soll. Es soll getrennt werden: der ignis, das ist der Schwanz, welcher die hervorstechendsten Welt-Feuerkörper, das ist die Sonne und den Mond enthält, von der terra, das ist dem Bauchkreise. Es soll ferner getrennt werden: das subtile, das ist die subtile Luft, das ist der Himmel, das ist der Kopfkreis, von dem spissum, das ist von dem Bauchkreis, der als Erde der Luft, als etwas Kompakteres, gegenübersteht. Und so bleibt denn der Bauchkreis übrig. Das suaviter magno cum ingenio bezieht sich darauf, daß man sich nicht soll verführen lassen, aufgrund dessen, daß bei der Trennung von soeben zweimal der Bauchkreis genannt wird, aufgrund dessen nun auch zwei Bauchkreise anzunehmen.

Man hat also anhand der vorherigen Rekonstruktion nicht mehr das Weltentier, sondern bloß noch dessen Bauchkreis, und aus diesem wird nun wieder das den Menschen repräsentierende Weltentier konstruiert. Nämlich: Ascendit a terra in coelum, er, der Bauchkreis, steigt aufwärts, indem die Quadratseiten, welche links und oben liegen, oder auch eine von diesen Quadratseiten und eine Diagonale nach oben hin verlängert werden. Iterumque descendit in terram, und er, der Bauchkreis, steigt auf der anderen Seite abwärts, indem die Quadratseiten und eine Diagonale nach oben hin verlängert werden. Iterumque descendit in terram, und er, der Bauchkreis, steigt auf der anderen Seite abwärts, indem die Quadratseiten rechts und links oder die Diagonalen nach unten verlängert werden. Damit sind also Arme und Beine bereits da, es fehlen noch Kopf und Schwanz, deswegen heißt es jetzt: et recipit vim superiorum et inferiorum. Das so weit entwickelte Weltentier oder vielmehr, der auf die vorliegende Weise entwickelte Bauchkreis, erhält die vis superioris, die Kraft des Kopfkreises, und die vis inferioris, die Kraft des Schwanzes. Nun werden aber superius und inferius zum Plural, indem τϖν ανω und τϖν κατω steht. Der Genitiv wird als Genitiv von οι ανω und οι κατω genommen und analog wie bei der magischen Interpretation der Tab. smar. auf die Götter bezogen. Wir erhalten damit statt Kopfkreis: Götter des Kopfkreises, statt Schwanz: Götter des Schwanzes (Dämonen). Daß nun aber an die Stelle von Kopf und Schwanz die Götter des Kopfes und Schwanzes rücken, macht sich ganz gut, weil dadurch der Mensch zum Gott wird, wozu ihn ja Plato stempeln will. — Übrigens kann man auch die Plurale auf das Tier beziehen, indem das Welten-ζϖον ja nicht nur Mensch, sondern auch Tier ist. In diesem Falle muß man beim descendere die Quadratseiten *und* die Diagonalen verlängert nach unten treten lassen, damit vier Beine herauskommen.

Fünfte Rubrik

Sic habebis gloriam bis penetrabit.

Gloria ist der körperliche Mensch, wogegen fortitudo der geistige Mensch ist.

In Bezug auf die nach der Drei gezählten fortitudo werden vom psychischen Standpunkt angenommen: 1) λογος, 2) νους, 3) ψυχη. Der λογος kommt auf den Kopfkreis, der νους auf den Bauchkreis, die ψυχη auf den Schwanz des Weltentieres. Indessen vom λογος, wie wir ihn oben in der zweiten Rubrik ausgebeutet haben, und wie er sich an jüdische Vorstellungen anlehnt, kommt im Timaeus nichts vor, und daher gehen ihm Plotinus und Proclus so viel als möglich aus dem Wege. In Bezug auf das ζϖον εμψυχον εννουν haben wir streng platonisch nur den νους und die ψυχη. Diese beiden treten daher in den Vordergrund, und aus der psychischen Drei wird eine Zwei. In Bezug auf die Tab. smar. geschieht dies aufgrund dessen, daß, trotz der dreifachen fortitudo, das sich an die fortitudo Knüpfende nur ein Zwiefaches ist, nämlich das vincere der res subtilis und das penetrare der res solida. Das vincere der res subtilis kommt auf den νους, das penetrare des res solida auf die ψυχη. Übrigens kann man beim psychischen Zwei-Standpunkt auch die fortitudo nach der Zwei zählen.

Die *omnis* res subtilis, welche besiegt wird, ist der Kopfkreis und der Schwanz. Der Kopfkreis ist eine res subtilis, weil der Himmel als ventus etwas Subtiles ist. Der Schwanz ist eine res subtilis, weil er dem Bauchkreis gegenüber eine grazilere, subtilere Gestalt hat und spitz zuläuft. Die omnis res solida, welche durchdrungen wird, ist der Bauchkreis, die solida terra, *mit* dem diagonalisierten Quadrat. Vom Standpunkt der psychischen Drei kommt also der λογος auf den Kopfkreis, der νους auf den Bauchkreis, die ψυχη auf den Schwanz. Vom Standpunkt der psychischen Zwei dagegen kommt der νους auf den Kopfkreis und den Schwanz, die ψυχη auf den Bauchkreis. Dies Letztere fällt mit der philonischen Auffassung zusammen, kraft derer die ψυχη auf das Tier kommt. Bei der Rekonstruktion des Weltentieres behalten wir nämlich zuletzt den Bauchkreis übrig. Dieser repräsentiert die niedrigste Tiergattung, die vom Menschen am entferntesten stehende Tiergattung, und damit gewissermaßen κατ εξοχην das Tier. Und so kommt denn, indem die ψυχη auf den Bauchkreis kommt, die ψυχη zugleich in besonderer Auffassung auf das Tier, was eben mit der philonischen Auffassung zusammenfällt.

Also Haec est totius etc.: Der geistige Mensch besiegt und durchdringt den λογος, den νους, die ψυχη; oder den νους und die ψυχη. Was die obscuritas fugiens betrifft, so paßt sie weniger für die gloria, als, in Bezug auf die Diffikultät mit dem nicht platonischen λογος, vielmehr für die fortitudo. Es ist daher sachgemäß, den Passus Ideo fugiet a te omnis obscuritas, wie unter Umständen bei der ersten Redaktion der Tab. smar., zum Haec est totius fortitudinis hinüberzuziehen.

Sechste Rubrik

Sic mundus bis est hic.

Die creatio mundi ist in der zweiten Rubrik vertreten, welche den Demiurgen Plato bringt. An das, was die zweite Rubrik bringt, das ist an das Weltentier, die res una, wird in der vierten Rubrik der Mensch adaptiert. Die Adaptationen der menschlichen Teile an das Weltentier fallen also auf die vierte Rubrik.

Der modus der Adaptationen, das sind die Psychika des Menschen, fallen auf die fünfte Rubrik.

Siebente Rubrik

Itaque vocatus sum bis mundi.

Der Hermes ist der Timaeus, nicht Timaeus, wie in der zweiten Rubrik gefaßt als das Buch des Plato, welches gerade Timaeus heißt und statt dessen irgendwie anders heißen könnte: — sondern *der* Timaeus, welcher in dem betreffenden Buche des Plato die Person ist, der Plato die Rolle zuerteilt, als Hauptredner zu figurieren, und welcher daher bewirkt, daß das Buch Timaeus heißt.

Dieser Hermes-Timaeus ist ein trismegistus, weil er über die drei Teile verhandelt, die, wie wir oben exponiert, die drei Teile des platonischen Buches »Timaeus« bilden. Er hat 3 Teile der philosophia totius mundi, der Tab. smar., die 3 Teile nämlich, die der Index bringt und welche die Quintessenz der Tab. smar. bilden. Im Grunde hat nun der Hermes-Timaeus nicht drei Teile der Tab. smar., sondern drei Teile des platonischen Buches Timaeus. Damit ist denn gegeben, daß die Tab. smar. als synonym mit dem Buche Timaeus genommen wird. Wie die Tab. smar. der Kanon der Alchemie ist, so ist auch das Buch Timaeus der Kanon der Alchemie. Das ist nun eine Verherrlichung des platonischen Buches, die absolut etwas stark gegriffen ist, an der aber relativ nichts auszusetzen ist, weil sie im Gesamtsinn der vorliegenden Interpretation der Tab. smar. liegt.

Die Ehre, die der Person des Timaeus wiederfährt, indem er zum Hermes gestempelt wird, ist übrigens nicht zu hoch anzuschlagen.

Bei Licht betrachtet schrumpft sie sehr zusammen. Denn erstens ist es ja im Grunde nicht die Person Timaeus, welche in dem betreffenden Buche des Plato spricht, sondern es ist Plato selbst, welcher spricht und bloß die Dialogs-Marionette Timaeus vorschiebt. Und zweitens ist in's Auge zu fassen, daß strikt zwar Hermes die Person ist, und die philosophia totius mundi das Buch, in welchem er das Wort führt, daß aber hier Person und Buch zusammenfallen, indem Person und Buch beide Timaeus heißen. Bei so bewandter Sachlage aber liegt es zu nahe, daß man, wenn man auch die Person Timaeus nennt, doch unwillkürlich an das Buch Timaeus denkt. Auf die Weise geht denn, bei Lichte betrachtet, die Ehre, in der Timaeus prunkt, auf Plato und sein Buch über.

Schlußbemerkungen

Wir haben in der zweiten Rubrik gesagt, daß in der vorliegenden Interpretation der Tab. smar. dem ersten Teil des Timaeus Rechnung getragen wird. Demgegenüber könnte man erwidern, daß dies Rechnung-Tragen doch nur lückenhaft sei und am endlichen Ende auf nichts anderes hinauskomme als auf das Weltentier und die Anlehnung des Menschen an dasselbe. Dem ist aber nicht so. Es wird in der Tat in der vorliegenden Interpretation, wenn auch nicht gerade direkt, doch indirekt auf alles das hingewiesen, was im ersten Teil des Timaeus zur Sprache kommt. Man wird sehen, wie.

Wenn man das superius und inferius in der zweiten Rubrik auf die Elemente bezieht, so kommt man am Ende auch mit *einem* superius und inferius aus und braucht kein doppeltes superius und inferius heranzuziehen, wenn man superius kollektiv die Elemente superiora und inferius kollektiv die Elemente inferiora nennt. Alsdann hat man aber in dem doppelten superius und inferius, was in der zweiten Rubrik vorkommt, die Elemente zweimal vertreten. Das aber läßt sich nun sehr naheliegend derartig ausbeuten, daß das eine Mal die ideellen und das andere Mal die reellen Elemente in's Auge gefaßt werden. Hierzu kommt, daß das superius und inferius dazu dient, das Wunder der res una zustande zu bringen, die res una aber als *eine* Sache, eine gezählte Sache ist, und damit dazu angetan ist, die *Zahl* zu vertreten. Damit haben wir denn in dem Passus Quod est inferius bis rei unius: das ideelle Element, das reelle Element und die Zahl, welche Plato an das Weltentier anlehnt.

In der zweiten Rubrik haben wir ferner in dem fuerunt das »Werden«. Dieses Werden kommt auf die res omnes, indem die res omnes fuerunt. Das Vorderglied des Werdens ist das Sein. Das Vorderglied der res omnes ist der unus, indem er der Urheber der res omnes ist. Somit repräsentiert der unus das »Sein«, wie die res omnes das Werden repräsentieren. Wir haben damit die Anknüpfung des Werdens an das Sein oder an die Ewigkeit. Nun haben wir noch ein zweites fuerunt, ein zweites Werden. Dieses bezieht sich auf das Gegenüberstehen von Werden und »Zeit«. Das zweite Werden nämlich kommt auf die res natae, indem res natae fuerunt. An diese res natae knüpft sich indirekt die Zeit. Die res natae sind doch alles das, was sich im ersten Teil des Timaeus an das Weltentier knüpft.

Stellt man sich nun auf den Standpunkt dessen, der dies durchgehen will, so kann dieser nicht alles zusammen durchgehen, sondern er absolviert erst das eine und dann das andere. Er nimmt zuerst durch: ideelles Element, reelles Element, Zahl, dann: Sein, Werden, Zeit u.s.w. Zu jedem ist ein Zeitteil nötig, beispielsweise eine Stunde. Ist nun die erste Stunde über das erste verbracht, so wird die zweite Stunde über das zweite verbracht, die dritte Stunde über das dritte u.s.w. Damit knüpft sich denn an das Durchgehen der res natae, und damit an diese selbst, die Zeit. Aber, wird man vielleicht sagen, *diese* Zeit hat man auch in den res omnes. Denn wie sich an die res natae die verschiedenen Dinge lehnen, die sich an das Weltentier knüpfen, so lehnen sich an die res omnes die verschiedenen Dinge, die sich an den Timaeus knüpfen. Soll sich nun an jene die Zeit schmiegen, so muß sie sich auch an diese schmiegen. Mit Verlaub, das liegt doch anders. Denn indem die res omnes fuerunt, handelt es sich um die drei Teile des Timaeus. Diese drei Teile gehen uns aber für die vorliegende Interpretation der Tab. smar. nichts an, es geht uns *nur der erste Teil* etwas an, das ist nur *ein* Teil. An den Ein-Teil knüpft sich aber die Ein-Übersicht. Diese Ein-Übersicht ist das Resultat dessen, das Produkt dessen, daß man alles das, was sich an das Weltentier knüpft, sukzessiv, das ist in verschiedenen Zeitteilen, entwickelt und durchgenommen hat. Nachdem man sich anhand der Zeit die res natae entwickelt, hat man den ersten Teil des Timaeus, der sich an die res omnes knüpft, als etwas Fertiges vor sich liegen. Das also, was sich in Bezug auf die Zeit an die res natae knüpft, knüpft sich in analoger Relation *nicht* an die res omnes.

Dem Exponierten gemäß haben wir in dem Passus Et sicut res omnes bis adoptione: das Sein (Ewigkeit), das Werden, die Zeit, welche Plato an das Weltentier anknüpft.

Das Anlehnen von Sonne, Mond (und Planeten), von Himmel und Erde an das Weltentier haben wir in der dritten Rubrik eo ipso.

Das Anlehnen des Menschen an das Weltentier haben wir in der vierten Rubrik eo ipso.

In der vierten Rubrik haben wir in dem et recipit vim superiorum et inferiorum auch das Anlehnen der Götter an das Weltentier. Freilich ist mit den superiores und inferiores *nur* den Göttern des Kopfkreises und des Schwanzes Rechnung getragen, und *nicht* der Gottheit der Erde. Indessen kann man nachhelfend sagen, das, worin nicht der Keim der Gottheit liegt, kann sich nicht zu etwas Göttlichem emporschwingen. Wenn also der Bauchkreis teilhaftig werden soll der vis superiorum et inferiorum in Beziehung zu den Göttern, so muß in ihm der Keim der Gottheit liegen, denn sonst könnte er nimmer dazu gelangen, sich zur vis superiorum et inferiorum aufzuschwingen. Damit haben wir aber die Gottheit des Bauchkreises.

Das Anknüpfen der Psychika an das Weltentier haben wir in der fünften Rubrik eo ipso.

Und so haben wir denn die Relation der Tab. smar. zu alledem, was im ersten Teil des Timaeus hervorstechend zur Sprache gebracht wird.

Endlich haben wir noch ff. zu erwähnen:

Proclus, der Kommentator des Timaeus, stellt sich auf den neuplatonischen Standpunkt, gemäß dessen der Timaeus abschließt, wenn die Arkana an die Reihe kommen. Dementsprechend hätten dann seine Ὑπομνηματα da aufzuhören, wo es im Timaeus, P. 47. zu Ende heißt: επι ταυτα υπο τῶν αυτῶν εδοθη. Sie hören aber bereits auf P. 44 gegen Ende, wo es heißt: και κατα ταυτα (ενταυθα) πορευομενοις διεξιτεον. Das faßt nun *Synesius* in's Auge, und dem verdanken wir seine Abhandlung Λογος περι ενυπνιων oder Περι ενυπνιων: Über Träume. Die Träume, um welche Synesius seine neuplatonische Abhandlung sich drehen läßt, kommen daher, daß Plato an der Stelle, die zwischen dem liegt, wo Proclus aufhört, und wo die Arkana des Näheren an die Reihe kommen (τα μεν ουν παρεληλυθοτα τῶν ειρημενων κ. τ. λ.) von Schlaf- und Traumbildern redet. Es heißt nämlich Timaeus, P. 45 zu Ende und Anfang P. 46: σωτηριαν γαρ ην οι θεοι της οψεως εμηχανησαντο, την τῶν βλεφαρων φυσιν, οταν ταυτα ξυμμυση, καθειργνυσι την του πυρος εντος δυναμιν; η δε διαχει (διαχειται) τε και ομαλυνει τας εντος κινησεις, ομαλυνθεισῶν δε ησυχια γιγνεται, γενομενης δε πολλης μεν ησυχιας βραχυονειρος υπνος εμπιπτει, καταλειφθεισῶν δε τινων κινησεων μειζονων, οιαι και εν οιοις αν τοποις λειπωνται, τοιαυτα και τοσσαυτα παρεσχοντο αφομοιωθεντα εντος εξω τε εγερθεισιν απομνημονευομενα φαντασματα. »Denn die Götter richteten die Augenlider den Augen zum Heil ein. Wenn die Augenlider sich schließen, so versperren sie die Macht des inneren Feuers. Dadurch werden dann die inneren Bewegungen verscheucht und besänftigt. Das Besänftigen zieht Ruhe nach sich. Entsteht nun viel Ruhe, so ist die Folge davon ein von kurzen Träumen unterbrochener Schlaf. Bleiben aber einige größere Bewegungen, so kommt es darauf an, welche Bewegungen, und wo sie zurückbleiben, und danach richten sich qualitativ und quantitativ die Vorstellungen, die innerlich und äußerlich im Einklang stehen, und deren sich die Erwachenden erinnern.« Diese Stelle namentlich faßt Synesius in's Auge für seine Abhandlung.

Was nun die Personalität des Synesius betrifft, so gibt es einen zu den Kirchenvätern gezählten Synesius, von dem wir mehrere Schriften besitzen. Derselbe wurde zu Cyrene geboren, trat 401 zum Christentum über und wurde 410 Bischof von Ptolemais. Es fragt sich, ob dieser Cyrenäer Synesius der Autor der Abhandlung »Über Träume« ist? Die aldinische Ausgabe der Abhandlung fügt den Titel bei: ο τινες Συνεσιου ειναι φασιν, das ist: *angeblich* von Synesius. Und wir glauben, das »angeblich« ist nur zu gerechtfertigt, wenn man sich an die Jahreszahlen hält, wie sie gewöhnlich angegeben werden. Ihnen zufolge ist Proclus 412 n. Chr. geboren, und dieses soll auch das Sterbejahr des Synesius sein. Nun wird das letztere zwar nicht bestimmt behauptet, als absolut zuverlässig wird aber angegeben, daß Synesius 431 bereits tot war. Nun bedenke man, daß die proklischen Ὑπομνηματα erst das Motiv abgegeben haben zu dem synesischen Περι ενυπνιων. Wäre nun Synesius selbst erst 431 gestorben, so war damals Proclus 19 Jahre. Vor 19 Jahren wird er aber doch nicht seine platonischen Abhandlungen geschrieben haben. Gesetzt nun er habe sie, und in specie seinen Kommentar zum Timaeus als 19jähriger Jüngling geschrieben, dann liegt doch der Autor, der den Λογος περι ενυπνιων schrieb, eine Zeit hinter 431 und kann also unmöglich Synesius der Cyrenäer sein. Ein besonderes Gewicht hat übrigens die Abhandlung Περι ενυπνιων nicht, viel instruktiver ist die Erklärung, Ἑρμηνεια, derselben, welche den *Nicephorus* zum Autor hat.

Die Einleitungs-Rubrik der Tabula smaragdina in neuplatonischer Auffassung

Es ist für den Anfangs-Passus der Tab. smar.: Verum est sine mendacio, certum et verissimum epochemachend und verdient daher in einem Besonder-Abschnitt hervorgehoben zu werden, daß er anhand des Neuplatonismus eine Interpretation erhält, die er früher nicht gehabt. Es wird nämlich davon abgebogen, diesen Passus auf die Wahrheit des Inhalts der Tab. smar. zu beziehen, vielmehr wird er auf *Gott* bezogen. Hiermit hängt es denn beispielsweise zusammen, daß die Vita Pythagorica des Jamblichus mit der Anrufung Gottes beginnt.

Wir haben bei unserer Interpretation des Timaeus da angefangen, wo das, was der Autor sich vorgenommen, insbesondere in seinem Buche abzuhandeln, anfängt, das ist P. 27 gegen Ende bei den Worten: εστιν ουν δη κατ' εμην δοξαν. Das ist nun keine Willkür unsererseits. Es ist ein sachentsprechendes Tun, welches sich von selbst ergibt, daß man eben beim εστιν ουν anfängt, wenn man das in's Auge faßt, was Plato sich vorgenommen, insbesondere im Timaeus abzuhandeln. Nun aber fängt der Wortführer Timaeus nicht bei εστιν ουν zu sprechen an, er beginnt schon früher mit αλλ' ω Σωκρατες seine Rede, und kommt erst nach einleitenden Worten auf das εστιν ουν. Die Hauptsache, um welche sich diese einleitenden Worte drehen, ist eine Anrufung der Götter und Göttinnen.

Indem nun die Neuplatoniker das in's Auge fassen, was sich Plato vorgenommen, insbesondere im Timaeus abzuhandeln, beginnen sie nicht da, wo dasselbe in der Tat anfängt, sondern da, wo der Wortführer Timaeus seine Rede beginnt. Damit haben sie denn am Anfang des eigentlichen Timaeus die Anrufung der Gottheit, und das übertragen sie auf die Tab. smar. So kommt denn heraus, daß der Anfang der Tab. smar. sich mit der Gottheit befaßt.

Im Sinne einer solchen Auffassung ist das, was verum sine mendacio, certum et verissimum ist, das *Numen Dei*. Also haben wir in strikt neuplatonischer Auffassung nicht: das, was die Tab. smar. bietet, ist wahr ohne Lüge, gewiß und sehr wahr, sondern: die *Gottheit* ist wahr, ohne Lüge, gewiß und sehr wahr.

Wir weisen bei dieser Gelegenheit in Bezug auf die Dreieinigkeits-Interpretation der Tab. smar. darauf hin, daß, wenn man die Einleitungs-Rubrik nach der Drei zählt — verum und verissimum als gleiches Grundwort: Eins, sine mendacio: Eins, certum: Zwei, verissimum: Drei — daß man dann im Anlehnen an die Gottheit bei freier Übersetzung erhält: Im Namen des Vaters, des Sohnes und des Heiligen Geistes!

Die Tabula Memphitica

Wir kommen wieder zu den Anhängern der metaphysischen Interpretation der Tab. smar. Wir wissen, daß dies die »Aristoteliker« sind, entgegen den »Platonikern«. Es wäre nun sehr verkehrt, wenn man glauben wollte, die Aristoteliker hätten den Platonikern mit einem gewissen Fanatismus gegenübergestanden. Ach nein, die Anhänger der metaphysischen Interpretation der Tab. smar. waren sehr tolerante Leute; die verleugneten ihren Ursprung nicht, welcher Ursprung eben die Toleranz war. Dem Plato standen diese Aristoteliker nicht gerade feindlich gegenüber, sondern sie sagten bloß, dies und jenes von dem Manne können wir nicht gebrauchen, denn daß wir es nicht gebrauchen können, das ist ja gerade unser Standpunkt. Das verhinderte sie aber nicht, den Plato in dem zu ehren und zu achten, was ihnen nahelag, das ist in seiner Lehre von den Arkanen. Auf die Weise erklärt es sich denn leicht, daß wir auf einmal bei den Anhängern der metaphysischen Interpretation der Tab. smar. die *astrologische* Richtung vertreten finden. Diese Richtung findet ihren Wurzelpunkt in der magischen Interpretation der Tab. smar. Die Astrologie, welche sich in ihr mit der Arkanologie verbunden findet, diese Astrologie, sagten die Anhänger der metaphysischen Interpretation der Tab. smar., liegt auch uns so fern nicht. Den Plato in seiner Arkanologie erkennen wir an. Tun wir aber das, so können wir auch einen Schritt weiter gehen, und vor Augen habend, daß die platonischen 7 Arkana sich an den Schwanz des Weltentieres knüpfen, welcher Schwanz auf der anderen Seite auch Sonne, Mond und Sterne repräsentiert, das vor Augen habend, können wir an die Arkana auch Sonne, Mond und Sterne knüpfen, und damit haben wir denn eine mit der Arkanologie Hand in Hand gehende Astronomie, welche sich mystisch gefaßt, zur Astrologie extendiert, wie sich die χρυσοποιια, mystisch gefaßt, zur mystischen Goldmacherkunst extendiert. So weit gekommen, ging man einen Schritt weiter, entwickelte eine neue Idee. Durch die zweite resp. dritte Redaktion der Tab. smar., sagte man, ist die erste Redaktion so weit gekommen, daß sie nahe daran ist, in Vergessenheit zu geraten. Ein solches Schicksal verdient sie aber nicht, im Gegenteil, diese erste Redaktion verdient wohl einmal wieder in den Vordergrund geschoben zu werden. Wie soll das aber geschehen? Soll man sie über die zweite, resp. dritte Redaktion hinüber den Alchemisten mit Emphase reichen? Das geht nicht, das würde so aussehen, als wolle man diesen beiden Redaktionen Schach bieten, als wolle man sie der ersten Redaktion zu Liebe in den Hintergrund drängen. Und da ist denn die Astronomie resp. Astrologie dazu angetan, ein Mittel zu bieten, um zum Zwecke zu gelangen. Nämlich man nimmt die erste Redaktion der Tab. smar. vor und knüpft an sie eine astrologische Interpretation. Dieser astrologischen Interpretation gibt man dann die äußere Form der ersten Redaktion, läßt die Glieder der astrologischen Interpretation die Glieder der ersten Redaktion decken, dann hat man die erste Redaktion in astrologischer Form, man hat dann die erste Redaktion in einer Form, die dem Mißverständnis vorbeugt, als wolle man durch sie die zweite resp. dritte Redaktion verdrängen. Zugleich hat man aber auch die Arkana mit der Astronomie resp. Astrologie in Verbindung gesetzt.

Die Interpretation nun der ersten Redaktion der Tab. smar. in diesem Sinne ist ff.

Erste Rubrik

Quod est superius, est, sicut id quod est inferius, ad perpetranda miracula rei unius.

Man nimmt an, res una = Coelum, Himmel ohne Sonne, Mond und Sterne. Diesen Himmel läßt man in zwei Teile zerfallen, in den Teil, welcher sich mehr um den Zenit befindet, und in den Teil, welcher sich mehr an den Horizont reiht. Der erste Teil repräsentiert das superius, der letzte das inferius, indem der erste *über* dem letzten, der letzte *unter* dem ersten ist. Also: Der obere Teil des Himmels, des Firmaments, dient, wie der untere Teil dazu, um die Wunder des Coelum, ουρανος, zustande zu bringen.

Zweite Rubrik

Separabis terram ab igne, subtile a spisso, suaviter magno cum ingenio. Ascendit a terra in coelum, iterumque descendit in terram, et recipit vim superiorum et inferiorum.

Wie es sich in der ersten Rubrik um das Firmament, Coelum, ουρανος, handelt, so handelt es sich hier um Sonne, Mond und Sterne, welche kollektiv als Astrum, αστρον, gefaßt werden.

Der Kollektiv-Begriff Astrum zersplittert sich dann in die Separat-Begriffe: Sonne, Mond, Fixsterne, Planeten.

Terra, ignis, subtile, spissum knüpfen sich an die spezielle Auffassung des Astrum, indem ist:

terra = Mond,
ignis = Sonne,
subtile = Fixsterne,
spissum = Planeten.

Die Sonne ist ignis als das Hauptweltenfeuer. Der Mond ist deswegen terra, weil »er gibt Zeichen, Feste, Tage und Jahre« (1. Buch Mosis, Kap. 1, Vers 14), womit er eine besondere Relation zu der Erde, die wir bewohnen, hat. Der Planet ist dem feineren Fixsterne, subtile, gegenüber ein spissum.

Also Separabis etc.: Mache trennend einen Unterschied zwischen Mond, Sonne, Fixsternen, Planeten.

Das suaviter magno cum ingenio weist namentlich auf den Mond hin, dessen Auffassung als terra etwas weiter liegt.

Nachdem nun die Zersplitterung des Astrum in seine Teile absolviert ist, wird das Astrum kollektiv in's Auge gefaßt und von ihm gesagt:

Ascendit a terra in coelum, iterumque descendit in terram.

Das ascendere bezieht sich auf das Aufgehen des Astrum (Sonne, Mond, Sterne), das descendere bezieht sich auf dessen Untergehen. Also das Astrum geht auf und ab, wird dadurch zu einem superius und inferius, zu einem ανω und κατω, in ähnlicher Beziehung wie das Coelum, welches sich auch in das ανω und κατω zersplittert. Nicht aber dasselbe Verhältnis hat statt beim ουρανος wie beim αστρον. Denn das coelum ist in dem ανω und κατω derartig situiert, daß das, was ανω und κατω ist, auch ανω und κατω bleibt. Die Gegend um den Zenit ist ανω und bleibt ανω. Die Gegend um den Horizont ist κατω und bleibt κατω. Dagegen beim Astrum ist das ανω und κατω dem Wechsel unterworfen, bald ist das Astrum ein ανω, bald ein κατω. Ein ανω ist es, wenn es aufgeht, ein κατω ist es, wenn es abgeht. Und in der Beziehung:

recipit (Astrum) vim superiorum et inferiorum, erhält das Astrum die Macht τῶν ανω και τῶν κατω, wobei der Nachdruck auf das και, und, zu legen ist. Das Astrum erhält die Macht des ανω *und* des κατω.

Streng uns an den Kollektivbegriff Astrum haltend, kämen wir nun, entsprechend dem Passus von soeben: das Astrum erhält die Macht *des* ανω und *des* κατω, mit einem: et recipit vim του ανω και του κατω aus. Es wird aber, im Anlehnen an das Separabis, das Astrum in seine Teile zersplittert gedacht, und auf die Weise kommt dann heraus, da sowohl Sonne, als Mond, als Fixsterne, als Planeten, jedes für sich aufgeht und abgeht, των ανω und των κατω. Daß aber auf einmal vom Astrum kollektiv zu den einzelnen Teilen dieses Astrum, zu den Astris, gesprungen wird, kann nichts Auffallendes haben. Dieser Sprung ist ja eben durch die Klassifizierung des Astrum anhand des Separabis etc. vorbereitet.

Dritte Rubrik

Sic habebis gloriam totius mundi, ideo fugiet a te omnis obscuritas.

Weil die Himmel die gloria Dei erzählen (Psalm 19), deswegen gestaltet sich die gloria totius mundi zum Himmel, Coelum.

Also: Auf die Weise, daß ich dir das bringe, was vorliegt, hast du, indem dich die obscuritas flieht, die obscuritas, in der ersten Redaktion der Tab. smar. bloß die Arkana finden zu wollen und nicht auch die Astrologica, hast du, dich an die erste Rubrik haltend, das Coelum.

Vierte Rubrik

Haec est totius fortitudinis fortitudo fortis, quia vincet omnem rem subtilem, omnemque solidam penetrabit.

Wie sich die gloria auf das Coelum bezieht, so bezieht sich die fortitudo auf das Astrum.

Haec est fortitudo. Wie die erste Rubrik in der gloria gegeben ist, so ist die zweite Rubrik in der fortitudo gegeben.

Was den Nachsatz quia etc. betrifft, so wird auf den Passus Separabis terram ab igne, subtile a spisso reflektiert. Was dort subtile und spissum war, wird hier omnis res subtilis genannt, was dort terra und ignis war, wird hier omnis terra oder vielmehr omnis res solida genannt. Es handelt sich also um eine mehr indexartige Auffassung der Worte subtile und terra (solidum). Wenn hier also steht: quia vincet omnem rem subtilem, omnemque solidam penetrabit, so heißt das: quia vincet subtile et spissum, et terram, et ignem penetrabit. Weil nun subtile, spissum, terra, ignis sind: Fixsterne, Planeten, Mond, Sonne, und weil vincere und penetrare auf ein κρατειν hinauskommt, so haben wir in dem quia vincet etc.: quia dominabitur in solem, lunam, stellas fixas et errantes.

Die fortitudo zählt nach der Vier.

Also Haec est fortitudo: Hier hast du die fortitudo, das Astrum. Es handelt sich aber nicht um *eine* fortitudo, sondern um eine totius fortitudinis fortitudo fortis, um eine vierfache fortitudo, weil die fortitudo Sonne, Mond, Planeten und Fixsterne beherrscht. Du hast also in der zweiten Rubrik, trotzdem, daß es singulariter heißt: ascendit et descendit, pluraliter: ascendunt und descendunt. Generell bezieht sich die zweite Rubrik zwar auf das αστρον, speziell aber auf die αστρα.

Diese Interpretation der 1.Redaktion der Tab. smar. wird nun der *Tabula Memphitica* untergelegt. Die Tab. Memphitica lautet:

ΟΥΡΑΝΟ. ΑΝΩ. ΟΥΡΑΝΟ. ΚΑΤΩ.
ΑΣΤΕΡΑ. ΑΝΩ. ΑΣΤΕΡΑ. ΚΑΤΩ.
ΠΑΝ. ΑΝΩ. ΠΑΝ. ΤΩΥΤΟ. ΚΑΤΩ.
ΤΑΥΤΑ. ΛΑΒΕ. ΚΑΙ. ΕΥΤΥΧΕ.

NB. ουρανο steht statt ουρανος. αστερα statt αστρα.

Lateinisch: Coelum supra, Coelum infra,
Astra supra, Astra infra,
Omne supra, omne hoc infra —
Haec sume et sis felix!

Deutsch Himmel oben, Himmel unten,
Gestirne oben, Gestirne unten,
Alles »Oben«, alles dies »Unten« —
Das nimm und sei glücklich!

Das Quod est superius, est, sicut id quod est inferius, ad perpetranda miracula rei unius bietet uns, wie wir in der obigen Interpretation der Tab. smar. gesehen, den ουρανος ανω und ουρανος κατω, das Coelum supra und Coelum infra. Dies uns dort Gebotene wird nun kurzweg hierhin gesetzt und bildet die erste Zeile der Tabula Memphitica.

Das Separabis terram ab igne, subtile a spisso, suaviter magno cum ingenio. Ascendit a terra in coelum, iterumque descendit in terram, et recipit vim superiorum et inferiorum bietet uns, wie wir in der obigen Interpretation der Tab. smar. gesehen, das αστρον ανω und αστρον κατω, Astrum supra und Astrum infra, oder in dem Überspringen vom Singular zum Plural — welches das recipit vim superiorum et inferiorum und die totius fortitudinis fortitudo fortis rechtfertigt — die αστρα ανω und αστρα κατω, Astra supra und Astra infra. Dies uns dort Gebotene wird nun kurzweg hierhin gesetzt und bildet die zweite Zeile der Tabula Memphitica.

So haben wir also die beiden *ersten* Zeilen der Tabula Memphitica. Sie stehen absolut da, und wir wissen vorläufig noch nicht, was wir mit dem, was sie bringen, was wir mit diesem Himmel oben und unten, Gestirnen oben und unten anfangen sollen. Das lernen wir nun in der *vierten* Zeile, welche besagt, man solle das nehmen und glücklich sein. Diese vierte Zeile entspricht, wie die erste Zeile der ersten Rubrik der ersten Redaktion der Tab. smar. entspricht, wie die zweite Zeile der zweiten Rubrik der ersten Redaktion der Tab. smar. entspricht, entspricht, sagen wir, der vierten Rubrik der ersten Redaktion der Tab. smar., das ist dem Haec est totius fortitudinis fortitudo fortis, quia vincet omnem rem subtilem, omnemque solidam penetrabit. Sie müßte also anlehnend an die obige Interpretation den Hinweis auf die zweite Rubrik bringen. Das tut nun die vierte Zeile der Tabula Memphitica aber nicht. Sie lehnt sich vielmehr mit ihrem *Sinne* an den *Sinn,* welchen die vierte Rubrik in der ersten Redaktion der Tab. smar. hat. In dieser ersten Redaktion der Tab. smar. ist die vierte Rubrik die pathologische Rubrik, es wird in ihr auf die Anwendung der Arkana am Krankenbette verwiesen. Ähnliches geschieht nun auch hier. Man kann nun aber wohl da, wo, wie in der ersten Redaktion der Tab. smar., von den Arkanis die Rede war, auf ihre Anwendung am Krankenbett hinweisen, man kann aber nicht da, wie hier, von Himmel und Gestirnen die Rede war, auf die Anwendung dieser am Krankenbett hinweisen. Man kann aber ein Analogon stattfinden lassen, und das besteht darin, daß man, wie man dort auf die *Verwertung* der Arkana lossteuert, daß man so hier auf die *Verwertung* von Himmel und Gestirnen, das ist der Astronomika, lossteuert. Diese letztere Verwertung besteht nun darin, daß man sie zum Zwecke der *Astrologie* ausbeutet. Und das geschieht hier, wenn es heißt: Das nimm und sei glücklich, d.i., nimm dir die betreffenden Astronomika, und treibe Astrologie mit ihnen. Wir wünschen dir aber, daß du, indem du deine Konstellationen herausarbeitest, glückliche Konstellationen herausbekommst und keine unglückliche. Wir haben hier also einen Sprung von der Astronomie zur Astrologie.

Nun bleibt uns noch die *dritte* Zeile der Tabula Memphitica übrig. Sie lehnt, wie die erste Zeile an die erste Rubrik der Tab. smar., die zweite Zeile an die zweite Rubrik der Tab. smar., die vierte Zeile an die vierte Rubrik der Tab. smar. anlehnt, selbstredend an die dritte Rubrik der Tab. smar. an, das ist, sie lehnt an das: Sic habebis gloriam totius mundi. Ideo fugiet a te omnis obscuritas. Demgemäß müßte sie, anlehnend an die obige Interpretation, einen Hinweis auf die erste Rubrik bringen. Das geschieht nun abermals nicht, wie es auch in Bezug auf die 4. Rubrik nicht geschehen ist. Vielmehr wird folgende Diversion gemacht. Wenn die dritte Zeile gar nicht in der Tabula Memphitica stände, so bliebe der Sinn der Tabula Memphitica doch derselbe. Man kann sie also nehmen, und man kann sie fallen lassen. Das ist aber eine ähnliche Situation wie mit der dritten Rubrik der 1. Redaktion der Tab. smar. Man kann sie als dritte Rubrik nehmen, nun, dann hat man sie. Man kann sie aber auch in die Teile Sic habebis gloriam totius mundi und Ideo fugiet a te omnis obscuritas zersplittern, den ersten Teil zur zweiten, den zweiten Teil zur vierten Rubrik hinüberziehen, dann hat man sie *nicht*, und es kommen nur drei Rubriken heraus. Die dritte Zeile der Tabula Memphitica und die dritte Rubrik der Tab. smar. decken sich also derartig, daß beide nach Belieben genommen oder gestrichen werden können, und in der Beziehung ist die Relation der dritten Zeile der Tabula Memphitica zur dritten Rubrik der ersten Redaktion der Tab. smar. da.

Wie wir also gesehen, haben wir in der Tabula Memphitica eine Tabula, welche sich in der äußeren Form der ersten Redaktion der Tab. smar. anschmiegt. Bei der Tabula Memphitica handelt es sich um vier Zeilen, bei der Tab. smar. um vier Rubriken. Und indem dann Zeilen und Rubriken als Glieder gegenüberstehen, deckt, wie wir das ebenfalls gesehen, der Reihenfolge nach ein Glied das andere. Damit entspricht denn die Tabula Memphitica dem Zweck, auf den sie lossteuert, den Alchemisten auf's Neue die erste Redaktion der Tab. smar. zu bieten, in einer Form zu bieten, durch welche der Standpunkt der zweiten resp. dritten Redaktion der Tab. smar. nicht weiter alteriert wird. Zugleich aber werden uns in der Tabula Memphitica die Arkana in astronomischer resp. astrologischer Form geboten.

Daß es sich bei der Tabula Memphitica um eine zu Memphis gefundene Tempelinschrift handelt, ist natürlich eine Mystifikation. Tabula Memphitica ist nichts anderes als Tabula Aegyptia oder Khemica, bekanntlich ein Titel der Tab. smar. überhaupt. Weil nun der Titel »Ägyptisch« bereits besetzt ist, und man dem vorliegenden Schriftstück, um die Konfundierung zu vermeiden, einen Besonder-Titel geben will, so läßt man Ägypten überhaupt fallen, und nimmt statt seiner die ägyptische Stadt Memphis. Auf die Weise wird denn aus der Tabula Aegyptia eine Tabula Memphitica.

Die Tabula Democritica

Wir besitzen von *Demokrit*, einem Alchemisten, welcher in die zweite alexandrinische Periode fällt, eine Schrift, welche heißt: Φυσικα και μυστικα.

Im Drucke existiert von ihr nur eine lateinische Übersetzung: De rebus naturalibus et mysticis. Diese Schrift fängt mit einem Passus an, welchen wir die Tabula Democritica nennen wollen, und welcher lautet:

Ἡ φυσις τη φυσει τερπεται,
Ἡ φυσις την φυσιν νικα,
Ἡ φυσις την φυσιν κρατει.

Lateinisch: Natura naturâ gaudet,
Natura naturam vincit,
Natura in naturam dominatur.

Die lateinische Übersetzung, welche wir soeben angeführt, hat pro tertio: Natura naturam retinet, was nicht wortgetreu ist. Indessen bringen die meisten Abendländer, welche die Tabula Democritica zitieren, den dritten Passus als: Natura naturam retinet (so z.B. die Turba philosophorum u.s.w.).

Deutsch: Die Natur freut sich der Natur,
Die Natur besiegt die Natur,
Die Natur beherrscht die Natur.

Wie gesagt, mit diesem Passus, mit diesen drei Sätzen, welche wir die Tabula Democritica nennen wollen, fängt die betreffende Schrift des Demokrit an, und nachdem dies geschehen, wird in der Schrift selbst, wo dieser und jener Passus beendet ist, als Refrain hinzugefügt, entweder: η φυσις τη φυσει τερπεται, oder η φυσις την φυσιν νικα, oder: η φυσις την φυσιν κρατει. Diese Refrains laufen durch die Schrift durch. Z.B. es heißt:

Capiens Mercurium, infige corpori magnesiae, vel corpori Italici stimmi, vel sulphuris ignem non experti, vel spumae argenti, vel calci vivae, vel alumini ex Mele, vel arsenico, vel ut scis, et coniice terram albam Veneris, et habebis Venerem claram, flavam vero coniice Lunam et habebis aurum et erit chrysocollum in corpus redactum. Idem etiam facit arsenicum flavum et sandaracha praeparata et cinnabrium valde contusum; aes autem splendidum solum argentum vivum facit. *Natura* enim *naturam vincit*.

Marchasitam (Pyritem Graece) argenteam, quam etiam sideritem vocant, rege, et fac ex more, ut solvi possit. Fluet autem vel per aurum, vel album lithargyrium, vel in Italico stimmi, et expurga cum plumbo, non simpliciter inquam, ne aberres, sed eo, quod est a scissili et lithargyrio nigro nostro, vel ut scis, et coque et coniice materiae flavum factum, et tinget. *Natura* enim *natura gaudet*.

Pyritem rege, donec fiat incombustibilis abiiciens nigredinem, rege autem muriam vel urina incorrupta, vel aqua maris, vel oxymelite, vel ut scis, donec fiat ut auri ramentum incombustibile, et si fiet, misce cum eo sulphur ignem non expertum, vel alumen flavum, vel ochram Atticam, vel ut scis, et adiice Lunam per solem per auri conchylium. *Natura* enim *naturam vincit*.

Claudianum capiens, facias marmor, ut moris est, donec flavum fiat. Flavum reddas non lapidem inquam, sed id, quod est ex lapide Flavum vero reddes per alumen ustum, sulphure, vel arsenico, vel sandaracha, vel calce, vel ut scis: et si apposueris Lunam, facias Solem, si vero Solem, facias auri conchylium. *Natura* enim *naturam* vincens *retinet*. Und so weiter.

Diese ewigen Refrains sollen nun gar nichts anderes bezwecken, als dem Leser immer und immer wieder das Natura natura gaudet etc. in's Gedächtnis zu rufen. Dem Demokrit ist es eben weniger darum zu tun, den Inhalt seiner Abhandlung zu bringen, als die Tabula Democritica dem Leser vorzuführen.

Der Inhalt der Abhandlung steht auf dem Boden der methaphysischen Interpretation der Tab. smar., dreht sich um das, was jene lehrt, die Auffassung des Merkur als Merkur, als Hydrarg. oxyd. rubr., als Gold, die Auffassung der Arkana als Merkur und Gold, die Darstellung des Hydrarg. oxyd. rubr. u.s.w.

Das Charakteristischste an ihr sind die mannigfachen Namen, welche dem Quecksilber gegeben werden, wie das der Leser bereits aus dem soeben gebrachten Bruchstück ersehen kann. Hierin ist Demokrit der Vorläufer für die spätere Alchemie, in der die verschiedenen Bezeichnungen für das Quecksilber zu einer enormen Höhe anwachsen. Wir haben uns dieser Namen wegen der Übersetzung des oben gebrachten Bruchstücks überhoben. Wir würden ja doch nur der Hauptsache nach ein Namen-Register im Deutschen wie im Lateinischen haben. Die paar Vokabeln, welche zwischen den Namen stehen, lohnen nicht der Übersetzung. In dem dritten Passus, den wir gebracht, sind urina incorrupta, aqua maris, oxymel natürlich Namen für Acidum nitricum.

Wie gesagt, ist es dem Demokrit weniger darum zu tun, uns den eigentlichen Inhalt seiner Abhandlung zu bringen, als vielmehr darum, uns die Tab. Democritica vorzuführen. Diese Tab. Democritica reiht sich an die Tab. Memphitica, steht ihr gegenüber. Wie die Tab. Memphitica, welche der Tab. Democritica vorangeht, die erste Redaktion der Tab. smar. zur Basis hat, so hat die Tab. Democritica die dritte Redaktion der Tab. smar. zur Basis. Will man, sich ganz auf den Allgemein-Standpunkt stellend, die Tab. Democritica aus der Tab. Memphitica hervorgehen lassen, so streicht man an dieser, der Tab. Memphitica, die dritte Zeile, wie das ja in unserem Belieben steht, und erhält so auf beiden Seiten eine dreizeilige Tabula.

Bei der Tab. Memphitica hatten wir einen doppelten Gesichtspunkt: 1) Vorführen der ersten Redaktion der Tab. smar., 2) die Astronomika oder Astrologika. Von diesen wissen wir, daß bei ihnen auf Plato rekurriert wird, wir haben also in ihnen in anderer Auffassung: das Rekurrieren auf Plato.

Ganz so haben wir in der Tab. Democritica einen doppelten Gesichtspunkt: 1) Vorführen der dritten Redaktion der Tab. smar. (nämlich im Sinne der metaphysischen Interpretation der Tab. smar.), 2) das Rekurrieren auf Plato.

Den zweiten Gesichtspunkt der Tab. Democritica, das *Rekurrieren auf Plato,* wollen wir zunächst in's Auge fassen.

Wie wir wissen (vergl. siebente Rubrik der metaphysischen Interpretation der Tab. smar.), huldigen die Alexandriner vor der metaphysischen Interpretation der Tab. smar. der Physik, und demgegenüber huldigen die Anhänger der metaphysischen Interpretation der Tab. smar. der Metaphysik. Diesen letzteren gegenüber verfolgt nun Philo die Bahn der Physik in seiner Weise weiter, indem er sich an die φυσις ανθρωπου hält. Das verhindert aber nicht, daß die Physik ganz in alter Weise sich wieder Bahn bricht, wie dafür namentlich die platonische Interpretation der Tab. smar. ein Zeugnis abgibt. Wir haben also das Gegenüberstehen der Neuplatoniker und der Anhänger der metaphysischen Interpretation der Tab. smar., oder wie wir sie auch nennen können, der Aristoteliker, darin in Bausch und Bogen gezeichnet, daß die ersteren der Physik huldigen, die letzteren der Metaphysik. Platoniker sein, heißt mit anderen Worten Physiker sein, Aristoteliker sein, heißt mit anderen Worten Metaphysiker sein. Demokrit kalkuliert nun ff. Solange wir Anhänger der metaphysischen Interpretation der Tab. smar. ganz im Allgemeinen, den Toleranz-Standpunkt einnehmend, sagten, wir haben Plato gegenüber weiter keinen Intoleranz-Standpunkt; dem, was wir von dem Manne gebrauchen können, das ist, seiner Arkanen-Lehre, kehren wir weiter nicht den Rücken, das, dem wir den Rücken kehren, ist das, was wir nicht gebrauchen können, weil wir, ihm Rechnung tragend, uns selbst negieren würden, solange wir so sprachen, sagt Demokrit, nahmen wir einen Allgemeinstandpunkt ein, mit dem jeder in specie es halten konnte, wie er wollte. Jetzt aber, sagt er, nachdem die Sache so weit gekommen, daß das Rekurrieren auf Plato durch die Tab. Memphitica, wenn gerade auch nicht kanonisch geworden ist, so doch durch die Allgemein-Annahme dieser Tabula einen Stempel erhalten hat, der so halb-kanonisch ist, jetzt kann keiner mehr der Sache aus dem Wege gehen, jetzt ist Plato legalisiert worden, das heißt mit anderen Worten, die Metaphysik hat in die Physik hinübergegriffen, die Metaphysiker sind nicht streng mehr Metaphysiker, sie sind halb Methaphysiker, halb Physiker. Und dem, sagt Demokrit, muß strikt ein Ausdruck gegeben werden, damit diejenigen, welche etwa noch den alten Standpunkt einnehmen, kraft dessen sie sagen, nun, wir sind gerade nicht intolerant gegen Plato, mag der, dem seine Arkanen-Lehre gefällt, daraus nehmen, was er will, kraft dessen sie das so ganz im Allgemeinen sagen, ohne sich individuell irgendeine Fessel anzulegen, damit diese ihren strikten Standpunkt angewiesen bekommen. Ich, Demokrit, aber gebe der Sache strikt einen Ausdruck in der Tab. Democritica. In diesem Sinne ist nun die Interpretation der Tab. Democritica ff.

Erste Zeile: 'Η φυσις τη φυσει τερπεται. Die erste Physis ist die Physik der Aristoteliker, die zweite die der Platoniker. Eine freut sich der anderen, die beiderseitigen φυσεις nähern sich. Indem man Metaphysiker ist, wendet man darum noch nicht der Physik den Rücken.

Zweite Zeile: 'Η φυσις την φυσιν νικα. Indem aber der Standpunkt von soeben stattfindet, geben die Aristoteliker ihren Standpunkt nicht auf. Toleranz gegen Plato und sich absorbieren lassen von Plato sind noch zwei verschiedene Dinge. Das letztere zu tun, dazu haben die Aristoteliker keine Lust. Ihre Metaphysik ist und bleibt ihnen die Hauptsache. Sie lassen der Physik Gerechtigkeit wiederfahren, geben ihr aber einen subordinierten Standpunkt. Die Metaphysik siegt über die Physik, die Physik der Aristoteliker siegt über die der Platoniker.

Dritte Zeile: 'Η φυσις την φυσιν κρατει. Diese Zeile könnte beim gegenwärtigen Gesichtspunkt der Tab. Democritica, welcher das Rekurrieren auf Plato in's Auge faßt, fallen. Denn wenn die φυσις der φυσις gegenüber einmal *gesiegt* hat, so braucht der platonischen Physik gerade doch nicht in dem κρατειν der Fuß auf den Nacken gesetzt zu werden, das stumpft das τερπεσθαι der ersten Zeile ein wenig sehr ab. Indessen, die Sache läßt sich nicht anders machen. Denn die Tab. Democritica hat nicht nur die Mission, auf Plato zu rekurrieren, sondern auch die, uns die metaphysische Interpretation der Tab. smar. vorzuführen, und indem sie das letztere tut, kann das 'Η φυσις την φυσιν κρατει nicht umgangen werden.

Fassen wir nun den ersten Gesichtspunkt der Tabula Democritica, das *Vorführen* der *metaphysischen Interpretation* der Tab. smar. in's Auge. Haben wir von der Tab. smar. den Passus Haec est totius fortitudinis fortitudo fortis, quia vincet omnem rem subtilem, omnemque solidam penetrabit — pro primo, und schmiegt sich dem pro secundo der Hinweis auf den Hermes trismegistus an, so haben wir damit die Tab. smar. in der metaphysischen Interpretation in nuce. Denn diese Interpretation kommt ja darauf hinaus, daß die Arkana in zwei Teile zerfallen, daß ein Teil davon als Merkur oder Gold gefaßt wird, und dieser Teil sich zum Herrn des ganzen Arkani aufwirft, so daß wir also die Arkana nach der einen Auffassung als Gold, nach der anderen Auffassung als Merkur haben. Nun, die Situation mit dem Merkur in dieser Beziehung haben wir ja gerade in dem betreffenden Passus Haec est totius fortitudinis etc. Die Situation mit dem Gold in der genannten Beziehung haben wir in diesem Passus zwar streng genommen *nicht*, denn den Goldstandpunkt bezeichnet die gloria, nicht aber die fortitudo. Indessen man bedenke, daß wir gar nicht wüßten, was wir mit der gloria anfangen sollten, wenn wir nicht bei Sic habebis gloriam supplierten: quia vincet omnem rem subtilem, omnemque solidam penetrabit. Also den Hauptlebensfaden erhält die gloria aus dem Fortitudo-Passus, und daher kann man wohl sagen, wenn man die fortitudo hat, so hat man auch die gloria. Hierzu kommt, daß, wie wir oben gesagt, sich dem Fortitudo-Passus der Hinweis auf den Hermes trismegistus anschmiegen soll, auf daß aus dieser Rubrik die metaphysische Interpretation der Tab. smar. in nuce hervorgehe. In dem Hermes trismegistus aber haben wir den Drei-Standpunkt: Hydrargyrum oxydatum rubrum, Quecksilber, Gold. Nun damit ist gezeichnet, daß wir, wenn wir den Merkur haben, auch das Gold haben. Sollte dieser Hinweis nicht auf das Gold deuten, auf den Gloria-Standpunkt, sollte er nicht darauf deuten, daß wir da, wo wir den Merkur haben, auch das Gold haben, daß wir da, wo wir den Fortitudo-Standpunkt haben, auch den Gloria-Standpunkt haben, wozu brauchten wir denn neben dem Passus Haec est totius fortitudinis etc. auch noch auf den Hermes trismegistus zu reflektieren?

Indem wir uns nun an den Passus Haec est totius fortitudinis etc. mit Berücksichtigung des Hermes trismegistus halten, indem wir aufgrund dessen mit der fortitudo zugleich die gloria haben, fällt die achte Rubrik, sie wird absorbiert. Sie soll uns ja darauf verweisen, daß das, was von der fortitudo gilt, auch von der gloria gilt, sie soll uns auf die χρυσοποιια verweisen. Das aber haben wir bereits, wenn wir uns auf den obigen Standpunkt stellen. Also die achte Rubrik wird absorbiert.

Ebenso wird, wenn wir uns an den Passus Haec est totius fortitudinis etc. mit Berücksichtigung des Hermes trismegistus halten, die zweite Rubrik absorbiert. Denn in ihr handelt es sich um das Hydrargyrum oxydatum rubrum. Das aber haben wir im Hermes trismegistus, dessen Drei-Standpunkt uns ja Quecksilber, Gold und *Hydrargyrum oxydatum rubrum* bietet. Hierzu kommt noch, daß, wenn wir den Hermes trismegistus haben, daß wir dann vorab einmal den Hermes haben, das ist den Hermes unicus, und dieser extendiert sich erst, nachdem wir ihn haben, zum trismegistus. Damit bietet uns das Anlehnen an den Hermes trismegistus zugleich den Hermes unicus. Dieser aber reiht sich sehr naheliegend an die res una, welche = Hydrarg. oxyd. rubr.

Ebenso wird die dritte Rubrik Pater eius est Sol etc. absorbiert. Denn diese verweist uns darauf, wie sich das Hydrarg. oxyd. rubr. zu Quecksilber überhaupt einerseits und zu Gold andererseits extendiert. Nun, dieses Hinweises bedarf es weiter nicht, wenn wir uns von vornherein auf den Standpunkt stellen, wir haben das Quecksilber im Allgemeinen, wir haben das Gold.

Der vierten Rubrik Pater omnis telesmi etc. brauchen wir von dem Standpunkt aus, auf den wir uns hier stellen, weiter unsere Aufmerksamkeit nicht zu widmen. Es handelt sich ja nicht darum, daß wir, indem wir den Passus Haec est totius fortitudinis etc. mit dem Hinblick auf den Hermes trismegistus haben, daß wir dann Schritt vor Schritt den Wortlaut der ganzen Tab. smar. haben, sondern darum handelt es sich, daß das alchemistische Problem, welches in der metaphysischen Interpretation der Tab. smar. vertreten ist, sich in dem Passus Haec est totius fortitudinis etc., an den sich der Hinweis auf den Hermes trismegistus knüpft, konzentriert. Mit einem solchen alchemistischen Problem aber, wenn es in seine engsten Grenzen gedrängt wird, und bei einer Auffassung in nuce handelt es sich ja eben um ein Drängen in die engsten Grenzen, mit einem solchen Problem hat die Darstellung des Hydrarg. oxyd. rubr. weiter nichts zu tun.

Daß es nun auch bei einer solchen In-nuce-Fassung der metaphysischen Interpretation der Tab. smar. weiter nicht auf die erste Rubrik, die Einleitung, nicht auf die sechste Rubrik, den Index, ankommt, versteht sich von selbst. Diese gehen also den Weg, welche die Darstellung des Hydrarg. oxyd. rubr. geht.

Es hat also das statt, was wir oben sagten, daß wenn wir den Passus haben: Haec est totius fortitudinis etc., wenn wir mit ihm den Hermes trismegistus (siebente Rubrik) Hand in Hand gehen lassen, daß wir dann die Tab. smar. in der metaphysischen Interpretation in nuce haben.

Das faßt nun Demokrit in's Auge. Er bietet uns in seiner Tabula den Passus Haec est totius fortitudinis etc., er bietet uns den Hermes trismegistus, und präsentiert uns damit die metaphysische Interpretation der Tab. smar. in nuce, er bietet uns damit die dritte Redaktion der Tab. smar., wie uns die Tab. Memphitica die erste Redaktion der Tab. smar. bietet. Sehen wir nun, wie das des Näheren liegt.

Die Tabula Democritica hat drei Zeilen. Diese drei Zeilen repräsentieren den Hermes trismegistus.

Erste Zeile: 'Η φυσις τη φυσει τερπεται. Demokrit teilt die totius fortitudinis fortitudo fortis in zwei Teile, in die tota fortitudo und die fortitudo fortis. Den einen Teil schiebt er der gloria zu, den anderen der fortitudo. Wir haben oben gesehen, daß aufgrund dessen, daß das quia vincet omnem rem subtilem etc. der Lebensfaden der gloria ist, aufgrund dessen, daß der Hermes trismegistus uns da, wo wir das Quecksilber haben, auch das Gold bietet, daß wir aufgrund dessen da, wo wir das Quecksilber haben, auch das Gold haben. Das nun bewegt den Demokrit, die totius fortitudinis fortitudo fortis in die soeben genannten zwei Teile zu zersplittern, und den einen der gloria, den anderen der fortitudo zuzuschieben. Die gloria ist die eine φυσις, die fortitudo die andere. Beide φυσεις erfreuen sich eine der anderen, bieten kein Exklusiv-Verhältnis dar. Sage also nicht, wenn ich die fortitudo habe, so habe ich eben die fortitudo, nicht aber die gloria. Sage so nicht. Hältst du dich strikt an die Worte, so hast du recht, gehst du aber auf den Sinn der Situation ein, so hast du, indem du die fortitudo hast, zugleich auch die gloria.

Zweite Zeile: 'Η φυσις την φυσιν νικα. Die erste φυσις ist hier der generelle Standpunkt von gloria und fortitudo, auf den uns die vorige Zeile geführt, sie ist einerseits das Gold, andererseits der Merkur. Das νικαν ist dasselbe Wort, welches uns der griechische Urtext in dem Passus quia vincet omnem rem subtilem bietet, und damit ist denn die zweite φυσις die res subtilis, das, was die metaphysische Interpretation der Tab. smar. unter res subtilis versteht. Also haben wir in dieser zweiten Zeile: Die fortitudo, welche zur fortitudo und gloria extendiert ist, vincit omnem rem subtilem.

Dritte Zeile: Ἡ φυσις την φυσιν κρατει. Die erste φυσις ist hier dasselbe, wie in der zweiten Zeile, und analog, wie diese in dem νικαν την φυσιν hat: vincere omnem rem subtilem, analog hat die dritte Zeile in dem κρατειν την φυσιν das: penetrare omnem rem solidam. Daß Demokrit uns hier für das penetrare das κρατειν bietet, damit geht er auf den Vers 14 des Psalm 19 (vergleiche: Jüdische Interpretation der ersten Redaktion der Tab. smar.) ein, damit verweist er uns darauf, daß das vincere et penetrare aufgrund des »daß sie nicht über mich herrschen« in die Tab. smar. kommt. Demokrit benutzt also seine Tabula nebenbei dazu, um uns die Quelle des vincere et penetrare vorzuführen. Er tut das aber in alchemistischer Weise versteckt. Denn das κρατειν des Vers 14 des Psalm 19 ist die Konzentration des vincere et penetrare. Vincere und penetrare schieben sich zum κρατειν zusammen. Die Sache liegt also im Grunde nicht so, daß Demokrit hat penetrare = κρατειν, sondern so, daß er hat: vincere + x = κρατειν, wo x das penetrare repräsentiert. Er hätte uns also nicht das κρατειν für penetrare zu bieten, sondern einen anderen Ausdruck, und dieser Ausdruck, additionsweise mit dem νικαν zusammengehalten, würde erst das κρατειν ergeben. Das ist nun schon recht. Aber wollte Demokrit in der Weise verfahren, wollte er sich strikt bei der Stange halten, so könnte er uns ja nicht das κρατειν bieten, und darauf, es uns zu bieten, steuert er ja eben los. Übrigens schlägt ein Alchemist bei derartigen Situationen immer gedeckt. So auch hier Demokrit. Der ist mit seinem κρατειν an der Stelle des penetrare dadurch gedeckt, daß die Septuaginta im Vers 14 des Psalm 19 haben: και απο αλλοτριων φεισαι του δουλου σου. εαν μη μου κατακυριευσωσι, τοτε αμωμος εσομαι, και καθαρισθησομαι 'απο 'αμαρτιας μεγαλης. Also die Septuaginta haben nicht κρατειν, sondern κατακυριευειν. Daran kann sich nun Demokrit halten, und sagen, nicht νικαν + x = κρατειν, sondern vielmehr νικαν + x = κατακυριευειν. Ich setze nun an die Stelle des x das κρατειν. Damit trete ich dem κατακυριευειν nicht zu nahe, und weil ich ihm nicht zu nahe trete, deswegen bin ich gedeckt.

Wir sehen also, daß die Tab. Democritica den Passus Haec est totius fortitudinis etc. bringt. Dazu kommt der in den drei Zeilen der Tabula repräsentierte Hermes trismegistus, und wir haben also in der Tabula Democritica, wie oben gesagt, die metaphysische Interpretation der Tab. smar. in nuce.

Wir haben nun noch eins in's Auge zu fassen. Bereits oben haben wir darauf hingewiesen, daß wir da, wo wir den Hermes trismegistus haben, auch den Hermes unicus haben. Denn der Hermes trismegistus kommt erst heraus, wenn wir vorab den Hermes, den Hermes unicus haben, und dann von ihm weiter gehen, ihn extendieren. Diesen Hermes unicus haben wir nun in der Tab. Democritica derartig vertreten, daß diese Tabula zwar 3 Zeilen hat, welche den Hermes trismegistus repräsentieren, daß sie aber *eine* Tabula ist, im Ganzen eine *Eins* bietet, und diese Eins repräsentiert dann den Hermes unicus. Sobald wir aber beim Hermes unicus sind, auch darauf haben wir bereits oben hingewiesen, liegt es nahe, an diesen Hermes unicus die res una zu reihen. Aufgrund des Hermes unicus, der *einen* Tabula Democritica, sind wir also bei der res una. Wir wissen aber (vergl. Jüdische Interpretation der zweiten Redaktion der Tab. smar.), daß die res una auf die Materia prima führt, und somit sind wir, indem wir bei der res una sind, bei der Materia prima. Nun sagt Aristoteles, Metaphys. Δ (nach Anderen E). 4: φυσις δε η τε πρωτη υλη, die φυσις ist die Materia prima. Also die *eine* Tabula Democritica (der Hermes unicus) führt uns auf die Materia prima, diese führt uns im Anlehnen an Aristoteles auf die φυσις, und damit haben wir denn aristotelisch die φυσις legalisiert, um welche sich die Tabula Democritica dreht. Das ist nicht unerheblich, denn man kann dem Demokrit ff. vorhalten. Du sagst, nachdem die Tabula Memphitica da ist, ist die φυσις bei den Aristotelikern legalisiert worden. Darauf weisest du mit deiner Tabula Democritica hin. Gut, wir pflichten dir hierin bei. Aber daß du das nun so prägnant tust, daß du die φυσις immer wieder in den Vordergrund drängst, daß du die ganze Tab. smar. sich um die φυσις drehen läßt, das heißt zu weit gehen, das sieht aus, als wolltest du unsere Metaphysik von der Physik absorbieren lassen. Demgegenüber ist es nun dem Demokrit wichtig, in Aristoteles selbst eine Deckung zu haben, eine Deckung, die wie gesagt, darin liegt, daß Aristoteles die Materia prima φυσις nennt. Nun sagt Demokrit: Ihr könnt doch nichts gegen die drei Zeilen meiner Tab. haben, und damit gegen den Hermes trismegistus. Ihr könnt doch nichts gegen meine *eine* Tabula haben, und damit gegen den Hermes unicus. Ihr könnt nichts dagegen haben. daß ich mit dem Hermes unicus an die res una anlehne. Ihr könnt nichts dagegen haben, daß ich mit der res una an die Materia prima anlehne. Nun gut, könnt ihr gegen alles dieses nichts haben, könnt ihr mir also schließlich die Materia prima nicht streitig machen, was wollt ihr denn gegen meine φυσις, auf die mich Aristoteles selbst führt, indem er, da er sagt, φυσις η πρωτη η υλη, selbst darauf hinweist, man solle sich in Bezug auf die Materia prima an die φυσις halten.

Ja noch weiter. In der zitierten Stelle des Aristoteles heißt es nicht nur: φυσις δε η τε πρωτη υλη, sondern es wird auch hinzugefügt: και αυτη διχῶς, und zwar in zwiefacher Weise. Nun ist Demokrit sogar durch den Aristoteles gedeckt, daß er immer und immer wieder mit seiner φυσις aufwartet. Nun sagt er, die Eins ist nicht nur in der *einen* Tab. Democritica gegeben, sondern auch in jeder *einzelnen* Zeile derselben. Wie der Hermes trismegistus aus dem Hermes unicus hervorgeht, so gehen die drei Zeilen der Tab. Democritica aus der Eins jeder einzelnen Zeile hervor. Indem ich nun in jeder einzelnen Zeile die Eins habe, habe ich in jeder den Hermes unicus und, daran anlehnend, die Materia prima, die φυσις. Da sich nun aber an die Materia prima eine *doppelte* φυσις knüpft, so ist es ganz aristotelisch, durch Aristoteles legalisiert, daß ich in einer Zeile zwei φυσεις bringe, in jeder einzelnen Zeile zwei φυσεις bringe. Somit, sagt Demokrit, ist es nicht nur durch Aristoteles legalisiert, daß ich mich überhaupt in der Tab. Democritica an die φυσις halte, sondern es ist auch durch ihn legalisiert, daß ich sie in kumulierter Weise bringe.

Zu den Φυσικα και μυστικα haben *Synesius* (s. den folgenden Abschnitt) und *Pelagius* (De divina et sacra arte) je einen Kommentar geschrieben. Synesius sagt in seinem Kommentar, das Ἡ φυσις τη φυσει τερπεται κ. τ. λ. rühre ursprünglich von Ostanes her. Dieser habe es im Tempel zu Memphis den Demokrit gelehrt, wo er ihn überhaupt in die Geheimnisse der Alchemie eingeweiht. Das ist nun nichts anderes als ein Histörchen, welches Synesius dem Serapis-Priester Dioscorus, dem er seine Abhandlung widmet, vorredet. Ein Seitenstück zu dieser Anekdote des Synesius ist folgendes: Demokrit habe den toten Ostanes aus der Unterwelt zitiert und ihn über die Alchemie befragt. Da habe denn Ostanes gesagt, ein Dämon hindere ihn zu beichten, seine Schriften aber würde man im Tempel finden, dort seien sie verborgen. Nun habe man nachgesucht und das lakonische Ἡ φυσις τη φυσει τερπεται κ. τ. λ. gefunden.

Synesius

Wie wir bereits in vorigem Abschnitt erwähnt, hat Synesius einen Kommentar zu Demokrits Φυσικα και μυστικα geschrieben. Derselbe führt den Titel: Συνεσιου φιλοσοφου προς Διοσκορον εις βιβλιον Δημοκριτου ως εν σχολιοις, Synesii philosophi ad Dioscorum in librum Democriti scholia. Den griechischen Text findet man in des Fabricius Bibliotheca Graeca, Band 8, S. 233. In diesem Kommentar sagt Synesius, jener Demokrit sei der Demokrit von Abdera, welchen wir als den lachenden Philosophen kennen. Daran ist nun gar nicht zu denken. Der Autor der Φυσικα και μυστικα ist ein Alchemist, welcher in die zweite alexandrinische Periode fällt, und hat mit dem Abderiten Demokrit nichts anderes gemein als den Namen. Übrigens glaubt Synesius auch selbst nicht daran, daß der Autor jener Schrift der Abderit Demokrit sei, er redet es nur dem Serapis-Priester Dioscorus vor, an den er seinen Kommentar richtet, ebenso wie er ihm vorredet, Demokrit habe sein Natura natura gaudet etc. vom Ostanes.

An und für sich ist aus dem Kommentar des Synesius nicht viel zu lernen. Die Wichtigkeit der Schrift liegt darin, daß wir wissen, wann Synesius gelebt. Er lebte nämlich um 400 n. Chr. Dem entgegen wissen wir nun nicht, *wann* Demokrit gelebt. Da aber sein Kommentator notwendig später fallen muß, so haben wir den feststehenden Rückschluß, daß Demokrit vor 400 gelebt haben muß. Synesius führt uns also auf das wichtige Datum, daß der Autor der Φυσικα και μυστικα vor 400 n. Chr. fällt, das ist also, da wir die methaphysische Interpretation der Tab. smar. in den dritten Abschnitt der ersten alexandrinischen Periode setzen, ungefähr zwischen 1 und 400. Das ist nun zwar ein ziemlicher Spielraum, innerhalb dessen sich Demokrit bewegt, indessen eine nähere Feststellung der Zeit, wann Demokrit gelebt, läßt sich nicht geben. Seien wir zufrieden, daß wir wenigstens diesen Anhaltspunkt in Bezug auf die Zeit haben, in welcher jener bei den Alchemisten so sehr in Ansehen stehende Autor gelegt.

Wir haben bei der platonischen Interpretation der Tab. smar. einen Synesius kennengelernt, welchem die Abhandlung Περι ενυπνιων fälschlich zugeschrieben wird. Es ist der Cyrenäer, der 410 Bischof von Ptolemais wurde. Nun, eben von jenem Synesius, dem Cyrenäer, rühren die Scholien zum Demokrit her.

Daß dieser Synesius ein Alchemist war, geht aus seinen »*Briefen*« hervor, namentlich verweisen wir auf den 142. Brief, in welchem er in echt alchemistischer Weise von Geheimhalten spricht, und dabei sehr naheliegend das Geheimhalten der Alchemie vor Augen hat. Dabei kommt er ganz wie einer, der sich auf den alchemistischen Standpunkt stellt, in Pythagoräismen hinein. Daß ihm die Abhandlung Περι ενυπνιων untergeschoben wurde, paßt auch ganz gut dazu, daß er der Autor der Demokritschen Scholien ist. Es wurmte nämlich einen Stock-Neuplatoniker, daß auf den hervorragenden Namen Synesius bloß eine »aristotelische« Abhandlung kommen sollte, und so knüpfte er an denselben auch eine »platonische« Abhandlung. Wir sehen daher gar nicht ein, was denn im Wege stehen könnte, den Cyrenäer Synesius als den Autor der Scholia in librum Democriti anzunehmen.

Anderer Ansicht ist *Reinesius*. Er sagt, Fabricii Bibliotheca Graeca, Band 12., S. 752 ff.

Quod ad Synesium attinet, cuius scholia in Democriti Physica et Mystica ad Dioscorum sacerdotem magni Serapidis f. 71 seqq. exstant, vixit sane Theodosiorum tempore Synesius aliquis, Athenisque et Alexandriae litteris operam dedit, et postea A. C. 410 Episcopus Cyrenes in Libya creatus, cuius scripta publicis typis novissime A. 1633 Lutetiae a Dionysio Petavio cum notis mandata sunt. Huic autem iam dicta scholia tribui nequeunt, quoniam in illis error puerilis de Ostane ac Democrito, de quo infra dicam, deprehenditur: Synesium autem illum peritissimum doctissimumque scripta ipsius testantur, quem tam crassae inscitiae arguere nefas. Neque in eius scriptis vola vel vestigium de arte hac chemica, neque de familiaritate cum Dioscoro, cum tamen vitae suae curriculum integrum Epistola LVII. prolixe descripscrit, etiam de genere suo, de studiis, connubio, liberis, fratre, amicis et variis cum quibus luctandum ipsi fuit rebus adversis mentionem passim faciat.

»Was den Synesius betrifft, dessen Scholien zu des Demokrit Physica et Mystica an den Dioscorus, den Priester des großen

Serapis, f. 71 ff. (der Schriften, welche Reinesius vor sich hat) stehen, so lebte freilich zur Zeit der Theodose ein Synesius. Er oblag zu Athen und Alexandria den Studien und wurde hernach im Jahre 410 zum Bischof von Cyrene in Libyen ernannt. Seine Schriften wurden 1633 zu Paris von Dionys Petavius, mit Anmerkungen versehen, herausgegeben. Diesem nun dürfen die erwähnten Scholien nicht zugeschrieben werden, weil in ihnen ein kindischer Irrtum in Betreff des Ostanes und Demokrit, von dem ich weiter unten sprechen werde, vorkommt. Jener Synesius ist aber ein sehr kluger und sehr gelehrter Mann, das zeigen uns seine Schriften, *dem* darf man keine solche krasse Ignoranz aufbürden. Und dann kommt auch in seinen Schriften keine Spur von dieser Chemie und von seiner Freundschaft mit dem Dioscorus vor, trotzdem daß er in der Epistel 57 ausführlich sein (des Synesius) Leben beschreibt, dann auch stellenweise von seiner Abstammung, seinen Studien, seiner Verheiratung, seinen Kindern, seinem Bruder, seinen Freunden und von manchen Unannehmlichkeiten spricht, mit denen er zu kämpfen hatte.«

Reinesius geht davon aus, daß Synesius das selbst glaubt, was er dem Dioscorus vorschwatzt. Ach nein, daran ist gar nicht zu denken. Um der Schrift des Demokrit, resp. dem Natura natura gaudet etc. eine hervorstechende Folie zu geben, bindet Synesius dem Dioscorus auf, sie sei schon so alt, daß sie bereits vom Abderiten Demokrit herstamme. Und um des Dioscorus Nationalstolz zu kitzeln, sagt er, Demokrit habe seine ganze Weisheit vom Ostanes, dem großen ägyptischen Priester. Wo ist denn da die krasse Ignoranz des Synesius? Wenn von Dummheit die Rede sein soll, so kann sie doch nur auf Seiten des Dioscorus fallen, von dem sich Synesius versehen konnte, daß er solches Geschwätz glaubte. Übrigens ist der Dioscorus, der Serapis-Priester, am Ende gar nichts anderes als eine fingierte Person. Nach demselben Prinzip, nach welchem die Tab. Memphitica aus Memphis stammt, nach demselben mystifizierenden Prinzip hat Ostanes im Tempel zu Memphis dem Demokrit Unterricht erteilt. Und weil demnach, so kann man weiter sagen, die Tab. Democritica »ägyptisch« ist, deswegen dediziert der Kommentator Synesius, die Ägypten-Mystifikation weiter ausbeutend, seine Schrift einem ägyptischen Priester. Eine solche Auffassung der Sache liegt gar nicht so fern.

Wenn Reinesius sagt, in des Synesius Schriften (das ist, exklusiv die Scholien) käme keine Spur von Chemie, Alchemie vor, so irrt er darin. Wir verweisen unter anderem auf seine *Briefe* und namentlich die Epistel 142. Freilich steht da nichts von χημεια, indessen φιλοσοφια ist oft gleichbedeutend mit χημεια, und das ist eben eine Sache, von der Reinesius keine Ahnung hat. Daß sonst nicht bei Synesius von Dioscorus die Rede ist, ist höchst irrelevant. Sehr nahe liegt so etwas, wenn Dioscorus eine *fingierte* Person ist. Und ist er auch keine fingierte Person, wozu muß denn irgendwo, und namentlich im 57. Brief die Rede von ihm sein? Das verstehen wir nicht. Will aber Reinesius, daß wir auf seine Idee nolens volens eingehen sollten, nun dann sagen wir ff. Für einen christlichen Bischof paßt der Umgang mit einem Heidenpriester schlecht. Die Scholien zum Demokrit waren vor dem Übertritt des Synesius zum Christentum geschrieben. Da figurierte nun einmal der Dioscorus und war nicht mehr rückgängig zu machen. Wo er aber rückgängig zu machen war, da strich ihn Synesius. Er war aber rückgängig zu machen, resp. wurde vom Christen gar nicht mehr erwähnt in den übrigen Schriften, welche wir vom Synesius besitzen.

Fabricius erwähnt in einer Anmerkung zur oben angeführten Stelle, daß *Morhof* in seinem Polyhistor auch gegen Reinesius ist, den Brief 142 aufführt und anderes vorbringt. Wir für unseren Teil haben Morhofs Polyhistor nicht gelesen.

Erweiterung der metaphysischen Interpretation der Tabula smaragdina

Nachdem sich die Anhänger der metaphysischen Interpretation der Tab. smar. eine lange Zeit, wir wollen in Bausch und Bogen ein halbes Jahrtausend sagen, an diese gehalten, kommen sie auf die Idee, dieselbe zu erweitern.

Sie sagen, kraft der metaphysischen Interpretation steht das Hydrarg. oxyd. rubr. an der Spitze der Arkana. Es ist schon recht, daß dies Hydrarg. oxyd. rubr. im Grunde nichts anderes ist als der als Hydrarg. oxyd. rubr. gefaßte Pulv. solaris. Indessen, an und für sich hat man eben nichts anderes als das Hydrarg. oxyd. rubr., und es bedarf erst des Umweges, der Kalkulation, damit man aus dem Hydrarg. oxyd. rubr. den P. solaris erhält. Geht das nun gar nicht anders, so muß man sich damit begnügen. Geht es aber anders, so liegt es näher, daß man den P. solaris an die Spitze der Arkana stellt, als das Hydrarg. oxyd. rubr.

Nun versucht man, ob man, natürlich mit den betreffenden Modifikationen, nicht durchkommt, wenn man in der metaphysischen Interpretation der Tab. smar. an die Stelle des Hydrarg. oxyd. rubr. den P. solaris ruber setzt. Der Versuch liegt ff.

Zweite Rubrik. Es ginge schon, daß das superius und inferius für das Hydrarg. oxyd. rubr. und Sulphur aurat. ausgebeutet würde, und damit P. solaris ruber zur res una würde.

Dritte Rubrik. Im Sinne der eigentlichen metaphysischen Interpretation wird Hydrarg. oxyd. rubr. zu Merkur. Da nun die Alten Sulphur aurat. als Schwefel auffaßten (vergl. bereits erste Redaktion der Tab. smar.), so könnte man als Seitenstück dazu das Sulphur aurat. als *Schwefel* nehmen. Damit erhielte man denn in dieser Rubrik anstatt Hydrarg. oxyd. rubr. und Sulphur aurat.: Merkur und Schwefel. — Das Gold unterzubringen, dem steht anhand des Pater eius est Sol nichts im Wege.

Vierte Rubrik. Es ginge schon, diese Rubrik für die Darstellung des P. solaris ruber auszubeuten. Denn da bei der Darstellung des Sulphur aurat. ebenso ein Aufsteigen und ein Absteigen statt hat als bei der Darstellung des Hydrarg. oxyd. rubr., so ist eine gemeinschaftliche Basis für die Darstellung des Hydrarg. oxyd. rubr. *und* des Sulphur aurat. gegeben.

Fünfte Rubrik. Wir haben in der eigentlichen metaphysischen Interpretation für die fortitudo die weiße Farbe im Anlehnen an den Merkur, für die gloria die gelbe Farbe im Anlehnen an das Gold. Die gelbe und weiße Farbe wäre also auch für die ausgedehnte metaphysische Interpretation zu verwerten. Nun ist aber Schwefel *gelb* und Merkur *weiß.* In dem Fortitudo-Standpunkt, der sich an den Schwefel *und* Merkur anzulehnen hätte, wie er sich in der eigentlichen metaphysischen Interpretation bloß an den Merkur lehnt, hätten wir also bereits die weiße und die gelbe Farbe. Der Fortitudo-Standpunkt nimmt also bereits die weiße und die gelbe Farbe in Anspruch, wo bleibt da die Farbe für den Gloria-Standpunkt? Oder wie soll man es für den Gloria-Standpunkt überhaupt mit der Farbe halten? — Hier stecken wir!

Also mit einem derartigen Anlehnen einer neuen Interpretation der Tab. smar. an die metaphysische Interpretation, daß so schlechtweg an die Stelle des Hydrarg. oxyd. rubr. der P. solaris ruber rückt, ist es schon einfach deswegen nichts, weil man in der fünften Rubrik reinweg steckenbleiben würde, ganz abgesehen davon, daß, wenn wir auch in Bezug auf die vorangehenden Rubriken so im *Allgemeinen* geurteilt haben, bei ihnen ließe sich durchkommen, daß dies Durchkommen im *Besonderen* noch mannigfache Schwierigkeiten bieten möchte.

Mag dem aber nun sein, wie ihm wolle, die *neue Idee*, an die Stelle des Hydrarg. oxyd. rubr. der metaphysischen Interpretation den P. solaris zu setzen, entsteht, ist einmal da, und sie hat so viel Verlockendes, daß man sich durch den mißlungenen Versuch von vorhin nicht abschrecken läßt. Man faßt die Sache auf eine andere Weise an und kommt so zur Lapis-philosophicus-Interpretation der Tab. smar.

Lapis philosophicus, Stein des Weisen! Da wird man aufschauen, davon hat jeder sein Lebtage schon öfter gehört. Was ist's mit diesem wunderbaren Ding?

Man kann den Lapis philosophicus, den ursprünglichen Lapis philosophicus — später werden wir noch einen anderen Lapis philosophicus kennenlernen — von drei *Allgemein-Gesichtspunkten* auffassen; 1) von dem Allgemein-Gesichtspunkt: Wasser, Erde, Luft, 2) von dem Allgemeingesichtspunkt: Erde, 3) von dem Allgemeingesichtspunkt: Luft und Erde. Vom *Besonder-Gesichtspunkt* aufgefaßt, ist der Lapis philosophicus: Schwefel und Merkur. Wie dieses »Etwas« zu dem Namen Lapis philosophicus kommt, werden wir im folgenden Abschnitt, der die Lapis-philosophicus-Interpretation der Tab. smar. bringt, kennenlernen, deren Quintessenz ff. ist.

Gemäß des vorhin aufgestellten Versuches, in der metaphysischen Interpretation der Tab. smar. an die Stelle des Hydrarg. oxyd. rubr. den P. solaris ruber zu setzen, würden wir, nachdem die zweite Rubrik den P. solaris gebracht, in der dritten Rubrik an seiner Stelle Schwefel und Merkur erhalten. Dieser Schwefel und Merkur konstituiert nun den Lapis philosophicus, und dieser Lapis philosophicus übernimmt denn die Rolle des Hydrarg. oxyd. rubr. sowie des aus ihm hergeleiteten Merkur und Goldes in der metaphysischen Interpretation der Tab. smar. Es werden drei Arkana angenommen: Acid. sulphur.-Natron, Liquor hepatis, P. solaris. Jedes von ihnen zerfällt wieder in zwei Teile. Ein Teil wird als Lapis philosophicus gefaßt. Indem nun der als Lapis philosophicus gefaßte Teil den anderen Teil absorbiert, wird einesteils das ganze Arkanum zu Schwefel und Merkur (wie es in der metaphysischen Interpretation zu Merkur wurde) und anderenteils zu Gold. Das Anlehnen an die Farbe wird hierbei fallengelassen, und zwar wird dies folgendermaßen bewerkstelligt. Bei der metaphysischen Interpretation nahm man zwei Teile eines jeden Arkanum an, und den *ersten* Teil traf die Kalkulation in Bezug auf Merkur oder Gold. Wird nämlich der erste Teil als Merkur aufgefaßt (weiße Farbe), so wird das ganze Arkanum zu Merkur; wird er als Gold aufgefaßt (gelbe Farbe), so wird das ganze Arkanum zu Gold. Hier, bei der Lapis-philosophicus-Interpretation werden auch zwei Teile eines jeden Arkanum angenommen, es trifft aber die Kalkulation betreffs des Schwefels und Merkur einerseits und des Goldes andererseits nicht den ersten Teil, sondern den *zweiten* Teil. Will man dazu gelangen, daß das ganze Arkanum zu Schwefel und Merkur wird, so konstatiert man im zweiten Teil des Arkanum einen *arkanologischen Teil.* Will man aber dazu gelangen, daß das ganze Arkanum zu Gold wird, so konstatiert man im zweiten Teil des Arkanum keinen arkanologischen Teil, sondern einen *Metallteil,* ein *unedles* Metall. Absorbiert nun der Lapis phil. den zweiten Teil als arkanologischen Teil, so erhält man Schwefel und Merkur für das Gesamtarkanum; absorbiert aber der Lapis phil. den zweiten Teil als unedles Metall, so erhält man Gold für das Gesamtarkanum. So wenigstens liegt die Sache im *Allgemeinen,* und benutzen wir eben diesen Allgemeinstandpunkt, um übersichtlich zu zeigen, wie die Lapis-philosophicus-Interpretation und metaphysische Interpretation in der Auffassung des vincere und penetrare differieren. Im Besonderen macht sich die Sache etwas anders, als wir es hier geschildert, indem das statt hat, daß nicht nur die Arkana je in zwei Teile zerfallen, sondern auch, daß jeder Einzelteil nun wieder auf's neue in je zwei Teile zerfällt. Damit haben wir denn bei jedem Arkanum vier Teile, und diese Teile kreuzen sich, auf daß Schwefel und Merkur einerseits und der arkanologische und metallische Teil andererseits herauskommen. Das wird beim Durchnehmen der Lapis-philosophicus-Interpretation klar werden.

Lapis-philosophicus-Interpretation der Tabula smaragdina

Die acht Rubriken wie bei der metaphysischen Interpretation der Tabula smaragdina.

Erste Rubrik

Verum bis verissimum. — Einleitung.

Zweite Rubrik

Quod est inferius bis adoptione.

Quod es inferius bis rei unius. Die Interpretation ist im Allgemeinen wie bei der jüdischen Interpretation der zweiten Redaktion der Tab. smar. Das ist:

Wasser, Erde, Luft dienen dazu, um die Wunder der res una zustande zu bringen. Diese res una ist aber nicht das Weltenwasser, sondern der *Lapis philosophicus*. Es wird also konstatiert, daß der Lapis phil. aus Wasser, Erde, Luft besteht. Nun ist aber der Lapis phil., wie hier ausdrücklich gelehrt wird, eine *res una*. Vom Standpunkt der res una ist der Lapis phil.: Erde. Es wird nämlich an die Bibel angelehnt, wie das naheliegt, da die Interpretation des superius und inferius an die jüdische Interpretation der zweiten Redaktion der Tab. smar. anlehnt. Nun wird gesagt, die Luft ist das Himmelsei. In dies Himmelsei schuf Gott: Erde, und diese Erde ist, da sie ein Durcheinander ist: Erde und Wasser. So läuft also der Lapis phil. vom Drei-Gesichtspunkt parallel dem Himmelsei, der Erde und dem Wasser, welche letztere sich im ersteren befinden. Nun wird aber weiter gesagt, das Wasser war von Ewigkeit da, das brauchte Gott also nicht zu schaffen.

Wir sagen also kurz: Am Anfang schuf Gott Himmel, das ist das Weltenei, und die Erde. Anlehnend hieran wird der Drei-Gesichtspunkt des Lapis phil. als Wasser, Erde, Luft auf den Zwei-Gesichtspunkt reduziert, welcher ist: Luft und Erde. Nun aber geht man noch weiter und sagt, das Weltenei ist das Gefäß für die Erde. Das Gefäß geht uns aber in der Parallele mit dem Lapis phil. weniger an, denn wir fragen nach dem Lapis phil., nicht aber nach dem Gefäß, in dem er sich befindet. Somit restringiert sich der Zwei-Gesichtspunkt des Lapis phil. als Erde und Luft auf den Ein-Gesichtspunkt, *Erde,* und damit haben wir die res una.

Et sicut etc. Die res natae sind einerseits die Arkana als Arkana gefaßt, andererseits die Arkana als zu Gold umgewandelte unedle Metalle gefaßt. Sie entstanden dadurch, entstehen dadurch, daß der Lapis phil. sich zu ihrem Vater aufwirft.

Im übrigen liegt das Et sicut res omnes etc. ganz analog wie bei der metaphysischen Interpretation der Tab. smar. Nur kommt für den λογος das hinzu, daß er im christlichen Sinne — zur Zeit, wo die metaphysische Interpretation aufkam, gab es noch keine Christen — als Christus aufgefaßt werden kann, womit sich dann selbstredend an den unus Gott der Vater knüpft.

Dritte Rubrik

Pater eius bis terra est.

Hier wird zuerst gelehrt, daß der Lapis phil. aus den zwei Besonderteilen: *Schwefel* und *Merkur* besteht, und dann wird daran angelehnt, daß vom Allgemeingesichtspunkt diese beiden Teile *Luft* und *Erde* sind.

Pater eius est Sol.

Sol = Schwefel. Nämlich Schwefel = Feuer. Die Sonne als das Hauptweltenfeuer ist der Repräsentant des Feuers und somit des Schwefels. Des eius, des einen Teiles des Lapis phil., Vater ist der Schwefel. Da nun das Kind die Natur des Vaters hat, da da, wo der Vater ein Mensch ist, auch das Kind ein Mensch ist, da, wo der Vater ein Tier ist, auch das Kind ein Tier ist, u.s.w., so ist da, wo der Vater Schwefel ist, auch das Kind: Schwefel. Und somit haben wir: der eine Teil des Lapis phil. ist *Schwefel.*

Mater eius est Luna.

Luna ist im Anlehnen an die metaphysische Interpretation der Tab. smar. = Quecksilber. Des eius, des zweiten Teiles des Lapis phil., Mutter ist das Quecksilber. Da nun das Kind die Natur der Mutter hat, so ist da, wo die Mutter Quecksilber ist, auch das Kind: Quecksilber. Und somit haben wir: der andere Teil des Lapis phil. ist *Quecksilber.*

Nachdem dies absolviert, wird dem Allgemeingesichtspunkt Rechnung getragen.

Portavit illud ventus in ventre suo.

Jenes erstere, das ist, den *Schwefel,* trug ein Wind, das ist die Luft, in seinem Bauche. Die Mutter des Schwefels ist also: *Luft.* Da nun das Kind die Natur der Mutter trägt, so ist da, wo die

Mutter Luft ist, auch das Kind Luft. Und damit haben wir denn, der Schwefel ist *Luft*. Also vom Besonderstandpunkt ist Schwefel eben Schwefel, und vom Allgemeinstandpunkt ist Schwefel: Luft. Daraus geht denn hervor, daß der Schwefel des Lapis phil. als Luft-Schwefel, das ist als Hydrothiongas aufzufassen ist.

Nutrix eius terra est.

Jenes zweiten, das ist, des *Quecksilbers*, Amme ist die Erde. Amme wird als Nährmutter, als Mutter aufgefaßt, und somit ist die Mutter des Quecksilbers, und damit das Quecksilber als Kind selbst: Erde. Die nähere Erklärung dafür, daß die nutrix des Quecksilbers Erde ist, liegt darin, daß das Quecksilber in der Erde vorkommt, was in Bezug auf den Schwefel, der *Hydrothiongas* ist, nicht statt hat.

Nachdem nun das Pater eius est Sol für den Schwefel ausgebeutet worden, wird es auch, analog wie bei der metaphysischen Interpretation der Tab. smar., für das Gold ausgebeutet.

Vierte Rubrik

Pater omnis telesmi bis inferiorum.

Hier wird angezeigt, wie man denn nun eigentlich zum Lapis phil. gelangt, dann auf den Lapis als *res una* losgesteuert, und endlich werden dann der Zwei- und Drei-Allgemeingesichtspunkt in's Auge gefaßt. — Das Arrangement dieser Rubrik ist wie bei der metaphysischen Interpretation der Tab. smar.

Pater omnis telesmi totius mundi est hic.

Totus mundus sind die Arkana. Telesmus totius mundi ist das, worauf die Arkana am endlichen Ende hinauskommen, wozu der Lapis phil. sie macht, das ist Schwefel und Quecksilber. Pater omnis telesmi totius mundi ist somit der Vater des Schwefels und Quecksilbers, der Vater des Lapis phil. Dieser Vater ist der P. solaris ruber. Von diesem Vater gelangt man zum Lapis phil., wenn man tut, was der folgende Passus bringt.

Separabis terram ab igne, subtile a spisso, suaviter magno cum ingenio.

Es besteht der P. solaris ruber aus Hydrarg. oxyd. rubr. und Sulph. aurat. Das Sulphur aurat. ist, das ist schon die Anschauung des Autors der ersten Redaktion der Tab. smar.: *festgewor-*

denes Hydrothiongas. Das legt es nahe, dasselbe als Hydrothiongas und Erde aufzufassen, das ist als Schwefel und Erde, denn Hydrothiongas = Schwefel.

Das Hydrarg. oxyd. rubr. wird aufgefaßt als Quecksilber plus rotem Dampf. Diese Auffassung ist neu. Sie liegt ff. Man nimmt Quecksilber, dies verwandelt sich bei der Darstellung des Hydrarg. oxyd. rubr. in Dampf, und dieser Dampf geht herab und bildet das Präzipitat. Also das Hydrarg. oxyd. rubr. ist Luft. Nicht jede Luft ist aber Hydrarg. oxyd. rubr. Es handelt sich um eine spezielle Luft, nämlich um *Quecksilber*-Luft, und dies wird aufgefaßt, als wenn man im Hydrarg. oxyd. rubr. hätte: Quecksilber + Luft.

Somit hätten wir:

P. solaris ruber

Sulph. aurat. — Hydrarg. oxyd. rubr.

Schwefel — Erde — Luft — Quecksilber

Es ist nun in unserer Stelle:

ignis = Schwefel,
terra = Erde,
subtile = Luft,
spissum = Quecksilber.

Es soll separiert werden: die terra von dem ignis, das subtile vom spissum. Geschieht das, und wird das subtile und die terra, welche man auf der einen Seite erhalten, beiseite geschoben, so erhält man den ignis und das spissum und hat damit den Lapis phil., das ist Schwefel und Quecksilber.

Das suaviter magno cum ingenio bezieht sich darauf, daß man sich in Bezug auf das Trennen der Luft vom Quecksilber wohl vorsehen soll. Es ist nämlich eine neue Auffassung der Dinge, daß Hydrarg. oxyd. rubr. = Quecksilber + Luft.

Virtus eius integra est, si versa fuerit in terram.

Die virtus des Lapis philos., den man soeben erhalten, ist eine integra, wenn sie, die virtus oder er, der Lapis phil., in *Erde* verwandelt worden. Das heißt, du hast soeben gesehen, daß der Lapis phil. aus den zwei Teilen Schwefel und Quecksilber besteht. Das muß dich nun nicht irreführen und zu dem Urteil verleiten, der Lapis phil. sei eine res duplex. Nein, er ist eine res una, wie die zweite Rubrik ausdrücklich lehrt, und als res una ist er *Erde.* Also der Lapis phil. ist als res una = terra. Nun aber kann man den Ausdruck terra, wie ihn die Tab. smar. bringt, nicht gebrauchen. Er soll nicht *umgestoßen* werden, das erlaubt die Tab. smar., als Kanon der Alchemie, nicht, er soll bloß *anders gefaßt* werden, um einem Mißverständnis aus dem Wege zu gehen. Wir haben nämlich im Lapis phil.: Schwefel und Quecksilber. Nun lehrt die dritte Rubrik, daß Schwefel = Luft und Quecksilber = terra. Soll der Lapis phil. jetzt zur terra restringiert werden, so könnte das zu der Auffassung führen, beim Lapis phil. fällt der Schwefel, und das Quecksilber, die terra, bleibt. Damit wäre dann Lapis phil. = Quecksilber. Auf die Weise wäre man aber wieder bei der metaphysischen Interpretation der Tab. smar., gemäß der es sich um Quecksilber *allein* handelt, und nicht um Quecksilber und *Schwefel.* Das ist nun der Grund, weshalb hier an die Stelle der terra als synonymer Ausdruck: *Lapis* rückt. Und damit haben wir, virtus integra est, si vertitur in Lapidem, wenn der Schwefel und Merkur zum *Lapis* wird. Und auf die Weise haben wir denn den *Lapis philosophicus.* Warum der *Lapis* philosophicus: Lapis *philosophicus* heißt, werden wir in der siebenten Rubrik kennenlernen.

Daß man für terra gerade *Lapis* nimmt, geschieht einesteils ganz vom Allgemeinstandpunkt, weil man da, wo das Erdreich steinig ist, als Erde den Stein hat. Anderenteils mag es auch im Anlehnen an Plato geschehen, indem Plato da, wo er vom Mineralstandpunkt der Arkana spricht (Timaeus P. 60) sich der Ausdrücke γη und λιθος (und πετρα) bedient, womit denn die Identität von γη und λιθος gegeben ist. *Nötig* ist das letztere nicht, denn der Grund, der Plato bewog, γη und λιθος synonym zu nehmen, kann auch den Autor der vorliegenden Interpretation, ohne daß er gerade an Plato denkt, bewegen, dasselbe zu tun.

Ascendit a terra in coelum, iterumque descendit in terram, et recipit vim superiorum et inferiorum.

Wie wir in der zweiten Rubrik kennengelernt haben, ist der Drei-Gesichtspunkt des Lapis phil. als Wasser, Erde, Luft da. Dieser reduziert sich auf den Zwei-Gesichtspunkt als Erde, Luft. Und dieser Zwei-Gesichtspunkt reduziert sich dann endlich auf den Ein-Gesichtspunkt des Lapis phil. als Erde. Das nun, was wir dort kennengelernt haben, geht namentlich aus der vorliegenden Rubrik hervor. Das Verhältnis, was wir dort vom Drei-Gesichtspunkt ausgehend zum Ein-Gesichtspunkt entwickelt, entwickelt sich hier nur umgekehrt vom Ein-Gesichtspunkt zum Drei-Gesichtspunkt.

Beim virtus eius integra est etc. hatten wir den Ein-Gesichtspunkt. Von diesem geht es denn beim Ascendit zum Zwei-Gesichtspunkt und beim et recipit zum Drei-Gesichtspunkt. Nämlich es wird beim Ascendit an die Darstellungsweise des Hydrarg. oxyd. rubr. angelehnt, was sehr nahe liegt. Das nun, was ascendit, ist Luft, und das, was descendit, ist Erde. Wenn man also das hat, was ascendit und descendit, so hat man Luft und Erde. Wenn also gelehrt wird, daß die terra von vorhin ascendit und descendit, so heißt das, sie extendiert sich zu Luft und Erde. Die Luft und Erde, die man jetzt hat, recipit vim superiorum et inferiorum, sie erhält die Macht der superiora und inferiora, wie sie die zweite Rubrik bringt, das heißt, sie extendiert sich zu Wasser, Luft, Erde.

Fünfte Rubrik

Sic habebis gloriam bis penetrabit.

Gloria ist der Goldstandpunkt.

Fortitudo ist der Schwefel- und Merkur-Standpunkt; das ist analog wie bei der metaphysischen Interpretation.

Zuerst vom Fortitudo-Standpunkt!

Die vorliegende Interpretation der Tab. smar. nimmt drei Arkana an: Acid. sulphur.-Natron, Liquor hepatis, P. solaris, welcher letztere aus dem Gesichtspunkt des P. sol. ruber aufgefaßt wird. Diesen drei Arkanis zuliebe zählt die fortitudo nach der Drei.

Was nun das vincere der omnis res subtilis und das penetrare der omnis res solida betrifft, so wollen wir vorläufig von dem omnis abstrahieren und zuerst einmal den Fortitudo-Standpunkt derartig nehmen, daß *eine* res subtilis besiegt und *eine* res solida penetriert wird. Diese eine res subtilis und solida liegen im Bereich des P. solaris ruber.

Die Sachlage, mit der wir es alsdann zu tun haben, ist ff.

Wir hatten in der vorigen Rubrik den Pulv. solaris ruber. In ihm wurde ignis a terra, subtile a spisso getrennt, ignis und spissum wurden behalten als Lapis phil., terra und subtile wurden bei Seite geschoben. Diese terra und dies subtile werden hier nun genommen, wir wollen ihre Summe das *unvollkommene Arkanum* nennen.

Das, was oben terra genannt wurde, heißt hier: res solida und ist die Sulphur-auratum-Erde; das, was oben subtile genannt wurde, heißt hier: res subtilis und ist die Luft des Quecksilbers. Indem also hier das *unvollkommene Arkanum* genommen wird, wird der eine Teil des Sulphur aurat., Erde, plus dem einen Teil des Hydr. oxyd. rubr., Luft, genommen. Ihre Summe konstituiert das *unvollkommene Arkanum* P. solaris ruber. Nun besiegt der Merkur, den uns der Fortitudo-Standpunkt bietet, die Luft, die res subtilis; der Schwefel, den uns der Fortitudo-Standpunkt bietet, durchdringt die Sulphur-auratum-Erde, die res solida, kurz der Lapis philos. besiegt und durchdringt das *unvollkommene* Arkanum P. solaris rub., und das Produkt ist das *vollkommene* Arkanum P. sol. ruber.

Indem man also das Separabis terram ab igne, subtile a spisso mit dem quia vincet (omnem) rem subtilem et (omnem) solidam penetrabit zusammen hält, hat man ff.

Man hat vorab den P. solaris ruber. Man läßt ihn zerfallen in Lapis phil. und das unvollkommene Arkanum, behält den ersteren und läßt das letztere fallen. Nun aber faßt man zum zweiten das unvollkommene Arkanum wieder auf, setzt ihm den Lapis phil. zu und erhält so wieder P. solaris ruber. Dieses Manöver ist *Spagirik,* und von ihm führt die Alchemie, als die Lehre von den Arkanis, den Namen Spagirik. Das Wort Spagirik ist zusammengezogen aus σπαειν, auseinanderziehen, trennen, und αγειρειν, wieder zusammenfügen. Zuerst wird in dem Separabis dem σπαειν Rechnung getragen, man zieht auseinander, trennt: Lapis phil. und unvollkommenes Arkanum. Dann wird in dem vincere und penetrare dem αγειρειν Rechnung getragen, man fügt Lapis phil. und das unvollkommene Arkanum wieder zusammen. Diese Spagirik kommt nun nicht auf ein müßiges Tun hinaus. Denn indem der aufgrund des σπαειν gewonnene Lapis phil. dem αγειρειν anheimfällt, *besiegt* und *durchdringt* er das unvollkommene Arkanum, das ist, *bringt* dieses vollkommen *unter seine Botmäßigkeit,* wirft sich zu seinem Vater (— omnes res natae fuerunt ab una res adoptione) und Herrn auf, und damit ist denn der P. solaris, der beim σπαειν P. solaris ruber als solcher war, nach absolviertem αγειρειν zu dem geworden, was der Lapis phil. ist, das ist zu *Schwefel und*

Merkur. Wie also bei der metaphysischen Interpretation der Tab. smar. der Merkur das Arkanum absorbierte, und dies dadurch zu Merkur wurde, so absorbiert hier der Lapis phil. das Arkanum, und es wird zu Schwefel und Merkur.

Nun kommen wir zu der *omnis* res solida, die penetriert wird, zur *omnis* res subtilis, die besiegt wird. Bis jetzt hatten wir ja nur die eine res subtilis, die *eine* res solida des P. solaris ruber. Das heißt mit anderen Worten, wir kommen bei den Arkanis, von denen wir eines, den P. solaris durchgenommen haben, zu den beiden anderen, das ist zum Acid.-sulphur.-Natron und zum Liquor hepatis.

Wenn es heißt, Pater omnis telesmi totius mundi est hic, so ist dieser Pater der P. solaris ruber. Das heißt, er ist es prinzipiell, er ist es aber nicht exklusiv, er ist es primo loco, es gibt aber außer ihm noch etwas, welches secundo loco der Pater telesmi ist, und das ist einesteils das Arkanum Acid. sulphur.-Natron und anderenteils das Arkanum Liquor hepatis.

Indem also die vierte Rubrik vorweg, wie das prinzipiell statt haben muß, so interpretiert wird, wie wir sie oben interpretiert haben, rückt secundo loco eine zweite Interpretation ein, die das Acid.-sulphur.-Natron und den Liquor hepat. zum Substrat hat.

Interpretation, die sich an das Acid. sulphur.-Natron lehnt.

Pater omnis telesmi totius mundi est hic: Hier hast du das Acid. sulphur.-Natron.

Separabis terram ab igne, subtile a spisso, suaviter magno cum ingenio. Wie der P. solaris in das Sulphur aurat. und das Hydrarg. oxyd. rubr. zerfällt, so zerfällt das Acid. sulphur.-Natron in das Acid. sulphur. und Natron. Und wie nun wieder Sulphur aurat. und Hydrarg. oxyd. rubr. jegliches in zwei Teile zerfällt, so zerfällt auch vom Acid. sulphur. und Natron jegliches in zwei Teile. Das Acid. sulphur. wird als Acid. sulphur. fumans genommen. Seine beiden Teile sind: Wasser und Rauch. Das Natron wird als Natron carbon. genommen. Seine beiden Teile sind: Natron und Kohlensäure. Das Wasser des Acid. sulphur. läuft parallel dem Quecksilber des Hydr. oxyd. rubr., denn beide sind flüssig. Der Rauch des Acid. sulphur. läuft parallel der Luft des Hydrarg. oxyd. rubr., denn beide sind Luft. Das Natron des Natron carb. läuft parallel der Erde des Sulphur aurat., denn beide sind Erde. Die Kohlensäure des Natron carb. läuft parallel dem Schwefel (Hydrothiongas) des Sulphur aurat., denn bei Zusatz von Säure zum Natron carbon. braust die Kohlensäure auf, es ist, als wenn etwas kochte, dieses Kochen aber deutet im Sinne der Alten auf Feuer, welches der Kohlensäure innewohnt, und Feuer = Schwefel. Wie wir also in Bezug auf den P. solaris das oben, vierte Rubrik, gebrachte Übersichtsschema hatten, so haben wir ähnlich in Bezug auf das Acid. sulphur.-Natron:

Acid. sulphur.-Natron

Natron carb.		Acid. sulph. fum.	
Schwefel als Kohlensäure	Erde als Natron	Luft	Quecksilber als Wasser

Es ist nun in Bezug auf unsere Stelle:

terra = Natron,
ignis = Kohlensäure des Natron carb.,
subtile = Dampf des Acid. sulphur.,
spissum = Wasser des Acid. sulphur.

Es könnte nun etwas Auffallendes haben, daß das Quecksilber, welches anhand des Nutrix eius terra est: *Erde* ist, hier in seiner Parallele mit dem Wasser des Acid. sulphur. als *Wasser* genommen wird. Indessen, zum Ersten steht in unserem Passus in Bezug auf das Quecksilber nicht terra, sondern spissum. Spissum ist aber das Dichte, und indem Quecksilber das *Dichte* genannt wird, paßt das auf seinen halb festen, halb flüssigen Zustand, der halbflüssige Zustand lehnt sich aber an seine Wasser-Natur. Somit hat es nichts Auffallendes, daß in der Parallele des Hydr. oxyd. rubr. mit Acid. sulphur. der Spissum-Teil als Wasser gefaßt wird. Aber auch dann, wenn man sich darauf versteift, daß, im Anlehnen an das Nutrix eius terra est, das spissum, um keinen Widerspruch in die Sache zu bringen, in Bezug auf das Hydr. oxyd. rubr. als Quecksilber-*Erde* genommen werden muß, auch dann hat das dem Quecksilber parallel laufende Wasser des Acid. sulphur. nichts Perverses. Denn es heißt in der zweiten Rubrik: Quod est superius est sicut id quod est inferius, das Wasser steht auf gleicher Rangstufe mit der Erde. Kraft dessen steht nichts im Wege, daß das Acid. sulphur.-*Wasser* der Quecksilber-Erde parallel läuft.

Wenn also die terra vom ignis, das subtile vom spissum getrennt wird, so erhalten wir auf der einen Seite ignis und spissum, das ist Kohlensäure und Wasser, das ist Schwefel und Merkur, und das ist der Lapis philos.

Wir erhalten also auch anhand des Acid. sulphur.-Natron den Lapis philos.

Das suaviter magnos cum ingenio deutet darauf, daß man es mit der sekundären Interpretation zu tun hat.

Interpretation, die sich an den Liquor hepatis lehnt.

Pater omnis telesmi etc.: Hier hast du den Liquor hepatis.

Separabis etc. Wie der P. solaris in das Sulphur aurat. und in das Hydr. oxyd. rubr. zerfällt, so zerfällt der Liquor hepatis in die beiden Teile Schwefelwasser und Ammoniakwasser. Diese beiden Teile zerfallen nun in der Analogie mit Sulphur aurat. und Hydrargyr. oxyd. rubr. wieder je in zwei Teile. Die beiden Teile des Schwefelwassers sind: Schwefel und Wasser. Die beiden Teile des Ammoniakwassers sind: Ammoniak und Wasser. Der Schwefel des Schwefelwassers läuft parallel dem Schwefel des Sulphur aurat., das *Wasser* des Schwefelwassers läuft parallel der *Erde* des Sulph. aurat. Diese Parallele von Wasser und Erde wird gedeckt durch das Quod est superius etc. der zweiten Rubrik. Das Ammoniak des Ammoniak-Wassers läuft parallel der Luft des Hydr. oxyd. rubr., denn das Ammoniak *riecht* aus der Flüssigkeit hervor, das die Geruchsnerven Affizierende wird aber als Luft gedacht (vergl. bei Empedokles). Somit ist Ammoniak = Luft. Das Wasser des Ammoniakwassers läuft parallel dem Quecksilber, das ist wie beim Arkanum Acid. sulphur.-Natron.

Wie wir also in Bezug auf den Pulv. solaris das oben, vierte Rubrik, gebrachte Übersichtsschema hatten, so haben wir ähnlich in Bezug auf den Liqu. hepatis:

Liquor hepatis

Schwefelwasser		Ammoniakwasser	
Schwefel	Wasser, das als Erde rangiert	Luft als Ammoniak	Quecksilber als Wasser

Es ist in Bezug auf unsere Stelle:

terra = Wasser des Schwefelwassers,
ignis = Schwefel,
subtile = Ammoniak,
spissum = Wasser des Ammoniakwassers.

Wenn also die terra von dem ignis, das subtile von dem spissum getrennt wird, so erhalten wir auf der einen Seite Schwefel und Wasser, d. i. Schwefel und Merkur, das ist der Lapis phil.

Wir erhalten also auch anhand des Liqu. hepat. den Lapis phil.

Das suaviter magno cum ingenio bezieht sich auch hier darauf, daß man es mit der sekundären Interpretation zu tun hat.

Wir haben also in Bezug auf das σπαειν ebensowohl anhand des Acid. sulphur.-Natron und des Liquor hepat. den Lapis phil. als anhand des Pulv. solar. ruber.

Dem analog muß man nun auch in Bezug auf das αγειρειν ebensowohl anhand des Acid. sulphur.-Natron und des Liqu. hepatis je eine res subtilis und solida erhalten als anhand des P. sol. ruber.

Im Ganzen hat man also 1) eine res subtilis und solida im Bereich des P. solaris. Diese sind: unvollständiger P. solar. 2) eine res subtilis und solida im Bereich des Acid. sulph.-Natron. Diese sind: unvollständiges Acid. sulph.-Natron, 3) eine res subtilis und solida im Bereich des Liqu. hepat. Diese sind: unvollständiger Liqu. hepatis. Diese drei unvollkommenen Arkana: P. sol. ruber, Acid. sulph.-Natron, Liqu. hepat. konstituieren die *omnis* res subtilis und *omnis* res solida, und jedes einzelne von diesen unvollkommenen Arkanis wird besiegt und durchdrungen vom Lapis phil., und wir erhalten dadurch die vollkommenen Arkana: P. solar. ruber, Acid. sulphur.-Natron, Liqu. hepat., welche Schwefel und Merkur darstellen. Hierbei ist nur zu bemerken, daß es zwar, wie es drei vollkommene Arkana gibt, so auch drei unvollkommene Arkana gibt, daß es aber nur *einen* Lapis phil. gibt, der sie besiegt und durchdringt. Zwar ist der Schwefel und Merkur an und für sich betrachtet ein anderer bei den drei einzelnen Arkanis. Bei P. solaris ist er eigentlich Schwefel und Merkur, bei Acid. sulphur.-Natron ist es Kohlensäure und Wasser, beim Liqu. hepatis ist es Schwefel und Wasser. Indessen, da er im Bereich aller Arkana eben als Schwefel und Merkur gefaßt wird und Schwefel + Merkur =

Lapis phil., so haben wir eben nur *einen* Lapis phil. Man kann zwar vom Lapis phil. ausgehend sagen, ich habe den Lapis phil., dieser ist Schwefel und Merkur, Schwefel und Merkur gestalten sich bei den einzelnen Arkanis so und so. Indessen das ist eine, in weiterer Folge sich ergebende Besonderfassung, Zersplitterung, oder wie man es nennen will, von Schwefel und Merkur; der Einstandpunkt des Lapis phil. wird dadurch nicht zersplittert.

Und nun zum Gloria-Standpunkt!

In Bezug auf denselben haben wir wieder, wie bei der metaphysischen Interpretation der Tab. smar. — das Ideo fugiet a te omnis obscuritas weist wieder darauf hin:

Haec est gloria, quia vincet omnem rem subtilem, omnemque solidam penetrabit.

In Bezug auf das σπαειν nimmt man irgendein Arkanum und entwickelt sich aus ihm den Lapis phil. Die übrig bleibenden terra und subtile nennt man aber, faßt sie auf als *unvollkommenes Metall*. Zu diesem Tun berechtigt die Auffassung der Arkana als Metalle, die wir auch bei Plato kennengelernt haben, die aber schwerlich erst von Plato herrührt. Wie man das Arkanum eben als Arkanum nehmen, von ihm den Lapis phil. separieren kann und so das *unvollkommene Arkanum* übrig behält, so kann man auch das Arkanum als Metall nehmen, den Lapis phil. separieren und das *unvollkommene Metall* übrigbehalten.

Beim αγειρειν nimmt man nun das *unvollkommene* Metall, setzt Lapis phil. hinzu, und es kommt nun wieder das Metall heraus. Aufgrund des vincere und penetrare ist nun aber, wie wir wissen, das anhand des αγειρειν erhaltene Arkanum nicht sowohl das ursprüngliche Arkanum, sondern vielmehr das, was der Lapis phil. ist, das ist Schwefel und Merkur.

Ebenso ist aufgrund des vincere und penetrare das anhand des αγειρειν erhaltene Metall, welches der Lapis phil. zu sich hinübergezogen hat, das Metall, dem der Lapis phil. seine Natur mitgeteilt hat. Diese Natur wird hier aber nicht sowohl als Schwefel und Merkur genommen, sondern vielmehr als *Gold*. Es hat diese Auffassung deshalb statt, weil es heißt: Pater eius est Sol. Der Vater des Lapis phil. ist *Gold*. Damit ist denn der Lapis phil. *selbst* Gold, und indem er nun dem unedlen Metall, welches er zu sich hinüberzieht, seine Natur mitteilt, wird dies zu Gold.

Wir haben nun drei Arkana, also haben wir, wenn wir von jedem den Lapis phil. abziehen, drei als unedle Metalle aufgefaßte res subtiles und res solidae. Diese konstituieren die omnis res subtiles und res solidae, welche vom Lapis phil. vom Gloria-Standpunkt aus besiegt und durchdrungen werden.

Im Ganzen hätten wir also:

Haec est fortitudo etc.: Das ist die fortitudo, das ist der Schwefel- und Merkur-Standpunkt, weil, indem kraft dieses Standpunktes der Lapis phil. die als res subtiles und res solidae gefaßten unvollkommenen Arkana besiegt und durchdringt und sie dadurch zu vollkommenen Arkanis macht, die als Schwefel und Merkur zu fassen sind.

Sic habebis gloriam etc.: Das ist die gloria, das ist der Gold-Standpunkt, weil, indem kraft dieses Standpunktes der Lapis phil. die als res subtiles und res solidae gefaßten unvollkommenen Metalle besiegt und durchdringt, und sie dadurch zu vollkommenen Metallen macht, die als Gold zu fassen sind.

Schließlich bemerken wir ff. Daß vorhin beim Ausdehnen des σπαειν und αγειρειν vom Pulv. sol. auf das Acid. sulph.-Natron und den Liqu. hepatis das Wasser an die Stelle der Erde tritt, hat allerdings etwas Auffallendes, ist aber, worauf wir hingewiesen, durch das, was die zweite Rubrik lehrt, gedeckt. Das einzige, was man dagegen einwenden kann, bleibt demnach das, daß man sagt, wenn bei diesem Ausdehnen des σπαειν und αγειρειν die Erde als Wasser figurieren kann, so muß das analoge Sachverhältnis auch in Bezug auf andere Stellen der vorliegenden Interpretation der Tab. smar. statt haben können. Es muß alsdann namentlich 1) der Lapis phil., statt aus Erde, Wasser, Luft auch aus Wasser, Wasser, Luft bestehen können, und 2) muß der Lapis phil. vom Ein-Gesichtspunkt auch als Wasser aufgefaßt werden können. Nun, beides kann in der Tat auch statt haben: Nämlich ad 1) hat ff. statt. Der Drei-Gesichtspunkt des Lapis phil. lehnt an die Luft, die Erde und das Wasser der ersten biblischen Schöpfungsperiode. Von diesen drei Dingen müßte also die Erde zu *Wasser* werden können. Nun, das geht auch an. Stellt man sich auf einen solchen Standpunkt, so ist das eine Wasser das Wasser, welches von Ewigkeit da war. Das andere Wasser aber kommt heraus, wenn man sich daran hält, daß die Erde ausdrücklich in der Bibel als ein Durcheinander bezeichnet wird, das ist als eine Erde, die sich innig an das Wasser anlehnt, die im Wasser aufgeht und sich somit als Wasser gestaltet. Und ad 2) hat das statt, daß man in übertragener Weise, wie wir das noch später kennenlernen werden, nicht nur von einem *Lapis* phil., sondern auch von einem *Elixir* philosophicum spricht, das ist eben von einem Lapis phil., der vom Gesichtspunkt des Flüssigen aufgefaßt wird. Dieser Standpunkt aber wird wieder, wie soeben, dadurch motiviert, daß man im Anlehnen an die Bibel die Erde in dem Wasser aufgehen läßt.

Sechste Rubrik

Sic mundus creatus bis est hic.

Adaptationes bezieht sich auf die dritte und vierte Rubrik, in denen wir alle Anpassungen an die res una haben, welche res una die zweite Rubrik bringt.

Im Übrigen ist die Sachlage wie bei der metaphysischen Interpretation der Tab. smar.

Siebente Rubrik

Itaque vocatus sum bis totius mundi.

Der Hermes trismegistus bezieht sich einesteils auf die drei Arkana, denen in dieser Interpretation der Tab. smar. Rechnung getragen wird, womit denn der Hermes trismegistus in seine ursprüngliche Stellung (vergl. Jüdische Interpretation der zweiten Redaktion der Tab. smar.) einrückt. Anderenteils ist der Hermes ein trismegistus aufgrund der drei Teile: Wasser, Erde, Luft, aus welchen der Lapis phil. vom Allgemeinstandpunkt aus besteht. Auf die Weise weist denn der Hermes trismegistus auf die drei Allgemeinteile des Lapis phil.

Habens tres partes philosophiae totius mundi.

Dieser Passus weist auf *den* Lapis phil., der vom Allgemeinstandpunkt aus *einem* Teile, das ist aus Erde, besteht.

Die tres partes weisen *nicht* auf die drei Teile der Tab. smar., von denen der Index spricht, vielmehr liegt die Sache ff.

Der Autor nimmt philosophia totius mundi kurzweg als Alchemie. Und da nun nach der vorliegenden Interpretation der Tab. smar. die Alchemie sich im Lapis phil. konzentriert, so ist Alchemie oder philosophia totius mundi = Lapis phil. Dieser Lapis phil. hat tres partes, und diese drei Teile werden aufgrund der zweiten Rubrik zur una pars, da gemäß jener Rubrik die drei Teile, auf die die superiora und inferiora führen, dazu dienen, die miracula rei *unius* zu Stande zu bringen. Somit haben wir im Hermes trismegistus den Allgemeingesichtspunkt des Lapis phil. vom Standpunkt der *Drei,* in habens tres partes philosophiae totius mundi dagegen den Allgemeingesichtspunkt des Lapis phil. vom Standpunkt der *Eins.*

Indem also der Lapis phil. dem Gesichtspunkt der Eins, der Erde anheimfällt, tritt er aufgrund der vorliegenden Rubrik in den Bereich der Philosophie, und das ist der Grund, weshalb der Lapis philosophicus eben zum Lapis *philosophicus* wird. In der vierten Rubrik haben wir kennengelernt, weshalb der Lapis phil.: *Lapis* philosophicus heißt, hier lernen wir kennen, warum er Lapis *philosophicus* heißt.

An die philosophia totius mundi knüpft sich der Titel der Tab. smar. Da nun philosophia totius mundi = Lapis phil., so wird der Titel der vorliegenden Interpretation der Tab. smar.: De Lapide philosophico oder: Tabula de Lapide philosophico.

Achte Rubrik

Completum est quod dixi de operatione Solis.

Zunächst haben wir diesen Passus im Anschluß an die vorige Rubrik, sie komplettierend. Damit heißt er: Was vorhin über die Auffassung des Lapis phil. in Bezug auf die Zahl seiner Teile gesagt, ist vollständig. Denn dem, worauf wir dort hingewiesen, der Lapis phil. bestehe aus drei Teilen und einem Teil, dem schmiegt sich das an, daß der Lapis phil. aus zwei Teilen besteht. Es wird nämlich angenommen, daß operatio Solis im Grunde sei: χρυσοποια, und da nun dieses Einwort zu zweien distrahiert werde, zu εργασια 'Ηλιου, so werde damit auf den Gesichtspunkt der Zwei beim Lapis phil. gezielt. Dieser Zwei-Gesichtspunkt ist, wie wir wissen, teils ein allgemeiner, teils ein besonderer. Als allgemeiner bezieht er sich auf den Lapis phil. als Erde und Luft, als besonderer auf den Lapis phil. als Schwefel und Merkur.

Dann aber haben wir im vorliegenden Passus die ähnliche Sachlage wie bei der metaphysischen Interpretation der Tab. smar. Er besagt in distendierter Weise: Completum est quod dixi de gloria, nam id, quod dixi de operatione Sulphuris et Mercurii eodem modo se habet quoad operationem Solis. Das, was ich über die gloria gesagt habe, ist vollkommen, complet, denn dasselbe, was ich über die operatio Sulphuris et Mercurii gesagt habe, gilt auch in Bezug auf die operatio Solis (Auri). Dabei haben wir denn wieder, wenn wir uns auf den objektiven Standpunkt des ideellen chemischen Prozesses stellen, in der operatio Solis die Wirksamkeits-Entfaltung des Goldes. Wenn wir uns dagegen auf den subjektiven Standpunkt des Alchemisten stellen, der den ideellen chemischen Prozeß leitet, so haben wir in der operatio Solis die Goldmacherkunst, die χρυσοποια.

Ähnlich wie bei der metaphysischen Interpretation der Tab. smar. haben wir denn auch wieder in der Operatio Solis einen zweiten Titel der Tab. smar., und damit haben wir denn wieder, analog wie bei der metaphysischen Interpretation der Tab. smar., die Arkanologie als χρυσοποια, als die Lehre vom *Einarkanum*. Diese Lehre vom Einarkanum kommt hier wie dort darauf hinaus, daß die Arkana zu dem werden, was P. solaris ist, und daß man, wenn man den einen P. solaris hat, alle Arkana hat. Die Relation mit dem *Gold* haben wir, indem die Arkana als Metalle herangezogen werden, nicht mehr auf dem Umwege, wie bei der metaphysischen Interpretation der Tab. smar. Faßt man nämlich die Arkana als Arkana, wie es dort statt hat, so mußte man sagen, der P. solaris, welcher sich an die Spitze der Arkana stellt, ist das edelste der Arkana, und damit kam man mehr indirekt zum Gold. Faßt man dagegen, wie hier, die Arkana als Metalle, so kommt das Gold mehr direkt heraus, denn nun liegt es näher, den edlen P. solaris als ein edles Metall, das ist als Gold, aufzufassen.

Was nun den sich an die χρυσοποια knüpfenden Goldmacher-Schwindel betrifft, so tritt er anhand der Lapis-phil.-Interpretation in ein neues Stadium.

Anhand der metaphysischen Interpretation der Tab. smar. verwandelt man Hydrarg. oxyd. rubr. (Auripigmentum, Minium u.s.w.) in Gold. Anhand der vorliegenden Interpretation der Tab. smar. dagegen nimmt man irgendein unedles Metall und setzt diesem den Lapis phil. zu.

Bei diesem Zusatz-Manöver, welches uns die vorliegende Interpretation der Tab. smar. an die Hand gibt, muß man nun aber das im Auge behalten, was wir oben gesagt (fünfte Rubrik). Nämlich, wir nehmen das unedle Metall und setzen den Lapis phil. zu. Bei diesem αγειρειν erhalten wir nun aufgrund des vincere und penetrare nicht das ursprüngliche Metall wieder, sondern das Metall, welches der Lapis phil. zu sich hinübergezogen hat, das Metall, dem der Lapis phil. seine Natur mitgeteilt hat. Diese Natur ist die Gold-Natur. Diese Auffassung hat deshalb statt, weil aufgrund des: Pater eius est Sol, »der Lapis phil. ist *Gold*«, der Lapis phil. *selbst Gold* ist. Indem er also das unedle Metall zu sich hinüberzieht, wird dies zu Gold. So muß man die Sache auffassen. Man muß sie aber *nicht* derartig auffassen, daß man mit dem Pater eius est Sol, der Vater des Lapis phil., und somit er *selbst* ist Gold, daß man damit anfangend, sagt: Im Lapis phil. habe ich Gold, ich setze somit anhand des αγειρειν dem unedlen Metall Gold zu, und dieses Gold teilt nun der ganzen Masse seine Natur mit. Vom Standpunkt der χρυσοποιια freilich im wahren Sinne der Alchemie steht einer solchen Auffassung nichts im Wege. Diese und die vorige Auffassung kommen ja auf dasselbe hinaus. Vom Standpunkt der χρυσοποιια dagegen als *Schwindel-Goldmacherkunst* steht ihr sehr viel im Wege. Denn wenn man von ihrem Gesichtspunkt aus sagt: Hier habe ich ein unedles Metall, ich setze Gold zu, nun wird die ganze Masse zu Gold — dann kann der andere sagen: Das ist keine Kunst, Gold zu erhalten, wenn man von vornherein Gold in den Tiegel gibt. Die Sache ist illusorisch. Das erhaltene Gold ist nichts anderes als das von vornherein zugesetzte Gold. Vom Standpunkt der Schwindel-Goldmacherkunst darf man daher von vornherein kein Gold nehmen, sondern man setzt dem unedlen Metall, welches zu Gold werden soll, ein mysteriöses Etwas zu, und dies mysteriöse Etwas ist eben der Lapis philosophicus.

Schließlich ist noch auf eins hinzuweisen. In der dritten Rubrik wird zuerst interpretiert, Pater eius est Sol: sein Vater ist Schwefel, mater eius est Luna: seine Mutter ist Merkur. Dann wird zum zweiten interpretiert. Pater eius est Sol: sein Vater ist Gold — und damit wird aufgehört. Es liegt nun aber nahe, daß man *nicht* aufhört, sondern weitergehend sagt, mater eius est Luna: seine Mutter ist *Silber*. Tut man das, so hat man im Gloria-Standpunkt auf der einen Seite das Gold, und auf der anderen Seite das Silber. Wie das: Pater eius est Sol alsdann auf die χρυσοποιια führt, so führt dann das: mater eius est Luna auf die αργυροποιια, auf die Silbermacherkunst. Am Ende könnte man schon in Bezug auf die metaphysische Interpretation der

Tab. smar. dasselbe sagen. Dort indes liegt es ferner. Denn da Hydrarg. oxyd. rubr. (Auripigment, Minium u.s.w.) *rot* ist, Gold unter Umständen aber auch rot ist, so liegt es viel näher, daß ich aus Hydrarg. oxyd. rubr. Gold mache, als daß ich aus ihm Silber mache. Bei der Lapis-philosophicus-Interpretation indes, aufgrund derer man, in Bezug auf den Goldmacher-Schwindel, zum unedlen Metall ein mysteriöses Etwas zusetzt (den Lapis phil.), steht nichts im Wege, warum denn nun dies mysteriöse Etwas nicht gerade sowohl das unedle Metall in *Silber* als in Gold verwandeln solle. Das ist denn nun auch der Grund, weshalb es ebensowohl einen Silbermacher-Schwindel gibt als einen Goldmacher-Schwindel. Der erstere aber tritt gegen den letzteren in den Hintergrund, erstens schon deshalb, weil die achte Rubrik ausdrücklich von einer operatio Solis und nicht von einer operatio Lunae spricht, und zweitens deshalb, weil es doch eine edlere Kunst ist, Gold zu machen, als Silber zu machen.

Das erste Buch der Oracula Sibyllina

Wir besitzen ein in griechischen Hexametern geschriebenes Werk aus den Zeiten der 2. alexandrinischen Periode, welches den Titel führt: Χρησμοι Σιβυλλιακοι, die Sibyllinischen Weissagungen. Aus demselben besitzt das 1. Buch ein hohes alchemistisches Interesse, und wir müssen es daher näher kennenlernen.

a) Hauptinhalt bis Vers 326

Vers 1. Einleitung

Vers 5. Die Sibylle erzählt die Welterschaffung. Gott sprach: Er werde. Und es ward. Nämlich er schuf Erde in das Weltenwasser. (ηδρασε γαρ γην ταρταρου αμφι σαλον, »er brachte Erde allerseits, ringsum, in das Wasser des Tartarus.« Der Tartarus zielt auf *Tehom*, αβυσσος, im Vers 2 des Kap. 1 des Ersten Buches Mosis. Im Grunde ist damit verstanden: das Wasser, in welches die Erde noch nicht hineingeschaffen. Ganz verkehrt will Alexandre in seiner Ausgabe der Oracula Sibyllina: ηδρασε γαρ γην ταρταρω αμφιβαλων. Er bezieht sich dabei auf das ταρταρω αμφι–βαλων im Vers 119. Doch dies liegt ganz anders.) Ferner schuf Gott das Licht, den Himmel, das Meer, die Gestirne, Pflanzen,

Flüsse, Wind, Wolken, Fische, Vögel, Landtiere, Drachen u.s.w. Das alles schuf er durch den λογος.

Vers 22. Gott schuf ferner den Mann nach seinem Ebenbilde und befahl ihm, im Paradiese zu wohnen. Dieser sehnte sich nach Geschwätz (προσλαλια) und nach seinesgleichen. Da schuf Gott Eva aus einer Rippe. ακρασια war ihnen fremd. (Ob darunter geschlechtliches Gelüste oder exzessives sinnliches Gelüste im Allgemeinen verstanden ist, steht dahin. Vielleicht wohl das erstere; und dann ist das in's Auge gefaßt, daß die Schrift, vergleiche Erstes Buch Mosis, Kap. 4, Vers 1, erst *nachdem* Adam und Eva aus dem Paradies verjagt worden sind, das erwähnt, daß Adam seine Frau Eva erkannt habe.) Sie gingen wie die Tiere mit unbedeckten Schamteilen umher. Gott verbot ihnen »den Baum« (δενδρον) zu berühren. Die Schlange verführte sie, womit es eingeleitet war, daß das Verhängnis des Todes und die Erkenntnis von Gutem und Bösem über sie kamen. Das Weib wurde zuerst verführt und verführte dann ihren Mann. Damals machten sie sich Kleider aus Feigenblättern und verhüllten die Schamteile, denn sie schämten sich. Gottes Zorn entbrannte, und er jagte sie aus dem Paradies (εξω αθανατου χωρου). So war es denn entschieden, daß sie sterblich sein sollten, da sie des unsterblichen Gottes Gebot übertreten. Und nachdem sie aus dem Paradiese waren und weinten und seufzten, da sagte Gott zu ihnen: Mehret euch, bearbeitet die Erde, und verschafft euch Nahrung unter Schweiß. Die Schlange aber trieb er fort und verurteilte sie, auf Bauch und Weichen zu kriechen, und stiftete Feindschaft beiderseits; sie hat ihren Kopf vor dem Menschen zu hüten, und der Mensch vor ihr die Ferse.

Vers 65. Nun vermehrte sich das Menschengeschlecht, und indem sich einer an den anderen reihte, entstand ein großes Volk. Die Menschen bauten Häuser und Städte. Sie lebten lange, sie starben nicht von Kummer aufgerieben, sondern wie vom Schlaf überwunden. Gott liebte sie. Aber auch sie sündigten. Schamlos verhöhnten sie die Väter, ehrten die Mütter nicht, Freunde kannten sie nicht, sie stellten den Brüdern nach. Sie waren befleckt, besudelten sich (? κεκορυθμενοι) mit dem Blute der Männer und führten Krieg. Das Verderben kam vom Himmel über sie, sie wurden hinweggerafft und der Hades nahm sie auf. Aber selbst als sie im Hades waren, wurden sie noch geehrt, denn sie waren das *erste* Geschlecht.

Vers 87. Ein *zweites* Geschlecht kommt nun an die Reihe, geschaffen aus dem Überreste gerechter Menschen. Schöne Werke, schöne Bestrebungen, treffliche Zucht, hervorragende Weisheit lagen ihnen am Herzen. Sie übten mancherlei Künste, auf die sie das Bedürfnis führte. Der eine erfand den Pflug, der andere das Zimmerhandwerk, dem anderen lag die Schiffahrt am Herzen, dem anderen die Astronomie und die Augurkunst. dem anderen die Arzneikunst, dem anderen die Magie u.s.w. Es waren betriebsame Leute, ein großer und kräftiger Schlag. Aber sie mußten gefesselt in die Tartarus-Wohnung da unten, in das Feuer der Gehenna (Hölle).

Vers 104. Nun kommt das *dritte* Geschlecht an die Reihe: — energische, übermütige, starke Menschen, viel Böses gegeneinander ausheckend. Sie, die Gewalttätigen, richteten Schlacht und Gemetzel zugrunde.

Vers 109. Als *viertes* Geschlecht kommt ein mörderisches, unbesonnenes. Es vergoß viel Blut, fürchtete nicht Gott und Menschen. Wütender Groll, arge Ruchlosigkeit kam über sie. Die einen dieser Elenden, Ruchlosen brachten Krieg, Mord, Schlacht in den Erebus. Die anderen brachte Gott (ϑεος ουρανιος) selbst aus der Welt und stürzte sie in den Tartarus unter der Erde.

Vers 120. Nun kommt als *fünftes* Geschlecht noch ein viel schlechteres an die Reihe: — tückische Riesen, Lästerzungen. Wegen des Bösen, was sie taten, bestimmte ihnen Gott nichts Gutes. Nur ein Gerechter, Noah, war unter ihnen, und zu ihm sprach Gott: Noah, predige du den Völkern Buße, auf daß sie gerettet werden. Wenn sie aber nicht auf dich hören, so will ich sie durch eine große Überschwemmung verderben. Dir aber befehle ich, eine Arche (δωμα δουρατεον) zu bauen, damit du mit den Deinigen erhalten werdest. Und nun kommt:

Vers 137 bis 146 ein *Rätsel*, in dem Gott seine Eigenschaft darlegt. Wir werden dasselbe sub b. besonders durchnehmen.

Vers 147. Noah überfiel Schrecken, er sann nach, und predigte dann den Völkern Buße, indem er sie darauf hinwies, daß Gott, wenn sie sich nicht besserten, Mensch und Tier durch Wasser zugrunde richten würde. Sie nahmen sich aber seine Worte nicht zu Herzen, und Noah brach in Jammern über sie aus. Aber seine Worte waren vergeblich, und nun sprach Gott zu Noah: Die Zeit der Strafe ist gekommen, gehe du mit den

Deinigen und den Tieren in die Arche. Noah tat's, und die Sintflut kam über die Welt. Als nun Gott die ganze Welt mit Regengüssen überschwemmt hatte, da beschloß Noah nachzusehen. Er nahm die Decke von der Arche. Er sandte eine Taube aus, welche zurückkehrte. Nach einigen Tagen sandte er die Taube wiederum aus, und sie kehrte mit einem Ölzweig zurück. Da überkam alle Mut und Freude. Nun sandte er einen schwarz-gefiederten Vogel aus; der kam nicht wieder. Noah aber merkte, daß das Wasser abnahm. Die Arche blieb endlich auf Land stehen, auf dem Berge Ararat in Phrygien.

Wieder sprach Gott zu Noah: Gehe du Erretteter, Treuer, Gerechter mit den Deinigen aus der Arche. Mehret euch, übet Gerechtigkeit gegenseitig, Geschlecht gegen Geschlecht, bis über alle Menschen das Gericht kommt. Noah sprang vom Lager auf die Erde, ebenso verließen die Seinigen und die Tiere die Arche.

Vers 283. Nun kommt das *sechste* Geschlecht, das goldene, als das erste beste dastehend seit Erschaffung des Menschen. Es heißt das himmlische (Uranische). Unter diesem sechsten Geschlecht lebt die Sibylle und freut sich, daß sie, viel herumgetrieben mit Gemahl und Familie, nach vielen Leiden dem Verderben entronnen. Sie hebt zu weissagen an. Was sie zuerst weissagt, ist unverständlich, weil der Text in Vers 292 und 293 entstellt ist. Dann kommt die Weissagung: Drei hochherzige Könige, höchst gerechte Männer, werden die Lose bekannt machen (μοιρας δηλωσονται), sie werden lange Zeit herrschen, Gerechtigkeit zuteilen den Männern, denen Arbeit und anmutige Werke am Herzen liegen. Die Erde wird prangen mit vielen von selbst entsprossenen Früchten und Ährenfeldern. Die herangewachsenen Menschen (τηϑευτηρες, τιϑευτηρες) werden nicht altern, nicht Krankheiten anheimfallen, einschlafend sterben, zu den Acherontischen Gefilden im Hades gelangen, dort Ehre genießen, denn da sie ein Geschlecht von Glückseligen waren, werden sie auch im Hades glückselig sein.

Vers 307. Dann aber (so prophezeit die Sibylle weiter) wird ein anderes Geschlecht kommen, das zweite nach der Sintflut (im Ganzen das *siebente* Geschlecht), das kräftige der Titanen. Es wird denselben Typus darbieten, wie das erste Geschlecht: dieselbe Gestalt, Größe, Stimme (Sprache, φωνη). Aber auch sie werden übermütig das Äußerste anstreben, und so in ihr Verderben stürzen, indem sie gegen den Sternen-Himmel ankämpfen. Dann wird der Ozean seine Gewässer gegen sie ergießen wollen, der zürnende Zebaoth hält sie aber zurück, denn er hat versprochen, keine Überschwemmung mehr über die schlechten Menschen kommen zu lassen.

Vers 319. Aber (so prophezeit die Sibylle weiter) indem Gott das Aufbrausen der Gewässer bezähmt, wird er das Meer verkleinern und dasselbe mit Häfen und Küsten eindämmen. Und dann kommt zu den Menschen der Sohn Gottes, von Fleisch (σαρκοφορος), auf Erden den Sterblichen ähnlich.

Und jetzt folgt: ein zweites Rätsel,

Vers 326-330, welches sich an Christus anlehnt. Wir werden dasselbe sub c. besonders durchnehmen.

Den Rest des Inhalts werden wir sub. d. kennenlernen, indem wir ihn an die Interpretation des Ganzen knüpfen.

b) Das erste Rätsel des ersten Buches der Oracula Sibyllina

Vers 137 sequ.

137. Ειμι δ' εγω ο εων, συ δ' ενι φρεσι σησι νοησον,
138. Ουρανον ενδεδυμαι, περιβεβλημαι δε θαλασσαν,
139. Γαια δε μοι στηριγμα ποδϖν, περι σϖμα κεχυται,
140. 'Αηρ δ' ηδ' αστρων με χορος περιεδρομε παντη.
141. 'Εννεα γραμματ' εχω, τετρασυλλαβος ειμι, νοει με:
142. Αι τρεις αι πρϖται δυο γραμματ' εχουσιν εκαστη,
143. Αι λοιπαι δε τα λοιπα: και εισιν αφωνα τα πεντε:
144. Του παντος δ' αριθμου εκατονταδες εισι δις οκτω,
145. Και τρεις τρις δεκαδες συνγ' επτα. γνους δε τις ειμι,
146. Ουκ αμυητος εση της παρ εμοι σοφιης.

Gewöhnlich wird dies Rätsel enger gefaßt, und man läßt es erst Vers 141 anfangen: 'Εννεα γραμματα. Dies enger gefaßte Rätsel wollen wir zuerst vornehmen. Wir übersetzen Deutsch ff.

141. Ich habe neun Buchstaben, bin viersilbig, verstehe mich wohl!

Die drei ersten (Silben) haben jegliche zwei Buchstaben, die übrigen (Silben haben) die übrigen (Buchstaben). Fünf (Buchstaben) sind lautlose.

Das Zahlenverhältnis in Bezug auf's Ganze ergibt: Zwei Centurien, acht;

und drei Dekaden mit sieben, die Dekaden dreimal gezählt. Wenn du verstehst, wer ich bin, so wirst du nicht als Profaner (nicht als Laie) der Weisheit gegenüberstehen, die in mir liegt.

Die lateinische Übersetzung, wie sie sich in der Abhandlung des *Gerardus Dorneus*, eines Alchemisten des 16. Jahrhunderts: Congeries Paracelsicae Chemiae de transmutationibus metallorum, vorfindet, ist:

Novem litteras habeo, quatuor syllabarum sum, intellige me.
Tres primae duas litteras habent singulae,
Reliquae reliquas, et sunt mutae quinque.
Totius vero numeri centuriae sunt duae, octo,
Et tres ter decades cum septem. Intelligens autem, quis sim,
Non rudis vel ignarus eris eius, quae in me est, sapientiae.

Man bemerke an dieser lateinischen Übersetzung, daß sie Vers 144 sagt: centuriae sunt *duae* octo und nicht *bis* octo, wie es dem griechischen Text gegenüber: εκατονταδες δις οκτω heißen sollte. — Und dann steht in der letzten Zeile im griechischen Text bloß das eine Adjektiv: αμυητος, wogegen die lateinische Übersetzung zwei Adjektive hat: rudis vel ignarus.

Die *Auflösung* des Rätsels ist: Κινναβαρι, Κινναβαρις.

Der Autor will nämlich, daß man der doppelten Schreibart: Κινναβαρι und Κινναβαρις Rechnung trägt.

Wie *Vers 141* sagt, soll das Wort 9 Buchstaben und 4 Silben haben. Nimmt man nun Κινναβαρι, so sind selbstredend die *neun* Buchstaben: 1) κ 2) ι 3) ν 4) ν 5) α 6) β 7) α 8) ρ 9) ι. Und die *vier* Silben sind: 1) Κιν 2) να 3) βα 4) ρι.

Nimmt man dagegen das Wort Κινναβαρις, so kommen zwar die 4 Silben, ähnlich wie vorhin, heraus, man hat aber *zehn* Buchstaben, nämlich die 9 von vorhin, zu denen noch ein ς hinzukommt. Diese 10 Buchstaben wandeln sich aber dadurch in 9 um, daß der Autor prätendiert, man solle Κινναβαρις nicht mit *zwei* ν schreiben, sondern mit *einem* ν, und solle dann über dies ν einen Duplizierungsstrich machen, so daß herauskommt: Κι$\bar{\text{ν}}$αβαρις. Er will also, man solle, wenn man das Wort Κινναβαρι nimmt, Κινναβαρι schreiben, man solle aber, wenn man das Wort Κινναβαρις nimmt, Κι$\bar{\text{ν}}$αβαρις schreiben.

Wie *Vers 142* sagt, sollen die 3 ersten Silben jegliche 2 Buchstaben haben.

Es hat die zweite Silbe, να, 2 Buchstaben, die dritte Silbe, βα, ebenfalls. Bei der ersten Silbe dagegen liegt die Sache zwiefach. Diese erste Silbe hat *zwei* Buchstaben, wenn man das Wort

Κιν̄αβαρις nimmt, denn dann ist die erste Silbe: Κι und die zweite: ν̄α. Nimmt man dagegen das Wort Κινναβαρι, so hat die erste Silbe *drei* Buchstaben, nämlich Κιν. Da scheint es also zu hapern; man kommt mit dem Κιν̄αβαρις durch, nicht aber mit dem Κινναβαρι. Die Sache ist aber doch richtig. Denn ob man Κινναβαρι oder Κινναβαρις schreibt, kommt auf die letzte Silbe an. Diese letzte Silbe geht uns aber nichts an, wo ausdrücklich von den *drei ersten* Silben die Rede ist. Das ist es eben, was der Autor in's Auge faßt, daß, wo er von den *drei ersten* Silben spricht, daß er da haben will, man solle sich um die *letzte* Silbe nicht bekümmern. Die kommt für sich im folgenden Vers an die Reihe, hier geht sie uns nichts an, und weil sie uns nichts angeht, so wissen wir gar nicht, ob die letzte Silbe ρι oder ρις geschrieben werden soll. Und damit wissen wir nicht, ob wir dem ρις zu Liebe Κι– ν̄α–βα oder dem ρι zu Liebe: Κιν–να–βα schreiben sollen. Da wir das aber nicht wissen, so steht es beim Autor, sich irgendeine Schreibweise nach Gutdünken, nach Belieben zu wählen. Er wählt die Schreibweise Κι– ν̄α–βα, und damit haben alle 3 Silben 2 Buchstaben.

Wie der *erste Teil des Vers 143* sagt, haben die übrigen Silben die übrigen Buchstaben. Diese *übrigen Silben* sind ρι und ρις. Weil der Autor die doppelte Schreibweise Κιν̄αβαρις und Κιννα–βαρι vor Augen hat, so nimmt er an, daß er nicht eine Endsilbe hat, sondern *zwei.* Diese 2 übrigen Silben enthalten die *übrigen Buchstaben*, nämlich ρ, ι, ς.

Wie der *zweite Teil des Vers 143* sagt, sind 5 Buchstaben lautlose, das soll heißen Konsonanten. Eigentlich sind im griechischen φωνηεντα: Vokale und συμφωνα: Konsonanten, αφωνα dagegen, wie hier steht, sind mutae, stumme Konsonanten (wie die lateinische Übersetzung auch wörtlich gibt). Die Konsonanten, συμφωνα, zerfallen in die ημιφωνα: λ, μ, ν, ρ, σ, und in die αφωνα: φ, χ, ϑ, β, γ, δ, π, κ, τ. Also sind die αφωνα *ein Teil* der Konsonanten, damit aber noch nicht die Konsonanten *überhaupt.* Indessen, man reflektiere darauf, daß *stumm,* αφωνα, mutae, auch *alle* Konsonanten genannt werden können, denn sie sind bloß *hörbar,* entgegen den Vokalen, welche allein eigentlich *laut* sind. Man braucht sich also nicht daran zu stoßen, daß uns hier statt συμφωνα der Ausdruck αφωνα geboten wird. — Es zielt nun der Autor mit seinen 5 Konsonanten auf das ν mit dem Duplizierungsstrich. Er will sagen, ob du Κιν̄αβαρις oder Κιν–

ναβαρι nimmst, immer kommen 5 Konsonanten heraus. Beim Κινναβαρι sind die 5 Konsonanten: 1) κ 2) ν 3) ν 4) β 5) ρ; beim Κιν̄αβαρις sind sie: 1) κ 2) ν̄ 3) β 4) ρ 5) ς.

Nach Vers 144 ist die Zahl des Ganzen, das heißt das Zahlenverhältnis in Bezug auf das Ganze das, was jetzt folgt. Das *Ganze* ist die Summe von Κιν̄αβαρις und Κινναβαρι, das ist das Wort so geschrieben, daß es alles das in sich vereint enthält, was beide Ausdrücke für sich enthalten. Das Ganze haben wir, wenn das Wort so geschrieben wird, daß es sowohl vorn ein doppeltes ν als hinten ein ς hat, also wenn man Κινναβαρις mit 10 Buchstaben schreibt. Man kommt nun in Versuchung, dem αριϑμος zu Liebe den Buchstaben ihren Zahlenwert zu geben. Wir wollen daher die griechischen Zahlen hierhin setzen:

α′ – 1	βαυ – 6	κ – 20	ο – 70	τ – 300	ω – 800
β – 2	ζ – 7	λ – 30	π – 80	υ – 400	σαμπι – 900
γ – 3	η – 8	μ – 40	κοππα – 90	φ – 500	α, – 1000
δ – 4	ϑ – 9	ν – 50	ρ – 100	χ – 600	
ε – 5	ι – 10	ξ – 60	σ – 200	ψ – 700	

Hält man sich nun hieran, so würde man, da

κ = 20; ι = 10; ν = 50; α = 1; β = 2; ρ = 100; ς = 200

in Bezug auf den αριϑμος erhalten:

20 + 10 + 50 + 50 + 1 + 2 + 1 + 100 + 10 + 200 = 444.

Diese Summe bietet, man mag sich drehen und wenden wie man will, keine Übereinstimmung mit der Summe, welche die Sibylle herausrechnet, wie denn das, was die Sibylle herausrechnet, überhaupt auf kein Wort paßt, was möglicherweise die Lösung des Rätsels bieten könnte.

Nein, die Sache liegt ganz anders. Der Autor (die Sibylle) will einfach δεκας mit Zehner und εκατοντας mit Hunderter übersetzt wissen, so daß z.B. δεκαδες nicht = 30, sondern = 3 Zehner.

Der Autor hat das Wort Κινναβαρις vor sich. Nun fragt er sich: Wieviel Zehner hat es und wieviel Hunderter?

Der Hunderter hat es 2, nämlich ρ und ς.

Der Zehner hat es 5, nämlich κ, ι, ν, ν, ι.

Was nun aber die Zehner betrifft, so will der Autor nur deren 3 gezählt wissen, und nicht 5. Dazu kommt er, weil ι und ν doppelt vorkommen. Wenn er also sagt, es sind 3 Dekaden da, so kommt das bloß so heraus, wenn man die Buchstaben, die doppelt da sind, so auffaßt, als wenn sie nur einfach da wären. Das hat nun weiter nichts Anstößiges. Ja, wenn das Rätsel so zu fassen wäre, daß man den einzelnen Buchstaben ihren eigentlichen Zahlenwert gäbe, dann würde es einen großen Unterschied machen, ob man die Zahl 10 dreimal oder fünfmal nimmt. Jetzt aber, wo es sich nur um die Konstatierung des Zehner handelt, jetzt hat es nichts Auffallendes, daß, wenn man einmal den Buchstaben hat, der den Zehner konstatiert, daß man dann auf denselben Buchstaben, wenn er noch einmal vorkommt, nicht weiter reflektiert, indem man annimmt, er habe bereits seine Mission erledigt. Daß nun der Autor die Sache so gefaßt haben will, daß zwar 5 Dekaden da sind, er aber nur 3 gezählt haben will, das sagt er *ausdrücklich* in dem τρεις, τρις, δεκαδες. Dies heißt, du hast τρεις δεκαδες, wenn du das vorliegende Material so benutzt, daß du die drei Dekaden τρις, dreimal, zählst, das ist nach der *Drei* zählst, und nicht nach der *Fünf*.

Nun aber wirft sich folgende Frage auf. Wir geben dem numeralen Adverb τρις soeben eine besondere Mission. Nun steht aber δις εκατονταδες, welches, wie wir sogleich sehen werden, nichts anderes heißt, als 2 Hunderter. Warum steht hier denn nicht einfach die Kardinalzahl δυο, welche sich doch viel besser machen würde, nachdem in dem τρις das numerale Adverb in eigentümlicher Weise verwertet worden? — ganz abgesehen davon, daß es sich philologisch besser macht.

Darauf ist die Antwort ff. Die lateinische Übersetzung hat ter decades, wogegen sie duae centuriae hat. Das führt darauf, daß der Text ursprünglich nicht war: δις εκατονταδες, sondern: δυ' εκατονταδες. Das δις hat einer hineingebracht, der mit den 2 Centurien nicht fertig werden konnte und sich dafür ein zweimal *Acht* herausarbeitete (δις οκτω).

Also der Autor hat: 2 Hunderter und 3 Zehner.

Nun betrachtet er das Wort Κινναβαρις vom Standpunkt der *Hunderter,* auf die Zehner nicht weiter reflektierend. Er läßt es zerfallen in die Buchstaben einerseits, welche Hunderter sind, und in die Buchstaben andererseits, welche nicht Hunderter sind. Hunderter sind ρ und ς, Nicht-Hunderter sind: Κ, ι, ν, ν, α, β, α, ι, das sind also *zwei* Hunderter und *acht* Nicht-Hunderter.

Wenn das geschehen, betrachtet er das Wort Κινναβαρις vom Standpunkt der *Zehner,* auf die Hunderter nicht weiter reflektierend. Er läßt es zerfallen in die Buchstaben einerseits, welche Zehner sind, und in die Buchstaben andererseits, welche nicht Zehner sind. Zehner sind eigentlich: κ, ι, ν, ν, ι, wie der Autor es aber gefaßt haben will, bloß: κ, ι, ν. *Nicht*-Zehner sind eigentlich: α, β, α, ρ, ς. Indessen vorhin sind ν und ι gestrichen, sie rangieren also nicht als Zehner. Nun, wenn sie nicht als Zehner rangieren, so müssen sie als Nicht-Zehner rangieren, tertium non datur. Also kommen als Nicht-Zehner heraus: α, β, α, ρ, ς, ν, ι. Auf die Weise hat man *drei* Zehner und *sieben* Nicht-Zehner.

Das besprechen nun *Vers 144 und Vers 145,* indem sie sagen:

Die Zahl in Bezug auf's Ganze ergäbe:

Zwei Centurien, acht; und drei Dekaden mit sieben, die Dekaden nach der Drei gezählt.

Das heißt, fassest du die Aufstellung mit den Hundertern in's Auge, so hast du: 2 Hunderter und 8 Nicht-Hunderter. Faßt du dagegen die Aufstellung mit den Zehnern in's Auge, so hast du: Drei Zehner und sieben Nicht-Zehner, vorausgesetzt denn, daß du die Zehner nach der Drei zählst und nicht nach der Fünf.

So und nicht anders ist die Lösung des Rätsels, die vor uns niemand, ebenso wenig wie die alchemistische Lösung des folgenden Rätsels, mitgeteilt hat. Man hat die abenteuerlichsten Lösungen gegeben, z.B. ϑεος σωτηρ, ανεκφωνος, φαοσφορος und dergl. mehr, was eben paßt, wie die Faust auf's Auge. Dabei war man auch wohl so schlau, die Zahlenausdrücke so zu ändern, wie sie dem, der das arme Rätsel malträtiert, in seinen Kram paßten. Der Sache näher kommt schon *Cardanus,* der doch wenigstens eine alchemistische Lösung bringt, wenn auch nicht die richtige. Seine Lösung ist 'Αρσενικον. Diese Lösung kommt aber nicht von Cardanus selbst, sondern, wie er uns ausdrücklich erzählt, vom Pariser (Senats-) Präsidenten Emarus Ranconetus her, der sie ihm mitteilte. Da nun seit Cardanus, da, wo von der Sache die Rede ist, die Cardanische Lösung 'Αρσενικον immer zitiert wird, so ist es wohl sachentsprechend, daß wir die Art und Weise, wie Cardanus zu seinem 'Αρσενικον kommt, näher kennenlernen. Gehen wir daher seine Exposition durch. Er sagt: De rerum varietate Lib. 10, Kap. 51:

Dicit igitur, esse nomen novem constans litteris, quod quatuor continet syllabas, quarum tres primae duas tantum continent litteras reliquas, scilicet tres. In hoc autem nomine 'Αρσενι–

κον videntur omnia pulchre congruere. Nam quatuor constat syllabis: 'Αρ–σε–νι–κον. Quarum primae tres duas singulae continent litteras, quarta et ultima tres, ita ut sint in universum novem elementa. Atque haec omnino clarissima sunt experientia, quae manifeste Graece produntur.

»Die Sibylle sagt, es handele sich um ein Wort von 9 Buchstaben mit 4 Silben, von denen die 3 ersten nur 2 Buchstaben enthalten, die übrige die übrigen Buchstaben, nämlich 3. Das scheint nun alles ganz hübsch auf das Wort 'Αρσενικον zu passen. Denn es besteht aus 4 Silben: 'Αρ–σε–νι–κον. Von diesen enthalten die 3 ersten je 2 Buchstaben, die vierte und letzte 3 Buchstaben, so daß im Ganzen 9 Elemente herauskommen. Das ist alles ganz klar, wenn man sich an das griechische Wort hält und die Probe macht.«

In Bezug auf diese Exposition des Cardanus ist zu bemerken, daß er Vers 143 nicht αι λοιπαι liest, sondern η λοιπη. So haben in der Tat einige Manuskripte und Ausgaben. Die Rätsellöser konnten eben mit dem αι λοιπαι nicht fertig werden und änderten es daher in η λοιπη um.

Subiicit deinde, quod ex his quinque sunt mutae, ut intelligamus, quatuor tantum esse vocales: A, E, I, O. Reliquas quinque appellavit mutas, id est non vocales, quae sunt: ρ, σ, ν, κ, ν.

»Ferner sagt sie, daß von diesen Buchstaben 5 Mutae sind, damit man durchschaue, daß nur 4 Vokale da seien: A, E, I, O. Die anderen Buchstaben nennt sie Mutae, das ist Nicht-Vokale. Diese sind: ρ, σ, ν, κ, ν.«

Inde addit, quod numerus, qui his litteris significatur mutis, est: εκατονταδες δις οκτω και τρεις τρις δεκαδες, id est: bis centum, et octies atque ter tribus decadibus, continetur, quod est novies atque octies decem, quod est centum septuaginta, ut totus numerus sit: CCCLXX. Is autem significatur quinque litteris mutis, si eam, quae replicatur, id est ν, semel tantum sumseris. Nam assumptis ρ, σ, ν, κ, tantumdem conficitur apud Graecos: ρ, significat C; σ: CC; ν: L; κ: XX. Collecta faciunt: CCCLXX.

»Ferner sagt sie, daß die Zahl, welche mittels dieser Konsonanten (Mutae) bezeichnet wird, sei: εκατονταδες δις οκτω και τρεις τρις δεκαδες, das ist, sie ist enthalten in Zweihundert und achtmal und dreimal drei Dekaden. Dies ist neunmal und achtmal Zehn, welches gleich ist: Hundert und siebzig. Die ganze Zahl ist auf die Weise 370. Diese Zahl wird aber bezeichnet durch die 5 Konsonanten, wenn man denjenigen Buchstaben, der wiederholt wird, das ist nämlich das ν, nur einmal nimmt. Denn nimmt man bloß ρ, σ, ν, κ, so kommt nach griechischer Zählweise heraus: ρ, das ist 100; σ, das ist 200; ν, das ist 50; κ, das ist 20. In Summa: 370.«

Es rechnet sich also Cardanus das εκατονταδες δις οκτω και τρεις τρις δεκαδες ff. heraus. Zuerst 200 (δις εκατονταδες). Dann: 8 mal eine Dekade = 8 · 10 = 80 (οκτω δεκαδες) und 3 mal 3 eine Dekade = 9 mal eine Dekade = 9 · 10 = 90 (τρεις τρις δεκαδες). Er hat also:

200
80
90
———
Summa: 370

Diese Zahl 370 ist griechisch: ρ + σ + ν + κ, das sind die Konsonanten von 'Αρσενικον, wenn man ein ν fallen läßt.

Dagegen ist nun zu bemerken, erstens: Wer gibt denn dem Cardanus das Recht, den πας αριθμος auf die *Konsonanten* des Wortes 'Αρσενικον zu beziehen?

Zweitens: Wer gibt ihm das Recht, den einen Konsonanten ν zu streichen? Freilich wir für unsere Person haben beim αριθμος nicht nur ein ν, sondern auch noch ein ι dazu »gestrichen«. Diese »Streichung« lag aber ganz anders. Wir rechneten den bereits als Zehner vertretenen Buchstaben nicht mehr als Zehner, sondern als Nicht-Zehner. Das liegt doch etwas anders als das, daß Cardanus eine 50 so mir nichts dir nichts wegwirft, weil er mit ihr 370 + 50 = 420 herausbekäme, die er nicht herausbekommen will. Will man aber unser »Streichen« trotzdem mit dem des Cardanus parallelisieren, nun dann wolle man gefälligst beachten, daß wir für unsere Person nicht »streichen«, sondern der *Autor* des Rätsels, der da sagt, man solle von den Dekaden nur drei zählen. (τρεις τρις δεκαδες: drei Dekaden, die Dekaden nach der Drei gezählt). Nun, der Autor des Rätsels hat doch das Recht, ein Rätsel aufzugeben, bei dessen Präsentierung er sagt, wenn du das und das herausbekommen willst, so mußt du das und das streichen. Der kann, wenn er will, alle Konsonanten streichen; der Rätsel-Löser Cardanus darf es aber nicht. Was haben wir also bei Cardanus? Erst streicht er beim πας αριθμος alle Vokale des Wortes. Nun ist er durch diesen Gewaltstreich auf die Konsonanten gekommen, und er könnte es also sattsam dabei bewenden lassen. Aber nein, er läßt es nicht dabei bewenden, es muß nun auch noch ein Konsonant fort. Das heißt weit gehen!

Inde subiungit συν τ' επτα, quod est τ, CCC significat. Et επτα, septem, scilicet decades, nam refertur ad superiora.

»Darauf sagt sie: mit τ' επτα, das ist τ, welches 300 ist, und επτα, 7, das ist 7 mal 10, denn es bezieht sich auf's Vorgehende.«

Cardanus meint, der Autor (die Sibylle) bezeichne in zwiefacher Weise, daß die von ihm, Cardanus, beliebte Zahl 370 herauskäme. Zuerst derartig, daß in dem συν τ' επτα (so will er nämlich lesen, s. im Folgenden) sei: τ (τ'): 300, und επτα: 7. Bei diesem επτα, sieben sei aber δεκαδες zu supplieren, so daß herauskäme: τ + επτα δεκαδες = 300 + 70 = 370. Nun, das ist doch stark. τε ist einfach eine enklitische Partikel, welche im griechischen sehr gebräuchlich ist. *Wenn sie daständе,* so würde *sie* im folgenden Vokal ε in επτα zu Liebe apostrophiert, so daß statt τε herauskäme: τ'. Das ist aber doch nicht die Zahl τ. Und dann will Cardanus ja, daß die Zahl 370, die vorher herauskam, jetzt auch anhand des τ' επτα herauskommt. Wie kann man denn nun aber eine solche *Gegenüberstellung* der zweiseitig erhaltenen Zahl 370 durch die Vermittlung der Präposition συν herausbekommen? Dazu kommt nun noch, daß Cardanus selbst annimmt, daß im Text gar nicht τ' επτα steht (man sehe sogleich). Man sieht, je weiter Cardanus kommt, desto mehr häufen sich die Belege dafür, daß er mit seiner Lösung des Rätsels gar nicht auskommt, wenn er sich nicht Willkürlichkeiten in die Arme wirft, zu denen er gar keine Berechtigung hat. So etwas wird ihm denn nun auch sukzessiv selbst klar, indem er weiter sagt

Solum videtur elocutionis congrua ratio tribus modis repugnare: δις εκατονταδες et επτα δεκαδες et συν pro cum Abiicit etiam ν alterum, cum hoc Sibylla haud dicat; et pro χ seu γαρ legit τ. Nam codex habet συν χ' επτα, quod est cum septem scilicet additis: dixit, quod facile verum esse posset, inter χ et τ parum interesse quoad formam.

»Mit dem Zutreffen der Ausdrucksweise scheint's indes in dreifacher Weise zu hapern, nämlich in Bezug auf δις εκατοντα–δες, auf επτα δεκαδες und in Bezug auf συν »mit«. Auch streicht er (Ranconetus, des Cardanus Gewährsmann) das eine ν, wovon (von welcher Streichberechtigung) die Sibylle nichts sagt. Und statt χ oder γαρ (Cardanus liest also, wo wir bringen συν γ' επτα, συν χ' επτα. συν γαρ επτα ist ebenfalls eine andere Lesart) liest er τ. Der Codex hat nämlich συν χ' επτα, das heißt mit Sieben, welche Sieben addiert werden soll: — er sagt nun, das τ könne sehr leicht richtig sein, denn zwischen χ und τ sei in der Gestalt wenig Unterschied.«

Cardanus fängt hier mit 3 Skrupeln an, dilatiert sie aber auf 5.

Über den *ersten* Skrupel, den er in Bezug auf das δις εκατον–ταδες hat, spricht er sich nicht näher aus. Meint er vielleicht, daß es etwas gewagt wäre, das δις zu εκατονταδες statt zu οκτω zu ziehen?

Den *zweiten* Skrupel hat er in Bezug auf die επτα δεκαδες. Auch darüber spricht er sich nicht näher aus, meint aber ohne Zweifel, es wäre etwas gewagt, bei επτα und δεκαδες aus dem Vorhergehenden zu supplieren. Nun, wir für unseren Teil sehen in dieser Supplierung des δεκαδες nichts Gewagtes für Cardanus. Da macht er doch ganz andere Dinge, denen gegenüber eine solche Supplierung uns ziemlich harmlos erscheint.

Den *dritten* Skrupel hat er in Bezug auf das συν. Auch hierüber spricht er sich nicht näher aus. Es liegt aber auf der Hand, daß es sich darum handelt, was wir bereits oben erwähnt haben, daß es ein eigentümliches Tun ist, die beiderseitig erhaltenen Zahlen 370 durch die Präposition συν zu vermitteln.

Den *vierten* Skrupel hat er in Bezug auf das abiicere des einen ν, womit er sich die Konsonanten des Wortes 'Αρσενικον, welche ρ, σ, ν, κ, ν sind, auf ρ, σ, ν, κ restringiert. Nun ja, davon haben wir ebenfalls bereits gesprochen.

Den *fünften* Skrupel hat er in Bezug darauf, daß, wo er χ' επτα ausdrücklich im Text annimmt, daß da nun auf einmal τ' επτα gelesen werden soll. Die Formgleichheit zwischen χ und τ soll darauf geführt haben, haben führen können, daß ursprünglich τ dagestanden, der Abschreiber aber durch die Ähnlichkeit der Buchstaben verleitet ein χ hingeschrieben hat. Wir enthalten uns der näheren Beurteilung dieser Konjektur.

Aus dem, was wir in Bezug auf die Expositionen des Cardanus der Reihe nach gesagt haben, geht hervor, daß wir noch einige andere Skrupel gegen die Cardanische Lösung des Rätsels vorbringen können. Indessen sehen wir davon ab. Wir wollen bloß den Tatbestand konstatieren, daß Cardanus Skrupel gegen die Lösung seines Rätsels hat, das heißt mit anderen Worten, er sagt, 'Αρσενικον ist die Lösung, und hinterdrein sagt er dann, aber das und das paßt doch nicht zu dieser Lösung. Wir denken doch, wenn man ein Rätsel löst, so muß die Lösung *passen*, man bringt doch keine Lösung, damit sie *nicht* paßt. Wo soll das Rätsel-Lösen hinkommen, wenn man statt etwas zu bringen, was paßt, etwas bringt, was nicht paßt. Da spart man sich ja weit besser die Mühe anzufangen.

Wie wenig übrigens Cardanus oder sein Gewährsmann Ranconetus dazu angetan sind, Rätsel zu lösen, wird aus dem folgenden Schlußpassus hervorgehen.

Tandem concludit, quod qui hoc noverit, suae sapientiae expers. In quo et illud mirum videri posset, quod tam procul vates abscedat a proposito. Sed haec et maiora longe sunt vatum privilegia, et maxime lymphaticarum et phanaticarum etc.

»Endlich schließt die Sibylle, daß quo hoc noverit, suae sapientiae expers. Hierbei kann das wunderlich erscheinen, daß die Sibylle so weit vom vorgesteckten Ziel (von der Stange) abgeht. Aber das und noch ärgere Sprünge sind das Privilegium der Sibyllen, und besonders der begeisterten und schwärmerischen.«

Was Cardanus hier will, ist nicht leicht zu durchschauen, weil es gar zu weit liegt. Er macht ein Komma, *nicht* hinter ειμι, Vers 145, *sondern* hinter αμυητος, Vers 146. Nun heißt: μυεω, in die Mysterien einweihen; in die sapientia einweihen; also ist αμυητος einer der sapienta expers. Cardanus will aber, daß αμυητος einer ist, der der sapienta expers ist, und übersetzt: Wenn du als ein Dummkopf erkennst, wer ich bin, (nämlich qui, wer, expers suae sapientiae, als ein expers ihrer, der Sibylle, Weisheit, hoc noverit, das, was das Rätsel bringt, erkennt) — oder: wenn du einsiehst, welcher Dummkopf ich Sibylle bin (nämlich qui, wer, hoc expers suae sapientiae, dieses der Weisheit der Sibylle Entbehrende, noverit, erkennt) — dann: εση της παρ'εμοι σοφιης, dann durchschaust du meine Weisheit, dann trittst du auf die Seite meiner Weisheit! — Wir wenigstens können aus des Cardanus Worten: Tandem concludit etc. nichts anderes herausbekommen.

Wir kommen nun zu etwas anderem.

Vers 146 ist kein Hexameter, wie er das doch sein sollte, denn das Buch ist in Hexametern geschrieben. Hiergegen ist gesagt worden, man fände auch anderwärts in Schriften, welche in

Hexametern geschrieben, unvollständige Hexameter. Das mag nun wohl sein, indessen das Buch, mit dem wir es hier zu tun haben, das wird sich an einer so wichtigen Stelle, wie sie gerade hier im Rätsel vorliegt, schwerlich auf unvollkommene Verse eingelassen haben. Unsere Ansicht über die Sache ist die, daß der Hexameter 146 ursprünglich tadellos war, daß er aber verstümmelt worden ist. Hierauf führt die lateinische Übersetzung, welche hat: non rudis vel ignarus eris. Sie hat also 2 Adjektive, wohingegen im Griechischen nur das eine Adjektiv αμυητος steht. Das führt darauf, daß der Vers 146 ursprünglich zwei Adjektive statt des einen αμυητος gehabt, daß dadurch der Hexameter vollständig herausgekommen und daß er verkrüppelt wurde, indem ein Adjektiv ausgestoßen wurde. Es fragt sich nun, warum wurde denn das betreffende Adjektiv ausgestoßen? Darüber ist unsere Ansicht ff. Das Rätsel von Vers 141 an zerfällt in 2 Teile, in das Nicht-Zahlenverhältnis und in das Zahlenverhältnis. Nun kam jemand mit dem ersten Teil zustande, blieb aber im zweiten Teil stecken, das heißt, er fand in Bezug auf den ersten Teil irgend eine Lösung, die eben nicht richtig war, dem entspräche, was der zweite Teil lehrt. Unter gleichen Umständen sind andere hingegangen und haben, wir haben darauf bereits oben hingewiesen, die Zahlenausdrücke willkürlich verändert. Unser »Jemand« aber machte sich die Sache viel leichter. Er strich brevi manu den ganzen zweiten Teil des Rätsels, er strich Vers 144 und 145. Indem er nun bei Vers 146 Halt machte, kam das böse Gewissen über ihn, und dies machte ihn auf die verkehrte Weise schlau. Er dachte, da stehen zwei Adjektive. Warum stehen die da? Ohne Zweifel deswegen, weil das Rätsel 2 Teile hat, das eine Adjektiv αμυητος steht dem einen Teil zu Liebe, das andere Adjektiv (das verlorengegangene) dem anderen Teil zu Liebe. Liest nun ein anderer, so dachte er, diesen Vers mit den 2 Adjektiven, so sagt dieser, zwei Adjektive sind da, dagegen nur ein Teil. Das bringt ihn denn auf die Fährte, daß etwas gestrichen ist. Dem muß aus dem Weg gegangen werden. Wenn ich (der Jemand) Vers 144 und 145 streiche, so muß ich auch das eine Adjektiv im Vers 146 streichen, dann bin ich sicher, daß man mir nicht hinter mein Streichmanöver kommt. Und so strich er das eine Adjektiv — und der Hexameter wurde verkrüppelt. Später nun blieb, als die gestrichenen Zeilen 144 und 145 wieder hingeschrieben wurden, der verkrüppelte Hexameter in Permanenz. Derjenige, welcher das Rätsel vollständig hinschrieb, hatte den Vers 146 nach der Weise des Streichkünstlers im Kopfe und schrieb ihn hin, ohne näher den eigentlichen Text nachzusehen, wozu er umso eher verleitet wurde, als der Vers 146 zum Hauptsinn des Rätsels keine Relation hat. Man hat (Castalio) den verstümmelten Hexameter in folgender Weise wieder herzustellen versucht:

ουκ αμυητος εση θειης παρ εμοιγε σοφιης.

So hat aber schwerlich ursprünglich im Text gestanden.

H. Kopp in seiner Geschichte der Chemie, Teil 2, S. 226, und *Höfer* in seiner Historie de la Chimie, Teil 1, S. 224, bringen das Rätsel ff.

Έννεα γραμματ᾽ εχω, τετρασυλλαβος ειμι, νοει με;
Αι τρεις μεν (αι) πρωται δυο γραμματ᾽ εχουσιν εκαστη,
Αι λοιπαι δε τα λοιπα: και εισιν αφωνα τα πεντε;
Ουκ αμυητος εση της παρ εμοι σοφιας.

Nun, so eben brachte es der Streichkünstler in die Welt, und mit ihm den verkrüppelten Hexameter.

Wir müssen nun Vers 137 bis Vers 140 noch durchnehmen:

Ειμι δ᾽ εγω κ. τ. λ.

»Ich bin der, der da ist, bedenke dir's,
ich habe den Himmel und das Meer als Kleid an,
die Erde ist der Schemel meiner Füße, ringsherum breitet sich mein Körper aus,
die Luft und der Sternenchor umgibt mich rings.«

Das ist nun zunächst *Gott.* Die einzelnen Ausdrücke lehnen sich an Bibelausdrücke. Die Situation Gottes wird auf den Gott bezogen, der sich innerhalb des Himmelseies befindet (vergl. Jüdische Alchemie). Der Autor nimmt die obere Eierschalenhälfte und das Wasser als das Kleid Gottes. Dieses Kleid ist ein Kaftan mit einer Kapuze und einem Gürtel um die Lenden. Der ουρανος-Teil des Kleides geht vom Gürtel aufwärts, der θαλασσα-Teil des Kleides geht vom Gürtel abwärts. Dann ruhen ferner die Füße auf der Erde, welche in das Weltenwasser hineingeschaffen wird. Rings breitet sich der Körper Gottes aus, das ist rings an der Eierschalenhälfte und auf der Oberfläche des Wassers. Das Rings-Umgebensein von Luft und Sternen (Sonne, Mond und Sternen) bezieht sich auf Sonne, Mond und Sterne im Himmelsei. Die Luft ist das, was vermittelt, daß Sonne,

Mond und Sterne an der oberen Eierschalenhälfte angeheftet sind.

An diesem Rätselteil in *dieser Relation zu Gott* ist nun eigentlich nichts zu lösen, obgleich auch hier die Interpreten, welche die Sachlage mit dem Himmelsei nicht kennen, in's Stocken geraten sind. So z.B. weiß sich Alexandre mit dem περι σωμα κεχυται nicht zu helfen. Er macht hinter αηρ statt hinter κεχυται ein Komma, und bekommt so heraus: περι σωμα κεχυται αηρ. Alsdann streicht er im Vers 140 das δε, um mit demselben aufgrund seines vorigen Tuns nicht in Kollision zu kommen. Nein, so liegt die Sache nicht: — der Text kann ruhig bleiben, wie er ist.

Das, worauf dieser Rätselteil als ein Rätsel, welches der eigentlichen Lösung bedarf, hinaus will, ist: *Quecksilber.*

Der ουρανος bezieht sich darauf, daß ein Quecksilberkügelchen eine Kugelform hat. Die θαλασσα bezieht sich darauf, daß das Quecksilber flüssig ist, die γαια bezieht sich darauf, daß Quecksilber ein Metall ist, als solches aber fest ist, denn wenn man so überhaupt von einem Metalle spricht, so denkt man an keinen flüssigen, sondern an einen festen Körper. Der χαρος αστρων bezieht sich auf den Glanz des Quecksilbers. Da nun mit dem Glanz des Quecksilbers die Sterne in die Sache gezogen worden sind, diese aber ohne Firmament nicht bestehen können, so muß auch dies herangezogen werden, und so wird uns denn die αηρ präsentiert. αηρ ist das, was bewirkt, daß die Sterne nicht herunterfallen, und in Übertragung auf das Quecksilber das, was den Glanz an die Kugel des Quecksilbers heftet, diese Kugel ist aber der ουρανος.

In der Weise haben wir denn auf das Quecksilber bezogen ff. Ich Quecksilber habe die Himmelsgestalt, ich bin flüssig, wie das Meer, ich bin fest, trotzdem daß ich fließe, allenthalben ist mir Glanz angeheftet.

Wir haben also im ganzen Rätsel *Quecksilber* und *Zinnober.* Zinnober nannten die Alexandriner das, was wir Hydrarg. oxyd. rubr. nennen. Also haben wir: *Quecksilber* und *Hydrargyrum oxydatum rubrum.* Es handelt sich also um das Quecksilber im Sinne der methaphysischen Interpretation der Tab. smar., welches einesteils Quecksilber als solches, anderenteils Hydrarg. oxyd. rubr. ist.

c) Das zweite Rätsel des ersten Buches der Oracula Sibyllina

Vers 326. ff.

326. Τεσσαρα φωνηεντα φερει: τα δ' αφωνα εν αυτω
327. Δισσων αγγελλω: αριθμον δ' ολον εξονομηνω:
328. 'Οκτω γαρ μοναδας, τοσσας δεκαδας δ' επι ταυταις,
329. 'Ηδ' εκατονταδας οκτω, απιστοκοροις ανθρωποις
330. Ουνομα δηλωσει.

»Er, (es) hat vier Vokale. Was die Konsonanten in ihm betrifft,
so weise ich auf die zwei Gruppen derselben hin. Ich will das Zahlenverhältnis in Bezug auf's Ganze nennen,
nämlich als acht Monaden, dazu ebensoviel Dekaden
und acht Hekatontaden wird er (es) den ungläubigen Menschen
seinen Namen offenbaren.«

Das Rätsel hat zwei Lösungen. Die erste Lösung ist: 'Ιησους, die zweite: 'Αρσενικον. In Bezug auf die erste Lösung kann man, das Fortlaufende des Textes in's Auge fassend, in personeller Fassung fortfahren (er hat, wird offenbaren). In Bezug auf die zweite Lösung muß man die Lage sachlich fassen (es hat, es wird offenbaren). Das Ergebnis der ersten Lösung ist offen ausgesprochen. Denn es heißt in unmittelbarer Anknüpfung

Vers 330. Ουνομα δηλωσει: συ δ' ενι φρεσι σησι νοησον
Vers 331. 'Αθανατοιο Θεου Χριστον παιδ' υψιστοιο.

»— — Du aber denke in deinem Herzen
an Christus, den Sohn des unsterblichen höchsten Gottes.«

Zuerst die erste Lösung: 'Ιησους.

Die 4 Vokale sind ι, η, ο, υ.

Die beiden »Gruppen« der Konsonanten, die wir in der Übersetzung gebracht, knüpfen sich an die zweite Lösung. Hier dagegen ist zu übersetzen: Was die Konsonanten betrifft, so weise ich auf *zwei* hin. Diese sind σ und ς. δισσον ist doppelt, im Gegensatz zu δυο, zwei. Das δισσον-Verhältnis ist dadurch gegeben, daß σ und ς einerseits dieselben, andererseits verschiedene Buchstaben sind. Wenn die Sibylle also, von den Konsonanten sprechend, von zweien verkündet, so verkündet sie, daß das δυο ein δισσον ist.

Der ολος αριθμος reiht sich an den πας αριθμος des ersten Rätsels. Hier bezieht sich der ολος αριθμος auf den αριθμος der beiden Lösungen, welcher in jeder einzelnen Lösung von einem ganz verschiedenen Gesichtspunkt aufgefaßt wird. Hier, bei der ersten Lösung, bekommen die Buchstaben ihren wirklichen Zahlenwert.

μονας	= 1	also οκτω μοναδες	= 8.	1 = 8.
δεκας	= 10	also οκτω δεκαδες	= 8.	10 = 80.
εκατοντας	= 100	also οκτω εκατονταδες	= 8.	100 = 800.

Also der Name wird offenbart unter der Form von 8 + 80 + 800 = 888.

Diese Zahl ergibt auch Ἰησους. Nämlich da Ι = 10, η = 8, σ = 200, ο = 70, υ = 400, ς = 200, so erhalten wir 10 + 8 + 200 + 70 + 400 + 200 = 888.

Man wolle darauf reflektieren, daß wir beim ersten Rätsel, indem wir den Buchstaben von Κινναβαρις ihren Zahlenwert gaben, daß wir da bei der Addition 444 herausbekamen. Das ist gerade die Hälfte von der hier erhaltenen Zahl 888.

Nun zur zweiten Lösung: Ἀρσενικον.

Die 4 Vokale sind: α, ε, ι, ο.

Die beiden Gruppen der Konsonanten sind, erste Gruppe: ρ, σ, κ, zweite Gruppe: ν, ν. Sie unterscheiden sich dadurch voneinander, daß die erste Gruppe *verschiedene* Konsonanten hat, die zweite *einen* Konsonanten, der *zweimal*, doppelt, vorkommt. Die Sibylle verkündet diese Doppel-Gruppierung deshalb, weist deshalb auf sie hin, um anzuzeigen, der Rätsellöser solle in der zweiten Gruppe den doppelt vorkommenden Buchstaben nur *einmal* zählen, also ein ν ausstoßen, so daß das Wort Ἀρσενικον sich als Ἀρσενικο gestaltet. Nun wird uns auch die Ausstoßung eines ν bei der Lösung des Cardanus im vorigen Abschnitt klar. Vorab hat Cardanus, oder sein Gewährsmann, einmal davon gehört, daß im ersten Buch der Oracula Sibyllina ein Rätsel vorkomme, dessen Lösung Ἀρσενικον sei. Nun macht er eine Quid pro quo und löst das *erste* Rätsel mit Ἀρσενικον. Nicht aber nur davon hat er einmal gehört, daß im ersten Buch der Oracula Sibyllina ein Rätsel vorkomme, dessen Lösung Ἀρσενικον sei, sondern auch davon, daß bei dieser Lösung aus Ἀρσενικον ein ν ausgestoßen würde. Aufgrund dessen nun stößt er sein ν aus. Daß das Ausstoßen des ν bei Cardanus ganz anders liegt als hier, darauf braucht wohl kaum hingewiesen zu werden. Cardanus stößt das ν aus, ohne die mindeste Befugnis dazu zu haben. Hier fordert uns der Autor (die Sibylle) selbst auf, es zu tun. Denn daß er auf die zwiefache Gruppe der Konsonanten weist, das hat einen bestimmten Zweck, und dieser Zweck besteht eben darin, uns darauf zu führen, ein ν zu streichen. Übrigens werden wir hier zum Streichen eines ν umso mehr aufgefordert, als das δισσϖν αγγελλω auch noch in einer zweiten Weise interpretiert werden kann, das ist, reinweg auf das doppelte ν bezogen. Dieser zweiten Interpretation zufolge heißt δ. α.: ich weise auf zwei ν hin, ich mache auf zwei ν aufmerksam, trotzdem ich ein ν streiche.

Bei der vorliegenden Lösung ist nun nicht, wie bei der ersten Lösung (Ἰησους), den Buchstaben ihr wirklicher Zahlenwert zu geben, sondern die Sachlage ist wieder analog, wie beim Zinnober-Rätsel, so, daß δεκας = Zehner und εκατοντας = Hunderter. Dem analog sollte nun μονας: Einer sein. Das will aber der Autor nicht, der will μονας aufgefaßt wissen als die Buchstaben des Wortes an und für sich. Das liegt analog wie beim Zinnober-Rätsel. Wenn es dort hieß, der αριϑμος ergibt: Zwei Centurien, acht, so sind die acht: acht Buchstaben als Buchstaben. Gerade die Buchstaben als Buchstaben sind hier auch gemeint. Wenn es also im Zinnober-Rätsel heißt: Zwei Centurien, acht, so sind die acht nach der Auffassungsweise, wie wir sie hier haben: *acht Monaden*. Und wenn hier von Monaden die Rede ist, so sind diese das, was in den: Zwei Centurien, acht, die Acht war, das ist der *Buchstabe als Buchstabe* gefaßt.

Wir haben nun als αριϑμος:

8 Monaden, das sind 8 Buchstaben. Nun, diese kommen dadurch heraus, daß man mit Streichung eines ν schreibt: Ἀρσενικο. Dieses Wort hat aber 8 Buchstaben.

Zu den 8 Monaden kommen ebensoviel Dekaden. Wir haben im Wort Ἀρσενικον:

Α — 1, das ist kein Zehner,
ρ — 100, das ist ein Hunderter,
σ — 200, das ist ein Hunderter,
ε — 5, das ist kein Zehner,
ν — 50, das ist ein Zehner,
ι — 10, das ist ein Zehner,
κ — 20, das ist ein Zehner,
ο — 70, das ist ein Zehner,
ν als zweites ν zählt nicht.

Nun kalkuliert der Autor 10 x 10 = 100, und deshalb habe ich da, wo ich *einen* Hunderter habe, *zwei* Zehner. In Bezug hierauf würden wir statt der vorigen Aufstellung erhalten:

Α — 1, das ist kein Zehner,
ρ — 100, das sind zwei Zehner,
σ — 200, das sind zwei Zehner,
ε — 5, das ist kein Zehner,
ν — 50, das ist ein Zehner,
ι — 10, das ist ein Zehner,
κ — 20, das ist ein Zehner,
ο — 70, das ist ein Zehner,
ν als zweites ν zählt nicht.

Damit haben wir in Ἀρσενικον, vom Gesichtspunkt der Zehner betrachtet, zweimal einen Doppelzehner und viermal einen einfachen Zehner, das sind im Ganzen 8 Zehner. Wir haben also im Ἀρσενικον, wie das Rätsel sagt, 8 Dekaden.

Nun sollen wir es noch mit 8 Hekatontaden zu tun haben. Die kommen nun ff. heraus: Das Wort Ἀρσενικον eigentlich in Bezug auf die Hunderter zu verwerten, das geht nicht mehr, denn den Hundertern ist bereits vorhin als Doppelzehner Rechnung getragen. Nun sagt der Autor, vorhin stellte ich auf: 10 · 10 = 100, und wurde dadurch von der 10 auf die 100 geführt. Jetzt sage ich: 10 · 100 = 1000, und werde dadurch von der 100 auf die 1000 geführt. Indem mich aber die 100 auf die 1000 führt, nenne ich das εκατοντας, was bei Lichte betrachtet χιλιας ist. Hunderter sage ich, und Tausender meine ich. Er faßt also, indem er sagt ηδ' εκατονταδες οκτω, die Hunderter als Tausender auf. Wenn man nun die griechischen Zahlen schreibt (vergl. beim Zinnober-Rätsel), so fängt man von α an, geht bis σαμπι, und fängt dann wieder von α an. Also wo man bei Tausend ist, ist man wieder bei Eins, oder anders ausgedrückt, wo man bei der χιλιας ist, ist man wieder bei der μονας. Sobald man aber bei der μονας ist, hat man wieder das: οκτω γαρ μονα–δας. Der Sachverhalt ist also in Bezug auf die 8 Hekatontaden der, daß die Hekatontaden zu Chiliaden, die Chiliaden zu Monaden werden, und in Bezug auf diese ist die Acht-Zahl bereits konstatiert.

Was nun das Ἀρσενικον betrifft, so ist dasselbe *Schwefel.* Man vergleiche *Geber,* De summa perfectionis magisterii, 1, 14:

Restat, nos de Arsenico disputare; ad praesens igitur dicimus, quod est de subtili materia et simili cum Sulphure, idcirco non oportet id aliter definiri quam Sulphur. »Es bleibt uns übrig, vom Arsenik zu sprechen. In Bezug auf denselben sagen wir nun, daß er aus einer subtilen Materie besteht, die Ähnlichkeit hat mit der Materie des Schwefels. Daher kann man Arsenik nicht anders definieren als Schwefel.«

Christus und Schwefel haben die gegenseitige Relation, daß Schwefel = Feuer = Licht. Christus aber ist als ein *Licht* in die Welt gekommen (vergl. Drei-Einigkeits-Interpretation der Tab. smar.). Hierin ist denn das gegeben, daß die Doppellösung des zweiten Rätsels, Ἰησους und Ἀρσενικον, einen Eingesichtspunkt hat, und dieser ist eben das Licht.

Wir haben also im Zinnober-Rätsel den Merkur und im Arsenik-Rätsel den Schwefel. Wenn man nun den Merkur hat, so hat man anlehnend an die metaphysische Interpretation der Tab. smar. noch *nicht* den Schwefel. Hat man aber den Schwefel, so hat man anlehnend an die Lapis-philosophicus-Interpretation der Tab. smar. *zugleich* den Merkur. Man hat zuerst die metaphysische Interpretation der Tab. smar. und weiß nichts von Schwefel. Nun lernt man anhand der Lapis-philosophicus-Interpretation den Schwefel kennen und hat damit nicht nur den Schwefel, sondern auch den Merkur. Das ist der Grund, weshalb man im Ἀρσενικον nicht nur das Ἀρσενικον als solches hat, sondern zugleich auch den Lapis philos. Auf dieses Sachverhältnis weisen auch die als eigentliche Zahlen genommenen Buchstaben von Κινναβαρις und Ἀρσενικον hin. Im letzteren hat man: 888, das ist 444 + 444. Hiervon weist nun die eine 444 direkt auf Κινναβαρις (Merkur), somit auf die eine Hälfte des Lapis philos., und die andere 444 weist auf die andere Hälfte des Lapis philos, das ist Ἀρσενικον im engeren Sinne.

d) Interpretation des ersten Buches der Oracula Sibyllina

Die verschiedenen Geschlechter sind alchemistisch zu fassen. In den verschiedenen Geschlechtern werden uns die verschiedenen Nationalitäten, die verschiedenen Generationen in Bezug auf ihren verschiedenen alchemistischen Standpunkt vorgeführt.

Der Autor fängt mit der Erschaffung der Welt an, um auf den Menschen zu kommen. Die beiden Schöpfungsgeschichten im

1. Buch Mosis verschmilzt er in eine. Er führt uns die Menschen im Paradies vor. Diese wachsen nach der Ausstoßung aus dem Paradies zu einem Volk an. Das ist das erste Geschlecht.

Dies *erste* Geschlecht ist das erste alchemistische Geschlecht, die Inder, die indischen Alchemisten. Das, was der Autor vom ersten Geschlecht sagt, lehnt sich insofern an die Inder an, als das Paradies, der Aufenthalt der ersten Menschen aus dem ersten Geschlecht, gewöhnlich nach Indien verlegt wird. Dies Geschlecht muß aus der Welt, um einem nachfolgenden Geschlecht Platz zu machen, ganz so, wie bei den folgenden Geschlechtern immer das eine aus der Welt muß, ehe das andere an die Reihe kommt. Das hängt damit zusammen, daß das eine alchemistische Geschlecht das, was das andere gebracht, gewissermaßen umstößt, aus der Welt bringt. Dies letztere wird aber so gefaßt, als wenn das betreffende abtretende Geschlecht sich selbst durch seine Sünden den Weg aus der Welt anbahnt. Der Autor zielt damit auf die Erbsünde und leitet so sukzessiv Christus ein, der für die Sünden der Welt stirbt. Mit der Vorführung der Erbsünde hängt es denn auch zusammen, daß die Verführungs-Geschichte im Paradies ausführlich erörtert wird.

Das erste Geschlecht ist selbst im Hades noch geehrt, denn wenn man die Anschauungen der indischen Alchemie auch nicht beibehielt, darin sind die Inder stets zu ehren, daß sie die ersten Alchemisten waren.

Das *zweite* Geschlecht ist das zweite alchemistische Geschlecht, das sind die Ägypter, die ägyptischen Alchemisten. Die Ägypter schildert der Autor in ihrem Kunstsinn.

Das *dritte* Geschlecht ist das dritte alchemistische Geschlecht, das sind die Juden, die jüdischen Alchemisten. Der Autor charakterisiert dies dritte Geschlecht mehr *oberflächlich*. Der jüdischen Alchemie wird schon sattsam dadurch Rechnung getragen, daß uns die jüdische Schöpfungsgeschichte geboten wird.

Das *vierte* Geschlecht ist das vierte alchemistische Geschlecht, das sind die Griechen, die griechischen Alchemisten. Der Autor deutet bei diesem Geschlecht dadurch auf die Griechen, daß er vom ϑεος ουρανιος spricht. Bei diesem hat er den Ουρανος, den Gott Uranus, im Sinne, der an der Spitze der griechischen Götter steht. Es wird zwar auch anderweitig im Verlauf des Buches Gott das Epitheton ουρανιος gegeben, wo an einen Hinblick auf den Uranus nicht zu denken ist. Daran darf man sich aber nicht stoßen. Das betreffende Verhältnis hat eben gerade nur hier beim vierten Geschlecht statt. Einer ähnlichen Sachlage begegnen wir auch in Bezug auf den Tartarus. Im Vers 9 et 10: ηδρασε γαρ γην ταρταρου αμφι σαλον ist Tartarus auch in ganz anderem Sinn zu nehmen als an anderen Stellen des Buches, wo die Menschen in den Tartarus, die Unterwelt, kommen.

Das *fünfte* Geschlecht ist das fünfte alchemistische Geschlecht, das sind die Alexandriner, die alexandrinischen Alchemisten. Diese schildert der Autor als Lästerzungen, weil sie sich beim Streit um die Tab. smar. gegenseitig verlästern. Dies Geschlecht geht durch Wasser unter: — das Wasser ist das Quecksilber. Aufgrund der metaphysischen Interpretation der Tab. smar. geht die Alchemie in Wasser-Quecksilber unter. Daher kommt die Sintflut gerade zur Zeit dieser Generation. Gott, der die Welt durch Wasser untergehen läßt, um sozusagen der Wasser-Gott, offenbart sich dem Noah unter der Gestalt des Quecksilbers überhaupt und des Hydrarg. oxyd. rubr. (Zinnober) im Besonderen, weil beide anhand der metaphysischen Interpretation der Tab. smar. zu einem verschmelzen. Sobald Noah die Arche verlassen, ermahnt Gott die Heraustretenden, sie sollen Gerechtigkeit, Geschlecht gegen Geschlecht, üben, bis über alle Menschen das Gericht kommt. Das heißt: Nun habt ihr die metaphysische Interpretation der Tab. smar., nun verlästert und befeindet euch nicht mehr gegenseitig. Richtet euch nicht gegenseitig, lasset mich, Gott, richten. Nachdem nun die metaphysische Interpretation der Tab. smar. ein Damm gegen den alten Alexandrinismus geworden, nachdem im Quecksilber die alten Alexandriner untergegangen, kommt

ein neues Geschlecht an die Reihe, welches auf der metaphysischen Interpretation der Tab. smar. fußt, das ist das *sechste* Geschlecht. Golden ist es wegen der χρυσοποιια. Die Menschen dieses Geschlechts sind glücklich, denn der Hader um die griechische oder jüdische Interpretation der Tab. smar. liegt hinter ihnen.

Unter diesem Geschlecht lebt die Sibylle. Daß die Sibylle eben jetzt lebt, hängt damit zusammen, daß der Autor des Buches der metaphysischen und der aus ihr entstandenen Lapis-philosophicus-Interpretation der Tab. smar. huldigt, von welcher letzteren er die Anschauung hat, sie sei nicht gekommen, um die metaphysische Interpretation umzustoßen, sondern um sie zu erfüllen, das ist, sie erweiternd, in ihrer wahren Glorie darzustellen. Vor der metaphysischen Interpretation war die Alchemie nach der Auffassung unseres Autors keine echte Alchemie, die erleuchteten alchemistischen Zeiten fangen erst beim Aufkommen der metaphysischen Interpretation der Tab. smar. an, und darum lebt die erleuchtete Sibylle in der *sechsten* Generation. Der Autor des Buches lebt natürlich viel später, sonst würde er die Sibylle nicht wahrsagen lassen können, was die Zukunft wirklich bringt, er lebt zu der Zeit, wo die Lapis-philosophicus-Interpretation der Tab. smar. bereits bekannt ist. Die Sibylle weiß vorab, daß das glückliche sechste Zeitalter nicht fortbestehen wird, sie weiß, daß es von *der* Zeit überflügelt werden wird, wo an die Stelle der metaphysischen Interpretation der Tab. smar. die Lapis-philosophicus-Interpretation tritt. Sie weiß also, daß das sechste Geschlecht in den Hades muß. Aber, sagt sie, auch dort werden die Hingegangenen glücklich sein und Ehren genießen, gerade wie das erste Geschlecht der Inder. Denn die Inder haben den Vorzug, an der Spitze der Alchemie überhaupt zu stehen, das sechste Geschlecht hat den Vorzug, an der Spitze der Alchemie als exklusive Arkanologie zu stehen. — Was die 3 hochherzigen Könige betrifft, so zielen sie auf den Hermes trismegistus als Hydrarg. oxyd. rubr., Quecksilber und Gold. Diese 3 Könige sind freilich schon da, sobald die Sintflut vorbei ist, die Sibylle braucht sie also eigentlich nicht vorher zu verkünden. Die Sache liegt aber so, daß sich die Sibylle auf den Standpunkt stellt, daß man nach der Sintflut, unmittelbar nach der sie prophezeit, vorab einmal die metaphysische Interpretation der Tab. smar. *hat,* ihre Anerkennung kommt erst sukzessiv im Verlauf des sechsten Geschlechtes, und deshalb sagt die Sibylle, die Könige *werden* die Lose bekanntmachen.

Das *siebente* Geschlecht, welches nun kommt, das Geschlecht der Titanen, sind die Neuplatoniker. Diese haben den Typus des ersten Geschlechtes, sie gehen nämlich auf die alte Alchemie wieder zurück. Sie kämpfen gegen den Himmel an, — welcher gemäß des Rätsels Vers 137 das Quecksilber ist. Diese Sonderbündler sind für die göttliche Strafe reif, und so wäre es am füglichsten, daß über sie eine neue Sintflut käme. Gott aber hat versprochen, keine neue Sintflut mehr eintreten zu lassen. Also über die kommt kein Quecksilber-Wasser mehr, aber ein Analogon kommt über sie, das ist der Lapis philos. Gott dämmt das Meer ein, er verkleinert das Quecksilber, er drängt einen Teil desselben zurück, umgibt es mit Schwefel. Und nun kommt Christus, Christus ist der Lapis philos., oder das ʹΑρσενικον, was sich gleichbleibt, da, wie wir oben gesehen, ʹΑρσενικον und Lapis philos. zusammenfallen.

Wir haben sub a da aufgehört, wo Christus kommt. An Christus knüpft sich das zweite Rätsel, Vers 326 ff. Dann macht uns Vers 330 und 331 auf die Rätsellösung ʹΙησους aufmerksam. Und nun kommt

Vers 332. Er wird das Gesetz Gottes erfüllen, *nicht* auflösen, er trägt ein Gegenbild (αντιτυπον μιμημα) und wird alles lehren.

Auf Jesus bezogen, lehnt sich das Nicht-Auflösen, sondern Erfüllen, an die Schrift.

Auf ʹΑρσενικον bezogen, zielt es darauf, daß, wie bereits erwähnt, der Autor des Buches der Lapis-philosophicus-Interpretation keine gegnerische Stellung zur metaphysischen Interpretation der Tab smar. gibt, er hält die erstere bloß für ein αντιτυπον μιμημα der letzteren, wie auf Jesus bezogen, das neue Testament ein αντιτυπον μιμημα des alten Testamentes ist.

Vers 334 Ihm bringen Priester Gold, Myrrhen und Weihrauch.

Auf Jesus bezogen, bringen dem Jesus die Priester, das sind die drei Könige aus Morgenland, Gold, Myrrhen, Weihrauch (Evang. Matth. Kap. 2, Vers 11).

Auf ʹΑρσενικον bezogen, bringen die Alchemisten diesem die 3 Arkana. Die Lapis-philosophicus-Interpretation der Tab. smar. nimmt ja 3 Arkana an. Gold ist das Arkanum P. solaris ruber, weil aus ihm κατ' εξοχην der Lapis philos. dargestellt wird, welcher schon an und für sich *Gold* ist (vergl. Lapis-philosophicus-Interpretation der Tab. smar.). Myrrhen und Weihrauch sind dann die beiden anderen Arkana.

Vers 336. Aber wann eine Stimme durch die Wüste erschallt (Ev. Matth. Kap. 3, Vers 3; Ev. Marc. Kap. 1, Vers 3; Ev. Joannis, Kap. 1, Vers 23) verkündend den Sterblichen die Pfade gerade zu machen. aus dem Herzen die Schlechtigkeit fortzuwerfen, durch Wasser jeglichen Menschenkörper zu erleuchten, dann —

Auf Jesus bezogen, bedarf das keiner weiteren Exposition.

Auf ʹΑρσενικον bezogen, ist Johannes der Täufer, der Vorläufer des ʹΑρσενικον, das Quecksilber. Johannes der Täufer wird als Wasser, als Taufwasser gefaßt, das Wasser, das Taufwasser aber als Quecksilber. Gott, der sich dem Noah offenbart, der Wassergott, übertragt sein Wasser-Emblem auf Johannes.

Vers 343. Dann wird plötzlich den Sterblichen ein Zeichen sein, wenn aus Ägyptenland der schöne *Stein* kommt. An diesen stößt sich das Hebräer-Volk. Aber die Völker sammeln sich um seine Lehre. Denn den hochwaltenden Gott erkennen sie durch ihn, und den Pfad im gemeinsamen Licht. Denn er zeigt das ewige Leben den Erwählten, den Ungerechten das Feuer.

Auf Jesus bezogen ist Jesus der Stein. Epistol. prim. Petri, Kap. 2:

Vers 4. Προς ον προσερχομενοι, λιθον ζϖντα, υπο ανθρωπων μεν αποδεδοκιμασμενον, παρα δε θεϖ εκλεκτον, εντιμον.

Zu welchem ihr gekommen seid als zu dem lebendigen Stein, der von den Menschen verworfen, aber bei Gott ist auserwählt und köstlich. *(Luther).*

Das übrige ergibt sich von selbst.

Auf 'Αρσενικον bezogen ist dieses der Stein, der Lapis philos. Das Hebräer-Volk, welches sich an ihn stößt, sind die Neuplatoniker. Aber die Völker, die Anhänger der früheren metaphysischen und jetzigen Lapis-philosophicus-Interpretation sammeln sich um seine Lehre. Sie erkennen in ihm die wahre Alchemie. Dem Gegner zeigt sich das 'Αρσενικον als verbrennender Höllenschwefel.

Vers 351. Die Blinden werden sehen, die Lahmen gehen, die Tauben hören, die Stummen reden. Dämonen wird er austreiben. Tote werden auferstehen. Über Wasser wird er dahin gehen. In einsamer Gegend wird er mit fünf Broten und einem Fisch fünftausend Mann sättigen, mit den Überresten dieser noch zwölf Körbe füllen.

In Bezug auf Jesus verweisen wir auf die Geschichte Christi.

Auf 'Αρσενικον bezogen, wird der Lapis philos. als Arkanum genommen, denn durch ihn werden ja die Arkana, was er selbst ist, das ist Schwefel und Merkur. Die Arkana aber *heilen* den Menschen. Das Wunder mit den Broten und den Fischen bezieht sich derartig auf den Lapis philos., daß der Lapis philos. an und für sich selbst Gold ist. Durch das wenige Gold seiner Substanz macht er aber das Viel der unedlen Metalle zu Gold. Wie die wenigen Brote, der eine Fisch der Vielheit der sich Sättigenden gegenübertreten, so tritt das wenige Gold des

Lapis philos. dem vielen Gold gegenüber, in welches die unedlen Metalle durch ihn permutiert werden. Der Meeresgang ist das »Schreiten« des Schwefels über den Merkur, durch welches der Lapis philos. herauskommt.

Vers 360. Und dann will das berauschte Israel noch nicht zu Verstand kommen, es will nicht hören mit seinen dünnen Ohren. Aber wenn über die Hebräer kommen wird der wütende Zorn des Höchsten und ihnen den Glauben nimmt, weil sie das himmlische Kind Gottes geschädigt haben, dann wird Israel diesem Backenstreiche geben und giftigen Speichel auf die Lippen. Und die Verblendeten werden ihm geben Galle als Speise und ungemischten Essig als Trank.

In Bezug auf Jesus vergleiche die Leidensgeschichte Christi.

Auf 'Αρσενικον bezogen, haben wir ff. Aber wenn über die Gegner des 'Αρσενικον kommen wird der wütende Zorn Gottes und ihnen den Glauben benimmt, weil sie das Hydrarg. oxyd. rubr. und den Lapis philos. geschädigt haben, dann werden diese Gegner das Hydrarg. oxyd. rubr. und den Lapis philos. verketzern. Sie geben ihnen Galle als Speise und unvermischten Essig als Trank. Galle ist wegen der Farbenähnlichkeit: P. solaris ruber und der unvermischte Essig (οξος ακρατον): Acid. nitricum. Der Sinn ist: Sie sagen, P. solaris ist eben P. solaris als solcher; der Abzug, den ihr von ihm als Lapis philos. macht, geht uns nichts an. Und was das Hydrarg. oxyd. rubr. im Anlehnen an die metaphysische Interpretation der Tab. smar. betrifft, so wird dasselbe einfach mittels Acid. nitricum dargestellt, und damit ist die Sache fertig. *Nicht* aber (vergl. Metaphysische Interpretation der Tab. smar.) bietet uns das zum Quecksilber hinzukommende Acid. nitricum den Pater omnis telesmi totius mundi, wir erhalten auf die betreffende Weise *nicht* das, worauf alle Arkana hinauskommen.

Vers 372. Aber wann er mit den Händen ausgespannt worden, wann er alles gelitten, die Dornenkrone trägt, wann sie ihm die Seite mit Lanzen durchbohrt haben — aufgrund dessen mitten am Tage dreistündige Nacht sein wird — dann wird der Salomonische Tempel den Menschen ein großes Wunder zeigen, wann er in die Wohnung des Hades geht, Auferstehung verkündend den Toten. Aber wenn er nach drei Tagen wieder hervorkommt und den Sterblichen seine Gestalt gezeigt und sie alles gelehrt hat, dann wird er auf Wolken zur Wohnung des

Himmels aufsteigen, das Diadem des Evangelium über die Welt deckend. (Wir halten uns an die Leseart, wie sie nun einmal in den Codd. dasteht: καλυψας διαδημα, und finden gar keinen Grund, es zu korrigieren: καλλειψας διαδημα, die Satzung hinterlassend.) Nach seinem Namen wird ein neuer Sproß aus den Völkern hervorblühen, indem die Menschen geleitet werden durch das Gesetz des Großen. Aber darauf werden die σολοι Wegweiser sein, und die Propheten werden dann aufhören.

In Bezug auf Jesus verweisen wir im Allgemeinen auf die Geschichte Christi. Im Besonderen und in Bezug auf 'Αρσενικον bemerken wir ff.

Das Niedersteigen zum Hades und das Auffahren zum Himmel wird nicht nur auf Christus bezogen, sondern auch auf das ascendere und descendere des Lapis philos. resp. des Hydrarg. oxyd. rubr. in der Tab. smar. Das Diadem des Evangeliums ist in übertragener Weise das Diadem der Tab. smar. in der Lapis-philosophicus-Interpretation. Der Sproß im eigentlichen Sinne sind natürlich die Christen, deren Kanon das Evangelium ist, in übertragenem Sinne sind es die Alchemisten, deren Kanon die Tab. smar. ist, und die sich nach dem Lapis philos. insofern nennen, als sie ihren Namen Philosophen mit dem Lapis *philosophicus* in Einklang bringen (vergl. Lapis-philosophicus-Interpretation, 7. Rubrik). Auf Jesus bezogen, sind die σολοι die Apostel. Diese σολοι sollen sein: eherne, geharnischte Männer im figürlichen Sinne; σολος ist nämlich eine Metallmasse. Auf 'Αρσενικον bezogen, sind die σολοι die unvollkommenen Arkana als Metalle gefaßt. Diese werden die neuen Wegweiser sein, nämlich bei der χρυσοποιια (vergl. die achte Rubrik der metaphysischen und Lapis-philosophicus-Interpretation der Tab. smar.). Endlich hören, auf Jesus bezogen, die Propheten deshalb auf, weil die Hauptmission der Propheten war, den Messias zu verkünden. Indem nun der Messias, Christus, da ist, sind keine Propheten mehr nötig. Auf 'Αρσενικον bezogen, sind die Propheten die Haupt-Stimm-Führer in der Alchemie überhaupt, und seit einer neuen Interpretation der Tab. smar. diejenigen, welche mit einer neuen Interpretation der Tab. smar. hervortreten. In letzterer Beziehung glaubt der Autor des Buches, mit der Lehre vom Lapis philos. sei die Alchemie an ihre Grenzmarken gelangt. Damit hat er nun in Bezug auf seine Person, indem er von seinem Standpunkt aus rückwärts blickt,

Recht. In Bezug dagegen auf das, was *nach* ihm kommt, hat er Unrecht. Da kommen noch manche »Propheten« der Tab. smar.

Und hier hat denn das Buch sein Ende. Die 14 Verse 387-400 sind das Anflicksel eines späteren. Sie haben zum Vorangehenden keine Relation.

Interpretation der Tabula smaragdina,
wie sie dem ersten Buch der Oracula Sibyllina zugrunde liegt

Der Grundstock für das, was wir im ersten Buche der Oracula Sibyllina finden, knüpft sich an eine Besonder-Interpretation der Tab. smar.

Wie bei der metaphysischen Interpretation der Tab. smar. werden acht Rubriken angenommen. Diese repräsentieren die acht Geschlechter. Es ist im betreffenden Schriftstück zwar nur von sieben Geschlechtern die Rede, man wolle aber darauf reflektieren, daß mit Christus das achte Geschlecht anfängt.

Erste Rubrik

Verum bis verissimum. — Einleitung.

Zweite Rubrik

Quod est inferius bis adoptione.

Diese Rubrik wird aus zwei Gesichtspunkten gefaßt. Auf diese beiden Gesichtspunkte führt das Quod est inferius est sicut id quod est inferius. Das ist: Nimm entweder den einen Gesichtspunkt als superius, den anderen als inferius, oder den einen Gesichtspunkt als inferius, den anderen als superius: — die Sache kommt auf Eins hinaus.

Erster Gesichtspunkt. Superius und inferius sind die Geschlechter. Das eine von diesen Geschlechtern steht zwar höher als das andere, ist also ein superius, wo das andere ein inferius ist. Trotzdem aber dienen die Geschlechter dazu, um die Wunder der res una zustande zu bringen. Die res una ist das *Abtreten:* — ein Geschlecht hat dem anderen Platz zu machen.

Dies Abtreten wird nun auch in's Auge gefaßt beim Et sicut etc. Dieser Passus ist zu nehmen, als wenn dastände: Et sicut res omnes fuerunt ab uno, meditatione unius, *ab hac una re,* sic omnes natae fuerunt ab uno, adoptione unius, *ab hac una re.*

Die res omnes, die Welt, war von Gott durch Christus (λογος) ab hac una re. Das ist die Welt hat durch Vermittlung Christi abzutreten. Das ist *spirituell* zu fassen. Die *sündhafte* Welt tritt durch Christus ab, indem Christus für die Sünden der Menschen stirbt. So ist die Situation im Vordersatz. Im Nachsatz sind die res omnes natae wieder die Welt, entgegen den res omnes aber eine andere Welt, nämlich die Welt, welche durch die Vermittlung der adoptio abtritt. Wie die meditatio nämlich auf Christus zielt, so zielt die adoptio auf *Noah.* Noah ist es, der als Zeuge der untergehenden res-natae-Welt dasteht, der das Vermittlungsglied für die untergehende und neu erstehende Welt dasteht. Noah tritt als Vicarius für Johannes ein, der früher in diesem Passus vertreten war.

Das *Abtreten,* welches sich an das esse a knüpft, bekommt darin einen Anhalt, daß das Perfekt fuerunt steht. Das Sein, das esse, liegt durch dies Perfekt *hinter* uns.

Die Parallele für Vordersatz und Nachsatz: Et sicut — sic, liegt im Abtreten. Es ist also der ganze Passus so zu nehmen, daß auf ab hac una re, welches im Vorsatz suppliert wird, der Nachdruck fällt.

Das Gegenüberstehen von Christus, meditatio, und Noah, adoptio, bringt es mit sich, daß wir bei Christus und Noah die Rätsel in der betreffenden Schrift geboten bekommen.

Zweiter Gesichtspunkt. Das superius ist das Quecksilber, das inferius das Hydrarg. oxyd. rubr. Die res una wieder Quecksilber. Also: Das Quecksilber dient wie das Hydrarg. oxyd. rubr. dazu, um die Wunder einer Sache zustande zu bringen, welche Sache wieder Quecksilber ist. Eine solche Auffassung liegt durchaus im Geiste der metaphysischen Interpretation der Tab. smar.

Und nun ist ferner das ab uno der Ablativ von unum, und dies unum wieder die res una.

Die res omnes, wie die omnes res natae, sind die Arkana.

Meditatio = 'Αρσενικον.

Adoptio = Hydrarg. oxyd. rubr. (Κινναβαρις).

Also: Und wie die Arkana entstanden vom Quecksilber durch das 'Αρσενικον: — durch welches Verhältnis also der Lapis philos. gegeben ist — so entstanden die Arkana vom Quecksilber durch das Hydrarg. oxyd. rubr. — wodurch das Quecksilber der metaphysischen Interpretation der Tab. smar. gegeben ist.

Die Parallele des Vordersatzes und Nachsatzes ist einfach dadurch gegeben, daß res omnes die Arkana wie omnes res natae, daß unum = res una. Daß wir aber in Bezug auf das erstere die Arkana einerseits als res omnes, andererseits als omnes res natae geboten bekommen, hängt damit zusammen, daß die Arkana dem Lapis philos. gegenüber sich anders machen, als dem Quecksilber gegenüber.

Dritte Rubrik

Pater eius est Sol bis terra est.

Wir haben hier das Substrat, die Quintessenz des Substrates für das Quecksilber in Vers 137 und 140 des ersten Buches der Oracula Sibyllina, und daran anlehnend für Gott. Sol und Luna entsprechen dem χορος αστρων, ventus der αηρ und dem ουρανος, terra der γαια, die bei terra anhand der Schöpfungsgeschichte (— die Erde war ein Durcheinander —) zu supplierende aqua der ϑαλασσα.

Zugleich haben wir hier aber auch das Hydrarg. oxyd. rubr. (Κινναβαρις). Nämlich:

Pater eius est Sol bezieht sich auf die Sonnenfarbe desselben.

Mater eius est Luna bezieht sich darauf, daß Hydrarg. oxyd. rubr. immerhin Quecksilber bleibt.

Portavit illud ventus in ventre suo bezieht sich darauf, daß sich bei seiner Darstellung Dämpfe entwickeln.

Nutrix eius terra est bezieht sich darauf, daß wir es mit einem Festen, mit einem Präzipitat zu tun haben.

Vierte Rubrik

Pater omnis telesmi bis inferiorum.

Einerseits haben wir hier Christus, und in Bezug auf diesen sind die beiden Drei-Einigkeits-Interpretationen der Tab. smar. zu vergleichen. Andererseits haben wir hier das 'Αρσενικον. In Bezug auf das letztere macht sich die Interpretation ff.

Pater omnis etc. Hier hast du den Lapis philosophicus.

Virtus eius etc. Du mußt ihn in einen wirklichen Lapis verwandeln. Ein solcher wirklicher Lapis resp. Mineral ist: 'Αρσενικον.

Separabis etc. Bei diesem 'Αρσενικον mußt du nun trennen, trennend einen Unterschied machen zwischen dem Mineral als solchem, 'Αρσενικον, und dem Schwefel, ignis, der in diesem Mineral vertreten ist. Und nicht nur das mußt du tun, sondern du mußt auch trennend einen Unterschied machen zwischen spissum, gewöhnlichem Schwefel, und subtile, dem subtilen Schwefel, dem ideellen Schwefel, wie er im 'Αρσενικον vertreten ist.

Suaviter magno cum ingenio, die Sache liegt nämlich nicht nahe.

Ascendit a terra in coelum. Das subtile, was wir im 'Αρσενικον-Schwefel haben, qualifiziert das 'Αρσενικον, als φῶς aufgefaßt zu werden. In diesem φῶς haben wir denn Christus, der sich über das Irdische erhebt.

Iterumque descendit in terram. Auf der anderen Seite ist aber auch wieder 'Αρσενικον überhaupt als Schwefel gefaßt etwas Materielles, Irdisches.

Durch die zuletzt genannten beiden Standpunkte aber, die wir im 'Αρσενικον haben, bekommen wir ein Recht, einerseits dasselbe an Christus anzulehnen, andererseits es materiell als Schwefel zu fassen.

Et recipit vim superiorum et inferiorum. Das 'Αρσενικον wird einerseits als Schwefel genommen, andererseits aber auch, wie wir wissen, als Lapis philosophicus. Sobald wir nun aber das 'Αρσενικον als Lapis philos. haben, haben wir den Hinzutritt von Quecksilber zum Schwefel, und wenn wir das Quecksilber haben, haben wir auch implizit das Hydrarg. oxyd. rubr. Somit haben wir im Anlehnen an das 'Αρσενικον vier Dinge: 'Αρσενικον, Lapis philos., Quecksilber, Hydrarg. oxyd. rubr. Diese vier Dinge werden in zwei superiora und zwei inferiora geteilt, und wenn hier gesagt wird, das 'Αρσενικον werde teilhaftig der oberen und unteren Dinge, so heißt das eben, man soll in Bezug auf dasselbe die genannten vier Dinge in's Auge fassen.

Fünfte Rubrik

Sic habebis gloriam bis penetrabit.

Die gloria ist das erste Buch der Oracula Sibyllina überhaupt. Dasselbe ist eine gloria, insofern es über gloriose, über biblische Dinge handelt.

Die fortitudo repräsentiert die Rätsel. Diese Rätsel fassen hauptsächlich Zahlen in's Auge und in der fortitudo haben wir ja das μετρον, das Maß, an welches sich die Zahl anlehnt.

Entweder zählt nun die fortitudo nach der Zwei, dann handelt es sich um *zwei* Rätsel, das erste bei Noah und das zweite bei Christus. Oder es zählt dieselbe nach der Drei. Dann handelt es sich um drei Rätsel, um das Quecksilber-Rätsel, das Κινναβαρις-Rätsel, das Ἀρσενικον-Rätsel.

Die fortitudo haben wir bei den Rätseln, indem diese die Schwerpunkte der ganzen Abhandlung bringen. Hat man sie, so hat man gewissermaßen die Quintessenz der Abhandlung, denn in ihnen geht auf (vincere et penetrare), die omnis res subtilis, Gott und Christus, und die omnis res solida, das Quecksilber der metaphysischen Interpretation der Tab. smar. und der Lapis philos.

Sechste Rubrik

Sic mundus bis est hic.

Die creatio mundi bezieht sich auf die zweite Rubrik.

Die adaptationes beziehen sich auf die 3. und 4. Rubrik.

Der modus bezieht sich auf die fünfte Rubrik.

Siebente Rubrik

Itaque vocatus sum bis totius mundi.

Der Hermes trismegistus ist die Trinität. Man hat aber doch nur Gott den Vater und den Sohn. *Wo* bleibt der Heilige Geist? — Nun, es wird angenommen, als wenn der in Noah vertreten ist. Der Heilige Geist wird nämlich unter der Gestalt einer Taube abgebildet. Noah aber hat eine besondere Relation zur Taube, denn er läßt eine Taube aus der Arche aufsteigen. In der Schrift (1. Buch Mosis, Kap. 8) läßt Noah zuerst den Raben fliegen und dann die Taube. Im ersten Buch der Oracula Sibyllina liegt die Sache umgekehrt. Noah läßt erst die Taube fliegen und dann den Raben. Daß der Autor unseres Schriftstückes sich diese Lizenz nimmt, hängt damit zusammen, daß er eben die Taube in den Vordergrund drängen will, um einen prägnanten Hinweis auf den Heiligen Geist zu haben.

Die tres partes philosophiae totius mundi sind die drei Teile der Tab. smar., auf die der Index hinweist.

Achte Rubrik.

Completum est etc.

Sol = Feuer = Schwefel = Ἀρσενικον.

Operatio = Wirksamkeits-Entfaltung, das ist alles das, was sich an das Ἀρσενικον schmiegt. An dasselbe schmiegt sich aber, indem es als Lapis philos. gefaßt wird, das Κινναβαρις, und an dieses wieder das Quecksilber. Das Completum etc. weist also mit Prägnanz auf die Rätsel hin. Nun, die sind auch die Hauptsache beim ersten Buche der Oracula Sibyllina (vergl. die fünfte Rubrik).

Das Alter des ersten Buches der Oracula Sibyllina und der Lapis-philosophicus-Interpretation der Tabula smaragdina

Die Neuzeit hat keine Idee davon, daß das erste Buch der Oracula Sibyllina eine alchemistische Schrift ist. Die Gelehrten verfolgen die Geschlechter anhand der Bibel und können sich nun keinen Text darauf machen, daß vom sechsten goldenen Geschlecht und vom siebenten Geschlecht der Titanen plötzlich zu Christus »gesprungen« wird. Daher hat man die Meinung aufgestellt, das Buch sei zu verschiedenen Zeiten entstanden und rühre von zwei verschiedenen Autoren her. An so etwas ist aber auch im Traume nicht zu denken. Das Buch stellt ein fortlaufendes Ganzes dar und ist absolut von *einem* Autor. Wissen wir nun, *wann* dieser Autor gelebt, so haben wir auch einen Anhaltspunkt dafür, *wann* die metaphysische Interpretation der Tab. smar. der Lapis-philosophicus-Interpretation Platz gemacht hat. Forschen wir also dem ersteren nach.

Lactantius, ein Kirchenschriftsteller des 4. Jahrhunderts (stirbt ca. 330), zitiert bei jeder Gelegenheit die Oracula Sibyllina, das *erste* Buch zitiert er nirgendwo. Daraus kann man schließen, daß zu des Lactantius Zeiten jenes erste Buch der Oracula Sibyllina *noch nicht* existiert hat. Einem solchen Schluß steht nun aber wieder (scheinbar) das im Wege, daß in der Oratio Constantini ad sanctorum coetum von *Eusebius Pamphili*, der um 270 geboren wurde und um 340 starb, das erste Buch der Oracula Sibyllina *wohl* erwähnt wird, oder wenigstens ein Fingerzeig für dasselbe gegeben wird. Die Stelle befindet sich Kap. 18 und lautet:

η τοινυν Ἐρυθραια Σιβυλλα φασκουσα εαυτην εκτη γενεα μετα τον κατακλυσμον γενεσθαι.

Das ist, beiläufig gesagt, so zu übersetzen, daß man sich das μετα τον κατακλυσμον zwischen zwei Kommata denkt, womit herauskommt: Die erythräische Sibylle, sagend, daß sie in der sechsten Generation, (nämlich) nach der Sintflut, sich aufgetan habe, als Sibylle hervorgetreten sei. Es ist aber nicht zu übersetzen, wie das geschehen ist, »in der sechsten Generation nach der Sintflut« in einem Tenor.

Diese Stelle weist also genau und zutreffend auf die Sibylle, wie sie im ersten Buch der Oracula Sibyllina vorkommt, und wer die Stelle so geschrieben, wie sie dasteht, der dokumentiert ganz unzweifelhaft, daß er das erste Buch der Oracula Sibyllina gekannt. Sagt man nun weiter: *Eusebius* aber hat diese Stelle geschrieben, so kommt damit heraus, daß bereits zwischen 270 und 340 p. Chr. nicht nur das erste Buch der Oracula Sibyllina, sondern auch die Lapis-philosophicus-Interpretation der Tab. smar. da war. — Es ist aber unmöglich, daß zwischen 270 und 340 p. Chr. die Lapis-phil.-Interpretation der Tab. smar. bereits da war. Damals lebte möglicherweise erst Demokrit, der noch nichts vom Lapis philos. weiß, und selbst der erst um 400 lebende Synesius weiß noch nichts vom Lapis philos., wie soll also dieser bereits zwischen 270 und 340 existiert haben können?

Es bleibt uns daher gar nichts anderes übrig, als anzunehmen, bei der betreffenden Stelle des Eusebius handele es sich um eine eingeschobene Scholie. Wir nehmen an, bei Eusebius habe ursprünglich also gestanden:

η τοινυν Ἐρυθραια Σιβυλλα, ιερεια του Απολλωνος, διαδημα... φορουσα, και τον τριποδα ... περιεπουσα κ. τ. λ.

Dann nehmen wir an, ein Abschreiber habe sein Licht wollen leuchten lassen und zeigen, wer die erythräische Sibylle gewesen. In Folge dessen schob er zwischen Σιβυλλα und ιερεια den Passus ein: φασκουσα εαυτην εκτη γενεα, μετα τον κατακλυσμον, γενεσθαι.

Auf die Weise kommt heraus, daß wir bei Eusebius die betreffende Stelle haben, wie sie heute vorliegt. Auf die Weise kommt heraus, daß Eusebius selbst das erste Buch der Oracula Sibyllina *nicht* kennt, womit parallel läuft, daß Lactantius dasselbe nicht kennt, womit endlich parallel läuft, daß man zu des Eusebius Zeit vom Lapis philosophicus noch nichts wußte.

Bleek (Theologische Zeitschrift von Schleiermacher, de Wette und Lücke, Berlin 1819 und 1820) ist schwerlich auf richtigem Weg, wenn er annimmt, die Aussage der Sibylle von sich bei Eusebius Kap. 18 habe vordem wahrscheinlich am Ende unseres dritten Buches (des jetzigen dritten Buches) der Oracula Sibyllina ihren Platz gehabt. *Damit* ist er aber auf richtigem Weg, wenn er sagt, der Autor des ersten Buches habe gegen die Mitte des 5. Jahrhunderts gelebt. Wir glauben, er wäre der Wahrheit nicht zu nahe getreten, wenn er jenen Autor noch etwas weiter nach dem 6. Jahrhundert hingerückt hätte. Wir für unseren Teil setzen die Lapis-phil.-Interpretation der Tab. smar. um 450 n. Chr., übernehmen dabei übrigens die Garantie nicht, daß sie nicht etwa noch jüngeren Datums ist, das ist, daß sie nicht etwa mehr nach 500 hinrückt.

Die Schwindel-Goldmacherkunst

Was die χρυσοποιια in alchemistischer Beziehung ist, wissen, wir, und ebenso ist bereits darauf hingewiesen worden, daß die Lehre von der χρυσοποιια von Narren und Betrügern derartig ausgebeutet wurde, als könne man in der Tat Gold machen. Wir wissen auch bereits, daß der Schwindel seine doppelte Methodik hat. Vor der Lapis-philos.-Interpretation der Tab. smar. wurde das Gold aus Hydrarg. oxyd. rubr. gemacht, resp. aus Stoffen wie Auripigment, Mennige u.s.w., welche eine äußerliche Ähnlichkeit mit ihm haben. Aufgrund der Lapis-phil.-Interpretation der Tab. smar. kam eine neue Methodik auf, welche von da an stereotyp blieb und darin bestand, daß man irgendein unedles Metall nahm und diesem den Lapis philos. zusetzte, dann sollte der Lapis philos. das Metall in Gold verwandeln.

Die Geschichte der Schwindel-Goldmacherkunst ist in der neueren Zeit mannigfach abgehandelt worden. Keiner der betreffenden Schriftsteller hat aber einen richtigen Ausgangspunkt. Alle gehen davon aus, die Alchemie sei die Lehre vom Goldmacher-Schwindel. Jene Schriftsteller können sich nicht von der perversen Idee losschälen, als seien Alchemie und Schwindel-Goldmacherkunst synonyme Dinge. Nun, wir wollen dies Thema hier nicht breittreten. Wir denken, das ganze vorliegende Buch ist eine Darlegung dafür, daß Alchemie etwas ganz anderes ist als Goldmacherei. Der Goldmacher-Schwindel tritt mit Eklat in den Vordergrund von der Zeit an, in welcher die Alchemie von Spanien aus zu den *Abendländern* kommt. Wir finden zwar schon früher Goldmacher-Geschichten und Geschichtchen, doch stehen sie vereinzelt da. Faßt man das in's Auge, so wäre es eigentlich geeigneter gewesen, daß wir die Sache bei den Abendländern abgehandelt hätten. Indessen, da bereits mannigfach von der Goldmacherkunst die Rede war und noch sein wird, bis wir zu der abendländischen Alchemie kommen, so konnten wir das Kapitel, das noch einmal auf's Tapet gebracht werden muß, nicht länger hinausschieben, und darum besprechen wir die Sache jetzt.

Wie es in *Ägypten* um die Goldmacherkunst gestanden, ob sie dort größere Dimensionen angenommen, darüber haben wir beim Quellenmangel keine rechte Übersicht. Wenn die Rede auf diese Sache kommt, so wird *Suidas* herangezogen. In dessen Lexikon heißt es:

Χημεια. η του 'αργυρου και χρυσου κατασκευη. ης τα βιβλια διερευνησαμενος ο Διοκλητιανος εκαυσεν. οτι δια τα νεωτερισθεντα Αιγυπτιοις Διοκλητιανῶ τουτοις ανημερως και φονικῶς. εχρησατο. οτε δη και τα περι χημειας χρυσου και αργυρου τοις παλαιοις αυτῶν γεγραμμενα βιβλια διερευνησαμενος εκαυσε, προς το μηκετι πλουτον Αιγυπιοις εκ της τοιαυτης προςγινεσθαι τεχνης, μηδε χρηματων αυτους θαρρουντας περιουσια του λοιπου 'Ρωμαιοις ανταιρειν.

»Chemie. Die Silber- und Goldmacherkunst. Diokletian spürte den auf sie bezüglichen Büchern nach und verbrannte diese. Die Ägypter hatten sich gegen Diokletian empört, und deswegen ging dieser hart und grausam mit ihnen um. So geschah es denn auch, daß er den Büchern nachspürte, die von ihren Altvordern über Gold- und Silbermacherkunst geschrieben worden waren, und dieselben verbrannte. Er bezweckte damit, zu verhindern, daß die Ägypter aus dieser Kunst nicht weiter Reichtümer schöpften, und, gestützt auf das Vertrauen zu Geld-Hilfsmitteln, sich ferner gegen die Römer erheben möchten.«

Mit dieser Erzählung des Suidas ist mannigfach umgesprungen worden. Die einen legten Gewicht auf sie, die anderen nicht. Von den Gegnern wurde sie angezweifelt, weil außer Suidas keiner ihrer Erwähnung tut. Dann wurde gesagt κατασκευη αργυρου και χρυσου sei nicht Silber- und Goldmacherkunst, sondern hüttenmännische Goldgewinnung resp. Silbergewinnung: — Diokletian habe die Rezepte für diese verbrennen lassen, auf daß keine Privatleute jenes Geschäft betrieben. Und was derartiger Aufstellungen mehr sind.

Die Sache liegt einfach so, daß Suidas die Magier-Verfolgung seitens der römischen Kaiser in's Auge faßt. Diese Magier-Verfolgung seitens der römischen Kaiser ist historisch, und selbst Diokletian steht bei ihr im Vordergrund. Im Codex Justinian. 9, 19: De maleficis et mathematicis steht das folgende Gesetz von Diocletianus und Maximianus:

Artem geometriae discere atque exercere publice interest. Ars autem mathematica damnabilis est et interdicta omnino.

»Die geometrische Kunst zu lernen und auszuüben, leistet dem öffentlichen Wohl Vorschub (— oder auch: die geometrische Kunst zu lernen und auszuüben, ist dienlich). Die mathematische Kunst aber ist verdammlich und absolut verboten.«

Nun nimmt Suidas die Ars mathematica als Magie, was naheliegt, setzt diejenigen, welche sie exekutieren, zu den Ägyptern in Relation, was auch naheliegt, da namentlich gerade ägyptische Magier Rom überschwemmt haben mögen. Dann nimmt er Magie als synonym mit Alchemie, und Alchemie als synonym mit Goldmacherkunst. Und so haben wir die Quintessenz der Sache. Daß ein römischer Kaiser, der die Magier verfolgte, dieser seiner Verfolgung auch den Ausdruck gegeben, daß er ihre Schriften verbrannte, hat weiter nichts Auffallendes. Das übrige ist Reflexion, welche Suidas an seine Auffassung reiht, Magie als Goldmacherkunst. Suidas denkt sich, aber was kann denn nun den Diokletian bewogen haben, die Goldmacher-Schriften zu verbrennen? Und da tischt er uns denn die sublimen Gedanken auf, wenn er sie nicht verbrannt hätte, so hätten die Ägypter sie gehabt, und wenn sie dieselben gehabt, so hätten sie dieselben gebraucht, und hätten sie sie gebraucht, so hätten sie sich Gold gemacht, und hätten sie sich Gold gemacht, so erhielten sie Geldmittel, und erhielten sie Geldmittel, so konnten sie sich empören. Zu diesem Konvolut progressiven Unsinnes kommt nun noch die Voraussetzung des Suidas, ein Goldmacher würde aufhören, ein Goldmacher zu sein, wenn man ihm seine Bücher kassiere und verbrenne.

Es liegt auf der Hand, daß mit der Nachricht des Suidas nicht viel anzufangen ist.

Bei den *Arabern* stand die edle Goldmacherkunst durchaus im Hintergrund. Das geht daraus hervor, daß sie die Rubrik Completum est quod dixi de operatione Solis in der Tab. smar. einerseits strichen, andererseits anders als im Sinne der χρυσο–

ποιια interpretierten. Und unter solchen Umständen war denn der Goldmacherkunst der Lebensfaden abgeschnitten. Erst ganz spät wurde in dem Completum est von einer Partei der χρυσοποιια Rechnung getragen, und da ist denn die Möglichkeit gegeben, daß das Unwesen der Goldmacherkunst Leben bekam. Wir müssen noch erwähnen, daß *Abu Jussuf Alchindi*, der ein Jahrhundert nach Geber gelebt haben soll, eine Abhandlung schrieb (Manuskript), um diejenigen zu widerlegen, welche mit der Kunst prahlen, Gold und Silber zu machen. Wir kennen diese Abhandlung nicht, und wissen daher auch nicht, *was* der Mann des Näheren zu widerlegen, und, *wen* er zu widerlegen unternahm.

Wie erwähnt, tritt die Goldmacherkunst bei den *Abendländern* in den Vordergrund. Der Schwindel nahm hier kolossale Dimensionen an, und bereits 1317 fand sich der Papst Johann XXII. bewogen, gegen die Goldmacher (Alchemisten) eine Bulle zu erlassen. Es ist die Bulle Spondent quas non exhibent etc. (Decret. Jur. Canon. Gregor. XIII. Lib. 5, T. 4.) Die Methodik des Goldmachens in dieser Zeit besteht in der Anwendung des Lapis philosoph., in seiner Projektion über unedle Metalle, und das Hauptkunststück bestand natürlich darin, den Lapis philos. zu finden, denn wer ihn hat, hat das Mittel zum Zweck, wer ihn hat, braucht ihn nur einfach über das unedle Metall — namentlich Quecksilber — zu werfen, und er hat ohne weitere Mühen das ersehnte Gold.

Es ist monströs, mit welcher Süffisance die Goldmacher-Geschichten und Geschichtchen während dieser Periode aufgetischt werden. Sachverständige sind dabei, Zeugen sind dabei bis zu den höchsten Personen, Akten, Protokolle, Produkte der Verwandlung, wie Stücke Goldes, Münzen, Nägel, die zur Hälfte verwandelt sind u.s.w. Und doch ist alles nicht wahr, kann nicht wahr sein. Ebensowenig, wie man aus einem Spatz eine Ente, aus einem Hund ein Pferd machen kann, ebensowenig kann man ein unedles Metall in ein edles verwandeln. Wo der Goldmacher bei der Arbeit Gold erhielt, da liegt einfach ein Betrug vor, entweder ein grober oder ein feiner. Durchschnittlich handelte es sich um Taschenspieler-Manöver. Der Tiegel hatte einen doppelten Boden, die Rührlöffel, Rührstäbe, Zangen u.s.w. waren hohl und bargen so das Gold, welches der Prozeß »ergab.« Unter Umständen lag die Sache auch derartig, daß das Produkt des Prozesses eine chemische Komposition war, welche bloß mit Gold Ähnlichkeit hatte, es handelte sich also einfach um falsches Gold. Auf die Weise machte eine Deutsche Kaiserin Gold und Silber und verkaufte es für echtes. Der Alchemist *de Laaz* kam der Dame hinter die Schliche, und sollte dafür in's Gefängnis wandern, er machte sich aber auf und davon.

Sehr zu bedauern sind jene arme Leute, welche an die betrügerische Kunst glaubten und ihr Vermögen im Schmelztiegel in die Luft jagten. Sie wollten Vermögen erwerben und schlugen das, was sie hatten, in die Schanze. Man muß die Goldmacher von verschiedenen Gesichtspunkten auffassen.

Die einen glaubten an die Kunst, und spürten nun namentlich dem Stein der Weisen, dem Mittel zum Zweck, nach. Das sind die Narren.

Die anderen glaubten selbst nicht an die Kunst, und schwatzten den Leuten bloß vor, sie seien Meister der hohen Kunst. Das sind die Betrüger. Sie wollten das Gold dessen holen, dem sie Gold zu bringen vorgaben. Natürlich wandten diese Schlauköpfe sich nicht an arme Teufel, sondern an reiche Leute, bei denen etwas zu holen war. Hauptsächlich wandten sie sich an Fürsten, wenn's da kein Gold setzte, so setzte es doch einen lukrativen Posten. Das Spiel mit Fürsten mußte aber mancher Schwindler schwer, selbst mit dem Leben büßen. Über den Stein der Weisen hatte der gute Mann die wohlfeile Weisheit vergessen, daß mit großen Herren schlecht Kirschen essen ist. Nahe liegt es, daß man sagt, aber wenn sich ein Goldmacher einem anbot, so liegt es doch nicht fern, daß dieser sagt, du Goldmacher, wozu hast du mich nötig, mache dich doch selbst reich. Das ist schon recht, aber der Goldmacher sagte, wenn er einmal so weit wäre, daß er den Stein der Weisen hätte, dann hätte er freilich keinen mehr nötig, aber diesen wolle er erst machen, und dazu seien Geldmittel erforderlich, über die er nicht zu disponieren habe. Nun kam der andere herüber. Fürsten wurde in dieser Beziehung auch wohl Patriotismus vorgeschwindelt; den Goldmacher trieb Liebe, Anhänglichkeit u.s.w. dazu, seine Kunst zu Gunsten des Fürsten auszubeuten. War nun die Sache am Gange, so zog sie sich in die Länge; so leicht ging das nicht, den Stein der Weisen darzustellen, und je länger sich die Sache hinzog, desto mehr Geld für die Kosten des

Lapis philos. wanderte in die Taschen des Goldmachers. Eines frühen Morgens hatte der Goldmacher wirkliches Gold in den Tiegel praktiziert: — nun war man auf dem besten Wege. Der Betrogene, der schon anfing, an der Kunst des Goldmachers zu zweifeln, schöpfte jetzt wieder neuen Mut, und willig gab er neue Summen hin, aus denen der Goldmacher sich doppelt und dreifach schadlos hielt für die Auslagen, die er bei dem in den Tiegel praktizierten Gold gehabt. Zuweilen standen auch die Sachen so, daß der Goldmacher, um den zu Betrügenden sicher zu machen, nicht unbedeutende Summen aus seiner Tasche hergab, um das Gold zu präsentieren, welches er gemacht. Er setzte dann die Hoffnung auf die Zukunft, die ihn für seine Auslagen schadlos halten würde. Dabei kam es nun aber wohl vor, daß der andere die Sache abbrach — nun dann hatte der Goldmacher die Rechnung ohne den Wirt gemacht, und aus dem Betrüger war ein Betrogener geworden. Es kommen auch solche Anekdoten vor, wo ein Mensch an irgendeinem Ort erscheint, en passant Gold macht und dann wieder abzieht, ohne die Sache weiter auszubeuten. Solche Fälle beuten die, welche der Goldmacherkunst das Wort reden, ganz besonders aus, indem sie sagen, welcher Nebengrund sollte denn nun hier vorgelegen haben, einen Betrug zu spielen? Wir antworten darauf ff. Wenn wir alles glauben sollten, was uns im Bereich der Goldmacher-Anekdoten vorgeschwindelt wird, dann hätten wir viel zu tun. Welche Unzahl von Anekdoten, um ein Analogon heranzuziehen, zirkuliert nicht, wo dieser und jener Laie dies und jenes kuriert haben soll, und sehen wir Ärzte näher zu, so ist alles eitel Lüge. Aber gesetzt auch, diese und jene Goldmachergeschichte, die so en passant spielt, ohne daß der Künstler sein Tun auch nur im mindesten ausbeutet, habe sich zugetragen, so sagen wir, wer kann einem Taschenspieler hinter seine Kniffe kommen? Der Betreffende war wahrscheinlich die Avantgarde für den Hauptakteur; er hatte das Publikum en passant zu bearbeiten.

Eine ganz andere Situation in Bezug auf die Goldmacher haben wir da, wo es bloß *heißt*, dieser und jener sei ein Goldmacher gewesen, wo es dem Betreffenden aber nie in den Sinn gekommen ist, sich im Ernst mit der Goldmacherkunst zu befassen. Hierbei müssen wir einen generellen und speziellen Standpunkt einnehmen.

Den generellen Standpunkt haben wir, wenn wir uns an den gewöhnlichen Schlendrian halten, gemäß dessen angenommen wird, ein Alchemist sei ein Goldmacher. Von diesem Gesichtspunkt aus ist jeder, der ein Alchemist war, eine alchemistische Abhandlung geschrieben hat, ein Goldmacher. Auf die Weise sind Demokrit, Albertus Magnus, Arnoldus Villanovanus, Basilius Valentinus, Paracelsus u.s.w. Goldmacher. Hierbei haben nun einige Alchemisten das Schicksal, sich bloß des Namens von Goldmachern zu erfreuen. Bei anderen dagegen begnügte sich der Leumund nicht bloß mit dem Namen, sondern fügte auch Facta hinzu. Auf die Weise haben wir, daß Albertus M. zu Köln einige sehr große Leuchter und Tafeln aus unedlem Metall in Silber verwandelt hat, daß Arnold von Villanova goldene Stangen gemacht, u.s.w.

Den speziellen Standpunkt haben wir einerseits da, wo es der Betreffende, ohne sich je mit der Goldmacherei befaßt zu haben, darauf angelegt, dem Vorschub leistete, daß er im Volksmund für einen Goldmacher galt, und andererseits da, wo sich der Betreffende, ohne sich je im Ernst mit der Goldmacherkunst gefaßt zu haben, dem willig hingab oder notgedrungen hingeben mußte, daß ein anderer ihn dem Publikum gegenüber zu einem Goldmacher stempelte.

Was den ersten Punkt betrifft, so mußte die Goldmacherkunst zuweilen zum Deckmantel für erworbene Reichtümer dienen. Diese waren auf eine andere Weise erlangt, und der Besitzer verbreitete die Meinung, sie seien mittels des Steines der Weisen erlangt. Auf die Weise setzte sich z.B. Nikolaus Flamellus in den Ruf eines Goldmachers. Diesen Flamellus werden wir später als wirklichen Alchemisten kennenlernen; seine alchemistischen Hieroglyphen sind sogar epochemachend. Das verhinderte aber nicht, daß der Mann nebenbei Wucherer war und als solcher glänzende Geschäfte machte. Im Jahre 1413 hatte er in Paris bereits 14 Hospitäler, 7 Kirchen, 3 Kapellen gebaut und zugleich mit großen Einkünften versehen. Überdies gab er noch sonst »erstaunliche« Summen zu gottesdienstlichen und milden Zwecken her (Kortüm). Das zeigt eben, daß der Mann das Wu — wollte sagen Goldmacher-Geschäft aus dem Grunde kannte. In anderen Fällen war auch das Vermögen, zu dem die Goldmacherkunst den Deckmantel hergeben mußte, auf die ehrlichste Weise von der Welt erworben, und zwar durch die

Verwendung der Chemie zu industriellen Zwecken. Hier lag es sehr nahe, das Publikum auf die unrichtige Fährte des Fabrik-Geheimnisses abzuleiten, oder um es sonstwie zu verhindern, dem Techniker in die Karten zu gucken. Man bedenke doch, wie selbst noch im vorigen Jahrhundert einem Manne, der mit Chemikalien umzugehen wußte, sehr naheliegend die Gelegenheit geboten war, mit kleinen Mitteln großen Reichtum zu erwerben. Man versetze sich in die Zeiten, wo die Branntweinfabrikation, die Essigfabrikation, die Darstellung riechender Wasser, von Färbestoffen u.s.w. nur wenigen bekannt war, welche Fundgrube zur Erwerbung von Vermögen war da nicht gegeben! Auf diese Weise setzte sich der Helmstedter Professor Beireis (geb. 1730, gest. 1809) in den Ruf eines Goldmachers. Er soll zu seinem Reichtum, den er zur Anlegung herrlicher Kunstkabinette verwandte, unter anderem durch neue Methoden, Karmin und Essig zu bereiten, den Grundstein gelegt haben.

Was den zweiten Punkt betrifft, wo wird derselbe in der Geschichte der Goldmacherkunst viel zu wenig gewürdigt. Das mag gar nicht selten vorgekommen sein, daß ein Fürst, welcher mehr ausgab, als es seine Mittel erlaubten, sich einen Mann, der ihm das Zeug zu dieser Qualifikation zu haben schien, nolens volens heranholte, sich einen Goldmacher hielt, um denen gegenüber, welchen er die Art und Weise verheimlichen wollte, wie er zum Gelde käme, einen Rückhalt zu haben. Es wurden Länder und Besitzungen verpfändet, wichtige Privilegien verkauft u.s.w. — und das gelöste Gold hatte der Herr Goldmacher gemacht. Wer weiß, ob auf solcher Basis nicht die Goldmacher-Erzählungen ruhen, kraft derer Roger Baco dem König Heinrich III. von England die Kosten zu den Kriegen verschafft, die dieser geführt, kraft derer Raimund Lullus einem König von England sechs Millionen Gold zu einem Sarazenenkrieg angefertigt, kraft derer Ripley viele Jahre hintereinander den Rhodiser-Rittern zum Kriege gegen die Türken jährlich 100 000 Pfund Sterling zusammengekocht u.s.w.?

Man verlange von uns keine spezielle Geschichte der Goldmacherkunst und Vorführung ihrer Helden. Wer für diese Interesse hat, dem stehen ja Bücher genug, die dies Thema behandeln, zu Gebote. Speziell empfehlen wir: *J. Chr. Wiegleb,* Historisch kritische Untersuchung der Alchemie oder eingebildeten Goldmacherkunst (welche gegen die Goldmacherkunst geschrieben), und: *K. A. Kortüm* verteidigt die Alchemie gegen die Einwürfe einiger neuer Schriftsteller, besonders des Herrn Wiegleb. — Kortüm liebte es nicht selten, sich in Paradoxen zu bewegen, und wohl nur dem verdanken wir es, daß er Partei für die Goldmacher nahm. Bei der Lektüre dieses Buches fiel uns der 2. und 3. Teil der Jobsiade desselben Autors unwillkürlich ein, und wir dachten, wenn man dem Kortüm in die Seele liest, so wird er schwerlich geglaubt haben, daß aus so einem verbummelten Subjekt, wie dieser Hieronymus Jobs war, hinterdrein noch ein ordentlicher anständiger Mensch werden konnte, der es in der Welt zu etwas brachte. Nun, gerade so wenig wird er wohl im Grunde an den Goldmacher-Schwindel geglaubt haben, für den er Partei nimmt. Wir konnten uns nicht des Gedankens erwehren, jetzt, wo Wiegleb gegen die Goldmacherkunst geschrieben, schrieb Kortüm für dieselbe, hätte Wiegleb für dieselbe geschrieben, so hätte Kortüm gegen sie geschrieben.

Indem wir nun den geehrten Leser auf derartige Schriften über die Goldmacherkunst verweisen, erlauben wir uns, noch einmal darauf hinzuweisen, daß die Herren Autoren keine Idee von dem haben, was Alchemie ist, und auf Grund dessen ganz harmlos Alchemie mit Goldmacherkunst identifizieren und untereinander werfen.

Bevor wir dies Kapitel verlassen, wollen wir noch darauf hinweisen, daß die Goldmacher und deren Anhänger, um der edlen Kunst eine mysteriöse Folie zu geben, dieselbe bereits in das graueste Altertum versetzen und der Bibel und der Mythologie tapfer zusetzen.

Nach ihnen war Thubalkain (1. Buch Mosis, Kap. 4, Vers 22) bereits ein Goldmacher, das goldene Kalb (2. Buch Mosis, Kap. 32) wurde auf chemisch-goldmacherischem Wege dargestellt. Der König Salomo war nun erst recht ein Goldmacher, und wenn er aus Ophir Gold bekam, nämlich 1. Buch der Könige, Kap. 9 nach Luthers Übersetzung:

Vers 27. Und Hiram sandte seine Knechte im Schiff, die gute Schiffsleute und auf dem Meer erfahren waren, mit den Knechten Salomons.

Vers 28. Und kamen gen Ophir und holten daselbst 420 Zentner Gold und brachten es dem König Salomo —

so war dies Ophir eine chemische Werkstätte.

Die einzelnen Bibelstellen, die, indem sie von Gold sprechen, auf die Goldmacherkunst bezogen werden, wollen wir nicht weiter nach Kapitel und Vers zitieren. Esra wird herangezogen, Hiob, Jesaias, Jeremias, Ezechiel, die Psalmen, Offenbarung des Johannes u.s.w., und wer bibelfest ist, dem dürfte es vielleicht gelingen, noch manche Stelle an's Licht zu ziehen, die den Bibel-Goldmachern entgangen.

Ferner war Midas ein Goldmacher, nicht etwa wegen seiner Eselsohren, sondern aufgrund dessen, daß das, was er berührte, zu Gold wurde. Das goldene Vlies war ein Buch, welches auf einer Haut geschrieben war und die Anweisung enthielt, wie man Gold macht. Der goldene Zweig, der beim Hinabsteigen in die Unterwelt abgebrochen wurde, (vergl. Aeneis, Lib. 6, Vers 136, sequ.) bezieht sich auf die Goldmacherkunst. Die goldenen Äpfel der Hesperiden desgleichen u.s.w., u.s.w.

Was in diesem Abschnitt über die Goldmacherkunst gesagt, bezieht sich mutatis mutandis selbstredend auch auf die Silbermacherkunst.

Alchemistische Schriftsteller der aristotelischen Richtung (Hydrargyr. oxydat. rubrum, Lapis philosophicus) zwischen Demokrit und Geber

Abhandlungen werden uns genug geboten, wenn auch die meisten von ihnen nur handschriftlich existieren. Aber die meisten von ihnen gehören einer späteren Zeit an, wie das ihr arabischer und abendländischer Charakter nur zu sehr zeigt. Viele von ihnen tragen den Namen von Autoren an der Spitze, welche zur Zeit, die wir in der Überschrift angedeutet haben, gelebt haben oder gelebt haben mögen, nun — auf die Weise werden wir wenigstens mit den Namen jener Alchemisten bekannt. Wir wissen die Sache nicht besser zu charakterisieren, als daß wir sagen, es existiert eine Fabrik, ihr Hauptdomizil mag zu Konstantinopel gewesen sein, und diese machte es sich zur Aufgabe, die Welt mit alchemistischen Abhandlungen zu versorgen. Wenn man eine alchemistische Schrift, welche aus der in der Überschrift angedeuteten Zeit stammen soll, in die Hände bekommt, so geht man am sichersten, wenn man sich mit dem Gedanken an die Lektüre macht: »Ei, das wird auch wieder so ein Machwerk aus jener Fabrik sein.« Findet man sich dann hintendrein getäuscht, nun — desto besser. Aber für den großen Durchschnitt der Fälle wird man sich bald überzeugen, daß man mit jener Voraussetzung auf dem richtigen Wege war.

Nicht aus jener Fabrik stammen: *Demokrits* Φυσικα και μυστικα; des Synesius Kommentar zu jener Schrift; des *Pelagius:* Περι της θειας ταυτης και ιερας τεχνης, De eadem divina et sacra arte. Der griechische Text der letzteren Schrift existiert bloß handschriftlich; wir kennen die lateinische Übersetzung aus des Ant. Mizoldi Memorabilia, aus welchem Buch wir auch die Übersetzung Demokrits kennen. Des Pelagius Schrift fängt dort an: Maiores nostri et sapientiae amatores et praestanti doctrina philosophi dixerunt (οι μεν προγενεστεροι και ερασται και αναπλεοι φιλοσοφοι εφησαν). Ferner: das erste Buch der *Oracula Sibyllina*. Auch nicht aus jener Fabrik scheint zu stammen der *Stephanus Alexandrinus*. Seine Schrift heißt: Στεφανου 'Αλεξανδρεως οικουμενικου φιλοσοφου και διδασκαλου της μεγαλης και ιερας ταυτης τεχνης περι χρυσοποιιας πραξεις. Dieselbe ist dem Kaiser Heraclius (Kaiser von 610-641) gewidmet. Leider haben wir nichts davon auftreiben können. Wir lesen im Fabricius: Hae actiones novem Latine prodierunt Dominico Pizimento interprete, Patavii 1573, 8, cum Democrito de arte magna, Synesiique, Pelagii et Michaelis Pselli scriptis eiusdem argumenti. Auch *das* haben wir nicht auftreiben können.

Stark hat jene Fabrik dem *Zosimus* zugesetzt. Fabricius in seiner Bibliotheca Graeca, Band XII, S. 760 u. w. führt ff. Pariser Manuskripte auf, die seinen Namen tragen:

Ζωσιμου περι αρετης (και) συνθεσεως υδατων.

Ζωσιμου του Πανοπολιτου γνησια γραφη περι της ιερας και θειας τεχνης της του ☉ και ☽ ποιησεως.

Das Adjektivum γνησια, echt, macht die Echtheit der Schrift von vornherein erst recht verdächtig.

Ἐκ τινος παλαιου Ζωσιμου τινος.

Ζωσιμου του θειου περι αρετης και ερμηνειας.

Ζωσιμου προς Θεοδωρον κεφαλαια.

Ζωσιμου του Πανοπολιτου οργανων και καμινων.

Ζωσιμου του Πανοπολιτου περι του θειου υδατος.

Ζωσιμου πραξις και οραμα περι της συνθεσεως τῶν υγρῶν.

Ὁ Ζωσιμσς περι της ασβεστου. In dieser Schrift kommt das ωον-Rätsel vor, welches wir bei den Abendländern kennenlernen werden.

Ζωσιμου του Πανοπολιτου περι του τριβικου και του σωληνος.

Eine Schrift, welche anfängt: ουσιας εκαλεσεν ο Δημοκριτος τα δ' σωματα.

Ζωσιμου Θηβαιου μυστικη βιβλος.

Höfer, Historie de la Chimie, Tom 1, pag. 498, bringt ein Bruchstück aus: Περι αρετης και συνθεσεως υδατων.

Dasselbe trägt den abendländischen Charakter.

Christ. Gottfr. Gruner hat des Zosimus Περι ζυθων ποιησεως, De zythorum confectione, — ein kleines Bruchstück — herausgegeben. Dasselbe lehnt an die Fermentations-Interpretation der Tab. smar. (s. b. d. Abendländern).

Unter dem Autor-Namen des *Heliodor* besitzen wir eine Schrift, welche heißt: 'Ηλιοδωρου φιλοσοφου προς Θεοδοσιον τον μεγαν βασιλεα περι της των φιλοσοφων μυστικης τεχνης, δι ιαμβων (es sind 269 Verse). Wie dieser Titel besagt, ist das Werk Theodosius dem Großen gewidmet. Da dieser nun von 379 bis 395 n. Chr. Kaiser war, so würde Heliodor um 385 n. Chr. zu setzen sein. Das heliodorsche Gedicht findet sich bei Fabricius, Bibliotheca Graeca, Band VI, S. 790, und scheint — Fabrikarbeit.

Fabricius führt unter den Pariser Manuskripten (s. oben) noch ff. Autoren und Schriften auf, von denen übrigens manche nie Ansprüche darauf gemacht haben mögen, zwischen Demokrit und Geber zu fallen.

Christianus. Του Χριστιανου περι ευσταθειας του χρυσου.

Derselbe Name ad Sergium. Περι του θειου υδατος.

Μεθοδος δι ης αποτελειται η σφαιροειδης χαλαζα, κατασκευασθεισα παρα του εν τεχνουργια διαβοητου του Σαλμανα.

Των μαργαρων σκευασια κ. τ. λ.

'Ερμηνεια ιης επιστημης της χρυσοποιιας ιερομοναχου του Κοσμα.

'Ανεπιγραφου φιλοσοφου περι του υδατος της λευκωσεως.

'Ανεπιγραφου φιλοσοφου περι ⊙ ποιιας.

Ostanes. 'Οστανου φιλοσοφου προς Πετασιον περι της ιερας ταυτης και θειας τεχνης.

Theophrastus. Θεοφραστου φιλοσοφου περι της θειας αυτης τεχνης δια στιχων ιαμβων (Versibus Jambicis 165). Wie wir lesen, stehen Bruchstücke dieses Gedichtes in einem Anhang zu des Palladius: Synopsis de febribus. Lugdun. 1745. Wir haben es nicht auftreiben können.

Hierotheus. 'Ιεροθεου φιλοσοφου περι της αυτης θειας και ιερας τεχνης δια στιχων ιαμβων.

Derselbe Name. Περι της ιερας τεχνης.

Derselbe Name. Περι λιθου των φιλοσοφων (in jambischen Versen).

Archelaus. Ἀρχελαου φιλοσοφου περι της αυτης ιερας τεχνης (Versus jambici 322).

Olympiodorus. Ὀλυμπιοδωρου φιλοσοφου Ἀλεξανδρεως προς Πετασιον τον βασιλεα Ἀρμενιας εις το κατ' ενεργειαν Ζωσιμου οσα απο Ἑρμου και των φιλοσοφων ησαν ειρημενα. Höfer, Histoire, Tom 1, pag. 501, welcher ein Bruchstück bringt, hat den Titel so: Ο. φ. Α. π. Π. τ. β. Α. περι της ιερας τεχνης, του λιθου των φιλοσοφων και εις τ. κ. ε. Ζ. και οσα α. Ε. κ. τ. φ. η. ε. — Auch Fabricius gibt einige Exzerpte.

Ἀνεπιγραφος φιλοσοφος.

Pappus. Die Schrift fängt an: ομνυμι σοι τον μεγαν ορκον οστις αν συ η.

Eugenius. Ευγενιου περι της ιερας τεχνης (?).

Της Κλεοπατρας περι σταθμων και μετρων εξηγησις κ. τ. λ.

Ἑρμηνεια των σημειων, της ιερας τεχνης και χρυσουλου βιβλου.

Λεξικον κατα στοιχειον της ιερας τεχνης.

Comarius. Κομαριου φιλοσοφου αρχιερεως διδασκοντος την Κλεοπατραν την θειαν και ιεραν τεχνην του λιθου της φιλοσοφιας.

Anonymus. Breve apospasmation de vasis.

Anonymus. De dracone ουροβωρω.

Olympiodorus (der obige?). Die Schrift fängt an: οτι οιδεις τα παντα σποδον γενομενα, τοτε νοει οτι καλως εχει.

Anonymus. Die Schrift fängt an: λαβε τα λευκα και ξανθα των ωων.

Joannes: Ἰωαννου αρχιερεως του εν εβαγια (?) περι της θειας τεχνης.

Ἰσις προφητις τω υιω Ὡρω (siehe Höfer, Histoire, 1, pag. 502).

Democritus. Δημοκριτου βιβλος ε, προσφωνηθεισα Λευκιππω.

Anonymus. Die Schrift fängt an: εαν τον χαλκον ασκιαστον ποιησεις.

Agathodaemon. Ἀγαθοδαιμων εις τον χρησμον. Ὀρφεως συναγωγη και υπομνημα.

Ἡ Ἰαμβλιχου ποιησις. (?)

Μηνες Πωμαιων, Μαρτιος φαμενωθ κ. τ. λ.

Ἀνωνυμου περι της τιμιωτατης και πολυφημου χρυσοχοικης κ. τ. λ.

Rinaldon. Ῥιναλδων – φησι περι της χυμευτικης τεχνης κ. τ. λ..

Joannes Damascenus. Ιωαννου του Δαμασκηνου εκ της διοπτρας. Versus politici.

Ἀνωνυμου περι του ωου.

Ἀνωνυμου αρχη της κατα πλατος τῶν εργωνεξηγησεως.

Ἀνωνυμου περι της θειας τεχνης τῶν φιλοσοφων.

Χρυσοποιησις. σκευασια αφρονιτρου του ζητουμενου εις τας κολλησεις ☉ και ☽ και ♀. κινναβαρεως σκευασια.

Lapis- und Elixir-Interpretation der Tabula smaragdina

Vergl. *Geber:* Summa perfectionis magisterii. Lib. 1. Kap. 9, 10 und 11.

In der Lapis-philosophicus-Interpretation der Tab. smar. sind aufgrund des omnes res natae fuerunt ab una re adoptione alle Arkana das, was der Lapis philos., die res una, ist, das ist Schwefel und Merkur, resp. Gold. Gerade so nahe, vielleicht noch näher liegt, daß man sagt, wenn alle Arkana das sind, was der Lapis philos. ist, so sind die Arkana: Lapides, denn der Lapis philos. ist ein *Lapis.* Wenn man sagt, die Arkana sind Lapides, so heißt das, die Arkana sind fest. Das ist nun natürlich ein ideeller Standpunkt, denn nicht *alle* Arkana sind fest, sondern nur ein Teil derselben, während der andere Teil flüssig ist. Nimmt man aber einmal diesen ideellen Standpunkt ein, daß man sagt, alle Arkana sind Lapides, so kann man auch denselben Gegenstandpunkt einnehmen und sagen, alle Arkana sind Elixiria, das heißt, sie sind flüssig. Daher kommt es denn auch, daß die Lapis- und Elixir-Auffassung, resp. die Lapis- und Elixir-Interpretation der Tab. smar. Hand in Hand geht. Wir haben die Auffassung der Arkana vom Standpunkt des Fest- und Flüssigseins bereits bei Plato kennengelernt. Platonisch oder überhaupt allgemein gefaßt, stehen nun beide Standpunkte absolut ebenbürtig nebeneinander, denn mit demselben Recht, mit dem man den ideellen Standpunkt einnehmen kann, daß alle Arkana fest sind, kann man auch den ideellen Standpunkt einnehmen, daß alle Arkana flüssig sind. Vom Standpunkt der Tab. smar. macht sich die Sache aber etwas anders. Vom Standpunkt der Tab. smar. steht die Auffassung der Arkana als Lapides im Vordergrund vor der Auffassung der Arkana als Elixiria. Denn hier ist die Sachlage die, daß man vorab die Lapis-philos.-Interpretation hat. An sie schmiegt sich *zuvörderst* das, daß die Arkana = Lapides, und erst wenn man das hat, dann sagt man *in weiterer Folge*, ebensowohl, wie man den Lapis-Standpunkt einnehmen kann, kann man auch den Elixir-Standpunkt einnehmen. Die Lapis- und Elixir-Interpretation der Tab. smar. ist besonders dadurch epochemachend in der Geschichte der Tab. smar., daß sie uns sechs Arkana bietet. Sie faßt die Arkana vom Standpunkt der *Sechs-Zahl* auf. Diese 6 Arkana sind: 1) Acid. sulphur., 2) Natron, 3) Liquor hepatis, 4) Ferrum, 5) Pulv. solaris ruber, 6) Pulv. solaris niger.

Lernen wir nun die betreffende Interpretation näher kennen.

Bei ihr fällt die letzte Rubrik: Completum est etc. Den 6 Arkanis zu Liebe werden auch 6 Rubriken angenommen.

Diese sind:

1. Rubrik Verum bis verissimum.
2. Rubrik Quod est inferius bis adoptione.
3. Rubrik Pater eius est Sol bis in terram.
4. Rubrik Separabis bis penetrabit.
5. Rubrik Sic mundus bis modus est hic.
6. Rubrik Itaque vocatus bis mundi.

Von der ersten Rubrik ist weiter nichts zu sagen, und wir beginnen mit der

Zweiten Rubrik

Quod est inferius bis adoptione.

Anhand des Wasserverwandlungsexperimentes hat man Wasser und erhält Erde. Das wird so ausgebeutet, daß man sagt, wenn man Wasser hat, so erhält man Erde von selbst. Die flüssigen Arkana werden nun als Wasser genommen, die festen Arkana als Erde, und im Anschluß daran hat man: Wenn man die flüssigen Arkana hat, dann hat man die festen von selbst. Demgemäß braucht man bloß die flüssigen Arkana zu haben, denn wenn man sie hat, dann hat man die festen implizit. Wenn man also die flüssigen Arkana hat, so hat man *alle* Arkana. Nimmt man dies letztere nun relativ in der Gedankenfolge von vorhin, so ergibt das, man hat insofern in den flüssigen Arkanis *alle* Arkana, als die flüssigen Arkana die festen von selbst ergeben, haben sie sich aber ergeben, so sind die flüssigen Arkana eben flüssig und die festen eben fest. Stellt man sich aber nicht auf diesen relativen Standpunkt, sondern sagt ganz *absolut:* Wenn man die *flüssigen* Arkana hat, so hat man *alle* Arkana — so knüpft sich an diesen absoluten Standpunkt das, daß *alle*

Arkana flüssig sind, denn wenn alle Arkana nicht flüssig wären, so könnte man, indem man die flüssigen Arkana hat, eben nicht *alle* Arkana haben.

Auf die Weise von vorhin gelangt man dazu, daß alle Arkana = Elixiria, man kommt aber nicht dazu, daß alle Arkana = Lapides. Denn das Wasserverwandlungsexperiment ist kein *Erdverwandlungs*experiment. Man kann wohl sagen, wenn man Wasser hat, so ergibt sich die Erde von selbst, man kann aber *nicht* sagen, wenn man Erde hat, so ergibt sich das Wasser von selbst. Somit kann man wohl sagen, wenn man die flüssigen Arkana hat, so hat man *alle* Arkana, man kann aber *nicht* sagen, wenn man die festen Arkana hat, so hat man *alle* Arkana. So wenigstens scheint es. Indessen, anhand des

Quod est superius est sicut id quod est inferius

macht sich die Sache anders. Da sich beim Wasserverwandlungsexperiment das Wasser oben und die Erde, das Präzipitat, unten stellt, so ist

superius = Wasser
inferius = Erde.

Es heißt hier also: Die Erde steht auf gleicher Rangstufe mit dem Wasser. Das heißt aber: Dieselbe Kalkulation, die du an das Wasser der Wasserverwandlung knüpfen kannst, kannst du auch an die Erde knüpfen, und wenn dich deine Deduktion anhand des Wasserverwandlungsexperiment darauf führt, daß alle Arkana = Elixiria, so führt sie dich auch umgekehrt darauf, daß alle Arkana = Lapides.

Die praktische Basis dafür, daß die Erde auf gleicher Rangstufe mit dem Wasser steht, daß man also ebensowohl, wie man sagt, wo man Wasser hat, hat man auch Erde, auch umgekehrt sagen kann, wo man Erde hat, da hat man auch Wasser, die praktische Basis hierfür liegt darin, daß man sich die Erde aufgrund des Wasserverwandlungsexperimentes im Großen entstanden denkt. Aufgrund dessen ist überall da, wo wir Erde haben, dieser Erde Wasser vorangegangen. Wir können uns keine Erde ohne *vorangegangenes* Wasser, das ist kurz, ohne Wasser denken. Ebensowohl wie wir also anhand des Wassers die Erde haben, haben wir auch anhand der Erde das Wasser.

Nachdem wir nun wissen, daß die Erde auf gleicher Rangstufe mit dem Wasser steht, folgt:

Quod est superius, est, sicut id quod est inferius, ad perpetranda miracula rei unius.

Das Wasser, das sind die flüssigen Arkana, dienen dazu, wie die Erde, das sind die festen Arkana, um die Wunder der res una zustande zu bringen. Diese res una ist einerseits der Lapis, andererseits das Elixir. Man kann, wie hier gelehrt, die festen *und* flüssigen Arkana zusammen einerseits aus dem Gesichtspunkt fassen, daß *alle* als fest genommen werden, daß alle Lapides sind, und andererseits aus dem Gesichtspunkt, daß *alle* als flüssig genommen werden, daß alle Elixiria sind.

Et sicut res omnes etc.

Die res natae sind die Arkana. Indem die res natae fuerunt ab una re, wirft sich die una res zum Vater der Arkana auf, und die Arkana werden das, was die res una ist. Nimmt man res una = Lapis, so werden alle Arkana zu Lapides. Nimmt man res una = Elixir, so werden alle Arkana zu Elixiria. Im Grunde wird hier nichts anderes gesagt, als das, was vorhin darin gesagt wurde, daß quod est superius, est, sicut id quod est inferius, ad perpetranda miracula rei unius. Indessen der Unterschied von vorhin und hier liegt darin, daß vorhin die Sache ganz allgemein gehalten wurde. Es wurde gesagt, daß die flüssigen und festen Arkana dazu dienen, um die Wunder der res una zustande zu bringen. Worin dies Wunder beiderseits in Bezug auf feste und flüssige Arkana bestand, lag nun zwar gerade durch den Ausdruck res una sehr durchsichtig. Indessen, geradezu wurde es doch nicht weiter exponiert, worin das Wunder bestehe. Hier lernen wir es ganz speziell: — die res una wirft sich zum Vater der Arkana auf.

Im übrigen haben wir in dem Passus Et sicut etc. die analoge Sachlage, wie bei der metaphysischen und Lapis-philos.-Interpretation der Tab. smar.

Dritte Rubrik

Pater eius est Sol bis in terram.

Diese Rubrik bringt ff. die Arkana:

1) Pater eius est Sol = Acid. sulphuricum.

2) Mater eius est Luna = Natron.

3) Portavit illud ventus in ventre suo = Liquor hepat.

4) Nutrix eius terra est = Ferrum.

5) Pater omnis telesmi totius mundi est hic = P. solaris ruber.

6) Virtus eius integra est, si versa fuerit in terram = Pulv. solaris niger.

ad 1) Acid. sulphur. crudum raucht, das ist, ihm wohnt ein Hitzeprozeß inne, welcher Hitzeprozeß auch in seiner Kaustizität vertreten ist.

Die Sonne ist das Prinzip der Wärme, der Hitze.

Acid. sulphur. crud. ist braun, das ist tingiert gelb.

Die Sonne ist gelb.

Also haben wir bei Acid. sulphur. und Sol auf beiden Seiten die Hitze und die gelbe Farbe.

Man kann nun entweder sagen: Hitze und Farbe führen darauf, die Sonne ideell zum Vater des Acid. sulphur. zu stempeln. *Wo* es sich also um das handelt, dessen Vater die Sonne ist, da versteht es sich, daß Acid. sulphur. gemeint ist.

Oder man kann sagen: Anhand der aufgeführten Berührungspunkte sind Acid. sulphur. und Sol Synonyma. Pater eius est Sol heißt also, indem man Sol durch sein Synonymum ausdrückt: Der Vater desselben ist das Acid. sulphur. Das aber ist: Das Betreffende ist selbst Acid. sulphur., denn wo der Vater Acid. sulphur. ist, da ist's auch der Sohn.

ad 2) Natron carbon. und nitricum sind weiß.

Der Mond ist weiß.

Der Mond regiert die Nacht, wie die Sonne den Tag regiert. Wo also die Sonne heiß ist, ist der Mond kalt.

Nitrum bringt Kälte hervor, ist daher kalt.

Wir haben also anhand von Farbe und Kälte eine Parallele zwischen Luna und Natron wie vorhin zwischen Sol und Acid. sulphur. So führt denn die analoge Kalkulation, die darauf führt, daß wir ad 1) das Acid. sulphur. haben, darauf, daß wir hier ad 2) beim Mater eius est Luna das Natron haben.

ad 3) Das, was der ventus, die Luft, im Bauche trug, das, dessen Mutter die Luft ist, ist selbst Luft. Die Luft führt aber auf das empedokleische Luftarkanum: Liquor hepatis. Somit ist in dem Portavit etc. der Liquor hepatis gegeben.

ad 4) Das, dessen nutrix die Erde ist, ist das, was in der Erde vorkommt. Das Arkanum aber, welches in der Erde vorkommt, ist Eisen, Eisen als Eisenvitriol genommen. Nun kommt zwar auch das Natron in der Erde vor. Man kann also fragen, warum muß denn das, cuius nutrix terra est, gerade Eisen sein, warum nicht Natron? Darauf ist die Antwort die: Gerade den Eisenvitriol als Eisen zu nehmen liegt nahe, weil aus dem Eisenvitriol das Acid. sulphur. gemacht wird. Und dann *kann* zwar Natron als Arkanum in der Erde vorkommen, *braucht* es aber nicht, denn man kann es auch künstlich darstellen. Dies trifft in Bezug auf den Eisenvitriol nicht zu. Man *kann* zwar auch Eisenvitriol künstlich darstellen, *tut* es aber nicht, um zu dem Eisenvitriol zu kommen, aus dem man das Acid. sulphur. darstellt, *den* schafft man sich aus der Erde hervor. Übrigens kann man auch anders kalkulieren. Man sagt nämlich kurzweg, es handelt sich deswegen um Eisen und *nicht* um Natron, weil die Arkanen-Stelle für das Natron bereits besetzt ist. Nun kann man auch noch sagen, auch das Stibium sulphuratum nigrum kommt in der Erde vor, warum ist das denn nicht beim Nutrix eius terra est gemeint? Hierauf ist einerseits die Antwort die, daß Stibium sulphur. nigrum, resp. der P. solaris niger, erst im Folgenden an die Reihe kommt, *so* an die Reihe kommt, daß es auf der Hand liegt, daß dort Stibium sulphur. nigrum und *nicht* Ferrum gemeint ist, dadurch aber für das Nutrix eius terra est gar nichts anderes übrig bleibt als das Eisen.

ad 5) Der pater omnis telesmi totius mundi ist der P. solaris ruber, und zwar aus dem Grunde, weil in der Lapis-philosophicus-Interpretation der Tab. smar. dieser pater telesmi κατ' εξοχην = P. solaris ruber. Das hier heranzuziehen, liegt sehr nahe, weil die Lapis- und Elixir-Interpretation der Tab. smar. in erster Reihe die Arkana als Lapides in's Auge faßt, diese Lapides sich aber an den Lapis philos. reihen.

ad 6) Faßt man den P. solaris ruber generell als Repräsentant des P. solaris, so hat die Sache mit dem P. solaris ruber ihr Bewenden. Soll aber, wie hier, mit dem P. solaris ruber die Sache *nicht* absolviert sein, vielmehr auf den P. solaris ruber noch der P. solaris niger folgen, so ist die vis des P. solaris ruber keine integra, sie wird erst eine integra, wenn zum P. solaris ruber der P. solaris niger hinzutritt. Nun steht hier die virtus eius, das ist, des P. solaris ruber, integra est, si versa fuerit, wenn der P. solaris ruber verwandelt worden: in terram, in Erde. Diese Erdverwandlung wird genommen als die Verwandlung in das, was in der Erde vorkommt. Wir haben nun:

P. solaris ruber = Hydrarg. oxyd. rubr. + Sulphur aurat.

P. solaris niger = Hydrarg. oxyd. rubr. + Stibium sulphur. nigrum.

Hydrarg. oxyd. rubr. enthalten sie beide. Also kommt der Unterschied von P. solaris ruber und niger darauf hinaus, daß der eine Sulphur aurat. und der andere Stibium sulphur. nigr. enthält. Dieses letztere kommt aber in der Erde vor. Wenn also der P. solaris ruber vertitur in terram, in das verwandelt wird, was in der Erde vorkommt, so heißt das, Sulphur aurat. wird in Stibium sulphur. nigrum verwandelt. Wenn man aber den P. solaris ruber hat und verwandelt sein Sulphur aurat. in Stibium sulphur. nigr., so heißt das mit anderen Worten, man läßt zum P. solaris ruber den P. solaris niger hinzutreten.

Vierte Rubrik

Separabis bis penetrabit.

Terra = Erde.

Ignis = Schwefel.

Subtile = Wasser.

Spissum = Merkur.

Wenn die Arkana nach der vorliegenden Interpretation auch als Lapides resp. Elixiria aufgefaßt werden, so wird der Standpunkt doch nicht fallen gelassen, daß der Lapis philos. sie zu Schwefel und Merkur macht. Im Gegenteil, da sie Lapides sind, so sind sie von vornherein das, wozu der Lapis philos. sie gemacht hat, das ist Schwefel und Merkur. Wenn man also die Summe der Arkana nimmt, so hat man in ihnen in Bezug auf die festen Arkana: Erde, in Bezug auf die flüssigen Arkana: Wasser, in Bezug auf die Lapis-philos.-Natur aller: Schwefel und Merkur. Nun soll man gemäß des:

Separabis terram ab igne etc.

den Schwefel von der Erde, den Merkur vom Wasser trennen. Das heißt gerade nicht, die festen Arkana besäßen den Schwefel, die flüssigen den Merkur, und dies Betreffende sei nun von jedem zu trennen. Sondern es heißt, man soll, indem man im Ganzen Wasser, Erde, Schwefel, Merkur hat, trennen, trennend einen Unterschied machen zwischen Schwefel und Merkur einerseits und Wasser und Erde andererseits. Und daß es gerade so sein soll, darauf macht das:

suaviter magno cum ingenio aufmerksam.

Und ferner hat statt, daß das, was man auf der eine Seite erhalten, daß das:

Ascendit a terra in coelum, iterumque descendit in terram.

Das heißt, es ist Schwefel und Merkur. Anlehnend an die Darstellung des P. solaris ruber ist nämlich das, was ascendit: Luft, das was descendit: Erde. Nach der Lapis-philosophicus-Interpretation ist aber in der *Luft* der Schwefel, in der *Erde* das Quecksilber repräsentiert.

Und es hat statt, daß das, was man auf der anderen Seite erhalten, daß das:

recipit vim superiorum et inferiorum.

Das heißt, es ist Wasser und Erde. Das betreffende Wasser erhält die Kraft der Arkana superiora und die betreffende Erde die Kraft der Arkana inferiora.

Sic habebis gloriam totius mundi, ideo fugiet a te omnis obscuritas.

Indem du nun auf der einen Seite Schwefel und Merkur erhältst, hast du den Gloria-Standpunkt der Arkana.

Haec est totius fortitudinis etc.

Indem du auf der anderen Seite die Arkana vom flüssigen und festen Standpunkt erhältst, hast du den Fortitudo-Standpunkt. Dieser Fortitudo-Standpunkt besiegt omnem rem subtilem, alle flüssigen Arkana (subtile ja auch oben = Wasser), und vermöge dieses Sieges werden die flüssigen Arkana fest, wie es die festen Arkana bereits sind. Das Resultat des vincere ist also, daß alle Arkana zu Lapides werden. Und dieser Fortitudo-Standpunkt penetrat omnem rem solidam, alle festen Arkana, und vermöge dieses Penetrierens werden die festen Arkana flüssig, wie es die flüssigen Arkana bereits sind. Das Resultat des penetrare ist also, daß alle Arkana zu Elixiria werden. Gemäß des Gloria-Standpunktes erhält man also die Arkana als Schwefel und Merkur. Gemäß des Fortitudo-Standpunktes erhält man die Arkana als Lapides einerseits und Elixiria andererseits.

Die kumulierte fortitudo zählt übrigens nach der Vier. Der Lapis-Standpunkt steht nämlich *vor* dem Elixir-Standpunkt, wie wir hierauf bereits mehrfach hingewiesen. Dem analog haben die ursprünglich festen Arkana vor den ursprünglich flüssigen Arkanis der Vorrang. Es gibt aber 4 feste Arkana: Natron, Ferrum, die beiden Pp. solares, und 2 flüssige: Acid. sulphur. und Liquor hepatis. Die ersteren haben den Vorrang vor den letzteren, und da ihrer gerade 4 sind, so weist hierauf die nach der 4 gezählte fortitudo.

Fünfte Rubrik

Sic mundus bis modus est hic.

Sic mundus creatus est bezieht sich auf die zweite Rubrik, in der von der Welterschaffung die Rede ist.

Die adaptationes beziehen sich auf die dritte Rubrik. Adaptationes ganz wie bei der jüdischen Interpretation der zweiten Redaktion der Tab. smar.: Arkana. Nun, diese bringt ja die dritte Rubrik, und sie wurzeln darin (hinc erunt), was die erste Rubrik bringt.

Quarum modus est hic bezieht sich auf die vierte Rubrik, in der von dem μετρον, der fortitudo, die Rede ist.

Sechste Rubrik

Itaque vocatus sum bis mundi.

Der Hermes ist ein trismegistus aufgrund des Drei-Gesichtspunktes der Arkana, welchen die vorliegende Interpretation der Tab. smar. bringt und welcher darin besteht, daß die Arkana gefaßt werden 1) als Schwefel und Merkur, 2) als Lapides, 3) als Elixiria.

Habens tres partes philosophiae totius mundi. Anlehnend an die Lapis-philosophicus-Interpretation der Tab. smar. (7. Rubrik) wird hier interpretiert: Und habe den Lapis philos. Es ist wohl angebracht, daß der Lapis philos. auf diese Weise in den Vordergrund geschoben wird, da es eben der Lapis phil. ist, der den Impuls zur vorliegenden Interpretation der Tab. smar. gibt. Der Titel dieser Interpretation der Tab. smar. ist somit eigentlich, wie der der Lapis-philosophicus-Interpretation: De Lapide philosophico oder Tabula de Lapide philosophico.

Um aber einen Unterschied zwischen beiden zu haben, wird hier zuerst, da der *Lapis* im Vordergrund steht, der Nachdruck auf Lapis gelegt, so daß wir erhielten: De *Lapide* philosophico oder Tabula de *Lapide* philosophico.

Da nun aber der Lapis betont wird, so es es sachentsprechend, daß das philosophicus, das in den Hintergrund tritt, fallen gelassen wird. Auf die Weise erhielt man denn: De Lapide oder Tabula de Lapide.

Da es sich nun aber bei der Lapis-philosophicus-Interpretation um *einen* Lapis handelt, hier aber um *mehrere,* so ist es sachentsprechend, daß man hier den Plural nimmt, wo man dort den Singular genommen, und so käme denn der Titel heraus: De Lapidibus oder Tabula de Lapidibus. Dieser Titel wandelt sich natürlich da, wo an die Stelle der Lapides die Elixiria treten, um in: De Elixiriis oder Tabula de Elixiriis.

Schlußbemerkungen

Die Ausführung der Absicht, eine Lapis- und Elixir-Interpretation an die Lapis-philosophicus-Interpretation der Tab. smar. zu reihen, bringt es mit sich, den Passus Pater eius est Sol bis versa fuerit in terram für die Gesamtzahl der Arkana auszubeuten, ihn zur arkanologischen Rubrik zu machen, was jedenfalls eine geniale Idee ist.

Sobald nun diese Idee da ist, sind die sechs Arkana geboten, gerade sechs Arkana, weil die betreffende Rubrik organisch in sechs Teile zerfällt, nämlich: 1) Pater eius est Sol. 2) Mater eius est Luna. 3) Portavit illud ventus in ventre suo. 4) Nutrix eius terra est. 5) Pater omnis telesmi totius mundi est hic. 6) Virtus eius integra est, si versa fuerit in terram.

Den sechs Arkanis gegenüber macht es sich ganz gut, daß auch die Tab. smar. in sechs Rubriken zerfällt. Es wäre gerade nicht nötig, daß die vierte Rubrik ginge von Separabis bis penetrabit, es stände gar nichts im Wege, daß sie bloß von Separabis bis inferiorum ginge, und nun bei Sic habebis gloriam eine neue Rubrik anfinge. Indessen auf die Weise würden wir bei Sic habebis die fünfte, bei Sic mundus creatus die sechste, bei Itaque vocatus sum die siebente Rubrik, und damit im Ganzen sieben Rubriken haben, welche sich den sechs Arkanis gegenüber minder gut machen.

Da nun der Autor der vorliegenden Interpretation der Tab. smar. dadurch, daß er die vierte Rubrik von Separabis bis penetrabit gehen läßt, notorisch den sieben Rubriken aus dem Wege geht, so kann er sich durch das Anfügen der Schlußrubrik Completum est keine siebente Rubrik heranziehen, und so fällt das Completum est. Indessen, daß es fällt, das hat auch noch eine andere Motivierung. Nämlich die Rubrik Completum est bringt die χρυσοποιια, die Lehre vom Einarkanum. Diese Lehre gestaltet sich nach der Lapis-philosophicus-Interpretation, an welche die vorliegende Interpretation anlehnt, derartig, daß die Arkana zu dem werden, was der P. solaris ist.

Nun aber liegt in der Auffassung der vorliegenden Interpretation der Tab. smar. das, daß die Arkana, indem sie Lapides sind, von vornherein das sind, wozu der Lapis philos. sie gemacht hat, das ist Schwefel und Merkur, und das ist wieder in arkanologischer Auffassung: P. solaris.

Da nun das Sachverhältnis derartig liegt, was soll uns denn noch die siebente Rubrik mit ihrer χρυσοποιια das ist mit der Lehre von Einarkanum, welches Einarkanum auf den P. solaris hinauskommt?

Man sieht also, daß die Sache an und für sich zwar derartig liegt, daß sechs Arkana angenommen werden, diesen sechs Rubriken entsprechen sollen, die sechs Rubriken aber unmöglich sind, wenn nicht das Completum fällt, somit dieses Completum est dem Fallen nicht entgehen kann, daß aber doch in dem Streichen desselben kein Gewaltstreich gegen die Fassung der Tab. smar. liegt, wie sie sich nun einmal im Laufe der Zeiten gestaltet hat, sondern daß vielmehr jenes Streichen aus der inneren Natur der vorliegenden Interpretation der Tab. smar. resultiert, in ihr begründet ist.

Elixiria und Lapides

Fassen wir die sämtlichen sechs Arkana, denn um diese handelt es sich ja bei der Elixir- und Lapis-Interpretation der Tab. smar., als *Elixiria* auf, so ist dem eine materielle Unterlage zu geben. Es ist dem eine materielle Unterlage zu geben, daß Natron, Ferrum, die beiden Pp. solares, welche an und für sich fest sind, nun auf einmal flüssig sein sollen. Diese materielle Unterlage liegt nun schon im Namen Elixirium. Lix heißt Lauge. Soll ein Arkanum also ein Elixir sein, so hat man sich dasselbe im zerflossenen Zustand zu denken. Am nächsten liegt ein solcher Gesichtspunkt beim Eisen. Dieses wird im Anschluß an die Lapis- und Elixir-Interpretation der Tab. smar. als Eisenvitriol gewonnen, und nun gesagt, Schwefelsäure ist zerflossener Eisenvitriol, somit Ferrum als Elixir = Acid. sulphuricum. Der zerflossene Zustand für Natron, P. solaris ruber, P. solaris niger kommt heraus, wenn man sich den P. solaris ruber vom Standpunkt der Darstellung denkt. Demzufolge faßt man, anlehnend an die dritte Rubrik der Lapis- und Elixir-Interpretation der Tab. smar., P. solaris ruber als Sulphur aurat., und P. solaris niger als Stibium sulphuratum nigrum; das Quecksilber wird also bei Seite geschoben. Dann sagt man Sulphur aurat. = Sulphur. Somit kommen die drei Arkana: Natron, welches als

Natron carbon. gefaßt wird, Schwefel und Stibium sulphur. nigr. Diese drei zusammengeschmolzen stellen aber ein Fluidum dar, welches auf Zusatz von Schwefelsäure (s. d. Abschnitt von der Darstellung der Arkana) Sulphur aurat., das ist, wie es hier gefaßt wird, P. solaris ruber ergibt. Somit haben wir den Standpunkt des Elixir für Natron, P. solaris ruber und P. solaris niger, wenn man sich, wie oben gesagt, den P. solaris ruber vom Standpunkt der Darstellung denkt.

Stellt man sich also beim Flüssigkeits-Standpunkt auf den Standpunkt des Elixir, so hat man Ferrum, Natron, die beiden Pp. solares als Elixiria. Dieser Name Elixir zieht alsdann auch die beiden ursprünglich flüssigen Arkana, Acid. sulphur. und Liquor hepatis zu sich hinüber.

Wie wir gesehen, liegt der Lix-Standpunkt für das Eisen viel näher als für Natron und die beiden Pp. solares. Es liegt also nahe, die letzteren besonders in's Auge zu fassen. Wir wissen nun, daß in Bezug auf sie der Lix-Standpunkt derartig herauskommt, daß man den P. solaris ruber vom Standpunkt der Darstellung auffaßt. Das heißt mit anderen Worten, man bringt den P. solaris ruber in die Sache, und da dieser als Sulphur aurat. gefaßt wird, so heißt es, man bringt das Sulphur aurat. in die Sache. Nun ist aber Sulphur aurat. = Sulphur, also heißt es, man bringt den Schwefel in die Sache. Und endlich ist Schwefel = Feuer, also heißt es, man bringt den ignis in die Sache. Man hat also für den Elixir-Standpunkt den ignis. Dem Elixir-Standpunkt gegenüber steht der Lapis-Standpunkt. Lapis aber ist, wie wir aus der Lapis-philosophicus-Interpretation der Tab. smar. wissen, nichts anderes, als terra. Somit haben wir in dem Gegeneinander-Überstehen von Lapis und Elixir das Gegenüberstehen von terra und ignis. Das aber führt auf die Stelle der Tab. smar.: Separabis terram ab igne. Diese Stelle ist nun in der Lapis- und Elixir-Interpretation bereits in ihrer Weise verwertet worden, und es läßt sich mit ihr in Betreff des Gegenüberstehens von terra und ignis, wie wir es soeben kennengelernt haben, nichts weiter anfangen. Daher greift man auf die spirituelle Interpretation der Tab. smar. über und sagt, terra = Corpus (Leib), und ignis = Spiritus (Seele). Hiermit ist es denn gegeben, daß wir für den Namen Elixiria den neuen Namen: *Spiritus* erhalten. Ebensowohl wie also die Arkana von dem Standpunkt, daß sie alle als flüssig aufgefaßt werden, Elixiria heißen, ebensowohl heißen sie auch Spiritus. Diesen Namen finden wir im Lib. 1. Kap. 10 bei Geber.

Außer Elixir und Spiritus haben wir nun aber auch noch andere Namen zur Bezeichnung des Flüssigkeitsstandpunktes der Arkana. Nämlich:

Die Arkana heißen vom Flüssigkeitsstandpunkt: *Olea,* Öle. Dieser Name lehnt sich an den ignis von vorhin. Wenn man nämlich Feuer hat, und dies Feuer soll in Bezug auf eine Flüssigkeit Feuer sein, so liegt es nahe, das Feuer als Öl aufzufassen, da Öl brennt. (Man vergl. Plato, der Liquor hepatis Öl nennt.)

Ferner heißen die Arkana vom Flüssigkeitsstandpunkt: *Vina,* das ist nun ein Anlehnen an den Spiritus von vorhin. Spiritus wird als *spirituoses* Getränk gedacht, und da haben wir eben den Wein.

Ferner heißen die Arkana vom Flüssigkeitsstandpunkt: *Aceta,* Essige, Säuren. Das geschieht nun im Anlehnen an den Wein von vorhin. Einerseits geschieht es ganz vom Allgemein-Standpunkt, indem man an den *Weinessig* denkt, andererseits geschieht es im Anlehnen an Plato. Dieser führt nämlich da, wo er von den Pflanzensäften spricht, Wein, οινος, auf, und hat es auf den Essig abgesehen.

Endlich heißen die Arkana vom Flüssigkeitsstandpunkt: *Aquae* und *Liquores,* Ausdrücke, die am Ende am nächsten liegen. Und weil man das Wasser, die Flüssigkeit *trinkt,* so schmiegen sich hieran die Ausdrücke Res potabiles für die Arkana vom Flüssigkeitsstandpunkt.

Was nun den Elixiria gegenüber gilt, nämlich daß dem, daß alle 6 Arkana flüssig sein sollen, eine materielle Unterlage zu geben ist, das gilt auch den Lapides gegenüber. Es sind an und für sich Natron, Eisen, die 2 Pulv. solares fest, dagegen Acid. sulphur. und Liquor hepatis flüssig. Es ist also dem eine materielle Unterlage zu geben, woher diese letzteren auf einmal fest sein sollen. Nun, in Bezug auf das Acid. sulphur. hält man sich an den Eisenvitriol. Wie man also bei den Elixiria sagt: Eisenvitriol ist Acid. sulphur., so sagt man hier bei den Lapides: Acid. sulphur. ist Eisenvitriol. Das ist nun eine Sache, die so nahe liegt, daß sie weniger die Augen auf sich zieht. Hervorstechend die Augen auf sich zieht der Liquor hepat., es fragt sich hauptsächlich bei ihm, wie die materielle Unterlage dafür ist, daß er zum Lapis wird. Und da hält man sich an Plato, der den Liquor hepatis vom Standpunkt des λιϑος oder der γη als Salmiak auffaßt.

Nimmt man also Acid. sulphur. als Eisen und Liquor hepatis als Salmiak, so hat man alle 6 Arkana als feste Körper, das ist als Terrae, das ist als *Lapides*, denn der Ausdruck Lapis philos. wurzelt ja (vergl. Lapis-philos.-Interpretation der Tab. smar) in »terra«.

Außer der Bezeichnung Lapides kommt nun noch für die Arkana vom festen Standpunkt die Bezeichnung *Corpora* vor (Geber, Lib. 1, Kap. 11). Diese Bezeichnung steht der Bezeichnung des flüssigen Standpunktes durch Spiritus gegenüber (vergl. oben).

Ferner heißen die Arkana vom Feststandpunkt: *Salia, Aluminia, Boracia* (Geber, Lib. 1, Kap. 11). Diese Ausdrücke schmiegen sich daran, daß der Liquor hepatis als Salmiak aufgefaßt wird. Weil es gerade der Liquor hepatis ist, der das Hauptaugenmerk auf sich richtet, wenn es sich darum handelt, dem Feststandpunkt der Arkana eine materielle Unterlage zu geben, so zieht das, was der Liquor hepatis in seinem Festsein ist, die übrigen Arkana alle zu sich hinüber. Der Salmiak wird nun aufgefaßt als Sal, das ist nicht Salz im neueren chemischen Sinne, sondern Salz als Kochsalz. Bei Plato nämlich wird Liquor hepatis per analogiam deswegen zu Salmiak, weil Natron als Kochsalz aufgefaßt wird. Das Hauptmotiv also, daß Liquor hepatis = Salmiak, liegt darin, daß Natron = Kochsalz = Sal, und darum wird Salmiak: Sal genannt. Ferner wird Salmiak: Alumen und Borax genannt. Zu diesen Ausdrücken liegt dieselbe Berechtigung vor als zu dem Ausdruck Nitrum, den Plato für Salmiak bringt. Da nun auf diese Weise Salmiak = Sal, Borax, Alumen, so werden eben alle Arkana zu Salia, Aluminia, Boracia. Es steht auch nichts im Wege, da Plato will, daß Salmiak = Natron, diesen Ausdrücken: *Nitrosa* beizufügen.

Ferner heißen die Arkana vom Feststandpunkt: *Crescentia* (Geber, Lib. 1, Kap. 11), das sind vegetabilische Stoffe. Hiermit ist auf das gezielt, was Plato χυμοι nennt. Diese χυμοι nimmt Geber nicht mit Plato als flüssig, sondern als fest. Er setzt sie nicht unter die Spiritus (Elixiria), sondern unter die Lapides. Damit hat er nun einerseits den verdickten, erhärteten Pflanzensaft vor Augen, andererseits zielt er auf das *Extrakt*, welches mehr zum Festen als zum Flüssigen neigt und gewissermaßen ein künstlich dargestellter χυμος ist.

Endlich sind die Arkana vom Feststandpunkt: *Metalle*. Das hängt einerseits damit zusammen, daß Lapis = Mineral. Ob man also sagt, Arkana = Lapides, oder Arkana = Mineralien, bleibt sich so ungefähr gleich. Mit der Auffassung der Arkana als Minerale geht aber die Auffassung derselben als Metalle Hand in Hand (vergl. bei Plato). Andererseits tritt aber in Bezug auf die Lapis-philos.-Interpretation der Tab. smar. der Metallstandpunkt noch besonders dadurch in den Vordergrund, daß in Bezug auf die gloria die unvollkommenen Arkana als Metalle aufgefaßt werden.

Damit, daß die Arkana zu Lapides und Elixiria, resp. zu dem werden, was die verwandten Ausdrücke für Lapis und Elixir sind, wird die Bezeichnung der Arkana eine eigentümliche, wie sie sonst nicht gewesen. Der Arkanumausdruck erhält nämlich ein Epitheton. Es ist ähnlich, als wenn eine Person Carl oder Heinrich heißt. Nun kommt der Titel Herr auf, und die Person wird jetzt Herr Carl, Herr Heinrich genannt. Analog bei den Arkanis. Wo sonst beispielsweise das Arkanum Liquor hepatis: Sulphur genannt wurde, da bahnt es sich jetzt an, daß es genannt wird: Elixir Sulphuris, Spiritus Sulphuris, Oleum Sulphuris, Acetum Sulphuris, Vinum Sulphuris, Aqua Sulphuris, Liquor Sulphuris, Sal Sulphuris, Alumen Sulphuris, Borax Sulphuris, Nitrum Sulphuris, Extractum Sulphuris und was in dem Genre noch einzelne Ausdrücke mehr sind, z.B. Hepar Sulphuris, welcher Ausdruck Hepar sich als pars pro toto dem Corpus anschmiegt, u.s.w.

Mit den Epitheton-Ausdrücken von vorhin haben aber an und für sich nichts zu tun, sondern stehen für sich da die Ausdrücke: Tinctura und Essentia. Der Ausdruck Tinctura schmiegt sich an das Arkanum vom Standpunkt der Farbe an. Tinctura kommt her von tingere, färben. Tinctura heißt also eigentlich das Färben, in übertragener Weise heißt es aber ein Arkanum vom Gesichtspunkt der Farbe aufgefaßt. In Bezug auf Tinctura haben wir also das Arkanum vom Standpunkt des Eindruckes, welchen es auf den Gesichtssinn macht. Da nun die Arkana (vergl. b. Plato) nicht nur vom Standpunkt des Eindruckes, welchen sie auf den Gesichtssinn machen, sondern auch vom Standpunkt der Eindrücke, welche sie auf die anderen Sinne machen, aufgefaßt werden, so wäre es lückenhaft, wenn der Tinctura nichts zur Seite stände. Darum tritt ihr die ουσια, das ist lateinisch Essentia, zur Seite. Die ουσια, Essentia, faßt das Arkanum vom Standpunkt des Eindruckes, welchen es auf die Sinne macht, mit Ausnahme des Gesichtssinnes, denn für den Eindruck auf diesen tritt die Tinctura ein. Wenn nun aber auch die Ausdrücke Tinctura und Essentia auf ganz anderer Basis stehen als die Ausdrücke Lapis und Elixir und die diesen verwandten, so übernehmen sie doch mit diesen eine analoge Rolle, sie werden dem Namen des Arkani als Exitheton beigegeben. Es würden also zu der Reihe von Ausdrücken, die wir vorhin als Beispiel für den Liquor hepatis gegeben, die Bezeichnungen: Tinctura Sulphuris und Elixir Sulphuris hinzutreten.

Nun muß man aber wohl beachten — das ist eine Sachlage, die uns, von unserem Standpunkt der Neuzeit, anfangs etwas fremd vorkommt — daß das Epitheton auf die Sache selbst weiter nicht influiert. Ob der Carl Herr Carl, der Heinrich Herr Heinrich genannt wird, ob wir an die Stelle des »Herr« irgendeinen synonymen Ausdruck setzen, das influiert auf den Carl und Heinrich nicht weiter, die bleiben eben Carl und Heinrich. Ganz so ist es in Bezug auf das Arkanum. Ob man, um bei dem obigen Beispiel zu bleiben, wenn man Liquor hepatis: Sulphur nennt, ob man von Elixir Sulphuris, oder Spiritus Sulphuris, oder Oleum Sulphuris, oder Corpus Sulphuris, oder Tinctura Sulphuris, oder Essentia Sulphuris u.s.w., u.s.w. spricht, das bleibt sich ganz gleich. In dem einzelnen Falle nimmt man das Arkanum Liquor hepatis oder Sulphur vom Standpunkt des Elixir, für den Flüssigkeitsstandpunkt entweder diesen oder irgendeinen anderen Ausdruck nehmend, im anderen Falle nimmt man dasselbe Arkanum vom Standpunkt des Lapis, für den Feststandpunkt entweder diesen oder irgendeinen anderen Ausdruck nehmend, im 3. Falle faßt man dasselbe Arkanum vom Standpunkt des Eindruckes auf, den es auf den Gesichtssinn macht, im 4. Falle faßt man dasselbe Arkanum vom Standpunkt des Eindruckes auf, den es auf einen anderen Sinn macht; ob aber nun das eine oder das andere statt hat — das Arkanum Liquor hepatis oder Sulphur ist in allen Fällen da.

Im Anlehnen an das soeben Exponierte hat nun ff. statt. Den Alchemisten gehen prinzipiell bloß die Arkana an, mit anderen Chemikalien hat er eigentlich nichts zu schaffen.

Indessen, auf der einen Seite kann er sich der Chemikalien überhaupt nicht entschlagen, weil er eine bestimmte Reihe von ihnen nötig hat, um sich die Arkana darzustellen. Und auf der anderen Seite liegt es zu nahe, daß der Alchemist, der es doch nun einmal mit chemischen Stoffen zu tun hatte, sich vermöge ihrer auch andere Präparate darstellte als gerade die Arkana. So ist es unausbleiblich, daß der Alchemist eine größere Reihe von Chemikalien und Präparaten vor sich hatte als gerade seine Arkana. Nun gruppierte er sich seine Chemikalien und Präparate um die einzelnen Arkana herum, und indem er nun für das Arkanum eine Reihe von Ausdrücken hatte, die Ausdrücke, die wir oben kennengelernt haben, verteilt er dieselben auf die Chemikalien und Präparaten, welche sich um dasselbe gruppierten. In Folge dessen nannte er diese Chemikalien und Präparate mit dem Namen, welchen er dem Liquor hepatis gab, z.B. Sulphur.

Um nun aber einen Unterschied zwischen den einzelnen Sulphur-Chemikalien und Präparaten zu haben, nannte er das eine Sal Sulphuris, das andere Corpus Sulphuris, das dritte Oleum Sulphuris u.s.w., u.s.w. Viele derartiger Ausdrücke wurden nun sukzessiv stereotyp, sie wurden offiziell angenommen, und hierin liegt die Basis für eine Reihe pharmakologischer und chemischer Bezeichnungen, die sich im Laufe der Zeit entwickelten.

Schließlich wollen wir bemerken, daß von den besprochenen Ausdrücken auch ein Teil auf den Lapis philosophicus kommt, so daß man also nicht bloß sagt Lapis philosophicus, sondern auch Tinctura philosophica, Elixirium philosophicum u.s.w.

Die Arkana als Edelsteine

Es liegt nahe, daß, wenn man so edle Dinge, wie die Arkana sind, Steine nennt, daß dann aus den Steinen *Edelsteine* werden. Daher treten den Arkana als Lapides die Arkana als Gemmae und Vitrum zur Seite. Das Vitrum wird deswegen herangezogen, weil in der populären Vorstellung die Edelsteine: Glas sind. Die Auffassung der Arkana als Gemmae und Vitrum findet sich bereits bei Geber. Hierbei ist nun zu bemerken, daß im Anfang, wo die Sache aufkommt, nur von einer generellen Fassung der Edelsteine die Rede ist. Wir werden später anhand der Metall-Interpretation der Tab. smar. sehen, daß man, indem man die Arkana als Metalle auffaßt, sagt, dieses Arkanum ist dieses Metall, jenes Arkanum jenes Metall. So ist es ursprünglich mit den Edelsteinen *nicht*. Ursprünglich sagt man, die Arkana, indem sie als Lapides gefaßt werden, werden auch als edle Lapides, als Gemmae gefaßt, und damit ist die Sache fertig. Man sagt aber nicht, dieses Arkanum repräsentiert diesen Edelstein und jenes Arkanum jenen. *Diese* Auffassung kommt erst später in die Sache. Sie ist aber nicht kanonisch, das heißt, sie lehnt sich nicht an die Tab. smar. Es gibt keine Interpretation der Tab. smar., aufgrund derer dies Arkanum dieser Stein resp. Edelstein ist, jenes Arkanum jener Stein resp. Edelstein. Und weil diese Auffassung nicht kanonisch ist, so distribuieren verschiedene Alchemisten die Arkana in verschiedener Weise auf die Edelsteine.

Indem wir die Gegenüberstellung der Arkana und *speziellen* Edelsteine in's Auge fassen, wollen wir uns (man kann damit vergleichen, was *R. Lullus* in: Compendium animae transmutationis artis metallorum bringt) an den *Basilius Valentinus* halten. Derselbe sagt in dieser Beziehung, Currus triumphalis, edid. Kerckring, P. 131:

Advertat interim artis amator, virtutem Antimonii non tantum, ut cetera metalla, singula cum singulis lapidibus pretiosis comparari posse, sed ipsum solum omnium lapidum virtutes universaliter continere, quod colores eius, quos per regimen ignis ex se effert et oculis exhibet, satis demonstrant. Pellucidum eius rubrum assignatur carbunculo, pyropo et corallo; album adamanti et crystallo; coeruleum sapphiro; viride smaragdo; flavum hyacintho; nigrum granato, qui lapis occulte nigredinem quandam in se habet absconditam.

»Der Kunstliebhaber bemerke nun, daß das Antimonium nicht nur, wie die übrigen Metalle (Arkana), einzeln mit einzelnen Edelsteinen verglichen werden kann, sondern daß dasselbe in seiner Einheit vom Allgemeinstandpunkt alle Steine in sich faßt, und das geht klar hervor aus den Farben, welche es durch Vermittlung des Feuers zeigt. Seine hochrote Farbe kommt auf den Karfunkel, den Pyrop, die Koralle; seine weiße Farbe auf den Diamant und den Kristall; seine blaue Farbe auf den Saphir; seine grüne Farbe auf den Smaragd; seine gelbe Farbe auf den Hyazinth; seine schwarze Farbe auf den Granat, welcher Stein eine gewisse Schwärze in sich verborgen hält.«

Basilius Valentinus hält sich nämlich an die sechs Arkana der Lapis-Interpretation der Tab. smar. Daß dies sachentsprechend ist, wird niemand leugnen. Nun stellt er den sechs Arkanis die sechs Farben gegenüber.

Damit hat er (vergl. den Abschnitt von den Farben der Arkana):

Acid. sulphur.................Gelb,
Natron ....Blau,
Liquor hepatis...............Grün,
Ferrum ....Weiß,
P. solaris ruber...............Rot,
P. solaris niger ....Schwarz.

Sich nun an diese Farben haltend, faßt er die verschiedenen Edelsteine vom Gesichtspunkt ihrer Farbe auf und setzt an die Stelle von Gelb, Blau u.s.w. einen gelben Edelstein, einen blauen Edelstein u.s.w. In derselben Weise, wie die gelbe Farbe, die blaue Farbe u.s.w. dem betreffenden Arkanum entspricht, in derselben Weise entspricht dann auch der gelbe Edelstein, der blaue Edelstein u.s.w. dem betreffenden Arkanum.

Indem er nun die Edelsteine vom Gesichtspunkt der Farbe auffaßt, sagt er:

Gelb	ist der Hyazinth,
Blau	ist der Saphir,
Grün	ist der Smaragd,
Weiß	ist der Diamant, der Kristall,
Hochrot	ist der Karfunkel, der Pyrop, die Koralle,
Tiefrot	ist der Granat.

Es sind nun aber die sechs Arkanenfarben:

Gelb, Blau, Grün, Weiß, *Rot*, *Schwarz*;

nicht aber:

Gelb, Blau, Grün, Weiß, *Hochrot* und *Tiefrot*.

Um nun hier den Einklang hervorzubringen zwischen den Farben, wie sie eigentlich auf die sechs Arkana kommen, und den Farben, wie sie hier den Edelsteinen gegenübergestellt sind, nimmt Basilius das Hochrot des Karfunkels u.s.w. kurz als *Rot*, und das Tiefrot des Granats als *Schwarz*, letzteres, weil das Tiefrot »eine gewisse Schwärze in sich verborgen hält«.

Und so bekommt er denn heraus:

Gelb	ist der Hyazinth,
Blau	ist der Saphir,
Grün	ist der Smaragd,
Weiß	ist der Diamant, der Kristall,
Rot	ist der Karfunkel, der Pyrop, die Koralle,
Schwarz	ist der Granat.

Wie nun Basilius Valentinus sechs Arkana und sechs Farben annimmt, so müßte er eigentlich auch sechs Edelsteine annehmen. Er müßte also der weißen Farbe gegenüber nicht den Diamant und den Kristall bringen, sondern einen von beiden; er müßte der roten Farbe gegenüber nicht den Karfunkel, den Pyrop, die Koralle bringen, sondern einen (eine) von den dreien. Daß er das nun nicht tut, das ist wohlüberlegt. Er will nämlich auf der einen Seite wohl den sechs Arkanis zu Liebe, welchen in der Lapis-Interpretation der Tab. smar. Rechnung getragen wird, sechs Edelsteine annehmen, doch will er auf der anderen Seite aber auch wieder nicht diese Edelstein-Sechs zu sehr in den Vordergrund drängen, weil es dadurch den Anschein gewinnen könnte, als wäre die Spezialisierung der Edelsteine kanonisch, was sie doch, wie wir oben gesehen, notorisch *nicht* ist. Durch diese beiden Standpunkte segelt er nun, sich den Rücken freihaltend, derartig durch, daß er auf der einen Seite nach der Farben-Sechs spezialisiert, auf der anderen Seite aber statt der Edelstein-Sechs eine Edelstein-Neun herausbekommt.

Aufgrund der Basilschen Aufstellung kommt also folgende Zusammenstellung von Arkanum, Farbe und Edelstein heraus:

Acid. sulphur.	Gelb	Hyazinth,
Natron	Blau	Saphir,
Liquor hepatis	Grün	Smaragd,
Ferrum	Weiß	Diamant, Kristall,
P. solaris ruber	Rot	Karfunkel, Pyrop, Koralle,
P. solaris niger	Schwarz	Granat.

Der spezialisierten Edelsteinauffassung der Lapides verdanken wir den stereotypen Titel der Tabula smaragdina: *Tabula smaragdina*. Nämlich anhand der Lapis-philosophicus-Interpretation erhalten wir den Titel: Tabula de Lapide philosophico. Anhand der Lapis-Interpretation (s. diese in der 6. Rubrik) wird derselbe vorab zu: Tabula de *Lapide* philosophico, dann zu: Tabula de Lapide, und endlich: Tabula de Lapidibus. Sobald nun die Lapides zu Gemmae werden, rückt zuerst an die Stelle des Titels: Tabula de Lapidibus der Titel: Tabula de Gemmis. Nun sagt man aber, wo es sich auf der einen Seite um eine Tabula de Lapide philosophico handelt, und auf der anderen Seite um eine Tabula de Lapide, da ist es ganz gut, daß man, um keine Verwechslung hervorzubringen, die Tabula de Lapide umwandelt in Tabula de Lapidibus. Wo aber an die Stelle des Lapis die Gemma tritt, da ist keine Verwechslung mehr möglich. Hier also kann man wieder vom Plural abgehen, und statt zu sagen: Tabula de Gemmis, sagt man: Tabula de Gemma. Das macht sich namentlich gut, wenn man (s. den folgenden Abschnitt) den Sol im Passus Completum est quod dixi de operatione Solis als Edelstein nimmt. Sobald man nun aber im Titel der Tab. smar. die Gemma hat, führt das sehr naheliegend darauf, daß man sich fragt, welche eine Gemma ist das denn? Und da antwortet man dann, diese *eine* Gemma ist der *Smaragd.* Sobald man nun den Smaragd hat, erhalten wir den Titel: Tabula de Smaragdo Da das aber darauf führen könnte, daß bei einer Tabula de Gemmis *bloß* der Smaragd in's Auge gefaßt sei, so nimmt man statt des Substantivs mit der Präposition das Adjektiv. So wird aus de Smaragdo: smaragdinum, und aus der Tabula de Smaragdo: Tabula smaragdina. Wir müssen nun sehen, wie wir in Bezug auf die *eine* Gemma gerade zum Smaragd kommen. Wir haben es hier mit zwei Gründen zu tun.

Der eine Grund liegt darin, daß, wenn man die Arkana vom Feststandpunkt auffaßt, daß dann namentlich der Liquor hepatis es ist, welcher das Augenmerk auf sich zieht (vergl. den Abschnitt: Elixiria und Lapides). In Bezug auf die Gemmae handelt es sich aber um den Feststandpunkt, und so ist es naheliegend, daß auch hier der Liquor hepatis das Hauptaugenmerk auf sich zieht. Indem er aber das Hauptaugenmerk auf sich richtet, sagt man, die *eine* Gemma, um die es sich dem Obigen gemäß handelt, ist ein Edelstein, der eine Relation zum Liquor hepatis hat. Nimmt man nun den Liquor hepatis als *grün,* so hat man einen *grünen Edelstein,* und als solcher präsentiert sich eben der *Smaragd.*

Der andere Grund basiert auf einer Stelle bei *Seneca.* Es heißt nämlich in des L. Annaeus Seneca Epistolae morales, Lib. 14

Ep. 2 (90): Excidit porro vobis, eundem Democritum invenisse, quemadmodum ebur molliretur, quemadmodum decoctus calculus in Smaragdum converteretur, qua hodieque coctura inventi lapides hoc utiles colorantur.

»Es entfiel euch weiter, daß derselbe Demokrit erfunden hat, wie Elfenbein weich gemacht wird, wie eine geschmolzene Steinmasse in Smaragd verwandelt wird. Durch diese Art des Schmelzens werden noch heute die falschen Steine, die sich dazu eignen, gefärbt.« Seneca will sagen, man kann falsche Steine machen, wie sie an Ringen u.s.w. getragen werden, z.B. Smaragd. Es handelt sich aber nicht bloß um den falschen Smaragd, sondern auch um andere falsche Steine, die ähnlich gemacht werden. In Bausch und Bogen kann man aber nicht alle echten Steine nachmachen, darum das »hoc utiles«, es muß auch der Möglichkeitsstandpunkt da sein. Ein Stein, der sich nicht nachmachen läßt, der ist nicht utilis, passend, zu einer solchen Prozedur.

So liegt die Stelle im Sinne Senecas. Die Alchemisten legten ihr zu ihrem Zweck einen anderen Sinn unter. Nämlich in Bezug auf die *eine* Gemma, welche zum Smaragd wird, ist der decoctus calculus der Liquor hepatis. Ein calculus ist er vom Standpunkt der Arkana als Lapides. Decoctus ist er vom Standpunkt der Arkana als Lapides. Decoctus ist er vom Gesichtspunkt dessen, daß er an und für sich flüssig ist. Man denkt nämlich beim Kochen an Wasser, welches dem Kochprozeß anheimfällt. Also der decoctus calculus, der Liquor hepatis, welcher das Hauptaugenmerk auf sich zieht, convertitur in Smaragdum, wird in Smaragd verwandelt, den stempelt man zum Smaragd. Und durch diese coctura, das ist das, was soeben decoctus calculus genannt wurde, durch diesen Smaragd werden die inventi lapides, das sind die uneigentlichen Steine, die Arkana als Lapides gefaßt, hoc oder ad hoc utiles, die ganz für die Sache passend sind, colorantur, gefärbt, das ist anhand der Farben zum Edelsteinstandpunkt hinübergezogen.

Daß den Alchemisten diese Stelle in die Augen stach, kommt primo loco davon her, daß in ihr Demokrit genannt wird, welcher als Autor der Φυσικα και μυστικα bei ihnen in hohem Ansehen stand. Ob nun Seneca den Demokrit von Abdera oder den Demokrit, der die Φυσικα και μυστικα geschrieben, vor Augen hat, bleibt sich gleich. Nach dem Schwindel, den Synesius dem

Dioscorus vorgemacht, fließt die Persönlichkeit beider Demokrite in eine zusammen. Schließlich ist zu erwähnen, daß der Titel *Tabula smaragdina* sich nicht deswegen vor anderen Titeln in den Vordergrund drängt, weil man die Tabula de Lapidibus höher stellt als andere Interpretationen der Tab. smar., noch weniger deswegen, weil man die Tab. de Lapidibus in Bezug auf die spezialisierten Edelsteine höher stellt als andere Interpretationen der Tab. smar. — ist doch eine solche Spezialisierung der Edelsteine gar nicht kanonisch — sondern deswegen, weil man an den Ausdruck Tabula smaragdina den Begriff geknüpft wissen will: die Tabula, das Schriftstück, welches wie ein Smaragd, wie ein Juwel dasteht.

Hortulanus (vergl. den Abschnitt: Allgemeine Vorbemerkungen über die Tab. smar.) nennt seine Schrift bereits: Commentarius in Hermetis *Tabulam smaragdinam.*

Die Edelsteinmacherkunst

Unter die Lapis-Interpretation der Tab. smar. gehört der Schlußpassus: Completum est quod dixi de operatione Solis *nicht*. Setzt man ihn aber nun doch unter dieselbe, so kann das ff. ausgebeutet werden.

In der Lapis-philos.-Interpretation der Tab. smar. kann sagen, wie die Stelle Pater eius est Sol lehrt, ist der Vater der res una, des Lapis philos.: Sol. Da nun aber das, was der Vater ist, auch das Kind ist, so ist Sol = Lapis philos., und wenn es heißt Completum est etc., so heißt das: Completum est quod dixi de Lapide philos. Damit haben wir denn in der Lapis-philosophicus-Interpretation den Lapis philos. ebensowohl im habens tres partes, als im Completum est. Überträgt man das nun auf die Lapis-Interpretation, so kann man bei der Anfügung des Completum est sagen: Im habens etc. haben wir den Lapis philos. *überhaupt*, im Completum dagegen haben wir den Lapis philos. als den *Edelstein*. Das letztere liegt darin, daß die operatio Solis als χρυσοποιια auf eine Veredelung führt. Handelt es sich nun um Metalle, so ist die Veredelung Gold, handelt es sich dagegen um Steine, so ist die Veredelung der Edelstein.

So haben wir denn eine der Goldmacherkunst parallel laufende Edelsteinmacherkunst, welche, wie wir gesehen, derartig in die Alchemie gebracht wird, daß man den Schlußsatz Completum est etc., welcher ursprünglich nicht unter die Lapis-

Interpretation der Tab. smar. gehört, trotzdem unter dieselbe setzt. Das Edelsteinmacher-Wesen drängt sich nicht so mit Eklat in den Vordergrund als das Goldmacher-Wesen, doch wird es nach derselben Schablone zugestutzt, indem die Bibel, biblische und Profan-Personen zu seiner Verherrlichung herhalten müssen.

Was die Bibel betrifft, so müssen hauptsächlich ff. Stellen für die Edelsteinmacherkunst herhalten: Offenbarung des Johannes, Kap. 21 (Luthers Übersetzung):

Vers 18. Und der Bau ihrer (der Stadt) Mauern war von Jaspis, und die Stadt von lauterm Golde, gleich einem Glase.

Vers 19. Und die Gründe der Mauern und der Stadt waren geschmückt mit allerlei Edelsteinen. Der erste Grund war ein Jaspis, der andere ein Saphir, der dritte ein Chalcedonier, der vierte ein Smaragd.

Vers 20. Der fünfte ein Sardonich, der sechste ein Sardis, der siebente ein Chrysolith, der achte ein Beryll, der neunte ein Topasier, der zehnte ein Chrysopras, der elfte ein Hyazinth, der zwölfte ein Amethyst.

2. Buch Mosis, Kap. 28 (Luthers Übersetzung):

Vers 17. Und sollst es (das Amtschildlein) füllen mit 4 Reihen voll Steinen. Die erste Reihe sei ein Sarder, Topaser, Smaragd;

Vers 18. Die andere ein Rubin, Saphir, Demant;

Vers 19. Die dritte ein Lyncurer, Achat, Amethyst;

Vers 20. Die vierte ein Türkis, Onych, Jaspis. In Gold sollen sie gefaßt sein in allen Reihen.

Wir wissen aus dem Abschnitt »Der erste Teil des ersten Kapitels des Evangelium Joannis«, daß der Evangelist Johannes zu Anfang seines Evangeliums auf die Tab. smar. eingeht. Er ist somit ein Alchemist, und als solcher wird er denn zum Goldmacher und Edelsteinmacher gestempelt. Wir besitzen einen Hymnus zu Ehren des Johannes von *Adam von St. Victor* (12. Jahrhundert), welcher anfängt: Gratulemur ad festivum. In ihm heißt es:

Cum gemmarum partes fractas
Solidasset, has distractas
Tribuit pauperibus.
Inexhaustum fert thesaurum
Qui de virgis fecit aurum,
Gemmas de lapidibus.

»Nachdem er die zerbrochenen Teile der Edelsteine aneinandergefügt hatte, riß er sie wieder voneinander und verteilte sie unter die Armen. Der trägt einen unerschöpflichen Schatz davon, der aus Ruten Gold und aus Steinen Edelsteine machte.«

Daß Johannes die Edelsteine erst zusammenfügt und dann auseinanderreißt, zielt auf das αγειρειν und σπαειν (vergl. Lapis-philosophicus-Interpretation der Tab. smar.).

Bei den Ruten kann man denken: an den goldenen Stab des Mercurius (virgâque levem cöerces aureâ turbam. Horaz), an den ramus aureus im 6. Buche der Aeneide (vergleiche den Abschnitt: Die Schwindel-Goldmacherkunst), vielleicht an den Lapis philos., der von den Bäumen gepflückt wird (siehe bei den Abendländern den Abschnitt: Epistola Haimonis), und an die Wünschelrute, mittels derer man Gold findet.

Aus der Profan-Geschichte wird namentlich die Königin Kleopatra herangezogen. Als Antonius verliebt in den Armen der Kleopatra girrte, wetteten die beiden einmal, wer von ihnen die kostbarste Mahlzeit geben würde. Antonius ließ nun seinerseits die kostbarsten Leckerbissen herbeischleppen, Kleopatra aber wartete mit einem an und für sich einfachen Mahle auf, bei dem sie die Auflösung einer Perle, im Wert von einer halben Million Talern, in Essig auf des Antonius Gesundheit trank. Diese Erzählung wird in alchemistischem Sinne ausgebeutet. Der Essig war ein »Acetum philosophicum«, und indem Kleopatra mit ihm umzugehen verstand, war sie eine Alchemistin. Perlen werden dann zu den Edelsteinen gezählt, und so kommt heraus, daß Kleopatra sich der Edelsteinmacherkunst befleißigte. Nun ist es zwar ein großer Unterschied, Edelsteine zu *machen*, und Edelsteine in einem Acetum philosophicum *aufzulösen*. Indessen, man muß sich hier auf den Standpunkt des σπαειν und αγειρειν stellen. Das Lösen des Edelsteines ist ein σπαειν, wogegen das Herstellen des Edelsteines aus einer Lösung ein αγειρειν ist. Wie sich Kleopatra nun auf das σπαειν verstand, wird sie sich auch wohl, so ist die leitende Idee, auf das αγειρειν verstanden haben.

Indem die Königin Kleopatra aufgrund der erwähnten Erzählung zur Alchemistin gestempelt wird, wird sie auch zur alchemistischen Schriftstellerin gemacht und ihr ein Fragmentum chemicum untergeschoben; dann die Schrift: Της Κλεοπατρας περι σταθμῶν και μετρων εξηγησις κ. τ. λ. (Handschrift).

Daß sich die Edelsteinmacherkunst nicht so mit Eklat in den Vordergrund drängte als die Goldmacherkunst, hat seinen guten Grund. Die Edelsteinmacherkunst hatte eine *reelle Basis*. Wie, eine reelle Basis? Ja, allerdings, freilich nicht in unserem Sinne, aber doch im Sinne der Alten. Die zählten zu der Edelsteinmacherkunst die Kunst, Glaskristalle und bunte Glase darzustellen — daher auch der Ausdruck Vitrum für Gemmae — und das war zu jener Zeit eine edle Kunst. Wer die Kunst verstand, Glaskristalle, prächtig gefärbte Glasflüsse darzustellen und aus ihnen Armleuchter, prächtige Fenster u.s.w. anzufertigen, der trieb wahrlich keine brotlose Kunst. Noch heutzutage, wo sich die Konkurrenz der Sache bemächtigt hat, sind einzelne Branchen einer solchen »Edelsteinmacherkunst« sehr lukrative Erwerbsquellen. So ein Edelsteinmacher hatte gar keinen Grund, über seine Kunst viel Reden zu machen, und um sie an den Mann zu bringen, so lange im Lande umherzureisen, bis er einen Narren fand, der sich von ihm düpieren ließ. Der fertigte ruhig seine Glasflüsse an und verwertete sie. Wenn irgendetwas die Goldmacherkunst in ihr wahres Licht zu setzen vermag, so ist es die Edelsteinmacherkunst. Wenn die Goldmacher ihre Kunst verstanden hätten wie die Edelsteinmacher, so würde die Goldmacherkunst gerade so bescheiden im Hintergrund stehen wie die Edelsteinmacherkunst, zu einer Geschichte der Goldmacherkunst in dem Maßstabe, wie wir sie jetzt besitzen, wäre es dann nie gekommen.

Allgemeines über Gebers Metall-Interpretation der Tabula smaragdina

Vergl. *Geber:* Summa perfectionis magisterii, namentlich Lib. 1, Kap. 12-22 und Lib. 3, Kap. 1-9. Indem der Autor der Lapis-Interpretation der Tab. smar. in die Rubrik Pater eius est Sol etc. interpretationsweise die 6 Arkana bringt, hat er nicht ganz die Übersicht darüber, was er tut oder was nun alles in der von ihm geschaffenen Interpretation liegt. Es geht ihm, wie manchem, der etwas Neues auf's Tapet bringt und nun die Tragweite desselben nicht übersieht. Es war erst einem Nachfolger (Geber) vergönnt, zu durchschauen, daß mit der betr. Interpretation jener Stelle die Metallauffassung der Arkana angebahnt ist. Nämlich:

Pater eius est Sol. Das bezieht sich auf das Acid. sulphur. Sol kann man nun aber nach der metaphysischen Interpretation der Tab. smar. als *Gold* nehmen. Der Vater des Acid. sulphur., so haben wir dann, ist Gold, also das Acid. sulphur. selbst als Kind = Gold.

Mater eius est Luna. Das eius bezieht sich auf das Natron. Luna kann man als *Silber* nehmen (vergl. Lapis-philosophicus-Interpretation der Tab. smar.). Die Mutter des Natron, so haben wir dann, ist Silber, also das Natron als Tochter = Silber.

Da haben wir also anhand der eigensten Worte der Tab. smar., daß zwei Arkana Metalle sind.

Das Eisen, das gehört ja zu der Sechs-Arkanenzahl, ist eo ipso ein Metall.

Da haben wir also drei Arkana, die Metalle sind.

Da nun auf die Weise die Hälfte der Arkana Metalle sind, so liegt es nahe, auch die andere Hälfte als Metalle aufzufassen.

Die zuerst in der Geschichte der Menschheit vorkommenden festen Metalle sind: Gold, Silber, Eisen, Kupfer, Zinn, Blei. Das sind also die Metalle κατ' εξοχην. Ihrer erwähnt auch die Bibel, 4. Buch Mosis, Kap. 31, Vers 22:

Ach et ha'sahaw we'et ha'kessef et ha'nechoschet et ha'barsel et ha'bdil we'et ha'oferet.

Von ihnen sind drei bei der obigen Kalkulation untergebracht, nämlich: Gold, Silber, Eisen. Es liegt also nahe, die drei restierenden Arkana als Kupfer, Zinn, Blei aufzufassen. Und das liegt auch gar nicht ohne Anhaltspunkte.

Liquor hepatis hat entweder eine gelbe oder eine grüne Farbe, wie man will, wie wir das bei den Farben der Arkana kennengelernt haben. Gerade so ist Kupfer entweder gelb als Kupfer im gewöhnlichen Sinne oder grün als Grünspan, welcher ein sehr häufig vorkommendes Kupferpräparat ist. Also der Liquor hepatis wäre unter die Metall-Arkana als Kupfer leicht unterzubringen, wenn man sich, wie bei den spezialisierten Edelsteinen an die Farbe hält. Man vergl. übrigens auch Plato, der Liquor hepatis als ιος (Grünspan) nimmt.

Es blieben also P. solaris ruber und niger für Zinn und Blei.

Was haben nun aber diese beiden Arkana mit Zinn und Blei zu schaffen? — Die Sache macht sich ff.

Die beiden Pp. solares bestehen aus Hydrarg. oxyd. rubr. und Antimonpräparaten. Die Antimonpräparate werden nun nicht als Metalle aufgefaßt, das Hydrarg. oxyd. rubr. aber wohl. Denn nach der metaphysischen Interpretation der Tab. smar. ist ja Hydrarg. oxyd. rubr. = Merkur. Merkur aber ist ein Metall. Damit haben wir denn je einen Teil der betreffenden Präparate als Metall, und das legalisiert ihren Metallstandpunkt sattsam. Wir haben also zwei Präparate. Diese Präparate sollen als Metalle aufgefaßt werden. Nun enthalten sie ein Metall. Da liegt es doch sehr nahe, daß sie aufgefaßt werden als das Metall, welches sie enthalten, das ist als Quecksilber. Trotzdem das nun aber naheliegt, bieten sich doch Gesichtspunkte dar, die beiden Pp. solares *nicht* als Quecksilber aufzufassen. Nämlich:

1) Quecksilber gehört nicht unter die Metalle, die wir oben als die Metalle κατ' εξοχην aufgeführt haben.

2) Quecksilber ist Eins. Es handelt sich aber nicht um *Eins,* sondern um *Zwei.* Denn sowohl der P. solaris ruber als der P. solaris niger sind, da es sich um die Sechs-Arkanenzahl handelt, unterzubringen.

3) Wenn an und für sich gesagt wird: Ich fasse die Arkana als Metalle auf, Merkur ist ein Metall, somit habe ich auch das Recht, irgendein Arkanum als Merkur aufzufassen: — wenn das an und für sich gesagt wird, so steht dem nichts im Wege. Wie die Alchemie nun aber einmal zur Zeit, wo der Metallstandpunkt aufkommt, liegt, ist dem Merkur gewissermaßen der Weg versperrt. Denn wenn nach den längst vorher angebahnten Verhältnissen gesagt wird, dieses oder jenes Arkanum ist Merkur, so denkt man dabei an Merkur im Sinne der metaphysischen oder Lapis-philosophicus-Interpretation der Tab. smar. Das ist aber ein ganz anderer Standpunkt als der Metallstandpunkt, mit dem wir es hier zu tun haben. Ja, der Merkur ist um so mehr exkludiert, als es, wie wir noch sehen werden, statt hat, daß nach der neu aufkommenden Metall-Auffassung der Arkana die Arkana zwar als je irgendein Metall aufgefaßt werden, daß sie dabei aber alle nach vorangegangener Lehre Merkur (und Sulphur) bleiben.

Dieser Kalkulation zufolge können die Pp. solares also nicht als Merkur aufgefaßt werden. Dagegen liegt auf der anderen Seite ein *Anhaltspunkt* für den Merkur vor, wie wir vorhin gesehen. Dazu kommt für die betreffenden Arkana der Anhaltspunkt für *Zinn* und *Blei,* wie wir auch gesehen. Also ist das Ganze dazu angetan, daß Merkur auf einen Seite und Zinn und

Blei auf der anderen Seite in Relation gesetzt werden. Und hier sagt man denn: Quecksilber ist flüssig. Flüssigsein ist aber nichts anderes, als in hohem Grade weich sein. Zinn und Blei sind weich, also sind sie nichts Anderes als Quecksilber in geringerem Grade. Zinn und Blei haben also aufgrund ihrer Weichheit eine Verwandtschaft mit dem Quecksilber, welche Verwandtschaft noch dadurch gesteigert wird, daß sie, wie das Quecksilber, weiß sind. Somit treten bei den Pp. solares Zinn und Blei zuerst für den Merkur und dann für die Pp. solares selbst ein. Die beiden Pp. solares werden zu Zinn und Blei.

So liegt die Sache für Zinn und Blei in Bezug auf die Pp. solares. Indem sie aber so liegt, haben wir eben nur, daß die beiden Pp. solares Zinn und Blei sind. Wir wissen nun aber noch nicht, ob P. solaris ruber Blei oder Zinn, P. solaris niger Zinn oder Blei sein soll. Und hier wird denn angenommen, daß Zinn = P. solaris ruber und Blei = P. solaris niger, wobei das in's Auge gefaßt wird, daß Blei leichter schwarz wird als Zinn, somit Blei mehr für den *schwarzen* P. solaris niger paßt. Geber sagt in dieser Beziehung ausdrücklich über das *Blei* (Lib. 1, Kap. 19): Plumbum multum habet de substantia terrea. Das bezieht sich auf das in der Erde vorkommende Stibium sulphur. nigr. Und dann sagt er: Et in Stannum per lavacrum vertitur. Das ist, man kann Stibium nigrum durch Zusätze in Sulphur aurat. verwandeln. Und über das *Zinn* sagt er (Lib. 1, Kap. 20): Suscipit tincturam rubedinis. Das bezieht sich auf die rote Farbe des Sulphur aurat. Es unterliegt also gar keinem Zweifel, daß Geber Zinn nimmt als P. solaris ruber und Blei als P. solaris niger.

Wir hätten also:

Acid. sulphur.	= Gold,
Natron sulphur.	= Silber,
Eisen	= Eisen,
Liquor hepatis	= Kupfer,
P. solaris ruber	= Zinn,
P. solaris niger	= Blei.

Die Metall-Interpretation der Tab. smar. ist schon in der Alchemie, wie sie ihr vorangeht, längst vorbereitet. Wir haben den Metallstandpunkt bereits bei Plato. Wir haben ihn anhand der Lapis-philosophicus-Interpretation der Tab. smar. Denn die Arkana, indem sie zu Gold werden, werden dort als Metalle aufgefaßt. Indem der Lapis philos. die Arkana zu Gold macht, werden die unvollkommenen Arkana als unvollkommene, unedle Metalle aufgefaßt. Und dann ist auch der Metallstandpunkt in der Auffassung der Arkana als Lapides gegeben, denn der Lapis führt auf das Mineral, das Mineral aber auf das Metall (vergl. den Abschnitt: Elixiria und Lapides).

Dem Metallstandpunkt der Arkana, wie wir ihn hier gezeichnet haben, begegnen wir zuerst bei *Geber.* Geber ist ein arabischer Alchemist aus dem 8. Jahrhundert.

Gebers Metall-Interpretation der Tabula smaragdina

Die Rubrizierung ist wie bei der Lapis-Interpretation der Tab. smar. Wir haben also sechs Rubriken. Das Anflicksel Completum est fällt. Von der ersten Rubrik ist weiter nichts zu sagen, und so fangen wir an mit der

Zweiten Rubrik

Quod est inferius bis adoptione.

Nach dem vorigen Abschnitt wissen wir, daß, gemäß der Stelle Pater eius est Sol, Acid. sulphur. eo ipso = Gold, gemäß der Stelle Mater eius est Luna, Natron eo ipso = Silber, gemäß der Stelle Nutrix eius est terra, Eisen eo ipso = Eisen.

Ebenso wissen wir, daß es nun naheliegt für Liquor hepatis, P. solaris ruber und niger: Kupfer, Zinn, Blei herauszuziehen.

Davon liegt nun Kupfer ziemlich nahe für Liquor hepatis. Es würde aber Schwierigkeiten haben, für die beiden Pp. solares Blei und Zinn unterzubringen, wenn Zinn und Blei nicht dem Quecksilber an die Seite gesetzt würden, wenn sie nicht als *weiche* Metalle, als *flüssige* Metalle aufgefaßt würden.

Demgemäß ist es sehr wichtig für den Metallstandpunkt der Tab. smar., daß man nicht sagt, wie das so gewöhnlich geschieht, Gold, Silber, Eisen, Kupfer, Zinn, Blei sind *feste* Metalle, sondern daß man vielmehr sagt, von den genannten Metallen sind die einen als *fest* aufzufassen, die anderen als *flüssig.* Sobald man aber die Metalle als feste und flüssige hat, hat man in ihnen das Substrat zum Wasserverwandlungsexperiment. Man mischt sie untereinander, dann hat man die res una, und die res una zerfällt dann in das superius und inferius, indem die flüssigen Metalle in die Höhe und die festen zu Boden gehen. Also wenn man die Metalle als feste und flüssige auffaßt, so ist damit gegeben, daß das, quod est superius, dazu dient, wie das, quod est inferius, ad perpetranda miracula rei unius. Gerade so aber auch umgekehrt. Wenn gelehrt wird, daß in Bezug auf die Metalle quod est superius est, sicut id quod est inferius, ad perpetranda miracula rei unius, so ist damit die Lehre gegeben: Die Metalle (Gold, Silber, Eisen, Kupfer, Zinn, Blei) sind teils als feste, teils als flüssige aufzufassen.

So findet die Stelle: Et quod est superius, est, sicut id quod est inferius, ad perpetranda miracula rei unius ihre Erledigung.

Voran geht aber:

Quod est inferius est sicut id quod es superius.

Mit dieser liegt es ff.

In dem: Et quod est superius etc. ist wohl gesagt, die Metalle sind als feste und flüssige aufzufassen. Man weiß aber nicht, wie man dazu kommt. Dazu dient eben das Quod est inferius est sicut id quod est superius.

Nämlich: Sobald man den Metall-Flüssigkeitsstandpunkt in's Auge faßt, denkt man an Quecksilber. Nun sollen außer dem Quecksilber auch andere Metalle, Blei und Zinn, flüssig sein. Nun gut, dann werfe man sie in ein Gefäß, in dem Quecksilber ist, dann wird man *eine* Flüssigkeit haben. Das letztere hat nun aber *nicht* statt. Nimmt man ein Gefäß mit Quecksilber und gibt Blei und Zinn hinzu, so fallen die letzteren zu Boden, und das Quecksilber stellt sich über sie, Quecksilber bildet das superius, Blei und Zinn das inferius. Das hat die Stelle im Auge. Sie will besagen: Du gibst in ein Gefäß Quecksilber, Zinn, Blei. Nun gehen Zinn und Blei nach unten. Wo bleibt also ihre Flüssigkeit? Hieran, sagt die Stelle, stoße dich nicht. Das inferius steht auf gleicher Rangstufe mit dem superius. Dasselbe, was dir das Quecksilber, das superius bietet, bieten dir auch Zinn und Blei, das inferius. Es steht also nichts im Wege, daß du Zinn und Blei als flüssig auffaßt. Hierbei ist nun zu bemerken, daß man in Bezug auf die flüssigen Metalle nicht bloß bei Blei und Zinn stehenbleibt, sondern auch das Silber mit in den Bund aufnimmt. Das ist dadurch motiviert, daß nach den vorangegangenen Interpretationen der Tab. smar. Silber und Quecksilber auf einer Linie stehen. Durch die Aufnahme von Silber wird dann auch Gleichmäßigkeit in die Zahl der festen und flüssigen Metalle gebracht.

Wir haben dann nämlich:

Flüssig	*Fest*
Silber	Gold
Blei	Kupfer
Zinn	Eisen

Es wird nun übersetzt Et quod est superius etc.: Und das Obere dient wie das Untere dazu, um die Wunder des *Metallstandpunktes* (res una) zustande zu bringen.

Et sicut res omnes etc.

Res natae = Arkana.

Und von diesem Metallstandpunkt entstanden omnes res natae, *alle* Arkana, aufgrund eines väterlichen Verhältnisses. Also nicht nur diejenigen Arkana, von denen es auf der Hand liegt, daß sie Metalle sind, das sind Acid. sulphur. (Sol), Natron (Luna), Eisen, nicht nur sie sind Metalle, sondern auch diejenigen, von denen es nicht auf der Hand liegt, nämlich Liquor hepatis, P. solaris ruber und P. solaris niger.

Man vergleiche übrigens beim ganzen Passus das, was bei der metaphysischen Interpretation und Lapis-philosophicus-Interpretation der Tab. smar. gesagt, wobei noch zu bemerken, daß hier, bei der Metall-Interpretation, der Nachdruck zugleich auch auf dem omnes liegt. *Alle* Dinge sind von Gott, und so sind auch *alle* res natae von der res una.

Dritte Rubrik

Sie lehnt an die Lapis-Interpretation der Tab. smar., wobei denn die einzelnen Arkana zu den betreffenden Metallen werden; s. d. vorigen Abschnitt.

Vierte Rubrik

Separabis bis penetrabit.

Hier wird auseinandergesetzt, daß Metalle Schwefel und Merkur sind, und zwar betrifft die gloria den Schwefel, die fortitudo den Merkur.

Separare heißt, trennend einen Unterschied machen.

Terra = Erdschwefel = Sulphur spissum.

Ignis = Luftschwefel, Hydrothiongas = Sulphur subtile.

Also, subtile ist dasselbe, was ignis ist, dient zur Erklärung dessen, was unter ignis zu verstehen. Spissum ist dasselbe, was terra ist, dient zur Erklärung desselben.

Separabis terram ab igne, subtile a spisso heißt also: Trenne, mache einen Unterschied zwischen festem Schwefel und gasförmigem Schwefel. Der so interpretierten Stelle zu Liebe nimmt Geber die beiden Schwefelarten: Sulphur und Arsenicum an, von denen Sulphur das spissum, und Arsenicum das subtile repräsentiert. Lib. 1. Kap. 13 heißt dem spissum der Tab. smar. zu Liebe der Schwefel eine pinguedo *inspissata,* und Kap. 14 ist dem subtile der Tab. smar. zu Liebe das Arsenicum de *subtili* materia.

Das suaviter magno cum ingenio bezieht sich darauf, daß, entgegen früheren Interpretationen, spissum und subtile synonym mit terra und ignis, wobei aber der Wortstellung entgegen subtile auf ignis kommt, und spissum auf terra.

Nun denke man sich die festen und flüssigen Arkana in ein Gefäß geworfen; dann gehen die flüssigen in die Höhe, bilden die Metalla superiora, die festen gehen zu Boden, bilden die Metalla inferiora. In dasselbe Gefäß werfe ich nun den Schwefel, oder vielmehr die beiden Schwefel; dann geht das Gas in die Höhe, aufwärts zu den Metallis superioribus, der feste Schwefel dagegen sinkt herab und geht zu den Metallis inferioribus. Also um auf die Stelle Ascendit a terra zu kommen:

Du hast den Schwefel. Dieser zerfällt dem Vorangehenden gemäß in das subtile und spissum. Nun wird er in ein Gefäß geworfen, in dem die Metalle sind. Dann aszendiert er, das heißt sein subtile aszendiert, und er deszendiert, das heißt, sein spissum deszendiert, und er erhält die vis superiorum, das ist der Metalla superiora, er geht zu den Metallis superioribus, und die vis inferiorum, das heißt der Metalla inferiora, er geht zu den Metallis inferioribus. Ebensowohl nun aber wie der Schwefel die vis Metallorum empfängt, ebenso empfangen auch umgekehrt die Metalla die vis Sulphuris.

Sic habebis gloriam totius mundi. So hast du den *Schwefel.*

Im direkten Arrangement würde die ganze Stelle so liegen: Du hast den Schwefel (gloria). Dieser zerfällt in das subtile und spissum. Das subtile geht an die flüssigen Metalle, das spissum an die festen. Statt dieses direkten Arrangements haben wir das indirekte Arrangement: Du trennst das subtile vom spissum, das eine geht zu den flüssigen Metallen, das andere zu den festen. So hast du den Schwefel (gloria). — Nun, das bleibt sich gleich, vermöge der obscuritas fugiens ist es leicht einzusehen.

Also kurz und bündig heißt die Stelle: Die Metalle bestehen aus Schwefel. Denn wie schon vorher gesagt, ebensowohl wie der Schwefel die vis Metallorum empfängt, so empfangen auch die Metalle die vis Sulphuris. Und indem sie sich präsentieren als mit der vis Sulphuris begabte, sind sie eben Schwefel.

Nun kommt der Merkur an die Reihe.

Haec est totius fortitudinis fortitudo fortis. Der Merkur ist die kumulierte fortitudo, repräsentiert die kumulierte fortitudo, quia: —

denn er besiegt omnem rem subtilem. Subtilis hier = flüssig. Omnis res subtilis = die flüssigen Metalle. Also: denn er besiegt die flüssigen Metalle.

Und er durchdringt omnem rem solidam. Omnis res solida = die festen Metalle. Also: er durchdringt die festen Metalle. Das ist also kurz und bündig: Die Metalle bestehen aus Merkur.

Daß die Metalle aus Schwefel bestehen, wird also ausgedrückt: Der Schwefel wird teilhaftig der Macht der Metalle. Daß die Metalle aus Merkur bestehen, wird ausgedrückt: Der Merkur besiegt und durchdringt die Metalle.

In Bezug auf den fortitudo-Ausdruck ist ff. zu bemerken. Derselbe zählt nach der Drei und zielt damit auf diejenigen Metalle, welche an und für sich bereits eine nähere Relation zum Quecksilber haben. Diese drei Metalle sind 1) Plumbum, weil es dem P. solaris niger entspricht, welcher Quecksilber als Hydrarg. oxyd. rubr. enthält; 2) Stannum, weil es dem P. solaris ruber entspricht, welcher ebenfalls Hydrarg. oxyd. rubr. enthält; 3) Argentum, weil Luna nach den vorangegangenen Interpretationen der Tab. smar. als Silber *und Quecksilber* aufgefaßt wird. Die Drei der fortitudo führt also schon darauf, daß fortitudo = Quecksilber.

Fünfte Rubrik

Sic mundus creatus bis est hic.

Analog wie bei der Lapis-Interpretation der Tab. smar.

Sechste Rubrik

Itaque vocatus sum bis totius mundi.

Der Hermes ist ein trismegistus deshalb, weil sich bei der Metall-Interpretation der Tab. smar. die *Drei* in *dreifacher* Weise in den Vordergrund drängt. *Zuerst* haben wir nämlich die Existenz von drei flüssigen und drei festen Metallen (Silber, Zinn, Blei: flüssig; Gold, Eisen, Kupfer: fest). Dann haben wir *zweitens* drei Metalle, die derartig hervortreten, daß zu ihnen das Quecksilber in besonders naher Relation steht, nämlich Blei (P. solaris niger), Zinn (P. solaris ruber), Silber (Quecksilber). Endlich haben wir *drittens* drei Metalle, die nicht weiter auf einem Umwege herauskalkuliert zu werden brauchen, sondern die uns die Metall-Interpretation der Tab. smar., indem sie die dritte Rubrik vorab wie die Lapis-Interpretation interpretiert, gewissermaßen von selbst bietet, das ist Gold in der Stelle Pater eius est Sol (Sol = Aurum), Silber in der Stelle Mater eius est Luna (Luna = Argentum) und Eisen in der unveränderten Interpretation der Lapis-Interpretation. — Daß nun möglicherweise gesagt werden kann, indem wir drei flüssige und drei feste Metalle haben, ist in dem ersten Gesichtspunkt, den wir aufgeführt haben, eine *zwiefache* Drei, womit eigentlich der Hermes trismegistus zum tetrakismegistus wird, — das erledigt sich zugunsten des Hermes trismegistus dadurch, daß die drei flüssigen Metalle, welche uns der erste Gesichtspunkt bietet, dieselben sind, als die, welche uns der zweite Gesichtspunkt bietet, nämlich: Blei, Zinn, Silber, und damit beim ersten Gesichtspunkt in den Hintergrund treten können.

Indem nun drei Gesichtspunkte da sind, die dem Hermes anheimfallen, und jeder dieser drei Gesichtspunkte wieder nach der Drei zählt, haben wir bis hierhin noch keine Interpretation der Tab. smar. kennengelernt, die so strikt dem Hermes *trismegistus* Rechnung trägt, als die vorliegende. Wenn nämlich der Hermes deswegen zum trismegistus wird, weil sich ihm drei Gesichtspunkte anschmiegen, wie das sonst statt hat, so handelt es sich eigentlich nicht um den τρις μεγιστος, sondern bloß um den τρις μεγας. Hier, bei der Metall-Interpretation der Tab. smar., haben wir aber den Hermes vorab vom Gesichtspunkt der Drei, das ist den Hermes τρις μεγας, und dann zersplittert sich jeder einzelne Gesichtspunkt wieder nach der Drei, und damit kommt der Superlativ τρις μεγιστος heraus. Hier haben wir ganz eigentlich den Hermes *trismegistus*.

Habens tres partes philosophiae totius mundi.

Philosophia totius mundi (vergl. die Lapis-philosophicus-Interpretation der Tab. smar.) = Lapis philos. Damit wird darauf hingewiesen, daß die Metalle aus Schwefel und Merkur bestehen. Dies Verhältnis liegt aber nun nicht, wie bei der Lapis-philosophicus-Interpretation, daß die Metalle Metalle sind *ohne* Schwefel und Merkur, und daß dadurch, daß zu den Metallen Schwefel und Merkur, das ist der Lapis philos. hinzutritt, daß dadurch diese Metalle zu Gold werden. Nein, ganz von vornherein sind *alle* Metalle des Lapis philos., das ist des Schwefels und Merkur teilhaftig, sie bestehen aus Schwefel und Merkur. Hat man also ein Metall, so hat man den Lapis philos. Und da nun, wie wir vorhin gesehen, die Metalle sich um eine Drei gruppieren, so hat der Lapis philos. tres partes. Diese tres partes Lapidis philos. decken also gewissermaßen den Hermes trismegistus von sonst in seiner einfachen Dreiheit. Mit diesem Hermes trismegistus in seinem früheren einfachen Drei-Standpunkt wird also nicht absolut gebrochen.

Anlehnend an seine Interpretation des habens tres partes philosophiae totius mundi hat Geber nun zuerst als Titel der Tabula smaragdina: De Lapide philosophico. Nun gibt er Lapis philos. als Magisterium, soll heißen Meisterstück, wieder. Würde er haben: De Magisterio. Nun nimmt er aber den Lapis philos., auf den *er* lossteuert, als einen vollkommeneren an, als es der Lapis philos. der Lapis-philosophicus-Interpretation der Tab. smar. ist. Denn anhand dieses letzteren Lapis philos. müssen erst, so kalkuliert er, die Metalle zu Sulphur und Merkur *werden.* Sie sind des Lapis philos. nicht teilhaftig, werden es erst aufgrund dessen, daß man sie zu Gold macht, das ist, indem man Schwefel und Merkur (Lapis philos.) zusetzt. Dagegen *sein* Lapis philos. ist von vornherein in den Metallen, denn alle Metalle bestehen von vornherein aus Schwefel und Merkur. Deswegen nennt er seinen Lapis philos., sein Magisterium, die Perfectio magisterii, die Vervollkommnung des Lapis philos. Somit hätte er als Titel der Tab. smar.: De perfectione magisterii. Nun faßt er aber in's Auge, daß er, Geber, wie wir eben auseinandergesetzt, aufgrund seiner kumulierten Gesichtspunkte des Drei-Hermes den τρις μεγιςος hat, wo seine Antezessoren bloß den τρις μεγας hatten. Wo seine Antezessoren also die 3 hatten, da summiert er 3 + 3 + 3, er bekommt also, seinen Antezessoren gegenüber, eine *Summe* heraus, und dieser zu Liebe, dem in der Tat als τρις μεγιστος und nicht τρις μεγας figurierenden Hermes zu Liebe, hält er sich an die »Summe« und bekommt als Titel heraus: De summa perfectionis magisterii.

Damit ist er nun aber noch nicht fertig. Er will auch dem τα μετα τα φυσικα des Autors der metaphysischen Interpretation der Tab. smar. und der Umwandlung desselben seitens Demokrit in τα φυσικα Rechnung tragen, und bekommt so als vollständigen Titel heraus: De summa perfectionis magisterii in sua natura (φυσις), oder: Tabula de summa perfectionis magisterii in sua natura. Und aufgrund dieses Titels der Metall-Interpretation der Tab. smar. heißt das Gebersche Werk: Summa perfectionis magisterii in sua natura. Mit der »Summa« auf dem Titel des Geberschen Werkes haben sich nun manche nicht zurecht zu finden gewußt, und haben dies Wort im Sinne genommen: »Summarische Zusammenstellung, Inbegriff.« Und aufgrund dessen haben sie dann geschrieben: Summa de perfectione magisterii. Das ist aber nicht richtig. Will man ein »de« in den Titel bringen, so muß man schreiben: De summa perfectionis magisterii in sua natura.

Der umfangreiche Titel Gebers für die Tab. smar. bahnt dem kurzen Titel Tabula smaragdina den ersten Weg.

Schlußbemerkungen

Daß nach Geber die Metalle aus Schwefel und Merkur bestehen, heißt arkanologisch gefaßt, die Arkana bestehen aus Schwefel und Merkur, und das heißt wieder, die Arkana sind das, was der P. solaris ist. Es ist dies nichts anderes, als die Lehre vom Einarkanum mit dem Einarkanum P. solaris an der Spitze der Arkana. Die sechs Rubriken, welche die Tab. smar. nach der vorliegenden Interpretation erhält, entsprechen den sechs Metallen, welche aus den sechs Arkanen der Lapis- und Elixir-Interpretation entspringen, und welche sich an die organische Sechsteilung der dritten Rubrik lehnen. Diese sechs Rubriken bieten sich bei der vorliegenden Interpretation der Tab. smar. viel selbständiger, organischer dar als bei der Lapis- und Elixir-Interpretation, denn dort war die Auffassung der vierten Rubrik als *eine* Rubrik mehr *willkürlich*, hier ist sie *notwendig*, hier ist es ganz unmöglich, bei Sic habebis gloriam etwa eine neue Rubrik anfangen zu lassen. Geber hat also noch viel mehr Grund, seinen sechs Metallen zu Liebe die Schlußrubrik Completum est fallen zu lassen, als der Autor der Lapis- und Elixir-Interpretation der Tab. smar., denn sie würde ihm eine organisch resultierende Sechs-Rubrizierung zerstören, wo sie bei der Lapis- und Elixir-Interpretation bloß einer mehr willkürlich angenommenen Sechs-Rubrizierung in die Quere käme. Die nähere Motivierung übrigens, daß die Schlußrubrik Completum est nun auch wirklich fallen *kann,* liegt gerade so wie bei der Lapis- und Elixir-Interpretation. Was soll noch eine χρυσο–ποιια, ein künstliches Machen der Metalle resp. Arkana zu Schwefel und Merkur, zum P. solaris, wo sie von vornherein bereits Schwefel und Merkur, P. solaris sind?

Das Anhängen der Schlußrubrik an die Metall-Interpretation der Tabula smaragdina

Vergl. *Geber:* Summa perfectionis magisterii, namentlich Lib. 3.

Die metaphysische Interpretation der Tab. smar., die erste Interpretation auf dem neu angebahnten Wege der exklusiv arkanologischen Alchemie, hat den Schlußsatz Completum est. Die Interpretation, welche sich der metaphysischen anreiht, das ist die Lapis-philosophicus-Interpretation, hat ebenfalls das Completum est. Die Lapis-Interpretation, welche sich der Lapis-philosophicus-Interpretation anschmiegt, hat es *nicht.* Wir wollen nun nicht sagen, obgleich wir es vielleicht sagen könnten, dieses letztere wird dadurch redressiert, daß bei der Lapis-Interpretation das Completum est dennoch angefügt und im Sinne der Edelsteinmacherkunst verwertet wird. Wir wollen dies deswegen nicht sagen, weil wir nicht nachweisen können, daß zu der Zeit, zu welcher das vorging, was wir sogleich vorbringen werden, bereits die Edelsteinmacherkunst in die Alchemie gekommen war. Wir wollen, um ganz sicher zu gehen, annehmen, zu jener Zeit sei das Completum noch gar nicht an die Lapis-Interpretation gefügt gewesen. Dann haben wir also das Sachverhältnis, auf welches wir soeben hingewiesen, daß die metaphysische Interpretation der Tab. smar. das Completum est hat, ebenso die Lapis-philosophicus-Interpretation, daß aber die Lapis-Interpretation dasselbe nicht hat. Das nun ergibt aber in Bezug auf das Anfügen und Nichtanfügen des Completum est keinen prinzipiellen Unterschied für die drei erwähnten Interpretationen der Tab. smar. Denn die Lapis-Interpretation steht gar nicht so selbständig für sich da, daß sie ebenbürtig der metaphysischen und Lapis-philos.-Interpretation gegenübergestellt werden könnte. Die Lapis-Interpretation schmiegt sich unmittelbar der Lapis-philos.-Interpretation an, ist eine Erweiterung derselben, die sich als Tochterstock gar nicht Schritt für Schritt an den Mutterstock zu halten braucht. Wo der Tochterstock etwas nicht hat, was der Mutterstock wohl hat, da greift man, wo man es, den Tochterstock vor sich habend, aber doch heranziehen will, auf den Mutterstock hinüber. Man kann also nicht sagen, seht, das ist doch ein Unterschied zwischen der metaphysischen Interpretation der Tab. smar. und der Lapis-Interpretation, daß die erstere das Completum est hat, die letztere nicht. Freilich, man kann es wohl sagen, aber man hat damit nicht einen prinzipiellen Unterschied. Wenn die metaphysische Interpretation das Completum est nicht hätte, nun so hätte sie es eben nicht. Wenn aber die Lapis-Interpretation das Completum est nicht hat, so hat sie es bloß *direkt* nicht, *indirekt* hat sie es doch, denn wenn man es haben will, so geht man einfach vom Tochterstock auf den Mutterstock über.

Stellt man nun aber die metaphysische Interpretation der Tab. smar., die Lapis-philos.-Interpretation und die Metall-Interpretation einander gegenüber, dann ergibt sich der prinzipielle Unterschied, daß die beiden ersteren das Completum est haben, und die letztere *nicht*. Damit weicht denn die Metall-Interpretation aus der Bahn, welche bei dem Einschlagen des neuen Weges der rein arkanologischen Alchemie eröffnet ist, aus der Bahn, an die Tab. smar. das Completum est anzuhängen. Der Einwurf, daß so etwas aber denn doch nicht neu sei, da es in der Lapis-Interpretation bereits statt gehabt hat, dieser Einwurf ist nur halb zutreffend, denn wie wir soeben gesehen, liegt die Sache in Bezug auf die Lapis-Interpretation anders, und was etwa die Interpretation der Tab. smar. in neuplatonischer Richtung betrifft, welche stellenweise das Completum est anhängen, so fallen sie bei der aristotelischen Richtung nicht in die Waagschale. Es ist daher ganz sachentsprechend, wenn ein Alchemist auftritt und sagt, Gebers Standpunkt ist der metaphysischen Interpretation und der Lapis-philos.-Interpretation gegenüber ein ganz absonderlicher, denn Geber trägt dem Completum est keine Rechnung, wo die metaphysische und Lapis-philos.-Interpretation es wohl tun. Man kann ferner nichts dagegen haben, wenn derselbe Alchemist von seinem Standpunkt aus sagt, Gebers Tun ist nicht ganz korrekt. Die neue Bahn, welche der Alchemie durch die metaphysische Interpretation der Tab. smar. eröffnet worden, bewegt sich auf dem Terrain des Completum est, darum hat Geber kein Recht, dasselbe zu streichen. Und endlich kann man nichts dagegen haben, daß derselbe Alchemist sagt, wir wollen den Geberschen Metallstandpunkt festhalten, aber bei diesem Standpunkt ist das von Geber gestrichene Completum est der Tab. smar. wieder anzufügen.

Dem entgegen sagt man nun, das Fallen des Completum est hängt ja ganz innig mit Geberschen Anschauungen zusammen. Durch das Fallen des Completum est erhält Geber 6 Rubriken der Tab. smar., und diese 6 Rubriken entsprechen eben seinen 6 Metallen. Nun soll auf einmal das Completum est angefügt werden, dann erhalten wir ja 7 Rubriken, und damit müßten wir denn auch 7 Metalle haben und keine 6.

Ganz recht, sagt unser Alchemist, so will ich es eben. Die 6 Rubriken der Tab. smar. erweitern sich auf 7, und damit erweitern sich die 6 Geberschen Metalle auf 7. Aber, sagt man weiter, die χρυσοποιια ist ja überflüssig, denn die Metalle bestehen ja eo ipso aus Schwefel und Quecksilber. Ja, antwortet unser Autor, das ist schon recht. Wir wollen aber auch keine χρυσοποιια. Wenn wir das Completum est anders ausbeuten, als gerade im Sine der χρυσοποιια, und das tun wir eben — s. später — so sind wir diesem Stein des Anstoßes aus dem Wege gegangen.

Das 7. Metall, welches nun den 6 Geberschen Metallen zugefügt wird, ist das *Quecksilber.* Dasselbe wird in der arkanologischen Rubrik beim Mater eius est Luna untergebracht, indem Luna einerseits als Silber und andererseits als Quecksilber gefaßt wird. Und indem man von der Metall-Rubrik (3.) auf die ihr zugrunde liegende eigentlich arkanologische Rubrik der Lapis-Interpretation übergreift, dilatiert sich das Natron, welches die Luna bietet, zu Natron carbonicum und Natron nitricum, so daß man anhand von 7 Metallen auch 7 Arkana erhält, wobei sich Arkana und Metalle ff. gegenüberstehen:

Gold ....Acid. sulphur.
Silber ....Natron carbon.
Quecksilber.........Natron nitricum
Eisen ....Ferrum
Kupfer..................Liquor hepatis
Zinn ......:.............P. solaris ruber
Blei ....P. solaris niger

Man hat natürlich die Wahl, ob man sagen will, Natron carbon. entspricht dem Silber und Natron nitricum dem Quecksilber, oder ob man umgekehrt sagen will, Natron carbon. entspricht dem Quecksilber und Natron nitricum dem Silber. Wir entscheiden uns für das erstere. Denn da Natron nitricum dargestellt werden kann aus Acid. nitricum und Natron carbon. so haben wir im Natron nitricum eine Flüssigkeit (Acid. nitricum) und Natron. Analog haben wir nun auch in Quecksilber eine Flüssigkeit und Silber (υδωρ–αργυρος). Im Natron carbon. dagegen haben wir das Natron ohne Flüssigkeit, wie wir im Silber das Silber ohne Flüssigkeit haben.

Geber ging davon aus, daß Quecksilber schlecht dazu angetan sei, in die Zahl der Metalle aufgenommen zu werden, denn (vergl. den Abschnitt: Allgemeines über Gebers Metall-Interpretation der Tab. smar.) 1) Quecksilber gehört nicht unter die Metalle, welche von Alters her κατ' εξοχην als Metalle aufgefaßt worden sind. Diese sind vielmehr: Gold, Silber, Kupfer, Eisen, Zinn, Blei. 2) Quecksilber ist Eins. Es handelt sich aber nicht um Eins, sondern um Zwei, nämlich um die zwei Pp. solares, die Geber unterzubringen hatte. 3) Wenn man vom Quecksilber spricht, so hat man damit das Quecksilber vor Augen, welches neben dem Schwefel in allen Metallen eo ipso enthalten ist.

Diese Skrupel gegen das Quecksilber fallen nun dem neuen Autor. Der sagt ad 1) diejenigen Metalle, welche κατ' εξοχην als Metalle aufgefaßt werden, sind bereits untergebracht. Ihnen kann also nicht zu nahe getreten werden, wenn Quecksilber hinzukommt. Ad 2) sagt er, die Eins des Quecksilbers paßte nicht für die Zwei des P. solaris ruber und niger. Hier aber handelt es sich nicht mehr um P. solaris ruber und niger. Diese Arkana haben wir als Zinn und Blei. Wie sie dazu kommen, Zinn und Blei zu sein, das ist eine Sache für sich, die nicht mehr in Erwägung kommt, nachdem der Usus es einmal festgestellt hat, daß eben P. solaris ruber = Zinn und P. solaris niger = Blei. Ad 3) sagt er, freilich liegt es etwas eigentümlich, daß alle Metalle des Quecksilbers teilhaftig sind, daß man aufgrund dessen, wenn man Gold hat, Quecksilber (und Schwefel) hat, wenn man Silber hat, Quecksilber (und Schwefel) hat, wenn man Kupfer hat, Quecksilber (und Schwefel) hat u.s.w., und daß nun das Quecksilber auf einmal an und für sich neben dem Gold, Silber, Kupfer u.s.w. als ein Metall dastehen soll, welches denselben Rang einnimmt als sie. Indessen dagegen läßt sich nichts machen. Geber kam um diese etwas eigentümliche Sachlage herum. Aber um welchen Preis? Nun, um den Preis, daß er das Completum est strich. Das zu tun, dazu hatte er aber keine Befugnis.

Bei der Geberschen Metall-Interpretation der Tab. smar. war die Verteilung der festen und flüssigen Metalle eine gleiche. Drei Metalle wurden als flüssig genommen: Silber, Zinn, Blei, drei als fest: Gold, Kupfer, Eisen. An eine solche gleiche Verteilung des Fest- und Flüssigkeits-Standpunktes ist nun bei der neuen Auffassung nicht zu denken, denn von sieben Metallen kann man keine zwei gleiche Hälften machen. Hier rangieren als

Flüssig	*Fest*
Quecksilber	Gold
Zinn	Kupfer
Blei	Eisen
	Silber

Daß der neue Autor auch eine neue Interpretation der Tab. smar. zu bringen hat, versteht sich von selbst. Diese lehnt sich im Allgemeinen an die Gebersche, hat aber natürlich im Besonderen von ihr abzuweichen. Diese Abweichungen beziehen sich zuerst einmal auf die *dritte Rubrik*, welche, wie bereits erwähnt, die Luna als Silber und Quecksilber nimmt. Alsdann faßt sie das:

Sic habebis gloriam bis penetrabit

in's Auge. Das Sic habebis gloriam wird fallen gelassen, das Haec est totius fortitudinis mit Prägnanz hervorgehoben. Die Berechtigung hierzu gibt Demokrit, der die gloria in der fortitudo aufgehen läßt. Hat man die fortitudo, so hat man die gloria eo ipso. Und nun wird, ebenfalls auf die Autorität Demokrits hin, penetrare als κρατειν genommen, womit man hat

Haec est totius fortitudinis fortitudo fortis, quia vincet omnem rem subtilem, et in omnem rem solidam dominabitur: Hier hast du den Merkur, welcher sich zum Herrscher über die Metalle aufwirft.

Nun, wenn der Merkur sich zum Herrscher über die Metalle aufwirft, so steht er an ihrer Spitze, und wenn er an ihrer Spitze steht, so würde es sehr verkehrt liegen, sechs Metalle anzunehmen, und das Quecksilber, welches ihr Herrscher ist, unterwegs zu lassen. Damit ist nicht nur das Quecksilber als siebentes Metall legalisiert, nicht nur das, sondern indem sieben Metalle angenommen werden, ist auch das Quecksilber an ihre Spitze zu stellen.

Die fortitudo zählt übrigens nach der Vier. Es wird, wie bei Geber, auf die Metalle gezielt, welche eine nähere Relation zum Quecksilber haben. Dabei kann das Quecksilber selbst aber nicht umgangen werden. Wo also Geber zählte: 1) Plumbum, 2) Stannum, 3) Argentum, wird hier gezählt: 1) Mercurius, 2) Plumbum, 3) Stannum, 4) Argentum.

Bei solchem Hervorheben der fortitudo auf Kosten der gloria kommt nun die letztere schlecht weg. Oder in Geberscher Weise gefaßt, bei dem die gloria den Schwefel, und die fortitudo den Merkur umfaßt, auf die Weise kommt der Schwefel schlecht weg. Es entsteht ein Riß. In diesen tritt aber, die Sache ausgleichend, das:

Completum est quod dixi de operatione Solis,

welches, wie wir bereits wissen, nicht im Sinne des χρυσοποιια ausgebeutet wird. Dasselbe wird vielmehr ff. interpretiert. Sol = Feuer, und Feuer = Schwefel. Operatio Solis also = Wirksamkeits-Entfaltung des Schwefels. Completum est etc.: Es ist komplett, nicht inkomplett, was ich über die Wirksamkeits-Entfaltung des Schwefel gesagt. D. h.: Du mußt dich nicht daran stoßen, daß vorhin die gloria, welche auf den Schwefel kommt, so stiefmütterlich behandelt zu sein scheint. O nein, die gloria ist nicht stiefmütterlich behandelt. Hätte dies statt, so müßte die Sache so weit gehen, daß angenommen würde, die Metalle beständen *nicht* aus Schwefel und Merkur, *sondern* bloß aus Merkur. Das letztere hat aber im Sinne der vorliegenden Interpretation nicht statt, wie wir das sogleich kennenlernen werden.

Endlich faßt die neue Interpretation in's Auge das:

Itaque vocatus sum Hermes etc.

In Bezug auf den Hermes trismegistus drängt sich wieder, wie bei Geber, die Drei in dreifacher Weise in den Vordergrund. Doch ist die Sache nur im Allgemeinen, wie bei Geber. Im Besonderen liegt sie gerade umgekehrt. Geber faßte (s. vorigen Abschnitt, sechste Rubrik) pro secundo diejenigen drei Metalle in's Auge, welche eine besondere Relation zum *Quecksilber* haben. Der Autor der neuen Interpretation dagegen faßt diejenigen Metalle in's Auge, welche eine besondere Relation zum *Schwefel* haben. Das tut er dem Completum est zu Liebe, welches auf den Schwefel hinweist, indem er denkt, wenn ich den Schwefel in's Auge fasse, so bekomme ich anhand des Completum est ein *kompletteres* Verhältnis heraus, als wenn ich den Merkur in's Auge fasse. Anhand des Schwefels erhält er nun als Metall-Drei: Kupfer, Zinn, Blei. Kupfer nämlich arkanologisch = Liquor hepatis, und in dem ist Schwefel hervorstechend vertreten. Zinn arkanologisch = P. solaris ruber, und in dem ist Sulphur aurat. vertreten, welches im Sinne der Alten Schwefel ist. Endlich Blei arkanologisch = P. solaris niger, und in dem ist Schwefel als Hydrothiongas vertreten, indem er mit Salzsäure behandelt, Hydrothiongas entwickelt.

Der Autor kehrt also bei den drei Gesichtspunkten dem Hermes trismegistus gegenüber den zweiten Geberschen Gesichtspunkt gerade um. Will er nun konsequent sein, so muß er auch den ersten und dritten Geberschen Gesichtspunkt umkehren. Beim ersten Gesichtspunkt traten bei Geber die flüssigen Metalle in den Hintergrund. Unser Autor zieht sie in den Vordergrund und erhält also von diesem Gesichtspunkt aus die Metalle, die er als flüssig auffaßt, das ist die Drei: Quecksilber, Zinn, Blei. Beim dritten Gesichtspunkt nahm Geber die Metalle, welche nicht weiter auf einem Umwege herauskalkuliert zu werden brauchen. Unser Autor nimmt umgekehrt die Metalle, welche wohl auf einem Umweg herauskalkuliert werden müssen. Das ist die Drei: Kupfer, Zinn, Blei, denn eo ipso hat er Gold (Sol), Quecksilber und Silber (Luna), Eisen (terra).

Auf die Weise hat nun aber unser Autor dasselbe Resultat beim zweiten und beim dritten Gesichtspunkt. Denn beide bieten ihm: Kupfer, Zinn, Blei. Das ist ihm aber gerade recht, weil er denkt, auf die Weise werde sein Schwefelstandpunkt, wie ihn der zweiten Gesichtspunkt bietet, noch »kompletter«. Um aber die Sache nicht gar zu prägnant zu haben, welches für den Hermes trismegistus anstößig sein könnte, geht er derselben wenigstens nomenklatorisch aus dem Wege. Und das ist der Grund, weshalb im 3. Kapitel des 3. Buches bei Geber die Essentia Marcasitae, Magnesiae et Tutiae gebracht werden. Sie sollen das beim dritten Gesichtspunkte wiederkehrende Kupfer, Zinn, Blei verdecken.

Habens tres partes philosophiae etc.

Philosophia totius mundi wieder, wie bei der Geberschen Interpretation = Lapis philos. Dieser Lapis philos., auf den ganz besonders beim Hermes hingewiesen wird, zeigt nun, daß die Metalle dem neuen Autor ebensowohl als dem Geber aus Schwefel und Merkur bestehen, und nicht etwa aus Quecksilber allein, wie anzunehmen man verführt werden könnte, wie man sich daran hält, daß die gloria gegen die fortitudo zurücktritt.

Durch die Art und Weise, wie der neue Autor die Stelle Itaque vocatus sum etc. ausbeutet, steht er wie Geber auf dem Standpunkt der Summa perfectionis magisterii.

Darstellung des Hydrargyrum oxydatum rubrum mittels Feuers allein

Die metaphysische Interpretation der Tab. smar. hatte zuerst das Hydrargyrum oxydatum rubrum und lehnte an dieses das Quecksilber überhaupt. Die Araber haben, wie wir im vorigen Abschnitt gesehen, das Quecksilber mit Prägnanz. Es liegt also nahe, daß sie ihm das Hydrarg. oxyd. rubr. anreihen. Wir wissen nun aus dem Abschnitt »Die Arkana und ihre Darstellung«, daß es zwei Darstellungsweisen des Hydrarg. oxyd. rubr. gibt, mittels Salpetersäure, und mittels des Feuers allein. Die letztere Darstellungsweise fassen die Araber mit Vorliebe in's Auge, weil sich das ihrem Metallstandpunkt in Bezug auf die Arkana organisch anreiht. Nämlich die Metalle werden aus ihren Erzen durch einen hüttenmännischen Prozeß gewonnen, mittels Feuers gewonnen. Stellt man also das Hydrarg. oxyd. rubr. mittels Feuers allein dar, so ist das gewissermaßen ein hüttenmännischer Prozeß im Kleinen. Das Quecksilber, aus dem das Hydrarg. oxyd. rubr. dargestellt wird, ist das Erz, das Hydrarg. oxyd. rubr. das gewonnene Metall. Gegen eine solche Auffassung ließe sich nun zwar einwerfen, aber das Quecksilber, aus dem das Hydrarg. oxyd. rubr. dargestellt wird, ist ja kein Erz, sondern ein Metall. Dieser Einwurf erledigt sich derartig, daß man sagt, Metalle und Erze stehen sich nicht absolut, exkludierend, gegenüber. Es gibt nämlich Metalle, welche gediegen vorkommen. Bei derartigen Metallen aber geht der Erzstandpunkt in den Metallstandpunkt, der Metallstandpunkt in den Erzstandpunkt über. Ein natürlich vorkommendes Metall ist, so kann man sagen, ein Erz als Metall, ein Metall als Erz. Nun kommt aber das Quecksilber gediegen vor, also ist es als

Metall: Erz, und der obigen Auffassung steht nichts im Wege. Und noch ein anderer Gesichtspunkt bietet sich hierfür dar, die Darstellung des Hydrarg. oxyd. rubr. mittels Feuers allein vom Standpunkt des hüttenmännischen Prozesses aufzufassen. Nämlich die Erze erhalten bei hüttenmännischer Bearbeitung einen »Zuschlag«. Z.B. das Eisenerz erhält als Zuschlag: Kohle, Kalk, Kieselerde; das Bleierz: Kohle, Kalk u.s.w. Wir wissen nun, daß es bei der Darstellung des Hydrarg. oxyd. rubr. mittels Salpetersäure ein Verfahren gibt, welches darin besteht, daß man dem salpetersauren Quecksilber noch einmal laufendes Quecksilber zusetzt (vergl. die metaphysische Interpretation der Tab. smar.). Dies Verfahren, auf's Neue Quecksilber zuzusetzen, fassen nun die Araber auch in Bezug auf die Darstellung des Hydrarg. oxyd. rubr. mittels Feuers allein in's Auge. Es wird angenommen, daß wenn man im Kolben eine kleine Portion Hydrarg. oxyd. rubr. hat, oder wenn die Umwandlung des Quecksilbers im Kolben bis zu einem gewissen Grade gediehen ist, daß es dann geeignet ist, auf's neue eine Portion laufendes Quecksilber zuzugeben, und dieses neue Quecksilber wird dann als »Zuschlag« aufgefaßt. So ist die Zuschlagsparallele da für den hüttenmännischen Prozeß im Großen und im Kleinen. An das Anreihen des Hydrarg. oxyd. rubr. an das Quecksilber und die Darstellung des ersteren mittels Feuers allein lehnt sich eine neue Interpretation der Tab. smar.

Vergl. *Geber:* Summa perfectionis magisterii, Liber 2.

Es werden acht Rubriken angenommen. Diese sind die der metaphysischen Interpretation. Sie werden in Zusammenhang gebracht mit den acht Regimina, welche wir in der vierten Rubrik kennenlernen werden. Im Übrigen liegt es sehr nahe, sich an die Rubriken der metaphysischen Interpretation zu halten, da ja das zum Quecksilber hinzutretende Hydrarg. oxyd. rubr. im Grunde in nichts anderem wurzelt als in der metaphysischen Interpretation der Tab. smar. Wenn man will, so kann man auch sagen, mit den acht Rubriken wird ein Seitenblick darauf geworfen, daß man, da das Hydrarg. oxyd. rubr. an die Seite des Quecksilbers als solchen tritt, daß man auf die Weise acht Metalle erhält, und nicht sieben. Indessen, so etwas ist auch bloß nur als ein *Seitenblick* aufzufassen, in den Vordergrund darf es nicht treten, denn mit den acht Metallen würden wir auch acht Arkana erhalten, und die gibt es nicht.

Von der ersten Rubrik, der Einleitung, ist nichts zu sagen, und in Bezug auf die zweite Rubrik ist die Gebersche Metall-Interpretation nachzusehen. Wir beginnen daher mit der

Dritten Rubrik

Pater eius est Sol bis terra est.

Anlehnend an das, was wir oben exponiert, faßt die vorliegende Interpretation der Tab. smar. das mittels Feuers allein dargestellte Hydrarg. oxyd. rubr. in's Auge und sieht in dieser Darstellung einen Hüttenprozeß im Kleinen. Bei dem Hüttenprozeß werden nun *Öfen* angewandt. Diese werden hier gebracht. Der Autor nimmt dabei einen Doppelstandpunkt ein. Er faßt erstens die Öfen im Allgemeinen in's Auge, und dann zweitens das Gefäß, den langhalsigen Kolben, welcher zur Darstellung des Hydrarg. oxyd. rubr. mittels Feuers allein benutzt wird: — dieser ist der Ofen, in den das Erz Quecksilber kommt, und in dem es mittels Feuers behandelt wird.

1) Allgemeinstandpunkt

Pater eius est Sol, mater eius est Luna. Es gibt zwei Arten Öfen, einen großen und einen kleinen. Im großen Ofen brennt ein großes Feuer, dessen Repräsentant die Sonne ist; im kleinen brennt ein kleines Feuer, dessen Repräsentant der Mond ist.

Portavit illud ventus in ventre suo. Den Ofen nun generell genommen, einerlei ob groß oder klein, trug der Wind in seinem Bauche, er ist ein Kind des Windes, das heißt, er muß einen guten Luftzug haben, er muß gut ziehen. Hat das nicht statt, so kann man so viel Heizungsmaterial einlegen, wie man will, es brennt nicht, der Ofen geht aus.

Nutrix eius terra est. Wie der Ofen aber auf der einen Seite gut ziehen muß, so muß er auf der anderen Seite auch die Einrichtung haben, daß sich die Asche oder Schlacke leicht entfernen läßt, sich nicht aufstaut; denn durch die sich aufstauende Asche, Schlacke, wird der Luftzug paralysiert. Und so ist denn die nutrix des Ofens die terra, das heißt das auf der Erde stehende, in der Erde fundamentierte Untergestell des Ofens, in welches die Asche fällt, durch welches die Schlacke abfließt.

2) Besonderstandpunkt

Bei Geber Lib. 2, Kap. 6 wird das Gefäß zur Darstellung des Hydrarg. oxyd. rubr. höchst abenteuerlich beschrieben und abgebildet, hinterdrein findet sich aber doch die richtige Abbildung. Es ist ein gläsernes Gefäß mit einem engen, langen Hals und einem dicken, kugeligen Bauch. Da dieser Bauch kugelig ist, so ist sein Durchschnitt ein Kreis. Mit diesem Kreis wird an die Kreisfläche der Sonne und des Vollmondes angelehnt, und so kommt heraus, daß die Sonne sein Vater und der Mond seine Mutter ist: — Pater eius est Sol, mater eius est Luna. Bei dem Portavit illud ventus in ventre suo wird hauptsächlich der venter in's Auge gefaßt, da das Gefäß einen dicken Bauch hat. Ein ventus trug diese Kugel im Bauch, weil das Gefäß als Glasgefäß geblasen wird. Nutrix eius terra est wird darauf bezogen, daß das Gefäß von Glas ist. Glas wird als terra genommen und diese terra als Mineral dem Metall gegenübergesetzt. Die terra weist nicht direkt darauf hin, daß das Gefäß gerade von Glas ist, sie weist bloß darauf hin, indem das Gefäß, dessen Nährmutter die Erde ist, und das somit selbst Erde ist, nicht von *Metall* ist.

Es hat nun das Gefäß, welches wir soeben beschrieben, bei Geber den Namen: Aludel: Den Grund zu diesem Namen Aludel gibt der 12. Psalm. Dort nämlich heißt es Vers 7:

Imroth jehowa imrot thorot kessef zaruf ba'alil le'eretz mesukak schiw'ataim.

Luther übersetzt: Die Rede des Herrn ist lauter, wie durchläutert Silber im irdenen Tiegel bewähret siebenmal.

Was hier *im Tiegel* übersetzt wird, heißt im Text: *Ba'alil.* Dies Wort hat den Gelehrten viel Kopfzerbrechen gemacht. Der nun, von dem das Aludel herkommt, ließ den betreffenden Ausdruck intakt und übersetzt flottweg: Die Rede des Herrn ist lauter, wie Silber, geläutert im Alil. Daran schmiegt sich die Übersetzung Luthers, der einfach an die Stelle des gelehrten Alil den populären Ausdruck Tiegel setzt. Aus diesem *Alil* wurde nun, dadurch, daß man an die Stelle des *Jod* ein *Daleth* setzte: *Aldal.* Dies *Daleth* an der Stelle des *Jod* beruht auf einem Irrtum. Dieser Irrtum konnte eintreten, indem man das Wort hebräisch schrieb, er konnte noch eher eintreten, wenn man das Wort arabisch schrieb. Schreibt man nämlich schnell hebräisch, so macht man das *Daleth* in einem Zuge, sodaß es leicht wie ein *Resch* aussieht, *Resch* ist aber nichts anderes, als ein *Jod* in größerer Form. War also das *Alil* mit einem etwas großen *Jod* geschrieben, so konnte einer das *Jod* für ein in der Eile gemachtes *Daleth* halten. Arabisch ist das hebräische *Jod* ein *Ya* und das hebräische *Daleth* ist ein *Dal*. Diese beiden Buchstaben (*Jod* und *Daleth*) sehen sich sehr ähnlich, und läßt sich daher die betreffende Verwechslung, das Nehmen des einen Buchstabens statt des anderen, sehr leicht erklären. Das nun einmal erhaltene neue Wort wurde mit den Vokalen u und e unterschrieben, was ein höchst akzidenteller Umstand ist, der keiner weiteren Exposition bedarf, und so kam Aludel heraus.

Vierte Rubrik

Pater omnis telesmi bis inferiorum. — Zuerst wollen wir durchgehen:

Separabis bis inferiorum.

Die Araber nahmen vier chemische Hauptoperationen, Regimina, an, nämlich 1) Kalzinieren, 2) Congelieren, 3) Solvieren, 4) Destillieren — Calcinatio, Congelatio, Solutio, Destillatio. (Man vergl. den Pseudo-*Aristoteles*: De perfecto magisterio.)

Die *Kalzination* ist diejenige chemische Operation, mittels derer feste Körper direkt mit Feuer behandelt werden. Substrat für diese Operation geben die Metalle, Erze, Steine u.s.w. ab. Auch vegetabilische und animale Stoffe werden der Kalzination unterworfen. Zu der Kalzination werden gerechnet die Reverberatio, Ustio, Tostio, Incineratio, Detonnatio, Decrepitatio etc.

Die chemische Operation der *Congelation*, auch *Coagulation* genannt, besteht in dem Reduzieren des Flüssigen auf das Feste. Hierhin würde also zu zählen sein: der Prozeß des Abdampfens, die Praecipitatio, Vitrificatio, Crystallisatio etc.

Die *Destillation* ist diejenige chemische Operation, bei der flüssige Teile von festeren einesteils getrennt werden, andernteils diese flüssigen Teile in Dampfform in die Höhe gehen. Die erhaltenen Dämpfe verdichten sich dann wieder in Tropfenform, stillant deorsum, sie tröpfeln herab — daher der Name Destillatio.

Der Destillation ist die *Sublimation* verwandt. Bei der Destillation geht eine Flüssigkeit in die Höhe, bei der Sublimation feste und trockene Körper.

Die chemische Operation der *Solution* besteht in dem Flüssigmachen eines festen Körpers. Sie bildet also das Gegenpart der Congelation. Das Lösungsmittel besteht hauptsächlich direkt in einer Flüssigkeit. Doch gibt es auch andere, indirekte Lösungsmittel, z.B. das Feuer (die Hitze). Auch nehmen die Alten die Luft als ein (indirektes) Lösungsmittel, wobei sie namentlich das Zerfließen eines Salzes vor Augen haben. Fassen wir die Solutio in dem weiten Sinne wie hier, so subsumiert sie eine Reihe chemischer Operationen, z.B. die Maceratio, Digestio, Infusio, Decoctio, Extractio, Fusio, Liquefactio etc.

In der Stelle nun, mit der wir es hier zu tun haben, wird angenommen, es handele sich bei:

Separabis terram ab igne um die Calcinatio,
Separabis subtile a spisso um die Destillatio,
recipit vim superioris (Singular) um die Solutio,
recipit vim inferioris (Singular) um die Congelatio.

Nämlich 1) Der *Kalzination* werden die Erze unterworfen. Setzt man nun das Erz der ihm zukommenden Kalzination, dem Hüttenprozeß aus, so brennt oben der Rauch, wovon man sich leicht überzeugen kann, wenn man sich einen Hochofen ansieht, der in Tätigkeit ist. Oben also geht der Rauch, der brennende Rauch, der ignis fort, unten geht die Asche, die Schlacke, die terra fort, und man erhält das Metall als Produkt der Arbeit. Das Kalzinieren bei den Erzen besteht also darin, daß man Erde und Feuer, terra und ignis, die ursprünglich eins sind, voneinander trennt, dann tritt das Metall zu Tage. Wo es sich also um das separare terrae ab igne handelt, da haben wir den Kalzinationsprozeß, wenigstens denn bei den Erzen, und auf die ist es hier besonders abgesehen.

2) Wenn man das in's Auge faßt, was wir vorhin von der *Destillation* gesagt haben, so liegt es auf der Hand, daß sie im Separieren des subtile a spisso kurz und bündig gezeichnet ist.

3) und 4) Beim Wasserverwandlungsexperiment geht das Wasser nach oben und die Erde nach unten. Also Wasser = superius, Erde = inferius. Bei der *Solution* nun wird das Feste flüssig gemacht, bei der *Congelation* wird das Flüssige fest gemacht. Also hat man bei der Solution das recipere vim superioris seitens des inferius, und bei der Congelation das recipere vim inferioris seitens des superius.

Wir haben also in dem Separabis terram ab igne, subtile a spisso, et recipit vim superioris (Singular) et inferioris (Singular) die vier Regimina gezeichnet.

Diese vier Regimina werden nun der Darstellung des Hydrarg. oxyd. rubr. mittels Feuer allein gegenübergestellt.

Zuerst hat man die *Solutio,* das ist das Quecksilber. Es wird angenommen, daß es sich beim Quecksilber um ein Quecksilber-Fixum handelt, welches in einem Quecksilber-Fluidum gelöst ist. Das Quecksilber-Fluidum wird nun durch die *Destillatio* abgetrieben und damit eingeleitet, daß das Quecksilber-Fixum der *Congelatio* anheimfallen kann. Das Congelierte repräsentiert das Hydrarg. oxyd. rubr. Mag dem nun aber sein, wie ihm wolle, die Hauptrolle bei der Sache spielt das *Feuer,* und damit haben wir im Ganzen, mag sich die Sache im Einzelnen so oder so gestalten, die *Calcinatio,* den Hüttenprozeß im Kleinen. Die Calcinatio ist es, welche das Hauptaugenmerk auf sich zieht, und darum steht sie auch in dem Separabis terram ab igne, mit dem der Passus anfängt, ím Vordergrund.

Das über die vier Regimina. Nun nimmt aber der Autor der vorliegenden Interpretation der Tab. smar. nicht vier Regimina, sondern acht Regimina an, das heißt denn dem Quecksilber gegenüber. Er fügt nämlich den vier, die wir vorhin kennengelernt haben, hinzu: 5) Sublimatio (Ascensio), 6) Descensio, 7) Fixio, 8) Ceratio.

Und der Stelle gegenüber, mit der wir es hier zu tun haben, wird angenommen, es handele sich bei:

Ascendit a terra in coelum um die Sublimatio (Ascensio),

descendit in terram um die Descensio,

recipit vim superioris et inferioris (Singular; vorhin hatten wir von der vis superiorum et inferiorum das erste superius und inferius, hier das zweite) um die Fixio und Ceratio.

Mit der Ascensio und Descensio, welche in dem Ascendit etc. gezeichnet sind, hat es der Autor etwa nicht auf zwei neue Regimina abgesehen, sondern die Ascensio ist dasselbe, was Destillatio ist, und die Descensio ist dasselbe, was Congelatio ist. Weil die Sublimatio der Destillatio verwandt ist, es mit der Ascensio aber auf die Destillatio abgesehen ist, eben deswegen spricht der Autor von einer Sublimatio statt von einer Ascensio. Wie es liegt, daß die Congelatio eine Descensio ist, ergibt sich aus dem, was wir oben bei der Congelatio vom superius und inferius gesagt haben, von selbst.

Daß nun der Autor als fünftes und sechstes Regimen die Ascensio und Descensio heranzieht, geschieht deswegen, weil sonst in Bezug auf die Darstellung des Hydrarg. oxyd. rubr. mittels Salpetersäure hauptsächlich von den Alchemisten das in's Auge gefaßt wurde, daß sich oben roter Dampf entwickelt und unten ein Präzipitat bildet. Dies Charakteristikum, wie es eigentlich nur der Darstellung des Hydrarg. oxyd. rubr. vermittels Salpetersäure eigen ist, möchte der Autor der vorliegenden Interpretation der Tab. smar. nicht fahren lassen, weil man anhand der früheren Darstellungsweise an dasselbe unwillkürlich denkt, wenn man von der Darstellung des Hydrarg. oxyd. rubr. spricht. Er hat nun aber bei seiner Darstellungsweise keine roten Dämpfe, und demgegenüber denn auch nicht das Präzipitat, welches sich an diese Dämpfe knüpft. Darum sagt er, der rote Dampf: ascendit und das Präzipitat: descendit. Beim Charakteristikum der alten Darstellungsweise des Hydrarg. oxyd. rubr. handelt es sich also um eine Ascensio und Descensio. Nun, diese habe ich bei meiner Darstellung auch, wenn auch in anderem Sinne. Ich habe die Ascensio in Bezug auf die Destillatio und die Descensio in Bezug auf die Congelatio.

Sowohl nun der Autor der vorliegenden Interpretation der Tab. smar. nicht die roten Dämpfe und das an sie knüpfende Präzipitat fahren lassen will, welche sich an die metaphysische Interpretation der Tab. smar. knüpfen, ebenso will er auch nicht den Sachverhalt bei derselben Interpretation fahren lassen, daß, wenn man bis zu einem gewissen Punkte der Arbeit gelangt ist, daß man dann auf's neue Quecksilber zusetzt. (Über diesen »Zuschlag« Quecksilber haben wir bereits oben gesprochen.) Und das faßt er in's Auge, indem er als siebentes und achtes Regimen die Fixio und Ceratio bringt. Sie beziehen sich auf die Hinzufügung von Quecksilber zu einer kleinen Menge bereits erhaltenen Hydrarg. oxyd. rubr. oder zu dem ersten Quecksilber, welches bis zu einem gewissen Grade der Umwandlung gelangt ist. Dies bereits erhaltene Präparat wird durch neues Quecksilber *fixiert*, oder es wird mittels neuen Quecksilbers aus seinem festen oder annähernd mehr festen Zustand in einen sehr flüssigen, halbflüssigen Zustand versetzt, so daß es eine Ähnlichkeit mit der Konsistenz von *Wachs* (cera) erhält. Daher die Ausdrücke Fixio und Ceratio. Daß *zwei* Regimina herangezogen werden, die Fixio *und* Ceratio, und nicht eins, die Fixio *oder* die Ceratio, hängt damit zusammen, daß es sich um ein Doppeltes handelt, um die vis superioris und die vis inferioris.

Anhand dessen, was wir nun bis hierher kennengelernt haben, liegt die Interpretation der ganzen vorliegenden Rubrik ff.

Pater omnis telesmi totius mundi est hic. Hier ist das Quecksilber. Totus mundus nämlich = Metalle. Telesmus der Metalle = Hydrarg. oxyd. rubr., ein Titel, welcher in der vorliegenden Interpretation der Tab. smar. dem Hydrarg. oxyd. rubr. deswegen mit Recht zukommt, weil es dem Quecksilber so mit Prägnanz zur Seite gesetzt wird. Der Vater dieses Hydrarg. oxyd. rubr. ist das laufende Quecksilber, aus dem das Hydrarg. oxyd. rubr. dargestellt wird, dessen Sohn es also ist.

Virtus eius integra est, si versa fuerit in terram. Die Tugend des Vaters ist eine vollkommene, wenn er einen Sohn erhalten, wenn das Quecksilber in Erde umgewandelt worden. Die Erde ist das Hydrarg. oxyd. rubr., welches dem flüssigen Quecksilber gegenüber fest ist.

Von Separabis an wird nun die Darstellungsweise des Hydrarg. oxyd. rubr. speziell in's Auge gefaßt. In Bezug auf sie wird kalkuliert, alle Chemikalien, die man hat, stellt man sich mittels der vier Regimina dar. Die Gesamtheit dieser Regimina paßt nun auf das eine Hydrarg. oxyd. rubr., welches mittels Feuers allein dargestellt wird, und damit ist eben die Darstellung des Hydrarg. oxyd. rubr. mittels Feuers allein gezeichnet. Nachdem alsdann diese vier Regimina in's Auge gefaßt, werden vier neue Regimina hinzugefügt, die Ascensio und Descensio, um eine Parallele mit dem roten Dampf und dem Präzipitat bei der Darstellung des Hydrarg. oxyd. rubr. mittels Salpetersäure und Feuers zu haben, die Fixio und Ceratio, um auf den Zusatz von neuem Quecksilber hinzuweisen, wenn die Arbeit bis zu einem gewissen Punkt gekommen ist.

Fünfte Rubrik

Sic habebis gloriam bis penetrabit.

Die gloria umfaßt einerseits die Öfen und andererseits das Aludel. Darauf, daß die Öfen zwar in den Vordergrund geschoben werden, es auf dieselben aber weniger abgesehen ist als auf das Aludel, welches für den hüttenmännischen Prozeß im Kleinen besonders die Augen auf sich zieht, darauf kommt man, wenn die obscuritas fugit. Die gloria hat zum Aludel eine besondere Relation dadurch, daß nach Psalm 19 die Himmel die gloria Gottes *erzählen*. Zum Erzählen sind aber *Worte, Imroth*, nötig. Nach Psalm 12, Vers 1 sind aber die Worte des Herrn lauter, wie Silber (Quecksilber) geläutert im Aludel.

Die fortitudo umfaßt die Darstellung des Hydrarg. oxyd. rubr. mittels des Feuers allein. Die kumulierte fortitudo zählt, den vier Regimina zu Liebe, nach der Vier. Diese fortitudo besiegt die res subtilis, das ist das Quecksilber, jenes Quecksilber, welches uns die metaphysische Interpretation der Tab. smar. bot, sie besiegt aber auch, indem das penetrare ja ebenfalls auf ein Siegen herauskommt, die res solida, das ist das Hydrarg. oxyd. rubr., jenes Hydrarg. oxyd. rubr., welches mittels Salpetersäure dargestellt wird und welches uns ebenfalls die metaphysische Interpretation der Tab. smar. bot. Nun ist aber von einer *omnis* res subtilis und einer *omnis* res solida die Rede. Das zielt auf die Hinzufügung von neuem Quecksilber, wenn man bei der Darstellung des Hydrarg. oxyd. rubr. bis zu einem bestimmten Punkte gelangt ist.

Es wird das aufgefaßt, als wenn der Darstellungsprozeß *zweimal* statt hätte, und aufgrund des Zwei-Prozesses hat man denn zweimal laufendes Quecksilber und zweimal Hydrarg. oxyd. rubr.

Der Fortitudo-Passus wird also dazu benutzt, der Auffassung von Quecksilber und Hydrarg. oxyd. rubr., resp. der Darstellung des letzteren, vor der Auffassung resp. Darstellung ein Übergewicht zu geben, wie sie sich anhand der metaphysischen Interpretation der Tab. smar. machen.

Sechste Rubrik

Sic mundus creatus bis modus est hic.

Sic mundus creatus est bezieht sich auf die zweite Rubrik, in der auf die Erschaffung der Welt (omnes res fuerunt ab uno) hingewiesen wird.

Hinc erunt adaptationes mirabiles. Die adaptationes beziehen sich auf die dritte und vierte Rubrik. Zunächst beziehen sie sich auf die letztere, denn die vierte Rubrik bringt das Hydrarg. oxyd. rubr., dies aber wird dem angepaßt, was die zweite Rubrik bringt, das sind die Metalle, und unter ihnen das im Vordergrund stehende Quecksilber. Dem Hydrarg. oxyd. rubr. schmiegt sich aber das Aludel innig an, denn ohne dasselbe kann man das Hydrarg. oxyd. rubr. nicht auf die Weise darstellen, welche die vorliegenden Interpretation der Tab. smar. in's Auge faßt. Und so beziehen sich die adaptationes auch auf die dritte Rubrik.

Quarum modus est hic bezieht sich auf die fünfte Rubrik, in welcher von der fortitudo (μετρον) die Rede ist. In der fünften Rubrik haben wir es nur mit der adaptatio zu tun, welche sich an das Hydrarg. oxyd. rubr. (nicht an das Aludel) knüpft. Darum sollte man cuius statt quarum erwarten. Indessen, das quarum ist dadurch gerechtfertigt, daß in der fünften Rubrik in der *omnis* res solida von einem doppelten Hydrarg. oxyd. rubr. die Rede ist.

Siebente Rubrik

Itaque vocatus sum bis mundi.

In Bezug auf diese Rubrik lehnt sich unser Autor an die Gebersche resp. die Metall-Interpretation der Tab. smar., wie sie der vorige Abschnitt bringt. Auch er steht also auf dem Standpunkt der Summa perfectionis magisterii, hat wie seine Antezessoren als Titel der Tab. smar.: Summa perfectionis magisterii in sua natura.

Damit hat er aber nur den ersten Titel. Einen zweiten Titel bietet ihm die

Achte Rubrik

Completum est bis Solis.

Sol wird interpretiert als *Feuer.* Und somit ist operatio Solis: Wirksamkeits-Entfaltung des Feuers. Der zweite Titel der vorliegenden Interpretation der Tab. smar. ist also: Operatio Solis. Wirksamkeits-Entfaltung des Feuers, das heißt, diejenige Metall-Interpretation der Tab. smar., welche der Darstellung des Hydrarg. oxyd. rubr. mittels Feuers allein Rechnung trägt. Das Completum est besagt also, wenn du bis zum Ende der vorigen Rubrik gekommen bist, so hast du die Summa perfectionis magisterii.

Damit bist du aber nicht fertig, sondern du hast auch die Operatio Solis, und erst indem du die hast, ist die vorliegende Interpretation der Tab. smar. komplett. Eigentlich liegt die Rubrik in Bezug auf das Completum ff. Completum est quod dixi in hac interpretatione, nam quod dixi, complectitur non solum summam perfectionis magisterii, sed etiam operationem Solis, und das wird kurz gefaßt als: Completum est quod dixi de operatione Solis.

Kalzinations-Interpretation der Tabula smaragdina

Vergl. *Geber:* Summa perfectionis magisterii, Lib. 4.

Die Araber kommen, worauf wir auch im vorigen Abschnitt hingewiesen, dazu, daß sie das Hydrarg. oxyd. rubr. dem Quecksilber so mit Prägnanz anreihen, aufgrund dessen, daß sie in die Fußstapfen der metaphysischen Interpretation der Tab. smar. treten. Weil die metaphysische Interpretation der Tab. smar., das Hydrarg. oxyd. rubr. bietend, diesem das Quecksilber anreiht, so reihen die Araber dem Quecksilber, welches sie zuerst haben, das Hydrarg. oxyd. rubr. an. Die Araber lehnen also an die metaphysische Interpretation der Tab. smar. Bei diesem Tun nehmen sie aber mit der einen Hand und weisen mit der anderen Hand von sich. Und nicht nur das letztere, sondern sie nehmen auch in gewisser Beziehung gerade den Gegenstandpunkt der metaphysischen Interpretation ein. Diese nämlich huldigt der Darstellung des Hydrarg. oxyd. rubr. mittels Salpetersäure und Feuers, die Araber dagegen weisen diese Darstellung von sich und huldigen dem entgegen der Darstellung des Hydrarg. oxyd. rubr. mittels Feuers allein. In den verschiedenen Darstellungsweisen des Hydrarg. oxyd. rubr. hat also ein Auseinandergehen zweier Standpunkte statt, ein Auseinandergehen, welches bedeutend genug ist, daß die Araber sich sagen mußten, es ist das ein eigentümliches Tun, in welches wir verfallen, daß wir auf der einen Seite dem Hydrarg. oxyd. rubr. der metaphysischen Interpretation huldigen, auf der anderen Seite aber gegen dieselbe Interpretation Front machen. Das fühlt bereits der Autor der Interpretation der Tab. smar., welche wir im vorigen Abschnitt kennengelernt haben. Darum beutet er, wie wir gesehen, die fünfte Rubrik dazu aus, dem Quecksilber der Araber, der Darstellungsweise des Hydrarg. oxyd. rubr. seitens der Araber vor dem Quecksilber der metaphysischen Interpretation, vor der Darstellungsweise des Hydrarg. oxyd. rubr., wie es diese Interpretation lehrt, in den Vordergrund zu drängen. Ein solches Tun des betreffenden Autors ist nun, im Allgemeinen betrachtet, durchaus sachentsprechend, es sieht einer Sachlage in die Augen, welcher nicht in die Augen zu sehen etwas Auffallendes haben würde. Im Besonderen betrachtet, läßt sich dagegen an dem Tun jenes Autors mäkeln. Denn der nimmt den Standpunkt ein, daß er die Frage, wie ist der

Perversität gegenüber Abhilfe zu schaffen, daß die Araber auf der einen Seite nehmen, auf der anderen Seite aber zurückweisen und einen Gegenstandpunkt einnehmen, daß er diese Frage wie einen gordischen Knoten nimmt, bei dem man am Besten fortkommt, wenn man ihn mit dem Alexander-Schwerte durchhaut. Das nun sehen die Araber ein, und indem sie es einsehen, sehen sie sich nach anderer Abhilfe um.

Die betreffende Abhilfe findet nun ein neuer Autor in ff. Er sagt, daß die metaphysische Interpretation der Tab. smar. zuerst das Hydrarg. oxyd. rubr. hat und von diesem zum Quecksilber im Allgemeinen kommt, daß dem entgegen die Araber zuerst das Quecksilber im Allgemeinen haben und von diesem auf das Hydrarg. oxyd. rubr. kommen: — das ist eine irrelevante Sache. Die Augen effektiv auf sich ziehen kann nur der Umstand, daß auf beiden Seiten die Darstellungsweise des Hydrarg. oxyd. rubr. auseinander geht. *Dem* ist abzuhelfen. Die Abhilfe ist aber da, wenn wir den Gesichtspunkt einnehmen, daß die beiden Darstellungsweisen auf ein und dasselbe hinauskommen, wenn wir ein und denselben Gesichtspunkt für beide Darstellungsweisen einnehmen.

Das können wir aber, wenn wir die *Kalzination* heranziehen, wenn wir sagen, ob wir das Hydrarg. oxyd. rubr. mittels Feuers allein oder mittels Feuers und Salpetersäure darstellen — immer hat ein Kalzinations-Prozeß statt. Also wenn jemand sich sein Hydrarg. oxyd. rubr. mittels Salpetersäure und Feuers darstellt, so kalziniert er, und wenn er es sich mittels Feuers allein darstellt, so kalziniert er ebenfalls. Weil nun aber auf beiden Seiten das Kalzinieren statt hat, so kann man nicht mehr sagen, darin, daß die metaphysische Interpretation der Tab. smar. das Hydrarg. oxyd. rubr. auf die eine, und die Araber auf die andere Weise darstellen, darin sei ein Auseinandergehen der Standpunkte zu konstatieren.

Sehen wir nun zu, in welcher Weise der neue Autor es motiviert, daß beide Darstellungsweisen des Hydrarg. oxyd. rubr. auf einen Kalzinations-Prozeß hinauskommen. Wie wir im vorigen Abschnitt definiert, ist Kalzination diejenige chemische Operation, mittels derer feste Körper direkt mit Feuer behandelt werden. Das heißt denn nichts anders, als Kalzination = Ignitio. Daß nun Ignitio zu dem Namen Calcinatio kommt, hängt damit zusammen, daß die Ignitio, welche im Großen vorgenommen wird, und daher die Augen am meisten auf sich zieht, der Hüttenprozeß ist. Beim Hüttenprozeß zieht nun aber wieder das Kalkbrennen als der am häufigsten vorkommende und am Ende auch der älteste Hüttenprozeß die Hauptaufmerksamkeit auf sich, und so sind wir von der Ignitio beim Kalkbrennen, das ist bei der Calcinatio. Unser Autor übersetzt nun Calcinatio im Allgemeinen mit *Kalkoperation*. Diese Kalkoperation, diese Calcinatio läßt er alsdann in ein Doppeltes zerfallen, in die Calcinatio im *engeren* Sinne und in die Calcinatio im *weiteren* Sinne. Die Calcinatio im engeren Sinne besteht darin, daß man den Kalkstein brennt, aus dem Kalkstein gebrannten Kalk, Calcaria usta s. viva, macht. Die Calcinatio im weiteren Sinne, die erweiterte Kalkoperation besteht darin, daß man den gebrannten Kalk löscht, daß man aus der Calx viva: Calx exstincta macht.

Es gibt nun ein Verfahren, aus dem Zinnober Quecksilber darzustellen, welches darin besteht, daß man Zinnober mit Kalk destilliert, das ist also, man erhält Quecksilber aus Zinnober bei Zusatz von Kalk. Dies kehrt unser Autor um und sagt, man erhält Quecksilber aus Kalk bei Zusatz von Zinnober. So hat er denn bei der Sache den Kalk im Vordergrund, und damit hat er denn in der Darstellung des Quecksilbers aus Zinnober mittels Kalkes eine Kalkoperation, eine Calcinatio, eine *extendierte* Calcinatio. Er faßt die Sache derartig auf, daß er sagt, bei der nicht extendierten Calcinatio im engeren Sinne handelt es sich um Kalkstein allein, bei der extendierten Calcinatio dagegen handelt es sich um Kalkstein und Zinnober. Und dann ferner gehend, sagt er, bei der nicht extendierten Calcinatio im engeren Sinne ist das Produkt des Prozesses: Calx viva, bei der extendierten Calcinatio im engeren Sinne ist das Produkt des Prozesses: Mercurius vivus. So hat er also ebensowohl den gebrannten Kalk, als das Quecksilber als das Produkt der Calcinatio. Und nun ferner gehend sagt er, ebensowohl, wie man in Bezug auf die Calcinatio im *engeren* Sinne die Parallele bei der nicht extendierten und extendierten Calcinatio hat, ebensowohl hat man diese Parallele bei der Calcinatio im *weiteren* Sinne. Bei der nicht extendierten Calcinatio im weiteren Sinne löscht man Calx viva mittels Wassers, bei der extendierten Calcinatio im weiteren Sinne löscht man Mercurius vivus mittels Salpetersäure. Im ersteren Falle erhält man als Produkt: Calx exstincta, im letzteren Fall erhält man als Produkt: Mercurius exstinctus, das ist Hydrarg. oxyd. rubr.

Auf die vorhin gezeichnete Weise wird also konstatiert, daß die Darstellung des Hydrarg. oxyd. rubr. mittels Salpetersäure eine Calcinatio ist. Die Darstellung des Hydrarg. oxyd. rubr. mittels Feuer allein ist eo ipso eine Calcinatio. Und so haben wir denn auf beiden Seiten den Kalzinations-Prozeß, und in diesem den Eingesichtspunkt beider Darstellungsweisen.

Die neue Auffassungsweise erhält ihren Ausdruck in einer besonderen Interpretation der Tab. smar., der Kalzinations-Interpretation.

Die acht Rubriken wie bei der Interpretation der Tab. smar. im vorangehenden Abschnitt.

Von der ersten Rubrik, der Einleitung, ist nichts zu sagen, und in Bezug auf die zweite Rubrik ist die Gebersche Metall-Interpretation nachzusehen.

Wir beginnen daher mit der

Dritten Rubrik

Pater eius est Sol bis terra est.

Hier wird dem Hydrarg. oxyd. rubr. Rechnung getragen, welches mittels Feuers allein dargestellt wird.

Pater eius est Sol, mater eius est Luna. Durch Sol und Luna als Weltenfeuer wird das Feuer mit Eklat in den Vordergrund geschoben. Also das Hydrarg. oxyd. rubr., mit dem wir es hier zu tun haben, hat zu Vater und Mutter das Feuer, ist das Produkt des Feuers.

Portavit illud ventus in ventre suo. In der Interpretation der Tab. smar., in der hier in dieser Rubrik das Aludel herangezogen wurde, paßte das Aludel besonders auf den Passus Portavit etc., weil das Aludel sich hervorspringend durch einen dicken *Bauch* charakterisiert, der gegen den dünnen langen Hals absticht. Es liegt daher nahe, daß der Autor der vorliegenden Interpretation, wenn er beim Passus Portavit etc. ist, auf das Aludel kommt, diesen Passus auf das Aludel bezieht und interpretiert: Das Aludel trug das Hydrarg. oxyd. rubr. im Bauch, das Hydrarg. oxyd. rubr. wird im Aludel dargestellt. Bei dieser Interpretation wäre denn der ventus das Aludel, und dieses trug das illud, das Hydrarg. oxyd. rubr. in seinem Bauch. Dieser Name ventus paßt insofern auf das Aludel, als es gerade der Bauch ist, welcher beim Aludel in die Augen springt, dieser Bauch aber auf nichts anderes hinauskommt als auf einen großen Hohlraum. Wenn man diesen Bauch des Aludel sieht, so wird man versucht, sich eine große Vorstellung von der Masse dieser Kugel zu machen. Mit der Masse dieser Kugel ist es aber — ventus, das ist gerade so wie wir sagen »Wind«, das Ganze kommt auf einen großen Hohlraum hinaus. Man kann die Sache aber auch analog wie bei der Interpretation im vorigen Abschnitt nehmen und sagen, das Aludel ist ein ventus, weil es das Produkt eines ventus, einen Blasens ist. Es wird aus Glas gemacht, ist das Produkt der Glasbläserei.

Nutrix eius terra est. Die Amme, welche das Hydrarg. oxyd. rubr. großzog, ist terra, das feste Prinzip. Das feste Prinzip des Hydrarg. oxyd. rubr. tritt an die Stelle des flüssigen Prinzips des Hydrarg. vivum, und so entsteht eben Hydrarg. oxyd. rubr. Oder auch, nutrix als Mutter gefaßt: Die Mutter des Hydrarg. oxyd. rubr. ist die Erde, das Feste. Damit ist denn das Hydrarg. oxyd. rubr. selbst fest, eine Erde. Als ein Festes, als Erde, wird aber das Hydrarg. oxyd. rubr. dem Quecksilber gegenübergestellt, welches flüssig, Wasser ist. Es ist wohl ein hervorragendes Charakteristikum des Hydrarg. oxyd. rubr., welches mittels Feuers allein dargestellt wird, auf welches Charakteristikum aufmerksam gemacht zu werden verdient, daß seine nutrix die terra ist. Daß eine gewöhnliche Solution mittels Feuers zur Congelation getrieben wird, fest wird, das hat weiter nichts Auffallendes, daß aber das flüssige Metall Quecksilber reinweg durch Unterlegen von Feuer fest wird, das hat wohl etwas Auffallendes und ist ein hervorstechendes Charakteristikum für die Darstellung des Hydrarg. oxyd. rubr. mittels Feuers allein.

Vierte Rubrik

Pater omnis telesmi bis inferiorum.

Hier wird dem Hydrarg. oxyd. rubr. Rechnung getragen, welches mittels Salpetersäure dargestellt wird, und zwar derartig, daß die *extendierte Kalzination*, von der wir eben gesprochen, herangezogen wird.

Pater omnis telesmi totius mundi est hic. Wie im vorigen Abschnitt totus mundus = Metalle. Telesmus der Metalle = Hydrarg. oxyd. rubr. Entgegen dort aber der Vater des Hydrarg. oxyd. rubr. *nicht:* Quecksilber, *sondern:* Zinnober.

Es wird nun ein Wert darauf gelegt, daß hier steht *omnis* telesmi, und daran anknüpfend gesagt: telesmus = Hydrarg. oxyd. rubr., omnis telesmus aber = Hydrarg. oxyd. rubr. (Mercur. exstinctus) + Calx exstincta. Da nun der telesmus ein doppelter ist, so wird auch sein pater als ein doppelter aufgefaßt, und gesagt: pater telesmi = Zinnober, pater omnis telesmi (doppelter Vater) aber = Zinnober + Kalkstein.

Also Pater omnis telesmi totius mundi est hic: Hier hast du Zinnober mit Kalkstein.

Virtus eius integra est, si versa fuerit in terram. Terra im Anschluß an die 3. Rubrik: Hydrar. oxyd. rubr. Weil der Vater, wie wir vorhin gesehen, ein doppelter ist, so sollte man meinen, bei der versio in terram handele es sich auch um ein Doppeltes, um Hydrarg. oxyd. rubr. *und* Calx exstincta. Es handelt sich aber nur um ein einfaches, um Hydrarg. oxyd. rubr. Nämlich

Separabis terram ab igne, subtile a spisso, suaviter magno cum ingenio. Du mußt nicht blind hineintappen und meinen, was so eben berührt, nein, suaviter magno cum ingenio mußt du die terra, das Hydrarg. oxyd. rubr. vom Kalk trennen. Kalk wird in Bezug auf das Aufbrausen beim Löschen ignis genannt. Und du mußt trennen das subtile, das Hydrarg. oxyd. rubr. vom Kalk: — das ist dasselbe in anderen Worten gesagt. Das Hydrarg. oxyd. rubr. wird als etwas Subtileres, Feineres, der Kalk als etwas Plumperes genommen.

Ascendit a terra in coelum, iterumque descendit in terram. Hier kommt das Löschen des Mercur. vivus mittels Salpetersäure an die Reihe, bei dem ein ascendere der roten Dämpfe und ein descendere des Präzipitates statt hat.

Et recipit vim superiorum et inferiorum. Bei der Auffassung, daß die Darstellung des Hydrarg. oxyd. rubr. mittels Salpetersäure auf einen Kalzinations-Prozeß hinauskommt, ist am Ende die Hauptangel, um die sich alles dreht, die, daß in dieser Darstellungsweise ein *Löschen* des Quecksilbers mittels Salpetersäure konstatiert wird. Beim Löschen denkt man aber unwillkürlich an den Kalk, und so ist es denn naheliegend, daß hier beim Löschen des Quecksilbers ein Blick auf den Kalk geworfen wird. Das geschieht nun im recipit vim. Die Stelle besagt, es handelt sich nicht um *ein* superius, den roten Dampf, um *ein* inferius, das rote Präzipitat, sondern um *zwei* superiora, roten Dampf und Kalkdampf, um *zwei* inferiora, Mercurius exstinctus und Calx exstincta. Das ist nun nicht etwa so zu fassen, als erhielte man Mercurius exstinctus *und* Calx exstincta, sondern es handelt sich bloß um einen Hinweis auf den Kalk, und in diesem Hinweis liegt dann, daß man das ascendere und descendere von vorhin nicht als ein einfaches ascendere und descendere nehmen soll, sondern als ein solches, welches anhand eines *Löschungs*prozesses statt hat.

Fünfte Rubrik

Sic habebis gloriam bis penetrabit.

Die gloria bezieht sich auf die Darstellung des Hydrarg. oxyd. rubr. mittels Feuers allein, wie sie die dritte Rubrik bringt. Es ist auf die Calcinatio im alten Sinn abgesehen. Die fortitudo bezieht sich auf die Darstellung des Hydrarg. oxyd. rubr. mittels Salpetersäure, wie sie die vierte Rubrik bringt. Es ist auf die Calcinatio im neuen Sinn unseres Autors abgesehen.

Ideo fugiet a te omnis obscuritas ist doppelsinnig. Es kann heißen, du mußt die Obskurität fahren lassen, die arabische Darstellungsweise des Hydrarg. oxyd. rubr. als die methodus princeps anzusehen. So etwas mag früher gut gewesen sein, mit der vorliegenden Interpretation der Tab. smar., welche beiden Darstellungsweisen Rechnung trägt, hört das auf. Es kann aber auch heißen, die Not zwingt uns zwar dazu, auch der Darstellungsweise mittels Salpetersäure Rechnung zu tragen, aber lasse dich durch ein solches Tun nicht verblenden. Im Grunde ist die Darstellung des Hydrarg. oxyd. rubr. mittels Feuers allein doch die methodus princeps.

In dem Passus Haec est totius fortitudinis etc. zählt die kumulierte fortitudo nach der *Doppeldrei*, welche darin vertreten ist, daß man auf der einen Seite das Dreifache hat: Zinnober, Mercur. vivus, Mercur. exstinctus, auf der anderen Seite das Dreifache: Kalkstein, Calx viva, Calx exstincta. Das doppelte Zählen der fortitudo-Drei macht sich ganz gut im Anlehnen an den Hermes trismegistus, der in arabischer Weise ja auch mehrfach gezählt wird. Die betreffenden beiderseitigen 3 Dinge, die wir soeben aufgeführt, heißen bei Geber: Medicinae. Das rührt daher, daß die nach der Drei gezählte fortitudo auf sie hinweist, die fortitudo aber in der Rubrik vorkommt, welche vor Zeiten die pathologische Rubrik war. An die pathologische Rubrik knüpft der Autor die »Medizin«.

Die fortitudo, das vom Standpunkt der vierten Rubrik gedachte Hydrarg. oxyd. rubr., vincet, besiegt, omnem rem subtilem, das ist Zinnober und Quecksilber. Es penetrat, durchdringt, omnem rem solidam, das ist Kalkstein und gebrannten Kalk. Zinnober und Quecksilber sind etwas Subtileres, Feineres, Kalkstein und gebrannter Kalk etwas Plumperes. So steht das dem soldium gegenüber. Ähnlich war die Sachlage in der vierten Rubrik beim subtile und spissum.

Sechste Rubrik

Sic mundus creatus bis est hic.

Sic mundus creatus est bezieht sich auf die zweite Rubrik.

Hinc erunt adaptationes mirabiles bezieht sich auf die dritte und vierte Rubrik. Das Hydrarg. oxyd. rubr. wird dem angepaßt, was die zweite Rubrik bringt, das sind die Metalle, und unter ihnen das im Vordergrund stehende Quecksilber.

Quarum modus est hic bezieht sich auf die fünfte Rubrik, in der von der gloria und fortitudo die Rede ist.

Siebente Rubrik

Itaque vocatus etc. — Completum etc.

In Bezug auf das Itaque vocatus sum Hermes wird wieder die Summa perfectionis magisterii konstatiert.

In Bezug auf das Completum est wird im Sol nicht nur das Feuer konstatiert wie in der Interpretation der Tab. smar. im vorigen Abschnitt, sondern auch das kaustische Agens Acid. nitricum. Damit wird denn in der operatio Solis nicht nur wie dort auf das Hydrarg. oxyd. rubr. hingewiesen, welches mittels Feuers allein dargestellt wird, sondern auch auf das, welches mittels Salpetersäure dargestellt wird.

Zweite Merkur- oder arabische Lapis-philosophicus-Interpretation der Tabula smaragdina

Die Kalzinations-Interpretation der Tab. smar. macht es sich zur Aufgabe zu zeigen, daß die Darstellungsweise des Hydrarg. oxyd. rubr. in arabischer Weise keinen Gegenstandpunkt biete zu der Darstellungsweise, wie sie in der metaphysischen Interpretation der Tab. smar. gelehrt wird. Ihr Zweck ist, arabische Auffassungen, wie sie sich an das Quecksilber und Hydrarg. oxyd. rubr. knüpfen, mit der metaphysischen Interpretation der Tab. smar. in Einklang zu bringen. Wie man nun aber in dieser Beziehung die Kalzinations-Interpretation hinter sich hat, da bemerkt man, daß man auf dem betreffenden Weg erst *einen* Schritt gemacht hat. Nicht nur darin gehen arabische Auffassungen und metaphysische Interpretation auseinander, daß man auf der einen Seite die Darstellung des Hydrarg. oxyd. rubr. mittels Feuers allein, auf der anderen Seite mittels Salpetersäure hat, sondern auch das ist ein Hauptpunkt, in dem beide auseinandergehen, daß die metaphysische Interpretation bloß dem Merkur huldigt, wogegen die Araber dem Merkur und dem Schwefel huldigen. Will man also den Einklang haben, so muß man auf dem eingeschlagenen Weg einen *zweiten* Schritt machen und nachweisen, daß man auch darin keinen Gegenstandpunkt habe, daß die metaphysische Interpretation dem Merkur huldigt, die Araber dagegen dem Merkur und dem Schwefel. Es hängt also organisch zusammen, daß sich arabischerseits dem Nachweis, die Darstellungen des Hydrarg. oxyd. rubr. mittels Feuers allein und mittels Salpetersäure bildeten keinen Gegenstandpunkt, der Nachweis anreiht, Merkur und Merkur und Schwefel bildeten keinen Gegenstandpunkt.

Die Art und Weise, wie der genannte Nachweis zu liefern ist, ist im Allgemeinen durch die Kalzinations-Interpretation der Tab. smar. angedeutet. Bei dieser hat man ursprünglich zwei verschiedene Dinge, Darstellung des Hydrarg. oxyd. rubr. mittels Salpetersäure, Darstellung des Hydrarg. oxyd. rubr. mittels Feuers allein. Das Ineinanderfließen beider Dinge in Eins ist dadurch gegeben, daß man ein Etwas heranzieht, die Kalzination, und nun sagt, hält man sich an dieses Etwas, so ist der Eingesichtspunkt da, denn diesem einen Etwas ordnen sich beide Darstellungsweisen unter. Analog läßt sich die Sache hier anfassen. Man hat ursprünglich zwei verschiedene Dinge, Merkur, Merkur und Schwefel. Diese beiden Dinge kann man ineinanderfließen lassen, wenn man ein Etwas heranzieht und in diesem einen Etwas beide Dinge sich konzentrieren läßt. Dieses eine Etwas nun ist das Hydrarg. oxyd. rubr. Man sagt, Hydrarg. oxyd. rubr. ist auf der einen Seite Merkur, auf der anderen Seite aber auch Merkur *und* Schwefel. Hat man also das eine Hydrarg. oxyd. rubr., so hat man in ihm den Eingesichtspunkt für Merkur einerseits und Merkur und Schwefel andererseits, womit denn gegeben ist, daß Merkur und Merkur und Schwefel auf ein und dasselbe hinauskommen.

Das Hydrarg. oxyd. rubr. als das eine Etwas, in welchem Merkur und Merkur und Schwefel sich konzentrieren, fassen die Araber auf als Lapis philos. Das ist also ein ganz anderer Lapis philos. als der ursprüngliche Lapis philos. Der ursprüngliche Lapis philos. ist Merkur *und* Schwefel. Der Schwefel spielt in ihm eine Hauptrolle, denn wenn dem nicht so wäre, so hätte man aus der metaphysischen Interpretation nicht die Lapis-philos.-Interpretation zu machen brauchen. Der arabische Lapis philos. ist an und für sich Quecksilber allein, denn Hydrarg. oxyd. rubr. ja = Quecksilber. Der Schwefel spielt in ihm *keine* Hauptrolle. Denn würde er eine Hauptrolle spielen, so müßte er ja statt Hydrarg. oxyd. rubr. sein: Hydrarg. oxyd. rubr. + Sulphur. So gestaltet sich die Sache, wenn man ihr scharf in die Augen sieht. Alchemistisch prinzipiell muß man sie aber so *nicht* angreifen, damit man nicht etwa zu der Kalkulation kommt, der ursprüngliche Lapis philos. ist der echte Lapis philos., denn es ist das Requisit des echten Lapis phil., daß in ihm notorisch der Schwefel vertreten ist; der arabische Lapis philos. dagegen ist kein echter Lapis philos., denn bei Lichte betrachtet fehlt ihm der Schwefel. Nein, so muß man nicht kalkulieren. Der arabische Lapis philos. ist gerade sowohl ein echter Lapis philos. als der ursprüngliche Lapis philos. Zwar kommt der Schwefel erst auf dem Umweg der Spekulation in ihn hinein, ohne so reell in ihm vertreten zu sein als im ursprünglichen Lapis philos. Indessen, das fällt alchemistisch nicht in die Waagschale. Denn die Alchemie bewegt sich auf dem Boden der Spekulation, und die Exaktheit spielt keine Rolle. Wollen wir uns an die Exaktheit halten, so sieht es um den ursprünglichen Lapis philos. gerade so luftig aus als um den arabischen Lapis philos.

Daß nun aber die Araber dazu kommen, das Hydrarg. oxyd. rubr. nicht nur als Merkur, sondern auch zugleich als Schwefel aufzufassen, hängt damit zusammen, daß sie sagen, als ein Quecksilberpräparat ist Hydrarg. oxyd. rubr.: Quecksilber. Das ist aber nur auf der einen Seite der Sachverhalt. Auf der anderen Seite haben wir den Sachverhalt, daß Mercur. vivus nicht Hydrarg. oxyd. rubr., und Hydrarg. oxyd. rubr. nicht Mercur.

vivus. Es ist also eine Differenz zwischen ihnen, und diese Differenz besteht darin, daß Quecksilber eben Quecksilber ist, Hydrarg. oxyd. rubr. aber solches Quecksilber, zu dem Schwefel hinzugetreten ist. Dieser Schwefel, so sagt man, kommt derartig heraus, daß das Hydrarg. oxyd. rubr. mittels Feuers dargestellt wird. Hierbei geht das Feuer in das Quecksilber hinein, und da Feuer = Schwefel, so kommt Schwefel in das Quecksilber hinein. (Analog kann man übrigens auch den Schwefel bei der Darstellung des Hydrarg. oxyd. rubr. mittels Salpetersäure heranziehen, wenn man Salpetersäure als kaustisches Agens gleich Feuer, und dieses wieder gleich Schwefel setzt.) Diese Kalkulationen erhalten nun ihren Ausdruck in der 2. Merkur- oder arabischen Lapis-philos.-Interpretation der Tab. smar.

Die acht Rubriken wie bei der Kalzinations-Interpretation.

Erste Rubrik

Verum bis verrissimum. — Einleitung

Zweite Rubrik

Quod est inferius bis adoptione.

In den beiden superius und inferius haben wir es mit den vier Elementen zu tun, analog wie das bei der griechischen Interpretation der zweiten Redaktion der Tab. smar. statt hat. Diese vier Elemente dienen dazu, um die Wunder der res una, welche der Lapis philosophicus und als solcher Hydrarg. oxyd. rubr. ist, zustande zu bringen. Es wird also in der vorliegenden Interpretation das Hydrarg. oxyd. rubr. zum *Lapis philosophicus* gestempelt.

Die res natae sind die *Metalle.* Diese werden, entstehen von der res una, dem Lapis philos. Sie werden durch den Lapis philos. das, was der Lapis philos. ist. Im übrigen ist in Bezug auf den Passus Et sicut res omnes etc. die metaphysische und Lapis-philosophicus-Interpretation der Tab. smar. zu vergleichen.

Dritte Rubrik

Pater eius est Sol bis terra est.

Die Interpretation liegt wie bei der Kalzinations-Interpretation der Tab. smar. Es handelt sich also um die Darstellung des Hydrarg. oxyd. rubr. mittels Feuers allein (vergl. übrigens in der achten Rubrik).

Vierte Rubrik

Pater omnis telesmi bis inferiorum.

Die vorliegende Interpretation der Tab. smar. kalkuliert in Bezug auf die Darstellung des Hydrarg. oxyd. rubr. mittels Feuers allein folgendermaßen: Wir haben Quecksilber. Zu ihm setzen wir zwar nichts hinzu, es kommt aber bei dem Feuerungsprozeß etwas in dasselbe hinein, das ist Feuer, welches von unten hineingeht, und Luft, welche von oben hineingeht. Was die letztere betrifft, so zwingt sie die eigentümliche Gestalt, welche das Aludel hat, auf die Dauer in das Quecksilber hineinzugehen. Im Quecksilber als solchem haben wir eine Flüssigkeit, das ist Wasser. Diese Flüssigkeit, dieses Wasser wird dadurch, daß es zu Hydrarg. oxyd. rubr. wird, fest. Es dringt in dasselbe Quecksilber von unten: Feuer, von oben: Luft. Also haben wir im Hydrarg. oxyd. rubr.: Wasser, Erde, Luft, Feuer, das sind die vier Elemente des Lapis philos., von denen die zweite Rubrik spricht. Dieser Auffassungsweise entsprechend ist das Quecksilber als solches des Schwefels *nicht* teilhaftig, erst das Hydrarg. oxyd. rubr. ist des Schwefels teilhaftig. Das stimmt nun auch ganz damit, daß es sich in der vorliegenden Interpretation der Tab. smar. um einen Lapis philos. handelt. Dieser wird, wie bei der früheren Lapis-philos.-Interpretation den Metallen *zugesetzt*, und erst dadurch werden die Metalle das, was der Lapis philos. ist. Bei der vorliegenden Interpretation ist also Gold = Gold, Kupfer = Kupfer u.s.w. *Nicht* aber ist Gold = Schwefel und Merkur, Kupfer = Schwefel und Merkur u.s.w. Sie *werden* erst zu Schwefel und Merkur, wenn der als Schwefel und Merkur gedachte Lapis philos. zu ihnen tritt. Da nun das Quecksilber als solches mit den übrigen Metallen in der Beziehung auf einer Stufe steht, so wird auch es erst zu Schwefel und Merkur, wenn der Lapis philos. zu demselben tritt, oder da es bereits an und für sich Merkur ist, wenn Feuer oder Schwefel, was sich gleich bleibt, da Feuer = Schwefel, zu ihm tritt.

Es nimmt die vorliegende Interpretation der Tab. smar. *drei* Lapides philosophici an, oder besser gesagt, da der Lapis philos. aufgrund der res una *einheitlich* ist, es zersplittert die vorliegende Interpretation den *einen* Lapis philos. in *drei* Unter-Lapides. Den *ersten* Unter-Lapis bringt uns das: Pater omnis telesmi, den *zweiten* das: Separabis, den *dritten* das: Ascendit.

1) Pater omnis telesmi totius mundi est hic, virtus eius integra est, si versa fuerit in terram.

Hier wird der *erste* (Unter-) Lapis philos. gebracht, welcher hervorstechend *Erde* oder *Quecksilber* ist.

Der totus mundus sind die Metalle. Das telesmus der Metalle ist der Lapis philos., weil die Metalle am endlichen Ende das werden, weil sie, um zu ihrer Vollkommenheit zu gelangen, das werden, was der Lapis philos. ist. Und der Vater des Lapis philos., des Hydrarg. oxyd. rubr., ist das Quecksilber, denn aus diesem wird dasselbe dargestellt. Seine virtus integra erlangt dieses Quecksilber dadurch, daß es in *Erde* verwandelt wird, daß es fest wird. Indem es nämlich fest wird anhand des Feuerprozesses, nimmt es zugleich Feuer und Luft in sich auf, wird also, indem es zu Hydrarg. oxyd. rubr. wird, aus Wasser zu: Wasser, Erde, Feuer, Luft, erlangt die Eigenschaften des Lapis philos. Hier nun aber wird von Feuer und Luft nicht gesprochen, es wird bloß die terra hervorgehoben, in welche die Aqua Mercurii — vertitur. Damit haben wir es denn hier mit dem Hydrarg. oxyd. rubr., mit dem Lapis philos. zu tun, bei dem hervorstechend die terra in's Auge gefaßt wird. Wohlverstanden: *in's Auge gefaßt* wird, nebenbei besteht er doch aus Erde, Wasser, Feuer, Luft, denn der Lapis philos. besteht ein für allemal aus den vier Elementen. Nun hat das Verhältnis statt, daß ein Vater eine vis integra erhält, wenn er einen *Sohn* bekommt, der sein Stammhalter ist. Gerade so hier. Die virtus des Quecksilbers wird eine integra, wenn es einen Sohn bekommt, und dieser Sohn ist das Hydrarg. oxyd. rubr. Indem also Hydrarg. oxyd. rubr. aus Quecksilber dargestellt wird, ist das Quecksilber der Vater und das Hydrarg. oxyd. rubr. der Sohn. Da nun aber da, wo der Vater ein Mensch ist, auch der Sohn ein Mensch ist, da, wo der Vater ein Tier ist, auch der Sohn ein Tier ist u.s.w., so ist auch da, wo der Vater Quecksilber ist, der Sohn Quecksilber. Es käme also heraus, daß Hydrarg. oxyd. rubr. = Quecksilber. Indem nun hier der Lapis philos., der hervorstechend als terra aufgefaßt wird, der Sohn des Quecksilbers ist, kommt damit heraus, daß der Lapis philos., der hervorstechend als terra aufgefaßt wird, *Quecksilber* ist. Dieses Quecksilber ist indes, entgegen dem eigentlichen Quecksilber, des *Schwefels* teilhaftig, indem es nur uneigentlich Quecksilber und eigentlich Hydrarg. oxyd. rubr. ist. Die auf die Weise durch

Enthalten oder Nicht-Enthalten vom Schwefel gegebene *Doppel-Auffassung* des Quecksilbers findet ein Analogon in der Doppel-Auffassung des Quecksilbers als Erz und als Metall, die wir früher kennengelernt haben.

Hier haben wir also den Lapis philos., das ist das Hydrarg. oxyd. rubr. im Sinne der metaphysischen Interpretation der Tab. smar. als *Quecksilber.*

2) Separabis terram ab igne, subtile a spisso, suaviter magno cum ingenio.

Hier wird der *zweite* (Unter-) Lapis philosophicus gebracht, welcher hervorstechend *Erde* und *Feuer* oder *Quecksilber* und *Schwefel* ist.

Terra, ignis, subtile, spissum sind die vier Elemente: Erde, Feuer, Luft, Wasser. Indem sie uns geboten werden, wird uns der Lapis philos. geboten, der eben aus den vier Elementen besteht. Nun soll derartig separiert werden, daß den auf die eine Seite tretenden Luft und Wasser keine Berücksichtigung zukommt, wogegen die auf die andere Seite tretende Erde und Feuer berücksichtigt werden. Auch hier hat das Sachverhältnis statt, wie vorhin ad 1), daß es sich bloß darum handelt, was hervorstechend in's Auge gefaßt werden soll, und das ist hier eben Erde und Feuer. Daran, daß der Lapis philos., mit dem wir es hier zu tun haben, an und für sich als Lapis philos. überhaupt, aus den vier Elementen besteht, ist nicht zu rütteln. Und darauf weist das suaviter magno cum ingenio hin.

Das nun, was im Allgemeinen bei dem Lapis philos., mit dem wir es hier zu tun haben, Feuer und Erde ist, ist im Besonderen: Schwefel und Quecksilber. Der Schwefel kommt heraus anhand dessen, daß wir ad 1) kennengelernt haben, daß Erde = Quecksilber. Der Lapis philos., mit dem wir es hier zu tun haben, bietet uns also den Lapis philos. als *Schwefel* und *Merkur.*

3) Ascendit a terra in coelum, iterumque descendit in terram, et recipit vim superiorum et inferiorum.

Hier wird uns der *dritte* (Unter-) Lapis philos. gebracht, welcher hervorstechend *Wasser* und *Erde* ist.

Der Lapis philos., mit dem wir es hier zu tun haben, steigt auf und ab, wird ein superius und inferius, das ist Wasser und Erde. Er wird nun ferner teilhaftig der vis superiorum et inferiorum, das heißt, hervorstechend ist er wohl Wasser und Erde, im Ganzen aber ist er Wasser, Erde, Luft und Feuer, im Ganzen enthält er die superiora und inferiora, auf welche in der zweiten Rubrik hingewiesen wird. Das et recipit vim superiorum et inferiorum steht zwar speziell *hier,* ist aber generell auf alle drei Lapides philosophici zu beziehen, und weist darauf hin, worauf wir bereits bei den beiden ersten Lapides aufmerksam gemacht haben, daß man zwar bei diesem Lapis diese Eigenschaft, bei jenem jene Eigenschaft hervorstechend in's Auge faßt, daß aber an und für sich der Lapis philos., man mag ihn aus irgendeinem Gesichtspunkt in's Auge fassen, stets die res una der 2. Rubrik bleibt, welche aus den 4 Elementen besteht.

Fünfte Rubrik

Sic habebis bis penetrabit.

Die gloria ist die Darstellung des Hydrarg. oxyd. rubr., des Lapis philos.; die fortitudo ist der Einfluß, den der Lapis philos. ausübt, indem er zu den Metallen tritt.

Sic habebis gloriam etc. Auf die Weise, wenn du das in's Auge faßt, was die dritte Rubrik bringt, hast du die gloria, die *Darstellung* des Lapis philos. Die obscuritas flieht dich, wenn du einsiehst, daß dort zwar von der Darstellung des Hydrarg. oxyd. rubr. mittels Feuers allein die Rede ist. Anhand der Kalzinations-Interpretation der Tab. smar. extendiert sich das aber auch auf die Darstellung des Hydrarg. oxyd. rubr. mittels Salpetersäure.

Haec est etc. Hier hast du die fortitudo, den Einfluß, welchen der Lapis philos. ausübt, wenn er zu den Metallen gesetzt wird. Dieser Einfluß ist ein dreifacher, je nachdem man den Lapis philos. aus dem einen oder anderen Gesichtspunkt auffaßt. Deswegen ist die fortitudo eine dreifache, weil sie, indem sie, omnem rem subtilem vincit, die flüssigen Metalle besiegt, et omnem rem solidam penetrat, indem sie die festen Metalle durchdringt, weil sie, indem sie das tut, in dreifacher Weise ihre Wirksamkeit entfaltet. Nämlich

1) Hält man sich an den Lapis philos. als *Quecksilber* (Elixir album, Lapis ad album), dann werden die Metalle zu Quecksilber. Sie werden also zu dem Quecksilber, zu dem im Sinn der metaphysischen Interpretation der Tab. smar. die Arkana werden.

2) Hält man sich an den Lapis philos. als *Schwefel* und *Quecksilber* (Elixir rubrum, Lapis ad rubrum), dann werden die Me-

talle zu Schwefel und Merkur. Sie werden also zu dem Schwefel und Merkur, zu dem der Lapis philos. der Lapis-philos.-Interpretation der Tab. smar. die unvollkommenen Arkana macht, wenn er sie in vollkommene Arkana verwandelt.

3) Hält man sich an den Lapis philos. als *Wasser* und *Erde*, dann werden die Metalle zu Elixiria und Lapides. Hier entwickelt der Lapis philos. seine Kraft als *Lapis* philos.

Man sieht also, wie der Autor des Näheren das Problem löst, daß es sich gleichbleibt, ob man Merkur oder Merkur *und* Schwefel hat, oder was am Ende auf dasselbe hinauskommt, daß das Hydrargyrum der metaphysischen Interpretation der Tab. smar. und das Hydrargyrum-Sulphur der Lapis-philos.-Interpretation ebenbürtig nebeneinander stehen. Will man nun der metaphysischen Interpretation Rechnung tragen, so läßt man dadurch, daß der eine Lapis philos. zu den Metallen tritt, die Metalle sich in Quecksilber verwandeln. Will man der Lapis-philos.-Interpretation und ihrem Tochterstock der Lapis- und Elixir-Interpretation Rechnung tragen, so läßt man die beiden anderen Lapides philos. zu den Metallen treten.

Sechste Rubrik

Sic mundus bis modus est hic.

Sic mundus creatus bezieht sich auf die zweite Rubrik, in der auf die Erschaffung der Welt hingewiesen wird.

Hinc erunt adaptationes mirabiles bezieht sich auf die vierte Rubrik, in welcher die drei Lapides an den einen Lapis der zweiten Rubrik angepaßt werden.

Quarum modus est hic bezieht sich auf die fünfte Rubrik, welche die fortitudo (μετρον) der drei Lapides bringt.

Siebente Rubrik

Itaque vocatus sum bis mundi.

Der Hermes trismegistus tritt dafür ein, daß man die Metalle anhand der vorliegenden Interpretation der Tab. smar. hat als Quecksilber, als Schwefel und Quecksilber, als Lapides resp. Elixiria. Dieser Drei-Gesichtspunkt, den damit die Metalle einnehmen, oder mit anderen Worten: Der Hermes trismegistus wird dadurch ermöglicht, daß der Hermes hat:

tres partes philosophiae totius mundi. Philosophia totius mundi wie bei der Lapis-phil.-Interpretation der Tab. smar. =

Lapis philos. Und dieser Lapis philos. hat drei Teile, das sind die drei Unter-Lapides.

Aufgrund einer solchen Interpretation wird denn der Titel der vorliegenden Interpretation der Tab. smar.: Tabula de tribus Lapidibus philosophici, oder auch, wenn man sich an den Titel der Abhandlung von *Kallid Rachaidib* halten will: Tabula de tribus verbis. Dadurch, daß man in letzterer Weise den tres Lapides philosophici aus dem Weg geht, entgeht man dem Mißverständnis, als wenn es drei res unae gäbe, als wenn es im Grunde etwas anderes gäbe als *einen* Lapis philos., auf den die drei Unter-Lapides herauskommen.

Der frühere arabische Standpunkt der Summa perfectionis magisterii hört also mit der vorliegenden Interpretation der Tab. smar. auf.

Achte Rubrik

Completum est bis Solis.

Diese Rubrik wird in zweifacher Weise interpretiert, in chrysopöetischer und nicht-chrysopöetischer Weise.

1) *Chrysopöetische* Interpretation. Es heißt in der dritten Rubrik: Pater eius est Sol, mater eius est Luna. Daran anknüpfend sagt man, es ist das Pater eius est Sol für sich isoliert zu fassen. Wir haben bei der Darstellung des Hydrarg. oxyd. rubr. keine *zwei* Feuer nötig und kommen mit *einem* aus. Als solches aber liegt es näher, die Luna heranzuziehen als den Sol. Denn die Luna repräsentiert ein schwächeres Feuer, und die Darstellung des Hydrarg. oxyd. rubr. im Aludel muß nicht bei starkem, sondern bei schwachem Feuer vor sich gehen. Indem wir also, sagt man, mit dem Mater eius est Luna vollständig und der Sachlage entsprechend auskommen, stellt sich uns das Pater eius est Sol zur Disposition. Wir benutzen es nun zur Interpretation: Sein, des Lapis philos., Vater ist *Gold*. Dies Gold führt nun darauf, die drei Lapides philos. nicht nur als Quecksilber, Schwefel und Quecksilber, und Wasser und Erde, sondern auch als Gold zu nehmen. Dann haben wir in Bezug auf das Completum est: Completum est quod dixi de Lapidibus, operantur enim hi Lapides non tantum qua Hydrargyr., Sulphur et Hydrargyr., aqua et terra, sed etiam qua Aurum. Es ist komplett, was über die Lapides gesagt ist; dieselben entwickeln nämlich ihre Tätigkeit nicht nur als Quecksilber, Schwefel und Queck-

silber, Wasser und Erde, sondern auch als *Gold*. Und das wird kurz gefaßt mit Completum est quod dixi de operatione Solis. Es ist komplett, was ich über die Wirksamkeits-Entfaltung des Goldes gesagt. Aufgrund dieser Wirksamkeits-Entfaltung des Goldes wird denn ein Metall, zu welchem die betreffenden Lapides philos. hinzutreten, nicht nur zu Quecksilber, Schwefel und Quecksilber, Wasser und Erde, sondern auch zu Gold. Und hier haben wir denn wieder das ähnliche Verhältnis, wie bei der ursprünglichen Lapis-philos.-Interpretation der Tab. smar. Stellen wir uns auf den objektiven Standpunkt des ideellen chemischen Prozesses, so haben wir die operatio Solis als die Wirksamkeits-Entfaltung des Goldes. Stellen wir uns dagegen auf den subjektiven Standpunkt des Alchemisten, der den ideellen chemischen Prozeß leitet, so haben wir in der operatio Solis die Goldmacherkunst, die χρυσοποιια. Auch das liegt analog, wie es bei der ursprünglichen Lapis-philos.-Interpretation hervorgehoben worden, daß man in Bezug auf die Schwindel-Goldmacherkunst nicht von vornherein sagt, der Lapis philos. ist Gold, und ihn nun als Gold den unedlen Metallen zugesetzt, sondern daß man den Lapis philos. als solchen den Metallen zusetzt und es sich dann erst hinterdrein findet, daß dieselben durch ihn in Gold verwandelt worden sind. Endlich gibt denn auch hier wie dort die χρυσοποιια einen zweiten Titel für die Tab. smar. ab.

2) *Nicht-chrysopöetische* Interpretation. Hier wird vom Gold und somit von der χρυσοποιια ganz abstrahiert. Derjenige Lapis philos., welcher hervorstechend aus Schwefel und Quecksilber besteht, macht die Metalle zu Schwefel und Merkur, derjenige, welcher hervorstechend aus Quecksilber besteht, zu Quecksilber, derjenige, welcher hervorstechend aus Wasser und Erde besteht, zu Lapides und Elixiria — und damit ist die Sache fertig. Die vorliegende Rubrik wird in dem Sinn ausgebeutet, daß mittels ihrer auf die Darstellung des Hydrarg. oxyd. rubr. mittels Salpetersäure hingewiesen wird. Dann heißt Completum est quod dixi de operatione Solis: Es ist komplett, was in der dritten Rubrik über die Wirksamkeits-Entfaltung des Hydrarg. oxyd. rubr. mittels Feuer allein gesagt worden ist. Es ist deswegen komplett, weil die dritte Rubrik zwar hervorstechend auf die Darstellung des Hydrarg. oxyd. rubr. mittels Feuers bezogen werden soll — denn es ist nun einmal der ursprüngliche

arabische Standpunkt, das Hydrarg. oxyd. rubr. mittels Feuers allein darzustellen — weil aber dieselbe Rubrik auch auf die Darstellung des Hydrarg. oxyd. rubr. mittels Salpetersäure bezogen werden kann. In diesem letzteren Falle macht sich denn die Interpretation der dritten Rubrik ff.

Pater eius est Sol, mater eius est Luna. Sol und Luna sind *beide* Feuer. Das eine Feuer bezieht sich auf das eigentliche Feuer, denn das kann man ja nicht, auch bei dieser Darstellungsweise, entbehren. Das andere Feuer ist das kaustische Acid. nitricum, die Feuer-Flüssigkeit. Vater und Mutter des Hydrarg. oxyd. rubr. sind also: Feuer und Acid. nitricum, sie zeugen und gebären das Hydrarg. oxyd. rubr.

Portavit illud ventus in ventre suo. Nun kommt noch eine zweite Mutter hinzu. Das ist der rote Dampf. Der rote Dampf trug das Hydrarg. oxyd. rubr. im Bauche, ist seine Mutter.

Nutrix eius terra est. Das Kind nun, welches anhand des roten Dampfes entsteht, dieses Kind säugt die terra, das Prinzip des Festen, groß, denn dadurch entsteht ja gerade das Präzipitat, daß der rote Dampf sich verdichtet.

Es bilden sich nun zwei Parteien, von denen die eine der chrysopöetischen, die anderen der nicht-chrysopöetischen Interpretation huldigt.

Die erste Partei sagt: Warum sollen wir nicht der χρυσοποιια huldigen? Früher haben die Araber derselben nicht gehuldigt. Geber streicht das Completum est ganz, und seine Nachfolger interpretieren unter keinerlei Umständen diese Rubrik, welche sie, Geber entgegen, anfügen, derartig, daß sie die operatio Solis mit dem Gold, mit der Wirksamkeits-Entfaltung des Goldes oder der χρυσοποιια in Berührung brachten. (Man vergl. die vorangehenden Abschnitte.) Tun wir es nun wohl, huldigen wir der χρυσοποιια, so treten wir aus dem früheren Standpunkt der arabischen Alchemie heraus. Das ist klar. Man fragt uns, warum wir denn auf die Weise den streng arabischen Standpunkt verleugnen? Darauf antworten wir: Wir treten nicht aus der früheren arabischen Alchemie heraus, die Verhältnisse treiben uns heraus. Sobald die vorliegende Interpretation der Tab. smar. einmal da ist, haben wir mit der Summa perfectionis magisterii gebrochen. Und dann, was als Hauptsache in die Waagschale fällt, die Metalle sind bei ihr ursprünglich nicht das, wozu sie hinterdrein der Lapis philos. macht. Wenn sie das nun aber nicht sind, wenn sie erst durch den Lapis philos. dazu gemacht werden, wo bleibt denn der arabische Standpunkt? Da wir somit, sobald wir die vorliegende Interpretation der Tab. smar. anerkennen, außerhalb der früheren arabischen Alchemie stehen, warum sollen wir uns denn noch ferner gegen die χρυσοποιια sträuben? Es wäre unnatürlich, wenn wir es täten. Die vorliegende Interpretation macht es sich zur Aufgabe, der metaphysischen und der Lapis-philos.-Interpretation der Tab. smar. Rechnung zu tragen. Sie erfüllt diese Mission. Und nun sollen wir hinterdrein das, was beide Interpretationen so hervorragend in's Auge fassen, das ist die χρυσοποιια, fallen lassen? Nein, das würde sehr unnatürlich liegen.

Die zweite Partei sagt: Wenn wir auch anhand der vorliegenden Interpretation der Tab. smar. aus der Summa perfectionis magisterii heraustreten, wenn wir auch auf den Standpunkt eingehen, daß die Metalle erst durch den Lapis philos. zu dem gemacht werden, was sie nach früheren Auffassungen ursprünglich waren, so stehen wir damit noch nicht ganz und gar außerhalb der altarabischen Alchemie. *Ganz* außerhalb derselben treten wir erst, wenn wir die χρυσοποιια anerkennen. Das tun wir aber *nicht* und bleiben somit der altarabischen Fahne in der Hauptsache treu. Wenn wir uns selbst nicht in die χρυσοποιια hineindrängen, hineingedrängt werden wir nicht. Denn zum ersten ist es ja gar nicht nötig, daß wir die achte Rubrik im Sinne der χρυσοποιια ausbeuten. Und was zweitens das betrifft, daß wir, indem wir die χρυσοποιια fallen lassen, das fallen lassen, was die metaphysische und Lapis-philos.-Interpretation so hervorragend in's Auge fassen, so verschlägt das nicht viel. Wenn wir Araber uns herbeilassen, das arabische Quecksilber mit dem Quecksilber der metaphysischen Interpretation der Tab. smar. in Einklang zu bringen, so ist das ein freiwilliges Tun. Ein Zwang liegt nicht vor. Will man uns hierbei zumuten, uns von der metaphysischen Interpretation resp. Lapis-philos.-Interpretation absorbieren zu lassen, so ist das eine Zumutung, auf die wir nicht eingehen. Wir würden auf dieselbe aber eingehen, wenn wir der χρυσοποιια huldigten. Die geht uns nichts an.

Dieser letzteren Partei verdanken wir es, daß sich im Geber das Buch findet: Liber investigationis magisterii Gebri. Dasselbe steht auf dem Standpunkt der zweiten Merkur-Interpretation der Tab. smar., macht es sich aber nicht zur Aufgabe, diese Interpretation zu bringen, oder ausführlich zu besprechen, sondern nimmt sie als bekannt an und kämpft bloß für den nicht-chrysopöetischen Standpunkt derselben, das ist, sie weist hauptsächlich auf die achte Rubrik und die in ihr gebrachte Darstellung des Hydrarg. oxyd. rubr. durch *Solution,* das ist mittels Salpetersäure, hin.

Nähere Notizen über die arabische Alchemie

Die Araber erobern 638-640 unter Omars Kalifat Ägypten. Damit lernen sie die alexandrinischen Wissenschaften kennen und pflegen dieselben. Namentlich gelangen bei ihnen *in Spanien* die Wissenschaften zur Blüte. Dorthin kamen die Araber, sich von Ägypten längs der Nordküste Afrikas hinziehend und die Meerenge von Gibraltar überschreitend, unter Walid I. Kalifat, 711, und hielten sich daselbst bis 1492. Auf den spanisch-arabischen Universitäten haben wir den Hauptsitz der arabischen Alchemie zu suchen, welche mit Geber anfängt, und sich mehr oder weniger auf der Basis dessen, was er gelehrt, weiter entwickelt.

Geber lehrte zu Sevilla. Von ihm rührt die Metall-Interpretation der Tab. smar. her. In Bezug auf seine hervorragende Stellung unter den Alchemisten erhielt er den Beinamen Rex, König. Über diesen Titel haben wir bereits in dem Abschnitt »Neuplatonismus« gesprochen. Das Reich »Alchemie« war nun den Leuten nicht materiell genug, und so schob man an seine Stelle das materielle Reich Arabien oder Indien. Daher kommt es, daß Geber den Titel führt: Rex Arabiae oder Rex Indiae.

Ein Araber, Johannes Leo, auch Leo Africanus genannt, ein Zeitgenosse Papst Leo X., sagt in seinem Buche: De viris quibusdam illustribus apud Arabes, Geber habe 100 Jahre nach Mahomed gelebt, das wäre also, da Mahomed 622 n. Chr. von Mekka nach Medina floh, um 722 n. Chr. Nun ist zwar im Allgemeinen auf diese Autorität des Johannes Leo nicht viel zu geben. Der erzählt auch, daß die Alchemisten Narren und Betrüger seien, eine nichtswürdige Kunst trieben, beständig nach Schwefel und anderem Unrat stänken, und was dergleichen mehr ist. Und aus dem Munde oder durch die Vermittlung eines solchen Mannes nun, auf guten Glauben hin, das wichtige alchemistische Datum nehmen, wann Geber gelebt, das heißt, einem viel zumuten. Indessen, trotz alledem kann Johannes Leo in Bezug auf die Zeit, wann Geber gelebt, nicht viel vorbeigegriffen haben. Das kann man sich indirekt herausrechnen, wenn man sich an den alchemistischen Standpunkt der ersten abendländischen Alchemisten hält, die ihr Wissen von Spanien her hatten. Sie stehen auf dem Standpunkt der zweiten Merkur-Interpretation der Tab. smar. Rechnet man von ihnen nun in Bausch und Bogen ein Viertel-Jahrtausend rückwärts, so ist man mit großer Wahrscheinlichkeit bei Geber, denn eine kürzere Zeit hat es schwerlich gedauert, daß man von den sechs Geberschen Metallen zu der zweiten Merkur-Interpretation der Tab. smar. und von da zu der Zeit gekommen, zu welcher jene abendländischen Alchemisten dieselbe kennengelernt haben.

Wir besitzen unter dem Namen Gebers Schriften, die aber nicht ihm zukommen. Die ursprüngliche Gebersche Schrift, die wahrscheinlich Summa perfectionis magisterii in sua natura geheißen hat, existiert nicht mehr. Die Schriften, die wir heute unter dem Namen Gebers besitzen, sind aus der Feder von Neu-Geberianern geflossen. Sie sind in arabischer Sprache abgefaßt, in dieser Sprache aber nur handschriftlich vorhanden, und derjenige, dem, wie uns, diese Handschriften nicht zu Gebote stehen, muß sich mit der lateinischen Übersetzung behelfen. Wir haben die Danziger Ausgabe von 1682 vor uns. Die (sogenannten) Geberschen Schriften sind:

1) Summa perfectionis magisterii in sua natura.
2) Liber investigationis magisterii Gebri.
3) Testamentum Gebri.

Die Summa perfectionis magisterii hat vier Bücher. Dem *ersten* Buch liegt ohne Zweifel die ursprüngliche Gebersche Schrift zugrunde. Das *zweite* Buch steht auf dem Standpunkt derjenigen Metall-Interpretation der Tab. smar., welche dem mittels Feuers allein dargestellten Hydrarg. oxyd. rubr. Rechnung trägt, gibt für diese Interpretation die Anhaltspunkte. Das *dritte* Buch steht auf dem Standpunkt derjenigen Metall-Interpretationen der Tab. smar., welche das Quecksilber zuerst den ursprünglichen sechs Geberschen Metallen anreiht, gibt für diese Interpretation die Anhaltspunkte. Das *vierte* Buch steht auf dem Standpunkt der Kalzinations-Interpretation der Tab. smar., gibt für diese die Anhaltspunkte. In den einzelnen Büchern wird nicht selten vom Standpunkt eines vorangehenden Buches in den Standpunkt eines folgenden übergegriffen, wodurch man sich nicht irreführen lassen darf.

Der Liber investigationis steht auf dem Standpunkt der zweiten Merkur-Interpretation der Tab. smar. und huldigt der nichtchrysopöetischen Auffassung derselben. Würde er der chrysopöetischen Auffassung Rechnung tragen, so würde er nicht in den Geber hinein gehören.

Das Testamentum Gebri steht auf dem Standpunkt der Sal-Sulphur-Merkur-Interpretation der Tab. smar., welche wir später kennenlernen werden.

Die Summa perfectionis und der Liber investigationis fallen vor das Jahr 1000, sind um das Jahr 1000 da. Das Testamentum dagegen fällt ganz in die letzte Zeit der Maurenherrschaft in Spanien, und wenn es vielleicht schon früher ein Testamentum Gebri gab, so ist das Testamentum, welches wir jetzt besitzen, nach demselben umgearbeitet worden.

Außer den Schriftstellern, welche an den Geberschen Schriften direkt und indirekt gearbeitet haben, gibt es noch eine Reihe anderer arabischer alchemistischer Schriftsteller. Ihre Schriften sind indes, mit geringen Ausnahmen, einesteils nicht in's Publikum gedrungen, anderenteils ist das, was unter ihrem Namen in's Publikum gedrungen ist, unecht.

Zwei hervorragende Punkte der arabischen Alchemie finden wir nicht bei Geber in besonderen Kapiteln erörtert, das sind die astrologische und die Zeichen-Interpretation der Tab. smar. (s. diese in den folgenden Abschnitten). Indessen, wenn sich dieselben auch nicht in besonderen Kapiteln erörtert vorfinden, so ist doch indirekt dadurch auf sie hingewiesen, daß an vielen Stellen des Buches für das betreffende Metall nicht der Metall-Name, sondern der Planeten-Name steht, z.B. statt Ferrum: Mars, statt Plumbum: Saturnus u.s.w. Dabei hat nun noch höchstwahrscheinlich das statt, daß in dem arabischen Original der Geberschen Schriften an mehreren oder wenigeren Stellen für das Metall und den Planeten das Zeichen steht, z.B. statt Hydrargyrum oder Mercurius ☿, statt Eisen oder Mars ♂ u.s.w., so daß die Schreibweise in Geber nicht nur auf den Planeten, sondern auch auf sein Zeichen führt. Daß übrigens in Geber sich keine besonderen Kapitel über Astrologie und Zeichenlehre finden, das hat seinen Grund darin, daß die Zeichen sich zwar an Planeten *und* Metalle knüpfen, so z.B. kann ☿ sowohl Mercurius als Quecksilber bedeuten, ♂ sowohl Mars als Eisen u.s.w., daß man sie aber primär den *Planeten* zuteilte. Die Astrologie aber, die somit die Zeichenlehre zu sich hinüberzog, zweigte man als Besonder-Disziplin von der Alchemie im engeren Sinn — und nur diese wird bei Geber besonders in's Auge gefaßt — ab. Es ist übrigens zu bemerken, daß an einigen Stellen bei Geber auf die Planeten-Zeichen hingedeutet zu sein scheint. Hierauf werden wir in dem Abschnitt »Einleitung in die Zeichen-Interpretation der Tab. smar.« zurückkommen. Bei dieser Gelegenheit weisen wir ganz besonders auf die Schrift: Liber trium verborum von *Kallid Rachaidib* hin. In dieser Schrift findet sich die Lehre vom Quecksilber-Lapis-philos. mit der Astrologie unter Hinweis auf die Zeichenlehre innig verbunden. Diese Schrift macht sich zur Aufgabe, uns zu zeigen, daß die astrologische und Zeichen-Interpretation der Tab. smar. in der arabischen Alchemie wurzelt. Daher auch der arabische Name des Autors und *vielleicht* der arabische Urtext seines Werkes. Wir sagen vielleicht, denn kein Mensch weiß anzugeben, in welcher Bibliothek sich denn eigentlich die arabische Handschrift befinden soll, von der die lateinische Übersetzung stammt, die den oben genannten Titel führt, und das öffnet dem Verdacht die Tür, daß der lateinischen Abhandlung, die wir unter Kallids Namen besitzen, nie und nimmer ein arabisches Original zu Grunde gelegen hat, daß es sich vielmehr um eine ursprüngliche lateinische (abendländische) Abhandlung handelt, bei der der Autor die Autorschaft Kallids fingierte. Die tria verba Kallids weisen übrigens nicht nur auf den dreifachen Lapis philos. hin, worauf im vorigen Abschnitt hingewiesen, sondern auch auf das Trifolium: Quecksilber-Lapis philos., Astrologie und Zeichenlehre.

Astrologische Interpretation der Tabula smaragdina

Durch die magische Interpretation der Tab. smar. wird die Astrologie in den Bereich der Alchemie und der Tab. smar. gebracht. Wie sich hieran die Tab. Memphitica knüpft, haben wir bereits kennengelernt. Die vorliegende Interpretation der Tab. smar. entsteht dadurch, daß die Araber in Bezug auf Sonne, Mond und Sterne des Schwanzes des platonischen Weltentieres in ihrer Weise an die *zweite* Redaktion der Tab. smar. lehnen, wie die Tab. Memphitica in ihrer Weise mit denselben an die *erste* Redaktion der Tab. smar. lehnte.

Die Astrologie soll von den Chaldäern herstammen. Diodor sagt in dieser Beziehung 11, 29: Χαλδαιοι – μεγιστην δοξαν εχουσι εν αστρολογια. »Die Chaldäer haben einen sehr großen Ruf in der Astrologie.« Und so ähnlich andere Autoren. Auf die Astrologie führte der Eintritt der Sonne in die Zeichen des Zodiacus (Widder, Stier, Zwillinge, Krebs, Löwe, Jungfrau, Waage, Skorpion, Schütze, Steinbock, Wassermann, Fische) und namentlich die daran sich knüpfenden Jahreszeiten. (Beim Anfang des Frühlings tritt die Sonne in den Widder, beim Anfang des Sommers in den Krebs, beim Anfang des Herbstes in die Waage, beim Anfang des Winters in den Steinbock.) An die verschiedenen Jahreszeiten knüpfen sich verschiedene Krankheiten und damit unter Umständen eine größere oder geringere Mortalität unter den Menschen. Auf die Weise knüpft sich denn das Schicksal der Menschen an den Stand der Sonne gegenüber den Fixsternen in *einer* Beziehung, und diese eine Beziehung wurde generalisiert zum Schicksal der Menschen ganz im Allgemeinen. Die Sonne nun geht in einem Jahr vor den Zeichen des Zodiacus vorbei, der Mond in einem Monat. Somit reiht sich der Sonne in ihrer Eigenschaft, auf das Schicksal der Menschen zu influieren, sehr naheliegend der Mond an. Wo man nun aber einmal Sonne und Mond in der Sache hatte, da zog man auch die Planeten mit hinein, weil sie, ähnlich wie Sonne und Mond, Himmelskörper sind, welche sich bewegen. Und auf der anderen Seite hielt man sich nicht allein an die Sternbilder des Zodiacus, sondern zog auch die übrigen Sternbilder in die Sache, und damit haben wir die absolvierte Astrologie, die darin besteht, daß sich das Geschick des Menschen daran knüpfen soll, ob die Sonne, der Mond, irgendein Planet einem Sternbild gegenüber diese oder jene Stellung einnimmt. Wer sich dafür näher interessiert, wie denn nun die einzelnen Planeten, Sonne und Mond an und für sich und in ihrer Stellung zu den Sternbildern diesen und jenen Einfluß auf den Menschen haben, den verweisen wir namentlich auf *Cardanus* (De supplemento Almanach; De restitutione temporum et motuum coelestium; De iudiciis geniturarum; De revolutionibus; De exemplis centum geniturarum; Aphorismata astronomiae.)

Es bedarf wohl kaum des Hinweises, daß es mit der Astrologie — wenn man denn nicht den Begriff derselben dahin restringieren will, daß verschiedene Jahreszeiten verschiedene Krankheiten mit sich bringen, was aber eben nicht geschieht, wenn man so im Allgemeinen von Astrologie spricht — daß es, sagen wir, mit der Astrologie eitel Tand ist. Das Schicksal der Menschen ist *nicht* in Sternen geschrieben, und da es dort nicht geschrieben steht, so kann es auch keiner daselbst lesen, und wenn große Menschen, selbst tüchtige Astronomen, an Astrologie glaubten, so mögen sie so groß gewesen sein, wie sie wollen, in dieser Beziehung waren sie — Kinder. Astrologen und Goldköche mögen sich nur ganz ruhig die Hand reichen, wenn sie beide auch nicht *demselben* Phantom nachhaschen, Phantom -Hascher sind sie, der eine wie der andere.

Was nun des Näheren die Interpretation der Tab. smar., mit der wir es hier zu tun haben, betrifft, so werden den sieben Planeten gegenüber (vergl. dritte Rubrik) sieben Rubriken angenommen. Das Completum est fällt im Anlehnen an Geber. Die betreffenden sieben Rubriken sind ff.

1. Rubrik: Verum bis verissimum.
2. Rubrik: Quod est inferius bis adoptione.
3. Rubrik: Pater eius est Sol bis in terram.
4. Rubrik: Separabis bis inferiorum.
5. Rubrik: Sic habebis gloriam bis penetrabit.
6. Rubrik: Sic mundus creatus bis est hic.
7. Rubrik: Itaque vocatus bis totius mundi.

Über die erste Rubrik ist weiter nichts zu sagen, und wir beginnen daher mit der

Zweiten Rubrik

Quod es inferius bis adoptione.

Die beiden superius und inferius beziehen sich auf die *Fixsterne.* Einmal bilden diese ein inferius und superius in der Beziehung, daß, von der Erde aus betrachtet, ein Stern über dem anderen steht, das anderemal in der Beziehung, das die einen Sterne größer sind und heller scheinen als die anderen, womit denn eine Superiorität und Inferiorität in übertragener Weise gegeben ist. Wir haben also im superius und inferius die Fixsterne, die verschiedenen Sternbilder, und diese dienen dazu, um die Wunder der res una zustande zu bringen, welche res una die *Planetologie* ist. Bei der Astrologie wird nämlich von dem Planeten ausgegangen. Die Fixsterne dienen dazu, die Planeten zu verherrlichen, und indem die Fixsterne die Planeten verherrlichen, kommt die *Astrologie* heraus.

Es sicut etc.

Die res natae sind die Fixsterne, die Sternbilder, die Summe des superius und inferius. Die Astrologie kommt derartig heraus, daß die Fixsterne in den Dienst der Planeten treten. Dadurch daß das Sternbild dem Planeten gegenüber diese und jene Stellung hat, tritt es, das Sternbild, seine Kraft dem Planeten ab, und dadurch bekommt der Planet diesen oder jenen Einfluß auf den Menschen. Die Planeten sind also die Herren der Fixsterne. Lehnt man nun dies Verhältnis an das Verhältnis eines Hausvaters, der erstens Herr im Hause ist und zweitens der Erzeuger der Kinderfamilie ist, so hat man in dem Planeten als Herrn des Sternbildes zugleich den Planeten als Vater des Sternbildes. Und auf die Weise fuerunt die Fixsterne oder Sternbilder ab una re, von der Planetologie, von den Planeten. Diese Vaterschaft des Planeten über den Fixstern ist nun eine uneigentliche, und daher die adoptio. Gott hat nun die Welt erschaffen, — omnes res fuerunt ab uno — und ist damit der Vater der Welt. Und wie nun, sicut, Gott der Vater der Welt ist, so ist, sic, der Planet der Vater des Sternbildes, mit dem Unterschied, daß dort eine direkte Vaterschaft statt hat, hier eine indirekte, eine Vaterschaft aufgrund der adoptio. Daß nun Gott der Astrologie gegenübergestellt wird, paßt sehr gut, da Gott es ist, der den Gestirnen ihre verschiedenen Stellungen anweist, und damit der Astrologe gegen den Vorwurf gedeckt ist, welcher Vorwurf auf einen Vorwurf des Atheismus hinausläuft, als wolle er das Geschick des Menschen bestimmen, welches doch allein in Gottes Hand liegt. Auf einen derartigen Vorwurf antwortet der Astrologe einfach, Gott gibt den Gestirnen ihre Stellung und zeichnet damit seinen Willen an den Himmel; diesen seinen Willen lese ich, der Astrologe, ab.

Dritte Rubrik

Pater eius est Sol bis fuerit in terram.

Wie diese Rubrik bei der Lapis-Interpretation der Tab. smar. die Arkanen-Rubrik, bei der Geberschen Interpretation der Tab.

smar. die Metall-Rubrik ist, so ist sie hier die Planeten-Rubrik. In ihr kommen nun außer den Planeten, wie wir sogleich sehen werden, auch Sonne und Mond vor. Da nun aber das, was in der Arkanen-Rubrik steht, ein Arkanum, was in der Metall-Rubrik steht, ein Metall sein muß, so muß auch das, was in der Planeten-Rubrik steht, ein Planet sein. Und so werden denn Sonne und Mond zu *Planeten*. Das ist eine Auffassung, die sich seit den Arabern vorfindet, und die eben in der Tab. smar. wurzelt. An und für sich gibt es, wie wir das mannigfach berührt haben, nach den astronomischen Kenntnissen der Alten 5 Planeten. *Ptolemaeus* (1. Hälfte des 2. Jahrhunderts n. Chr.) nennt sie, wie das schon die Griechen früher taten, in seiner Schrift: Μαθηματικη συνταξις oder Almagest: ο (αστηρ) του Κρονου, ο του Διος, ο του Ἀρεως, ο της Ἀφροδιτης, ο του Ἑρμου, das ist: Saturnus, Jupiter, Mars, Venus, Mercurius.

Wir haben nun im:

Pater eius est Sol die Sonne,
Mater eius est Luna den Mond,
Portavit illud... den Mars und die Venus,
Nutrix eius terra est den Merkur,
Pater omnis telesmi... den Saturn,
Virtus eius integra est... den Jupiter.

Pater eius est Sol. Des einen Planeten Vater ist die Sonne. Da nun auf die Weise die Sonne der Vater des Planeten ist, der Planet das Kind, das Kind aber die Natur des Vaters hat, so wird der Planet selbst zur Sonne. Somit ist der erste Planet: die *Sonne*.

Mater eius est Luna. Des anderen Planeten Mutter ist der Mond. Da nun auf die Weise der Mond die Mutter des Planeten ist, der Planet das Kind, das Kind aber die Natur der Mutter hat, so wird der Planet selbst zum Monde. Somit ist der zweite Planet: der *Mond*.

In dem, was jetzt folgt, werden Stichworte des betreffenden Passus hervorgehoben, um die übrigen Planeten unterzubringen. Mars, Merkur, Saturn, Jupiter sind männliche Personen, wogegen Venus eine weibliche Person ist. Das portare in ventre ist also geeignet, für die Venus verwertet zu werden. Nun hatte Venus den Mars zum Liebhaber, wie wir uns dessen ja aus der Odyssee erinnern, wo Vulkan den beiden einen ganz fatalen Streich spielt —

Τω δ'ες δεμνια βαντε κατεδραθον; αμφι δε δεσμοι
Τεχνηεντες εχυντο πολυφρονος 'Ηφαιστοιο. Odyss. 8, 296-297.

»Die beiden bestiegen das Bett und schliefen beieinander; um sie aber ergossen sich die kunstreichen Fesseln des schlauen Hephaestos.«

Das portare in ventre wird übersetzt, *nicht: im* Bauche tragen, sondern: *auf* dem Bauche tragen. Ventus ist dann im Sinne unseres Deutschen »ein windiges Frauenzimmer«, das ist ein leichtfertiges Frauenzimmer, zu nehmen. Dies leichtfertige Frauenzimmer Venus trägt den Mars, illud, in ventre suo, und damit haben wir denn in dem Passus Portavit illud ventus in ventre suo: die Planeten *Mars* und *Venus*.

Wir hätten nun noch: Merkur, Saturn, Jupiter unterzubringen. Von ihnen ist Saturn der Vater des Jupiter und Jupiter der Vater des Merkur. Saturn ist also der an der Spitze stehende Vater, und damit zieht der Passus Pater omnis telesmi, in dem ausdrücklich von einem *Vater* die Rede ist, den Blick auf sich, um für den Saturn verwertet zu werden. Ein pater omnis telesmi totius mundi ist der Saturn, weil er nach dem Uranus an die Spitze der Götter tritt, die Weltherrschaft übernimmt. Also Pater omnis telesmi totius mundi est hic, der Vater des omnis telesmus ist dieser, weist auf den Planeten *Saturn*.

Die vis eines Vaters wird nun ferner eine integra, wenn derselbe einen Sohn bekommt, der sein Stammhalter ist. Wenn also von dem die Rede ist, wodurch Saturn (virtus eius, des Saturn, integra est), eine virtus integra erhält, so ist das ganz dazu angetan, um für Jupiter ausgebeutet zu werden. Also Virtus eius integra est, si versa fuerit in terram: Seine, des Saturn, Kraft ist eine vollständige, wenn diese Kraft, oder wenn er, Saturn, in terra verwandelt worden, wenn der Vater Saturn den Sohn *Jupiter* erhält. Terra wird nämlich insofern mit Jupiter in Relation gebracht, als Jupiter die Herrschaft über die Erde hat, im Gegensatz zu Neptun, welcher die Herrschaft über das Meer hat.

Es sind also untergebracht: Mars, Venus, Saturn, Jupiter, und es bleibt Merkur übrig. Dem muß also per exclusionem die Stelle: Nutrix eius terra est zufallen. Daß nun die nutrix eius, desjenigen Planeten, um den es sich handelt, das ist des *Merkur*, die Erde ist, kommt folgendermaßen heraus. Merkurs Mutter ist Maja, Maja ist die Tochter des Atlas, dieser aber trägt den Himmel. Nun steht der Himmel über der Erde wie eine Glocke.

Die Erde trägt also den Himmel. Damit ist die Parallele da zwischen Atlas und Erde, Atlas wird zur Erde. Da nun aber der Vater Atlas = Erde, so ist auch seine Tochter Maja, welche die Natur des Vaters hat, = Erde. Nimmt man nun hier nutrix als Nährmutter, als Mutter, so ist beim Nutrix eius terra est die Mutter des eius die Maja. Der aber, dessen Mutter Maja ist, ist Merkur. Daß beim Virtus eius est integra die terra für Jupiter ausgebeutet wurde, steht dem nicht im Wege, daß sie hier für Merkur ausgebeutet wird. Im Gegenteil, das paßt ganz gut, da Jupiter der Vater des Merkur ist. Auf die Weise erhält also Merkur nicht nur die Erde zur Mutter, sondern auch zum Vater.

Vierte Rubrik

Separabis bis inferiorum.

Wir schicken folgendes voran. *Ptolemaeus,* Almagest, Lib. 7., führt im Kap. 5, welches überschrieben ist: Ἐκθεσις κανονικη του κατα το βορειον ημισφαιριον αστερισμου, Katalog der Sterngruppen der nördlichen Hemisphäre, folgende Sternbilder auf: Kleiner Bär, Großer Bär, Drache, Cepheus, Bootes (Rinderhirt), Nördlicher Kranz, Knieender Mann (ο εν γονασιν), Leier, Vogel (ορνις), Kassiopea, Perseus, Wagenlenker, Schlangenhalter, Schlange des Schlangenträgers, Pfeil, Adler (Antinous), Delphin, Vorderteil des Pferdes, Pferd, Andromeda, Triangel. Und dann kommen mit der Überschrift Τϖν εν τϖ ζωδιακω βορειων ζωδιων αστερισμος, Sterngruppen der nördlichen Sternbilder im Zodiacus, an die Reihe: Widder, Stier, Zwillinge, Krebs, Löwe, Jungfrau. Im Lib. 8 führt er Kap. 1, welches überschrieben ist: Ἐκθεσις κανονικη του κατα το νοτιον ημισφαιριον αστερισμου, Katalog der Sterngruppen der südlichen Hemisphäre, folgende Sternbilder auf a) Τϖν εν τϖ ζωδιακϖ νοτιων ζωδιων αστερισμος, Sterngruppen der südlichen Sternbilder im Zodiacus: Krebsscheren (χηλαι), Skorpion, Schütze, Steinbock, Wassergießer (υδροχοος), Fische; b) Τϖν εκτος του ζωδιακου λοιπϖν νοτιων ζωδιων αστερισμος, Sterngruppen der übrigen südlichen Sternbilder außerhalb des Zodiacus: Walfisch, Orion, Fluß Eridanus, Hase, Hund, Kleiner Kläffer (προκυων), Argonautenschiff, Wasserschlange, Trinkschale, Rabe, Centaur, Bestie (ϑηριον), Rauchfaß, Südlicher Kranz, Südlicher Fisch.

Man sieht also, daß Ptolemaeus in Bezug auf die Sternbilder *zwei* Abteilungen konstatiert: die Sternbilder an der nördlichen und der südlichen Hemisphäre. Die Trennung beider ist absolut da, denn mit den ersteren schließt das 7. Buch, und mit den letzteren fängt das 8. Buch an.

Separabis terram ab igne. Die terra stellt das feste Firmament dar, an welchem sich die Sterne, der ignis, befinden. Zwischen beiden soll man trennend einen Unterschied machen. Ganz abgesehen davon, daß das bis in die ältesten Zeiten der Uranologie hineingeht, daß man den Ort, wo die Sterne angeheftet sind, von den Sternen selbst unterscheidet, somit also schon ganz im Allgemeinen das Hinweisen auf das Firmament am Platze ist, ganz abgesehen davon wird hier zugleich mit der terra an die *Häuser* gelehnt, deren die Astrologen 12 am Himmel annahmen.

Über diese Häuser sagt *Joh. Stoeflerinus*, Pars prima de fabrica astrolabii, Propositio VII:

Plurifarios autem fabricandarum coelestium domorum accepimus modos, quos omnes, praeter hunc quem rationalem nominari consuevimus, missos facimus, eorundem enim imbecillitatem et fragilitatem ostendere sine longa digressione nequimus. Etc.

»Es gibt verschiedene Arten, die himmlischen Häuser zu konstruieren. Wir übergehen alle, außer derjenigen, welche als die rationelle anerkannt wird, denn es würde zu weit führen, die Unzulänglichkeit der übrigen zu zeigen.« U.s.w. — Dann heißt's weiter:

Modus autem, quem Johannes de Regio monte Germanus rationalem appellat, eo quod pluribus validis et prope inevicendis munimentis et rationibus sit fulcitus, dividit in sphaerico corpore quatuor quadrantes aequatoris, meridiano et horizonti obliquo interceptos, in trinas aequales portiones, et per puncta *(nicht* cuncta, wie im Text steht, den ich vor mir habe) sectionum ducit quatuor circulos magnos, meridiano et horizonte concurrentes in duabus eorum sectionibus: tales igitur sex circuli, coassumptis meridiano et horizonte, totum coelum in XII spatia partiuntur, quae domus nuncupantur.

Nach der Methode, welche Johannes Regiomontanus, ein Deutscher, die rationelle nennt, weil sie auf unumstößlicher rationeller Basis ruht, teilt man im sphärischen Körper die vier Quadranten des Äquator, welche vom Meridian und Horizon obliquus getroffen werden, in je drei gleiche Teile, und legt durch die Teilungspunkte vier große Kreise, welche mit dem Meridian und dem Horizon in zwei Schnitten zusammentreffen. Solche sechs Kreise nun, wenn man Meridian und Horizon mit hinzunimmt, teilen den ganzen Himmel in zwölf Räume, und diese heißen *Häuser*.

Separabis subtile a spisso. Unter subtile sind die Sternbilder der südlichen Hemisphäre, unter spissum die Sternbilder der nördlichen Hemisphäre zu verstehen. Denn die ersteren fassen den Süden in's Auge; der Süden ist aber in Bezug auf das Klima ein mildes, ein subtiles. Und die letzteren fassen den Norden in's Auge; der Norden aber ist in Bezug auf das Klima ein rauhes, ein spissum, zumal da die Kälte des Nordens das Wasser in Eis, in ein spissum, verwandelt.

Man soll also trennen, trennend einen Unterschied machen zwischen den beiden Sternbilder-Klassen. Vorhin wurde der Himmel im Allgemeinen in's Auge gefaßt, hier wird er besonders in Bezug auf die Fixsterne resp. die Sternbilder in's Auge gefaßt.

Das suaviter magno cum ingenio zielt auf das subtile a spisso, von dem es gewiß nicht von vornherein naheliegt, daß es im Sinne der Ptolemäischen Stern-Einteilung ausgebeutet werden soll.

Und jetzt kommt im Ascendit a terra in coelum, iterumque descendit in terram et recipit vim superiorum et inferiorum der Planet (kollektiv) an die Reihe. Er, der Planet, steigt auf und ab — bei seiner Bewegung am Himmel (ascendere, ascensio und descendere, descensio sind übrigens offizielle astrologische Ausdrücke; für descendere ist auch cadere gebräuchlich, weil dem Steigen das Fallen gegenübersteht), und außer der Kraft, die ihm ursprünglich innewohnt, erhält er die Kraft dessen, was in der zweiten Rubrik das doppelte superius und inferius in's Auge faßt, das ist der Fixstern der Sternbilder (vergl. die zweite Rubrik).

Zum Beleg dafür, wie der Planet, außer der ihm zukommenden Kraft, die Kraft der Sternbilder erhält, wollen wir aus dem *Cardanus* einige Stellen herausgreifen.

Es heißt: De iudiciis geniturarum, Kap. 1: Saturnus solertiam significat, Jupiter prudentiam, ambo animum magis regunt, Mars robur corporis, et Sol agilitatem, ambo corpori dominantur, Venus gratiam circa mores, Mercurius actiones, Luna famam et divitias, et sic fortuna maxime ab his inferioribus tribus regitur.

»Saturn bezeichnet: Geschicklichkeit, Jupiter: Klugheit, beide regieren mehr den Geist; Mars: Körperstärke, die Sonne: Gelenkigkeit, beide regieren den Körper, Venus: Grazie im Benehmen, Merkur: Tatkraft, der Mond: Ruhm und Reichtümer, und so wird das Glück hauptsächlich von diesen drei letzteren regiert.«

Ebendaselbst: Ergo Saturnus in decima (domo) aerumnas et labores semper significat, et quanto apici propinquior, eo gravius affligit.

»Saturn im zehnten Haus bezeichnet immer Elend und Arbeit, und je näher er der Spitze steht, desto unglücklicher macht er.«

Kap. 3: Dexter humerus Orionis, et dexter humerus aurigae cum Jove magnam felicitatem, cum Sol illustre nomen, cum Saturno magnam diligentiam et sedulitatem praestant.

»Die rechte Schulter des Orion und die rechte Schulter des Wagenlenkers (Fuhrmanns) machen mit Jupiter großes Glück, mit der Sonne berühmten Namen, mit Saturn viel Fleiß und Emsigkeit.«

Ebendaselbst: Luna, si cum stellis quae in collo capricorni et iuxta illius caudam fuerit, repentinam mortem nunciat.

»Wenn der Mond bei den Sternen steht, die sich am Halse des Steinbockes und neben seinem Schwanze befinden, so verkündet das einen plötzlichen Tod.« — U.s.w.

Fünfte Rubrik

Sic habebis bis penetrabit.

Die gloria sind die Planeten, wie sie uns die dritte Rubrik bringt. Die obscuritas fugiens dokumentiert sich dadurch, daß man sich nicht nur an die eigentlichen fünf Planeten hält, sondern auch Sonne und Mond mit in den Bund aufnimmt.

Die fortitudo ist die Stärke dieser Planeten, welche auf die Astrologie hinauskommt. Deswegen hat man in den Planeten die Stärke, weil sie, die Stärke, oder sie, die Planeten, omnem rem subtilem besiegen und omnem rem solidam durchdringen, das heißt, weil sie das beherrschen, in ihren Dienst ziehen, was die vorige Rubrik als subtile und spissum bringt, und was hier, in Bezug auf die mannigfachen Sterne eines Sternbildes pluraliter als omnis res subtilis und omnis res solida (spissa) genommen wird. — Die kumulierte fortitudo zählt nach der Drei, weil man in Bezug auf das vincere und penetrare ein Dreifaches hat, nämlich den Planeten, welcher vincit et penetrat, und die beiden Klassen der Sternbilder, welche vincuntur et penetrantur.

Sechste Rubrik

Sic mundus bis hic.

Sic mundus creatus est bezieht sich auf die zweite Rubrik, in der auf die Erschaffung der Welt hingewiesen wird.

Hinc erunt adaptationes mirabiles bezieht sich auf die dritte und vierte Rubrik. Dort wird das, was die zweite Rubrik bringt, an die Planeten adaptiert.

Quarum modus est hic bezieht sich auf die fünfte Rubrik, bei deren fortitudo (μετρον) exponiert wird, wie sich die Planeten zu Herren der Fixsterne aufwerfen.

Siebente Rubrik

Itaque vocatus bis mundi.

Der Hermes trismegistus bezieht sich wieder auf die drei Sternarten: Planeten, Sternbilder der nördlichen Hemisphäre, Sternbilder der südlichen Hemisphäre.

Die philosophia totius mundi wird zur *Astrologie*. Hermes hat die drei Teile der als Astrologie gefaßten Tab. smar., welche der Index bringt. Der Titel dieser Interpretation der Tab. smar. wird im Anlehnen an die Auffassung der philosophia totius mundi: De astrologia oder Tabula astrologica.

Schlußbemerkungen

Auf die eigentliche Alchemie hat diese Interpretation der Tab. smar. den Einfluß, daß die Metalle primo loco, und damit auch secundo loco die Arkana, *Planeten-Namen* erhalten.

Stellen wir nun anhand der dritten Rubrik, der Sieben-Metall-Interpretation und der astrologischen Interpretation Metalle und Planeten einander gegenüber, so haben wir:

in Pater eius est Sol einerseits Aurum, andererseits Sol;

in Mater eius est Luna einerseits Argentum und Hydrargyrum, andererseits Luna;

in Portavit illud etc. einerseits Cuprum, andererseits Venus und Mars;

in Nutrix eius etc. einerseits Ferrum, andererseits Mercurius;
in Pater omnis etc. einerseits Stannum, andererseits Saturnus;
in Virtus eius etc. einerseits Plumbum, andererseits Jupiter.

Nun sollte man von vornherein sagen, die Metalle würden zu *den* Planeten, denen sie anhand der einzelnen Passus entsprechen. Das hat aber nicht statt. Es tritt vielmehr eine selbständige Kalkulation ein. Es wird Aurum dem Sol gegenübergesetzt, wobei daran angelehnt wird, daß die Sonne der erste der Himmelskörper und von gelber Farbe ist, und analog das Gold das erste der Metalle und von gelber Farbe ist. Es wird Argentum der Luna gegenübergesetzt, wobei daran angelehnt wird, daß der Mond der zweite der Himmelskörper und von weißer Farbe ist, und analog das Silber das zweite der Metalle und von weißer Farbe ist. Es wird Hydrargyr. dem Mercurius gegenübergestellt, weil Quecksilber ein sehr bewegliches Ding ist, darum sagt man ja auch von einem unruhigen Menschen, er habe Quecksilber im Leib, und ebenso sprechen wir von »laufendem« Quecksilber. Merkur nun als Götterbote ist auch ein »Beweglicher« ein »Laufender«. Ferrum wird dem Mars gegenübergestellt, weil er der »eiserne« Kriegsgott ist, weil Waffen hauptsächlich aus Eisen gemacht werden. Es wird Plumbum dem Saturnus gegenübergestellt. Das kommt daher, weil Saturn seine Kinder verschlingt, er ist also ein Menschenfresser. Wenn man nun die Kinder in Angst jagen will, dann sagt man, sei ruhig, sonst kommt der Menschenfresser und holt dich. Ganz ähnlich sagt man aber auch, sei ruhig, sonst kommt der schwarze Mann. Auf die Weise erhalten denn der Menschenfresser und der schwarze Mann *eine* Funktion, und Saturn rückt zur Würde eines schwarzen Mannes auf. Als solcher aber paßt für ihn das Blei, welches ja gerade wegen seiner Schwärze dem schwarzen P. solaris niger zur Seite tritt (s. d. Abschnitt: Allgemeines über Gebers Metall-Interpretation der Tab. smar.). Es wird Stannum dem Jupiter gegenübergestellt. Denn von Geber her gehören Zinn und Blei zusammen, ebenso wie bei den Planeten Jupiter und Saturn als Vater und Sohn zusammengehören — auf beiden Seiten besteht ein Zusammenhang von je zweien aufgrund der Verwandlung des einen in das andere (si versa fuerit). Wenn daher auf Saturn das Blei kommt, so liegt es nahe, daß auf Jupiter das Zinn kommt. Nun sind alle Metalle und Planeten in gegenseitige Relation gebracht, nur bleibt als Metall übrig: Cuprum, und als Planet: Venus. Die beiden gehören also per exclusionem zusammen. Und so haben wir denn, daß Cuprum der Venus gegenübergestellt wird. Wenn man die beiden nun einmal zusammen hat, so kann man, um der Sache eine Folie zu geben, sagen, das Kupfer hat die Farbe des Goldes und glänzt fast wie Gold, zeigt aber eben dadurch ganz evident, daß nicht alles Gold ist, was glänzt. Nun, das hat auch in der Liebe statt, dort ist auch noch lange nicht alles Gold, was glänzt. — Demgemäß hätten wir bei der Gegenüberstellung von Metall und Planet:

Aurum entspricht dem Sol,
Argentum entspricht der Luna,
Ferrum entspricht dem Mars,
Cuprum entspricht der Venus,
Hydrargyrum entspricht dem Mercurius,
Plumbum entspricht dem Saturnus,
Stannum entspricht dem Jupiter.

Dadurch, daß Quecksilber und Merkur einander gegenübergestellt werden, wird die Eigenschaft des Quecksilbers, ein »*bewegliches Etwas*« zu sein, in den Vordergrund gedrängt. Es hat nun statt, daß, zufolge der bereits von der metaphysischen Interpretation eingeschlagenen, von den Neu-Geberianern weiter verfolgten und namentlich von den Abendländern (s. später) ausgebeuteten Bahn, das Quecksilber eine so hohe Bedeutung in der Alchemie erlangt, daß nichts im Wege steht, daß man die *Alchemie* in der Beziehung geradezu die *Lehre vom Quecksilber* nennen kann. Indem nun Quecksilber das »bewegliche Etwas« ist, wird die *Lehre vom Quecksilber* zur *Lehre vom beweglichen Etwas,* das ist zur Lehre vom: Mobile, oder in potenzierter Ausdrucksweise: Perpetuum mobile. Auf die Weise kommt es denn heraus, daß die *Alchemie* zur Lehre vom *Perpetuum mobile* wird. Man nimmt heutzutage allgemein an, das Problem vom Perpetuum mobile bestände darin, eine Maschine zu konstruieren, welche immer in Bewegung bliebe. Nun, das ist ein Seitenstück dazu, daß man annimmt, die Alchemie bestände in der Kunst, Gold zu fabrizieren.

Einleitung in die Zeichen-Interpretation der Tabula smaragdina

Die Araber lehnen mannigfach in ihrer Alchemie an das δι αναγκης γιγνομενον des Timaeus. Dies läßt sich Schritt für Schritt verfolgen, und ist auch dem Standpunkt, welchen die Tab. Memphitica und Democritica einnehmen, ganz entsprechend. So lag es denn auch nahe, daß sie sich an die platonische Figuren-Auffassung der Arkana machten. Hierzu lag ein besonderer Impuls da vor, wo man die astrologische Interpretation bereits hatte. Denn Sonne und Mond zeichnete man schon im grauen Altertum so, wie sie heute im Kalender stehen, und was die übrigen Planeten betrifft, so haben die betreffenden Götter Embleme, z.B. Saturn die Sichel, Merkur den Heroldsstab u.s.w. Hält man sich nun an jene Zeichen und diese Embleme, so hat man Figuren oder Zeichen für die Planeten in erster Reihe, damit für die Metalle in zweiter und die Arkana in dritter Reihe.

Ursprünglich liegen die Planeten-Zeichen ff. Man zog heran: für die Sonne einen Kreis, für den Mond einen Halbkreis, für Merkur die Zeichnung eines Heroldsstabes, für Saturn die Zeichnung einer Sichel, für Jupiter die Zeichnung eines Donnerkeiles unter der Gestalt einer Zickzack-Linie, für Mars die Zeichnung eines Pfeiles oder einer Lanze, für Venus die Zeichnung einer Vulva unter der Gestalt eines Kreises. Die Vulva ist zwar kein eigentliches mythologisches Emblem für Venus, sie muß sich dieselbe aber schon gefallen lassen.

Die Zeichenlehre wird nun an die Tab. smar. angelehnt, und so erhalten wir die Zeichen-Interpretation der Tab. smar. Diese Interpretation lehnt sich an den Kreis und macht diesen zur Basis der Planeten-Zeichen.

Für Sonne und Venus hat man eo ipso den Kreis. Da sie nun beide nicht dasselbe Zeichen haben können, so gibt man dem Sonnenkreis einen Zentralpunkt und macht an den Venuskreis unten ein Kreuzchen, welches Kreuzchen einen Stern bezeichnen und andeuten soll, der Venuskreis beziehe sich auf einen Stern, und nicht auf die Sonne. So kommt heraus: ☉ Sol, ♀ Venus.

Der Mond bekommt einen Halbkreis. Also: ☽ Luna.

Der Heroldsstab kommt derartig heraus, daß man an das Zeichen der Venus oben das Zeichen des Mondes in liegender

Stellung setzt. Also das Zeichen des Merkur lehnt sich wieder an den Kreis, und wir haben: ☿ Mercurius.

Denkt man sich einen Soldaten von der Seite gesehen, der einen Schild am Arm und eine Lanze über der Schulter hat, denkt man sich dabei den Anblick aus der Ferne, wo man die Person des Soldaten weniger, den in der Sonne funkelnden, mit Metall beschlagenen Schild und die Metallspitze der Lanze aber hauptsächlich sieht, so gestaltet sich der Anblick als Kreis mit einer Spitze demgemäß so: ♂. Und das ist das Zeichen für den Soldaten Mars, so daß also herauskommt: ♂ Mars.

Teilt man sich die Kreisperipherie in 4 Teile und verbindet die Teilungspunkte miteinander, so erhält man im Innern ein Kreuz: + Nimmt man sich nun dieses Kreuz und setzt unten den Mond an, so erhält man eine Sichel: ♄. Diese Sichel kommt auf den Saturn, so daß also herauskommt: ♄ Saturnus. Nimmt man dasselbe Kreuz und setzt an den Querbalken links den Mond, so kommt das Zeichen ♃ heraus. Dieses Zeichen wird für den Donnerkeil des Jupiter ausgebeutet, und so kommt heraus: ♃ Jupiter. Wir sehen also auch bei den Zeichen des Saturn und Jupiter, daß sie sich an den Kreis anlehnen.

Es sind also die Zeichen für die Planeten im Anlehnen an den Kreis:

☉ Sol	♀ Venus
☽ Luna	☿ Mercurius
♂ Mars	♄ Saturnus
	♃ Jupiter

Und in Bezug auf das Anlehnen der Figuren an den Kreis haben wir folgende Gesamt-Figur:

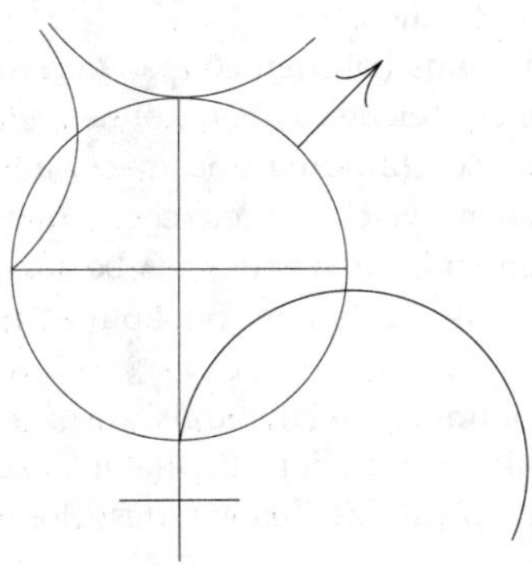

Man bemerke an dieser Gesamt-Figur, daß die 4 Teilpunkte des Kreises eine wichtige Rolle spielen. Zunächst bieten sie uns das Kreuz für die Zeichen des Saturnus und Jupiter. Dann hängt die Luna als Luna, und für sie wird der Halbkreis der Sichel des Saturnus ausgebeutet, mit dem unteren Teilpunkt zusammen. Mit demselben Teilpunkt hängt das Kreuzchen, der Stern der Venus zusammen. Mit dem oberen Teilpunkt hängt der Halbkreis des Zeichens des Mercurius zusammen. Mit dem Teilpunkt links hängt der Halbkreis für das Jupiter-Zeichen zusammen. Das Kreuz, welches sich an alle 4 Teilpunkte knüpft, bietet uns das Zentrum des Kreises, und dieses Zentrum ist für den Kreis als Sol nötig. Also spielen die 4 Teilpunkte des Kreises für 6 Planeten-Zeichen — das 7. Planeten-Zeichen für den Mars hat nichts mit jenen Teilpunkten zu tun — eine wichtige Rolle, und das ist der Grund, weshalb man die Zeichenlehre: die Teilung des Kreises in 4 Teile, das ist: die *Quadratur* des *Zirkels* nennt. Das lassen sich die heutigen Mathematiker nicht träumen, daß die Quadratur des Zirkels *hier* liegt, ebenso wenig, wie sie es sich träumen lassen, worauf der pythagoräische Lehrsatz hinaus will. Die Redeweise, daß diejenigen dasselbe Ziel verfolgen, welche dem Stein der Weisen, dem Perpetuum mobile und der Quadratur des Zirkels nachstreben, kommt von einem Alchemisten her, der damit die Punkte, die ihm in der Alchemie am wichtigsten schienen, zusammenfaßt. Das hat man nun mißverstehend so interpretiert, als wenn diejenigen, welche sich mit dem Stein der Weisen oder dem Perpetuum mobile oder der Quadratur des Zirkels befaßten, allesamt Narren, oder gelinde ausgedrückt, Leute wären, welche einem Phantom nachhaschten. So kommt es denn, daß jener ausruft: Deplorata sunt ingenia, quae in quadratura circuli, perpetuo mobili et lapide philosophorum occupantur! »Beklagenswert sind die Geister, die sich mit der Quadratur des Zirkels, dem Perpetuum mobile und dem Lapis philosophicus befassen!« Ach nein, wer auf diese Dinge lossteuert, steuert auf die Alchemie los, und wer auf diese lossteuert, steuert auf die Arkana los. Und hat er diese gefunden, so ist er kein Ingenium deploratum oder deplorandum, er mag sich vielmehr freuen und freut sich, und seine Patienten noch mehr als er.

Wir haben in dem Abschnitt »Nähere Notizen über die arabische Alchemie« davon gesprochen, daß an einigen Stellen bei

Geber auf die Planeten-Zeichen hingedeutet zu sein scheint. Als Beleg für diese Behauptung wollen wir die Stelle der Summa perfectionis magisterii, Lib. 1, Kap. 15 heranziehen. Sie heißt:
— adhaeret quoque (Mercurius) tribus mineralibus de facili, Saturno scilicet, Jovi et Soli, Lunae autem magis difficulter, Veneri difficilius quam Lunae, Marti autem nullo secretum.

»Es, das Quecksilber, hängt 3 Mineralen leicht an, nämlich dem Saturn, dem Jupiter und der Sonne. Dem Mond hängt es schwieriger an; der Venus schwieriger als dem Mond, dem Mars aber auf keine Weise, es sei denn durch ein Kunststück. Man kann sich also allerdings aus diesem ein großes Geheimnis herauskalkulieren.«

Das kann nun ff. interpretiert werden.

Vor allem muß man vor Augen halten, daß man sich im 1. Buch Gebers befindet, welches auf dem Standpunkt der 6 Metalle steht, welches der Auffassungsweise Gebers selbst Rechnung trägt. Da kann denn vom Quecksilber als Metall im Sinne von Gold, Silber u.s.w. nicht die Rede sein. Das Quecksilber, was hier in's Auge gefaßt wird, ist noch *eins* mit dem Silber, die Luna hat sich noch nicht in der Stelle Mater eius est Luna zu Silber und Quecksilber extendiert, es bleibt sich also gleich, ob man Quecksilber oder Silber sagt, die beiden sind eben *eins*. Wenn es nun heißt: adhaeret, es hängt an, das Quecksilber adhäriert, so ist damit Quecksilber als Luna genommen, und Luna als das Zeichen ☽. Dies Zeichen Luna nun adhäriert (man vergl. die obige Figur) leicht dem Saturn, denn das Saturn-Zeichen entsteht ja gerade aufgrund des Luna-Zeichens. Es adhäriert leicht dem Jupiter, denn das Jupiter-Zeichen entsteht ja gerade aufgrund des Luna-Zeichens. Es adhäriert endlich leicht dem Sol-Zeichen, denn durch diese Adhärenz des Mond-Zeichens an den Kreis kommt das Merkur-Zeichen heraus, welches letztere aber nicht genannt werden darf, weil das eigentliche Metall Quecksilber nicht in den 6 Geberschen Metallen einbegriffen ist. Nun heißt's ferner, das Quecksilber adhäriere der Luna schon schwieriger. Das ist, das Luna-Zeichen adhäriere dem Luna-Zeichen schwieriger. Nun ja, dies Zeichen *adhäriert* sich selbst schwieriger, es *deckt* sich in sich selbst, und das ist eine uneigentliche, eine schwierige Adhärenz. Ferner heißt's, das Quecksilber adhäriere der Venus leichter als dem Mond

(Silber). Nun, wo der Stern des Venus-Zeichens anfängt, da fängt auch der Halbkreis des Saturn-Zeichens an, und das ist eine noch schwierigere Adhärenz als vorhin, denn das Venus-Zeichen hat an und für sich nichts mit dem Halbkreise, dem Luna-Zeichen zu tun. Und endlich, dem Mars adhäriert der Merkur in keiner Weise. Ja freilich, denn das Mars-Zeichen steht außerhalb des quadrierten Zirkels, kann also nie und nimmer vom Luna-Zeichen getroffen werden, da dieses Zeichen nur mit den Quadratur-Punkten in Berührung tritt.

Zeichen-Interpretation der Tabula smaragdina

Rubriken wie bei der vorigen Interpretation der Tab. smar. — Von der ersten Rubrik ist nichts zu sagen, und so beginnen wir mit der

Zweiten Rubrik

Quod est inferius bis adoptione.

Die Zeichen zerfallen in die Signa superiora und inferiora. Jedes Zeichen nämlich besteht aus einem Zwiefachen, aus dem Kreise, oder wo dieser nicht direkt da ist, aus den beiden senkrecht aufeinander stehenden Durchmessern, die ihm ihr Dasein verdanken, und aus einem zweiten Teile, der zu jenem ersten Teil hinzutritt. Nur das Zeichen für den Sol und für die Luna machen hiervon eine Ausnahme, diese sind einteilig. Wenn nun bei der Gesamt-Figur, welche wir im vorigen Abschnitt kennengelernt haben, der zweite Teil eines betreffenden Zeichens nach oben steht, so ist dies Zeichen ein Signum superius, steht er nach unten, so ist es ein Signum inferius. Somit sind Signa superiora: ☿ (hier wird das + unten, weil es ursprünglich dem Zeichen für die Venus angehört, nicht in's Auge gefaßt), ♃ und ♂. Und ferner sind Signa inferiora ♀ und ♄.

Um nun auch noch die beiden einteiligen Zeichen hineinzubekommen, werden diese gegenseitig in Relation gebracht. Das geschieht derartig, daß der Halbkreis des Saturn-Zeichens als Luna genommen wird. Diese Luna steht unten am Sol-Kreis, und aufgrund dessen wird ☽ zum Signum inferius und ☉ zum Signum superius.

Somit haben wir als

Signa superiora	☉ ☿ ♃ ♂	Signa inferiora	☽ ♀ ♄

Wenn hier also steht superius und inferius, so ist das die Summe der Zeichen, die Summe der Signa superiora und inferiora. Daß nicht einfach superius und inferius steht, sondern doppelt, zielt auf das Doppelverhältnis des superius und inferius in Bezug auf ☉ und ☽ einerseits und die übrigen Zeichen andererseits. Die Summe der Zeichen nun dient dazu, um die Wunder der res una zu Stande zu bringen. Diese res una ist der *Kreis,* denn um den *einen* Kreis gruppieren sich die sämtlichen Zeichen.

Et sicut etc.

Die res natae sind die sämtlichen Zeichen, die *Summe* der Zeichen, die wir vorhin zersplittert als superius und inferius kennengelernt haben. Diese Zeichen entstanden von der una res, vom Kreise; der Kreis ist ihr Vater, denn daß wir die Zeichen so haben, wir sie eben sind, und daß sie sich zu den Signa superiora und inferiora gestalten, hängt ja damit zusammen, daß man ihnen den Kreis zugrunde legt. Wie die Welt, die res omnes, Gott zum Vater hat, so haben die res natae den Kreis zum Vater. Da es aber ein wenig kühn ist, die Vaterschaft Gottes der Welt gegenüber mit der Vaterschaft des Kreises den Zeichen gegenüber auf eine Stufe zu stellen, so wird die letztere Vaterschaft eine uneigentliche, und für diese uneigentliche Vaterschaft tritt die adoptio ein. Man fragt sich nun in Bezug auf das sicut — sic: was hat Gott mit den Planeten-Zeichen oder dem Kreis zu tun? Darauf ist die Antwort die: Es liegt nahe, da die Zeichenlehre ein Anlehnen an Plato repräsentiert, den Kreis an den platonischen Kreis anzulehnen, der die Welt repräsentiert. Wenn also die res omnes fuerunt a Deo, so hat mit anderen Worten Gott den Kreis geschaffen. Es liegt also ganz nahe, Gott mit dem Kreis und damit in weiterer Folge mit den Zeichen in Berührung zu bringen.

Dritte Rubrik

Pater eius est Sol bis in terram.

Diese Rubrik wird ganz so interpretiert wie bei der astrologischen Interpretation der Tab. smar., an die Stelle des Planeten aber sein Zeichen gesetzt, so daß also herauskommt:

Pater eius est Sol.................. ☉
Mater eius est Luna .... ☽
Portavit illud etc................... ♂ und ♀
Nutrix eius terra est .... ☿
Pater omnis telesmi etc. .... ♄
Virtus eius integra etc.......... ♃

Vierte Rubrik

Separabis bis inferiorum.

Terra ist der Kreis, der die Basis der Zeichen ist. Wenn man nämlich die Gesamt-Figur im vorigen Abschnitt ansieht, so hat man einen Kreis mit Anhängseln. Das erinnert nun an das platonische Weltentier, bei dem man auch einen Kreis mit Anhängseln hatte. Dort war der Kreis, der Hauptkreis, die Erde, und das führt darauf, auch hier den Kreis: Erde zu nennen.

Ignis ist das Kreuzchen unten an der Venus-Figur. Dies Kreuzchen soll ja, wie wir wissen, einen Stern vorstellen, und weil es also ein Stern ist, deswegen heißt es, wegen der feurigen Natur eines Sternes: Ignis.

Beim subtile und spissum handelt es sich um die senkrecht aufeinanderstehenden Durchmesser und den Halbkreis. Der letztere ist ein subtile als einfache (krumme) Linie, das Kreuz ist ein spissum, weil es als Doppel-Linie mehr Halt, Solidität hat. Diese 4 Dinge nun, terra, Kreis, ignis, Stern, subtile und spissum, das Kreuz (im Innern des Kreises) und den Halbkreis, soll man sich nehmen und sie zu einem Ganzen vereinigen, so daß man erhält:

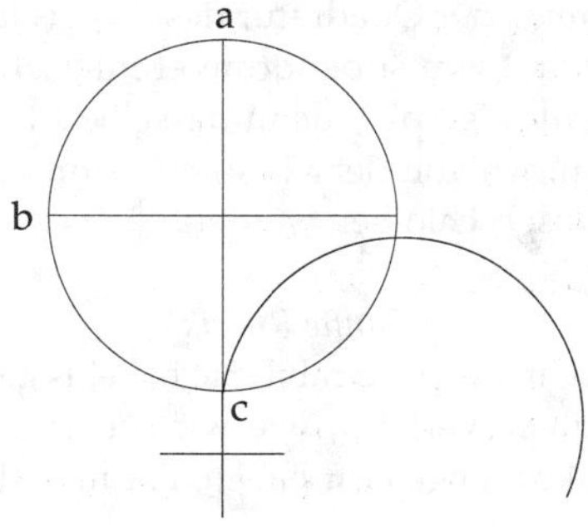

Daß dies Tun nun auf ein separare des einen vom anderen hinauskommt, liegt derartig, daß man annimmt, man hätte die Gesamt-Figur aus dem vorigen Abschnitt vor sich, und entnähme ihr nun Stück für Stück das, was man hier verwerten will. Eine solche Sachlage liegt nun gerade nicht nahe, und deswegen steht das: suaviter magno cum ingenio.

Nachdem man nun die Figur hat, die soeben konstruiert worden, hält man sich an den Halbkreis und läßt denselben steigen und wieder herabgehen. Dieser Halbkreis

Ascendit a terra in coelum, iterumque descendit in terram. Er steigt in die Höhe zum Punkt a, und bildet hier den Bogen des Merkur-Zeichens (vergl. die Gesamt-Figur im vorigen Abschnitt). Dann geht er weiter zum Punkt b und bildet hier den Bogen des Jupiter-Zeichens. Endlich kommt er zum Punkt c und bildet hier den Bogen des Saturn-Zeichens, und damit ist er, um den Kreis laufend, wieder an seine alte Stelle gerückt.

Auf die Weise haben wir uns drei Zeichen konstruiert: Merkur, Jupiter, Saturn, erhalten aber zugleich *alle* Zeichen, denn:

et recipit vim superiorum et inferiorum,

und das Ganze wird teilhaftig der Macht der superiora und inferiora, der Signa superiora und inferiora, auf welche die zweite Rubrik hinweist. Man erhält eben alle Signa. Nämlich sowohl das, was man an und für sich hat, als das durch das separare Gegebene wird mitgezählt. Man hat aber den Halbkreis, und damit das Luna-Zeichen. Man hat den Kreis mit dem spissum-Kreuz, mit diesem das Zentrum für den Kreis als Punkt, und damit das Sol-Zeichen. Man hat den Stern unten an dem Kreis, und damit das Venus-Zeichen. Damit hat man *alle* Zeichen, freilich mit Ausnahme des Mars-Zeichens. Nun, das ist einmal nicht anders, da, wie wir wissen, das Mars-Zeichen nicht in den Bereich der Quadratur des Zirkels fällt. Indem hier aber steht: et recipit vim superiorum et inferiorum kommt das Mars-Zeichen mit in's Spiel, denn dasselbe ist ein Signum superius und kann, wo von der vis superiorum ausdrücklich die Rede ist, nicht ausgeschlossen werden.

Fünfte Rubrik

Sic habebis gloriam bis penetrabit. Sic habebis gloriam etc.

Sic, wenn man so verfährt, wie wir soeben in der vorangehenden Rubrik kennengelernt haben, hat man die gloria totius mundi, das sind die Zeichen. Ganz analog also, wie man in der astrologischen Interpretation der Tab. smar. in der gloria die Planeten hatte, ganz analog hat man in der vorliegenden Interpretation in der gloria die Zeichen. Die obscuritas fugiens besteht darin, daß man einsieht, daß das Mars-Zeichen mit in's Spiel kommt.

Haec est totius etc.

Die fortitudo besteht darin, die Kraft des Zeichens besteht darin, daß das Zeichen vincit omnem rem subtilem, die Planeten besiegt, et omnem rem solidam penetrat, die Metalle durchdringt. Man denkt sich nämlich das Metall als fest, als res solida. Und dieser festen Masse gegenüber ist denn der Planet eine res subtilis. Die res subtilis, der Planet, steht vor der res solida, dem Metall. Und so muß es auch sein, denn zunächst sind die Zeichen für die Planeten entworfen, sie sind *Planeten*-Zeichen, und nachdem sie Planeten-Zeichen sind, werden sie denn auch dadurch zu Metall-Zeichen, daß an die Planeten sich die Metalle reihen.

Die kumulierte fortitudo zählt einerseits nach der Drei, andererseits zählt sie nach der Vier. Hierbei ist denn die nähere Sachlage die, daß die Drei auf die 3 Signa inferiora, die Vier auf die 4 Signa superiora zielt.

Sechste Rubrik

Sic mundus bis est hic.

Sic mundus creatus est bezieht sich auf die zweite Rubrik, in welcher auf die Erschaffung der Welt hingewiesen wird.

Hinc erunt adaptationes mirabiles bezieht sich auf die vierte Rubrik. Dort wird das, was die zweite Rubrik bringt, das superius und das inferius adaptiert, welches Adaptieren auf ein Konstruieren hinauskommt.

Quarum modus est hic bezieht sich auf die fünfte Rubrik, bei deren fortitudo (μετρον) darauf hingewiesen wird, daß das beim Adaptieren, Konstruieren Gewonnene sich an die Planeten und die Metalle reiht.

Siebente Rubrik

Itaque vocatus bis mundi.

Der Hermes trismegistus bezieht sich pro primo auf die Zeichen selbst, pro secundo bezieht er sich auf die Planeten, welche durch dieselben repräsentiert werden, pro tertio bezieht er sich auf die Metalle, welche durch sie repräsentiert werden.

Die philosophia totius mundi wird zur *Quadratur* des *Zirkels*, und damit der Titel der vorliegenden Interpretation der Tab. smar. zu: De quadratura circuli oder Tabula de quadratura circuli. Hermes hat die 3 Teile dieser Interpretation der Tab. smar., welche der Index nennt.

Schließlich wollen wir nun eine Tafel geben, welche es in übersichtlicher Weise anschaulich macht, wie Zeichen, Planeten, Metalle und Arkana nebeneinander stehen, wie das eine dem anderen entspricht.

Signa	Planetae	Metalla	Arkana
☉	Sol	Aurum	Ac. sulph.
☽	Luna	Argentum	Natr. carbon.
♂	Mars	Ferrum	Ferrum
♀	Venus	Cuprum	Liq. hepat.
☿	Merkur	Hydrarg.	Natr. nitr.
♄	Saturn	Plumbum	P. sol. niger
♃	Jupiter	Stannum	P. sol. ruber

Das Buch Jezirah

Der Autor unternimmt es, die philosophischen Zahlen, welche sich im Laufe der Geschichte der Alchemie in den Vordergrund gedrängt haben, anhand der Tab. smar. zu bieten. Diese philosophischen Zahlen sind:

1) Die Zahlen 1 bis 7. Sie haben wir in der jüdischen und pythagoräischen Alchemie. Zum Teil haben wir sie auch in der indischen Alchemie (1, 2, 3, 4, 6), ebenso in der platonischen Alchemie (1, 2, 3, 4.)

2) Die Zahl 10. Sie haben wir in der pythagoräischen Alchemie.

3) Die Zahl 12. Sie haben wir in der indischen Alchemie.

4) Die Zahlen 8, 9, 27. Sie haben wir in der platonischen Alchemie.

Der Autor steht auf der Basis der arabischen Alchemie und faßt diese in ihrer Quintessenz auf als die Lehre von den Metallen, der Astrologie und den Zeichen (Quadratur des Zirkels). Aufgrund dessen nimmt er den Teil der Tab. smar., welcher von Pater eius est Sol bis inferiorum geht, für die Quintessenz der Tab. smar.: — in diesem Teil wird uns ja das Betreffende der Quintessenz nach geboten.

Den genannten Teil der Tab. smar. zersplittert er in 3 Unterteile. Der 1. Unterteil umfaßt: Pater eius est Sol bis in terram. Der 2. Unterteil umfaßt: Separabis bis ingenio. Der 3. Unterteil umfaßt: Ascendit bis inferiorum.

Für die Zahl 1 beutet er aus das Ascendit bis inferiorum. Er denkt sich nämlich, in diesem Passus habe er die Zeichenlehre in nuce. Denn er bietet ihm ja in dem ascendere et descendere die Merkur-Jupiter-Saturn-Zeichen, und in dem recipere vim die Luna-Sol-Venus-Mars-Zeichen. So hat er denn für die Zeichen-Lehre *einen* Passus, und damit *Eins*.

Für die Zahl 2 beutet er aus das Separabis bis inferiorum. Er denkt sich nämlich, in diesem Passus habe er die Astrologie in nuce, da er Firmament, Sterne, Sternbilder, Häuser, ascensio und descensio der Planeten bringt. Vorhin, bei den Zeichen, dachte sich der Autor, du kannst gleich beim Ascendit anfangen, denn was dir die Stelle Separabis bietet, hast du bereits (in der Gesamtfigur, welche wir in dem Abschnitt: Einleitung in die Zeichen-Interpretation der Tab. smar. gebracht haben); hättest du es *nicht*, so könnte ja das Erhalten von Kreis, Halbkreis, Kreuz im Innern des Kreises, Stern in jener Stelle nicht auf einem Separieren beruhen. Hier, wo es sich um die Astrologie handelt, denkt aber der Autor, du kannst *nicht* gleich bei Ascendit anfangen. Denn tätest du es, so ließest du die in der Astrologie so sehr wichtigen *Häuser* fallen, welche im Separabis vertreten sind. Weil nun aber das Separabis *nicht* fällt, so haben wir in Bezug auf die Astrologie in nuce nicht *einen* Passus, sondern einen *Doppel*-Passus (Separabis und Ascendit), und in diesem Doppel-Passus ist die *Zwei* vertreten.

Für die Zahlen 3, 4, 5, 6, 7, beutet er aus das Pater eius est Sol bis in terram. Er hat zuvörderst die *Drei* derartig, daß dieser Passus in der Metall-Interpretation die Metalle, in der astrologischen Interpretation die Planeten, in der Zeichen-Interpretation die Zeichen bringt, und das ist eben eine 3. Damit ist denn nach streng arabischer Auffassung der Passus in dieser Beziehung erledigt, das heißt, die *Arkana* sind nicht, wie die Metalle, die Planeten, die Zeichen unterzubringen. Denn die Unterbringung der Arkana in dem Pater eius est Sol etc. ist vorarabisch, lehnt an die vorarabische Lapis- und Elixir-Interpretation der Tab. smar. Der Autor denkt indes, von den Lapides und Elixiria sei ja im ersten Buche Gebers die Rede, und wenn er daher auf die Arkana reflektiert, so stände er damit doch nicht ganz außerhalb des Arabismus. Er reflektiert nun auf die Arkana im vorliegenden Passus, hat damit Metalle, Planeten, Zeichen *und* Arkana — und damit die *Vier.* Wie der Autor nun die Arkana hat, denkt er, es wäre doch gezwungen, wenn die Arkana nicht ebensowohl die Zeichen bekommen sollten als die Planeten und die Metalle. Und in Bezug darauf sagt er, an und für sich haben die Arkana nichts mit den Zeichen zu tun, dieselben kommen bloß auf die Planeten und die Metalle. Sollen die Arkana also die Zeichen erhalten, so müssen sie ihnen ganz besonders zuerteilt werden. Damit erhalten wir aber eine doppelte Vertretung der Zeichen, einerseits bei den Planeten und Metallen, andererseits bei den Arkanis. Die doppelte Vertretung führt aber auf ein doppeltes Zählen. Man zählt: Planeten, Metalle, Zeichen, Arkana, Zeichen — und hat damit die *Fünf.* Die *Sechs* lehnt sich an das Pater eius est Sol etc. derartig, daß man die 6 Geberschen Metalle in's Auge faßt, die *Sieben* derartig, daß man die 7 neugeberschen Metalle in's Auge faßt.

Auf die Zahl 12 kommt der Autor ff. Nachdem er die Stelle Pater eius est Sol bis inferiorum derartig ausgebeutet, wie wir das im Vorangehenden gesehen haben, arrangiert er sich dieselbe Stelle in der Art numerisch, wie wir ein solches Verfahren in dem Abschnitt »Das numerische Arrangement der ersten Redaktion u.s.w.« in Bezug auf die erste Redaktion der Tab. smar. kennengelernt haben. Er arrangiert so: 1) pater eius etc., 2) mater eius etc., 3) portavit etc., 4) nutrix eius etc., 5) pater omnis etc., 6) virtus eius etc., 7) separabis etc., 8) subtile a spisso, 9) suaviter etc., 10) ascendit, 11) descendit, 12) recipit — und erhält auf diese Weise die *Zwölf.*

Auf die Zahl 10 kommt der Autor ff. Es ist recht gut und schön, wenn man sagt, das und das ist in der Tab. smar. so und so zu verwerten. Man kann aber den Alchemisten nicht ein *Stück* von der Tab. smar. bieten, wenn man sie ihnen bietet, muß man sie ihnen *ganz* bieten. Also kann der Autor nicht sagen, da habt ihr einen Passus der Tab. smar. von Pater eius est Sol bis inferiorum, ihn müßt ihr so und so ausbeuten. Das geht nicht, und wenn er auch noch ein so großes Gewicht auf ihn legt. Die Tab. smar. muß ein unzerrissenes Ganzes bleiben. Also ist der Autor gezwungen, auch den Stellen der Tab. smar. Rechnung zu tragen, welche dem Pater eius est Sol vorangehen und dem inferiorum folgen. Das tut er nun, indem er für das Pater eius est Sol bis inferiorum einen Vorderteil und einen Hinterteil annimmt. Der Vorderteil geht von Verum bis adoptione, der Hinterteil von Sic habebis bis Solis. Beide, Vorderteil und Hinterteil arrangiert er dann wieder numerisch. Den Vorderteil arrangiert er also: 1) und 2) die Einleitung nach der Zwei gezählt, 3) zwei superius, 4) zwei inferius, 5) res una, 6) res omnes, 7) unus, 8) meditatio, 9) res natae, 10) adoptio. Den Hinterteil arrangiert er derartig, daß er das Completum est als ein Ganzes nimmt, den Index dreiteilig faßt und von den übrigen Passus jeden in zwei Teile spaltet. Damit käme denn heraus: 1) sic habebis, 2) ideo fugiet, 3) haec est, 4) quia, 5) sic mundus, 6) hinc erunt, 7) quarum modus, 8) itaque, 9) habens, 10) completum. Auf die Weise hat er für Vorderteil und Hinterteil eine Zehn, und damit überhaupt die *Zehn*. Wir weisen darauf hin, daß der Autor in der Art und Weise, wie er sich seine 10 entwickelt, diese 10 *doppelt* vertreten hat. Darauf nun reflektierend, daß er mit *einer* 10 vollkommen ausreicht, beutet er die eine von den beiden 10, die er hat, in besonderer Weise aus, wie wir das sogleich kennenlernen werden.

Auf die Zahlen 8, 9, 27 kommt der Autor ff. Wenn er die Tab. smar. als ein *Ganzes* konstatieren will, und nicht bloß als ein *Stück*, so hat er zu seinem Quintessenz-Teil den Vorderteil und den Hinterteil zu addieren. Bei solcher Addition liegt es nun nahe, daß er, da er alle 3 Teile vom Standpunkt des numerischen Arrangements hat, daß er die betreffenden Zahlen addiert, welche bei den betreffenden Arrangements herauskommen. Da er nun in der genannten Weise hat, für den Quintessenz-Teil: 12, für den Vorderteil: 10, für den Hinterteil: 10, so würde er haben: 12 + 10 + 10 = 32. Was soll er aber mit der 32? Dieser 32 zu Liebe, die er nicht gebrauchen kann, wirft er sich nun folgender Kalkulation in die Arme. Er sagt, ich habe die 10 zweimal, wo ich mit einer 10 vollkommen auskomme. Demzufolge beute ich eine von ihnen in besonderer Weise aus. Ich nehme sie als 2 · 5. An diese 2 · 5 hält er sich nun und entnimmt ihr zu der soeben besprochenen Addition die 5. Und indem er es tut, verwertet er zu dieser Addition nicht 12, 10, 10, sondern 12, 10, 5, und erhält damit 12 + 10 + 5 = 27. Und hiermit hat er die *Siebenundzwanzig*. Nun aber ist von der in 2 · 5 umgewandelten 10 erst die 5 verwertet, es ist also noch der 2, welche sie ergibt, Rechnung zu tragen. Das geschieht ff.

Der Autor steht auf dem Standpunkt der arabischen Alchemie, huldigt also der Summa perfectionis magisterii in sua natura. Diese Summa etc. beutet er für die 4 aus, indem sie ihm ergibt 1) summa, 2) perfectio, 3) magisterium, 4) natura. Und dieser 4 setzt er die 2 aus der 2 · 5 multiplikationsweise gegenüber, sodaß er hat: 2 · 4 = 8. Und damit hat er die *Acht*. — Die *Neun* hat der Autor im arabischen Hermes trismegistus, welcher die Drei in dreifacher Weise vertritt, das ist also eine 3 · 3 = 9 bietet.

Der Autor verwertet in seinem Werk die Zahl in *kabbalistischer* Weise.

Das Buch Jezirah zerfällt in zwei Abteilungen, in die *Schloschim usta'jim nethiwoth* und in das eigentliche *Sefer Jezirah*.

Zu den 32 Nethiboth kommt der Autor derartig, daß er mystifikationsweise addiert 12 + 10 + 10 = 32 (siehe oben), und nicht 12 + 10 + 5 = 27. Die 32 ist also nichts anderes, als die mystifizierte platonische 27. Daß er auf die Weise die platonische 27 so sehr in den Vordergrund drängt, hängt damit zusammen, daß er in der arabischen Alchemie eine Verherrlichung Platos sieht. Das liegt auch sehr nahe. Denn die Astrologie kommt ja bloß, wie wir wissen, im Anlehnen an den Schwanz des platonischen Weltentieres in die Alchemie. Ferner, die arabische Zeichenlehre wurzelt, wie wir darauf auch bereits hingewiesen, in nichts anderem als in der platonischen Figuren-Auffassung der Arkana. Und was die arabischen Metalle betrifft, so lehnen sie insofern an Plato, als sich auch bei Plato die Metall-Auffassung der Arkana findet. Die Verherrlichung Platos durch die in den Vordergrund gedrängte 27 liegt nun des Näheren ff. Der Autor stellt sich auf den Standpunkt der *Zahlenphilosophie*. Also diese ist ihm in der Alchemie die Hauptsache, und indem sie das ist,

ist ihm in der platonischen Alchemie die platonische Zahlenphilosophie die Hauptsache. Will er also Plato verherrlichen, so hat er seine Zahlenphilosophie zu verherrlichen. Diese verherrlicht er nun, indem er die platonischen Zahlen in die dem Plato eigens und nicht eigens zukommenden Zahlen teilt, die letzteren: 8, 9, 27 hervorhebt als die besonders diesem Zweck entsprechenden, aus ihnen aber wieder die 27 besonders hervorhebt und an die Spitze seines Buches stellt. Das Recht, auf die Weise *eine* der platonischen Zahlen herauszuheben, und an sie die dem Plato besonders zukommenden philosophischen Zahlen zu knüpfen, gibt dem Autor übrigens Plato selbst, der in seinem Kritias auf die Weise die 9 ausbeutet. Unser Autor hält sich an 27, statt 9, weil 27 die *größte* der platonischen Zahlen ist.

Das eigentliche Buch Jezirah bringt

Kap. 1, Abschnitt 1: die 32, die 3.

Kap. 1, Abschnitt 2: die 10, die 22 (s. Kap. 2), die 3, die 7, die 12.

Kap. 1, Abschnitt 3: die 10, die 5.

Kap. 1, Abschnitt 4, 5, 6, 7, 8: die 10.

Kap. 1, Abschnitt 9, 10: die 10, die 1, die 2, die 3, die 4.

Kap. 1, Abschnitt 11: die 5, die 6, die 7, die 8, die 9, die 10.

Kap. 1, Abschnitt 12: die 10.

Kap. 2, Abschnitt 1: die 22. Zu dieser 22 kommt der Autor derartig, daß er von der 10, die er doppelt hat, die eine *ganz* fallen läßt. Statt also zu zählen 12 + 10 + 5 = 27, zählt er mystifikationsweise nicht nur 12 + 10 + 10 = 32, sondern auch 12 + 10 = 22. Ferner wieder: die 3, die 7, die 12.

Kap. 2, Abschnitt 2, 3, 4, 5: die 22.

Kap. 3, Abschnitt 1, 2, 3, 4, 5: die 3.

Kap. 4, Abschnitt 1, 2, 3: die 7.

Kap. 4, Abschnitt 4: die 2, die 3, die 4, die 5, die 6, die 7.

Kap. 5, Abschnitt 1: die 12.

Kap. 5, Abschnitt 2: die 12, die 3, die 7.

Kap. 5, Abschnitt 3: die 22.

Kap. 6, Abschnitt 1, 2: die 3, die 7, die 12.

Kap. 6, Abschnitt 3: die, 1, die 7, die 3, die 12.

Kap. 6, Abschnitt 4: die 10, die 22, die 7, die 12.

Gegen Ende des Buches führt uns der Autor den Abraham als den vor, dem Gott den Inhalt desselben offenbart. Damit geschieht denn nichts anderes, als daß uns Abraham als Hermes präsentiert wird. Er ist der Hermes unicus als der, der an der Spitze der drei Patriarchen steht, als solcher in dem Isaak und Jakob als Sohn und Enkel aufgehen. Er ist der Hermes trinus als der, der sich als Ein-Patriarch: Abraham zu den drei Patriarchen: Abraham, Isaak, und Jakob extendiert. Dieser Abraham des Buches Jezirah gibt *Kriegsmann* (s. den Abschnitt: Allgemeine Vorbemerkungen über die Tab. smar.) den Stoff zu der Bemerkung, daß die persona Abrahami in numerum chemicorum omnium voto recepta fuit.

Da der Autor des Buches Jezirah den arabischen Metallen, der arabischen astrologischen und Zeichen-Interpretation der Tab. smar. huldigt, so liegt es auf der Hand, daß er in eine Zeit fällt, zu der die arabische Alchemie bereits bedeutende Fortschritte gemacht hat. Und damit liegt es auf der Hand, daß man sich in den Bereich der Fabel versetzt, wenn man den betreffenden Autor, wie das geschehen, in eine frühere Zeit versetzt.

Das Buch Jezirah wird zu den Hauptbüchern über Kabbala gerechnet, und da es als solches häufig einem anderen kabbalistischen Hauptbuch, dem *Sefer ha'sohar*, zu Seite gesetzt wird, so erwähnen wir hier nebenbei, daß das Buch Sohar eine mystisch-mysteriöse Interpretation des alten Testaments ist, welche vielseitig alchemistische Probleme in ihren Bereich zieht. Damit kommen denn Soharismus und Philonismus so ungefähr auf dasselbe hinaus. Daß beide sich nicht absolut decken, kommt daher, daß Philos das alte Testament in quantitativ geringerem Grade ausbeutet als der Autor des Sohar, daß bei Philo die mysteriös-mystische Richtung nicht so energisch vertreten ist als beim Autor des Sohar — Philo ist mehr ein Vorläufer für die Kabbala als im eigentlichen Sinne ein Kabbalist — daß endlich in Folge dessen, daß zu den Zeiten des Autors des Sohar die Alchemie eine Reihe von Spekulationen in sich aufgenommen, welche zu Philos Zeiten noch nicht da waren, daß in Folge dessen der Autor des Sohar in der Lage ist, alchemistische Probleme in umfangreicherem Grade auszubeuten, als das dem Philo möglich war, als Philo es getan.

Abendländische Alchemie

DEN IMPULS ZUR ABENDLÄNDISCHEN ALCHEMIE gibt der Umstand, daß Christen die arabische Alchemie in Spanien kennenlernen, und nun die christlichen Standpunkte, welche sich an die Tab. smar. knüpfen (Dreieinigkeits-Interpretation u.s.w.), zur arabischen Alchemie in Relation setzen. Diese neue Phase beginnt, nachdem die zweite Merkur-Interpretation der Tab. smar. bereits da ist.

Die abendländische Alchemie zerfällt in 4 Perioden. Die erste Periode bringt die Hauptcharakteristika der abendländischen Alchemie, und die zweite Periode bewegt sich alsdann in Bezug auf diese Hauptcharakteristika auf der Bahn weiter, welche in der ersten Periode vorgezeichnet ist. Die dritte Periode erhält Nahrung durch eine von Spanien herübergekommene neue Interpretation der Tab. smar. In der vierten Periode wird die neuere Chemie angebahnt. Wir lassen die erste Periode bis Albertus Magnus gehen; die zweite geht dann von Albertus Magnus bis Basilius Valentinus; die dritte von Basilius Valentinus bis Libavius; die vierte von Libavius bis zum Verlorengehen der Alchemie.

Erste abendländische Periode — Lapis-philosophicus-Interpretation der Abendländer

Schriftsteller und Schriften siehe weiter unten in einem besonderen Abschnitt.

Die Abendländer machen sich an die zweite Merkur-Interpretation der Tab. smar., welche sie von den Arabern kennenlernen. Diese Interpretation bietet, wie wir wissen, im Anlehnen an das Quecksilber *drei* Lapides philos., welche doch nur ein *Ein-Lapis* sind. Das ist nun eine Handhabe dazu, den Lapis philos. an die Triunität der Gottheit anzulehnen, ein Tun, welches bereits durch das erste Buch der Oracula Sibyllina eingeleitet ist.

In Bezug auf die Triunität sagen nun die abendländischen Alchemisten, wir haben nicht den Sachverhalt, daß getrennt auf der einen Seite die Dreigottheit, auf der anderen Seite die Eingottheit steht, sondern den Sachverhalt, daß auf der einen

Seite die Gottheit zu einer Drei extendiert, auf der anderen Seite die Gottheit zu einer Eins restringiert wird. Diese Eins liegt aber nicht außerhalb jener Drei, sondern in ihr. Sie ist Christus. Christus steht auf der einen Seite da als Christus: — Eins. Auf der anderen Seite extendiert er sich zu Christus, Gott Vater, Heiligem Geist: — Drei.

Die Eingottheit ist nun, im Anlehnen an die Dreieinigkeits-Interpretation der Tab. smar., das φϖς. Also ist der Eingott, Christus, das φϖς. Der Drei-Gott ist Christus als φϖς, Gott der Vater und der Heilige Geist.

Das ergibt nun als Parallele für den Lapis philos. ff. Es gibt auf der einen Seite einen Drei-Lapis, auf der anderen Seite einen Ein-Lapis. Der Sachverhalt hierbei liegt aber nun nicht derartig, daß getrennt auf der einen Seite der Drei-Lapis, auf der anderen Seite der Ein-Lapis steht, sondern derartig, daß der Lapis philos. sich auf der einen Seite zu einer Drei extendiert, auf der anderen Seite sich zu einer Eins restringiert. Diese Eins liegt nicht außerhalb jener Drei, sondern in ihr. Der Ein-Lapis ist Hydrarg. oxyd. rubr. Distrahiert er sich nun zur Drei, so wird aus ihm Hydrarg. oxyd. rubr., Quecksilber.

Läßt man nun die Deckung eintreten, so deckt Christus das φϖς, das Hydrarg. oxyd. rubr. Die nähere Sachlage hierbei ist die, daß οϖς als Feuer genommen wird, das Hydrarg. oxyd. rubr. aber zum Feuer eine ganz besondere Relation hat, indem es entweder mittels des Feuers allein dargestellt wird, oder mittels des Feuers und des Acid. nitrici, welches letztere abermals Feuer ist.

In dem ersten Buch der Oracula Sibyllina lag die Sache anders, dort deckte Christus das 'Αρσενικον, das ist den Schwefel. Daß wir nun dort Christus in der Relation zum Schwefel hatten, hier zum Hydrarg. oxyd. rubr. ist zwar eine Differenz, aber keine absolute Umkehrung des Sachverhältnisses. Man kann also nicht sagen, in den Oraculis Sibyllinis kommt Hydrarg. oxyd. rubr. auf den Gott den Vater, hier auf Christus. So nicht. Denn in den Oraculis Sibyllinis wurde das Hydrarg. oxyd. rubr. im Rätsel zwar dem Quecksilber angereiht, nicht aber wurde das Hydrarg. oxyd. rubr. direkt auf Gott den Vater bezogen. Die enge Anknüpfung an Gott hat dort bloß in Bezug auf das Quecksilber im ersten Teil des Rätsels statt, beim Hydrarg. oxyd. rubr. fällt die nähere Relation zu Gott.

Und in weiterer Deckung deckt Gott der Vater das eine Quecksilber, der Heilige Geist das andere Quecksilber. Dies wird nun derartig motiviert, daß in dem ersten Buch der Oracula Sibyllina Gott der Vater speziell auf das Quecksilber kommt (Vers 137 bis Vers 140). So ist das eine Quecksilber untergebracht.

Das andere Quecksilber kommt alsdann auf den Heiligen Geist. Es liegt nämlich im Anschluß an das erste Buch der Oracula Sibyllina nahe, das Quecksilber zum Noah in Relation zu setzen. In Noah ist aber, wie wir dort gesehen, ein Anlehnen an den Heiligen Geist gegeben.

Es sind nun alle 3 Lapides: Quecksilber, denn Hydrarg. oxyd. rubr. ist auch Quecksilber, nur in besonderer Wesenheit.

Wir haben aber eben in ihm die besondere Wesenheit, und das legt es nahe, dem zweiten und dritten Quecksilber-Lapis auch besondere Wesenheits-Standpunkte anzuweisen. Diese Wesenheits-Standpunkte werden nun dadurch herausbekommen, daß man sagt, der Lapis philos. ist Schwefel und Merkur. Von diesen beiden geben wir dem einen Quecksilber den Schwefel und dem anderen den Merkur. Eine solche Kalkulation liegt nun in Bezug auf den Schwefel deswegen besonders nahe, da der Platz für das Ἀρσεινικον, indem Christus in Relation zum Hydrarg. oxyd. rubr. tritt, frei geworden ist. Dies Ἀρσεινικον kommt nun auf den Heiligen Geist, welches naheliegt, da der Schwefel im Sinne der früheren Lapis-philos.-Interpretation der Tab. smar. Hydrothiongas ist, das ist etwas Luftförmiges, etwas Pneumatisches. Damit ist denn ein Quecksilber als Schwefel verwertet, und das legt es nahe, das andere für Merkur zu verwerten.

Wie also die Araber die 3 Lapides von den Besonder-Standpunkten: Erde, Erde und Feuer, Erde und Wasser auffassen, so fassen die Abendländer, sich an den christlichen Standpunkt haltend, dieselben auf als: Hydrarg. oxyd. rubr., Merkur, Sulphur.

Was nun im Besonderen die Lapis-philos.-Interpretation der Tab. smar. betrifft, mit der wir es hier zu tun haben, so werden die 8 Rubriken der metaphysischen Interpretation der Tab. smar. angenommen. Von der ersten Rubrik ist nichts zu sagen, und so beginnen wir mit der

Zweiten Rubrik

Quod est inferius bis adoptione.

Bereits bei der jüdischen Interpretation der zweiten Redaktion der Tab. smar. wurden die beiden superius und inferius zu einer Drei (Wasser, Erde, Luft) ausgebeutet. Diese Drei tritt nun auch hier ein und zwar:

Erstens im Anlehnen an die Gottheit. Gott Vater, Sohn und Heiliger Geist dienen dazu, um die Wunder der res una zu Stande zu bringen. Die res una ist das φϖς und im Anlehnen an dieses der Ein-Gott: Christus.

Zweitens im Anlehnen an den Lapis philos. Die 3 Lapides dienen dazu, die Wunder der res una, des Ein-Lapis, zu Stande zu bringen, welcher ist: Hydrarg. oxyd. rubr.

Et sicut etc.

Die res omnes sind Gott Vater, Sohn, Heiliger Geist. Meditatio unius ist Christus. Also res omnes fuerunt ab uno, meditatione unius: die Drei-Gottheit entstand durch den Eingott, nämlich Christus. Christus dilatiert sich zu Christus, Gott Vater und Heiligem Geist; Christus, Gott Vater und Heiliger Geist restringieren sich zu Christus.

Die res natae sind die 3 Lapides. Diese entstanden von der una res, dem Hydrarg. oxyd. rubr. Das Hydrarg. oxyd. rubr. dilatiert sich zu den 3 Lapides; die 3 Lapides restringieren sich zum Hydrarg. oxyd. rubr.

Die adoptio restringiert die Parallele in Bezug auf das sicut — sic. Drei-Ein-Gottheit und Drei-Ein-Lapides decken sich nur uneigentlich.

Dritte Rubrik

Pater eius est Sol bis terra est.

Die väterlichen und mütterlichen Verhältnisse werden hier als indirekte Bezeichnungen für die Wesenheit dessen genommen, was in's Auge gefaßt wird. Wenn der Vater resp. die Mutter ein Mensch ist, so ist auch das Kind ein Mensch, wenn der Vater resp. die Mutter eine Pflanze ist, so ist auch das Kind eine Pflanze u.s.w. Ob ich also sage, er *selbst* ist das, oder sein *Vater*, seine *Mutter* ist das, bleibt sich gleich. Es wird dementsprechend angenommen, daß es ganz gleich ist, ob hier steht Pater eius est Sol, oder Est Sol, ob hier steht mater eius est Luna, oder est Luna; ob hier steht Portavit illud ventus in ventre suo (mater eius est ventus), oder Est ventus; ob hier steht Nutrix eius terra est (mater eius est tera), oder Est terra.

Also Pater eius est Sol etc.: Er ist Sol und Luna, das ist, er ist das φϖς, das ist, es handelt sich um Christus. Das Doppel-Verhältnis mit Sol und Luna stammt daher, daß wir Christus doppelt haben, als Eingott und als Teilgott der Trinität.

Portavit illud ventus etc.: Er ist ventus, Luft, πνευμα. Das ist, es handelt sich um den Heiligen Geist.

Nutrix eius terra est: Er ist Erde. Das ist, es handelt sich um Gott den Vater. Erde wird Gott der Vater in Bezug darauf, daß er die Welt erschaffen hat. Somit ist er der Welt-erschaffende Gott, das ist kurz der Welt-Gott und noch kürzer die Welt. Nun wird aber Welt und Erde synonym genommen, und auf die Weise wird Gott der Vater zur terra.

So ist die Relation zur Gottheit. Damit geht die Parallele in Bezug auf den Lapis philos. Hand in Hand.

Pater eius est Sol etc. Es handelt sich um den Feuer-Lapis, das ist um das Hydrarg. oxyd. rubr. Das Doppel-Verhältnis mit Sol und Luna stammt daher, daß wir das Hydrarg. oxyd. rubr. doppelt haben, als Ein-Lapis und als Teil des Drei-Lapis.

Portavit illud ventus etc. Es handelt sich um den Lapis philos. als Schwefel. Wir wissen ja, daß der Schwefel, der beim Schwefel und Merkur des Lapis philos. der ersten Lapis-philos.-Interpretation beteiligt war, *Luft*-Schwefel ist, daher die Bezeichnung: Est ventus.

Nutrix eius terra est. Es handelt sich um den Merkur-Lapis. Von der berührten Interpretation her wissen wir ebenfalls, daß der Merkur, der beim Lapis philos. beteiligt war, Erde ist, daher hier die Bezeichnung: Est terra.

Vierte Rubrik

Pater omnis telesmi bis inferiorum.

In Beziehung auf die Gottheit lehnt diese Rubrik an Christus. Das Nähere sehe man bei der Dreieinigkeits-Interpretation der Tab. smar. nach.

In Bezug auf den Lapis philos. liegt die Interpretation ff.

Pater omnis telesmi etc. Der telesmus ist der Lapis philos. Der Vater desselben ist das *Metall* Quecksilber als solches; ihm verdankt der Lapis philos. sein Dasein, denn alle 3 Lapides sind Quecksilber. Also: Hier hast du das Quecksilber.

Virtus eius etc. Seine Kraft ist vollständig, wenn es in terra verwandelt worden. Terra = Lapis, und Lapis hier sehr naheliegend genommen als Lapis philos. Also die virtus des Quecksilbers ist eine integra, wenn sie, die virtus, oder es, das Quecksilber, in Lapis philos. verwandelt worden.

Separabis etc. In Bezug auf Christus haben wir hier den Leib Christi und den geistig gefaßten Christus (göttliche Eigenschaft). Das führt auf Körper und Geist, und diese werden dem Lapis philosophicus gegenübergestellt. Der Körper wird einfach genommen, der Geist doppelt, so daß herauskommt: Corpus, Anima, Spiritus. Corpus wird gleichgestellt dem Hydrarg. oxyd. rubr., denn in ihm hat man den Lapis philos. reell, wohingegen die beiden anderen Quecksilber-Lapides mehr Idealitäten sind. Deshalb diese letzteren = Anima und Spiritus. Es soll nun der Lapis philos., den wir vorhin in der terra generell haben, in Corpus, Anima, Spiritus zersplittert werden und dann *separiert* werden. Es sind zu trennen Anima und Spiritus vom Corpus, so daß dieses übrigbleibt, daß wir das Hydrarg. oxyd. rubr behalten.

Suaviter magno cum ingenio weist darauf hin, daß es sich um das Lapis-phil.-Verhältnis, und nicht um Christus handelt.

Ascendit etc. Das Hydrarg. oxyd. rubr. nun, welches wir beim Separieren erhalten, das steigt auf und ab, indem es rote Dämpfe entwickelt und sich präzipitiert. Streng genommen ist es also auf das Hydrarg. oxyd. rubr. abgesehen, welches mittels Salpetersäure dargestellt wird. Indessen, das Hydrarg. oxyd. rubr., welches mittels Feuers allein dargestellt wird, ist nicht exkludiert, denn wir wissen ja von den Arabern her, daß auch bei dieser Darstellungsweise das ascendere und descendere herangezogen wurde.

Et recipit etc. Das Hydrarg. oxyd. rubr., welches man auf die Weise erhält, bekommt die Macht *aller* Lapides, der superiora und der inferiora der zweiten Rubrik, welche ja die 3 Lapides sind. Die vorhin separierten Lapides werden wieder herangezogen, um das Hydrarg. oxyd. rubr. nicht allein zu haben.

Beim ascendere, descendere, vim recipere kann man übrigens auch die 4 Regimina heranziehen. Nämlich:

Es bringt das ascendit a terra in coelum: die Solutio. Es bringt das descendit in terram: die Congelatio. Da nun das ascendere zu einem superius führt, so haben wir in der Solutio ein Regimen superius. Da das descendere zu einem inferius führt, so haben wir in der Congelatio ein Regimen inferius. Dies Regimen superius et inferius soll nun recipere vim superiorum et inferiorum, das heißt, es sollen 2 Regimina superiora und 2 Regimina inferiora herauskommen. Und das heißt, es soll sich dem einen Regimen superius, welches die Solutio ist, das zweite Regimen superius, welches die Destillatio ist, hinzugesellen; es soll sich dem einen Regimen inferius, welches die Congelatio ist, das zweite Regimen inferius, welches die Calcinatio ist, hinzugesellen (vergl. bei den Arabern).

Fünfte Rubrik

Sic habebis bis penetrabit.

Die gloria bezieht sich auf die Gottheit, die im Vorhergehenden abgehandelt worden, und zwar eigentlich in dieser Beziehung auf Gott Vater, Sohn, Heiligen Geist. Im Grunde ist es aber bloß auf Christus abgesehen, und daher: Ideo fugiet a te omnis obscuritas. Christus aber wird hier einerseits deswegen in den Vordergrund geschoben, weil, wie wir oben gesehen, in ihm die Trinität aufgeht, und andererseits deswegen, weil es sich um eine *christliche* Interpretation über den Lapis philos. handelt, entgegen der *arabischen* analogen Interpretation.

Die fortitudo ist der Lapis-Standpunkt. Die kumulierte fortitudo zählt nach der Drei und bezieht sich auf den dreifachen Lapis philos.

Die omnis res subtilis ist der doppelte Quecksilber-Lapis, die omnis res solida ist der in der dritten Rubrik doppelt gefaßte Hydrarg.-oxyd.-rubr.-Lapis.

Also: Die fortitudo, der Lapis-Standpunkt, besiegt und durchdringt die 3 Lapides, von denen einer doppelt gefaßt wird.

Sechste Rubrik

Sic mundus bis est hic.

Die creatio mundi bezieht sich auf die dritte Rubrik, in der die terra mit dem welterschaffenden Gott in Verbindung gesetzt wurde.

Die adaptationes beziehen sich auf die vierte Rubrik. Das, was diese Rubrik bringt, wird angepaßt an das, was die dritte Rubrik bringt, das ist einerseits an Christus, andererseits an den Lapis philos.

Quarum modus est hic bezieht sich auf die fünfte Rubrik, in der vom μετρον, der fortitudo, die Rede ist.

Siebente Rubrik

Itaque vocatus sum bis mundi.

Hermes trismegistus = Dreieinigkeit.

Philosophia totius mundi = Lapis philos. (vergl. bei der ursprünglichen Lapis-philos.-Interpretation).

Die Dreieinigkeit hat, auf sie kommt der Lapis philos. mit seinen 3 partes, das ist dem dreifachen Lapis philos.

Achte Rubrik

Completum est bis Solis.

Das wird kurzweg übersetzt: Es ist jetzt fertig, was ich über die χρυσοποιια gesagt.

An die zweite Merkur-Interpretation lehnen, wie wir das wissen, zwei arabische Parteien, die Goldmacherpartei und die Nicht-Goldmacherpartei. Die erstere war in der Minorität. Gerade aber, weil sie das war, traten die Abendländer zu ihr über, um so gegen den Kern der Araber Front zu machen. Da die Araber im Allgemeinen sagten: Keine χρυσοποιια, so sagten die Abendländer: Und nun erst recht χρυσοποιια, ihr Heiden! Daher muß man sich nicht wundern, daß das Completum est so brevi manu die χρυσοποιια bringt. Weil die Araber es nicht wollen, gerade deshalb wird den Abendländern die Alchemie zu gar nichts anderem, als zur χρυσοποιια. Und darum schließt die Tab. smar in der vorliegenden Interpretation: Es ist jetzt fertig, was ich von der χρυσοποιια gesagt, trotzdem daß in dieser Interpretation kein Wort über dieselbe gesagt ist. Die Tab. smar. ist der Kanon der Alchemie, als solcher der Inbegriff der Alchemie, als solcher Alchemie, und als solche χρυσοποιια. Wenn also die Tab. smar. absolviert ist, so ist eo ipso die χρυσοποιια absolviert. Nun ist kraft der philosophia totius mundi der Titel der vorliegenden Interpretation der Tab. smar.: De Lapide philosophico. Wenn wir also vorhin sagten, Alchemie = χρυσοποιια, so tritt dem noch zur Seite, Alchemie = Lapis philos. Und so kommt denn für die Abendländer heraus: Alchemie ist die Lehre vom Lapis philos. und der χρυσοποιια. Wir werden sehen, daß die Abendländer sich noch mannigfachen Interpretationen der Tab. smar. in die Arme werfen. Wenn dem aber auch so ist, die vorliegende Interpretation ist ihnen die Interpretatio princeps, von der sie unter keinen Umständen ablassen, und daher dreht sich die abendländische Alchemie immer und immer wieder um die Goldmacherkunst und den Stein der Weisen. Auf die Weise ist es leicht zu begreifen, daß in der abendländischen Zeit der Goldmacher-Schwindel solch kolossale Dimensionen annehmen konnte. Ohne Mystifikationen ging es nun einmal nicht in der Alchemie. Da diese aber im Grunde auf nichts anderes hinauskam als auf die χρυσοποιια, so mußte diese auch das Hauptsubstrat zur Mystifikation abgeben, und daher eben aller Ecken der Goldmacher-Schwindel, an den das Publikum um so lieber anbiß, als die schwache Seite der meisten Menschen Goldgier ist.

Wie in Bezug auf den Lapis philos. der ersten Lapis-philos.-Interpretation der Tab. smar., so handelt es sich natürlich auch in Bezug auf den Quecksilber-Lapis um ein etwas, welches man dem unedlen Metall zusetzt, auf daß dieses zu Gold wird. Diesen Zusatzprozeß fassen die Abendländer aus verschiedenen Gesichtspunkten auf. Sie sprechen in dieser Beziehung von einer Projectio (proiicere) — der Lapis philos. wird über das unedle Metall geworfen; von einer Multiplicatio — der Lapis philos. wird kraft der Stelle Pater eius est Sol als *Gold* aufgefaßt, als *weniges* Gold, welches die Masse, mit der es in Berührung kommt, in *vieles* Gold verwandelt, und was dergleichen Ausdrücke mehr sind. So spricht man von einer Fermentatio, von einem Aufgehen des Lapis philos. wie ein Samen — Ausdrücke, welche wir später näher kennenlernen werden. Natürlich ist bei der Schwindel-Goldmacherkunst — ein Punkt, auf den wir schon früher aufmerksam gemacht — Gewicht darauf zu legen, daß der Lapis philos. nicht von vornherein dem unedlen Metalle als *Gold* zugesetzt wird, damit der Anti-Goldmacher nicht sagen kann, das ist keine Kunst, Gold zu gewinnen, wenn man vorab Gold in den Tiegel gibt.

Schlußbemerkungen

Man könnte sagen, es ist ein eigentümliches Sachverhältnis, daß von den drei Lapides einer φῶς, ignis, sein soll, der andere Schwefel, indem ja Feuer = Schwefel. Dabei ist aber zu bedenken, daß eine solche Situation wohl im Allgemeinen etwas Auffallendes haben könnte, hier im Besonderen aber nicht hat.

Hier stehen die Lapides der Gottheit zur Seite, in Bezug auf diese ist aber der Vater, was der Sohn ist, und der Sohn wieder, was der Heilige Geist ist (vergl. Symbolum Quicunque). Wenn es also heißt, der Lapis ignis (Hydrarg. oxyd. rubr.) ist ja im Grunde dasselbe, was der Lapis sulphuris (Merkur-Lapis, welcher auf den Heiligen Geist kommt) ist, so trägt das weiter keine Kollision in sich, denn bei der Trinität ist Christus auch dasselbe, was der Heilige Geist ist. Ein Lapis *soll* ja im Grunde dasselbe sein, was der andere ist, denn sonst könnten sie ja nicht alle drei auf das Quecksilber hinauskommen. Übrigens kann man auch ff. argumentieren. In der dritten Rubrik heißt Pater eius est Sol auch: der Vater des betreffenden Lapis ist Gold. Damit ist der Lapis selbst Gold. Demnach decken sich Lapis ignis und Gold-Lapis. Statt Lapis ignis kann man also auch Gold-Lapis sagen. Dieser aber bietet mit dem Schwefel-Lapis weiter keine Kollision.

Die vorliegende Interpretation der Tab. smar. faßt die χρυσοποιια so auf, wie sie im Sinne der arabischen Lapis-philos.-Interpretation liegt. Das ist also, man hat das unedle Metall und setzt den Lapis philos. zu, dann geht die Verwandlung in Gold vor sich. Eine Differenz beider Interpretationen liegt nun darin, daß die Araber in dem Passus Haec est totius fortitudinis die Metalle haben, welche besiegt und durchdrungen werden durch den Lapis philos., die Abendländer dagegen in diesem Passus, wie überhaupt in ihrer Interpretation, die Metalle *nicht* haben. Eine eigentliche *Lücke* liegt nun hierin in Bezug auf die Abendländer gerade nicht, denn, wenn ihnen die Alchemie = χρυσοποιια, der der Lapis philos. zur Seite tritt, so versteht es sich nach den Antezedentien der abendländischen Alchemie von selbst, daß durch den Zusatz des Lapis philos. zu den unedlen Metallen diese in Gold verwandelt werden. Immerhin aber ist es naturwüchsig, daß man fragt, aber wo kommen denn nun die Metalle her, welche der χρυσοποιια anheimfallen? Und da ist denn der abendländischen Metall-Interpretation, die wir im Folgenden kennenlernen werden, die Tür geöffnet. Das Nicht-Nennen der Metalle in der vorliegenden Interpretation hat übrigens auch seine Lichtquelle vor dem Tun der Araber. Anhand des quia vincet wird bei den Arabern, streng genommen, auch das Metall Gold in Gold verwandelt, was eine müßige Sache ist, denn was einmal Gold ist, braucht nicht mehr

Gold zu werden. Hierin liegt bei den Arabern nun wieder keine eigentliche *Lücke,* denn, wie gesagt, was einmal Gold ist, braucht nicht mehr in Gold verwandelt zu werden. Indessen die Abendländer kommen durch ihr Schweigen um das Gold herum, sie können es von vornherein exkludieren.

Die Elementen-Zeichen-Interpretation der Tabula smaragdina

Weil die Araber die Tab. smar. für die Planeten- und Metall-Zeichen ausbeuten, so beuten die Abendländer die Tab. smar. in ähnlichem Sinne aus. Metalle resp. Arkana sind aber bereits besetzt, das Terrain für diese ist bereits von den Arabern ausgebeutet, und so machen sich denn die Abendländer an die *Elemente.* Sie beuten die Tab. smar. dazu aus, diesen Zeichen zu geben. Die betreffenden Zeichen sind, wie jeder weiß, folgende

∇	Wasser	🜃	Erde
Δ	Feuer	🜁	Luft.

Um diese Zeichen herauszubekommen, lehnen sie an die Figur:

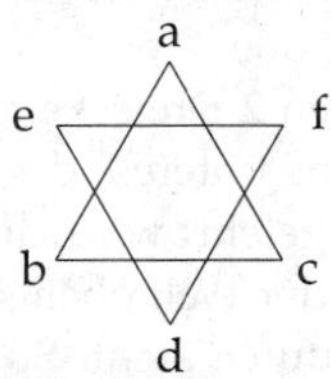

welche wir bei der pythagoräischen Interpretation der Tab. smar. kennengelernt haben. Sie ergibt nämlich die Teilfiguren:

b a c (Δ) Feuer,
e d f (∇) Wasser,
b a c mit dem Parallelstrich e f (🜁) Luft,
e d f mit dem Parallelstrich b c (🜃) Erde.

Die ganze Figur wird auf den gekreuzigten Christus (Crucifixus) bezogen. Man macht nämlich ein Kreuz in stehender oder liegender Form:

entweder 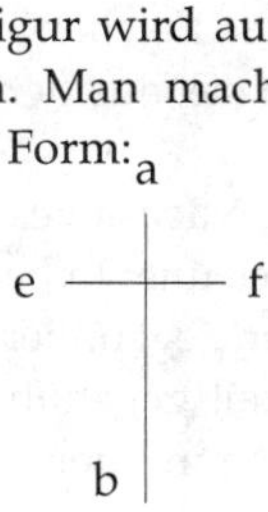

oder 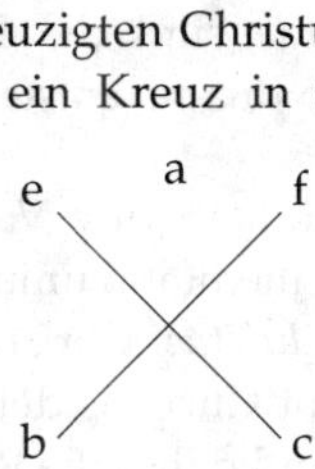

Nimmt man nun das Kreuz in stehender Form, so haben wir den Kopf des gekreuzigten Christus bei a, seine Hände bei e und f, seine übereinanderliegenden Füße bei b. Nimmt man das Kreuz in liegender Form, so sind Kopf und Hände wieder bei a, e und f, die Füße aber auseinandergespreizt bei b und c. Denkt man also Christus an das doppelte Kreuz geschlagen, so sind die Punkte a, b, c, d, e, f der oben gezeichneten sechsspitzigen Figur, des Hexagramms, sämtlich impliziert. Hat man demgemäß die betreffende Figur, so hat man in ihr eben das Bild des gekreuzigten Christus.

Die Interpretation der Tab. smar., um die es sich hier handelt, nimmt dem Hexagramm zu Liebe 6 Rubriken an. Von den 8 Rubriken der Tab. smar. (metaphysische Interpretation) fällt zuerst die 8. Rubrik, und von den übrigbleibenden 7 Rubriken wird die 5. Rubrik mit der 4. verbunden, wodurch eben 6 Rubriken herauskommen. — Von der ersten Rubrik ist nichts zu sagen, und wir beginnen daher mit der

Zweiten Rubrik

Quod est inferius bis adoptione.

Zum Hexagramm gehören 2 Dreiecke, ein *oberes* und ein *unteres,* das obere ist b a c, das untere e d f. Beide stehen, wie in dem Quod est inferius etc. gelehrt wird, auf gleicher Rangstufe. Was so im Allgemeinen in der Welt oben steht, das hat eine Superiorität über dem, was unten steht. So ist *hier* die Sachlage nicht. Das untere Dreieck ist ganz so wie das obere.

Et quod est superius etc. Und diese beiden Dreiecke nun, das obere, wie das untere, dienen dazu, die Wunder der res una zu Stande zu bringen, welche das Hexagramm ist.

Res omnes fuerunt ab uno, meditatione unius, wie in der vorigen Interpretation der Tab. smar.: Die Drei-Gottheit entstand durch Christus.

Res natae sind die Elemente als Zeichen gedacht. Diese fuerunt ab una re, entstanden durch sie, aus der sechsspitzigen Figur.

Die Parallele des Vorder- und Nachsatzes wird bedingt durch die meditatio unius und die res una. In beiden haben wir nämlich *Christus.* Christus der Figur gegenüber soll nun nicht absolut mit Christus der Dreieinigkeit gegenüber parallelisiert werden, und daher die Restringierung mit der adoptio.

Dritte Rubrik

Pater eius est Sol bis terra est.

Zuerst ist die Sachlage in Bezug auf das väterliche und mütterliche Verhältnis wie im vorigen Abschnitt. Also Pater eius est Sol ist: Est Sol. Mater eius est Luna ist: Est Luna, u.s.w.

Es handelt sich nun beim Est Sol um das Element *Feuer,* was naheliegt.

Es handelt sich beim Est Luna um das Element *Wasser,* was sehr weit liegt, sich aber nicht anders machen läßt.

Es handelt sich beim Est ventus um das Element *Luft,* was wieder naheliegt, da Wind = Luft.

Es handelt sich beim Est terra um das Element *Erde,* was naheliegt.

Man muß sich nun *nicht nur* denken, daß man auf diese Weise die *Elemente* hat, *sondern auch,* daß man mit den Elementen zugleich ihre *Zeichen* hat, so daß also herauskommt:

Pater eius est Sol = Feuer, Δ
Mater eius est Luna = Wasser, ∇
Portavit illud etc. = Luft, 🜁
Nutrix eius terra est = Erde. 🜃

Die Reihenfolge, in der uns hier die Elemente und ihre Zeichen geboten werden, ist wohl in's Auge zu fassen. Zuerst haben wir Feuer, das ist das obere Dreieck (b a c); dann das Wasser, das ist das untere Dreieck (e d f); dann die Luft, das ist das obere Dreieck mit dem Parallelstrich; endlich die Erde, das ist das untere Dreieck mit dem Parallelstrich. Der Anfang ist also beim Feuer, Δ ; das Ende bei der Erde, 🜁 , in der Mitte stehen Wasser, ∇, Luft, 🜃 .

Vierte Rubrik

Pater omnis telesmi bis penetrabit.

In dem vorigen Abschnitt resp. in der Dreieinigkeits-Interpretation der Tab. smar. ist der Pater omnis telesmi totius mundi: Christus. Hier ist er es ebenfalls, nicht aber Christus als Christus, sondern Christus in Bezug auf die sechsspitzige Figur als Crucifixus gedacht. Also

Pater omnis telesmi etc. Hier hast du die sechsspitzige Figur.

Virtus eius etc. Ihre Tugend ist vollkommen, wenn sie in *Erde* verwandelt worden. Man ist nämlich (siehe die dritte Rubrik)

mit der Abzählung der Elemente fertig, wenn man bei der Erde, 🜃, angekommen ist. Und das wird genommen, als wenn man die Figur als eine solche hat, deren virtus eine integra est, wenn die versio in terram da ist.

Separabis etc.

Terra = Element Erde,
Ignis = Element Feuer,
Subtile = Element Luft,
Spissum = Element Wasser.

Es wird angenommen, daß der Passus nicht lautet, wie er gerade hier steht, sondern daß er lautet:

Separabis terram a spisso, subtile ab igne.

Berechtigung zu dieser Annahme gibt das: suaviter magno cum ingenio.

Dann hat man: Von der Erde, 🜃, die dir soeben vorgeführt, gehst du aus und machst trennend einen Unterschied zwischen ihr und Wasser, ∇. Das heißt 🜃 und ∇ sind gleich bis auf den Parallelstrich in der Mitte. Setzest du den bei Seite, so hast du statt 🜃 : ∇.

Nachdem nun auf die Weise das eine kompliziertere Zeichen 🜃 absolviert ist, liegt es nahe, zum anderen komplizierteren Zeichen 🜁 zu kommen. In Bezug auf dieses hat man: Mache trennend einen Unterschied zwischen Luft, 🜁, und Feuer, Δ. Und das heißt analog, wie vorhin, 🜁 und Δ sind gleich bis auf den Parallelstrich in der Mitte. Setzest du den bei Seite, so hast du statt 🜁 : Δ.

Das, was vorhin gelehrt, liegt nahe, so wird ferner interpretiert, denn: Ascendit a terra in coelum, iterumque descendit in terram. Die sechsspitzige Grundfigur ascendit et descendit hat 2 Dreiecke, von denen das eine mit der Spitze nach oben sieht (b a c), das andere mit der Spitze nach unten sieht (e d f). Und in dieser Figur hast du nicht nur die Zeichen dieser beiden Dreiecke an und für sich, die Zeichen für Feuer und Wasser, sondern auch die Zeichen für Luft und Erde, denn die betreffende Gesamtfigur: recipit vim superiorum et inferiorum, repräsentiert die Elemente superiora et inferiora, die *vier* Elemente und nicht *zwei*.

Sic habebis etc. So, indem du nun die betreffende Figur hast, welche die vis superiorum et inferiorum erhält, hast du Christus. Aber die obscuritas muß dich fliehen. In der gloria hast du nicht Christus als solchen, sondern als Crucifixus. Du hast aber auch in der Figur die totius fortitudinis fortitudo fortis, die kumulierte fortitudo, die Elementen-Zeichen. Kraft des Fortitudo-Standpunktes besiegt und durchdringt die Figur die 4 Elemente, das ist omnis res subtilis et solida (vergl. bei der philonischen Interpretation der Tab. smar. bei dieser Stelle). — Die fortitudo zählt den 4 Elementen zu Liebe nach der Vier.

Fünfte Rubrik

Sic mundus bis hic.

Die creatio mundi bezieht sich auf die 2. Rubrik, und zwar deswegen, weil die omnis res natae, das sind die 4 Elemente, und diese konstituieren wieder die Welt, fuerunt ab una re.

Die adaptationes beziehen sich auf die dritte Rubrik. Es werden nämlich in der dritten Rubrik die Anpassungen der Elemente an die sechsspitzige Figur (Elemente und Elementen-Zeichen) gebracht. Sie stammen aber von der una res, welche die zweite Rubrik bringt.

Quarum modus est hic bezieht sich auf die vierte Rubrik, in der von der fortitudo, dem μετρον, die Rede ist.

Sechste Rubrik

Itaque vocatus bis mundi.

Der Hermes trismegistus figuriert dem zu Liebe, daß der sechsspitzigen Figur das Dreieck zu Grunde liegt. Mit dem Dreieck fängt ja auch die zweite Rubrik an.

Die tres partes philosophiae totius mundi sind die drei Teile der Tab. smar., auf welche der Index hinweist.

Schlußbemerkung

In dem Abschnitt »Pythagoräische Interpretation der Tab. smar.« haben wir darauf hingewiesen, daß das Pentagramm eine dem Hexagramm ebenbürtige Figur ist. Das zeigt sich nun auch speziell in Bezug auf den gekreuzigten Christus. Auch das Pentagramm:

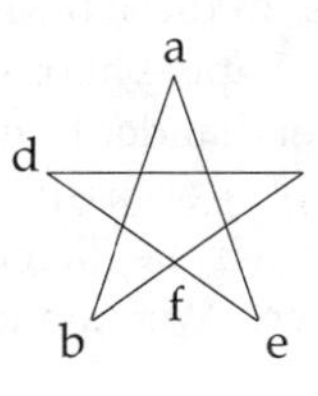

repräsentiert den Crucifixus in der Relation zum Doppelkreuz (s. oben). In Bezug auf das stehende Kreuz haben wir nämlich den Kopf bei a, die Hände bei d und c, die Füße bei f. In Bezug auf das liegende Kreuz kommen die Füße gespreizt bei b und e.

Mensch-Interpretation der Tabula smaragdina der Abendländer
Ein klarsehender Abendländer sagt, daß ihr Christus so absolut in die Alchemie hineinzieht, wäre ein ganz gutes Tun, wenn wir Abendländer so isoliert daständen, daß uns die übrigen Alchemisten in der Welt nichts angingen. So isoliert stehen wir aber noch lange nicht da, im Gegenteil, wir stecken mit unserer Lapis-philos.-Interpretation stark in arabischen Schuhen. Wir haben von den Arabern manches gelernt und können noch mehr von ihnen lernen. Das beste ist daher, daß wir mit ihnen Hand in Hand gehen. Verfahrt ihr nun derartig, daß ihr mit Emphase der χρυσοποια huldigt, so mag das hingehen. Die Araber können hiergegen im Grunde nichts haben, da es bei ihnen selbst eine Partei gibt, welche im Anschluß an die arabische Lapis-philos.-Interpretation der Tab. smar. der χρυσοποια huldigt. Steift ihr euch aber auf eine Alchemie, die sich um Christus und Dreieinigkeit dreht, dann könnt ihr keinem Mohammedaner zumuten, mit euch gleichen Schritt zu gehen. Der Riß zwischen euch und ihnen ist dann da, und was habt ihr nun? Ihr beschwört die alten alexandrinischen Zeiten mit ihrem Hader zwischen Juden und Griechen im potenzierten Grade herauf und steht euch selbst am meisten im Licht bei der Sache. Ich mache euch einen Vorschlag. Wir sind von der philonischen Mensch-Interpretation der Tab. smar. zur Dreieinigkeits-Interpretation der Tab. smar. übergegangen, wir sind vom Menschen zum Gottmenschen gekommen, indem der Mensch da war und Christus folgte. Jetzt ist Christus da, es liegt also nahe, daß wir das alte Tun umkehren und von ihm zum Menschen überhaupt kommen. Der Mensch, den wir auf diese Weise den Arabern bieten, wird bei ihnen keinen Anstoß erregen, und wir denken bei uns, in diesem Menschen haben wir doch im Anlehnen an unsere Lapis-philos.-Interpretation: Christus. Die Sache, sagt jener Abendländer ferner, läßt sich ganz einfach machen. Nachdem wir die sechsspitzige Figur auf Christus übertragen haben, haben wir die Elemente von unserem Standpunkt durchaus legalisiert. Wir können also ganz getrost die

superiora und inferiora der zweiten Rubrik der Tab. smar. auf die Elemente übertragen. In der dritten Rubrik haben wir dann, im Anlehnen an unsere Elementen-Zeichen-Interpretation wieder die Elemente, die sich leicht vom Standpunkt der Elementar-Qualitäten auffassen lassen. Dann sind wir in der vierten Rubrik bei Christus und nehmen statt seiner den Menschen überhaupt. Das Übrige läßt sich leicht ferner entwickeln. Auf die Weise haben wir dann eben eine Mensch-Interpretation der Tab. smar., an deren Hand wir mit dem Arabern verträglich einhergehen.

Einer solchen Kalkulation verschlossen nun die abendländischen Alchemisten nicht ihr Ohr, und so gingen sie denn willig auf die Mensch-Interpretation der Tab. smar. ein, welche wir hier näher kennenlernen wollen. In Bezug auf sie vergleiche besonders:

Merlin: Allegoria, profundissimum philosophici Lapidis arcanum perfecte continens.

Die Rubriken wie bei der abendländischen Lapis-philos.-Interpretation der Tab. smar.

Von der ersten Rubrik ist weiter nichts zu sagen, und wir beginnen mit der

Zweiten Rubrik

Quod est inferius bis adoptione.

In den beiden superius und inferius sind die 4 Elemente repräsentiert. Diese dienen dazu, um die Wunder des res una, das ist *des Eies,* zu Stande zu bringen. Zum Ei gelangt man anhand des Welten-Eies, welches die ursprüngliche Lapis-phil.-Interpretation der Tab. smar. (vergl. diese) bei der res una in's Auge faßt. In Bezug auf Ei und Elemente heißt es in der Turba philosophorum, Sermo quartus (Pandolfus):

Exemplum est ovum, in quo quatuor coniuncta sunt. Eius cortex apparens est terra, et albedo aqua. Cortex vero tenuissimus cortici iunctus est separans inter terram et aquam, sicut significavi vobis, quod aër est separans terram ab aqua. Rubeum quoque ovi est ignis. Cortex qui rubeum continet, est aër, aquam separans ab igne; et utrumque est unum et idem. Aër frigida separans, terram videlicet et aquam ab invicem, spissior est aëre altiore. Aër vero altior est rarior et subtilior, nam est igni propinquior aëre inferiore. In ovo igitur facta sunt quatuor:

terra, aqua, aër et ignis. Solis autem punctus, his exceptis quatuor in medio rubei qui est: pullus.

»Ein Beispiel ist das Ei. In ihm sind die 4 Elemente verbunden. Die sichtbare Schale ist die Erde, das Eiweiß das Wasser. Das dünne Häutchen, welches an der Schale hängt, ist die Luft, welche Erde und Wasser trennt; ich habe euch ja gesagt, daß die Luft eben Erde und Wasser trennt. Das Eigelb ist das Feuer. Das Häutchen, welches das Eigelb umhüllt, ist die Luft, und zwar diejenige, welche Wasser und Feuer trennt. Die beiderseitige Luft ist ein und dasselbe. Die Luft, welche das Kalte voneinander trennt, nämlich Erde und Wasser, ist dichter als die höhere Luft. Wir haben also im Ei das Vielfache: Erde, Wasser, Luft, Feuer. Der Sonnenpunkt aber, welcher außerdem mitten im Eigelb ist, ist das Junge.«

Was den »Sonnenpunkt« betrifft, so ist dieser das Wesentlichste des Eies. Er entwickelt sich im menschlichen Ei zum Menschen fort, ist also die Quintessenz der Ei-res-una. Da nun in der Lapis-phil.-Interpretation der Tab. smar. die res una der Lapis philos. ist, der Lapis philos. aber Gold ist, so wird er Sol genannt, und an diesen Sol lehnt sich der Sonnenpunkt des Eies.

Et sicut res omnes.

Die res natae des Nachsatzes sind auf Philos Autorität hin als Person, als Mensch zu fassen.

Die res omnes des Vordersatzes sind die Welt.

Die Welt entstand vom unum, vom Welten-Ei, durch den λογος Gottes.

Der Mensch entstand vom Ei (Menschen-Ei) durch adoptio.

Der λογος Gottes schuf das Welten-Ei in direkter Beziehung, das Ei erschuf den Menschen in indirekter Beziehung, und daher haben wir im Nachsatz die adoptio. Die Betonung fällt im Vordersatz und Nachsatz auf das Ei; das Ei ist das Motiv, daß Vorder- und Nachsatz sich vermöge des sicut und sic gegenüberstehen.

Dritte Rubrik

Pater eius est Sol bis terra est.

Hier kommen die Elementar-Qualitäten an die Reihe, welche sich an die Elemente anreihen, aus denen das Ei besteht.

Beim Pater eius est Sol haben wir das Element Feuer, und damit die Elementar-Qualität: Heiß.

Beim Portavit illud ventus in ventre suo haben wir das Element Luft, und damit entweder die Elementar-Qualität: Kalt, oder: Trocken.

Beim Nutrix eius terra est haben wir das Element Erde, und damit entweder die Elementar-Qualität: Trocken, oder: Kalt.

Das paßt ganz gut. Die Exklusion weist nun dem Mater eius est Luna das Element Wasser, und damit die Elementar-Qualität: Naß zu. Das muß man eben hinnehmen, so gut oder so schlecht es paßt (vergl. die Elementenzeichen-Interpretation).

Im Anlehnen an (Pseudo-) *Plato:* Libri quartorum cum commento Hebubabes Hamed handelt es sich in der vorliegenden Rubrik um die *Organe* des menschlichen Körpers. Man teilt sich dieselben nach den Elementen ein (vergl. den Timaeus in der φυσις ανϑρωπων).

Vierte Rubrik

Pater omnis telesmi bis inferiorum.

Hier wird nun der Mensch näher in's Auge gefaßt.

Man hat ein Geschwür vor Augen, welches mit dem Ferrum candens behandelt wird. Man tötet das Geschwür mit dem glühenden Eisen. Der Brandschorf stößt sich ab, es entsteht eine gesunde Eiterfläche, der Schaden heilt, und der Mensch ist gesunder als vorher. Denn vorher hatte er ein Geschwür, jetzt ist er dessen ledig. Der Tod des Geschwürs, der mittels des glühenden Eisens instituiert wird, macht den Menschen gesunder, als er war. In analoger Weise stirbt im Anlehnen an die vorliegende Interpretation der Tab. smar. der Mensch und ersteht alsdann wieder gesunder, kräftiger, mächtiger, als er es vor dem Tode war.

Pater omnis telesmi etc. Hier hast du die Krone der Schöpfung, den Menschen (Philo).

Virtus eius est integra, si versa fuerit in terram. Er muß sterben. Und wenn er stirbt:

Separabis etc., dann mußt du trennen, dir getrennt denken, dann zerfallen die Elemente: terra (Erde), ignis (Feuer), subtile (Luft), spissum (Wasser). Denn das Leben besteht darin, daß die Elemente zusammengehalten werden, der Tod darin, daß sie zerfallen. — Und wenn der Mensch nun tot ist, dann

ascendit a terra in coelum, dann steigt sein Geist zum Himmel.

Aber es bleibt nicht beim Tod. Der Geist

iterumque descendit in terram, geht wieder zur Erde hinab, in den Menschen hinein,

et recipit vim superiorum et inferiorum, und dieser in den Menschen zurückgekehrte Geist, oder der Mensch, erhält die Macht der Oberen und Unteren, steht nun doppelt als Herr der Schöpfung da.

Es liegt nahe, wie das auch in der Merlinschen Abhandlung statt hat, für den Menschen einen hochstehenden Menschen, einen König, zu nehmen. Dann hat man für das et recipit vim superiorum et inferiorum auch einen mehr materiellen Anhaltspunkt. Vornehm und Gering, superiores et inferiores, hatte der König ursprünglich nicht so recht in Respekt, jetzt, wo er sich verjüngt wieder erhebt, schwingt er das Zepter mächtiger.

Fünfte Rubrik

Sic habebis gloriam bis penetrabit.

So hast du die gloria, den Menschen. Die obscuritas flieht dich, wenn du einsiehst, daß der Mensch genannt, und Christus gemeint ist.

Die fortitudo ist der Lapis philos. Und weil es einen dreifachen Lapis philos. gibt, deswegen zählt die fortitudo nach der Drei.

Der Lapis philos. wird hier nicht als das Agens genommen, vermöge dessen man die χρυσοποιια instituiert, sondern als das Agens, mit dem man kranke Menschen gesund macht. Denn im Lapis philos. hat man Schwefel und Merkur, im Schwefel und Merkur ist arkanologisch der P. solaris gegeben (vgl. die erste Lapis-philos.-Interpretation der Tab. smar.), im P. solaris haben wir dann aber wieder das Einarkanum, welches die anderen Arkana zu sich hinüberzieht. Auf die Weise hat man im Lapis philos. die Arkana überhaupt.

Hiermit tritt denn der vorliegende Passus wieder in sein altes Recht als *pathologischer* Passus.

Omnis res subtilis et omnis res solida repräsentieren (wie bei Philo) die 4 Elemente.

Also deswegen ist der Lapis philos. der *Heil*-Lapis, weil er die Elemente besiegt und durchdringt. In der vierten Rubrik waren die Elemente zerfallen, und damit war der Tod gegeben. Hier durchdringt und besiegt der Lapis philos. die Elemente, und damit tritt das Leben wieder ein. Der Mensch also, der gestorben war, erhält dadurch neues Leben, daß er der Wirkung des Lapis philos. ausgesetzt wird. Wir haben also im Lapis philos. das Vermittelnde, daß der Geist in der vierten Rubrik wieder zur Erde hinabsteigen konnte.

Ähnlich wie in der ersten Lapis-philos.-Interpretation haben wir auch hier im separare das σπαειν und im vincere et penetrare das αγειρειν; nur fallen dem σπαειν und αγειρειν die Elemente anheim.

Sechste Rubrik

Sic mundus creatus bis hic.

Die creatio mundi bezieht sich auf die zweite Rubrik, in der vom Welten-Ei die Rede ist.

Die adaptationes beziehen sich auf die vierte Rubrik. Was die zweite Rubrik bringt, das sind die Elemente, werden an den Menschen adaptiert, daher der Plural adaptationes.

Quarum modus est hic bezieht sich auf die fünfte Rubrik. In der fortitudo haben wir den Lapis philos., welcher das, was in der Adaptations-Rubrik zerfiel, wieder rekonstruiert.

Siebente Rubrik

Itaque vocatus bis mundi.

Der Hermes trismegistus lehnt an den dreifachen Lapis philos. Er hat die 3 Teile der Tab. smar., welche der Index nennt.

Achte Rubrik

Sol wird als Lapis philos. genommen, denn nach der abendländischen Lapis-philos.-Interpretation ist ja der (eine) Lapis philos. = Sol.

Also: Es ist jetzt fertig, was ich über die Tätigkeits-Entwicklung des Lapis philos. gesagt. Dieser Lapis philos. ist im Anlehnen an die fünfte Rubrik der Heil-Lapis. Demgemäß: Es ist jetzt fertig, was ich über die Heilwirkung des Lapis philos. gesagt. Freilich ist in der vorliegenden Interpretation der Tab. smar. auch noch von anderen Dingen die Rede als gerade von der Heilwirkung des Lapis philos.

Indessen, das verschlägt nicht. Es wird angenommen, daß alles, was direkt und indirekt gesagt ist, seine Kulmination darin enthält, daß der Lapis philos. den toten Menschen wieder lebend macht. Und das kommt auf eine hyperbolische Zeichnung des hohen Standpunktes der Arkana in der Medizin hinaus.

Schlußbemerkungen

Wir weisen darauf hin, daß in der merlinschen Abhandlung der König nicht nur ein Mensch ist im Anlehnen an die vorliegende Mensch-Interpretation der Tab. smar., sondern daß dieser König auf der anderen Seite auch das Quecksilber ist, welches zum Lapis philos. umgewandelt wird. Das liegt nun auch nahe. Denn in der abendländischen Lapis-phil.-Interpretation handelte es sich in der vierten Rubrik nicht nur um Christus, sondern auch um den Lapis philos. So haben wir denn auch hier nicht nur das Anlehnen an den Menschen, sondern auch an den Lapis philos. Dies Anlehnen der vierten Rubrik an das Quecksilber resp. den Lapis philos. ergibt nun ff.

Pater omnis telesmi totius mundi est hic. Hier hast du das Quecksilber.

Virtus eius integra est, si versa fuerit in terram. Dies Quecksilber muß *sterben*. Der Tod des Quecksilbers lehnt an den Mercurius exstinctus. Der Mercurius vivus, der lebende Merkur, ist in den Mercurius exstinctus, in den toten Merkur, umzuwandeln. Hiermit wird zunächst (vergl. Kalzinations-Interpretation der Tab. smar.) die Darstellung des Hydrarg. oxyd. rubr. mittels Salpetersäure herangezogen. Und hier ist es denn die Salpetersäure, welche das Quecksilber tötet. Zieht man demgegenüber, wie das unabweisbar zugleich statt haben muß, die Darstellung des Hydrarg. oxyd. rubr. mittels Feuers allein heran, so *tötet* das Quecksilber *sich selbst*, se ipsum mortificat.

Separabis etc. Nun geht der Putrefaktionsprozeß, der Zersetzungsprozeß vor sich, die Elemente zerfallen. Bei der Einwirkung des Acid. nitricum liegt so etwas sehr nahe, das Acid. nitric. führt das Quecksilber gewissermaßen in einen Fäulnisprozeß über. Bei der Darstellung des Hydrarg. oxyd. rubr. mittels Feuers allein wird das für die Putrefaktion verwertet, daß sich in dem langhalsigen Kolben auf dem Quecksilber nach Verlauf einiger Zeit ein schwarzes Häutchen bildet — so ist wenigstens die Annahme der Alchemisten. Dieses schwarze Häutchen nun, man nennt es auch Caput corvi, Rabenhaupt, wird als *faulendes* Quecksilber aufgefaßt.

Ascendit a terra etc. In Bezug auf die Darstellung des Hydrarg. oxyd. rubr. mittels Salpetersäure bezieht sich natürlich das ascendere und descendere auf die roten Dämpfe und das Präzipitat. Wird aber die Darstellung mittels Feuers allein vorgenommen, so wird auch bei dieser Darstellung das ascendere und descendere herangezogen, wie wir das bei den Arabern kennengelernt haben. Halten wir uns nun an roten Dampf und Präzipitat, so ist der rote Dampf die Quecksilber-Seele, welche beim ascendere entweicht. Diese Seele geht dann wieder beim descendere in das Quecksilber zurück und bewirkt dadurch, daß das Quecksilber recipit vim superiorum et inferiorum, daß die zersetzten Elemente wieder rekonstruiert werden, und zwar in herrlicherer Form als vorhin. Denn vorhin handelte es sich bloß um das verherrlichte Quecksilber, um das Hydrarg. oxyd. rubr., um den Lapis phil. Fassen wir hierbei die alexandrinische Vorstellung — die zu den Zeiten, von denen wir hier sprechen, noch Geltung hat — in's Auge, gemäß der der rote Dampf es ist, der sich verdickt und dadurch das Präzipitat bildet, so ist dasjenige, welches das Quecksilber belebt, das vivificans, der rote Dampf. Das ist der fumus vivificat Mercurium. Wird dagegen das ascendere und descendere in Bezug auf die Darstellung des Hydrarg. oxyd. rubr. mittels Feuers allein im arabischen Sinne mehr ideell gefaßt, so fehlt das materielle vivificans, und wir haben uns in Bezug auf das vivificare ganz allgemein an das Quecksilber zu halten, und damit ist dann gegeben, daß wir, so wie wir oben hatten: Mercurius se ipsum mortificat, daß wir so hier haben: Mercurius se ipsum vivificat.

Die Drachen-Interpretation der Tabula smaragdina

Bereits in der ägyptischen spirituellen Interpretation der Tab. smar. wurden die res natae nicht nur auf den Menschen, sondern auch auf das Tier bezogen. Den ähnlichen Sachverhalt haben wir auch bei Philo. Es kann daher nichts Auffallendes haben, daß die abendländische Alchemie, wie sie einmal beim Menschen angekommen ist, auch zum Tier übergeht. Indem nun das Tier an die Stelle des Menschen tritt, hält man sich nicht an das Tier im Allgemeinen, sondern wählt sich ein besonderes Tier, nämlich den *Drachen*. Hält man sich nun daran, wie das gar nicht so fern liegt, daß man sagt, man geht von Christus aus, Christus führt auf den Menschen im Allgemeinen, vom Menschen kommt man, zum Tier übergehend, zum Drachen, so liegt es nahe, daß man weiter sagt, dieser Drache ist die Sünde, die Christus zertritt. Das liegt aber nicht so. Vielmehr kommt man von Christus zum Menschen im Allgemeinen, und von diesem kommt man anhand der res natae auf das Tier. Damit ist die Sache fertig. Man hat die Mensch-Interpretation der Tab. smar. Wie man zu ihr kommt, ist eine Sache für sich. Man hat sie eben, und nachdem man sie hat, knüpft man schlechtweg an den Menschen das Tier. Das Tier paßt zu den res natae, und damit ist eben die Sache fertig. Nachdem man aber das Tier hat, denkt man, beim Menschen hatte man einen Anhaltspunkt in dem Geschwür, welches mit dem Ferrum candens behandelt wird. Setzen wir also auch das Tier diesem Ferrum candens gegenüber! Indem man nun Tier und Ferrum candens gegenüberstellte, verfiel man auf Herkules, welcher die Lernäische Hydra tötet. Diese Hydra, diesen Drachen bewältigte Herkules derartig, daß er erst seine Köpfe abhieb und dann die Hälse *brannte.* Da ist man denn beim Brennen, der Drache gibt ein Tier ab, zu welchem das Brennen eine Relation hat, und so nimmt man den Drachen im Besonderen für das Tier im Allgemeinen.

Bei der vorliegenden Interpretation der Tab. smar. haben wir in der *zweiten Rubrik* wieder, wie bei der Mensch-Interpretation, in der res una das Ei. Die res natae zielen auf das Tier. Die *dritte Rubrik* bringt wieder die Elementar-Qualitäten, welche sich an die Elemente des Eies anschmiegen. In der *vierten Rubrik* ist dann der Pater omnis telesmi der Drache — ein hoher Titel, der aber nicht ausbleiben kann, wenn einmal die res natae als Tier rangieren sollen. Für die Interpretation dieser Rubrik, welche die Hauptsache für die vorliegenden Interpretation der Tab. smar. ist, wollen wir den *Petrus de Silento* anführen. Er sagt in seiner Abhandlung:

Draco etiam non uno regimine moritur, Ergo philosophi effoderunt sibi sepulcrum, et sepelierunt cum eo mulierem. Qui cum fortiter esset coniunctus mulieri, cuius venter plenus est armis et veneno: quanto magis circa eam vertitur et volvitur, tanto magis corpus eius in partes plurimas sequestratur. Videns autem se arte muliebri superatum, mulieris artubus mixtus, mortique deditus, totus vertitur in sanguinem. »Auch der Drache stirbt nicht durch ein Regimen. Daher gruben die Philosophen sich ein Grab (sibi, näher liegt ei, ihm, den Drachen. Doch ist sibi nicht gerade falsch. Man kann es nehmen als den Dativus commodi: Die Philosophen gruben sich zu Liebe, sich zum Nutzen ein Grab, um den Drachen hineinzulegen) und begruben mit ihm sein Weib. Indem er sich nun innig mit dem Weib verbindet, dessen Bauch voll ist von Waffen und Gift, hat es statt, daß je mehr er, der Drache, sich um das Weib windet und dreht, daß desto mehr deren Körper (des Weibes Körper, es kann übrigens auch des Drachen Körper verstanden werden) in viele Teile getrennt wird. Wenn er nun sieht, er sei durch Weiberkunst überwunden, so verwandelt er sich, mit den Gliedern des Weibes vermischt und dem Tode verfallen, ganz in Blut.« Wir bemerken hierzu ff.

Wollte man die Tier-Interpretation der Mensch-Interpretation parallel gehen lassen, so würde der Drache als pater omnis telesmi sterben. Dann würde er verfaulen. Seine Seele würde erst himmelan gehen und dann wiederkehren, worauf der tote Drache denn wieder lebendig würde. So wird aber die Lage nicht aufgefaßt, vielleicht weil man Anstoß daran nahm, dem Tier eine Seele zu geben, vielleicht aber auch bloß deswegen, um eine Abwechslung in die Sache zu bringen.

In der Mensch-Interpretation der Tab. smar. (s. vorigen Abschnitt) haben wir gesehen, daß in der vierten Rubrik der Mensch abgehandelt wurde, und daß neben ihm zugleich das Quecksilber resp. der Lapis phil. in's Auge gefaßt wurde. Dies hatte dort mehr getrennt statt, das eine ging neben dem anderen mehr selbständig her. Hier werden beide Gesichtspunkte mehr durcheinander geworfen.

Wie Petrus de Silento sagt, stirbt der Drache nicht »uno regimine« das ist, er ist nicht, wie der Mensch bei der Mensch-Interpretation der Tab. smar., sofort bei der versio in terram *tot*, er wird bloß *begraben*.

Der pater omnis telesmi ist, auf den Drachen bezogen, eben der Drache, auf das Quecksilber bezogen, ist er das Quecksilber. Dies Quecksilber *stirbt* nun noch nicht bei der versio in terram, sondern es wird bloß *begraben*. Das Begraben des Quecksilbers zielt hauptsächlich auf die Darstellung des Hydrarg. oxyd. rubr. mittels des Feuers allein. Bei dieser Darstellung kommt es darauf an, daß das Quecksilber in das Aludel gegeben wird, und dies wird dann als die Grabstätte des

Quecksilbers aufgefaßt. Sobald man nun aber einmal beim Aludel ist, steht nichts im Wege, daß man, indem man auf die Darstellung des Hydrarg. oxyd. rubr. mittels Salpetersäure übergreift, daß man das Gefäß, welches zur Darstellung des Hydrarg. oxyd. rubr. auf diesem Wege dient, ebenfalls als das Grab des Quecksilbers auffaßt.

Beim Drachen-*Weib* denkt sich Petrus, daß die virtus eines pater *keine* integra ist, wenn die mater nicht dabei ist. Weil hier nun gesagt wird, daß die virtus eius, des Vaters, eine integra sein soll, so gibt er dem pater eine mater, das ist, der Drache bekommt ein Weib, und Mann und Weib werden zugleich begraben.

In Bezug auf das zu begrabende Quecksilber brauchen wir dem Weibe nicht weiter Rechnung zu tragen, es ist aber nicht exkludiert, weil die Darstellung des Hydrarg. oxyd. rubr. mittels Feuers allein und mittels Feuers und Salpetersäure in's Auge gefaßt wird und es sich in dieser Beziehung um *zwei* Quecksilber handelt.

Das separare des ignis und des subtile wird in dem Sinn genommen, als wenn man sagt, der Drache speit Feuer und Geifer. — Das ascendere et descendere wird auf die Sprünge bezogen, welche die beiden Drachen im Grabe machen.

In Bezug auf das Quecksilber ist das Feuer- und Geiferspeien, das ascendere et descendere, namentlich in Relation zu setzen zu dem Quecksilber, welches der Einwirkung des Acidum nitricum ausgesetzt wird. Da aber der Putrefaktionsprozeß sowie das ascendere et descendere, wie wir im vorigen Abschnitt gesehen, auch zu der Darstellung des Hydrarg. oxyd. rubr. mittels Feuers allein in Relation gesetzt wird, so ist der Gesichtspunkt dieser Darstellung hier nicht außer Augen zu setzen.

Wenn die beiden Drachen sich bei ihren Sprüngen die Knochen zerschlagen und zerfetzt haben, so wird aus dem ganzen ein Drachenbrei, und dieser verwandelt sich in *Blut*. Dieses Blut recipt vim superiorum et inferiorum. Was aber der vis superiorum et inferiorum teilhaftig wird, das repräsentiert nach der Lapis-phil.-Interpretation der Abendländer (2. Rubrik) die res una, den Lapis phil. Somit recipit das Drachenblut die vis Lapidis philos. wird zum Lapis philos. Wir haben also auf einmal das Abspringen vom Drachen zum Quecksilber, welches Abspringen dadurch eine Handhabe erhält, daß in Bezug auf das neben dem Drachen hergehende Quecksilber das erhaltene

Präparat die rote Farbe des Blutes hat. Dies Präparat aber, das Hydrarg. oxyd. rubr., ist der Lapis phil.

Es decken sich also Blut, in specie Drachenblut und Hydrarg. oxyd. rubr., Lapis philos.

Hiermit haben wir denn zugleich auch den Lapis phil. als *Gift*. Denn Drachenblut ist *giftig*. Hierauf weist auch Petrus hin mit dem: venter plenus armis et *veneno*.

In der *fünften Rubrik* ist die gloria der *Drache*, nicht also der Mensch. Indem man das durchschaut, hat man die obscuritas fugiens.

Die fortitudo ist wieder der Lapis phil. Sie zählt wie bei der Mensch-Interpretation nach der Drei. Bei der Mensch-Interpretation war die Sachlage derartig, daß der Lapis phil. den toten Menschen lebendig machte. So ist *hier* die Sachlage *nicht*. Der Drache ist tot und soll tot bleiben. Das hat statt, daß er uns durch seinen Tod das Medikament Lapis phil. unter der Gestalt des Blutes, des Drachenblutes liefert, und dies Medikament, welches als Ein-Arkanum zugleich die Summe der Arkana bietet, vincit omnem rem subtilem et penetrat omnem rem solidam. Dies aber wird nach Art der zweiten Redaktion der Tab. smar. in der pathologischen Rubrik allgemein-pathologisch gefaßt. Die res subtiles et solidae konstituieren überhaupt den menschlichen Körper, und indem der Heil-lapis sie besiegt und durchdringt, heilt er sie.

In der *sechsten Rubrik* bezieht sich die creatio mundi auf die zweite Rubrik. Die adaptationes beziehen sich auf die vierte Rubrik. Das Ei inkorporiert sich als Drache. Adaptationes pluraliter ist durch den Drachen und sein Weibchen geboten. Die fortitudo dieses Drachen und seines Weibchens — μετρον, fünfte Rubrik — besteht in dem Drachenblut, welches den Heil-Lapis bietet.

Die *siebente Rubrik* wie bei der Mensch-Interpretation.

In der *achten Rubrik* ist wieder, wie bei der Mensch-Interpretation, Sol = Lapis phil., hier aber unter der Gestalt des Drachenblutes. Operatio Solis = Darstellung des Drachenblutes (Lapis phil.). Es wird angenommen, daß die vorliegende Interpretation nicht sowohl auf eine Drachen-Interpretation hinauskommt, als auf eine Drachenblut-Darstellungs-Interpretation, daß es also hauptsächlich ihr Zweck ist, uns den Lapis phil. als *Drachenblut*, und damit denn auch als *Gift* (s. vorhin) zu bieten.

Die Pflanzen-Interpretation der Tabula smaragdina

Man denkt, wenn man die res natae einmal als Tier auffaßt, so kann man auch einen Schritt weiter gehen und sie als Pflanze auffassen.

Es wird alsdann in der *zweiten Rubrik* das Ei zum Pflanzen-Ei, das ist zum Samen der Pflanze. Wie in der Mensch-Interpretation die 4 Elemente, die superiora und inferiora dazu dienen, um die Wunder des Menschen-Eies, wie sie in der Drachen-Interpretation dazu dienten, die Wunder des Tier-Eies im Allgemeinen, und des Drachen-Eies im Besonderen, zustande zu bringen, so dienen sie hier dazu, um die Wunder des Pflanzen-Eies zustande zu bringen. Res omnes wie in der Mensch- und Drachen-Interpretation: die Welt; das unum = Welten-Ei (vergl. dort).

In der *dritten Rubrik* handelt es sich wieder, wie bei der Mensch-Interpretation, um die Elementar-Qualitäten.

Vierte Rubrik

Pater omnis telesmi bis inferiorum.

Pater omnis telesmi etc. Hier hast du das Pflanzen-Ei, den Samen der Pflanze.

Virtus eius integra etc. Dieser Same wird (ähnlich wie beim Drachen) *begraben*, das ist, er wird in die Erde gelegt.

Separabis etc. In der Erde fault der Same (Putrefaktionsprozeß wie beim Menschen). Nur sein Keim bleibt lebendig. Dieser entwickelt sich zum Baum. Dieser aber:

Ascendit etc., steigt in die Höhe und senkt seine Zweige dann herab,

et recipit etc., und macht sich die Elemente untertan; nämlich das Feuer, indem er die Sonnenwärme an sich zieht, die Luft, indem er diese an sich zieht, das Wasser, indem er Feuchtigkeit in sich aufnimmt, die Erde, indem er in der Erde wurzelt.

Ähnlich wie bei der Mensch-Interpretation haben wir nun auch wieder das Anlehnen an das Quecksilber resp. den Lapis philos. Dies ergibt:

Pater omnis telesmi etc. Hier hast du das Quecksilber.

Virtus eius etc. Das Quecksilber wird begraben (ähnlich wie bei der Drachen-Interpretation).

Separabis und Ascendit. Ähnlich wie bei der Mensch-Interpretation.

Et recipit vim superiorum et inferiorum. Und das durch das ascendere und descendere erhaltene Hydrarg. oxyd. rubr., der Lapis philos., der kraft der vorliegenden Interpretation dem Keim einer Pflanze parallel läuft, er wird teilhaftig der vis superiorum et inferiorum. Die superiora und inferiora sind hier, wie bei Geber, die Metalle. Bei Geber hieß die Stelle, die Metalle erhalten die vis Sulphuris, hier heißt sie, die Metalle erhalten die vis Lapidis philosophici. Wenn also bei der Projektion, beim Werfen des Lapis philos. über unedle Metalle, um sie in Gold zu verwandeln, die Goldverwandlung vor sich geht, so wirkt der Lapis philos. wie ein Keim. Wie ein Keim, ein kleiner Keim, sich zu einem großen Baum gestaltet (oder auch wie ein Samenkorn sich zu vielen neuen Körpern gestaltet), so entwickelt sich das wenige Gold des Lapis philos. zu vielem Gold, indem es die Metalle in seine Natur hineinzieht.

Fünfte Rubrik

Sic habebis gloriam, bis penetrabit.

Die gloria ist die Pflanze.

Die fortitudo ist der als *Keim* gedachte Lapis philos. Dieser besiegt und durchdringt die res subtiles et solidae, die flüssigen *Metalle* und die festen *Metalle* (vergl. vorige Rubrik).

Sechste Rubrik

Sic mundus bis hic.

Creatio mundi: zweite Rubrik.

Adaptationes. Die Anpassung des Eies an die Pflanze, und deren Keim: vierte Rubrik.

Modus: fünfte Rubrik, die Wirkung des Lapis philos.

Siebente Rubrik

Wie bei der Mensch-Interpretation.

Achte Rubrik

Completum est etc.

Operatio Solis ist die Wirksamkeits-Entfaltung des Lapis philos. Es wird angenommen, daß die Hauptsache, welche die vorliegende Interpretation in's Auge faßt, die ist, zu lehren, daß der Lapis philos., wenn er den unedlen Metallen zugesetzt wird, wie ein Keim wirkt, der aufgeht.

Die Fermentations-Interpretation der Tabula smaragdina

Von der Mensch-Interpretation an durch die Drachen- und Pflanzen-Interpretation haben wir in der res una das Ei. Die Pflanzen-Interpretation machte das Ei zum Samen. Dieser Same der Pflanze führt nun auf den menschlichen Samen, das Sperma virile, und man denkt, wie Ei und Same in der Pflanze kombiniert sind, so kann man sie auf der anderen Seite auch auseinander halten. Dann hat man auf der einen Seite das Ovum, auf der anderen Seite das Sperma virile, und das führt auf die vorliegende Interpretation der Tab. smar.

Die *Fermentation* kommt ff. in die Sache. Die Alten verglichen den Schwangerschaftsprozeß mit einem Gärungs-Prozeß. Wie das Brot »aufgeht«, wenn Hefe hineinkommt, so geht der Leib des Weibes auf, wenn Sperma virile hineinkommt. Das Sperma virile ist also die Hefe, welche den Leib des Weibes »aufgehen« macht. Aufgrund dessen erhält man, wenn man dem Ovum das Sperma virile zugesellt, eine Fermentation, eine Gärung.

Bei der *zweiten Rubrik* vergl. man die Mensch-Interpretation.

Die *dritte Rubrik* kann auf die Elementar-Qualitäten bezogen werden, sie kann aber auch direkt auf die Elemente bezogen werden. Im letzteren Falle handelt es sich dann in dieser Rubrik um die Elemente des Sperma, wie es sich in der zweiten Rubrik um die Elemente des Eies handelt.

Vierte Rubrik

Pater omnis telesmi bis inferiorum.

Pater omnis telesmi etc. Hier ist das Sperma virile.

Virtus eius etc. Im Anlehnen an den pater wird das Sperma virile als *Mann* gedacht, und, wie bei der Drachen-Interpretation, die virtus dieses Mannes als eine integra gedacht, wenn eine *Frau* hinzutritt. Daß der pater in eine *terra* verwandelt werden soll, wird zunächst derartig erklärt, daß terra ein Femininum ist. Dann aber wird die terra wieder im Allgemeinen genommen, indem Vater und Mutter beide *irdische* Geschöpfe sind. Wie nun aber der pater auf das Sperma virile hinauskommt, so kommt die mater auf das Ovum hinaus.

Separabis etc. Wie diese Stelle bei der Mensch-Interpretation den Fäulnisprozeß bringt, so bringt sie hier den *Gärungsprozeß*. Es wird angenommen, daß beim Gärungsprozeß ein Zersetzen der Elemente statt hat. Und indem nun dieser Gärungsprozeß statt hat: Ascendit etc., geht der Leib des Weibes in die Höhe. Er geht aber nur bis zu einem gewissen Punkt in die Höhe. Dann tritt die Ausstoßung des Kindes ein, und der Leib descendit, fällt wieder bei. Das aber, was an dem Prozeß Schuld ist, das ist das Sperma virile.

Recipit etc., wird zum Lapis philosophicus — ein ähnliches Abspringen zum Lapis philos. wie bei der Drachen-Interpretation — dem Lapis philos., in welchem der Gärungsprozeß vertreten ist, dem Lapis philos. als *Fermentum.*

Fünfte Rubrik

Sic habebis bis penetrabit.

Die gloria ist der Gärungsprozeß. Die fortitudo ist der Lapis philos. vom Standpunkt des Gärungsprozesses, als Ferment, aufgefaßt. Er besiegt und durchdringt die *Metalle* (s. vorige Interpretation) vom Standpunkt des Gärungsprozesses. Beim Gärungsprozeß setzt man nämlich häufig von vornherein etwas Hefe zu. Dadurch wird die Gärung eingeleitet, und das Produkt ist *viel* Hefe. Analog setzt man bei der χρυσοποιια ein *wenig* Gold (Lapis philos.) zu den unedlen Metallen, und nach absolviertem Prozeß findet sich *viel* Gold.

Sechste Rubrik

Sic mundus creatus bis hic.

Die creatio mundi bezieht sich auf die zweite Rubrik.

Die adaptationes, die sich auf die vierte Rubrik beziehen, fassen die Anpassung des Ovum an das Sperma virile von Weib und Mann in's Auge. Quarum modus est hic. Das Produkt von vorhin ist das Fermentum Lapis philos., welches, wie die fünfte Rubrik es bringt, zu den Metallen in Relation gesetzt wird.

Siebente Rubrik

Wie bei der Mensch-Interpretation.

Achte Rubrik

Completum est.

Operatio Solis: Wirksamkeits-Entfaltung des Lapis philos. Es wird angenommen, daß die Hauptsache, welche die vorliegende Interpretation der Tab. smar. in's Auge faßt, die ist, daß sie lehrt, daß der Lapis philos. wie ein *Ferment* wirkt.

Abendländische Metall-Interpretation der Tabula smaragdina
Vergl. besonders: *Artefius,* Clavis maioris sapientiae.

Die res natae, die in den früheren Interpretationen als Mensch, Tier, Pflanze genommen wurden, werden hier als *Metalle* genommen.

Bei der vorliegenden Interpretation der Tab. smar. sind die Rubriken anders zu nehmen wie in den vorangegangenen abendländischen Interpretationen. Wir haben nämlich:

Erste Rubrik:	Verum bis verissimum.
Zweite Rubrik:	Quod est inferius bis adoptione.
Dritte Rubrik:	Pater eius est Sol bis in terram.
Vierte Rubrik:	Separabis bis inferiorum.

Die fünfte, sechste, siebente, achte Rubrik sind dann weiter die früheren der abendländischen Interpretationen. Von der ersten Rubrik ist nichts zu sagen, und wir beginnen mit der

Zweiten Rubrik

Quod est inferius bis adoptione.

Wie bei der Mensch-Interpretation sind die superiora und inferiora die vier Elemente. Diese dienen wieder dazu, um die Wunder der res una als Ovum zustande zu bringen. Dies Ovum ist aber das *Ovum metallicum*. Das Ovum metallicum, das Metallei, der Metallkeim, ist der Lapis philos. als Schwefel und Quecksilber gedacht.

Die res natae sind die Metalle. Diese entstanden vom Ovum metallicum. Das Ovum metallicum ist ihr Vater, somit sind sie das, was das Ovum metallicum selbst ist, das ist Schwefel und Quecksilber. Im übrigen vergl. die zweite Rubrik bei der Mensch-Interpretation.

Dritte Rubrik

Pater eius est Sol bis in terram.

Hier kommen die sieben Metalle an die Reihe. Vergl. bei den Arabern.

Vierte Rubrik

Separabis bis inferiorum.

Hier wird auf die Entstehung der Metalle im Innern der Erde losgesteuert. Wir erhalten also eine Theorie über die Entstehung der Metalle. Wie die zweite Rubrik lehrt, dienen die 4 Elemente dazu, um die Wunder des Ovum metallicum, des Metallkeimes, zustande zu bringen. Dies Wunder ist absolviert, wenn aus dem Metallkeim das Metall geworden ist. Das Metall entsteht nun ff.

Man hat den Metallkeim in der Erde. Dieser besteht aus Schwefel und Quecksilber. Diese werden als die Elemente: *Feuer* und *Erde* aufgefaßt. (In der ersten Lapis-philos.-Interpretation hatten wir *Luft* und Erde. Das verschlägt aber nicht, denn wenn der Schwefel auch dort als Luft aufgefaßt wurde, so war das *Schwefel*-Luft, Hydrothiongas, das ist *Feuer*-Luft. Das Feuer ist also, da der *Schwefel* nicht umgangen werden kann, doch vertreten. Eine Kollision in beiden Auffassungsweisen ist umso weniger da, als, wie wir sogleich sehen werden, die *Luft* doch in die Sache kommt.) Nun dringt die Sonne mit ihrer Wärme in das Innere des Erdbodens und wirkt wie die Hitze beim Destillationsprozeß. Der Metallkeim erhebt sich wie ein Dampf, hierin ist aber das Element *Luft* vertreten. Tritt alsdann Abkühlung ein, so wird, wie bei der Destillation, der Dampf flüssig, und man hat das Element *Wasser* vertreten. Auf die Weise sind also alle 4 Elemente vertreten. Das Wasser nun, welches dadurch entsteht, daß der Metallkeim zu Dampf wird, der Dampf aber wieder zu Wasser wird, dieses Wasser verdichtet sich in weiterer Folge, kongeliert, und damit hat man denn das feste Metall. Das nun haben wir in der vorliegenden Rubrik.

Separabis etc. Terra, Erde, ignis, Feuer, subtile, Luft, spissum, Wasser, bilden die 4 Elemente. Nun soll man separieren, sich 2 Gruppen machen. Man soll nicht separieren, wie der Wortlaut ist, sondern man soll separieren terra und ignis auf der einen Seite, subtile und spissum auf der anderen Seite, das ist, man soll sich die Gruppen bilden: ignis und terra einerseits, subtile und spissum andererseits. Das Separieren gegen den Wortlaut deckt das suaviter magno cum ingenio.

Man sagt also auf der einen Seite: Feuer und Erde, das ist Schwefel und Quecksilber, das ist den Metallkeim, und auf der anderen Seite: Luft und Wasser. Nun:

Ascendit a terra in coelum, steigt der Metallkeim in die Höhe, wodurch er zu Luft wird, und

iterum descendit in terram, geht wieder hinab. Dabei wird nun zugleich der Nachdruck auf terra gelegt, womit wir also nicht nur haben, durch sein Hinabgehen wird er zu *Wasser*, sondern auch, er wird in weiterer Folge durch Kongelation zu einer festen Masse, zum *festen* Metall.

Et recipit vim superiorum et inferiorum. Und so kommt es denn, daß (vergl. bei der Pflanzen-Interpretation) die Metalle erhalten die vis des Lapis philos. als Metallkeim, als Ovum metallicum gedacht, das ist, daß die Metalle aus Schwefel und Quecksilber bestehen, denn das Ovum metallicum ist ja gleich Schwefel und Quecksilber.

Im Allgemeinen haben wir also ganz den Geberschen Standpunkt, daß die Metalle von vornherein aus Schwefel und Merkur bestehen.

Fünfte Rubrik

Sic habebis gloriam bis penetrabit.

Die gloria ist das Metall als Keim vom Standpunkt des Schwefels und Merkur.

Die fortitudo ist der Lapis philos., und zwar der Gold-Lapis, entgegen dem Schwefel und Merkur-Lapis, den wir vorhin im Ovum hatten. Dieser vincit et penetrat: — die *Metalle.*

Der Lapis philos. als Ovum metallicum, das ist als Schwefel und Merkur gefaßt, schafft uns bloß die Metalle als Schwefel und Quecksilber, nicht aber die Metalle als *Gold.* Um Gold zu erhalten, dazu nehmen wir die aus Schwefel und Merkur bestehenden Metalle, die wir im Anlehnen an das Vorige jetzt haben, und nehmen mit ihnen die χρυσοποιια im engeren Sinne vor, derartig vor, daß wir mit ihnen den Gold-Lapis in Berührung bringen. Beim Metall *Gold* ist so etwas nicht nötig, denn das haben wir bereits als Gold *ohne* den Lapis philos.

Die tota fortitudo ist der Lapis philos. als *Schwefel* und *Quecksilber,* und von dieser tota fortitudo ist die fortitudo fortis der Lapis philos. als *Gold.*

Sechste Rubrik

Sic mundus bis hic.

Die creatio mundi wie bei der Mensch-Interpretation.

Die adaptationes beziehen sich auf die vierte Rubrik. Vom Ovum metallicum der zweiten Rubrik entspringen die Anpassungen an die Metalle, entspringt der Prozeß, der uns in der Erde die Metalle liefert.

Der modus bezieht sich auf die 5. Rubrik. Die fortitudo gibt uns das edle Metall, wenn dies denn noch nicht eo ipso durch den Schwefel- und Quecksilber-Prozeß in der Erde da ist.

Siebente Rubrik

Wie bei der Mensch-Interpretation.

Achte Rubrik

Completum est.

Operatio Solis = χρυσοποιια. Es ist fertig, was ich über die χρυσοποιια gesagt. Es wird angenommen, daß es ein untergeordneter Gesichtspunkt ist, daß die Metalle aus Schwefel und Quecksilber bestehen. Das ist die Hauptsache, daß sie zu *Gold* werden. Wenn wir, will der Autor sagen, bloß den Schwefel- und Quecksilber-Standpunkt hätten, dann hätten wir den Geberschen Standpunkt. Der aber genügt uns nicht. Nein, den Goldstandpunkt wollen wir haben. Und daher der prägnante Hinweis auf die χρυσοποιια, wie ihn diese Rubrik bringt.

Die Stercus-Interpretation der Tabula smaragdina

Vergl. besonders: *Epistola Haimonis* de quatuor Lapidibus philosophicis.

Diese Interpretation der Tab. smar. ist nichts anderes als eine Satire auf die res una als Ovum. Da habt ihr nun, will der Autor sagen, das Metall-Ei, das Pflanzen-Ei, das Tier-Ei, das Menschen-Ei. Ich will euch noch ein Ei dazu geben, das ist das »krumme« Ei. Man verzeihe uns diesen banalen Ausdruck, der in manchen deutschen Gauen vulgär-populär ist: — er liegt eben im Sinne des Autors der vorliegenden Interpretation, und bezeichnet: Stercus. Es gehört die Rohheit des Mittelalters dazu, in solchem Ei einen Witz zu finden. Man fand ihn aber darin, und nahm daher die vorliegende Interpretation der Tab. smar. willig auf. Unkundige merkten den plumpen Witz gar nicht, und nahmen die Sache für bare Münze.

Von der ersten Rubrik ist weiter nichts zu sagen.

Zweite Rubrik

Quod est inferius bis adoptione.

Die vier Elemente dienen dazu, um die Wunder der res una, hier Stercus humanum, zustande zu bringen.

Et sicut etc. Die res omnes sind alles das, was um das Ovum als res una gruppiert wird. Die res omnes entstanden vom unum, dem Ovum, meditatione unius, durch das *ideelle* Ei, durch das Ei, welches man sich heraus»*gedoktert*« hat.

Res natae: der Mensch.

Mit der Parallele des Vorder- und Nachsatzes will der Autor sagen: Mit demselben Recht, mit dem ihr sagen könnt, dies und jenes in der abendländischen Alchemie schart sich um das Ei, mit demselben Recht könnt ihr auch sagen, der Mensch konzentriert sich im Stercus.

Dritte Rubrik

Pater eius est Sol bis terra est.

Pater eius est Sol, mater eius est Luna.

Agitur de forma Stercoris *rotunda,* de forma eius *lunari.*

Portavit illud etc.

Respiciuntur *flatus.*

Nutrix eius etc.

Deiicitur Stercus in terram.

Vierte Rubrik

Pater omnis telesmi bis inferiorum.

Pater omnis telesmi etc. Hier hast du den Menschen.

Virtus eius etc. Seine Tugend ist vollkommen, wenn er zu Stercus wird (s. 2. Rubrik). Terra = Stercus (s. 3. Rubrik).

Separabis etc. Man soll einen Unterschied machen zwischen den 4 Elementen des Stercus. Die 4 Elemente dienen ja dazu, um die miracula des Stercus zustande zu bringen.

Ascendit etc. Das Stercus steigt auf: — nämlich seine Odeur, die zur Nase des Riechenden steigt.

Descendit etc. Stercus deiicitur in terram.

Et recipit vim etc. Und dieser Stercus nun wird zum Lapis philos. Da habt ihr den *wahren* Lapis philos., euren Eier-Lapis philosophicus.

Fünfte Rubrik

Sic habebis bis penetrabit.

So hast du die gloria aller Tab. smar.-Interpretationen: — die Stercus-Interpretation.

Haec est fortitudo.

Und da hast du den wahren Lapis philos. Er ist eben der wahre Lapis, denn: vincit omnem rem subtilem, er besiegt alle feinen Nasen, et penetrat omnem rem solidam, und geht durch Mauern und Türen.

Sechste Rubrik

Sic mundus bis hic.

Mundus = Mensch. So ist der Mensch geschaffen, derartig, daß er auf den Stercus hinauskommt (2. Rubrik).

Die adaptationes beziehen sich auf die vierte Rubrik.

Der modus bezieht sich auf die fünfte Rubrik. Dort wird das μετρον der Odeur gebracht.

Siebente Rubrik

Wie bei der Mensch-Interpretation.

Achte Rubrik

Completum est.

Operatio Solis = χρυσοποιια. Der Autor ist nicht nur fertig mit seinem Stercus-Lapis, sondern auch mit der χρυσοποιια. Da sie mit dem Lapis philos. der vorliegenden Interpretation zu exekutieren ist, so erhält sie auch für ihr Part einen ordentlichen Hieb.

Auf die Schultherapie hat die vorliegende Interpretation der Tab. smar. den Einfluß, daß der Kot mit Prägnanz in die Materia medica kommt. Auf solcher Basis stehen der Mäusekot, Album nigrum, der Hundekot, Album Graecum, und was die düpierten Herren in dem Genre mehr in die Apotheker-Büchsen hineinbrachten. Die Bahn für die sogenannte Dreck-Apotheke ist übrigens um so leichter gebrochen, als der Liquor hepatis mit seinem ekeligen Geruch der Ansicht Vorschub leistet, die Alchemisten gäben den Patienten Exkremente ein.

Damit nun der Leser etwa nicht meint, indem wir die vorliegenden Interpretation der Tab. smar. bringen, seien wir es, die wir uns mit ihm einen schlechten Scherz erlauben, wollen wir zu unserer Legalisierung die

Epistola Haimonis de quatuor Lapidibus philosophicis materiam suam ex minori mundo desumentibus

vorführen.

Unter dem minor mundus versteht der Autor das Ei, und unter den Lapides philosophici, welche aus diesem ihre Materie nehmen, versteht er die Auffassung des Lapis philos., wie sie sich an verschiedene Interpretationen der Tab. smar. schmiegen, welche die res una als Ovum interpretieren, wobei denn das Stercus eine Hauptrolle spielt. Er faßt in's Auge 1-) denjenigen Lapis philos., welcher sich an die Fermentations-Interpretation schmiegt; 2) denjenigen Lapis philos., welcher im Stercus repräsentiert ist; 3) denjenigen Lapis philos., welcher sich an die Pflanzen-Interpretation schmiegt; 4) denjenigen Lapis philos., welcher sich an die Metall-Interpretation der Abendländer schmiegt. — Der Autor sagt:

Primus Lapis philosophicus in cacumine duorum montium reperitur, de quo versiculi:

Montibus in binis
Crescit non ultramarinis,
Hunc decidentem
Cum sanguine tolle recentem.

»Der erste Lapis philos. findet sich auf dem Gipfel zweier Berge. Darauf beziehen sich folgende Verse:

Er wächst auf zwei, nicht jenseits des Meeres gelegenen Bergen. Ihn hebe auf, wie er frisch dahin fällt mit dem Blute.« —

Die beiden Berge sind die 2 colliculi glandis penis, auf denen sich das Sperma virile zeigt. Das Blut ist das Blut im uterus. Dieses wird als Teig gedacht, welchen Teig die Hefe des Sperma zum »Aufgehen« bringt.

Secundus sub montibus marinis tollitur:

Stratis iactatur,
Visus sibi deinde negatur;
Multi spernentes
Ipsum, tollent sapientes.

»Der zweite Lapis philos. wird unter den Wasserbergen aufgehoben:

In Haufen wird er entleert, und darauf wird er unsichtbar. Viele verachten ihn (spernentes statt sunt spernentes, i.e. spernunt), wer klug ist, hebt ihn auf.« —

Die montes marini sind die nates. Es wird die Nachbarschaft der Harnwege herangezogen. Ähnlich ist die Situation vorher mit den montes non ultramarini. Der visus negatur, propterea quod stercus deiicitur in cloacam.

Tertius Lapis in arboribus capitur, quarum folia sunt capilli:

Qui lapidem nescit,
Sciat is, quod in arbore crescit.

»Der dritte Lapis philos. wird von den Bäumen gepflückt, deren Blätter Haare sind:

Wer den Stein nicht kennt, der wisse, daß er auf dem Baum wächst.« —

Indem die Blätter eines Baumes als Haare gefaßt werden, wird damit auf das Anlehnen der Pflanzen-Interpretation an die Mensch-Interpretation hingewiesen.

Quartus in occulto nascitur:

Est spes, dum fodietur,
Fert gaudia, dum removetur;
Hos fallit, castrat;
Illos infernat et astrat.

»Der vierte Lapis philos. bildet sich im Verborgenen:

Hoffend gräbt man ihn; freut sich, wenn man ihn findet und an sich nimmt. Die einen täuscht er, ängstigt er, die anderen führt er aus der Hölle zum Himmel.« —

Weil der vierte Lapis sich an die Metall-Interpretation der Tab. smar. knüpft, die Metalle aber in der Erde vorkommen, so wird angenommen, dieser Lapis komme in der Erde vor, und um ihn zu erhalten, müsse man nach ihm wie ein Schatzgräber graben, wobei man denn wie ein solcher zwischen Angst und Hoffnung schwebe, getäuscht werde, wenn man den Schatz nicht findet, beglückt werde, wenn man ihn hebt. Castrare, eigentlich kastrieren, soll so viel heißen als peinigen, ängstigen. Mit den barbarischen Worten infernare und astrare muß man es nicht so genau nehmen, ein Stoffwechselpoet hat vor anderen Menschenkindern schon etwas voraus. — Man höre weiter:

Iam ostendam vobis fideliter locum, ubi Lapidem nostrum tolletis. Ite secrete et morose, cum magno silentio, et accedite posteriora mundi, et audietis tonitrum sonantem, sentietis ventum flantem, et videbitis grandinem et pluviam in terram cadentem. Et haec est res, quam desideratis, cuius finis est cultura et fertilitas terrae, in qua excrementum illud nostrum beneficio naturae circulariter omnia moventis redit in nutrimentum nostrum, et ex nutrimento incrementum corporis nostri. O quam mirabile et salutare homini haec scienti! Haec res illa est, quae valore suo omnes lapides montium mineralium in artificio Alchemiae praecellit.

»Jetzt will ich euch den Ort getreulich zeigen, wo ihr unseren Stein heben könnt. Schleicht sachte, sachte, ohne ein Wörtchen zu reden, und tretet zum Hinterteil der Welt. Da werdet ihr hören, wie der Donner knallt, da werdet ihr riechen, wie der Wind bläst, da werdet ihr sehen, wie Hagel und Regen auf die Erde fällt. Das ist das Ding, was ihr haben wollt, dessen Zweck ist die Kultur und Fruchtbarkeit des Erdbodens, in welchem jenes unser Exkrement durch die Güte der Natur, die alles im Kreise herumtreibt, wieder zu unserer Nahrung wird, und aus der Nahrung zu unserem Wachstum. O, wie wunderbar und heilbringend ist das für den Menschen, der es weiß! Jenes Ding ist in der Kunst der Alchemie mehr wert als alle Steine der Mineralberge.«

Da der Autor den *Aristoteles* zitiert, es also wahrscheinlich ist, daß dieser ihm als Vorbild gedient, so können wir nicht umhin, denselben ebenfalls zu zitieren. Es handelt sich nämlich um den Tractatus Aristotelis alchemistae ad Alexandrum Magnum de Lapide philosophico olim conscriptus, et a quodam Christiano philosopho collectus. In diesem heißt es:

Audi, fili, audi doctrinam patris philosophorum, Aristotelis spagiri, qui tibi praecipit, ut accipias Lapidem animalem, vegetabilem, mineralem etc., ubi liquet, Lapidem animalem esse, qui tanquam serpens ex corruptione perfectissimae naturae humanae de industria inter duos montes emissus gignitur, scinditur et prolabitur, et in fossa cavernae clauditur, calore modesto regitur, inseritur et custoditur. Hic serpens est calidus...

»Höre, mein Sohn, die Doktrin des Vaters der Philosophen, des Spagirikers Aristoteles, der dir vorschreibt, daß du den Lapis animalis, vegetabilis und mineralis nehmen sollst, u.s.w. Hierbei ist es nun klar, daß der Lapis animalis der ist, der wie eine Schlange aus Verderbnis der höchst vollständigen menschlichen Natur mit Mühe (de industria i.e. quod: dum premitur) zwischen zwei Bergen zum Vorschein kommt, in Stücke zerlegt wird, herabfällt und warm und sicher in der Kloake aufgehoben ist. Diese warme *Schlange*...«

Damit mag es genug sein. Am närrischsten bei der ganzen Sache ist das, daß es Leute gab, die das alles für bare Münze nahmen und glaubten, man könne den hochgepriesenen Stein der Weisen, dieses Wunderding, aus aristotelisch-haimonischen Stoffen darstellen. Es ist allbekannt, daß der Hamburger Brandt, der in derartigen Stoffen arbeitete, um den Stein der Weisen zu finden, den Phosphor im Urin entdeckte.

Wie Haimo zu 4 Lapides philos. kommt, davon im folgenden Abschnitt.

Der Lapis animalis, vegetabilis, mineralis. — Hortulanus

Sieht man von der Stercus-Interpretation ab, die späteren Datums ist als die übrigen Interpretationen der Tab. smar., obgleich auch sie in die erste abendländische Periode fällt, so haben wir folgende Interpretationen der Abendländer:

Lapis-phil.-Interpretation, Elementen-Zeichen-Interpretation, Mensch-Interpretation, Drachen-Interpretation, Pflanzen-Interpretation, Fermentations-Interpretation, Metall-Interpretation. Nun schließen sich die Metall-Interpretation und die Lapis-philos.-Interpretation (letztere durch den Lapis philos.) dem Mineralreich an, die Mensch- und Drachen-Interpretation dem Animalreich, die Pflanzen-Interpretation und die Fermentations-Interpretation (letztere durch das Ferment, welches ein Vegetabile ist, Hefe,) dem vegetabilischen Reich. Damit haben wir denn anhand der verschiedenen Interpretationen der Tab. smar. die drei Naturreiche, das animale, das vegetabile, das minerale. Die Elementen-Zeichen-Interpretation ist für ein Bemessen mit solchen Maßstab nicht geeignet, es wird ihr also selbstredend auch nicht zu nahe getreten, wenn sie in der genannten Weise keine Berücksichtigung erhält. Wir haben also die Drei: Animal, Vegetabil, Mineral. Da wir nun aber auch andererseits im Lapis philos. eine Drei haben, so setzten die Abendländer beide Dreien einander gegenüber, und so kommt es, daß der dreifache Lapis philos. aufgefaßt wird als Lapis animalis, Lapis vegetabilis, Lapis mineralis (vergl. die im vorigen Abschnitt zitierte Stelle aus dem Tractatus Aristotelis).

Diesen Lapis animalis, vegetabilis, mineralis hat nun auch der Autor der Stercus-Interpretation vor Augen. Er nimmt an, Mensch und Drache konzentrierten sich in ihrem Stercus, und so tritt das Stercus ein für den Lapis animalis. Und was Haimo betrifft, so erhält er seine 4 Lapides dadurch, daß er, sich an den Lapis animalis, vegetabilis, mineralis haltend, den Lapis vegetabilis in zwei Lapides distrahiert, in den eigentlichen Pflanzen-Lapis und in den Ferment-Lapis. Dies tut er deswegen, weil er so in die Lage kommt, die Fermentations-Interpretation heranzuziehen, welche sich auf einem ähnlichen Terrain bewegt, als die Stercus-Interpretation, und welche daher geeignet ist, einer haimonischen Abhandlung eine Folie zu geben.

Der Drei-Lapis als Lapis animalis, vegetabilis, mineralis kommt bereits im Kommentar des *Hortulanus* zur Tab. smar. vor. Nun sagt Boston (Bostonus Buriensis), Hortulanus habe geblüht im Jahre 1040. Wenn dem so wäre, so würde bereits 1040 die Quintessenz der ersten Periode der abendländischen Alchemie hinter uns liegen, und der Anfang der abendländischen Alchemie weit vor 1000 fallen. *Unmöglich* ist so etwas gerade nicht, indessen — wir glauben es nicht. Der deutschen Übersetzung des Hortulanus von Friedr. Roth-Scholz ist eine lateinische Lebensbeschreibung des Hortulanus vorgedruckt. In dieser »Vita« wird erzählt, Hortulanus sei ein Grammatiker und Poet gewesen und habe schon in früher Jugend eine gute Erziehung erhalten. Als er heranwuchs, habe er, indem England von den Dänen verwüstet wurde, die höheren Schulen seines Vaterlandes (England) verlassen und sei nach dem Festland ausgewandert. Hier habe er mit Glanz seine Studien absolviert. Dann sei er ein berühmter Lehrer geworden. Er habe eine Reihe von Schriften verfaßt, welche Bostonus Buriensis in seinem großen Katalog angäbe. — Nun folgt die Aufzählung dieser Schriften. Und nachdem die Aufzählung im einzelnen fertig ist, heißt's:

Claruisse illum scribit praedictus Bostonus anno Messiae incarnati 1040, Haraldo in Anglia regnante. Cazimirum Monachum et Diaconum eodem anno Papa Benedictus nonus Poloniae regem facit. Vide Joannis Garlandii Compendium Alchemiae. 8. Basileae 1560, pag. 172 sequ. »Der erwähnte Boston sagt, jener (Hortulanus) habe geblüht im Jahre des Heils 1040, als Harald in England regierte. Den Mönch und Diakon Kasimir macht im selbigen Jahre der Papst Benedict IX. zum König von Polen. Siehe des Joh. Garlandus Compendium Alchemiae (das ist eben die Tab. smar. mit dem Kommentar oder den Kommentaren) u.s.w.«

In Bezug hierauf ist nun ff. zu bemerken. Der Ausdruck claruisse (clarere blühen, sich hervortun) ist sehr vage, derselbe gibt dem Leben des Hortulanus einen großen Spielraum. Es handelt sich also um eine Zahl in Bausch und Bogen. Wozu nun aber eine solche Zahl näher bestimmen durch die weiteren Hinzufügungen, daß in diesem Jahre Harald in England regiert, daß in diesem Jahre der Papst Benedict den Kasimir zum König von Polen macht? Das liegt gar zu eigentümlich. Dazu kommt, daß, wenigstens nach den Geschichtsquellen, die uns zu Gebote stehen, Harald oder Harold 1036 in England König wird, und diesem 1039 Hardikanut folgt. Also stimmt es gar nicht, daß 1040 Harald in England regierte. Daß, wenigstens nach den Geschichtsquellen, die uns zu Gebote stehen, erst 1041 Kasimir die Regierung in Polen antritt, darauf wollen wir weiter kein Gewicht legen, denn das exkludiert nicht, daß der Papst ihn bereits 1040 zum rex gemacht.

Hierzu kommt nun noch folgendes. Einige nehmen an, Hortulanus sei ein Engländer. Andere halten ihn für einen Franzosen. Wenn nun aber der eine sagt, Garlandus ist ein Engländer, der andere, er ist ein Franzose, dann ist ein Ausweg, um sich durch diese verschiedenen Ansichten durchzuarbeiten, der, daß man wie der Autor der Lebensbeschreibung, mit der wir es hier zu tun haben, sagt, er ist zwar ein Engländer, er ist aber nach dem Festland ausgewandert. Das also, was unser Autor bringt, *kann* zwar wahr sein, es kann aber auch derartig ausgebeutet werden, daß man sagt, dieser Autor sagt das, was er bringt, bloß deshalb, um es mit keiner Partei zu verderben. Das übrige, was der Autor der Lebensbeschreibung bringt, ist so vage, daß es auf den hundertsten und tausendsten Autor paßt. Er weiß also, außer dem Katalog von Hortulanus Schriften, blutwenig vom Hortulanus, und wenn man das Auswandern in der Weise ausbeutet, die wir soeben dargelegt, so weiß er am Ende *gar nichts* von ihm. Sein Gewährsmann, Boston, wird wohl ebensowenig wissen, denn sonst würde unser Autor es bringen. Und auf solche Autoritäten hin, auf solche Expositionen hin soll man nun gutgläubig annehmen, Hortulanus habe 1040 »geblüht«, das ist eine etwas starke Zumutung.

Der kühne Griff mit der 1040 wird wohl ff. liegen. Die Alchemisten werden den *Aristoteles,* welcher die Abhandlung De perfecto magisterio geschrieben, um das Jahr 1000 gesetzt haben. Es kommen nun in dieser Abhandlung Zitate aus der Tab. smar. vor. Dies bemerkte jemand, der in der Alchemie nicht weiter eingeweiht war, und dachte, die Tab. smar. kommt von Hortulanus her. Hieran anlehnend, kalkuliert er nun, wenn Aristoteles um das Jahr 1000 fällt, so muß Hortulanus früher fallen, denn wenn dem nicht so wäre, so könnte Aristoteles den Hortulanus nicht »zitieren«. Und so kommt denn heraus, daß Hortulanus 1040 blühte.

Das Ovum-Rätsel

Dasselbe bezieht sich auf die res una als Ovum, und kommt in einer Abhandlung vor, welche zwar dem Zosimus zugeschrieben wird, von demselben aber nicht herrührt, und den Titel führt: Περι της ασβεστου. Es lautet:

Μεσον ισταμαι της γαιας και του πολου,
τριγαμμος ειμι, συλλαβην φερων μιαν;
ο ψηφος μοι χιλια πεντακοσια;
και ο ευρων με σοφος ων των γραμματων,
ο δε μη ευρων με ουκ οιδεν το αλφα, και
υπαρχει συν τω βητα και δελτα.

Ich stehe mitten zwischen Erde und Himmel,
habe drei Buchstaben und bin einsilbig.
Der Zahl nach ergebe ich: Eintausendfünfhundert.
Wer mich findet, versteht sich wohl auf die Buchstaben.
Wer mich aber nicht findet, der kennt nicht das Alpha,
und fängt an mit Beta und Delta.

Die Lösung ist: ωον, Ei.

Erste Zeile. Hier wird an das Weltenei angelehnt in der Stelle der Tab. smar.: Et sicut res omnes fuerunt ab uno, und wie alle Dinge waren vom unum, dem Ei, dem Weltenei. Das Weltenei *ist* Himmel und Erde, weil es zu ihnen die Grundlage abgibt. Es ist *nicht* Himmel und Erde, weil diese erst realiter aus demselben hervorgehen. Auf die Weise steht es denn in der Mitte zwischen Himmel und Erde, hält die Mitte zwischen ihnen.

Zweite Zeile. Die 3 Buchstaben sind: ω, ο, ν. — Die *eine* Silbe entsteht dadurch, daß man schnell spricht, und so nicht O-on sagt, sondern On.

Dritte Zeile. Wir haben beim Durchnehmen des ersten Rätsels des ersten Buches der Oracula Sibyllina eine Aufstellung der griechischen Zahlen gemacht. Wenn man solches zu tun unternimmt, so ist es gut, daß es gerade so geschieht, wie wir es dort getan, d.h., daß man mit α anfängt und mit α schließt. Eigentlich sollte man sagen, man müßte mit α anfangen und mit σαμπι schließen, denn wozu ist es nötig, daß das α zweimal aufgeführt wird? Dem ist aber nicht so, das α muß zweimal aufgeführt werden, und zwar aus ff. Grunde: Die Zahlen von 1-900, α bis σαμπι, haben *oben* einen Strich. Also α als 1 wird geschrieben: α′, β, als 2 wird geschrieben: β′, u.s.w. Dagegen die Zahlen von 1000 aufwärts haben *unten* einen Strich. Also α als: 1000 wird geschrieben: ,α, β als 2000 wird geschrieben: ,β, u.s.w. Hierauf wird man nun aufmerksam gemacht, wenn die Aufstellung so ist, wie wir sie gemacht haben. In dieser Aufstellung nämlich hat das erste α oben einen Strich. Bei β, γ u.s.w. ist weiter kein Strich, weil stillschweigend angenommen wird, der Strich oben laufe bei allen Buchstaben durch bis σαμπι. Beim α nach σαμπι muß aber der Strich oben aufhören und unten anfangen. Darum steht eben nach dem σαμπι das α mit dem Strich nach unten. Stände das α nicht da, so wüßte man nicht den Unterschied der Zahlen von α bis σαμπι als 1-900 und von α u.s.w. als 1000 und weiter aufwärts.

Gerade so nun, wie wir die Aufstellung der Zahlen gegeben haben, *gerade* so hat sie der Autor vor sich liegen oder im Sinn. Er denkt, würde ich bloß von α bis σαμπι gehen, so hätte ich die Aufstellung unvollständig, jetzt gehe ich von α bis α, und habe sie vollständig. Wenn nun die Griechen ausdrücken wollten, man habe eine Sache vollständig, das ist vom Anfang bis zu Ende, so sagten sie, man habe die Sache von α bis ω, von Alpha bis Omega. Indem nun unser Autor sagt, er habe die Aufstellung vollständig, sagt er, ich habe die Aufstellung von α bis ω. Alsdann sagt er weiter: Ich habe die Zahlen von 1 bis 1000. Hierin habe ich die Zahlen von α bis ω. Also ist α = 1 und ω = 1000. Die Finte liegt also darin, daß der Autor sich auf seine Weise herausrechnet, nicht ,α sei 1000, sondern ω′ sei 1000.

Nun geht er weiter und sagt, die griechischen Zahlzeichen sind: ,α, β′, γ, δ, ε, βαυ, ζ, η, ϑ, ι, κ, λ, μ, ν, ξ, ο, π, κοππα, ρ, σ, τ, υ, φ, χ, ψ, ω, σαμπι. Das sind 27 Zahlzeichen. Von α bis μ sind 13 Zeichen, von ξ bis σαμπι sind wieder 13 Zeichen, also in der Mitte steht das ν. Das benutzt er nun dazu, um sagen zu können, das ν *stände in der Mitte*. Sobald er das aber heraus hat, sagt er weiter, es handelt sich um die Zahlen 1 bis 1000. Bei diesen steht in der Mitte: 500, also ist ν = 500. Die Finte liegt also darin, daß der Autor sich auf seine Weise herausrechnet, nicht φ' sei 500, sondern ν' sei 500.

Auf diese Weise bekommt denn der Autor heraus, daß der ψηφος nicht ist: 920, nämlich

ω	=	800
ο	=	70
ν	=	50
Summa		920

sondern daß er ist: 1500 nämlich

ω	=	1000
ν	=	500
Summa		1500

Das ο wird im ψηφος nicht mitgerechnet, und zwar deswegen nicht, weil in der zweiten Zeile ja ausdrücklich gesagt wird, das Wort, welches die Lösung des Rätsels enthalte, sei einsilbig. Wenn es aber einsilbig ist, so kann dies bloß darauf beruhen, daß dem ο weiter keine Rechnung getragen wird.

Vierte, fünfte und sechste Zeile. γραμματα sind die Buchstaben als Zahlen. Also: Wer die Lösung des Rätsels findet, der versteht sich darauf, die Zahlbuchstaben richtig zu fassen, das heißt, im Sinne des Autors richtig zu fassen. Wer die Lösung aber nicht finden kann, der ουκ οιδεν το αλφα, der kann nicht A sagen, der ist ein dummer Teufel; και υπαρχει, u.s.w. υπαρχειν liegt ganz ähnlich wie das deutsche »anfangen«. Wenn wir sagen. »Fängt der da mit dem Hundertsten und Tausendsten an«, so soll das weniger heißen: initium facere, als vielmehr: »er kommt damit heran, er bringt es auf's Tapet«. So ist hier das υπαρχειν: damit herankommen. Also wer das Rätsel nicht lösen kann, so hat der Autor zu sagen im Sinne, der kommt mit α und β heran, das heißt, der nimmt die Buchstaben nach ihrem gewöhnlichen Zahlwert und zählt sich heraus α = 1, β = 2 u.s.w., und kommt so dahin, daß er sagt: ω = 800 und ν = 50. Daß der Autor nun nicht sagt: der kommt mit α und β heran, sondern mit β und δ, das liegt darin, daß er das α nicht bringen kann, weil er ja vorhin dem Nichtlöser in die Schuhe geschoben hat, er kenne das αλφα nicht. Darum rückt an die Stelle des α und β das β und γ. Das γ nimmt der Autor aber auch wieder nicht, und setzt dafür das δ, weil er denkt, ich bin von 0 auf 2 gesprungen, nun will ich auch von 2 auf 4 springen, und die 3 unterwegs lassen. Übrigens läßt sich ουκ οιδεν το αλφα auch erklären mit: der kennt das αλφα insofern nicht, als er sagt, αλφα ist eine Eins, und nicht, αλφα ist der Anfang. Und wenn er auf die Weise das αλφα nicht kennt, so kommt er auch nicht auf das ω als Bezeichnung für Ende, statt als Bezeichnung für 800. Also liegt in dem ουκ οιδεν το αλφα indirekt der Hinweis dafür, daß ω = 1000. Ein ähnlicher indirekter Hinweis dafür, daß ν = 500 liegt darin, daß das Rätsel anfängt: Μεσον ισταμαι. Durch das μεσον wird indirekt auf das ν hingewiesen, welches in der Mitte steht, in der Mitte von 1 und 1000, und damit = 500. γαια und πολος sind dann indirekt 1 und 1000.

Alchemistische Schriftsteller und Schriften der ersten abendländischen Periode

Aristoteles (Pseudo-Aristoteles). Von ihm ist die Abhandlung: De perfecto magisterio. Dieselbe zerfällt in zwei Abteilungen. Die zweite beginnt mit der Überschrift: Secunda huius artis ratio. Diese trägt einen ganz anderen Charakter als die erste Abteilung und ist unecht. Es fällt in der ersten, eigentlich dem Aristoteles zukommenden Abteilung auf, daß von Periode zu Periode mit einem »Scias hoc, quia est magnum secretum« aufgewartet wird. Das erinnert an das beim Demokrit immer wiederkehrende »Natura natura gaudet etc.« Dies ist denn wohl mit ein Motiv, daß die Abendländer auf die demokritschen Refrains zurückkommen, diese indes in einem anderen Sinne nehmen als Demokrit, vergl. z.B. Turba philosophorum, Sermo undecimus (Parmenides). Sehr wichtig in der Abhandlung des Aristoteles ist das, daß die 4 Regimina deutlich dargelegt werden. Hier hinter greift ein anderer Autor und bringt eine Abhandlung: Tractatulus de practica Lapidis philosophici, der er den Autortitel Aristoteles gibt. Diese Schrift handelt hauptsächlich von den 4 Regimina, welche genannt werden: Lapidis dissolutio in aquam spiritualem (Solvieren), Lapidis separatio in statum spiritualem (Destillieren), Lapidis reductio in terram naturalem (Kongelieren), desponsatio Lapidis in calcem corporalem (Kalzinieren). Im Allgemeinen wird angenommen, daß *ein* Aristoteles die Abhandlung: De perfecto magisterio (beide Abteilungen) und die Abhandlung: Tractatulus de practica Lapidis philosophici geschrieben. Daran ist gar nicht zu denken. Und noch viel weniger ist daran zu denken, daß der Aristoteles, der in der haimonischen Epistel zitiert wird, eben derselbe Aristoteles sei. Das will ja selbst nicht einmal der Christianus philosophus, der die betreffende Abhandlung: Tractatus de Lapide philosophico etc. geschrieben. Dieser stempelt ja die Schrift zu einem Opus des Stagiriten Aristoteles, woher das »conscriptus ad Alexandrum Magnum«.

Eine wichtige Schrift ist die *Turba philosophorum.* Sie existiert in 2 Redaktionen. Die erste hat 72 Sermones, die zweite 78 Sententiae. Es handelt sich in diesen Schriften um eine Reihe von Alchemisten, welche die Namen führen: Iximidrus, Exundrus, Anaxagoras, Pandolfus, Lucas, Locusfor, Pythagoras u.s.w. Diese halten der Reihe nach einen Sermo resp. eine Sententia, in welcher die Alchemie im Sinne der abendländischen Alchemisten besprochen wird. Der Praeses in der Versammlung ist *Arisleus,* und das ist der Grund, weshalb man dem Arisleus die Autorschaft der Turba philosophorum gegeben. — Von besonderen Schriften, welche sich auf die Turba philosophorum beziehen, führen wir auf: In turbam philosophorum sermo unus anonymi. — Allegoriae sapientum supra librum Turbae (29 Distinctiones). — Aenigma (VII aenigmata) ex visione Arislei philosophi et allegoriis sapientum. (Der Ausdruck visio Arislei stammt von Petrus de Silento her.) — In turbam philosophorum exercitationes, in quibus occulta quaedam et ad artem facientia explicantur (Exercitationes XV).

Morienus, auch Morienus Romanus, auch Eremita Hierosolymitanus genannt — einige schreiben Morienes — ist der angebliche Verfasser der Schrift: De compositione Alchemiae, welche übrigens auch andere Titel führt. Diese Schrift zerfällt in 2 Teile, deren einer Allgemein-Data über Moriens Leben in Verbindung mit einer Goldmacher-Historie enthält. Es liegt zu nahe, daß man die Allgemein-Data über Moriens Leben mit dem Maße bemißt, mit welchem man die Goldmachergeschichte bemißt, und da bleibt denn von historischer Zuverlässigkeit wenig übrig. Der eigentliche alchemistische Teil trägt den Allgemein-Charakter der Schriften der ersten abendländischen Periode. Das Werk ist angeblich ursprünglich arabisch geschrieben, und von *Robertus Castrensis* in's Lateinische übersetzt. Am Schluß dieser »Lateinischen Übersetzung« des Robertus steht: Explicit liber Alchemiae de Arabico in Latinum translatus anno millesimo centesimo octuagesimo secundo, in mense Februarii et in eius die undecimo. »Ende des Buches der Alchemie, welches vom Arabischen in's Lateinische übersetzt wurde, 11. Februar 1182.« Im ersten Abschnitt des Buches spricht Morienus von sich selbst, im zweiten Abschnitt wird in der dritten Person von ihm gesprochen, und die folgenden Abschnitte, welche eigentlichen alchemistischen Wert haben, bringen Gespräche zwischen dem König Kalid und Morienus in dem Genre: Kalid fragt das, Morienus antwortet das. Dabei hat man nun aber das Nachsehen, ob Morienus selbst diese Gespräche aufgeschrieben oder vielmehr ein anderer sie verfaßt hat, und das, was er sagen will, dem fingierten Morienus in den Mund legt.

Merlin, dem die Allegoria, profundissimum philosophici Lapidis arcanum perfecte continens zugeschrieben wird, ist ein Pseudonym. In dieser Abhandlung wird ein König auferweckt, und zielt dieselbe auf die Mensch-Interpretation der Tab. smar. resp. das Quecksilber (vergl. bei der Mensch-Interpretation der Tab. smar.). Merlin war ein englischer Zauberer, der um 500 p. Chr. gelebt haben soll. Der Autor der Allegoria denkt, die abendländische Mensch-Interpretation der Tab. smar. hat einen Anstrich von Zauberei, indem ein toter Mensch wieder lebendig gemacht wird. So kommt er von der Mensch-Interpretation auf Zauberei, von der Zauberei auf einen Zauberer, und als solcher wird eben Merlin herangezogen. Es ist wohl kaum nötig, darauf hinzuweisen, daß der Merlin, der um 500 gelebt haben soll, unmöglich der Autor der vorliegenden Abhandlung gewesen sein kann, da damals ja noch gar keine abendländische Alchemie existierte.

Ebenso ist *Haimo,* dem die Epistola de quatuor Lapidibus philosophicis etc. zugeschrieben wird, ein Pseudonym. Haimo war ein Bischof zu Halberstadt, dessen Todesjahr auf 853 fallen soll. Dieser Bischof Haimo kann natürlich nicht der Verfasser der vorliegenden Epistel sein, denn zu der Zeit, wo er lebte, existierte noch keine abendländische Alchemie. Er aber wird als Autor in's Auge gefaßt, und zwar weniger deswegen, weil er der Haimo ist, sondern deswegen, weil er ein *Bischof* war. Nämlich jemand, der einen Witz machen wollte, sagte, diese

Epistel kommt von einem Kirchenschriftsteller her. An die Stelle des Kirchenschriftstellers trat nun ein Bischof, und als solcher hatte Haimo das Glück, gewählt zu werden.

Des *Petrus de Silento* »Opus«, sowie des Artefius: Clavis maioris sapientiae ist bei der Drachen- und Metall-Interpretation zitiert worden.

In die erste abendländische Periode gehört auch: Interlocutio *Mariae prophetissae,* sororis Moysis et Aaronis, habita cum aliquo philosopho, dicto Aros, de excellentissimo opere trium horarum Wir kennen aus dieser Interlocutio bloß Excerpta. Wahrscheinlich war diese Maria ursprünglich die Jungfrau Maria, welche dem Anlehnen der abendländischen Alchemie an Christus zu Liebe zu einer Alchemistin gestempelt wurde. Hinterdrein wandelte man sie zur Maria, das ist Mirjam, der Schwester Moses und Aaron um. Motiv zu diesem Tun war entweder das, daß man meinte, den Arabern sei die Prophetin Maria oder Mirjam minder skrupelerregend als die Jungfrau Maria, oder auch das, daß man in der »Alchemistin« eine Profanation der Jungfrau Maria fand.

Von *Hortulanus* war bereits früher die Rede.

Dubios sind die Dicta Alani philosophi de Lapide philosophico, welcher der Flamänder *Justus a Balbian* herausgab (1598), wie er sagt, indem er sie aus dem Deutschen übersetzte. In dieser Abhandlung kommt nämlich folgende Stelle vor:

Ad huiusmodi calcinationem philosophi nos remittentes exemplum sumere iubent a lignis, in quibus adhuc viridibus tria existunt humiditatum genera: primum, quod lignum a combustione praeservat; alterum, admodum pingue et oleaginosum, inflammationis et combustionis causam administrat, carentque duo ista odore et ab igne consumuntur; tertium autem, unctuosum ac quantitate exiguum, in cinere remanet, subtileque est et perenne. »Die Philosophen (Alchemisten) verweisen uns auf eine derartige Kalzination, und sagen, wir sollen das Holz als Beispiel nehmen, welches, wenn es noch grün ist, drei Arten Feuchtigkeit enthält. Die erste Art ist die, welche das Holz gegen das Verbrennen schützt. Die zweite, sehr fett und ölig, ist der Grund, daß das Holz Feuer fängt und verbrennt. Diese beiden Arten sind geruchlos und werden vom Feuer verzehrt. Die dritte Art, salbenartig und von geringer Qualität, bleibt in der Asche zurück und ist subtil und beständig.«

Das lehnt zu auffallend an die Sal-Sulphur- und Merkur-Lehre, welche wohl damals bestand, als Balbian die Dicta Alani herausgab, aber nicht in der ersten abendländischen Periode. Doch nicht nur das, sondern die Stelle ist auch obendrein aus des *O. Croll* Basilica chemica abgeschrieben. Dort heißt's nämlich (Genfer Ausgabe v. 1631, pag. 30):

Hoc a spagyris visibili experientia et certificatione incontradicibili demonstrari potest. In lignis viridibus tria etiam existunt humiditatum genera: Primum aquosum, Mercurio fugitivo respondens, quod lignum a combustione praeservat: Alterum, admodum pingue et oleaginosum, inflammationis et combustionis causam, instar Sulphuris, administrat, et haec duo ab igne consumuntur: Tertium autem, unctuosum ac quantitate exiguum, in cinere remanet (Sal videlicet) subtile est et perenne.

Mit der Aufführung dieser Schriftsteller und Schriften wollen wir uns begnügen.

Was nun die *Zeit* betrifft, in welche dieselben fallen, so fehlen sichere Details. Nur für die Übersetzung des Robertus Castrensis liegt die Jahreszahl 1182 vor. Sicher ist, daß zu den Zeiten des Albertus Magnus, dessen Geburtsjahr auf 1193 und dessen Sterbejahr auf 1280 gesetzt wird, die erste abendländische Periode hinter uns liegt. Wir können daher in Bausch und Bogen sagen, um das Jahr 1200 falle der Abschluß der ersten abendländischen Periode. Man kann nun annehmen, daß in Bausch und Bogen 200 Jahre damit hingingen, bevor die erste abendländische Periode mit allen den Einzelheiten, welche sie in's Auge faßt, zum Abschluß gekommen. Und damit ist denn gegeben, daß der Anfang der ersten abendländischen Periode so zirka um das Jahr 1000 fällt.

Zweite abendländische Periode. —
Das Quecksilber als Ens universale

Die Alchemisten der zweiten abendländischen Periode gehen im Allgemeinen auf der Bahn weiter, welche ihnen von den Alchemisten der ersten abendländischen Periode vorgezeichnet worden ist, dabei bald mehr, bald weniger auf die arabische Alchemie blickend. Besondere Eigentümlichkeiten werden wir hervorheben. Wir lassen diese Periode mit Albertus Magnus beginnen und bis zu Basilius Valentinus gehen, mit welchem die dritte abendländische Periode beginnt. Hierbei setzen wir indes den Basilius Valentinus später, als das gewöhnlich geschieht (vergl. Basilius Valentinus).

Bereits durch die metaphysische Interpretation der Tab. smar. erlangt das Quecksilber in der Alchemie eine hohe Bedeutung. Diese Stellung wird noch bedeutender durch die arabische Richtung der Alchemie, welche auf die Abendländer übergeht. Die hohe Bedeutung des Quecksilbers für die Alchemie bringt es mit sich, daß bereits die Abendländer der ersten Periode dem in's Auge sehen, was ihnen denn nun alles das Quecksilber anhand der verschiedenen Interpretationen der Tab. smar. bietet, was es anhand dieser Interpretationen direkt und indirekt ist. Indessen ist in der ersten abendländischen Periode dieses Tun mehr vage, eine wirkliche prinzipielle Bedeutung erhält es erst in der zweiten abendländischen Periode — und von da sich fortziehend, in den folgenden abendländischen Perioden — durch eine Besonder-Interpretation der Tab. smar., das ist durch die Quecksilber-Ens-universale-Interpretation.

Bei dieser ist die res una: Quecksilber. Die Pronomina eius, illud im Passus Pater eius est Sol etc. beziehen sich auf das Quecksilber. Der pater telesmi ist das Quecksilber. Die gloria ist das Quecksilber, die fortitudo ist das Quecksilber. Der Hermes trismegistus bezieht sich auf das Quecksilber. Die operatio Solis bezieht sich auf die operatio des Quecksilbers. Überall, allüberall — Quecksilber. Hierbei ist nun namentlich der Passus in's Auge zu fassen:

Et sicut res omnes fuerunt ab uno, meditatione unius: sic omnes res natae fuerunt ab hac una re adoptione.

Wie die Welt herstammt von Gott, vom λογος Gottes, so stammen *alle Dinge, welche die Welt enthält* (res natae), vom Quecksilber her. Damit ist das Quecksilber ein Ens universale!

In Bezug auf das Quecksilber als Ens universale knüpft man nun alles das, was irgendeine Interpretation der Tab. smar. an eine Rubrik, an einen Passus gelehnt hat, und setzt es zum Quecksilber in Relation. Hiermit begnügt man sich aber nicht, sondern zieht auch einerseits für diese und jene Rubrik, diesen und jenen Passus neue Beziehungen heran, andererseits gibt man den alten Beziehungen einen extendierten Umfang, welche beiden Manöver unter Umständen auf dasselbe hinauslaufen.

Wir wollen dies an einigen Beispielen klar machen.

Man hat in den beiden superius und inferius der zweiten Rubrik anhand früherer Interpretationen die 4 Elemente. Also umfaßt das Quecksilber die 4 Elemente.

In denselben superiora und inferiora hat man (pythagoräische Interpretation der Tab. smar.) das Dreieck. Also umfaßt das Quecksilber das Dreieck.

In denselben superiora und inferiora hat man (magische Interpretation der Tab. smar.) die Dämonen.

Man hat in der dritten Rubrik: Sol, Luna, ventus, terra. Also Quecksilber = Sol, Luna, ventus, terra.

In derselben Rubrik hat man nach anderer Interpretation die Elementar-Qualitäten. Also umfaßt das Quecksilber die Elementar-Qualitäten.

U.s.w.

Ferner hat man nach der Drachen-Interpretation der Tab. smar. im pater omnis telesmi den Drachen. Also Quecksilber = Drache. Hierbei fragt man sich dann, warum muß es denn nun gerade ein *Drache* sein? Nehmen wir irgend ein anderes Tier. Und — es tritt irgend ein anderes Tier an die Stelle des Drachen.

Und ähnlich: Man hat nach der Pflanzen-Interpretation im pater omnis telesmi den Baum. Also Quecksilber = Baum. Hierbei fragt man sich dann, warum muß es nun gerade ein *Baum* sein? Nehmen wir in gleicher Beziehung etwas anderes. Und an die Stelle des Baumes rückt der Strauch, die Blume.

U.s.w.

Ferner hat man in der philosophia totius mundi die Tab. smar. Die Tab. smar. ist aber gleichsam ein Spiegel für die Alchemisten, in welchem sich die Alchemie abspiegelt. So kommt Paracelsus dazu, aus dem Quecksilber als Ens universale den *Spiegel* herauszuarbeiten.

U.s.w.

Es ist leicht zu übersehen, daß man, indem man die Sache auf solche Weise angreift, das Hundertste und Tausendste für das Quecksilber herausbekommen kann.

Indem man nun aber in Bezug auf das Quecksilber als Ens universale das Hundertste und Tausendste vor sich hat, muß man sich nicht der Idee in die Arme werfen, als handelte es sich um *absolute Willkür*. Man muß nicht sagen, da steht ja mit dürren Worten: omnes res natae fuerunt ab una re, alle Dinge, welche die Welt enthält, stammen vom Quecksilber her. Also, nehme ich etwas, was die große weite Welt enthält, da habe ich eben Quecksilber. So muß man *nicht* sagen. Vielmehr handelt es sich darum, daß anhand alter oder neuer Spekulationen irgendeinem Etwas der Tab.-smar.-Standpunkt, ein alchemistischer Standpunkt, andemonstriert wird, daß so ein Quecksilber-Standpunkt herauskommt, und daß dies Etwas so ein Recht erhält, unter den res natae eine Stelle einzunehmen. Also den Standpunkt der res natae hat man nicht aprioristisch, er muß erst aposterioristisch hineinkommen. Die Sachlage ist *nicht:* dies oder jenes Etwas ist eine res nata, also ist es Quecksilber, *sondern:* dies oder jenes Etwas läßt sich als Quecksilber legalisieren, darum hat es ein Recht, unter die res natae aufgenommen zu werden. Und hierbei ist denn wieder das Recht, unter die res natae aufgenommen zu werden, um so mehr begründet, je mehr Anhaltspunkte für das Quecksilber anhand der Tab. smar. oder bereits eingebürgerter alchemistischer Spekulationen vorliegen. Einige Beispiele werden dies klarmachen.

Wir haben oben gesagt, daß anhand des Drachen, welcher als Quecksilber gefaßt wird, auch andere Tiere in den Bereich des Quecksilbers kommen. Hierbei wäre es nun ein sehr lockerer Anhaltspunkt, wenn man sagen wollte: Der Drache ist ein Tier. Der Drache ist Quecksilber. Nun sind aber der Elefant, die Maus, der Hase, der Fuchs u.s.w. Tiere. Also sind sie auch Quecksilber. Auf solche lockere Anhaltspunkte läßt sich kein gediegener Alchemist ein, eine solche Legalisierung des Quecksilbers für den Elefanten, die Maus, den Hasen, den Fuchs steht auf zu schwachen Füßen. Anders liegt die Sache, wenn gesagt wird, der Drache ist Quecksilber an und für sich (pater omnis telesmi), er ist aber auch Quecksilber in Bezug auf sein Blut (Quecksilber als Venenum). Nun haben wir die Kröte, die Viper, den Basilisken u.s.w. Diese Tiere sind *giftig.* Ihr Gift deckt das Quecksilber als Venenum, ihre Tier-Natur deckt die Tier-Natur des Drachen. Also können sie als Quecksilber aufgefaßt werden. Das ist eine echte Legalisierung der Kröte, der Viper, des Basilisken als Quecksilber. Oder man nimmt den Löwen und sagt, der Drache kommt in die Alchemie aufgrund der Arbeiten des Herkules, Herkules aber tötet nicht nur den Drachen (die Lernäische Hydra), sondern auch den Nemeischen Löwen. Die eine wie die andere Tat gehört unter die zwölf Arbeiten des

Herkules, hier wie dort handelt es sich um ein Tier. Also, wo ich den Drachen nehme, kann ich auch den Löwen nehmen, wo demgemäß der Drache = Quecksilber, ist auch der Löwe = Quecksilber. Auf die Weise ist der Löwe als berechtigt zur Aufnahme unter die res natae legalisiert. Und ferner: Wir haben oben gesagt, daß anhand des Baumes, welches als Quecksilber gefaßt wird, auch andere Pflanzen in den Bereich des Quecksilbers kommen. Hierbei wäre es nun ein sehr lockerer Anhaltspunkt, wenn man sagen wollte, der Baum gehört dem Pflanzenreiche an, dem Pflanzenreiche gehören aber auch an: die Klette, der Enzian, die Winde u.s.w. Da nun der Baum = Quecksilber, so sind auch die Klette, der Enzian, die Winde u.s.w. = Quecksilber. Anders würde sich die Sache schon machen, wenn man sagt, die Pflanze Lunaria ist Quecksilber, denn einerseits ist sie eine Pflanze, andererseits weist ihr Name Lunaria aber speziell auf das Mater eius est Luna der Tab. smar. Oder wenn man sagt, die Rose ist Quecksilber, denn einerseits ist sie eine Pflanze, andererseits bildet sie in ihrer roten Farbe ein Anlehnen an das Hydrarg. oxyd. rubr., den Gold-Lapis. Auf die Weise haben wir denn die Legalisierung der Lunaria, der Rose, unter die res natae aufgenommen zu werden, nicht aber hat das gleiche statt bei der ersten besten Pflanze, die man sich aus dem Pflanzenreich hervorholt.

Es läßt sich nicht leugnen, daß die Spekulation einen weiten Spielraum hat, wenn sie sich daran macht, diesem oder jenem Etwas seine Berechtigung zum Eintritt in den Bund der res natae anzudemonstrieren. Immerhin ist es aber wohl zu berücksichtigen, daß es sich nicht um die *absolute* Spekulation handelt, sondern um die *alchemistische* Spekulation. Wer die Sache ordentlich ausbeuten will, muß au courant der Alchemie sein, es gehört ein alchemistischer Takt dazu, sich hier nicht in zu weiten und zu engen Grenzen zu bewegen. Noch lange nicht jeder ist dazu qualifiziert, die Sache genial auszubeuten, und es ist bei den einzelnen Autoren, welche dieses Terrain betreten, eine größere oder geringere Gewandtheit, ein Tirocinium einerseits und eine Virtuosität andererseits durchaus nicht zu verkennen. Wir wollen hierfür ein Beispiel nehmen.

In Bezug auf allgemein menschliche Beziehungen wird das Quecksilber zum *König*. Das liegt nahe im Anlehnen an die Mensch-Interpretation der Tab. smar. Es wird zum *Knecht* (servus). Dabei wird nun natürlich gedacht, der König ist doch ursprünglich nichts anderes als der Mensch der Mensch-Interpretation. Wie man diesen aber zum höchsten Menschen macht, so kann man ihn auch zum niedrigsten Menschen machen, denn die Extreme berühren sich. Und so wird aus dem König ein Knecht. Das liegt nun viel weniger alchemistisch gewandt als das folgende. Das Quecksilber ist ein *Mann.* Grund: Pater eius est Sol. Ein Vater ist aber ein Mann. Es ist eine *Frau.* Grund: Mater eius est Luna. Eine Mutter aber ist eine Frau. In Mann und Frau haben wir Maskulinum und Femininum. Nun ist das Quecksilber aber auch ein *Neutrum,* denn die Vokabel Hydrargyrum ist generis neutrius. Das Quecksilber ist ein *Vater,* Grund: Pater omnis telesmi est hic. Dasselbe ist eine *Mutter,* denn in der Drachen-Interpretation wird ja das virtus eius integra est auf die Frau des pater bezogen. Auch ist für Vater und Mutter das Pater eius est Sol, mater eius est Luna zu verwerten. Es ist ein *Kind* (Sohn, Tochter), denn die virtus integra eines Vaters kann da angenommen werden, wo er ein Kind erhält, namentlich aber da, wo er als Stammhalter einen Sohn erhält. Also Quecksilber = *Sohn.* Der Vater ist also Quecksilber, und der Sohn ist Quecksilber. Also koinzidieren Vater und Kind. Und das ist, das Quecksilber *zeugt sich selbst.* Ebenso ist die Mutter Quecksilber, und das Kind ist Quecksilber. Also koinzidieren Mutter und Kind. Und das ist, das Quecksilber *gebiert sich selbst.* Anhand des Pater eius est Sol, mater eius est Luna ergibt sich ferner, daß eine Heirat zwischen Quecksilber und Quecksilber statt hat. Wo sich aber zwei heiraten, die dasselbe sind, da liegt es nahe, anzunehmen, es heiraten sich Bruder und Schwester. So haben wir Quecksilber als *Bruder,* Quecksilber als *Schwester.* Ferner haben wir in Bezug auf das Pater eius etc.: Sol und Luna (Quecksilber und Quecksilber) heiraten sich. Sie erhalten ein Kind (die res una). Nun folgt aber wieder Pater omnis telesmi. Und da liegt es nahe, daß das Kind von soeben wieder heiratet und ein Kind bekommt. Dies letztere Kind ist dann aber ein *Enkel,* resp. eine *Enkelin.* Nimmt man nun aber an, daß sich vorhin Bruder und Schwester heirateten, so kommt das Verhältnis von *Oheim* und *Tante* in die Sache. Und so lassen sich noch weitere Familien-Verhältnisse heranziehen. Das liegt alles im echt alchemistischen Sinne ganz anders als der Knecht, der dem König gegenübergestellt wird. — Nebenbei sei hier erwähnt, daß *Paracelsus* die Sache mit Virtuosität auszubeuten versteht. An die Quecksilber-Ens-universale-Interpretation der Tab. smar. knüpft sich die Aludel-Interpretation der Tab. smar. Bei ihr läßt man die res una das Aludel sein, und hat nun des Näheren ff.

Quod est inferius etc. Stoße dich nicht daran, daß der Bauch des Aludel so dick ist, und der Hals so dünn. Sage in Folge dessen nicht, der Bauch ist doch dem Hals überlegen. Nein, das ist er nicht, ebensowenig, wie du am Aludel den Bauch entbehren kannst, kannst du seinen Hals entbehren: — das inferius est sicut id quod est superius. Und nun geht es weiter:

Et quod est superius etc. Und beide Teile des Aludel, sein superius und inferius dienen dazu, die Wunder der res una zustande zu bringen. Et sicut res omnes etc. Gott hat die Welt erschaffen. Die Welt hat also ein Vorderglied, Gott. Ebenso haben die res natae, das Quecksilber in seinen verschiedenen Auffassungen, ein Vorderglied, und dies Vorderglied ist das Aludel. Die Stelle Pater eius Sol etc. kennen wir bereits in der Aludel-Interpretation von der arabischen Alchemie her.

Beim Pater omnis telesmi läßt man alsdann das *Quecksilber* eintreten.

Dann ist weiter die gloria das Aludel, die fortitudo das Quecksilber. — Das übrige liegt auf der Hand.

Durch eine solche Interpretation der Tab. smar., welche sich der Quecksilber-Ens-universale-Interpretation zur Seite stellt, bekommt man für das Quecksilber einen weiteren Spielraum. Zuerst kann man irgendeinem Etwas die Legalisierung seines Rechtes, unter die res natae aufgenommen zu werden, aufgrund dessen andemonstrieren, weil es Ähnlichkeit mit dem Aludel hat. Dann aber auch kann man für eine solche Legalisierung das heranziehen, daß man sagt, ich habe das Quecksilber, dies führt mich aber auf das Aludel, auf das Werkzeug, vermittels dessen es dargestellt wird. Habe ich also irgendein Etwas, welchem der Quecksilber-Standpunkt andemonstriert werden kann, so kann ich zugleich auch das *Werkzeug*, anhand dessen ich dieses Etwas erhalte, welches mit diesem Etwas in Verbindung steht, vom Quecksilber-Standpunkt auffassen. In ersterer Beziehung führen wir die Auffassung eines *Magens* als Quecksilber an, z.B. eines Pferdemagens, eines Straußenmagens: — es ist die Ähnlichkeit mit dem Aludel da. In letzterer Beziehung führen wir die Auffassung des Quecksilbers als *Schwert, Messer* u. dergl. an. Wie wir nämlich in der Mensch-Interpretation kennengelernt haben, tötet das Quecksilber sich selbst. Hierbei liegt es nun nahe, ihm ein Werkzeug anzudemonstrieren, vermittels dessen es sich tötet, und da wird man denn auf ein Schwert, ein Messer u. dergl. geführt.

Wir wollen nun zuerst eine auf das Ens universale Quecksilber bezügliche Stelle des *Petrus Bonus* aus Ferrara anführen und dann zu einem kleinen Katalog der Dinge übergehen, welche das Quecksilber ist, wobei übrigens einiges von dem, was wir bringen, erst in der folgenden Periode auftaucht. Verlange einer in Bezug auf diesen Katalog alles von uns, nur keine *Vollständigkeit*. So ist die Sache gar nicht gemeint. Es ist uns um nichts anderes zu tun, als dem Leser so ganz im Allgemeinen eine Anschauung davon zu geben, in welche verschiedene Materien man anhand des Ens universale Quecksilber hineingerät (vergl. *Theob. de Hoghelande:* De artis alchymicae difficultatibus).

Die soeben erwähnte Stelle des Petrus Bonus befindet sich in seiner Abhandlung: Pretiosa margarita novella de thesauro ac pretiosissimo philosophorum Lapide (composita A. 1330), Kap. 9, und lautet ff.

Antiquissimi philosophorum viderunt, hunc lapidem in ortu, et sublimatione sua, et coniunctione elementorum eius, omnibus rebus mundi, tam realibus quam intellectualibus et eorum accidentibus, posse in similitudinibus convenire. Unde quaecunque dici et tractari possunt de virtutibus et vitiis, de coelo et omnibus, tam corporeis, quam incorporeis, de mundi creatione et eius principio et fine, et de elementis omnibus et eorum qualitatibus, tam primis quam secundis et eorum confusione in materia prima, et eorum distinctione, et ascensione, et eorum proprietatibus et passionibus omnibus, et de elementatis omnibus, tam animalibus, quam vegetabilibus et mineralibus, et de corruptibilibus et incorruptibilibus, et visibilibus, et invisibilibus, et de spiritu et anima et corpore, et ipsorum unione et seiunctione, et de vita et morte, et bono et malo, de veritate et falsitate, de unitate et multitudine, de paupertate et divitiis, de volante et non volante, de bello et pace, de victore et victo, et labore et requie, de somno et vigilia, de conceptione et partu, de puero et sene, de masculo et femina, de forti et debili, de albis et rubeis et quibuslibet coloratis, de inferno et abysso et eorum tenebris ac etiam ignibus sulphureis, et de paradiso et eius celsitudine et claritate ac etiam pulchritudine et gloria eius inaestimabili, et breviter de iis quae sunt, et de iis quae non sunt, et de iis, quae loqui licet, et de iis, quae loqui non licet — possunt omnia dici de hoc lapide venerando.

»Die Ältesten der Philosophen sahen, dieser Stein könne in seinem Entstehen, in seiner Sublimation, in seiner elementaren Zusammensetzung mit allen Dingen in der Welt, reellen, ideellen, akzidentellen, verglichen werden. Was man daher sagen und abhandeln kann von den Tugenden und Lastern; vom Himmel, körperlich und unkörperlich gefaßt; von der Erschaffung der Welt, ihrem Anfang und Ende; von allen Elementen, deren einfachen und doppelten Qualitäten, ihrem chaotischen Materia-prima-Standpunkt, ihrem Unterschied, ihrer Aszension, ihren aktiven und passiven Eigenschaften; von allem, was aus den Elementen zusammengesetzt ist, gehöre es nun dem animalen, vegetabilischen oder Mineral-Reich an; vom Vergänglichen und Unvergänglichen; vom Sichtbaren und Unsichtbaren; von Geist, Seele, Körper, deren Verbindung und Trennung; von Leben und Tod; von Gutem und Bösem; von Wahrem und Falschem; von Einheit und Vielheit; von Armut und Reichtum; von Fliegen und Nicht-Fliegen; von Krieg und Frieden; vom Sieger und Besiegten; von Arbeit und Ruhe; von Schlaf und Wachen; von Konzeption und Geburt; vom Knaben und Greise; von Mann und Weib; von Stark und Schwach; von Weiß und Schwarz und den Farben überhaupt; von der Hölle und ihrer Finsternis und ihrem Schwefel-Feuer; vom Paradies, seiner Erhabenheit, Erleuchtung, seiner unschätzbaren Pracht und Herrlichkeit; kurz von dem, was ist und nicht ist, was man sagen darf und nicht sagen darf — alles das kann gesagt werden von diesem gebenedeiten Stein.«

Quecksilber auf Tiere bezogen

Das Quecksilber wurde aufgefaßt als *Drache.* Dies lehnt sich an die Drachen-Interpretation der Tab. smar. Ferner als *grüner Löwe.* Der Löwe geht dem Quecksilber als Erz parallel. Wie im Drachen die Lernäische Hydra vertreten ist, so ist im Löwen der Nemeische Löwe aus den 12 Arbeiten des Herkules vertreten. Ferner als *zwei Löwen.* Der Doppel-Löwe bezieht sich auf den Schwefel und Merkur-Lapis. Die beiden Löwen werden auch als einköpfig aufgefaßt, dann weist der eine Kopf auf den Hydrarg.-oxyd.-rubr.-Lapis. Ferner als *Wolf.* Unter den astrologischen Namen des Quecksilbers drängt sich der Name Saturn in den Vordergrund. Saturn ist nun der Menschenfresser, und so kommt man auf den Wolf als Tierfresser. Ferner als *Kamel.* Das Kamel hat einerseits einen Höcker und andererseits zwei Höcker. Hierin ist der Schwefel- und Merkur-Lapis vertreten. Das Kamel im Allgemeinen, welches sich dann einerseits zum Einhöcker und andererseits zum Zweihöcker extendiert, repräsentiert den Hydrarg.-oxyd.-rubr.-Lapis. Auch der lange Hals des Kamels kommt in Betracht. Aufgrund seines hat man das Anlehnen an das Aludel. Ferner als *Pferd.* Dies lehnt an das Aludel als Pferdemagen. Ferner als *Vogel überhaupt.* Dies hat darin seinen Grund, daß Merkur Flügel hat. Auch wird an das ascendere et descendere der Tab. smar. angelehnt. Ferner als *Rabe.* Wir kennen bereits das Caput corvi. Ferner als *Adler.* Der Adler ist der König der Vögel, wie der Löwe der König der Tiere des Waldes ist. Der Löwe, der bereits da ist, erhält im Adler eine Komplettierung. Ferner als *Greif.* Der Greif ist ein geflügelter Löwe, und hat man somit in ihm Löwen und Adler zugleich. Ferner als *Pfau.* Manche Alchemisten nämlich nehmen das Caput corvi nicht als schwarzes, sondern als schillerndes Häutchen. Damit ist denn die Ähnlichkeit mit dem Farbenspiel einer Pfauenfeder da, und das führt auf den Pfau. Ferner als *Taube* (weiße Farbe). Ferner als *Phönix.* Der Phönix entsteht der Fabel nach verjüngt aus seiner Asche. Analog liegt das Verhältnis beim Quecksilber, welches mortifiziert wird, um zum Lapis philos. zu werden. Ferner als *Pelikan.* Der Pelikan zerfleischt sich, der Fabel nach, die Brust, um die Jungen mit seinem Blute zu füttern. Hier haben wir eine hervorragende Blut-Relation, und diese stellt sich dem Lapis philos. als Blut zur Seite. Ferner als *Huhn.* Bei Eiern denkt man zunächst an Hühnereier. Dies bringt denn das Anlehnen der res una als Ovum an das Huhn. Ferner als *Hahn.* Dieser wird dem Huhn beigesellt, dann ist das Sperma zum Ovum da. Ferner als: *Kröte, Spinne, Eidechse, Basilisk, Viper.* Diese Tiere nämlich sind oder werden gehalten als giftig. Als solche stehen sie dann dem Lapis philos. als Venenum zur Seite. Ferner als *Schlange.* Teils hat dies deswegen statt, weil sich um den Stab des Mercurius zwei Schlangen winden, teils weil die Schlange als giftiges Tier gefaßt wird, teils in

Anlehnen an jenen berüchtigten Serpens des Aristoteles, den wir bei der Besprechung der Epistola Haimonis kennengelernt haben. Ferner als *Hirsch.* Man denkt dabei an den Hirsch als Zwölf-Ender. Von der Zwölf aber werden wir sehen, daß sie das Substrat einer besonderen Kalkulation in der 2. abendländischen Periode wird. Vielleicht ist auch ein Hinblick da auf die Hirschkuh der Diana, welche Herkules fing. Ferner als *Einhorn.* Dieses Einhorn mit seinem einen Horn steht dem Hirsch mit seinen zwei Hörnern gegenüber. Ferner als *zwei Fische.* Diese schwimmen in ihrer Zwei als Schwefel- und Merkur-Lapis im Wasser-Quecksilber. Ferner als *Salamander.* Vom Salamander wurde gefabelt, er lebe im Feuer, er hat also zum Feuer eine besondere Relation. Damit steht er dem Ignis-Lapis-philos. zur Seite. Und so werden noch andere Tiere herangezogen. — Die Beziehung des Quecksilbers auf Tiere hat, wie wir wissen, ihren Ausgangspunkt im Drachen der Drachen-Interpretation der Tab. smar. An diesen Drachen wurde schon früh aufgrund der 1. Arbeit der Herkules der Löwe geknüpft. Dem einmal eröffneten Reigen schlossen sich dann eine Reihe anderer Tiere an.

Quecksilber auf den menschlichen Körper bezogen

Das Anlehnen des Quecksilbers an den menschlichen Körper überhaupt haben wir in der Mensch-Interpretation der Tab. smar. Von da aus war es nur ein kleiner Schritt, vom Menschen auf seine Teile zu kommen, welche übrigens bereits in dem Pater eius est Sol etc. herangezogen werden (vergl. die Mensch-Interpretation). Und so wurde denn das Quecksilber aufgefaßt als *Herz.* Das Herz ist das Zentrum des Blutes, die Relation des Blutes aber zum Hydrarg. oxyd. rubr. kennen wir. Ferner als *Leber.* Die Relation der Galle zum P. solaris und damit zum Hydrarg. oxyd. rubr. haben wir bereits in dem ersten Buch der Oracula Sibyllina kennengelernt. An die Galle aber schmiegt sich sehr naheliegend das Gallenorgan, die Leber. Auch hatte man die Gallenblase im Auge, welche mehr oder weniger die Gestalt eines Aludel hat. Ferner als *Magen.* Der Magen ist im Allgemeinen das Aludel. Ferner als *Kopf.* Man verglich den Bauch des Aludel mit einem Menschenkopf. Ferner als *Bauch.* Hierbei ist es ebenfalls auf den Bauch des Aludel abgesehen, und dabei namentlich auf die Stelle der Tab. smar.: Portavit illud ventus in ventre suo. Ferner als *Gehirn.* Das Gehirn wird aufgefaßt als eine Halbkugel, das ist als eine Kugel, welche sich da, wo sie aufliegt, plattdrückt. Damit ist denn die Parallele mit einem Quecksilberkügelchen da, welches sich da, wo es aufliegt, abplattet. Auch hat man die Halbkugel im Quecksilber insofern, als dasselbe in einem Glasgefäß eine Konvexität bildet. Ferner als *Auge.* Dies hängt damit zusammen, daß man ein Quecksilberkügelchen ein Quecksilber-Auge nannte. Ferner als *weibliche Brust.* Hier ist einerseits wieder die Halbkugel-Relation da, andererseits wird an die Amme des: *Nutrix* eius terra est angelehnt, drittens ist die weibliche Brust das Milchorgan, Quecksilber aber wird als Milch aufgefaßt (s. sogleich). Ferner als *Adern.* Die Adern enthalten das Blut, die Relation des Quecksilbers zum Blut aber kennen wir. Ferner als *Corpus, Spiritus, Anima.* Diese Relationen kennen wir ebenfalls. Ferner als die *4 Humores,* das sind: Blut, Galle, Phlegma, schwarze Galle. Vom Blut kennen wir die Relation zum Quecksilber, ebenso von der Galle. Das Phlegma wird als weiß aufgefaßt, und lehnt sich so vermöge der Farbe an das gewöhnliche Quecksilber; die schwarze Galle wird als schwarz aufgefaßt und lehnt sich so vermöge der Farbe an das Caput corvi. Ferner als *Milch.* Sie lehnt sich vermöge ihrer Farbe an das weiße Quecksilber. Ferner als *geronnene* Milch. Das Hydrarg. oxyd. rubr. steht dem Quecksilber gegenüber wie geronnene Milch der Milch. Ferner als *Same,* als *Menstrualblut,* als *Nachgeburt.* Diese Relationen schmiegen sich an die Fermentations-Interpretation der Tab. smar. Ferner als *Haar* und *Nägel.* Diese lehnen an die Pflanzen-Interpretation der Tab. smar. Indem der Mensch der Pflanze parallel läuft, laufen Haar und Nägel den Blättern eines Baumes parallel. Vergl. in der Epistola Haimonis, wo es heißt: Tertius Lapis in arboribus capitur, quarum folia sunt capilli. Ferner als *Knochen.* Diese lehnen an die Mensch-Interpretation der Tab. smar. Bei der Verwesung des Menschen halten sich die Knochen am längsten. Gewissermaßen sind also das Produkt der Putrefaktion im Separabis terram ab igne: die Knochen. Und so ist denn auch das putrefizierte Quecksilber: Knochen. Ferner als *Kot.* Lehnt sich an die Stercus-Interpretation der Tab. smar. Ferner als *Urin* und *Schweiß.* Diese lehnen sich als exkrementielle Stoffe an das Stercus. Ferner als *Spucke.* Ähnliche Relation wie soeben; der Name Sputum Lunae kommt schon in der ersten abendländischen Periode vor.

Quecksilber in allgemein-menschlichen Beziehungen

Das Quecksilber wurde aufgefaßt als *Greis*. Das bezieht sich auf die weißen Haare eines Greises auf der einen Seite und die weiße Farbe des Quecksilbers auf der anderen Seite. Ferner als *Jüngling*. Dem Greis gegenüber, der eingefallene Wangen hat, hat der Jüngling rote, blühende Backen. Dies gibt einen Anhaltspunkt des Jünglings an das Hydrarg. oxyd. rubr. Ferner als *säugender Knabe*. Hier wird die Relation zur Milch herangezogen, die wir bereits kennen. Ferner als *Gefährte*. Hier ist es auf das Gefährten-Verhältnis zwischen Schwefel und Merkur-Lapis abgesehen. Ferner als *Mann* und *Frau*, als *Mädchen, Jungfrau, Bruder* und *Schwester, Onkel, Tante, Enkel* u.s.w. (s. hierüber oben). Ferner als *König*. Diese Relation kennen wir aus der Mensch-Interpretation. An den König knüpft sich der *König mit dem Diadem, mit dem Purpurmantel*. Ferner als *Königin*. Sie reiht sich dem König an, da das Quecksilber ja männlich und weiblich gefaßt wird. Ferner als *Knecht, roter Knecht, flüchtiger Knecht*. Es wird der Mensch-Interpretation gegenüber das herangezogen, daß der Mensch, wenn er auf der einen Seite als höchststehender Mensch, als König, aufgefaßt werden kann, daß er dann auch auf der anderen Seite als niedrigststehender Mensch, als Knecht, als Sklave, aufgefaßt werden kann. Hält man sich beim Knecht nicht strikt an den servus, sondern greift weiter und sagt, ein Knecht ist ein *Bote*, so haben wir im Knecht auch den Götterknecht, Götterboten, Merkur. Ferner als *Mann mit den schönen Kleidern*. Das bezieht sich auf die verschiedenen Farben, die dem Quecksilber beigelegt werden. Und so weiter.

Quecksilber auf Pflanzen bezogen

Das Anlehnen des Quecksilbers an die Pflanzenwelt reiht sich an die Pflanzen-Interpretation der Tab. smar. Das Quecksilber wurde aufgefaßt als *Same*. Nun, das bedarf nach dem, was wir bei der Pflanzen-Interpretation der Tab. smar. kennengelernt haben, keiner näheren Erklärung. Ferner als *Äste, Blätter, Wurzel*. Dies schmiegt sich an das et recipit vim superiorum et inferiorum, worüber die Pflanzen-Interpretation der Tab. smar. zu vergleichen. Ferner als *Baum, Strauch, Kraut*. Wir haben bei der Pflanzen-Interpretation der Tab. smar. als besondere Pflanze den Baum in's Auge gefaßt; es steht aber nichts im Wege, daß man in ähnlicher Beziehung auch den Strauch, das Kraut heranziehen kann. Und da man von der Pflanze im Allgemeinen zum Baum, Strauch, Kraut kommt, so kann man das Eingehen auf den besonderen Standpunkt noch weiter ausbeuten, und kommt dann auf die Weise zu speziellen Pflanzen, z.B. zur *Lunaria,* welche an das Mater eius est Luna lehnt, zur *Mercurialis,* bei der der Name Merkur maßgebend ist, zum *Chelidonium,* bei dem der gelbe Saft herangezogen wird, welcher die Farbe der Galle hat und gleich der menschlichen Galle für das Quecksilber eintritt, u.s.w. Ferner als *Blume.* Wenn der Merkur einmal als Pflanze aufgefaßt wird, so liegt es nahe, ihn in specie auch als Blume aufzufassen, da in der Pflanzenwelt die Blumen eine hervorragende Rolle spielen. Von der Blume im Allgemeinen ist es dann wieder nur ein kleiner Schritt zu besonderen Blumen, und als solche treten ein: die *weiße* und *rote Rose,* die erstere als Seitenstück zum Hydrarg. oxyd. rubr.; die *Lilie* als Seitenstück zum weißen Quecksilber u.s.w. Von der Pflanze kommt man auch auf den Pflanzensaft, und so hat man das Quecksilber als *Gummi.* Diese Relation ist bereits in der ersten abendländischen Periode da. Ferner als *Harz* u.s.w.

Quecksilber auf Metalle, Minerale, chemische Stoffe bezogen

Indem der Lapis philos. die Metalle zu dem macht, was er selbst ist, werden die Metalle zu Quecksilber. So haben wir denn das Quecksilber als *Gold, Silber, Eisen, Kupfer, Blei, Zinn.* Bei der Metall-Interpretation der Tab. smar. liegt dies noch direkter, da Pater eius est Sol etc. die Metalle bringt. Namentlich tritt die Auffassung des Quecksilbers als *Blei* in der zweiten abendländischen Periode in den Vordergrund. Das hängt ff. zusammen. Im pater omnis telesmi totius mundi haben wir das Quecksilber überhaupt. Dessen virtus wird nun eine integra, wenn es in terra, das ist in Hydrarg. oxyd. rubr. verwandelt worden. Da nun die virtus eines Vaters eine integra wird, wenn er einen Sohn bekommt, so wird anhand der betreffenden Stelle das Hydrarg. oxyd. rubr. zum Sohn des Quecksilbers überhaupt. Wenn man nun das Hydrarg. oxyd. rubr. derartig darstellt, daß man das erhaltene salpetersaure Quecksilberoxyd auf's neue mit laufendem Quecksilber verreibt, so geht das Hydrarg. oxyd. rubr. in dem Quecksilber auf, das Quecksilber verschlingt das Hydrarg. oxyd. rubr.: — der Vater verschlingt den Sohn. Damit ist denn die besondere Relation des Quecksilbers zum Saturn (Blei) gegeben, welcher seine Kinder verschlingt. Wir wollen bei dieser Gelegenheit eines Bleirätsels Erwähnung tun, welches sich in einer Abhandlung befindet, welche den Titel führt: In *Joannem Braceschum* (Secul 16.), Gebri interpretem, animadversio, autore *Roberto Tauladano* Aquitano. Das Rätsel lautet:

Artus est hominis, qui constat sex elementis,
Cui si P addas, et in M mutare si noscas,
Hoc est aes nostrum Lapisque philosophorum.

»Es ist ein Glied des Menschen, welches aus sechs
Elementen besteht.
Wenn du ihm ein P zufügst, und es verstehst, die
Verwandlung in ein M vorzunehmen,
So hast du unser Erz und den Stein der Weisen.«

Die Lösung ist Lumbus (Singular von Lumbi, die Lenden.) Das zuzufügende P wird vorn gesetzt, dann hat man Plumbum. Die Verwandlung in ein M wird mit dem s des Schlusses vorgenommen. Dann kommt statt Plumbus: Plumbum heraus. Die sechs Elemente sind die sechs Buchstaben, welche das Wort Lumbus enthält. Der Ausdruck Aes für das Quecksilber kommt bereits in der ersten abendländischen Periode vor. Dergleichen kindische Rätsel über den Lapis philos. bringt die abendländische Periode mehrere. Sie werden natürlich (wie auch das Ovum-Rätsel, welchem übrigens ausnahmsweise die Genialität nicht abzusprechen ist) im Hinblick auf das erste Buch der Oracula Sibyllina geschmiedet. Der Autor des vorliegenden Plumbum-Rätsels hat übrigens noch nicht genug daran, daß er mit dem Rätsel aufwartet, es beliebt ihm auch, uns in Betreff der Lösung auf die falsche Spur zu leiten. Er gibt uns den guten Rat, uns an den Artus als solchen zu halten, also nicht darauf einzugehen, welcher Artus, welches Glied, gemeint sei. Nun sollen wir ein P zufügen, dann wird aus Artus: Partus. Die Verwandlung in M soll dann mit eben diesem P vorgenommen werden, dann entsteht aus Partus: Martus. Und dies Martus soll denn die Lösung des Rätsels sein. Was ist das denn aber nun, dies Martus? Das ist, belehrt uns der Autor, nichts anderes als Mars (Eisen). Denn ebensowohl wie die Poeten statt Mars: Mavors sagen, ebensowohl können auch die Alchemisten statt Mars: Martus sagen.

In Bezug auf die Metalle lehnt sich an das Eisen die Bezeichnung *Rubigo*, an das Gold die Bezeichnung: *Flos auri, Colla auri, Fermentum auri*, an das Silber die Bezeichnung: *Sputum Lunae*, die wir bereits kennen. Ferner kommt die Bezeichnung *Nummus* vor, weil aus den Metallen Geld geschlagen wird. (Diese Bezeichnung findet sich bereits in der Turba philosophorum.)

Indem das Quecksilber vom Standpunkt irgendeines Metalles aufgefaßt wird, wird es auch in extendierter Weise vom Standpunkt derjenigen Stoffe aufgefaßt, welche die Alten vom Gesichtspunkt der Halbmetalle, Minerale oder chemischen Stoffe auffaßten. So kommt das Quecksilber zu den Namen: *Auripigmentum, Arsenicum, Sulphur* (besonders naheliegend im Sulphur-Lapis), *Marcasita, Tutia, Magnesia, Vitriolum, Alumen, Sal Tartari, Sal, Atramentum, Sal alkali, Sal armoniacum, Acetum* u.s.w. Eine Reihe hierher schlagender Ausdrücke finden sich bereits in Gebers Liber investigationis und sind überhaupt schon viel früher da.

An die Auffassung des Quecksilbers als Vitriol knüpft sich das ff. Akrostichon: Visitabis Interiora Terrae, Rectificando Invenies Optatum Lapidem, Veram Medicinam. »Untersuche das Innere der Erde; durch Rektifizieren wirst du den gewünschten Stein finden, die wahre Medizin.« Hier ergeben die Anfangsbuchstaben der einzelnen Worte: *V, i, t, r, i, o, l, u, m* : — Vitriolum.

Quecksilber auf die Farben bezogen

Die Farbe bietet sozusagen den Gesichtspunkt im Gesichtspunkt. Fassen wir z.B. das Quecksilber vom Gesichtspunkt der Blume auf, so führt uns in diesem Gesichtspunkt der Gesichtspunkt der weißen Farbe auf die Lilie, die weiße Rose u.s.w. Es ist daher natürlich, daß wenn man den Farbenstandpunkt in's Auge faßt, daß man dann dem Quecksilber unter der Gestalt von Dingen begegnet, die auch unter anderen Rubris untergebracht werden können und auch naturwüchsiger unterzubringen sind. Nur da ist es gerechtfertigt, den Gesichtspunkt der Farbe als solcher in den Vordergrund zu schieben, wo es sich um einen Stoff handelt, den man bei der Bezeichnung einer bestimmten Farbe besonders heranzieht. So ist vom Standpunkt der Farbe im engeren Sinn das Quecksilber aufzufassen als *Kreide*, denn man sagt, weiß wie Kreide; als *Elfenbein*, denn man sagt, weiß wie Elfenbein; als *Marmor,* denn man sagt, weiß wie Marmor. Natürlich liegt hier die Relation zum Quecksilber darin, daß Quecksilber auch weiß ist. Ähnlich ist das Quecksilber vom Standpunkt der Farbe im engeren Sinn aufzufassen als *Safran,* denn man sagt, gelb wie Safran. Hier wird in Beziehung auf das Quecksilber das Hydrarg. oxyd. rubr. als gelb genommen. Ähnlich haben wir Quecksilber als *Pech,* als *Kohle* (Caput corvi), denn man sagt, schwarz wie Pech, schwarz wie Kohle. U.s.w.

Die *sieben* Farben dem *einen* Quecksilber gegenüber erhält man ff. Weiß und Blau: — Merc. vivus. Schwarz: — Caput corvi. Pomeranzenfarben, Rot, Gelb: — Hydrarg. oxyd. rubr. Mit dem Grün liegt die Sache also: Der eigentliche Lapis philos. ist Hydrarg. oxyd. rubr.; der Sulphur-Lapis und Merkur-Lapis sind uneigentliche Lapides. Als solche sind sie denn dem *echten Gold* des Hydrarg. oxyd. rubr. gegenüber *unechtes Gold.* Unechtes Gold aber gleich Kupfer, und dies als Grünspan ist grün.

Quecksilber auf Edelsteine bezogen

Es liegt nahe, das Ens universale, welches als Quecksilber bereits ein Lapis ist (Lapis philos.), als einen Edelstein, als ein Juwel aufzufassen. Und da liegt es denn am nächsten, bei einer Spezialisierung der Edelsteine diejenigen heranzuziehen, die wie das Quecksilber *weiß* und wie das Hydrarg. oxyd. rubr. *rot* sind. In ersterer Beziehung hätten wir denn Quecksilber als *Kristall, Perle* (die Alten faßten die Perlen als Edelsteine auf) u.s.w. In letzterer Beziehung hätten wir das Quecksilber als *Koralle, Rubin* u.s.w.

Quecksilber auf das Feste und Flüssige bezogen

Wir müssen hier den direkten und indirekten Standpunkt unterscheiden. Den letzteren haben wir da, wo das Quecksilber, aus irgendeinem Gesichtspunkt aufgefaßt, zugleich flüssig oder fest ist. So haben wir z.B. das Quecksilber als Flüssigkeit, wenn es als Schweiß, Harn u.s.w. aufgefaßt wird, als Festes, wenn es als Metall u.s.w. aufgefaßt wird. Der direkte Standpunkt dagegen ist da gegeben, wo der Gesichtspunkt des Flüssigen oder Festen für sich ohne Nebengesichtspunkt da ist. In direkter Beziehung nun wird das Quecksilber vom Flüssigkeits-Standpunkt aufgefaßt als *Aqua, Aqua vitae, Aqua serena,*

Aqua permanens, Aqua perpetua, Aqua benedicta, Fons, Fons vitae, Puteus (Born, Brunnen), *Mare, Mare Indicum, Mare Aegyptium* u.s.w. In direkter Beziehung wird das Quecksilber vom Feststandpunkt aufgefaßt als *Lapis, Terra, Terra foliata, Terra alba, Terra rubra, Pulvis, Pulvis albus, Pulvis ruber, Cinis* u.s.w.

Quecksilber auf fette Dinge bezogen

Dieser Standpunkt basiert darauf, daß das Quecksilber sich etwas fettig anfühlt. In dieser Beziehung wird das Quecksilber aufgefaßt als *Öl, Talg, Butter, Salbe* u.s.w.

Quecksilber auf Hydrometeorologika bezogen

Das Quecksilber wurde aufgefaßt als: *Schnee, Hagel, Reif, Eis* (vergl. bei Plato die ähnliche Auffassung der Arkana), *Regen, Wolken.* An die Wolken lehnt sich auch der *Schatten.* Hier wird teils an die weiße Farbe des Quecksilbers, teils an die schwarze Farbe des Caput corvi angelehnt.

Quecksilber auf die Elemente und deren Qualitäten bezogen

Dies bedarf keiner weiteren Exposition; diese Situation ist schon oft genug besprochen worden. An das Element Luft knüpft sich dann ferner die Auffassung des Quecksilbers als *Rauch, Wind, Dampf.*

Quecksilber auf das Weltenei bezogen

Man vergleiche das erste Rätsel in dem ersten Buch der Oracula Sibyllina. Im Anlehnen an dasselbe haben wir das Quecksilber als *Himmel, Meer, Erde, Luft, Sternenchor.* Und im Anlehnen an den Sternenchor haben wir das Quecksilber als *Sonne, Mond* (Pater eius est Sol, mater eius est Luna), als Planeten. Im Anlehnen an die Erde haben wir namentlich die *Berge,* die sich im Besonderen an die konvexe Gestalt knüpfen, welche das Quecksilber im Glas annimmt.

Quecksilber auf die Gottheit bezogen

Man vergl. das erste Buch der Oracula Sibyllina und die Lapisphilos.-Interpretation der Abendländer. Anlehnend an die Λογος-Interpretation wird auch die Jungfrau *Maria* herangezogen.

Quecksilber auf die Jahreszeiten bezogen

Das Quecksilber wurde aufgefaßt als *Frühling, Sommer, Herbst, Winter.* Hier liegen mannigfache Anhaltspunkte vor. Im Winter haben wir z.B. das Bild des Greises, die Auffassung des Greises als Quecksilber kennen wir aber bereits. Dann bringt uns der Winter Eis und Schnee, deren Relation zum Quecksilber wir auch bereits kennen. Wie wir nun im Winter das Bild des Greises haben, so haben wir im Frühling den Jüngling, dessen Relation zum Quecksilber wir kennen. Dann bringt der Frühling Blumen, die Pflanzenwelt lebt auf, die Vögel fangen wieder zu singen an. Das gibt alles, wie wir es bereits kennen, Anhaltspunkte für das Quecksilber. Der regnerische Herbst gibt einen Anhaltspunkt für das Quecksilber als Regen, Wasser. Der heiße Sommer gibt einen Anhaltspunkt für den Ignis-Lapis-philos. Und was dergleichen Relationen mehr sind.

Quecksilber auf Dinge bezogen, welche sich anziehen

Aufgrund der demokritschen Bezeichnung Corpus Magnesiae wird bereits in der ersten abendländischen Periode Magnesia ein beliebter Ausdruck für Quecksilber. Diese Magnesia wird in *Magnet* verwandelt. Vom Magnet kommt man auf das Eisen, welches er anzieht, und hat so ein Anziehungsverhältnis. Übrigens hat man auch ein Anziehungsverhältnis zwischen zwei Quecksilberkügelchen, welche zu einem zusammenfließen. Vom Standpunkt des Anziehungsverhältnisses wird das Quecksilber gefaßt als *Magnet und Eisen, als Same und Ei, Penis und Gebärmutter* u.s.w.

Quecksilber auf Mordinstrumente bezogen

Das Quecksilber exstinguiert, tötet sich selbst oder wird getötet. (Vergl. den Abschnitt: Die Mensch-Interpretation der Tab. smar. der abendländischen Alchemisten.) Tötet es sich nun selbst, so haben wir im Anlehnen an das Werkzeug (Aludel) die Mordwaffe. Daher kommt es, daß das Quecksilber aufgefaßt wird als *Schwert*, als *schneidendes Werkzeug* u.s.w.

Quecksilber auf Reinigungsmittel bezogen

Das schwarze Häutchen, welches den Grund zum Namen Caput corvi hergibt, verliert sich auf der Oberfläche des Quecksilbers wieder. Damit ist denn das Quecksilber ein Etwas, welches das Mittel zur Reinigung in sich selbst trägt, ist selbst ein Reinigungsmittel. Von diesem Gesichtspunkt wird das Quecksilber namentlich als *Seife* aufgefaßt.

Quecksilber auf Medizin bezogen

Da der Lapis philos. die Metalle zu sich hinüberzieht, so werden die Metalle zu dem, was er ist. Da nun aber die Metalle die Arkana repräsentieren, so werden auch die Arkana zu dem, was der Lapis philos. ist, und damit haben wir die Arkana, wenn wir den Lapis philos. haben. Übrigens haben wir auch in der Mensch-Interpretation der Tab. smar. den Lapis philos. mehr direkt als Heilmittel. Wir haben in dieser Beziehung das Quecksilber als *Medizin, Medicamentum,* und im Gegensatz dazu als *Venenum,* als *Antidotum,* als *Theriaca* (Gegengift).

Quecksilber auf die platonischen Pathemata bezogen

Die Relation liegt nahe. *Hart* und *weich* haben wir darin, daß das Quecksilber als solches weich, als Hydrarg. oxyd. rubr. hart ist. *Glatt* und *rauh* haben wir darin, daß Hydrarg. oxyd. rubr., bevor es fein pulverisiert worden, sich rauh anfühlt, nach der Pulverisation glatt. *Schwer* ist das Quecksilber als solches; *leicht* als Hydrarg. oxyd. rubr., weil es als solches in kleinen Dosen verabreicht wird.

Quecksilber auf Personalitäten der griechischen Mythologie bezogen

Wie wir bereits gesehen, haben wir im Quecksilber die Planeten, die Sonne, den Mond. Damit haben wir in ihm denn auch die Gottheiten, welche in diesen vertreten sind: *Saturn, Jupiter, Mars, Venus, Merkur* vor allen, *Apollo, Diana.* Diese lassen sich komplettieren z.B. durch den *Vulkan,* der sich an den Ignis-Lapis-philos. knüpft, durch die *Juno,* welche sich an den Pfau knüpft, u.s.w. Ferner läßt man im Quecksilber andere Personalitäten der griechischen Mythologie vertreten sein, z.B. den *Daedalus* und *Ikarus,* welche fliegen, ascendunt a terra in coelum, und von denen der letztere namentlich descendit in terram, indem er in's Meer fällt; den *Proteus,* der mannigfache Gestalten annimmt, wie das Quecksilber; die *Medusa,* welche wie der Lapis philos. alles zur Stein-Natur hinüberzieht u.s.w.

Quecksilber auf Länder bezogen

Man bringt den Lapis philos. namentlich zu *Ägypten,* dem Vaterland der Tab. smar., *Arabien, Indien,* den »Königreichen« Gebers, *Persien* als Nachbarland von Arabien, in Relation. So hat man die Namen Lapis Aegyptiacus, Lapis Persicus, Montes Indiae u.s.w.

Quecksilber auf Bewegungsapparate bezogen

Der Grund zu dieser Relation liegt darin, daß das Quecksilber das Perpetuum mobile ist. Bereits in dem Tractatus Aristotelis alchemistae ad Alexandrum Magnum (siehe den Abschnitt: Epistol. Haimonis) wird der »Serpens« auf einen *Wagen* mit vier Rädern gesetzt (Recipe Serpentem et pone ipsum in currum cum quatuor rotis. »Nimm die Schlange und setze sie auf einen Wagen mit vier Rädern.«). Diesem Wagen des Aristoteles werden dann verschiedene Bewegungsapparate angereiht, wie *Schiffe, Wagen,* die durch einen *Mechanismus* (ohne Zugvieh) bewegt werden, *Apparate* zum *Fliegen* (ascendit a terra in coelum), *Taucher-Apparate* u.s.w. Man vergl.: Epistola Fratris *Rogeri Baconis* de secretis operibus artis et naturae, et de nullitate magiae.

In Bezug auf das Aludel führen wir noch an: die Auffassungen desselben als *Balneum Mariae,* das ist das Bad für die als Quecksilber gefaßte Jungfrau Maria; als *Grab,* welches letztere in dem Sterbeverhältnis in der Stelle der Tab. smar.: Pater omnis telesmi einen Anhaltspunkt findet (vergl. Drachen-Interpretation); als *Arche* (Arche des Noah). Diese beruht auf dem Quecksilber-Raben und der Quecksilber-Taube, welche Noah, dessen Relation zur Alchemie wir kennen (Oracula Sibyll.), fliegen läßt.

Indem nun das Quecksilber das Hundertste und Tausendste *ist,* hat es aufgrund dessen auch die hundertsten und tausendsten *Eigenschaften,* welche es seinem verschiedenen Sein verdankt. Es sagt in dieser Beziehung *Raymundus Lullius* in seiner Practica, Kap. 8: Habet (argentum vivum) corrumpendi actionem et generandi, coniungendi, dividendi, inspissandi, grossificandi, rarificandi, indurandi, mollificandi, augmentandi, diminuendi, dissolvendi, congelandi, calcinandi, mortificandi, vivificandi, crudificandi, maturificandi, abluendi, desiccandi, humefaciendi, calefaciendi, refrigerandi, lenificandi, blandiendi, asperificandi, dulcificandi, amarificandi, confortandi, debilitandi, intrandi, ingressionem faciendi, tingendi, pondus dandi, incerandi, pascendi, impraegnandi, ingrossandi, sublimandi, ac primum materiam faciendi, desponsandi ac primum matrimonium faciendi corporis ac spiritus, fixandi, obscurandi et accendendi.

Der uneingeweihte Leser wird hier sagen: Aber wird der Mann denn mit seinen andi et endi gar nicht fertig? Derjenige hingegen, welcher einsieht, worauf das Ganze hinaus soll, wird leichter ermessen, daß Lull seinen andi- et endi-Katalog um das Doppelte, Dreifache u.s.w. hätte ausdehnen können, und damit die Sache doch nicht erschöpft hätte. An das, was das Quecksilber nun alles ist und kann, knüpfen sich eine große Reihe von *Namen* desselben, die noch durch arabische oder arabisch sein sollende Vokabeln kumuliert werden.

Das Hervortreten der Zahl Zwölf

Eine Eigentümlichkeit der zweiten abendländischen Periode ist auch die, daß die Zahl *Zwölf* in den Vordergrund tritt. Die 12 wurzelt im Buch Jezirah. Indem nämlich die Abendländer das Buch Jezirah vornehmen, sagen sie, der Autor dieses Buches nimmt die betreffenden philosophischen Zahlen und setzt von ihnen die 32 (Nethiboth), das ist die platonische 27, in den Vordergrund. Wir wollen dem entgegen die 12 in den Vordergrund setzen, denn sie gibt uns ein Anlehnen an die 12 Arbeiten des Herkules, und damit kurz an den *Herkules,* welcher für die abendländische Alchemie so wichtig ist (vergl. Drachen-Interpretation der Tab. smar.).

Die einmal säsierte 12 wird alsdann namentlich zum Quecksilber in Relation gesetzt, und so nimmt man denn *12 Regimina* an, welche zum Quecksilber (Hydrarg. oxyd. rubr.) in Relation gebracht werden. In dieser Beziehung bringt *Guido de Montanor* (Secul. 13) in seiner Abhandlung Scala philosophorum, 12 Gradus scalae sapientum, d.i. 12 Sprossen der Leiter der Alchemisten. Nämlich: 1) Calcinatio, 2) Solutio, 3) Separatio, 4) Coniunctio, 5) Putrefactio, 6) Congelatio, 7) Cibatio, 8) Sublimatio, 9) Fermentatio, 10) Exaltatio, 11) Multiplicatio, 12) Proiectio. Ganz dasselbe, was Guido de Montanor als 12 Gradus scalae sapientum aufführt, führt *George Ripley* (15. Secul.) in seiner Abhandlung Liber duodecim portarum als 12 Portae, 12 Tore, auf.

Es ist zu natürlich, daß die Zahl 12 ihren Ursprung aus dem Buch Jezirah nicht verleugnet, das heißt, daß sie kabbalistisch ausgebeutet wird. Und so findet sich denn zu Anfang der soeben genannten Abhandlung von Ripley eine Tafel des B. *a Portu Aquitanus*, in welcher die Zahl kabbalistisch ausgebeutet wird. Wir wollen dieselbe hier hinsetzen. Der Leser bekommt dann eine allgemeine Anschauung davon, was es heißt, eine Zahl kabbalistisch auszubeuten.

Tafel 1

Pigmaei	Silvani	Vulcani	Penates superi	Heroes	Nymphae	Lemures Manes
♄ Plumbum	♃ Stannum	♂ Ferrum	☉ Aurum	♀ Cuprum	☿ Mercurius	☽ Argentum
Mysteri. extremae unctionis	Mysterium ordinis	Mysterium contritionis	Mysterium altaris	Mysterium conjugii	Mysteri. confirmationis	Mysterium baptismatis
Sal marinum	Sal armoniacum	Sal petrae	Sal commune	Vitriolum	Alumen plumosum	Alumen
Splen	Hepar	Fel	Cor	Renes	Pulmo	Cerebrum
Antimonium	Vismat.	Cobolt.	Sulphur	Tutia	Cinabrium	Talc.
Capricornus	Libra	Aries	Leo	Taurus	Virgo	Cancer
Noctua	Columba	Struthio	Aquila	Pavo	Ciconia	Cinnus
Linum	Hordeum	Avena	Triticum	Pisa	Milium	Siligo
Ursus	Ovis	Equus	Unicornu	Alces	Panthera	Tigris
Bufo	Aranea	Scorpio	Draco	Lacerta viridis	Basiliscus	Serpens
Decrepitas	Senectus	Virilitas prima	Virilitas plena	Juvenilitas	Pueritia	Infantia
Calx metallorum	Oleum vel resina metallorum	Sal metallorum	Tinctura metallorum	Crocus metallorum	Mercurius metallorum	Liquor metallorum
Putrefactio	Destillatio	Calcinatio	Transmutatio	Coagulatio	Sublimatio	Solutio
Dii terrestres	Dii aërei	Dii ignei	Dii coelestes	Dii mortui	Dii aquei	Dii infernales

Tafel 2

Nomina Dei 12 litterarum	*Hakadosch* sanctus		*baruch* benedictus		*hu* ipse	
Nomen magnum in 12 vexilla revolutum	*JHWH*	*JHHW*	*JWHH*	*HWJH*	*HWJH*	*HHJW*
12 ordines beatorum spirituum	Seraphim	Cherubim	Trohni	Dominationes	Potestates	Virtutes
12 angeli praesidentes signis	Malchidiel	Asmodel	Ambriel	Muriel	Verchiel	Hamaliel
12 tribus	Dan	Ruben	Jehuda	Manasse	Asser	Simeon
12 prophetae	Malachias	Haggai	Zacharias	Amos	Hoseas	Micha
12 apostoli	Mathias	Thaddaeus	Simon	Joannes	Petrus	Andreas
12 signa zodiacii	Aries	Taurus	Gemini	Cancer	Leo	Virgo
12 menses	Martius	Aprilis	Maius	Junius	Julius	Augustus
12 plantae	Eleliphacos.	Peristereon orthios	Peristereon hyptios	Symphytus	Cyclaminus	Calaminthus
12 lapides	Sardonius	Sardius	Topasius	Chalcedonius	Jaspis	Smaragdus
12 membra principalia	Caput	Collum	Brachia	Pectus	Cor	Venter
12 gradus damnatorum et daemoniorum	Pseudothei	Spiritus mendacii	Vasa iniquitatis	Ultores scelerum	Praestigiatores	Aërae potestates
12 numina	Pallas	Venus	Phoebus	Mercurius	Jupiter	Ceres
12 sacra aves	Noctua	Columba	Gallus	Ibis	Aquila	Passer
12 sacra animalia	Capra	Hircus	Taurus	Canis	Cervus	Porca
12 sacra arbores	Olea	Myrthus	Laurus	Corylus	Aesculus	Pomus

Aw, Ben Ruach Hakadosch Pater, Filius et Spiritus sanctus						In archetypo
WHHJ	*JWHH*	*WHJH*	*HJHW*	*HJWH*	*HHWJ*	
Principatus	Archangeli	Angeli	Innocentes	Martyres	Confessores	In mundo intelligibili
Zuriel	Barbiel	Adnachiel	Hanael	Gabriel	Barchiel	
Isachar	Benjamin	Naphthali	Gad	Sebulon	Ephraim	
Jonas	Obadja	Zephanja	Nahum	Habakuk	Joël	
Bartholomaeus	Philippus	Jacobus major	Thomas	Matthaeus	Jacobus minor	
Libra	Scorpius	Sagittarius	Capricornu	Aquarius	Pisces	In mundo coelesti
September	October	November	December	Januarius	Februarius	In mundo elementali
Scorpiuros	Anagallis	Lapathus	Artemisia	Dracontea	Aristolochia	
Berillus	Chrysopassus	Amethistus	Hyacinthus	Crystallus	Saphirus	
Renes	Genitalia	Anche	Genua	Crura	Pedes	In minori mundo
Furiae, seminatrices malorum	Criminatores s. exploratores	Tentatores s. insidiatores	Malefici	Apostatae	Infideles	In mundo infernali
Vulcanus	Mars	Diana	Vesta	Juno	Neptunus	In mundo intelligibili
Anser	Picus	Cornix	Ardea	Pavo	Cygnus	In mundo elementali
Asinus	Lupus	Cerva	Leo	Ovis	Equus	
Buxus	Cornus	Palma	Pinus	Rhamnus	Ulmus	

Die Tafel 1 auf Seite 905 ist nun der Tat nach eine Scala Septenarii, das ist, es wird in ihr die 7 kabbalistisch ausgebeutet. Sie ist das aber nur mystifikationsweise, eigentlich abgesehen ist es auf eine Scala Duodenarii. Also eine Scala Septenarii wird geboten, und eine Scala Duodenarii ist gemeint. Daß die Sachlage also ist, geht einfach daraus hervor, daß eine Abhandlung, die es mit 12 Portae zu tun hat, überhaupt nichts mit einem Septenarius zu tun hat, und im Besonderen keine 7 Regimina bringen kann. Und dann gibt es ja auch keine 7 Zeichen des Zodiacus, wie sie hier gebracht werden, sondern 12.

Weil wir hier nun dem Leser eine mystifizierte, eine unechte Scala Duodenarii präsentiert haben, so wollen wir ihm auch eine echte präsentieren (s. Tafel 2, Seiten 906 und 907). Sie ist von *H.C. Agrippa* von *Nettesheim* (Secul. 15 et 16), und befindet sich im zweiten Buche seiner Abhandlung De occulta philosophia.

Erläuternd fügen wir zur Tafel 2 hinzu, daß das Rubrum: Nomen magnum in duodecim vexilla revolutum die Versetzungen (Permutationen) der Buchstaben des Namens Gottes *HWHJ* (Jehovah) bringt.

Unter dem Autornamen Basilius Valentinus existiert eine Abhandlung De magno Lapide antiquorum sapientum. Von dem großen Stein der Uralten. Dieser Abhandlung ist eine zweite Abhandlung angefügt, welche Duocim claves, die 12 Schlüssel überschrieben ist. Diese 12 Schlüssel figurieren eben der Zahl 12 zu Liebe, welche in der zweiten abendländischen Periode hervortritt.

Die Bilder-Alchemie

In der zweiten abendländischen Periode kommt auch die Eigentümlichkeit auf, alchemistische Gegenstände in Bildern darzustellen. Der Choragog dieser Eigentümlichkeit, welche sich, wie die in den vorigen Abschnitten besprochenen Alchemistica, in die dritte abendländische Periode hineinzieht, ist *Nicolaus Flamellus* (Secul. 14). Seine betreffende Schrift ist: Figures hiéroglyphiques, comme il les a mises en la quatrième arche du cimitière S. Innocens de Paris. Hieroglyphische Figuren, wie er sie am vierten Bogen des Kirchhofes der unschuldigen Kinder zu Paris anbringen ließ. Wir haben dies Buch nicht auftreiben können, und halten uns daher in Bezug auf die Flamelschen

Bilder an Hoefer: Histoire de la Chimie, 1, 427. Hoefer läßt den Flamel selbst reden (Laissons-le raconter lui-même son histoire) und zitiert, wie er fertig ist, als Quelle: Trois traités de la philosophie naturelle non encore imprimés etc. édit. par P. Arnauld; Paris 1612, 4.

Flamel erzählt hier, resp. schwindelt uns etwas vor von einem alten Buch, welches er um 2 Florins erschachert. Auf den ersten Seiten desselben stand dieses und jenes, dann:

Donc le quatriesme etcinquiesme feuillet estoit sans escriture, tout remply de belles figures enluminées, ou comme cela; car cet ouvrage estoit fort exquis. Premierement il peignoit un jeune homme avec des aisles aux talons, ayant une verge caducée en main, entortillée de deux serpens, de laquelle il frappoit une salade qui lui couvroit la teste: il sembloit, á mon petit advis, le dieu Mercure des payens; contre iceluy venoit courant et volant à aisles ouvertes, un grand vieillard, lequel sur sa teste avoit un horloge attaché, et en ses mains une faulx comme la Mort, de laquelle, terrible et furieux, il voulait trancher la teste à Mercure. A l'autre face du feuillet quatriesme, il peignoit une belle fleur en la sommité d'une montagne tres-haute, que l'aquilon esbranloit fort rudement; elle avoit le pied bleu, les fleurs blanches et rouges, les feuilles reluisantes comme l'or fin, à l'entour de laquelle les dragons, griffons aquiloniens, faisoient leur nid et demeurance. Au cinquiesme feuillet y avoit un beau rosier fleury, au milieu d'un beau jardin, eschelant contre un chesne creux, au pied duquel bouillonnoit une fontaine d'eau tresblanche, qui s'alloit precipiter dans les abysmes, passant neantmoins premierement entre les mains d'infinis peuples qui fouilloient en terre, la cherchant; mais, parce qu'ils estoient aveugles, nul ne la connoissoit, fors quelqu'un, considerant le poids. Au dernier revers du cinquiesme, il y avoit un roy avec un grand coutelas, qui faisoit tuer eu sa presence par des soldats grande multitude de petits enfans, les meres desquels pleuroient aux pieds des impitoyables gendarmes; le sang desquels petits enfans estoit recueilly par d'autres soldats et mis dans un grand vaisseau, dans lequel le soleil et la lune se venoient baigner. Et parceque cette histoire representoit celle des Innocens occis par Herode, ça esté une des causes que j'ay mis en leur cymetiere ces symboles hieroglifiques de cette secrette science.

»Das 4. und 5. Blatt war unbeschrieben, dagegen ganz angefüllt mit schönen illuminierten Figuren oder etwas ähnlichem; denn diese Arbeit war etwas ganz absonderliches. Zuerst war dargestellt ein junger Mensch mit Flügeln an den Fersen und einem Heroldsstab in der Hand, welcher von 2 Schlangen umwunden war. Mit diesem schlug er einen Helm, den er auf dem Kopfe hatte. (Das ist, die Figur hat die Hand mit dem Heroldsstab über den Kopf erhoben, was abgebildet so aussieht, als wenn der Stab den Helm schlüge.) Es war, meiner unmaßgeblichen Meinung nach, der Heidengott Merkur. Auf diesen rannte und flog mit ausgebreiteten Flügeln los ein großer Greis. Er hatte auf dem Kopf eine (Sand-)Uhr und in der Hand eine Hippe, wie der Tod. Mit letzterer wollte er, schrecklich und grimmig wie er war, dem Merkur den Kopf abhauen. Auf der anderen Seite des 4. Blattes war eine schöne Blume dargestellt. Sie stand auf dem Gipfel eines sehr hohen Berges, und der Nordwind machte sie wild wanken. Sie hatte einen blauen Schaft, weiße und rote Blumen, ihre Blätter glänzten wie feines Gold. Rund herum machten Drachen, nordische Greife, ihr Nest und ihre Stätte. Auf dem 5. Blatt stand ein schöner blühender Rosenstrauch inmitten eines schönen Gartens. Er lehnte an eine hohle Eiche. Am Fuße dieser sprudelte eine Quelle von sehr weißem Wasser hervor, um sich in die Abgründe zu stürzen. Sie ging zuerst unter die Hände von vielen Leuten, welche die Erde durchwühlten, um sie zu suchen, die sie aber nicht erkannten, weil sie blind waren. Nur einer erkannte ihren Wert. Auf der Rückseite des 5. Blattes stand ein König mit einem großen Schwert, der in seiner Gegenwart viele kleine Kinder durch Soldaten töten ließ. Die Mütter weinten zu den Füßen der unbarmherzigen Schlächter. Das Blut der Kinder wurde von anderen Soldaten aufgefangen und in ein großes Gefäß gegossen, in welchem sich Sonne und Mond badeten. Und weil diese Geschichte die Geschichte der unschuldigen Kindlein darstellte, welche Herodes töten ließ, so war das eine der Ursachen, weshalb ich auf dem Kirchhof der unschuldigen Kinder diese hieroglyphischen Symbole dieser geheimen Wissenschaft darstellte.«

Die Erklärung dieser Bilder ist leicht. Es handelt sich um das Quecksilber. *Merkur* als Quecksilber liegt nahe. Der Greis ist *Saturn*. Das sich selbst tötende Quecksilber wird in zwei Teile geteilt (vergl. Drachen-Interpretation der Tab. smar.). Der eine Teil ist Merkur, der andere Teil ist Saturn. Nun tötet ein Teil den anderen Teil. Die *schöne Blume* ist das Quecksilber (Quecksilber als Blume). Der *Berg* ist wieder das Quecksilber (Quecksilber als Berg). Der *Nordwind* ist abermals das Quecksilber (Portavit illud *ventus* in ventre suo). Beim *blauen Schaft* haben wir die blaue Farbe des Quecksilbers, bei den *weißen* und *roten Blumen* die weiße und rote Farbe desselben. Die *goldglänzenden Blätter* repräsentierten das Quecksilber als Gold. Bei den *Drachen* und *Greifen* haben wir das Quecksilber als Drache und Greif. *Nest* und *Stätte* lehnen an das Aludel. Der *Rosenstrauch* ist das Quecksilber als Rose und Strauch zugleich. Die *hohle Eiche* ist das Aludel. Die *Quelle* ist Quecksilber als Quelle. Der *Abgrund:* Quecksilber als αβυσσος. Die Leute, unter deren Händen die Quelle fortgeht, sind diejenigen, die der Alchemie unkundig sind. Der *Eine,* der ihren Wert erkennt, ist Flamel. *Herodes,* der *König,* ist Quecksilber als König. Mit den *Kindern* ist es auf das Quecksilber als Kind abgesehen. Das *Schwert* des Herodes ist wieder Quecksilber. Im *Blute* haben wir das Quecksilber als Blut. Das *Gefäß,* in welches die Soldaten das Blut gießen, ist das Aludel. *Sonne* und *Mond* zielen auf das Pater eius est *Sol;* mater eius est *Luna.* In den weinenden *Müttern* haben wir das Quecksilber als Mutter.

Flamel fand vielfach Nachahmer in seinen Bildern. Es finden sich alchemistische Bilder als Zugabe zu den im vorigen Abschnitt zitierten 12 *Claves,* die den Anhang zum Magnus Lapis antiquorum sapientum bilden. Ursprünglich sind übrigens die 12 Claves *ohne* Bilder. Ferner finden sich derartige Bilder am Schluß des *Museum Hermeticum,* Frankfurt 1677, unter dem Gesamttitel: Janitor pansophus. Ferner am Schluß des ersten Bandes von *Manget:* Bibliotheca chemica, Genf 1702, unter dem Gesamttitel: Mutus liber, in quo tamen tota philosophia Hermetica figuris hieroglyphicis depingitur. Ferner in des *Lambsprinck* Abhandlung: De Lapide philosophico u.s.w. Wir wollen dem Leser die Lambsprinckschen Bilder in Worten vorführen.

Erstes Bild: Ein Gewässer (Meer), in welchem zwei Fische schwimmen.

Zweites Bild: Lichte Stelle in einem Wald. Ein Fabel-Tier mit Flügeln und 2 Füßen mit Klauen (Drache). Ein Krieger mit gezücktem Schwert geht auf dasselbe los, um ihm den Kopf abzuschlagen.

Drittes Bild: Ein Wald. Ein Einhorn und ein Hirsch (Zwölf-Ender) in demselben.

Viertes Bild: Lichte Stelle im Walde (schattiges Tal). An derselben befinden sich ein Löwe und eine Löwin.

Fünftes Bild: Eine Landschaft. Kampf eines Wolfes mit einem Hund, der eine sucht den anderen totzubeißen.

Sechstes Bild. Ein Wald. In ihm ein Drache, der sich in den Schwanz beißt. Es handelt sich um dasselbe Tier, welches das zweite Bild bringt. Dort wurde es in der den Bildern beigegebenen Erklärung generell Fera genannt. Hier heißt es Draco.

Siebentes Bild: Ein Wald. Auf einem Baume im Vordergrund zwei große Vögel (Adler). Der eine sitzt auf dem Nest, der andere fliegt auf. Am Boden kriecht eine Schnecke.

Achtes Bild: Ein Wald. Zwei große Vögel kämpfen miteinander. Der eine von ihnen liegt bereits auf dem Rücken. Wie der Text sagt, ist der eine Vogel von weißer, der andere von roter Farbe. Man kann das nicht sehen, weil die Bilder nicht bunt sind.

Neuntes Bild: Eine Art Sommerhaus. In ihm sitzt ein König auf dem Thron. Die Hände halten den Reichsapfel und das Zepter. Seine Füße hat er auf einen Drachen gestellt. Eine Lehne des Thrones ist sichtbar und stellt einen Fisch dar.

Zehntes Bild: Eine Berggegend. Am Fuße ein Feuer, in dem sich ein Salamander befindet. Ein Mann kommt mit einer dreizinkigen Gabel auf diesen zu.

Elftes Bild: Eine Landschaft. Eine Gruppe von 3 Männern, die sich an der Hand halten. Der eine ist ein König, der andere ein Königssohn, der dritte ist ein Mann mit Flügeln, er stellt einen »Ductor«, eine Art Mentor vor.

Zwölftes Bild: Eine Landschaft. Im Vordergrund ein hoher Berg, auf dem der Ductor und der Königssohn stehen. Am Himmel: Sonne, Mond und Sterne.

Dreizehntes Bild: Eine Halle mit einem Throne. Auf dem Throne sitzt der König (vom elften Bild). Vor ihm steht der Königssohn. Der König hält ihn umfaßt und sperrt den Mund auf, um den Sohn zu verschlingen. Im Hintergrund steht der Ductor.

Vierzehntes Bild: Eine Stube mit Fenstern, durch die es hineinregnet. In der Stube steht ein Bett, in dem der König liegt. Er schwitzt, wie die Pünktchen auf seiner Haut andeuten.

Fünfzehntes Bild: Der König, sein Sohn und der Ductor sitzen vereint auf dem Thron.

Es ist nicht schwer zu durchschauen, daß es sich in diesen Lambsprinckschen Bildern um das Quecksilber handelt.

Das *erste Bild* bringt das Quecksilber als Meer, in welchem 2 Fische schwimmen (vergl. den Abschnitt: Quecksilber als Ens universale).

Beim *zweiten Bild* repräsentiert der Drache das Quecksilber. Der Drache, das Quecksilber, muß sterben, und darum geht ein Krieger auf ihn los, um ihm den Kopf abzuschlagen. Vergl. bei Petrus de Silento (Drachen-Interpretation): Draco moritur. Der Wald ist in diesem Bilde, wie in allen, wo er vorkommt, die υλη, Materia, das ist die Mat. prima, welche sich an die res una der Tab. smar. anlehnt.

Auf dem *dritten Bilde* haben wir das Quecksilber als Hirsch und Einhorn (vergl. d. Abschn.: Quecksilber als Ens universale).

Auf dem *vierten Bilde* haben wir das Quecksilber als 2 Löwen (vergl. ebendaselbst).

Auf dem *fünften Bilde* haben wir das Quecksilber als Wolf und Hund, die sich töten (Exstinctio Mercurii).

Auf dem *sechsten Bilde* haben wir den Drachen, das Quecksilber, als Venenum. Wie das Quecksilber sich selbst tötet, sich selbst belebt (Anschauungen, welche wir kennen), so vergiftet es sich auch selbst. Der Drache frißt seinen eigenen Schwanz und vergiftet sich so selbst.

Auf dem *siebenten Bilde* repräsentiert der auffliegende Vogel das ascendit a terra in coelum, der auf dem Nest sitzende Vogel das iterumque descendit in terram. Das Nest des zweiten Vogels wird als terra genommen. Vermöge des descendere in terram ist es die Mission dieses Vogels, unten auf dem Nest zu bleiben. Um dem Nest als terra nachzuhelfen, kriecht eine Schnecke am Boden, das ist ein Tier, welches zu der terra, auf der es umherkriecht, eine besondere Relation hat. Die Nester lehnen übrigens auch an das Aludel.

Auf dem *achten Bilde* haben die beiden Vögel eine ähnliche Relation, wie Wolf und Hund auf dem fünften Bild. Diese Vögel verschlingen sich und werden dann, wie der Lambsprinckssche Text weiter ausführt, in eine weiße Taube, und diese dann wieder in eine Phönix verwandelt.

Auf dem *neunten Bilde* haben wir das Quecksilber als Rex, als König. Er hat seine Feinde besiegt und tritt den giftigen Drachen mit Füßen.

Das *zehnte Bild* bringt das Quecksilber als Salamander. Der Mann mit der dreizinkigen Gabel (3facher Lapis philosophicus Hermes trismegistus) leitet die Darstellung des Ignis-Lapisphilos.

Das *11., 12., 13., 14. und 15. Bild* bilden eine fortlaufende Kette.

Im dreifachen Lapis philos., Vater, Sohn, Führer, haben wir den Lapis als Corpus, Spiritus, Anima und auf die Trinität bezogen als Vater, Sohn und Geist. Auf den Führer kommt der Geist, er ist ein geistreicher Mann, und damit ein Mentor. Dieser Mentor führt nun den Sohn, seinen Schüler, auf einen Berg (Quecksilber als Mons) und belehrt ihn über Himmel, Sonne, Mond und Sterne über sich, und die Erde, und was sie enthält, unter sich, kurz, er weiht ihn in die Mysterien der Alchemie ein, natürlich der Alchemie, welche auf das Quecksilber (Sonne, Mond u.s.w.) hinauskommt. Der Sohn verlangt nun, nach Hause zurückzukehren. Der Vater ist unterdes gestorben und lebt bei der Rückkehr seines Sohnes wieder auf. Das bezieht sich auf das Quecksilber, welches mortifiziert wird, um als Hydrarg. oxyd. rubr. aufzuleben. Vor lauter Freude verschlingt nun der Vater den Sohn. Das bezieht sich auf das Verreiben des Hydrarg. nitricum mit Quecksilber, bei dem das letztere das erstere verschlingt; zugleich ist ein Anlehnen des Quecksilbers an den Saturnus da, der seine Kinder verschlingt.

Nachdem nun das Quecksilber das Hydrarg. nitricum, das präsumtive Hydrarg. oxyd. rubr., verschlungen hat, kommt bei der Fortsetzung des Feuer-Prozesses das Hydrarg. oxyd. rubr. zum Vorschein, das ist, das Quecksilber kommt durch das Feuer in Schweiß, und das Produkt dieses Schweißes ist das Hydrarg. oxyd. rubr.

Der eine Lapis philos., Quecksilber, schwitzt den anderen Lapis philos., Hydrarg. oxyd. rubr., aus, der Vater schwitzt den Sohn aus. Daher liegt der Vater im Bett und schwitzt. Durch den Regen, der zum Fenster hineinkommt, wird die Haut des Vaters erweicht, auf daß er besser schwitzen kann; übrigens ist Regen auch = Quecksilber.

Nachdem nun der Prozeß beendet, bringt uns das letzte Bild die 3 Lapides philosophici zu einem vereint, auf einem Throne sitzend.

Die alchemistischen Schriftsteller der zweiten abendländischen Periode

Wir heben von ihnen ff. hervor:

Schriftsteller des 13. Jahrhunderts

Albertus Magnus. Schriften: De rebus metallicis et mineralibus. — De Alchemia. — Tractatus secretorum; u.s.w. Manche Schriften führen seinen Namen, ohne von ihm zu sein; wir übernehmen noch nicht einmal die Garantie für die absolute Echtheit aller soeben aufgeführten.

Thomas Aquinas. Schriften: Thesaurus Alchemiae secretissimus. — Secreta Alchemiae magnalia; u.s.w. Manche Schriften führen seinen Namen, ohne von ihm zu sein. Wir übernehmen noch nicht einmal die Garantie für die absolute Echtheit der beiden aufgeführten.

Alphonsus X., rex Castellae (König von Kastilien). Unter seinem Namen wenigstens kommt die Abhandlung vor, welche den Titel führt: Clavis sapientiae.

Roger Baco. Schriften: Speculum Alchemiae. — De secretis operibus artis et naturae, et de nullitate magiae epistola; u.s.w. Manche Schriften führen seinen Namen, ohne echt zu sein.

Arnaldus de Villanova. Schriften: Thesaurus thesaurorum et Rosarium philosophorum. — Novum lumen; u.s.w. Schwerlich ist alles echt, was unter seinem Namen vorkommt.

Richardus Anglus. Schrift: Libellus utilissimus περι χημειας, cui titulum fecit Correctorium. Auch kommt unter seinem Namen vor ein Rosarius minor und Speculum Alchemiae.

Guido de Montanor. Schrift: Scala philosophorum. Es werden ihm noch andere Schriften zugeschrieben.

Schriftsteller des 14. Jahrhunderts

Joh. Daustenius (Dastyn). Schriften: Rosarium, arcanum philosophorum secretissimum comprehendens. — Visio Daustenii.

Raymundus Lullius. Ein sehr fruchtbarer Schriftsteller. Man spricht von 60 Bänden, die er geschrieben haben soll, was wohl übertrieben ist. Von ihm sind: Testamentum et primum de theorica. — Testamentum. Pars practica. — Compendium animae transmutationis artis metallorum. — Testamentum novissimum. — Lux Mercuriorum. — Experimenta. — Vademecum. — Codicillus; u.s.w.

Petrus Bonus. Schrift: Margarita pretiosa novella. Es werden ihm noch andere Schriften zugeschrieben.

Joannes de Rupescissa. Schriften: Liber de confectione veri Lapidis philosophorum. — Liber lucis. Es werden ihm noch andere Schriften zugeschrieben.

Nicolaus Flamellus. Sein Hauptwerk sind die Figures hieroglyphiques etc. (s. Bilder-Alchemie).

Schriftsteller des 15. Jahrhunderts.

Die beiden *Hollandi*, Isaac der Vater, und Johann Isaac, der Sohn. Als des ersteren Schriften werden aufgeführt: Opera mineralia; De salibus et oleis metallorum; u.s.w. Als des letzteren: Opus Saturni; De Lapide s. Elixir philosophico; u.s.w.

Bernharaus comes Marchiae Trevisanae (Graf der Tarviser Mark im Venetianischen). Schriften: Liber de secretissimo philosophorum opere chimico. — Responsio ad Thomam de Bononia; u.s.w.

Marsilius Ficinus, berühmt durch seine lateinische Übersetzung der Werke Platos und damit der vom alchemistischen Standpunkt besonders wichtigen Schriften Timaeus und Kritias. Ob seine Schrift: De arte chemica und noch anderes, was unter seinem Namen aufgeführt wird, echt ist, wollen wir dahingestellt sein lassen.

Georgius Ripleus (Ripley). Schrift: Liber duodecim portarum und manches andere. Es ist nicht alles echt, was unter seinem Namen vorkommt.

Thomas Norton. Schrift: Tractatus: Crede mihi seu Ordinale. (Hoc opus inceptum est: 1477.)

Noch einmal arabische Alchemie.
Die drei Prinzipien: Sal, Sulphur, Merkur

Nach der zweiten Merkur-Interpretation der Tab. smar. tritt in der arabischen Alchemie ein Ruhepunkt ein. Das hat einen dreifachen Grund. Zuerst war einmal durch die zweite Merkur-Interpretation der Tab. smar. ein Ziel erreicht, welches längere Zeit hindurch angestrebt worden war. (In-Einklang-Bringen der metaphysischen Interpretation der Tab. smar. mit arabischen Auffassungen.) Das ist aber nur zu natürlich, daß nach Erreichung eines Zieles eine länger andauernde Ruhe folgt. Dann müssen wir das historische Faktum vor Augen haben, daß die Vertreibung der Araber aus Spanien, 1492, nicht ein Ereignis war, welches plötzlich wie ein Blitz aus heiterer Luft über die Araber kam, sondern daß vielmehr die Maurenherrschaft in Spanien sukzessiv verfiel und damit ihr Unglücksjahr 1492 längst angebahnt war. Der sukzessive Verfall der politischen Macht zog aber auch einen Verfall des wissenschaftlichen Treibens nach sich, setzte eine Laxität an die Stelle des früheren wissenschaftlichen Eifers. Hierzu kommt nun noch zum dritten das, daß bei dem Übergeben der Alchemie auf die Abendländer an die Araber die sehr naheliegende Idee hinantrat, wir haben nun so manches gewirkt, wir wollen vorläufig einmal die Zuschauer machen und sehen, was jene vor sich bringen. Dieses Stadium der Ruhe in Spanien dauerte nun bis einige Zeit vor dem Aufhören der Maurenherrschaft. Da auf einmal kommt neues Leben in die Alchemie, die arabische Alchemie tritt, bevor sie den Schauplatz verläßt, mit einer epochemachenden Lehre in den Vordergrund, das ist die Lehre vom Sal, Sulphur, Merkur, die Lehre von den drei Prinzipien: Salz, Schwefel und Quecksilber. Vermöge dieser Lehre wird die Eins der metaphysischen Interpretation der Tab. smar., das Quecksilber, welche durch die Lapis-philos.-Interpretation der Tab. smar. zur Zwei, dem Quecksilber und dem Schwefel extendiert worden war, zur Drei kumuliert, das ist zum Quecksilber, Schwefel und Salz.

Die Sache liegt ff. Ein Araber tritt auf, welcher sagt, wir haben ursprünglich in unserem arabischen alchemistischen Standpunkt die Geberschen 6 Metalle. Diese extendieren sich zu 7, indem das Quecksilber hinzutritt. Dieses Quecksilber tritt nicht nur zu den übrigen Metallen, sondern es stellt sich auch an ihre Spitze. Indem wir nun also das Quecksilber haben, stellen wir uns bei der Darstellung des Hydrarg. oxyd. rubr. auf den Standpunkt der Darstellung der Metalle überhaupt aus ihren Erzen, das entspricht unserem Metallstandpunkt in der Alchemie. Und hiermit ist die Sache fertig. Was wir da weiter getrieben haben, indem wir den Einklang mit der metaphysischen Interpretation der Tab. smar. hervorbringen wollten, waren keine glücklichen Griffe. Die metaphysische Interpretation liegt hinter uns, lange hinter uns, seitdem hat sich die Alchemie fortentwickelt, wozu war es also nötig, ihr einen solchen Tribut zu zollen? Den Einklang mit der metaphysischen Interpretation der Tab. smar. hervorzubringen, war gar nicht unseres Amtes, und was jemandes Amtes nicht ist, da soll er seinen Vorwitz lassen. Wir haben diese kluge Regel nicht befolgt, und die Folge davon war, daß wir uns in Verwicklungen gestürzt haben, die gar nicht erbaulich sind. Was ist denn diese Kalzination als Kalkoperation? Ist es denn nun wirklich so einladend, da, wo man aus Zinnober bei Zusatz von Kalk: Quecksilber erhält, zu sagen, man erhalte Quecksilber aus Kalk bei Zusatz von Zinnober, zu sagen, man lösche Quecksilber mit Acid. nitricum? Aber das mag noch hingehen. Das Schlimme bei der Sache ist das, daß wir in unserem Eifer, Dinge zu betreiben, die gar nicht unseres Amtes waren, unsere arabische Alchemie angetastet haben, an sie Hand gelegt haben. Oder haben wir etwa etwas anderes getan, indem wir der arabischen Lapis-philos.-Interpretation huldigten, und mit ihr der antiarabischen χρυσοποιια die Tür öffneten? — Machen wir einen Strich durch diese unerbauliche Vergangenheit. Zurück dahin, wo wir einfach standen, als wir hatten: 7 Metalle, Quecksilber an ihrer Spitze, Darstellung des Hydrarg. oxyd. rubr. mittels Feuers allein.

Wir haben nun schon beim Arius darauf aufmerksam gemacht, daß ein absoluter Rückgriff in alte Standpunkte nicht alchemistisch-schulgerecht ist. Will also unser Araber vor die zweite Merkur- und Kalzination-Interpretation zurück, so hat er dem Alten gegenüber einen neuen Standpunkt zu bieten. Diesen nun nimmt er ff. ein.

Er nimmt Calcinatio einfach als Ignitio, Feuerprozeß, und sagt, bei der Ignitio hat man einfach den *Verbrennungs*prozeß. Wenn also Hydrarg. oxyd. rubr. mittels Feuers allein dargestellt wird, so heißt das einfach, man *verbrennt* das Quecksilber. Nicht an Kalk hält man sich mit Fug und Recht, sondern an ein Stück Holz. Kalziniert man Quecksilber, so heißt das einfach, man nimmt mit dem Quecksilber den Prozeß vor, den man mit Holz vornimmt, wenn man es verbrennt. Nun aber hat man beim Verbrennen des Holzes erstens das Holz, zweitens das brennende Holz, das ist das Feuer, drittens den Rauch, der oben fortgeht, viertens die Asche, die unten zurückbleibt. Ganz so beim Quecksilber, welches mittels Feuers allein dargestellt wird. Das Quecksilber als solches läuft dem Holz parallel. Es wird unter dasselbe Feuer gelegt, es verbrennt und repräsentiert als solches das brennende Quecksilber, das Feuer. Es entwickelt sich nun zwar, wenigstens denn sichtbar, kein Rauch, indessen dieser ist trotzdem zu konstatieren, da nach arabischer Auffassung gerade sowohl bei der Darstellung des Hydrarg. oxyd. rubr. mittels Feuers allein als auch mittels Salpetersäure ein ascendere (und descendere) statt hat. Also man hat den Rauch des Quecksilbers dem Rauch des brennenden Holzes parallel laufend. Und endlich läuft das Hydrarg. oxyd. rubr., das Ergebnis des Prozesses, der Asche beim Verbrennen des Holzes parallel (Mercur. incineratus). Man hat also bei der Darstellung des Hydrarg. oxyd. rubr. mittels Feuers allein zuerst das Quecksilber als solches, welches in das Aludel gegeben wird. Dies wird dann feurig gemacht, es entwickelt Rauch, es entwickelt Asche. Nun sollte man sagen, auf die Weise hätten wir das Hydrarg. oxyd. rubr. anhand des Verbrennungsprozesses als *Asche,* Mercurius incineratus, Cinis Mercurii. Unser Araber aber begnügt sich hiermit nicht, er konstatiert in diesem Hydrarg. oxyd. rubr. auch noch obendrein den *Rauch.* Fumus Mercurii, und das *Feuer,* Ignis Mercurii. Das liegt nun ff.

An das verbrennende Holz anlehnend, hält er sich nicht an die Asche, welche kalt geworden ist, sondern an die noch heiße Asche. In der *heißen* Asche läßt er aber aufgrund des Hitzeprozesses das Feuer vertreten sein. Ganz so hält er, an das Hydrarg. oxyd. rubr. anlehnend, sich nicht an das Präparat, wie es aus dem Aludel herauskommt. Dies ist noch *heiß,* und damit ist das *Feuer* in ihm vertreten. Indessen, die Sache liegt in Bezug auf das Hydrarg. oxyd. rubr. noch viel einfacher. Es liegt im Sinne der Alten, daß bei der Darstellung mittels Feuers allein das Quecksilber gerade dadurch zu Hydrarg. oxyd. rubr. wird, daß in das erste Feuer *hineingeht.* Mit solcher Anschauung würde es sich aber schlecht vertragen, im Hydrarg. oxyd. rubr. das Feuer *nicht* vertreten sein zu lassen.

An das verbrennende Holz anlehnend, hält er sich in Bezug auf die heiße Asche von vorhin an *glühende* Asche. Glühende Asche entwickelt aber noch mehr oder weniger *Rauch.* Ein ähnliches Verhältnis kann nun auch in Bezug auf das Hydrarg. oxyd. rubr. herangezogen werden. Doch ist so etwas gar nicht nötig. Nach alten alchemistischen Anschauungen ist das bei der Darstellung des Hydrarg. oxyd. rubr. mittels Salpetersäure gewonnene Präparat: Dampf, der rote Dampf, der heruntergehend sich zum Präzipitat verdickt. Ein analoges Verhältnis kann nun auch aufgrund des ascendere und descendere, welches auch bei der Darstellung des Hydrarg. oxyd. rubr. mittels Feuers allein statt hat, hier angenommen werden. Dann haben wir eo ipso da, wo wir die Asche (Präzipitat) Hydrarg. oxyd. rubr. haben, auch den *Rauch* desselben.

Also unser Araber hat im Hydrarg. oxyd. rubr.: Asche, Feuer, Luft. Nun nennt er Asche: *Sal,* das heißt im Grunde nichts anderes als Pottasche. Pottasche wird nämlich aus Pflanzen-Asche gewonnen, und die Pflanzen-Asche hat er im Anlehnen an sein Quecksilber-Holz. Pottasche wird aber Sal genannt aufgrund ihrer äußeren Ähnlichkeit mit dem Kochsalz. Feuer nennt er *Sulphur,* was naheliegt. Rauch nennt er *Merkur.* Das ist ein Anlehnen an die Anschauungsweise des Autors der ursprünglichen Lapis-philos.-Interpretation der Tab. smar. Der faßte nämlich das Hydrarg. oxyd. rubr. auf als Quecksilber + Luft. Gemäß dieser Anschauungsweise ist also auf der einen Seite das Hydrarg. oxyd. rubr.: Luft, auf der anderen: Quecksilber. Hat also unser Araber auf der einen Seite die Luft, den Rauch, so hat er auf der anderen Seite: Merkur. Auf die Weise kommt also heraus, daß man im Hydrarg. oxyd. rubr. hat: *Sal, Sulphur, Merkur.*

Also unser Araber sieht in der Calcinatio, in der Ignitio, mit der er sich an die Darstellung des Hydrarg. oxyd. rubr. macht, einen Verbrennungsprozeß, und dieser führt ihn darauf, daß er im Hydrarg. oxyd. rubr. hat: Sal, Sulphur, Merkur.

So kalkuliert er auf der einen Seite. Auf der anderen Seite kalkuliert er ff. Wenn wir Metalle und Quecksilber, und Quecksilber und Metalle einander gegenüberstellen, so kommen wir nicht um die Stelle der Tab. smar.: Pater eius est Sol etc. herum, welche uns die 7 Metalle bringt. Das Quecksilber steht an der *Spitze* der Metalle. Verträgt sich das mit dieser Stelle? — Nein, denn in dieser Stelle kommt zuerst in dem Pater eius est Sol das *Gold,* und dann kommt erst das Quecksilber so bescheiden an die Reihe, daß es sich in dem Mater eius est Luna seinen Platz mit dem Silber teilen muß. — Wie ist diese Differenz zu heben? — Nun einfach derartig, daß wir sagen, wenn das Quecksilber an der Spitze der Metalle steht, so ist das nicht das Quecksilber als solches, sondern das *verherrlichte* Quecksilber, das Hydrarg. oxyd. rubr. Dieses kommt mit jener Stelle nicht in Konflikt. Auf die Weise, daß wir so dem Hydrarg. oxyd. rubr.

Rechnung tragen, ist denn auch ein Text darauf zu machen, wie wir, das Quecksilber habend, zum Hydrarg. oxyd. rubr. kommen. Das ist nicht ein Anlehnen an die metaphysische Interpretation der Tab. smar., nein, das ist die arabische Alchemie aus sich selbst heraus. Das Quecksilber steht an der Spitze der Metalle, das kann aber nicht das Quecksilber als solches sein, es ist vielmehr das Hydrarg. oxyd. rubr., und damit kommen wir vom Quecksilber zum Hydrarg. oxyd. rubr.

Und weitergehend sagt dann unser Araber: Was heißt es denn, daß das Quecksilber an der Spitze der Metalle steht? Soll das etwa bloß heißen, wenn ich die series Metallorum aufführe, dann sage ich nicht, erstens Kupfer, zweitens Blei, drittens Quecksilber u.s.w., sondern ich sage, erstens Quecksilber, zweitens Kupfer, drittens Blei u.s.w.? Nein, das wäre ein sehr bescheidenes An-der-Spitze-Stehen. Es heißt vielmehr hervorstechend, wenn ich das Quecksilber habe, so habe ich alle Metalle, weil alle Metalle in Quecksilber aufgehen. Da nun Quecksilber als verherrlichtes Quecksilber = Hydrarg. oxyd. rubr., dieses aber = Sal, Sulphur, Merkur, so heißt: das Quecksilber steht an der Spitze der Metalle, ganz besonders: die Metalle sind Sal, Sulphur, Merkur.

Den Aufstellungen nun, wie wir sie hier entwickelt haben, wird Ausdruck gegeben in der arabischen Sal-Sulphur-Merkur-Interpretation der Tab. smar., die wir jetzt kennenlernen wollen.

Es werden acht Rubriken angenommen. Es sind die sieben Rubriken der arabischen astrologischen Interpretation, denen das Completum est zugefügt wird.

Zweite Rubrik

Quod est inferius bis adoptione.

In Betreff der superius und inferius vergl. Gebers Metall-Interpretation. Die res una ist aber nicht mit »Metallstandpunkt« zu übersetzen, sondern mit »Quecksilber«. Übrigens ist das mehr ein Wortunterschied als ein Sinnunterschied. Denn kraft dessen, daß das Quecksilber an der Spitze der Metalle steht, ist der Quecksilberstandpunkt der Metallstandpunkt.

Et sicut etc. Und wie Gott der Vater der Welt ist — res omnes fuerunt ab uno, meditatione unius — so ist die res una das Quecksilber, der Vater der Metalle — res natae. Die adoptio restringiert die absolute Parallele des sicut — sic. In der Vaterschaft des Quecksilbers über die Metalle ist das gezeichnet, daß das Quecksilber an der Spitze der Metalle steht, nicht nur, daß es in der series Metallorum das erste ist, sondern auch, daß alle Metalle in ihm aufgehen.

Dritte Rubrik

Pater eius est Sol etc.

Hier kommen die 7 Metalle an die Reihe.

Vierte Rubrik

Separabis bis inferiorum.

In der zweiten Rubrik wird das Quecksilber als solches gezeichnet, welches an der Spitze der Metalle steht. Damit scheint zu kollidieren, das was die dritte Rubrik bringt, denn dort haben wir nicht das Quecksilber in der series Metallorum zuerst, sondern das Gold, und nach diesem teilt sich das Quecksilber mit dem Silber in die Luna. Das ist aber, so wird hier gelehrt, keine Kollision. Denn wenn das Quecksilber an der Spitze der Metalle steht, so ist das nicht das Quecksilber als solches, sondern das Hydrarg. oxyd. rubr. Denn — Separabis.

Terra	=	Asche resp. Sal.
Ignis	=	Feuer resp. Schwefel.
Subtile	=	Rauch resp. Merkur.
Spissum	=	Quecksilber.

Der eigentliche Wortlaut der Stelle sollte sein: Separabis terram et ignem et subtile a spisso. Das suaviter magno cum ingenio deckt die Differenz vom Textlaut und dem hier gebrachten Arrangement. Also: Mache trennend einen Unterschied zwischen Asche, Feuer, Rauch, resp. Sal, Sulphur, Merkur, das ist dem Quecksilber, in welchem diese Dinge vertreten sind, das ist dem Hydrarg. oxyd. rubr. — und dem eigentlichen Quecksilber. Denn siehe, Quecksilber ist eben Quecksilber, dagegen Hydrarg. oxyd. rubr. ist Quecksilber, welches dem Ignitions-Prozeß ausgesetzt wird, welches verbrennt, Quecksilber welches:

Ascendit a terra in coelum, iterumque descendit in terram, welches aszendiert und deszendiert, und dadurch zu Rauch und Asche wird, et recipit vim superiorum et inferiorum, und dadurch die vis über die Metalle erhält.

Man vermißt bei der Zeichnung mit dem ascendere und descendere das *Feuer* des Hydrarg. oxyd. rubr. und fragt sich, wenn der Rauch und die Asche herangezogen werden, warum wird denn nicht auch das Feuer herangezogen? Die Antwort ist, ein Mißverständnis ist weiter nicht möglich, nachdem das Separabis etc. das Feuer, den ignis, notorisch gebracht hat. Nach solchen Antezedentien steht nichts im Wege, daß das Feuer einer Reservatio mentalis anheimfällt, um so weniger, als man im arabischen Sinne das Hydrarg. oxyd. rubr. nur dann hat, wenn man das Quecksilber als solches dem Feuerprozeß, der Calcinatio, der Ignitio, oder wie es unser Autor will, dem Verbrennungsprozeß aussetzt. Dazu kommt, daß der Schlußpassus Completum est reinweg auf die Feuerprozedur mit dem Quecksilber bezogen wird. Der Feuerprozeß, und damit das Feuer, das Sulphur des Hydrarg. oxyd. rubr., steht damit so im Vordergrund, daß man dem Leser wohl zumuten kann, sich dasselbe hier hinzuzudenken.

Fünfte Rubrik

Sic habebis bis penetrabit.

Die gloria bezieht sich auf das Quecksilber als solches, umfaßt das Quecksilber generell.

Die fortitudo bezieht sich auf das Quecksilber als Hydrarg. oxyd. rubr. Die kumulierte fortitudo zählt nach der Drei: Sal, Sulphur, Merkur, welche drei Prinzipien eben im Hydrarg. oxyd. rubr. vertreten sind. Von diesem Standpunkt des Sal, Sulphur, Merkur besiegt und durchdringt das Hydrarg. oxyd. rubr. die res subtiles und solidae, das Hydrarg. oxyd. rubr. die res subtiles und solidae, das sind die Metalle. Aufgrund dessen werden die Metalle nach der Auffassung unseres Autors zu Sal, Sulphur und Merkur, entgegen dem, daß sie dem Geber Sulphur und Merkur waren.

Sechste Rubrik

Sic mundus creatus bis hic.

Sic mundus creatus bezieht sich auf die zweite Rubrik.

Hinc erunt adaptationes mirabiles bezieht sich auf die vierte Rubrik. An die res una, wie sie die zweite Rubrik bringt, lehnt sich der Verbrennungsprozeß, die Anpassung der Dinge, welche beim Verbrennungsprozeß in's Auge zu fassen sind.

Quarum modus est hic bezieht sich auf die fünfte Rubrik, in der gelehrt wird, daß durch das vincere und penetrare die Metalle aus den drei Prinzipien bestehen.

Siebente Rubrik

Itaque vocatus sum bis mundi.

Analog wie bei Geber wird dem Hermes gegenüber (τρις μεγιστος und nicht τρις μεγας) die 3 · 3 ausgebeutet. Demzufolge zersplittern sich die Metalle in 3 Gruppen, und zwar anhand der 3 Prinzipien. Die *erste* Gruppe schart sich um den Sal. Es sind die Metalle: Eisen, Silber, Blei. Denn arkanologisch sind sie: Ferrum, Natron carbon., P. solaris niger. Die Terra-Relation und damit Sal-Relation dieser kennen wir aber (s. Lapis- und Elixir-Interpretation der Tab. smar., 3. Rubrik). Die *zweite* Gruppe schart sich um das Sulphur. Es sind die Metalle: Kupfer, Blei, Zinn. Denn arkanologisch sind sie: Liquor hepat., P. solaris niger et ruber. Die Schwefelrelation dieser kennen wir aber (s. den Abschnitt: Das Anhängen der Schlußrubrik an die Metall-Interpretation der Tab. smar.). Die *dritte* Gruppe schart sich um den Merkur. Es sind die Metalle: Zinn, Blei, Silber. Zinn und Blei sind nämlich arkanologisch gefaßt: P. solaris ruber et niger, diese aber enthalten notorisch Merkur (Hydrarg. oxyd. rubr.). Und Silber ist Quecksilber als Luna (Mater eius est Luna).

Das habens tres partes philosophiae totius mundi liegt wieder analog wie bei Geber. Philosophia totius mundi = Lapis philos. Unserem Autor besteht aber der Lapis philos., welcher gemäß der arabischen Lapis-philos.-Interpretation der Tab. smar. = Hydrarg. oxyd. rubr., nicht wie bei Geber aus Sulphur und Merkur, sondern aus Sal, Sulphur und Merkur. Das ist aber wie bei Geber, daß die Metalle *von vornherein* der betreffenden Teile (der 3 Prinzipien: Salz, Schwefel, Quecksilber) teilhaftig sind. Die tres partes, welche der Hermes hat, sind Sal, Sulphur, Merkur, und damit wird denn wieder wie bei Geber mit dem Ἑρμης τρις μεγας dem τρις μεγιστος gegenüber nicht absolut gebrochen.

Alles in allem hat also unser Autor wieder die Gebersche Summa perfectionis magisterii, wobei er aber die perfectio weniger darin sucht, daß sein Lapis philos. von vornherein in den

Metallen vertreten ist, als vielmehr darin, daß sein Lapis philos. nicht einfach: Merkur, nicht zweifach: Sulphur und Merkur, sondern dreifach: Sal, Sulphur und Merkur.

Achte Rubrik

Completum est.

Sol = Feuer. Operatio Solis = Wirksamkeitsentfaltung des Feuers, das ist *Verbrennungs*prozeß. Der Schlußpassus heißt also: Es ist absolviert, was ich vom Verbrennungsprozeß gesagt habe. Ein solcher Schlußsatz ist gewiß gerechtfertigt, denn was auch sonst in der vorliegenden Interpretation vorkommt, ihre Konzentration erhält sie in der Auffassung der Ignitio als Verbrennungsprozeß und den sich an diesen knüpfenden 3 Prinzipien.

Schlußbemerkung

Vermöge des Anlehnens der vorliegenden Interpretation der Tab. smar. an die Summa perfectionis magisterii gebührt ihr eine Berücksichtigung in den Geberschen Schriften, und diese findet sie denn auch in *der* Abhandlung der Geberschen Schriften, welche die Überschrift führt: Testamentum Gebri. Es ist nicht unwahrscheinlich, daß ein Testamentum Gebri schon früher besteht als die vorliegende Interpretation der Tab. smar., und daß dies Testamentum aufgrund der vorliegenden Interpretation umgearbeitet worden, so daß es erst, nachdem die vorliegende Interpretation der Tab. smar. aufgekommen, die jetzige Gestalt erhielt. Es ist dies deswegen nicht unwahrscheinlich, weil wir beim *Lullius,* ja wenn die betreffende Schrift des Arnaldus wirklich echt ist, bereits beim *Arnaldus de Villanova* einem Testamentum begegnen. Beim Lullius resp. Arnaldus fragt man sich nämlich, woher dieser abenteuerliche Titel für eine Abhandlung, wo den Autoren doch ein hundert- und tausendfacher anderer Titel zu Gebote stand? Steht uns hierbei die Antwort zur Seite, deswegen dieser Titel, weil auch Geber den Titel Testamentum bringt, so ist die Sache klar. Bei Geber aber ist der Titel Testamentum sehr naheliegend. Die Abhandlung nämlich, die den Titel Summa perfectionis magisterii führt, schließt mit dem 4. Buche. Nun soll hinterdrein noch Anderes auf den Geber geschoben werden, und da hat man sich nach sachentsprechenden Titeln umzusehen. *Ein* solcher Titel wurde in der Investigatio magisterii gefunden, das ist: Nähere Untersuchung, wie es denn nun eigentlich um das Magisterium steht. Ein *anderer* wurde in »Testamentum« gefunden, das ist, so lange Geber lebte, wußte man nichts von dieser Schrift, als Geber aber starb, fand man sie unter seinen nachgelassenen Papieren, es unterliegt also keinem Zweifel, daß auch sie den Geberschen Schriften anzureihen ist. — Hat das Gebersche Testamentum nun früher bestanden, als die vorliegende Interpretation der Tab. smar. aufkam, so war es in seiner ursprünglichen Form eine Abhandlung über die Kalzination.

Dritte abendländische Periode. — Die drei Prinzipien bei den Abendländern

Die dritte abendländische Periode beginnt da, wo die arabische Sal-Sulphur.-Merkur-Interpretation zu den Abendländern kommt und von diesen verwertet wird. Wie wir wissen, haben die Abendländer den dreifachen Lapis philos.: Hydrarg. oxyd. rubr., Quecksilber, Quecksilber, von welchen beiden letzteren der eine der Quecksilber-Lapis, der andere der Sulphur-Lapis ist. Wie nun die 3 Prinzipien aufkommen, lehnen die Abendländer diese an ihren dreifachen Lapis philos., und zwar erhält der Hydrarg.-oxyd.-rubr.-Lapis das Sulphur, der eine Quecksilber-Lapis den Merkur, der andere Quecksilber-Lapis den Sal. Das Anlehnen an die Gottheit bleibt. Und so gestaltet sich denn das Verhältnis ff.

Hydrarg.oxyd. rubr.	Quecksilber	Quecksilber
⋮	⋮	⋮
Christus	Vater	Heiliger Geist
⋮	⋮	⋮
Sulphur	Merkur	Sal

Der Sachverhalt liegt auf der Hand. Hydrarg. oxyd. rubr. = Lapis ignis, Christus = φϖς, beiden entspricht das Sulphur. Bei Quecksilber — Vater — Merkur ist ganz das frühere abendländische Verhältnis da. Und was das Verhältnis Quecksilber — Heiliger Geist — Sal betrifft, so ist Sal = terra (vergl. die arabische Sal-Sulphur-Merkur-Interpretation der Tab. smar.). Der Heilige Geist ist insofern eine terra, als er zum Irdischen eine besondere Relation hat, da er sich über die Apostel ausgießt, und das Quecksilber = terra = Lapis als Lapis philos. So haben wir denn den dreifachen Lapis philos. als Sal, Sulphur, Merkur.

Eine eigentümliche Auffassung ist die des *Basilius Valentinus*. Dieser kalkuliert ff. Anhand der metaphysischen Interpretation der Tab. smar. haben wir das Hydrarg. oxyd. rubr. Dieses ist aber bei Licht betrachtet: P. solaris, und zwar im Anlehnen an die ursprüngliche Lapis-philos.-Interpretation der Tab. smar.: P. solar. ruber. Habe ich also Hydrarg. oxyd. rubr., so habe ich im Grund: Hydrarg. oxyd. rubr. + Sulphur aurat. Sowohl wie ich nun dieser Zweisache den Einnamen Hydrarg. oxyd. rubr. geben kann, eben sowohl kann ich ihr auch den Einnamen Sulphur aurat. geben. Und das zu tun, liegt hier viel näher, denn Hydrarg. oxyd. rubr. ist doch im Grunde nicht Schwefel, sondern Quecksilber, wogegen Sulphur aurat. in der Tat Schwefel ist — so ist ja die Auffassung der Alten. Und weiter sagt er, das Anlehnen der Gottheit an Quecksilber und Schwefel kommt ja doch vom ersten Buche der Oracula Sibyllina her, und es ist unsere Obliegenheit, uns strikt an dieses zu halten. Dort aber reiht sich das Κινναβαρις im ersten Rätsel unmittelbar an das Quecksilber und kommt damit auf Gott den Vater. Wie verträgt sich das nun damit, daß Hydrarg. oxyd. rubr. auf einmal zu Christus in Relation treten soll? Wie die erste abendländische Periode darüber kalkuliert, um den Stein des Anstoßes aus dem Wege zu räumen — das erkenne ich nicht an. Auf Christus kommt das 'Αρσενικον, und nicht das Κινναβαρις. Dieses 'Αρσενικον habe ich aber, sobald ich an die Stelle des Hydrarg. oxyd. rubr. das ebenbürtige Sulphur aurat. setze, denn Sulphur aurat. = Schwefel, ebensowohl wie 'Αρσενικον = Schwefel. So tritt denn dem Basil an die Stelle des Hydrarg. oxyd. rubr. das Sulphur aurat., und wie sonst Hydrarg. oxyd. rubr. = Lapis ignis, so ist ihm Sulphur aurat. = Lapis ignis.

Es ist naheliegend, die verschiedenen Interpretationen der Tab. smar., wie sie die erste abendländische Periode bietet, in zwei Gruppen zu zerspalten, in die wesentliche und die nicht wesentliche. In die nicht wesentliche Gruppe würde zu bringen sein vorab einmal die Stercus-Interpretation. An sie reiht sich die Fermentations-Interpretation — denn was ist an ihr wesentliches? Und den Weg, welchen die Fermentations-Interpretation geht, mag getrost auch die Drachen-Interpretation gehen.

In die wesentliche Gruppe dagegen würde zu bringen sein vorab einmal die Lapis-philos.-Interpretation, denn sie ist die Interpretatio princeps der Abendländer. Wohin aber diese Interpretation den Zug richtet, dahin muß die Metall-Interpretation folgen, denn sie ist gewissermaßen ein Supplement der Lapis-philos.-Interpretation, indem sie die Metalle bringt, welche die Lapis-philosophicus-Interpretation mit Stillschweigen übergeht. Also auch die Metall-Interpretation gehört in die wesentliche Gruppe.

Wie steht es nun um die Mensch-Interpretation, um die Elementen-Zeichen-Interpretation? Ja, das ist, an und für sich betrachtet, eine eigentümliche Sache. Der Mensch ist der verallgemeinerte Christus, die Elementen-Zeichen beziehen sich wieder auf Christus, man hat aber Christus bereits mit Prägnanz in der Lapis-phil.-Interpretation, somit würden die betreffenden Interpretationen im Grunde nichts anderes tun, als die Lapis-philos.-Interpretation kumulieren. Wie kann man aber Interpretationen, welche den Kumulierungscharakter haben, in die wesentliche Gruppe bringen? Sollen sie in diese treten, so muß, um den Anstoß zu vermeiden, ihnen ein absonderlicher Wesenheitsstandpunkt zufallen, an und für sich können sie schwerlich Anspruch machen, in die wesentliche Gruppe zu treten. Einen solchen absonderlichen Wesenheitsstandpunkt erlangt nun, wie wir später sehen werden, die Mensch-Interpretation anhand der Drei-Prinzipien-Lehre dadurch, daß Sal, Sulphur und Merkur zu den Arkanis in direkte Relation treten, daß wir einen direkten Heil-Lapis in ihnen erhalten. Dieser direkte Heil-Lapis erhält nun in der Mensch-Interpretation ein Substrat für seine Wirksamkeits-Entfaltung, und das ist eben ein absonderlicher Wesenheitsstandpunkt, durch die die Mensch-Interpretation anhand der Drei-Prinzipien-Lehre eine Besonder-Qualifikation erhält, in die wesentliche Gruppe einzutreten, wogegen die Elementen-Zeichen-Interpretation, der kein solcher absonderlicher Wesenheits-Standpunkt anzudemonstrieren ist, außerhalb der betreffenden Gruppe bleiben muß. Sie tritt ihren Platz ab derjenigen Interpretation, in der Sal, Sulphur und Merkur in direkte Relation zu den Arkanis treten, das ist zur arkanologischen Interpretation der Tab. smar. anhand der 3 Prinzipien (s. diese), welche hervorragend genug ist, um in die wesentliche Gruppe einzutreten.

Die Pflanzen-Interpretation endlich hat anhand der Drei-Prinzipien-Lehre ein unbestrittenes Recht, in die wesentliche Gruppe zu treten, denn gerade die Pflanze als Holz ist es ja, welche dem Verbrennungsprozeß ursprünglich zu Grunde gelegt wird, womit denn die Pflanzen-Interpretation gewissermaßen zur Legalisierungs-Interpretation der Drei-Prinzipien-Lehre wird.

Stellen also die Abendländer die neu aufgekommene Lehre vom Sal, Sulphur, Merkur den Interpretationen der Tab. smar., wie sie die erste abendländische Periode bringt, gegenüber — ein Tun, welches sehr naheliegt — so ist ziemlich vor den Füßen liegend, daß sie, indem sie erstens die wesentlichen Interpretationen von den nicht wesentlichen sondern und sich zweitens an die neue Lehre halten, daß sie da fünf Interpretationen, gerade *fünf* Interpretationen der Tab. smar. erhalten, nämlich

eine Lapis-philosophicus-Interpretation, eine Pflanzen-Interpretation, eine Mensch-Interpretation, eine arkanologische Interpretation, eine Metall-Interpretation, und diese sind es denn auch, welche, wie wir später sehen werden, durch Basilius Valentinus konstatiert werden.

Lapis-philosophicus-Interpretation der Tabula smaragdina anhand der drei Prinzipien

Man hält sich ganz an die Lapis-philosophicus-Interpretation der ersten abendländischen Periode. Nur treten folgende Modifikationen ein.

Dritte Rubrik

Pater eius est Sol bis terra est.

Relation zur Gottheit.

Pater eius est Sol etc. — Christus.

Portavit illud ventus etc. Hier handelt es sich um Gott den Vater. Es wird nämlich an die Schöpfungsgeschichte angelehnt, in der es heißt: Und der Geist Gottes (Ruach) schwebte auf der Oberfläche des Wassers. Dieser Geist (Ruach) wird als ventus genommen.

Nutrix eius terra est. Hier handelt es sich um den Heiligen Geist. Wie dieser zu terra wird, darüber ist der vorige Abschnitt nachzusehen.

Relation zum Lapis philosophicus.

Pater eius est Sol etc. Es handelt sich um den Hydrarg.-oxyd.-rubr.-Lapis als Sulphur gefaßt. Das Doppelverhältnis mit Sol und Luna entweder wie in derjenigen Interpretation, an welche die vorliegende anlehnt, oder, wenn man mit Basilius Valentinus geht, auf den Doppel-Lapis Hydrarg. oxyd. rubr. und Sulphur auratum bezogen.

Portavit illud ventus etc. Es handelt sich um den einen Quecksilber-Lapis, welcher als Merkur gefaßt wird. Dieser est ventus, das ist Rauch. Der Merkur lehnt ja, wie wir in der betreffenden Interpretation der Tab. smar. der Araber kennengelernt haben, an den Rauch beim Verbrennungsprozeß.

Nutrix eius terra est. Es handelt sich um den Quecksilber-Lapis, welcher als Sal gefaßt wird. Wie wir nämlich von der betreffenden Interpretation der Araber her wissen, ist Sal = terra. Also Est terra: Er ist Sal, der betreffende Lapis philos. ist Sal.

Sechste Rubrik

Die creatio mundi bezieht sich auf die dritte Rubrik, in welcher der ventus mit dem Gott in Verbindung gesetzt wurde, dessen Geist auf der Oberfläche des Wassers schwebt. Das ist aber, als der in der Schöpfungsgeschichte implizierte Gott, der welterschaffende Gott.

Schlußbemerkung

Wir haben bei der Lapis-philos.-Interpretation der ersten abendländischen Periode darauf hingewiesen, daß es etwas Auffallendes haben könnte, daß auf der einen Seite ein Lapis ignis, auf der anderen Seite ein Lapis Sulphuris angenommen wird, indem doch ignis = Sulphur. Wir haben nun dort zwar ebenfalls darauf hingewiesen, daß eine eigentliche Kollision des Sachverhaltes hierdurch nicht eintritt, indessen, anhand der vorliegenden Interpretation der Tab. smar. macht sich die Sache doch von vornherein besser.

Hier haben wir nicht Lapis ignis, Lapis Mercurii, Lapis Sulphuris, sondern Lapis Sulphuris, Lapis Mercurii, Lapis terrae (Salis), und damit sind wir dem von vornherein überhoben, daß wir einer scheinbaren Kollision nicht anzudemonstrieren brauchen, daß sie eben bloß eine *scheinbare* Kollision ist.

Pflanzen-Interpretation der Tabula smaragdina anhand der drei Prinzipien

Da in der abendländischen Alchemie der Lapis philos. eine so wichtige Rolle spielt, resp. in der abendländischen Alchemie die Lapis-philos.-Interpretation der Tab. smar. die Interpretatio princeps ist, so mußten wir die Lapis-philos.-Interpretation anhand der 3 Prinzipien vor der jetzigen Interpretation bringen. Hält man sich dagegen streng an die Drei-Prinzipien-Lehre, so steht die vorliegende Interpretation im Vordergrund. Denn die 3 Prinzipien knüpfen sich an den Verbrennungsprozeß, dieser ist aber hauptsächlich im Pflanzenreich vertreten, weil man sich bei ihm zuerst an das brennende *Holz* hält (siehe bei den Arabern).

Im Grunde bringt die Pflanzen-Interpretation vorab einmal die 3 Prinzipien, und nachdem sie die Pflanzen-Interpretation gebracht, geht man dann in Bezug auf die anderen Interpretationen anhand der 3 Prinzipien weiter.

Rubriken, wie bei der Lapis-philos.-Interpretation der ersten abendländischen Periode.

Zweite Rubrik

Quod est inferius bis adoptione.

Die beiden superius und inferius werden auf die 4 Elemente bezogen. Die res una wird als Ei fallengelassen, und tritt für dieses die Materia prima ein. Die res una als Materia prima aufzufassen, dafür liegen schon in früheren Interpretationen der Tab. smar. Anhaltspunkte vor, wie wir das auch kennengelernt haben. Namentlich lag auch in der 1. und 2. abendländischen Periode dafür ein Anhaltspunkt insofern vor, als das Ovum an das Weltenei anlehnt, wir in diesem aber die Materia prima als die Materia der *ersten Schöpfungsperiode* haben. Deshalb begegnen wir auch bei Lull und anderen der Bezeichnung υλη, das ist Materia prima, für das Quecksilber. Jetzt, in der 3. abendländischen Periode, tritt die Materia prima besonders anhand des Verbrennungsprozesses hervor. Durch diesen nämlich wird Holz, die Pflanze, auf den Endpunkt des Seins, die Asche reduziert. Dieser Endpunkt des Seins wird als Materia ultima aufgefaßt, und dieser Materia ultima gegenüber steht die Materia prima, das ist das Holz, die Pflanze, als erster Ausgangspunkt, das ist Materia prima, des Verbrennungsprozesses.

Also die 4 Elemente dienen dazu, um die Wunder der Materia prima zustande zu bringen. Materia prima ist überhaupt *alles Brennbare*. Alles Brennbare besteht aus den 4 Elementen.

Was würde ein alter Grieche zu solcher Auffassung von Materia prima, Elementum, Materia ultima gesagt haben! Und doch liegt Kern-Griechisches in der Sache. Denn da die empedokleischen Elemente = Materia prima, so dienen in der Tat die Elemente dazu, die Wunder der Materia prima zustande zu bringen. Und wiederum kommt dem Empedokles das Element auf die Materia ultima hinaus. Das ist, da Materia prima = Element, die Materia prima kommt auf die Materia ultima hinaus. Nun, der Verbrennungsprozeß zeigt, wie die Mater. prima auf die Mater. ultima hinauskommt.

Et sicut etc.

Res omnes sind die Welt überhaupt, res natae sind das, was sie des Näheren enthält: das Menschen- und Tierreich, das Pflanzenreich, das Mineralreich. Gott ist der Vater der res omnes, die res una ist der Vater der res natae. Das letztere heißt, die res natae alle bestehen aus den 4 Elementen und sind aufgrund dessen verbrennlich. Mensch und Tier unterliegen dem Verbrennungsprozeß, indem das Leben als Verbrennungsprozeß aufgefaßt wird.

Das Pflanzenreich unterliegt dem Verbrennungsprozeß ganz besonders, da es ja gerade das dem Pflanzenreich angehörige Holz ist, welches hauptsächlich als Substrat des Verbrennungsprozesses genommen wird. Und was das Mineralreich betrifft, so unterliegen die Metalle der Kalzination, das ist einem Verbrennungsprozeß; manche Minerale sind brennbar, z.B. der Kalk, denn er wird kalziniert, die Kohle ist ein brennbarer »Stein«, und Steine, die eine solche Härte haben, daß bei ihnen von Kalzination nicht die Rede sein kann, geben beim Aneinanderschlagen oder beim Schlagen mit dem Stahl gegen sie Funken, das ist, sie verbrennen.

Das Gegenüberstehen von Vorder- und Nachsatz besteht also in der Vaterschaft Gottes einerseits und der Vaterschaft der res una andererseits. Einer zu weit gehenden Parallelisierung von Gott und res una tritt die adoptio des Nachsatzes, welche die Vaterschaft der res una zur uneigentlichen Vaterschaft macht, entgegen.

Dritte Rubrik

Pater eius est Sol bis terra est.

Die vorige Rubrik brachte die Elemente. Diese Rubrik bringt die 3 Prinzipien in ihren Grundlagen als Feuer, Rauch, Asche.

Pater eius est Sol, mater eius est Luna. Sol und Luna werden als Hauptrepräsentanten des Feuers und damit als Feuer genommen. Also Vater und Mutter eius, der res una, der Materia prima, ist das Feuer, und damit ist die res una selbst Feuer.

Portavit illud ventus in ventre suo. Ventus ist Wind, Luft, Rauch. Illud, die res una, trug der Rauch im Bauch, die Mutter der res una, der Materia prima, ist Rauch, und damit ist die Materia prima, als Kind, ebenfalls Rauch.

Nutrix eius terra est. Terra ist Asche. Die nutrix, die selbstnährende Mutter eius, der res una, der Materia prima, ist Asche, und damit ist die Materia prima, das Kind, selbst Asche.

Wie wir also in der vorigen Rubrik im Allgemeinen hatten, daß die Materia prima aus den 4 Elementen besteht, so haben wir in dieser Rubrik, daß die Materia prima aus den Grundlagen der 3 Prinzipien, und damit aus den 3 Prinzipien selbst, besteht. Und da die Materia prima überhaupt alles Brennbare ist, so besteht alles Brennbare gerade sowohl aus den 3 Prinzipien als aus den 4 Elementen.

Vierte Rubrik

Pater omnis telesmi bis inferiorum.

Vorhin hatten wir den Allgemein-Standpunkt. Das, was die Welt enthält, besteht aus brennbaren Stoffen. Hier wird nun der Besonder-Standpunkt herangezogen. Aus den Stoffen allen, welche die Welt enthält, wird die Pflanze hervorgehoben, und diese Pflanze ist in der vorliegenden Interpretation der Tab. smar. der pater omnis telesmi.

Virtus eius integra est, si versa fuerit in terram. Ihre Kraft ist eine vollkommene, wenn sie in Asche verwandelt worden, wenn sie vom Standpunkt der Materia prima in den Standpunkt der Materia ultima übergeführt worden. Das heißt natürlich nicht, eine Pflanze hat im Allgemeinen erst dann ihre Vollkommenheit erlangt, wenn sie verbrannt worden, sondern die Vollkommenheit liegt darin, daß der Verbrennungsprozeß an die Spitze der Alchemie gestellt wird, der Verbrennungsprozeß aber auf die Materia ultima führt.

Dadurch nun, daß man von der Pflanze als Materia prima zur Pflanze als Materia ultima gekommen, ist der Verbrennungsprozeß auf's Tapet gebracht, und in Bezug auf diesen:

Separabis terram ab igne etc., mache trennend einen Unterschied zwischen Asche: terra, Feuer: ignis, Rauch: subtile, Holz: spissum. (Das Arrangement der Stelle wie bei der arabischen Interpretation.)

Indem du nun diese in's Auge faßt, hast du den Verbrennungsprozeß in's Auge gefaßt. Aufgrund des Verbrennungsprozesses aber:

Ascendit a terra in coelum etc., steigt die Pflanze als Rauch aufwärts, als Asche abwärts, das ist, sie verbrennt,

et recipit vim superiorum et inferiorum, und wirft sich zum Herrn der Schöpfung, der Alchemie auf. Aufgrund des ascendere, des descendere, aufgrund des Verbrennungsprozesses, aufgrund dessen, daß der Verbrennungsprozeß sich an die Spitze der Alchemie stellt, hast du die Motivierung dessen, daß der pater telesmi, die Krone der Schöpfung, trotz dieses seines Standpunktes als Krone der Schöpfung erst eine virtus integra erhält: — si versa fuerit in terram.

Fünfte Rubrik

Sic habebis gloriam bis penetrabit.

Die zweite Rubrik brachte die Elemente, die dritte Rubrik die Grundlagen der 3 Prinzipien: Feuer, Rauch, Asche. In ihnen ist die gloria gegeben. Im Grunde hat man da, wo man die Grundlagen zu den 3 Prinzipien: Feuer, Rauch, Asche hat, auch die 3 Prinzipien: Sulphur, Merkur, Sal selbst. Indessen, ein feiner Unterschied ist immer zwischen den beiden, und in Bezug hierauf muß dich die obscuritas fliehen.

Der gloria gegenüber repräsentiert nun die fortitudo ganz speziell die 3 Prinzipien, nicht als ihre Grundlage: Feuer, Rauch, Asche, sondern als: Sal, Sulphur, Merkur. In Bezug auf eine solche Drei wird alsdann die fortitudo nach der Drei gezählt.

Die omnis res subtilis und die omnis res solida repräsentieren die Elemente und die Grundlagen zu den 3 Prinzipien (Feuer, Rauch, Asche). Diese vincuntur et penetrantur von den eigentlichen 3 Prinzipien.

Sechste Rubrik

Sic mundus bis est hic.

Die creatio mundi bezieht sich auf die zweite Rubrik.

Hinc erunt adaptationes bezieht sich auf die vierte Rubrik. Die res una, welche die zweite Rubrik bringt, wird an den Verbrennungsprozeß angelehnt.

Quarum modus est hic bezieht sich auf die fünfte Rubrik, in welcher die drei Prinzipien vor den Elementen und den Prinzipien-Grundlagen in den Vordergrund gedrängt werden.

Siebente Rubrik

Itaque vocatus bis mundi.

Der Hermes trismegistus bezieht sich auf die 3 Prinzipien: Sal, Sulphur, Merkur. Dieser Hermes hat die tres partes philosophiae totius mundi, das ist entweder, die vorliegende Interpretation der Tab. smar. hat die 3 Teile, welche der Index bringt, oder, an diesen Hermes, das ist an Sal, Sulphur, Merkur schmiegt sich der dreifache Lapis philos. als Sal, Sulphur, Merkur.

Achte Rubrik

Completum est etc.

Operatio Solis wird auf den Verbrennungsprozeß bezogen.

Arkanologische und Mensch-Interpretation der Tabula smaragdina anhand der drei Prinzipien

Bei beiden Interpretationen sind die Rubriken, wie bei der Lapis-philos.-Interpretation der ersten abendländischen Periode.

Zuerst die *arkanologische* Interpretation.

Das Problem von den 3 Prinzipien ist ganz dazu geeignet, die Arkana anhand dieser 3 Prinzipien in's Auge zu fassen. Im Sal, Sulphur und Merkur sind nämlich sehr naheliegend die 3 Arkana vertreten, wie sie die jüdische Interpretation der zweiten Redaktion der Tab. smar. bringt. Diese Arkana sind, wie wir wissen, 1) Acidum sulphur.-Natron, 2) Liquor hepatis, 3) Pulv. solaris. Es liegt auf der Hand, daß man sagt, Pulv. solaris ist das Quecksilber-Arkanum, denn dies Arkanum enthält ja notorisch Quecksilber, daß man sagt, der Liquor hepatis ist das Schwefel-Arkanum, denn dies Arkanum riecht ja notorisch nach Schwefel, daß man sagt, Acidum sulphur.-Natron ist das

Salz-Arkanum, denn Natron nitricum und carbonicum stellten die Alten aus dem Kochsalz dar. In Bezug auf das letztere Arkanum ist zu bemerken, daß aufgrund dessen, daß das ganze Arkanum zu Sal wird, das Acidum sulphur. mit zu Sal wird. Das ist nun der Grund, weshalb die ältere Chemie die Säuren überhaupt Sales nennt. Das hatte noch im vorigen Jahrhundert statt: vgl. z B. *Rud. Aug. Vogel:* Institutiones chemiae.

Zweite Rubrik

Quod est inferius bis adoptione.

Die Analogie mit der zweiten Rubrik der Pflanzen-Interpretation kommt ff. heraus. Acid. sulphur.-Natron werden zu Acid. sulphur und Natron distrahiert. Dann kommen 4 Arkana heraus, und diesen werden in griechischer Weise die 4 Elemente zugeteilt. Dann dienen die Arkana qua Elemente dazu, um die Wunder der res una als Materia prima zu bewerkstelligen, was naheliegt, da bereits dem Empedokles Materia prima = Elementum. Man kann aber auch also sagen: den Griechen sind die Arkana = Materia ultima. Darin besteht aber gerade das Miraculum, daß die Materia prima anhand des Verbrennungsprozesses zur Materia ultima wird.

Res natae = Arkana. Indem sie fuerunt ab una re, werden sie zu verbrennlichen Dingen. So etwas liegt nahe, wenn man mit Plato die Elemente vom Eingesichtspunkt des *Feuers* auffaßt.

Dritte Rubrik

Pater eius est Sol bis in terram.

Hier kommen die 3 Prinzipien an die Reihe. Die bei der Pflanzen-Interpretation herausbekommenen Grundlagen der Prinzipien werden hier als die 3 Prinzipien selbst genommen.

Vierte Rubrik

Pater omnis telesmi bis inferiorum.

Hier werden nun die 3 Arkana gebracht.

1) Pater omnis telesmi et hic, virtus eius integra est, si versa fuerit in terram. Es handelt sich hier um Acid. sulphur.-Natron. In der jüdischen Interpretation der zweiten Redaktion der Tab. smar. steht Acid. sulphur.-Natron an der Spitze der Arkana. Aufgrund dessen wird Acid. sulphur.-Natron als Vater an die Spitze der Arkanen-Familie gestellt. Es wird vorläufig ange-

nommen, es handele sich nur um das Acid. sulphur. Darum heißt Pater omnis telesmi totius mundi est hic: Hier hast du das Acid. sulphur. Da es sich nun aber nicht um das Acid. sulphur. allein, sondern zugleich auch um das Natron handelt, so wird komplettierend beigefügt: virtus eius integra est, si versa fuerit in terram, die Kraft des Acid. sulphur. ist vollkommen, wenn das Natron, die Erde, zum Wasser, dem Acid. sulphur., hinzugefügt wird. Das *Hinzufügen* des Natron wird als *Verwandlung* des Acid. sulphur. in Natron aufgrund des Wasserverwandlungsexperimentes gebracht.

2) Separabis terram ab igne, subtile a spisso, suaviter magno cum ingenio. Es handelt sich hier um den Liquor hepatis.

3) Ascendit a terra in coelum, iterumque descendit in terram, et recipit vim superiorum et inferiorum. Es handelt sich hier um den P. solaris.

Siehe für 2) und 3) bei der jüdischen Interpretation der zweiten Redaktion der Tab. smar.

Fünfte Rubrik

Sic habebis bis penetrabit.

Die gloria sind die 3 Prinzipien.

Die fortitudo ist das Drei-Arkanum in Bezug auf seine Anwendung am Krankenbett. Hauptsächlich und hervorragend zählt die fortitudo nach der Drei, denn es werden ja 3 Arkana angenommen. Nebenbei zählt sie aber auch nach der 4, indem den 4 Elementen zu Liebe, das erste Arkanum in Acid. sulphur. *und* Natron zersplittert wird, und indem hier, in der pathologischen Rubrik, von einer *omnis* res subtilis und einer *omnis* res solida, das ist von 2 res subtiles und 2 res solidae, die Rede ist. Es liegt nämlich in Bezug auf das vincere und penetrare die Sache derartig, daß aufgrund dessen, daß das Leben ein Verbrennungsprozeß ist (vergl. sogleich bei der Mensch-Interpretation), angenommen wird, der Mensch bestehe aus den 3 Prinzipien. Diese 3 Prinzipien des Menschen stehen nun den 3 Arkanis gegenüber. Wo die 3 Prinzipien des Menschen krank sind, da führen dieselben die 3 Arkana, sie konstituieren die fortitudo, weil sie die fortitudo, das ist sie, die Arkana, alle res subtiles besiegen und alle res solidae durchdringen. Hier wird nun der Einklang zwischen den *drei* Arkanis und den *vier* Dingen, welche zu besiegen und zu durchdringen sind, derartig hervorgebracht, daß man einerseits das Acid. sulphur.-Natron in die Zwei: Acid. sulphur. *und* Natron zersplittert, und andererseits analog auch das Sal des Körpers in 2 Teile zersplittert, in ein flüssiges und in ein festes Sal. So kommen denn beim Sal, Sulphur und Merkur des Körpers 2 res subtiles heraus: flüssiger Sal und luftförmiger Merkur, und 2 res solidae: fester Sal und Sulphur. Diese stehen aber den beiden Arkana subtilia: Acid. sulphur. und Liquor hepatis, und den beiden Arkana solida: Natron und P. solaris, gegenüber.

Sechste Rubrik

Sic mundus bis modus est hic.

Sic mundus creatus est bezieht sich auf die zweite Rubrik, in welcher auf die Erschaffung der Welt hingewiesen wird.

Hinc erunt adaptationes mirabiles bezieht sich auf die vierte Rubrik. Die adaptationes sind, wie in der jüdischen Interpretation der zweiten Redaktion der Tab. smar., die Arkana. Diese bringt aber eben die vierte Rubrik, bringt sie im Anschluß an die zweite Rubrik, nämlich im Anschluß an die res natae, oder auch an die res una.

Quarum modus est hic bezieht sich auf die fünfte Rubrik, auf diejenige Rubrik, welche in der fortitudo das Drei-Arkanum in Bezug auf seine Anwendung am Krankenbett bringt.

Siebente Rubrik

Itaque vocatus sum bis mundi.

Der Hermes trismegistus bezieht sich auf die 3 Prinzipien, auf welche die 3 Arkana hinauskommen. Philosophia totius mundi = Arkanologie. Hermes hat 3 Teile der Arkanologie, nämlich die 3 Arkana: Acid. sulphur.-Natron, Liquor hepatis, P. solaris.

Achte Rubrik

Completum est etc.

Sol = Lapis philos. Dieser wird aber nicht als der Lapis philos. genommen, welcher zur χρυσοποιια dient, sondern als der Heil-Lapis. Als solcher *Heil*-Lapis ist er als Ein-Lapis das Ein-Arkanum, als Drei-Lapis die Arkanen-Drei.

Jetzt zur *Mensch*-Interpretation, welche sich der arkanologischen Interpretation innig anschmiegt.

Bei ihr erfahren wir zunächst, ganz wie bei der Pflanzen-Interpretation der Tab. smar. anhand der 3 Prinzipien, daß alles Brennbare, Mensch, Tier, Pflanze, Mineral, aus den 4 Elementen und der Grundlage der 3 Prinzipien besteht (zweite und dritte Rubrik). Anhand der arkanologischen Interpretation werden aber die Grundlagen der 3 Prinzipien sofort als die 3 Prinzipien selbst genommen. Alsdann liegt die

Vierte Rubrik

Pater omnis telesmi bis inferiorum,

also:

Wie bei der Pflanzen-Interpretation nach absolvierter Allgemein-Betrachtung die Pflanze im Besonderen herangezogen wurde, so wird hier im Besonderen der Mensch herangezogen. Demgemäß haben wir im

Pater omnis telesmi — den Menschen.

Virtus eius etc. Seine virtus ist eine integra, wenn er gestorben, das ist, wenn er zu Staub und *Asche* zerfallen. Das Leben des Menschen wird nämlich als ein Verbrennungsprozeß aufgefaßt. Wie nun die virtus des verbrennenden Holzes zur integra geworden, wenn es zur Asche der Materia ultima (s. bei der Pflanzen-Interpretation) gekommen, so ist auch die virtus des Menschen zur integra geworden, wenn es bei ihm zum Standpunkt des Staubes und der Asche gekommen. In Bezug hierauf:

Separabis etc. Du mußt einen Unterschied machen zwischen Asche, Feuer, Rauch, Holz (s. bei der Pflanzen-Interpretation). Das ist, du mußt diese Dinge beim Menschen in's Auge fassen, damit du das Leben als einen Verbrennungsprozeß erhältst. Ja, das Leben ist ein Verbrennungsprozeß, denn:

Ascendit a terra etc., beim Tode steigt die Seele himmelwärts, der Leib aber zerfällt in Staub und Asche. Das Aufsteigen der Seele auf der einen Seite kann aber nicht statt haben, wenn auf der anderen Seite nicht der Leib in Asche zerfällt, und darum

recipit vim etc., wirft sich nicht der Mensch als solcher, sondern der Mensch als gestorbener Mensch, als Asche, als Materia ultima, zur Krone der Schöpfung auf. Und so wird es klar, daß der pater omnis telesmi erst dann zur virtus integra kommt, si vertitur in terram.

Fünfte Rubrik

Sic habebis bis penetrabit.

Daß wir den Menschen zwar als pater omnis telesmi haben, daß aber seine virtus erst eine integra wird, wenn die versio in terram vor sich geht: — das ist die gloria. Bei dieser gloria muß uns aber die obscuritas fliehen. Nämlich im Allgemeinen mag das ganz gut sein, daß wir zur eigentlichen Krone der Schöpfung erst durch die versio in terram kommen, fassen wir aber unseren Besonder-Standpunkt als Ärzte in's Auge, dann macht sich die Sache doch etwas anders. Ist die versio in terram einmal da, dann hat unsere Mission am Krankenbett ihr Ende erreicht. Unsere Mission ist es, so weit es denn möglich ist, der versio in terram vorzubeugen, und dazu bedienen wir uns der Arkana. Sie sind unsere fortitudo. Und hiermit sind wir denn in Bezug auf den Passus

Haec est totius fortitudinis etc. bei der soeben gebrachten arkanologischen Interpretation der Tab. smar.

Sechste Rubrik

Sic mundus bis hic.

Creatio mundi bezieht sich auf die erste Rubrik

Hinc erunt etc. bezieht sich auf die vierte Rubrik, in der menschliche Verhältnisse an die res natae angepaßt werden, oder auch an die res una.

Der modus bezieht sich auf die fünfte Rubrik, in der uns die Anwendung der Arkana am Krankenbett gebracht wird.

Siebente Rubrik

Sie geht mit der arkanologischen Interpretation von vorhin.

Achte Rubrik

Completum est etc.

Diese Rubrik wird dazu ausgebeutet, um darauf hinzuweisen, daß die vorliegende Interpretation der Tab. smar. mit der arkanologischen Interpretation von vorhin Hand in Hand geht. Der arkanologischen Interpretation fehlt im Grunde der Mensch, der das Substrat zu den Arkanis bietet, der Mensch-Interpretation fehlen im Grunde die Arkana, sie hat dieselben erst, wenn sie dieselben aus der arkanologischen Interpretation nimmt. Hält man sich an die arkanologische Interpretation, so ist es mit dem Sol, dem Heil-Lapis, ein inkomplettes Verhältnis, man hat nämlich wohl das Arkanum, man hat aber nicht den Menschen, dem man es gegenüber stellt, das Verhältnis wird erst ein komplettes, wenn die vorliegende Mensch-Interpretation hinzutritt. Bei einer solchen Ausbeutung der Schlußrubrik Completum est muß man indessen, das sei wohl bemerkt, nicht zu weit gehen, das ist, man darf keine absolute Verschmelzung der arkanologischen und Mensch-Interpretation eintreten lassen. Geschähe das, so kämen ja im Ganzen 4 Interpretationen der Tab. smar. anhand der 3 Prinzipien heraus, wo notorisch 5 herauskommen sollen. Vor einem solchen Zu-weit-Gehen ist man übrigens auch gesichert, wenn man in Bezug auf die arkanologische Interpretation bedenkt, daß es doch etwas weit gehen hieße, die Begründung der Arkana in ihrer Anwendung am Krankenbett erst darin finden zu wollen, daß eine Mensch-Interpretation vorangeht; wenn man in Bezug auf die Mensch-Interpretation bedenkt, daß sie, wie sie der Pflanzen-Interpretation die 3 Prinzipien entnimmt, daß sie so auch der arkanologischen Interpretation die Arkana entnehmen kann.

Metall-Interpretation der Tabula smaragdina anhand der drei Prinzipien

Die Rubriken wie bei der Metall-Interpretation der ersten abendländischen Periode, welche Interpretation der Tab. smar. überhaupt zu vergleichen ist.

Zweite Rubrik

Quod est inferius bis adoptione.

Bei der Pflanzen-Interpretation haben wir die 4 Elemente, welche dazu dienen, die Wunder der Materia prima zustande zu bringen. Bei der arkanologischen Interpretation treten die Arkana als superiora und inferiora ein. Da nun aber die Arkana im Grunde nichts anderes sind als Sal, Sulphur, Merkur, so kann man hier für die superiora und inferiora zugleich die 3 Prinzipien eintreten lassen. Auf die Weise ist man denn um die Differenz herum, daß man, indem das pater eius est Sol etc. nicht auf die 3 Prinzipien bezogen wird, die Materia prima etwa bloß aus den 4 Elementen, und nicht auch aus den 3 Prinzipien, bestehen zu lassen bewogen wird.

Als res natae treten die Metalle ein.

Unter materia prima des Metalles wird der Metallkeim verstanden. Die erste Materia des Metalles ist eben der Metallkeim. Der Metallkeim besteht aus den 3 Prinzipien, und wenn also die res natae, die Metalle, fuerunt ab una re, so besteht der Metallkeim aus Sal, Sulphur, Merkur (natürlich zugleich auch aus den 4 Elementen).

Daß die res natae, indem sie fuerunt ab una re, dem Verbrennungsprozeß unterliegen, schmiegt sich ganz gut an die arabische Auffassung, der zufolge den Metallen zu Liebe der Kalzinationsprozeß in den Vordergrund geschoben wird.

Im übrigen vergleiche man bei der Pflanzen-Interpretation in der zweiten Rubrik.

Dritte Rubrik

Pater eius est Sol bis in terram.

Wie bei der Metall-Interpretation der ersten abendländischen Periode.

Vierte Rubrik

Separabis bis inferiorum.

Wieder analog wie bei der Metall-Interpretation der ersten abendländischen Periode. Der Metallkeim und das fertige Metall bestehen aber nicht wie dort aus Sulphur und Merkur, sondern aus Sal, Sulphur, Merkur.

Wir wollen in Bezug auf die vorliegende Rubrik den Basilius Valentinus zitieren. Bei ihm heißt es, Currus triumphalis, edid. Kerckring, pag. 107:

Oberserva ergo diligentissime, saepe recogita, intellige, et intimis tuis cogitationibus infige, quod omnia tam mineralia quam metalla simul eodem tempore, et eodem modo, ex una eademque re principali nata sint, et progenita: atqui res ista non est aliud, quam merus vapor, qui ex elementari terra per astra superiora, tanquam per sideralem destillationem macrocosmi extrahitur, quae sideralis calida infusio superne in inferiora aëreo-sulphurea proprietate ita operatur et agit, ut iis vis quaedam et virtus spiritualiter et invisibiliter implantetur, qui fumus se postea in terra in aquam quandam resolvit, ex qua aqua minerali omnia deinde metalla generantur et maturantur ad suam perfectionem, provenitque hoc vel illud metallum, vel saltem minerale, prout unum ex tribus principiis praedominium acquirit, utque habent multum vel parum Mercurii, Sulphuris et Salis, vel inaequalem mixturam ponderis eorundem, unde metalla quaedam fixa, quaedam non fixa, id est, quaedam constantia et stabilia, quaedam volatilia et facile mutabilia reperiuntur, ut videre est in auro, argento, aere, ferro, stanno et plumbo.

»Beobachte folgendes fleißig, überdenk's, sieh's ein und präge dir's wohl ein: Alle Minerale und Metalle sind zugleich zur selben Zeit auf dieselbe Weise aus einer und derselben prinzipiellen Sache (Materia prima, res una) geboren und erzeugt. Jene Sache ist nichts anderes als ein wahrer Dampf, der aus der elementaren Erde durch die oberen Gestirne, wie durch eine sideralische Destillation des Makrokosmus, ausgezogen wird (das heißt, er ist das Produkt einer Destillation, bei der die Sidera superiora die Rolle des Feuers übernehmen). Diese sideralische warme Infusion von oben wirkt auf die unteren Dinge mit ihrer Luft-Schwefel-Natur derartig, daß ihnen geistig und unsichtbar eine Kraft und Tugend eingeimpft wird. Dieser Rauch nun (welcher durch die makrokosmische Destillation entsteht) löst sich hinterdrein in der Erde in eine Art Wasser auf, und aus diesem Mineralwasser entstehen alsdann und reifen heran zur Vollkommenheit die Metalle. Und zwar entsteht das eine oder das andere Metall, oder wenigstens Mineral, je nachdem das eine oder das andere von den 3 Prinzipien die Oberhand erhält, je nachdem viel oder wenig Quecksilber, Schwefel und Salz vorherrschend ist, je nachdem die Gewichts-Mischung derselben verschieden ist. Hierher kommt's, daß die einen Metalle fix sind, die anderen nicht fix, das heißt, die einen beständig und stabil, die anderen flüchtig und leicht veränderlich sind, wie sich das zeigt beim Gold, Silber, Kupfer, Eisen, Zinn, Blei.«

Thölden (Roth-Scholz, pag. 97) bringt die Stelle ff.

Dieses solt du nun also mit Fleiss observiren, mercken, verstehen, und in deinen Gedancken wohl aufzeichnen, dass alle Mineralia, sowol die Metallen, gleichfalls und ebenermassen aus einem anfahenden Dinge sind gebohren, und generirt worden, dasselbe einige Ding nun ist nichts anders, denn ein rechter Schwaden, welcher aus dem Element Erden, durch das Ober-Gestirn ausgetrieben wird, als durch eine siderische Destillation der grossen Welt, welche siderische warme Eingiessung von oben in das untere, durch die lüfftige feurige Eigenschaft operirt und würcket, dass eine Tugend und Krafft geistlicher unsichtbarer Weise eingepflantzet wird, welcher Rauch demnach sich im Erdreich resolvirt, und gleich zu einem Wasser aufschleust, aus welchem mineralischen Wasser ferner alle Metallen gewürcket und gezeitiget werden zu ihrer Volkommenheit, und wird ein solch Metall daraus, oder auch ein solch Mineral, darnach das meiste unter den Tribus Principiis die Herrschung überkommen, darnach hat es viel Mercurium, Sulphur und Sal, oder wenig Mercurium, Sulphur und Sal, oder sind miscirt in einer ungleichen Abtheilung des Gewichts: dass also etliche Metallen dadurch fix werden, etliche aber unfix, das ist, etliche beständig, etliche aber flüchtig und unbeständig: als da sind Gold, Silber, Kupffer, Eisen, Zinn, Bley. —

In Bezug auf die übrigen Rubriken vergl. die Metall-Interpretation der Tab. smar. der ersten abendländischen Periode, wobei es denn selbstredend ist, daß Lapis philos. und Metallkeim nicht aus Sulphur und Merkur, sondern aus Sal, Sulphur und Merkur bestehen.

Basilius Valentinus

Das ist der abendländische Plato, und seine Schrift Currus triumphalis Antimonii, Triumphwagen des Antimons, der abendländische Timaeus. Freilich, das wundervolle Griechisch, welches Plato schreibt, dürfen wir nicht mit in die Parallele hineinbringen. Auch fehlt dem Abendländer die Geistesfeinheit des Griechen. Was die Sprache betrifft, so wissen wir nicht einmal, in welcher Sprache Basilius ursprünglich geschrieben, in lateinischer oder deutscher. Die erste deutsche Ausgabe des Triumphwagens ist von *Thölden*. Diese, welche wir nicht aus eigener Anschauung kennen, führt, wie es die Ausgabe des Triumphwagens (Thöldenscher Text) von Roth-Scholz, Nürnberg 1733 (Deutsches Theatrum chemicum. Erster Teil, pag. 654 sequ.) angibt, folgenden Titel: Triumph-Wagen des Antimonii, Fratris Basilii Valentini, Benediktiner-Ordens, allen, so den Grund suchen der uralten Medizin, auch zu der Hermetischen Philosophi Beliebnis tragen, zu gut publizieret, und an Tag geben durch Johannem Dölden, Hessum. Mit einer Vorrede Doctoris Joachimi Tanckii, Anatomes et Chirurgiae Professoris in der Universität Leipzig. 8. Leipzig in Verlegung Jacob Apels.

1604 zuletzt stehet: Leipzig, Typis Bervvaldine, Druckts Jacob Popporeich, 1604. — Eine lateinische Ausgabe, die von J. Fabre, Toulouse 1646 sein soll, kennen wir für unseren Teil nicht. Dagegen haben wir vor uns die lateinische Ausgabe von *Kerckring* (dieser Name ist holländisch und heißt deutsch: Kirchenring). Ihr Titel ist: Theodori Kerckringii, Doctoris medici, Commentarius in Currum triumphalem Antimonii Basilii Valentini, a se Latinate donatum. Amstelodami, sumptibus Andreae Frisii, 1671. In der Vorrede zu dieser Ausgabe sagt Kerckring: habes hic Basilium Valentinum, non quidem ad Romani sermonis delicias, sed ad intelligendi utilitatem Latine loquentem, cum commentariis quibusdam meis. Mecum non nisi Germanice et sine commentatore locutus est. »Hier hast du den Basilius Valentinus, wie er Lateinisch spricht. Bei dieser lateinischen Sprache ist's nicht sowohl auf elegante Latinität abgesehen, als darauf, daß das Gesagte richtig verstanden wird, mit einigen Anmerkungen von mir. (Nun, uns dünkt, daß die Kerckringsche Latinität, wenigstens die des Textes, gar nicht so übel ist, freilich ciceronianisch ist sie gerade nicht, indessen, wie will man denn auch einem solchen Stoff gegenüber ciceronianisches Latein produzieren!) Mit mir (Kerckring) hat er nur Deutsch und ohne Anmerkungen gesprochen.«

Diese Kerckringsche Ausgabe ist also, wie der Autor meldet, aus dem Deutschen übertragen, und hätte, seiner Aussage gemäß, Kerckring nie eine lateinische Ausgabe gesehen (mecum non nisi Germanice locutus est). Was hieran wahr ist, möge dahingestellt bleiben, so viel steht fest, daß die Kerckringsche Ausgabe sehr gut ist. Was die Anmerkungen betrifft, so meldet uns der Autor mit einer gewissen Emphase, daß er den Basilius ohne Anmerkungen gelesen. Nun, durch solche Anmerkungen wie er, Kerckring, sie bringt, ist ein näheres Verständnis des Basilius wahrlich nicht angebahnt. Wir für unseren Teil halten uns an Kerckring und nicht an Thölden — wir können uns in Kerckringschem Latein besser zurecht finden als in thöldenschem Deutsch. Die Kerckringsche Ausgabe ist gewidmet den Illustribus, venerabilibus, sanctissimis et fortunatissimis viris, veram philosophiam adeptis, virtutis cultoribus, fortunae dominis, mundi contemptoribus, quorum vita in sanctitate, sanctitas in scientia, scientia in opere, opus in aegrorum et pauperum sublevatione consistit.

»Den hervorragenden, ehrwürdigen, heiligen und glücklichen Männern, den Inhabern der wahren Philosophie, den Verehrern der Tugend, den Herren des Glücks, den Verächtern der Welt, deren Leben in der Heiligkeit (Unbescholtenheit), deren Heiligkeit in der Wissenschaft, deren Wissenschaft im Werke, deren Werk in der Unterstützung Kranker und Armer besteht.«

Diese Leute sind die *Rosenkreuzer.*

Da wir bei dieser Gelegenheit auf die Rosenkreuzer gekommen sind, so wollen wir einen Augenblick bei ihnen verweilen und zu dem Ende den *Torbern Bergmann*, Geschichte der Chemie in der mittleren oder dunklen Zeit (Historiae chemiae medium seu obscurum aevum, a medio seculi VII, ad medium seculi XVII, Upsaliae 1782), Übersetzung v. J. Chr. Wiegleb, 1792, zitieren, wobei wir übrigens dem Autor die Verantwortlichkeit der Wahrheit alles dessen, was er meldet, überlassen wollen. Es heißt dort pag. 143 ff.

»Gegen das Ende des mittleren Zeitalters, nach dem Anfang des 17. Jahrhunderts, in einem der Beschaffenheit damaliger Zeit sehr gemäßen Zeitpunkt, fing die *Gesellschaft der Rosenkreuzer* an, in Deutschland Aufsehen zu machen. Da kurz hernach die Akademien der Wissenschaften gestiftet worden, welche keinen anderen Endzweck hatten, als die Geheimnisse der Natur durch Versuche zu erforschen und in ihren Schriften bekannt zu machen, und also eben dadurch alles Törichte und dunkle Geheimnisvolle zu vertreiben, so trat diese Gesellschaft auf und verteidigte nicht nur Metallverwandlungskunst und Universalarznei, sondern behauptete sogar, durch Kabbala und Zahlen, die nur durch besondere göttliche Vorsorge den Weisesten, Unsichtbaren und Unbekannten aufbehalten worden wären, alles zu erforschen, daß auch nicht einmal die Gedanken verborgen bleiben könnten, und dergleichen unsinniges Zeug mehr. Seit dem Jahre 1609 bis 1630 ist ein unglaublicher Wust Schriften von dieser Brüderschaft zum Vorschein gebracht worden; nichtsdestoweniger aber kann man noch zweifeln, ob jemals eine solche Gesellschaft gewesen, oder ob ganz Europa nur durch eine einzige Person, oder nur durch wenige betrogen worden sei. Vom Ursprung der Benennung wollen wir folgendes kürzlich anführen: Sie geben vor, daß 1378 ein edler Deutscher nach Arabien gereist sei, und daselbst sei er von den Weisen jenes Landes, die ihn doch nie gesehen, bei seinem Namen genannt worden, und habe auch zugleich alles erzählt bekommen, was ihm je begegnet sei. Nachdem er wieder in sein Vaterland zurückgekommen, habe er einige Schüler unterrichtet und sei endlich 1484, 150 Jahre alt, freiwillig gestorben. Einer seiner Nachkommen hätte 1604 sein Grab, und darin außer sehr merkwürdigen Inschriften auch zugleich ein Buch mit goldenen Schriften entdeckt. Hier wird der Faden abgerissen. Aus dem Bekenntnis dieses Ordens sind außer dem Vorhergehenden auch noch nachfolgende sechs Regeln gezogen worden, die beobachtet werden müssen. Die erste ist, daß sie Kranke, die ihnen auf der Reise vorkommen, umsonst gesund machen sollen; zweitens, daß sie in allen Ländern, wo sie sich aufhalten würden, sich nach hiesiger Landestracht kleiden sollten; drittens, daß sie ohne erhebliche Ursache die jährliche Zusammenkunft nicht versäumen sollten; viertens, daß jeder Bruder, wenn er sterben wolle, einen würdigen Nachfolger ernenne; fünftens, daß ein Rosenkreuz ihr Symbol sei; und sechstens, daß diese Brüderschaft hundert Jahre lang auf's sorgfältigste verheimlicht würde. Diese Gesellschaft hat in Frankreich keinen Beifall gefunden, so daß nach 1630 der Lärm davon zu verschwinden angefangen hat.«

Wenn man dem Basilius in Bezug auf das, was er in dieser Beziehung sagt, Glauben beimessen darf, so ist er am Mittelrhein geboren. Er sagt nämlich pag. 55: Hunc modum coquendi aquam — ignorant Hispani et Itali, et in natali meo solo Germania circa medium Rhenum paucos inveni huius artis peritos. »Dieser Art das Wasser zu kochen — kennen die Spanier und Italiener nicht, und in meinem Vaterland Deutschland, am Mittelrhein, habe ich wenige gefunden, welche diese Kunst verstanden.«

Die Zeit, zu der der Triumphwagen geschrieben wurde, setzen wir gegen das Ende des 15. Jahrhunderts, und haben als Gründe dafür ff.

Basilius spricht öfter von der Syphilis. Namentlich sagt er pag. 52: etiam per artem et methodum potest ex eo fieri oleum, quod novum et incognitum illum morbum omnino consumere potest, quem per hasce expeditiones bellicas Galli in regiones nostras invexerunt. »Auch kann durch Kunst und Methode aus ihm (dem Antimon) ein Öl dargestellt werden, welches absolut bewältigen kann jene neue und unbekannte Krankheit, welche bei den jetzigen Kriegszügen die Franzosen in unsere Gegenden gebracht haben.« Nun, die »Franzosen-Krankheit« kam nach Deutschland von Frankreich her zu Ende des 15. Jahrhunderts. Wir wissen gar wohl, daß an diesem Faktum mannigfach gerüttelt worden, und da man die Zeit der Syphilis-Einschleppung von Frankreich her früher gesetzt hat, indessen, die Annahme, daß das gegen das Ende des 15. Jahrhunderts statt hatte, hat doch am meisten für sich.

Es steht historisch fest, daß 1515 Kaiser Maximilian I. Recherchen anstellte, wer denn nun eigentlich dieser Basilius Valentinus wäre. Also zu der Zeit muß der Triumphwagen absolut schon dagewesen sein, da muß Basilius bereits geschrieben haben. Demgemäß ist an ein höheres Hinaufrücken der Zeit in's 16. Jahrhundert hinein gar nicht zu denken. Es fragt sich bloß, ist Basilius nicht eine größere Strecke zurück zu rücken? Nun, dagegen spricht, daß kein abendländischer Alchemist im 15. Jahrhundert vom Sal, Sulphur und Merkur spricht, alle, ohne Ausnahme, huldigen noch dem Sulphur und Merkur, und er ist der *erste* Abendländer, der die 3 Prinzipien auf's Tapet bringt. Wir betonen das, daß Basilius Valentinus der erste Abendländer ist, der die 3 Prinzipien auf's Tapet bringt, und weisen damit die Ansicht derer zurück, die da meinen, dieselben würden bereits von einem der *Hollandi* in den Opera mineralia berücksichtigt. Sie stützen sich hierbei auf folgende Stelle, Kap. 108:

Ac rebus omnibus probe perspectis comperiebant ac intelligebant, omnia primam originem duxisse ex aqua simplici, quae aqua erat quaedam essentia Mercurii, ac Deus terram suam in ea aqua collocabat, quae terra in se naturam Sulphuris habebat, quae terra sulphurea aquam illam coagulabat: quae duo simul manere non possent, nisi per quoddam medium, quod ea contineret inter se, ita ut alterum ab altero non separaretur, quamdiu medium illud apud ea maneret. Est vero Sal quoddam, quod Sal Deus iis infudit ad illa duo copulanda. Ac veteres Sal illud Sal sapientiae vocavere. Ac haec dominus Deus his tribus ut aquae et terrae inclusit etiamnum duo alia ut aërem et ignem. Ac Deus haec quatuor cum Sale quod medium est, etiamnum ex suo mandato ornavit adhuc tribus nimis sutilibus spiritibus etc. »Und nachdem sie alles wohl durchschaut hatten, sahen sie ein, daß das All seinen ersten Ursprung habe aus einfachem Wasser. Dieses Wasser war eine Merkur-Essenz. Gott setzte seine Erde in jenes Wasser. Diese Erde hatte in sich eine Schwefel-Natur, und die Schwefel-Erde koagulierte jenes Wasser. Diese beiden könnten nun nicht zusammenbleiben, wenn kein Vermittelndes da wäre, welches sie zusammenhielte, so daß eines vom anderen sich nicht trennte, so lange das Vermittelnde bei ihnen bliebe. Das Vermittelnde nun ist ein Salz, welches Gott ihnen eingoß, um jene beiden zu verbinden. Die Alten nannten jenes Salz das Salz der Weisheit. Außerdem schloß Gott der Herr zu diesen dreien Dingen, nämlich zum Wasser und zur Erde, zwei andere Dinge ein, nämlich Luft und Feuer. Und Gott schmückte diese Vier, einschließlich des Salzes, welches den Vermittler spielt, kraft seines Mandates noch mit 3 sehr subtilen Spiritus u.s.w.«

Es ist nun freilich nicht zu leugnen, daß in dieser Stelle sehr deutlich vom Sal als Prinzip neben dem Merkur und Sulphur die Rede ist. Indessen, dies Sal kommt nicht vom Autor Hollandus her, sondern das hat ein Späterer eingeflickt. Die ganze Stelle von quae duo simul manere bis sapientiae vocavere ist eingeschoben, um eben das Sal, an welches Hollandus nicht denkt, mit in die Sache zu verwickeln. Das geht schon einfach aus dem Sinn hervor. Warum sollen denn »die beiden« nicht zusammenbleiben können ohne das vermittelnde Salz? Nachdem nun die betreffende Stelle eingeschoben ist, wird dann weiter ihr zu Liebe beim Ad haec dominus Deus »his tribus« gesetzt, wo ursprünglich »his duabus« stand. Das liegt ja auf der Hand, denn aqua und terra sind doch nicht res tres, sondern res duae. Und ferner wird der eingeschobenen Stelle zu Liebe in dem Passus Ac Deus haec quatuor eingeflickt: cum Sale quod medium est. Von diesem Sal, quod medium, weiß eben der Autor selbst nichts. Die jetzt an die Reihe kommenden Spiritus beziehen sich auf den dreifachen Lapis philos. und haben zur Zeit, wo Hollandus schrieb, mit den 3 Prinzipien noch nichts zu schaffen.

Es bedarf wohl kaum des Hinweises, daß der Autor, welcher noch nach guter alter Weise dem Sulphur und Merkur huldigt, das Weltenwasser mit dem Quecksilber, und die Welten-Erde mit dem Schwefel parallelisiert. Zu dieser Parallelisierung würde er gar nicht kommen, wenn er dem Weltenwasser und der hineingeschaffenen Erde gegenüber, dieser Zwei gegenüber nicht die zwei Metallbestandteile: Sulphur und Merkur hätte.

Daß er übrigens den *zwei* Bestandteilen huldigt, und nicht den *drei* Bestandteilen, geht einfach aus Kap. 14 hervor, wo es heißt: Nosti praeterea, ex Mercurio et Sulphure omnia metalla crescere, mixtione eorumdem, tam munda quam immunda. Constat etiam, ex nulla alia re in rerum natura metalla gigni posse, quam ex his duabus. »Du weißt außerdem, daß alle Metalle aus Quecksilber und Schwefel wachsen, sei es nun eine reine oder unreine Mischung dieser. Es steht auch fest, daß aus nichts anderem in der Natur die Metalle entstehen können als aus jenen beiden Dingen.« Damit ist ja der ausdrückliche Beleg dafür da, daß er vom Sal noch nichts weiß.

Diejenigen, welche den Basil eine größere Strecke in's 15. Jahrhunderts zurück rücken, sind durch den Erfolg der Recherchen des Kaisers Maximilian dazu veranlaßt worden. Diese Recherchen waren nämlich erfolglos, und da dachte man, wenn man von diesem Basilius 1515 nichts näheres konstatieren konnte, so kann dies nur darin seinen Grund haben, daß die Zeit, wo er lebte, lange vor 1515 fällt. Man sah nicht ein, daß Basilius sich absichtlich mit einem solchen Dunkel umgeben haben konnte, daß er nicht gefunden sein wollte. Es ist nämlich ganz gut möglich, daß er 1515 noch lebte. Man sah nicht ein, daß Maximilian auf die verkehrte Weise recherchierte. Der ging davon aus, Basilius sei ein Benediktiner-Frater, hielt aufgrund dessen Umfragen in vielen Benediktiner-Klöstern, ließ sogar das General-Verzeichnis des Ordens in Rom nachschlagen und — es war kein Benediktiner namens Basilius Valentinus aufzufinden.

Man übersah, daß ein solch negativer Erfolg sehr natürlich war, indem, wie wir sogleich sehen werden, Basilius Valentinus gar nicht der eigentliche Name unseres Autors ist, und daß derselbe nie ein Benediktiner-Mönch war. Manche haben sich auch durch *Gudenus* in seiner Histor. Erfurt. vom Jahr 1675 irreleiten lassen. Dieser sagt, 1413 habe im St.-Peters-Kloster zu Erfurt ein Mönch namens Basilius Valentinus gelebt, der sich als Arzt und Naturforscher hervorgetan. Das ist aber nichts anderes als ein Märchen, welches Gudenus der Welt aufzubinden sich das Vergnügen machte. Bei diesem Märchen des Gudenus spielt ohne Zweifel die Straßburger Ausgabe der Pseudo-Basilschen Schrift: Letztes Testament, eine Rolle mit. Der Titel dieser Schrift ist (nach Roth-Scholtz) also:

Fratris Basilii Valentini, Benediktiner-Ordens, geheime Bücher oder letztes Testament, vom großen Stein der uralten Weisen, und anderer verborgenen Geheimnissen der Natur. Aus dem Original, so in dem hohen Altar zu Erfurt, unter einem Marmorsteinen Täfflein gefunden, nachgeschrieben. Und nunmehr auf vielfältiges Begehren den Filiis Doctrinae zu Gutem, neben angehengtem zwölff Schlüsseln, und in Kupfer gebrachten Figuren, etc. durch den Druck ans Licht gebracht. 8. Straßburg in Verlegung Caspari Dietzels, 1645.

G.W. Wedel geht in seinem Programm — dasselbe befindet sich in der oben zitierten Ausgabe von Roth-Scholz — auf das dumme Zeug weiter ein und sagt, andere schrieben, es habe in einer Kirche zu Erfurt der Donner eine Säule voneinander geschlagen, in deren Mitte dieses Buch (das vorhin zitierte) so lange verborgen gelegen. Doch meint er, das schien eine Fabel zu sein. Vor 36 Jahren sei ihm, so fährt er fort, einmal erzählt worden, es ständen zu Erfurt an den Fenstern einer gewissen Kirche hieroglyphische und emblematische Figuren abgemalt, die den ganzen philosophischen Prozeß lehrten. Dann erzählt er, er habe sich an den Prälaten gedachten Klosters gewandt, und dieser hätte ihm dann folgende Nachrichten mitgeteilt: 1) An den Fenstern der Kirche auf dem Petersberg ständen jetzt die fraglichen Figuren nicht mehr. 2) Im 30jährigen Krieg seien meist alle Manuskripte des Basilius Valentinus aus der Kloster-Bibliothek genommen und nach Schweden geführt worden. 3) Diese Manuskripte hätten vorher in einer Mauer, unter dem Refektorium des Klosters, samt einem goldgelben Pulver in einer Schachtel verborgen gelegen. 4) Das eine von den noch übrigen Manuskripten sei auf Befehl des Kurfürsten von Mainz an den Kurfürsten von Köln gesandt worden. 5) Das andere Manuskript von der Quinta essentia sei vor einigen Jahren an den Pater procurator der Kartäuser geliehen. Dieser hätte es aber nicht wiedergegeben, und so sei die Bibliothek um diesen »schönen und großen Schatz« gekommen.

Das Programm Wedels ist mit der Jahreszahl 1704 überschrieben. Es schreibt nun Wedel bloß, es sei ihm das Betreffende vor 36 Jahren erzählt worden, nicht aber, daß es 36 Jahre her seien, daß er sich an den Prälaten gewandt. Letzteres aber anzunehmen, liegt so fern nicht. Tun wir es, so kommen wir von 1704, indem wir 36 Jahre zurückzählen, zur Jahreszahl 1668.

Diese fällt aber noch vor des Gudenus Schrift. Im Erfurter Kloster scheint also nach der Straßburger Edition des betreffenden Pseudo-Opus des Basil, ja möglicherweise noch früher, eine förmliche Basil-Schwindel-Endemie geherrscht zu haben.

Basilius Valentinus ist nichts anderes als ein fingierter Name, unter dem der Autor des Triumphwagens auftritt. Aus dem Programm G. W. Wedels über den Basilius Valentinus ersehen wir, daß wir nicht die ersten sind, welche eine solche Ansicht aufstellen. Basilius ist nichts anderes als der Alchemisten-Titel βασιλευς, dem wir auch bei Porphyrius und Geber begegnen. Wedel weist eine solche Auffassung mit Unrecht von der Hand. Mit Recht dagegen weist er es von der Hand, daß Valentinus auf Valeur, Kraft, Wirkung, lossteuere. Aber daraus folgt denn doch nicht, daß, wie er das will, Valentinus der eigentliche Name des Autors ist. Nein, Valentinus hängt wahrscheinlich mit der spanischen Stadt Valencia zusammen, aus der Basil möglicherweise stammt, oder wo er vielleicht die Drei-Prinzipien-Lehre kennengelernt hat — denn daß er diese in Spanien, ihrer Pflanzstätte kennengelernt hat, unterliegt wohl keinem Zweifel — oder wo ihm sonst etwas widerfahren, was auf sein Leben Einfluß hatte, woran sich angenehme Erinnerungen knüpften u.s.w. Auf seine Reise nach Spanien spielt wohl die ff. Stelle an, pag. 274: Cum ego, voti magni reus, difficilem illam peregrinationem versus Divum Jacobum susciperem, ut visitarem locum illum sanctum quasi peregrinus. »Als ich, einem Gelübde gemäß, jene mühselige Reise (Wallfahrt) zum heiligen Jakobus unternahm, damit ich jenen heiligen Ort wie ein Fremder besuchte.« — Wahrscheinlich handelt es sich um eine Wallfahrt nach San Jago di Compostella, und der sich auf den Standpunkt des Mönches stellende Basil macht eine *Wallfahrt* nach Spanien, wo es sich einfach um eine Reise handelt.

Mit der Benediktinerschaft des Basilius liegt es ff. Stephanus Alexandrinus nennt sich, oder wird genannt: οικουμενικος φιλοσοφος, philosophus oecumenicus. οικουμενικος φιλοσοφος heißt nichts anderes als Universal-Philosoph. Basilius legt sich nun nach Stephanus Alexandrinus den Titel φιλοσοφος οικουμενικος bei, wie er sich nach Porphyrius und Geber den Titel βασιλευς beilegt. Hierbei nimmt er aber ökumenisch im kirchlichen Sinn. In diesem Sinne ist ökumenisch so viel als katholisch, rechtgläubig. Auch ist »ökumenisch« der Titel eines Erzbischofs,

Patriarchen. Auf die Weise kommt er denn anhand des φιλοσο-φος οικουμενικος auf das Mitglied einer geistlichen Assoziation eines geistlichen Ordens, und stempelt sich zu einem solchen. Daß er sich nun gerade zu einem Benediktiner stempelt, kommt daher, daß sich die Benediktiner, wenigstens denn vor ihrem Verfall, um die Pflege der Wissenschaften sehr verdient machten; als *Lehrer* der Alchemie weiß er, Basilius, indem er sich nach einem geistlichen Orden umsieht, dem er sich aus eigener, alchemistischer Machtvollkommenheit affiliieren will, daher keine bessere Wahl zu treffen als eben den geistlichen Orden der Benediktiner. Zugleich liegt in dem Benediktiner-Frater-Standpunkt auch ein Anlehnen daran, daß der Lapis ignis, den er, Basil, uns bietet, das 'Αρσενικον ist, welches sich an Christus lehnt. Und endlich liegt in demselben Standpunkt ein Hinüberblicken zu Plato. Plato macht sich zum Gott, er, Basilius, macht sich zum Geistlichen, das ist zu einer Person, welche der Gottheit näher steht, als andere Menschen. Dieses Näherstehen der Gottheit beutet er aber nicht aus, um seinen Rang zu steigern, sondern dazu, um der Gottheit, der er näher-steht als andere nicht-geistliche Menschen, mehr zu dienen als andere Menschen.

Außer dem Triumphwagen besitzen wir nichts von Basil. Was wir außer ihm unter Basils Namen besitzen, ist untergeschoben. Wer dem Autor des Triumphwagens zumuten kann, die Abhandlung von dem großen Stein der Uralten, die 12 Schlüssel u.s.w., geschrieben zu haben, der hat den Triumphwagen nie verstanden.

Currus triumphalis Antimonii, Triumphwagen des Antimons
a) Einleitende Worte

Wir haben bereits in einem vorangehenden Abschnitt darauf hingewiesen, wie Basilius zu dem Antimon kommt. Er schafft sich neben dem Hydrarg.-oxyd.-rubr.-Lapis einen Antimon-Lapis, welcher = Sulphur aurat. Er hätte also in seinem Antimon-Lapis eigentlich nichts anderes als das dem Hydrarg. oxyd. rubr. zur Seite stehende Sulphur aurat. Er dilatiert ihn aber zum Lapis philos. überhaupt und erhält damit in ihm einen Ein-Lapis, der sich zu einem Drei-Lapis ausdehnt, das ist im Sinne der drei Prinzipien zu einem Sal-, Sulphur- und Merkur-Lapis. Sal ist er als Stibium sulphur. nigrum, welches in der

Erde vorkommt; die Relation des Sal zur Erde kennen wir aber. Sulphur ist er als Sulphur aurat. Merkur ist er als Regulus. Wenn man nämlich Grauspießglaserz schmilzt und nimmt die Arbeit in Gefäßen mit durchlöchertem Boden vor, so läuft das schmelzende Erz wie Quecksilber durch die Löcher. Das übrigbleibende Stib. nigrum ist dann wieder Sal, weil es als Erde dem abfließenden Merkur gegenüber zurückbleibt.

Der *Triumphwagen* ist der Wagen, auf welchem Aristoteles seinen Serpens, den Lapis philos. setzt. Hierbei ist übrigens zu bemerken, daß im Verlauf der betreffenden Abhandlung des Aristoteles (s. in der ersten abendländischen Periode) der Serpens sich zu einer edeleren Bedeutung für Lapis philos. aufschwingt als im Anlehnen an das odiose Stercus. Basil setzt das Antimonium zu jenem Lapis, der bloß Quecksilber ist, bereitet so dem Quecksilber einen Triumph und macht dadurch den betreffenden Wagen zum Triumphwagen.

Hübsch ist das Titelbild bei Roth-Scholz. Wir sehen einen Triumphwagen. Derselbe wird gezogen resp. begleitet in vorderster Reihe von Mars und Venus; dann kommen Sol und Luna (Apoll und Diana), und zuletzt Jupiter und Saturn. Auf dem Wagen sitzt das Antimon als Weib mit einem Zepter in der Hand. Sie reicht dem Merkur die Hand, und zwar durch einen Zirkel (Kreis) hindurch. Dieser Zirkel ist der Lapis philos., den, wie wir später sehen, Basil mit einem Zirkel vergleicht. In diesem Zirkel ist einerseits der Zirkel der Quadratura circuli gegeben, andererseits der Weltenkreis des Plato. Vulkan, welcher einen Feuertopf neben sich stehen hat, gibt den Wagen-Lenker ab; er leitet die Fahrt als Gott des Feuers, des Verbrennungsprozesses, dem die 3 Prinzipien ihr Dasein verdanken. Ein Genius mit brennender Fackel, vielleicht Hymen selbst, steht hinter dem Brautpaar Antimon und Merkur, und leuchtet ihm zur Hochzeit, während ein anderer Genius seitwärts Blumen streut.

Bevor man sich an den Triumphwagen macht, muß man sich, da das Antimonium zum Lapis philos. wird, eine Besonder-Interpretation der Tab. smar. entwerfen.

Dieselbe hat parallel zu gehen mit der Lapis philos.-Interpretation der Tab. smar. anhand der 3 Prinzipien, muß diese *decken*. Denn wollte sie Basilius *neben* derselben hergehen lassen, so bekäme er 6 Sal-Sulphur-Merkur-Interpretationen heraus, wo er notorisch nur 5 haben will.

Die Relation zur Gottheit wollen wir bei Seite lassen.

Quod est inferius bis rei unius. Die 3 Antimon-Lapides dienen dazu, die Wunder des Ein-Lapis zustande zu bringen, welcher ist: Sulphur aurat.

Et sicut bis adoptione. Die res natae sind die 3 Lapides. Diese entstanden von der una res, dem Sulphur aurat. Das Sulphur aurat. dilatiert sich zu den 3 Antimon-Lapides, die 3 Antimon-Lapides restringieren sich zum Sulphur aurat.

Pater eius est Sol, etc. Es handelt sich um das Sulphur aurat., den Lapis Sulphuris, oder, wie Basil ihn nennt, den Lapis ignis.

Portavit illud etc. Es handelt sich um den Regulus Antimonii als Lapis Mercurii.

Nutrix eius etc. Es handelt sich um das Stibium nigrum als Lapis Salis.

Pater omnis telesmi totius mundi est hic. Der telesmus ist der Antimon-Lapis. Der Vater desselben ist das Grauspießglaserz, das Antimonium crudum.

Virtus eius integra est, si versa fuerit in terram. Es wird in den Lapis verwandelt. Und nun kommt die Darstellung des Sulphur aurat. an die Reihe.

Separabis bis ingenio. Es handelt sich hier um die Lösung des Schlippeschen Salzes, welche man sich darstellt aus Antimon, Schwefel, Natron carbon., Kalkmilch. Es ist nämlich terra: das Antimon, ignis: der Schwefel, spissum: das Natron carbon., subtile: die Kalkmilch. Diese soll man separare, das ist, trennend zwischen ihnen einen Unterschied machen. Nun wird Acid. sulphur. zugesetzt — für dieses tritt das suaviter magno cum ingenio ein, indem von Acid. sulphur. nicht direkt die Rede ist.

Will man das Acid. sulphur. übrigens direkt gebracht wissen, so kann man die Darstellung des Schlippeschen Salzes auf trocknem Weg in's Auge fassen, wo die Kalkmilch überflüssig wird, und dann subtile gleich setzen: Acid. sulphuricum. In Folge des Zusatzes von Acid. sulphur. zur Lösung des Schlippeschen Salzes hat es nun ferner statt, daß

Ascendit a terra in coelum, daß ein Aufsteigen statt hat (Hydrothiongas),

iterumque descendit in terram, daß ein Absteigen statt hat (Präzipitat), und man so erhält: Sulphur aurat. Dies Sulphur aurat. aber recipit vim superiorum et inferiorum, wird teilhaftig der Macht *aller* Lapides. Das Übrige versteht sich anhand der betreffenden Lapis-philos.-Interpretation von selbst.

b) Summarischer Inhalt

Vergl. die 5 Interpretationen der Tab. smar. anhand der 3 Prinzipien und die Antimon-Interpretation sub a. Dann die abendländische Alchemie überhaupt.

P. 1. (Edit Kerckring). Einleitung. Basilius präsentiert sich uns als einen Benediktiner.

P. 2. Es sind »5 Capita« in's Auge zu fassen: 1) Invocatio Dei, 2) Contemplatio naturae, 3) Vera praeparatio, 4) Modus utendi, 5) Utilitas et fructus. Hier wird hauptsächlich darauf losgesteuert, daß es 5 Interpretationen der Tab. smar. anhand der 3 Prinzipien gibt. Basilius verdeckt dieses aber und bringt uns die Tab. smar. als ein aus 5 Rubriken Bestehendes. Dabei teilt er ff. ein: *Erste Rubrik:* Verum bis verissimum. *Zweite Rubrik:* Quod est inferius bis terra est. Auf die Weise hat er Elemente und 3 Prinzipien (Pflanzen-Interpretation) in einer Rubrik. *Dritte Rubrik:* Pater omnis telesmi bis inferiorum. *Vierte Rubrik:* Sic habebis bis penetrabit. *Fünfte Rubrik:* Sic mundus bis zu Ende.

P. 3. Invocatio Numinis. Das ist die Einleitung der Tab. smar. in neuplatonischer Fassung. Den Basilius, der hier spricht, würde man sich am füglichsten derartig malen, daß er in der Mönchskutte vor einem Betpult mit Kruzifix und aufgeschlagener Bibel sitzt, im Gürtel einen Rosenkranz. Dem Kerckring scheint über die heiligen Worte, die der Feder des Basilius entströmen, ein wenig flau zu Mute zu werden, und er macht seinem gepreßten Herzen in einer langen Anmerkung Luft.

P. 10. Contemplatio. Übersicht dessen, was die Tab. smar. von Quod est inferius bis terra est bringt, mit Abschweifungen zum superius et inferius der folgenden Rubrik.

P. 15. Praeparatio. Also wird die Rubrik Pater omnis telesmi etc. vorgeführt, weil sie uns in der Antimon-Interpretation der Tab. smar. (s. sub a) die Darstellung des Sulphur aurat. bringt, und analog liegt es in anderen Interpretationen in Bezug auf das Hydrarg. oxyd. rubr.

P. 17. Der Modus utendi, der jetzt an die Reihe kommt, wird hier Usus ponderis seu Dosis genannt. Dies zielt auf die fortitudo als μετρον.

P. 18. Utilitas. Hier kommt Basilius zu seiner fünften Rubrik und denkt sich, namentlich im Anlehnen an seine Antimon-Interpretation der Tab. smar., wenn die Tab. smar. hier abschlösse, so würde man dadurch nicht klüger und nicht unklüger. Das bewegt ihn, die fünfte Rubrik den vier absolvierten Rubriken gegenüber als eine »Äußerlichkeit« der Tab. smar. aufzufassen. Und da er so die »Äußerlichkeit« hat, so springt er auf die äußerlichen Krankheiten über, belehrt uns, daß es bei einer Reihe äußerlicher Krankheiten nicht genug ist oder zu nichts führt, sich bloß an den äußeren Schaden zu halten, ohne die Krankheit durch Anwendung innerer Mittel bei der Wurzel anzugreifen, und zieht gegen die Ärzte zu Felde, welche das nicht beherzigen.

P. 25. Auf die Weise kommt denn Basil auf Ärzte und Chirurgen zu sprechen und ventiliert hierbei die gegenseitigen Titel.

P. 26. Der *Titel* führt ihn auf den Titel der Tab. smar., das ist, auf die verschiedenen Interpretationen der Tab. smar. seitens der Abendländer, welche verschiedene »Titel« führen. Allen diesen Interpretationen trägt er nicht Rechnung, er will ja bloß *fünfen* Rechnung getragen wissen. Diejenige Interpretation der ersten Abendländer, auf welche am wenigsten zu reflektieren ist, das ist die Stercus-Interpretation, stellt er in den Vordergrund, zeichnet sich also, um zu den 5 Interpretationen zu kommen, *den* Weg, daß er vom Schlechteren zum Besseren übergeht.

P. 29. Basil geht zur Gottheit über, womit er darauf hinweist, daß die Lapis-philos.-Interpretation anhand der 3 Prinzipien in den Vordergrund gestellt werden soll. Diese lehnt ja an die Gottheit an.

P. 30. An diese Interpretation reiht er dann die Mensch-, die Pflanzen-, die Metall-Interpretation der Tab. smar. Alle Dinge, sagt er, haben einen Spiritus in sich; der Mensch (das Tier), das Pflanzenreich, das Mineralreich. Die »alle Dinge« nennt er res omnes, versteht aber darunter die omnes res natae. Der ihnen innewohnende Spiritus ist das ihnen innewohnende Substrat, zur Mensch-, Pflanzen-, Metall-Interpretation der Tab. smar. verwertet zu werden. Dieser Spiritus wohnt nun auch dem Antimon inne, denn Basil geht ja darauf aus, die betreffenden Interpretationen nicht dem Lapis philos. überhaupt, sondern dem Antimon-Lapis anzureihen.

P. 31. Es gibt, sagt Basil weiter, verschiedene Arten der Spiritus, Geister, nämlich sichtbare, mit Sinn und Verstand begabte, man kann sie aber nicht greifen und fassen, hauptsächlich solche, welche in den Elementen ihren Wohnsitz aufschlugen, Feuer-Geister, Luft-Geister, Wasser-Geister, Erd-Geister oder Erd-Männchen. Diese Geister haben Sinn und Verstand, sind kunstreich und können sich in verschiedene Gestalten verwandeln bis zur Zeit ihres Urteils. Ob der Urteilsspruch bereits jetzt gegen sie ergangen oder noch nicht, das überläßt Basil der göttlichen Vorsehung, der nichts verborgen ist.

Hier bringt uns Basil die Spiritus, wie sich der Volksaberglaube an sie lehnt. Ihnen gegenüber setzt er die Spiritus in seinem Sinne, deren Substrat der Mensch, die Pflanze, das Mineral oder Metall ist, und sagt in dieser Beziehung:

P. 33. Andere Geister, welche nicht reden können, und sich in der Tat nicht sichtbar zeigen können, sind die, welche in der Tierwelt, namentlich in den Menschen und ähnlichen (similibus, Anlehnen der Mensch-Interpretation), in den Pflanzen und in den Mineralien sind. Sie haben nichtsdestoweniger ein verborgenes und tätiges Leben in sich, sie offenbaren sich und treten an's Licht durch ihre Tatkraft und zeigen sehr deutlich ihre Heilkraft, wenn diese durch Hilfe der Kunst ihnen entrissen wird und von ihrem Körper getrennt wird. — Das letztere bezieht sich auf die arkanologische Interpretation der Tab. smar., welche sich ihnen anschmiegt.

P. 34. Beziehung der genannten Interpretationen zum Antimon (Antimon-Lapis-philos.) — eine Relation, die wir kennen. Dann aber ist das Feuer an sie anzulehnen. Denn es handelt sich um das Anlehnen der betreffenden Interpretation an die 3 Prinzipien. Diese aber verdanken dem *Verbrennungs*prozeß ihren Ursprung.

P. 37. Basil führt uns das Sulphur aurat. und das Stibium sulphuratum nigrum, die beiden alchemistischen Präparate des Antimon, vor. Er sagt, das erstere enthalte mehr Merkur, das geschieht deshalb, weil sich das Sulphur. aurat. dem Hydrarg. oxyd. rubr. zur Seite stellt. Des Gegensatzes wegen gibt er denn dem Stibium sulphurat. nigrum mehr Schwefel.

P. 38. Weiter auf das Antimon eingehend, kommt der Autor auf das Antimon als Gift und Nichtgift. Er nimmt hierbei an, daß das Antimon an und für sich Gift ist. Die beiden Präparate indes, welche von ihm gebraucht werden, sind kein Gift. Das ist eben das, worauf die Darstellung dieser Präparate abzielt, es wird dem Antimon durch die Technik die Giftigkeit benommen, und dadurch präsentieren sich die heilbringenden Präparate. — Bei dieser Gelegenheit bemerken wir im Allgemeinen, daß Basil uns das Giftthema öfter vorführt. Diese Angelegenheit dreht sich um die Verketzerung der Arkana seitens der Schulärzte, indem sie sagten, diese Mittel sind Gift. Hierbei ist indessen nicht zu übersehen, daß die Alchemisten selbst eine Geige geboten hatten, um diesen Tanz aufzuspielen, indem sie den Lapis philos: Venenum nannten. Der Hauptstandpunkt, den Basil dieser Angelegenheit gegenüber einnimmt, ist der, daß er sagt, Herr Gott, wie seid ihr doch so weise, ihr Herren, habt ihr doch gleich herausbekommen, daß Gift eine Rolle in der Sache spielt. Aber seht, die Arkana sind keine Gifte, sondern bloß die Stoffe, aus denen sie dargestellt werden. Werden die Arkana richtig zubereitet, dargestellt, und das ist eben die Kunst, dann wird die Giftigkeit der Grundstoffe paralysiert. Zugleich liegt aber darin, daß Basil uns das Antimon als Gift vorführt, die Finesse, daß er das Antimon zum Sündenbock macht und so die Giftaffäre von den Arkanis im Allgemeinen auf das Antimon im Besonderen lenkt. Das liegt umso näher, weil er das Antimon als Lapis philos. hat, Lapis philos. aber gleich Venenum.

P. 40. Das Antimon wird uns nun als Lapis philos. geboten, in der Weise geboten, daß das, was auf den eigentlichen Lapis philos., das Quecksilber, kommt, auch dem Antimon zugeschoben wird. Basil sagt, dem Antimon ist das mit dem Quecksilber gemeinsam, daß es mit einem runden Zirkel, der kein Ende hat, verglichen wird, mit einem Zirkel, der aus allen Farben zusammengesetzt wird, indem man, je mehr man nachsieht, desto mehr findet. Damit wird denn das Antimon als Ens universale dem Quecksilber als Ens universale zur Seite gesetzt. Weiter auf dies Thema eingehend, sagt er, es ist Gift und kein Gift, ein Arzneimittel, hat vier Elementar-Qualitäten, ist mit den 4 Jahreszeiten in Relation zu setzen, ist flüssig und fix: (— alles eben wie das Quecksilber). Keiner kann alle Eigenschaften des Antimons erschöpfend darlegen: (— das ist analog, wie beim Ens universale Quecksilber). — Wir müssen hier noch darauf hinweisen, daß Basil sagt, das Flüchtige des Antimons sei nicht ohne Gift, das Fixe desselben sei aber ganz ohne Gift. Damit faßt er denn das Hydrothiongas in's Auge, welches bei der Darstellung des Sulphur aurat. entweicht. Das erinnert an das Gift der Amrita bei den Indern.

P. 43. Näher den Antimon-Lapis in's Auge fassend, sagt Basil, die Leute suchten bloß Reichtümer, sie vergäßen aber seinen Nutzen in der Heilkunst. — Das ist die Gegenüberstellung vom eigentlichen Lapis philos., der zur χρυσοποιια dient, und vom Heil-Lapis. Bei dieser Gelegenheit zieht Basil

P. 45. gegen den Goldmacher-Schwindel zu Felde.

P. 47. Wer es zum Standpunkt eines vollkommenen »Anatomen« des Antimons bringen will, der muß dreierlei beobachten: die richtige Solution des Körpers, das Regimen des Feuers, die Dosis oder das Maß. — Hierbei ist es auf ein Doppeltes abgesehen. Einesteils ist die Solutio die Bemeisterung des Materials, welches zu den 5 betreffenden Interpretationen der Tab. smar. anhand der 3 Prinzipien dient; das Regimen des Feuers ist die Anlehnung dieses Materials an die 3 Prinzipien, welche im Verbrennungsprozeß wurzeln; das Maß, das μετρον, die mensura, bezieht sich darauf, daß gerade 5 Interpretationen zu konstatieren sind. Anderenteils wird aber auf die Darstellung des Sulphur aurat. losgesteuert. Die Solutio ist die Darstellung der Lösung des Schlippeschen Salzes, das Feuer-Regimen bezieht sich auf das hierbei anzuwendende Feuer, und das μετρον bezieht sich auf das doppelte Feuer, das eigentliche Feuer und die Feuer-Flüssigkeit: Acidum sulphuricum.

P. 49. Das, was jetzt von Wein und Essig gesagt wird, bezieht sich auf das Acid. sulphur., welches der Lösung des Schlippeschen Salzes zugesetzt wird.

Basil ist hier, im Anlehnen an die vierte Rubrik seiner Antimon-Interpretation der Tab. smar., bei der Darstellung des Sulphur aurat. Es liegt nahe, daß er bei dieser Gelegenheit auch auf die 4 Regimina kommt, denn die Lapis-philos.-Interpretation der Tab. smar., an welche seine Antimon-Interpretation der Tab. smar. lehnt, faßt in der vierten Rubrik neben einer anderen Interpretation auch eine Interpretation in Bezug auf die 4 Regimina in's Auge (s. die Lapis-philos.-Interpretation der ersten abendländischen Periode). Er bringt uns aber, indem er uns die Calcinatio, Reverberatio, Sublimatio präsentiert, nur 3 Regimina. Das geschieht absichtlich, weil er von den 4 Regimina zu den 12 Regimina (vergl. die zweite abendländische Periode) übergeht, und hier nur 11 Regimina bringt, wobei es ihm darum zu tun ist, uns das 12. Regimen, welches er in petto hat, raten zu lassen. Er lehnt die extendierten Regimina an die Bierbrauerei; er führt uns die Darstellung des Bieres vor, um an ihrer Hand die extendierten Regimina abzuwickeln. Ein witzelnder Ausländer wird hier sagen: Da habt ihr den Deutschen, der kann sich selbst bei einer alchemistischen Abhandlung das Bier nicht aus dem Kopf schlagen! Die Sache liegt indes derartig, daß Basil hier an die dem Zosimus zugeschobene Abhandlung »De zythorum confectione« anlehnt. Als die extendierten Regimina bringt Basil: Putrefactio, Corruptio, Digestio, Reverberatio, Coagulatio, Calcinatio, Destillatio, Clarificatio, Separatio, Sublimatio, Exaltatio. Er bringt also statt 12 Gradus bloß 11. Das Regimen, auf welches er es hauptsächlich abgesehen hat, welches er prinzipiell ausläßt, nebenbei aber mannigfach bei seinen Brau-Expositionen berührt, ist die Fermentatio. Der Gärungsprozeß ist eben die Hauptsache bei der Bierbrauerei und weist auf den Lapis philos. als Ferment.

P. 58. Im Anlehnen an das, was er über die Bierbrauerei gebracht, macht uns Basil darauf aufmerksam, daß wir bei dem, was er uns vorführt, nicht an der Oberfläche haften, sondern in die Tiefe des Sinnes eindringen sollen, daß wir dem, was er uns über das Antimon bringt, aufmerksam folgen sollen. Das Antimon, sagt er, gleicht einem Vogel, der durch die Luft fliegt, und der sich, wie ihn die Luft treibt, wendet, wohin er will. — Das ist nun ein Anlehnen an das ascendit a terra in coelum der vierten Rubrik der Tab. smar., in deren Bereich wir uns augenblicklich befinden. — Die Rolle der Luft oder des Windes, sagt er dann weiter, übernimmt hier der Mensch, er treibt das Antimon dahin, wohin er will. Er kann es rot oder gelb, weiß oder schwarz machen. — Das ist, die vierte Rubrik bringt uns nicht bloß das Sulphur aurat., sondern auch, in Bezug darauf, daß es heißt et recipit vim superiorum et inferiorum, alle Antimon-Lapides, damit das Antimon überhaupt, und damit das Stibium sulphur. nigrum.

P. 60. Wenn ein ungelernter Mensch ein Buch in die Hand nimmt, so weiß er sich nicht recht in den Sinn hineinzufinden. Haeret, ut vacca, quae ad oblatae novitatem ianuae obstupescit, er stiert es an, wie die Kuh das neue Tor. Erklärt man ihm aber das Buch, so arbeitet er sich sukzessiv hinein. Ein solches Buch ist das Antimon, man muß sich sukzessiv in dasselbe hineinarbeiten, man muß in dem Durchschauen desselben wie ein Schüler von Klasse zu Klasse steigen. — Nun ja, wo das Antimon das ist, wozu es Basil macht, das ist eine Angel, um die sich mehr oder weniger die ganze Alchemie dreht, da kann man es, resp. den Stoff, der sich an dasselbe knüpft, nur sukzessiv bemeistern.

P. 62. Basil kommt wieder auf die Arkana als Gifte und zieht gegen die Ärzte zu Feld, welche diese großen Mittel verketzern und das »Kreuzigt ihn!« über sie aussprechen. Bei dieser Gelegenheit sagt er:

P. 69. Quam ridiculi mihi videantur isti magnifici, sibique solis sapientes Doctores, qui Imperatores, Reges, Principes caeterosque magnates deterrent et serio admonent, ne tales medicinas vel extremis labiis attingant, quod sint noxiae, venenatae et undequaque periculosae, hic non indicabo, cum videam, eos tantummodo ex opinione sua iudicare, nec pensi habere observationes ullas aliarum rerum, quarum illi notitiam sua sibi observatione non antea acquisiverint ac proinde aliud aut aliter iudicare nequeunt.

»Wie lächerlich mir jene hochtrabenden Doktoren vorkommen, die nur für sich weise sind, die Kaiser, Könige, Fürsten und andere Magnaten abschrecken und ermahnen, dergleichen Medikamente nicht mit den Lippen zu berühren, weil sie schädlich, giftig, absolut gefahrbringend sind — das mag ich nicht aussprechen. Denn ich sehe, daß das ihrerseits nur ein selbstsüchtiges Urteil ist, ich sehe, daß sie Beobachtungen über Dinge in den Wind schlagen, über die sie nicht beobachten gelernt haben, über die sie also, bei Licht betrachtet, gar nicht anders urteilen können.« Und:

P. 71. Exclamare hic iterum liceat, bone Deus, quid hoc est rei! Quid hominibus his bonae mentis est! Quam curam gerunt aegrorum suorum! Vae, vae illis! — —

»Ich rufe hier aus, guter Gott, was sind das für Geschichten! Haben diese Menschen gesunden Menschenverstand? Wie sorgen die für ihre Patienten! Wehe, Wehe!« — —

Vulcanus ille scilicet medicamentorum praeparator non invenitur apud eos, furni namque eorum apud apothecarium sunt, ad quos nunquam vel raro accedunt. Chartula nimirum, cui solemne illud »Recipe« inscriptum est, iis utramque facit paginam, quam recipiens mediastinus nescio quis apothecarius famulus ex mortario suo omnem medicinam, omnem aegri sanitatem magno strepitu extundit.

»Jener Vulkan, der Zubereiter der Medikamente, wird bei ihnen nicht gefunden. Ihre Öfen sind beim Apotheker, sie kommen nie oder selten zu ihnen. Lieber schreiben sie einen Wisch mit dem pomphaften »Recipe« an der Spitze auf beiden Seiten voll. Das nimmt dann irgendein obskurer Apothekergehilfe, und stößt alle Medizin, alle Gesundheit des Kranken aus seinem Mörser mit großem Spektakel heraus.«

Muta, mi Deus, muta haec tempora, et fac finem huius arrogantis superbiae. Arbores illas everte, ne in coelum usque accrescant, subverte gigantes illos, ne montes omnes accumulent, et defende eos, qui, serio rem agentes, tibi fideliter serviunt, ut adversus hosce persecutores suos possint consistere.

»Ändere, o Gott, diese Zeiten, mach' ein Ende mit diesem arroganten Übermut. Reiße jene Bäume aus, daß sie nicht bis in den Himmel wachsen. Stürze jene Giganten, damit sie nicht alle Berge übereinander türmen, und verteidige die, welche treu und redlich handelnd, dir dienen, damit sie vor diesen ihren Verfolgern bestehen können.«

Ergo certe omnes iisdem votis in monasterio nostro mecum obstrictos serio admonebo, ut mecum diurnas nocturnasque Deo adhibeant preces, ut hos inimicos verae medicinae ita illuminet, ut errorem suum execrentur, et gloriam Dei, potentiamque creaturis inditam agnoscant etc.

»Ich will wenigstens meine Kloster-Brüder alle ernstlich ermahnen, mit mir Tag und Nacht zu Gott zu beten, daß er diese Feinde der wahren Medizin so erleuchten möge, daß sie ihren Irrtum verwünschen und Gottes Ruhm, so wie die Kraft seiner Kreaturen erkennen u.s.w.«

In Bezug auf die letztere Stelle kann man sich des Gedankens nicht erwehren, daß es dem Basil mit seinem Beten schwerlich Ernst ist. Mit dem Beten seinerseits, mit dem Beten der Mönche ist der Sache wohl kaum abzuhelfen. Die wahre Abhilfe hätte darin gelegen, wenn er den Ärzten die Arkana offen dargelegt hätte. Denn das ist ja leicht zu durchschauen, daß alle Feindschaft darin wurzelt, daß die Schulärzte das *nicht* kurieren konnten, was die Alchemisten *wohl* kurieren konnten.

P. 75. Der Autor kommt auf den Namen des Antimons und sagt, bei den Arabern hieße es: Asinat, bei den Chaldäern: Stibium, bei den Lateinern: Antimonium, bei den Deutschen: Spiesglas (Vitrum striatum, gestreiftes, gefalztes, gekerbtes Glas. Kerckring schreibt eben Spiesglas; Thölden Spießglas. Auch hat Thölden für striatum »spießig«).

P. 79. Basil kommt wieder auf die Giftaffäre. Sein Unwille von vornherein hat aber ausgetobt, und er denkt, ich will's machen, wie's Pythagoras mit dem Skythen Abaris gemacht hat, das heißt, mit Narren Narrenkram treiben. Das Problem an die Spitze stellend, ein Gift könne auf zwei Arten paralysiert werden, erstens dadurch, daß ihm etwas entgegengestellt wird, was dem Gift entgegengesetzt ist, ihm widerstrebt, und zweitens durch ein anderes Gift, indem ein Gift das andere anzieht, bringt er eine Reihe närrischer Beispiele hierfür in folgendem Genre: Man macht einen Kreis von Einhorn. Eine lebendige Spinne wird mitten in diesen Kreis gesetzt. Nun kann die Spinne nicht heraus, denn sie flieht das, was dem Gift widersteht. Bestände der Kreis aus einer giftigen Materie, dann würde die Spinne wohl herauskönnen, sie würde das ihr ähnliche Gift überschreiten. U.s.w. Sieht man sich indes diese Beispiele bei Licht an, so wird man bald gewahr, daß Basil sie schlau dazu benutzt, um uns den Lapis philos. als Ens universale (vergl. die 2. abendländische Periode) vorzuführen. Wir erhalten auf diese Weise den Lapis philos. präsentiert als: Einhorn, Zirkel, Spinne, Münze, Wasser, Schiff, Ente, Bleikugel, Brot, Magnet, Seife, Fettsubstanz, Ei, Eis, Glied des Körpers, Schnee, Kälte, Hitze, Spiritus vini, Quinta essentia Sulphuris, Sperma ranarum, Pulver, Viper, Schlange, Medikament, Kröte, Schüssel, Topf (Aludel) u.s.w.

P. 87. Gegenüberstellen des Merkur-Lapis (Astrum Solis) und des Stibium-Lapis. Der letztere steht unter den ersteren.

P. 88. Der Verbrennungsprozeß mit seinem Sal, Sulphur und Merkur wird uns vorgeführt, und von ihm kommt Basil

P. 90. zu den drei Antimon-Lapides, dem Merkur-Lapis, dem Sal-Lapis, dem Lapis ignis. In Bezug auf den Lapis ignis machen wir darauf aufmerksam, daß Basil

P. 94. ausdrücklich sagt: cum autem hic Lapis ignis rite praeparatus est, prout in fine huius tractatus ulterius scribam. »Wenn aber dieser Lapis ignis richtig präpariert ist, wie ich am

Ende dieser Abhandlung weiter schreiben werde.« Daraus geht also hervor, daß man sich nicht dem Gedanken hingeben darf, als wenn der Appendix zum Currus triumphalis etwa ein Anflicksel wäre, welches nicht zum Currus triumphalis gehört, und von fremder Feder herrührt.

P. 95. Es geht wieder gegen die Schulärzte los. Hierbei sagt Basil:

P. 97. Der Arzt, wenn er eine Kur unternimmt, soll dafür Sorge tragen, daß er nichts unternimmt, was der Natur widerstreitet, daß er nicht das verkehrte Mittel anwendet. Tut er das, so unternimmt er einen ähnlichen Prozeß, als wenn man Spiritus vini in Scheidewasser (Aqua fortis) gießt, — er bewirkt ein heftiges Aufbrausen. Und was dem ähnliche Beispiele sind. Und nun geht's

P. 98. weiter im Text auf Ärzte und Apotheker los. Dabei meint er:

P. 100. Er wolle mit derartigen Reden aufhören, damit das Papier nicht von seinen rollenden Tränen durchnäßt würde. Was käme hierbei heraus? Nichts anders, als daß er, indem er die Blindheit der Welt beweine, seine Schrift unleserlich mache, von der er doch wünsche, daß sie allen bekannt würde. Aber er hört noch nicht auf und sagt: Ich bin ein Geistlicher, und will's bleiben, so lange Gott mich leben läßt. Ich kann daher nicht anders schreiben, als wie es für jenen Stand paßt. Aber: Si iudicis saecularis fungerer officio, exaltarem vocem meam, et inflarem tubam clangore canoro, si forte audirent surdastri illi, qui hactenus veritatem nolunt agnoscere, sed eam sine causa, falso et mendaciter ex ignorantia persequuntur, calumniantur, contemnunt, vituperant et prorsus meditantur opprimere.

»Wenn ich der Weltenrichter (das soll iudex saecularis bedeuten) wäre, dann würde ich meine Stimme laut erheben und schmetternd in die Posaune stoßen. Vielleicht hörten mich dann jene Harthörigen, die bis jetzt die Wahrheit nicht erkennen wollen, die im Gegenteil dieselbe grundlos, fälschlich und lügnerisch aus Ignoranz verfolgen, verleumden, verachten, tadeln und völlig zu unterdrücken streben.«

Nun, wir denken, Basil versteht das In-die-Posaune-Stoßen auch ohne ein Weltenrichter zu sein.

Lieber Leser, du sagst vielleicht: Pfui, diese Angriffe! Ich aber sage dir, selbst der Wurm krümmt sich, wenn er getreten wird.

Wisse und bedenke, daß die neidischen Schulärzte die harmlosen Alchemisten, die sich so erfolgreich dem hohen Beruf hingaben, der leidenden Menschheit effektiv zu helfen, und deren Verbrechen einzig und allein darin bestand, daß sie mehr konnten als ihre Neider, von diesen auf die abscheulichste Weise verfolgt wurden. Weißt du das, bedenkest du es dir, so unterliegt es bei mir keinem Zweifel, wohin du dein »Pfui« schleuderst.

P. 103. Anlehnend an die Stelle P. 107: Observa ergo diligentissime, welche wir aus der Metall-Interpretation der Tab. smar. anhand der 3 Prinzipien kennen, ist das Antimon ein Dampf, von den Obergestirnen gemacht, und hinterdrein durch die Elemente koaguliert, gereift und durchkocht. Das Antimon hat aus demselben Gestirn, aus derselben Wurzel seine Wesenheit, Tugend, Kraft, Wirksamkeit, Qualität als das Quecksilber. (Nun, wir wissen ja, daß sie verwandt sind, da Antimon sowohl, als Quecksilber, uns den Lapis philos. liefert.) Nur ist das Antimon härter als das Quecksilber. Das letztere kommt daher, daß das Antimon mehr Salz hat als das Quecksilber. Sal ist nämlich das, was die Körper fest macht. Weil das Salz so schwach im Quecksilber vertreten ist, deshalb ist es flüssig. Es kann nur von dem fix gemacht werden, welcher den Lapis philos. hat, das heißt von dem, der aus Quecksilber: Hydrarg. oxyd. rubr. machen kann.

P. 105. Der Merkur ist nichts anderes als ein wahres Feuer. — Aufgrund dessen nämlich liefert er uns das Hydrarg. oxyd. rubr. als lapis ignis, welchem Basil das Antimon als Lapis ignis, das ist als Sulphur aurat., zur Seite stellt.

P. 107. Es kommt jetzt die Stelle: Observa ergo diligentissime, welche wir bereits kennen, und welche auf die Entstehung der Metalle in der Erde abzielt.

P. 109. Außer den genannten Metallen (Gold, Silber, Kupfer, Eisen, Zinn, Blei) entstehen auch andere Metalle aus den 3 Prinzipien, dem Metallkeim, nämlich Vitriol, Antimon, mehrere Marchasitae, Electrum, und andere Minerale, welche Basil nicht weiter durchgehen will. (Thölden bringt eine größere Reihe.) Das Gold hat einen viel mehr perfekten Schwefel und Merkur als die übrigen Metalle und Minerale. (Natürlich, es ist in seinem [Salz], Schwefel und Merkur bereits Gold, und braucht nicht weiter durch die χρυσοποια zu Gold gemacht zu werden.)

Nur ein Mineral gibt es, in dem das Sulphur Solis eben so stark und mächtig, ja noch mächtiger und stärker gefunden wird als im Gold selbst (nämlich den Lapis philosophicus). Und 2 Arten Metalle werden gefunden, in welchen das Praedominium sehr triumphiert (nämlich den Lapis ignis Mercurii et Antimonii).

P. 111. Das Antimon entsteht also in der Erde, wie die übrigen Metalle und Minerale (wie das im allgemeinen P. 107. und im besonderen P. 103. angegeben). Es hat in sich zumeist den Schwefel vertreten, dann den Merkur, und dann das Salz. — Daß die Reihenfolge in den Prinzipien die soeben aufgeführte ist, hängt damit zusammen, daß Basil seinen Lapis ignis zumeist in den Vordergrund geschoben haben will. Dann erst, wenn er diesen als Schwefel hat, trägt er dem Rechnung, daß er in ihm ein Seitenstück zum Quecksilber-Lapis hat. Diese beiden Standpunkte sind aber die hervorragendsten, und daraus folgt per exclusionem, daß das Salz zum letzten in der Reihe steht. Hieran knüpfen sich denn auch die Elementar-Qualitäten des Antimons. Die hitzige Elementar-Qualität (Schwefel, Lapis ignis) steht im Vordergrund.

P. 112. Auf die Weise ist denn Basil vom Metall auf den Lapis philos. als solchen gekommen. Er biegt jetzt zum Heil-Lapis ein. Dabei drängt sich dann wieder die Gift-Affäre in den Vordergrund, indem ja der Standpunkt Basils der ist, das Antimon sei an und für sich ein Gift, diese Giftigkeit würde ihm aber benommen, indem es auf die entsprechende Weise in ein Heilmittel umgewandelt wird, indem das Böse vom Guten getrennt wird.

P. 113. Antimonium, so sagt er, merum venenum est, nec de genere minorum venenorum, sed quo homines et bestias possis perimere. »Antimon ist ein echtes Gift und gehört nicht einmal zur Klasse der unbedeutenden Gifte, sondern es ist ein so starkes Gift, daß man Menschen und Tiere damit töten kann.« (!) Darum das Geschrei gegen dieses Mittel, welchem keiner mehr so recht trauen will. Ich, Basil, sage euch aber, es ist ein Heilmittel, größer als welches es kein zweites auf der Welt gibt, freilich, ihr müßt es nur richtig darzustellen verstehen. Steht es denn, meint er, anders als mit dem Theriak? Der wird aus Viperngift gemacht, und ist doch ein großes Heilmittel. (Die Ärzte zu Basils Zeit müssen den Theriak vielfach angewandt haben. Basil hält die Parallelisierung des giftigen Antimon mit dem Viperngift resp. dem Theriak für sehr schlagend, für eine wahre Argumentatio ad hominem.)

P. 118. Wer ein Schüler des Antimons werden will, der muß zum Vulkan in die Schule gehen, der nämlich ist ein »magister et revelator« aller Arkana. — Das ist, ohne Feuer resp. ohne den Feuer-Liquor: Acid. sulphuricum kann man sich das Sulphur auratum und das Stibium sulphuratum nigrum nicht darstellen.

P. 119. Basil weist auf die Heilkraft des Antimons beim Morbus Gallicus, der Syphilis hin; ebenso bei der Lepra.

P. 120. Basil wirft die Fragen auf: Wie kommt es, daß Minerale und andere Dinge ihre Giftigkeit erhalten? Was ist Gift? Woher entspringt die Giftigkeit der Dinge? Wie kann man einem Ding seine Giftigkeit benehmen? Wie kann man nach der Entfernung des Giftes ein Mineral sicher und ohne Gefahr zum Heilen anwenden? Darauf will er kurz und bündig antworten, daß die Infusion des Giftes unter einen doppelten Gesichtspunkt fällt, unter einen natürlichen und übernatürlichen. Und indem er sich nun an die Lösung der Fragen begibt, tut er vorab nichts anderes, als daß er uns in Expositionen, welche als Gründe aussehen, den Lapis philosophicus als Ens universale vorführt. Wir erhalten hier den Lapis philos. als Gott, Mineral und Metall, das Prinzip des Guten und Bösen, den Baum des Lebens im Paradies, Sterne, Kometen, Gegensätze, Dinge, die sich widerstreiten, Waffen, Medizin, Speise, Magen (Aludel), u.s.w. Dann sagt er:

P. 124. Hauptsächlich ziehen die Körper (Minerale) das Gift in der Erde an sich, indem eine gewisse merkurialische Wesenheit, die noch unreif, crude und nicht durchkocht ist, den Körper durchdringt und ihn crude, unreif und verdaulich macht. Es ist hier wie beim Getreide. Crude genossen kann es nicht verdaut werden. Dasselbe empfängt die Reife vom Feuer des Makrokosmos. Nun muß er vom kleinen Feuer durchkocht werden, damit es vom Mikrokosmos verdaut werden kann. Darauf wird zum Antimon übergegangen und dieses mit dem Getreide verglichen. So lange das Antimon crude ist, in der Erde noch nicht zu Fixität durchkocht ist, kann es der Magen nicht verdauen. Die Wurzel der Krankheit wird durch dasselbe nicht angegriffen, das geschieht erst, wenn das Antimon in die Fixität übergeführt wird. Es muß also dem Antimon absolut seine giftige Unreinigkeit genommen werden, bevor es zu medizinischen Zwecken angewandt wird. Es ist das Gute vom Bösen, das Fixe vom Nichtfixen, die Medizin vom Gifte zu trennen. Das kann nun bloß geschehen durch Vermittlung des Feuers. Was der Vulkan im orbis maior nicht vollbringen konnte, dem muß im mundus minor durch einen anderen Vulkan nachgeholfen werden. Durch das Feuer werden denn auch dem Antimon die verschiedenen Farben mitgeteilt. (Sulphur aurat.: rot, Stibium sulphur. nigrum: schwarz.)

P. 129. Wir sind noch immer beim Heil-Lapis, das ist, auf das Antimon bezogen, bei dem Antimon, in dem nicht nur Antimon, sondern die Arkana überhaupt vertreten sind. Darauf wurden schon im Vorangehenden Blicke geworfen, hier aber wird es ganz besonders hervorgehoben, wenn es heißt: In me enim (ipsum Antimonium te alloquor) invenis Mercurium, Sulphur et Salem, quibus nihil ad sanitatem hominum est conducibilius. »In mir — ich Antimon selbst rede dich an — findest du Quecksilber, Schwefel, Salz, angemessener als die es nichts für die Gesundheit des Menschen gibt.« — Diese 3 repräsentieren hier die Arkana: Acid. sulphur-Natron, Liquor hepatis, P. solaris. Daß das Antimon als selbstredend eingeführt wird, geschieht der Mensch-Interpretation der Tab. smar. zu Liebe, an die sich der Heil-Lapis anreiht. Ein *Mensch* spricht. Wenn daher das Antimon spricht, so lehnt das an den Menschen, und damit an die Mensch-Interpretation der Tab. smar.

Mit dem Sal, Sulphur, Merkur als res conducibiles ad sanitatem befürchtet Basil zu offen gesprochen zu haben. Darum springt er vom Heil-Lapis zum eigentlichen Lapis philos. Antimonii ab und sagt: Mercurius est in regulo, Sulphur in colore rubro, et Sal in derelicta terra nigra. »Der Merkur ist im Regulus (Antimonii), der Schwefel in der roten Farbe (Sulphur aurat.), das Salz in der zurückbleibenden schwarzen Erde.« (Diese zurückbleibende schwarze Erde kann zwiefach gefaßt werden. Entweder ist es *der* Lapis, welcher übrigbleibt, nachdem die beiden anderen Lapides absolviert sind, also: Stibium sulphuratum nigrum. Oder das Zurückbleiben wird auf das bezogen, was übrigbleibt, wenn man aus dem Antimon den Regulus gezogen hat.) Qui haec separare potest, fährt Basil fort, et iterum unire debito modo secundum artem, ita ut fixatio sine veneno dominetur, ei cum honore et veritate gaudere licet, se

Lapidem, qui ignis dicitur, assecutum, qui ex Antimonio confici potest ad sanitatem mortalium et ad sustentationem temporalem cum utilitate particulariter. »Wer diese trennen und wieder nach Fug und Schick vereinigen kann (ein Hinblick auf das σπαειν und αγειρειν), so daß die Fixation ohne Gift herrscht, der kann sich in Ehren und in Wahrheit freuen, daß er den Lapis ignis erlangt habe, der aus dem Antimon dargestellt werden kann zur Gesundheit der Menschen und zur zeitlichen Erhaltung mit Nutzen partikulär.« — Also ganz ein Überspringen zum Lapis ignis, den Basil an die Spitze der Antimon-Lapides stellt. In ihm hat er dann die Arkana »partikulär.«

P. 130. Vom Lapis ignis springt Basil nun wieder zu den Arkanis überhaupt, indem er sagt: Im Antimon findest du alle Farben: Schwarz, Weiß, Rot, Grün, Blau, Grau, Gelb und andere. Hier werden uns die sieben Arkana vorgeführt, die ihnen zukommenden Farben aber mit Absicht verdeckt gehalten.

P. 131. Die Arkana sind jetzt sattsam eingeleitet, und Basil bringt uns im folgenden das, was er an sie anzuknüpfen die Absicht hat, hierbei natürlich, dem Titel des Buches entsprechend, das Antimon vorschiebend.

Zuerst führt er uns die Arkana als Lapides und in specie als Edelsteine vor. Es handelt sich um die Stelle: Advertat interim artis amator etc., welche wir aus dem Abschnitt »Die Arkana als Edelsteine« kennen. Dann lehnt er die Arkana an die Metalle, dabei dem Farbenstandpunkt Rechnung tragend. Er sagt:

Quantum autem ad metalla, nigrum Saturno, rubrum Ferro, flavum Auro, viride Cupro, coeruleum Argento, album Mercurio, mixtum ex variis coloribus Jovi attribuitur.

Basil will also Metalle und Farben ff. gegenübergestellt wissen:

Blei	— Schwarz (P. solaris. niger).
Eisen	— Rot (Rost, Roteisenstein u.s.w.).
Gold	— Gelb.
Kupfer	— Grün (Kupfervitriol, Liqu. hepatis).
Silber	— Blau.
Quecksilber	— Weiß.
Zinn	— Pomeranzenfarben (P. sol. rub., Rot + Gelb).

Und dann führt er uns die Arkana vom Standpunkt des Geschmackes vor. Es heißt: Fit enim una aliqua ratione, ut per praeparationem educatur ex Antimonio acidus humor per destillationes instar aceti veri et synceri. Alia via color ruber pellucidus paratur, dulcis et sapidus instar mellis despumati vel sacchari. Alias amaritudo prodit instar absynthii. Alias acrimonia quaedam quasi oleum quoddam salsum: ita semper natura alia aliam sequitur. »Auf eine Art geschieht es, daß präparationsweise aus dem Antimon durch Destillation eine saure Flüssigkeit gezogen wird, wie ein echter Essig. Auf einem anderen Weg wird eine durchsichtige rote Farbe bereitet, süß und schmackhaft, wie abgeschäumter Honig oder Zucker. Auf andere Weise geht eine Bitterkeit hervor wie Absynth. Auf eine andere Weise eine gewisse Schärfe, gewissermaßen ein salziges Öl. So folgt eine Natur auf die andere.«

Vorhin hielt sich Basil an die sieben Arkana. Hier hält er sich an die vier Arkana. Von ihnen kommt:

Das Saure auf das Acidum sulphuricum.
Das Süße auf den Pulvis solaris.
Das Bittere auf den Liquor hepatis.
Das Salzige auf das Natron.

(Vergl. bei Plato)

P. 133. Es werden die nomenklatorischen Hauptstandpunkte gebracht, von denen aus die Antimon-Präparate im 2. Teil des Buches vorgeführt werden, nämlich der Standpunkt des Ascendere (Sublimatio, Flores), Descendere (Calcinatio, Reverberatio, Pulvis), als Vitrum, Oleum, Extractio, vom Gesichtspunkt der Farbe, als Mercurius, Sal, Sulphur, Magisterium, Arkanum, Elixir, Tinctura particularis. Hierzu kommen dann im Anlehnen an den Geschmack der Arkana von vorhin die Standpunkte als Acetum, Mel, Saccharum etc.

P. 136. Bei Iam igitur aggredior praeparationem omnium, quae ad Antimonium pertinent fängt der *zweite* Teil des Buches an. Dieser 2. Teil lehnt nun an den 2. Teil, resp. 2. *und* 3. Teil des Timaeus von Plato (vergl. die platonische Interpretation der Tab. smar.). Er entspricht dem Teile des Timaeus, welcher die φυσις ανϑρωπου bringt, zugleich auch sagt, das ist in diesen, jenes in jenen Krankheiten heilbringend. Damit hat er denn die Relation zum kranken Menschen, und hiermit zum Menschen überhaupt, zur φυσις ανϑρωπου. Er entspricht dem Teil des Timaeus, welcher das δι αναγκης γιγνομενον bringt, insofern, als es sich in dem 2. Teil des Triumphwagens speziell um die Antimon-Präparate handelt, wie es sich im Timaeus speziell um die arkanologischen Präparate handelt.

Die Antimon-Präparate nun, welche uns dieser zweite Teil des Triumphwagens bringt, sind nicht, wie Leute, welche keine Einsicht in die Alchemie hatten, wohl irrtümlich glaubten, die mannigfaltigsten Antimonpräparate, sondern es wird immer auf die beiden Antimonteile des Pulvis solaris, das ist also: Sulphur auratum und Stibium sulphuratum nigrum, losgesteuert. So mannigfach auch die Gesichtspunkte der Darstellung sind, von denen aus Basil uns dieselben präsentiert — einmal faßt er die Farbe der Präparate in's Auge, das andere Mal die entweichenden Dämpfe bei der Darstellung des Sulphur aurat., ein anderes Mal das entstehende Präzipitat, ein anderes Mal die Anwendung der Schwefelsäure u.s.w. — so mannigfach auch die Benennungen der Präparate sind, die uns anhand der P. 133 sequ. gebrachten Übersicht vorgeführt werden, immer und immer wieder haben wir Stibium sulphur. nigrum und Sulphur. aurat. und Sulphur aurat. und Stibium sulphuratum nigrum. Selbst das, daß uns der Regulus Antimonii vorgeführt wird, und am Ende auch vorgeführt werden muß, weil wir sonst keinen Anhaltspunkt hätten für das Antimonium als Merkur, selbst das bringt keine Anwendung in den Zwei-Präparate-Standpunkt. Denn das Stibium sulphur. nigrum wird nicht nur einfach durch Schmelzen des Grauspießglaserzes gewonnen, sondern auch auf die Weise, daß man den Regulus Antimonii mit Schwefel zusammenschmilzt (wobei auch wohl die Masse mit einer Lage verknisterten Kochsalzes bedeckt wird). Auf die Weise liegt es denn sehr nahe, daß wir den Regulus in Bezug auf das Stibium sulphur. nigrum vorgeführt erhalten.

Wir werden den 2. Teil des Triumphwagens *nicht* speziell durchgehen. Bezugs der Therapeutika, welche er bringt, haben wir dazu dasselbe Motiv, welches uns bewog, beim Timaeus die φυσις ανϑρωπων fallen zu lassen, und was das übrige betrifft, so bringt er nichts neues, was der erste Teil etwa nicht hätte. Stibium sulphur. nigrum und Sulphur aurat. sind uns ja bereits im 1. Teil des Buches vorgeführt worden, und was Basil bei der einen oder anderen Darstellungsweise der beiden Präparate, bei dieser einseitigen Vielfachheit oder vielfachen Einseitigkeit von Stibium sulphur. nigrum und Sulphur aurat. hier und da anknüpft, so findet sich hierin auch nichts erhebliches, was wir nicht bereits aus dem 1. Teil kennen. Freilich wird uns in letzterer Beziehung stellenweise der Lapis philos. als Ens universale in Beziehung vorgeführt, welche der 1. Teil des Buches nicht bringt. Indessen wird es dem Leser nicht schwer fallen, sich hier anhand dessen, was wir in der zweiten abendländischen Periode beim Quecksilber als Ens universale kennengelernt haben, zu orientieren.

Übrigens liegt es in der Intention des Basil, es in unser Belieben zu stellen, über den 2. Teil des Triumphwagens wegzuspringen. Dieser Teil bringt uns das, was er in therapeutischer Beziehung bringt, in so allgemeinen Umrissen, daß es dem Basil auch nicht im Traum einfallen kann, demjenigen, der die Arkana kennt, etwas effektiv Instruktives zu bieten. In dieser Beziehung ist bloß das instruktiv, daß der P. solaris ein Heilmittel bei der Franzosenkrankheit ist, denn das mag immerhin der eine und andere alchemistische Arzt bei der Neuheit der Krankheit noch nicht gewußt haben. Indessen hierauf wird bereits im 1. Teil des Buches hingewiesen, und was das übrige Therapeutische betrifft, so bringt es auch der *dritte* Teil, so daß also auch in dieser Beziehung der Alchemist, wenn er den 2. Teil des Buches überspringt, schadlos ausgeht. Also therapeutisch bringt der 2. Teil nichts von hervorragender Wichtigkeit, alchemistisch bringt derselbe Teil, wie wir bereits gesehen, auch nichts neues von Erheblichkeit, und so ist denn der Stoff dieses Teiles derartig zugeschnitten, daß wenn es uns in der Freiheit, die uns Basil gibt, gefällt, den 2. Teil des Triumphwagens zu überspringen, daß wir dessen keinen Schaden haben. Diese Freiheit nun aber gibt uns der Autor im Anlehnen an die platonische Interpretation der Tab. smar. Anlehnend an diese Interpretation sagen die Neuplatoniker, der Timaeus hört auf, wenn die Spezialisierung der Arkana anfängt, und so will uns Basil denn auch nichts in den Weg legen, wenn wir sagen, der Triumphwagen hört auf, wenn die Spezialisierung der Antimonpräparate anfängt.

Indem nun aber Basil es in unser Belieben stellt, den 2. Teil des Triumphwagens zu überspringen, geht er hierin sehr umsichtig zu Werke. Gesetzt, er brächte erst den 1. Teil, dann den 2. Teil, und nun wäre das Buch beendet, dann könnte man sagen, aber, Basil, was ist das denn für ein Tun? Du schreibst erst den 2. Teil und negierst ihn dann, stellst es wenigstens in das Belieben des Lesers, ihn zu negieren, nun, warum ersparst du dir denn nicht von vornherein die Arbeit, den 2. Teil zu schreiben? Um dem nun aus dem Weg zu gehen, schließt Basil nicht mit dem 2. Teil ab, sondern er bringt uns, wenn der 2. Teil fertig ist, noch einen 3. Teil, das ist, den Appendix. Nun macht sich die Sache anders. Es wird nun angenommen, daß der 3. Teil, der Appendix, da anfängt, wo der 1. Teil aufhört, und daß der 2. Teil einen Zwischenteil bildet. Jetzt ist's eine analoge Sachlage, als wenn man einen Satz hat, ihn anfängt, einen Zwischensatz anfügt und nach diesem Zwischensatz den Satz beendet. Hier kann der Zwischensatz derartig sein, daß er nicht in den Hauptsinn des Satzes einschneidet, daß wir also in Bezug auf die Hauptsache nichts verlieren, wenn wir ihn, den Zwischensatz, fallen lassen, daß er aber doch gerade als Zwischensatz als Satzteil seine Berechtigung hat. Z.B. es handelte sich um den Satz: Marcus Tullius der Redner — du weißt, daß ich den Cicero meine — war ein römischer Bürger. Hier haben wir den Anfang: Marcus Tullius der Redner, das Ende: war ein römischer Bürger, den Zwischensatz: du weißt, daß ich den Cicero meine. Das »du weißt, daß ich den Cicero meine« kann man nach Belieben auch fallen lassen. Der Sinn des Satzes, der dahin geht, daß der Redner Marcus Tullius ein römischer Bürger gewesen, wird durch dies Fallenlassen nicht alteriert, aber trotzdem hat auf der anderen Seite doch das »du weißt, daß ich den Cicero meine« eine Berechtigung, und man kann dem Satzaufsteller nicht den Einwurf machen, aber wenn der betreffende Zwischensatz fallengelassen werden kann, warum bringst du ihn denn? Nun, er wird aufgrund dessen gebracht, daß ein Zwischensatz in einem Hauptsatz gerade als Zwischensatz eine Berechtigung hat. Ganz analog ist die Sachlage beim dreiteiligen Triumphwagen. Der 1. und 3. Teil entsprechen dem Hauptsatz, der 2. Teil dem Zwischensatz, und wenn es auch der Autor in unser Belieben stellt, den 2. Teil fallen zu lassen, so haben wir damit doch noch nicht die Berechtigung, ihm vorzuhalten, wenn du es uns anheimstellst, den 2. Teil zu überspringen, was einer Negierung dieses Teiles gleichkommt, warum bringst du ihn denn? In dem Appendix des Triumphwagens haben wir übrigens wieder ein Parallellaufen des Triumphwagens mit dem Timaeus. Der Timaeus bringt uns am Ende die Rekonstruierung des Weltentieres. Diese Rekonstruierung schließt sich dem ersten Teil des Timaeus an, bringt also einen *Appendix* an diesen ersten Teil. Das ist ein analoges Verhältnis wie beim Triumphwagen, in welchem sich ein *Appendix* an den ersten Teil des Buches anschließt.

Wir kommen nun zum Appendix.

Derselbe beginnt mit einer Einleitung, in welcher

P. 305 Basil sagt, das Antimon würde zu Buchdrucker-Typen benutzt. Ferner mache man bei einer gewissen Konstellation, bei einem gewissen Stand der Planeten, aus Antimon mit anderen Metallen eine Mixtur, woraus Signaturen und Charaktere von besonderer Tugend gegossen (funduntur) würden. (Das zielt auf die Metall- und Planeten-Zeichen.) Ferner mache man aus derselben Mixtur Spiegel (specula, ein anderer Ausdruck für die Metall- und Planetenzeichen) von vielen und wunderbaren Aspekten und Eigentümlichkeiten. Ferner mache man aus Antimon Schellen und Glocken von wunderbarem Ton (wahrscheinlich Narren-Schellen, mit denen er den Unkundigen etwas aufbindet, und Glocken, mit denen er die Weisheit der Schulärzte zu Grabe läutet). Ferner: Menschenbilder (Antimon im Anlehnen an die Mensch-Interpretation der Tab. smar.) und vieles andere.

P. 308. Der eigentliche Appendix beginnt mit der Überschrift: De curru triumphali Antimonii et quid sit Lapis ignis.

Im Hinblick auf die zweite Rubrik der Tab. smar. legt sich Basil, wie einst Daedalus und Ikarus, Flügel an und erstrebt damit das superius, er fliegt der Sonne entgegen. Dem inferius zu Liebe verbrennt er sich aber die Flügel, wie Ikarus, und fällt in's Meer. Dies Meer ist die Materia prima als Wasser gefaßt. Er ruft zu Gott, und ein rettender Engel eilt herbei. Dieser gebietet dem Wasser, und im tiefen αβυσσος erscheint ein hoher Berg (Lapis philos.). Basil ersteigt den Berg und untersucht auf ihm, ob denn zwischen den superiora und inferiora die Freundschaft sei, wie sie die Menschen rühmen, und ob die Astra superiora vom Schöpfer die Macht erhalten haben, daß sie etwas sich Ähnliches in der Erde hervorbringen. Indem er das untersucht, findet er Wahreres als die Wahrheit (inveni veritate, ut sic loquar, ipsa verius). Er findet nämlich, wie sein neues Problem vom Antimon-Lapis dem alten Problem vom Quecksilber-Lapis gegenübersteht.

P. 311. Zuerst bringt Basil die Stelle Observa ergo diligentissime, P. 107. in etwas anderer Form, und fährt dann fort:

P. 312. Jetzt wolle er den Lapis ignis, der aus dem Antimon dargestellt wird, mit dem Prozeß seiner Darstellung beschreiben, diesen Lapis, welcher nicht nur die Menschen, sondern auch die Metalle partikulär heile (indem er sie entweder als Partikulär-Lapis, dem Universal-Lapis Quecksilber gegenüber, zu Gold macht, oder indem er sie, die bereits Metalle sind, zu einem höheren Metall, Gold, potenziert). Dabei hält er es für nötig, folgende Punkte zu berühren. Welche Eigenschaft der Lapis ignis hat? Welches sein Mineral sei? Ob ein Lapis ohne Materie entstehen könne, oder nicht? Welches die äußerste Differenz der Lapides sei und wie viele Spezies derselben gefunden werden? Endlich will er über ihren Gebrauch reden.

P. 313. Die wahre Tinctura Antimonii, welche die Medizin der Menschen und der Metalle ist, wird nicht dargestellt aus dem kruden und flüssig gemachten Antimon, wie es bei den Kaufleuten und Apothekern zu haben ist, sondern sie wird aus dem Mineral dargestellt, wie es aus den Bergen hervorgeschafft und zuerst in ein Vitrum umgeformt wird. Wie nun jene »Extraktion« geschieht, das ist ein Hauptwerk (opus palmarium), in dem die ganze Kunst besteht. Die präparierte, fixe und solide Tinctura Antimonii, das ist der Lapis ignis, ist eine reine, durchdringende, spirituelle, feurige Essenz, welche zu einer koagulierten Materie reduziert ist, und ist dem Salamander zu vergleichen, welcher im Feuer nicht verzehrt, sondern gereinigt und erhalten wird.

P. 315. Der Lapis ignis tingiert nicht universell, wie der Lapis philosophorum, er tingiert bloß partikulär. — Den Ausdruck: »partikulär« gebraucht Basil an verschiedenen Stellen in verschiedenem Sinn. Hier will er sagen, das Quecksilber ist der Lapis philosophicus vom allgemeinen Standpunkt, das Antimonium vom besonderen Standpunkt. — Sofort aber springt er ab, und nimmt das »partikulär« in einem anderen Sinn. Er sagt: Nimirum (tingit particulariter) Lunam in Solem, Stannum item et Plumbum, Martem autem et Venerem non attingit. »Nämlich er tingiert partikulär die Luna in den Sol, ebenso Zinn und Blei, den Mars und die Venus läßt er unberührt.« Damit will er sagen, stellt man das Antimon den Arkanis gegenüber, so hat es bloß eine Relation zum Pulvis solaris ruber und niger (Stannum et Plumbum). Damit wäre eigentlich die Sache fertig. Basil aber faßt das in's Auge, daß Silber als Luna: *Queck*silber ist. Als solches eignet sich die Luna, zum Antimon in Relation zu treten, denn arkanologisch genommen ist ja Quecksilber das, was, um zum Arkanum zu werden, sich mit dem Antimon zu vereinigen hat. Und so tingiert denn das Antimon nicht nur das Zinn und Blei, sondern auch die Luna. Daß nun die Luna zum *Sol* tingiert wird, hängt damit zusammen, daß sich Basil denkt, zur Luna trete gerade das *Sulphur aurat.* hinzu. Dann wird die weiße Luna gelb-rot und damit zum Sol. Daß der Lapis ignis, oder das Antimon überhaupt »Martem et Venerem non attingit«, hängt damit zusammen, daß Eisen und Liquor hepatis nichts mit dem Antimon zu tun haben. Übrigens denkt man bei dieser Stelle unwillkürlich an die Stelle bei Geber, Kap. 1, Kap. 15. (Vergl. den Abschnitt: Einleitung in die Zeichen-Interpretation der Tab. smar.)

Praeterea non potest una pars huius tincturae plus quam quinque partes transmutare. »Außerdem kann ein Teil dieser Tinktur nicht mehr als 5 Teile transmutieren.« — Hierbei wird an die Stelle von vorhin angelehnt. Man hat im Quecksilber der beiden Pp. solares 2 partes, welche transmutiert werden. Die Luna wird doppelt gefaßt: sind wieder 2 partes, also im ganzen 4 partes. Die Luna endlich zieht den Sol zu sich hinüber, und damit wären 5 partes da. — Diesem Sachverhältnis entgegen kann der magnus Lapis philosophorum unendliches bewirken.

P. 316. Das Mineral, aus dem der Lapis ignis gemacht wird, ist die terra Antimonii.

Basil faßt jetzt in's Auge, daß die Arkana überhaupt Lapides sind, was er einleitend ausdrückt, es würden viele Arten Lapides gefunden, welche partikulär tingieren. Hierbei faßt er denn auch die Arkana als Metalle in's Auge.

P. 318. Indem nun die Metalle aus Sal, Sulphur und Merkur bestehen, spielen hierbei das Sulphur und der Merkur die Hauptrolle. Der Sal bewirkt bloß das Festsein der Metalle.

P. 319. Mit der »Materie« des Lapis faßt Basil das in's Auge, daß trotzdem, daß man die Metalle an und für sich hat als Sal, Sulphur, Merkur, daß trotzdem der Lapis philos. zu ihnen hinzutritt.

P. 322. Alle Tincturae metallorum müssen derartig zubereitet werden, daß sie einer besonderen Liebe gegen die Metalle teilhaftig werden und eine Neigung, ein Verlangen erhalten, sich mit ihnen zu vereinigen und sie in einen besseren Zustand zu bringen. (»Alle« Tincturae metallorum sind alle Lapides philosophici, wobei es namentlich abgesehen ist auf die *beiden* Lapides philosophici des Quecksilbers und des Antimons.) Nachdem Basil das obige gesagt, fährt er fort: Willst du einen Vergleich, ein Beispiel? Hier hast du den Vergleich, das Beispiel in Bezug auf den Menschen. Und nun schildert er uns die *Liebe,* und zwar in so brennenden, glühenden Farben, daß ein erotischer Schriftsteller nicht kräftiger auftragen kann. Die Schilderung (P. 322-326) ist übrigens durchaus *rein.* Und wie er damit fertig ist, versäumt er es nicht, hinterdrein die Mönchskutte überzuziehen, und sagt:

P. 326. Doch genug hiervon! Es ziemt sich nicht für eine Geistlichen, derartigen Gedanken länger nachzuhängen oder jener Flamme einen Platz in seinem Herzen einzuräumen. Bis jetzt habe ich mich, ohne damit übrigens prunken zu wollen, von ihr mein ganzes Leben hindurch freigehalten, und ich bitte Gott um die Gnade, daß ich ihm, zufrieden mit meiner geistlichen Braut, welches da ist die heilige rechtgläubige Kirche, den geschworenen Eid unverbrüchlich halte. —

Hiergegen ist zu sagen, daß ein Mensch, der nicht selbst einmal verliebt war, die Liebe schwerlich so schildern kann, wie Basil es tut, ganz abgesehen davon, daß ein solcher sich nicht bewogen fühlen dürfte, die Liebe in einer alchemistischen Abhandlung zu bringen und obendrein bei einer solchen nüchternen Gelegenheit, wie die Relation der Tincturae metallorum zu den Metallen ist, vorzuführen.

P. 327. Basil will nun zur Darstellung des Lapis übergehen, den Gebrauch desselben für das Ende verschiebend. Dieser Lapis von penetrativer und feuriger Natur wird durch das Feuer selbst gekocht und zur Reife geführt, nicht weniger als alles übrige, was auf der Welt ist. Da nun dieses »alles übrige« verschieden geartet ist, so muß man auch verschiedene *Feuer* in's Auge fassen:

1) Das himmlische Feuer, von Gott in unserem Herzen angezündet. Es führt uns zur Liebe zu Gott, zu der Trinität, zu Christus.

2) Das Elementar-Feuer. Es geht von der Sonne aus und bringt im Makrokosmos alles zur Reife.

3) Das korporale Feuer. Durch dasselbe werden alle Speisen und Medikamente gekocht und präpariert. Ohne dasselbe können die Menschen die Gesundheit und die Erhaltung des Lebens nicht erzielen.

4) Jenes Feuer, welches vor dem letzten Urteil Gottes diese sichtbare Welt zerstört.

5) Das Höllenfeuer. —

Diese 5 Feuer bezwecken nun wieder nichts anderes, als uns die 5 Interpretationen der Tab. smar. anhand der 3 Prinzipien vorzuführen. Wir haben in diesen 5 Interpretationen fünfmal die drei Prinzipien, das ist fünfmal den Verbrennungsprozeß, fünfmal das Feuer.

P. 330. Der Lapis ignis muß gekocht und gereift werden durch das korporale Feuer im Mikrokosmos, wie die übrigen Medizinen und die Speisen präpariert werden. Wo nämlich das große Feuer des Makrokosmos aufhört, da muß der Mikrokosmos zu schaffen anfangen. Es ist wie beim Getreide, welches reif wird durch das Elementar-Feuer des Makrokosmos, welches aber durch das korporale Feuer des Mikrokosmos eine neue Coction erleidet, und dadurch genießbar wird.

P. 331. Das wahre Öl des Antimons, aus dem der Lapis ignis dargestellt wird, ist über die Maßen süß. Es wird von seiner Erde so gereinigt und separiert, daß, wenn man es in ein Glas gibt und in die Sonne setzt, daß es dann verschiedene und wunderbare Strahlen wirft.

Es folgt jetzt die Darstellung des Sulphur aurat. Die Beschreibung dieser Darstellung ist im Genre der Darstellung der Antimon-Präparate im 2. Teil des Buches gehalten. Wir wollen sie hierher setzen. Basilschen Kunstausdrücken gehen wir dabei so wenig als möglich aus dem Weg.

Nimm im Namen Gottes von der Minera Antimonii, welche hinter dem Sonnenaufgang gewachsen ist (wahrscheinlich in einem hohen Berg, um die Waldecke, wo Fuchs und Hase sich gute Nacht sagen. L.) und von Sal Nitri gleiche Teile, reibe sie fein, mische sie, setze sie auf mäßiges Feuer, brenne sie zugleich mit bequemer Encheirese, in der das Hauptsächliche des Werkes besteht. Es wird eine Materie zurückbleiben, die einen Stich in's Schwarze hat. Aus ihr mache ein Vitrum. Dies Vitrum reibe fein und ziehe aus ihm jene hohe rote Tinktur mit einem scharfen destillierten Essig, welcher aus einem eigenen Mineral gemacht ist. Ziehe den Essig aus durch Destillation im Bade. Es wird ein Pulver zurückbleiben. Dieses ziehe abermals aus mit höchst rektifiziertem Weingeist, dann bleiben Faeces zurück, und du hast eine schöne, rote, süße Extraktion, die in der Medizin von hohem Gebrauch ist. Das ist der reine Schwefel des Antimon, so gut separiert als möglich. Wenn du von dieser Extraktion 2 Pfund hast, so nimm 4 Unzen Sal Antimonii, wie ich es dich darzustellen gelehrt habe. Über sie gieße die Extraktion, zirkuliere wenigstens einen ganzen Monat in einem gut verschlossenen Gefäß, und der Sal wird sich vereinigen mit dem extrahierten Schwefel. Wenn er die Faeces niedergelegt hat, so separiere sie, und ziehe abermals einen Spiritus vini durch das Balneum Mariae aus. Das Pulver, welches dem Künstler zurückbleibt, treibe mit heftigem Feuer. Es wird, nicht ohne Bewunderung, übergehen ein vielfarbiges, süßes Öl, angenehm, durchsichtig, rötlich. Rektifiziere dieses Öl abermals im Balneum Mariae, so daß der vierte Teil daraus hervorgeht, und dann ist es präpariert.

Nachdem diese Operation absolviert ist, nimm lebendiges Quecksilber des Antimons, dessen Darstellung ich dich gelehrt, und gieße hinzu rötliches Oleum Vitrioli, über Eisen gemacht und höchst rektifiziert, schaffe durch Destillation im Sande das Phlegma vom Quecksilber fort. Dann erhältst du ein köstliches Präzipitat von einer Farbe, schöner als man sich nichts denken kann. Es wird in chronischen Krankheiten und bei offenen Wunden zur Erlangung der Gesundheit mit Nutzen angewandt. Denn es trocknet stark die symptomatischen Humores aus, von denen die Morbi Martiales kommen. Hierbei hilft kräftig der Spiritus Olei, welcher beim Merkur bleibt und sich mit ihm verbindet und einigt.

Nimm von diesem Präzipitat und vom obigen süßen Öl des Antimons gleiche Teile. Infundiere zugleich in einem wohlverschlossenen Gefäß (phiala). Das Präzipitat wird sich mit der Zeit in dem Öl bei geeigneter Wärme auflösen und sich fixieren. Auch das Phlegma wird durch das Feuer fortgenommen, und es entsteht daraus ein rotes, trocknes, fixes und flüssiges Pulver, welches auch nicht den mindesten Rauch von sich gibt.

P. 335. Basil fährt fort: Jetzt, mein Apostel und Schüler der Arkana, will ich nach Art der Propheten reden. Wenn du deine philosophischen Studien auf die Weise, wie ich es vorgeschrieben, zu diesem Ende geführt hast, so hast du eine Medizin der Menschen und der Metalle. Sie ist angenehm und süß im Gebrauch, hat nichts Gefährliches. Sie ist durchdringend, treibt keine Sedes, verbessert und treibt das Übel aus. Benutze sie, wie es sich ziemt, und sie wird dir viele Vorteile bringen u.s.w.

Hier wird es mir, der ich ein Geistlicher bin, etwas ängstlich zu Mute. Ich weiß nämlich nicht, ob ich gut oder schlecht handele, ob ich zu viel oder zu wenig sage. —

Nun, zu viel hat Basil nicht gesagt, darum braucht ihm nicht ängstlich zu Mute zu werden. — Dann sagt er:

P. 337. Iam satis dixi, satisque scripsi, et docui tam clare, tam aperte, tam luculenter, ut scriptis id fiere possit nec manifestius, nec dilucidius, nisi perditus quis et temerarius sciens volens se ad inferos velit praecipitare, ut ibi submergatur et pereat; quia a rerum creatore severissime est interdictum, haec ulterius recludere, et comedere de arbore, quae plantata erat in medio paradiso.

»Jetzt habe ich genug gesagt und geschrieben. Ich habe so klar, so offen, so deutlich gelehrt, daß ein Autor es nicht deutlicher kann, es müßte denn sein, daß ein heilloser und verwegener Wissender sich mit Vorsatz in die Hölle stürzen wollte, um in ihr zu versinken und unterzugehen. Denn es ist vom Schöpfer auf's strengste verboten, das Geheimnis klarer darzulegen und zu essen vom Baume, der mitten im Paradies gepflanzt worden.«

Das ist so der Glaube, den alle Alchemisten hatten; sie meinten sündhaft zu handeln, wenn sie die Geheimnisse der Alchemie offen darlegten. Daher auch ihre mysteriöse Schreibweise, ihr verdecktes Auftreten. Arnaldus de Villanova sagt in dieser Beziehung im Rosarium philosophorum, Liber 11, Kap. 32:

Et qui habes istum librum, in sinu tuo reconde, nullique ipsum reveles, nec manibus impiorum offeras: quia secretum secretorum omnium philosophorum plenarie comprehendit. Talis siquidem et tantus margarita non est porcis et indignis largiendus, quoniam est donum Dei magnum, et Deus, cui vult, largitur ipsum et aufert. Quapropter, charissime, qui habes istum librum, digito compesce labellum, filius existens philosophorum, ut merito merearis dici et esse de numero sapientum antiquorum. »Und du, der du jenes Buch hast, verbirg es in deinem Busen, verrate keinem seinen Inhalt, biete es nicht den Händen der Gottlosen dar, denn es enthält das Geheimnis der Geheimnisse aller Alchemisten vollkommen. Eine solche edle Perle ist nicht vor die Säue zu werfen und Unwürdigen zu reichen, denn sie ist ein erhabenes Geschenk Gottes, und Gott gibt es und nimmt es nach seinem Willen. Deshalb, Lieber, der du jenes Buch hast, halte reinen Mund als wahrer Sohn der Philosophen, auf daß du verdienst genannt zu werden und zu sein ein Mitglied der alten Weisen.« (NB. Es ist ein Lapsus, wenn margarita hier männlich gebraucht wird.)

Ferner Lullius, Practica, Kap. 30:

Et quando scies (secretum), sub anathemathis poena prohibemus, ne alicui discooperias, nam a Deo maledictus est, qui discooperuit. Et ideo philosophi sic celaverunt, et, Deo dante, celabunt futuris temporibus. »Und wenn du das Geheimnis kennst, so verbieten wir dir, bei Strafe des Bannes, daß du es enthüllst. Denn wer es enthüllt, ist von Gott verflucht. Daher kommt's, daß die Alchemisten es so geheim gehalten haben, und mit Gottes Hilfe auch in Zukunft geheim halten werden.«

Ferner Isis an den Horus:

Ὀρκιζω σε εις ουρανον, γην, φῶς και σκοτος; ορκιζω σε εις πυρ, αερα, υδωρ και γην; ορκιζω σε εις υφος ουρανου και γης και ταρταρου βαθος; ορκιζω σε εις Ἑρμην και Ἀννουβιν και εις υλαγμα του κερκουροβορου δρακοντος και κυνος τρικεφαλου του Κερβερου, του φυλακος, του Αιδου; ορκιζω σε εις τον πορθμεα εκεινον και Ἀχαιροντα ναυτιλον; ορκιζω σε εις τας τρεις αναγκας και μαστιγας και ξιφος; τουτοις πασι με εφορκισας παραγγελλειν επεχειρησε μηδενι μεταδιδοναι, ει μη μονον τεκνω και φιλω γνησιω. »Ich verpflichte dich eidlich beim Himmel, bei der Erde, beim Licht, bei der Finsternis; ich verpflichte dich eidlich bei Feuer, Wasser, Luft und Erde; ich verpflichte dich eidlich bei der Höhe des Himmels und der Tiefe der Erde und des Tartarus; ich verpflichte dich eidlich bei Hermes und Anubis und beim Bellen des seinen Schlangenschwanz fressenden Drachen und dreiköpfigen Hundes Cerberus, des Wächters des Hades; ich verpflichte dich eidlich bei jenem Fährmann und Acherontischen Schiffer; ich verpflichte dich eidlich bei den drei Notwendigkeiten, Geißeln, Schwert: — bei alledem verpflichte ich dich, nichts zu verraten und dich bloß mitzuteilen deinem Kinde und deinem wahren Freund.«

NB. Der Cerberus wird auf der einen Seite der dreiköpfige Hund und auf der anderen Seite der κερκουροβορος δρακων genannt. Notorisch hat der Cerberus einen Schlangenschwanz. Daß er denselben nun aber verschlingen, fressen soll, ist nichts anderes als ein Anlehnen an den abendländischen Drachen, der seinen eigenen Schwanz frißt (vergl. bei den lambsprinckschen Bildern).

Die drei »*Notwendigkeiten*« sind wohl die drei Parzen.

Die »*Geißeln*« sind wohl die Gorgonen, deren einer, der Medusa, Perseus den Kopf abhieb. Daher kommt auch das Schwert in die Sache. Zunächst ist dies Schwert dann das Schwert des Perseus, in weiterer Verfolgung der Sache aber das Quecksilber als Schwert. Da den Geißeln gegenüber, dem Schwerte zu Liebe, die Medusa in den Vordergrund tritt, so haben wir damit ein Anlehnen an den Lapis insofern, als das Schlangenhaupt der Medusa jeden, der es ansah, in Stein verwandelte. —

Ähnliche Stellen wie die angeführten, gibt es bei den verschiedenen alchemistischen Schriftstellern, namentlich der abendländischen Periode, in Menge.

P. 338. Anwendung des Lapis ignis am Krankenbett.

P. 341. Schluß.

Alchemisten zwischen Basilius Valentinus und Paracelsus, resp. deren Zeitgenossen

Von ihnen erwähnen wir:

Lambsprinck. Schrift: De Lapide philosophico.

Joannes Aurelius Augurellus. Schrift: Chrysopoeia. Diese alchemistische Abhandlung ist in lateinischen Hexametern abgefaßt, und mit diesen Hand in Hand gehend durchzieht ein poetischer Schwung das Ganze. Sie ist dem Papst Leo X. gewidmet. Der hohe Herr faßte die Sache aber ziemlich prosaisch auf, wie aus folgenden Worten des Olaus Borrichius in seinem Conspectus scriptorum chemicorum celebriorum, Sectio 42., hervorgeht: Certum quoque est, Leonem X., Pontificem Romanum, librum hunc sibi dedicatum irrisisse, et laborem eius inanem crumena vacua ad Augurellum remissa instituisse compensare, addito mordaci dicterio, nihil illi, qui hanc artem calleret, deesse, praeter crumenam, caetera de suo posse subministrare. »Es steht auch folgendes fest. Der Römische Papst Leo X. lachte über diese ihm gewidmete Schrift. Er beschloß, die eitle Arbeit derartig zu honorieren, daß er dem Augurellus einen leeren

Beutel zuschickte mit dem beißenden Scherz: Demjenigen, der eine solche Kunst (nämlich die Goldmacherkunst) verstände, fehle nichts als ein Beutel, das übrige könne er sich ja auf eigene Hand verschaffen.«

Joan. Fr. Mirandula (Picus Mirandolanus). Schrift: Opus aureum de auro tum aestimando, tum conficiendo, tum utendo, ad coniugem.

Joan. Lacinius. Er gab den Petrus Bonus heraus. Außerdem ist noch einiges von ihm.

Joan. Braceschus. Er schriebe einen Kommentar über Geber.

Agrippa von Nettesheim. Als sein Geburtsjahr wird 1486 angegeben, als sein Sterbejahr: 1535. Hauptschrift: De occulta philosophia.

Paracelsus

In der Neuzeit ist es namentlich *J. G. Rademacher,* der die Aufmerksamkeit des ärztlichen Publikums auf diesen, von seinen Feinden so sehr verketzerten und in Folge dessen von Unkundigen so sehr verkannten Mann gelenkt hat.

Paracelsus, geboren 1493, gestorben 1541, ist ein treuer Schildknappe des Basilius und stellt sich, wie er, auf den Boden der Drei-Prinzipien-Lehre. Auch darin steht er ihm treu zur Seite, daß er gegen die den Alchemisten aufsässigen Schulärzte tapfer zu Felde zieht, womöglich überbietet er ihn noch in dieser Beziehung. Er griff aber in ein Wespennest und verbitterte sich dadurch sein Leben. Basil hatte gut den Fehdehandschuh hinwerfen; einerseits wußte kein Mensch, wo denn dieser Basil stak, und andererseits hielt die Mönchskutte, die er schlau über den Kopf zu ziehen wußte, das profanum vulgus von ihm ab. Paracelsus dagegen trat frei hervor und hieb mit dem Schwert, welches sich auch auf seinem Konterfei in seinen Händen befindet, tapfer drein, indem er sagte, hier bin ich, wer etwas will, der komme heran: — und das war eine ganz andere Sache.

In Bezug auf die derben Reden des Paracelsus fällt immerhin das mit in die Waagschale, daß der Verfasser in derb-plumpen Zeiten lebte, daß er sich der deutschen Sprache bedient, die zu der damaligen Zeit recht derb-plump war. Das letztere tritt ganz deutlich hervor, wenn man in Bezug auf den Triumphwagen des Basil den Thölden mit dem Kerckring vergleicht. So z.B. hat Kerckring pag. 99: Quid tu vermis terrae miserabilis et esca vermium, wogegen Thölden hat: Ach du armer, elender, stinkender Maden-Sack! Du armer Erdwurm und elende Kreatur. Und ein ähnliches Verhältnis an anderen Stellen. Indessen lassen wir uns hierauf nicht zu tief ein. Nehme man den Paracelsus, wie er ist. Was seine Gegner ihm sagten und taten, wie sie ihm Gift in's Brot buken, wie sie ihm Galle in's Getränk träufelten, davon schweigt die Geschichte: — *bei ihnen*, davon dagegen, daß er auf den Klotz den Keil setzte, daß er ihnen zeigte, wo die Hacke den Stiel hatte, davon machten sie ein großes Geschrei. Man liebt es, auf folgende Stellen des Paracelsus hinzuweisen:

»Wie ich aber die Vier für mich nehme, also müsset jhrs auch nehmen, und müsset Mir nach, Avicenna, Galene, Rhasis, Montagnana, Mesue etc. Mir nach, und nit jch euch nach, Ihr von Pariss, Ihr von Mompelier, Ihr von Schwaben, Ihr von Meissen, Ihr von Cöln, Ihr von Wien, und was an der Thonaw und Rheinstrom ligt, jhr Insulen im Meer: Du Italia, du Dalmatia, du Sarmatia, du Athenis, du Griech, du Arabs, du Israelita, Mir nach, unnd ich nicht euch nach, ewrer wirdt keiner im hindersten Winkel bleiben, an den nicht die Hunde seichen werden: Ich wirdt Monarcha, unnd mein wirdt die Monarchey sein, und ich füre die Monarchey, und gürte euch ewere länden. Wie gefelt euch Cacophrastus? diesen Dreck musst jhr essen.« (Paragranum. Vorrede, Paracelsi Bücher und Schriften, Basel 1589. 4. 2. Teil, P. 10.)

Nun ja, fragen wir, warum denn nicht? Soll Paracelsus dem Galen, dem Avicenna nach? Das wäre in der Tat zu hübsch. Er soll seine Arkana aus der Hand legen und nach Galens Heilindikationen kurieren? Und sollen die von Paris und von Montpellier und Köln und Meissen u.s.w. ihm, dem Paracelsus, etwa *nicht* nach, soll er ihnen nach? Wozu? Um ihnen zu Liebe seine Arkana fortzuwerfen und von ihnen zu lernen, wie man mit Bezoar, Hundedreck, Mäusedreck, Fischgräten u.s.w. mit 100 und 1000 Kräutlein, die sich recht gut als Ziegenfutter qualifizieren mögen, kranke Menschen — kuriert (!!!)?

Der Hunde-Seich hätte wohl unterwegs bleiben können. Indessen wollen wir, können wir in dieser Beziehung mit dem persönlich gekränkten Verfechter der gekränkten Alchemie rechten?

Mit dem Monarchen und der Monarchie liegt die Sache gar nicht so, wie man sie mißverstehend gedeutet hat. Paracelsus will nicht sagen, ich, insofern ich der Paracelsus bin, bin der Monarch, der erste unter den Ärzten. Daran denkt er nicht. Er will bloß sagen, die alchemistische Medizin ist der Schulmedizin überlegen, sie steht als Königin des Krankenbettes da. Auf die Weise hat er die Monarchie, und er, als Jünger der alchemistischen Medizin, wird nun aufgrund der betreffenden Monarchie zum Monarchen (βασιλευς).

Ferner: »Ich sage euch, mein Gauchhaar im Gnick weiß mehr dann jhr unnd all ewere Scribenten: Unnd meine Schuchrinken seindt gelehrter, dann ewer Galenus unnd Avicenna: Unnd mein Bart hat mehr erfaren, dann alle ewere Hohe Schulen. Ich wil die stundt greiffen, das euch die Sew im kaat müssen umbziehen, wie gefellt euch der Peregrinus? Wie gefellt euch der Waldesel von Eynsidlen? Brecht herfür? Was steckt in euch?« (Paragranum, p. 18.)

Auch hier stellt sich Paracelsus im Eifer der Gereiztheit auf den Standpunkt seines Ich, wo es doch im Grund nur auf den objektiven Standpunkt abgesehen ist, das ist darauf, daß die alchemistische Medizin der Schulmedizin weit überlegen ist.

Und was dergleichen Stellen mehr sind, welche man als Blüten paracelsischer Arroganz und blumiger Schreibweise hervorzusuchen beliebt hat. Ich will noch eine Stelle beifügen, die in ihrer Art ein non plus ultra ist. Es heißt (Paragranum, pag. 11):

»O eweres armen Galeni Seel, wer (wäre) er untödtlich bliben in der Artzney, so weren (wären) seine Manes nit in abgrundt der Hellen vergraben worden, darauss er mir geschriben hatt, des Datum in der Hellen standt. (Galen hat an den Paracelsus einen Brief geschrieben, der aus der Hölle datiert ist.) Ich hett nicht vermeinet, dass der Fürst der Artzten dem Teuffel in Arss solt gefaren sein: nemlich seine Discipul faren jhm nach, oder am wenigsten seiner Mutter ins F.L. Solt das ein Fürst der Artzney sein, unnd die Artzney auf jhm stehn? so müssen die grösten Schelmen in der Artznei sein, so under der Sonnen leben, sie beweisens auch wol dass sie jhm trewlich nachfolgen.«

Man kann hiergegen bloß bemerken, daß es sich um eine rohe Zeit, eine rohe Sprache, einen gekränkten Verfechter der gekränkten Alchemie handelt.

Wo die Umstände es erheischten, da verstand es Paracelsus, sehr gemessen aufzutreten und sich einer Sprache zu bedienen, die, von einem berechtigten Selbstbewußtsein getragen, jeder Demonstration aus dem Wege ging. Zum Beweis dessen führen wir einen Aufruf an die Studierenden der Medizin an, den er als Professor zu Basel erließ. Er ist in lateinischer Sprache abgefaßt und steht zu Anfang des 7. Bandes der Baseler Quartausgabe seiner Schriften (Basel 1590). Sein Wortlaut ist folgender:

Theophrastus Bombast ex Hohenheim, Eremita, utriusque medicinae Doctor ac Professor, medicae artis Studiosis S. D.

Quum sola omnium disciplinarum medicina, tanquam divinum quoddam munus, tum sacrorum tum prophanorum scriptorum suffragio, necessitatis titulo laudetur, atque paucissimi Doctorum eam feliciter hodie tractent, visum erat, illam ad pristinani suae autoritatis laudem revocare, et quam quidam a faece barbarorum, nos ab erroribus gravissimis purgabimus. Non veterum addicti praeceptis, sed iis duntaxat, quae partim indicatione rei naturae, partim nostro Marte invenimus, et longo rerum usu atque experientia comprobavimus. Quis enim nescit, plurimos Doctorum hac tempestate, vel summo aegrorum discrimine, foedissime lapsos? quum nimis anxie Hippocratis, Galeni et Avicennae aliorumque dictis adhaeserint, perinde ac ex tripode Apollinis haec veluti oracula manaverint, a quibus ne digitum latum discedere liceret. His enim autoribus splendidissimi quidem Doctores, si Diis placet, non autem medici nascuntur. Non titulus, non eloquentia, non linguarum peritia, nec multorum librorum lectio, etsi haec non parum exornent, in medico desideranda: sed summa rerum ac mysteriorum cognitio, quae una facile aliorum omnium vices agit. Rhetoris quidem est, diserte posse loqui ac persuadere, atque iudicem in suam sententiam trahere: medici autem, affectuum genera, causas ac συμπτωματα novisse, et iis insuper sua sagacitate et industria pharmaca applicare, atque pro cuiuslibet ingenio ac ratione vel cunctis mederi. Caeterum ut paucis modum docendi depingam: Imprimis igitur, quod ad me attinet, ego, amplo Dominorum Basiliensium stipendio invitatus, duabus quotidie horis, tum activae tum inspectivae medicinae et physices et chirurgiae libros, quorum et ipse autor, summa diligentia maguoque auditorium fructu, publice interpretor: illos tamen non aliorum more ex Hippocrate, aut Galeno, aut quibuslibet emendicatus, sed quos summa rerum doctrice experientia atque labore assequutus sum. Proinde si quid probaturus, experimenta ac ratio autorum loco mihi suffragantur. Quare, optimi lectores, si quem huius Apollineae artis mysteria oblectant, amor desideriumque tenent, cupitque brevi admodum temporis spatio, quicquid huius disciplinae est, perdiscere, ad nos evestigio Basileam se conferat, et longe alia atque maiora, quam paucis describere possim, comperiet. Sed ut nostrum institutum clarius Studiosis innotescat, non piget exempli loco subiicere, nos in complexionum ac humorum ratione veteres nequaquam imitari, qui sane omnes aegritudines illis falso acceptas ferunt: unde nullis aut certe paucissimis Doctorum hodie morbos, causas ac decretorios dies exacte novisse contingit. Postremo haec veluti per transennam demonstrata sufficiant: vobisque tamen de his non, nisi audito prius Theophrasto, temere iudicandum permitto. Valete et hunc nostrum instaurandi medicinam conatum boni consulite.

Datae Basileae nonis Junii, anno M. D. XXVII.

»Theophrast Bombast von Hohenheim aus Einsiedeln, Doktor der Medizin und Chirurgie, Professor, an die Studierenden der Arzneikunde.

Die Medizin zeichnet sich unter allen Disziplinen, wie ein göttliches Geschenk, nach dem Urteil geistlicher und weltlicher Schriftsteller dadurch aus, daß sie den Stempel der Notwendigkeit trägt. Nur sehr wenige Doktoren aber üben sie heute mit Erfolg aus, und so schien es uns passend, sie wieder in ihre alte berechtigte Stellung zu bringen, und sie, die andere vom Bodensatz der Barbarei reinigten, werden wir von gewichtigen Irrtümern reinigen. Wir sind nicht Anhänger der Lehren der Alten, wir hängen nur den Lehren an, auf welche uns die Anzeige der Natur der Sache, auf welche uns die eigene Forschung geführt und welche wir durch lange Erfahrung bestätigt gefunden haben. Jeder weiß, daß die meisten Ärzte heute zum großen Schaden der Kranken von großem Irrtum befangen sind, indem sie zu ängstlich an die Ansprüche eines Hippokrates, Galen, Avicenna u.s.w. hängen, als wenn dieselben den Rang von Orakelsprüchen einnähmen, die vom Dreifuß des Apollo herstammten und von denen man keinen Finger breit abweichen dürfe. Ach nein, mit Verlaub, von jenen Autoren stammen wohlgraduierte Doktoren, aber keine Ärzte.

Nicht Titel, nicht Beredsamkeit, nicht Sprachkunde, nicht eine umfangreiche Lektüre — obgleich das alles ganz gut und schön ist — machen den Arzt, sondern eine genaue Kenntnis der natürlichen und mystischen Dinge: diese wiegt alles andere auf. Für den Redner ist es ganz gut, daß er treffend und überzeugend sprechen und den Richter zu seiner Meinung bringen kann; des Arztes Sache ist es aber, die Arten, die Ursachen, die Symptome der Krankheit zu kennen, scharfsinnig und korrekt Mittel gegen sie anzuwenden und nach Kräften zu heilen. Meine Lehrweise ist kurz folgende: Von den edlen Baseler Herren angestellt, interpretiere ich öffentlich, täglich zweistündlich, meine eigenen Schriften über praktische und theoretische Medizin, Naturkunde und Chirurgie mit großer Sorgfalt und zum Nutzen und Frommen der Zuhörer. Diese Schriften habe ich aber nicht, wie das Sitte bei anderen ist, aus Hippokrates, Galen u.s.w. zusammengebettelt, sondern sie sind das Produkt der Arbeit, der Erfahrung, welche die erste Lehrerin ist. Will ich daher etwas dartun, so stütze ich mich auf Erfahrung und Urteil statt auf Autoritäten. Daher, Geehrtester, wenn jemand von Euch Sinn, Liebe, Verlangen hat zu den Mysterien dieser Arzneikunst, wenn jemand in kurzer Zeit zu lernen wünscht, was diese Disziplin betrifft, so möge er sofort nach Basel kommen, und er wird näheres und weiteres kennenlernen. Damit aber den Studierenden unser Lehrplan klarer werde, so bemerken wir, daß wir beispielsweise in den Lehren von den Komplexionen und Humoren den Alten nicht folgen, — ein Grund, weshalb kein Arzt, oder denn nur sehr wenige unter ihnen, heute die Krankheiten, die Ursachen, die entscheidenden Tage exakt kennt. Das sei ein allgemeiner Umriß dessen, was ich Euch biete. Ich bitte Euch aber, urteilt nicht so leichthin darüber, bevor ihr den Theophrast gehört. Und nun Gott befohlen, nehmet unsere Absicht, die Medizin zu erneuern, gut auf.

Basel, den 5. Juni 1527.«

Wenn man nie etwas näheres von Alchemie und alchemistischen Ärzten gehört hat und liest nun den Rademacher, so wird man leicht zu der Ansicht verführt, Paracelsus gehöre zu den ersten Alchemisten oder sei gar der erste Alchemist, der je gelebt habe. Daran ist nun gar nicht zu denken. An und für sich nimmt Paracelsus in der Geschichte der Alchemie eine ziemlich bescheidene Stelle ein. Er lehnt an die 3 Prinzipien, die vor ihm da waren, er lehnt an Magie und Mystik, die ebenfalls vor ihm da waren, und damit ist die Sache fertig. Aber darin steht der Mann groß da, daß er viele, namentlich in seiner Stellung als Professor zu Basel, die Arkana lehrte. Offen freilich hat er sie nicht bekannt gemacht, aber, um an die Worte seines obigen Programms anzuknüpfen, quem oblectabant huius Apollineae artis mysteria, quem tenebant amor et desiderium, qui cupiebat perdiscere, quicquid esset huius disciplinae: — der konnte sich nach Basel begeben und dort lernen, was er erstrebte. Und mancher, mancher hat ihm die hohe Kunst der Anwendung der Arkana abgelernt.

Was den Standpunkt des Paracelsus in der Alchemie betrifft, so faßt er, worauf wir bereits vorhin hingewiesen, hauptsächlich ein Doppeltes in's Auge, die Drei-Prinzipien-Lehre und die Magie (Mystik). In Bezug auf die erstere lehnte er an Basilius Valentinus, nur huldigte er dessen Antimon-Lapis nicht und hielt sich an die Quecksilber-Lapides.

Was die Magie betrifft, so reiht sie sich an das Ens universale Quecksilber. Wenn man nach der magischen Interpretation der Tab smar. res una als Magie hat, wenn man demgegenüber nach der Merkur-Interpretation der Tab. smar. res una als Quecksilber hat, so deckt das Quecksilber die Magie in der abendländischen Alchemie, ganz abgesehen davon, daß man sie bereits im Anlehnen an Merlin hat (vergl. alchemistische Schriftsteller und Schriften der ersten abendländischen Periode). Wenn daher Paracelsus der Magie Rechnung trägt, so nimmt er damit gar keinen besonderen Standpunkt ein, er geht einfach den Weg, auf den er durch die abendländische Alchemie im Allgemeinen gezogen wird. Es heißt durchaus das Wesen der Alchemie verkennen, wenn man sich an die Magie in der abendländischen Alchemie stößt, wenn man einen Skrupel darin findet, daß Paracelsus ein *Magier* war. Roger *Baco* in seiner Epistola de secretis operibus artis et naturae et de nullitate magiae sagt Kap. 2: Quid vero de carminibus et characteribus et huiusmodi aliis sit tenendum, considero per hunc modum. Nam proculdubio omnia huiusmodi nunc temporis sunt falsa aut dubia, et quaedam irrationabilia, quae philosophi adinvenerunt in operibus naturae et artis, ut secreta occultarent ab indignis. »Was also vom Zauberkram zu halten ist, darüber habe ich die dargelegte Anschauung. Ohne Zweifel ist alles derartige heutzutage falsch oder zweifelhaft, einiges irrationell. Die Alchemisten haben es bloß erfunden in den Werken der Natur und der Kunst, um ihre Geheimnisse vor Unwürdigen zu verbergen.« — Vom alchemistischen Standpunkt ist das naiv genug gesprochen, dem Laien gegenüber legt es aber das Verhältnis der Magie zur Alchemie im engeren Sinn so unverhohlen dar, daß es kaum zu begreifen ist, wie man sich denn an den Paracelsus *magus* stoßen konnte. Und doch stieß man sich sehr an ihn. Vergl. *Libavius* an mehreren Stellen, z.B. in der Vorrede zu seiner Alchymia. Unserem Leser gegenüber würden wir es geradezu für lächerlich halten, wenn wir es unternehmen wollten, den Paracelsus von dem Vorwurf der Magie zu reinigen. Der Alchemist wirft sich als solcher der Spekulation in die Arme, zu der ihm die Arkana den Ausgangspunkt bieten. Ob sich nun diese Spekulation auf die Kosmologie, das Wesen der Metalle, den Stein der Weisen, die Goldmacherkunst u.s.w. oder auf die Magie wirft, wird sich wohl gleichbleiben.

Eine allgemeine Übersicht über den alchemistischen Standpunkt des Paracelsus erhält man durch seine Abhandlung De natura rerum, geschrieben zu Villach 1537 (Baseler Quartausgabe Teil 6, pag. 255, sequ.) Dieselbe zerfällt in neun Bücher: 1) de Generationibus, 2) de Crescentibus, 3) de Conservationibus, 4) de Vita, 5) de Morte, 6) de Resuscitatione, 7) de Transmutationibus, 8) de Separationibus, 9) de Signaturis. Diese Bücher lehnen folgendermaßen an die Tab. smar. In der 2. Rubrik dienen die superiora und inferiora dazu, um die Wunder der res una zustande zu bringen. An diese res una wird dann das unum gelehnt in dem Passus Et sicut res omnes fuerunt ab uno. Da man nun anhand des esse der res omnes die Erschaffung hat, so repräsentiert die 2. Rubrik vom Anfang bis meditatione unius die Generatio. Aufgrund des sic omnes res natae fuerunt ab hac una re adoptione gehen aus der res una die res natae hervor, sie *wachsen* aus ihnen hervor, und so hat man anhand dieses Passus der 2. Rubrik das Crescens. Nachdem uns nun die 2. Rubrik das gebracht hat, was geschaffen ist, was wächst, bringt uns die 3. dessen Erhaltung, Conservatio. Ist doch in dieser Rubrik von Vater, Mutter, Amme die Rede, und die tun das ihrige, um ihr Kind, ihre Kinder zu erhalten, groß zu ziehen. Indem die abendländische Alchemie die 4. Rubrik zu Christus in Relation setzt, ist in ihr das Gegenüberstehen von Leben, Tod, Auferstehung gegeben, und so haben wir denn in Anlehnen an diese 4. Rubrik: Vita, Mors, Resuscitatio. Die Transmutatio lehnt an den Passus Haec est totius fortitudinis fortitudo fortis, indem hier der Lapis philos. gebracht wird, welcher die Metalle transmutiert. Die Separatio ist in dem Passus quia vincet omnem rem subtilem omnemque solidam penetrabit gegeben, indem die omnis res subtilis und solida an das subtile und spissum der Stelle Separabis terram ab igne, subtile a spisso lehnt, und damit ist man denn auf die Separatio. Die Signatura lehnt sich an die 7. und 8. Rubrik. Dort erhalten wir nämlich anhand der philosophia totius mundi und der operatio Solis den Titel, die Signatur, der Tab. smar. Endlich reiht sich der Titel der ganzen Abhandlung, De natura rerum, an die 1. Rubrik der Tab. smar. Sich nämlich an den Titel der Demokritschen Schrift: De rebus naturalibus et mysticis, haltend, stellt sich Paracelsus in seiner Abhandlung die Aufgabe, in seiner Natura rerum: res naturales und res mysticae zu bringen. Die ersteren repräsentieren ein »verum« die letzeren ein »sine mendacio.«

Res mysticae sind zwar gerade nicht *wahr,* man kann aber auf der anderen Seite auch nicht geradezu sagen, daß sie *erlogen* sind, daß sie cum mendacio sind. Sie sind ein zusammengeschwindeltes Etwas, welches in der Alchemie seine Berechtigung findet; die Folie, welche ihnen die Alchemie gibt, schützt sie vor dem Charakter der Mendacität.

Die res naturales nun, welche Paracelsus in dieser Abhandlung bringt, stehen in alchemistischer Beziehung auf dem Standpunkt der abendländischen Alchemie in ihren verschiedenen Nuancierungen.

Die res mysticae mit ihren magischen Diversionen machen es sich zur besonderen Aufgabe, uns das Quecksilber, mannigfach in mehr, mannigfach in weniger versteckter Weise vorzuführen, oder allgemein gesprochen, sie präsentieren uns das Quecksilber als Ens universale.

Wir wollen dem Leser einige res mysticae vorführen, weniger deshalb, weil sie, an und für sich betrachtet, vor anderen, welche die Abhandlung bringt, etwas voraus haben, als vielmehr deshalb, weil sie das Schicksal haben, von Nicht-Alchemisten in besonderer Weise berücksichtigt worden zu sein. An ihrer Hand erhält dann der Leser zugleich Fingerzeige, sich bei anderen rebus mysticis zu orientieren.

Die Naturgeschichte des Basilisken

Wenn ein Weib ihre Menses hat, so hat sie ein verborgenes Gift in ihren Augen. Sieht sie in einen Spiegel, so bekommt der Spiegel Flecken. Sieht sie eine Wunde oder einen »Schaden« an, so werden diese vergiftet, wohl gar unheilbar gemacht. Ebenso, wie sie durch ihren Anblick vergiftet, vergiftet, verdirbt sie auch etwas, was sie anatmet und anfaßt. Wein und Essig, mit denen sie umgeht, verderben, Branntwein verliert seine Kraft, Bisam, Ambra, Zibet ihren Geruch, Gold, Korallen und viele Edelsteine ihre Farben.

Der *Basilisk* nun ist das Monstrum der Monstra, wen er ansieht, der kann jählings davon sterben. Denn er ist das Gift der Gifte und führt sein Gift in den Augen. Das hat er eben von den menstruierten Weibern. Denn er wächst und wird geboren aus den Menstruis der Weiber und aus dem »Blut Spermatis«. Dies gibt man nämlich in ein Glas oder »Kukurbit«, läßt es im Venter equinus putrefizieren, und die Putrefaktion ergibt dann den Basilisken. Wer will nun aber bei der Giftigkeit des Basilisken so keck und verwegen sein, so fragt Paracelsus, denselben zu machen, aus dem Gefäß zu nehmen und wiederum zu töten? Er rät's niemandem, der sich nicht zuvor mit Spiegeln bekleidet hat. Auf die Weise nämlich, so fügen *wir* hinzu, muß der Basilisk sich selbst ansehen, und da er das, was er ansieht, vergiftet, so ist er durch das Kunststück mit den Spiegeln in die Lage versetzt, sich selbst zu vergiften. —

Das Gift der menstruierten Weiber ist die Extension der Erfahrung oder Meinung, daß Stoffe, welche in Gärung sind, dadurch, daß Menstruierte sie anfassen, sich ihnen nähern, verderben. Das Menstrualblut wird alsdann mit dem Hydrarg. oxyd. rubr., dem Quecksilber als *Menstrualblut* in Relation gebracht, indem dies aber als Venenum gefaßt wird, hat man seine *Giftigkeit*. In den giftigen Augen der Weiber haben wir das Quecksilber als *Auge*, in dem Spiegel das Quecksilber als *Spiegel*, in den Spiegelflecken das Quecksilber als *Macula*, in der Wunde Quecksilber als *Vulnus*. Im Hauch der Weiber haben wir das Quecksilber als *Anima*, in ihrem Anfassen das Quecksilber als *Tactus*, gerade der Tactus ist es ja, was dem Ens universale Quecksilber seinen Rang als Fettigkeit gibt. *Wein, Essig, Branntwein* repräsentieren das Quecksilber als solches, ihr Verderben eine *Fermentation*, welche den falschen Weg eingeschlagen. Im Bisam, in der Ambra, dem Zibet haben wir das Quecksilber aus dem Gesichtspunkt des *Geruches,* im Gold eben als *Gold,* in Koralle und Edelstein vom Gesichtspunkt der *Farbe,* des *Edelsteines.* Ihr *Verderben* liegt darin, daß Gold, in Quecksilber geworfen, weiß wird, und Riechstoffe, in Quecksilber geworfen, an ihrer Oberfläche geruchlos werden. Daß Korallen ihre Röte verlieren, wenn sie von Frauen während der Zeit ihrer Menstruation getragen werden, behaupten viele Frauen, und ihnen reihen sich dann andere Schmucksteine an.

Im Basilisken haben wir das Quecksilber als *Basilisk.* Indem er als Gift der Gifte rangiert, wird das Quecksilber als *Gift* an seiner Hand besonders in den Vordergrund gedrängt. Daß der, den er ansieht, stirbt, darin haben wir wieder das Quecksilber als *Auge.* Der Prozeß der Putrefaktion im Glas, dem der Basilisk sein Entstehen verdankt, bietet uns die *Darstellung* des Hydrarg. oxyd. rubr. im Aludel. Wer ihn aus dem Gefäß nimmt und tötet, der leitet den *Exstinktions*prozeß des Quecksilbers. Sieht sich der Basilisk im Spiegel und stirbt davon, so *exstinguiert sich das Quecksilber selbst.*

Die Lehre vom Homunculus (Menschlein)

Sperma virile wird in einem verschlossenen Kukurbit per se, mit der höchsten Putrefaktion, Ventre equino, putrefiziert auf 40 Tage, oder so lange, bis es lebendig wird und sich bewegt, was leicht zu sehen ist. Nach solcher Zeit wird es etlichermaßen einem Menschen ähnlich sehen, doch ist es durchsichtig, ohne ein Corpus. Die Gestalt wird nun täglich mit dem Arcano sanguinis humani gespeist und ernährt bis auf 40 Wochen, und in stetiger gleicher Wärme des Venter equinus erhalten. Dann wird ein lebendiges menschliches Kind daraus, mit allen Gliedmaßen, wie ein anderes Kind, welches von einem Weib geboren, doch ist es viel kleiner. Aufgrund dieser Kleinheit heißt's denn auch Homunculus, Menschlein. Der Homunculus soll mit großem Fleiß und großer Sorgfalt aufgezogen werden, bis er »zu seinen Tagen« und zu Verstand kommt. Kommen die Homunculi zum männlichen Alter, so werden Riesen, Zwerglein und andere derartig »große Wunderleute« aus ihnen, die zu einem »großen Werkzeug und Instrument« gebraucht werden, die großen, gewaltigen Sieg wider ihre Feinde haben, und alle heimliche und verborgene Dinge wissen, die andere Menschen nicht wissen. Denn durch Kunst bekommen sie ihr Leben, durch Kunst bekommen sie Leib, Fleisch, Bein und Blut, durch Kunst werden sie geboren, darum wird ihnen die Kunst einverleibt und angeboren; sie brauchen nicht zu lernen, man muß von ihnen lernen. Sie sind aufgewachsen wie eine Rose oder sonstige Blume im Garten, und werden die Kinder der Waldgötter und der Nymphen genannt, deshalb, weil sie in Bezug auf ihre Kräfte und Taten nicht mit Menschen, sondern mit Geistern zu vergleichen sind. —

Das Sperma virile ist Quecksilber, aus welchem im Kukurbit, im Venter equinus, Hydrarg. oxyd. rubr. dargestellt wird. Nach 40 Tagen durchschnittlich wird es lebendig, weil sich dann nach der Lehre der Alchemisten das Caput corvi zeigt. Dies Caput corvi zeigt, daß aus der Sache doch etwas wird, daß der erste Weg angebahnt ist, auf daß aus dem Quecksilber das Hydrarg. oxyd. rubr. wird. Mehr haben wir aber auch noch nicht, darum ist das Quecksilber, der Homunculus, noch durchsichtig und ohne ein Corpus. Die Gestalt wird nun täglich mit dem Arcano sanguinis humani gespeist und ernährt, das ist, die Bildung des Hydrarg. oxyd. rubr. geht nun ihren weiteren Weg. In 40 Wochen ist der fertige Homunculus da, denn das ist die Zeit der Schwangerschaft. Kleiner ist das Kind als andere Kinder, weil die ganze Sache auf einen Vergleich des Lapis philos. mit einem Kind hinauskommt. Darum muß das Kind als Kind in den Vordergrund gedrängt werden, und wir erhalten auf die Weise eben ein Kind, welches recht eigentlich ein Kind ist, das ist kleiner als andere Kinder. Das Kind soll mit großem Fleiß und großer Sorgfalt aufgezogen werden; das ist, pflege dein Hydrarg. oxyd. rubr. und halte es hoch in Ehren. Das Hydrarg. oxyd. rubr., der Lapis philos., dieses Kindlein wächst nun zu einem *Riesen* heran, die Rolle des Quecksilber-Kindes wird umgewandelt zu der eines Quecksilber-Riesen. Im Riesen haben wir aber bloß die materielle Körperkraft, nicht die Geisteskraft, denn wie die Sage erzählt, sollen Riesen oft sehr dumm sein. Darum wird dem Quecksilber-Riesen der Quecksilber-*Zwerg* zur Seite gestellt. Die Zwerge sind nämlich recht kluge, schlaue Männlein, und was der Riese mit dem Körper bezwingt, das bezwingt das Zwerglein mit dem Geist. An die Schlauheit der Zwerge reihen sich daher auch die *großen Wunderleute* an, die großen und gewaltigen Sieg wider ihre Feinde haben, und alle verborgenen Dinge wissen. Bei dem Sprung vom Kind zum Riesen, zum Zwerg, zum Wundermann ist es übrigens auch auf den Alchemisten abgesehen, der an Wissen und Können der Riese, der Hellsehende am Krankenbett ist und mehr weiß und kann als andere. In der Stelle »durch Kunst bekommen sie ihr Leben u.s.w.« ist es auf das Quecksilber als Mercur. *vivus,* als *Körper, Fleisch, Bein, Blut* abgesehen. Beim Aufwachsen wie eine Rose oder sonstige Blume ist es auf das Quecksilber als *Blume* abgesehen, bei den Kindern der Waldgötter und Nymphen auf das Quecksilber als Spiritus, *Geister.*

Wenn der Homunculus zwar auch von Paracelsus herstammt, so reicht die Quintessenz der Sache doch bereits in die erste abendländische Periode hinein. Das liegt auch nahe, da sie der Fermentations-Interpretation der Tab. smar. so naheliegt. Halten wir uns nämlich an diese, so haben wir dort in der 4. Rubrik folgendes: Sperma virile und Ei werden zusammengebracht, es tritt ein Gärungsprozeß ein, der Leib des Weibes geht in die Höhe, er sinkt wieder: — et recipit vim superiorum et inferiorum, und das Sperma wird zum Lapis philos. als Ferment, so haben wir dort interpretiert. Man kann aber auch sagen, gerade das descendere des Leibes ist das, woran sich das recipere vim superiorum et inferiorum knüpft. Da nun aufgrund des descendere die Geburt des Kindes vor sich geht, so erhält das Sperma die vis des *Kindes,* indem es die vis superiorum et inferiorum erhält. Überträgt man das nun auf das Quecksilber, so hat man Sperma und Ovum als Quecksilber, die Putrefaktion geht vor sich, und das Produkt ist: Hydrarg. oxyd. rubr. oder Quecksilber überhaupt als *Kind.* Zugleich liegt es alsdann nahe, das Gefäß, in welchem die Putrefaktion, die Gärung, vor sich geht, als *Uterus* zu fassen. Derartige Kalkulationen liegen umso näher, als man ja in anderer Auffassung der Stelle: Pater omnis telesmi totius mundi est hic, virtus eius integra est, si versa fuerit in terram, von vornherein das Kind hat. Denn die vis eines Vaters wird eine integra, wenn sie, die vis, oder er, der Vater einen Sohn erhält. Bei dem pater omnis telesmi haben wir also das Quecksilber als Vater, und bei der terra in quam vertitur, das Kind Quecksilber. Wie sehr die Abendländer der ersten Periode bereits das Quecksilber als Kind, und in specie als Kind im Mutterleib in den Vordergrund schoben, dafür dient die Turba philosophorum als Beleg. Dort heißt es,

Sermo 16. (Sokrates): Accendite ergo super ipsum, quousque fiat lapis mundus et nummosus et albissimus, terite ergo ipsum rore et sole, et aqua maris et pluviae XXI diebus, X diebus salsa, X vero diebus dulci aqua, et invenietis ipsum nummoso lapidi simile. »Behandelt es also (Plumbum, das Blei) mit Feuer, bis es ein reiner, Nummus-artiger (Quecksilber als Nummus), sehr weißer Lapis wird, reibt diesen dann mit Tau und Sonnenlicht, Meer- und Regenwasser: 21 Tage, mit Salzwasser: 10 Tage, mit süßem Wasser: 10 Tage, und ihr werdet es dem Lapis nummosus ähnlich finden.« — Die Addition der 21, 10 und 10 Tage ergibt hier die Tageszahl 41. Bei der 41 ist aber nicht 41, sondern 40 gemeint. Vielleicht handelt es sich nämlich bei der 21, die eigentlich eine 20 sein sollte, bloß einfach um einen Druckfehler; wenn das aber nicht ist, so soll durch die 41 statt der 40 die Sache etwas versteckter gebracht werden. Die 40 Tage nun repräsentieren nicht 40 Tage, sondern 40 Wochen. Diese aber zielen auf die 40 Wochen der Schwangerschaft, und damit haben wir denn das Quecksilber als Kind und in specie als Kind im Mutterleib.

Die 40 Tage, nach denen sich nach der Lehre der abendländischen Alchemisten das Caput corvi zeigt, zielen auch auf die 40 Wochen der Schwangerschaft und damit auf das Quecksilber als Kind und in specie als Kind im Mutterleib. Sie reihen sich an die vorhin zitierte Stelle aus der Turba philosophorum und sind ebenfalls lange vor Paracelsus da. Wir sehen also, daß der paracelsische Homunculus längst vorbereitet ist.

Die Lehre von der Palingenesie,
das ist die Lehre von dem Auferstehen der Vegetabilien aus ihrer Asche.

In Bezug auf sie sagt Paracelsus ff. Die Resuscitation und Restauration des Holzes ist schwer, aber nicht unmöglich. Man kann sie derartig bewerkstelligen, daß man die Asche von verbranntem Holz in ein Kukurbit gibt und mit Resina, Liquor, Oleität desselben Baumes oder Holzes versetzt. Das gibt eine mucilaginische Materie, und in ihr hat man die 3 Prinzipien: Sal, Sulphur, Merkur. Hat man nun so die 3 Prinzipien beieinander, so setzt man sie in einen Venter equinus und läßt sie putrefizieren. Dann vergräbt man die Masse oder schüttet sie in die Erde, und wird sehen, wie ein junger Baum oder ein junges

Holz daraus hervorwächst, welches viel kräftiger und edler ist in aller seiner Substanz als das erste Holz. —

Nun das reiht sich einfach mit einigen Modifikationen an die Pflanzen-Interpretation der Tab. smar. in der 4. Rubrik. Der pater telesmi, die Pflanze, vertitur in terram, wird in Asche verwandelt. Das Separabis terram ab igne, subtile a spisso wird an die Putrefaktion gelehnt. Weil aber Asche an für sich nicht putrefiziert, so werden Zusätze gemacht. Nun hat ein ascendere und descendere statt, und das Produkt derselben ist, daß die Asche recipit vim superiorum et inferiorum, zum Herrn der Schöpfung auf dem ihr zukommenden Terrain wird, das ist, zu einer edleren Pflanze wird, als sie es vor ihrer Einäscherung gewesen. Die Kraft dazu hat sie aufgrund des ascendere und descendere erhalten, indem der Geist der verbrannten Pflanze sich zum Himmel aufgeschwungen, dort sich neue Kraft geholt hat und nun in die Asche belebend zurückgekehrt ist.

Daß Schlauköpfe aufgrund der paracelsischen res mysticae experimentierten, Basilisken und Homunculi fabrizierten, Pflanzen aus Asche hervorkeimen ließen, und andere derartige Künste trieben, die diesen anhand der Mystifikationen, wie Paracelsus sie auftischt, ganz ebenbürtig sind — das geht die Narren an, die sich damit düpieren ließen.

Wie die Schulärzte gegen die Arkana zu Felde zogen

Die Schulärzte waren nie Freunde der alchemistischen Ärzte. Wir haben bereits bei den Indern derartiges kennengelernt, wir haben bei den Alexandrinern gesehen, wie der Autor der ersten Redaktion der Tab. smar. die Schulärzte in nicht sehr schmeichelhafter Weise in den 19. Psalm bringt. (»Bewahre auch deinen Knecht vor den Stolzen, daß sie nicht über mich herrschen, so werde ich ohne Wandel sein, und unschuldig bleiben großer Missetat.«) Das hätte der Mann nicht getan, wenn nicht triftige Gründe ihn dazu getrieben hätten. Die Lorbeeren der alchemistischen Ärzte am Krankenbett ließen die neidischen Schulärzte nicht schlafen, der Neid verzehrte sie, daß sie das *nicht* konnten, was die Alchemisten wohl konnten. Namentlich stieg bei den Abendländern Haß, Neid, Verfolgungssucht der Schulärzte gegen die Alchemisten zu einer traurigen Höhe, und wahrlich nicht ohne die triftigsten Gründe gerät der sonst harmlose Basilius Valentinus da, wo er auf dieses Thema kommt, in bissigen Eifer, vom aufbrausenden Paracelsus gar nicht zu reden.

Wir haben bereits beim Basilius Valentinus darauf hingewiesen, daß die Schulärzte sich in ihrem Neid gegen die Alchemisten dahin verstiegen, daß sie die Arkana als Giftmittel verschrieen, daß sie also dem Publikum gegenüber sagten, hütet euch vor diesen alchemistischen Ärzten, statt am Krankenbett auf eure Heilung bedacht zu sein, gehen sie damit um, euch zu vergiften. Auf die Weise beuteten sie die Lehre der Alchemisten aus, daß der Lapis philos. als Venenum aufgefaßt wurde. Am schlimmsten mußten diese Abscheulichkeit die armen Juden ausbaden. Die Juden haben sich stets mit Vorliebe auf die Medizin gelegt, und indem sie es taten, dahin gestrebt, daß sie es zu einer Tüchtigkeit in ihrem Beruf brächten. Es ist daher leicht zu erklären, daß gerade die jüdischen Mediziner sich während der Blüte der maurisch-spanischen Universitäten nach Spanien begaben und dort ihre Studien absolvierten. Da sie nun bei der Gelegenheit die Alchemie kennenlernten, so stellte sich bald zwischen jüdischen und christlichen Ärzten die Sachlage derartig, daß verhältnismäßig auf Seiten der ersteren die alchemistische Richtung mehr vertreten war als auf Seiten der letzteren. Auf die Weise war denn der Anhaltspunkt gegeben, daß der Haß gegen die Alchemie zu einem Haß gegen die Juden transformiert wurde. Indem die Alchemisten Giftmischer waren, waren die Juden Giftmischer. Sie erhielten das Gift von diesem oder jenem ihrer Glaubensgenossen, welcher ein alchemistischer Arzt war. So trat denn die schreckliche Anklage hervor, die Juden vergifteten die Brunnen, und wo nun eine verheerende Epidemie auftrat, wie das bei den aller Medizinalpolizei hohnsprechenden Einrichtungen des Mittelalters — enge schmutzige Straßen, finstere Wohnungen, mangelhafte Kloaken, Begraben der Leichen in den Kirchen u.s.w. — nur zu häufig statt hatte, da hatten die Juden die Brunnen vergiftet.

In seiner Abhandlung: Der schwarze Tod der Jahre 1348-1350 spricht *K. Sprengel* (Beiträge zu Geschichte der Medizin. Erster Band, erstes Stück. Halle 1794) folgendermaßen:

P. 101. »Eine sehr schreckliche Wirkung der Volksvorurteile bei Gelegenheit dieser Seuche möchte ich lieber der Nacht der Vergangenheit übergeben, als sie zur Schande der Menschheit an's Tageslicht bringen, wenn es nicht die Treue des Geschichtsschreibers notwendig machte, auch diese traurige Wirkung der finstersten Barbarei zu entwickeln. Ich rede von der allgemeinen Verfolgung der Juden in den Jahren 1349 und 1350, wozu das gemeine Volk durch den Verdacht genötigt wurde, daß die Ursache der Pest in der Vergiftung der Brunnen liege, welche die Juden auf Befehl ihrer Rabbiner vorgenommen hätten. Durch einen großen Teil von Europa, wenigstens in Deutschland und Frankreich, war es allgemein als eine gewisse Wahrheit verbreitet worden, daß alle Juden ohne Ausnahme Teil an diesem Verbrechen genommen hätten. Das einzige Litthauen blieb ihr sicherer Zufluchtsort, den ihnen eine Jüdin Esther, in die sich Kasimir der Große verliebt hatte, verschaffte. Sonst wurden sie in den meisten übrigen Ländern gemartert, lebendig verbrannt, alle ihre Güter eingezogen und ihre Häuser zerstört. Man verfuhr hierbei mit einer Unmenschlichkeit, wovon die Geschichte wirklich arm an Beispielen ist: und die Furcht vor der Vergiftung des Brunnenwassers war so allgemein, daß man an vielen Orten bloß Regen- und Flußwasser trank.« U.s.w.

P. 106 heißt's: »Eine alte Chronik sagt, man wollte sich ihrer Reichtümer bemächtigen und ihre Häuser sich zueignen, und wenn dies nicht die Fürsten taten, so tat es der Pöbel. Die Juden wußten dies und gerieten dadurch in solche Verzweiflung, daß sie sich zu Hunderten, mit Weib und Kindern und allen Habseligkeiten, in ihre Häuser und Synagogen einsperrten und sie sich über den Köpfen anzündeten.

In Basel war eine Empörung des Volkes gegen den Magistrat die Folge von der Weigerung des letzteren, die Juden zu mißhandeln und zu verbrennen. Das Volk zwang seine Obrigkeit, wider ihren Willen (?) unmenschlich zu sein. Es wurde ein eigenes hölzernes Haus am Rhein gebaut, worin die Juden am Freitag nach Hilarii 1349 zusammengetrieben und zu Asche verbrannt wurden. Ebenso ging es ihnen in Ulm, Augsburg, Bamberg und an unzähligen anderen Orten.«

P. 108. wird erzählt, daß in Straßburg 2000 Juden verbrannt wurden. P. 110, daß zu Kyburg 430 Juden verbrannt wurden. Auf derselben Stelle heißt's: »In Mainz hatten sich die Juden zur Wehr gesetzt, und es waren bei 200 Christen in einem Gefecht geblieben. Daher war hier ihre Strafe desto schrecklicher. Zwölftausend Juden wurden verbrannt, und von der Hitze des nahen erschrecklichen Feuers schmolz das Blei an den Fensterscheiben der Stiftskirche.«

Sprengel scheint auch nicht den Schatten einer Idee davon zu haben, wo denn der verruchte, verrückte Glaube herkam, die Juden vergifteten die Brunnen, wo die verruchte, verrückte Idee herkam, Juden und Gift in eine Relation zu bringen. Dankt's den Schulärzten, ihr armen Juden!

Ein Schandfleck der Menschheit, der sich an den vorigen reiht, ist die verruchte mittelalterliche Anklage gegen die Juden, sie schlachteten Christenkinder, um deren Blut zu erhalten, mit dem sie Osterkuchen backen würden, oder was sie sonst damit tun sollten. Aufgrund solcher verrückten, verruchten Anklage wurden nicht weniger, vielleicht noch mehr Juden verbrannt und abgeschlachtet als aufgrund der Anklage der Brunnenvergiftung. In einem romantischen Bruchstück von *H. Heine* »Der Rabbi von Bacharach« sitzt eine jüdische Familie bei der Osterfeier, und es treten zwei fremde Männer herein. Sie setzen sich, und im Laufe der Feier praktizieren sie die Leiche eines Kindes unter den Tisch, welche sie unter dem Mantel versteckt gehabt. Der Rabbi merkt, was geschehen, durchschaut, daß es sich hier um nichts anderes handelt als einen Tatbestand für die Tötung eines Christenkindes zu schaffen und damit die Einleitung zu einem Mord- und Metzgerzug gegen die Juden zu treffen, und macht sich unbemerkt mit seiner Frau aus dem Staube. Wahrscheinlich handelt es sich hierbei um eine wahre Begebenheit, deren Geschichte sich in einer jüdischen Familie fortgepflanzt hat, und von der sie Heine erfahren. Wenn wir nicht irren, hat sich noch im vorigen Jahrhundert *Mendelssohn* gemüßigt gesehen, eine Abhandlung zu schreiben, in der er das Wahnwitzige der Annahme, die Juden schlachteten Christenkinder, darlegt. Nun, ihr armen Juden, dankt das auch den Schulärzten. Bei der Brunnenvergiftung mußte der Lapis philos. als Venenum herhalten, bei dem Blute christlicher Kinder der Lapis als Infans (späterer Homunculus des Paracelsus) und der Lapis als Sanguis. Es war den Schulärzten zu kleinlich, über einen einzelnen »Kollegen« herzufallen, lieber stachelten sie gleich das dumme Volk gegen die gesamte Judenschaft auf, das in's Auge fassend, daß dieses geneigt ist, das, was den einzelnen Juden angeht, auf die Gesamtheit der Juden zu übertragen.

Und nun, ihr Herren, habt ihr angesichts solcher Dinge noch den Mut, gegen die beiden Eiferer Basilius Valentinus und Theophrastus Paracelsus zu Felde zu ziehen?

Nachdem Paracelsus seine Tätigkeit als Lehrer sehr energisch entfaltet, war das Geheimnis der Alchemie ein ziemlich offenkundiges geworden. In der zweiten Hälfte des 16. und zu Anfang des 17. Jahrhunderts kannten viele Ärzte die Arkana. Diese Wissenden waren den gelehrten Herren von Paris ein Dorn im Auge, Mord- und Metzgerzüge gegen die Christenheit aufgrund von Brunnenvergiftung und Kinderschlächterei ließen sich nicht wohl in Szene setzen, und so wurde denn ein anderes Manöver ausgeheckt. Das Parlament von Paris verbot 1566 den Gebrauch des Antimons und seiner Präparate. Mit dem Antimon war es auf den P. solaris abgesehen. Daß nicht dieser, sondern das Antimon dem Banne unterlag, liegt einfach darin, daß die gelehrten Herren wohl wissen mochten (?), daß der P. solaris Quecksilber enthalte, nicht aber wußten, um welches Quecksilberpräparat es sich eigentlich handele. Vielleicht wußten sie auch nur ganz im Allgemeinen, daß die Pp. solares Antimon enthielten, nicht aber, daß es sich in specie um Sulphur aurat. und Stibium nigrum handelte, daher auch das generelle Verbot des Antimons überhaupt. Mit dem Verbot des Antimons allein aber statt des vollständigen P. solaris erreichten sie vollkommen ihren Zweck. Denn, war einmal das Antimon verboten, so war damit auch der P. solaris verboten, fiel das erstere, so mußte der letztere mitfallen. Daß die Herren nun aber gerade den P. solaris verboten, und nicht irgendein anderes Arkanum, das zeigt uns, daß zu jener Zeit Krankheiten häufig waren, die den Gebrauch des P. solaris erheischten. Die Artung der um 1566 vorkommenden Krankheiten bewirkte, daß den Herren gerade der P. solaris ein Dorn im Auge war. Wo sie am Krankenbett steckenblieben, und nun ein herankommender Alchemist das leicht kurierte, woran sie sich vergebens abgemüht hatten, da ergab es sich beim Nachsehen durchschnittlich, daß das Nichtkennen gerade jener »elenden« Pulver die Ursache ihrer Blamage gewesen. Darum einfacher, kurzer Prozeß: Verbieten jener Pulver! Zugleich dachten nun jene gelehrten Herren, die Krankheiten bleiben immer dieselben. Klappern, dachten sie, gehört einmal zum Handwerk, und so wird es auch bei diesen Alchemisten sein. Sprechen die da von einer Reihe von Arkanis, die sie besitzen wollen, das ist eitel Geklapper. Ihre ganze Kunst dreht sich um den P. solaris. Schneiden wir ihnen den P. solaris ab, so hat's mit den Arkanis ein Ende. Die konnten sich nicht vorstellen, daß es morgen anders sein könnte als heute. Die konnten sich nicht denken, daß die Krankheiten sich anders gestalten könnten, und wenn sie sich anders gestalteten, daß sie dann durch irgendein anderes Arkanum gerade so aufs Trockne gesetzt werden würden wie zur Zeit durch den P. solaris. Und indem sie es sich nicht denken konnten, lullten sie sich in den Wollusttraum, mit dem Verbot des Antimons die ganze Alchemie in Grund und Boden gebohrt zu haben. Und es ereignete sich, wie das unausbleiblich war, daß die Krankheiten, welche zu ihrer Heilung den P. solaris erforderten, in den Hintergrund traten, und an ihre Stelle sich solche Krankheiten drängten, welche zu ihrer Heilung eines oder mehrerer anderer Arkana bedurften. Nun, da hatten die gelehrten Herren die Bescherung! Sie waren mit ihrem Antimon-Verbot auf dem Trockenen. Und was taten sie nun? Sie machten kurzen Prozeß und verboten alle Arkana! Als handlangender Büttel bei diesem Tun hat sich *Riolanus* ein monumentum aere perennius gesetzt. Diesem Riolanus, der sich nicht entblödete, die Arkana zu einem Werk des Teufels zu stempeln, hat Libavius nicht übel heimgeleuchtet in seinem: Prooemium commentarii Alchymia ipsiusque artis apologeticum, in quo examinatur Censura scholae Parisiensis per Joannem Riolanum de Alchymia, annis 1603, 1604 edita. O, ihr traurigen Zeiten rufen wir aus, in denen die Sudeleien eines Riolanus noch einer Widerlegung bedurften!

Und nun, lieber Leser, erinnere dich der Worte des Paracelsus: Mir nach, und nicht ich euch nach, ihr von Paris, ihr von Montpellier, ihr von Schwaben, ihr von Meissen u.s.w. Seht, der setzte Paris voran in seinem Aufruf, der kannte seine Pappenheimer. Daß die von Montpellier der Pariser Fahne, auf welche mit Scheiterhaufen-Flammenschrift Riolanus geschrieben war, nach mußten, versteht sich von selbst in erster Reihe. In zweiter Reihe aber versteht es sich von selbst, daß, der französischen Mode folgend, die von Schwaben, die von Meissen, die von Köln, die von Wien, und was an der Donau und dem Rheinstrom liegt u.s.w. nachgehinkt kamen. Da wurde freilich die Sache nicht mit Pariser Eklat in Szene gesetzt, da wurden die Arkana im Stillen »abgemurkst«. Den alchemistischen Arzt *Turquet de Mayerne* erklärte die medizinische Fakultät von Paris für unwürdig, die Heilkunst auszuüben. Dies Faktum prangt mit hervorragenden Lettern in der Geschichte der Alchemie. Welche raffinierte Quälereien aber andererorts im Stillen aufgewandt sein mögen, einem alchemistischen Arzte, der einem »hervorragenden« Schularzt im Wege stand, sein Dasein zu verleiden — davon schweigt die Geschichte.

Wie abgefeimt dem Laien gegenüber die Arkana verketzert wurden, darüber möge uns eine Stelle bei Shakespeare belehren. Es heißt King Henry IV., Part I., Act I., Szene III:

— for he made me mad,
To see him shine so brisk, and smell so sweet,
And talk so like a waiting-gentlewoman
Of guns, and drums, and wounds, (God save the mark!)
And telling me, the sovereign'st thing on earth
Was parmaceti, for an inward bruise;
And that it was great pity, so it was,
That villainous saltpetre should be digg'd
Out of the bowels of the harmless earth,
Which many a good tall fellow had destroy'd
So cowardly.

— »mich macht' es toll,
Daß er so blank aussah und roch so süß,
Und wie ein Kammerfräulein von Kanonen,
Von Trommeln schwatzt und Wunden (Gott erbarms!)
Und sagte mir, für inn're Schäden komme
Nichts auf der Welt dem Spermaceti bei;
Und großer Jammer sei es, ja fürwahr,
Daß man den bübischen Salpeter grabe
Aus der harmlosen Erde Eingeweiden,
Der manchen wackern, schlanken Kerl so feige
Gefällt.«

(Schlegel)

»Salpetre« ist Natron nitricum. Der tötet die jungen Burschen nicht direkt als »Gift«, sondern cowardly, feig. Das ist so zu verstehen, daß er die Burschen feige macht, und durch ihre Feigheit unterliegen sie dann im Kampfe. Dieser Sinn stellt sich heraus durch die Parallele des saltpetre mit dem parmaceti, dem Spermacet. Der letztere ist nämlich nicht nur gut for an inward bruise, sondern die Hauptsache bei ihm ist, daß er den Geschlechtstrieb stimuliert (vergl. des *Mich. Ettmüller* Abhandlung über den Spermacet). Ganz das Gegenteil haben wir beim Salpeter. Der ist ein Antiphlogisticum, ein Mittel gegen die Hitze, und damit gegen die Geilheit, und da der, der geil ist, mutig ist, ein Gegenmittel gegen den Mut, ein feigmachendes Mittel. So liegt der Gegensatz zwischen Spermacet und Salpeter. Daß der Tatbestand, auf den der hier redende Hotspur fußt, daß die Abzüge, die er an ihn knüpft, reinweg erschwindelt sind, bedarf wohl kaum der Erwähnung. Er plappert Worte im Sinne der Schulärzte, durch deren Verketzerungs-Manöver gegen das Natron nitricum Shakespeare sich hat düpieren lassen.

Und nun genug von diesem unerquicklichen Thema!

Alchemisten zwischen Paracelsus und Libavius,
resp. deren Zeitgenossen

Von ihnen erwähnen wir:

Dionysius Zacharias (Dénis Zachaire). Schrift: Opusculum philosophiae naturalis metallorum; kurz genannt: Opusculum chemicum.

Joh. Chrysippus Fanianus. Schrift: De iure artis Alchemiae, hoc est variorum autorum et praesertim iurisconsultorum iudicia et responsa ad quaestionem: an Alchemia sit ars legitima?

Johann Dee. Seine Schriften sind zumeist magischen und astrologischen Inhaltes.

Justus a Balbian (Balbianus Flander). Der Herausgeber des Alanus. (1598).

Carolus a petra alba (Witestein). Schrift: Disceptatio philosophica de quinta chymicorum essentia.

Gerardus Dorneus (Gerhard Dorn). Schriften: Hermetis trismegisti Tabula smaragdina cum expositionibus. — Clavis totius philosophiae chemisticae. — De artificio supernaturali. — Liber de naturae luce physica ex Genesi desumpta, in quo continetur: Physica Genesis, Physica Hermetis trismegisti, Physica Trithemii, Philosophia meditativa, Philosophia chemica. — Congeries Paracelsicae Chemiae de transmutationibus metallorum; u.a.

W. Chr. Kriegsmann. Schrift: Kommentar zur Tabula smaragdina. (1657)

Hierauf müssen wir etwas näher eingehen.

In seiner Schrift: De metallorum transmutatione ad virum nobilissimum et amplissimum Joëlem Langelottum epistola, sagt *Daniel Georg Morhof,* Sect. 10.: Kriegsmannus illam (Tabulam smaragdinam) lingua Phoenicia publicavit, sed unde illam habeat, si recte memini, non indicavit. »Kriegsmann hat sie (die Tab. smar.) in phönizischer Sprache veröffentlicht, sagt aber nicht, wenn ich mich recht erinnere, woher er diese hat.« Das lautet so, als wenn Kriegsmann eine phönizische Tab. smar. herausgegeben hätte, und an Morhof anlehnend, haben das auch manche getan. Ach nein, an so etwas ist nicht zu denken, vielmehr liegt die Sache ff. Da die Tab. smar. von einem alexandrinischen Juden herrührt, so liegt die Idee nahe, neben dem griechischen Urtext habe auch ein hebräischer existiert. Das legt es denn nahe, daß man sich die Tab. smar., wie wir sie in lateinischer Sprache besitzen, einerseits in's Griechische zurückübersetzt, andererseits in's Hebräische überträgt. Die letztere Idee hat Kriegsmann. Das heißt denn, Kriegsmann versucht's, die Tab. smar. in's Hebräische zu übertragen, und wird mit dem einen fertig, mit dem anderen nicht. In dem Kommentar, den er zur Tab. smar. gibt, bespricht er seine Übersetzungsversuche: — das ist der nackte Tatbestand der Sache. Nun aber schwindelt Kriegsmann uns vor, die Tab. smar. sei ursprünglich *phönizisch* geschrieben gewesen, die lateinische Übersetzung, die wir besitzen, sei demnach eine Übersetzung aus dem Phönizischen. Die lateinische und phönizische Sprache lägen aber zu fern auseinander; man könne lateinisch wohl die phönizischen Worte wiedergeben, nicht aber den phönizischen Sinn. Folge hiervon sei, daß wir in der Tab. smar., wie wir sie besitzen, mehr eine Zusammenstellung von Worten hätten, als den eigentlichen Sinn, welchen der Autor der Tab. smar. seinem Schriftstück untergelegt hätte. Dieser Sinn käme erst heraus, wenn man sich die Sache vom phönizischen Standpunkt dächte. Nun seien ferner die hebräische und phönizische Sprache innig verwandt. Wüßte man daher, wie sich die Tab. smar. hebräisch gestalte, so wisse man auch, wie sie sich phönizisch gestalte. Kriegsmann nimmt nun anhand seiner Übersetzungsversuche an, er wisse, wie sich die Tab. smar. hebräisch gestalte, und damit habe er denn das Rätsel gelöst, wie sie sich phönizisch gestalte, welches ihr wahrer Sinn sei. Dieser wahre Sinn sei in folgendem Wortlaut gegeben:

Verum est et ab omni mendaciorum involucro remotum.

Quodcunque inferius est, simile et eius quod est superius. Per hoc acquiruntur et perficiuntur mirabilia operis unius rei.

Quemadmodum etiam omnia ex uno fiunt per considerationem unius: ita omnia ex uno facta sunt per coniunctionem.

Pater eius est Sol, mater Luna, ventus in utero gestavit, nutrix eius est terra.

Mater omnis perfectionis.

Potentia eius perfecta est, si mutatur in terram.

Terram ab igne separato, subtile et tenue a grosso et crasso, et quidem prudenter cum modestia ac sapientia.

In hoc a terra ascendit, in coelum hoc a terra, et a coelo rursus in terram descendit, et potentiam ac efficaciam superiorum et inferiorum recipit, hoc modo acquires gloriam totius mundi, propulsabis igitur tenebras omnes et coecitatem.

Haec enim fortitudo omni aliae fortitudini ac potentiae palmam praeripiens: omnia namque subtilia et crassa duraque penetrare ac subigere potest.

Hoc mundus his conditus est.

Et hinc coniunctiones eius mirabiles, et effectus mirandi; cum haec via sit, per quam haec mira efficiantur.

Et propter hoc Hermetis trismegisti nomine me appelarunt: cum habeam partes tres sapientiae et philosophiae universi mundi.

Consummatum est verbum meum, quod dixi de opere solari.

Das ist nun das, was uns Kriegsmann bringt, indem er, wie Morhof sagt, Tabulam smaragdinam lingua Phoenicia publicavit. Und nachdem er es gebracht hat, gibt er sich noch nicht zufrieden, sondern bringt uns noch eine: Versio Latina Tabulae Hermeticae, Phoenicii contextus proprietatem conservans, eine lateinische Übersetzung der Tab. smar., welche die Eigentümlichkeit des phönizischen Textes beibehält, welche, indem sie eine lateinische Übersetzung ist, dennoch ein phönizisches Gepräge trägt. Nun, wir denken, der Leser verliert nicht viel, wenn wir diese Versio Latina nicht hierher setzen. Es ist das Schriftstück von vorhin, ein bißchen anders gedreht und gewendet. Übrigens ist die Idee Kriegsmanns, uns noch außer dem obigen Schriftstück, das er die Vulgata Tabulae smaragdinae paraphrasis nennt, eine Versio Latina zu bringen, durchaus logisch. Er geht von der Prämisse aus, die lateinische gewöhnliche Tab. smar., welche wir besitzen, sei nicht zutreffend, und da liegt es nahe, daß er uns eine lateinische Übersetzung bringt, die zutreffender ist, und das ist seine Vulgata paraphrasis. Diese Vulgata paraphrasis soll nun aber ein Schriftstück sein, welches nicht in lateinischem, sondern vielmehr in phönizischem Sinn geschrieben ist; es steht eben auf dem Standpunkt der Paraphrase, und nicht der lateinischen Version. Nun, da ist eine eigentliche Version in's Lateinische gegenüber der gewöhnlichen Version wohl angebracht. So hat auch der Schwindel seine Logik.

Die Diversion, welche Kriegsmann derartig macht, daß er von hebräischen Übersetzungsversuchen auf's Phönizische springt, hängt damit zusammen, daß Plato und Jamblichus (Kritias, Vita Pythagorica) Juden und Phönizier konfundieren. Der phönizische Urtext-Schwindel ist das alchemistische Gewand, mit der er das, was er bringt, umhüllt.

Vierte abendländische Periode — Libavius

Andreas Libavius (Liebau), mit dem die vierte abendländische Periode beginnt, wurde zu Halle in Sachsen geboren. Er starb als Direktor des Gymnasiums zu Coburg. Als sein Sterbejahr wird 1616 angegeben. Aus einer Menge Schriften, die er herausgab, ist diejenige, welche unser Hauptaugenmerk auf sich zieht, seine »Alchymia« (Erste Ausgabe 1595).

Zu Anfang dieser Schrift gibt der Autor ff. Definition von Alchemie: Alchymia est ars perficiendi magisteria, et essentias puras e mistis, separato corpore, extrahendi. »Die Alchemie ist die Kunst, die Magisterien zu machen, und nach getrenntem Körper reine Essenz aus gemischten auszuziehen.«

Daran anknüpfend sagt er: Alchymiae partes sunt duae: Encheria et Chymia. »Die Alchemie hat zwei Teile: die Encheirese und die Chemie.«

Encheria est prima pars Alchymia, de operationum modis. »Die Encheirese ist der erste Teil der Alchemie: über die Arten der Arbeiten.«

Chymia est pars secunda Alchymiae, de speciebus chymicis conficiendis. »Die Chemie ist der zweite Teil der Alchemie: Anfertigung der chemischen Präparate.«

Demgemäß zerfällt die ganze Schrift in zwei Teile, Encheria und Chymia.

Der *erste Teil,* der also die Übersicht Encheria führt, zerfällt in:

1) Ergalia. Ergalia est instrumentorum alchymicorum explicatio. »Ergalia ist die Erklärung der alchemistischen Gerätschaften.«

Unter diesem Rubrum werden alsdann die Kapitel gebracht, De lutandis et obstruendis Vasis; De Ampullis; De Ollis et Catinis; De Fornacum dispositione; De Athannore (eine Art Ofen); De Furno reverberii eiusque speciebus; De Furnis catinorum cum subiecto foco; De Fornace anemia; De Fornacibus athenariis; De Fornacibus cuniunctis; De Supellectili tumultuaria.

2) Pyronomia. P. est caloris ad suas operas adhibendi, ignisque regendi scientia. »Die Pyronomie ist die Kenntnis, die Wärme zu den betreffenden Arbeiten anzuwenden, und das Feuer zu regieren.«

3) Die Regimina. Wir bekommen deren eine Unmasse präsentiert: Operationes proparasceuasticae et alias quovis modo encheiresi servientes; Fusio; Deliquium in aere; Deliquium embapticum; Separatio, et nominatim ea, quae fit per ablationem; Seperatio per subductionem: ubi Filtratio; Clepsydria; Separatio per abscessum in dilutione; Calcinatio reverberii; Calcinatio specialis; Cinefactio; Laevigatio; Granulatio; Corrosio; Amalgamatio; Fumigatio; Corrosio per aquas fortes; Corrosio per pastam; Corrosio per pulveres; Extractio et quidem primum: Expressio; Prolectatio et Sublimatio; Sublimatio per distantiam; Sublimatio per superficiem; Destillatio; Destillatio ascensoria per alembicum; Destillatio per inclinationem; Destillatio per descensum, ubi: Descensio; Transsudatio; Secunda Transsudatio destillatoria, quae fit inhumando; Tertia Transsudatio per sartaginem; Descensoria Destillatio per lignum; Coadunatio, ubi primum: Incineratio; Incorporatio; Colliquatio; Confusio quae est Synchesis; Conglutinatio; Coagulatio per separationem; Coagulatio per comprehensionem; Exaltatio, eiusque prima species: Maturatio; Digestio; Circulatio; Fermentatio; Proiectio; Gradatio; Cementatio; Fulminatio; Coloritium; Restinctio.

Der *zweite Teil,* der also die Überschrift Chymia führt, zerfällt in drei Abschnitte:

1) De Magisteriis, 2) De Extractis, 3) De Speciebus chymicis compositis.

Magisterium est species chymica ex toto citra extractionem, impuritatibus duntaxat externis ablatis, elaborata exaltataque. »Magisterium ist ein chemisches Präparat, an welches man sich im Ganzen nicht mittels der Extraktion macht, nur derartig ist es bearbeitet und exaltiert, daß ihm die äußeren Unreinigkeiten genommen sind.«

Extractum est, quod e corporea concretione, relicta crassitie elementari, extrahitur. »Extrakt ist das, was aus der körperlichen Masse derartig ausgezogen wird, daß die elementare rohe Derbheit unterwegs bleibt.«

Species composita est, quae ex simplicibus sigillatim uno processu elaboratis componitur. »Species composita ist das Präparat, welches zusammengesetzt wird aus einzelnen Stoffen, welche jegliche für sich dargestellt werden.«

In diesem zweiten Teil tummelt uns Libavius durch das hindurch, was wir in der sogleich folgenden Interpretation der Tabs. smar. in der siebenten Rubrik als Apparatus medicamentorum aufführen, benutzt aber jede Gelegenheit, um zu alchemistischen Spekulationen über Quecksilber, Edelsteine, Materia prima u.s.w. überzugehen.

Zugleich benutzt er diesen zweiten Teil des Buches, um uns (Ende des Abschnittes über die Magisterien) die Elemente und die Prinzipien vorzuführen.

Der Alchymia des Libavius liegt eine besondere Interpretation der Tab. smar. zugrunde. Dieselbe ist folgende.

Es werden acht Rubriken angenommen. Es sind die sieben der arkanologischen Interpretation mit angehängtem Completum est.

Zweite Rubrik

Quod es inferius bis adoptione.

Im Anlehnen an die Metall-Interpretation der Tab. smar. anhand der 3 Prinzipien werden die superiora und inferiora als die 4 Elemente und 3 Prinzipien verwertet.

Was die res una betrifft, so haben wir bereits bei der arkanologischen Interpretation der Tab. smar. anhand der 3 Prinzipien darauf aufmerksam gemacht, daß man die res una, die Materia prima, als Materia ultima nehmen kann, daß man sagen kann, darin besteht gerade das miraculum, daß die Materia prima anhand des Verbrennungsprozesses zur Materia ultima wird. Materia ultima aber im griechischen Sinne = Arkana. Dann haben wir

Quod est inferius etc.: die 4 Elemente und die 3 Prinzipien dienen dazu, die Wunder der Arkana zustande zu bringen.

Es liegt die Idee nahe, daß man sagt, wir haben im großen Ganzen den Apparatus medicamentorum. Von diesem bilden die Arkana einen Teil, und zwar den hervorragenden Teil. Diese Idee liegt an und für sich so nahe, daß es weiter nicht nötig ist, ihr aus den Antezedentien der Alchemie eine Folie zu geben. Will man das aber tun, so kann man sich an Paracelsus halten, welcher Arkana und Schulmittel mannigfach untereinanderwürfelt. Hält man sich nun an diese Idee, so liegt es im Anlehnen an die Antezedentien der abendländischen Alchemie nahe, die res natae als den Apparatus medicamentorum aufzufassen. Denn die Abendländer beziehen ja die res natae auf das animale, vegetabile und Mineralreich, nun der Apparatus medicamentorum umfaßt Stoffe aus diesen drei Naturreichen. Bei solcher Auffassung hat man dann

omnes res natae fuerunt ab una re: Die Arkana stellen sich an die Spitze des Apparatus medicamentorum. Also

Et sicut res omnes etc.: Wie die res omnes von Gott stammen, wie Gott der Vater der Welt ist, so stammt der Apparatus medicamentorum von den Arkanis, so sind die Arkana der Vater des Apparatus medicamentorum. Das aber ist, wie wir soeben bereits gesagt, die Arkana stellen sich an die Spitze des Apparatus medicamentorum. Die adoptio des Nachsatzes restringiert die absolute Parallele zwischen Gott als Vater der Welt und den Arkanis als Vater des Apparatus medicamentorum.

Dritte Rubrik

Pater eius est Sol bis in terram.

Der Passus von Pater eius est Sol bis terra est bringt die Öfen (s. bei den Arabern). In den Öfen hat man ein technisches Mittel, um zum Apparatus medicamentorum zu gelangen, sie bilden chemische Gerätschaften. Aber außer ihnen gibt es noch andere chemische Gerätschaften, und daher

Pater omnis telesmi etc. In den Öfen hast du zwar wichtige chemische Gerätschaften, so wichtig, daß sie an der Spitze der chemischen Gerätschaften stehen, daß sie in dieser Beziehung den pater telesmi bilden. Indessen, ihre virtus ist keine integra, sie wird erst zur integra, wenn sie vertitur in terram, wenn zu ihnen die terra tritt, das sind alle die materiellen Dinge, um welche es sich bei den chemischen Gerätschaften handelt.

Also es bringt die vorliegende Rubrik die chemischen Gerätschaften.

Vierte Rubrik

Separabis bis inferiorum.

Diese Rubrik wird für die Regimina ausgebeutet (vergl. bei den Arabern).

Fünfte Rubrik

Sic habebis bis penetrabit.

In der gloria hat man das, was die vorliegende Interpretation der Tab. smar. bringt, *ohne* den Apparatus medicamentorum und die Arkana, welche an seiner Spitze stehen. Das, was die gloria in dieser Beziehung umfaßt, zersplittert sich in die omnis res subtilis et solida. Die fortitudo umfaßt den Apparatus medicamentorum. Sie zählt in Bezug auf das animale, vegetabile, Mineralreich nach der Drei, und vincit et penetrat das, worin sich die gloria zersplittert. Daß bei einer solchen Ausbeutung der fortitudo die Arkana, indem sie mit dem Apparatus medicamentorum zusammengewürfelt werden, in den Hintergrund gedrängt werden, kann man nicht sagen. Denn die auf diese Weise ausgebeutete fortitudo führt auf die res natae. Von denen steht es aber nach der zweiten Rubrik ein für allemal fest, daß sie fuerunt ab una re, daß die Arkana an ihrer Spitze stehen.

Sechste Rubrik

Sic mundus creatus bis hic.

Die creatio mundi bezieht sich auf die zweite Rubrik, in welcher davon die Rede ist, daß die res omnes fuerunt ab uno.

Hinc erunt adaptationes bezieht sich auf die dritte und vierte Rubrik. An die res una werden die chemischen Gerätschaften und die Regimina adaptiert.

Quarum modus est hic bezieht sich auf die fünfte Rubrik, in der dem, was die fortitudo umfaßt, ein Übergewicht gegeben wird über das, was die gloria umfaßt.

Siebente Rubrik

Itaque vocatus sum bis mundi.

Libavius zählt sich die Drei, welche dem Hermes trismegistus zugrunde liegt, heraus als 1) Apparatus medicamentorum, 2) Chemische Gerätschaften, 3) Regimina. Er nimmt dabei an, daß, wenn er den Apparatus medicamentorum hat, daß er dann die Arkana implizit hat, und nimmt ferner an, daß, wenn er die Arkana hat, daß er dann in Bezug auf 4 Arkana: die 4 Elemente, in Bezug auf 3 Arkana: die 3 Prinzipien hat. Wohlbemerkt, er konstatiert sich also streng genommen seinen Hermes trismegistus *auf Kosten* der Arkana, der Elemente, der Prinzipien.

Der Hermes hat die tres partes der philosophia totius mundi, der Tab. smar., welche der Index bringt.

Achte Rubrik

Completum est etc.

Operatio Solis wird genommen als χρυσοποια und diese als Alchemie. Also: Wenn du das hast, was wir vorhin abgehandelt, so hast du den Inbegriff der Alchemie.

Untergang der Alchemie

LIBAVIUS WAR EIN SEHR EIFRIGER ALCHEMIST. Außer seiner Alchymia hat er noch weitläufige Kommentare zu dieser, und außer diesen noch eine Reihe anderer alchemistischer Abhandlungen geschrieben. Seine Gesamtwerke umfassen zwei ganz respektable Folianten. Aber denken wir uns diesem eifrigen Alchemisten gegenüber die Alchemie als Personalität, so kann diese Personalität Alchemie in Bezug auf Libavius sagen: Gott behüte mich vor meinen Freunden, meiner Feinde werde ich mich selbst schon erwehren! Wir wollen gerade nicht sagen, daß die Wucht der Faust, die Finesse der Diplomatie, welche gegen die Alchemie spielten und von denen wir in einem besonderen Abschnitt gesprochen, nicht von Einfluß auf sie waren, es liegt auf der Hand, daß dies elende Treiben der Alchemie Abbruch tat. Indessen, diesem elenden Treiben an und für sich ist die Alchemie nicht erlegen, sie ist erst erlegen dem hinzukommenden guten Willen eines Libavius. Libavius hat der Alchemie ihr Grablied gesungen!

Die Sache liegt ff. Libavius bringt in seiner Interpretation der Tab. smar. einen Abriß dessen, was er als Inbegriff der Alchemie aufgefaßt haben will. Dabei bringt er eine Reihe von Dingen, welche dahin gehören, wie er aber fertig ist, biegt er dem Hermes trismegistus zu Liebe ab, und konstatiert nur 3 Dinge, welche den Inbegriff der Alchemie bilden.

Sehen wir der Libavischen Interpretation der Tab. smar. in's Auge, so kann man das, was sie bringt, enger und weiter fassen. Z.B. man kann den Apparatus medicamentorum enger gefaßt nehmen als Eins, man kann ihn weiter gefaßt in Bezug auf das animale, vegetabile, Mineralreich nehmen als Drei u.s.w. Unternehmen wir es nun, das was die Libavische Interpretation bringt, auf die engsten Grenzen zu bringen, so haben wir die ff. Kalkulation.

Daß im Quod est inferius etc. Elemente und Prinzipien zusammengebracht werden, qualifiziert diese dazu, nicht auseinandergerissen zu werden. Sie können also aus dem Eingesichtspunkt aufgefaßt werden. Dann haben wir pro primo: Elemente und Prinzipien. — Res una und res natae miteinander zu verschmelzen, geht schwer an. Das würde der hohen Stellung, welche die Arkana im Apparatus medicamentorum einnehmen, gar zu nahe treten heißen. Also liegt es gar zu nahe, daß wir sagen, wir haben pro secundo: die Arkana, pro tertio: den Apparatus medicamentorum im Allgemeinen. Mit diesem Apparatus medicamentorum im Allgemeinen können wir uns aber pro tertio begnügen. Wir brauchen also nicht den Apparatus medicamentorum spezialisierend in Bezug auf animales, vegetabiles, Mineralreich auseinander zu reißen. — Pro quarto haben wir alsdann: die chemischen Gerätschaften. — Endlich pro quinto haben wir: die Regimina.

Also das was die libavische Interpretation als Teile der Alchemie bringt, ergibt, wenn wir es auf die *engsten Grenzen* bringen, eine *Fünf,* welche umfaßt:

Elemente und Prinzipien,
die Arkana,
den Apparatus medicamentorum,
die chemischen Gerätschaften,
die Regimina.

Diese Fünf läßt sich nicht weiter restringieren. Libavius aber restringiert sie dem Hermes trismegistus zu Liebe zur Drei. Und indem er das tut, mag er wohl dem Hermes trismegistus als solchem gerecht werden, der Sache selbst tut er Zwang an. Eben dadurch aber, daß er ihr Zwang antut, singt er der Alchemie ihr Grablied, er sprengt sie in die Luft.

Des Libavius Nachfolger nämlich sagen, die Libavische Interpretation der Tabs. smar. ist absolut gerechtfertigt. Der Hermes trismegistus aber bringt einen Riß in die Sache. Denn wo es sich bei den engsten Restriktion um eine Fünf handelt, da kann die Drei nicht in den Vordergrund geschoben werden. Nun kann aber die Lage der Sache dem Hermes trismegistus nicht weichen, also muß der Hermes trismegistus der Lage der Sache weichen. Und so nahm man denn den Hermes trismegistus einfach als Hermes, der den Titel trismegistus führt, ohne daß dieser Titel irgendwie von Einfluß auf die Teile der Alchemie ist, welche sich um ihn als Schutzpatron der Alchemie gruppieren. Libavius, sagt man, konstatiert anhand seiner Interpretation der Tab. smar. eine bestimmte Anzahl von Teilen der Alchemie. Das ist ein allgemeines Tun seinerseits, dem Beifall zu zollen ist. Diese Summe von Teilen restringiert er auf die Drei: Apparatus medicamentorum, chemische Gerätschaften,

Regimina. Das ist ein besonderes Tun seinerseits, dem man Beifall zollen *kann*, wenn man will, dem man aber keinen Beifall zu zollen *braucht*. Die Autorität des Libavius tritt wohl dafür ein, daß man, indem man die Teile der Alchemie vor sich hat, eine *Restriktion* eintreten lassen kann, sie tritt aber nicht dafür ein, daß diese Restriktion nun gerade die zu sein braucht, die ihm von seinem individuellen Standpunkt beliebt. In dieser Beziehung kann sich jeder auf seinen *eigenen* Standpunkt stellen. Wer gar nicht restringieren will, nun, der lasse es bleiben. Wer aber restringieren will, der restringiere, wie es ihm richtig dünkt; wie weit er in seiner Restriktion gehen will, welche Punkte er hervorheben, welche er fallen lassen will, das ist *seine* Sache, wenn er nur bei den Teilen bleibt, welche die libavische Interpretation der Tab. smar. im Allgemeinen bringt. Auf die Weise kann jemand aus der libavischen Interpretation irgendeinen Teil hervorheben und ihn auf sein Panier schreiben — er ist ein Alchemist. Also um uns an die Fünf zu halten, welche die Restringierung der Teile ergibt: Der ist ein Alchemist, welcher sich die Arkana hervorhebt, sich ohne jegliche alchemistische Spekulation an diese hält. Der ist ein Alchemist, welcher sich Elemente und Prinzipien hervorhebt, mag er nun derartig für sie eintreten, daß er naturphilosophische oder naturhistorische Kalkulationen über sie anstellt, oder derartig, daß er an sie den Lapis philos. knüpft und damit in den Bereich der gewöhnlichen alchemistischen Spekulationen tritt und diese in der althergebrachten Weise ausbeutet, oder derartig, daß er mit dem Lapis philos. auf die Schwindel-Goldmacherkunst lossteuert. Der ist ein Alchemist, welcher sich den Apparatus medicamentorum hervorhebt und eine Pharmakopöe, eine Pharmakologie, eine Materia medica schreibt, namentlich wenn er der Sache irgendeine mysteriöse Folie gibt, die dem alchemistischen Standpunkt wohl ansteht, z.B. wenn er Mittel aus dem Mineralreich, Chemikalien in den Vordergrund schiebt, wenn er in Bezug auf die Pflanzen der Konstellation Rechnung trägt, unter welcher sie zu sammeln sind, u.s.w. Der ist ein Alchemist, der sich mit den chemischen Gerätschaften beschäftigt. Und weiter ist der ein Alchemist, der sich aus diesen fünf Einzeldingen mehrere hervorhebt, und einer Vereinigung von Arkana und Apparatus medicamentorum Rechnung trägt, wer der Vereinigung von Apparatus medicamentorum, chemischen

Gerätschaften und Regimina Rechnung trägt, u.s.w. Dabei ist es nun natürlich nicht nötig, daß man sich gerade an die Restriktions-Fünf hält, denn von der steht in der Libavischen Interpretation der Tab. smar. nichts geschrieben. Man kann also weiter greifen, sich die Eins Element-Prinzip in die Zwei Element *und* Prinzip zersplittern, sich die Eins des Apparatus medicamentorum, anlehnend an den ursprünglichen Begriff der res natae, in die Stoffe zerspalten, welche medikamentös und nicht medikamentös sind, welche dem animalen, dem vegetabilen, dem Mineralreich zufallen, und so das Manöver von vorhin einfach und kompliziert wiederholen: — man ist ein Alchemist.

Die meisten dieser Richtung finden sich in der vierten abendländischen Periode durch Schriftsteller vertreten, alle diese Schriftsteller sind »Alchemisten«, ihre Jünger sind Alchemisten. Da nun aber überall, allüberall Alchemisten sind, so haben die eigentlichen Alchemisten keinen Platz mehr, sie gehen unter. Wo überall, allüberall die poma natant, da wird das wahre pomum, die Arkana, so verdeckt, daß es ganz verschwindet. Das sind die Früchte des Libavius.

In den ersten Zeiten der vierten abendländischen Periode ist Alchemie aufgrund des vorher Exponierten ein Kollektivausdruck für die verschiedensten Dinge. Allmählich lichtet sich aber das Terrain, und zwar in ff. Weise. Die Arkana gehen sukzessiv unter, die machen also keinem mehr Kopfzerbrechen. Der Apparatus medicamentorum als *solcher* wird den Schulärzten zugeschoben; in Bezug auf seine *Darstellung*, das ist also in Konnex mit chemischen Gerätschaften und Regimina, wird er den Apothekern zugeschoben. Elemente und Prinzipien in Bezug auf ihre Ausbeutung zum Lapis philos. und von diesem zur Schwindel-Goldmacherkunst werden den Goldschwindlern zugeschoben. Die wahre alchemistische Spekulation im alten Sinn wird sukzessiv zu einem in der Luft schwebenden Ding, denn indem die Kenntnis der Arkana mehr und mehr schwindet, wird ihre praktische Grundlage mehr und mehr untergraben. Es bleiben damit für die Alchemie die Ausbeutung der Elemente und Prinzipien in naturphilosophischem oder naturhistorischem Sinn einerseits, und andererseits chemische Gerätschaften, Regimina, Stoffe des Apparatus medicamentorum, welche zum Heilen bloß eine entferntere Relation haben oder in entfernterer Relation gedacht werden, resp. die Zusammenfügung dieser einzelnen Dinge. Und die in diesem Sinn ausgebeutete Alchemie gestaltet sich sukzessiv zu dem, was wir heute *Chemie* nennen.

Es ist so die allgemeine Rede, Libavius sei der, der die neue Alchemie angebahnt habe. Das ist richtig und nicht richtig, wie man's gerade nimmt. Die Alchemie wird zersplittert, ihre Teile zersprengt. Die Teile sammeln sich nun wieder mit Ausnahme der Arkana hier und da, und einige von ihnen sammeln sich unter der Gestalt dessen, was die Grundlage zur heutigen Chemie abgibt.

Will man das nun ein Anbahnen der neuen Chemie nennen, so hat Libavius allerdings diese angebahnt, denn er ist es, von dessen Interpretation der Tab. smar. die Sache ausgeht. Verbindet man indessen mit dem Urteil, Libavius habe die neue Alchemie angebahnt, den Sinn, die Alchymia des Libavius mit ihren Kommentarien sei das erste Handbuch über Chemie, wenigstens denn der erste Anlauf zu einem solchen, so ist das nicht richtig. Es trifft zwar zu, daß nach der Schablone der libavischen Alchymia die ersten Handbücher über Chemie zugeschnitten sind, das sind aber zufällige Berührungspunkte auf beiden Seiten. Wenn irgendjemand ein Alchemist von altem Schrot und Korn ist, so ist es Libavius, und dieser sein Standpunkt inkorporiert sich auch in jeder Zeile seiner Alchymia und ihrer Kommentare.

Über den Alcahest

Die vierte abendländische Periode ist auf dem Terrain der eigentlichen alchemistischen Spekulation sehr mager. Sie hält sich an das Alte, ohne Neues zu produzieren. Zwar wird über die 3 Prinzipien mannigfach spekuliert, indessen es wird dabei der eigentliche Boden der 5 Sal-Sulphur-Merkur-Interpretationen der Tab. smar. im Allgemeinen und in specie der Boden der Pflanzeninterpretation anhand der 3 Prinzipien nicht verlassen, selbst vor *Lavoisier* von denen nicht, welche sich, wie z.B. *Stahl* mit seiner Phlogiston-Theorie, den Anschein gaben, die Sache exakt chemisch anzugreifen. Nur *ein* neues alchemistisches Problem taucht auf, das ist das Problem vom Alcahest. Mit ihm hat es ff. Bewandtnis.

Das Wort Alcahest ist eines von jenen abenteuerlichen Worten, die sich *Paracelsus* das Vergnügen macht, uns zu präsentieren. Es findet sich in der Abhandlung De viribus membrorum Lib. 2, Kap. 6 (Baseler Quartausgabe, 1589, dritter Teil, S. 8). Dort heißt es: »Es ist auch der Liquor Alcahest großer krafft in der Leber« und ferner: »Darumb euch allen die in der Medicin zuerfaren ist, das jhr wissen, Alcahest zu prepariren« (quare vobis omnibus, qui colitis medicinam, opus, ut noscatis praeparare Alcahest). Hier ist es auf den P. solaris oder auf das Quecksilber abgesehen.

Croll sagt in seiner Schrift Basilica chymica: Aqua sapientiae philosophorum una est, quae omnia metalla et lapides ab impuro Puncti quaternarii coagulationis vinculo philosophice et naturaliter liberat: nec est sub coelo modus alius dissolvendi physice Corpus Solis, quam per universale menstruum Mercuriale philosophorum, totius naturae secretissimum. »Es gibt ein Weisheitswasser der Philosophen, welches alle Metalle und Steine von den unreinen Banden der Coagulation des Punctum quaternarium philosophisch und natürlich befreit, und es gibt unter dem Himmel keine andere Art, das Corpus Solis physisch aufzulösen, als durch das Universal-Quecksilber-Menstruum der Philosophen, welches das größte Geheimnis der Natur ist.« — Hierbei ist es nun auf das Ens universale Quecksilber abgesehen. Daß das Quecksilber alles in der Welt zu sich hinüberzieht, faßt Croll derartig auf, als wenn alle Stoffe sich in ihm *auflösten* — eine bildliche Anschauung, welche naheliegt.

Helmont (geb. 1577, gest. 1644) hat nun die zitierte Stelle Crolls vor Augen und gibt dem Quecksilber, insofern es als Ens universale ein allgemeines Lösungsmittel ist, den paracelsischen Namen Alcahest.

Von Unkundigen wurde das dann so verstanden, als gäbe es ein Etwas, Alcahest genannt, welches faktisch alle Stoffe auflösen könne, und die Alchemisten taten einer solcher Auffassungsweise Vorschub. Über den Alcahest ist in seiner Weise gerade so tolles Zeug gefabelt worden, als über die Goldmacherkunst, den Homunculus u.s.w. in ihrer Weise. So ziemlich wurden den Schwärmern die Augen aufgerissen durch folgende Worte des *Kunkel,* Laboratorium chymicum, 3. Teil, Kap. 38: »Ich schließe demnach also: Ich lege einen Kieselstein, will der andern Edelsteine geschweigen, in ein Glas, und gieße den

Alcahest drüber; welches sollte er am ersten angreiffen, das Glass, so aus Kieselsteinen gemacht ist, oder den Kieselstein, der härter ist? Nun sagt er (Helmont) ja klar, er könne durch die Handarbeit das Glass, Thon und Kalck, auch Schwefel zu Saltze machen, das eben so schwer, als sein Cörper selbst seyn soll. Dieses Gefäss aber zu der Solution müste das Geheimniss seyn, so weit über den Alcahest gienge, weil es aus diesem allen nicht bestehen könnte, und wäre meinem Bedüncken nach, so geheim und so gewiss als der Alcahest. Wann ich die Prahlerey, welche so viele von diesem Worte machen, betrachte, indem es einer heisst: Alcali est, der andere nennet es: All geist, der dritte: Allest est, etc., so muss ich seinen eigentlichen Nahmen (weil doch ein solches Menstruum nicht seyn kann, was Helmont von ihm schreibet,) nennen, und ist eigentlich dieser: Alles Lügen heisst, oder alles Lügen est.« — Kunkel meint also, das Universallösungsmittel Alcahest könne doch nicht wie die Wolken in der Luft hängen, wenn man sich dasselbe als Realität dächte, so müsse man sich doch denken, man habe es in einem Gefäß vor sich stehen. Woher aber dies Gefäß nehmen? Wie kann von einem Gefäß für ein Ding die Rede sein, welches, indem es mit diesem Gefäß zusammenkommt, dasselbe auflöst? Wie kann also von der Realität des Alcahestes die Rede sein, wo jegliches Substrat fehlt, anhand dessen es sich als Realität präsentieren kann?

Schroederi Thesaurus pharmacologicus

Wir wissen, daß man sich anhand dessen, was die libavische Interpretation der Tab. smar. bringt, das Recht nimmt, diejenigen Teile der Alchemie, welche sich an jene Interpretation knüpfen, entweder einzeln für sich oder mehrere im Verein herauszuheben und an sie dann den Begriff Alchemie zu knüpfen. Dieses Manöver führt nun zu einem Tun, welches zu den genialsten gehört, welche die Alchemie aufzuweisen hat, und welches den Glanzpunkt der vierten abendländischen Periode bildet. Es ist nämlich das Tun, sich aus dem libavischen Teilen der Alchemie die Arkana und den Apparatus medicamentorum herauszuheben, und beide zu Einem verschmolzen dem ärztlichen Publikum unter der Gestalt einer Pharmakologie, einer Materia medica, oder wie man es sonst nennen will, zu bieten. Auf die Weise erhalten dann die Ärzte die Arkana zwar nicht direkt — auf ein *direktes* Bringen der Arkana kann es bei der Ägide des Geheimhaltens, unter der die Alchemisten kämpfen, ja gar nicht abgesehen sein — sie erhalten sie zwar nur dunkel gezeichnet und unter einem Wust von Mitteln vergraben, aus dem sie sich schwer herausfinden lassen, indessen, sie erhalten sie doch. Und das ist bei dem Dunkel, mit dem die Arkana bis dahin umgeben waren, sehr viel, sehr viel für den, der Sinn für die Sache hat, denn er erhält ein wichtiges Substrat für seine Forschung, ein Substrat, welches ihn weit eher auf die Kenntnis der Arkana führen kann als das Studium von Schriften, welche im alten Sinn nur ganz allgemein alchemistische Spekulationen bringen.

Den genannten Weg, Arkana und Apparatus medicamentorum zu Einem verschmolzen dem ärztlichen Publikum anzubieten, schlagen mehrere Autoren ein. Wir erwähnen *Croll* mit seiner Basilica Chymica (1608) und *Mynsicht* mit seinem Thesaurus medico-chymicus (1631). Den Glanzpunkt bildet aber der Frankfurter Arzt *Johann Schroeder.*

Der ausführliche Titel des Schroederschen Werkes ist: Pharmacopoeia medico-chymica, sive Thesaurus pharmacologicus, quo composita quaeque celebriora, hinc mineralia, vegetabilia et animalia chymico medice describuntur, atque insuper principia physicae Hermetico-Hippocraticae candide exhibentur. Opus non minus utile physicis quam medicis.

Dasselbe erschien zuerst 1641 und erlebte mannigfache Ausgaben. Wir haben die 6. Ausgabe vom Jahre 1669 vor uns.

Diesem Buch gegenüber bedauern wir eines tief und innig, das ist das, daß wir dasselbe erst kennengelernt haben, nachdem wir die Arkana längst, längst kannten. Wir können uns dem Gedanken nicht verschließen, daß das Studium dieses Buches uns die Arbeit, die Arkana wieder aufzufinden, bedeutend erleichtert hätte. Nun, vielleicht irren wir auch, vielleicht hätte uns die Schrift des gedruckten Buches von der Erkenntnis der Schrift des Buches der Natur abgeleitet. Hinterdrein läßt sich so etwas schwer feststellen. Einerlei — die Hauptsache ist da, die Arkana sind da, wozu sollen wir uns da weiter darüber den Kopf zerbrechen, ob sie sich uns so oder so einfacher präsentiert hätten!

Es dünkt uns, daß es für ein Werk wie das vorliegende, dessen Hauptzweck es ist, die Arkana vorzuführen, wohl passend ist, entgegen diesen göttlichen Mitteln, deren Zahl eine so bescheiden restringierte ist, dem Leser auch einmal die Unmasse von Mitteln vor Augen zu halten, welche in den Büchern der Schulärzte so pomphaft zu Markte gebracht werden, und deren Heilwirkung in der überwiegenden Mehrzahl der Fälle gleich null ist. Wir wollen dies anhand Schroeders tun. Wir wollen ein Verzeichnis des Inhaltes seines Thesaurus bringen. Dann gehen wir auf der einen Seite dem aus dem Weg, daß wir an einem in der Tat hervorragenden Buch zu flüchtig vorbeieilen, und erzielen damit auf der anderen Seite das, daß dem Leser vorgeführt wird, wie die Apotheke sonst war und — jetzt zum guten Teil noch ist.

Hier das Verzeichnis des Inhaltes des Thesaurus Schroederi.

Liber primus: De Isagoge (Einleitung) (40 Kapitel).

Liber secundus: De Officina (Officina est pars Pharmacologiae, quae seriem rerum medicamentalium secundum classes officinales describit.) (87 Kapitel).

Liber tertius: De Macrocosmologia seu Mineralogia (Mittel aus dem Mineralreich).(33 Kapitel).

Liber quartus seu Phytologia (Mittel aus dem Pflanzenreich) (448 Kapitel).

Classis I: De Alterantibus primariis, quae sunt Plantae, harumque membra, i. e. Radices, Folia, Semina, Cortices etc.

Classis II: De Alterantibus secundariis, quae sunt Succi, Olea, Lachrymae, Resinae, Gummi Resinae, Gummata.

Classis III: De Purgantibus primariis.

Classis IV: De Purgantibus secundariis.

Liber quintus: De Zoologia (Mittel aus dem Tierreich) (117 Kapitel).

Classis I: De Animalibus terrestribus perfectioribus.

Classis II: De Avibus.

Classis III. De Piscibus.

Classis IV. De Insectis.

Im *dritten* Buche werden uns außer den Arkanis mannigfache Präparate der betreffenden einzelnen Stoffe vorgeführt, woraus wir denn ersehen, daß man damals schon viele chemische Präparate kannte. Manche Präparate indes, die uns vorgeführt werden, sind nicht darstellbar und figurieren bloß deshalb, um in Bezug auf die Arkana auf die falsche Spur zu leiten. Es folgen drei weitere Bücher über Pflanzen und Tieres, sowie über den Menschen.

Michael Ettmüller, Professor zu Leipzig (Opera omnia, Francofurti 1688) hat den Schroeder weitläufig kommentiert. Aber — von den Arkanis hat er keine Ahnung. Damit bildet der gelehrte Herr ein Seitenstück zu jenen gelehrten Herren, welche den Timaeus, den Kritias, das erste Buch der Oracula Sibyllina u.s.w. kommentieren, ohne eine Ahnung von der Alchemie zu haben.

Die Rolfinkschen Non entia chemica

Jeder, der das sein will, was er nicht ist, trägt den Stempel des Komischen. Indem daher in Folge der Libavischen Interpretation der Tab. smar. die Alchemie zersplittert wird und ihre Teile zersprengt werden, indem so aller Ecken »Alchemisten« erstehen, kann es nicht ausbleiben, daß wir in diesen »Alchemisten« schon an und für sich komische Personalitäten geboten bekommen. Das ist die allgemeine Situation. Insbesondere aber hat es statt, daß unter diesen Personalitäten hier und da die Komik ganz besonders vertreten ist. Zu diesen Personalitäten gehört

Werner Rolfink, weiland Professor zu Jena (als solcher starb er 1673), der Autor der Schrift: Chimia in artis formam redacta.

In dieser Schrift bringt Rolfink im ersten Buche Allgemeines, was sich um das dreht, was er Chemie nennt, im zweiten Buch die chemischen Gerätschaften und die Regimina, im dritten, vierten und fünften Buch den Apparatus medicamentorum — ein kunterbuntes Mischmasch — im sechsten Buch endlich wird gehandelt: De effectis seu operibus imaginariis et Non entibus chimicis. Diese Non entia chimica wollen wir speziell in's Auge fassen.

In den Einleitungsworten sagt Rolfink, es gäbe über die Non entia ein Buch eines Ungenannten, der sich Utis, ουτις, niemand, nenne. (Utis, ουτις, ist bekanntlich der negative Name, mit dem sich Ulysses dem Polyphem gegenüber nennt.) Dieser Utis ist nun kein Mensch anders als Rolfink selbst. Er ist der anonyme Verfasser jener Schrift, in welcher über die Non entia gehandelt wird.

Als erstes Non ens figuriert die Quinta essentia. Paracelsus sagt über die Quinta essentia, Archidoxa, Lib. 4. (Baseler Quartausgabe 1590, Thl. 6, S. 24.): Quinta essentia ist ein Materien, die da Corporalischen wird aussgezogen auss allen Gewächsen, und auss allem dem in dem das Leben ist, gescheiden von aller unreinigkeit und tödligkeit, gesubtilt auf das aller reinigste, gesöndert von allen Elementen u.s.w. — Es ist mit der Quinta essentia im Sinne der abendländischen Alchemie auf das Quecksilber abgesehen. Vergl. *Carol. a Petra alba:* Disceatio philosophica de Quinta Chymicorum essentia.

Als zweites Non ens figuriert die Auferstehung der Pflanze aus Asche oder Salz. Vergl. bei Paracelsus.

Als drittes Non ens figuriert die Darstellbarkeit des Quecksilbers aus Vegetabilien. Dies Problem der Darstellbarkeit des Quecksilbers aus Pflanzen schmiegt sich einfach an die Auffassung des Ens universale Quecksilber als Pflanze.

Als viertes Non ens figuriert das Ausziehen des Quecksilbers aus Blut. Analog wie vorhin schmiegt sich dies Problem an die Auffassung des Ens universale Quecksilber als Blut.

Als fünftes Non ens figuriert der paracelsische Homunculus.

Als sechstes Non ens figuriert die Annahme, im menschlichen Körper könne sich Gold bilden, und die Annahme einer »Gallina aurea.« In Bezug auf das erstere wird eine Anekdote erzählt von einem Bauernjungen, der beim Zahnwechsel einen goldenen Zahn bekam. Das ganze kommt natürlich darauf hinaus, daß nicht nur die Metalle, sondern auch das animalische Reich in den Bereich der χρυσοποιια gezogen wird.

Als siebentes Non ens figuriert der Mercurius metallorum. Es handelt sich hier um das erste der drei Prinzipien.

Als achtes Non ens figuriert der Mercurius Antimonii. Die Sache bezieht sich auf den Antimon-Lapis des Basilius Valentinus. Den Basil nennt Rolfink übrigens nicht, und sagt bloß, es seien Methoden vorgeschlagen worden, aus dem Antimon Quecksilber darzustellen, von Libavius, Schroeder, Joh. Rhenanus.

Als neuntes Non ens figuriert der Sal metallorum. Es handelt sich um das zweite der drei Prinzipien.

Als zehntes Non ens figuriert das Sulphur metallorum. Es handelt sich um das dritte der drei Prinzipien.

Als elftes Non ens figuriert eine Universalmedizin. Diese

Universalmedizin ist natürlich vom späteren alchemistischen Standpunkt der Lapis philosophicus.

Als zwölftes Non ens figuriert die Verwandlung unedler Metalle in Gold oder Silber.

Als dreizehntes Non ens figuriert die Verwandlung eines unedlen Metalles in ein anderes, wie des Eisens in Kupfer.

Aber *nicht* als Non entia figurieren *die Arkana*, denn was man nicht weiß, das macht einen nicht heiß.

Die Lächerlichkeit der rolfinkschen Non entia liegt auf der Hand. Die Alchemisten umgaben ihre Arkana mit all den bunten Spekulationen, die wir nach verschiedenen Seiten hin kennengelernt haben. Der eine brachte dies auf's Tapet, der andere jenes. Der eine bildete auch wohl Opposition gegen das, was der andere gebracht hatte, so z.B. bildet ja der Autor der metaphysischen Interpretation der Tab. smar. Opposition gegen die alten φυσικα, und um ein näherliegendes Beispiel zu nehmen, Libavius macht Opposition gegen die Paracelsische Magie. Indessen, das sind Dinge, die innerhalb der Alchemie vor sich gingen. Sie sind mit dem ihnen zukommenden Maßstab zu bemessen, sie sind vom Standpunkt der Alchemie, um sozusagen aus der Alchemie heraus zu beurteilen, wie jedes Ding aus sich selbst heraus beurteilt werden muß. Wie kann denn nun aber jemand über ein Ding urteilen, welches er gar nicht kennt? Wie kann sich jemand ein Urteil über die Alchemie anmaßen, ohne sie zu kennen? Aber selbst in dieser Beziehung wollen wir leise auftreten. Bei der Alchemie liegen die Dinge etwas eigentümlich. Dem Negierenden steht wenigstens ein Recht zur Seite, das ist das Fuchs-Recht. Der Fuchs sagt, die Trauben, die er nicht erlangen kann, sind sauer, und jene Herren Alchemie-Negierer sagten, die Alchemie überhaupt ist dummes Zeug, und die Arkana in specie sind niederträchtige Gifte. Derartige Käuze hat es von jeher gegeben, und der gegen Paracelsus anstürmende Baseler Professor *Erastus* (starb als solcher 1583) mag sich mit seinen kollegialischen Nachschreiern vertrösten, daß sie eine Komödie in Szene gesetzt haben, die vor ihnen schon oft da war. Aber Rolfink? Der will Alchemist sein, ohne etwas von der Alchemie zu verstehen, setzt sich in seiner Machtvollkommenheit auf's hohe Pferd, pickt sich einige alchemistische Probleme heraus, die ihm gerade in den Weg gelaufen kommen, in Bezug auf die er es einmal hat läuten hören, ohne zu wissen, wo die Glocke hängt, und stempelt sie zu Non entibus. Wenn das nicht lächerlich ist, so wissen wir nicht, was lächerlich ist.

Der Jesuit *Athanasius Kircher* (geb. 1602, gest. 1680) war ein grundgelehrter Mann. Er versuchte, auch in die Geheimnisse der Alchemie einzudringen, brachte es aber nicht weiter als zur sublimen vulgären Idee, die Alchemie sei die Kunst, Gold zu machen. Strebsam wie er war, versuchte er sich nun in dem großen Werk und brachte nichts zustande. Nun spie er Feuer und Flammen gegen die Alchemisten (vergl. Athan. Kircher: Mundus subterraneus). Folgende Anekdote teilt er uns selbst mit.

Ein in der chemischen Kunst sehr erfahrener Mann hat von den Kircherschen Experimenten gehört, besucht ihn, den Kircher, und erzählt ihm (im Auszug) ff. »Ich beschäftige mich schon seit langer Zeit, den Stein der Weisen zu finden. Kommt da ein fremder Mann zu mir, sagt, ich sehe schon, was du treibst, aber was du suchest, wirst du nicht finden, ich will's dich lehren, setze dich und schreibe. Ich tue es und schreibe 12 Punkte, die er mir diktiert, auf. Nun steht's auf dem Papier, sagt der Mann, jetzt wollen wir auch gerade so das Experiment machen, wie es dasteht. Wir tun's, und ich nehme aus dem chemischen Gefäß eine Materie, die wie ein Öl leuchtet, gieße Wasser darüber, die Materie gerinnt. Sie wird pulverisiert und über 300 Pfd. Quecksilber geworfen — das Quecksilber wird in feines Gold verwandelt, besser als gewöhnliches Gold. Ich war außer mir vor Freude, glaubte ich doch ein zweiter Krösus geworden zu sein, und überhäufte den Fremden mit Worten des Dankes. Ich fragte ihn nun, woher er wäre, und wo er sein göttliches Geheimnis erlernt hätte? Er antwortete, er durchwandere die Welt, habe keinen nötig, und wo er einen Freund fände, der sich bei der hohen Kunst vergebens abmühte, da teile er freigiebig von seiner Kunst etwas mit. Der Mann geht. Die Nacht konnte ich vor Freude nicht schlafen. Den anderen Tag bin ich in aller Frühe auf den Beinen und begebe mich in's Wirtshaus. Aber der Gast ist nicht da. Der Wirt sagt, er habe diese Nacht keinen Gast gehabt. Ich mache nun die Runde zu allen Wirtshäusern der Stadt, aber nirgendwo hat mein Mann übernachtet. Ich gehe zu allen hervorragenden Häusern, wo er wahrscheinlich hätte übernachten können, aber vergebens: — evanuerat, abierat, evaserat, der Vogel war fort. Ich gehe nach Hause. Ich nehme meine Diktat vor, und arbeite nach ihm auf's neue. Aber — kein Erfolg! Ich meine nun, ich habe nicht alles genau nach Vorschrift getan, ich wiederhole den Versuch abermals und abermals, aber — vergebens! Ich trieb die Sache so lange, bis die Kosten meiner Versuche das Gold, welches ich bei der ersten Projektion gewonnen, absorbiert hatten. Ich hörte aber noch nicht auf, und da bei meinen Versuchen die Ausgaben sich häuften, so geriet ich fast in Verzweiflung. In meiner Not ging ich nun zu einem Geistlichen und schüttete ihm mein Herz aus. Der aber sagte sofort: Siehst du denn nicht ein, daß das der Teufel war, der dir unter menschlicher Gestalt erschienen ist? Der hat's fein angegriffen. Um dich zum Erfolg der Arbeit anzureizen, gibt er dir zuerst Gold. Das soll dich dann immer weiter in die Not hineinarbeiten, bis du ihm endlich deine Seele verschreibst. Oder auch soll es dich dahin bringen, daß du all dein Hab und Gut verlierst und dadurch der Verzweiflung anheimfällst, und dann hat er dich. Ich schauderte ob der Predigt, und ersah aus den Reden des Fremden, daß es gar kein anderer als der Teufel gewesen sein könne. Ich ging als reuiger Sünder in mich, kehrte nach Hause zurück, schlug die Öfen entzwei, zertrümmerte die leidigen chemischen Gefäße, steckte die chemischen Bücher in's Feuer, und von Tag an gab ich mich nützlicheren Studien hin. Gott aber sei in Ewigkeit gelobt, daß er mich kraft seiner unendlichen Gnade aus solcher Gefahr befreit hat!« — So erzählt der Fremde dem Kircher. Nun aber sagt Kircher selbst zu uns: Diese *wahre* Geschichte wollte ich hier mitteilen, damit sie einen Beweis liefere, wie der Teufel geldgierige Leute hinter's Licht zu führen sucht, und auf wie viele und wie geartete Weisen er geschäftig ist, sie durch Blendwerk und tausende Ränke in sein Netz zu ziehen.

Und Rolfink? Nun der liebäugelt in seinen alchemistischen Studien mit einem Mann, der solche Ansichten von der Alchemie hat. Er dediziert dem A. Kircher eine besondere Non-ens-Schrift: Non ens chimicum, Mercurius metallorum et mineralium (Jena 1670), und unterstellt sie seinem Urteil (Censorem te praesta heißt's in der Dedikation).

Und was uns noch am besten bei diesem Rolfink gefällt, ist folgendes. Er sagt, Chimia in artis formam redacta, Lib. 1, Kap. 4: Nemo obligatus est tamen, arcana sua omnia propalare in vulgus: nec illi, qui quaedam secreta sibi servat, avaritiae, ambitionis, gloriae captationis, invidiaeve crimen iusto titulo imputari debet. Multo minus magistratus publicationis necessitatem imponere illi iure potest. Vetus est dictum, medicamentum prostitutione vilescere.

»Niemand ist indessen verpflichtet, alle seine Arkana den Leuten offen darzulegen, und man kann billigerweise nicht dem Habsucht, Ehrgeiz, Ruhmsucht, Neid vorwerfen, der etliche Geheimnisse für sich behält. Noch viel weniger darf die Behörde einen solchen Mann mit Recht zur Publikation zwingen. Es ist ein alter Spruch: Durch Preisgeben verliert ein Heilmittel.« —

Merkst du, lieber Leser, woher der Wind bläst? Dieser Rolfink will mit manchen seiner Mittel noch geheim tun. Er will's den Alchemisten nachtun, die ihre Arkana geheimhalten! Nicht zu glauben, ohne es gelesen zu haben!

Alchemistische Schriftsteller der vierten abendländischen Periode

Indem nach Libavius der Bereich der Alchemie ein sehr großer wird, handelt es sich in der vierten abendländischen Periode um eine große Reihe »alchemistischer Schriften.« Wir tragen nur denen von ihnen Rechnung, welche sich mit der Alchemie im engeren Sinne, im alten Sinne, befassen oder ihr näherstehen. Damit hängt es denn auch zusammen, daß wir auf die Chemiker im neueren Sinne von Boerhave an nicht weiter reflektieren.

Zugleich fassen wir auch einzelne solcher Schriftsteller in's Auge, welche, ohne gerade Alchemisten zu sein, eine indirekte hervorstechende Relation zur Alchemie haben.

Wir heben folgende hervor:

Schriftsteller des 1. Viertels des 17. Jahrhunderts

Libavius. S. früher.

Theobald von Hoghelande. Hauptschrift: De artis alchymicae difficultatibus, deque ratione imposturarum devitandarum.

David Lagneus (Lagneau). Schrift: Harmonia seu consensus philosophorum chemicorum.

Lazarus Zetzner: Er veranstaltete eine Sammlung alchemistischer Abhandlungen unter dem Titel: Theatrum chemicum.

Oswald Croll: Schrift: Basilica chymica.

Johann Beguin. Schrift: Tyrocinium chymicum.

Schriftsteller des 2. Viertels des 17. Jahrhunderts

Peter Johann Fabre. Schrift: Manuscriptum ad Holsatiae ducem, res Alchymicorum obscuras extraordinaria perspicuitate explanans; und anderes.

Johann Baptist van Helmont. Siehe dessen Opera omnia.

Johann Schroeder. Schrift: Thesaurus pharmacol.

Philaletha (Pseudonym). Schriften: Introitus apertus ad occlusum regis palatium. — Tractatus de metallorum metamorphosi; und andere.

Schriftsteller des 3. Viertels des 17. Jahrhunderts

Johann Rudolph Glauber. Schriften: Pharmacopoea spagyrica. — Opus minerale. — De tribus principiis metallorum. — Furni philosophici. — De tribus Lapidibus ignium secretorum; und andere.

Ludovicus de Comitibus (Conti). Schriften: Tractatus de liquore Alcahest et Lapide philosophorum, item de Sale volatili Tartari etc. — Metallorum ac metallicorum naturae operum ex orthophysicis elementis recens elucidatio.

Johann Joachim Becher. Schriften: Oedipus chymicus. — Physica subterranea; und andere.

Olaus Borrichius. Schriften: De ortu et progressu Chemiae dissertatio. — Hermetis, Aegyptiorum et Chemicorum sapienta, ab Herm. Conringii animadversionibus vindicata. — Conspectus scriptorum Chemicorum celebriorum. Das letztere Werk erschien erst nach seinem Tod.

Claudius Germain. Schrift: Icon philosophiae occultae sive vera methodus componendi magnum philosophorum antiquorum Lapidem.

Daniel Georg Morhof. Schrift: De metallorum transmutatione ad virum nobilissimum Joëlem Langelottum epistola.

Robert Boyle. Schrift: Chymista scepticus, vel dubia et paradoxa chymico-physica circa Spagyricorum principia, vulgo dicta hypostatica, prout proponi et propagnari solent a turba Alchymistarum, und anderes.

Schriftsteller des 4. Viertels des 17. Jahrhunderts

Nicolas Lemery. Schrift: Cours de Chymie.

Johann Kunkel. Schriften: Nützliche Observationes u.s.w. — Chymische Anmerkungen u.s.w.; und andere. Sein Collegium physico-chymicum experimentale oder Laboratorium chymicum u.s.w. erschien erst nach seinem Tod.

Pantaleon (Gassmann). Schriften: Bifolium metallicum etc. — Tumulus Hermetis etc. — Examen alchemisticum etc. — Disceptatio de Lapide philosophico etc. (wahrscheinlich von ihm.)

Edmund Dickinson. Schrift: Schreiben an Herrn Theodor Mundan von der Goldkunst oder Quintessenz der Filosofen (so ist der Titel der deutschen Übersetzung von Schröder).

Theodor Mundan. Schrift: Antwort auf vorhergehendes (des Dickinson) Schreiben (so ist der Titel der deutschen Übersetzung von Schröder).

Schriftsteller des 1. Viertels des 18. Jahrhunderts

Georg Ernst Stahl. Schriften: Observationes chymico-medico-physicae. — Von seinen Zuhörern wurden herausgegeben: Fundamenta chymico-pharmaceutica; Fundamenta Chymiae dogmaticae et rationalis; Chymia rationalis et experimentalis, u.s.w.

Jo. Jacobus Mangetus (Manget) gab unter dem Titel: Bibliotheca chemica curiosa etc. eine Sammlung alchemistischer Abhandlungen heraus.

Friedrich Roth-Scholz gab ein Deutsches Theatrum chemicum und eine Bibliotheca chemica heraus.

Schriftsteller des 2. Viertels des 18. Jahrhunderts

Hermann Boerhave. Hauptschrift: Elementa Chemiae, quae anniversario labore docuit in publicis privatisque scholis.

Jean Mauguin de Richebourg gab eine Bibliothèque des philosophes chimiques heraus. (Kennen wir nicht.)

Nicolaus Lenglet du Fresnoy. Schrift: Histoire de la philosophie hermétique. (Kennen wir nicht.)

Schriftsteller des 3. Viertels des 18. Jahrhunderts

Friedr. Joseph Wilhelm Schröder. Schrift: Neue alchymistische Bibliothek und: Neue Sammlung der Bibliothek.

Schriftsteller des 2. Viertels des 19. Jahrhunderts
Carl Christoph Schmieder. Er gab eine Geschichte der Alchemie heraus, in der er Alchemie als Goldmacherkunst nimmt.

Rademacher

Joh. Gottfried Rademacher, Arzt zu Goch im Herzogtum Cleve, trat im Jahre 1841 mit einem Buch hervor, welches den Titel führt: Rechtfertigung der von den Gelehrten mißkannten, verstandesrechten Erfahrungsheillehre der alten scheidekünstigen Geheimärzte, und treue Mitteilung des Ergebnisses einer 25jährigen Erprobung dieser Lehre am Krankenbett. In diesem Buche bringt er uns eine Heillehre, ein Heilsystem, dessen Grundsäulen auf ff. beruhen. Man soll sich auf der einen Seite die Krankheiten einteilen in allgemeine Krankheiten des Körpers und Organkrankheiten, und auf der anderen Seite soll man sich die Heilmittel einteilen in solche, welche auf den Körper im Allgemeinen, und solche, welche auf die Organe des Körpers wirken. Handelt es sich nun um eine allgemeine Krankheit des Körpers, so soll man ein allgemeines Heilmittel anwenden, handelt es sich um eine organische Krankheit, so soll man ein organisches Heilmittel anwenden. Dieses System nennt er die verstandesrechte Erfahrungsheillehre, und nimmt an, es handele sich bei den Alchemisten oder den alten scheidekünstigen Geheimärzten, wie er sie nennt, nicht darum, daß sie die Arkana am Krankenbett anwandten, sondern darum, daß sie der »verstandesrechten Erfahrungsheillehre« huldigten. Wie er zu dieser Aufstellung kommt, dafür bleibt er uns die Darlegung schuldig, doch ist es für den, der au courant der Alchemie ist, nicht schwer, ff. zwischen den Zeilen zu lesen.

Wie er uns im 1. Abschnitt des 4. Kapitels seines Buches mitteilt, findet Rademacher sich bewogen (zuerst 1814), das Natron nitricum, welches sich damals nicht in der Apotheke befand, anzuwenden. Er ist erstaunt über die hohe Wirkungskraft des Mittels und kommt auf die Idee, er habe ein Arkanum der Alchemisten entdeckt. Diese Idee war gewiß eine richtige. Nun faßte er den Plan, auch den übrigen Arkanis nachzuforschen. Der Plan war gut, seine Ausführung aber gelang Rademacher nicht. Er ließ sich durch die 3 Prinzipien: Sal, Sulphur,

Merkur düpieren. An ihrer Hand nahm er an, es gäbe 3 Arkana. Im Natron nitricum, dachte er, hast du den Sal, bliebe dir also nichts anderes übrig, als dem Sulphur und Merkur nachzuforschen. Nun lehnte er daran, daß der Lapis philos. = Sulphur und Merkur, und machte sich den Abzug, wenn du den Lapis philos. hast, so hast du die beiden dir fehlenden Arkana. Der Lapis philos. führte ihn auf das Akrostichon: Visitabis Interiora Terrae, Rectificando Invenies Optatum Lapidem, Veram Medicinam, welches wir in dem Abschnitt »Das Quecksilber als Ens universale« kennengelernt haben. Anlehnend an dies Akrostichon dachte er nun, der Lapis philos. ist Vitriol, der Vitriol gibt dir also die beiden Arkana, welche dir fehlen, an die Hand. Den Vitriol zersplitterte er sich dann weiter in Eisenvitriol und Kupfervitriol, kam so zum Ferrum und Cuprum und konstituierte sich die Arkanen-Drei: Natron nitricum, Ferrum, Cuprum. Mit dem Ferrum hatte er einen richtigen Treffer gezogen — denn wie wir wissen, ist ja Eisen in der Tat ein Arkanum — mit dem Cuprum nicht. Nun fange aber einer mit 3 Arkanis, von denen das eine noch obendrein falsch ist, am Krankenbett etwas an! Das Wunderwerk wird keiner zustande bringen, und so blieb auch Rademacher stecken.

Um sich hier nun herauszuarbeiten, warf er sich der oben erwähnten Lehre von allgemeinen und organischen Heilmitteln in die Arme. Zu den Universal-Heilmitteln kam er auf die Weise, daß die Arkana auch Remedia universalia heißen. Ein Remedium universale, sagte er sich nun, ist ein Mittel, welches auf die Universalität des Körpers wirkt, also Arkanum ist ein Mittel, welches auf die Universalität des Körpers wirkt. Indem er aber mit diesen Mitteln nicht auskam, kalkulierte er weiter, wenn es Remedia universalia gibt, so muß es auch Remedia specialia geben, und diese Remedia specialia faßte er dann als organisches Heilmittel. Den Körper alsdann dem Medikament gegenüberstellend, teilte er sich die Krankheiten in Morbi universales und Morbi speciales s. organorum corporis — und so ist das System da.

Rademacher bringt zu Anfang seines Werkes einen Panegyricus auf Paracelsus, was damit zusammenhängt, daß er dachte, wenn er sich dem Studium der Schriften dieses Autors hingäbe, so sei er auf dem besten Weg, hinter die Arkana zu kommen. Als ihm das aber nicht gelang, redete er sich allen Ernstes ein, Paracelsus habe seinem, des Rademacher, System, das ist der »verstandesrechten Erfahrungsheillehre« gehuldigt.

Mich für meine Person hat Rademacher sehr in die Irre geleitet. Nämlich die ersten der großen Mittel, welche ich entdeckte, waren Natron nitricum und Ferrum. Weil diese nun zwei der Rademacherschen Allgemeinmittel deckten, so glaubte ich einerseits, in dem dritten Rademacherschen Allgemeinmittel, dem Kupfer, ein drittes jener großen Mittel annehmen zu dürfen, glaubte andererseits annehmen zu dürfen, es gäbe überhaupt nur *drei* Arkana. Es war das natürlich ein großer Irrtum, und es bedurfte einer nicht kurzen Zeit, mich aus diesem fatalen Mißgriff herauszuarbeiten. Das waren die Rosen, welche auf den Anfang meiner Bahn, die Arkana wieder zu entdecken, gestreut waren! Ich bin indessen weit davon entfernt, Rademacher in Bezug auf meinen Mißgriff zu gravieren.

In solchen Fällen, so denke ich, trifft nicht den der Tadel, der irreführt, sondern den, der sich irreführen läßt. Ja noch mehr, ich gestehe es offen, daß Rademacher ein Mann ist, den ich hochachte. Zu Rademachers Zeit dachte kein Mensch mehr daran, daß es Arkana in der Welt gäbe, und er ist es, der noch einmal wieder die Idee der Existenz jener großartigen Mittel, jener Remedia divina erfaßte.

Und selbst diese Idee ist eine große!

Inhalts-Anzeiger